Hands-On Machine Learning with Scikit-Learn, Keras & TensorFlow

핸즈온 머신러닝 3판

1권

| 표지 설명 |

표지 그림은 중동 지역에서 서식하는 양서류인 극동 불도롱뇽(학명: *Salamandra salamandra*)입니다. 피부가 검으며 등과 머리에 커다란 노란 점이 있는 것이 특징입니다. 노란색은 포식자를 막기 위한 경계색입니다. 다 자란 도롱뇽은 30cm가 넘기도 합니다.

불도롱뇽은 아열대 관목지와 강 또는 민물 근처의 숲에 삽니다. 대부분 육지에서 활동하지만 알은 물속에 낳습니다. 주로 곤충, 벌레나 작은 갑각류를 먹고 살고 때로는 다른 도롱뇽을 잡아먹습니다.

아직 멸종 위기에 처하지는 않았지만 불도롱뇽의 개체 수는 감소하고 있습니다. 주요 원인은 도롱뇽의 번식을 방해하는 하천의 댐과 환경 오염입니다. 또한 최근에는 모기고기[mosquitofish] 같은 육식성 어류의 등장으로 위협받고 있습니다. 모기고기는 모기의 개체 수를 조절하는 역할을 하지만 어린 도롱뇽도 잡아먹습니다.

오라일리 표지의 동물들은 대부분 멸종위기종입니다. 이 동물들은 모두 우리에게 중요합니다. 이들을 돕고 싶다면 animals.oreilly.com을 방문해주세요.

표지 그림은 존 조지 우드[John George Wood]의 『Illustrated Natural History』에서 가져왔습니다.

핸즈온 머신러닝 3판

사이킷런, 케라스, 텐서플로 2로 완벽 이해하는 머신러닝, 딥러닝 이론 & 실무

초판 1쇄 발행 2018년 4월 27일
2판 1쇄 발행 2020년 5월 4일
3판 1쇄 발행 2023년 9월 29일
3판 2쇄 발행 2023년 12월 18일

지은이 오렐리앙 제롱 / **옮긴이** 박해선 / **베타리더** 강민재, 강찬석, 노병준, 박조은, 백혜림, 이기용, 이여름, 조선민
펴낸이 김태헌 / **펴낸곳** 한빛미디어(주) / **주소** 서울시 서대문구 연희로2길 62 한빛미디어(주) IT출판2부
전화 02-325-5544 / **팩스** 02-336-7124
등록 1999년 6월 24일 제25100-2017-000058호 / **ISBN** 979-11-6921-147-5 93000

총괄 송경석 / **책임편집** 박민아 / **기획 · 편집** 이채윤 / **디자인** 최연희 / **전산편집** 백지선
영업 김형진, 장경환, 조유미 / **마케팅** 박상용, 한종진, 이행은, 김선아, 고광일, 성화정, 김한솔 / **제작** 박성우, 김정우

이 책에 대한 의견이나 오탈자 및 잘못된 내용에 대한 수정 정보는 한빛미디어(주)의 홈페이지나 아래 이메일로 알려주십시오. 잘못된 책은 구입하신 서점에서 교환해드립니다. 책값은 뒤표지에 표시되어 있습니다.
한빛미디어 홈페이지 www.hanbit.co.kr / **이메일** ask@hanbit.co.kr

지금 하지 않으면 할 수 없는 일이 있습니다.
책으로 펴내고 싶은 아이디어나 원고를 메일(writer@hanbit.co.kr)로 보내주세요.
한빛미디어(주)는 여러분의 소중한 경험과 지식을 기다리고 있습니다.

Hands-On Machine Learning with Scikit-Learn, Keras & TensorFlow

핸즈온 머신러닝 3판

O'REILLY® 한빛미디어
Hanbit Media, Inc.

●● 지은이·옮긴이 소개 ●

지은이 오렐리앙 제롱 Aurélien Géron

머신러닝 컨설턴트입니다. 2013년에서 2016년까지 구글에서 유튜브 동영상 분류 팀을 이끌었습니다. 2002년에서 2012년까지 프랑스의 모바일 ISP 선두 주자인 위퍼스트^{Wifirst}를 설립하고 CTO로 일했습니다. 2001년에는 폴리콘셀^{Polyconseil}을 설립하고 CTO로 일했습니다. 이 회사는 지금 전기차 공유 서비스인 오토립$^{Autolib'}$을 운영하고 있습니다.

그전에는 재무(J. P. 모건과 소시에테 제네랄 $^{Société Générale}$), 방위(캐나다 국방부), 의료(수혈) 등 다양한 분야에서 엔지니어로 일했습니다. C++, WiFi, 인터넷 구조에 관한 기술 서적 몇 권을 집필했으며 프랑스의 한 공과대학에서 컴퓨터과학을 가르쳤습니다.

• 재미있는 사실 몇 가지: 세 아이에게 손가락으로 이진수 세는 법을 가르쳤습니다(1023까지). 소프트웨어 공학 분야에 들어오기 전에는 미생물학과 진화유전학을 공부했습니다.

옮긴이 박해선 haesun.park@tensorflow.blog

기계공학을 전공했지만 졸업 후엔 줄곧 코드를 읽고 쓰는 일을 했습니다. 블로그(*tensorflow. blog*)에 글을 쓰고 머신러닝과 딥러닝에 관한 책을 집필, 번역하면서 소프트웨어와 과학의 경계를 흥미롭게 탐험하고 있습니다.

『챗GPT로 대화하는 기술』(한빛미디어, 2023), 『혼자 공부하는 머신러닝+딥러닝』(한빛미디어, 2020), 『혼자 공부하는 데이터 분석 with 파이썬』(한빛미디어, 2023), 『Do it! 딥러닝 입문』(이지스퍼블리싱, 2019)을 집필했습니다.

『머신 러닝 교과서: 파이토치 편』(길벗, 2023), 『스티븐 울프럼의 챗GPT 강의』(한빛미디어, 2023), 『만들면서 배우는 생성 AI』(한빛미디어, 2023), 『코딩 뇌를 깨우는 파이썬』(한빛미디어, 2023), 『트랜스포머를 활용한 자연어 처리』(한빛미디어, 2022), 『케라스 창시자에게 배우는 딥러닝 개정 2판』(길벗, 2022), 『개발자를 위한 머신러닝&딥러닝』(한빛미디어, 2022), 『XGBoost와 사이킷런을 활용한 그레이디언트 부스팅』(한빛미디어, 2022), 『구글 브레인 팀에게 배우는 딥러닝 with TensorFlow.js』(길벗, 2022), 『파이썬 라이브러리를 활용한 머신러닝(번역개정2판)』(한빛미디어, 2022)을 비롯해 여러 권의 책을 우리말로 옮겼습니다.

저자와 역자 모두와의 작은 개인적 인연 덕분에 이렇게 좋은 책에 추천사를 쓸 수 있게 된 점을 영광으로 생각합니다. 이 책은 1판이 나왔을 때부터 이 분야에서 매우 신뢰받는 책으로 자리잡았고, 판올림을 거듭하면서 내용이 더욱 충실해졌습니다.

머신러닝의 중요성에 관해서는 이제 더 이상 이야기할 필요조차 없어졌습니다. 하루가 멀다 하고 새로 쏟아져 나오는 응용 분야들을 보며 이 분야에 뛰어들면 그간 축적된 방대한 히스토리와 이론들에 압도되는 것은 어찌보면 당연한 일입니다. 하지만 **이 책과 함께라면 이론과 실습을 아우르며 머신러닝과 딥러닝 모두를 관통하는 큰 그림을 머릿속에 그려낼 수 있습니다.** 이 책의 부제처럼 사이킷런을 이용하여 머신러닝 알고리즘을 배우고, 케라스를 활용하여 신경망을 구현하고, 텐서플로와 함께 컴퓨터 비전, 자연어 처리 등 다양한 응용 분야를 파고들 수 있습니다.

무엇보다도 좋은 점은 머신러닝과 관련된 경험이 없더라도 쉽게 이해할 수 있도록 먼저 머신러닝 프로젝트의 전체 사이클을 친절하게 안내한 다음, 머신러닝과 딥러닝에 관한 방대한 내용들을 하나하나 살펴보고, 분산 훈련 및 배포에 관한 내용으로 책을 마무리한다는 점입니다. 따라서 **이론과 실무 모두에 필요한 내용과 최신 정보를 동시에 학습할 수 있습니다.** 이번 3판에는 특히 컴퓨터 비전과 자연어 처리 분야의 최신 이론들이 추가되었고 케라스, 텐서플로, 구글 클라우드 등에서 개선 및 추가된 새로운 기능들을 다루고 있어 더욱 유용합니다.

책을 읽는 분들에게 가장 좋은 점이라면 믿을 수 있는 번역자가 이번에도 독자들을 위해 수고해주셨다는 것이겠지요. 박해선 님은 오랫동안 인정받는 여러 권의 좋은 책들을 번역하시고 또 직접 저술하시면서 머신러닝 분야의 독보적인 번역자 겸 저자로 자리잡으셨습니다. 이렇게 좋은 책을 이토록 좋은 번역자가 번역한 것은 너무나도 좋은 일입니다. 부디 이 책을 통해 많은 분들이 머신러닝에 더욱 친숙해지기를 진심으로 기원합니다!

구글 Global ML Developer Programs Lead
권순선

3판은 두꺼운 만큼 최신 인공 지능 동향과 기술적인 내용을 많이 담고 있으며, 각 기술을 직접 구현해볼 수 있도록 다양한 텐서플로 관련 기법도 소개합니다. '핸즈온 머신러닝'이라는 책 제목처럼 실제로 경험해보며 머신러닝 지식을 쌓을 수 있는 좋은 책입니다.

강찬석(LG 전자)

이 책만큼 머신러닝과 딥러닝에 관한 이론과 실습을 집대성하는 책을 꼽기 어려울 정도로 이 분야의 바이블과도 같은 책입니다. 3판에서는 자연어 처리 최신 트렌드뿐만 아니라 스테이블 디퓨전까지 소개합니다. 또한 박해선 역자의 꼼꼼하고 세심한 번역을 통해 원서 이상의 것을 배울 수 있는 책입니다. 이 책 한 권을 제대로 익힌다면 여느 부트캠프를 수료한 것 이상으로 혹은 현업 전문가처럼 머신러닝과 딥러닝에 대한 전반적인 내용을 익힐 수 있을 것입니다.

박조은(오늘코드)

감동스러울 정도로 친절하고 자세한 책입니다. 대단히 많은 머신러닝 개념을 군더더기 없이 매우 짜임새 있게 다룹니다. 또한 개념을 어떻게 사용할 수 있는지 코드로 상세하게 설명하여 이해하기 쉽고 실용적입니다. 깔끔한 번역과 함께 깃허브로 모든 코드를 실행해볼 수 있는 주피터 노트북을 제공하고 있어서 학습에 큰 도움이 됩니다.

조선민(포지큐브 소프트웨어 엔지니어)

이론과 실전을 아우르는 구성을 통해 머신러닝과 딥러닝을 효과적으로 습득할 수 있는 책입니다. 지속적인 개정을 거쳐 최신 변경 사항과 트렌드를 반영했으며, 기존 설명을 더욱 완성도 높은 예제와 함께 보강하여 최신 버전을 익히는 데 도움이 됩니다. 머신러닝과 딥러닝 분야에서의 역량 향상과 실무에서의 성공을 지향하는 분들께 좋은 지침서가 될 것입니다.

이기용(Growdle AI 개발 팀)

머신러닝의 교과서가 시대의 흐름에 발맞추어 개정되었습니다. 인공 지능의 발전 과정과 더불어 머신러닝과 딥러닝의 응용까지 빠짐없이 다룹니다. 깊이까지 갖추었기에 입문자의 학습뿐만 아니라 숙련자의 학문적 갈증까지 완벽하게 해소해줍니다. 특히 수학적 이론부터 코드 적용까지 매우 구체적으로 다루며 논리적 흐름도 매우 탄탄합니다. 머신러닝을 제대로 공부하고자 한다면 이 책이 그 목표를 이뤄줄 것이라고 자신 있게 말할 수 있습니다.

강민재(성균관대학교 전자전기공학부)

처음 머신러닝과 딥러닝 분야에 발을 들이는 사람에게 체계적이고 실용적인 학습 경험을 제공하며, 복잡한 개념과 기술을 쉽게 이해할 수 있도록 안내합니다. 특히 이 분야는 빠른 속도로 성장하고 있기 때문에 연구자나 개발자에게 요구되는 지식이 점점 늘고 있습니다. 이 책에서 설명하는 머신러닝과 딥러닝 분야의 핵심 개념과 이론, 실전 예제를 통해 관련 지식을 명확히 알 수 있습니다.

노병준(순천향대학교 AI빅데이터학과)

이 책은 머신러닝 계의 바이블입니다. 머신러닝 입문부터 컴퓨터 비전과 자연어 처리 최신 모델까지 방대한 내용을 살펴볼 수 있기 때문에 꼭 읽어보기를 추천합니다. 개인적으로 가장 흥미로웠던 것은 스테이블 디퓨전을 다룬다는 점입니다!

백혜림(이포쉬림 대표 겸 AI 강사)

젊을 때는 훈련 초기 그레이디언트처럼 좌충우돌했던 것 같습니다. 어떤 길이 최적으로 수렴할지 고심하는 일이 많았지만 대신 꿈이 있었죠. 나이가 들면서 손실은 줄어들었지만 제자리를 맴도는 느낌입니다. 내가 있는 곳이 최선이라 생각하면 미래에 대한 두려움은 없어지지만 희망도 함께 사그라듭니다. 여러분은 어디쯤 계시나요?

이 책을 작업하는 도중에 전 세계를 깜짝 놀라게 만든 OpenAI의 챗GPT가 등장했습니다. 아마도 알파고와 이세돌 선수의 대국 이후에 인공 지능 분야에서 가장 화제가 된 뉴스가 아닌가 싶습니다. 대규모 언어 모델이 이렇게 빠른 시간에 강력한 성능을 내리라고는 쉽게 예상하지 못했습니다. 아마도 많은 사람들의 그레이디언트 방향을 또 한 번 바꿔 놓을 것 같습니다.

이제 심심치 않게 인공 일반 지능^{Artificial General Intelligence}(AGI)이란 말도 종종 등장합니다. 정말 머지 않아 공상 과학 영화에 나올 법한 인공 지능이 등장할까요? 지금의 발전 속도를 보면 쉽게 부정하기도 긍정하기도 어렵습니다. 이 놀라운 역사의 현장에 서 있다는 것이 믿기지 않습니다. 이 책을 통해 이 풍경의 한 장면을 바라볼 수 있다는 사실만으로도 기쁩니다. 여러분이 어디서 무엇을 바라보든지 이 책이 여행에 도움이 되는 지도가 되었으면 좋겠습니다.

풍경에서 잠시 눈을 돌려 보면 감사드릴 분이 정말 많습니다. 먼저 좋은 책을 써준 오렐리앙에게 감사합니다. 또 한 번 많은 것을 배웠습니다. 1판과 2판의 번역서에 이어 3판 번역서에도 추천사를 써주신 권순선 님께 정말 감사드립니다. 그리고 3판 번역서를 기다려주신 많은 독자 여러분에게 감사드립니다. 책을 읽는 시간이 즐거운 여행과 같으면 좋겠습니다. 언제나 좋은 책을 믿고 맡겨주시는 한빛미디어와 말끔하게 글을 정리해준 이채윤 님께 감사합니다. 항상 격려와 위로를 보내주시는 니트머스 김용재 대표님께 감사합니다. 아늑한 집필 공간을 제공해주신 마포중앙도서관 교육센터 팀에게 감사드립니다. 언제나 명랑한 우리 가족 주연이와 진우에게 사랑한다는 말을 전합니다.

이 책의 정오표는 블로그(*https://bit.ly/homl3-home*)에 등록해놓겠습니다. 책을 보기 전에 꼭 확인해주세요. 이 책에 관한 이야기라면 무엇이든 환영합니다. 언제든지 블로그나 이메일로 알려주세요.

박해선

머신러닝 쓰나미

2006년 제프리 힌턴 ^{Geoffrey Hinton} 등은 최고 수준의 정확도(>98%)로 손글씨 숫자를 인식할 수 있는 심층 신경망 훈련 기법에 관한 논문[1]을 발표했습니다. 이 기법을 딥러닝 ^{deep learning}이라고 불렀습니다. 심층 신경망은 인공 뉴런을 층층이 쌓아 만든 것으로 대뇌 피질을 (매우) 단순화한 모델입니다. 그때까지는 심층 신경망을 훈련시키는 것이 불가능하다고 생각했고[2] 대부분의 연구자는 1990년대부터 심층 신경망을 연구하지 않았습니다. 이 논문은 과학계의 관심을 다시 불러일으켰고 오래지 않아 많은 논문이 딥러닝이 가능하다는 사실뿐만 아니라 (높은 컴퓨팅 성능과 많은 양의 데이터에 힘입어) 다른 머신러닝 ^{machine learning} 기법과 비교할 수 없는 엄청난 성능을 낸다는 것을 보여주었습니다. 이런 열기는 곧바로 다양한 머신러닝 분야로 확산되었습니다.

10년이 지난 후 머신러닝은 산업계를 정복했습니다. 오늘날 웹 검색 결과 순위 매기기, 스마트폰의 음성 인식, 동영상 추천, 심지어 자동차 운전 같은 첨단 기술 제품에서 마법 같은 기능을 수행하는 핵심 요소로 자리잡았습니다.

나만의 머신러닝 프로젝트

따라서 머신러닝에 흥미를 갖고 이를 배우고 싶어 하는 것은 당연합니다!

지능을 갖춘 로봇을 직접 만들고 싶나요? 얼굴을 인식하게 하거나 걸어서 돌아다니게 만들고 싶나요?

여러분의 회사가 엄청난 양의 데이터(사용자 로그, 금융 데이터, 생산 데이터, 센서 데이터, 상담 통계, 인사 기록 등)를 가지고 있고 무엇을 할지 알고 있다면 숨겨진 보석을 캐낼 수 있을

---

[1] Geoffrey E. Hinton et al., "A Fast Learning Algorithm for Deep Belief Nets," Neural Computation 18 (2006): 1527 – 1554. *https://homl.info/136*

[2] 얀 르쿤(Yann Lecun)의 심층 합성곱 신경망이 1990년대 이후에 이미지 인식 문제에서 잘 작동했음에도 불구하고 범용적인 도구는 아니었습니다.

것입니다. 머신러닝을 사용해 다음과 같은 일을 해낼 수 있습니다. 또는 그 이상도 가능합니다 (*https://homl.info/usecases*).

- 고객을 그룹화하고 각 그룹에 맞는 최선의 마케팅 전략 찾기
- 비슷한 고객의 구매 이력을 기반으로 상품 추천하기
- 부정 거래 감지하기
- 내년도 매출 예측하기

이유가 무엇이든 머신러닝을 배우고 프로젝트에 도입하기로 결정했다면 아주 좋은 생각입니다!

목표와 방법

이 책은 여러분이 머신러닝에 관해 아는 것이 거의 없다고 가정합니다. 이 책의 목표는 데이터로부터 학습할 수 있는 프로그램을 구현하기 위해 필요한 개념과 직관, 도구를 설명하는 것입니다.

(선형 회귀와 같이) 간단하고 아주 널리 사용되는 것부터 경연 대회에서 자주 우승을 차지하는 딥러닝 기법까지 많은 종류의 기술을 다룹니다. 이를 위해 실제 제품을 만드는 데 쓰는 파이썬 프레임워크를 사용할 것입니다.

- 사이킷런 Scikit-learn[3]은 사용법이 간단하고 많은 머신러닝 알고리즘이 효율적으로 구현되어 있으므로 머신러닝을 처음 배울 때 사용하기 아주 좋습니다. 2007년 데이비드 쿠르나포 David Cournapeau가 개발했고 현재 Inria French Institute for Research in Computer Science and Automation의 연구 팀이 이끌고 있습니다.
- 텐서플로 TensorFlow(TF)[4]는 분산 수치 계산을 위한 매우 복잡한 라이브러리입니다. 수백 대의 다중 그래픽 처리 장치 graphics processing unit(GPU) 서버에 계산을 분산하여 대규모 신경망을 효과적으로 훈련하고 실행시킬 수 있습니다. 텐서플로는 구글에서 만들었으며 구글의 대규모 머신러닝 애플리케이션에서 사용되고 있습니다. 2015년 11월에 오픈 소스로 공개되었고, 2019년 9월 2.0 버전이 릴리스되었습니다.

---

3 *http://scikit-learn.org*
4 *http://tensorflow.org*

- 케라스^{Keras5}는 고수준 딥러닝 API입니다. 매우 쉽게 신경망을 훈련하고 실행할 수 있습니다. 케라스는 텐서플로와 함께 번들로 제공되며 모든 복잡한 계산을 텐서플로에 의존합니다.

이 책은 실제로 활용할 수 있는 방법을 사용하며 구체적인 작동 예제와 약간의 이론을 통해 머신러닝을 직관적으로 이해하도록 돕습니다.

TIP 이 책은 노트북 컴퓨터 없이도 그냥 읽을 수 있지만 코드 예제를 직접 실행해보는 것을 적극 권장합니다.

코드 예제

이 책의 모든 코드 예제는 오픈 소스이며 온라인(*https://bit.ly/homl3-git*)에서 주피터 노트북으로 제공됩니다.[6] 노트북은 텍스트, 이미지, 실행 가능한 코드(이 책의 경우 파이썬)가 포함된 대화형 문서입니다. 가장 쉽고 빠르게 시작할 수 있는 방법은 구글 코랩$^{Google\ Colab}$을 사용해 노트북을 실행하는 것입니다. 구글 코랩을 사용하면 컴퓨터에 아무것도 설치할 필요 없이 온라인에서 직접 주피터 노트북을 무료로 실행할 수 있습니다. 웹 브라우저와 구글 계정만 있으면 됩니다.

필요한 기술

이 책은 여러분에게 파이썬 프로그래밍 경험이 있다고 가정합니다. 아직 파이썬을 모른다면 *http://learnpython.org/*를 추천합니다. python.org의 공식 튜토리얼(*https://docs.python.org/ko/3/tutorial/*)도 파이썬을 학습하기 좋습니다.

또한 여러분이 파이썬의 주요 과학 라이브러리, 특히 넘파이^{NumPy}(*https://numpy.org/*), 판다스^{Pandas}(*https://pandas.pydata.org/*), 맷플롯립^{Matplotlib}(*https://matplotlib.org/*)에 익숙하다고 가정합니다. 이러한 라이브러리를 사용해본 적이 없더라도 걱정하지 마세요. 깃허브에

---

5 *https://keras.io*

6 옮긴이_ 원서의 깃허브는 *https://github.com/ageron/handson-ml3*입니다.

각 라이브러리에 관해 쉽게 배울 수 있는 튜토리얼을 만들어두었습니다.

마지막으로 머신러닝 알고리즘의 작동 방식을 완전히 이해하려면 최소한 몇 가지 수학 개념, 특히 선형대수학에 관한 기본적인 이해가 있어야 합니다. 특히 벡터와 행렬이 무엇인지, 벡터를 더하거나 행렬을 전치하고 곱하는 것과 같은 간단한 연산을 어떻게 수행하는지 알고 있어야 합니다. 선형대수학에 관한 간략한 소개가 필요하다면(로켓 과학이 아닙니다!) 깃허브에 있는 튜토리얼을 참고하세요. 깃허브에는 미분에 관한 튜토리얼도 있는데, 신경망이 어떻게 훈련되는지 이해하는 데 도움이 될 수 있지만 중요한 개념을 파악하는 데 꼭 필요한 것은 아닙니다. 이 책에서는 지수 및 로그, 약간의 확률 이론, 기본적인 통계 같은 다른 수학 개념도 가끔 사용하지만 심화 내용은 아닙니다. 이런 개념을 이해하는 데 도움이 필요하다면 온라인에서 다양한 무료 수학 강좌를 제공하는 칸아카데미(*https://khanacademy.org*)를 방문해보세요.

책의 구성

이 책은 두 부분으로 구성되어 있습니다. 〈1부 머신러닝〉에서는 다음 주제를 다룹니다.

- 머신러닝이 무엇인가, 해결하려는 문제는 무엇인가, 머신러닝 시스템의 종류와 기본적인 개념은 무엇인가
- 전형적인 머신러닝 프로젝트의 단계
- 데이터를 사용해 모델 학습시키기
- 비용 함수 최적화하기
- 데이터 처리, 정제, 준비하기
- 특성 선택과 특성 공학
- 모델 선택과 교차 검증을 사용해 하이퍼파라미터 튜닝하기
- 머신러닝 도전 과제, 특히 과소적합과 과대적합(편향/분산 트레이드오프)
- 차원의 저주 문제를 해결하기 위해 훈련 데이터의 차원 축소하기
- 가장 널리 사용되는 학습 알고리즘: 선형 회귀, 다항 회귀, 로지스틱 회귀, k-최근접 이웃, 서포트 벡터 머신, 결정 트리, 앙상블 방법
- 군집, 밀도 추정, 이상치 탐지 등의 비지도 학습 방법

〈2부 신경망과 딥러닝〉에서는 다음 주제를 다룹니다.

- 신경망은 무엇인가, 어떤 작업에 잘 맞는가
- 텐서플로와 케라스를 사용하여 신경망 만들고 훈련시키기
- 중요한 신경망 구조: 표 형식의 데이터를 위한 피드포워드 신경망, 컴퓨터 비전을 위한 합성곱 신경망, 순차 처리를 위한 순환 신경망과 LSTM, 자연어 처리를 위한 인코더/디코더와 트랜스포머, 생성 학습을 위한 오토인코더와 GAN, 확산 모델
- 심층 신경망을 훈련시키기 위한 기법
- 강화 학습을 사용하여 시행착오를 통해 좋은 전략을 학습할 수 있는 에이전트(例 게임 봇)를 만드는 방법
- 대용량 데이터를 효율적으로 적재하고 전처리하기
- 대규모 텐서플로 모델을 훈련하고 배포하기

1부에서는 사이킷런을 주로 사용하고, 2부에서는 텐서플로와 케라스를 사용합니다.

> ⚠️ 깊은 곳으로 성급하게 뛰어들지 마세요. 딥러닝이 머신러닝에서 가장 흥미진진한 분야임에는 의심의 여지가 없지만 먼저 기초적인 것을 마스터해야 합니다. 또한 대부분의 문제는 (1부에서 설명할) 랜덤 포레스트나 앙상블 방법 같은 좀 더 간단한 기법을 사용하여 해결할 수 있습니다. 딥러닝은 이미지 인식, 음성 인식, 자연어 처리 같은 복잡한 문제에 가장 적합합니다. (앞으로 보겠지만 사전 훈련된 신경망을 활용할 수 없다면) 충분한 데이터와 컴퓨팅 성능이 있어야 하고 인내도 필요합니다.

1판 → 2판 변경 사항

모든 코드가 텐서플로 1.x에서 텐서플로 2.x로 마이그레이션되었으며, 대부분의 저수준 텐서플로 코드(그래프, 세션, 특성 열, 추정기 등) 대부분을 훨씬 더 간단한 케라스 코드로 대체했습니다.

2판에서는 대규모 데이터셋을 로드하고 전처리하기 위한 Data API, 텐서플로(TF) 모델을 대규모로 훈련하고 배포하기 위한 배포 전략 API, 모델을 제품화하기 위한 TF 서빙^{Serving} 및 구글 클라우드 AI 플랫폼$^{Google\ Cloud\ AI\ Platform}$, 그리고 (간략하게) TF Transform, TFLite, TF 애드

온^{Addons}/Seq2Seq, TensorFlow.js, TF Agents를 소개했습니다.

또한 비지도 학습에 관한 추가 설명, 객체 감지 및 시맨틱 분할을 위한 컴퓨터 비전 기술, 합성 곱 신경망(CNN)을 사용한 시퀀스 처리, 순환 신경망(RNN)을 사용한 자연어 처리(NLP), CNN 및 트랜스포머, GAN 등 많은 ML 주제를 추가로 소개했습니다.

자세한 내용은 *https://homl.info/changes2*를 참고하세요.

2판 → 3판 변경 사항

모든 코드가 최신 라이브러리 버전으로 업데이트되었습니다. 특히 이번 3판에서는 특성 이름 추적, 히스토그램 기반 그레이디언트 부스팅, 레이블 전파 등 사이킷런에 새롭게 추가된 많은 기능을 소개합니다. 또한 하이퍼파라미터 튜닝을 위한 케라스 튜너^{Keras Tuner} 라이브러리, 자연어 처리를 위한 허깅 페이스^{Hugging Face}의 트랜스포머스^{Transformers} 라이브러리, 케라스의 새로운 전처리 및 데이터 증식 층도 소개합니다.

그리고 여러 비전 모델(ResNeXt, DenseNet, MobileNet, CSPNet, EfficientNet)과 올바른 모델을 선택하기 위한 가이드라인이 추가되었습니다.

〈15장 RNN과 CNN을 사용한 시퀀스 처리〉에서는 합성된 시계열 대신 시카고 버스 및 열차 탑승객 데이터를 분석하며 ARMA 모델과 그 변형을 소개합니다.

〈16장 RNN과 어텐션을 사용한 자연어 처리〉에서는 먼저 인코더-디코더 RNN을 살펴보고 트랜스포머 모델을 사용하여 영어-스페인어 번역 모델을 구축합니다. 또한 스위치 트랜스포머^{Switch Transformer}, DistilBERT, T5, PaLM(사고 사슬 프롬프트^{chain-of-thought prompt} 포함)과 같은 언어 모델도 다룹니다. 이 외에도 비전 트랜스포머(ViT)를 소개하고 DeiT, 퍼시비어^{Perceiver}, DINO와 같은 트랜스포머 기반 비전 모델을 비롯하여 CLIP, DALL·E, 플라밍고^{Flamingo}, GATO 등 몇 가지 대형 멀티모달 모델에 관한 간략한 개요를 제공합니다.

〈17장 오토인코더, GAN 그리고 확산 모델〉에서는 확산 모델^{diffusion model}을 소개하고, DDPM

을 처음부터 구현하는 방법을 보여줍니다.

〈19장 대규모 텐서플로 모델 훈련과 배포〉에서는 구글 클라우드 AI 플랫폼에서 구글 버텍스 AI^{Google Vertex AI}로 마이그레이션하고 대규모 하이퍼파라미터 검색을 위해 분산 케라스 튜너를 사용합니다. 그리고 온라인에서 실험해볼 수 있는 TensorFlow.js 코드도 포함되어 있습니다. 마지막으로 PipeDream과 Pathways를 비롯한 추가적인 분산 훈련 기법도 소개합니다.

이런 새로운 콘텐츠를 제공하기 위해 설치 과정, 커널 주성분(PCA) 분석, 베이즈 가우스 혼합의 수학적 세부 사항, TF Agents, 2판의 〈부록 C 서포트 벡터 머신 수학〉, 〈부록 E 추가 신경망 아키텍처〉 등을 제외했습니다.

자세한 내용은 *https://homl.info/changes3*를 참고하세요.

참고 자료

머신러닝을 배울 수 있는 자료가 많이 있습니다. 예를 들어 앤드루 응^{Andrew Ng}의 코세라^{Coursera} 머신러닝 강좌(*https://homl.info/ngcourse*)는 매우 훌륭한 자료입니다. 이 강좌를 들으려면 상당한 시간을 투자해야 합니다.

사이킷런의 독보적인 사용자 가이드(*https://homl.info/skdoc*)를 포함하여 머신러닝에 관한 좋은 웹 사이트도 많이 있습니다. 인터랙티브한 튜토리얼을 제공하는 데이터퀘스트(*https://www.dataquest.io/*)와 Quora에 나열된 머신러닝 블로그(*https://homl.info/1*)도 좋습니다.

머신러닝을 소개하는 다른 책들도 많이 있습니다.[7]

7　옮긴이_ 이 리스트에 있는 세바스티안 라슈카의 책과 프랑수아 숄레의 책을 제가 번역했습니다. 이 외에도 사이킷런을 중심으로 방대한 알고리즘을 소개한 안드레아스 뮐러와 세라 가이도의 『파이썬 라이브러리를 활용한 머신러닝(번역개정2판)』(한빛미디어, 2022)과 파이썬으로 여러 신경망 알고리즘을 직접 만들면서 배우는 『Do It! 딥러닝 입문』(이지스퍼블리싱, 2019)을 추천합니다.

- 조엘 그루스의 『밑바닥부터 시작하는 데이터 과학』(인사이트, 2020): 머신러닝의 기초를 다루고 파이썬을 사용하여 몇 가지 주요 알고리즘을 밑바닥부터 직접 구현합니다.
- 스티븐 마슬랜드의 『알고리즘 중심의 머신 러닝가이드』(제이펍, 2016): 머신러닝을 소개하고 폭넓은 주제를 다루며 파이썬 코드 예제를 제공합니다(역시 밑바닥부터 구현하지만 넘파이를 사용합니다).
- 세바스티안 라슈카 등이 쓴 『머신러닝 교과서 with 파이썬, 사이킷런, 텐서플로(개정3판)』(길벗, 2021): 또 다른 좋은 머신러닝 입문서입니다. 파이썬 오픈 소스 라이브러리(사이킷런과 텐서플로)를 사용합니다.
- 프랑수아 숄레의 『케라스 창시자에게 배우는 딥러닝 개정 2판』(길벗, 2022): 케라스 라이브러리를 만든 프랑수아 숄레가 썼으며, 다양한 주제를 명확하고 간결하게 담은 매우 실용적인 책입니다. 수학 이론보다는 코드 예제를 사용하여 설명합니다.
- 안드리 부르코프의 『The Hundred-Page Machine Learning Book』(에이콘출판사, 2019): 매우 얇지만 다양한 주제를 다루며 적절한 용어를 사용해 어려운 수식을 잘 소개합니다.
- 야세르 S. 아부-모스타파 등이 쓴 『Learning from Data』(AMLBook, 2012): 머신러닝의 이론적인 면을 다루고 특히 편향/분산 트레이드오프를 자세히 설명합니다.
- 스튜어트 러셀과 피터 노빅이 쓴 『인공지능 1』 및 『인공지능 2』(제이펍, 2016): 머신러닝을 포함하여 많은 주제를 다룬 좋은 (그리고 방대한) 책입니다. 머신러닝을 넓은 시각으로 바라볼 수 있도록 돕습니다.
- 제러미 하워드와 실뱅 거거의 『fastai와 파이토치가 만나 꽃피운 딥러닝』(한빛미디어, 2021)은 fastai와 파이토치^{PyTorch} 라이브러리를 사용하며, 딥러닝에 관한 놀랍도록 명확하고 실용적인 입문서입니다.

마지막으로 캐글(*kaggle.com*)과 같은 머신러닝 경연 대회에 참가하면 실전 문제로 기술을 연습할 수 있고 머신러닝 전문가들의 도움을 받을 수 있으며 인사이트를 얻을 수 있습니다.

이 책의 1판과 2판이 이렇게 많은 인기를 얻을 줄은 꿈에도 몰랐습니다. 독자들에게 많은 메시지를 받았습니다. 질문이 많았고 친절하게 오탈자를 찾아주기도 했습니다. 대부분 격려하는 말이 많았습니다. 말로 표현할 수 없을 만큼 독자들에게 많은 도움을 받았습니다. 모두 감사합니다! 코드에서 에러를 찾았다면 주저하지 말고 깃허브(*https://homl.info/issues3*)[1]에 이슈를 남겨주세요(또는 질문을 보내주세요). 오탈자를 찾았다면 이곳(*https://homl.info/errata3*)[2]에 등록해주세요. 어떤 독자는 첫 직장을 잡는 데 이 책이 큰 도움이 되었고 또 다른 독자는 현재 작업하고 있는 실제 문제를 해결하는 데 도움이 되었다고 합니다. 이런 피드백은 제게 큰 동기부여가 됩니다. 이 책이 도움이 되었다면 알려주세요. 링크드인(*https://www.linkedin.com/in/aurelien-geron*)처럼 개인적인 방식도 좋고 트윗(*@aureliengeron*), 아마존 리뷰(*https://homl.info/amazon2*) 같은 공개적인 방식도 모두 좋습니다.[3]

이번 3판을 리뷰하는 데 시간을 투자해 전문 지식을 제공하고, 오류를 수정하고, 수많은 제안을 해주신 모든 훌륭한 분들께도 깊은 감사를 드립니다. 덕분에 3판이 훨씬 더 좋아졌습니다. Olzhas Akpambetov, George Bonner, François Chollet, Siddha Ganju, Sam Goodman, Matt Harrison, Sasha Sobran, Lewis Tunstall, Leandro von Werra[4] 그리고 제 사랑하는 동생 Sylvain까지 여러분 모두 대단합니다!

또한 질문에 답하고, 개선 사항을 제안하고, 깃허브를 통해 코드에 기여함으로써 저를 도와준 많은 분들께도 매우 감사드립니다. 특히 Yannick Assogba, Ian Beauregard, Ulf Bissbort, Rick Chao, Peretz Cohen, Kyle Gallatin, Hannes Hapke, Victor Khaustov, 권순선[5], Eric Lebigot, Jason Mayes, Laurence Moroney, Sara Robinson, Joaquín Ruales 및

---

1 옮긴이_ 번역서의 깃허브(*http://bit.ly/homl3-issues*)에 이슈를 남겨주셔도 좋습니다.

2 옮긴이_ 번역서의 오탈자는 제 블로그(*https://tensorflow.blog/handson-ml3*)에 남겨주세요.

3 옮긴이_ 번역서가 도움이 되셨다면 페이스북(*https://www.facebook.com/haesunrpark*)으로 알려주시거나 온라인 서점에 리뷰를 남겨주세요. 저에게 큰 도움이 됩니다.

4 옮긴이_ 루이스 턴스톨과 레안드로 폰 베라는 허깅 페이스 개발자로 『트랜스포머를 활용한 자연어 처리』(한빛미디어, 2022)의 저자이기도 합니다.

5 옮긴이_ 권순선 님은 1판과 2판은 물론 3판 번역서에도 추천사도 써주셨습니다!

Yuefeng Zhou에게 감사드립니다.

특히 통찰력 있는 피드백을 주고 항상 밝게 격려해준 Nicole Taché를 비롯한 오라일리의 환상적인 직원들이 없었다면 이 책은 존재할 수 없었을 것입니다. 이보다 더 훌륭한 편집자는 꿈도 꿀 수 없습니다. 마지막 챕터까지 저를 응원해주고 결승점을 통과할 수 있도록 도와준 Michele Cronin에게도 큰 감사를 표합니다. 전체 제작 팀, 특히 Elizabeth Kelly와 Kristen Brown에게 감사드립니다. 철저한 검수를 해준 Kim Cofer, 아마존과의 관계를 관리하고 제 질문에 많은 답변을 해준 Johnny O'Toole에게도 감사드립니다. 제 일러스트를 크게 개선해준 Kate Dullea에게 감사드립니다. 이 프로젝트를 믿고 범위를 정의하는 데 도움을 준 Marie Beaugureau, Ben Lorica, Mike Loukides, Laurel Ruma에게 감사드립니다. 서식 지정, AsciiDoc, MathML, LaTeX에 관한 저의 모든 기술적 질문에 답해 주신 Matt Hacker와 모든 Atlas 팀원에게 감사드리며, 이 책에 기여한 Nick Adams, Rebecca Demarest, Rachel Head, Judith McConville, Helen Monroe, Karen Montgomery, Rachel Roumeliotis 및 오라일리의 다른 모든 분들에게도 감사드립니다.

이 책의 1판과 2판을 만드는 데 도움을 준 친구, 동료, 전문가, 텐서플로 팀의 많은 구성원을 비롯한 모든 훌륭한 사람들을 결코 잊지 못할 것입니다. Olzhas Akpambetov, Karmel Allison, Martin Andrews, David Andrzejewski, Paige Bailey, Lukas Biewald, Eugene Brevdo, William Chargin, François Chollet, Clément Courbet, Robert Crowe, Mark Daoust, Daniel "Wolff" Dobson, Julien Dubois, Mathias Kende, Daniel Kitachewsky, Nick Felt, Bruce Fontaine, Justin Francis, Goldie Gadde, Irene Giannoumis, Ingrid von Glehn, Vincent Guilbeau, Sandeep Gupta, Priya Gupta, Kevin Haas, Eddy Hung, Konstantinos Katsiapis, Viacheslav Kovalevskyi, Jon Krohn, Allen Lavoie, Karim Matrah, Grégoire Mesnil, Clemens Mewald, Dan Moldovan, Dominic Monn, Sean Morgan, Tom O'Malley, James Pack, Alexander Pak, 박해선, Alexandre Passos, Ankur Patel, Josh Patterson, André Susano Pinto, Anthony Platanios, Anosh Raj, Oscar Ramirez, Anna Revinskaya, Saurabh Saxena,

Salim Sémaoune, Ryan Sepassi, Vitor Sessak, Jiri Simsa, Iain Smears, Xiaodan Song, Christina Sorokin, Michel Tessier, Wiktor Tomczak, Dustin Tran, Todd Wang, Pete Warden, Rich Washington, Martin Wicke, Edd Wilder-James, Sam Witteveen, Jason Zaman, Yuefeng Zhou 그리고 제 동생 Sylvain에게 감사드립니다.

마지막으로 정말 중요한 나의 사랑하는 아내 Emmanuelle과 사랑스러운 세 아이 Alexandre, Rémi, Gabrielle에게 끝없는 감사를 보냅니다. 이 책을 열심히 작업할 수 있도록 힘을 북돋아 주었습니다. 우리 가족의 끊임없는 호기심에도 고맙습니다. 책의 어려운 개념을 아내와 아이들에게 설명하면서 생각을 정리하고 많은 부분을 개선할 수 있었습니다. 그리고 쿠키와 커피를 가져다주기도 했습니다! 무엇을 더 바랄 수 있을까요?

1부 머신러닝

1장 한눈에 보는 머신러닝

2장 머신러닝 프로젝트 처음부터 끝까지

5장 서포트 벡터 머신

6장 결정 트리

7장 앙상블 학습과 랜덤 포레스트

8장 차원 축소

9장 비지도 학습

2부 신경망과 딥러닝

12장 ~ 19장과 〈3부 부록〉은 2권에서 이어집니다.

전체 목차와 세부 목차는 한빛미디어 홈페이지(https://www.hanbit.co.kr/)에서 확인할 수 있습니다.

1부

머신러닝

1부

1장

한눈에 보는 머신러닝

얼마 전까지만 해도 집으로 가는 길을 휴대폰에 물어봐도 아무런 대답을 듣지 못할 뿐만 아니라 사람들이 여러분의 정신 상태를 의심했을 것입니다. 하지만 사실 머신러닝은 **광학 문자 판독기**optical character recognition (OCR) 같은 특별한 애플리케이션의 형태로 수십 년 동안 사용되었습니다. 수억 명의 생활을 편리하게 만들어 주류가 된 첫 번째 머신러닝 애플리케이션은 1990년대에 시작되었습니다. 바로 **스팸 필터**spam filter입니다. 자아가 있는 로봇까지는 아니지만 기술적으로 머신러닝이라 할 수 있습니다. 실제로 잘 학습되어 있어서 이메일을 스팸으로 신고할 일이 거의 없어졌습니다. 이후 수백 개의 머신러닝 애플리케이션이 우리가 매일 사용하는 많은 제품과 기능을 소리 없이 향상시켰습니다. 음성 비서, 자동 번역, 이미지 검색, 제품 추천 등 아주 많습니다.

머신러닝은 어디서 시작하고 어디서 끝나는 걸까요? '기계가 배운다'는 것이 정확히 무엇을 의미하는 걸까요? 위키백과 문서를 내려받으면 내 컴퓨터가 실제로 무언가를 배울 수 있을까요? 컴퓨터가 갑자기 똑똑해질 수 있을까요? 머신러닝이 무엇인지, 왜 머신러닝이 필요한지 살펴보면서 이 장을 시작하겠습니다.

머신러닝의 세상을 탐험하기 전에 머신러닝을 전체적으로 조망하고 주요 영역과 가장 중요한 랜드마크인 지도 학습과 비지도 학습(그리고 준지도 학습과 자기 지도 학습), 온라인 학습과 배치 학습, 사례 기반 학습과 모델 기반 학습을 알아보겠습니다. 또한 전형적인 머신러닝 프로젝트의 작업 흐름을 살펴보고 만날 수 있는 주요 문제점과 머신러닝 시스템을 평가하고 세밀하게 튜닝하는 방법을 다루겠습니다.

이 장에서는 모든 데이터 과학자가 꼭 알아야 할 여러 가지 기초 개념과 용어를 소개합니다. 거시적인 소개를 담고 있으며 코드가 많지 않은 유일한 장입니다. 간단한 내용이지만 이 책의 나머지를 읽기 전에 반드시 모든 내용을 완벽하게 이해해야 합니다. 커피 한 잔하면서 같이 시작해보죠!

TIP 이미 머신러닝의 기초를 모두 알고 있다면 2장으로 건너뛰어도 됩니다. 확실하지 않다면 2장으로 건너뛰기 전에 이 장 끝에 있는 연습문제를 풀어보세요.

1.1 머신러닝이란?

머신러닝은 데이터에서 학습하도록 컴퓨터를 프로그래밍하는 과학(또는 예술)입니다.

조금 더 일반적인 정의는 다음과 같습니다.

> 66 머신러닝은 명시적인 프로그래밍 없이 컴퓨터가 학습하는 능력을 갖추게 하는 연구 분야다. 99
>
> 아서 새뮤얼^{Arthur Samuel}, 1959

조금 더 공학적인 정의는 다음과 같습니다.

> 66 어떤 작업 T에 대한 컴퓨터 프로그램의 성능을 P로 측정했을 때 경험 E로 인해 성능이 향상됐다면, 이 컴퓨터 프로그램은 작업 T와 성능 측정 P에 대해 경험 E로 학습한 것이다. 99
>
> 톰 미첼^{Tom Mitchell}, 1997

스팸 필터는 (사용자가 스팸이라고 지정한) 스팸 메일과 일반 메일의 데이터를 이용해 스팸 메일 구분법을 배울 수 있는 머신러닝 프로그램입니다. 시스템이 학습하는 데 사용하는 샘플을 **훈련 세트**^{training set}라고 하고 각각의 훈련 데이터를 **훈련 사례**^{training instance}(혹은 **샘플**^{sample})[1]라고 합니다. 머신러닝 시스템에서 학습하고 예측을 만드는 부분은 **모델**^{model}이라 부릅니다. 모델의 예로는 신경망^{neural network}이나 랜덤 포레스트^{random forest}가 있습니다.

이 경우 작업 T는 새로운 메일이 스팸인지 구분하는 것이고, 경험 E는 **훈련 데이터**^{training data}이

---

1 옮긴이_ 원서에서는 instance가 여러 의미로 사용됩니다. 번역서에서는 instance-based의 경우 '사례 기반'으로, example을 의미할 때는 '샘플'로, 파이썬 객체를 나타낼 때는 '인스턴스'라고 번역했습니다.

며, 성능 측정 P는 직접 정의해야 합니다. 예를 들면 정확히 분류된 메일의 비율을 P로 사용할 수 있습니다. 이 성능 측정을 **정확도**^{accuracy}라고 부르며 분류 작업에 자주 사용됩니다.

위키백과 문서를 모두 내려받으면 여러분의 컴퓨터는 아주 많은 데이터를 갖게 됩니다. 그렇다고 해서 어떤 작업이 갑자기 좋아지는 것은 아닙니다. 그러므로 이는 머신러닝이 아닙니다.

1.2 왜 머신러닝을 사용하나요?

전통적인 프로그래밍 기법을 사용해 어떻게 스팸 필터를 만들 수 있을지 생각해봅시다.

1 먼저 스팸에 어떤 단어들이 주로 나타나는지 살펴봅니다. 그러면 '4U', '신용카드', '무료', '굉장한' 같은 단어나 구절이 제목에 많이 나타나는 경향이 있다는 것을 알 수 있습니다. 어쩌면 보낸이의 이름이나 본문, 이메일의 다른 요소에서 다른 패턴을 감지할 수도 있습니다.

2 발견한 패턴을 감지하는 알고리즘을 작성하여 프로그램이 이런 패턴을 발견했을 때 그 메일을 스팸으로 분류하게 합니다.

3 프로그램을 테스트하고 론칭할 만큼 충분한 성능이 나올 때까지 1단계와 2단계를 반복합니다.

문제가 어렵기 때문에 규칙이 점점 길고 복잡해지므로 유지 보수하기 매우 힘들어집니다(그림 1-1).

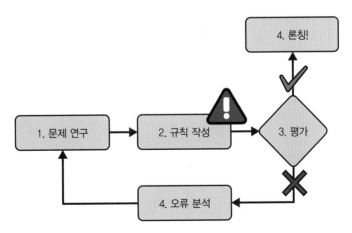

그림 1-1 전통적인 접근 방법

반면 머신러닝 기법에 기반을 둔 스팸 필터는 일반 메일에 비해 스팸에 자주 나타나는 패턴을 감지하여 어떤 단어와 구절이 스팸 메일을 판단하는 데 좋은 기준인지 자동으로 학습합니다(그림 1-2). 그러므로 프로그램이 훨씬 짧아지고 유지 보수하기 쉬우며 대부분 정확도가 더 높습니다.

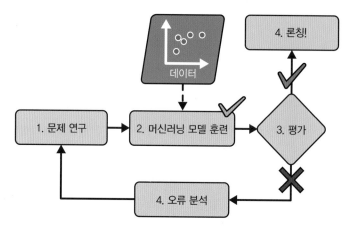

그림 1-2 머신러닝 접근 방법

스팸 메일 발송자가 '4U'를 포함한 모든 메일이 차단된다는 것을 안다면 어떻게 될까요? 아마도 '4U' 대신 'For U'를 쓰기 시작할지도 모릅니다. 전통적인 프로그래밍 방식의 스팸 필터는 'For U' 메일을 구분하기 위해 수정이 필요합니다. 스팸 메일 발송자가 스팸 필터에 대항해 계속 단어를 바꾸면 영원히 새로운 규칙을 추가해야 합니다.

하지만 머신러닝 기반의 스팸 필터는 사용자가 스팸으로 지정한 메일에 유독 'For U'가 자주 나타나는 것을 자동으로 인식하고 별도의 작업을 하지 않아도 이 단어를 스팸으로 분류합니다(그림 1-3).

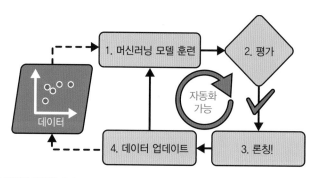

그림 1-3 자동으로 변화에 적응합니다.

머신러닝이 유용한 또 다른 분야는 전통적인 방식으로는 너무 복잡하거나 알려진 알고리즘이 없는 문제입니다. 음성 인식 speech recognition 을 예로 들 수 있습니다. 'one'과 'two' 두 단어를 구분하는 프로그램을 작성한다고 합시다. 단어 'two'는 높은 피치 pitch 의 사운드('T')로 시작하므로 높은 피치의 사운드 강도를 측정하는 알고리즘을 하드코딩해서 'one'과 'two'를 구분할 수도 있습니다. 당연히 이 방법은 소음이 있는 환경에서 수백만 명이 여러 언어로 말하는 수천 개의 단어를 구분하도록 확장하기 어렵습니다. 각 단어를 녹음한 샘플을 사용해 스스로 학습하는 알고리즘을 작성하는 것이 현재 가장 좋은 솔루션입니다.

우리는 머신러닝을 통해 배울 수도 있습니다(그림 1-4). 즉, 머신러닝 알고리즘이 학습한 것을 조사할 수 있습니다(어떤 알고리즘은 이렇게 하기 어렵습니다). 예를 들어 스팸 필터가 충분한 스팸 메일로 훈련되었다면 스팸을 예측하는 데 가장 좋은 단어 및 단어의 조합이 무엇인지 확인할 수 있습니다. 가끔 예상치 못한 상관관계나 새로운 추세가 발견되기도 해서 해당 문제를 더 잘 이해하도록 도와줍니다. 대용량의 데이터를 분석하여 숨겨진 패턴을 발견하는 것을 **데이터 마이닝** data mining 이라고 합니다. 머신러닝은 이런 작업에 뛰어납니다.

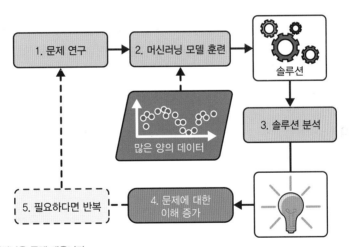

그림 1-4 머신러닝을 통해 배웁니다.

요약하면 머신러닝은 다음 분야에 뛰어납니다.

- **기존 솔루션으로는 많은 수동 조정과 규칙이 필요한 문제**
    → 머신러닝 모델이 코드를 간단하게 만들고 전통적인 방법보다 더 잘 수행할 수 있습니다.

- **전통적인 방식으로는 해결 방법이 없는 복잡한 문제**
  - → 가장 뛰어난 머신러닝 기법으로 해결 방법을 찾을 수 있습니다.
- **유동적인 환경**
  - → 머신러닝 시스템은 새로운 데이터로 쉽게 재훈련할 수 있어 항상 최신 상태를 유지합니다.
- **복잡한 문제와 대량의 데이터에서 인사이트 얻기**

1.3 애플리케이션 사례

구체적인 머신러닝 작업의 사례와 이를 위한 기술을 함께 살펴보겠습니다.

- **생산 라인에서 제품 이미지를 분석해 자동으로 분류하기**

  이미지 분류 작업입니다. 일반적으로 합성곱 신경망convolutional neural network (CNN, 14장)이나 이따금 트랜스포머Transformer (16장)를 사용하여 수행합니다.

- **뇌를 스캔하여 종양 진단하기**

  시맨틱 분할 작업입니다. 일반적으로 CNN이나 트랜스포머를 사용해 이미지의 각 픽셀을 분류합니다(종양의 정확한 위치와 모양을 결정해야 합니다).

- **자동으로 뉴스 기사 분류하기**

  자연어 처리natural language processing (NLP) 작업입니다. 더 구체적으로 말하면 텍스트 분류입니다. 순환 신경망recurrent neural network (RNN), CNN을 사용해 해결할 수 있지만 트랜스포머(16장)가 훨씬 더 잘 처리합니다.

- **토론 포럼에서 부정적인 코멘트를 자동으로 구분하기**

  역시 텍스트 분류 작업입니다. NLP 도구를 사용합니다.

- **긴 문서를 자동으로 요약하기**

  텍스트 요약이라 불리는 NLP의 한 분야입니다. NLP 도구를 사용합니다.

- **챗봇 또는 개인 비서 만들기**

  자연어 이해natural language understanding (NLU)와 질문-답변question-answering 모듈을 포함해 여러 가지 NLP 컴포넌트가 필요합니다.

- **여러 가지 성과 자료를 바탕으로 회사의 내년도 수익 예측하기**

  회귀^{regression} 작업입니다(즉, 숫자로 값을 예측합니다). 선형 회귀$^{linear\ regression}$나 다항 회귀$^{polynomial\ regression}$ 모델(4장), 회귀 서포트 벡터 머신$^{support\ vector\ machine}$(5장), 회귀 랜덤 포레스트$^{random\ forest}$(7장), 인공 신경망$^{artificial\ neural\ network}$(10장)과 같은 회귀 모델을 사용해서 해결할 수 있습니다. 과거 성과 데이터를 시퀀스로 고려하고 싶다면 RNN, CNN 또는 트랜스포머(15장, 16장)를 사용할 수 있습니다.

- **음성 명령에 반응하는 앱 만들기**

  음성 인식 작업입니다. 오디오 샘플을 처리해야 합니다. 이는 길고 복잡한 시퀀스이므로 일반적으로 RNN, CNN 또는 트랜스포머(15장, 16장)를 사용합니다.

- **신용카드 부정 거래 감지하기**

  이상치 탐지$^{outlier\ detection}$ 작업입니다. 아이솔레이션 포레스트$^{isolation\ forest}$, 가우스 혼합$^{Gaussian\ mixture}$ 모델(9장)이나 오토인코더^{autoencoder}(17장)를 사용할 수 있습니다.

- **구매 이력을 기반으로 고객을 나누고 각 집합마다 다른 마케팅 전략을 계획하기**

  군집^{clustering} 작업입니다. k-평균$^{k-means}$, DBSCAN 등을 사용하여 수행할 수 있습니다(9장).

- **고차원의 복잡한 데이터셋을 명확하고 의미 있는 그래프로 표현하기**

  데이터 시각화 작업입니다. 차원 축소$^{dimensionality\ reduction}$ 기법을 많이 사용합니다(8장).

- **과거 구매 이력을 기반으로 고객이 관심을 가질 수 있는 상품 추천하기**

  추천 시스템입니다. 과거 구매 이력을 (그리고 고객에 관한 다른 정보를) 인공 신경망(10장)에 주입하고 다음에 구매할 가능성이 가장 높은 상품을 출력하는 것이 한 가지 방법입니다. 일반적으로 모든 고객의 구매 이력을 기반으로 훈련합니다.

- **지능형 게임 봇 만들기**

  보통 강화 학습$^{reinforcement\ learning}$(RL, 18장)으로 해결합니다. 시간이 지나면 (게임 같은) 주어진 환경에서 보상이 최대가 되는 행동을 선택하는 (봇과 같은) 에이전트를 훈련하는 머신러닝의 한 분야입니다(예를 들어 상대 플레이어가 점수를 잃을 때마다 봇이 보상을 받을 수 있습니다). 바둑 세계 챔피언을 이긴 유명한 알파고^{AlphaGo}가 강화 학습을 사용해 구축되었습니다.

이 목록이 전부는 아니지만 머신러닝이 다룰 수 있는 작업의 복잡도와 다양성은 물론 이런 작업에 사용할 수 있는 기술에 대해 감을 얻었기를 바랍니다.

1.4 머신러닝 시스템의 종류

머신러닝 시스템의 종류는 굉장히 많으므로 넓은 범주에서 분류하면 도움이 됩니다.

- 훈련 지도 방식(지도, 비지도, 준지도, 자기 지도, 강화 학습)
- 실시간으로 점진적인 학습을 하는지 아닌지(온라인 학습과 배치 학습)
- 단순하게 알고 있는 데이터 포인트와 새 데이터 포인트를 비교하는 것인지 아니면 과학자들이 하는 것처럼 훈련 데이터셋에서 패턴을 발견하여 예측 모델을 만드는지(사례 기반 학습과 모델 기반 학습)

이 범주들은 서로 배타적이지 않으며 원하는 대로 연결할 수 있습니다. 예를 들어 최첨단 스팸 필터가 심층 신경망 모델을 사용해 스팸과 스팸이 아닌 메일로부터 실시간으로 학습할지도 모릅니다. 그렇다면 이 시스템은 온라인이고 모델 기반이며 지도 학습 시스템입니다.

이 범주들을 조금 더 자세히 들여다보겠습니다.

1.4.1 훈련 지도 방식

머신러닝 시스템을 **학습하는 동안의 지도 형태나 정보량**에 따라 분류할 수 있습니다. 많은 종류가 있지만 대표적으로 지도 학습, 비지도 학습, 준지도 학습, 자기 지도 학습, 강화 학습에 대해 알아보겠습니다.

지도 학습

지도 학습supervised learning에서는 알고리즘에 주입하는 훈련 데이터에 **레이블**label[2]이라는 원하는 답이 포함됩니다(그림 1-5).

---

2 옮긴이_ 머신러닝에서 레이블의 범주를 클래스(class)라고 부릅니다. 이 책에서는 프로그램 언어의 클래스와 같은 용어를 사용하므로 혼동하지 않도록 주의하세요.

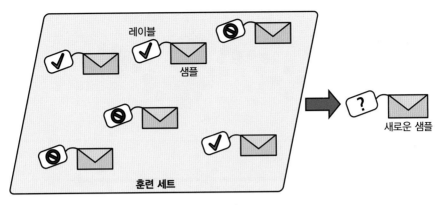

그림 1-5 스팸 분류를 위한 레이블된 훈련 세트(지도 학습의 예)

분류classification가 전형적인 지도 학습 작업이며, 스팸 필터가 좋은 예입니다. 스팸 필터는 많은 샘플 이메일과 클래스class(스팸인지 아닌지)로 훈련되며 어떻게 새 메일을 분류할지 학습해야 합니다.

또 다른 전형적인 작업은 **특성**feature(주행 거리, 연식, 브랜드 등)을 사용해 중고차 가격 같은 **타깃**target 수치를 예측하는 것입니다. 이런 종류의 작업을 **회귀**regression[3]라고 부릅니다(그림 1-6). 시스템을 훈련하려면 특성과 타깃(중고차 가격)이 포함된 중고차 데이터가 많이 필요합니다.

> **NOTE** 지도 학습에서 **타깃**과 **레이블**은 일반적으로 동의어로 취급됩니다. 하지만 **타깃**은 회귀 작업에서 많이 사용되고 **레이블**은 분류 작업에서 많이 사용됩니다. 또한 특성은 **예측 변수**predictor나 **속성**attribute이라고도 부릅니다.[4] 이런 용어는 개별 샘플(**예** '이 차의 주행 거리 특성은 15,000입니다') 또는 모든 샘플(**예** '주행 거리 특성은 가격과 강한 상관관계가 있습니다')을 의미할 수 있습니다.

---

3 재미있는 사실: 이 이상한 이름은 프랜시스 골턴(Francis Galton)이 키가 큰 사람의 자녀가 부모보다 작은 경향이 있다는 사실을 연구하면서 소개한 통계학 용어입니다. 부모보다 자녀가 더 작기 때문에 이를 **평균으로 회귀**한다고 불렀습니다. 그 후 프랜시스가 두 변수 사이의 상관관계를 분석하기 위해 사용한 방법에 이 이름을 붙였습니다.

4 옮긴이_ 이러한 이유로 원서는 데이터의 열(column)을 표현할 때 특성과 속성을 혼용하고 있습니다. 번역서는 데이터의 열 또는 변수를 의미할 때는 '특성', 파이썬 클래스나 인스턴스의 변수를 의미하는 property와 attribute는 '속성'으로 썼습니다.

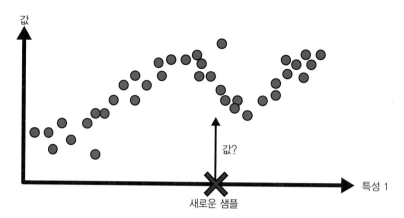

그림 1-6 회귀 문제: 주어진 입력 특성으로 값을 예측합니다(일반적으로 입력 특성이 여러 개 있으며 이따금 여러 개의 값을 출력하기도 합니다).

일부 회귀 알고리즘을 분류에 사용할 수도 있습니다. 반대로 일부 분류 알고리즘을 회귀에 사용할 수도 있습니다. 예를 들어 분류에 널리 쓰이는 **로지스틱 회귀**^{logistic regression}는 클래스에 속할 확률을 출력합니다(**예** 스팸일 가능성 20%).

비지도 학습

비지도 학습^{unsupervised learning}에서는 말 그대로 훈련 데이터에 레이블이 없습니다(그림 1-7). 시스템이 아무런 도움 없이 학습해야 합니다.

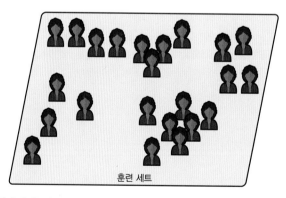

그림 1-7 비지도 학습에서 레이블이 없는 훈련 세트

예를 들어 블로그 방문자에 대한 데이터가 많이 있다고 합시다. 비슷한 방문자들을 그룹으로 묶기 위해 군집clustering 알고리즘을 적용하려 합니다(그림 1-8). 하지만 방문자가 어떤 그룹에 속하는지 알고리즘에 알려줄 수 있는 정보가 없습니다. 그래서 알고리즘이 스스로 방문자 사이의 연결고리를 찾습니다. 예를 들어 40%의 방문자는 만화책을 좋아하며 방과후에 블로그에 방문하는 10대이고, 20%는 SF를 좋아하고 주말에 방문하는 성인임을 알게 될지도 모릅니다. **계층 군집**hierarchical clustering 알고리즘을 사용하면 각 그룹을 더 작은 그룹으로 세분화할 수 있습니다.[5] 그러면 각 그룹에 맞춰 블로그에 글을 쓰는 데 도움이 될 것입니다.

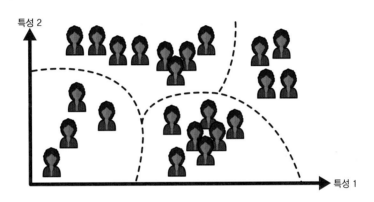

그림 1-8 군집

시각화visualization 알고리즘도 비지도 학습의 좋은 예입니다. 레이블이 없는 대규모의 고차원 데이터를 넣으면 도식화가 가능한 2D나 3D 표현을 만들어줍니다(그림 1-9). 이런 알고리즘은 가능한 한 구조를 그대로 유지하려 하므로(예를 들어 입력 공간에서 떨어져 있던 클러스터cluster는 시각화된 그래프에서 겹쳐지지 않게 유지됩니다) 데이터가 어떻게 조직되어 있는지 이해할 수 있고 예상하지 못한 패턴을 발견할 수도 있습니다.

비슷한 작업으로는 너무 많은 정보를 잃지 않으면서 데이터를 간소화하려는 **차원 축소**dimensionality reduction가 있습니다. 이렇게 하는 한 가지 방법은 상관관계가 있는 여러 특성을 하나로 합치는 것입니다. 예를 들어 차의 주행 거리는 연식과 강하게 연관되어 있기 때문에 차원 축소 알고리즘으로 두 특성을 차의 마모 정도를 나타내는 하나의 특성으로 합칠 수 있습니다.

---

5 옮긴이_ 여기에서 설명하는 계층 군집은 하향식(top-down)인 분할 군집(divisive clustering)을 말합니다. 사이킷런(scikit-learn)에서는 상향식(bottom-up) 계층 군집인 병합 군집(agglomerative clustering, *https://goo.gl/9xKpx0*) 알고리즘을 제공합니다.

이를 **특성 추출**feature extraction이라고 합니다.

TIP (지도 학습 알고리즘 같은) 머신러닝 알고리즘에 데이터를 주입하기 전에 차원 축소 알고리즘을 사용하여 훈련 데이터에 있는 차원의 수를 줄이는 것이 유용할 때가 많습니다. 실행 속도가 훨씬 빨라지고 디스크와 메모리를 차지하는 공간도 줄어듭니다. 경우에 따라 성능이 좋아지기도 합니다.

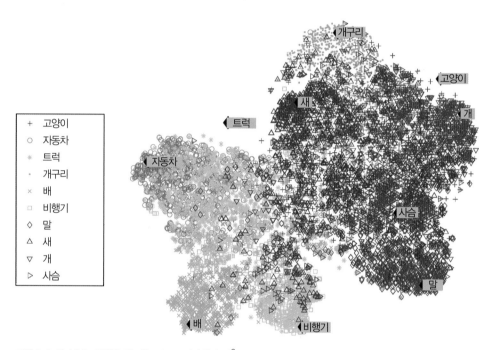

그림 1-9 의미 있는 군집을 강조한 t-SNE 시각화의 예[6]

또 하나의 중요한 비지도 학습은 **이상치 탐지**outlier detection입니다. 예를 들어 부정 거래를 막기 위해 이상한 신용카드 거래를 감지하고, 제조 결함을 잡아내고, 학습 알고리즘에 주입하기 전에 데이터셋[7]에서 이상한 값을 자동으로 제거하는 것 등입니다. 시스템은 훈련하는 동안 대부분 정상 샘플을 만나 이를 인식하도록 훈련됩니다. 그다음 새로운 샘플을 보고 정상 데이터인

---

6 동물이 운송 수단과 잘 구분되어 있고 말이 사슴과 가깝지만 새와 떨어져 있는 것 등을 확인할 수 있습니다. 이 그림은 리처드 소셔 (Richard Socher) 등의 "Zero-Shot Learning Through Cross-Modal Transfer," Proceedings of the 26th International Conference on Neural Information Processing Systems 1 (2013): 935-943.에서 허락을 받고 옮겼습니다.

7 옮긴이_원서의 dataset은 '데이터셋'으로, training set은 '훈련 세트'로 번역했습니다. 이는 set이 접미사로 사용되는지와 독립된 단어로 구분되는지에 따라 다르게 표현한 것입니다. 또한 '데이터셋'은 전체 데이터를 의미하고 '훈련 세트'는 이를 나눈 부분 집합이므로 상황에 따른 의미를 시각적으로 구분하기 위함이기도 합니다.

지 혹은 이상치인지 판단합니다(그림 1-10). 매우 비슷한 작업으로 **특이치 탐지**^{novelty detection} 가 있습니다. 훈련 세트에 있는 모든 샘플과 달라 보이는 새로운 샘플을 탐지하는 것이 목적입니다. 따라서 알고리즘으로 감지하고 싶은 샘플을 모두 제거한 매우 '깨끗한' 훈련 세트가 필요합니다. 예를 들어 강아지 사진 수천 장이 있고 그중 1%가 치와와 사진이라면 특이치 탐지 알고리즘은 새로운 치와와 사진을 특이치로 처리하지 못합니다. 반면 이상치 탐지 알고리즘은 치와와가 매우 드물고 다른 강아지와 다르다고 인식하여 이상치로 분류할 것입니다(치와와를 싫어하는 것은 아닙니다).

널리 사용되는 또 다른 비지도 학습은 대량의 데이터에서 특성 간의 흥미로운 관계를 찾는 **연관 규칙 학습**^{association rule learning}입니다.[8] 예를 들어 여러분이 슈퍼마켓을 운영한다고 가정합시다. 판매 기록에 연관 규칙을 적용하면 바비큐 소스와 감자를 구매한 사람이 스테이크도 구매하는 경향이 있다는 것을 찾을지도 모릅니다. 그렇다면 아마 이 상품들을 서로 가까이 진열하고 싶을 것입니다.

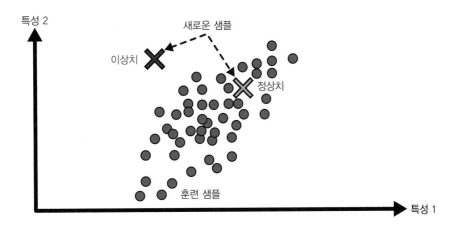

그림 1-10 이상치 탐지

준지도 학습

데이터에 레이블을 다는 것은 일반적으로 시간과 비용이 많이 들기 때문에 레이블이 없는 샘플이 많고 레이블된 샘플은 적은 경우가 많습니다. 어떤 알고리즘은 레이블이 일부만 있는 데이터를 다룰 수 있는데, 이를 **준지도 학습**^{semi-supervised learning}이라고 합니다(그림 1-11).

---

8 옮긴이_ 연관 규칙은 규칙 기반(rule-based) 학습의 한 종류로, 사이킷런에서는 제공하지 않습니다.

구글 포토 서비스가 좋은 예입니다. 이 서비스에 가족사진을 모두 올리면 사람 A는 사진 1, 5, 11에 있고 사람 B는 사진 2, 5, 7에 있다고 자동으로 인식합니다. 이는 비지도 학습(군집)입니다. 이제 시스템에 필요한 것은 이 사람들이 누구인가 하는 정보입니다. 사람마다 레이블을 하나만 추가하면[9] 사진에 있는 모든 사람의 이름을 알 수 있고, 편리하게 사진을 찾을 수 있습니다.

대부분의 준지도 학습 알고리즘은 지도 학습과 비지도 학습의 조합으로 이루어져 있습니다. 예를 들어 군집 알고리즘을 사용해 비슷한 샘플을 한 그룹으로 모읍니다. 그다음 레이블이 없는 샘플에 클러스터에서 가장 많이 등장하는 레이블을 할당합니다. 전체 데이터셋에 레이블이 부여되고 나면 지도 학습 알고리즘을 사용할 수 있습니다.

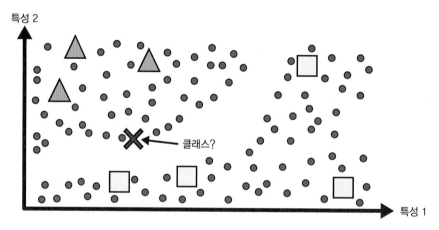

그림 1-11 두 개의 클래스(삼각형과 사각형)를 사용한 준지도 학습: 새로운 샘플(곱셈 기호)은 레이블이 있는 사각형 샘플에 더 가깝지만 레이블이 없는 샘플(원)이 이 샘플을 삼각형 클래스로 분류하는 데 도움을 줍니다.

자기 지도 학습

또 다른 머신러닝 방법은 레이블이 전혀 없는 데이터셋에서 레이블이 완전히 부여된 데이터셋을 생성하는 것입니다. 여기서도 전체 데이터셋에 레이블이 부여되고 나면 어떤 지도 학습 알고리즘도 사용할 수 있습니다. 이런 방법을 **자기 지도 학습**self-supervised learning이라고 부릅니다.

---

9 이는 시스템이 완벽하다고 가정했을 때입니다. 실제로는 사람마다 여러 개의 군집이 만들어지고 때로는 비슷한 외모의 두 사람이 섞이기도 합니다. 그래서 사람마다 여러 번 레이블을 부여하고 어떤 군집은 수동으로 정리해야 합니다.

예를 들어 레이블이 없는 이미지로 구성된 대량의 데이터셋이 있다면 각 이미지의 일부분을 랜덤하게 마스킹^{masking}하고 모델이 원본 이미지를 복원하도록 훈련할 수 있습니다(그림 1-12). 훈련하는 동안 마스킹된 이미지는 모델의 입력으로 사용되고 원본 이미지는 레이블로 사용됩니다.

그림 1-12 자기 지도 학습의 예: 입력(왼쪽)과 타깃(오른쪽)

훈련된 모델은 그 자체로 매우 유용합니다. 예를 들어 손상된 이미지를 복원하거나 사진에서 원치 않는 물체를 삭제할 수 있습니다. 하지만 종종 자기 지도 학습을 사용해 훈련된 모델이 최종 목적이 아닌 경우가 많습니다. 일반적으로 조금 다르지만 실제 관심 대상인 작업을 위해 모델을 수정하거나 미세 튜닝^{fine tuning}합니다.

예를 들면 반려동물 분류 모델이 필요하다고 가정해보죠. 반려동물 사진이 주어지면 모델은 어떤 품종인지 예측해야 합니다. 레이블이 없는 반려동물 사진으로 구성된 대량의 데이터셋이 있다면 자기 지도 학습을 사용하여 이미지 복원 모델을 먼저 훈련할 수 있습니다. 훈련이 잘 되고 나면 모델이 여러 종류의 반려동물을 구별할 수 있어야 합니다. 고양이 사진에서 마스킹된 얼굴을 복원할 때 강아지 얼굴을 넣어서는 안 되기 때문입니다. 모델 구조가 허락한다면(대부분의 신경망^{neural network} 구조가 가능하지만) 이미지 복원 대신 반려동물 종류를 예측하도록 모델을 수정할 수 있습니다. 마지막 단계는 레이블이 있는 데이터셋에서 모델을 미세 튜닝하는 것입니다. 이 모델은 고양이, 강아지 그리고 다른 종류의 반려동물이 어떻게 생겼는지 이미 알고 있습니다. 따라서 이 단계는 모델이 이미 알고 있는 동물과 기대하는 레이블을 매핑하는 방법을 학습할 뿐입니다.

> **✎ NOTE** 한 작업에서 다른 작업으로 지식을 전달하는 것을 **전이 학습**transfer learning이라고 부릅니다. 오늘날 머신러닝 분야, 특히 **심층 신경망**deep neural network(즉, 뉴런neuron의 층layer이 여러 개인 신경망)을 사용할 때 가장 중요한 기술입니다. 이에 관해서는 2부에서 자세하게 다루겠습니다.

일부 사람들은 자기 지도 학습이 레이블이 전혀 없는 데이터셋을 사용하기 때문에 비지도 학습의 일부라고 생각합니다. 하지만 자기 지도 학습은 훈련하는 동안 (생성된) 레이블을 사용합니다. 따라서 지도 학습에 더 가깝습니다. 비지도 학습이라는 용어는 일반적으로 군집, 차원 축소, 이상치 탐지 같은 작업을 다룰 때 사용됩니다. 반면 자기 지도 학습은 지도 학습과 동일한 작업(주로 분류와 회귀)에 초점을 맞춥니다. 간단히 말해서 자기 지도 학습을 별개의 범주로 다루는 것이 가장 좋습니다.

강화 학습

강화 학습reinforcement learning은 매우 다른 종류의 알고리즘입니다. 여기서는 학습하는 시스템을 **에이전트**agent라고 부르며 환경environment을 관찰해서 행동action을 실행하고 그 결과로 **보상**reward(또는 [그림 1-13]처럼 부정적인 보상에 해당하는 **벌점**penalty)을 받습니다. 시간이 지나면서 가장 큰 보상을 얻기 위해 **정책**policy이라고 부르는 최상의 전략을 스스로 학습합니다. 정책은 주어진 상황에서 에이전트가 어떤 행동을 선택해야 할지 정의합니다.

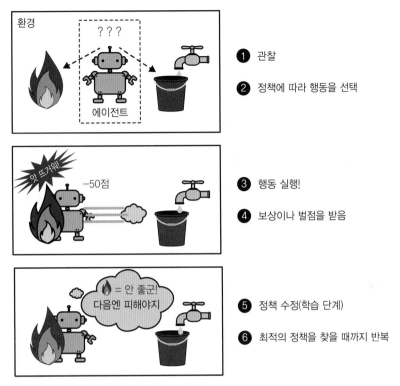

그림 1-13 강화 학습

예를 들어 보행 로봇을 만들기 위해 강화 학습 알고리즘을 많이 사용합니다. 딥마인드 ^{DeepMind} 의 알파고 ^{AlphaGo} 프로그램도 강화 학습의 좋은 예입니다. 2017년 5월 바둑에서 당시 세계 랭킹 1위인 커제^{Ke Jie} 선수를 이겨서 신문의 헤드라인을 장식했습니다. 알파고는 수백만 개의 게임을 분석해서 승리 전략을 학습했으며 자기 자신과 많은 게임을 했습니다. 알파고가 세계 챔피언과 게임할 때는 학습 기능을 끄고 그동안 학습했던 전략을 적용했습니다.[10] 다음 절에서 보겠지만 이를 **오프라인 학습**이라고 부릅니다.

---

10 옮긴이_ 딥마인드는 2017년 10월에 기보 없이 스스로 학습하여 기존 알파고를 능가하는 알파고 제로(AlphaGo Zero)를 공개했습니다. *https://goo.gl/MeFZmM*

1.4.2 배치 학습과 온라인 학습

머신러닝 시스템을 분류하는 데 사용하는 다른 기준은 입력 데이터의 스트림 stream 으로부터 점진적으로 학습할 수 있는지 여부입니다.

배치 학습

배치 학습 batch learning 에서는 시스템이 점진적으로 학습할 수 없습니다. 가용한 데이터를 모두 사용해 훈련시켜야 합니다. 일반적으로 이 방식은 시간과 자원을 많이 소모하므로 오프라인에서 수행됩니다. 먼저 시스템을 훈련시킨 다음 제품 시스템에 적용하면 더 이상의 학습 없이 실행됩니다. 즉, 학습한 것을 단지 적용만 합니다. 이를 **오프라인 학습** offline learning 이라고 합니다.

불행하게도 모델의 성능은 시간이 지남에 따라 천천히 감소하는 경향이 있습니다. 세상은 계속 진화하는데 모델은 바뀌지 않고 그대로이기 때문입니다. 이런 현상을 **모델 부패** model rot 또는 **데이터 드리프트** data drift 라고 부릅니다. 이에 대한 해결 방법은 최신 데이터에서 모델을 정기적으로 재훈련하는 것입니다. 얼마나 자주 재훈련해야 하는지는 경우에 따라 다릅니다. 고양이와 강아지 사진을 분류하는 모델이라면 성능이 매우 느리게 감소할 것입니다. 모델이 금융 시장 같이 빠르게 진화하는 시스템에 대한 예측을 만든다면 성능이 매우 빠르게 나빠질 가능성이 많습니다.

> **!CAUTION** 고양이와 강아지 사진을 분류하도록 훈련된 모델도 정기적으로 재훈련해야 할 수 있습니다. 강아지와 고양이의 돌연변이가 밤 사이에 생기기 때문이 아니라 카메라가 바뀌어서 이미지 포맷, 선명도, 밝기, 가로세로 비율이 변하기 때문입니다. 게다가 사람들이 내년에는 올해와 다른 품종을 좋아할 수도 있고 반려동물에게 작은 모자를 씌울 수도 있습니다. 무슨 일이 일어날지 누가 알겠습니까?

배치 학습 시스템이 (새로운 종류의 스팸 같은) 새로운 데이터에 대해 학습하려면 (새로운 데이터뿐만 아니라 이전 데이터도 포함한) 전체 데이터를 사용하여 시스템의 새로운 버전을 처음부터 다시 훈련해야 합니다. 그런 다음 이전 모델을 새 모델로 교체합니다. 다행히 ([그림 1-3]에서 보았듯이) 머신러닝 시스템을 훈련, 평가, 론칭하는 전체 과정이 쉽게 자동화될 수 있어서 배치 학습 시스템도 변화에 적응할 수 있습니다. 데이터를 업데이트하고 시스템의 새 버전을 필요한 만큼 자주 훈련시키면 됩니다.

이런 방식은 간단하고 잘 작동하지만 전체 데이터셋을 사용해 훈련하는 데 몇 시간이 소요될 수 있습니다. 보통 24시간마다 또는 매주 시스템을 훈련시킵니다. 시스템이 빠르게 변하는 데이터에 적응해야 한다면(예 주식 가격) 더 능동적인 방법이 필요합니다.

또한 전체 데이터셋을 사용해 훈련한다면 많은 컴퓨팅 자원이 필요합니다(CPU, 메모리 공간, 디스크 공간, 디스크 IO, 네트워크 IO 등). 대량의 데이터를 가지고 있는데 매일 처음부터 새로 훈련시키도록 시스템을 자동화한다면 큰 비용이 발생할 것입니다. 데이터 양이 아주 많으면 배치 학습 알고리즘을 사용하는 게 불가능할 수도 있습니다.

마지막으로 자원이 제한된 시스템(예 스마트폰 또는 화성 탐사 로버 rover)이 스스로 학습해야 할 때 많은 양의 훈련 데이터를 나르고 매일 몇 시간씩 학습을 위해 많은 자원을 사용하면 심각한 문제를 일으킵니다.

이런 경우에는 점진적으로 학습할 수 있는 알고리즘을 사용하는 편이 낫습니다.

온라인 학습

온라인 학습online learning에서는 데이터를 순차적으로 한 개씩 또는 **미니배치**mini-batch라 부르는 작은 묶음 단위로 주입하여 시스템을 훈련시킵니다. 매 학습 단계가 빠르고 비용이 적게 들어 시스템은 데이터가 도착하는 대로 즉시 학습할 수 있습니다(그림 1-14).

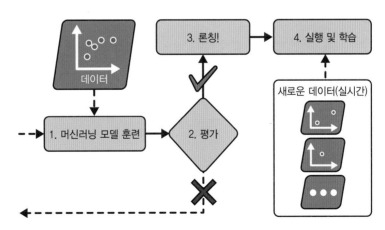

그림 1-14 온라인 학습에서는 모델을 훈련하고 제품에 론칭한 뒤에도 새로운 데이터가 들어오면 계속 학습합니다.

온라인 학습은 극도로 빠른 변화에 적응해야 하는 시스템(◐ 주식 시장에서 새로운 패턴을 탐지하는 시스템)에 적합합니다. 컴퓨팅 자원이 제한된 경우에도 좋은 선택입니다. 예를 들면 모바일 디바이스에서 모델을 훈련할 때입니다.

또한 온라인 학습 알고리즘을 사용하여 컴퓨터 한 대의 메인 메모리에 들어갈 수 없는 아주 큰 데이터셋에서 모델을 훈련할 수도 있습니다(이를 **외부 메모리 학습**out-of-core learning이라고 합니다). [그림 1-15]와 같이 알고리즘이 데이터 일부를 읽어들이고 훈련 단계를 수행합니다. 그리고 전체 데이터가 모두 적용될 때까지 이 과정을 반복합니다.

> **! CAUTION** 외부 메모리 학습은 보통 오프라인으로 실행됩니다(즉, 실시간 시스템에서 수행되는 것이 아닙니다). 그래서 **온라인 학습**이란 이름이 혼란을 줄 수 있습니다. **점진적 학습**incremental learning이라고 생각하세요.

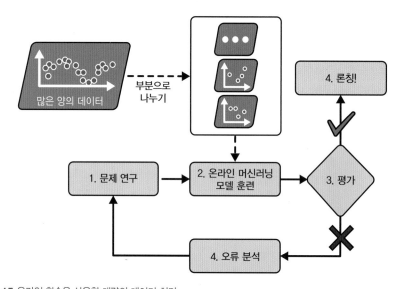

그림 1-15 온라인 학습을 사용한 대량의 데이터 처리

온라인 학습 시스템에서 중요한 파라미터는 변화하는 데이터에 얼마나 빠르게 적응할 것인지입니다. 이를 **학습률**learning rate이라고 합니다.[11] 학습률을 높게 하면 시스템이 데이터에 빠르게

---

11 옮긴이_ 학습률은 대표적인 하이퍼파라미터입니다. 하이퍼파라미터에 관해서는 〈1.5.5 훈련 데이터 과대적합〉을 참고하세요.

적응하지만 예전 데이터를 금방 잊어버릴 것입니다(최근에 나타난 스팸 종류만 걸러낼 수 있는 스팸 필터를 원할 리는 없습니다). 반대로 학습률이 낮으면 시스템의 관성이 더 커져서 더 느리게 학습됩니다. 하지만 새로운 데이터에 있는 잡음이나 대표성 없는 데이터 포인트에 덜 민감해집니다.

온라인 학습에서 가장 큰 문제점은 시스템에 나쁜 데이터가 주입되었을 때 시스템 성능이 감소한다는 점입니다. 데이터 품질과 학습률에 따라서 빠르게 감소할 수도 있습니다. 운영 중인 시스템이라면 고객이 눈치챌지 모릅니다. 버그(예 로봇의 오작동 센서)나 시스템을 속이려는 행위(예 검색 엔진을 속여 검색 결과 상위에 노출시키는 것)로부터 나쁜 데이터가 올 수 있습니다. 이런 위험을 줄이려면 시스템을 면밀히 모니터링하고 성능 감소가 감지되면 즉각 학습을 중지시켜야 합니다(가능하면 이전 운영 상태로 되돌립니다). 입력 데이터를 모니터링해서 비정상 데이터를 잡아낼 수도 있습니다. 예를 들면 이상치 탐지 알고리즘(9장)을 사용합니다.

1.4.3 사례 기반 학습과 모델 기반 학습

어떻게 **일반화**generalization되는가에 따라 머신러닝 시스템을 분류할 수도 있습니다. 대부분의 머신러닝 작업은 예측을 만드는 것입니다. 이 말은 주어진 훈련 데이터로 학습하고 이전에는 본 적 없는 새로운 데이터에서 좋은 예측을 만들어야(일반화되어야) 한다는 뜻입니다. 훈련 데이터에서 높은 성능을 내는 것이 좋지만 그게 전부는 아닙니다. 진짜 목표는 새로운 샘플에 잘 작동하는 모델입니다.

일반화를 위한 두 가지 접근법은 사례 기반 학습과 모델 기반 학습입니다.

사례 기반 학습

가장 간단한 형태의 학습은 단순히 기억하는 것입니다. 스팸 필터를 이러한 방식으로 만들면 사용자가 스팸이라고 지정한 메일과 동일한 모든 메일을 스팸으로 분류합니다. 최악의 방법은 아니지만 최선도 아닙니다.

스팸 메일과 동일한 메일을 스팸이라고 지정하는 대신 스팸 메일과 매우 유사한 메일을 구분하도록 스팸 필터를 프로그래밍할 수 있습니다. 이렇게 하려면 두 메일 사이의 **유사도**similarity를 **측정**measure해야 합니다. 두 메일 사이의 매우 간단한 유사도 측정 방법은 공통으로 포함된 단어의 수를 세는 것입니다. 스팸 메일과 공통으로 가지고 있는 단어가 많으면 스팸으로 분류합니다.

이를 **사례 기반 학습**instance-based learning이라고 합니다. 시스템이 훈련 샘플을 기억함으로써 학습합니다. 그리고 유사도 측정을 사용해 새로운 데이터와 학습한 샘플(또는 학습한 샘플 중 일부)을 비교하는 식으로 일반화합니다. 예를 들어 [그림 1-16]에서 새로운 샘플은 가장 비슷한 샘플 중 다수가 삼각형이므로 삼각형 클래스로 분류될 것입니다.

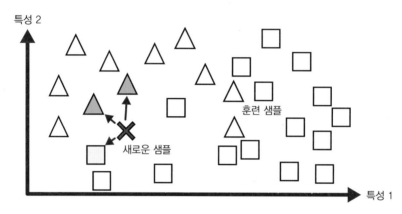

그림 1-16 사례 기반 학습

모델 기반 학습

샘플로부터 일반화시키는 다른 방법은 이 샘플들의 모델을 만들어 **예측**prediction에 사용하는 것입니다. 이를 **모델 기반 학습**model-based learning이라고 합니다(그림 1-17).

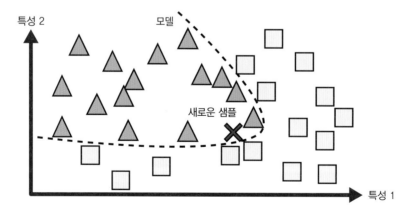

그림 1-17 모델 기반 학습

예를 들어 돈이 사람을 행복하게 만드는지 알아본다고 가정합시다. OECD 웹 사이트 (*https://www.oecdbetterlifeindex.org*)에서 **더 나은 삶의 지표**^Better Life Index 데이터와 1인당 GDP 데이터를 사용하기 위해 세계 은행 통계(*https://ourworldindata.org*)를 내려받습니다. 두 데이터 테이블을 합치고 1인당 GDP로 정렬합니다. [표 1-1]에 그 일부를 나타냈습니다.

표 1-1 돈이 사람을 행복하게 만드는가?

국가	1인당 GDP(US 달러)	삶의 만족도
튀르키예	28,384	5.5
헝가리	31,008	5.6
프랑스	42,026	6.5
미국	60,236	6.9
뉴질랜드	42,404	7.3
호주	48,698	7.3
덴마크	55,938	7.6

이 국가들을 그래프에 나타냈습니다(그림 1-18).

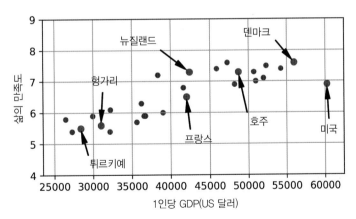

그림 1-18 어떤 경향이 보이나요?

여기서 어떤 경향을 볼 수 있습니다! 데이터가 **흩어져 있지만**(즉, 어느 정도 무작위성이 있지만) 삶의 만족도는 국가의 1인당 GDP가 증가할수록 거의 선형으로 같이 상승합니다. 따라서

1인당 GDP의 선형 함수로 삶의 만족도를 모델링해보겠습니다. 이 단계를 **모델 선택**^{model selection}이라고 합니다. 다시 말하면, 1인당 GDP라는 특성 하나를 가진 삶의 만족도에 대한 **선형 모델**^{linear model}을 선택했습니다(식 1-1).

식 1-1 간단한 선형 모델

삶의_만족도 $= \theta_0 + \theta_1 \times$ 1인당_GDP

이 모델은 두 개의 **모델 파라미터**^{model parameter} θ_0과 θ_1을 가집니다.[12] 이 모델 파라미터를 조정하여 [그림 1-19]처럼 어떤 선형 함수를 표현하는 모델을 얻을 수 있습니다.

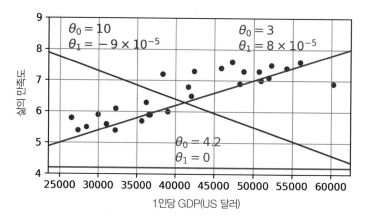

그림 1-19 가능한 몇 가지 선형 모델

모델을 사용하기 전에 θ_0과 θ_1의 값을 정의해야 합니다. 모델이 최상의 성능을 내도록 하는 값을 어떻게 알 수 있을까요? 이 질문에 대답하려면 측정 지표를 정해야 합니다. 모델이 얼마나 **좋은지** 측정하는 **효용 함수**^{utility function}(또는 **적합도 함수**^{fitness function})를 정의하거나 얼마나 **나쁜지** 측정하는 **비용 함수**^{cost function}를 정의할 수 있습니다. 선형 회귀에서는 보통 선형 모델의 예측과 훈련 데이터 사이의 거리를 재는 비용 함수를 사용합니다. 이 거리를 최소화하는 것이 목표입니다.

여기에서 선형 회귀^{linear regression} 알고리즘이 등장합니다. 알고리즘에 훈련 데이터를 공급하면 데이터에 가장 잘 맞는 선형 모델의 파라미터를 찾습니다. 이를 모델을 **훈련**^{training}시킨다고 말

---

12 관습적으로 그리스 문자 θ(세타)는 모델 파라미터를 표현할 때 자주 사용됩니다. 옮긴이_ ω(오메가)와 β(베타)도 자주 사용됩니다.

합니다. 이 경우에는 알고리즘이 최적의 파라미터로 $\theta_0 = 3.75$와 $\theta_1 = 6.78 \times 10^{-5}$을 찾았습니다.

> **!CAUTION** 조금 혼란스러울 수 있지만 '모델'이라는 단어는 **모델의 종류(예** 선형 회귀)나 **완전히 정의된 모델 구조(예** 하나의 입력과 하나의 출력을 가진 선형 회귀)나 예측에 사용하기 위해 준비된 **훈련된 최종 모델(예** $\theta_0 = 3.75$와 $\theta_1 = 6.78 \times 10^{-5}$이고 입력 하나와 출력 하나를 가진 선형 회귀)을 의미할 수 있습니다. 모델 선택은 모델의 종류나 완전히 정의된 모델 구조를 선택하는 것입니다. 모델 훈련은 훈련 데이터에 가장 잘 맞고 새로운 데이터에 좋은 예측을 만들 수 있는 모델 파라미터를 찾기 위해 알고리즘을 실행하는 것을 의미합니다.

[그림 1-20]에서 볼 수 있듯이 모델이 훈련 데이터에 (선형 모델로서) 가능한 한 가깝게 맞춰졌습니다.

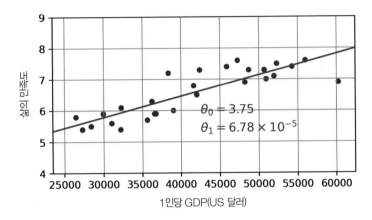

그림 1-20 훈련 데이터에 최적인 선형 모델

이제 이 모델을 사용해 예측을 할 수 있습니다. 예를 들어 OECD 데이터에 없는 키프로스 Cyprus[13] 사람들이 얼마나 행복한지 알아보기 위해 이 모델을 사용할 수 있습니다. 키프로스의 1인당 GDP를 보면 37,655달러이므로 이를 모델에 적용해 $3.75 + 37,655 \times 6.78 \times 10^{-5} = 6.30$이라는 삶의 만족도를 계산합니다.

다음 파이썬 코드는 데이터를 로드하고 입력 X와 레이블 y로 나눈 다음 산점도 scatterplot를 그려

---

13 옮긴이_ 키프로스는 튀르키예 아래쪽에 위치한 아름다운 지중해 섬나라입니다. 1974년에 일어난 내전 이후 튀르키예계인 북부와 그리스계인 남부로 분단되어 있습니다.

시각화하고 사이킷런을 이용해 선형 모델을 훈련하여 예측하는 과정을 보여줍니다.[14]

```python
import matplotlib.pyplot as plt
import pandas as pd
from sklearn.linear_model import LinearRegression

# 데이터를 다운로드하고 준비합니다.
data_root = "https://github.com/ageron/data/raw/main/"
lifesat = pd.read_csv(data_root + "lifesat/lifesat.csv")
X = lifesat[["GDP per capita (USD)"]].values
y = lifesat[["Life satisfaction"]].values

# 데이터를 그래프로 나타냅니다.
lifesat.plot(kind='scatter', grid=True,
             x="GDP per capita (USD)", y="Life satisfaction")
plt.axis([23_500, 62_500, 4, 9])
plt.show()

# 선형 모델을 선택합니다.
model = LinearRegression()

# 모델을 훈련합니다.
model.fit(X, y)

# 키프로스에 대해 예측을 만듭니다.
X_new = [[37_655.2]]        # 2020년 키프로스 1인당 GDP
print(model.predict(X_new)) # 출력: [[6.30165767]]
```

> **✏ NOTE** 사례 기반의 학습 알고리즘을 사용한다면 먼저 1인당 GDP가 키프로스와 가장 가까운 이스라엘Israel(38,341달러)을 찾습니다. OECD 데이터에 있는 이스라엘의 삶의 만족도가 7.2이므로 키프로스의 삶의 만족도를 7.2로 예측합니다. 조금 더 확대해서 그다음으로 가까운 두 나라를 고려해봅시다. 삶의 만족도가 5.9인 리투아니아Lithuania와 슬로베니아Slovenia가 있습니다. 이 세 값의 평균을 구하면 모델 기반의 예측과 매우 비슷한 6.33이 됩니다. 간단한 이 알고리즘을 *k*-최근접 이웃k-nearest neighbors 회귀라고 합니다(여기서는 k=3입니다).

이전 코드에서 선형 회귀 모델을 k-최근접 이웃 회귀로 바꾸려면 간단히 아래 두 줄을

```python
from sklearn.linear_model import LinearRegression
model = LinearRegression()
```

다음과 같이 바꾸면 됩니다.

```python
from sklearn.neighbors import KNeighborsRegressor
model = KNeighborsRegressor(n_neighbors=3)
```

모든 게 잘 되었다면 모델은 좋은 예측을 내놓을 것입니다. 아니면 더 많은 특성(고용률, 건강, 대기 오염 등)을 사용하거나, 좋은 훈련 데이터를 더 많이 모으거나, 더 강력한 모델(데 다항 회귀 모델)을 선택해야 할지 모릅니다.

지금까지의 작업을 요약해보겠습니다.

1 데이터를 분석합니다.

2 모델을 선택합니다.

3 훈련 데이터로 모델을 훈련시킵니다(즉, 학습 알고리즘이 비용 함수를 최소화하는 모델 파라미터를 찾습니다).

4 잘 일반화되기를 기대하면서 새로운 데이터에 모델을 적용해 예측을 만듭니다(이를 **추론**inference이라고 합니다).

이것이 전형적인 머신러닝 프로젝트의 형태입니다. 2장에서 완전한 프로젝트를 진행하면서 직접 경험해보겠습니다.

지금까지 많은 부분을 다뤘습니다. 머신러닝이 무엇인지, 왜 유용한지, 머신러닝 시스템의 가장 일반적인 분류는 무엇인지, 그리고 전형적인 머신러닝 프로젝트의 작업 흐름이 어떤지 배웠습니다. 다음 절에서는 학습 과정에서 발생할 수 있는 문제와 정확한 예측을 방해하는 것들에 대해 알아보겠습니다.

1.5 머신러닝의 주요 도전 과제

간단히 말해 모델을 선택해서 어떤 데이터에 훈련시키는 것이 주요 작업이기 때문에 문제가 될
수 있는 것은 '나쁜 모델'과 '나쁜 데이터'입니다. 이 절에서는 이 두 가지에 대해 알아봅니다.
나쁜 데이터의 사례부터 알아보겠습니다.

1.5.1 충분하지 않은 양의 훈련 데이터

어린아이에게 사과에 대해 알려주려면 사과를 가리키면서 '사과'라고 말하기만 하면 됩니다(아
마도 이 과정을 여러 번 반복해야 할 것입니다). 그러면 아이는 색상과 모양이 달라도 모든 종류
의 사과를 구분할 수 있습니다. 정말 똑똑하지요.

머신러닝은 아직 이렇게까지는 못합니다. 대부분의 머신러닝 알고리즘이 잘 작동하려면 데이터
가 많아야 합니다. 아주 간단한 문제에서도 수천 개의 데이터가 필요하고 이미지나 음성 인식 같
은 복잡한 문제라면 수백만 개가 필요할지도 모릅니다(이미 만들어진 모델을 재사용할 수 없다
면 말이죠).

믿기 힘든 데이터의 효과

마이크로소프트 연구자인 미셸 반코^{Michele Banko}와 에릭 브릴^{Eric Brill}은 2001년에 발표한 논문
(*https://homl.info/6*)에서 충분한 데이터가 주어지면 아주 간단한 모델을 포함하여 여러 다
른 머신러닝 알고리즘이 복잡한 자연어 중의성 해소^{disambiguation}[15] 문제를 거의 비슷하게 잘 처
리한다는 사실을 보여주었습니다(그림 1-21).

저자들의 말처럼 이러한 결과는 시간과 돈을 알고리즘 개발에 쓰는 것과 말뭉치^{corpus} 개발에
쓰는 것 사이의 트레이드오프^{tradeoff}를 다시 생각해봐야 한다는 점을 시사합니다.

복잡한 문제에서 알고리즘보다 데이터가 더 중요하다는 생각은 2009년 피터 노르빅^{Peter Norvig}
등이 쓴 「The Unreasonable Effectiveness of Data」[16] 논문 때문에 더 유명해졌습니다. 하
지만 기억할 점은 여전히 소규모 또는 중간 규모의 데이터셋이 매우 흔하고, 훈련 데이터를 추

---

[15] 예를 들어 문맥에 따라 'to', 'two', 'too' 중 어떤 것을 써야 할지 아는 것
[16] Peter Norvig et al., "The Unreasonable Effectiveness of Data," IEEE Intelligent Systems 24, no. 2 (2009): 8–12.
https://homl.info/7

가로 모으는 것이 항상 쉽거나 저렴한 일은 아니므로, 아직은 알고리즘을 무시하지 말아야 한다는 것입니다.

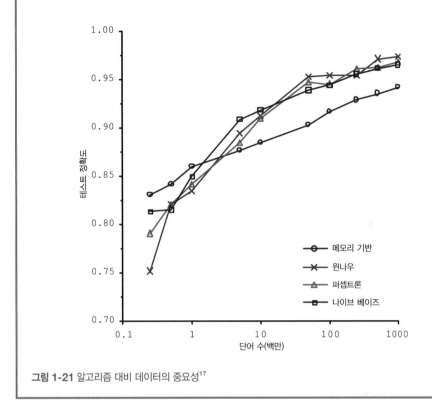

그림 1-21 알고리즘 대비 데이터의 중요성[17]

1.5.2 대표성 없는 훈련 데이터

일반화가 잘되려면 훈련 데이터가 일반화하고 싶은 새로운 사례를 잘 대표하는 것이 중요합니다. 이는 사례 기반 학습이나 모델 기반 학습 모두 마찬가지입니다.

예를 들어 앞서 선형 모델을 훈련시키기 위해 사용한 국가 데이터는 1인당 GDP가 23,500달러보다 적거나 62,500달러보다 많은 나라가 빠져 있어 대표성이 완벽하지 못합니다. [그림

---

17 이 그림은 미셸 반코와 에릭 브릴의 "Scaling to Very Very Large Corpora for Natural Language Disambiguation," Proceedings of the 39th Annual Meeting of the Association for Computational Linguistics (2001): 26–33.에서 허락을 받고 옮겼습니다. 옮긴이_ 이 그림에서 윈나우(Winnow) 알고리즘은 퍼셉트론(perceptron)과 비슷한 선형 분류 알고리즘으로, 가중치 혹은 모델 파라미터를 변경할 때 덧셈이 아니라 곱셈, 즉 일정한 배수로 이루어집니다.

1-22]는 누락된 나라를 추가했을 때 데이터가 어떻게 나타나는지 보여줍니다.

이 데이터에 선형 모델을 훈련시키면 실선으로 된 모델을 얻습니다. 반면 이전 모델은 점선으로 나타나 있습니다. 그림에서 알 수 있듯이 누락된 나라를 추가하면 모델이 크게 변경되며 이런 간단한 선형 모델은 잘 작동하지 않는다는 걸 확실히 보여줍니다. 매우 부유한 나라가 중간 정도의 나라보다 행복하지 않고(실제로도 더 행복해 보이지 않습니다), 반대로 일부 가난한 나라가 부유한 나라보다 행복한 것 같습니다.

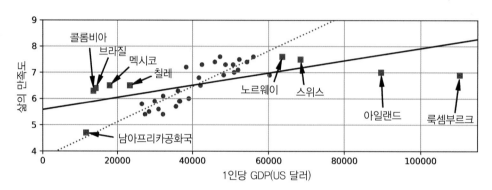

그림 1-22 대표성이 더 큰 훈련 샘플

대표성 없는 훈련 데이터를 사용했으므로 정확한 예측을 하지 못하는, 특히 매우 가난하거나 부유한 나라에서 잘못 예측하는 모델을 얻었습니다.

일반화하려는 사례들을 대표하는 훈련 세트를 사용하는 것이 매우 중요하지만 이게 생각보다 어려울 때가 많습니다. 샘플이 작으면 **샘플링 잡음**^{sampling noise}(우연에 의한 대표성 없는 데이터)이 생기고, 매우 큰 샘플도 표본 추출 방법이 잘못되면 대표성을 띠지 못할 수 있습니다. 이를 **샘플링 편향**^{sampling bias}이라고 합니다.

> **유명한 샘플링 편향 사례**
>
> 아마도 샘플링 편향에 대한 가장 유명한 사례는 랜던 Randon과 루스벨트 Roosevelt가 경쟁했던 1936년 미국 대통령 선거에서 『The Literary Digest』 잡지사가 천만 명에게 우편물을 보내 수행한 대규모 여론 조사일 것입니다. 240만 명의 응답을 받았고, 랜던이 선거에서 57%의 득표율을 얻을 것이라고 높은 신뢰도로 예측했습니다.
>
> 하지만 루스벨트가 62%의 득표율로 당선되었습니다. 문제는 『The Literary Digest』의 샘플링 방법에 있었습니다.
>
> - 첫째, 여론 조사용 주소를 얻기 위해 전화번호부, 자사의 구독자 명부, 클럽 회원 명부 등을 사용했습니다. 이런 명부는 모두 공화당(랜던)에 투표할 가능성이 높은 부유한 계층에 편중된 경향이 있습니다.
> - 둘째, 우편물 수신자 중 25% 미만의 사람이 응답했습니다. 이 역시 정치에 관심 없는 사람, 『The Literary Digest』를 싫어하는 사람과 다른 중요한 그룹을 제외시켜 표본을 편향되게 만들었습니다. 특히 이러한 종류의 샘플링 편향을 **비응답 편향**nonresponse bias이라고 합니다.
>
> 다른 예로 펑크 음악 비디오를 분류하는 시스템을 만든다고 가정합시다. 이를 위한 훈련 세트를 유튜브에서 '펑크 음악'을 검색해 마련할 수 있습니다. 하지만 이는 유튜브 검색 엔진이 결괏값으로 유튜브 내의 모든 펑크 음악을 대표하는 동영상을 반환한다고 가정하는 것입니다. 현실에서는 검색 결과가 인기 음악가들로 편중될 가능성이 큽니다(브라질에 살고 있다면 펑크 음악의 아버지라 불리는 제임스 브라운James Brown과 전혀 상관없는 '펑크 카리오카 funk carioca' 동영상을 결과로 보게 될 것입니다). 그렇다면 어떻게 대량의 훈련 세트를 구할 수 있을까요?[18]

1.5.3 낮은 품질의 데이터

훈련 데이터가 오류[19], 이상치, (성능이 낮은 측정 장치로 인한) 잡음으로 가득하다면 머신러닝 시스템이 내재된 패턴을 찾기 어려워 제대로 작동하지 않을 것입니다. 그렇기 때문에 훈련 데이터 정제에 시간을 투자할 만한 가치는 충분합니다. 사실 대부분의 데이터 과학자가 데이터

---

18 옮긴이_ 음악 분류를 위한 데이터셋으로는 161개의 장르에 걸쳐 106,574개의 노래를 샘플링한 FMA 데이터셋이 대표적입니다. 이 데이터셋에 대한 자세한 내용은 FMA 깃허브(https://github.com/mdeff/fma)를 참고하세요.

19 옮긴이_ error의 경우 일반적인 상황이거나 분류 모델에 대해서는 '오류', 널리 사용되는 용어(평균 제곱 오차)이거나 회귀 모델에 대해서는 '오차', 프로그램 문제를 가리킬 때는 '에러'로 옮겼습니다.

정제에 많은 시간을 쓰고 있습니다. 다음은 훈련 데이터 정제가 필요한 경우입니다.

- 일부 샘플이 이상치라는 게 명확하면 간단히 해당 샘플들을 무시하거나 수동으로 잘못된 것을 고치는 것이 좋습니다.
- 일부 샘플에 특성 몇 개가 빠져있다면(❶ 고객 중 5%가 나이를 기록하지 않음) 이 특성을 모두 무시할지, 이 샘플을 무시할지, 빠진 값을 채울지(❶ 평균 나이로), 또는 이 특성을 넣은 모델과 제외한 모델을 따로 훈련시킬 것인지 결정해야 합니다.

1.5.4 관련없는 특성

속담에도 있듯이 엉터리가 들어가면 엉터리가 나옵니다 garbage in, garbage out. 훈련 데이터에 관련 없는 특성이 적고 관련 있는 특성이 충분해야 시스템이 학습할 수 있을 것입니다. 성공적인 머신러닝 프로젝트의 핵심 요소는 훈련에 사용할 좋은 특성들을 찾는 것입니다. 이 과정을 **특성 공학** feature engineering이라 하며 다음과 같은 작업을 포함합니다.

- **특성 선택** feature selection : 가지고 있는 특성 중에서 훈련에 가장 유용한 특성을 선택합니다.
- **특성 추출** feature extraction : 특성을 결합하여 더 유용한 특성을 만듭니다. 앞서 본 것처럼 차원 축소 알고리즘이 도움이 될 수 있습니다.
- **데이터 수집**: 새로운 데이터를 수집해 새 특성을 만듭니다.

지금까지 나쁜 데이터의 사례를 살펴보았고 이제 나쁜 알고리즘의 예를 몇 가지 살펴보겠습니다.

1.5.5 훈련 데이터 과대적합

해외 여행 중 택시 운전사가 여러분의 물건을 훔쳤다고 가정합시다. 아마도 그 나라의 **모든** 택시 운전사를 도둑이라고 생각할 수도 있습니다. 사람은 종종 과도하게 일반화를 하지만 주의하지 않으면 기계도 똑같은 함정에 빠질 수 있습니다. 머신러닝에서는 이를 **과대적합** overfitting이라고 합니다. 모델이 훈련 데이터에는 너무 잘 맞지만 일반성이 떨어진다는 뜻입니다.

[그림 1-23]은 고차원의 다항 회귀 모델이 삶의 만족도 훈련 데이터에 크게 과대적합된 사례를 보여줍니다. 간단한 선형 모델보다 이 모델이 훈련 데이터에 더 잘 맞는다 하더라도 실제로 이 예측을 믿기는 힘듭니다.

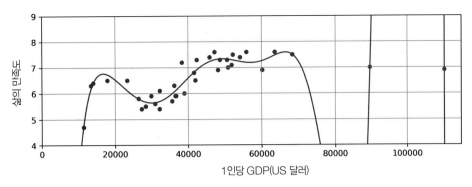

그림 1-23 훈련 데이터에 과대적합된 사례

심층 신경망 같은 복잡한 모델은 데이터에서 미묘한 패턴을 감지할 수 있지만, 훈련 세트에 잡음이 많거나 데이터셋이 너무 작으면 (택시 운전사의 예처럼) 샘플링 잡음이 발생하므로 잡음이 섞인 패턴을 감지하게 됩니다. 당연히 이런 패턴은 새로운 샘플에 일반화되지 못합니다. 예를 들어 삶의 만족도 모델에 나라 이름 같은 관련없는 특성을 많이 추가한다고 가정해봅시다. 이 경우 복잡한 모델이 이름에 'w'가 들어간 나라들의 삶의 만족도가 7보다 크다는 패턴을 감지할지 모릅니다. 뉴질랜드(7.6), 노르웨이(7.3), 스웨덴(7.2), 스위스(7.5)가 여기에 속합니다. 이 w-만족도 규칙을 르완다나 짐바브웨에 일반화하면 얼마나 신뢰할 수 있을까요? 확실히 이 패턴은 우연히 훈련 데이터에서 찾은 것이지만 이 패턴이 진짜인지 잡음 데이터로 인한 것인지 모델이 구분해낼 방법은 없습니다.

> **!CAUTION** 과대적합은 훈련 데이터의 양과 잡음에 비해 모델이 너무 복잡할 때 일어납니다. 해결 방법은 다음과 같습니다.
> - 파라미터 수가 적은 모델을 선택하거나(**예** 고차원 다항 모델보다 선형 모델), 훈련 데이터에 있는 특성 수를 줄이거나, 모델에 제약을 가하여 단순화시킵니다.
> - 훈련 데이터를 더 많이 모읍니다.
> - 훈련 데이터의 잡음을 줄입니다(**예** 오류 데이터 수정과 이상치 제거).

모델을 단순하게 하고 과대적합의 위험을 줄이기 위해 모델에 제약을 가하는 것을 **규제** regularization라고 합니다. 예를 들어 앞서 만든 선형 모델은 두 개의 모델 파라미터 θ_0과 θ_1을 가지고 있습니다. 이는 훈련 데이터에 모델을 맞추기 위한 두 개의 **자유도** degree of freedom를 학습 알고리즘에 부여합니다. 모델은 직선의 절편(θ_0)과 기울기(θ_1)를 조절할 수 있습니다. 우리가

$\theta_1 = 0$이 되도록 강제하면 알고리즘에 한 개의 자유도만 남게 되고 데이터에 적절하게 맞춰지기 힘들 것입니다. 즉, 할 수 있는 것이 훈련 데이터에 가능한 한 가깝게 되도록 직선을 올리거나 내리는 것이 전부이므로 결국 평균 근처가 됩니다. 진짜 아주 간단한 모델이네요! 알고리즘이 θ_1을 수정하도록 허락하되 작은 값을 갖도록 유지시키면 학습 알고리즘이 자유도 1과 2 사이의 적절한 어딘가에 위치할 것입니다. 이는 자유도 2인 모델보다는 단순하고 자유도 1인 모델보다는 복잡한 모델을 만듭니다. 데이터에 완벽히 맞추는 것과 일반화를 위해 단순한 모델을 유지하는 것 사이의 올바른 균형을 찾는 것이 좋습니다.

[그림 1-24]에 세 가지 모델이 있습니다. 점선은 (사각형으로 표시된 나라를 제외하고) 동그라미로 표시된 나라로 훈련한 원래 모델입니다. 파선은 모든 나라(동그라미와 사각형)를 포함해 훈련한 두 번째 모델이며 실선은 첫 번째 모델과 같은 데이터에 규제를 적용해 만든 선형 모델입니다. 규제가 모델의 기울기를 더 작게 만들었습니다. 이 모델은 훈련 데이터(동그라미)에는 덜 맞지만 훈련하는 동안 못 본 새로운 샘플(사각형)에는 더 잘 일반화됩니다.

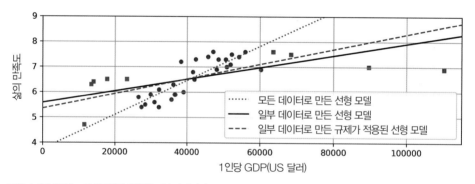

그림 1-24 규제는 과대적합의 위험을 감소시킵니다.

학습하는 동안 적용할 규제의 양은 **하이퍼파라미터**^{hyperparameter}가 결정합니다. 하이퍼파라미터는 (모델이 아니라) 학습 알고리즘의 파라미터입니다. 그래서 학습 알고리즘으로부터 영향을 받지 않으며, 훈련 전에 미리 지정되고, 훈련하는 동안에는 상수로 남아 있습니다. 규제 하이퍼파라미터를 매우 큰 값으로 지정하면 (기울기가 0에 가까운) 거의 평편한 모델을 얻게 됩니다. 그러면 학습 알고리즘이 훈련 데이터에 과대적합될 가능성은 거의 없겠지만 좋은 모델을 찾지 못합니다. 머신러닝 시스템을 구축할 때 하이퍼파라미터 튜닝은 매우 중요한 과정입니다(다음 장에서 자세한 예를 보겠습니다).

1.5.6 훈련 데이터 과소적합

이미 짐작했겠지만 **과소적합**underfitting은 과대적합의 반대입니다. 이는 모델이 너무 단순해서 데이터의 내재된 구조를 학습하지 못할 때 일어납니다. 예를 들어 삶의 만족도에 대한 선형 모델은 과소적합되기 쉽습니다. 현실은 이 모델보다 더 복잡하므로 훈련 샘플에서조차도 부정확한 예측을 만들 것입니다.

이 문제를 해결하는 주요 기법은 다음과 같습니다.

- 모델 파라미터가 더 많은 강력한 모델을 선택합니다.
- 학습 알고리즘에 더 좋은 특성을 제공합니다(특성 공학).
- 모델의 제약을 줄입니다(예 규제 하이퍼파라미터를 감소시킵니다).

1.5.7 핵심 요약

지금까지 여러분은 머신러닝에 관해 많은 것을 배웠습니다. 그러나 많은 개념을 한꺼번에 다루다 보니 정리가 제대로 되지 않았을 것입니다. 한 걸음 물러서서 큰 그림을 보겠습니다.

- 머신러닝은 명시적인 규칙을 코딩하지 않고 기계가 데이터로부터 학습하여 어떤 작업을 더 잘하도록 만드는 것입니다.

- 여러 종류의 머신러닝 시스템이 있습니다. 지도 학습과 비지도 학습, 배치 학습과 온라인 학습, 사례 기반 학습과 모델 기반 학습 등입니다.

- 머신러닝 프로젝트에서는 훈련 세트에 데이터를 모아 학습 알고리즘에 주입합니다. 학습 알고리즘이 모델 기반이면 훈련 세트에 모델을 맞추기 위해 모델 파라미터를 조정하고(즉, 훈련 세트에서 좋은 예측을 만들기 위해), 새로운 데이터에서도 좋은 예측을 만들 거라 기대합니다. 알고리즘이 사례 기반이면 샘플을 기억하는 것이 학습이고 유사도 측정을 사용하여 학습한 샘플과 새로운 샘플을 비교하는 식으로 새로운 샘플에 일반화합니다.

- 훈련 세트가 너무 작거나, 대표성이 없거나, 잡음이 많고 관련없는 특성으로 오염되어 있다면 시스템이 잘 작동하지 않습니다(엉터리가 들어가면 엉터리가 나옵니다). 마지막으로 모델이 너무 단순하거나(과소적합된 경우) 너무 복잡하지 않아야 합니다(과대적합된 경우).

마지막으로 다루어야 할 중요한 주제가 하나 있습니다. 모델을 학습시켰다 할지라도 새로운 샘플에 일반화되길 그냥 바라기만 해서는 안 됩니다. 모델을 평가하고 필요하면 상세하게 튜닝해야 합니다. 어떻게 하는지 살펴보겠습니다.

1.6 테스트와 검증

모델이 새로운 샘플에 얼마나 잘 일반화될지 알 수 있는 유일한 방법은 새로운 샘플에 실제로 적용해보는 것입니다. 이를 위해 실제 서비스에 모델을 넣고 잘 작동하는지 모니터링하는 방법이 있습니다. 이 방법이 괜찮긴 하지만 만약 모델이 아주 나쁘다면 고객이 불만을 토로할 테니 좋은 생각은 아닙니다.

더 나은 방법은 훈련 데이터를 **훈련 세트**와 **테스트 세트** 두 개로 나누는 것입니다. 이름에서 알 수 있듯이 훈련 세트를 사용해 모델을 훈련하고 테스트 세트를 사용해 모델을 테스트합니다. 새로운 샘플에 대한 오차 비율을 **일반화 오차**generalization error (또는 **외부 샘플 오차**out-of-sample error)라고 하며, 테스트 세트에서 모델을 평가함으로써 이 오차에 대한 추정값estimation을 얻습니다. 이 값은 이전에 본 적이 없는 새로운 샘플에 모델이 얼마나 잘 작동할지 알려줍니다.

훈련 오차가 작지만(즉, 훈련 세트에서 모델의 오차가 작음) 일반화 오차가 크다면 이는 모델이 훈련 데이터에 과대적합되었다는 뜻입니다.

> **TIP** 보통 데이터의 80%를 훈련에 사용하고 20%는 테스트용으로 떼어놓습니다.[20] 하지만 이는 데이터셋 크기에 따라 다릅니다. 샘플이 천만 개일 때 1%를 떼어놓는다고 하면 테스트 세트에 100,000개의 샘플이 있다는 의미입니다. 아마도 일반화 오차를 추정하는 데 충분한 크기일 것입니다.

1.6.1 하이퍼파라미터 튜닝과 모델 선택

모델 평가는 아주 간단합니다. 그냥 테스트 세트를 사용하면 됩니다. 예를 들어 두 모델(선형 모델과 다항 모델) 중 어떤 것을 선택할지 갈등하고 있다고 합시다. 둘 중에 하나를 어떻게 결정

---

20 옮긴이_ 사이킷런의 train_test_split 함수는 기본적으로 25%를 테스트 세트로 떼어놓습니다. 하지만 데이터셋이 크면 테스트 세트의 비율은 훨씬 줄어들 수 있습니다.

할 수 있을까요? 두 모델 모두 훈련 세트로 훈련하고 테스트 세트를 사용해 얼마나 잘 일반화되는지 비교해보면 됩니다.

이제 선형 모델이 더 잘 일반화되었다고 가정하고 과대적합을 피하기 위해 규제를 적용하려고 합니다. 이때 하이퍼파라미터 값을 어떻게 선택할까요? 100개의 하이퍼파라미터 값으로 100 개의 다른 모델을 훈련시키는 방법이 있습니다. 일반화 오차가 가장 낮은 모델(5%라고 합시다)을 만드는 최적의 하이퍼파라미터를 찾았다고 가정합시다. 이제 이 모델을 실제 서비스에 투입합니다. 하지만 성능이 예상만큼 좋지 않고 오차가 15%나 됩니다. 왜 그럴까요?

일반화 오차를 테스트 세트에서 여러 번 측정했으므로 모델과 하이퍼파라미터가 테스트 세트에 최적화된 모델을 만들었기 때문입니다. 이는 모델이 새로운 데이터에 잘 작동하지 않을 수 있다는 뜻입니다.

이 문제에 대한 일반적인 해결 방법은 **홀드아웃 검증**holdout validation입니다(그림 1-25). 간단하게 훈련 세트의 일부를 떼어내어 여러 후보 모델을 평가하고 가장 좋은 하나를 선택합니다. 이 새로운 홀드아웃 세트를 **검증 세트**validation set라고 부릅니다(이따금 **개발 세트**development set 또는 **데브 세트**dev set라고도 합니다). 구체적으로 말하면 줄어든 훈련 세트(즉, 전체 훈련 세트에서 검증 세트를 뺀 데이터)에서 다양한 하이퍼파라미터 값을 가진 여러 모델을 훈련합니다. 그다음 검증 세트에서 가장 높은 성능을 내는 모델을 선택합니다. 홀드아웃 검증 과정이 끝나면 최선의 모델을 (검증 세트를 포함한) 전체 훈련 세트에서 다시 훈련하여 최종 모델을 만듭니다. 마지막으로 최종 모델을 테스트 세트에서 평가하여 일반화 오차를 추정합니다.

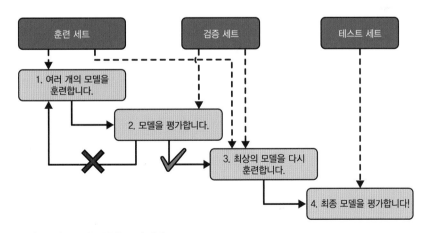

그림 1-25 홀드아웃 검증을 사용한 모델 선택

이 방법은 일반적으로 잘 작동합니다. 하지만 검증 세트가 너무 작으면 모델이 정확하게 평가되지 않을 것입니다. 따라서 최적이 아닌 모델을 잘못 선택할 수 있습니다. 반대로 검증 세트가 너무 크면 남은 훈련 세트가 전체 훈련 세트보다 훨씬 작아집니다. 왜 이것이 문제가 될까요? 최종 모델이 전체 훈련 세트에서 훈련되기 때문에 너무 작은 훈련 세트에서 훈련한 후보 모델을 비교하는 것은 이상적이지 않습니다. 이는 마치 마라톤에 참여하기 위해 가장 빠른 단거리 주자를 고르는 것과 같습니다. 이 문제를 해결하는 한 가지 방법은 작은 검증 세트를 여러 개를 사용해 반복적인 **교차 검증**^{cross-validation}을 수행하는 것입니다. 검증 세트마다 나머지 데이터에서 훈련한 모델을 해당 검증 세트에서 평가합니다. 모든 모델의 평가를 평균하면 훨씬 정확한 성능을 측정할 수 있습니다. 하지만 단점도 있습니다. 훈련 시간이 검증 세트의 개수에 비례해 늘어납니다.

1.6.2 데이터 불일치

어떤 경우에는 쉽게 많은 양의 훈련 데이터 얻을 수 있지만 이 데이터가 실제 제품에 사용될 데이터를 완벽하게 대표하지 못할 수 있습니다. 예를 들어 꽃 사진으로부터 꽃 이름을 자동으로 찾아주는 모바일 앱을 만든다고 가정해보죠. 웹에서 수백만 개의 꽃 사진을 쉽게 다운로드할 수 있습니다. 하지만 모바일 앱을 사용해 실제로 찍을 사진을 완벽하게 대신하지는 못합니다. 대신할 수 있는 사진이 10,000개만 있을 수 있습니다.

이 경우 가장 중요한 규칙은 검증 세트와 테스트 세트가 실전에서 기대하는 데이터를 가능한 한 잘 대표해야 한다는 것입니다. 따라서 검증 세트와 테스트 세트는 대표성을 가진 사진으로만 구성되어야 합니다. 이 사진을 섞어서 반은 검증 세트에 반은 테스트 세트에 넣습니다(양쪽 세트에 중복되거나 비슷한 사진이 들어가지 않게 합니다). 만약 웹에서 다운로드한 사진에 모델을 훈련한 다음 검증 세트에서 모델의 성능을 측정했더니 결과가 매우 실망스럽다고 가정해보죠. 이 경우 모델이 훈련 세트에 과대적합되었기 때문인지 또는 웹 사진과 모바일 앱 사진의 데이터가 불일치하기 때문인지 알기 어렵습니다.

한 가지 해결책은 (웹에서 다운로드한) 훈련 사진의 일부를 떼어내 또 다른 세트를 만드는 것입니다. 앤드루 응은 이를 **훈련–개발 세트**^{train-dev set}라고 부릅니다(그림 1-26). 모델을 (훈련–개발 세트가 아니라 훈련 세트에서) 훈련한 다음 훈련–개발 세트에서 평가합니다. 모델이 잘 작동하지 않으면 훈련 세트에 과대적합된 것입니다. 따라서 모델을 규제하거나, 더 많은 훈련 데이터를 모으거나, 훈련 데이터 정제를 시도해봐야 합니다. 하지만 모델이 훈련-개발 세트에서 잘 작동한다면 검증 세트에서 평가할 수 있습니다. 만약 성능이 나쁘다면 이 문제는 데이터 불일치에서 오는 것입니다. 웹 이미지를 모바일 앱에서 찍은 사진처럼 보이도록 전처리한 다음 이 모델을 다시 훈련하여 이 문제를 해결할 수 있습니다. 훈련-개발 세트와 검증 세트에서 모두 잘 작동하는 모델을 얻은 다음 마지막으로 테스트 세트에서 평가하여 제품에 사용될 때 얼마나 잘 작동할지 알 수 있습니다.

그림 1-26 실제 데이터(오른쪽)가 부족할 때 풍부하지만 비슷한 데이터(왼쪽)로 훈련 세트와 과대적합을 평가하기 위한 검증 세트를 만들 수 있습니다. 실제 데이터는 데이터 불일치(검증 세트)와 모델의 최종 성능(테스트 세트)을 평가하기 위해 사용됩니다.

공짜 점심 없음 이론

모델은 데이터의 간소화된 표현입니다. 간소화의 의미는 새로운 샘플에서 일반적이지 않을 것 같은 불필요한 세부 사항을 제거하는 것입니다. 특정 종류의 모델을 선택할 때 데이터에 대한 암묵적인 **가정**assumption을 합니다. 예를 들어 선형 모델을 선택했다면 데이터가 근본적으로 선형이고 샘플과 직선 사이의 거리는 무시할 수 있는 잡음이라고 암묵적으로 가정한 것입니다.

1996년에 발표한 유명한 논문[21]에서 데이비드 월퍼트 David Wolpert는 데이터에 관해 완벽하게 아무런 가정도 하지 않으면 한 모델을 다른 모델보다 선호할 근거가 없음을 보였습니다. 이를 **공짜 점심 없음**no free lunch (NFL) 이론이라 합니다. 어떤 데이터셋에서는 선형 모델이 가장 잘 들어맞지만 다른 데이터셋에서는 신경망이 잘 들어맞습니다. **경험하기 전에** 더 잘 맞을 거라고 보장할 수 있는 모델은 없습니다(이 이론의 이름이 유래된 이유입니다). 어떤 모델이 최선인지 확실히 아는 유일한 방법은 모든 모델을 평가해보는 것뿐입니다. 이것이 불가능하기 때문에 실

---

21 David Wolpert, "The Lack of A Priori Distinctions Between Learning Algorithms," Neural Computation 8, no. 7 (1996): 1341-1390. *https://homl.info/8*

전에서는 데이터에 관해 타당한 가정을 하고 적절한 모델 몇 가지만 평가합니다. 예를 들어 간단한 작업에서는 규제의 수준이 다양한 선형 모델을 평가하고, 복잡한 문제라면 여러 가지 신경망을 평가합니다.

연습문제

이 장에서는 머신러닝에서 가장 중요한 개념을 다뤘습니다. 다음 장에서는 조금 더 깊게 들어가고 더 많은 코드를 작성하겠습니다. 그전에 다음 질문에 대한 답을 찾아보세요.

① 머신러닝을 어떻게 정의할 수 있나요?

② 머신러닝이 도움을 줄 수 있는 문제 유형 네 가지를 말해보세요.

③ 레이블된 훈련 세트란 무엇인가요?

④ 가장 널리 사용되는 지도 학습 작업 두 가지는 무엇인가요?

⑤ 보편적인 비지도 학습 작업 네 가지는 무엇인가요?

⑥ 사전 정보가 없는 여러 지형에서 로봇을 걸어가게 하려면 어떤 종류의 머신러닝 알고리즘을 사용해야 하나요?

⑦ 고객을 여러 그룹으로 분할하려면 어떤 알고리즘을 사용해야 하나요?

⑧ 스팸 감지의 문제는 지도 학습과 비지도 학습 중 어떤 문제로 볼 수 있나요?

⑨ 온라인 학습 시스템이 무엇인가요?

⑩ 외부 메모리 학습이 무엇인가요?

⑪ 예측을 하기 위해 유사도 측정에 의존하는 학습 알고리즘은 무엇인가요?

⑫ 모델 파라미터와 학습 알고리즘의 하이퍼파라미터 사이에는 어떤 차이가 있나요?

⑬ 모델 기반 알고리즘이 찾는 것은 무엇인가요? 성공을 위해 이 알고리즘이 사용하는 가장 일반적인 전략은 무엇인가요? 예측은 어떻게 만드나요?

⑭ 머신러닝의 주요 도전 과제는 무엇인가요?

⑮ 모델이 훈련 데이터에서의 성능은 좋지만 새로운 샘플에서의 일반화 성능이 나쁘다면 어떤 문제가 있는 건가요? 해결책 세 가지는 무엇인가요?

⑯ 테스트 세트가 무엇이고 왜 사용해야 하나요?

⑰ 검증 세트의 목적은 무엇인가요?

⑱ 훈련-개발 세트가 무엇인가요? 언제 필요하고 어떻게 사용해야 하나요?

⑲ 테스트 세트를 사용해 하이퍼파라미터를 튜닝하면 어떤 문제가 생기나요?

연습문제의 정답은 〈부록 A〉에 있습니다.

2장

머신러닝 프로젝트 처음부터 끝까지

이 장에서는 여러분을 부동산 회사에 막 고용된 데이터 과학자라고 가정하고 예제 프로젝트를 처음부터 끝까지 진행해보겠습니다. 이 예제 프로젝트는 가상의 프로젝트입니다. 머신러닝의 주요 단계를 설명하는 것이 목적이며 부동산 비즈니스에 관해 배우려는 것은 아닙니다. 진행할 주요 단계는 다음과 같습니다.

1 큰 그림을 봅니다.

2 데이터를 구합니다.

3 데이터로부터 인사이트를 얻기 위해 탐색하고 시각화합니다.

4 머신러닝 알고리즘을 위해 데이터를 준비합니다.

5 모델을 선택하고 훈련시킵니다.

6 모델을 미세 튜닝합니다.

7 솔루션을 제시합니다.

8 시스템을 론칭하고, 모니터링하고, 유지 보수합니다.

2.1 실제 데이터로 작업하기

머신러닝을 배울 때는 인공적으로 만들어진 데이터셋이 아닌 실제 데이터셋으로 실험해보는 것이 가장 좋습니다. 다행히 여러 분야에 걸쳐 공개된 데이터셋이 아주 많습니다. 다음은 데이터를 구하기 좋은 곳입니다.

- **유명한 공개 데이터 저장소**
  - OpenML(*https://openml.org*)
  - 캐글(*https://kaggle.com/datasets*)
  - PapersWithCode(*https://paperswithcode.com/datasets*)
  - UC 어바인 머신러닝 저장소(*https://archive.ics.uci.edu/ml*)
  - 아마존 AWS 데이터셋(*https://registry.opendata.aws*)
  - 텐서플로 데이터셋(*https://tensorflow.org/datasets*)
- **메타 포털(공개 데이터 저장소가 나열되어 있는 페이지)**
  - 데이터 포털(*https://dataportals.org*)
  - 오픈 데이터 모니터(*https://opendatamonitor.eu*)
- **인기 있는 공개 데이터 저장소가 나열되어 있는 다른 페이지**
  - 위키백과 머신러닝 데이터셋 목록(*https://homl.info/9*)
  - Quora(*https://homl.info/10*)
  - 데이터셋 서브레딧 subreddit(*https://www.reddit.com/r/datasets*)

이 장에서는 StatLib 저장소[1]에 있는 캘리포니아 주택 가격 California Housing Prices 데이터셋을 사용합니다(그림 2-1). 이 데이터셋은 1990년 캘리포니아 인구 조사 데이터를 기반으로 합니다. 최근 데이터는 아니지만(그 당시의 가격이라면 여러분도 베이 에어리어 Bay Area에 꽤 좋은 집을 살 수 있습니다) 학습용으로 아주 좋기 때문에 최근 데이터라고 생각하겠습니다. 교육 목적으로 사용하기 위해 범주형 특성을 추가하고 몇 가지 특성을 제외했습니다.

---

1 원본 데이터는 켈리 페이스(Kelley Pace)와 로날드 배리(Ronald Barry)의 「Sparse Spatial Autoregressions」, Statistics & Probability Letters 33, no. 3 (1997): 291-297에 기술되어 있습니다.
옮긴이_ StatLib 저장소는 카네기 멜런(Carnegie Mellon) 대학교의 통계학과에서 운영하는 공개 데이터셋 저장소입니다(*http://lib. stat.cmu.edu/datasets/*). 여기에서는 원본 데이터셋을 약간 수정한 버전을 사용합니다(*https://goo.gl/QgRbUL*).

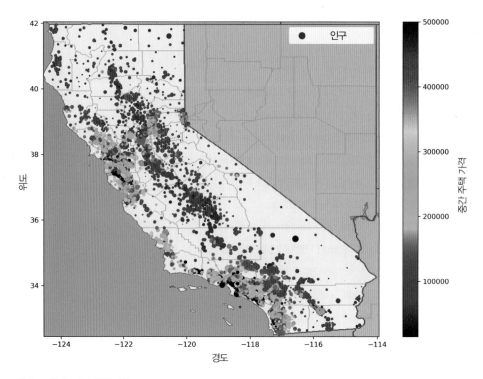

그림 2-1 캘리포니아 주택 가격

2.2 큰 그림 보기

머신러닝 주택 회사에 오신 것을 환영합니다! 맨 처음 할 일은 캘리포니아 인구 조사 데이터를 사용해 캘리포니아의 주택 가격 모델을 만드는 것입니다. 이 데이터는 캘리포니아의 블록 그룹 block group 마다 인구 population, 중간 소득 median income, 중간 주택 가격 median housing price 등을 담고 있습니다. 블록 그룹은 미국 인구 조사국에서 샘플 데이터를 발표하는 데 사용하는 최소한의 지리적 단위입니다(하나의 블록 그룹은 보통 600~3,000명의 인구를 나타냅니다). 여기서는 간단하게 구역이라고 부르겠습니다.

이 데이터로 모델을 학습시켜서 다른 측정 데이터가 주어졌을 때 구역의 중간 주택 가격을 예측해야 합니다.

TIP 잘 훈련된 데이터 과학자로서 여러분이 첫 번째로 할 일은 머신러닝 프로젝트 체크리스트를 준비하는 것입니다. 〈부록 B〉에 준비된 것을 사용해도 됩니다. 대부분의 머신러닝 프로젝트에 잘 들어맞지만 필요에 따라 수정하는 것이 좋습니다. 이 장에서는 체크리스트에 있는 많은 항목을 다루지만 스스로 충분히 이해할 수 있는 항목이나 다음 장에서 논의할 항목은 건너뛰겠습니다.

2.2.1 문제 정의

상사에게 첫 번째로 할 질문은 '비즈니스의 목적이 정확히 무엇인가요?'입니다. 아마도 모델을 만드는 것이 최종 목적은 아닐 것입니다. 회사에서는 이 모델을 어떻게 사용해 이익을 얻으려고 할까요? 목적을 아는 것은 문제를 어떻게 구성할지, 어떤 알고리즘을 선택할지, 모델 평가에 어떤 성능 지표를 사용할지, 모델 튜닝을 위해 얼마 만큼의 노력을 투여할지 결정하기 때문에 아주 중요합니다.

상사가 이 모델의 출력(구역의 중간 주택 가격에 대한 예측)이 여러 가지 다른 **신호**[2]와 함께 다른 머신러닝 시스템(그림 2-2)에 입력으로 사용된다고 이야기합니다. 뒤따르는 시스템은 해당 지역에 투자할 가치가 있는지 결정합니다. 이 결정이 수익과 직결되기 때문에 올바르게 예측하는 것은 매우 중요합니다.

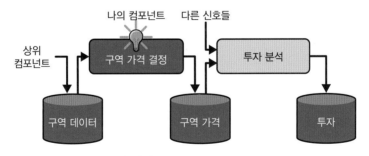

그림 2-2 부동산 투자를 위한 머신러닝 파이프라인

---

2   머신러닝 시스템에 주입하는 정보를 클로드 섀넌(Claude Shannon)의 정보 이론에 따라 종종 '신호'라고 부릅니다. 그는 전기 통신 기술을 개선하기 위해 벨(Bell) 연구소에서 이 이론을 개발했습니다. 이론에 따르면 신호/잡음 비율이 높은 것이 좋습니다.
옮긴이_ 섀넌은 미국의 수학자이자 전기공학자로 디지털 회로 이론을 창시하였고 정보 이론의 아버지로 불립니다.

> ## 파이프라인
>
> 데이터 처리 **컴포넌트**component들이 연속되어 있는 것을 데이터 **파이프라인**pipeline이라고 합니다. 머신러닝 시스템은 데이터를 조작하고 변환할 일이 많아 파이프라인을 사용하는 일이 매우 흔합니다.
>
> 보통 컴포넌트들은 비동기적으로 작동합니다. 각 컴포넌트는 많은 데이터를 추출해 처리하고 그 결과를 다른 데이터 저장소로 보냅니다. 그러면 일정 시간이 지난 후 파이프라인의 다음 컴포넌트가 그 데이터를 추출해 자신의 출력 결과를 만듭니다. 각 컴포넌트는 완전히 독립적입니다. 즉, 컴포넌트 사이의 인터페이스는 데이터 저장소뿐입니다. 이는 (데이터 흐름도 덕분에) 시스템을 이해하기 쉽게 만들고, 각 팀은 각자의 컴포넌트에 집중할 수 있습니다. 한 컴포넌트가 중단되더라도 하위 컴포넌트는 문제가 생긴 컴포넌트의 마지막 출력을 사용해 (적어도 한동안은) 평상시와 같이 계속 작동할 수 있습니다. 따라서 시스템이 매우 견고해집니다.
>
> 한편 모니터링이 적절히 되지 않으면 고장 난 컴포넌트를 한동안 모를 수 있습니다. 데이터가 만들어진 지 오래되면 전체 시스템의 성능이 떨어집니다.

다음으로 상사에게 던질 질문은 '현재 솔루션은 어떻게 구성되어 있나요?'입니다(만약 있다면 말입니다). 현재 상황은 문제 해결 방법에 관한 정보를 제공할 뿐만 아니라 참고 성능으로도 사용할 수 있습니다. 상사가 현재는 구역 주택 가격을 전문가가 수동으로 추정한다고 알려주었습니다. 한 팀이 구역에 관한 최신 정보를 모으고 있는데 중간 주택 가격을 얻을 수 없을 때는 복잡한 규칙을 사용하여 추정합니다.

이 방법은 비용과 시간이 많이 들고 추정 결과도 썩 좋지 않습니다. 실제 중간 주택 가격을 구해보면 팀에서 추정한 것이 30% 이상 벗어났음을 알게 될 때가 많습니다. 따라서 회사는 구역의 데이터를 기반으로 중간 주택 가격을 예측하는 모델을 훈련시키는 쪽이 유용하다고 생각합니다. 인구 조사 데이터는 다른 데이터를 비롯하여 수천 개 구역의 중간 주택 가격을 포함하므로 이 작업에 매우 적합한 데이터셋으로 보입니다.

이제 이런 정보들을 가지고 시스템을 설계할 준비가 되었습니다. 먼저 모델 훈련에 어떤 지도 방식이 필요한지 결정해야 합니다. 지도 학습, 비지도 학습, 준지도 학습, 자기 지도 학습, 강화 학습 작업 중 어떤 것인가요? 분류나 회귀인가요, 아니면 다른 작업인가요? 배치 학습과 온라인 학습 중 어느 것을 사용해야 하나요? 책 읽기를 잠시 멈추고 이 질문들의 답을 찾아보세요.

답을 찾았나요? 같이 한번 보겠습니다. **레이블**된 훈련 샘플이 있으니(각 샘플이 기대 출력값, 즉 구역의 중간 주택 가격을 가지고 있습니다) 이는 전형적인 지도 학습 작업입니다. 또한 모델이 값을 예측해야 하므로 전형적인 회귀 문제입니다. 좀 더 구체적으로는 예측에 사용할 특성이 여러 개(구역의 인구, 중간 소득 등)이므로 **다중 회귀**^{multiple regression} 문제입니다. 또한 각 구역마다 하나의 값을 예측하므로 **단변량 회귀**^{univariate regression} 문제입니다. 구역마다 여러 개의 값을 예측한다면 **다변량 회귀**^{multivariate regression} 문제입니다. 마지막으로 이 시스템으로 들어오는 데이터에 연속적인 흐름이 없으므로 빠르게 변하는 데이터에 적응하지 않아도 되고, 데이터가 메모리에 들어갈 만큼 충분히 작으므로 일반적인 배치 학습이 적절합니다.

> **TIP** 데이터가 매우 크면 (**맵리듀스**^{MapReduce}[3] 기술을 사용하여) 배치 학습을 여러 서버로 분할하거나 온라인 학습 기법을 사용할 수 있습니다.

2.2.2 성능 측정 지표 선택

다음 단계는 성능 측정 지표를 선택하는 것입니다. 회귀 문제의 전형적인 성능 지표는 **평균 제곱근 오차**^{root mean square error}(RMSE)입니다. 오차가 커질수록 이 값은 더욱 커지므로 예측에 얼마나 많은 오차가 있는지 가늠하게 해줍니다. [식 2-1]이 RMSE를 계산하는 공식입니다.

식 2-1 평균 제곱근 오차(RMSE)

$$\text{RMSE}(\mathbf{X}, h) = \sqrt{\frac{1}{m} \sum_{i=1}^{m} \left(h\!\left(\mathbf{x}^{(i)}\right) - y^{(i)} \right)^2}$$

표기법

[식 2-1]에서 이 책 전체에 걸쳐 사용할 머신러닝 분야의 대표적인 표기법 몇 가지를 볼 수 있습니다.

- m은 RMSE를 측정할 데이터셋에 있는 샘플 수입니다.

  예를 들어 2,000개 구역의 검증 세트에 대해 RMSE를 평가한다면 $m = 2{,}000$입니다.

---

3 옮긴이_ 맵리듀스가 구현된 대표적인 프레임워크는 아파치 하둡(Apache Hadoop) 프로젝트입니다(*http://hadoop.apache.org/*). 하둡을 사용하여 직접 회귀 분석을 구현할 수 있지만 일반적으로 맵리듀스에서는 스파크(Spark)의 MLlib(*https://spark.apache.org/mllib/*)을 사용하는 것이 편리하고 성능도 뛰어납니다.

- $\mathbf{x}^{(i)}$는 데이터셋에 있는 i번째 샘플(레이블 제외)의 전체 특성값의 벡터이고, $y^{(i)}$는 해당 레이블(해당 샘플의 기대 출력값)입니다.

  예를 들어 데이터셋에 있는 첫 번째 구역이 경도 -118.29°, 위도 33.91°에 위치하고, 중간 소득이 $38,372이며, 주민이 1,416명, 중간 주택 가격이 $156,400라면 $\mathbf{x}^{(1)}$과 $y^{(1)}$은 다음과 같습니다(여기서 다른 특성은 고려하지 않았습니다).

  $$\mathbf{x}^{(1)} = \begin{pmatrix} -118.29 \\ 33.91 \\ 1,416 \\ 38,372 \end{pmatrix}$$

  $$y^{(1)} = 156,400$$

- $\mathbf{X}$는 데이터셋에 있는 모든 샘플의 모든 특성값(레이블은 제외)을 포함하는 행렬입니다. 샘플 하나가 하나의 행이어서 i번째 행은 $\mathbf{x}^{(i)}$의 전치[4]와 같고 $\left(\mathbf{x}^{(i)}\right)^{\mathrm{T}}$로 표기합니다.

  예를 들어 첫 번째 구역이 앞의 예와 같다면 행렬 $\mathbf{X}$는 다음과 같습니다.

  $$\mathbf{X} = \begin{pmatrix} \left(\mathbf{x}^{(1)}\right)^{\mathrm{T}} \\ \left(\mathbf{x}^{(2)}\right)^{\mathrm{T}} \\ \vdots \\ \left(\mathbf{x}^{(1999)}\right)^{\mathrm{T}} \\ \left(\mathbf{x}^{(2000)}\right)^{\mathrm{T}} \end{pmatrix} = \begin{pmatrix} -118.29 & 33.91 & 1,416 & 38,372 \\ \vdots & \vdots & \vdots & \vdots \end{pmatrix}$$

- h는 시스템의 예측 함수이며 **가설**hypothesis이라고도 합니다. 시스템이 하나의 샘플 특성 벡터 $\mathbf{x}^{(i)}$를 받으면 그 샘플에 대한 예측값 $\hat{y}^{(i)} = h(\mathbf{x}^{(i)})$를 출력합니다($\hat{y}$은 'y-햇'이라고 읽습니다).

  예를 들어 시스템이 첫 번째 구역의 중간 주택 가격을 $158,400라고 예측한다면 $\hat{y}^{(i)} = h(\mathbf{x}^{(i)})$ = 158,400입니다. 이 구역에 대한 예측 오차는 $\hat{y}^{(1)} - y^{(1)} = 2,000$입니다.

- $\mathrm{RMSE}(\mathbf{X}, h)$는 가설 h를 사용하여 일련의 샘플을 평가하는 비용 함수입니다.

스칼라값이나 함수를 나타낼 때는 m이나 $y^{(i)}$ 또는 h와 같이 기울어진 소문자, 벡터를 나타낼 때는 $\mathbf{x}^{(i)}$와 같이 굵은 소문자, 행렬을 나타낼 때는 $\mathbf{X}$와 같이 굵은 대문자를 사용하겠습니다.

---

4 전치는 열 벡터를 행 벡터로(그리고 반대로도) 바꿉니다.

RMSE는 일반적으로 회귀 문제에서 선호되는 성능 측정 방법이지만 경우에 따라 다른 함수를 사용할 수도 있습니다. 예를 들어 이상치로 보이는 구역이 많다면 **평균 절대 오차**^{mean absolute} error(MAE, **평균 절대 편차**^{mean absolute deviation} 라고도 합니다)를 고려해볼 수 있습니다. [식 2-2]를 참고하세요.

식 2-2 평균 절대 오차(MAE)

$$\text{MAE}(\mathbf{X}, h) = \frac{1}{m} \sum_{i=1}^{m} \left| h(\mathbf{x}^{(i)}) - y^{(i)} \right|$$

RMSE와 MAE 모두 예측값의 벡터와 타깃값의 벡터 사이의 거리를 재는 방법입니다. 거리 측정에는 여러 가지 방법(또는 **노름**^{norm})을 사용할 수 있습니다.

- 제곱항을 합한 것의 제곱근(RMSE) 계산은 **유클리드 노름**^{Euclidean norm}에 해당합니다. 우리와 친숙한 거리 개념입니다. ℓ_2 노름이라고도 부르며 $\|\cdot\|_2$ (또는 그냥 $\|\cdot\|$)로 표시합니다.
- 절댓값의 합을 계산하는 것은 ℓ_1 노름에 해당하며 $\|\cdot\|_1$로 표기합니다. 이는 도시의 구획이 직각으로 나뉘어 있을 때 도시의 두 지점 사이의 거리를 측정하는 것과 같아 **맨해튼 노름**^{Manhattan norm}이라고도 합니다.
- 일반적으로 원소가 n개인 벡터 $\mathbf{v}$의 ℓ_k 노름은 $\|\mathbf{v}\|_k = \left(|v_0|^k + |v_1|^k + \cdots + |v_n|^k \right)^{\frac{1}{k}}$로 정의합니다. ℓ_0은 단순히 벡터에 있는 0이 아닌 원소의 수이고, ℓ_∞는 벡터에서 가장 큰 절댓값이 됩니다.

노름의 지수가 클수록 큰 값의 원소에 치우치며 작은 값은 무시됩니다. 그래서 RMSE가 MAE보다 조금 더 이상치에 민감합니다. 하지만 (종 모양 분포의 양 끝단처럼) 이상치가 매우 드물면 RMSE가 잘 맞아 일반적으로 널리 사용됩니다.

2.2.3 가정 검사

마지막으로 (여러분과 동료들이) 지금까지 만든 가정을 나열하고 검사해보는 것을 권합니다. 이 과정에서 심각한 문제를 일찍 발견할 수도 있기 때문입니다. 예를 들어보겠습니다. 시스템이 출력한 구역의 가격이 그대로 다음 머신러닝 시스템의 입력으로 사용될 거라 가정했는데, 하위 시스템에서 이 값을 ('저렴', '보통', '고가' 같은) 카테고리로 바꾸고 가격 대신 카테고리를 사용하면 어떻게 될까요? 이럴 때는 정확한 가격을 구하는 것이 전혀 중요하지 않습니다. 올바른 카테고리를 구하는 시스템이 필요합니다. 그렇다면 이제 이 문제는 회귀가 아니라 분류 작업이 됩니다. 몇 달 동안 회귀 시스템을 구축하고 나서야 이런 사실을 깨닫는 것은 아무도 원치 않는 일일 것입니다.

다행히도 하위 시스템을 담당하는 팀에서 카테고리가 아닌 실제 가격을 사용한다는 것을 확인했습니다. 훌륭합니다! 모든 것이 준비되었고 출발선에 섰습니다. 이제 코딩을 시작할 수 있습니다!

2.3 데이터 가져오기

이제 직접 키보드를 두드릴 차례입니다. 노트북을 꺼내서 예제 코드를 따라해보세요. 〈이 책에 대하여〉에서 언급했듯이 이 책의 모든 예제 코드는 오픈 소스이고 주피터 노트북으로 깃허브(*https://github.com/rickiepark/handson-ml3*)[5]에서 제공됩니다. 주피터 노트북은 텍스트, 이미지, 실행 가능한 코드(이 책의 경우 파이썬)를 담은 인터랙티브한 문서입니다. 이 책은 여러분이 컴퓨터에 아무것도 설치하지 않고 온라인에서 주피터 노트북을 바로 실행할 수 있는 무료 서비스인 구글 코랩^{Google Colab}으로 이 노트북을 실행한다고 가정합니다. 만약 다른 온라인 플랫폼(예 캐글)을 사용하거나 로컬 컴퓨터에 모든 것을 설치하고 싶다면 깃허브에 있는 안내를 참고하세요.

2.3.1 구글 코랩을 사용하여 예제 코드 실행하기

먼저 브라우저를 열고 *http://bit.ly/3K5sOoj*에 방문하세요. 구글 코랩 페이지가 열리고 이 책의 주피터 노트북 목록이 보일 것입니다(그림 2-3). 장마다 하나의 노트북이 있습니다. 또 추가 노트북과 넘파이, 맷플롯립, 판다스, 선형대수, 미분을 위한 튜토리얼이 있습니다. 예를 들어 `02_end_to_end_machine_learning_project.ipynb`를 클릭하면 2장의 노트북이 구글 코랩에서 열립니다(그림 2-4).

하나의 주피터 노트북은 셀^{cell}의 목록으로 구성되어 있습니다. 각 셀은 실행 가능한 코드나 텍스트를 담고 있습니다. ('머신러닝 부동산 회사에 오신 것을 환영합니다!'라는 문장이 들어있는) 첫 번째 텍스트 셀을 클릭하면 셀이 편집 모드로 바뀝니다. 주피터 노트북은 서식을 위해

---

5   옮긴이_ 이 주소는 번역서의 저장소입니다. 원서의 저장소는 *https://github.com/ageron/handson-ml3*입니다.

마크다운Markdown 문법을 사용합니다(예 **강조**, *기울임체*, # 제목, [url](링크) 등). 텍스트를 수정한 다음 [Shift] + [Enter]를 눌러 결과를 확인해보세요.

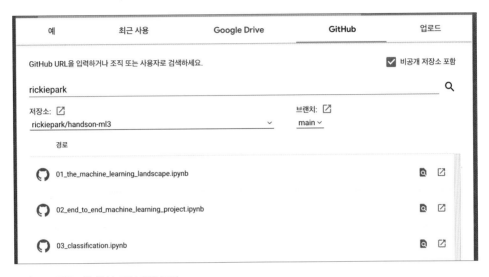

그림 2-3 구글 코랩에서 노트북 목록 보기

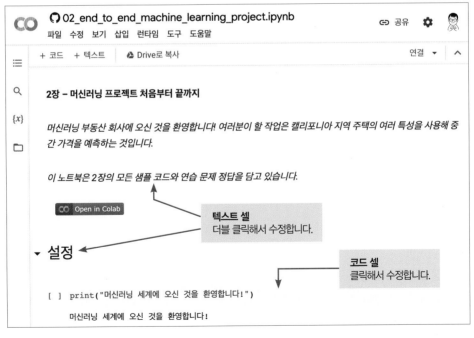

그림 2-4 구글 코랩에서 열린 노트북

다음으로 메뉴에서 [삽입] → [코드 셀]을 선택하여 새로운 코드 셀을 만드세요. 도구 막대에서 [+ 코드] 버튼을 클릭해서 만들 수도 있고, 마우스를 셀 아래쪽에 [+ 코드]나 [+ 텍스트] 버튼이 보일 때까지 대고 있다가 버튼이 나타나면 [+ 코드]를 클릭합니다. 새로운 코드 셀에서 print("Hello World")와 같은 파이썬 코드를 입력하고 Shift + Enter 를 눌러 코드를 실행하세요(또는 셀의 왼쪽에 있는 ▷ 버튼을 클릭하세요).

구글 계정에 로그인하지 않았다면 로그인하라는 메시지가 나타납니다. 아직 구글 계정을 가지고 있지 않다면 새로 만들어야 합니다. 구글 계정에 로그인한 후 코드를 실행할 때 이 노트북이 구글에서 작성된 것이 아니라는 보안 경고가 나타날 것입니다. 악의적인 목적을 가진 사람이 개인 정보를 취득하기 위해 구글 인증 정보를 입력하라고 속이는 노트북을 만들 수도 있기 때문입니다. 따라서 노트북을 실행하기 전에 작성자를 신뢰할 수 있는지 항상 확인하세요(또는 각 코드 셀을 실행하기 전에 셀이 하는 작업을 다시 확인하세요). 필자를 신뢰한다고 가정하고 (또는 모든 코드 셀을 확인하기로 했다면) [무시하고 계속하기]를 클릭해 계속 진행해봅시다.

코랩은 코드를 실행하기 위해 새로운 **런타임**runtime을 할당합니다. 이는 구글 서버에 있는 무료 가상 머신으로, 이 책의 노트북에서 필요한 것들과 여러 가지 도구 및 파이썬 라이브러리가 포함되어 있습니다(일부 장에서는 라이브러리를 추가로 설치해야 합니다). 이 작업은 몇 초 정도 걸립니다. 그다음 코랩은 자동으로 런타임에 연결하고 이를 사용해 새로운 코드 셀을 실행합니다. 중요한 것은 코드가 내 컴퓨터가 아니라 런타임에서 실행된다는 점입니다. 코드의 출력은 셀 아래 나타날 것입니다. 축하합니다! 코랩에서 파이썬 코드를 실행했습니다!

TIP Ctrl + M (macOS의 경우 ⌘ + M)을 누른 다음 A (현재 셀 위에 추가)나 B (현재 셀 아래 추가)를 눌러 새로운 코드 셀을 추가할 수 있습니다. 이 외에도 키보드 단축키가 많습니다. Ctrl + M (또는 ⌘ + M)을 누른 다음 H 를 눌러 단축키 목록을 보거나 수정할 수 있습니다. 캐글에서 노트북을 실행하거나 로컬 컴퓨터에서 주피터랩Jupyterlab 또는 비주얼 스튜디오 코드Visual Studio Code 같은 IDE를 사용하는 경우 런타임을 커널kernel이라 부르고 사용자 인터페이스와 키보드 단축키가 조금 다릅니다. 하지만 주피터 환경 간 전환은 어렵지 않습니다.

2.3.2 코드와 데이터 저장하기

코랩 노트북에서 수정한 내용은 브라우저 탭이 열려있는 동안 유지됩니다. 하지만 브라우저를 닫으면 변경 내용이 사라집니다. 수정한 내용을 유지하려면 [파일] → [Drive에 사본 저장]

을 선택하여 노트북 사본을 구글 드라이브에 저장해야 합니다. 또는 [파일] → [다운로드] → [.ipynb 다운로드]를 선택하여 노트북을 내 컴퓨터에 다운로드할 수 있습니다. 그리고 나중에 *https://colab.research.google.com*을 방문하여 (구글 드라이브에서 선택하거나 컴퓨터에서 업로드하는 방법으로) 노트북을 다시 열 수 있습니다.

> **⚠ CAUTION** 구글 코랩은 대화식 서비스입니다. 노트북으로 여러 가지 작업을 해볼 수 있고 원하는 대로 코드를 수정할 수 있지만 노트북을 장기간 실행하지 않으면 런타임이 종료되고 데이터가 모두 사라질 것입니다.

노트북이 중요한 데이터를 생성한다면 런타임이 종료되기 전에 데이터를 다운로드하세요. 다운로드하려면([그림 2-5] 참고) ① 파일 아이콘을 클릭하고, ② 다운로드하려는 파일을 찾은 다음, ③ 다운로드를 클릭합니다. 아니면 런타임에 구글 드라이브를 마운팅해 노트북이 로컬 디렉터리인 것처럼 직접 구글 드라이브에 파일을 읽거나 쓸 수 있습니다. 이렇게 하려면 ① 파일 아이콘을 클릭한 다음, [그림 2-5]에서 원 안에 표시된 구글 드라이브 아이콘을 클릭합니다. 그런 다음 화면에 나오는 지시를 따르면 됩니다.

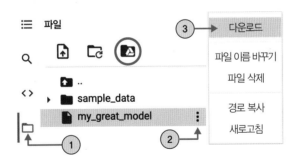

그림 2-5 구글 코랩 런타임에서 파일을 다운로드하거나(① → ② → ③), 구글 드라이브에 마운팅하기(① → 원 아이콘)

기본적으로 구글 드라이브는 */content/drive/MyDrive*에 마운팅됩니다. 어떤 데이터를 백업하고 싶다면 `!cp /content/my_great_model /content/drive/MyDrive`와 같은 명령을 실행하여 파일을 이 디렉터리로 복사하면 됩니다. 느낌표(!)로 시작하는 모든 명령은 파이썬 코드가 아니라 셸^shell 명령으로 처리됩니다. `cp`는 파일을 한 경로에서 다른 경로로 복사하는 리눅스 셸 명령입니다. 코랩 런타임은 리눅스(우분투)에서 실행됩니다.

2.3.3 대화식 환경의 편리함과 위험

주피터 노트북은 인터랙티브한 환경이며 아주 훌륭합니다. 각 셀을 하나씩 실행하다가 도중에 멈추고 새로운 셀을 추가한 다음 코드를 입력하여 실행할 수 있습니다. 그다음 다시 돌아가서 이전 셀을 실행할 수도 있습니다. 여러분이 주피터 노트북을 이렇게 사용하기를 적극 권장합니다. 노트북을 다양하게 사용해보지 않고 셀을 순서대로만 실행한다면 빨리 배울 수 없습니다. 하지만 이런 유연성에는 대가가 따릅니다. 잘못된 순서로 셀을 실행하기가 매우 쉽습니다. 또는 어떤 셀을 실행하는 것을 잊어버릴 수 있습니다. 이런 경우에는 이어지는 코드 셀이 실행되지 않을 가능성이 큽니다. 예를 들어 각 노트북에 있는 첫 번째 코드 셀은 설정 코드(예 패키지 임포트^{import})를 담고 있기 때문에 가장 먼저 실행해야 합니다. 그렇지 않으면 아무것도 작동하지 않을 것입니다.

> **TIP** 이상한 에러가 발생하면 (메뉴에서 [런타임] → [런타임 다시 시작]을 선택하여) 런타임을 다시 시작하세요. 그다음 노트북의 모든 코드를 처음부터 다시 실행합니다. 이렇게 하면 문제가 해결되는 경우가 많습니다. 그렇지 않으면 수정한 내용 때문에 에러가 발생했을 가능성이 높습니다. 원본 노트북을 불러온 다음 다시 실행해보세요. 여전히 에러가 발생한다면 깃허브에 이슈를 남겨주세요.[6]

2.3.4 책의 코드와 노트북의 코드

이따금 책에 있는 코드와 노트북에 있는 코드가 조금 다른 경우가 있습니다. 여기에는 여러 가지 이유가 있습니다.

- 이 책을 읽고 있을 때 라이브러리가 조금 변경될 수 있습니다. 또는 최선을 다했지만 책에 오류가 있을 수 있습니다. (최신 버전의 전자책을 다운로드하여 보고 있는 것이 아니라면) 안타깝지만 여러분의 책에 있는 코드를 수정할 방법이 없습니다. 하지만 노트북에 있는 코드는 고칠 수 있습니다. 따라서 책에 있는 코드를 실행했을 때 에러가 발생했다면 노트북에 있는 코드를 참고하세요. 가능한 한 에러가 없고 최신 라이브러리 버전에 맞추어놓겠습니다.
- 노트북에는 그래프를 꾸미고(레이블 추가, 폰트 크기 설정 등) 책에 사용하기 위해 고해상도로 저장하는 코드가 추가되어 있습니다. 이런 코드는 무시해도 괜찮습니다.

최대한 코드를 읽기 편하고 단순하게 작성했습니다. 함수와 클래스 정의는 매우 적으며 복잡하지 않게 만들었습니다. 이렇게 만든 목적은 실행하는 코드를 바로 보여주고 검색이 필요한 여

---

6 옮긴이_ 번역서의 노트북에서 에러가 발생하면 옮긴이의 블로그(*https://tensorflow.blog/handson-ml3/*)를 통해 알려주셔도 됩니다.

러 추상화 계층에 감춰지지 않도록 하기 위함입니다. 또 코드를 이리저리 수정하기도 쉽습니다. 단순함을 위하여 에러 처리는 제한적으로 수행합니다. (PEP 8 파이썬 스타일 가이드에서 권장하는 것처럼 파일 맨 위에 임포트 문을 두어야 하지만) 자주 사용하지 않는 몇몇 임포트 문은 필요한 곳에 놓았습니다. 여러분의 제품 코드는 이와 크게 다르지 않을 것입니다. 아마도 조금 더 모듈화되어 있고 추가적인 테스트와 에러 처리가 있겠죠.

좋습니다! 코랩에 익숙해졌다면 이제 데이터를 다운로드할 차례입니다.

2.3.5 데이터 다운로드

일반적으로 여러분이 다룰 데이터는 관계형 데이터베이스 또는 다른 데이터 저장소에 들어있고 여러 테이블, 문서, 파일로 나뉘어 있을 것입니다. 이런 데이터에 접근하려면 먼저 보안 자격과 접근 권한이 있어야 하고[7] 그 데이터의 구조를 잘 알고 있어야 합니다. 하지만 이 프로젝트는 간단합니다. 모든 데이터가 들어 있는 CSV$^{comma-separated\ value}$ 파일인 `housing.csv`를 압축한 `housing.tgz` 파일을 내려받기만 하면 됩니다.

데이터를 수동으로 내려받아 압축을 푸는 대신 이를 위한 함수를 작성하는 것이 일반적으로 낫습니다. 특히 데이터가 정기적으로 바뀌는 경우에 유용합니다. 최근 데이터를 내려받기 위해 이 함수를 사용하는 짧은 스크립트를 작성할 수 있습니다(또는 스케줄링하여 주기적으로 자동 실행할 수도 있습니다). 데이터를 내려받는 일을 자동화하면 여러 기기에 데이터셋을 설치해야 할 때도 편리합니다.

다음 코드가 데이터를 추출하고 로드하는 함수입니다.

```python
from pathlib import Path
import pandas as pd
import tarfile
import urllib.request

def load_housing_data():
    tarball_path = Path("datasets/housing.tgz")
    if not tarball_path.is_file():
        Path("datasets").mkdir(parents=True, exist_ok=True)
```

---

7 또한 개인 정보가 담긴 필드가 안전하지 않은 저장소로 복사되지 않도록 하는 등의 법적 제약도 검토해야 합니다.

```
        url = "https://github.com/ageron/data/raw/main/housing.tgz"
        urllib.request.urlretrieve(url, tarball_path)
        with tarfile.open(tarball_path) as housing_tarball:
            housing_tarball.extractall(path="datasets")
    return pd.read_csv(Path("datasets/housing/housing.csv"))

housing = load_housing_data()
```

load_housing_data() 함수를 호출하면 datasets/housing.tgz 파일을 찾습니다. 이 파일을 찾지 못하면 현재 디렉터리(코랩의 경우 기본적으로 /content) 안에 datasets 디렉터리를 만들고, ageron/data 깃허브 저장소에서 housing.tgz 파일을 다운로드하여 /content 디렉터리에 압축을 풉니다. 이렇게 하면 datasets/housing 디렉터리가 생성되며 그 안에 housing.csv 파일이 있습니다. 마지막으로 이 CSV 파일에 있는 모든 데이터를 판다스 데이터프레임^{DataFrame}으로 로드하고 이 객체를 반환합니다.

2.3.6 데이터 구조 훑어보기

데이터프레임의 head() 메서드를 사용해 데이터에 있는 처음 다섯 행을 확인해보겠습니다(그림 2-6).

```
housing.head()
```

	longitude	latitude	housing_median_age	median_income	ocean_proximity	median_house_value
0	-122.23	37.88	41.0	8.3252	NEAR BAY	452600.0
1	-122.22	37.86	21.0	8.3014	NEAR BAY	358500.0
2	-122.24	37.85	52.0	7.2574	NEAR BAY	352100.0
3	-122.25	37.85	52.0	5.6431	NEAR BAY	341300.0
4	-122.25	37.85	52.0	3.8462	NEAR BAY	342200.0

그림 2-6 데이터셋의 처음 다섯 행

각 행은 하나의 구역을 나타냅니다. 특성은 longitude, latitude, housing_median_age, total_rooms, total_bedrooms, population, households, median_income, median_house_value, ocean_proximity 등 10개입니다(그림에는 일부만 나타나 있습니다).

info() 메서드는 데이터에 관한 간략한 설명을 보여주는데, 특히 전체 행 수, 각 특성의 데이터 타입과 널 ^{null}이 아닌 값의 개수를 확인하는 데 유용합니다.

```
>>> housing.info()
<class 'pandas.core.frame.DataFrame'>
RangeIndex: 20640 entries, 0 to 20639
Data columns (total 10 columns):
 #   Column              Non-Null Count   Dtype
---  ------              --------------   -----
 0   longitude           20640 non-null   float64
 1   latitude            20640 non-null   float64
 2   housing_median_age  20640 non-null   float64
 3   total_rooms         20640 non-null   float64
 4   total_bedrooms      20433 non-null   float64
 5   population          20640 non-null   float64
 6   households          20640 non-null   float64
 7   median_income       20640 non-null   float64
 8   median_house_value  20640 non-null   float64
 9   ocean_proximity     20640 non-null   object
dtypes: float64(9), object(1)
memory usage: 1.6+ MB
```

NOTE 이 책에서는 코드 예제가 출력을 포함할 때 가독성을 위해 파이썬 인터프리터와 같은 형식을 사용합니다. 코드는 앞에 >>>가(들여쓴 문장에서는 ...이) 붙고, 출력은 앞에 아무것도 붙지 않습니다.

데이터셋에 20,640개의 샘플이 들어있습니다. 머신러닝 프로젝트치고는 상당히 적은 편이지만 처음 시작하기에는 적당한 크기입니다. total_bedrooms 특성은 20,433개만 널값이 아닙니다. 207개의 구역은 이 특성을 가지고 있지 않다는 뜻입니다. 나중에 이 문제를 적절히 처리하겠습니다.

ocean_proximity 필드만 빼고 모든 특성이 숫자형입니다. ocean_proximity 필드의 데이터 타입은 object이므로 어떤 파이썬 객체도 될 수 있지만, 데이터를 CSV 파일에서 읽어들였기 때문에 텍스트 특성일 것입니다. 처음 다섯 행을 출력했을 때 ocean_proximity 열의 값이 반복되는 것으로 보아 이 특성은 아마도 범주형 ^{categorical}일 것입니다. 어떤 카테고리가 있고 각 카테고리마다 얼마나 많은 구역이 있는지는 value_counts() 메서드로 확인합니다.

```
>>> housing["ocean_proximity"].value_counts()
<1H OCEAN    9136
INLAND       6551
NEAR OCEAN   2658
NEAR BAY     2290
ISLAND          5
Name: ocean_proximity, dtype: int64
```

다른 필드도 살펴보겠습니다. describe() 메서드는 숫자형 특성의 요약 정보를 보여줍니다(그림 2-7).

housing.describe()

	longitude	latitude	housing_median_age	total_rooms	total_bedrooms	median_house_value
count	20640.000000	20640.000000	20640.000000	20640.000000	20433.000000	20640.000000
mean	-119.569704	35.631861	28.639486	2635.763081	537.870553	206855.816909
std	2.003532	2.135952	12.585558	2181.615252	421.385070	115395.615874
min	-124.350000	32.540000	1.000000	2.000000	1.000000	14999.000000
25%	-121.800000	33.930000	18.000000	1447.750000	296.000000	119600.000000
50%	-118.490000	34.260000	29.000000	2127.000000	435.000000	179700.000000
75%	-118.010000	37.710000	37.000000	3148.000000	647.000000	264725.000000
max	-114.310000	41.950000	52.000000	39320.000000	6445.000000	500001.000000

그림 2-7 숫자형 특성의 요약 정보

count, mean, min, max 행이 의미하는 바는 쉽게 알 수 있습니다. 널값은 제외되었습니다(예를 들어 total_bedrooms의 count는 20,640이 아니고 20,433입니다). std 행은 값이 퍼져 있는 정도를 측정하는 표준 편차를 나타냅니다.[8] 25%, 50%, 75% 행은 **백분위수**percentile를 나타냅니다. 백분위수는 전체 관측값에서 주어진 백분율이 속하는 하위 부분의 값을 나타냅니다. 예를 들어 25%의 구역은 housing_median_age가 18보다 작고, 50%는 29보다 작고, 75%는 37보다 작습니다. 이를 25번째 백분위수(또는 제1**사분위수**quartile), 중간값, 75번째 백분위수(또는 제3사분위수)라고도 합니다.

---

8   표준 편차는 일반적으로 σ(18번째 그리스 문자인 시그마)로 표시합니다. 이 값은 평균에서부터 떨어진 거리를 제곱하여 평균한 분산(variance)의 제곱근입니다. 어떤 특성이 정규 분포(normal distribution, 가우스 분포(Gaussian distribution)라고도 부릅니다)를 따르는 경우 '68–95–99.7' 규칙이 적용되는 경우가 많습니다. 약 68%의 값은 1σ 안에, 95%는 2σ 안에, 99.7%는 3σ 안에 있다는 뜻입니다.

데이터의 형태를 빠르게 검토하는 다른 방법은 각 숫자형 특성을 히스토그램으로 그려보는 것입니다. 히스토그램은 주어진 값의 범위(수평축)에 속한 샘플 수(수직축)를 나타냅니다. 특성마다 따로 히스토그램을 그릴 수도 있고 (다음 코드 예제처럼) 전체 데이터셋에 대해 `hist()` 메서드를 호출해 모든 숫자형 특성에 대한 히스토그램을 출력할 수도 있습니다(그림 2-8).

```python
import matplotlib.pyplot as plt
housing.hist(bins=50, figsize=(12, 8))
plt.show()
```

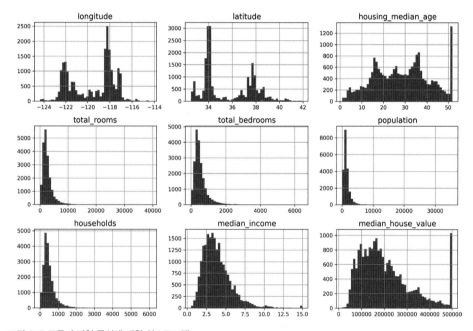

그림 2-8 모든 숫자형 특성에 대한 히스토그램

[그림 2-8]의 히스토그램에서 몇 가지 사항을 확인할 수 있습니다.

1 중간 소득(median_income) 특성이 US 달러로 표현되어 있지 않은 것 같습니다. 데이터를 취합한 팀에 확인해보니 스케일을 조정하고, 상한이 15(실제로는 15.0001), 하한이 0.5(실제로는 0.4999)가 되도록 만들었다고 합니다. 따라서 중간 소득 특성은 대략 수만 달러를 나타냅니다(예를 들어 3은 실제로 약 30,000달러를 의미합니다). 머신러닝에서는 전처리된 데이터를 다루는 경우가 흔하고 이것이 문제가 되지는 않지만 데이터가 어떻게 계산된 것인지 반드시 이해하고 있어야 합니다.

2 중간 주택 연도(housing_median_age)와 중간 주택 가격(median_house_value) 역시 최댓값과 최솟값을 한정했습니다.[9] 중간 주택 가격의 경우는 타깃 속성(레이블)으로 사용되기 때문에 심각한 문제가 될 수 있습니다. 가격이 한곗값을 넘어가지 않도록 머신러닝 알고리즘이 학습될지도 모릅니다. 이것이 문제가 될지 안 될지는 클라이언트 팀(이 시스템의 출력을 사용할 팀)과 함께 검토하는 것이 좋습니다. 만약 그 팀에서 $500,000를 넘어가더라도 정확한 예측값이 필요하다고 한다면 우리가 선택할 수 있는 방법은 두 가지입니다.

    a 한곗값 밖의 구역에 대한 정확한 레이블을 구합니다.

    b 훈련 세트에서 이런 구역을 제거합니다($500,000가 넘는 값에 대한 예측은 평가 결과가 매우 나쁠 것이므로 테스트 세트에서도 제거합니다).

3 특성들의 스케일이 서로 많이 다릅니다. 특성 스케일링에 대해서는 이 장의 뒷부분에서 살펴보겠습니다.

4 마지막으로 많은 히스토그램에서 오른쪽 꼬리가 더 깁니다. 즉, 가운데에서 왼쪽보다 오른쪽으로 더 멀리 뻗어 있습니다. 이런 형태는 일부 머신러닝 알고리즘에서 패턴을 찾기 어렵게 만듭니다. 나중에 이런 특성들을 좀 더 종 모양의 분포가 되도록 변형시키겠습니다.

이제 앞으로 다룰 데이터를 이해했을 것입니다.

> **! CAUTION** 데이터를 더 깊게 들여다보기 전에 테스트 세트를 따로 떼어놓아야 합니다. 그리고 테스트 세트를 절대 들여다보면 안 됩니다.

2.3.7 테스트 세트 만들기

이 단계에서 데이터 일부를 자진해서 떼어놓으라는 것이 이상하게 들릴 수도 있습니다. 지금까지는 데이터를 잠시 살펴봤을 뿐이고 어떤 알고리즘을 사용할지 정하기 전에 전체 데이터를 자세히 파악해야 하지 않을까요? 사실 맞습니다. 하지만 우리 뇌는 매우 과대적합되기 쉬운 패턴 감지 시스템입니다. 만약 테스트 세트를 들여다본다면 테스트 세트에서 겉으로 드러난 어떤 패턴에 속아 특정 머신러닝 모델을 선택하게 될지도 모릅니다. 이 테스트 세트로 일반화 오차를 추정하면 매우 낙관적인 추정이 되며 시스템을 론칭했을 때 기대한 성능이 나오지 않을 것입니다. 이를 **데이터 스누핑**data snooping 편향이라고 합니다.

테스트 세트를 생성하는 일은 이론적으로 간단합니다. 랜덤으로 어떤 샘플을 선택해서 데이터

---

9 옮긴이_ 중간 주택 연도(housing_median_age)와 중간 주택 가격(median_housing_value)의 경우 오른쪽에서 그래프가 심하게 높아지면서 히스토그램이 끝나는 것으로 보아 마지막 값으로 한정되었음을 짐작할 수 있습니다.

셋의 20% 정도(데이터셋이 매우 크다면 그보다 적게)를 떼어놓으면 됩니다.

```python
import numpy as np

def shuffle_and_split_data(data, test_ratio):
    shuffled_indices = np.random.permutation(len(data))
    test_set_size = int(len(data) * test_ratio)
    test_indices = shuffled_indices[:test_set_size]
    train_indices = shuffled_indices[test_set_size:]
    return data.iloc[train_indices], data.iloc[test_indices]
```

이 함수를 다음과 같이 사용할 수 있습니다.

```python
>>> train_set, test_set = shuffle_and_split_data(housing, 0.2)
>>> len(train_set)
16512
>>> len(test_set)
4128
```

좋네요. 이것도 괜찮지만 완벽하지는 않습니다. 프로그램을 다시 실행하면 다른 테스트 세트가 생성됩니다! 여러 번 계속하면 우리는(또는 우리 머신러닝 알고리즘이) 전체 데이터셋을 보는 셈이므로 이런 상황은 피해야 합니다.

한 가지 해결책은 처음 실행에서 테스트 세트를 저장하고 다음번 실행에서 이를 불러들이는 것입니다. 또 다른 방법은 항상 같은 난수 인덱스가 생성되도록 np.random.permutation()을 호출하기 전에 난수 발생기의 초깃값을 지정하는 것입니다(⑩ np.random.seed(42)[10]).

하지만 이 두 해법 모두 다음번에 업데이트된 데이터셋을 사용할 때 문제가 됩니다. 데이터셋을 업데이트한 후에도 안정적인 훈련/테스트 분할을 가능하게 하는 일반적인 해결책은 샘플의 식별자를 사용하여 테스트 세트로 보낼지 말지 정하는 것입니다(샘플이 고유하고 변경 불가능한 식별자를 가지고 있다고 가정합니다). 예를 들어 각 샘플마다 식별자의 해시값을 계산하여 해시 최댓값의 20%보다 작거나 같은 샘플만 테스트 세트로 보낼 수 있습니다. 이렇게 하면 여러

---

10 사람들은 난수 초깃값으로 42를 자주 사용합니다. 이 숫자는 '삶, 우주, 그리고 모든 것에 대한 궁극적인 질문의 해답'인 것 외에 특별한 의미는 없습니다. 옮긴이_ 이 숫자는 더글러스 애덤스(Douglas Adams)의 소설 『은하수를 여행하는 히치하이커를 위한 안내서(책세상, 2004)』에서 슈퍼컴퓨터인 깊은 생각(Deep Thought)이 이 질문에 대해 750만 년 동안 계산하여 내놓은 답입니다.

번 반복 실행되면서 데이터셋이 갱신되더라도 테스트 세트가 동일하게 유지됩니다. 새로운 테스트 세트는 새 샘플의 20%를 갖게 되지만 이전에 훈련 세트에 있던 샘플은 포함시키지 않을 것입니다.

다음은 이를 구현한 코드입니다.

```python
from zlib import crc32

def is_id_in_test_set(identifier, test_ratio):
    return crc32(np.int64(identifier)) < test_ratio * 2**32

def split_data_with_id_hash(data, test_ratio, id_column):
    ids = data[id_column]
    in_test_set = ids.apply(lambda id_: is_id_in_test_set(id_, test_ratio))
    return data.loc[~in_test_set], data.loc[in_test_set]
```

안타깝게도 주택 데이터셋에는 식별자 컬럼이 없습니다. 대신 행의 인덱스를 ID로 사용하면 간단히 해결됩니다.

```python
housing_with_id = housing.reset_index()    # index 열이 추가된 데이터프레임이
                                           # 반환됩니다.
train_set, test_set = split_data_with_id_hash(housing_with_id, 0.2, "index")
```

행의 인덱스를 고유 식별자로 사용할 때 새 데이터는 데이터셋의 끝에 추가되어야 하고 어떤 행도 삭제되지 않아야 합니다. 이것이 불가능할 땐 고유 식별자를 만드는 데 안전한 특성을 사용해야 합니다. 예를 들어 구역의 위도와 경도는 몇백 년 후까지 안정적이라고 보장할 수 있으므로 두 값을 연결하여 다음과 같이 ID를 만들 수 있습니다.[11]

```python
housing_with_id["id"] = housing["longitude"] * 1000 + housing["latitude"]
train_set, test_set = split_data_with_id_hash(housing_with_id, 0.2, "id")
```

사이킷런은 데이터셋을 여러 서브셋subset으로 나누는 다양한 방법을 제공합니다. 가장 간단한 함수는 train_test_split으로, 앞서 정의한 shuffle_and_split_data() 함수와 아주 비슷

---

11 위치 정보는 사실 정밀도가 낮아 여러 구역의 ID가 동일해지므로 동일한 테스트 세트 혹은 훈련 세트에 속하게 됩니다. 이는 원치 않은 샘플링 편향을 만듭니다.

하지만 두 가지 특징이 더 있습니다. 첫째, 앞서 설명한 난수 초깃값을 지정할 수 있는 random_state 매개변수가 있습니다. 둘째, 행의 개수가 같은 여러 개의 데이터셋을 넘겨서 동일한 인덱스를 기반으로 나눌 수 있습니다(이는 예를 들어 데이터프레임이 레이블에 따라 여러 개로 나뉘어 있을 때 매우 유용합니다).[12]

```
from sklearn.model_selection import train_test_split

train_set, test_set = train_test_split(housing, test_size=0.2, random_state=42)
```

지금까지는 순수한 랜덤 샘플링 방식을 보았습니다. 데이터셋이 충분히 크다면(특히 특성 수에 비해) 일반적으로 괜찮지만 그렇지 않다면 샘플링 편향이 생길 가능성이 큽니다. 설문 조사 기관에서 1,000명에게 몇 가지 질문을 하려 할 때 그냥 전화번호부에서 1,000명을 랜덤으로 뽑는 것이 아닙니다. 묻고 싶은 질문에 대해서 전체 인구를 대표할 수 있는 1,000명을 선택하기 위해 노력합니다. 미국 인구의 51.1%가 여성이고 48.9%가 남성이라면, 잘 구성된 설문 조사는 샘플에서도 이 비율을 유지해야 합니다. 즉, (성별에 따라 응답이 다를 수 있어 보이는 경우라면 적어도) 여성은 511명, 남성은 489명이어야 합니다. 이를 **계층적 샘플링**^{stratified sampling}이라고 합니다. 전체 인구는 **계층**^{strata}이라는 동질의 그룹으로 나뉘고, 테스트 세트가 전체 인구를 대표하도록 각 계층에서 올바른 수의 샘플을 추출합니다. 완전한 랜덤 샘플링을 사용하여 설문을 진행하면 48.5%보다 적거나 53.5%보다 많은 여성이 테스트 세트에 들어갈 확률이 약 10.7%입니다.[13] 어느 방법을 사용하든 설문 조사 결과는 크게 편향됩니다.

전문가가 중간 소득이 중간 주택 가격을 예측하는 데 매우 중요하다고 이야기해주었다고 가정합시다. 이 경우 테스트 세트가 전체 데이터셋에 있는 여러 소득 카테고리를 잘 대표해야 합니다. 중간 소득이 연속적인 숫자형 특성이므로 소득에 대한 카테고리 특성을 만들어야 합니다. 중간 소득의 히스토그램을 조금 더 자세히 살펴보겠습니다(그림 2-8). 중간 소득 대부분은 1.5에서 6($15,000~$60,000) 사이에 모여있지만 일부는 $60,000을 넘기도 합니다. 계층별로 데이터셋에 충분한 샘플 수가 있어야 합니다. 그렇지 않으면 계층의 중요도를 추정하는 데 편향이 발생할 것입니다. 이 말은 너무 많은 계층으로 나누어서는 안 되며 각 계층이 충분

---

12 옮긴이_ train_test_split() 함수는 파이썬 리스트, 넘파이 배열, 판다스 데이터프레임과 판다스 시리즈(Series) 객체 등을 입력으로 받을 수 있습니다.

13 옮긴이_ 이 값을 계산하는 방법은 주피터 노트북을 참고하세요.

히 커야 한다는 뜻입니다. 다음 코드는 **pd.cut()** 함수를 사용해 카테고리 5개를 가진 소득 카테고리 특성을 만듭니다(1에서 5까지 레이블을 가집니다). 카테고리 1은 0에서 1.5까지 범위($15,000 이하)이고 카테고리 2는 1.5에서 3까지 범위가 되는 식입니다.

```
housing["income_cat"] = pd.cut(housing["median_income"],
                               bins=[0., 1.5, 3.0, 4.5, 6., np.inf],
                               labels=[1, 2, 3, 4, 5])
```

이 소득 카테고리는 [그림 2-9]에 나타나 있습니다.[14]

```
housing["income_cat"].value_counts().sort_index().plot.bar(rot=0, grid=True)
plt.xlabel("소득 카테고리")
plt.ylabel("구역 개수")
plt.show()
```

이제 소득 카테고리를 기반으로 계층적 샘플링을 수행할 준비를 마쳤습니다. 사이킷런은 **sklearn.model_selection** 패키지 안에 여러 가지 분할기[splitter] 클래스를 제공합니다. 분할기는 데이터셋을 훈련 세트와 테스트 세트로 분할하는 다양한 전략을 구현한 것입니다. 모든 분할기는 훈련과 테스트 분할에 대한 반복자를 반환하는 **split()** 메서드를 가지고 있습니다.

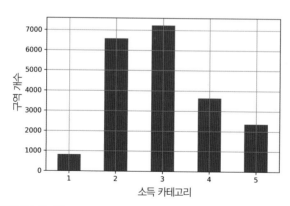

그림 2-9 소득 카테고리의 히스토그램

---

14 옮긴이_ 맷플롯립과 판다스 그래프에서 한글을 쓰려면 맷플롯립의 폰트 설정을 한글 폰트로 바꿔야 합니다. 예를 들어 나눔바른고딕 폰트를 사용하려면 plt.rc('font', family='NanumBarunGothic')과 같이 설정해야 합니다. 구글 코랩에서 한글 폰트를 설치하고 설정하는 방법은 깃허브에 있는 2장의 주피터 노트북을 참고하세요.

정확히 말하면 **split()** 메서드는 훈련과 테스트 데이터 자체가 아니라 인덱스를 반환합니다. 이 장의 뒷부분에서 교차 검증에 대해 논의할 때 보겠지만 여러 개로 분할하면 모델의 성능을 더 잘 추정할 수 있습니다. 예를 들어 다음 코드는 한 데이터셋으로 각각 다른 10개의 계층 분할을 생성합니다.[15]

```python
from sklearn.model_selection import StratifiedShuffleSplit

splitter = StratifiedShuffleSplit(n_splits=10, test_size=0.2, random_state=42)
strat_splits = []
for train_index, test_index in splitter.split(housing, housing["income_cat"]):
    strat_train_set_n = housing.iloc[train_index]
    strat_test_set_n = housing.iloc[test_index]
    strat_splits.append([strat_train_set_n, strat_test_set_n])
```

이제 첫 번째 분할을 다음과 같이 사용할 수 있습니다.

```python
strat_train_set, strat_test_set = strat_splits[0]
```

계층적 샘플링은 자주 사용되기 때문에 하나의 분할이 필요한 경우 **train_test_split()** 함수와 **stratify** 매개변수를 사용하여 간편하게 만들 수 있습니다.

```python
strat_train_set, strat_test_set = train_test_split(
    housing, test_size=0.2, stratify=housing["income_cat"], random_state=42)
```

의도대로 되었는지 살펴보겠습니다. 테스트 세트에서 소득 카테고리의 비율을 먼저 살펴보겠습니다.

```python
>>> strat_test_set["income_cat"].value_counts() / len(strat_test_set)
3    0.350533
2    0.318798
4    0.176357
5    0.114583
1    0.039729
Name: income_cat, dtype: float64
```

---

15 옮긴이_ StratifiedShuffleSplit은 StratifiedKFold의 계층 샘플링과 ShuffleSplit의 랜덤 샘플링을 합친 것으로 test_size 와 train_size 매개변수의 합을 1 이하로 지정할 수도 있습니다.

비슷한 코드로 전체 데이터셋에 있는 소득 카테고리의 비율을 측정합니다. [그림 2-10]은 전체 데이터셋과 계층 샘플링으로 만든 테스트 세트에서 소득 카테고리 비율을 비교한 것입니다. 그림에서 볼 수 있듯이 계층 샘플링을 사용해 만든 테스트 세트는 전체 데이터셋에 있는 소득 카테고리의 비율과 거의 같습니다. 반면 일반 랜덤 샘플링으로 만든 테스트 세트는 비율이 많이 달라졌습니다.

소득 카테고리	전체 %	계층 샘플링 %	랜덤 샘플링 %	계층 샘플링 오차 %	랜덤 샘플링 오차 %
1	3.98	4.00	4.24	0.36	6.45
2	31.88	31.88	30.74	-0.02	-3.59
3	35.06	35.05	34.52	-0.01	-1.53
4	17.63	17.64	18.41	0.03	4.42
5	11.44	11.43	12.09	-0.08	5.63

그림 2-10 계층 샘플링과 순수한 랜덤 샘플링의 샘플링 편향 비교

이 예제에서는 income_cat 특성을 다시 사용하지 않으므로 이 열을 삭제하고 데이터를 원래 상태로 되돌립니다.[16]

```
for set_ in (strat_train_set, strat_test_set):
    set_.drop("income_cat", axis=1, inplace=True)
```

테스트 세트 생성에 관해 자세히 설명하는 데는 그럴 만한 이유가 있습니다. 종종 등한시되지만 머신러닝 프로젝트에서 아주 중요한 부분이기 때문입니다. 게다가 이런 아이디어들은 나중에 교차 검증에 관해 이야기할 때 도움이 됩니다. 이제 다음 단계인 데이터 탐색으로 넘어갑시다.

---

16 옮긴이_ 판다스 데이터프레임의 drop 메서드는 행 또는 열을 삭제합니다. axis 매개변수의 기본값이 0일 때는 행을 삭제하고 1일 때는 열을 삭제합니다. 기본값이 False인 inplace 매개변수를 True로 설정하면 호출된 객체에 새로운 데이터프레임을 재할당하고 아무런 값도 반환하지 않습니다.

2.4 데이터 이해를 위한 탐색과 시각화

지금까지는 다뤄야 할 데이터의 종류를 파악하기 위해 데이터를 간단히 살펴보았습니다. 이제 조금 더 깊이 파악해봅시다.

먼저 테스트 세트를 떼어놓았는지 확인하고 훈련 세트에 대해서만 탐색을 하겠습니다. 훈련 세트가 매우 크다면 탐색 단계에서 조작을 간단하고 빠르게 하기 위해 탐색을 위한 세트를 별도로 샘플링할 수도 있습니다. 예제에서는 훈련 세트의 크기가 작으므로 훈련 세트 전체를 사용하겠습니다. 전체 훈련 세트에 대해서 다양한 변환을 실험하기 때문에 나중에 되돌릴 수 있도록 원본 데이터의 복사본을 만듭니다.

```
housing = strat_train_set.copy()
```

2.4.1 지리적 데이터 시각화하기

이 데이터셋에는 지리 정보(위도와 경도)가 포함되어 있으니 모든 구역을 산점도로 만들어 데이터를 시각화해보면 좋습니다(그림 2-11).

```
housing.plot(kind="scatter", x="longitude", y="latitude", grid=True)
plt.xlabel("경도")
plt.ylabel("위도")
plt.show()
```

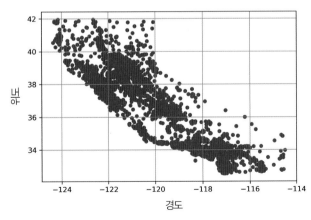

그림 2-11 데이터의 지리적인 산점도

[그림 2-11]은 캘리포니아 지역을 잘 나타내지만 특별한 패턴을 찾기는 힘듭니다. 다음 코드와 같이 alpha 옵션을 0.2로 주면 데이터 포인트가 밀집된 영역을 잘 보여줍니다(그림 2-12).

```
housing.plot(kind="scatter", x="longitude", y="latitude", grid=True, alpha=0.2)
plt.xlabel("경도")
plt.ylabel("위도")
plt.show()
```

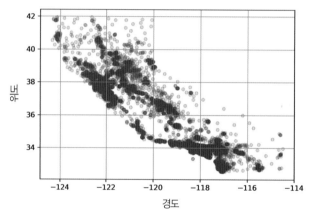

그림 2-12 밀집된 지역이 잘 부각된 산점도

훨씬 나아졌네요. 확실히 베이 에어리어 Bay Area와 로스앤젤레스 Los Angeles 근처, 샌디에이고 San Diego 같이 밀집된 지역이 눈에 잘 띄고, 센트럴 밸리 Central Valley (특히 새크라멘토 Sacramento와 프레즈노 Fresno 근처)에 밀집된 지역이 긴 띠를 이루고 있습니다.[17]

우리 뇌는 그림에서 패턴을 잘 인식해내지만 더 두드러진 패턴을 보려면 매개변수를 다양하게 조절해봐야 합니다.

이제 주택 가격을 나타내보겠습니다(그림 2-13). 원의 반지름은 구역의 인구를 나타내고(매

---

17 옮긴이_ 캘리포니아 해변을 따라서 경도 −122° 근처가 샌프란시스코가 있는 베이 에어리어 지역이고, 경도 −118° 근처가 로스앤젤레스, 경도 −117° 근처가 샌디에이고 지역입니다. 센트럴 밸리는 샌프란시스코 위에서부터 로스앤젤레스 위쪽까지 캘리포니아 중앙부에 길게 뻗은 지역을 말합니다. 새크라멘토는 위도 38.5°, 경도 −121.5° 근처이며 프레즈노는 위도 36.7°, 경도 −119.8° 근처입니다. 이 지역 모두 산점도에서 밀도가 높게 나타납니다.

개변수 s), 색상은 가격을 나타냅니다(매개변수 c). 여기서는 미리 정의된 컬러 맵[color map] 중 파란색(낮은 가격)에서 빨간색(높은 가격)까지의 범위를 가지는 jet을 사용합니다(매개변수 cmap).[18]

```
housing.plot(kind="scatter", x="longitude", y="latitude", grid=True,
             s=housing["population"] / 100, label="인구",
             c="median_house_value", cmap="jet", colorbar=True,
             legend=True, figsize=(10, 7))
cax=plt.gcf().get_axes()[1]
cax.set_ylabel("중간 주택 가격")
plt.xlabel("경도")
plt.ylabel("위도")
plt.show()
```

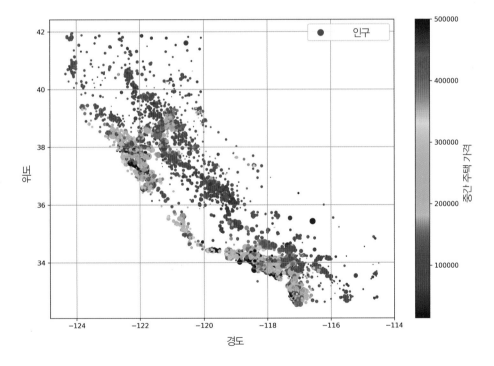

그림 2-13 캘리포니아 주택 가격: 빨간색은 높은 가격, 파란색은 낮은 가격, 큰 원은 인구가 밀집된 지역을 나타냅니다.

---

18 베이 에어리어에서 샌디에이고까지 해안가 대부분이 붉게 나타나며 새크라멘토 주변에도 노란색이 나타납니다.

아마 예상했겠지만 [그림 2-13]에서 주택 가격은 지역(⑩ 바다와 인접한 곳) 및 인구 밀도와 관련성이 높다는 사실을 알 수 있습니다. 군집 알고리즘을 사용해 주요 군집을 찾고 군집의 중심까지의 거리를 재는 특성을 추가할 수 있습니다. 해안 근접성 특성이 유용할 수도 있지만 북부 캘리포니아 지역의 해안가는 주택 가격이 그리 높지 않으므로 간단한 규칙을 적용하기는 어렵습니다.[19]

2.4.2 상관관계 조사하기

데이터셋이 너무 크지 않으므로 모든 특성 간의 **표준 상관계수**standard correlation coefficient(**피어슨**Pearson의 r이라고도 부릅니다)를 corr() 메서드를 이용해 쉽게 계산할 수 있습니다.

```
corr_matrix = housing.corr(numeric_only=True)
```

중간 주택 가격과 다른 특성 사이의 상관관계 크기가 얼마나 되는지 살펴보겠습니다.

```
>>> corr_matrix["median_house_value"].sort_values(ascending=False)
median_house_value    1.000000
median_income         0.688380
total_rooms           0.137455
housing_median_age    0.102175
households            0.071426
total_bedrooms        0.054635
population            -0.020153
longitude             -0.050859
latitude              -0.139584
Name: median_house_value, dtype: float64
```

상관관계의 범위는 -1부터 1까지입니다. 1에 가까우면 강한 양의 상관관계를 가진다는 뜻입니다. 예를 들어 중간 주택 가격(median_house_value)은 중간 소득(median_income)이 올라갈 때 증가하는 경향이 있습니다. 계수가 -1에 가까우면 강한 음의 상관관계를 나타냅니다. 위도(latitude)와 중간 주택 가격 사이에는 약한 음의 상관관계가 보입니다(즉, 북쪽으로 갈수록 주택 가격이 조금씩 내려가는 경향이 있습니다). 마지막으로 계수가 0에 가까우면 선형

---

19 옮긴이_ 북부 캘리포니아는 대략 위도 35° 위쪽의 지역으로, 베이 에어리어를 제외하고는 해안가의 주택 가격이 높지 않은 편입니다.

적인 상관관계가 없다는 뜻입니다.

특성 사이의 상관관계를 확인하는 다른 방법은 판다스의 scatter_matrix 함수를 사용해 숫자형 특성 간 산점도를 그려보는 것입니다. 여기서는 숫자형 특성이 9개이므로 총 9^2=81개의 그래프가 그려집니다. 이를 한 페이지에 모두 나타낼 수 없으므로 중간 주택 가격과 상관관계가 높아 보이는 특성 몇 개만 살펴보겠습니다(그림 2-14).

```python
from pandas.plotting import scatter_matrix

attributes = ["median_house_value", "median_income", "total_rooms",
              "housing_median_age"]
scatter_matrix(housing[attributes], figsize=(12, 8))
plt.show()
```

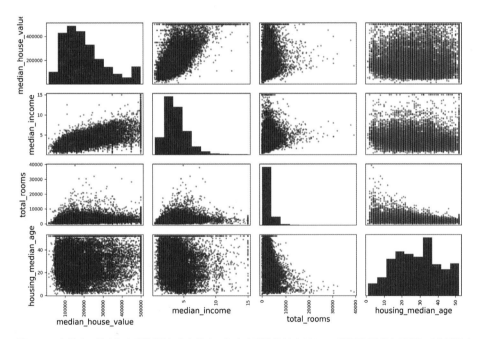

그림 2-14 이 산점도 행렬은 수치형 특성 간의 산점도와 각 수치형 특성의 히스토그램(왼쪽 위에서 오른쪽 아래 방향의 주 대각선)을 출력합니다.

대각선 위치에는 각 변수 자신에 대한 산점도가 출력되어야 하는데, 이는 그냥 직선이므로 유용하지 않습니다. 그래서 판다스는 이곳에 각 특성의 히스토그램을 그립니다(다른 옵션도 가능합니다. 자세한 내용은 판다스 문서를 참고하세요[20]).

산점도 행렬을 보면 중간 주택 가격(median_house_value)을 예측하는 데 중간 소득(median_income)이 가장 유용해 보입니다. 이 산점도를 확대해보겠습니다(그림 2-15).

```
housing.plot(kind="scatter", x="median_income", y="median_house_value",
             alpha=0.1, grid=True)
    plt.xlabel("중간 소득")
    plt.ylabel("중간 주택 가격")
plt.show()
```

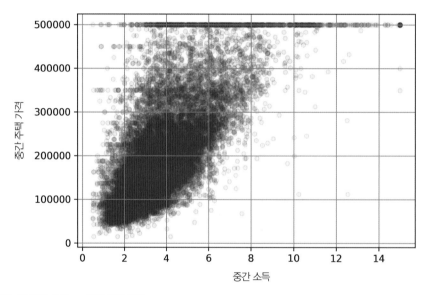

그림 2-15 중간 소득 vs. 중간 주택 가격

[그림 2-15]의 그래프는 몇 가지 사실을 보여줍니다. 첫째, 상관관계가 매우 강합니다. 위쪽으로 향하는 경향을 볼 수 있으며 포인트들이 너무 많이 퍼져 있지는 않습니다. 둘째, 앞서 본 가

---

20 옮긴이_ scatter_matrix 메서드의 diagonal 매개변수에 히스토그램을 나타내는 hist와 커널 밀도 추정(Kernel Density Estimation)을 나타내는 kde를 지정할 수 있습니다. 기본값은 hist입니다.

격의 한곗값이 \$500,000에서 수평선으로 잘 보입니다. 그런데 이 그래프에는 직선에 가까운 형태가 더 나타납니다. \$450,000 근처에 수평선이 보이고 \$350,000와 \$280,000에서도 보이며 그 아래에서도 조금 더 보입니다. 이런 경우 알고리즘이 데이터에서 이런 이상한 형태를 학습하지 않도록 해당 구역을 제거할 수 있습니다.

> **⚠ CAUTION** 상관계수는 선형적인 상관관계만 측정합니다(x가 증가하면 y는 증가 또는 감소하는 경우). 그래서 비선형적인 관계는 잡을 수 없습니다(⑩ x가 0에 가까워지면 y가 증가하는 경우). [그림 2-16]은 다양한 데이터셋과 상관계수를 보여줍니다. 마지막 줄에 있는 그래프들은 두 축이 완전히 독립적이지 않음에도 상관계수가 0입니다. 즉, 비선형 관계입니다. 두 번째 줄은 상관계수가 1이거나 −1인 경우입니다. 상관계수는 기울기와 상관없습니다. 예를 들어 인치[inch] 단위의 키는 피트[feet]나 나노미터[nanometer] 단위의 키와 상관계수가 1입니다.

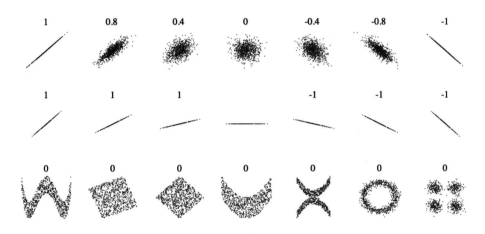

그림 2-16 여러 가지 데이터셋에 나타난 표준 상관계수[21]

2.4.3 특성 조합으로 실험하기

앞 절에서 데이터를 탐색하고 인사이트를 얻는 여러 방법에 관한 아이디어를 얻었기 바랍니다. 머신러닝 알고리즘에 주입하기 전에 정제해야 할 조금 이상한 데이터를 확인했고, 특성 사이에서 흥미로운 상관관계(특히 타깃과의 상관관계)를 발견했습니다. 어떤 특성의 분포는 오른쪽

---

21 출처: 위키백과 – 퍼블릭 도메인 이미지

꼬리가 길어서 데이터를 변형하는 것이 좋을 수 있습니다(⬛ 로그 함수나 제곱근을 적용합니다). 물론 프로젝트마다 처한 상황이 다르겠지만 일반적인 아이디어는 비슷합니다.

머신러닝 알고리즘용 데이터를 준비하기 전에 마지막으로 할 수 있는 일은 특성을 여러 가지로 조합해보는 것입니다. 예를 들어 특정 구역의 방 개수는 가구 수를 모른다면 그다지 유용하지 않습니다. 진짜 필요한 것은 가구당 방 개수입니다. 비슷하게 전체 침실 개수도 그 자체로는 유용하지 않습니다. 즉, 방 개수와 비교하는 게 낫습니다. 가구당 인원도 흥미로운 특성 조합일 것 같습니다. 이런 특성들을 만들어봅시다.

```
housing["rooms_per_house"] = housing["total_rooms"] / housing["households"]
housing["bedrooms_ratio"] = housing["total_bedrooms"] / housing["total_rooms"]
housing["population_per_house"]=housing["population"] / housing["households"]
```

상관관계 행렬을 다시 확인해보겠습니다.

```
>>> corr_matrix = housing.corr(numeric_only=True)
>>> corr_matrix["median_house_value"].sort_values(ascending=False)
median_house_value    1.000000
median_income         0.688380
rooms_per_house       0.143663
total_rooms           0.137455
housing_median_age    0.102175
households            0.071426
total_bedrooms        0.054635
population            -0.020153
people_per_house      -0.038224
longitude             -0.050859
latitude              -0.139584
bedrooms_ratio        -0.256397
Name: median_house_value, dtype: float64
```

나쁘지 않네요. 새로운 bedrooms_ratio 특성은 전체 방 개수나 침실 개수보다 중간 주택 가격과의 상관관계가 훨씬 높습니다. 확실히 침실/방의 비율이 낮은 집은 더 비싼 경향이 있습니다. 가구당 방 개수도 구역 내 전체 방 개수보다 더 유용합니다. 당연히 더 큰 집이 더 비쌉니다.

이 탐색 단계는 완벽하지 않습니다. 빠르게 시작해서 인사이트를 얻는 것이 합리적인 첫 번째 프로토타입을 만드는 데 도움이 될 것입니다. 하지만 이는 반복적인 과정입니다. 프로토타입을

만들고 실행한 후 그 결과를 분석해서 더 많은 인사이트를 얻고 다시 이 탐색 단계로 돌아오게
됩니다.[22]

2.5 머신러닝 알고리즘을 위한 데이터 준비

이제 머신러닝 알고리즘을 위해 데이터를 준비할 차례입니다. 이 작업을 수동으로 하는 대신
함수를 만들어 자동화해야 하는 이유는 다음과 같습니다.

- 어떤 데이터셋에 대해서도 데이터 변환을 손쉽게 반복할 수 있습니다(다음번에 새로운 데이터셋을 사용할
  때 활용할 수 있습니다).
- 향후 프로젝트에 재사용 가능한 변환 라이브러리를 점진적으로 구축할 수 있습니다.
- 실제 시스템에서 알고리즘에 새 데이터를 주입하기 전에 이 함수를 사용해 변환할 수 있습니다.
- 여러 가지 데이터 변환을 쉽게 시도해볼 수 있고 어떤 조합이 가장 좋은지 확인하는 데 편리합니다.

일단 원래 훈련 세트로 복원하고(strat_train_set을 다시 복사합니다), 예측 변수와 타깃값
에 같은 변형을 적용하지 않기 위해 예측 변수와 레이블을 분리하겠습니다(drop()은 기본적으
로 데이터 복사본을 만들어 반환하며 strat_train_set에는 영향을 주지 않습니다).

```
housing = strat_train_set.drop("median_house_value", axis=1)
housing_labels = strat_train_set["median_house_value"].copy()
```

2.5.1 데이터 정제

대부분의 머신러닝 알고리즘은 누락된 특성을 다루지 못하므로 이를 처리할 수 있는 함수를 몇
개 만들겠습니다. 앞서 total_bedrooms 특성에 값이 없는 경우를 보았는데 이를 고쳐보겠습
니다. 방법은 세 가지입니다.

---

22 옮긴이_ 대부분의 소프트웨어 프로젝트가 그렇지만 특히 머신러닝 프로젝트에서는 빠른 프로토타이핑과 반복적인 프로세스가 권장됩
니다.

1 해당 구역을 제거합니다.

2 전체 특성을 삭제합니다.

3 누락된 값을 어떤 값으로 채웁니다(0, 평균, 중간값 등). 이를 **대체**imputation라고 합니다.

판다스 데이터프레임의 dropna(), drop(), fillna() 메서드를 이용해 이런 작업을 간단하게 처리할 수 있습니다.

```
housing.dropna(subset=["total_bedrooms"], inplace=True)    # 옵션 1

housing.drop("total_bedrooms", axis=1, inplace=True)       # 옵션 2

median = housing["total_bedrooms"].median()                # 옵션 3
housing["total_bedrooms"].fillna(median, inplace=True)
```

옵션 3이 데이터를 최대한 유지하므로 이를 선택합니다. 하지만 이 코드 대신 사이킷런에 있는 편리한 SimpleImputer 클래스를 사용하겠습니다. 이 클래스는 각 특성의 중간값을 저장하고 있어 유용합니다. 훈련 세트뿐만 아니라 검증 세트와 테스트 세트 그리고 모델에 주입될 새로운 데이터에 있는 누락된 값을 대체할 수 있습니다. 이를 사용하려면 먼저 누락된 값을 특성의 중간값으로 대체하도록 지정하여 SimpleImputer의 객체를 생성합니다.

```
from sklearn.impute import SimpleImputer

imputer = SimpleImputer(strategy="median")
```

중간값은 수치형 특성에서만 계산될 수 있기 때문에 수치 특성만 가진 데이터 복사본을 생성합니다(이렇게 하면 텍스트 특성인 ocean_proximity가 제외됩니다).

```
housing_num = housing.select_dtypes(include=[np.number])
```

이제 imputer 객체의 fit() 메서드를 사용해 훈련 데이터에 적용할 수 있습니다.

```
imputer.fit(housing_num)
```

imputer는 각 특성의 중간값을 계산해서 그 결과를 객체의 statistics_ 속성에 저장합니다.

total_bedrooms 특성에만 누락된 값이 있지만 나중에 시스템이 서비스될 때 새로운 데이터에서 어떤 값이 누락될지 확신할 수 없으므로 모든 수치형 특성에 imputer를 적용하는 것이 바람직합니다.

```
>>> imputer.statistics_
array([-118.51 , 34.26 , 29. , 2125. , 434. , 1167. , 408. , 3.5385])
>>> housing_num.median().values
array([-118.51 , 34.26 , 29. , 2125. , 434. , 1167. , 408. , 3.5385])
```

이제 학습된 imputer 객체를 사용해 훈련 세트에서 누락된 값을 학습한 중간값으로 바꿀 수 있습니다.

```
X = imputer.transform(housing_num)
```

누락된 값을 평균(strategy="mean")이나 가장 자주 등장하는 값(strategy="most_frequent") 또는 상수(strategy="constant", fill_value=...)로 바꿀 수도 있습니다. 마지막 두 방법은 수치가 아닌 데이터도 지원합니다.

 sklearn.impute 패키지는 누락된 값을 대체하기 위한 (수치 특성에만 적용되는) 더 강력한 클래스도 제공합니다.

- KNNImputer: 누락된 값을 이 특성에 대한 k-최근접 이웃의 평균으로 대체합니다. 거리는 모든 특성을 바탕으로 계산됩니다.
- IterativeImputer: 특성마다 회귀 모델을 훈련하여 다른 모든 특성을 기반으로 누락된 값을 예측합니다. 그다음 업데이트된 데이터로 모델을 다시 훈련하고 이 과정을 몇 번 반복하여 모델과 대체 값을 향상시킵니다.

사이킷런의 설계 철학

사이킷런의 API는 아주 잘 설계되어 있습니다. 주요 설계 원칙은 다음과 같습니다.[23]

- **일관성**: 모든 객체는 일관되고 단순한 인터페이스를 공유합니다.

---

23 설계 원칙에 관한 더 자세한 내용은 다음을 참고하세요. 「API design for machine learning software: experiences from the scikit-learn project」, L. Buitinck, G. Louppe, M. Blondel, F. Pedregosa, A. Müller, et al. (2013). *https://homl.info/11*

- **추정기**estimator: 데이터셋을 기반으로 일련의 모델 파라미터들을 추정하는 객체를 추정기라고 합니다(예를 들어 imputer 객체는 추정기입니다). 추정 자체는 fit() 메서드에 의해 수행되고 하나의 매개변수로 하나의 데이터셋만 전달합니다(지도 학습 알고리즘에서는 매개변수가 두 개이며 두 번째 데이터셋은 레이블을 담고 있습니다). 추정 과정에서 필요한 다른 매개변수들은 모두 하이퍼파라미터로 간주되고(⑩ imputer 객체의 strategy 매개변수), 인스턴스 변수[24]로 저장됩니다(보통 생성자의 매개변수로 전달합니다).[25]

- **변환기**transformer: (imputer 같이) 데이터셋을 변환하는 추정기를 변환기라고 합니다. 여기서도 API는 매우 단순합니다. 변환은 데이터셋을 매개변수로 전달받은 transform() 메서드가 수행합니다. 그리고 변환된 데이터셋을 반환합니다. 이런 변환은 일반적으로 imputer의 경우와 같이 학습된 모델 파라미터에 의해 결정됩니다.[26] 모든 변환기는 fit()과 transform()을 연달아 호출하는 것과 동일한 fit_transform() 메서드도 가지고 있습니다(이따금 fit_transform()이 최적화되어 있어서 더 빠릅니다).

- **예측기**predictor: 일부 추정기는 주어진 데이터셋에 대해 예측을 만들 수 있습니다. 예를 들어 앞 장에 나온 LinearRegression 모델이 예측기이며, 어떤 나라의 1인당 GDP가 주어질 때 삶의 만족도를 예측했습니다. 예측기의 predict() 메서드는 새로운 데이터셋을 받아 이에 상응하는 예측값을 반환합니다. 또한 테스트 세트(지도 학습 알고리즘이라면 레이블도 함께)를 사용해 예측의 품질을 측정하는 score() 메서드를 가집니다.[27]

- **검사 가능**: 모든 추정기의 하이퍼파라미터는 공개 public 인스턴스 변수로 직접 접근할 수 있고(⑩ imputer.strategy), 모든 추정기의 학습된 모델 파라미터도 접미사로 밑줄을 붙여서 공개 인스턴스 변수로 제공됩니다(⑩ imputer.statistics_).[28]

- **클래스 남용 방지**: 데이터셋을 별도의 클래스가 아니라 넘파이 배열이나 사이파이SciPy 희소 행렬 sparse matrix로 표현합니다. 하이퍼파라미터는 보통의 파이썬 문자열이나 숫자입니다.

- **조합성**: 기존의 구성 요소를 최대한 재사용합니다. 앞으로 보겠지만 예를 들어 여러 변환기를 연결한 다음 마지막에 추정기 하나를 배치한 Pipeline 추정기를 쉽게 만들 수 있습니다.

- **합리적인 기본값**: 사이킷런은 일단 돌아가는 기본 시스템을 빠르게 만들 수 있도록 대부분의 매개변수에 합리적인 기본값을 지정해두었습니다.

---

24 옮긴이_ 인스턴스 변수는 객체지향 프로그래밍에서 각 객체가 독립적으로 가지고 있는 변수입니다.

25 옮긴이_ 파이썬 객체를 만들 때 전달하는 매개변수를 말합니다(⑩ SimpleImputer(strategy="median")). 이 매개변수는 파이썬에서 새로운 객체가 생성될 때 자동으로 호출되는 특수 메서드인 __init__에 전달됩니다. 객체 생성 시 호출되는 또 다른 특수 메서드인 __new__도 있지만 종종 __init__을 생성자라고 부릅니다.

26 옮긴이_ imputer가 실제로 계산한 것은 데이터셋에 있는 각 특성의 중간값입니다. 사이킷런에서는 변환기도 추정기와 인터페이스가 같기 때문에 학습한다고 표현합니다.

27 어떤 예측기는 예측의 확신을 측정하는 메서드도 제공합니다.
옮긴이_ 분류 모델이 제공하는 predict_proba()나 decision_function() 메서드를 말합니다(3장 참고).

28 옮긴이_ 사실 파이썬에는 비공개(private) 인스턴스 변수가 없습니다. 따라서 모든 인스턴스 변수는 직접 참조가 가능합니다.

사이킷런 변환기는 판다스 데이터프레임이 입력되더라도 넘파이 배열(또는 이따금 사이파이 희소 행렬)을 출력합니다.[29] 따라서 `imputer.transform(housing_num)`의 출력은 넘파이 배열입니다. X에는 열 이름도 없고 인덱스도 없습니다.[30] 다행히 X를 데이터프레임으로 감싸서 `housing_num`으로부터 열 이름과 인덱스를 복원하는 것은 어렵지 않습니다.

```
housing_tr = pd.DataFrame(X, columns=housing_num.columns,
                          index=housing_num.index)
```

2.5.2 텍스트와 범주형 특성 다루기

지금까지는 수치형 특성만 다루었습니다. 이제 텍스트 특성을 살펴봅시다. 이 데이터셋에는 `ocean_proximity`만 있습니다. 처음 몇 개 샘플에서 이 특성값을 확인해보죠.

```
>>> housing_cat = housing[["ocean_proximity"]]
>>> housing_cat.head(8)
       ocean_proximity
13096         NEAR BAY
14973        <1H OCEAN
3785            INLAND
14689           INLAND
20507       NEAR OCEAN
1286            INLAND
18078        <1H OCEAN
4396          NEAR BAY
```

이는 임의의 텍스트가 아닙니다. 가능한 값을 제한된 개수로 나열한 것이고 각 값은 카테고리를 나타냅니다. 따라서 이 특성은 범주형 특성입니다. 대부분의 머신러닝 알고리즘은 숫자를 다루므로 이 카테고리를 텍스트에서 숫자로 변환하겠습니다. 이를 위해 사이킷런의 `OrdinalEncoder` 클래스를 사용합니다.

---

29 이 글을 읽을 때쯤이면 모든 변환기가 판다스 데이터프레임이 입력될 때 데이터프레임으로 출력할 수 있을 것입니다. 이렇게 하려면 다음과 같이 설정하세요. `sklearn.set_config(transform_output="pandas")`
　　옮긴이_ 이 설정은 사이킷런 1.2 버전부터 사용할 수 있습니다.

30 옮긴이_ 여기서 인덱스는 판다스의 행 인덱스를 말합니다.

```
from sklearn.preprocessing import OrdinalEncoder

ordinal_encoder = OrdinalEncoder()
housing_cat_encoded = ordinal_encoder.fit_transform(housing_cat)
```

housing_cat_encoded에 인코딩된 몇 개의 값을 확인하면 다음과 같습니다.

```
>>> housing_cat_encoded[:8]
array([[3.],
       [0.],
       [1.],
       [1.],
       [4.],
       [1.],
       [0.],
       [3.]])
```

categories_ 인스턴스 변수를 사용해 카테고리 리스트를 얻을 수 있습니다. 범주형 특성마다 1D 카테고리 배열을 담은 리스트가 반환됩니다(이 경우는 범주형 특성이 하나만 있으므로 배열 하나를 담은 리스트가 반환됩니다).

```
>>> ordinal_encoder.categories_
[array(['<1H OCEAN', 'INLAND', 'ISLAND', 'NEAR BAY', 'NEAR OCEAN'],
       dtype=object)]
```

이 표현 방식의 문제는 머신러닝 알고리즘이 가까이 있는 두 값을 떨어져 있는 두 값보다 더 비슷하다고 생각한다는 점입니다. 일부 경우에는 괜찮습니다(⑩ 'bad', 'average', 'good', 'excellent'와 같이 순서가 있는 카테고리의 경우). 하지만 ocean_proximity 열에는 해당되지 않습니다(예를 들어 카테고리 0과 1보다 카테고리 0과 4가 확실히 더 비슷합니다). 이 문제는 일반적으로 카테고리별 이진 특성을 만들어 해결합니다. 카테고리가 '<1H OCEAN'일 때 한 특성이 1이고(그 외 특성은 0), 카테고리가 'INLAND'일 때 다른 한 특성이 1이 되는(역시 그 외에는 0) 식입니다. 한 특성만 1이고(핫) 나머지는 0이므로 이를 **원-핫 인코딩**one-hot encoding이라고 부릅니다. 이따금 새로운 특성을 **더미**dummy 특성이라고도 부릅니다. 사이킷런은 범주의 값을 원-핫 벡터로 바꾸기 위한 OneHotEncoder 클래스를 제공합니다.

```
from sklearn.preprocessing import OneHotEncoder

cat_encoder = OneHotEncoder()
housing_cat_1hot = cat_encoder.fit_transform(housing_cat)
```

기본적으로 **OneHotEncoder**의 출력은 넘파이 배열이 아니라 사이파이 **희소 행렬**입니다.

```
>>> housing_cat_1hot
<16512x5 sparse matrix of type '<class 'numpy.float64'>'
 with 16512 stored elements in Compressed Sparse Row format>
```

희소 행렬은 0이 대부분인 행렬을 매우 효율적으로 표현합니다. 내부적으로 0이 아닌 값과 그 위치만 저장합니다. 하나의 범주형 특성에 수백, 수천 개의 카테고리가 있을 때 원-핫 인코딩은 행마다 하나만 1이고 나머지는 0으로 채워진 매우 큰 행렬을 만듭니다. 이런 경우 희소 행렬이 필요합니다. 희소 행렬은 많은 메모리를 절약하고 계산 속도를 높여줍니다. 대부분 희소 행렬을 보통의 2D 배열처럼 사용할 수 있지만[31] (밀집된) 넘파이 배열로 바꾸려면 **toarray()** 메서드를 호출해야 합니다.

```
>>> housing_cat_1hot.toarray()
array([[0., 0., 0., 1., 0.],
       [1., 0., 0., 0., 0.],
       [0., 1., 0., 0., 0.],
       ...,
       [0., 0., 0., 0., 1.],
       [1., 0., 0., 0., 0.],
       [0., 0., 0., 0., 1.]])
```

또는 **OneHotEncoder**를 만들 때 **sparse=False**(또는 **sparse_output=False**)로 설정하여 **transform()** 메서드가 일반적인 넘파이 배열을 반환하게 할 수 있습니다.[32]

OrdinalEncoder처럼 인코더의 **categories_** 인스턴스 변수를 사용해 카테고리 리스트를 얻

---

31 자세한 내용은 사이파이 문서를 참고하세요. *https://docs.scipy.org/doc/scipy/tutorial/sparse.html*
옮긴이_ housing_cat_1hot은 사이파이가 지원하는 희소 행렬 중 행을 압축하는 csr_matrix입니다. csr_matrix에서 지원하는 메서드는 다음 주소를 참고하세요. *https://goo.gl/rakTep*

32 옮긴이_ 사이킷런 1.2 버전에서 sparse_output 매개변수가 추가되고 1.4 버전에서 sparse 매개변수는 삭제됩니다. 이에 대한 경고를 피하려면 sparse_output=False를 사용합니다.

을 수 있습니다.

```
>>> cat_encoder.categories_
[array(['<1H OCEAN', 'INLAND', 'ISLAND', 'NEAR BAY', 'NEAR OCEAN'],
       dtype=object)]
```

판다스에는 범주형 특성을 원-핫 표현으로 바꿔서 카테고리마다 하나의 이진 특성을 만드는 get_dummies() 함수도 있습니다.

```
>>> df_test = pd.DataFrame({"ocean_proximity": ["INLAND", "NEAR BAY"]})
>>> pd.get_dummies(df_test)
   ocean_proximity_INLAND ocean_proximity_NEAR BAY
0                       1                        0
1                       0                        1
```

간단하고 좋아 보이므로 OneHotEncoder 대신 사용하면 어떨까요? OneHotEncoder의 장점은 어떤 카테고리로 훈련되었는지 기억한다는 점입니다. 모델을 제품에 적용할 때 훈련과 완전히 동일한 특성이 주입되어야 하기 때문에 매우 중요합니다. cat_encoder를 (fit_transform() 이 아니라 transform()으로) df_test에 적용했을 때 어떻게 출력되는지 확인해보죠.

```
>>> cat_encoder.transform(df_test)
array([[0., 1., 0., 0., 0.],
       [0., 0., 0., 1., 0.]])
```

차이점이 보이나요? get_dummies()는 두 개의 카테고리만 보았기 때문에 두 개 열만 출력합니다. 반면 OneHotEncoder는 학습된 카테고리마다 하나의 열을 순서대로 출력합니다. 또한 알 수 없는 카테고리(예 "<2H OCEAN")를 담은 데이터프레임을 get_dummies()에 주입하면 아무런 문제없이 변환된 결과를 출력합니다.

```
>>> df_test_unknown = pd.DataFrame({"ocean_proximity": ["<2H OCEAN", "ISLAND"]})
>>> pd.get_dummies(df_test_unknown)
   ocean_proximity_<2H OCEAN ocean_proximity_ISLAND
0                         1                      0
1                         0                      1
```

하지만 OneHotEncoder는 더 똑똑합니다. 알 수 없는 카테고리를 감지하고 예외를 발생시킵니다. 원한다면 handle_unkown 매개변수를 "ignore"로 지정하여 알 수 없는 카테고리를 그냥 0으로 나타낼 수 있습니다.

```
>>> cat_encoder.handle_unknown = "ignore"
>>> cat_encoder.transform(df_test_unknown)
array([[0., 0., 0., 0., 0.],
       [0., 0., 1., 0., 0.]])
```

TIP 카테고리 특성이 담을 수 있는 카테고리 수가 많다면(◉ 국가 코드, 직업, 생물 종류 등) 원-핫 인코딩은 많은 수의 입력 특성을 만듭니다. 이는 훈련 속도를 느리게 하고 성능을 감소시킬 수 있습니다. 이런 현상이 나타나면 범주형 입력값을 이 특성과 관련된 숫자형 특성으로 바꾸고 싶을 것입니다. 예를 들어 ocean_proximity 특성을 해안까지의 거리로 바꿀 수 있습니다(비슷하게 국가 코드는 인구와 1인당 GDP로 바꿀 수 있습니다). 다른 방법으로 category_encoders 패키지(*https://contrib.scikit-learn.org/category_encoders/*) 가 제공하는 인코더 중 하나를 사용할 수 있습니다. 또는 신경망을 사용해 각 카테고리를 **임베딩**embedding이라고 부르는 학습 가능한 저차원 벡터로 바꿀 수도 있는데, 이는 **표현 학습**representation learning의 한 예입니다(자세한 내용은 13장과 17장을 참고하세요).

데이터프레임을 사용하여 사이킷런 추정기를 훈련할 때 추정기는 열 이름을 feature_names_in_ 속성에 저장합니다. 그다음 사이킷런은 (transform()이나 predict()를 통해) 이 추정기에 입력된 모든 데이터프레임이 동일한 열 이름을 갖는지 확인합니다. 변환기는 출력으로 데이터프레임을 만들 수 있도록 get_feature_names_out() 메서드도 제공합니다.

```
>>> cat_encoder.feature_names_in_
array(['ocean_proximity'], dtype=object)
>>> cat_encoder.get_feature_names_out()
array(['ocean_proximity_<1H OCEAN', 'ocean_proximity_INLAND',
       'ocean_proximity_ISLAND', 'ocean_proximity_NEAR BAY',
       'ocean_proximity_NEAR OCEAN'], dtype=object)
>>> df_output = pd.DataFrame(cat_encoder.transform(df_test_unknown),
...                          columns=cat_encoder.get_feature_names_out(),
...                          index=df_test_unknown.index)
```

2.5.3 특성 스케일과 변환

데이터에 적용할 중요한 변환 한 가지는 **특성 스케일링**feature scaling입니다. 몇 가지를 제외하고[33] 머신러닝 알고리즘은 입력된 숫자 특성들의 스케일이 많이 다르면 제대로 작동하지 않습니다. 주택 가격 데이터도 이에 해당합니다. 즉, 전체 방 개수의 범위는 6에서 39,320인 반면 중간 소득의 범위는 0에서 15까지입니다. 스케일링을 적용하지 않으면 대부분의 모델은 중간 소득을 무시하고 방 개수에 더 초점을 맞출 것입니다.

모든 특성의 범위를 같게 만들어주는 방법으로 **min-max 스케일링**과 **표준화**standardization가 널리 사용됩니다.

> **!CAUTION** 모든 추정기와 마찬가지로 스케일링은 훈련 데이터로만 수행해야 합니다. 훈련 세트 이외의 어떤 것에도 fit()이나 fit_transform() 메서드를 사용해서는 안 됩니다. 스케일링 변환기를 훈련하고 나면 이를 사용해 검증 세트, 테스트 세트, 그리고 새로운 데이터에 transform() 메서드를 적용할 수 있습니다. 훈련 세트 값은 항상 특정 범위로 스케일링되지만 새로운 데이터에 이상치가 있다면 이 범위 밖으로 스케일링될 것입니다. 이를 원치 않는다면 MinMaxScaler의 clip 매개변수를 True로 지정하세요.

min-max 스케일링은 가장 간단한 방법입니다(많은 사람이 이를 **정규화**normalization[34]라고 부릅니다). 각 특성에 대해서 0~1 범위에 들도록 값을 이동하고 스케일을 조정합니다. 데이터에서 최솟값을 뺀 후 최댓값과 최솟값의 차이로 나누면 이렇게 할 수 있습니다. 사이킷런에는 이 역할을 하는 MinMaxScaler 변환기를 제공하며 feature_range 매개변수를 사용해 0~1이 아닌 다른 범위로 변경할 수 있습니다(예를 들어 신경망은 평균이 0인 데이터에서 잘 작동합니다. 따라서 −1~1 사이 범위가 선호됩니다).

```
from sklearn.preprocessing import MinMaxScaler
min_max_scaler = MinMaxScaler(feature_range=(-1, 1))
housing_num_min_max_scaled = min_max_scaler.fit_transform(housing_num)
```

표준화는 다릅니다. 먼저 평균을 뺀 후(그래서 표준화를 하면 항상 평균이 0이 됩니다) 표준 편

---

33 옮긴이_ 6장과 7장에서 다루는 트리 기반 알고리즘이 이에 해당합니다.
34 옮긴이_ 사이킷런에는 입력 데이터에서 각 행의 ℓ_2 노름이 1이 되도록 조정하는 Normalizer라는 전처리 기능이 있으며 min-max 스케일링과는 전혀 다른 결과를 만듭니다. 정규화는 여러 의미로 다양하게 사용되므로 혼동하지 마세요.

차로 나눕니다(따라서 표준화된 값의 표준 편차는 1이 됩니다). min-max 스케일링과 달리 표준화는 특정 범위로 값을 제한하지 않습니다. 그러나 표준화는 이상치에 영향을 덜 받습니다. 예를 들어 어떤 구역의 중간 소득이 일반적인 0~15 사이가 아니라 (잘못 입력되어) 100이라 가정해봅시다. 0~1 범위를 만드는 min-max 스케일링은 이 이상치를 1로 매핑하고 모든 다른 값을 0~0.15로 만들어버리겠지만 표준화는 크게 영향받지 않습니다. 사이킷런에는 표준화를 위한 StandardScaler 변환기가 있습니다.

```
from sklearn.preprocessing import StandardScaler
std_scaler = StandardScaler()
housing_num_std_scaled = std_scaler.fit_transform(housing_num)
```

TIP 희소 행렬을 밀집 행렬로 바꾸지 않고 스케일링하고 싶다면 StandardScaler를 사용할 때 with_mean 하이퍼파라미터를 False로 지정하세요. 이렇게 하면 데이터에서 평균을 빼지 않고 표준 편차로 나누기만 합니다(따라서 희소성이 깨지지 않습니다).

특성 분포의 꼬리가 두꺼울 때(즉, 평균에서 멀리 떨어진 값이 지수적으로 줄어들지 않는 경우) min-max 스케일링과 표준화는 대부분의 값을 작은 범위로 압축합니다. 4장에서 보겠지만 머신러닝 모델은 일반적으로 이런 값을 좋아하지 않습니다. 따라서 특성을 스케일링하기 전에 두꺼운 꼬리를 줄이도록 데이터를 먼저 변환하고 분포가 대략적으로 대칭이 되도록 만들어야 합니다. 예를 들어 오른쪽 꼬리가 두꺼운 양수 특성인 경우에는 일반적으로 특성을 제곱근으로 바꾸는 방법을 사용합니다(또는 0~1 사이에서 특성을 거듭제곱합니다). **멱법칙 분포**power law distribution처럼 특성 분포의 꼬리가 아주 길고 두껍다면 특성을 로그값으로 바꾸는 것이 도움이 될 수 있습니다. 예를 들어 population 특성은 대략적으로 멱법칙을 따릅니다. 10,000명의 주민이 있는 구역은 1,000명이 있는 구역보다 빈도가 지수적으로 줄어들지 않고 단지 10배 낮습니다. [그림 2-17]은 이 특성을 로그값으로 바꾸었을 때 얼마나 더 나아지는지 보여줍니다. 가우스 분포(종 모양 분포)에 매우 가깝습니다.

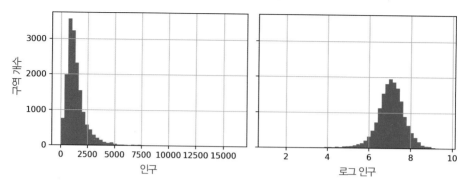

그림 2-17 특성을 가우스 분포에 가깝게 변환하기

꼬리가 두꺼운 특성을 처리하는 또 다른 방법은 특성을 버킷타이징^{bucketizing}하는 것입니다. 분포를 거의 동일한 크기의 버킷으로 자르고 income_cat 특성을 만들었던 것과 매우 비슷하게 특성값을 해당하는 버킷의 인덱스로 바꾸면 됩니다(income_cat은 계층적 샘플링에만 사용했습니다). 예를 들어 각 값을 백분위수로 바꿀 수 있습니다. 거의 동일한 크기의 버킷을 사용하면 거의 균등 분포인 특성을 만듭니다. 따라서 추가적으로 스케일링을 할 필요가 없습니다. 또는 버킷 개수로 나누어 0~1 사이 범위로 만들 수 있습니다.

housing_median_age처럼 특성이 멀티모달 분포^{multimodal distribution}(**모드**^{mode}라 부르는 정점이 두 개 이상 나타나는 분포)일 때 버킷타이징을 사용하면 도움이 될 수 있습니다. 하지만 이때 버킷 ID를 수치가 아니라 카테고리로 다룹니다. 이는 버킷 인덱스를 (예를 들어 OneHotEncoder를 사용하여) 인코딩해야 한다는 의미입니다(따라서 너무 많은 버킷을 사용하고 싶지 않을 것입니다). 이런 방법을 사용하면 회귀 모델이 특성값의 여러 범주에 대해서 다양한 규칙을 쉽게 학습할 수 있습니다. 예를 들어 35년 전에 지어진 집은 유행이 지난 독특한 스타일을 가지고 있기 때문에 같은 해에 지어진 다른 집보다 더 저렴합니다.

멀티모달 분포를 변환하는 또 다른 방법은 (적어도 주요 모드에 대해) 중간 주택 연도와 특정 모드 사이의 유사도를 나타내는 특성을 추가하는 것입니다. 유사도 측정은 일반적으로 입력값과 고정 포인트 사이의 거리에만 의존하는 **방사 기저 함수**^{radial basis function}(RBF)를 사용합니다. 가장 널리 사용되는 RBF는 입력값이 고정 포인트에서 멀어질수록 출력값이 지수적으로 감소하는 가우스 RBF입니다. 예를 들어 주택 연도 x와 35 사이에 가우스 RBF 유사도는 $\exp\left(-\gamma(x-35)^2\right)$과 같습니다. 하이퍼파라미터 γ(감마^{gamma})는 x가 35에서 멀어짐에 따라 유사도 값이 얼마나 빠르게 감소하는지 결정합니다. 사이킷런의 rbf_kernel() 함수를 사용하면 중간 주택 연도와 35 사이의 유사도를 재는 새로운 가우스 RBF 특성을 만들 수 있습니다.

```
from sklearn.metrics.pairwise import rbf_kernel

age_simil_35 = rbf_kernel(housing[["housing_median_age"]], [[35]], gamma=0.1)
```

[그림 2-18]은 중간 주택 연도(실선)의 함수로 이 새로운 특성을 그래프로 나타낸 것입니다. gamma 값이 작을 때 특성이 어떻게 나타나는지도 보여줍니다. 그림에서 볼 수 있듯이 새로운 연도 유사도 특성은 중간 주택 연도의 정점 근처인 35에서 정점에 다다릅니다. 이 연도의 데이터가 낮은 가격과 상관관계가 있다면 이 새로운 특성이 도움이 될 가능성이 높습니다.

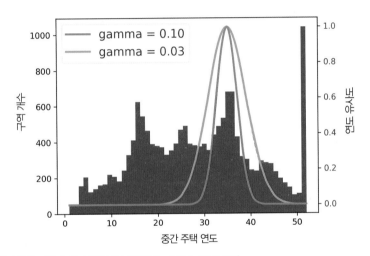

그림 2-18 중간 주택 가격과 35 사이의 유사도를 재는 가우스 RBF 특성

지금까지는 입력 특성만 보았지만 타깃값도 변환이 필요할 수 있습니다. 예를 들어 만약 타깃 분포의 꼬리가 두껍다면 타깃을 로그값으로 바꿀 수 있습니다. 하지만 이렇게 하면 회귀 모델이 중간 주택 가격 자체가 아니라 중간 주택 가격의 로그를 예측하게 됩니다. 중간 주택 가격을 얻고 싶다면 모델 예측에 지수 함수를 적용해야 합니다.

다행히 대부분의 사이킷런 변환기에는 역변환을 수행하는 inverse_transform() 메서드가 있습니다. 예를 들어 다음 코드는 StandardScaler를 사용하여 (입력으로 했던 것처럼) 레이블을 스케일링합니다. 그다음 스케일링된 레이블로 간단한 선형 회귀 모델을 훈련하고 새로운 데이터에서 예측을 만듭니다. 마지막으로 변환기의 inverse_transform() 메서드를 사용해 원본 스케일로 되돌립니다. StandardScaler는 2D 입력을 기대하기 때문에 레이블을 판다스 시리즈에서 데이터프레임으로 변환했습니다. 이 예제는 간단하게 만들기 위해 하나의 입력 특성(중간 소득)으로 모델을 훈련합니다.

```python
from sklearn.linear_model import LinearRegression
target_scaler = StandardScaler()
scaled_labels = target_scaler.fit_transform(housing_labels.to_frame())
model = LinearRegression()
model.fit(housing[["median_income"]], scaled_labels)
some_new_data = housing[["median_income"]].iloc[:5]  # 새로운 데이터라고 가정합니다.
scaled_predictions = model.predict(some_new_data)
predictions = target_scaler.inverse_transform(scaled_predictions)
```

이 방식이 잘 작동하지만 더 간단한 방법은 TransformedTargetRegressor를 사용하는 것입니다. 이 클래스의 객체를 생성한 다음 회귀 모델과 레이블 변환기를 전달하고 스케일링되지 않은 원본 레이블을 사용해 훈련 세트로 훈련합니다. 그러면 앞에서 했던 것처럼 변환기를 사용해 자동으로 레이블을 스케일링하고 스케일링된 레이블을 사용해 회귀 모델을 훈련합니다. 예측을 만들 때는 회귀 모델의 predict() 메서드를 호출하고 변환기의 inverse_transform() 메서드를 사용하여 예측을 생성합니다.

```python
from sklearn.compose import TransformedTargetRegressor

model = TransformedTargetRegressor(LinearRegression(),
                                   transformer=StandardScaler())
model.fit(housing[["median_income"]], housing_labels)
predictions = model.predict(some_new_data)
```

2.5.4 사용자 정의 변환기

사이킷런이 유용한 변환기를 많이 제공하지만 사용자 정의 변환, 정제 연산, 특성 결합과 같은 작업을 위해 자신만의 변환기를 작성할 필요가 있습니다.

어떤 훈련도 필요하지 않는 변환의 경우 넘파이 배열을 입력으로 받고 변환된 배열을 출력하는 함수를 작성하면 됩니다. 예를 들어 이전 절에서 언급했듯이 특성 분포의 꼬리가 두꺼울 때는 (특성이 양수이고 두꺼운 꼬리가 오른쪽이라고 가정하면) 로그값으로 바꾸는 것이 좋은 경우가 종종 있습니다. 그럼 로그 변환기를 만들어 **population** 특성에 적용해보죠.

```python
from sklearn.preprocessing import FunctionTransformer

log_transformer = FunctionTransformer(np.log, inverse_func=np.exp)
log_pop = log_transformer.transform(housing[["population"]])
```

inverse_func 매개변수는 선택 사항입니다. 예를 들어 **TransformedTargetRegressor**에 이 변환기를 사용할 예정이라면 **inverse_func** 매개변수에 역변환 함수를 지정할 수 있습니다.

사용자 정의 변환 함수는 추가적인 인수로 하이퍼파라미터를 받을 수 있습니다. 예를 들어 가우스 RBF 유사도를 계산하는 변환기를 다음과 같이 만들 수 있습니다.

```python
rbf_transformer = FunctionTransformer(rbf_kernel,
                                      kw_args=dict(Y=[[35.]], gamma=0.1))
age_simil_35 = rbf_transformer.transform(housing[["housing_median_age"]])
```

RBF 커널은 고정 포인트에서 일정 거리만큼 떨어진 값이 (거리가 0일 때를 제외하고) 항상 두 개이기 때문에 역함수가 없습니다. **rbf_kernel()**은 특성을 개별적으로 처리하지 않습니다. 두 개의 특성을 가진 배열을 전달하면 유사도를 측정하기 위해 2D 거리(유클리드 거리)를 계산합니다. 다음은 각 구역과 샌프란시스코 사이의 지리적 유사도를 측정하는 특성을 추가하는 코드입니다.

```python
sf_coords = 37.7749, -122.41
sf_transformer = FunctionTransformer(rbf_kernel,
                                     kw_args=dict(Y=[sf_coords], gamma=0.1))
sf_simil = sf_transformer.transform(housing[["latitude", "longitude"]])
```

사용자 정의 변환기는 특성을 합칠 때도 유용합니다. 예를 들어 다음은 첫 번째 입력 특성과 두 번째 특성 사이의 비율을 계산하는 **FunctionTransformer**입니다.

```
>>> ratio_transformer = FunctionTransformer(lambda X: X[:, [0]] / X[:, [1]])
>>> ratio_transformer.transform(np.array([[1., 2.], [3., 4.]]))
array([[0.5 ],
       [0.75]])
```

FunctionTransformer는 매우 편리하지만 fit() 메서드에서 특정 파라미터를 학습하고 나중에 transform() 메서드에서 이를 사용하기 위해 훈련 가능한 변환기가 필요하다면 어떻게 할까요? 이렇게 하려면 사용자 정의 클래스를 작성해야 합니다. 사이킷런은 덕 타이핑$^{duck\ typing}$[35]에 의존하기 때문에 이 클래스가 특정 클래스를 상속할 필요가 없습니다. 필요한 것은 (self를 반환하는) fit(), transform(), fit_transform() 세 개의 메서드입니다.

fit_transform() 메서드는 TransformerMixin을 상속하면 자동으로 생성됩니다.[36] 기본적으로 이 메서드는 그냥 fit()과 transform()을 연달아 호출합니다. 또한 BaseEstimator를 상속하면(그리고 생성자에 *args나 **kwargs를 사용하지 않으면) 하이퍼파라미터 튜닝에 필요한 두 메서드(get_params()와 set_params())를 추가로 얻게 됩니다.[37]

예를 들어 다음은 StandardScaler와 비슷하게 작동하는 사용자 정의 변환기입니다.

```python
from sklearn.base import BaseEstimator, TransformerMixin
from sklearn.utils.validation import check_array, check_is_fitted

class StandardScalerClone(BaseEstimator, TransformerMixin):
    def __init__(self, with_mean=True): # *args나 **kwargs를 사용하지 않습니다!
        self.with_mean = with_mean

    def fit(self, X, y=None): # 사용하지 않더라도 y를 넣어야 합니다.
        X = check_array(X)     # X가 부동소수점 배열인지 확인합니다.
        self.mean_ = X.mean(axis=0)
        self.scale_ = X.std(axis=0)
        self.n_features_in_ = X.shape[1] # 모든 추정기는 fit()에서 이를 저장합니다.
        return self                      # 항상 self를 반환합니다!
```

---

35 옮긴이_ 덕 타이핑은 상속이나 인터페이스 구현이 아니라 객체의 속성이나 메서드가 객체의 유형을 결정하는 방식을 말합니다.

36 옮긴이_ 파이썬에서 이름에 Mixin이 포함된 클래스는 객체의 기능을 확장하려는 목적으로 만들어진 것입니다. TransformerMixin은 fit_transform() 메서드 하나를 가지고 있으며 이를 상속하는 모든 파이썬 클래스에 이 메서드를 제공합니다.

37 옮긴이_ get_params()와 set_params() 함수는 사이킷런의 파이프라인과 그리드 서치에 꼭 필요한 메서드이므로 모든 추정기와 변환기는 BaseEstimator를 상속해야 합니다. 이 두 메서드는 생성자에 명시된 매개변수만을 참조하므로 *args나 **kwargs는 사용할 수 없습니다. 더 자세한 내용은 사이킷런 문서를 참고하세요. https://goo.gl/fkQWsN

```
def transform(self, X):
    check_is_fitted(self)  # (훈련으로) 학습된 속성이 있는지 확인합니다.
    X = check_array(X)
    assert self.n_features_in_ == X.shape[1]
    if self.with_mean:
        X = X - self.mean_
    return X / self.scale_
```

다음은 몇 가지 주의 사항입니다.

- sklearn.utils.validation 패키지에는 입력을 검증하기 위해 사용할 수 있는 함수가 여러 개 있습니다.
- 사이킷런 파이프라인은 X와 y 두 개의 매개변수를 가진 메서드가 필요합니다. 그래서 y를 사용하지 않지만 y=None이 필요합니다.
- 모든 사이킷런 추정기는 fit() 메서드 안에서 n_features_in_을 설정하고 transform()이나 predict() 메서드에 전달된 데이터의 특성 개수가 동일한지 확인합니다.
- fit() 메서드는 self를 반환해야 합니다.
- 이 구현은 100% 완벽하지 않습니다. 모든 추정기는 데이터프레임이 전달될 때 fit() 메서드 안에서 feature_names_in_을 설정해야 합니다. 또한 모든 변환기는 get_feature_names_out() 메서드와 역변환을 위한 inverse_transform() 메서드를 제공해야 합니다. 더 자세한 내용은 이 장의 끝에 있는 마지막 연습문제를 참고하세요.

하나의 사용자 변환기가 구현 안에서 다른 추정기를 사용할 수 있습니다(종종 그렇게 사용합니다). 예를 들어 다음 코드는 fit() 메서드 안에서 훈련 데이터에 있는 핵심 클러스터를 식별하기 위해 KMeans 클래스를 사용하는 사용자 변환기를 보여줍니다.[38] 그다음 transform() 메서드에서 rbf_kernel()을 사용해 각 샘플이 클러스터 중심과 얼마나 유사한지 측정합니다.

```
from sklearn.cluster import KMeans

class ClusterSimilarity(BaseEstimator, TransformerMixin):
    def __init__(self, n_clusters=10, gamma=1.0, random_state=None):
        self.n_clusters = n_clusters
        self.gamma = gamma
        self.random_state = random_state
```

---

38 옮긴이_ KMeans 클래스의 n_init 매개변수는 최상의 결과를 찾기 위해 알고리즘을 반복하는 횟수를 지정합니다. 사이킷런 1.2 버전에서 이 매개변수에 "auto" 옵션이 추가되었습니다. n_init="auto"로 지정하면 init="random"일 때 n_init은 10, init="k-means++"일 때 n_init은 1이 됩니다. 사이킷런 1.4 버전에서 n_init의 기본값이 10에서 "auto"로 바뀝니다. 경고를 피하려면 n_init 값을 명시적으로 지정하세요.

```
    def fit(self, X, y=None, sample_weight=None):
        self.kmeans_ = KMeans(self.n_clusters, random_state=self.random_state)
        self.kmeans_.fit(X, sample_weight=sample_weight)
        return self # 항상 self를 반환합니다!

    def transform(self, X):
        return rbf_kernel(X, self.kmeans_.cluster_centers_, gamma=self.gamma)

    def get_feature_names_out(self, names=None):
        return [f"클러스터 {i} 유사도" for i in range(self.n_clusters)]
```

TIP sklearn.utils.estimator_checks 모듈의 check_estimator() 함수에 사용자 정의 추정기 객체를 전달하여 사이킷런 API를 준수하는지 확인할 수 있습니다. 전체 API는 *https://scikit-learn.org/stable/developers*를 참고하세요.

9장에서 보겠지만 k-평균은 데이터에 있는 클러스터를 찾는 군집 알고리즘입니다. 그래서 찾으려는 클러스터 개수는 n_clusters 하이퍼파라미터로 지정합니다. 훈련이 끝난 다음 클러스터 중심은 cluster_centers_ 속성으로 확인할 수 있습니다. KMeans의 fit() 메서드는 선택적 매개변수 sample_weight를 제공하며 이 매개변수에 샘플의 상대적인 가중치를 지정할 수 있습니다. k-평균은 확률적인 알고리즘입니다. 즉, 클러스터를 찾기 위해 무작위성에 의존합니다. 따라서 결과를 동일하게 재현하려면 random_state 매개변수를 지정해야 합니다. 작업이 복잡함에도 코드는 매우 간단합니다. 이 사용자 정의 변환기를 사용해보죠.

```
cluster_simil = ClusterSimilarity(n_clusters=10, gamma=1., random_state=42)
similarities = cluster_simil.fit_transform(housing[["latitude", "longitude"]],
                                           sample_weight=housing_labels)
```

이 코드는 클러스터 개수를 10으로 지정하여 ClusterSimilarity를 만듭니다. 그런 다음 중간 주택 가격으로 가중치를 부여하고 훈련 세트에 있는 모든 구역에 위도와 경도로 fit_transform()을 호출합니다. 이 변환기는 k-평균으로 클러스터를 찾고 각 구역과 10개의 클러스터 중심 사이의 가우스 RBF 유사도를 측정합니다. 이렇게 하면 구역이 하나의 행이고 클러스터가 하나의 열인 행렬이 만들어집니다. 처음 세 개의 행을 소수점 둘째 자리에서 반올림하여 살펴보죠.

```
>>> similarities[:3].round(2)
array([[0. , 0.14, 0. , 0. , 0. , 0.08, 0. , 0.99, 0. , 0.6 ],
       [0.63, 0. , 0.99, 0. , 0. , 0. , 0.04, 0. , 0.11, 0. ],
       [0. , 0.29, 0. , 0. , 0.01, 0.44, 0. , 0.7 , 0. , 0.3 ]])
```

[그림 2-19]는 k-평균으로 찾은 클러스터 10개의 중심을 보여줍니다. 구역의 색은 가장 가까운 클러스터 중심과의 지리적 유사도에 따라서 지정된 것입니다. 대부분의 클러스터는 인구가 많고 값비싼 지역에 위치해 있습니다.

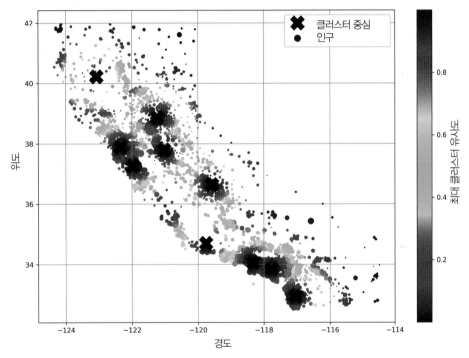

그림 2-19 가장 가까운 클러스터 중심과의 가우스 RBF 유사도

2.5.5 변환 파이프라인

앞서 보았듯이 변환 단계는 올바른 순서대로 실행되어야 합니다. 다행히 사이킷런은 변환을 순서대로 처리하도록 도와주는 **Pipeline** 클래스를 제공합니다. 다음은 수치 특성에서 누락된 값을 대체하고 스케일을 조정하는 간단한 파이프라인입니다.

```
from sklearn.pipeline import Pipeline

num_pipeline = Pipeline([
    ("impute", SimpleImputer(strategy="median")),
    ("standardize", StandardScaler()),
])
```

Pipeline 생성자는 연속적인 단계를 정의하는 이름/추정기 쌍(2개의 원소를 가진 튜플)의 리스트를 받습니다. 이름은 이중 밑줄 문자(__)를 포함하지 않으면서 고유하다면 어떤 것도 가능합니다. 이중 밑줄 문자는 나중에 하이퍼파라미터 튜닝에 사용됩니다. 추정기는 마지막을 제외하고 모두 변환기여야 합니다(즉, **fit_transform()** 메서드를 가져야 합니다[39]). 마지막 추정기는 변환기, 예측기부터 다른 타입의 추정기까지 무엇이든 가능합니다.

> **TIP** 주피터 노트북에서 import sklearn과 sklearn.set_config(display="diagram")을 실행하면 모든 사이킷런 추정기가 인터랙티브한 다이어그램으로 표현됩니다. 이는 파이프라인을 시각화하는 데 특히 유용합니다. num_pipeline을 시각화하려면 셀의 마지막에 num_pipeline을 입력한 후 실행하세요. 추정기를 클릭하면 자세한 정보가 보일 것입니다.

변환기의 이름을 짓는 게 귀찮다면 **make_pipeline()** 함수를 사용할 수 있습니다. 이 함수는 위치 매개변수로 변환기를 받고 변환기의 클래스 이름을 밑줄 문자 없이 소문자로 바꾸어서 **Pipeline** 객체를 만듭니다(**예** "simpleimputer").

```
from sklearn.pipeline import make_pipeline

num_pipeline = make_pipeline(SimpleImputer(strategy="median"), StandardScaler())
```

여러 개의 변환기가 같은 이름을 가지면 인덱스가 이름 뒤에 추가됩니다(**예** "foo-1", "foo-2" 등).

---

39 옮긴이_ 또는 fit()과 transform() 메서드만 가지고 있어도 됩니다.

파이프라인의 fit() 메서드를 호출하면 모든 변환기의 fit_transform() 메서드를 순서대로 호출하면서[40] 한 단계의 출력을 다음 단계의 입력으로 전달합니다. 마지막 단계에서는 fit() 메서드만 호출합니다.

파이프라인 객체는 마지막 추정기와 동일한 메서드를 제공합니다. 이 예에서는 마지막 추정기가 변환기인 StandardScaler이므로 파이프라인이 변환기처럼 작동합니다. 만약 파이프라인의 transform() 메서드를 호출하면 데이터에 모든 변환을 순서대로 적용합니다. 마지막 추정기가 변환기가 아니라 예측기라면 파이프라인은 transform() 메서드 대신 predict() 메서드를 가집니다. 이 파이프라인을 호출하면 데이터의 모든 변환을 순서대로 적용하고 그 결과를 예측기의 predict() 메서드에 전달합니다.

이 파이프라인의 fit_transform() 메서드를 호출하고 출력에서 처음 두 행의 출력을 소수점 둘째 자리에서 반올림하여 확인해보죠.

```
>>> housing_num_prepared = num_pipeline.fit_transform(housing_num)
>>> housing_num_prepared[:2].round(2)
array([[-1.42,  1.01, 1.86,  0.31,  1.37,  0.14,  1.39, -0.94],
       [ 0.6 , -0.7 , 0.91, -0.31, -0.44, -0.69, -0.37,  1.17]])
```

앞에서 보았듯이 데이터프레임으로 재구성하려면 파이프라인의 get_feature_names_out() 메서드를 사용합니다.

```
df_housing_num_prepared = pd.DataFrame(
    housing_num_prepared, columns=num_pipeline.get_feature_names_out(),
    index=housing_num.index)
```

파이프라인은 인덱싱을 지원합니다. 예를 들어 pipeline[1]은 파이프라인에 있는 두 번째 추정기를 반환합니다. pipeline[:-1]은 마지막 추정기를 제외한 모든 추정기를 담은 파이프라인 객체를 반환합니다. 또한 이름/추정기 쌍의 리스트인 steps 속성을 통해 추정기를 참조할 수 있습니다. 아니면 이름과 추정기를 매핑한 딕셔너리인 named_steps 속성을 사용할 수도 있습니다. 예를 들어 num_pipeline["simpleimputer"]는 이름이 "simpleimputer"인 추정기를 반환합니다.

---

40 옮긴이_ fit_transform() 메서드가 없다면 fit()과 transform()을 차례로 호출합니다.

지금까지 범주형 열과 수치형 열을 각각 다루었습니다. 하나의 변환기로 각 열마다 적절한 변환을 적용하여 모든 열을 처리할 수 있다면 더 편리할 것입니다. ColumnTransformer로 이렇게 할 수 있습니다. 예를 들어 다음 ColumnTransformer는 (앞서 만든) num_pipeline을 수치형 특성에, cat_pipeline을 범주형 특성에 적용합니다.

```python
from sklearn.compose import ColumnTransformer

num_attribs = ["longitude", "latitude", "housing_median_age", "total_rooms",
               "total_bedrooms", "population", "households", "median_income"]
cat_attribs = ["ocean_proximity"]

cat_pipeline = make_pipeline(
    SimpleImputer(strategy="most_frequent"),
    OneHotEncoder(handle_unknown="ignore"))

preprocessing = ColumnTransformer([
    ("num", num_pipeline, num_attribs),
    ("cat", cat_pipeline, cat_attribs),
])
```

먼저 ColumnTransformer 클래스를 임포트하고 수치형 특성과 범주형 특성의 이름 리스트를 만듭니다. 그다음 범주형 특성을 위한 간단한 파이프라인을 만듭니다. 마지막으로 Column Transformer 객체를 생성합니다. 클래스의 생성자는 세 개의 원소를 가진 튜플의 리스트를 받습니다. 각 튜플은 이름(이중 밑줄 문자가 없고 고유해야 합니다), 변환기, 변환기가 적용될 열 이름(또는 인덱스)의 리스트로 구성됩니다.

> **TIP** 튜플에 변환기를 사용하는 대신 삭제하고 싶은 특성이 있다면 "drop"으로 지정하고, 변환을 적용하지 않을 특성이 있다면 "passthrough"로 지정할 수 있습니다. 기본적으로 나머지 열(나열되지 않은 열)은 삭제됩니다.[41] 하지만 나머지 열을 다르게 처리하고 싶다면 remainder 하이퍼파라미터에 변환기(또는 "passthrough")를 지정할 수 있습니다.

모든 특성 이름을 일일이 나열하는 것은 번거롭기 때문에 사이킷런은 수치형이나 범주형처럼 주어진 타입의 모든 특성을 자동으로 선택해주는 make_column_selector 클래스를 제공합니다. 이 클래스의 객체를 특성 이름이나 인덱스 대신 ColumnTransformer에 전달할 수 있습

---

41 옮긴이_ remainder 파라미터의 기본값이 "drop"입니다.

니다. 변환기에 이름을 짓는 것이 귀찮다면 make_pipeline()처럼 자동으로 이름을 지정하는 make_column_transformer() 함수를 사용할 수도 있습니다. 예를 들면 다음 코드는 앞에서와 동일하게 ColumnTransformer를 만듭니다. 다만 변환기 이름은 "num"과 "cat"이 아닌 "pipeline-1"과 "pipeline-2"로 자동 지정됩니다.

```python
from sklearn.compose import make_column_selector, make_column_transformer

preprocessing = make_column_transformer(
    (num_pipeline, make_column_selector(dtype_include=np.number)),
    (cat_pipeline, make_column_selector(dtype_include=object)),
)
```

이제 ColumnTransformer를 주택 데이터셋에 적용할 준비를 마쳤습니다.

```python
housing_prepared = preprocessing.fit_transform(housing)
```

훌륭합니다! 전체 훈련 데이터셋을 받아 각 변환기를 적절한 특성에 적용하고 변환된 특성을 수평적으로 연결하는 전처리 파이프라인을 준비했습니다(변환기가 행의 개수를 바꿔서는 안 됩니다). 여기서도 넘파이 배열이 반환되지만 preprocessing.get_feature_names_out()으로 열 이름을 얻은 다음 이전처럼 데이터프레임으로 감쌀 수 있습니다.

> **NOTE** OneHotEncoder는 희소 행렬을 반환하지만 num_pipeline은 밀집 행렬을 반환합니다. 희소 행렬과 밀집 행렬이 섞여 있을 때 ColumnTransformer는 최종 행렬의 밀집 정도(0이 아닌 원소의 비율)를 추정합니다. 밀집도가 임곗값(기본적으로 sparse_threshold=0.3입니다)보다 낮으면 희소 행렬을 반환합니다. 이 예에서는 밀집 행렬이 반환됩니다.

프로젝트가 순조롭게 진행되고 있고 모델을 훈련할 준비가 거의 다 됐습니다. 이제 지금까지 실험한 모든 변환을 수행할 단일 파이프라인을 만들 것입니다. 이 파이프라인이 할 일과 그 이유를 정리해보겠습니다.

- 대부분의 머신러닝 알고리즘은 누락된 값을 기대하지 않기 때문에 수치형 특성의 경우 누락된 값을 중간값으로 대체합니다. 범주형 특성의 경우 누락된 값을 가장 많이 등장하는 카테고리로 바꿉니다.
- 대부분의 머신러닝 알고리즘은 수치 입력만 받기 때문에 범주형 특성을 원-핫 인코딩합니다.

- 비율 특성인 bedrooms_ratio, rooms_per_house, people_per_house를 계산하여 추가합니다. 이런 특성은 중간 주택 가격과 상관관계가 높으므로 머신러닝 모델에 도움이 되기를 기대해볼 수 있습니다.

- 몇 가지 클러스터 유사도 특성을 추가합니다. 위도와 경도보다 모델에 더 유용할 가능성이 높습니다.

- 대부분의 모델은 균등 분포나 가우스 분포에 가까운 특성을 선호하기 때문에 꼬리가 두꺼운 분포를 띠는 특성을 로그값으로 바꿉니다.

- 대부분의 머신러닝 알고리즘은 모든 특성이 대체로 동일한 스케일을 가질 때 잘 작동하므로 모든 수치 특성을 표준화합니다.

이 모든 작업을 수행하는 파이프라인을 만드는 코드는 다음과 같으며 이제 익숙하게 느껴질 것입니다.

```python
def column_ratio(X):
    return X[:, [0]] / X[:, [1]]

def ratio_name(function_transformer, feature_names_in):
    return ["ratio"]  # get_feature_names_out에 사용

def ratio_pipeline():
    return make_pipeline(
        SimpleImputer(strategy="median"),
        FunctionTransformer(column_ratio, feature_names_out=ratio_name),
        StandardScaler())

log_pipeline = make_pipeline(
    SimpleImputer(strategy="median"),
    FunctionTransformer(np.log, feature_names_out="one-to-one"),
    StandardScaler())
cluster_simil = ClusterSimilarity(n_clusters=10, gamma=1., random_state=42)
default_num_pipeline = make_pipeline(SimpleImputer(strategy="median"),
                                     StandardScaler())
preprocessing = ColumnTransformer([
        ("bedrooms", ratio_pipeline(), ["total_bedrooms", "total_rooms"]),
        ("rooms_per_house", ratio_pipeline(), ["total_rooms", "households"]),
        ("people_per_house", ratio_pipeline(), ["population", "households"]),
        ("log", log_pipeline, ["total_bedrooms", "total_rooms", "population",
                               "households", "median_income"]),
        ("geo", cluster_simil, ["latitude", "longitude"]),
        ("cat", cat_pipeline, make_column_selector(dtype_include=object)),
    ],
    remainder=default_num_pipeline)  # 남은 특성: housing_median_age
```

ColumnTransformer를 실행하면 모든 변환이 수행되고 24개의 특성을 가진 넘파이 배열이 출력됩니다.

```
>>> housing_prepared = preprocessing.fit_transform(housing)
>>> housing_prepared.shape
(16512, 24)
>>> preprocessing.get_feature_names_out()
array(['bedrooms__ratio', 'rooms_per_house__ratio',
       'people_per_house__ratio', 'log__total_bedrooms',
       'log__total_rooms', 'log__population', 'log__households',
       'log__median_income', 'geo__클러스터 0 유사도', 'geo__클러스터 1 유사도',
       'geo__클러스터 2 유사도', 'geo__클러스터 3 유사도', 'geo__클러스터 4 유사도',
       'geo__클러스터 5 유사도', 'geo__클러스터 6 유사도', 'geo__클러스터 7 유사도',
       'geo__클러스터 8 유사도', 'geo__클러스터 9 유사도',
       'cat__ocean_proximity_<1H OCEAN', 'cat__ocean_proximity_INLAND',
       'cat__ocean_proximity_ISLAND', 'cat__ocean_proximity_NEAR BAY',
       'cat__ocean_proximity_NEAR OCEAN', 'remainder__housing_median_age'],
      dtype=object)
```

2.6 모델 선택과 훈련

드디어 마지막입니다! 문제를 정의한 후 데이터를 읽어들이고 탐색했습니다. 그리고 훈련 세트와 테스트 세트로 나눈 다음, 머신러닝 알고리즘에 주입할 데이터를 자동으로 정제하는 전처리 파이프라인을 작성했습니다. 이제 머신러닝 모델을 선택하고 훈련시킬 준비가 되었습니다.

2.6.1 훈련 세트에서 훈련하고 평가하기

이전 단계의 작업 덕분에 앞으로 할 작업은 간단합니다! 먼저 아주 간단한 선형 회귀 모델을 훈련시켜보겠습니다.

```
from sklearn.linear_model import LinearRegression

lin_reg = make_pipeline(preprocessing, LinearRegression())
lin_reg.fit(housing, housing_labels)
```

이게 끝입니다! 완전하게 작동하는 선형 회귀 모델을 만들었습니다. 훈련 세트에 적용하고 처음 다섯 개 예측과 레이블을 비교해보겠습니다.

```
>>> housing_predictions = lin_reg.predict(housing)
>>> housing_predictions[:5].round(-2) # -2 = 십의 자리에서 반올림
array([243700., 372400., 128800., 94400., 328300.])
>>> housing_labels.iloc[:5].values
array([458300., 483800., 101700., 96100., 361800.])
```

작동하긴 하지만 항상 맞지는 않습니다. 첫 번째 예측은 ($200,000달러 이상) 많이 벗어났지만 다른 예측은 조금 낫습니다. 두 개는 25% 정도 벗어났고 다른 두 개는 차이가 10% 미만입니다. RMSE를 사용하여 성능을 측정하기로 결정했으므로 전체 훈련 세트에 대해서 이 회귀 모델의 RMSE를 측정해보죠. 사이킷런의 mean_squared_error() 함수에 squared 매개변수를 False로 지정하여 RMSE를 계산할 수 있습니다.[42]

```
>>> from sklearn.metrics import mean_squared_error
>>> lin_rmse = mean_squared_error(housing_labels, housing_predictions,
...                               squared=False)
...
>>> lin_rmse
68687.89176589991
```

없는 것보다는 낫지만 확실히 좋은 점수는 아닙니다. 대부분 구역의 중간 주택 가격은 $120,000에서 $265,000 사이입니다. 그러므로 예측 오차가 $68,628인 것은 매우 만족스럽지 못합니다. 이는 모델이 훈련 데이터에 과소적합된 사례입니다. 이런 상황은 특성들이 좋은 예측을 만들 만큼 충분한 정보를 제공하지 못했거나 모델이 충분히 강력하지 못하다는 사실을 말해줍니다. 앞 장에서 보았듯이 과소적합을 해결하는 주요 방법은 더 강력한 모델을 선택하거나, 훈련 알고리즘에 더 좋은 특성을 주입하거나, 모델의 규제를 감소시키는 것입니다. 이 모델은 규제를 사용하지 않았으므로 마지막 옵션은 제외됩니다. 특성을 더 많이 추가할 수 있지만 우선은 더 복잡한 모델을 시도해서 어떻게 되는지 보겠습니다.

DecisionTreeRegressor를 훈련시켜보겠습니다. 이 모델은 강력하며 데이터에서 복잡한 비

---

42 옮긴이_ 이 함수에서 squared 매개변수의 기본값은 True로 평균 제곱 오차를 계산합니다.

선형 관계를 찾을 수 있습니다(결정 트리에 관해서는 6장에서 자세히 설명합니다).

```
from sklearn.tree import DecisionTreeRegressor

tree_reg = make_pipeline(preprocessing, DecisionTreeRegressor(random_state=42))
tree_reg.fit(housing, housing_labels)
```

모델을 훈련시켰으니 훈련 세트로 평가해보겠습니다.

```
>>> housing_predictions = tree_reg.predict(housing)
>>> tree_rmse = mean_squared_error(housing_labels, housing_predictions,
...                                 squared=False)
...
>>> tree_rmse
0.0
```

잠깐만요, 뭐죠!? 오차가 전혀 없나요? 이 모델이 진짜 완벽할 수 있나요? 물론 모델이 데이터에 심하게 과대적합되었을 가능성이 높습니다. 어떻게 이를 확인할 수 있죠? 앞서 이야기한 것처럼 확신이 드는 모델을 론칭하기 전까지는 테스트 세트를 사용하지 않을 것이기 때문에 훈련 세트의 일부분으로 훈련하고 다른 일부분을 모델 검증에 사용해야 합니다.

2.6.2 교차 검증으로 평가하기

결정 트리 모델을 평가하는 방법을 생각해보겠습니다. 우선 **train_test_split** 함수를 사용해 훈련 세트를 더 작은 훈련 세트와 검증 세트로 나눈 다음, 더 작은 훈련 세트에서 모델을 훈련시키고 검증 세트로 모델을 평가하는 방법이 있습니다. 조금 수고스럽지만 너무 어렵지는 않으며 매우 잘 작동합니다.

훌륭한 대안으로 사이킷런의 ***k*-폴드 교차 검증**^{k-fold cross-validation} 기능을 사용할 수도 있습니다. 다음 코드는 훈련 세트를 **폴드**^{fold}라 불리는 중복되지 않은 10개의 서브셋으로 랜덤으로 분할합니다. 그런 다음 결정 트리 모델을 10번 훈련하고 평가하는데, 매번 다른 폴드를 선택해 평가에 사용합니다. 그리고 나머지 9개 폴드는 훈련에 사용됩니다. 10개의 평가 점수가 담긴 배열이 결과가 됩니다.

```
from sklearn.model_selection import cross_val_score

tree_rmses = -cross_val_score(tree_reg, housing, housing_labels,
                              scoring="neg_root_mean_squared_error", cv=10)
```

> **! CAUTION** 사이킷런의 교차 검증 기능은 scoring 매개변수에 (낮을수록 좋은) 비용 함수가 아니라 (클수록 좋은) 효용 함수를 기대합니다. 그래서 neg_mean_squared_error 함수는 RMSE의 음숫값을 출력합니다. 따라서 RMSE를 얻기 위해 마이너스 부호를 추가합니다.[43]

결과를 살펴보겠습니다.

```
>>> pd.Series(tree_rmses).describe()
count       10.000000
mean     66868.027288
std       2060.966425
min      63649.536493
25%      65338.078316
50%      66801.953094
75%      68229.934454
max      70094.778246
dtype: float64
```

결정 트리 결과가 이전만큼 좋아 보이지 않습니다. 실제로 거의 선형 회귀 모델만큼 나쁩니다! 교차 검증으로 모델의 성능을 추정하는 것뿐만 아니라 이 추정이 얼마나 정확한지(표준 편차) 측정할 수 있습니다. 이 결정 트리는 평균 RMSE가 약 66,868이고 표준 편차가 약 2,061입니다. 검증 세트를 하나만 사용했다면 이런 정보를 얻지 못했을 것입니다. 하지만 모델을 여러 번 훈련시켜야 해서 비용이 비싸므로 항상 교차 검증을 쓸 수 있는 것은 아닙니다.

선형 회귀 모델에서 이 값을 계산하면 평균 RMSE가 69,858이고 표준 편차가 4,182입니다. 따라서 결정 트리 모델이 선형 회귀 모델보다 아주 조금 나은 것 같지만 심각한 과대적합 때문에 차이가 미미합니다. 훈련 오차가 작고(실제로 0입니다) 검증 오차는 높기 때문에 과대적합입니다.

---

43 옮긴이_ 회귀 모델에서 scoring 매개변수를 지정하지 않으면 기본적으로 0~1 사이의 값을 가지는 r2_score가 사용됩니다. scoring 매개변수에 사용할 수 있는 전체 목록은 다음 주소를 참고하세요. *https://goo.gl/C7kSgU*

마지막으로 RandomForestRegressor 모델을 하나 더 시도해보겠습니다. 7장에서 보겠지만 랜덤 포레스트는 특성을 랜덤으로 선택해서 많은 결정 트리를 만들고 예측의 평균을 구하는 방식으로 작동합니다. 서로 다른 모델들로 구성된 이런 모델을 **앙상블**ensemble이라고 하는데, 앙상블은 기반 모델(여기서는 결정 트리)의 성능을 높입니다. 다음 코드는 이전 코드와 유사합니다.

```python
from sklearn.ensemble import RandomForestRegressor

forest_reg = make_pipeline(preprocessing,
                           RandomForestRegressor(random_state=42))
forest_rmses = -cross_val_score(forest_reg, housing, housing_labels,
                                scoring="neg_root_mean_squared_error", cv=10)
```

점수를 확인해보죠.

```
>>> pd.Series(forest_rmses).describe()
count       10.000000
mean     47019.561281
std       1033.957120
min      45458.112527
25%      46464.031184
50%      46967.596354
75%      47325.694987
max      49243.765795
dtype: float64
```

훨씬 좋네요. 랜덤 포레스트는 이 작업에 아주 잘 맞아 보입니다. 하지만 RandomForest Regressor를 훈련하고 훈련 세트에서 RMSE를 측정하면 약 17,474를 얻습니다. 이는 매우 낮은 값으로 여전히 많이 과대적합되어 있습니다. 이를 해결하는 방법은 모델을 단순화하거나, 제한을 하거나(규제), 더 많은 훈련 데이터를 모으는 것입니다. 랜덤 포레스트를 더 깊이 살펴보기 전에 하이퍼파라미터 조정에 너무 많은 시간을 들이지 않고 여러 종류의 머신러닝 알고리즘에서 다양한 모델(다양한 커널의 서포트 벡터 머신, 신경망 등)을 시도해봐야 합니다. 가능성 있는 2~5개 정도의 모델을 선정하는 것이 목적입니다.

2.7 모델 미세 튜닝

가능성 있는 모델들을 추렸다고 가정하겠습니다. 이제 이 모델들을 미세 튜닝해야 합니다. 몇 가지 미세 튜닝 방법을 살펴봅시다.

2.7.1 그리드 서치

가장 단순한 방법은 만족할 만한 하이퍼파라미터 조합을 찾을 때까지 수동으로 하이퍼파라미터를 조정하는 것입니다. 이는 매우 지루한 작업이며 많은 경우의 수를 탐색할 시간이 부족할 수도 있습니다.

대신 사이킷런의 **GridSearchCV**를 사용하는 것이 좋습니다. 탐색하고자 하는 하이퍼파라미터와 시도해볼 값을 지정하기만 하면 됩니다. 그러면 교차 검증을 사용해 가능한 모든 하이퍼파라미터 조합을 평가합니다. 예를 들어 다음 코드는 RandomForestRegressor에 대한 최적의 하이퍼파라미터 조합을 탐색합니다.

```
from sklearn.model_selection import GridSearchCV

full_pipeline = Pipeline([
    ("preprocessing", preprocessing),
    ("random_forest", RandomForestRegressor(random_state=42)),
])
param_grid = [
    {'preprocessing__geo__n_clusters': [5, 8, 10],
     'random_forest__max_features': [4, 6, 8]},
    {'preprocessing__geo__n_clusters': [10, 15],
     'random_forest__max_features': [6, 8, 10]},
]
grid_search = GridSearchCV(full_pipeline, param_grid, cv=3,
                           scoring='neg_root_mean_squared_error')
grid_search.fit(housing, housing_labels)
```

파이프라인이나 ColumnTransformer가 추정기를 겹겹이 감싸고 있더라도 추정기의 모든 하이퍼파라미터를 지정할 수 있습니다. 예를 들어 사이킷런은 "preprocessing__geo__n_clusters"를 이중 밑줄 문자를 기준으로 나누고 파이프라인에서 "preprocessing"이란 이름의 추정기를 찾습니다. 그러면 결국 전처리 ColumnTransformer를 찾게 됩니다. 그다음

ColumnTransformer 안에서 "geo"란 이름의 변환기를 찾습니다. 이 변환기는 위도와 경도에 사용하는 ClusterSimilarity입니다. 그다음 이 변환기의 n_clusters 하이퍼파라미터를 찾습니다. 비슷하게 random_forest__max_features는 "random_forest"란 이름의 추정기에 있는 max_features 하이퍼파라미터를 의미합니다. 물론 "random_forest"는 RandomForest Regressor 모델입니다(max_features 하이퍼파라미터는 7장에서 설명하겠습니다).

> **TIP** 사이킷런 파이프라인으로 전처리 단계를 감싸면 모델의 하이퍼파라미터와 함께 전처리 하이퍼파라미터를 튜닝할 수 있습니다. 두 하이퍼파라미터는 상호 작용하는 경우가 많기 때문에 바람직합니다. 예를 들어 n_clusters를 증가시키면 max_features도 증가시켜야 합니다. 파이프라인 변환기를 훈련하는 데 계산 비용이 많이 든다면 파이프라인의 memory 매개변수에 캐싱caching 디렉터리 경로를 지정할 수 있습니다. 파이프라인을 처음 훈련할 때 사이킷런이 훈련된 변환기를 이 디렉터리에 저장합니다. 동일한 하이퍼파라미터로 파이프라인을 다시 훈련하는 경우 사이킷런은 캐싱된 변환기를 로드합니다.

param_grid에는 두 개의 딕셔너리가 있습니다. GridSearchCV가 먼저 첫 번째 딕셔너리에 지정된 n_clusters와 max_features 하이퍼파라미터 값의 3 × 3 = 9개 조합을 모두 평가합니다. 그다음 두 번째 딕셔너리에 있는 하이퍼파라미터 값의 2 × 3 = 6개 조합을 모두 평가합니다. 따라서 그리드 서치는 총 9 + 6 = 15개의 하이퍼파라미터 조합을 탐색합니다. 3-폴드 교차 검증을 사용하므로 각 조합마다 3번씩 파이프라인을 훈련하며, 이는 총 15 × 3 = 45번 훈련이 일어난다는 의미입니다! 시간이 좀 걸리지만 다음과 같이 최상의 하이퍼파라미터 조합을 얻을 수 있습니다.

```
>>> grid_search.best_params_
{'preprocessing__geo__n_clusters': 15, 'random_forest__max_features': 6}
```

이 예에서는 n_clusters를 15, max_features를 8로 지정하여 최상의 모델을 얻을 수 있습니다.

> **TIP** 15가 n_clusters에 대한 탐색 범위의 최댓값이기 때문에 더 큰 값을 지정하여 다시 검색해야 합니다. 계속 점수가 향상될 가능성이 있습니다.

grid_search.best_estimator_ 속성을 사용해 최상의 추정기를 얻을 수 있습니다. Grid SearchCV가 (기본값인) refit=True로 초기화되었다면 교차 검증으로 최적의 추정기를 찾은 다음 전체 훈련 세트로 다시 훈련시킵니다. 일반적으로 데이터가 많을수록 성능이 향상되므로 좋은 방법입니다.

평가 점수는 grid_search.cv_results_ 속성으로 얻을 수 있습니다. 이 속성은 딕셔너리이지만 데이터프레임으로 감싸면 각 하이퍼파라미터 조합과 교차 검증 분할에 대한 테스트 점수와 모든 분할에 대한 평균 테스트 점수를 확인하기 좋습니다.

```
>>> cv_res = pd.DataFrame(grid_search.cv_results_)
>>> cv_res.sort_values(by="mean_test_score", ascending=False, inplace=True)
>>> [...]          # 페이지에 맞도록 열 이름을 바꾸고 점수를 음수로 바꿉니다.
>>> cv_res.head() # 첫 번째 열은 행 ID입니다.
   n_clusters max_features split0 split1 split2 mean_test_rmse
12         15            6  43460  43919  44748          44042
13         15            8  44132  44075  45010          44406
14         15           10  44374  44286  45316          44659
7          10            6  44683  44655  45657          44999
9          10            6  44683  44655  45657          44999
```

최상의 모델에 대한 평균 테스트 RMSE 점수는 44,042입니다. 기본 하이퍼파라미터 값을 사용해 얻은 점수(47,019)보다 좋습니다. 축하합니다. 성공적으로 최상의 모델을 미세 튜닝했습니다!

2.7.2 랜덤 서치

그리드 서치 방법은 이전 예제와 같이 비교적 적은 수의 조합을 탐구할 때 좋습니다. 하지만 하이퍼파라미터 탐색 공간이 커지면 RandomizedSearchCV가 종종 선호됩니다. GridSearchCV와 거의 같은 방식으로 사용할 수 있지만 가능한 모든 조합을 시도하는 대신 각 반복마다 하이퍼파라미터에 임의의 수를 대입하여 지정한 횟수만큼 평가합니다. 이 방식의 주요 장점 두 가지는 다음과 같습니다.

- 하이퍼파라미터 값이 연속적이면(또는 이산적이지만 가능한 값이 많다면) 랜덤 서치를 1,000번 실행했을 때 각 하이퍼파라미터마다 1,000개의 다른 값을 탐색합니다. 반면 그리드 서치는 하이퍼파라미터에 대해 나열한 몇 개의 값만을 탐색합니다.

- 어떤 하이퍼파라미터가 성능 면에서 큰 차이를 만들지 못하지만 아직 이 사실을 모른다고 가정해보죠. 10개의 가능한 값이 있을 때 이를 그리드 서치에 추가하면 훈련이 10배 더 오래 걸립니다. 하지만 이 하이퍼파라미터를 랜덤 서치에 추가하면 탐색 시간이 더 늘어나지 않습니다.

- 6개의 하이퍼파라미터에 대해 각각 10개의 값을 탐색한다면 그리드 서치는 백만 번 모델을 훈련해야 합니다. 반면 랜덤 서치는 지정한 반복 횟수만큼 실행할 수 있습니다.

다음과 같이 하이퍼파라미터마다 가능한 값의 리스트나 확률 분포를 제공해야 합니다.

```python
from sklearn.model_selection import RandomizedSearchCV
from scipy.stats import randint

param_distribs = {'preprocessing__geo__n_clusters': randint(low=3, high=50),
                  'random_forest__max_features': randint(low=2, high=20)}

rnd_search = RandomizedSearchCV(
    full_pipeline, param_distributions=param_distribs, n_iter=10, cv=3,
    scoring='neg_root_mean_squared_error', random_state=42)

rnd_search.fit(housing, housing_labels)
```

사이킷런은 HalvingRandomSearchCV와 HalvingGridSearchCV 하이퍼파라미터 탐색 클래스도 제공합니다. 빠르게 훈련하고 대규모 하이퍼파라미터 공간을 탐색하기 위해 계산 자원을 더 효율적으로 사용합니다. 작동 방식은 다음과 같습니다. 첫 번째 반복에서 많은 하이퍼파라미터 조합('후보'라고 부릅니다)이 그리드 서치나 랜덤 서치를 사용해 생성됩니다. 이 후보들을 사용해 모델을 훈련하고 이전과 같은 방식으로 교차 검증을 사용해 평가합니다. 하지만 첫 번째 반복의 속도를 높이기 위해 제한된 자원으로 훈련합니다. 기본적으로 '제한된 자원'이란 모델이 훈련 세트의 작은 일부분에서 훈련된다는 것을 의미합니다. 하지만 다른 제한도 가능합니다. 예를 들어 모델이 훈련 반복 횟수에 관한 하이퍼파라미터를 가지고 있다면 반복 횟수를 줄일 수 있습니다. 모든 후보를 평가한 후에 최상의 후보만 다음 단계로 넘어가 더 많은 자원을 사용하게 됩니다. 몇 번의 반복이 진행된 후 최종 후보들이 전체 자원을 사용해 평가됩니다. 이를 통해 하이퍼파라미터 튜닝 시간을 단축할 수 있습니다.[44]

2.7.3 앙상블 방법

모델을 세밀하게 튜닝하는 또 다른 방법은 최상의 모델을 연결해보는 것입니다. 결정 트리의 앙상블인 랜덤 포레스트가 결정 트리 하나보다 더 성능이 좋은 것처럼 모델의 그룹(또는 앙상블)

---

44 옮긴이_ HalvingGridSearchCV에 대한 예제는 *https://bit.ly/halving-grid-search*를 참고하세요.

이 최상의 단일 모델보다 더 나은 성능을 발휘할 때가 많습니다. 특히 개별 모델이 각기 다른 형태의 오차를 만들 때 그렇습니다. 예를 들면 k-최근접 이웃 모델을 훈련하고 미세 튜닝한 다음 이 모델의 예측과 랜덤 포레스트의 예측을 평균하여 예측으로 삼는 앙상블 모델을 만들 수 있습니다. 이 주제는 7장에서 자세히 살펴보겠습니다.

2.7.4 최상의 모델과 오차 분석

최상의 모델을 분석하면 문제에 대한 좋은 인사이트를 얻는 경우가 많습니다. 예를 들어 RandomForestRegressor는 정확한 예측을 만들기 위한 각 특성의 상대적인 중요도를 알려줍니다.

```
>>> final_model = rnd_search.best_estimator_  # 전처리 포함됨
>>> feature_importances = final_model["random_forest"].feature_importances_
>>> feature_importances.round(2)
array([0.07, 0.05, 0.05, 0.01, 0.01, 0.01, 0.01, 0.19, [...], 0.01])
```

중요도 점수를 내림차순으로 정렬하고 특성 이름과 함께 표시해보겠습니다.

```
>>> sorted(zip(feature_importances,
...            final_model["preprocessing"].get_feature_names_out()),
...            reverse=True)
...
[(0.18694559869103852, 'log__median_income'),
 (0.0748194905715524, 'cat__ocean_proximity_INLAND'),
 (0.06926417748515576, 'bedrooms__ratio'),
 (0.05446998753775219, 'rooms_per_house__ratio'),
 (0.05262301809680712, 'people_per_house__ratio'),
 (0.03819415873915732, 'geo__클러스터 0 유사도'),
 [...]
 (0.00015061247730531558, 'cat__ocean_proximity_NEAR BAY'),
 (7.301686597099842e-05, 'cat__ocean_proximity_ISLAND')]
```

이 정보를 바탕으로 덜 중요한 특성들을 제외할 수 있습니다(예를 들어 ocean_proximity 카테고리 중 하나만 실제로 유용하므로 다른 카테고리는 제외할 수 있습니다).

TIP sklearn.feature_selection.SelectFromModel 변환기는 자동으로 가장 덜 유용한 특성을 제거할 수 있습니다. 이 변환기를 훈련하면 한 모델(일반적으로 랜덤 포레스트)을 훈련하고 feature_importances_ 속성을 확인하여 가장 유용한 특성을 선택합니다. 그다음 transform() 메서드를 호출할 때 다른 특성을 삭제합니다.

시스템이 특정한 오차를 만들었다면 왜 그런 문제가 생겼는지 이해해야 합니다. 그리고 추가 특성을 포함시키거나, 불필요한 특성을 제거하거나, 이상치를 제외하는 등 해결 방법을 찾아야 합니다.

이제 모델이 평균적으로 잘 작동하는 것뿐만 아니라 시골이든 도시든, 부유하든 가난하든, 북쪽이든 남쪽이든, 소수 민족이든 아니든 모든 구역에서 잘 작동하는지 확인할 차례입니다. 각 범주에 대한 검증 세트를 만들려면 약간의 노력이 필요하지만 중요한 작업입니다. 모델이 전체 범주에서 제대로 실행되지 않는다면 이 문제가 해결될 때까지 모델을 배포해서는 안 됩니다. 아니면 해당 범주에 대해서는 이 모델을 사용해 예측을 만들지 말아야 합니다. 득보다 실이 많기 때문입니다.

2.7.5 테스트 세트로 시스템 평가하기

어느 정도 모델을 튜닝하면 마침내 만족할 만한 모델을 얻게 됩니다. 그럼 이제 테스트 세트에서 최종 모델을 평가할 차례입니다. 이 과정에 특별히 다른 점은 없습니다. 테스트 세트의 특성과 레이블을 사용해 final_model을 실행하여 데이터를 변환하고 예측을 만듭니다. 그다음 이 예측을 평가합니다.

```
X_test = strat_test_set.drop("median_house_value", axis=1)
y_test = strat_test_set["median_house_value"].copy()

final_predictions = final_model.predict(X_test)

final_rmse = mean_squared_error(y_test, final_predictions, squared=False)
print(final_rmse) # 출력: 41424.40026462184
```

어떤 경우에는 이런 일반화 오차의 점 추정$^{point\ estimate}$이 론칭을 결정하기에 충분하지 않습니다. 현재 제품 시스템에 있는 모델보다 불과 0.1% 더 높다면 어떨까요? 이 추정값이 얼마나 정확한지 알고 싶을 것입니다. 이때 scipy.stats.t.interval()을 사용해 일반화 오차의 95% **신뢰 구간**^{confidence interval}을 계산할 수 있습니다. 구간은 39,275와 43,467 사이로 꽤 크며 이전 점 추정값인 41,424는 대략 중간에 해당합니다.

```
>>> from scipy import stats
>>> confidence = 0.95
>>> squared_errors = (final_predictions - y_test) ** 2
>>> np.sqrt(stats.t.interval(confidence, len(squared_errors) - 1,
...                          loc=squared_errors.mean(),
...                          scale=stats.sem(squared_errors)))
...
array([39275.40861216, 43467.27680583])
```

하이퍼파라미터 튜닝을 많이 했다면 교차 검증을 사용해 측정한 것보다 성능이 조금 낮은 것이 보통입니다. 우리 시스템이 검증 데이터에서 좋은 성능을 내도록 세밀하게 튜닝되었기 때문에 새로운 데이터셋에는 잘 작동하지 않을 가능성이 큽니다. 이 예제에서는 테스트 RMSE가 검증 RMSE보다 낮기 때문에 성능이 낮아지진 않았습니다. 하지만 이런 경우가 생기더라도 테스트 세트에서 성능 수치를 좋게 하려고 하이퍼파라미터를 튜닝하려 시도해서는 안 됩니다. 그렇게 향상된 성능은 새로운 데이터에 일반화되기 어렵습니다.

이제 프로젝트 론칭 직전 단계에 왔습니다. (학습한 것, 한 일과 하지 않은 일, 수립한 가정, 시스템 제한 사항 등을 강조하면서) 솔루션과 문서를 출시하고, 깔끔한 도표와 기억하기 쉬운 제목(**예** '수입의 중간값이 주택 가격 예측의 가장 중요한 지표다')으로 멋진 발표 자료를 만들어야 합니다. 캘리포니아 주택 가격 예제에서 시스템의 최종 성능은 전문가의 가격 예측보다 좋지 않습니다. 종종 30%까지 차이가 납니다. 하지만 전문가가 더욱 흥미롭고 생산적인 작업을 할 수 있다면 이 시스템을 론칭하는 것이 좋습니다.

2.8 론칭, 모니터링, 시스템 유지 보수

완벽합니다. 솔루션 론칭 허가를 받았습니다! 이제 제품 시스템에 적용하기 위한 준비를 해야 합니다(코드를 정리하고 문서와 테스트 케이스를 작성하는 것 등). 그다음 모델을 제품 환경에 배포할 수 있습니다. 가장 기본적인 방법은 훈련된 최상의 모델을 저장하고 제품 환경으로 이 파일을 전달하여 로드하는 것입니다. 다음과 같이 joblib 라이브러리를 사용해 모델을 저장할 수 있습니다.

```
import joblib

joblib.dump(final_model, "my_california_housing_model.pkl")
```

TIP 원하는 모델로 쉽게 돌아올 수 있도록 실험한 모든 모델을 저장하는 것이 좋습니다. 검증 점수와 검증 세트에 대한 실제 예측도 저장할 수 있습니다. 이렇게 하면 여러 종류의 모델이 만든 점수와 오류의 종류를 비교하기 쉽습니다.

모델이 제품 환경으로 전달되고 나면 이를 로드하여 사용할 수 있습니다. 이렇게 하려면 모델이 사용하는 모든 사용자 정의 클래스와 함수를 먼저 임포트해야 합니다(이 코드를 제품 환경으로 전달해야 한다는 의미입니다). 그다음 모델을 로드하고 예측을 만듭니다.

```
import joblib
[...] # import KMeans, BaseEstimator, TransformerMixin, rbf_kernel, ...

def column_ratio(X): [...]
def ratio_name(function_transformer, feature_names_in): [...]
class ClusterSimilarity(BaseEstimator, TransformerMixin): [...]

final_model_reloaded = joblib.load("my_california_housing_model.pkl")

new_data = [...] # 예측을 만들려는 새로운 구역
predictions = final_model_reloaded.predict(new_data)
```

예를 들면 모델이 웹 사이트 안에서 사용될 수 있습니다. 사용자가 새로운 구역에 관한 정보를 입력하고 [가격 예측하기] 버튼을 누릅니다. 그럼 이 데이터를 포함한 쿼리query가 웹 서버로 전송되어 웹 애플리케이션으로 전달될 것입니다. 결국 애플리케이션의 코드가 모델의 `predict()` 메서드를 호출할 것입니다(모델을 사용할 때마다 로드하지 않고 서버가 시작될 때 모델을 로드하는 것이 좋습니다). 또는 웹 애플리케이션이 REST API[45]를 통해 질의할 수 있

----

45 간략히 설명하면 REST(또는 RESTful) API는 표준 HTTP 메서드를 사용해 자원에 대한 읽기, 수정, 생성, 삭제(GET, POST, PUT, DELETE)를 수행하며 입력과 출력으로 JSON을 사용하는 HTTP 기반 API입니다.

는 전용 웹 서비스로 모델을 감쌀 수 있습니다(그림 2-20). 이렇게 하면 주 애플리케이션을 건드리지 않고 모델을 새 버전으로 업그레이드하기 쉽습니다. 필요한 만큼 웹 서비스를 시작하고 웹 애플리케이션에서 웹 서비스로 오는 요청을 로드 밸런싱^{load balancing}할 수 있기 때문에 규모를 확장하기도 쉽습니다. 또한 웹 애플리케이션을 파이썬이 아닌 다른 언어로도 작성할 수 있습니다.

그림 2-20 웹 서비스로 배포된 모델을 웹 애플리케이션에서 사용합니다.

인기 많은 또 다른 전략은 모델을 구글 버텍스^{Vertex} AI(이전 이름은 구글 클라우드 AI 플랫폼과 구글 클라우드 ML 엔진^{Google Cloud ML Engine}입니다)와 같은 클라우드에 배포하는 것입니다. joblib을 사용해 모델을 저장하고 구글 클라우드 스토리지^{Google Cloud Storage}(GCS)에 업로드합니다. 그다음 구글 버텍스 AI로 이동하여 새로운 모델 버전을 만들고 GCS 파일을 지정합니다. 이게 끝입니다! 이렇게 하면 로드 밸런싱과 자동 확장을 처리하는 간단한 웹 서비스가 만들어지며, 입력 데이터(例 구역 정보)를 담은 JSON 요청을 받아 예측을 담은 JSON 응답을 반환합니다. 이제 웹 사이트에서(또는 현재 사용되는 어떤 제품 환경에서) 이 웹 서비스를 사용할 수 있습니다. 19장에서 다루지만 텐서플로 모델을 버텍스 AI에 배포하는 것도 사이킷런 모델을 배포하는 것과 크게 다르지 않습니다.

하지만 배포가 마지막이 아닙니다. 일정 간격으로 시스템의 실시간 성능을 체크하고 성능이 떨어졌을 때 알림을 보낼 수 있는 모니터링 코드를 작성해야 합니다. 예를 들어 인프라에서 특정 컴포넌트가 고장나는 경우 성능이 빠르게 감소할 수 있습니다. 반면에 성능이 아주 느리게 감소해서 긴 시간 동안 쉽게 눈에 띄지 않을 수 있습니다. 이는 모델 부패로 인해 매우 흔하게 발생하는 일입니다. 작년 데이터로 훈련된 모델이라면 오늘 데이터에는 적용할 수 없을 것입니다.

따라서 모델의 실전 성능을 모니터링해야 합니다. 모니터링 방법은 상황에 따라 다릅니다. 어떤 경우는 후속 시스템의 지표로 모델 성능을 추정할 수 있습니다. 예를 들어 모델이 추천 시스템의 일부라면 사용자가 관심을 가질 만한 제품을 추천하고 매일 추천 상품의 판매량을 모니터링합니다. 이 숫자가 (추천하지 않은 상품의 판매량보다) 줄어들면 가장 의심이 되는 것은 모델입니다. 데이터 파이프라인이 고장났거나 새로운 데이터로 모델을 다시 훈련해야 할 수 있습니다(곧 설명하겠습니다).

모델 성능을 평가하기 위해 사람의 분석이 필요할 수도 있습니다. 예를 들어 생산 라인에서 여러 제품 결함을 감지하는 이미지 분류 모델(3장 참고)을 훈련했다고 가정해보죠. 결함이 있는 제품 수천 개가 고객에게 전달되기 전에 모델의 성능이 떨어졌는지 어떻게 알림을 받을 수 있을까요? 한 가지 해결책은 모델이 분류한 전체 사진 중 한 샘플(특히 모델의 확신이 부족한 사진)을 평가하는 사람에게 보내는 것입니다. 작업에 따라서 평가자는 전문가일 수도 있고 크라우드소싱 플랫폼(예 아마존의 메커니컬 터크^{Mechanical Turk})의 작업자와 같은 비전문가일 수도 있습니다. 어떤 애플리케이션에서는 설문이나 캡차^{captcha46}에 응답하는 사용자가 평가자가 될 수 있습니다.

어떤 방식이든(운영 중인 모델을 평가하기 위해 평가자를 사용하든 사용하지 않든) 모니터링 시스템을 준비해야 합니다. 또한 모델이 실패했을 때 무엇을 할지 정의하고 어떻게 대비할지 관련 프로세스를 모두 준비해야 합니다. 불행히도 이는 많은 양의 작업이 될 수 있습니다. 실제로 모델을 만들고 훈련하는 것보다 더 많은 작업이 필요한 경우가 종종 있습니다.

데이터가 계속 변화하면 데이터셋을 업데이트하고 모델을 정기적으로 다시 훈련해야 합니다. 그렇기 때문에 전체 과정에서 가능한 한 많은 것을 자동화해야 합니다. 자동화할 수 있는 작업은 다음과 같습니다.

- 정기적으로 새로운 데이터를 수집하고 레이블을 답니다(예 조사원을 사용할 수 있습니다).
- 모델을 훈련하고 하이퍼파라미터를 자동으로 미세 튜닝하는 스크립트를 작성합니다. 작업에 따라 매일 또는 매주 자동으로 이 스크립트를 실행할 수 있습니다.
- 업데이트된 테스트 세트에서 새로운 모델과 이전 모델을 평가하는 스크립트를 하나 더 작성합니다. 성능이 감소하지 않으면 새로운 모델을 제품에 배포합니다(성능이 나쁘다면 왜 그런지 조사합니다). 이 스크립트는 테스트 세트의 여러 서브셋에서 모델의 성능을 테스트해야 합니다. 예를 들면 가난한 구역 또는 부유한 구역, 시골 또는 도시 등입니다.

또한 모델의 입력 데이터 품질을 평가해야 합니다. 이따금 나쁜 품질의 신호 때문에 성능이 약간 저하되는 경우가 있습니다(예 오작동하는 센서가 랜덤한 값을 보내거나 다른 팀의 출력이 멈춘 경우). 하지만 알람이 울릴 정도로 성능이 감소되기까지 시간이 걸릴 수 있습니다. 모델

---

46 캡차는 사용자가 봇이 아님을 확인하는 테스트입니다. 이 테스트는 저렴하게 훈련 데이터에 레이블을 매기는 방법으로 종종 사용됩니다.

의 입력을 모니터링하면 이런 문제를 일찍 알 수 있습니다. 예를 들어 점점 더 많은 입력에서 한 특성이 누락되거나, 평균 또는 표준 편차가 훈련 세트와 멀어지거나, 범주형 특성이 새로운 카테고리를 포함하는 경우 알람을 울릴 수 있습니다.

마지막으로 만든 모든 모델을 백업backup해야 합니다. 새로운 모델이 어떤 이유로 올바르지 않게 작동하는 경우 이전 모델로 빠르게 롤백roll back하기 위한 절차와 도구를 준비해야 합니다. 백업을 가지고 있으면 새로운 모델과 이전 모델을 쉽게 비교할 수 있습니다. 비슷하게 새로운 버전의 데이터셋이 오염되었다면(예 새로운 데이터가 이상치로 가득 차 있다고 판명되는 경우) 롤백할 수 있도록 모든 버전의 데이터셋을 백업해야 합니다. 데이터셋을 백업하면 이전 데이터셋과 비교해 모든 모델을 평가할 수 있습니다.

이처럼 머신러닝은 매우 많은 시스템과 연관되어 있습니다. 19장에서 논의하겠지만 이는 MLOps^ML Operations라 부르는 매우 광범위한 주제입니다. 따라서 첫 번째 머신러닝 프로젝트를 제품으로 만들고 배포하는 데 많은 노력과 시간이 든다고 놀라지 마세요. 이 모든 시스템이 준비되고 나면 아이디어를 제품으로 구현하는 일이 훨씬 빨라질 것입니다.[47]

2.9 직접 해보세요!

이 장에서 머신러닝 프로젝트가 무엇인지 전반적인 개념을 얻고 멋진 시스템을 만드는 데 필요한 도구들을 알게 되었기 바랍니다. 앞서 설명한 것처럼 대부분의 작업은 데이터 준비 단계, 모니터링 도구 구축, 사람의 평가 파이프라인 세팅, 주기적인 모델 학습 자동화로 이루어집니다. 물론 머신러닝 알고리즘도 중요하지만 전체 프로세스에 익숙해져야 합니다. 고수준 알고리즘을 탐색하느라 시간을 모두 허비해서 전체 프로세스 구축에 충분한 시간을 투자하지 못하는 것보다 서너 개의 알고리즘만으로라도 전체 프로세스를 올바로 구축하는 편이 더 낫다는 것을 알아야 합니다.

아직 한 번도 직접 해보지 않았다면 노트북을 꺼내 관심 있는 데이터셋을 선택해서 A부터 Z까지 전체 프로세스를 만들어보세요. 캐글(*https://kaggle.com*) 같은 경연 사이트가 시작하기 좋

---

47 옮긴이_ 머신러닝 제품에 관한 아이디어부터 모델을 구축, 배포, 모니터링하는 모든 과정에 관한 자세한 설명은 『머신러닝 파워드 애플리케이션』(한빛미디어, 2021)을 참고하세요.

습니다. 데이터셋이 준비되어 있고 목표가 명확하며 다른 사람의 경험을 들을 수 있기 때문입니다.

연습문제

이 장에서 소개한 주택 가격 데이터셋을 사용해 문제를 풀어보세요.

① 서포트 벡터 머신 회귀(sklearn.svm.SVR)를 kernel="linear"(하이퍼파라미터 C를 바꿔가며)나 kernel="rbf"(하이퍼파라미터 C와 gamma를 바꿔가며) 등의 다양한 하이퍼파라미터 설정으로 시도해보세요. 서포트 벡터 머신은 대용량 데이터셋에 적용하기가 쉽지 않습니다. 따라서 훈련 세트의 처음 5,000개 샘플만 사용해 모델을 훈련하고 3-폴드 교차 검증을 사용하세요. 그렇지 않으면 몇 시간이 걸릴 것입니다. 지금은 이 하이퍼파라미터가 무엇을 의미하는지 너무 신경 쓰지 마세요. 5장에서 자세히 설명하겠습니다. 최상의 SVR 모델은 무엇인가요?

② GridSearchCV를 RandomizedSearchCV로 바꿔보세요.

③ 가장 중요한 특성을 선택하는 SelectFromModel 변환기를 준비 파이프라인에 추가해보세요.

④ fit() 메서드 안에서 *k*-최근접 이웃 회귀(sklearn.neighbors.KNeighborsRegressor)를 훈련하고 transform() 메서드에서 이 모델의 예측을 반환하는 사용자 정의 변환기를 만들어보세요. 이 변환기의 입력으로 위도와 경도를 사용하고 예측 결과를 하나의 특성으로 전처리 파이프라인에 추가하세요. 이렇게 하면 가장 가까운 구역의 중간 주택 가격에 대한 특성이 모델에 추가됩니다.

⑤ GridSearchCV를 사용해 준비 단계의 옵션을 자동으로 탐색해보세요.

⑥ StandardScalerClone 클래스를 처음부터 다시 구현하세요. 그다음 inverse_transform() 메서드를 추가하세요. scaler.inverse_transform(scaler.fit_transform(X))를 호출하면 X에 매우 가까운 배열을 반환해야 합니다. 그다음 특성 이름을 지원하는 기능을 추가하세요. 입력이 데이터프레임이면 fit() 메서드에서 feature_names_in_을 설정합니

다. 이 속성은 특성 이름의 넘파이 배열입니다. 마지막으로 get_feature_names_out() 메서드를 구현하세요. 이 메서드는 선택적 매개변수 input_features=None을 가집니다. 매개변수 값이 전달되면 길이가 n_features_in_과 같은지 확인하고 값이 feature_names_in_과 같은지 확인해야 합니다. 그다음 input_features를 반환해야 합니다. input_features가 None인 경우 feature_names_in_이 정의되어 있다면 이를 반환하고 그렇지 않으면 n_features_in_ 길이의 np.array(["x0", "x1", ...]) 배열을 반환합니다.

연습문제의 정답은 *https://github.com/rickiepark/handson-ml3*에 있는 주피터 노트북에서 확인할 수 있습니다.

## 3장

분류

1장에서 가장 일반적인 지도 학습 작업은 회귀(값 예측)와 분류(클래스 예측)라고 언급했습니다. 2장에서는 주택 가격을 예측하는 회귀 작업을 살펴보면서 선형 회귀, 결정 트리, 랜덤 포레스트(7장에서 더 자세히 설명합니다) 같은 여러 알고리즘을 알아보았습니다. 이 장에서는 분류 시스템을 집중적으로 다루겠습니다.

3.1 MNIST

여기서는 고등학생과 미국 인구 조사국 직원들이 손으로 쓴 70,000개의 작은 숫자 이미지인 MNIST 데이터셋을 사용하겠습니다. 각 이미지에는 어떤 숫자를 나타내는지 레이블되어 있습니다. 이 데이터셋은 학습용으로 아주 많이 사용되기 때문에 머신러닝 분야의 'Hello World'라고 불립니다. 새로운 분류 알고리즘이 나올 때마다 MNIST 데이터셋에서 얼마나 잘 작동하는지 봅니다. 머신러닝을 배우는 사람이라면 머지않아 MNIST 데이터셋을 맞닥뜨리게 될 것입니다.

사이킷런에서 제공하는 여러 헬퍼 함수를 사용해 잘 알려진 데이터셋을 내려받을 수 있습니다. MNIST도 그중 하나입니다. 다음은 *OpenML.org*에서 MNIST 데이터셋을 내려받는 코드입니다.[1]

---

1 기본적으로 사이킷런은 내려받은 데이터셋을 사용자 홈 디렉터리 안의 scikit_learn_data 디렉터리에 캐싱합니다.

```
from sklearn.datasets import fetch_openml

mnist = fetch_openml('mnist_784', as_frame=False)
```

sklearn.datasets 패키지에 있는 함수는 대부분 세 종류입니다. fetch_openml()과 같이 실전 데이터셋을 다운로드하기 위한 fetch_* 함수, 사이킷런에 번들로 포함된 소규모 데이터셋을 로드하기 위한 load_* 함수(따라서 인터넷으로 다운로드할 필요가 없습니다), 테스트에 유용한 가짜 데이터셋을 생성하기 위한 make_* 함수입니다. 생성된 데이터셋은 일반적으로 넘파이 배열이고 입력과 타깃 데이터를 담은 (X, y) 튜플로 반환됩니다. sklearn.utils.Bunch 객체로 반환되는 데이터셋도 있습니다. 이 객체는 속성으로 다음과 같은 항목을 참조할 수 있는 딕셔너리입니다.

- DESCR: 데이터셋 설명
- data: 입력 데이터, 일반적으로 2D 넘파이 배열
- target: 레이블, 일반적으로 1D 넘파이 배열

fetch_openml() 함수는 조금 특이하게도 기본적으로 입력을 판다스 데이터프레임, 레이블을 판다스 시리즈로 반환합니다(데이터셋이 희소하지 않을 경우).[2] 하지만 MNIST 데이터셋은 이미지이므로 데이터프레임이 잘 맞지 않습니다. 따라서 as_frame=False로 지정하여 넘파이 배열로 데이터를 받았습니다. 이 배열을 살펴보죠.

```
>>> X, y = mnist.data, mnist.target
>>> X
array([[0., 0., 0., ..., 0., 0., 0.],
       [0., 0., 0., ..., 0., 0., 0.],
       [0., 0., 0., ..., 0., 0., 0.],
       ...,
       [0., 0., 0., ..., 0., 0., 0.],
       [0., 0., 0., ..., 0., 0., 0.],
       [0., 0., 0., ..., 0., 0., 0.]])
>>> X.shape
(70000, 784)
>>> y
```

---

2 옮긴이_ fetch_openml() 함수의 as_frame 매개변수 기본값은 'auto'로 데이터셋이 희소 행렬로 저장되어 있지 않다면 데이터프레임(입력 데이터)과 시리즈(레이블)를 반환합니다.

```
array(['5', '0', '4', ..., '4', '5', '6'], dtype=object)
>>> y.shape
(70000,)
```

이미지가 70,000개 있고 각 이미지에는 784개의 특성이 있습니다. 이미지가 28×28 픽셀이기 때문이죠. 각각의 특성은 단순히 0(흰색)부터 255(검은색)까지의 픽셀 강도를 나타냅니다. 데이터셋에서 이미지 하나를 확인해보겠습니다(그림 3-1). 샘플의 특성 벡터를 추출해서 28×28 배열로 크기를 바꾸고 맷플롯립의 imshow() 함수를 사용해 그리면 됩니다. cmap="binary"로 지정해 0을 흰색, 255를 검은색으로 나타내는 흑백^grayscale 컬러 맵을 사용하겠습니다.

```
import matplotlib.pyplot as plt

def plot_digit(image_data):
    image = image_data.reshape(28, 28)
    plt.imshow(image, cmap="binary")
    plt.axis("off")

some_digit = X[0]
plot_digit(some_digit)
plt.show()
```

그림 3-1 MNIST 이미지

이 그림은 숫자 5로 보입니다. 실제 레이블을 확인해보겠습니다.

```
>>> y[0]
'5'
```

[그림 3-2]에서 MNIST 이미지 샘플을 더 확인해보면 분류 작업이 얼마나 어려운지 느낄 수 있습니다.

그림 3-2 MNIST 데이터셋에서 추출한 숫자 이미지

잠깐만요! 데이터를 자세히 조사하기 전에 항상 테스트 세트를 만들고 따로 떼어놓아야 합니다. 사실 fetch_openml()이 반환한 MNIST 데이터셋은 이미 훈련 세트(앞쪽 60,000개 이미지)와 테스트 세트(뒤쪽 10,000개 이미지)로 나뉘어있습니다.[3]

```
X_train, X_test, y_train, y_test = X[:60000], X[60000:], y[:60000], y[60000:]
```

훈련 세트는 이미 섞여 있어서 모든 교차 검증 폴드를 비슷하게 만듭니다(하나의 폴드라도 특정 숫자가 누락되면 안 됩니다). 더군다나 어떤 학습 알고리즘은 훈련 샘플의 순서에 민감해서 많은 비슷한 샘플이 연이어 나타나면 성능이 나빠집니다. 데이터셋을 섞으면 이런 문제를 방지할 수 있습니다.[4]

---

3 fetch_openml()이 반환한 모든 데이터셋이 섞여 있거나 나뉘어 있는 것은 아닙니다.
4 어떤 경우에는 섞는 것이 좋지 않습니다. 예를 들면 (주식 가격이나 날씨 예보 같은) 시계열 데이터를 다룰 때입니다. 15장에서 이런 경우를 살펴보겠습니다. 옮긴이_ SGD가 샘플을 섞어야 하는 대표적인 경우입니다. 사이킷런의 SGDClassifier와 SGDRegressor는 기본적으로 (max_iter로 지정한) 에포크마다 훈련 데이터를 다시 섞습니다.

3.2 이진 분류기 훈련

문제를 단순화해서 하나의 숫자, 예를 들면 숫자 5만 식별해보겠습니다. 이 '5-감지기'는 '5'와 '5 아님' 두 개의 클래스를 구분할 수 있는 **이진 분류기**^{binary classifier}입니다. 분류 작업을 위해 타깃 벡터를 만들어보겠습니다.

```
y_train_5 = (y_train == '5')    # 5는 True고, 다른 숫자는 모두 False
y_test_5 = (y_test == '5')
```

좋습니다. 이제 분류 모델을 하나 선택해서 훈련시켜보겠습니다. 사이킷런의 **SGDClassifier** 클래스를 사용해 **확률적 경사 하강법**^{Stochastic Gradient Descent}(SGD) 분류기로 시작해보는 것도 나쁘지 않습니다. 이 분류기의 장점은 매우 큰 데이터셋을 효율적으로 처리할 수 있다는 점입니다. 나중에 보겠지만 SGD는 한 번에 하나씩 훈련 샘플을 독립적으로 처리할 수 있습니다(그래서 SGD가 온라인 학습에 잘 들어맞습니다). **SGDClassifier** 모델을 만들고 전체 훈련 세트를 사용해 훈련시켜보겠습니다.

```
from sklearn.linear_model import SGDClassifier

sgd_clf = SGDClassifier(random_state=42)
sgd_clf.fit(X_train, y_train_5)
```

이제 이 모델을 사용해 숫자 5의 이미지를 감지해보겠습니다.

```
>>> sgd_clf.predict([some_digit])
array([ True])
```

분류기는 이 이미지가 5를 나타낸다고 추측했습니다(**True**). 이 샘플에 대해서는 정확히 맞춘 것 같습니다! 그럼 모델의 성능을 평가해봅시다.

3.3 성능 측정

분류기 평가는 회귀 모델보다 훨씬 어렵기 때문에 여기서는 이 주제에 많은 지면을 할애할 것입니다. 사용할 수 있는 성능 지표가 많습니다. 커피 한 잔 더 하면서 여러 가지 새로운 개념과 용어를 배워보죠!

3.3.1 교차 검증을 사용한 정확도 측정

2장에서 한 것처럼 교차 검증은 모델을 평가하는 좋은 방법입니다. cross_val_score() 함수로 폴드가 3개인 k-폴드 교차 검증을 사용해 SGDClassifier 모델을 평가해보겠습니다. k-폴드 교차 검증은 훈련 세트를 k개(여기서는 3개)의 폴드로 나누고, 평가를 위해 매번 다른 폴드를 떼어놓고 모델을 k번 훈련한다는 것을 기억하세요(2장 참고).

교차 검증 구현

가끔 사이킷런이 제공하는 기능보다 교차 검증 과정을 더 많이 제어해야 합니다. 이때는 교차 검증 기능을 직접 구현하면 됩니다. 다음 코드는 사이킷런의 cross_val_score() 함수와 거의 같은 작업을 수행하고 동일한 결과를 출력합니다.

```
from sklearn.model_selection import StratifiedKFold
from sklearn.base import clone

skfolds = StratifiedKFold(n_splits=3) # 데이터셋이 미리 섞여 있지 않다면
                                      # shuffle=True를 추가하세요.

for train_index, test_index in skfolds.split(X_train, y_train_5):
    clone_clf = clone(sgd_clf)
    X_train_folds = X_train[train_index]
    y_train_folds = y_train_5[train_index]
    X_test_fold = X_train[test_index]
    y_test_fold = y_train_5[test_index]
    clone_clf.fit(X_train_folds, y_train_folds)
    y_pred = clone_clf.predict(X_test_fold)
    n_correct = sum(y_pred == y_test_fold)
    print(n_correct / len(y_pred))  # 출력: 0.95035, 0.96035, 0.9604
```

> StratifiedKFold는 (2장에서 설명한 것처럼) 클래스별 비율이 유지되도록 폴드를 만들기 위해 계층적 샘플링을 수행합니다. 매 반복에서 분류기 객체를 복제하여 훈련 폴드로 훈련시키고 테스트 폴드로 예측을 만듭니다. 그런 다음 올바른 예측의 수를 세어 정확한 예측의 비율을 출력합니다.

```
>>> from sklearn.model_selection import cross_val_score
>>> cross_val_score(sgd_clf, X_train, y_train_5, cv=3, scoring="accuracy")
array([0.95035, 0.96035, 0.9604])
```

와우! 모든 교차 검증 폴드에 대해 **정확도**^{accuracy}(정확한 예측의 비율)가 95% 이상입니다. 아주 놀랍지 않은가요? 너무 흥분하지 말고 모든 이미지를 가장 많이 등장하는 클래스(여기서는 음성 클래스, 즉 '5 아님')로 분류하는 더미 분류기를 만들어 비교해보겠습니다.

```
from sklearn.dummy import DummyClassifier

dummy_clf = DummyClassifier()
dummy_clf.fit(X_train, y_train_5)
# False가 출력됩니다. 즉, True로 예측된 것이 없습니다.
print(any(dummy_clf.predict(X_train)))
```

모델의 정확도를 추측할 수 있나요? 한번 확인해보죠.

```
>>> cross_val_score(dummy_clf, X_train, y_train_5, cv=3, scoring="accuracy")
array([0.90965, 0.90965, 0.90965])
```

맞습니다. 정확도가 90% 이상으로 나왔네요! 이미지의 10% 정도만 숫자 5이기 때문에 무조건 '5 아님'으로 예측하면 정확히 맞출 확률이 90%입니다. 노스트라다무스 못지않네요.

이 예제는 정확도를 분류기의 성능 측정 지표로 선호하지 않는 이유를 보여줍니다. 특히 **불균형한 데이터셋**을 다룰 때(즉, 어떤 클래스가 다른 것보다 월등히 많은 경우) 더욱 그렇습니다. 분류기의 성능을 평가하는 더 좋은 방법은 **오차 행렬**^{confusion matrix}을 조사하는 것입니다.

3.3.2 오차 행렬

오차 행렬의 기본 아이디어는 모든 A/B 쌍에 대해 클래스 A의 샘플이 클래스 B로 분류된 횟수를 세는 것입니다. 예를 들어 분류기가 숫자 8의 이미지를 0으로 잘못 분류한 횟수를 알고 싶다면 오차 행렬에서 8번 행 0번 열을 보면 됩니다.

오차 행렬을 만들려면 실제 타깃과 비교할 수 있도록 예측값을 만들어야 합니다. 테스트 세트로 예측을 만들 수 있지만 여기서 사용하면 안 됩니다(테스트 세트는 프로젝트의 맨 마지막에 분류기가 출시 준비를 마치고 나서 사용된다는 것을 기억하세요). 대신 cross_val_predict() 함수를 사용할 수 있습니다.

```
from sklearn.model_selection import cross_val_predict

y_train_pred = cross_val_predict(sgd_clf, X_train, y_train_5, cv=3)
```

cross_val_score() 함수처럼 cross_val_predict() 함수는 k-폴드 교차 검증을 수행하지만 평가 점수를 반환하지 않고 각 테스트 폴드에서 얻은 예측을 반환합니다. 즉, 훈련 세트의 모든 샘플에 대해 깨끗한 예측을 얻게 됩니다(여기서 깨끗하다는 뜻은 모델이 훈련하는 동안 보지 못했던 데이터[out-of-sample]에 대해 예측했다는 의미입니다).

이제 confusion_matrix() 함수를 사용해 오차 행렬을 만들 준비가 되었습니다. 타깃 클래스 (y_train_5)와 예측 클래스(y_train_pred)를 넣고 호출하면 됩니다.

```
>>> from sklearn.metrics import confusion_matrix
>>> cm = confusion_matrix(y_train_5, y_train_pred)
>>> cm
array([[53892,  687],
       [ 1891, 3530]])
```

오차 행렬의 행은 **실제 클래스**를 나타내고 열은 **예측한 클래스**를 나타냅니다. 이 행렬의 첫 번째 행은 '5 아님' 이미지(**음성 클래스**[negative class])에 대한 것으로, 53,892개를 '5 아님'으로 정확하게 분류했고(**진짜 음성**[true negative]이라고 합니다) 나머지 687개는 '5'라고 잘못 분류했습니다(**거짓 양성**[false positive] 또는 **1종 오류**[type I error]라고 부릅니다). 두 번째 행은 '5' 이미지(**양성 클래스**[positive class])에 대한 것으로, 1,891개를 '5 아님'으로 잘못 분류했고(**거짓 음성**[false negative] 또는

2종 오류type II error라고 부릅니다) 나머지 3,530개를 정확히 '5'라고 분류했습니다(**진짜 양성**true positive이라고 합니다). 완벽한 분류기라면 진짜 양성과 진짜 음성만 가지고 있을 것이므로 오차 행렬의 주대각선(왼쪽 위에서 오른쪽 아래로)만 0이 아닌 값이 됩니다.

```
>>> y_train_perfect_predictions = y_train_5    # 완벽한 분류기일 경우
>>> confusion_matrix(y_train_5, y_train_perfect_predictions)
array([[54579,     0],
       [    0,  5421]])
```

오차 행렬이 많은 정보를 제공해주지만 가끔 더 요약된 지표가 필요할 때도 있습니다. 살펴볼 만한 것 하나는 양성 예측의 정확도입니다. 이를 분류기의 **정밀도**precision라고 합니다(식 3-1).

식 3-1 정밀도

$$정밀도 = \frac{TP}{TP + FP}$$

TP는 진짜 양성의 수이고, FP는 거짓 양성의 수입니다.

가장 간단한 방법은 제일 확신이 높은 샘플에 대해 양성 예측을 하고 나머지는 모두 음성 예측을 하는 분류기를 만드는 것입니다. 이 양성 예측이 맞는다면 분류기의 정밀도는 100%입니다(정밀도 = 1/1 = 100%). 당연히 이런 분류기는 다른 모든 양성 샘플을 무시하기 때문에 그리 유용하지 않습니다. 정밀도는 **재현율**recall이라는 또 다른 지표와 같이 사용하는 것이 일반적입니다. 재현율은 분류기가 정확하게 감지한 양성 샘플의 비율로(식 3-2), **민감도**sensitivity 또는 **진짜 양성 비율**true positive rate(TPR)이라고도 합니다.

식 3-2 재현율

$$재현율 = \frac{TP}{TP + FN}$$

FN은 거짓 음성의 수입니다.

오차 행렬이 조금 헷갈린다면 [그림 3-3]을 보면 도움이 될 것입니다.

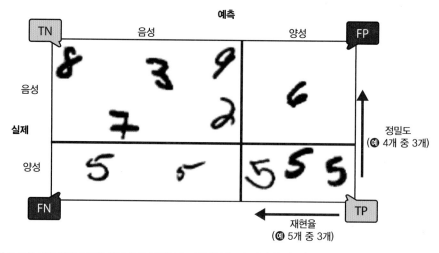

그림 3-3 이 오차 행렬 그림은 진짜 음성 샘플(TN), 거짓 양성(FP), 거짓 음성(FN), 진짜 양성(TP)을 보여줍니다.

3.3.3 정밀도와 재현율

사이킷런은 정밀도와 재현율을 포함하여 분류기의 지표를 계산하는 여러 함수를 제공합니다.

```
>>> from sklearn.metrics import precision_score, recall_score
>>> precision_score(y_train_5, y_train_pred) # == 3530 / (687 + 3530)
0.8370879772350012
>>> recall_score(y_train_5, y_train_pred) # == 3530 / (1891 + 3530)
0.6511713705958311
```

이제 '5-감지기'가 정확도에서 봤을 때만큼 멋져 보이지는 않네요. 5로 판별된 이미지 중 83.7%만 정확합니다. 더군다나 전체 숫자 5에서 65.1%만 감지했습니다.

정밀도와 재현율을 F_1 **점수**$^{\text{F1 score}}$라고 하는 하나의 숫자로 만들면 편리할 때가 많습니다. 특히 두 분류기를 비교할 때 그렇습니다. F_1 점수는 정밀도와 재현율의 **조화 평균**$^{\text{harmonic mean}}$입니다 (식 3-3).[5] 보통의 평균은 모든 값을 동일하게 취급하지만 조화 평균은 낮은 값에 훨씬 더 높

---

5 옮긴이_ F 점수의 일반화된 조화 평균 식은 다음과 같습니다.

$$F = \frac{1}{\dfrac{\alpha}{\text{정밀도}} + \dfrac{1-\alpha}{\text{재현율}}} = \left(\beta^2 + 1\right) \times \frac{\text{정밀도} \times \text{재현율}}{\beta^2 \times \text{정밀도} + \text{재현율}}, \ \beta^2 = \frac{1-\alpha}{\alpha}$$

β가 1보다 크면 재현율이 강조되고 1보다 작으면 정밀도가 강조됩니다. β가 1일 때의 점수를 F_1 점수라고 합니다.

은 비중을 둡니다. 결과적으로 분류기의 F_1 점수가 높아지려면 재현율과 정밀도가 모두 높아야 합니다.

식 3-3 F_1 점수

$$F_1 = \frac{2}{\dfrac{1}{정밀도} + \dfrac{1}{재현율}} = 2 \times \frac{정밀도 \times 재현율}{정밀도 + 재현율} = \frac{TP}{TP + \dfrac{FN + FP}{2}}$$

F_1 점수를 계산하려면 f1_score() 함수를 호출하면 됩니다.

```
>>> from sklearn.metrics import f1_score
>>> f1_score(y_train_5, y_train_pred)
0.7325171197343846
```

정밀도와 재현율이 비슷한 분류기에서는 F_1 점수가 높습니다. 하지만 이게 항상 바람직한 것은 아닙니다. 상황에 따라 정밀도가 중요할 수도 있고 재현율이 중요할 수도 있습니다. 예를 들어 어린아이에게 안전한 동영상을 걸러내는 분류기를 훈련시킨다고 가정해보겠습니다. 재현율은 높은데 정말 나쁜 동영상이 몇 개 노출되는 것보다 좋은 동영상이 많이 제외되더라도(낮은 재현율) 안전한 동영상만 노출시키는(높은 정밀도) 분류기를 선호할 것입니다(이런 경우에는 분류기의 동영상 선택 결과를 확인하기 위해 사람이 참여하는 분석 파이프라인을 추가할 수도 있습니다). 다른 예로, 감시 카메라를 통해 좀도둑을 잡아내는 분류기를 훈련시킨다고 가정해보겠습니다. 분류기의 재현율이 99%라면 정밀도가 30%만 되더라도 괜찮을 것입니다(아마도 경비원이 잘못된 호출을 종종 받겠지만, 거의 모든 좀도둑을 잡을 것입니다).

안타깝게도 정밀도와 재현율 모두 얻을 수는 없습니다. 정밀도를 올리면 재현율이 줄고 그 반대도 마찬가지입니다. 이를 **정밀도/재현율 트레이드오프**라고 합니다.

3.3.4 정밀도/재현율 트레이드오프

SGDClassifier가 분류를 어떻게 결정하는지 살펴보며 정밀도/재현율 트레이드오프를 이해해봅시다. 이 분류기는 **결정 함수**decision function를 사용하여 각 샘플의 점수를 계산합니다. 점수가 임곗값보다 크면 샘플을 양성 클래스에 할당하고 그렇지 않으면 음성 클래스에 할당합니다. [그림 3-4]에 가장 낮은 점수부터 가장 높은 점수까지 몇 개의 숫자를 나열했습니다. **결정 임곗값** decision threshold이 가운데(두 개의 숫자 5 사이) 화살표라고 가정해보겠습니다. 임곗값 오른쪽에 4개의 진짜 양성(실제 숫자 5)과 하나의 거짓 양성(실제 숫자 6)이 있습니다. 그렇기 때문에 이 임곗값에서 정밀도는 80%(5개 중 4개)입니다. 하지만 실제 숫자 5는 6개고 분류기는 4개만 감지했으므로 재현율은 67%(6개 중 4개)입니다. 이번에 임곗값을 높이면(임곗값을 오른쪽 화살표로 옮기면) 거짓 양성(숫자 6)이 진짜 음성이 되어 정밀도가 높아집니다(이 경우에 100%가 됩니다). 하지만 진짜 양성 하나가 거짓 음성이 되었으므로 재현율이 50%로 줄어듭니다. 반대로 임곗값을 내리면 재현율이 높아지고 정밀도가 줄어듭니다.

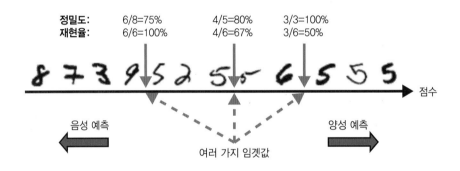

그림 3-4 이 정밀도/재현율 트레이드오프 이미지는 분류기가 만든 점수 순으로 나열되어 있습니다. 선택한 결정 임곗값 위에 있는 이미지를 양성으로 판단합니다. 임곗값이 높을수록 재현율은 낮아지고 반대로 (보통) 정밀도는 높아집니다.

사이킷런에서 임곗값을 직접 지정할 수는 없지만 예측에 사용한 점수는 확인할 수 있습니다. 분류기의 `predict()` 메서드 대신 `decision_function()` 메서드를 호출하면 각 샘플의 점수를 얻을 수 있습니다. 이 점수를 기반으로 원하는 임곗값을 정해 예측을 만들 수 있습니다.

```
>>> y_scores = sgd_clf.decision_function([some_digit])
>>> y_scores
array([2164.22030239])
>>> threshold = 0
>>> y_some_digit_pred = (y_scores > threshold)
>>> y_some_digit_pred
array([ True])
```

여기서는 SGDClassifier의 임곗값이 0이므로 predict() 메서드와 같은 결과(즉, True)를 반환합니다.[6] 임곗값을 높여보겠습니다.

```
>>> threshold = 3000
>>> y_some_digit_pred = (y_scores > threshold)
>>> y_some_digit_pred
array([False])
```

이 결과는 임곗값을 높이면 재현율이 줄어든다는 것을 보여줍니다. 이미지가 실제로 숫자 5이고 임곗값이 0일 때는 분류기가 이를 감지했지만 임곗값을 3,000으로 높이면 이를 놓치게 됩니다.

그렇다면 적절한 임곗값을 어떻게 정할 수 있을까요? 이를 위해서는 먼저 cross_val_predict() 함수를 사용해 훈련 세트에 있는 모든 샘플의 점수를 구해야 합니다. 하지만 이번에는 예측 결과가 아니라 결정 점수를 반환하도록 지정해야 합니다.

```
y_scores = cross_val_predict(sgd_clf, X_train, y_train_5, cv=3,
                             method="decision_function")
```

이 점수로 precision_recall_curve() 함수를 사용하여 가능한 모든 임곗값에 대해 정밀도와 재현율을 계산할 수 있습니다(이 함수는 무한한 임곗값에 해당하는 값으로 마지막 정밀도에 1을, 마지막 재현율에 0을 추가합니다).

```
from sklearn.metrics import precision_recall_curve

precisions, recalls, thresholds = precision_recall_curve(y_train_5, y_scores)
```

이제 맷플롯립을 이용해 임곗값의 함수로 정밀도와 재현율을 그릴 수 있습니다(그림 3-5). 임곗값이 3,000일 때 그래프를 그려보죠.[7]

---

6 옮긴이_ 사실 predict() 메서드도 decision_function() 함수를 사용하여 0보다 큰 경우를 양성으로 예측합니다.

7 옮긴이_ 맷플롯립과 판다스 그래프에서 한글을 쓰려면 맷플롯립의 폰트 설정을 한글 폰트로 바꿔야 합니다. 예를 들어 나눔바른고딕 폰트를 사용하려면 plt.rc('font', family='NanumBarunGothic')과 같이 설정해야 합니다. 구글 코랩에서 한글 폰트를 설치하고 설정하는 방법은 깃허브에 있는 2장의 주피터 노트북을 참고하세요.

```
plt.plot(thresholds, precisions[:-1], "b--", label="정밀도", linewidth=2)
plt.plot(thresholds, recalls[:-1], "g-", label="재현율", linewidth=2)
plt.vlines(threshold, 0, 1.0, "k", "dotted", label="임곗값")
[...] # 그리드, 범례, 축, 레이블, 동그라미를 추가합니다.
plt.show()
```

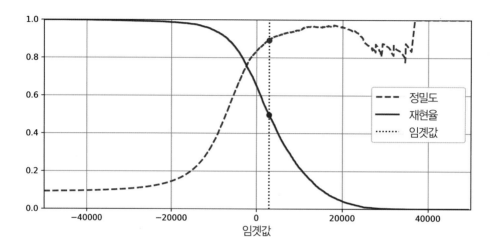

그림 3-5 결정 임곗값에 대한 정밀도와 재현율

> **📝 NOTE** [그림 3-5]에서 정밀도 곡선이 재현율 곡선보다 왜 더 울퉁불퉁한지 의아할 수 있습니다. 이는
> 임곗값을 올리더라도 정밀도가 낮아질 때가 가끔 있기 때문입니다(일반적으로는 높아져야 합니다). 왜 그런지
> 이해하기 위해 [그림 3-4]를 다시 살펴보겠습니다. 가운데 임곗값에서 오른쪽으로 숫자 하나만큼 이동하면
> 어떻게 될까요? 정밀도는 4/5(80%)에서 3/4(75%)으로 줄어듭니다. 반면 재현율은 임곗값이 올라감에 따라
> 줄어들 수밖에 없어 [그림 3-5]와 같이 부드러운 곡선이 됩니다.

이 임곗값에서 정밀도는 약 90%이고 재현율은 약 50%입니다. 좋은 정밀도/재현율 트레이드오
프를 선택하는 다른 방법은 [그림 3-6]처럼 재현율에 대한 정밀도 곡선을 그리는 것입니다(표
시된 임곗값은 앞에서와 동일합니다).[8]

---

8 옮긴이_ average_precision_score() 함수를 사용하면 정밀도/재현율 곡선의 아래 면적을 계산할 수 있어서 서로 다른 두 모델을
  비교하는 데 도움이 됩니다. 사이킷런의 PrecisionRecallDisplay 클래스를 사용해 정밀도/재현율 곡선을 그릴 수도 있습니다.

```
plt.plot(recalls, precisions, linewidth=2, label="정밀도/재현율 곡선")
[...] # 그리드, 범례, 레이블, 화살표, 텍스트를 추가합니다.
plt.show()
```

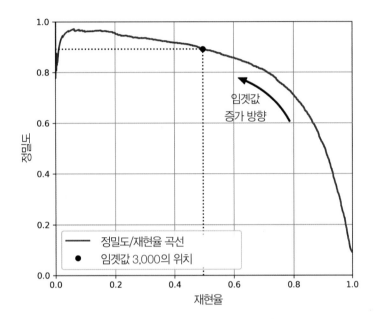

그림 3-6 정밀도와 재현율

재현율 80% 근처에서 정밀도가 급격하게 줄어들기 시작합니다. 이 하강점 직전을 정밀도/재현율 트레이드오프로 선택하는 것이 좋습니다. 예를 들면 재현율이 60% 정도인 지점입니다. 물론 이런 선택은 프로젝트에 따라 달라집니다.

정밀도 90%를 달성하는 것이 목표라고 가정해봅시다. 그래프에서 사용할 임곗값을 찾을 수 있지만 정확하지 않습니다. 다른 방법은 정밀도가 최소 90%가 되는 가장 낮은 임곗값을 찾는 것입니다. 이를 위해 넘파이 배열의 argmax() 메서드를 사용할 수 있습니다. 이 메서드는 최댓값의 첫 번째 인덱스를 반환합니다. 여기에서는 첫 번째 True 값을 의미합니다.

```
>>> idx_for_90_precision = (precisions >= 0.90).argmax()
>>> threshold_for_90_precision = thresholds[idx_for_90_precision]
>>> threshold_for_90_precision
3370.0194991439557
```

(훈련 세트에 대한) 예측을 만들려면 분류기의 `predict()` 메서드를 호출하는 대신 다음 코드를 실행합니다.

```
y_train_pred_90 = (y_scores >= threshold_for_90_precision)
```

이 예측에 대한 정밀도와 재현율을 확인해봅시다.

```
>>> precision_score(y_train_5, y_train_pred_90)
0.9000345901072293
>>> recall_at_90_precision = recall_score(y_train_5, y_train_pred_90)
>>> recall_at_90_precision
0.4799852425751706
```

좋네요. 정밀도 90%를 달성한 분류기를 만들었습니다! 보다시피 임곗값을 충분히 크게 지정하기만 하면 거의 모든 정밀도의 분류기를 손쉽게 만들 수 있습니다. 흠, 잠깐만요. 재현율이 너무 낮다면 높은 정밀도의 분류기는 전혀 유용하지 않습니다! 많은 애플리케이션에 재현율 48%는 훌륭한 값이 전혀 아닙니다.

> **TIP** 누군가가 "99% 정밀도를 달성하자"라고 말하면 반드시 "재현율 얼마에서?"라고 물어봐야 합니다.

3.3.5 ROC 곡선

수신기 조작 특성[receiver operating characteristic](ROC) 곡선도 이진 분류에서 널리 사용되는 도구입니다. 정밀도/재현율 곡선과 매우 비슷하지만, ROC 곡선은 정밀도에 대한 재현율 곡선이 아니라 **거짓 양성 비율**[false positive rate](FPR)에 대한 **진짜 양성 비율**[true positive rate](TPR, 재현율의 다른 이름)의 곡선입니다. FPR(또는 폴-아웃[fall-out]이라고도 부릅니다)은 양성으로 잘못 분류된 음성 샘플의 비율입니다. 이는 1에서 음성으로 정확하게 분류한 음성 샘플의 비율인 **진짜 음성 비율**[true negative rate](TNR)을 뺀 값입니다.[9] TNR을 **특이도**[specificity]라고도 합니다. 그러므로 ROC 곡선은 **민감도**(재현율)에 대한 **1-특이도** 그래프입니다.

ROC 곡선을 그리려면 먼저 `roc_curve()` 함수를 사용해 여러 임곗값에서 TPR과 FPR을 계산해야 합니다.

---

9 옮긴이_ FPR과 TNR의 관계는 다음과 같습니다.

$$FPR = \frac{FP}{FP+TN} = \frac{FP+TN-TN}{FP+TN} = 1 - \frac{TN}{FP+TN} = 1 - TNR$$

```
from sklearn.metrics import roc_curve

fpr, tpr, thresholds = roc_curve(y_train_5, y_scores)
```

그러면 맷플롯립을 사용해 TPR에 대한 FPR 곡선을 나타낼 수 있습니다. 다음 코드는 [그림 3-7]의 그래프를 그립니다.[10] 90% 정밀도에 해당하는 지점을 찾기 위해 원하는 임곗값의 인덱스를 찾아야 합니다. 임곗값이 내림차순으로 정렬되어 있기 때문에 첫 번째 라인에 >=가 아니라 <=를 사용합니다.

```
idx_for_threshold_at_90 = (thresholds <= threshold_for_90_precision).argmax()
tpr_90, fpr_90 = tpr[idx_for_threshold_at_90], fpr[idx_for_threshold_at_90]

plt.plot(fpr, tpr, linewidth=2, label="ROC 곡선")
plt.plot([0, 1], [0, 1], 'k:', label="랜덤 분류기의 ROC 곡선")
plt.plot([fpr_90], [tpr_90], "ko", label="90% 정밀도에 대한 임곗값")
[...] # 레이블, 그리드, 범례, 화살표, 텍스트를 추가합니다.
plt.show()
```

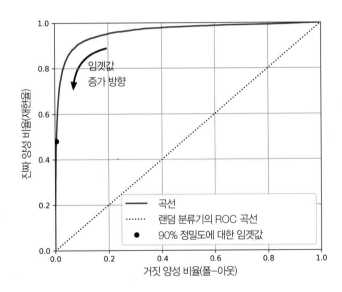

그림 3-7 가능한 모든 임곗값에서 진짜 양성 비율에 대한 거짓 양성 비율을 나타낸 ROC 곡선. 검은 점이 선택한 비율의 지점입니다(90%의 정밀도와 48%의 재현율).

----

10 옮긴이_ 사이킷런의 RocCurveDisplay 클래스를 사용해 ROC 곡선을 그릴 수도 있습니다.

여기에도 트레이드오프가 있습니다. 재현율(TPR)이 높을수록 분류기가 만드는 거짓 양성 비율(FPR)이 늘어납니다. 점선은 완전한 랜덤 분류기의 ROC 곡선을 뜻합니다. 좋은 분류기는 이 점선에서 최대한 멀리 떨어져 있어야 합니다(왼쪽 위 모서리).

곡선 아래의 면적^{area under the curve}(AUC)을 측정해 분류기들을 비교할 수 있습니다. 완벽한 분류기는 ROC의 AUC가 1이고, 완전한 랜덤 분류기는 0.5입니다.[11] 사이킷런은 ROC의 AUC를 계산하는 함수를 제공합니다.

```
>>> from sklearn.metrics import roc_auc_score
>>> roc_auc_score(y_train_5, y_scores)
0.9604938554008616
```

TIP ROC 곡선이 정밀도/재현율(PR) 곡선과 비슷해서 어떤 것을 사용해야 할지 궁금할 수 있습니다. 일반적으로 양성 클래스가 드물거나 거짓 음성보다 거짓 양성이 더 중요할 때 PR 곡선을 사용하고 그렇지 않으면 ROC 곡선을 사용합니다. 예를 들어 [그림 3-7]의 ROC 곡선(그리고 ROC의 AUC 점수)을 보면 매우 좋은 분류기라고 생각할 수 있습니다. 하지만 이는 음성(5 아님)에 비해 양성(5)이 매우 적기 때문입니다. 반면 PR 곡선은 분류기의 성능이 얼마 만큼 개선될 수 있는지 보여줍니다. 즉, 실제로 이 곡선은 오른쪽 위 모서리에 더 가까워질 수 있습니다([그림 3-6]을 참고하세요).

RandomForestClassifier를 만들어 SGDClassifier의 PR 곡선과 F_1 점수를 비교해보겠습니다.

```
from sklearn.ensemble import RandomForestClassifier

forest_clf = RandomForestClassifier(random_state=42)
```

precision_recall_curve() 함수는 각 샘플에 대한 레이블과 점수를 기대합니다. 따라서 랜덤 포레스트 분류기를 훈련하여 각 샘플에 점수를 부여해야 합니다. 하지만 RandomForest Classifier는 작동 방식 때문에 decision_function()을 제공하지 않습니다(7장에서 자세히 다루겠습니다). 다행히 각 샘플에 대한 클래스 확률을 반환하는 predict_proba() 메서드

---

11 옮긴이_ 랜덤 분류기는 훈련 데이터의 클래스 비율을 따라 랜덤으로 예측하는 것을 말합니다. 이렇게 되면 오차 행렬의 실제 클래스가 비슷한 비율의 예측 클래스로 나누어 FPR과 TPR이 비슷해집니다. 결국 ROC 곡선이 $y = x$에 가깝게 되어 AUC 면적이 0.5가 됩니다.

를 제공합니다. 이 중 양성 클래스에 대한 확률을 점수로 사용할 수 있습니다.[12] cross_val_predict() 함수를 호출하여 교차 검증으로 RandomForestClassifier를 훈련하고 모든 이미지에 대한 클래스 확률을 예측할 수 있습니다.

```
y_probas_forest = cross_val_predict(forest_clf, X_train, y_train_5, cv=3,
                                    method="predict_proba")
```

훈련 세트에 있는 처음 두 개의 이미지에 대한 클래스 확률을 확인해보죠.

```
>>> y_probas_forest[:2]
array([[0.11, 0.89],
       [0.99, 0.01]])
```

이 모델은 첫 번째 이미지를 89%의 확률로 양성이라고 예측합니다. 그리고 두 번째 이미지를 99% 확률로 음성이라 예측합니다. 모든 이미지는 양성 또는 음성 둘 중 하나이기 때문에 각 행의 확률을 더하면 100%가 됩니다.

> ⚠️ **CAUTION** 이는 실제 확률이 아닌 추정 확률estimated probability입니다. 예를 들어 모델이 50%에서 60% 사이의 추정 확률로 양성으로 분류한 모든 이미지를 살펴보면 약 94%가 실제로 양성입니다. 이 경우 모델의 추정 확률이 너무 낮았지만 모델 역시 과신할 수 있습니다. sklearn.calibration 패키지에는 추정 확률을 보정하여 실제 확률에 훨씬 가깝게 만드는 도구가 포함되어 있습니다.

두 번째 열에 양수 클래스에 대한 추정 확률이 포함되어 있으므로 이를 precision_recall_curve() 함수에 전달합니다.

```
y_scores_forest = y_probas_forest[:, 1]
precisions_forest, recalls_forest, thresholds_forest = precision_recall_curve(
    y_train_5, y_scores_forest)
```

이제 PR 곡선을 그릴 준비가 되었습니다. 첫 번째 PR 곡선도 그려서 서로 비교해보죠(그림 3-8).

---

12 사이킷런 분류기는 모두 decision_function()이나 predict_proba() 메서드 중 하나를 제공하며, 경우에 따라서는 두 메서드를 모두 제공합니다.

```
plt.plot(recalls_forest, precisions_forest, "b-", linewidth=2,
         label="랜덤 포레스트")
plt.plot(recalls, precisions, "--", linewidth=2, label="SGD")
[...] # 레이블, 그리드, 범례를 추가합니다.
plt.show()
```

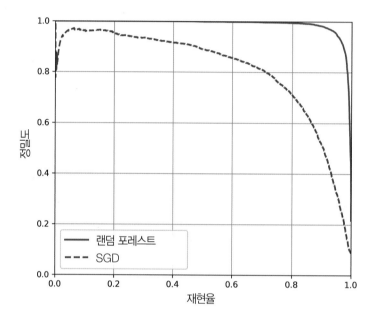

그림 3-8 PR 곡선 비교: 랜덤 포레스트 분류기가 SGD 분류기보다 훨씬 좋습니다. 랜덤 포레스트의 PR 곡선이 오른쪽 위 모서리에 훨씬 가까워 AUC가 더 높기 때문입니다.

[그림 3–8]에서 볼 수 있듯이 RandomForestClassifier의 PR 곡선이 SGDClassifier의 곡선보다 훨씬 더 좋아 보입니다. 즉, 오른쪽 위 모서리에 훨씬 더 가깝습니다. F_1 점수와 ROC AUC 점수도 훨씬 더 우수합니다.

```
>>> y_train_pred_forest = y_probas_forest[:, 1] >= 0.5 # 양성 클래스 확률 ≥ 50%
>>> f1_score(y_train_5, y_train_pred_forest)
0.9242275142688446
>>> roc_auc_score(y_train_5, y_scores_forest)
0.9983436731328145
```

정밀도와 재현율 점수를 계산하면 99.1% 정밀도와 86.6% 재현율이 나옵니다. 나쁘지 않군요!

이제 이진 분류기를 훈련시키고, 작업에 맞는 적절한 지표를 선택하고, 교차 검증을 사용해 평가하고, 요구 사항에 맞는 정밀도/재현율 트레이드오프를 선택하고, 여러 가지 지표와 곡선을 사용해 여러 모델을 비교할 수 있게 되었습니다. 다음에는 숫자 5 이상을 감지해보겠습니다.

3.4 다중 분류

이진 분류기는 두 개의 클래스를 구별하는 반면 **다중 분류기**^{multiclass classifier}(또는 **다항 분류기**^{multinomial classifier})는 둘 이상의 클래스를 구별할 수 있습니다.

(LogisticRegression, RandomForestClassifier, GaussianNB 같은) 일부 알고리즘은 여러 개의 클래스를 직접 처리할 수 있지만 (SGDClassifier와 SVC 같은) 다른 알고리즘은 이진 분류만 가능합니다. 하지만 이진 분류기를 여러 개 사용해 다중 클래스를 분류하는 기법도 많습니다.

예를 들어 특정 숫자 하나만 구분하는 숫자별 이진 분류기 10개(0부터 9까지)를 훈련시켜 클래스가 10개인 숫자 이미지 분류 시스템을 만들 수 있습니다. 이미지를 분류할 때 각 분류기의 결정 점수 중에서 가장 높은 것을 클래스로 선택하면 됩니다. 이를 **OvR**^{one-versus-the-rest} 전략 또는 **OvA**^{one-versus-all}라고 합니다.

또 다른 전략은 0과 1 구별, 0과 2 구별, 1과 2 구별 등과 같이 각 숫자의 조합마다 이진 분류기를 훈련시키는 것입니다. 이를 **OvO**^{one-versus-one} 전략이라고 합니다. 클래스가 N개라면 분류기는 $N \times (N-1)/2$개가 필요합니다.[13] MNIST 문제에서는 45개의 분류기를 훈련시켜야 한다는 뜻입니다! 이미지 하나를 분류하려면 45개 분류기 모두를 통과시켜서 가장 많이 양성으

---

13 옮긴이_ n개의 원소에서 k개를 뽑을 수 있는 조합의 수인 이항 계수의 공식은 다음과 같습니다.

$$\binom{n}{k} = \frac{n!}{k!(n-k)!}$$

따라서 N개의 클래스에서 2개씩 뽑는 조합의 수는 다음과 같습니다.

$$\binom{N}{2} = \frac{N!}{2!(N-2)!} = \frac{N \times (N-1)}{2}$$

로 분류된 클래스를 선택합니다. OvO 전략의 주요 장점은 각 분류기의 훈련에 전체 훈련 세트 중 구별할 두 클래스에 해당하는 샘플만 있으면 된다는 점입니다.

(서포트 벡터 머신 같은) 일부 알고리즘은 훈련 세트의 크기에 민감해서 큰 훈련 세트에서 몇 개의 분류기를 훈련시키는 것보다 작은 훈련 세트에서 많은 분류기를 훈련시키는 쪽이 빠르므로 OvO를 선호합니다. 하지만 대부분의 이진 분류 알고리즘에서는 OvR을 선호합니다.

다중 클래스 분류 작업에 이진 분류 알고리즘을 선택하면 사이킷런이 알고리즘에 따라 자동으로 OvR 또는 OvO를 실행합니다. `sklearn.svm.SVC` 클래스(5장 참고)를 사용해 서포트 벡터 머신 분류기를 테스트해보죠.[14] 처음 2,000개의 이미지만 사용해 훈련하겠습니다. 그렇지 않으면 매우 오랜 시간이 걸릴 것입니다.

```python
from sklearn.svm import SVC

svm_clf = SVC(random_state=42)
svm_clf.fit(X_train[:2000], y_train[:2000]) # y_train_5가 아닌 y_train을 사용합니다.
```

간단하네요! 이 코드는 5를 구별한 타깃 클래스(`y_train_5`) 대신 0에서 9까지의 원래 타깃 클래스(`y_train`)를 사용해 SVC를 훈련시킵니다. (2개보다 많은) 10개의 클래스가 있기 때문에 사이킷런은 OvO 전략을 사용해 45개의 이진 분류기를 훈련합니다. 이제 한 이미지에 대한 예측을 만들어보죠.

```python
>>> svm_clf.predict([some_digit])
array(['5'], dtype=object)
```

맞았네요! 이 코드는 실제로 클래스 쌍마다 하나씩 45번의 예측을 수행하여 가장 많은 쌍에서 승리한 클래스를 선택했습니다. `decision_function()` 메서드를 호출하면 샘플마다 총 10개의 점수(클래스마다 하나씩)를 반환하는 것을 볼 수 있습니다. 각 클래스는 동률 문제를 해결하기 위해 분류기 점수를 기반으로 각 쌍에서 이긴 횟수에 약간의 조정 값(최대 ± 0.33)을 더하거나 뺀 점수를 얻습니다.[15]

---

14 옮긴이_ liblinear 라이브러리를 사용하는 LinearSVC는 기본적으로 OvR 전략을 사용합니다. SVC 클래스가 사용하는 libsvm 라이브러리는 OvO 전략을 사용합니다.

15 옮긴이_ 이는 SVC 클래스의 `break_ties` 매개변수를 True로 설정했을 때입니다. 이 매개변수의 기본값은 False로, 동률일 경우 첫 번째 클래스가 선택되고 더 빠릅니다.

```
>>> some_digit_scores = svm_clf.decision_function([some_digit])
>>> some_digit_scores.round(2)
array([[ 3.79, 0.73, 6.06, 8.3 , -0.29, 9.3 , 1.75, 2.77, 7.21, 4.82]])
```

가장 높은 점수는 9.3이고 이는 클래스 5에 해당합니다.

```
>>> class_id = some_digit_scores.argmax()
>>> class_id
5
```

분류기가 훈련될 때 classes_ 속성에 타깃 클래스의 리스트를 값으로 정렬하여 저장합니다. MNIST의 경우 classes_ 배열에 있는 각 클래스의 인덱스가 클래스의 값 자체와 같습니다 (즉, 인덱스 5에 해당하는 클래스의 값은 '5'입니다). 하지만 일반적으로 이런 경우는 드뭅니다. 다음과 같이 클래스 레이블을 확인해보아야 합니다.

```
>>> svm_clf.classes_
array(['0', '1', '2', '3', '4', '5', '6', '7', '8', '9'], dtype=object)
>>> svm_clf.classes_[class_id]
'5'
```

사이킷런에서 OvO나 OvR을 사용하도록 강제하려면 OneVsOneClassifier나 OneVsRestCla ssifier를 사용합니다. 간단하게 이진 분류기 인스턴스를 만들어 객체를 생성할 때 전달하면 됩니다(심지어 이진 분류기일 필요도 없습니다). 예를 들어 다음 코드는 SVC 기반으로 OvR 전략을 사용하는 다중 분류기를 만듭니다.

```
from sklearn.multiclass import OneVsRestClassifier

ovr_clf = OneVsRestClassifier(SVC(random_state=42))
ovr_clf.fit(X_train[:2000], y_train[:2000])
```

예측을 만들고 훈련된 분류기 개수를 확인해보죠.

```
>>> ovr_clf.predict([some_digit])
array(['5'], dtype='<U1')
>>> len(ovr_clf.estimators_)
10
```

다중 분류 데이터셋에서 SGDClassifier를 훈련하고 예측을 만드는 것도 간단합니다.

```
>>> sgd_clf = SGDClassifier(random_state=42)
>>> sgd_clf.fit(X_train, y_train)
>>> sgd_clf.predict([some_digit])
array(['3'], dtype='<U1')
```

이런, 예측이 틀렸네요. 예측 오류가 발생할 수 있습니다! 이번에는 사이킷런이 OvR 전략을 사용했습니다. 10개의 클래스가 있기 때문에 10개의 이진 분류기를 훈련합니다. decision_function() 메서드는 클래스마다 하나의 값을 반환합니다. SGD 분류기가 각 클래스에 부여한 점수를 확인해보겠습니다.

```
>>> sgd_clf.decision_function([some_digit]).round()
array([[-31893., -34420., -9531., 1824., -22320., -1386., -26189.,
        -16148., -4604., -12051.]])
```

이 결과에서 분류기가 예측 결과에 강한 확신을 보이고 있음을 알 수 있습니다. 대부분의 점수가 큰 음수지만 클래스 3의 점수는 +1,824입니다. 그리고 클래스 5도 −1,386으로 그리 멀리 떨어져 있지 않습니다. 물론 이 분류기를 두 개 이상의 이미지에서 평가하고 싶을 것입니다. 각 클래스마다 거의 같은 개수의 이미지가 있기 때문에 정확도 지표가 좋습니다. 이전처럼 cross_val_score() 함수를 사용해 이 모델을 평가해보죠.

```
>>> cross_val_score(sgd_clf, X_train, y_train, cv=3, scoring="accuracy")
array([0.87365, 0.85835, 0.8689 ])
```

모든 테스트 폴드에서 85.8% 이상을 얻었습니다. 랜덤 분류기를 사용했다면 10% 정확도를 얻었을 것이므로 이 점수가 아주 나쁘지는 않지만 성능을 더 높일 여지가 있습니다. 예를 들어 (2장에서처럼) 입력의 스케일을 조정하면 정확도를 89.1% 이상으로 높일 수 있습니다.

```
>>> from sklearn.preprocessing import StandardScaler
>>> scaler = StandardScaler()
>>> X_train_scaled = scaler.fit_transform(X_train.astype("float64"))
>>> cross_val_score(sgd_clf, X_train_scaled, y_train, cv=3, scoring="accuracy")
array([0.8983, 0.891 , 0.9018])
```

3.5 오류 분석

실제 프로젝트라면 머신러닝 프로젝트 체크리스트(부록 B)의 단계를 따를 것입니다. 데이터 준비 단계에서 가능한 선택 사항을 탐색하고, 여러 모델을 시도하고, 가장 좋은 몇 개를 골라 GridSearchCV를 사용해 하이퍼파라미터를 세밀하게 튜닝하고, 앞 장에서 한 것처럼 가능한 한 자동화합니다. 이 절에서는 가능성이 높은 모델을 하나 찾았다고 가정하고 이 모델의 성능을 향상시킬 방법을 찾아보겠습니다. 한 가지 방법은 생성된 오류의 종류를 분석하는 것입니다.

먼저 오차 행렬을 살펴보죠. 이를 위해 cross_val_predict() 함수를 사용해 예측을 만들고 confusion_matrix() 함수를 호출합니다. 그다음 앞에서 했던 것처럼 confusion_matrix() 함수에 레이블과 예측을 전달할 수 있습니다. 하지만 클래스가 2개가 아니라 10개라서 오차 행렬에 상당히 많은 숫자가 포함되므로 읽기 어려울 수 있습니다.

오차 행렬을 컬러 그래프로 나타내면 분석하기가 훨씬 쉽습니다. 그래프를 그리려면 다음과 같이 ConfusionMatrixDisplay.from_predictions() 함수를 사용하면 됩니다.

```
from sklearn.metrics import ConfusionMatrixDisplay

y_train_pred = cross_val_predict(sgd_clf, X_train_scaled, y_train, cv=3)
ConfusionMatrixDisplay.from_predictions(y_train, y_train_pred)
plt.show()
```

이렇게 하면 [그림 3-9]의 왼쪽 그래프가 생성됩니다. 이 오차 행렬은 꽤 괜찮아 보입니다. 대부분의 이미지가 주대각선에 있는데, 이는 이미지가 올바르게 분류되었음을 의미합니다. 5번 행과 5번 열의 대각선에 있는 셀은 다른 숫자보다 약간 더 어둡게 보입니다. 이는 모델이 5에서 더 많은 오류를 범했거나 데이터 집합에 다른 숫자보다 5가 적기 때문일 것입니다. 따라서 각 값을 해당 클래스(True 레이블)의 총 이미지 수로 나누어(즉, 행의 합으로 나누어) 오차 행렬을 정규화하는 것이 중요합니다. normalize="true"로 지정하면 이 작업을 간단히 수행할 수 있습니다. 또한 values_format=".0%" 매개변수를 지정하여 소수점 없이 백분율을 표시할 수도 있습니다. 다음 코드는 [그림 3-9]의 오른쪽 그래프를 생성합니다.

```
ConfusionMatrixDisplay.from_predictions(y_train, y_train_pred,
                                        normalize="true", values_format=".0%")
plt.show()
```

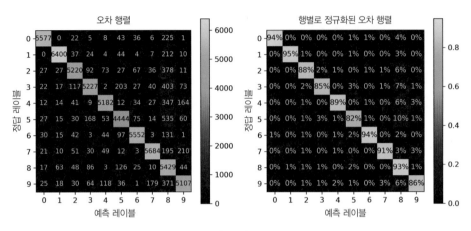

그림 3-9 오차 행렬(왼쪽)과 행별로 정규화된 오차 행렬(오른쪽)

이제 5 이미지의 82%만이 올바르게 분류되었다는 것을 쉽게 알 수 있습니다. 모델이 5 이미지에서 가장 많이 범한 오류는 8로 잘못 분류한 것인데 전체 5의 10%에서 이러한 오류가 발생했습니다. 하지만 8은 2%만이 5로 잘못 분류되었습니다. 즉, 오차 행렬은 일반적으로 대칭이 아닙니다! 주의 깊게 살펴보면 많은 숫자가 8로 잘못 분류되었지만 이 그래프를 보자마자 알 수 있는 것은 아닙니다. 오류를 더 눈에 띄게 만들고 싶다면 올바른 예측에 대한 가중치를 0으로 설정해보세요. 다음 코드는 바로 이 작업을 수행하여 [그림 3-10]의 왼쪽에 있는 그래프를 생성합니다.

```
sample_weight = (y_train_pred != y_train)
ConfusionMatrixDisplay.from_predictions(y_train, y_train_pred,
                                        sample_weight=sample_weight,
                                        normalize="true", values_format=".0%")
plt.show()
```

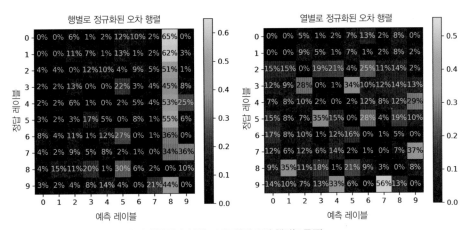

그림 3-10 행별로 정규화된 오차 행렬(왼쪽)과 열별로 정규화된 오차 행렬(오른쪽)

이제 분류기가 어떤 종류의 오류를 범하는지 훨씬 더 명확하게 확인할 수 있습니다. 클래스 8 의 열이 매우 밝아진 것으로 보아 많은 이미지가 8로 잘못 분류되었음을 알 수 있습니다. 사실 이는 거의 모든 클래스에서 가장 많이 발생하는 분류 오류입니다. 하지만 이 그래프에서 백분 율을 해석하는 방법에 주의하세요. 올바른 예측을 제외했다는 점을 기억해야 합니다. 예를 들어 7번 행, 9번 열의 36%는 모든 7 이미지 중 36%가 9로 잘못 분류되었다는 뜻이 아닙니다. 이는 모델이 7 이미지에서 발생한 오류 중 36%가 9로 잘못 분류되었다는 의미입니다. 실제로 는 [그림 3-9]의 오른쪽 그래프에서 볼 수 있듯이 7 이미지 중 3%만이 9로 잘못 분류되었습 니다.

오차 행렬을 행 단위가 아닌 열 단위로 정규화할 수도 있습니다. `normalize="pred"`로 지정하 면 [그림 3-10]의 오른쪽 그래프와 같은 결과를 얻을 수 있습니다. 예를 들어 잘못 분류된 7의 56%가 실제로는 9라는 것을 알 수 있습니다.

오차 행렬을 분석하면 분류기의 성능 향상 방안에 관한 인사이트를 얻을 수 있습니다. 여기서 는 8로 잘못 분류되는 것을 줄이도록 개선할 필요가 있습니다. 예를 들어 8처럼 보이는 (하지 만 실제로 8은 아닌) 숫자의 훈련 데이터를 더 많이 모아서 실제 8과 구분하도록 분류기를 학 습시킬 수 있습니다. 또는 분류기에 도움될 만한 특성을 더 찾아볼 수 있습니다. 예를 들어 동 심원의 수를 세는 알고리즘을 작성하거나(즉, 8은 2개, 6은 1개, 5는 0개입니다) 동심원과 같 은 패턴이 드러나도록 (Scikit-Image, Pillow, OpenCV 등을 사용해서) 이미지를 전처리 해볼 수 있습니다.

각각의 오류를 분석해보면 분류기가 무슨 일을 하는지, 왜 잘못되었는지 인사이트를 얻을 수 있습니다. 예를 들어 오차 행렬 스타일로 3과 5의 샘플을 그려보겠습니다(그림 3-11).

```
cl_a, cl_b = '3', '5'
X_aa = X_train[(y_train == cl_a) & (y_train_pred == cl_a)]
X_ab = X_train[(y_train == cl_a) & (y_train_pred == cl_b)]
X_ba = X_train[(y_train == cl_b) & (y_train_pred == cl_a)]
X_bb = X_train[(y_train == cl_b) & (y_train_pred == cl_b)]
[...] # X_aa, X_ab, X_ba, X_bb에 있는 모든 이미지를 오차 행렬 스타일로 그립니다.
```

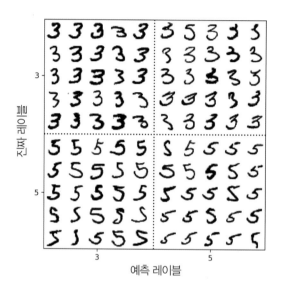

그림 3-11 오차 행렬 스타일로 그린 3과 5의 일부 이미지

여기서 볼 수 있듯이 분류기가 잘못 분류한 숫자의 일부는 정말 잘못 쓰여 있어서(왼쪽 아래 블록과 오른쪽 위 블록) 사람도 분류하기 어려울 것 같습니다. 그러나 대부분의 잘못 분류된 이미지는 확실한 오류로 보이며 분류기가 실수한 이유를 이해하기 어렵습니다. 사람의 뇌가 환상적인 패턴 인식 시스템이라는 것을 기억하세요. 시각 시스템에서는 어떤 정보가 인식되기 전에 매우 많은 전처리를 수행합니다. 그래서 간단해 보여도 진짜로 간단한 일이 아닐 수 있습니다. 이 예제는 선형 모델인 **SGDClassifier**를 사용한다는 점을 기억해둡시다. 선형 분류기는 클래스마다 픽셀에 가중치를 할당하고 새로운 이미지에 대해 단순히 픽셀 강도의 가중치 합을

클래스의 점수로 계산합니다. 그러므로 몇 개의 픽셀만 다른 3과 5를 모델이 쉽게 혼동하게 됩니다.

3과 5의 주요 차이는 위쪽 선과 아래쪽 호를 이어주는 작은 직선의 위치입니다. 숫자 3을 쓸 때 연결 부위가 조금 왼쪽으로 치우치면 분류기가 5로 분류하고 그 반대도 마찬가지입니다. 다른 말로 하면 분류기는 이미지의 위치나 회전 방향에 매우 민감합니다. 3과 5의 오류를 줄이는 한 가지 방법은 이미지를 중앙에 위치시키고 회전되어 있지 않도록 전처리하는 것입니다. 하지만 각 이미지에 대해 정확한 회전을 예측해야 하므로 쉽지 않을 수 있습니다. 이보다 훨씬 간단한 접근 방식은 훈련 이미지를 약간 이동시키거나 회전된 변형 이미지로 훈련 집합을 보강하는 것입니다. 이렇게 하면 모델이 이러한 변형에 더 잘 견디도록 학습하게 됩니다. 이를 **데이터 증식**data augmentation이라고 합니다(14장에서 다루겠습니다. 이 장의 마지막에 있는 연습문제 2번도 참고하세요).

3.6 다중 레이블 분류

지금까지는 각 샘플이 하나의 클래스에만 할당되었습니다. 하지만 분류기가 샘플마다 여러 개의 클래스를 출력해야 할 때도 있습니다. 얼굴 인식 분류기를 생각해봅시다. 같은 사진에 여러 사람이 등장한다면 어떻게 해야 할까요? 인식된 사람마다 하나씩 꼬리표tag를 붙여야 합니다. 분류기가 앨리스, 밥, 찰리 세 얼굴을 인식하도록 훈련되었다고 가정해봅시다. 분류기가 앨리스와 찰리가 있는 사진을 본다면 [1, 0, 1]을 출력해야 할 것입니다(즉, '앨리스 있음, 밥 없음, 찰리 있음'). 이처럼 여러 개의 이진 꼬리표를 출력하는 분류 시스템을 **다중 레이블 분류**multilabel classification 시스템이라고 합니다.

여기서는 얼굴 인식 시스템을 만들려는 것이 아니므로 학습을 위해 조금 더 간단한 예를 살펴보겠습니다.

```python
import numpy as np
from sklearn.neighbors import KNeighborsClassifier

y_train_large = (y_train >= '7')
y_train_odd = (y_train.astype('int8') % 2 == 1)
y_multilabel = np.c_[y_train_large, y_train_odd]
```

```
knn_clf = KNeighborsClassifier()
knn_clf.fit(X_train, y_multilabel)
```

이 코드는 각 숫자 이미지에 두 개의 타깃 레이블이 담긴 `y_multilabel` 배열을 만듭니다. 첫 번째는 숫자가 큰 값(7, 8, 9)인지 나타내고 두 번째는 홀수인지 나타냅니다. 그다음 코드는 `KNeighborsClassifier` 인스턴스를 만들고 다중 타깃 배열을 사용하여 훈련시킵니다 (`KNeighborsClassifier`는 다중 레이블 분류를 지원하지만 모든 분류기가 그런 것은 아닙니다[16]). 이제 예측을 만들면 레이블이 두 개 출력됩니다.

```
>>> knn_clf.predict([some_digit])
array([[False,  True]])
```

올바르게 분류되었습니다! 숫자 5는 크지 않고(`False`) 홀수(`True`)입니다.

다중 레이블 분류기를 평가하는 방법은 많습니다. 적절한 지표는 프로젝트에 따라 다릅니다. 한 가지 방법은 각 레이블의 F_1 점수를 구하고(또는 앞서 언급한 어떤 이진 분류 지표를 사용하여) 간단하게 평균 점수를 계산하는 것입니다. 다음 코드는 모든 레이블에 대한 F_1 점수의 평균을 계산합니다.

```
>>> y_train_knn_pred = cross_val_predict(knn_clf, X_train, y_multilabel, cv=3)
>>> f1_score(y_multilabel, y_train_knn_pred, average="macro")
0.976410265560605
```

실제로는 아닐 수 있지만 이 코드는 모든 레이블의 가중치가 같다고 가정한 것입니다. 특히 앨리스 사진이 밥이나 찰리 사진보다 훨씬 많다면 앨리스 사진에 대한 분류기의 점수에 더 높은 가중치를 둘 것입니다. 간단한 방법은 레이블에 클래스의 **지지도** support (타깃 레이블에 속한 샘플 수)를 가중치로 주는 것입니다. 이렇게 하려면 `f1_score()` 함수를 호출할 때 `average="weighted"`로 설정하면 됩니다.[17]

SVC와 같이 기본적으로 다중 레이블 분류를 지원하지 않는 분류기를 사용하는 경우 한 가지 가

----

16 옮긴이_ 결정 트리, 랜덤 포레스트, OneVsRestClassifier에서도 다중 레이블 분류를 지원합니다.
17 사이킷런은 몇 가지 다른 평균 계산 방식과 다중 레이블 분류기 지표를 제공합니다. 자세한 내용은 공식 문서를 참고하세요.
   옮긴이_ average="micro" 옵션은 모든 클래스의 FP, FN, TP 총합을 이용해 F_1 점수를 계산합니다. accuracy_score, precision_score, recall_score, classification_report 함수 등이 다중 분류를 지원합니다.

능한 전략은 레이블당 하나의 모델을 학습시키는 것입니다. 그러나 이 전략은 레이블 간의 의존성을 포착하기 어렵게 할 수 있습니다. 예를 들어 큰 숫자(7, 8 또는 9)는 짝수보다 홀수일 가능성이 두 배 더 높지만 '홀수' 레이블에 대한 분류기는 '큰 값' 레이블 분류기가 무엇을 예측했는지 알 수 없습니다. 이 문제를 해결하기 위해 모델을 체인chain으로 구성할 수 있습니다. 한 모델이 예측을 할 때 입력 특성과 체인 앞에 있는 모델의 모든 예측을 사용합니다.

좋은 소식은 사이킷런에 바로 이 작업을 수행하는 **ClassifierChain** 클래스가 있다는 것입니다! 기본적으로 이 클래스는 훈련에 진짜 레이블을 사용하며 체인 내 위치에 따라 각 모델에 적절한 레이블을 공급합니다.[18] 하지만 cv 하이퍼파라미터를 지정하면 교차 검증을 사용하여 훈련 세트의 모든 샘플에 대해 훈련된 각 모델에서 '깨끗한'(표본 외out-of-sample) 예측을 얻고, 이러한 예측을 사용해 나중에 체인 안의 모든 모델을 훈련합니다. 다음은 교차 검증 전략을 사용하여 **ClassifierChain**을 만들고 훈련하는 방법을 보여줍니다. 여기서도 속도를 높이기 위해 훈련 세트에서 처음 2,000개 이미지만 사용하겠습니다.

```
from sklearn.multioutput import ClassifierChain

chain_clf = ClassifierChain(SVC(), cv=3, random_state=42)
chain_clf.fit(X_train[:2000], y_multilabel[:2000])
```

이제 **ClassifierChain**을 사용해 예측을 만들 수 있습니다.

```
>>> chain_clf.predict([some_digit])
array([[0., 1.]])
```

3.7 다중 출력 분류

마지막으로 알아볼 분류 작업은 **다중 출력 다중 클래스 분류**multioutput-multiclass classification (또는 간단히 **다중 출력 분류**multioutput classification)입니다. 이는 다중 레이블 분류에서 한 레이블이 다중 클래스가 될 수 있도록 일반화한 것입니다(즉, 값을 두 개 이상 가질 수 있습니다).

----

18 옮긴이_ ClassifierChain에 관한 자세한 내용은 옮긴이의 블로그(*http://bit.ly/3SmzOiL*)를 참고하세요.

이를 설명하기 위해 이미지에서 잡음을 제거하는 시스템을 만들어보겠습니다. 이 시스템은 잡음이 많은 숫자 이미지를 입력으로 받아 (기대하건대) 깨끗한 숫자 이미지를 MNIST 이미지처럼 픽셀의 강도를 담은 배열로 출력합니다. 분류기의 출력이 다중 레이블(픽셀당 한 레이블)이고 각 레이블은 값을 여러 개 가집니다(0부터 255까지 픽셀 강도). 그러므로 이 예는 다중 출력 분류 시스템입니다.

> **✎ NOTE** 이 예에서처럼 분류와 회귀 사이의 경계는 때때로 모호합니다. 확실히 픽셀 강도 예측은 분류보다 회귀와 비슷합니다. 더욱이 다중 출력 시스템이 분류 작업에 국한되지도 않습니다. 따라서 샘플마다 클래스와 값을 모두 포함하는 다중 레이블이 출력되는 시스템도 만들 수 있습니다.

먼저 MNIST 이미지에서 추출한 훈련 세트와 테스트 세트에 넘파이의 randint() 함수를 사용하여 픽셀 강도에 잡음을 추가하겠습니다. 타깃 이미지는 원본 이미지가 될 것입니다.

```
np.random.seed(42) # 동일하게 재현되도록 하기 위해 지정합니다.
noise = np.random.randint(0, 100, (len(X_train), 784))
X_train_mod = X_train + noise
noise = np.random.randint(0, 100, (len(X_test), 784))
X_test_mod = X_test + noise
y_train_mod = X_train
y_test_mod = X_test
```

테스트 세트에서 이미지를 하나 선택합시다 (그림 3-12). 여기서 테스트 데이터를 들여다보는 것이 잘못된 것임을 눈치채야 합니다.

왼쪽이 잡음이 섞인 입력 이미지이고 오른쪽이 깨끗한 타깃 이미지입니다. 분류기를 훈련시켜 이 이미지를 깨끗하게 만들어보겠습니다 (그림 3-13).

그림 3-12 잡음이 섞인 이미지(왼쪽)와 깨끗한 타깃 이미지(오른쪽)

```
knn_clf = KNeighborsClassifier()
knn_clf.fit(X_train_mod, y_train_mod)
clean_digit = knn_clf.predict([X_test_mod[0]])
```

```
plot_digit(clean_digit)
plt.show()
```

타깃과 매우 비슷하네요! 이것으로 분류에 관한 설명을 마칩니다. 이제 분류 작업에서 좋은 측정 지표를 선택하고, 적절한 정밀도/재현율 트레이드오프를 고르고, 분류기를 비교할 수 있게 되었을 것입니다. 더 일반적으로는 여러 종류의 문제에서 훌륭한 분류 시스템을 구축하는 방법을 알게 되었기를 바랍니다. 다음 장에서는 지금까지 사용한 모든 머신러닝 모델이 실제로 어떻게 작동하는지 알아보겠습니다.

그림 3-13 깨끗하게 정리된 이미지

연습문제

① MNIST 데이터셋으로 분류기를 만들어 테스트 세트에서 97% 정확도를 달성해보세요.

> **Hint** KNeighborsClassifier가 이 작업에 아주 잘 맞습니다. 좋은 하이퍼파라미터 값만 찾으면 됩니다(weights와 n_neighbors 하이퍼파라미터로 그리드 서치를 시도해보세요).

② **MNIST** 이미지를 (왼, 오른, 위, 아래) 어느 방향으로든 한 픽셀 이동시킬 수 있는 함수를 만들어보세요.[19] 그런 다음 훈련 세트에 있는 각 이미지에 대해 네 개의 이동된 복사본(방향마다 한 개씩)을 만들어 훈련 세트에 추가하세요. 마지막으로 이 확장된 데이터셋에서 앞에서 찾은 최선의 모델을 훈련시키고 테스트 세트에서 정확도를 측정해보세요. 모델 성능이 더 높아졌는지 확인해보세요! 인위적으로 훈련 세트를 늘리는 이 기법을 **데이터 증식**data augmentation 또는 **훈련 세트 확장**training set expansion이라고 합니다.

③ **타이타닉**Titanic 데이터셋에 도전해보세요. 캐글이 시작하기에 좋습니다(*https://www.kaggle.com/c/titanic*). 또는 *https://homl.info/titanic.tgz*에서 데이터를 다운로드하고, 2장의 주택 데이터에서 했던 것처럼 이 파일의 압축을 풉니다. 이렇게 하면 CSV 파일 **train.csv**와 **test.csv**가 생성되며, 이 파일을 pandas.read_csv()를 사용해 로드할 수 있습니다. 다른 열을 기반으로 Survived 열을 예측할 수 있는 분류기를 훈련하는 것이 목

---

19 scipy.ndimage.interpolation 모듈의 shift() 함수를 사용할 수 있습니다. 예를 들어 shift(image, [2, 1], cval=0)은 아래로 2픽셀, 오른쪽으로 1픽셀 이동시킵니다.

표입니다.

④ 스팸 분류기를 만들어보세요(아주 도전적인 과제입니다).

    a 아파치 스팸어새신 ^{Apache SpamAssassin} 공공 데이터셋(*https://homl.info/spamassassin*) 에서 스팸 ^{spam}과 햄 ^{ham}(스팸이 아닌 메일) 샘플을 내려받습니다.

    b 데이터셋의 압축을 풀고 데이터 형식을 살펴봅니다.

    c 데이터셋을 훈련 세트와 테스트 세트로 나눕니다.

    d 각 이메일을 특성 벡터로 변환하는 데이터 준비 파이프라인을 만듭니다. 이 준비 파이프라인은 하나의 이메일을 가능한 단어의 존재 여부를 나타내는 (희소) 벡터로 바꿔야 합니다. 예를 들어 모든 이메일이 네 개의 단어 'Hello', 'how', 'are', 'you'만 포함한다면 'Hello you Hello Hello you'란 이메일은 벡터 [1, 0, 0, 1](['Hello' 있음, 'how' 없음, 'are' 없음, 'you' 있음]을 의미)로 변환되거나 단어의 출현 횟수에 관심이 있다면 [3, 0, 0, 2]로 변환되어야 합니다.

    e 준비 파이프라인에 이메일 헤더 제거, 소문자 변환, 구두점 제거, 모든 URLs 주소를 'URL'로 대체, 모든 숫자를 'NUMBER'로 대체, **어간**^{stem} 추출[20](즉, 단어의 끝을 떼어냅니다. 이런 작업을 할 수 있는 파이썬 라이브러리가 있습니다) 등을 수행할지 여부를 제어하기 위해 하이퍼파라미터를 추가합니다.

    f 여러 분류기를 시도해보고 재현율과 정밀도가 모두 높은 스팸 분류기를 만들 수 있는지 확인해보세요.

연습문제의 정답은 *https://github.com/rickiepark/handson-ml3*에 있는 주피터 노트북에서 확인할 수 있습니다.

---

20 옮긴이_ 어간은 단어의 개념적 의미를 나타내는 변하지 않는 부분을 말합니다. 예를 들어 '보다', '보니', '보고'에서 '보−'와 '먹다', '먹니', '먹고'에서 '먹−'이 어간에 해당합니다(출처: 표준국어대사전). 사이킷런에는 어간 추출기가 포함되어 있지 않습니다. 대표적인 파이썬의 어간 추출기로는 nltk 패키지의 PorterStemmer가 있습니다.

## 4장

모델 훈련

지금까지는 머신러닝 모델과 훈련 알고리즘을 블랙박스처럼 취급했습니다. 앞 장의 연습문제를 풀어봤다면 내부 작동 방식을 몰라도 많은 일을 처리할 수 있다는 점에 놀랐을 것입니다. 회귀 시스템을 최적화하고 숫자 이미지 분류기를 개선했으며 스팸 분류기를 처음부터 구축했지만 실제로 어떻게 작동하는지는 모릅니다. 많은 경우 구현의 세부 사항을 실제로 알아야 할 필요는 없습니다.

하지만 어떻게 작동하는지 잘 이해하고 있으면 적절한 모델, 올바른 훈련 알고리즘, 작업에 맞는 좋은 하이퍼파라미터를 빠르게 찾을 수 있습니다. 또한 디버깅이나 에러를 효율적으로 분석하는 데 도움이 됩니다. 이 장에서 언급하는 대부분의 주제는 신경망 (2부에서 설명합니다)을 이해하고 구축하고 훈련시키는 데 필수입니다.

이 장에서는 가장 간단한 모델인 선형 회귀부터 시작합니다. 이 모델을 훈련시키는 두 가지 방법을 설명하겠습니다.

- 닫힌 형태의 방정식closed-form equation[1]을 사용하여 훈련 세트에 가장 잘 맞는 모델 파라미터(즉, 훈련 세트에 대해 비용 함수를 최소화하는 모델 파라미터)를 직접 계산합니다.

- 경사 하강법gradient descent(GD)이라 불리는 반복적인 최적화 방식을 사용하여 모델 파라미터를 조금씩 바꾸면서 비용 함수를 훈련 세트에 대해 최소화시킵니다. 결국에는 앞의 방법과 동일한 파라미터로 수렴합니다. 2부에서 신경망을 공부할 때 계속 사용하게 될 경사 하강법의 변형인 배치batch 경사 하강법, 미니배치mini-batch 경사 하강법, 확률적 stochastic 경사 하강법(SGD)도 살펴보겠습니다.

---

1 한정된 수의 상수, 변수, 표준 연산으로만 구성된 방정식입니다(예 $a = \sin(b - c)$). 무한합, 극한, 적분 등이 없습니다.

그다음에는 비선형 데이터셋에서 훈련시킬 수 있는 조금 더 복잡한 모델인 다항 회귀를 살펴보겠습니다. 이 모델은 선형 회귀보다 파라미터가 많아서 훈련 데이터에 과대적합되기 더 쉽습니다. 따라서 학습 곡선$^{learning\ curve}$을 사용해 모델이 과대적합되는지 감지하는 방법도 살펴보겠습니다. 그런 다음 훈련 세트의 과대적합을 줄일 수 있는 규제 기법을 몇 가지 알아보겠습니다.

마지막으로 분류 작업에 널리 사용되는 모델인 로지스틱 회귀와 소프트맥스 회귀를 살펴보겠습니다.

> **! CAUTION** 이 장에는 기초적인 선형대수와 미분 기호를 사용한 수학 방정식이 꽤 나옵니다. 이 식들을 이해하려면 벡터, 행렬, 전치^{transpose}, 점곱$^{dot\ product}$, 역행렬$^{inverse\ matrix}$, 편미분$^{partial\ derivative}$을 알아야 합니다. 이 개념들이 익숙하지 않다면 주피터 노트북으로 만든 선형대수와 미분에 관한 기초 튜토리얼을 깃허브 (https://github.com/rickiepark/handson-ml3)에서 살펴보세요. 정말 수학이 싫다면 이 장을 읽되 방정식은 건너뛰세요. 본문만으로도 대부분의 개념을 이해하는 데 충분히 도움이 될 것입니다.

4.1 선형 회귀

다음은 1장에서 본 삶의 만족도에 대한 간단한 선형 회귀 모델입니다.

삶의 만족도 $= \theta_0 + \theta_1 \times$ 1인당_GDP

이 모델은 입력 특성인 1인당_GDP에 대한 선형 함수입니다. θ_0과 θ_1이 모델 파라미터입니다.

더 일반적으로 선형 모델은 [식 4-1]처럼 입력 특성의 가중치 합과 **편향**^{bias} (또는 **절편**^{intercept}) 이라는 상수를 더해 예측을 만듭니다.

식 4-1 선형 회귀 모델의 예측

$$\hat{y} = \theta_0 + \theta_1 x_1 + \theta_2 x_2 + \cdots + \theta_n x_n$$

- $\hat{y}$은 예측값입니다.
- n은 특성의 수입니다.
- x_i는 i번째 특성값입니다.
- θ_j는 j번째 모델 파라미터입니다(편향 θ_0과 특성의 가중치 θ_1, θ_2, $\cdots$, θ_n을 포함합니다).

이 식은 [식 4-2]처럼 벡터 형태로 더 간단하게 쓸 수 있습니다.

식 4-2 선형 회귀 모델의 예측(벡터 형태)

$$\hat{y} = h_{\boldsymbol{\theta}}(\mathbf{x}) = \boldsymbol{\theta} \cdot \mathbf{x}$$

- $h_{\boldsymbol{\theta}}$는 모델 파라미터 $\boldsymbol{\theta}$를 사용한 가설 함수입니다.
- $\boldsymbol{\theta}$는 편향 θ_0과 θ_1에서 θ_n까지의 특성 가중치를 담은 모델의 파라미터 벡터입니다.
- $\mathbf{x}$는 x_0에서 x_n까지 담은 샘플의 **특성 벡터**입니다. x_0은 항상 1입니다.[2]
- $\boldsymbol{\theta} \cdot \mathbf{x}$는 벡터 $\boldsymbol{\theta}$와 $\mathbf{x}$의 점곱입니다. 이는 $\theta_0 x_0 + \theta_1 x_1 + \theta_2 x_2 + \cdots + \theta_n x_n$과 같습니다.

> **NOTE** 머신러닝에서는 종종 벡터를 하나의 열을 가진 2D 배열인 **열 벡터** column vector로 나타냅니다. $\boldsymbol{\theta}$와 $\mathbf{x}$가 열 벡터라면 예측은 $\hat{y} = \boldsymbol{\theta}^T \mathbf{x}$입니다. 여기에서 $\boldsymbol{\theta}^T$는 $\boldsymbol{\theta}$의 전치입니다(열 벡터가 아니라 행 벡터가 됩니다). $\boldsymbol{\theta}^T \mathbf{x}$는 $\boldsymbol{\theta}^T$와 $\mathbf{x}$의 행렬 곱셈입니다. 물론 예측 결과는 같지만 스칼라값이 아니라 하나의 원소를 가진 행렬이 만들어집니다. 이 책에서는 점곱과 행렬 곱셈을 왔다갔다하는 것을 피하기 위해서 이 표기법을 사용하겠습니다.

이것이 선형 회귀 모델입니다. 그럼 이제 훈련시켜볼까요? 모델을 훈련시킨다는 것은 모델이 훈련 세트에 가장 잘 맞도록 모델 파라미터를 설정하는 것입니다. 이를 위해 먼저 모델이 훈련 데이터에 얼마나 잘 들어맞는지 측정해야 합니다. 2장에서 회귀에 가장 널리 사용되는 성능 측정 지표는 평균 제곱근 오차(RMSE)라고 언급했습니다(식 2-1). 그러므로 선형 회귀 모델을 훈련시키려면 RMSE를 최소화하는 $\boldsymbol{\theta}$를 찾아야 합니다. 실제로는 RMSE보다 평균 제곱 오차mean square error(MSE)를 최소화하는 것이 같은 결과를 내면서(어떤 함수를 최소화하는 것은 그 함수의 제곱근을 최소화하는 것과 같으므로) 더 간단합니다.

> **CAUTION** 학습 알고리즘은 종종 최종 모델을 평가하는 데 사용되는 성능 지표와 다른 손실 함수를 훈련 중에 최적화합니다. 이는 일반적으로 해당 함수가 최적화하기 더 쉽거나 훈련 중에만 필요한 추가 항(예 정규화)이 있기 때문입니다. 좋은 성능 지표는 최종 비즈니스 목표에 가장 근접한 것입니다. 좋은 훈련 손실은 최적화하기 쉽고 지표와 밀접한 상관관계가 있습니다. 예를 들어 분류기는 종종 로그 손실과 같은 비용 함수를 사용하여 학습되지만(이 장의 뒷부분에서 살펴볼 것입니다) 정밀도와 재현율을 사용하여 평가됩니다. 로그 손실은 최소화하기 쉽습니다. 또 이렇게 하면 일반적으로 정밀도와 재현율이 향상됩니다.

---

2 옮긴이_ 편의상 벡터 표현으로 모델 파라미터와 특성을 모두 표현하기 위해 편향 θ_0에 가상의 특성 $x_0 = 1$이 곱해졌다고 생각합니다.

훈련 세트 $\mathbf{X}$에 대한 선형 회귀 가설 h_θ의 MSE는 [식 4-3]처럼 계산합니다.

식 4-3 선형 회귀 모델의 MSE 비용 함수

$$\mathrm{MSE}(\mathbf{X}, h_\theta) = \frac{1}{m} \sum_{i=1}^{m} \left(\theta^\mathrm{T} \mathbf{x}^{(i)} - y^{(i)} \right)^2$$

이 표기법의 대부분은 2장에서 설명했습니다(〈2.2.2 성능 측정 지표 선택〉의 '표기법' 상자글을 참고하세요). 딱 하나의 차이는 모델이 파라미터 벡터 θ를 가진다는 것을 명확히 하려고 h 대신 h_θ를 사용한 것뿐입니다. 간단하게 표시하기 위해 $\mathrm{MSE}(\mathbf{X}, h_\theta)$ 대신 $\mathrm{MSE}(\theta)$라고 쓰겠습니다.

4.1.1 정규 방정식

비용 함수를 최소화하는 θ 값을 찾기 위한 **해석적인 방법**이 있습니다. 다른 말로 하면 결과를 바로 얻을 수 있는 수학 공식이 있습니다. 이를 **정규 방정식**normal equation이라고 합니다(식 4-4).[3]

식 4-4 정규 방정식

$$\hat{\theta} = \left(\mathbf{X}^\mathrm{T} \mathbf{X} \right)^{-1} \mathbf{X}^\mathrm{T} \mathbf{y}$$

- $\hat{\theta}$은 비용 함수를 최소화하는 θ 값입니다.
- $\mathbf{y}$는 $y^{(1)}$부터 $y^{(m)}$까지 포함하는 타깃 벡터입니다.

이 공식을 테스트하기 위해 선형처럼 보이는 데이터를 생성하겠습니다(그림 4-1).

```python
import numpy as np

np.random.seed(42) # 동일하게 재현되도록 하기 위해 지정합니다.
m = 100                              # 샘플 개수
X = 2 * np.random.rand(m, 1)         # 열 벡터
y = 4 + 3 * X + np.random.randn(m, 1) # 열 벡터
```

---

[3] 옮긴이_ 정규 방정식의 증명은 위키백과 문서(*https://goo.gl/WkNEXH*)를 참고하세요.

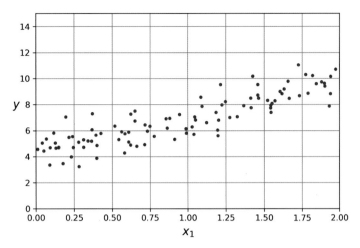

그림 4-1 랜덤으로 생성한 선형 데이터셋

그럼 이제 정규 방정식을 사용해 $\hat{\theta}$을 계산해보겠습니다. 넘파이 선형대수 모듈(`np.linalg`)에 있는 `inv()` 함수를 사용해 역행렬을 계산하고 `dot()` 메서드를 사용해 행렬 곱셈을 합니다.

```
from sklearn.preprocessing import add_dummy_feature

X_b = add_dummy_feature(X)  # 각 샘플에 x0 = 1을 추가합니다.
theta_best = np.linalg.inv(X_b.T @ X_b) @ X_b.T @ y
```

> **NOTE** `@` 연산자는 행렬 곱셈을 수행합니다. A와 B가 넘파이 배열인 경우, `A @ B`는 `np.matmul(A, B)`와 동일합니다. 텐서플로, 파이토치, JAX 등 다른 많은 라이브러리에서도 `@` 연산자를 지원합니다. 그러나 순수 파이썬 배열(즉, 리스트의 리스트)에는 `@` 연산자를 사용할 수 없습니다.

이 데이터를 생성하기 위해 사용한 함수는 $y = 4 + 3x_1 + 가우스\_잡음$입니다. 정규 방정식으로 계산한 값을 확인해보겠습니다.

```
>>> theta_best
array([[4.21509616],
       [2.77011339]])
```

$\theta_0 = 4.215$와 $\theta_1 = 2.770$ 대신 $\theta_0 = 4$와 $\theta_1 = 3$을 기대했었습니다. 매우 비슷하지만 잡음 때문에 원래 함수의 파라미터를 정확하게 재현하지 못했습니다. 데이터셋이 작고 잡음이 많을수록 정확한 값을 얻기 힘듭니다.

$\hat{\theta}$을 사용해 예측을 해보겠습니다.

```
>>> X_new = np.array([[0], [2]])
>>> X_new_b = add_dummy_feature(X_new) # 각 샘플에 x0 = 1을 추가합니다.
>>> y_predict = X_new_b @ theta_best
>>> y_predict
array([[4.21509616],
       [9.75532293]])
```

모델의 예측을 그래프에 나타내보겠습니다(그림 4-2).

```
import matplotlib.pyplot as plt

plt.plot(X_new, y_predict, "r-", label="예측")
plt.plot(X, y, "b.")
[...]  # 레이블, 축, 그리드, 범례를 추가합니다.
plt.show()
```

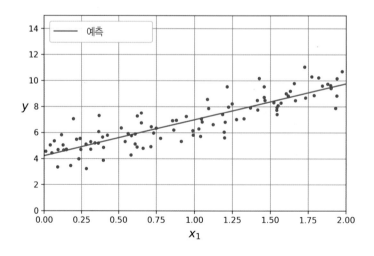

그림 4-2 선형 회귀 모델의 예측

사이킷런에서 선형 회귀를 수행하는 것은 비교적 간단합니다.

```
>>> from sklearn.linear_model import LinearRegression
>>> lin_reg = LinearRegression()
>>> lin_reg.fit(X, y)
>>> lin_reg.intercept_, lin_reg.coef_
(array([4.21509616]), array([[2.77011339]]))
>>> lin_reg.predict(X_new)
array([[4.21509616],
       [9.75532293]])
```

사이킷런은 특성의 가중치(coef_)와 편향(intercept_)을 분리하여 저장합니다. Linear Regression 클래스는 scipy.linalg.lstsq() 함수('최소 제곱$^{\text{least squares}}$'에서 이름을 따왔습니다)를 기반으로 합니다. 다음과 같이 이 함수를 직접 호출할 수 있습니다.

```
>>> theta_best_svd, residuals, rank, s = np.linalg.lstsq(X_b, y, rcond=1e-6)
>>> theta_best_svd
array([[4.21509616],
       [2.77011339]])
```

이 함수는 $\hat{\boldsymbol{\theta}} = \mathbf{X}^{+}\mathbf{y}$를 계산합니다. 여기에서 $\mathbf{X}^{+}$는 $\mathbf{X}$의 **유사역행렬**^{pseudoinverse}입니다(정확하게는 무어–펜로즈$^{\text{Moore–Penrose}}$ 유사역행렬입니다). np.linalg.pinv() 함수를 사용해 유사역행렬을 직접 구할 수 있습니다.

```
>>> np.linalg.pinv(X_b) @ y
array([[4.21509616],
       [2.77011339]])
```

유사역행렬 자체는 **특잇값 분해**$^{\text{singular value decomposition}}$(SVD)라 부르는 표준 행렬 분해 기법을 사용해 계산됩니다. SVD는 훈련 세트 행렬 $\mathbf{X}$를 3개의 행렬 곱셈 $\mathbf{U}\boldsymbol{\Sigma}\mathbf{V}^{\mathsf{T}}$로 분해합니다(numpy.linalg.svd()를 참고하세요). 유사역행렬은 $\mathbf{X}^{+}=\mathbf{V}\boldsymbol{\Sigma}^{+}\mathbf{U}^{\mathsf{T}}$로 계산됩니다. $\boldsymbol{\Sigma}^{+}$를 계산하기 위해 알고리즘이 $\boldsymbol{\Sigma}$를 먼저 구한 다음 어떤 낮은 임곗값보다 작은 모든 수를 0으로 바꿉니다. 그다음 0이 아닌 모든 값을 역수로 치환합니다. 마지막으로 만들어진 행렬을 전치합니다. 정규 방정식을 계산하는 것보다 이 방식이 훨씬 효율적입니다. 또한 극단적인 경우도 처리할 수 있습니다.

실제로 $m < n$이거나 어떤 특성이 중복되어 행렬 $\mathbf{X}^T\mathbf{X}$의 역행렬이 없다면(즉, 특이 행렬이라면) 정규 방정식이 작동하지 않습니다. 하지만 유사역행렬은 항상 구할 수 있습니다.

4.1.2 계산 복잡도

정규 방정식은 $(n+1) \times (n+1)$ 크기의 $\mathbf{X}^T\mathbf{X}$의 역행렬을 계산합니다(n은 특성 수). 역행렬을 계산하는 **계산 복잡도**computational complexity는 일반적으로 $O(n^{2.4})$에서 $O(n^3)$ 사이입니다(구현 방법에 따라 차이가 있습니다). 다시 말해 특성 수가 두 배로 늘어나면 계산 시간이 대략 $2^{2.4} = 5.3$에서 $2^3 = 8$배로 증가합니다.

사이킷런의 LinearRegression 클래스가 사용하는 SVD 방법은 약 $O(n^2)$입니다. 특성의 개수가 두 배로 늘어나면 계산 시간은 대략 4배가 됩니다.

> **CAUTION** 정규 방정식과 SVD 방법 모두 특성 수가 많아지면(◍ 100,000) 매우 느려집니다. 다행인 것은 훈련 세트의 샘플 수에 대해서는 선형적으로 증가합니다(둘 다 $O(m)$입니다).[4] 따라서 메모리 공간이 허락된다면 큰 훈련 세트도 효율적으로 처리할 수 있습니다.

또한 (정규 방정식이나 다른 알고리즘으로) 학습된 선형 회귀 모델은 예측이 매우 빠릅니다. 예측 계산 복잡도는 샘플 수와 특성 수에 선형적입니다. 다시 말해 예측하려는 샘플이 두 배로 늘어나면(또는 특성이 두 배로 늘어나면) 걸리는 시간도 거의 두 배 증가합니다.

이제 아주 다른 방법으로 선형 회귀 모델을 훈련시켜보겠습니다. 이 방법은 특성의 수가 많거나 훈련 샘플이 너무 많아 메모리에 모두 담을 수 없을 때 적합합니다.

4.2 경사 하강법

경사 하강법gradient descent (GD)은 여러 종류의 문제에서 최적의 해법을 찾을 수 있는 일반적인 최적화 알고리즘입니다. 경사 하강법의 기본 아이디어는 비용 함수를 최소화하기 위해 반복해서

---

4 옮긴이_ $\mathbf{X}$를 샘플 수 m, 특성 수 n인 $m \times n$ 행렬이라 할 때 $\mathbf{X}^T\mathbf{X}$는 $(n \times m)(m \times n) = (n \times n)$ 크기의 행렬이 되므로 샘플 수(m)가 역행렬 계산의 복잡도를 증가시키지 않고 점곱의 양만 선형적으로 증가시킵니다.

파라미터를 조정해가는 것입니다.

짙은 안개 때문에 산속에서 길을 잃었다고 생각해보세요. 발밑 지면의 기울기만 느낄 수 있습니다. 빨리 골짜기로 내려가는 좋은 방법은 가장 가파른 길을 따라 아래로 내려가는 것입니다. 이것이 바로 경사 하강법의 원리입니다. 파라미터 벡터 θ에 대해 비용 함수의 현재 그레이디언트^{gradient}를 계산합니다.[5] 그리고 그레이디언트가 감소하는 방향으로 진행합니다. 그레이디언트가 0이 되면 최솟값에 도달한 것입니다!

구체적으로 보면 θ를 임의의 값으로 시작해서(**랜덤 초기화**$^{random\ initialization}$라고 합니다) 한 번에 조금씩 비용 함수(⑩ MSE)가 감소되는 방향으로 진행하여 알고리즘이 최솟값에 수렴할 때까지 점진적으로 향상시킵니다(그림 4-3).

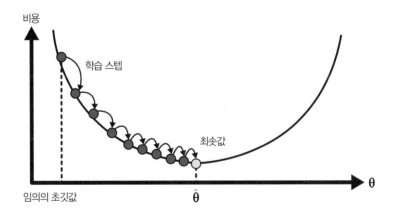

그림 4-3 여기서 모델 파라미터는 랜덤하게 초기화된 후 반복적으로 수정되어 비용 함수를 최소화합니다. 학습 스텝 크기는 비용 함수의 기울기에 비례합니다. 따라서 비용이 최솟값에 가까워질수록 스텝 크기가 점진적으로 줄어듭니다.

경사 하강법에서 중요한 파라미터는 스텝[6]의 크기로, **학습률** 하이퍼파라미터로 결정됩니다. 학습률이 너무 작으면 알고리즘이 수렴하기 위해 반복을 많이 진행해야 하므로 시간이 오래 걸립니다(그림 4-4).

----

5 옮긴이_ 원문에 있는 slope는 '기울기'로 번역했으며, gradient는 비용 함수의 미분값이란 의미로 포괄적으로 사용되므로 그냥 '그레이디언트'라고 번역했습니다.

6 옮긴이_ 반복적인 학습 알고리즘에서 학습의 각 단계를 표현할 때 일반적인 단어의 의미와 구분하기 위해 원문 그대로 '스텝(step)'이라고 옮겼습니다.

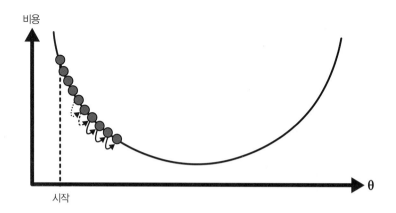

그림 4-4 학습률이 너무 작을 때

한편 학습률이 너무 크면 골짜기를 가로질러 반대편으로 건너뛰게 되어 이전보다 더 높은 곳으로 올라가게 될지도 모릅니다. 이는 알고리즘을 더 큰 값으로 발산하게 만들어 적절한 해법을 찾지 못하게 합니다(그림 4-5).

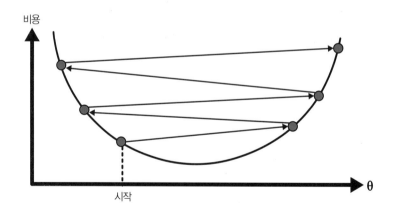

그림 4-5 학습률이 너무 클 때

모든 비용 함수가 매끈한 그릇 같지는 않습니다. 패인 곳, 산마루, 평지 등 특이한 지형이 있으면 최솟값으로 수렴하기 매우 어렵습니다. [그림 4-6]은 경사 하강법의 두 가지 문제점을 보여줍니다. 랜덤 초기화 때문에 알고리즘이 왼쪽에서 시작하면 **전역 최솟값**global minimum 보다 덜 좋은 **지역 최솟값**local minimum에 수렴합니다. 알고리즘이 오른쪽에서 시작하면 평탄한 지역을 지나기 위해 시간이 오래 걸리고 일찍 멈추게 되어 전역 최솟값에 도달하지 못합니다.

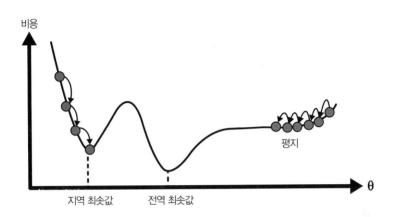

그림 4-6 경사 하강법의 문제점

다행히 선형 회귀를 위한 MSE 비용 함수는 곡선에서 어떤 두 점을 선택해 선을 그어도 곡선을 가로지르지 않는 **볼록 함수**convex function입니다.[7] 이는 지역 최솟값이 없고 하나의 전역 최솟값만 있다는 뜻입니다. 또한 연속된 함수이고 기울기가 갑자기 변하지 않습니다.[8] 이 두 사실로부터 경사 하강법이 (학습률이 너무 높지 않고 충분한 시간이 주어지면) 전역 최솟값에 가깝게 접근할 수 있다는 것을 보장합니다.

사실 비용 함수는 그릇 모양을 하고 있지만 특성들의 스케일이 매우 다르면 길쭉한 모양일 수 있습니다. [그림 4-7]은 특성 1과 특성 2의 스케일이 같은 훈련 세트(왼쪽), 특성 1이 특성 2보다 더 작은 훈련 세트(오른쪽)에 대한 경사 하강법을 보여줍니다.[9]

---

7 옮긴이_ 두 점을 이은 선분이 두 점 사이에서 항상 곡선 위에 위치할 경우를 볼록 함수, 아래에 위치할 경우 오목 함수라고 합니다.

8 기술적으로 말하면 이 함수의 도함수가 **립시츠 연속**(Lipschitz continuous)입니다.
   옮긴이_ 어떤 함수의 도함수가 일정한 범위 안에서 변할 때 이 함수를 립시츠 연속 함수라고 합니다. 예를 들어 $sin(x)$는 립시츠 연속 함수지만 $\sqrt{x}$는 $x = 0$일 때 기울기가 무한대가 되므로 립시츠 연속 함수가 아닙니다. MSE는 x가 무한대일 때 기울기가 무한대가 되므로 국부적인(locally) 립시츠 함수라고 합니다. 이 이름은 독일의 수학자 루돌프 립시츠(Rudolf Lipschitz)에서 따왔습니다.

9 특성 1이 더 작기 때문에 비용 함수에 영향을 주기 위해서는 θ_1이 더 크게 바뀌어야 합니다. 그래서 θ_1 축을 따라서 길쭉한 모양이 됩니다.
   옮긴이_ 이 그래프에서 비용 함수가 지면에 수직인 축이라고 생각하면 3차원 볼록 함수의 그릇 모양을 이해하기 쉽습니다.

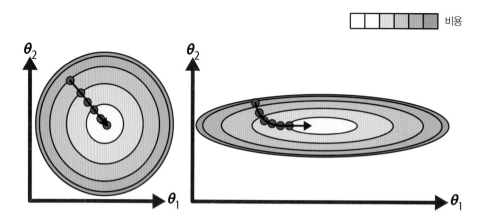

그림 4-7 특성 스케일을 적용한 경사 하강법(왼쪽)과 적용하지 않은 경사 하강법(오른쪽)

그림에서 볼 수 있듯이 왼쪽의 경사 하강법 알고리즘이 최솟값으로 곧장 진행하고 있어 빠르게 도달합니다. 반면에 오른쪽 그래프는 처음엔 전역 최솟값의 방향에 거의 직각으로 향하다가 평편한 골짜기를 길게 돌아서 나갑니다. 결국 최솟값에 도달하겠지만 시간이 오래 걸릴 것입니다.

> **CAUTION** 경사 하강법을 사용할 때는 반드시 모든 특성의 스케일을 같게 만들어야 합니다(⑩ 사이킷런의 StandardScaler를 사용합니다). 그렇지 않으면 수렴하는 데 훨씬 오래 걸립니다.

[그림 4-7]은 모델 훈련이 (훈련 세트에서) 비용 함수를 최소화하는 모델 파라미터의 조합을 찾는 일임을 설명해줍니다. 이를 모델의 **파라미터 공간**^{parameter space}에서 찾는다고 말합니다. 모델이 가진 파라미터가 많을수록 이 공간의 차원은 커지고 검색이 더 어려워집니다. 300차원의 건초 더미에서 바늘을 찾는 것은 차원이 3개뿐일 때보다 훨씬 어렵습니다. 다행히 선형 회귀의 경우 비용 함수가 볼록 함수이기 때문에 이 바늘은 그릇의 맨 아래에 있을 것입니다.

4.2.1 배치 경사 하강법

경사 하강법을 구현하려면 각 모델 파라미터 θ_j에 대해 비용 함수의 그레이디언트를 계산해야 합니다. 다시 말해 θ_j가 조금 변경될 때 비용 함수가 얼마나 바뀌는지 계산해야 합니다. 이를 **편도함수**^{partial derivative}라고 합니다. 이는 '동쪽을 바라봤을 때 발밑에 느껴지는 산의 기울기는 얼마인가?'와 같은 질문입니다. 그리고 같은 질문을 북쪽에 대해서도 합니다(3차원 이상의 세상이라 가정하면 다른 모든 차원에 대해 반복합니다). [식 4-5]는 파라미터 θ_j에 대한 비용 함수의 편도함수 $\frac{\partial}{\partial \theta_j} \text{MSE}(\boldsymbol{\theta})$입니다.

식 4-5 비용 함수의 편도함수[10]

$$\frac{\partial}{\partial \theta_j} \text{MSE}(\boldsymbol{\theta}) = \frac{2}{m} \sum_{i=1}^{m} \left(\boldsymbol{\theta}^{\mathsf{T}} \mathbf{x}^{(i)} - y^{(i)} \right) x_j^{(i)}$$

편도함수를 각각 계산하는 대신 [식 4-6]을 사용하여 한꺼번에 계산할 수 있습니다. 그레이디언트 벡터 $\nabla_{\boldsymbol{\theta}} \text{MSE}(\boldsymbol{\theta})$는 비용 함수의 (모델 파라미터마다 한 개씩인) 편도함수를 모두 담고 있습니다.[11]

식 4-6 비용 함수의 그레이디언트 벡터

$$\nabla_{\boldsymbol{\theta}} \text{MSE}(\boldsymbol{\theta}) = \begin{pmatrix} \frac{\partial}{\partial \theta_0} \text{MSE}(\boldsymbol{\theta}) \\ \frac{\partial}{\partial \theta_1} \text{MSE}(\boldsymbol{\theta}) \\ \vdots \\ \frac{\partial}{\partial \theta_n} \text{MSE}(\boldsymbol{\theta}) \end{pmatrix} = \frac{2}{m} \mathbf{X}^{\mathsf{T}} (\mathbf{X}\boldsymbol{\theta} - \mathbf{y})$$

> **! CAUTION** 이 공식은 매 경사 하강법 스텝에서 전체 훈련 세트 $\mathbf{X}$에 대해 계산합니다! 그래서 이 알고리즘을 **배치 경사 하강법**batch gradient descent이라고 합니다. 즉, 매 스텝에서 훈련 데이터 전체를 사용합니다(사실 전체 경사 하강법full gradient descent이 더 적절한 이름 같습니다). 이런 이유로 매우 큰 훈련 세트에서는 아주 느립니다(잠시 후에 훨씬 빠른 경사 하강법 알고리즘을 볼 것입니다). 그러나 경사 하강법은 특성 수에 민감하지 않습니다. 수십만 개의 특성에서 선형 회귀를 훈련시키려면 정규 방정식이나 SVD 분해보다 경사 하강법을 사용하는 편이 훨씬 빠릅니다.

---

10 옮긴이_ [식 4-3]의 MSE 공식을 θ_j에 대해 편미분하면 미분 공식에 따라 지수가 곱셈으로 내려오고 괄호 안의 편미분이 추가로 곱해집니다. θ_j에 대해 미분하므로 $\boldsymbol{\theta}$의 나머지 파라미터 항은 상수로 취급되고 x_j만 곱해집니다. 곱하기 2는 [식 4-7]의 학습률 η에 포함시켜 생각할 수 있어서 종종 비용 함수에 1/2을 곱한 다음 편도함수에서는 2를 빼고 간단하게 표현하기도 합니다.

11 옮긴이_ [식 4-6]과 같이 행렬의 점곱으로 표현하면 곱셈 순서가 바뀌는 경우가 많습니다. (편의상 편향을 제외하고) $\mathbf{X}$는 샘플 수 m, 특성 수 n인 $m \times n$ 행렬이므로 n개의 파라미터를 가진 $n \times 1$ 벡터 $\boldsymbol{\theta}$와 곱해서 $m \times 1$ 벡터를 만듭니다. 같은 크기의 $\mathbf{y}$ 벡터를 빼고 $\mathbf{X}$ 자기 자신과 곱셈을 위해 $\mathbf{X}$ 행렬을 전치시켜 $n \times m$ 행렬로 바꿔 곱합니다. 결국 최종 계산 결과는 파라미터 수와 같은 $n \times 1$ 벡터가 됩니다.

위로 향하는 그레이디언트 벡터가 구해지면 반대 방향인 아래로 가야 합니다. θ에서 $\nabla_\theta \text{MSE}(\theta)$를 빼야 한다는 뜻입니다. 여기서 학습률 η(에타^{eta})가 사용됩니다. 내려가는 스텝의 크기를 결정하기 위해 그레이디언트 벡터에 η를 곱합니다(식 4-7).

식 4-7 경사 하강법의 스텝

$$\theta^{(\text{next step})} = \theta - \eta\nabla_\theta \text{MSE}(\theta)$$

이 알고리즘을 간단히 구현해보겠습니다.

```
eta = 0.1    # 학습률
n_epochs = 1000
m = len(X_b) # 샘플 개수

np.random.seed(42)
theta = np.random.randn(2, 1) # 모델 파라미터를 랜덤하게 초기화합니다.

for epoch in range(n_epochs):
    gradients = 2 / m * X_b.T @ (X_b @ theta - y)
    theta = theta - eta * gradients
```

아주 어렵지는 않네요! 훈련 세트를 한 번 반복하는 것을 **에포크**^{epoch}라고 합니다. 계산된 **theta**를 확인해보겠습니다.

```
>>> theta
array([[4.21509616],
       [2.77011339]])
```

정규 방정식으로 찾은 것과 정확히 같군요! 경사 하강법이 완벽하게 작동했습니다. 학습률 η를 바꿔보면 어떨까요? [그림 4-8]은 세 가지 학습률을 사용하여 진행한 경사 하강법의 첫 20 스텝을 보여줍니다. 각 그래프에서 맨 아래에 있는 선은 랜덤한 시작점을 나타내며 각 에포크는 점점 더 진한 선으로 표시됩니다.

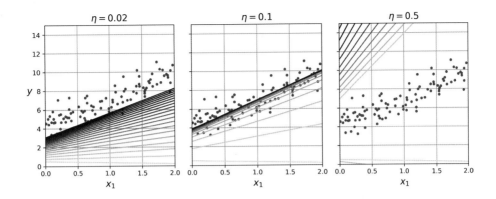

그림 4-8 여러 가지 학습률에 대한 경사 하강법

왼쪽은 학습률이 너무 낮습니다. 알고리즘은 최적점에 도달하겠지만 시간이 오래 걸릴 것입니다. 가운데는 학습률이 아주 적당해 보입니다. 반복 몇 번만에 이미 최적점에 수렴했습니다. 오른쪽은 학습률이 너무 높습니다. 알고리즘이 이리저리 널뛰면서 스텝마다 최적점에서 점점 더 멀어져 발산합니다.

적절한 학습률을 찾기 위해 그리드 서치를 사용합니다(2장 참고). 하지만 그리드 서치에서 수렴하는 데 너무 오래 걸리는 모델이 제외될 수 있도록 반복 횟수를 제한해야 합니다.

반복 횟수는 어떻게 지정할까요? 너무 작으면 최적점에 도달하기 전에 알고리즘이 멈춥니다. 너무 크면 모델 파라미터가 더는 변하지 않는 동안 시간을 낭비하게 됩니다. 간단한 해결책은 반복 횟수를 아주 크게 지정하고 그레이디언트 벡터가 아주 작아지면, 즉 벡터의 노름이 어떤 값 ε(**허용 오차**^{tolerance})보다 작아지면 경사 하강법이 (거의) 최솟값에 도달한 것이므로 알고리즘을 중지하는 것입니다.

 수렴률

비용 함수가 볼록 함수이고 기울기가 급격하게 바뀌지 않는 경우(例 MSE 비용 함수) 학습률을 고정한 배치 경사 하강법은 어느 정도 시간이 걸리지만 결국 최적의 솔루션에 수렴할 것입니다. 비용 함수의 모양에 따라 다르겠지만 ε 범위 안에서 최적의 솔루션에 도달하기 위해서는 $O(1/\varepsilon)$의 **반복**이 필요할 수 있습니다. 다시 말해 (더 정확한 최솟값을 얻기 위해) 허용 오차 ε을 1/10로 줄이면 알고리즘의 반복은 10배 늘어날 것입니다.

4.2.2 확률적 경사 하강법

배치 경사 하강법의 가장 큰 문제는 매 스텝에서 전체 훈련 세트를 사용해 그레이디언트를 계산한다는 사실입니다. 훈련 세트가 커지면 매우 느려지게 됩니다. 이와는 정반대로 **확률적 경사 하강법**은 매 스텝에서 한 개의 샘플을 랜덤으로 선택하고 그 하나의 샘플에 대한 그레이디언트를 계산합니다. 한 번에 하나의 샘플을 처리하면 매 반복에서 다뤄야 할 데이터가 매우 적기 때문에 알고리즘이 확실히 훨씬 빠릅니다. 또한 매 반복에서 하나의 샘플만 메모리에 있으면 되므로 매우 큰 훈련 세트도 훈련시킬 수 있습니다(SGD는 외부 메모리 학습 알고리즘으로 구현할 수 있습니다. 1장을 참고하세요).

반면 확률적(랜덤)이므로 이 알고리즘은 배치 경사 하강법보다 훨씬 불안정합니다. 비용 함수가 최솟값에 다다를 때까지 부드럽게 감소하지 않고 위아래로 요동치며 평균적으로 감소합니다. 시간이 지나면 최솟값에 매우 근접하겠지만 계속 요동쳐 최솟값에 안착하지 못합니다(그림 4-9). 알고리즘이 멈추면 좋은 파라미터가 구해지겠지만 최적치는 아닙니다.

([그림 4-6]처럼) 비용 함수가 매우 불규칙할 때 알고리즘이 지역 최솟값을 건너뛰도록 도와주므로 확률적 경사 하강법이 배치 경사 하강법보다 전역 최솟값을 찾을 가능성이 높습니다.

무작위성은 지역 최솟값에서 탈출시켜줘서 좋지만 알고리즘을 전역 최솟값에 다다르지 못하게 한다는 점에서는 좋지 않습니다. 이 딜레마를 해결하는 한 가지 방법은 학습률을 점진적으로 감소시키는 것입니다. 시작할 때는 학습률을 크게 하고(수렴을 빠르게 하고 지역 최솟값에 빠지지 않게 합니다), 점차 작게 줄여서 알고리즘이 전역 최솟값에 도달하게 합니다. 이 과정은 금속공학 분야에서 가열한 금속을 천천히 냉각시키는 어닐링[annealing](풀림) 과정에서 영감을 얻은 **담금질 기법**[simulated annealing] 알고리즘과 유사합니다. 매 반복에서 학습률을 결정하는 함수를 **학습 스케줄**[learning schedule][12]이라고

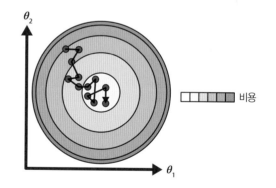

그림 4-9 확률적 경사 하강법을 사용하면 개별 훈련 스텝은 매우 빠르지만 배치 경사 하강법을 사용할 때보다 훨씬 더 확률적입니다.

---

12 옮긴이_ 학습률 스케줄(learning rate schedule)이라고도 합니다.

부릅니다. 학습률이 너무 빨리 줄어들면 지역 최솟값에 갇히거나 최솟값까지 가는 중간에 멈춰버릴 수도 있습니다. 학습률이 너무 천천히 줄어들면 오랫동안 최솟값 주변을 맴돌거나 훈련을 너무 일찍 중지해서 지역 최솟값에 머무를 수 있습니다.

다음 코드는 간단한 학습 스케줄을 사용한 확률적 경사 하강법의 구현입니다.

```python
n_epochs = 50
t0, t1 = 5, 50 # 학습 스케줄 하이퍼파라미터

def learning_schedule(t):
    return t0 / (t + t1)

np.random.seed(42)
theta = np.random.randn(2, 1) # 랜덤 초기화

for epoch in range(n_epochs):
    for iteration in range(m):
        random_index = np.random.randint(m)
        xi = X_b[random_index:random_index + 1]
        yi = y[random_index:random_index + 1]
        gradients = 2 * xi.T @ (xi @ theta - yi) # SGD의 경우 m으로 나누지 않습니다.
        eta = learning_schedule(epoch * m + iteration)
        theta = theta - eta * gradients
```

일반적으로 한 반복에서 m번[13] 되풀이되는데 이때 각 반복을 이전처럼 **에포크**라고 합니다. 배치 경사 하강법 코드가 전체 훈련 세트에 대해 1,000번 반복하는 동안 이 코드는 훈련 세트에서 50번만 반복하고도 매우 좋은 값에 도달했습니다.

```python
>>> theta
array([[4.21076011],
       [2.74856079]])
```

[그림 4-10]은 훈련의 첫 20 스텝을 보여줍니다(스텝이 불규칙하게 진행합니다).

---

[13] 옮긴이_ m은 훈련 세트에 있는 샘플 수입니다.

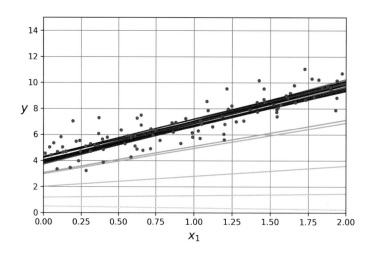

그림 4-10 확률적 경사 하강법의 첫 20 스텝

샘플을 랜덤으로 선택하기 때문에 어떤 샘플은 한 에포크에서 여러 번 선택될 수 있고 어떤 샘플은 전혀 선택되지 못할 수도 있습니다. 알고리즘이 에포크마다 모든 샘플을 사용하게 하려면 훈련 세트를 섞은 후(입력 특성과 레이블을 동일하게 섞어야 합니다) 차례대로 하나씩 선택하고 다음 에포크에서 다시 섞는 방법을 사용할 수 있습니다.[14] 하지만 이 방식은 더 복잡하고 일반적으로 결과가 더 향상되지 않습니다.

> **! CAUTION** 확률적 경사 하강법을 사용할 때 훈련 샘플이 독립 동일 분포 independent and identically distributed (IID)를 만족해야 평균적으로 파라미터가 전역 최적점을 향해 진행한다고 보장할 수 있습니다. 이렇게 만드는 간단한 방법은 훈련하는 동안 샘플을 섞는 것입니다(예를 들어 각 샘플을 랜덤하게 선택하거나 에포크를 시작할 때 훈련 세트를 섞습니다). 만약 레이블 순서대로 정렬된 샘플처럼 샘플을 섞지 않은 채로 사용하면 확률적 경사 하강법이 먼저 한 레이블을 최적화한 다음 두 번째 레이블을 최적화하는 식으로 진행됩니다. 결국 이 모델은 최적점에 가깝게 도달하지 못할 것입니다.

사이킷런에서 SGD 방식으로 선형 회귀를 사용하려면 기본값으로 제곱 오차 비용 함수를 최적화하는 `SGDRegressor` 클래스를 사용합니다. 다음 코드는 최대 1,000번 에포크(`max_iter`) 동안 실행됩니다. 또는 100번 에포크(`n_iter_no_change`) 동안 손실이 10^{-5}(`tol`)보다 작아

---

14 옮긴이_ 사이킷런의 SGDClassifier와 SGDRegressor가 사용하는 방법입니다.

질 때까지 실행됩니다. 학습률 0.01(eta0)로 기본 학습 스케줄(이전과는 다른[15])을 사용합니다. 규제는 전혀 사용하지 않았습니다(penalty=None, 이에 관해서는 곧 자세히 다룹니다).

```
from sklearn.linear_model import SGDRegressor

sgd_reg = SGDRegressor(max_iter=1000, tol=1e-5, penalty=None, eta0=0.01,
                       n_iter_no_change=100, random_state=42)
sgd_reg.fit(X, y.ravel()) # fit()이 1D 타깃을 기대하기 때문에 y.ravel()로 씁니다.
```

여기에서도 정규 방정식으로 구한 것과 매우 비슷한 값을 얻었습니다.

```
>>> sgd_reg.intercept_, sgd_reg.coef_
(array([4.21278812]), array([2.77270267]))
```

TIP 모든 사이킷런 추정기는 fit() 메서드를 사용하여 훈련할 수 있지만 일부 추정기는 partial_fit() 메서드를 사용해 하나 이상의 샘플에서 한 번의 반복 훈련을 실행할 수 있습니다(max_iter 또는 tol과 같은 하이퍼파라미터는 무시됨). partial_fit()을 반복적으로 호출하면 모델이 점진적으로 훈련됩니다. 이 기능은 훈련 과정을 더 세밀하게 제어해야 할 때 유용합니다. 다른 모델에는 대신 warm_start 하이퍼파라미터가 있습니다(일부 모델은 둘 다 있음). warm_start=True로 설정하면 훈련된 모델에서 fit() 메서드를 호출해도 모델이 재설정되지 않고 max_iter 및 tol과 같은 하이퍼파라미터를 반영하여 중지된 지점부터 계속 훈련합니다. fit()은 학습 스케줄에 사용되는 반복 카운터를 재설정하지만 partial_fit()은 재설정하지 않습니다.

4.2.3 미니배치 경사 하강법

마지막으로 살펴볼 경사 하강법 알고리즘은 **미니배치 경사 하강법**mini-batch gradient descent 입니다. 배치와 확률적 경사 하강법을 알고 있다면 이해하기 매우 쉽습니다. 각 스텝에서 전체 훈련 세

---

15 옮긴이_ SGDRegressor에서 학습 스케줄을 의미하는 매개변수 learning_rate의 기본값은 'invscaling'으로, 반복 횟수 t와 eta0, power_t 두 매개변수(기본값은 각각 0.01, 0.25)를 사용한 다음 공식으로 학습률을 계산합니다.

$$\eta^{(t)} = \frac{\text{eta0}}{t^{\text{power\_t}}}$$

SGDClassifier의 learning_rate 기본값은 'optimal'로 다음 공식을 사용합니다.

$$\eta^{(t)} = \frac{1}{\text{alpha}(t_0 + t)}$$

여기서 t_0는 페이스북 머신러닝 연구원인 레옹 보투(Léon Bottou)가 제안한 값으로, alpha 매개변수와 비용 함수에 따라 결정됩니다.

트(배치 경사 하강법처럼)나 하나의 샘플(확률적 경사 하강법처럼)을 기반으로 그레이디언트를 계산하는 것이 아니라 **미니배치**라 부르는 임의의 작은 샘플 세트에 대해 그레이디언트를 계산합니다. 확률적 경사 하강법에 비해 미니배치 경사 하강법의 주요 장점은 행렬 연산에 최적화된 하드웨어, 특히 GPU를 사용해서 성능을 향상시킬 수 있다는 점입니다.

특히 미니배치를 어느 정도 크게 하면 알고리즘은 파라미터 공간에서 SGD보다 덜 불규칙하게 움직입니다. 결국 미니배치 경사 하강법이 SGD보다 최솟값에 더 가까이 도달하게 될 것입니다. 하지만 지역 최솟값에서 빠져나오기는 더 힘들지도 모릅니다(MSE 비용 함수를 사용하는 선형 회귀와 같지 않고 지역 최솟값이 문제가 되는 경우). [그림 4-11]은 세 가지 경사 하강법 알고리즘이 훈련 과정 동안 파라미터 공간에서 움직인 경로입니다. 모두 최솟값 근처에 도달했지만 배치 경사 하강법은 실제로 최솟값에서 멈춘 반면 확률적 경사 하강법과 미니배치 경사 하강법은 근처에서 맴돌고 있습니다. 그렇지만 배치 경사 하강법의 경우 매 스텝에서 많은 시간이 소요되며 확률적 경사 하강법과 미니배치 경사 하강법의 경우에도 적절한 학습 스케줄을 사용하면 최솟값에 도달한다는 것을 잊지 말아야 합니다.

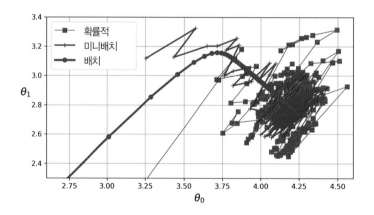

그림 4-11 파라미터 공간에 표시된 경사 하강법의 경로

[표 4-1]은 선형 회귀에 관해 지금까지 논의한 알고리즘을 비교합니다[16] (m은 훈련 샘플 수이고 n은 특성 수입니다).

---

[16] 정규 방정식은 선형 회귀만을 위한 알고리즘이지만 경사 하강법 알고리즘은 앞으로 보게 될 여러 가지 다른 모델도 훈련시킬 수 있습니다.

표 4-1 선형 회귀를 사용한 알고리즘 비교

알고리즘	m이 클 때	외부 메모리 학습 지원	n이 클 때	하이퍼 파라미터 수	스케일 조정 필요	사이킷런
정규 방정식	빠름	No	느림	0	No	N/A
SVD	빠름	No	느림	0	No	LinearRegression
배치 경사 하강법	느림	No	빠름	2	Yes	N/A
확률적 경사 하강법	빠름	Yes	빠름	≥ 2	Yes	SGDRegressor
미니배치 경사 하강법	빠름	Yes	빠름	≥ 2	Yes	N/A

이 알고리즘들의 훈련 결과는 거의 차이가 없습니다. 모두 매우 비슷한 모델을 만들고 정확히 같은 방식으로 예측합니다.

4.3 다항 회귀

주어진 데이터가 단순한 직선보다 복잡한 형태라면 어떨까요? 신기하게도 비선형 데이터를 학습하는 데 선형 모델을 사용할 수 있습니다. 이렇게 하는 간단한 방법은 각 특성의 거듭제곱을 새로운 특성으로 추가하고, 이 확장된 특성을 포함한 데이터셋에 선형 모델을 훈련시키는 것입니다. 이런 기법을 **다항 회귀**polynomial regression라고 합니다.

예를 들어보겠습니다. 먼저 $y = ax^2 + bx + c$인 간단한 **2차 방정식**quadratic equation[17]에 약간의 잡음을 추가한 비선형 데이터를 생성하겠습니다(그림 4-12).

```
np.random.seed(42)
m = 100
X = 6 * np.random.rand(m, 1) - 3
y = 0.5 * X ** 2 + X + 2 + np.random.randn(m, 1)
```

확실히 직선은 이 데이터에 잘 맞지 않습니다. 그러므로 사이킷런의 PolynomialFeatures 를 사용해 훈련 데이터를 변환해보겠습니다.[18] 훈련 세트에 있는 각 특성을 제곱(2차 다항)하여 새로운 특성으로 추가합니다(여기서는 특성 하나가 추가됩니다).

---

17 2차 방정식의 형식은 $y = ax^2 + bx + c$입니다.

18 옮긴이_ PolynomialFeatures의 매개변수 degree의 기본값은 2이고 include_bias의 기본값은 True입니다. include_bias=True면 편향을 위한 특성(x_0)인 1이 추가됩니다.

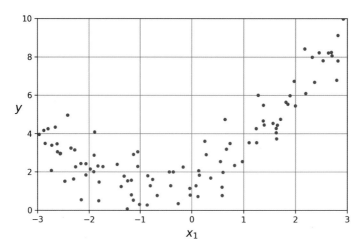

그림 4-12 잡음이 포함된 비선형 데이터셋

```
>>> from sklearn.preprocessing import PolynomialFeatures
>>> poly_features = PolynomialFeatures(degree=2, include_bias=False)
>>> X_poly = poly_features.fit_transform(X)
>>> X[0]
array([-0.75275929])
>>> X_poly[0]
array([-0.75275929, 0.56664654])
```

X_poly는 이제 원래 특성 X와 이 특성의 제곱을 포함합니다. 이 확장된 훈련 데이터에 Linear Regression을 적용해보겠습니다(그림 4-13).

```
>>> lin_reg = LinearRegression()
>>> lin_reg.fit(X_poly, y)
>>> lin_reg.intercept_, lin_reg.coef_
(array([1.78134581]), array([[0.93366893, 0.56456263]]))
```

나쁘지 않네요. 실제로 원래 함수가 $y = 0.5x_1^2 + 1.0x_1 + 2.0 + $ 가우스_잡음이고 예측된 모델은 $\hat{y} = 0.56x_1^2 + 0.93x_1 + 1.78$입니다.

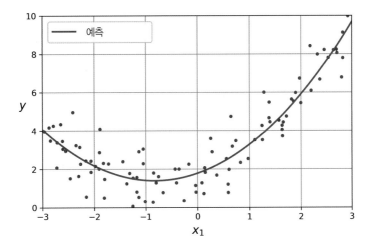

그림 4-13 다항 회귀 모델의 예측

특성이 여러 개일 때 다항 회귀는 특성 사이의 관계를 찾을 수 있습니다(일반적인 선형 회귀 모델에서는 하지 못합니다). PolynomialFeatures가 주어진 차수까지 특성 간의 모든 교차항을 추가하기 때문입니다. 예를 들어 두 개의 특성 a, b가 있을 때 degree=3으로 Polynomial Features를 적용하면 a^2, a^3, b^2, b^3뿐만 아니라 ab, a^2b, ab^2도 특성으로 추가합니다.[19]

> **! CAUTION** PolynomialFeatures(degree=d)는 특성이 n개인 배열을 특성이 $\frac{(n+d)!}{d!n!}$개인 배열로 변환합니다.[20] 여기서 $n!$은 n의 **팩토리얼**로 $1 \times 2 \times 3 \times \cdots \times n$과 같습니다. 특성 수가 교차항을 포함해 엄청나게 늘어날 수 있으니 주의해야 합니다!

---

19 옮긴이_ PolynomialFeatures에서 interaction_only=True로 지정하면 거듭제곱이 포함된 항은 모두 제외됩니다. 즉, a, b, ab만 남습니다. PolynomialFeatures 객체에서 get_feature_names_out() 메서드를 호출하면 만들어진 특성의 차수를 쉽게 확인할 수 있습니다.

20 옮긴이_ 이 식을 중복을 허락한 조합의 공식으로 표현하면 다음과 같습니다.

$$\frac{(n+d)!}{d!n!} = \binom{n+d}{d} = \binom{n+1+d-1}{d} = \left(\!\!\binom{n+1}{d}\!\!\right)$$

다시 점화식으로 나타내면 다음과 같습니다.

$$\left(\!\!\binom{n+1}{d}\!\!\right) = \left(\!\!\binom{n}{d}\!\!\right) + \left(\!\!\binom{n+1}{d-1}\!\!\right)$$

두 번째 항에 점화식을 계속하여 적용하면 다음과 같습니다.

$$\frac{(n+d)!}{d!n!} = \left(\!\!\binom{n+1}{d}\!\!\right) = \left(\!\!\binom{n}{d}\!\!\right) + \left(\!\!\binom{n}{d-1}\!\!\right) + \left(\!\!\binom{n}{d-2}\!\!\right) + \cdots + \left(\!\!\binom{n}{1}\!\!\right) + \binom{n+1}{0}$$

따라서 $\frac{(n+d)!}{d!n!}$는 n개의 특성에서 0부터 d개까지 뽑을 수 있는 중복 조합의 합이 됩니다.

4.4 학습 곡선

고차 다항 회귀를 적용하면 일반 선형 회귀에서보다 훨씬 더 훈련 데이터에 잘 맞추려 할 것입니다. 예를 들어 [그림 4-14]는 300차 다항 회귀 모델을 이전 훈련 데이터에 적용한 것입니다. 단순한 선형 모델이나 2차 모델(2차 다항 회귀 모델)과 결과를 비교해보세요. 300차 다항 회귀 모델은 훈련 샘플에 가능한 한 가까이 가려고 구불구불하게 나타납니다.

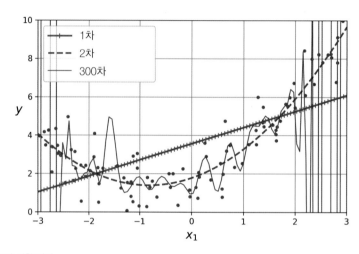

그림 4-14 고차 다항 회귀

이 고차 다항 회귀 모델은 심각하게 훈련 데이터에 과대적합되었습니다. 반면에 선형 모델은 과소적합입니다. 이 경우 가장 일반화가 잘되는 모델은 2차 다항 회귀입니다. 2차 방정식으로 생성한 데이터이기 때문에 당연한 결과지만 일반적으로는 어떤 함수로 데이터가 생성됐는지 알 수 없습니다. 그러면 얼마나 복잡한 모델을 사용할지 어떻게 결정할 수 있을까요? 어떻게 모델이 데이터에 과대적합 또는 과소적합되었는지 알 수 있을까요?

2장에서 모델의 일반화 성능을 추정하기 위해 교차 검증을 사용했습니다. 훈련 데이터에서 성능이 좋지만 교차 검증 점수가 나쁘다면 모델이 과대적합된 것입니다. 만약 양쪽에 모두 좋지 않으면 과소적합입니다. 이때 모델이 너무 단순하거나 너무 복잡하다고 말합니다.

또 다른 방법은 학습 곡선을 확인하는 것입니다. 학습 곡선은 모델의 훈련 오차와 검증 오차를 훈련 반복 횟수의 함수로 나타낸 그래프입니다. 훈련하는 동안 훈련 세트와 검증 세트에서 일정한 간격으로 모델을 평가하고 그 결과를 그래프로 그리면 됩니다. 모델을 점진적으로 훈련할 수 없는 경우(즉, `partial_fit()` 또는 `warm_start`를 지원하지 않는 경우) 훈련 세트의 크기를 점점 늘려가면서 여러 번 훈련해야 합니다.

사이킷런에는 이를 위해 교차 검증을 사용하여 모델을 훈련하고 평가하는 `learning_curve()` 함수가 있습니다. 기본적으로 이 함수는 훈련 세트의 크기를 증가시키면서 모델을 재훈련하지만, 모델이 점진적 학습을 지원하는 경우 `learning_curve()`를 호출할 때 `exploit_incremental_learning=True`로 지정하면 대신 모델을 점진적으로 훈련시킵니다. 이 함수는 모델을 평가한 훈련 세트 크기를 반환합니다. 또한 각각의 크기와 교차 검증 폴드에서 측정한 훈련 및 검증 점수를 반환합니다. 이 함수를 사용하여 선형 회귀 모델의 학습 곡선을 살펴보겠습니다(그림 4-15).

```
from sklearn.model_selection import learning_curve

train_sizes, train_scores, valid_scores = learning_curve(
    LinearRegression(), X, y, train_sizes=np.linspace(0.01, 1.0, 40), cv=5,
    scoring="neg_root_mean_squared_error")
train_errors = -train_scores.mean(axis=1)
valid_errors = -valid_scores.mean(axis=1)

plt.plot(train_sizes, train_errors, "r-+", linewidth=2, label="훈련 세트")
plt.plot(train_sizes, valid_errors, "b-", linewidth=3, label="검증 세트")
[...] # 레이블, 축, 그리드, 범례를 추가합니다.
plt.show()
```

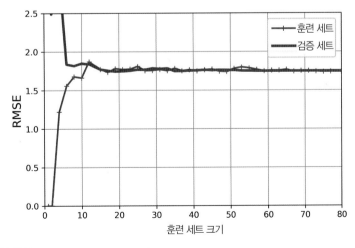

그림 4-15 학습 곡선

이 모델은 과소적합입니다. 그 이유를 알아보기 위해 먼저 훈련 오차를 살펴보죠. 그래프가 0에서 시작하므로 훈련 세트에 하나 혹은 두 개의 샘플이 있을 땐 모델이 완벽하게 작동합니다. 하지만 훈련 세트에 샘플이 추가됨에 따라 잡음도 있고 비선형이기 때문에 모델이 훈련 데이터를 완벽히 학습하는 것이 불가능해집니다. 그래서 곡선이 어느 정도 평편해질 때까지 오차가 계속 상승합니다. 이 위치에서는 훈련 세트에 샘플이 추가되어도 평균 오차가 크게 나아지거나 나빠지지 않습니다. 그럼 이제 검증 오차를 보겠습니다. 모델이 적은 수의 훈련 샘플로 훈련될 때는 제대로 일반화될 수 없어서 검증 오차가 초기에 매우 큽니다. 모델에 훈련 샘플이 추가됨에 따라 학습이 되고 검증 오차가 천천히 감소합니다. 하지만 선형 회귀의 직선은 데이터를 제대로 모델링할 수 없으므로 오차가 완만하게 감소하면서 훈련 세트의 그래프와 가까워집니다.

[그림 4-15]의 학습 곡선은 과소적합 모델의 전형적인 모습입니다. 두 곡선이 수평한 구간을 만들고 꽤 높은 오차에서 매우 가까이 근접해 있습니다.

TIP 모델이 훈련 데이터에 과소적합되어 있다면 훈련 샘플을 더 추가해도 효과가 없습니다. 더 복잡한 모델을 사용하거나 더 나은 특성을 선택해야 합니다.

이제 같은 데이터에서 10차 다항 회귀 모델의 학습 곡선을 그려보겠습니다(그림 4-16).

```
from sklearn.pipeline import make_pipeline

polynomial_regression = make_pipeline(
    PolynomialFeatures(degree=10, include_bias=False),
    LinearRegression())

train_sizes, train_scores, valid_scores = learning_curve(
    polynomial_regression, X, y, train_sizes=np.linspace(0.01, 1.0, 40), cv=5,
    scoring="neg_root_mean_squared_error")
[...] # 이전과 동일
```

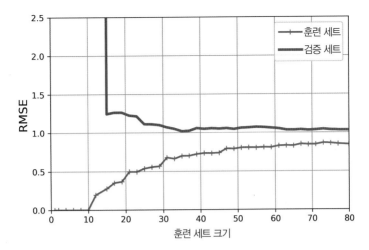

그림 4-16 10차 다항 회귀의 학습 곡선

이 학습 곡선은 이전과 비슷해 보이지만 두 가지 매우 중요한 차이점이 있습니다.

- 훈련 데이터의 오차가 이전보다 훨씬 낮습니다.
- 두 곡선 사이에 공간이 있습니다. 이 말은 검증 데이터에서보다 훈련 데이터에서 모델이 훨씬 더 나은 성능을 보인다는 뜻으로, 이는 과대적합 모델의 특징입니다. 그러나 더 큰 훈련 세트를 사용하면 두 곡선이 점점 가까워집니다.

 과대적합 모델을 개선하는 한 가지 방법은 검증 오차가 훈련 오차에 근접할 때까지 더 많은 훈련 데이터를 추가하는 것입니다.

편향/분산 트레이드오프

통계학과 머신러닝에서 나온 중요한 이론 한 가지는 모델의 일반화 오차가 세 가지 다른 종류의 오차의 합으로 표현될 수 있다는 사실입니다.

- **편향**

  일반화 오차 중에서 편향은 잘못된 가정으로 인한 것입니다. 예를 들어 데이터가 실제로는 2차인데 선형으로 가정하는 경우입니다. 편향이 큰 모델은 훈련 데이터에 과소적합되기 쉽습니다.[21]

---

21 여기서의 편향을 선형 모델의 편향과 혼동하지 마세요.
옮긴이_ bias란 용어가 주로 사용되는 곳이 크게 편향/분산 트레이드오프, 선형 모델의 상수항, 신경망 모델의 상수항입니다. 이 책에서는 선형 모델과 신경망 모델을 설명할 때 혼동을 피하기 위해 '절편'이란 용어 대신 모두 '편향'이라고 옮겼습니다. 편향/분산 트레이드오프에서의 편향은 항상 분산과 동시에 등장(4장, 7장)하므로 쉽게 구별할 수 있습니다.

- **분산**

  분산은 훈련 데이터에 있는 작은 변동에 모델이 과도하게 민감하기 때문에 나타납니다. 자유도가 높은 모델(◍ 고차 다항 회귀 모델)이 높은 분산을 가지기 쉬워 훈련 데이터에 과대적합되는 경향이 있습니다.

- **줄일 수 없는 오차**

  줄일 수 없는 오차 irreducible error는 데이터 자체에 있는 잡음 때문에 발생합니다. 이 오차를 줄일 수 있는 유일한 방법은 데이터에서 잡음을 제거하는 것입니다(예를 들어 고장 난 센서 같은 데이터 소스를 고치거나 이상치를 감지해 제거합니다).

모델의 복잡도가 커지면 통상적으로 분산이 늘어나고 편향은 줄어듭니다. 반대로 모델의 복잡도가 줄어들면 편향이 커지고 분산이 작아집니다. 그래서 트레이드오프라고 부릅니다.

4.5 규제가 있는 선형 모델

1장과 2장에서 보았듯이 과대적합을 줄이는 좋은 방법은 모델을 규제(제한)하는 것입니다. 자유도를 줄이면 데이터에 과대적합되기 더 어려워집니다. 다항 회귀 모델을 규제하는 간단한 방법은 다항식의 차수를 줄이는 것입니다.

선형 회귀 모델에서는 보통 모델의 가중치를 제한함으로써 규제를 가합니다. 각기 다른 방법으로 가중치를 제한하는 릿지 회귀, 라쏘 회귀, 엘라스틱넷 회귀를 살펴보겠습니다.

4.5.1 릿지 회귀

릿지 회귀ridge regression (또는 **티호노프 규제**Tikhonov regularization[22])는 규제가 추가된 선형 회귀 버전입니다. 규제항 $\frac{\alpha}{m} \sum_{i=1}^{n} \theta_i^2$이 MSE에 추가됩니다. 이는 학습 알고리즘을 데이터에 맞추는 것뿐만 아니라 모델의 가중치가 가능한 한 작게 유지되도록 합니다. 규제항은 훈련하는 동안에만 비용 함수에 추가됩니다. 모델의 훈련이 끝나면 모델의 성능을 규제가 없는 MSE(또는 RMSE)로 평가합니다.[23]

---

22 옮긴이_ 이 이론을 정리한 러시아 수학자 안드레이 니콜라예비치 티호노프(Andrey Nikolayevich Tikhonov)의 이름에서 유래했습니다.

23 옮긴이_ 규제는 비용 함수에 추가되는 것으로, 테스트 세트에서 성능을 평가하거나 실제 샘플을 예측할 때는 포함되지 않습니다.

하이퍼파라미터 α는 모델을 얼마나 많이 규제할지 조절합니다. $\alpha = 0$이면 릿지 회귀는 선형 회귀와 같아집니다. α가 아주 크면 모든 가중치가 거의 0에 가까워지고 결국 데이터의 평균을 지나는 수평선이 됩니다.[24] [식 4-8]은 릿지 회귀의 비용 함수입니다.[25]

식 4-8 릿지 회귀의 비용 함수

$$J(\boldsymbol{\theta}) = \text{MSE}(\boldsymbol{\theta}) + \frac{\alpha}{m} \sum_{i=1}^{n} \theta_i^2$$

편향 θ_0은 규제되지 않습니다(합 기호가 $i = 0$이 아닌 $i = 1$에서 시작합니다). $\mathbf{w}$를 특성의 가중치 벡터(θ_1에서 θ_n)라고 정의하면 규제항은 $\alpha \left(\|\mathbf{w}\|_2 \right)^2 / m$과 같습니다. 여기서 $\|\cdot\|_2$가 가중치 벡터의 ℓ_2 노름입니다.[26] 배치 경사 하강법에 적용하려면 특성 가중치에 대한 MSE 그레이디언트 벡터에 $2\alpha\mathbf{w}/m$를 더하면 됩니다. 편향의 그레이디언트에는 어떤 것도 더하지 않습니다(식 4-6).

> **⚠ CAUTION** 릿지 회귀는 입력 특성의 스케일에 민감하기 때문에 수행하기 전에 데이터의 스케일을 맞추는 것이 중요합니다(Ⓢ StandardScaler를 사용합니다). 이는 규제가 있는 모델 대부분에 해당됩니다.

[그림 4-17]은 잡음이 많은 선형 데이터에 몇 가지 다른 α를 사용해 릿지 모델을 훈련시킨 결과입니다. 왼쪽 그래프는 평범한 릿지 모델을 사용해 선형적인 예측을 만들었습니다. 오른쪽 그래프는 PolynomialFeatures(degree=10)을 사용해 먼저 데이터를 확장하고 StandardScaler를 사용해 스케일을 조정한 후 릿지 모델을 적용했습니다. 이는 결국 릿지 규제를 사용한 다항 회귀가 됩니다. α가 증가할수록 직선에 가까워지는 것을 볼 수 있습니다. 즉, 모델의 분산은 줄지만 편향은 커지게 됩니다.

---

24 옮긴이_ 쉽게 설명하기 위해 [그림 4-17]의 왼쪽 그래프처럼 특성이 하나일 때를 예로 든 것입니다. 그래프에서 기울기가 0에 가까워지면 수평선이 됩니다.

25 간단한 별칭이 없어서 보통 비용 함수를 $J(\boldsymbol{\theta})$로 표기합니다. 이제부터는 이 표기법을 사용하겠습니다. 비용 함수를 쉽게 구분할 수 있을 것입니다. 옮긴이_ 비용 함수를 J로 표기하는 것은 각각의 훈련 데이터를 하나의 벡터 함수로 보았을 때 각 가중치에 대한 도함수를 행렬로 표현한 야코비 행렬(Jacobian matrix)의 첫 글자에서 따온 것으로 알려져 있습니다.

26 노름은 2장에서 설명했습니다.

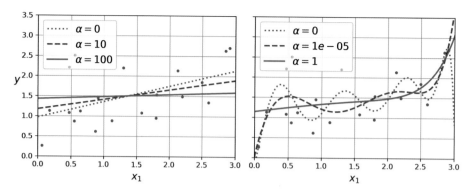

그림 4-17 다양한 수준의 릿지 규제를 사용한 선형 회귀(왼쪽)와 다항 회귀(오른쪽)

선형 회귀와 마찬가지로 릿지 회귀를 계산하기 위해 정규 방정식을 사용할 수도 있고 경사 하강 법을 사용할 수도 있습니다. 장단점은 이전과 같습니다. [식 4-9]는 정규 방정식의 해입니다($\mathbf{A}$ 는 편향에 해당하는 맨 왼쪽 위의 원소가 0인 $(n+1) \times (n+1)$의 단위 행렬 identity matrix [27]입 니다).

식 4-9 릿지 회귀의 정규 방정식

$$\hat{\theta} = \left(\mathbf{X}^{\mathsf{T}}\mathbf{X} + \alpha\mathbf{A}\right)^{-1}\mathbf{X}^{\mathsf{T}}\mathbf{y}$$

다음은 사이킷런에서 정규 방정식을 사용한 릿지 회귀를 적용하는 예입니다(안드레 루이 숄레 스키 André-Louis Cholesky가 발견한 행렬 분해 matrix factorization [28]를 사용하여 [식 4-9]를 변형한 방정 식을 사용합니다).

```
>>> from sklearn.linear_model import Ridge
>>> ridge_reg = Ridge(alpha=0.1, solver="cholesky")
>>> ridge_reg.fit(X, y)
>>> ridge_reg.predict([[1.5]])
array([[1.55325833]])
```

----

27 단위 행렬은 주대각선(왼쪽 위에서 오른쪽 아래로)이 1이고 그 외에는 모두 0인 정방 행렬입니다. 옮긴이_ 편향에 해당하는 θ_0은 규제에 포함되지 않으므로 단위 행렬의 주대각선 첫 번째 원소가 0이 되어야 합니다.

28 옮긴이_ 숄레스키 분해(Cholesky decomposition)라고도 하며, 어떤 행렬 $\mathbf{A}$가 대칭이고 양의 정부호 행렬(positive definite matrix)일 경우 $\mathbf{A} = \mathbf{L}\mathbf{L}^{\mathsf{T}}$로 분해됩니다. 여기에서 $\mathbf{L}$은 하삼각 행렬(lower triangular matrix)입니다. 이를 이용해 정규 방정식을 $(\mathbf{X}^{\mathsf{T}}\mathbf{X} + \alpha\mathbf{A})\,\hat{\theta} = (\mathbf{L}\mathbf{L}^{\mathsf{T}})\,\hat{\theta} = \mathbf{X}^{\mathsf{T}}\mathbf{y}$로 바꾸어 $\hat{\theta}$를 구할 수 있습니다. 숄레스키 분해를 사용하는 것의 장점은 성능입니다. Ridge의 solver 매개변수의 기본값은 'auto'이며 희소 행렬이나 특이 행렬(singular matrix)이 아닐 경우 'cholesky'가 됩니다.

다음은 확률적 경사 하강법을 사용했을 때입니다.[29]

```
>>> sgd_reg = SGDRegressor(penalty="l2", alpha=0.1 / m, tol=None,
...                        max_iter=1000, eta0=0.01, random_state=42)
...
>>> sgd_reg.fit(X, y.ravel()) # fit()은 1D 타깃을 기대하므로 y.ravel()로 씁니다.
>>> sgd_reg.predict([[1.5]])
array([1.55302613])
```

penalty 매개변수는 사용할 규제를 지정합니다. "l2"로 지정하면 SGD가 MSE 비용 함수에 가중치 벡터의 ℓ_2 노름의 제곱에 alpha를 곱한 규제항이 추가됩니다. 즉, m으로 나누지 않는 것만 빼면 릿지 회귀와 같습니다. 이런 이유로 Ridge(alpha=0.1)과 같은 결과를 만들기 위해 alpha=0.1/m을 사용했습니다.

> **TIP** RidgeCV 클래스도 릿지 회귀를 수행하지만 교차 검증을 사용하여 하이퍼파라미터를 자동으로 튜닝합니다. GridSearchCV를 사용하는 것과 거의 동일하지만 릿지 회귀에 최적화되어 있고 훨씬 더 빠르게 실행됩니다. 그 외 여러 다른 추정기(대부분 선형 모델)에도 LassoCV 및 ElasticNetCV와 같은 효율적인 CV 변형 모델이 있습니다.

4.5.2 라쏘 회귀

라쏘[least absolute shrinkage and selection operator] (lasso) **회귀**는 선형 회귀의 또 다른 규제된 버전입니다. 릿지 회귀처럼 비용 함수에 규제항을 더하지만 ℓ_2 노름 대신 가중치 벡터의 ℓ_1 노름을 사용합니다(식 4-10). ℓ_1 노름에는 2α를 곱했지만 릿지 회귀에서는 ℓ_2 노름에 α/m를 곱했습니다. 이는 최적의 α 값이 훈련 세트의 크기와 무관하도록 하기 위해서입니다. 노름이 달라지면 곱셈 계수가 다를 수 있습니다(자세한 내용은 사이킷런 이슈 #15657(*https://github.com/scikit-learn/scikit-learn/issues/15657*)을 참고하세요).

---

29 대안으로 Ridge에 solver="sag"를 사용할 수 있습니다. 확률적 평균 경사 하강법(stochastic average gradient descent)은 SGD의 변형입니다. 더 자세한 내용은 브리티시 콜롬비아 대학의 마크 슈미트(Mark Schmidt) 등이 만든 「Minimizing Finite Sums with the Stochastic Average Gradient Algorithm」(*https://homl.info/12*) 슬라이드를 참고하세요.
옮긴이_ sag는 확률적 경사 하강법과 거의 비슷하지만 현재 그레이디언트와 이전 스텝에서 구한 모든 그레이디언트를 합해서 평균한 값으로 모델 파라미터를 갱신합니다. 사이킷런 0.19 버전에는 sag의 개량 버전인 saga 알고리즘이 추가되었습니다. saga의 간단한 예는 옮긴이의 블로그(*https://goo.gl/oXfTDt*)를 참고하세요.

$$J(\boldsymbol{\theta}) = \text{MSE}(\boldsymbol{\theta}) + 2\alpha \sum_{i=1}^{n} |\theta_i|$$

[그림 4-18]은 [그림 4-17]과 같지만 릿지 모델 대신 라쏘 모델과 여러 가지 α 값을 사용했습니다.

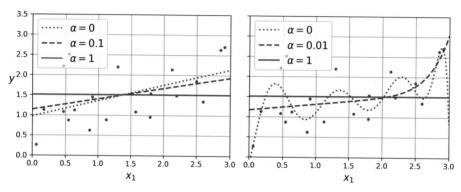

그림 4-18 다양한 수준의 라쏘 규제를 사용한 선형 회귀(왼쪽)와 다항 회귀(오른쪽)

라쏘 회귀의 중요한 특징은 덜 중요한 특성의 가중치를 제거하려고 한다는 점입니다(즉, 가중치가 0이 됩니다). 예를 들어 [그림 4-18]의 오른쪽 그래프에서 점선(α=0.01)은 3차 방정식처럼 보입니다. 차수가 높은 다항 특성의 가중치가 모두 0이 되었습니다. 다시 말해 라쏘 회귀는 자동으로 특성 선택을 수행하고 **희소 모델**^{sparse model}을 만듭니다(즉, 0이 아닌 특성의 가중치가 적습니다).

[그림 4-19]를 보면 이를 쉽게 이해할 수 있습니다. 두 축은 모델 파라미터 두 개를 나타내고 배경의 등고선은 각기 다른 손실 함수를 나타냅니다. 왼쪽 위 그래프의 등고선은 ℓ_1 손실($|\theta_1| + |\theta_2|$)을 나타내며 축에 가까워지면서 선형적으로 줄어듭니다. 예를 들어 모델 파라미터를 $\theta_1 = 2$, $\theta_2 = 0.5$로 초기화하고 경사 하강법을 실행하면 두 파라미터가 동일하게 줄어들 것입니다(노란 점선). 따라서 θ_2가 먼저 0에 도달합니다(θ_2가 시작할 때 0에 더 가깝기 때문입니다). 그다음 경사 하강법이 $\theta_1 = 0$에 도달할 때까지 축을 따라 내려갑니다(ℓ_1의 그레이디언트는 0에서 정의되지 않기 때문에 진동이 조금 있습니다. 이 지점에서 그레이디언트는 -1 또는 1입니다). 오른쪽 위 그래프의 등고선은 라쏘 손실 함수를 나타냅니다(ℓ_1 손실을 더한 MSE 손실 함수). 하얀 작은 원이 경사 하강법이 $\theta_1 = 0.25$, $\theta_2 = -1$로 초기화된 모델 파라미터를 최

적화하는 과정을 보여줍니다. 여기에서도 $\theta_2 = 0$으로 빠르게 줄어든 다음 축을 따라 진동하면서 전역 최적점(빨간 사각형)에 도달합니다. α가 증가하면 전역 최적점이 노란 점선을 따라 왼쪽으로 이동합니다. α가 감소하면 전역 최적점이 오른쪽으로 이동합니다(이 예에서 규제가 없는 MSE의 최적 파라미터는 $\theta_1 = 2$, $\theta_2 = 0.5$입니다).

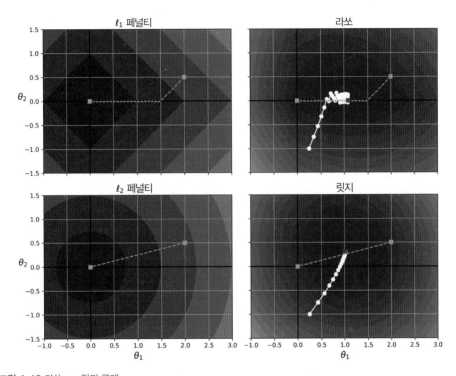

그림 4-19 라쏘 vs. 릿지 규제

아래 두 개의 그래프도 동일하지만 ℓ_2 페널티를 사용합니다. 왼쪽 아래 그래프에서 ℓ_2 손실은 원점에 가까울수록 줄어듭니다. 따라서 경사 하강법이 원점까지 직선 경로를 따라갑니다. 오른쪽 아래 그래프의 등고선은 릿지 회귀의 비용 함수를 나타냅니다(ℓ_2 손실을 더한 MSE 손실 함수). 여기서 볼 수 있듯이 파라미터가 전역 최적점에 가까워질수록 그레이디언트가 작아집니다. 따라서 경사 하강법이 자동으로 느려집니다. 이렇게 하면 진동하는 것을 제한하여 라쏘 회귀보다 더 빠르게 수렴할 수 있습니다. 또한 α를 증가시킬수록 최적의 파라미터(빨간 사각형)가 원점에 더 가까워집니다. 하지만 완전히 0이 되지는 않습니다.

TIP 라쏘를 사용할 때 경사 하강법이 최적점 근처에서 진동하는 것을 막으려면 훈련하는 동안 점진적으로 학습률을 감소시켜야 합니다. 여전히 최적점 근처에서 진동하겠지만 스텝이 점점 작아지므로 수렴하게 될 것입니다.

라쏘의 비용 함수는 $\theta_i = 0$($i = 1, 2, \cdots, n$일 때)에서 미분 가능하지 않습니다. 하지만 $\theta_i = 0$일 때 **서브그레이디언트 벡터**^{subgradient vector} $\mathbf{g}$[30]를 사용하면 경사 하강법을 적용하는 데 문제가 없습니다. [식 4-11]은 경사 하강법을 위해 라쏘 비용 함수에 사용할 수 있는 서브그레이디언트 벡터 공식입니다.

식 4-11 라쏘 회귀의 서브그레이디언트 벡터

$$g(\boldsymbol{\theta}, J) = \nabla_{\boldsymbol{\theta}} \mathrm{MSE}(\boldsymbol{\theta}) + \alpha \begin{pmatrix} \mathrm{sign}(\theta_1) \\ \mathrm{sign}(\theta_2) \\ \vdots \\ \mathrm{sign}(\theta_n) \end{pmatrix} \qquad \text{여기서} \quad \mathrm{sign}(\theta_i) = \begin{cases} -1 & \theta_i < 0 \text{일 때} \\ 0 & \theta_i = 0 \text{일 때} \\ +1 & \theta_i > 0 \text{일 때} \end{cases}$$

다음은 Lasso 클래스를 사용한 간단한 사이킷런 예제입니다.

```
>>> from sklearn.linear_model import Lasso
>>> lasso_reg = Lasso(alpha=0.1)
>>> lasso_reg.fit(X, y)
>>> lasso_reg.predict([[1.5]])
array([1.53788174])
```

Lasso 대신 SGDRegressor(penalty="l1", alpha=0.1)을 사용할 수도 있습니다.

4.5.3 엘라스틱넷

엘라스틱넷 회귀^{elastic net regression}는 릿지 회귀와 라쏘 회귀를 절충한 모델입니다. 규제항은 릿지와 회귀의 규제항을 단순히 더한 것이며, 혼합 정도는 혼합 비율 r을 사용해 조절합니다. $r=0$이면 엘라스틱넷은 릿지 회귀와 같고, $r=1$이면 라쏘 회귀와 같습니다(식 4-12).[31]

---

30 서브그레이디언트 벡터는 미분이 불가능한 지점 근방 그레이디언트들의 중간값으로 생각할 수 있습니다.
　옮긴이_ ℓ_1 노름의 절댓값 함수 $|x|$는 원점을 꼭짓점으로 하는 V자 형의 그래프로, 원점에서 미분이 불가능합니다.

31 옮긴이_ 사실 사이킷런의 Lasso 클래스는 l1_ratio=1.0인 ElasticNet 클래스를 사용합니다. 하지만 l1_ratio=0인 ElasticNet과 Ridge 클래스는 서로 다릅니다.

식 4-12 엘라스틱넷 비용 함수

$$J(\boldsymbol{\theta}) = \text{MSE}(\boldsymbol{\theta}) + r\left(2\alpha \sum_{i=1}^{n} |\theta_i|\right) + (1-r)\left(\frac{\alpha}{m} \sum_{i=1}^{n} \theta_i^2\right)$$

그럼 보통의 엘라스틱넷 회귀, 릿지 회귀, 라쏘 회귀, 일반적인 선형 회귀(규제가 없는 모델)를 언제 사용해야 할까요? 규제가 약간 있는 것이 대부분의 경우에 좋으므로 일반적으로 평범한 선형 회귀는 피해야 합니다. 릿지가 기본이 되지만 몇 가지 특성만 유용하다고 생각되면 라쏘나 엘라스틱넷이 낫습니다. 이 모델들은 이전에 이야기한 것처럼 불필요한 특성의 가중치를 0으로 만들어줍니다. 특성 수가 훈련 샘플 수보다 많거나 특성 몇 개가 강하게 연관되어 있을 때는 보통 라쏘가 문제를 일으키므로 엘라스틱넷이 좋습니다.[32]

다음은 사이킷런의 `ElasticNet`을 사용한 간단한 예제입니다(`l1_ratio`가 혼합 비율 r입니다).

```
>>> from sklearn.linear_model import ElasticNet
>>> elastic_net = ElasticNet(alpha=0.1, l1_ratio=0.5)
>>> elastic_net.fit(X, y)
>>> elastic_net.predict([[1.5]])
array([1.54333232])
```

4.5.4 조기 종료

경사 하강법 같은 반복적인 학습 알고리즘을 규제하는 아주 색다른 방식이 있습니다. 검증 오차가 최솟값에 도달하면 바로 훈련을 중지시키는 것입니다. 이를 **조기 종료**[early stopping]라고 합니다. [그림 4-20]은 앞에서 사용한 2차 방정식 데이터셋에 배치 경사 하강법으로 훈련시킨 복잡한 모델(고차원 다항 회귀 모델)을 보여줍니다. 에포크가 진행됨에 따라 알고리즘이 점차 학습되어 훈련 세트에 대한 예측 오차(RMSE)와 검증 세트에 대한 예측 오차가 줄어듭니다. 그러나 잠시 후 감소하던 검증 오차가 멈추었다가 다시 상승합니다. 이는 모델이 훈련 데이터에 과대적합되기 시작했다는 것을 의미합니다. 조기 종료는 검증 오차가 최소에 도달하는 즉시 훈련을 멈추는 것입니다. 이 규제 기법은 매우 효과적이고 간단해서 제프리 힌턴이 '훌륭한 공짜 점

---

32 옮긴이_ 라쏘는 특성 수가 샘플 수(n)보다 많으면 최대 n개의 특성을 선택합니다. 또한 여러 특성이 강하게 연관되어 있으면 이들 중 임의의 특성 하나를 선택합니다.

심 ^{beautiful free lunch}'이라고 불렀습니다.

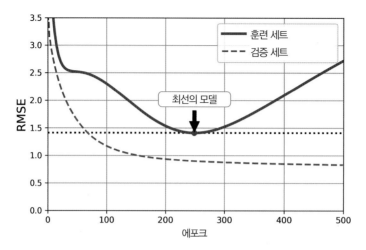

그림 4-20 조기 종료 규제

TIP 확률적 경사 하강법이나 미니배치 경사 하강법에서는 곡선이 그리 매끄럽지 않아 최솟값에 도달했는지 확인하기 어려울 수 있습니다. 한 가지 해결책은 검증 오차가 일정 시간 동안 최솟값보다 클 때(모델이 더 나아지지 않는다고 확신이 들 때) 학습을 멈추고 검증 오차가 최소였을 때의 모델 파라미터로 되돌리는 것입니다.

```python
from copy import deepcopy
from sklearn.metrics import mean_squared_error
from sklearn.preprocessing import StandardScaler

X_train, y_train, X_valid, y_valid = [...] # 2차 방정식 데이터셋을 나눕니다.

preprocessing = make_pipeline(PolynomialFeatures(degree=90, include_bias=False),
                              StandardScaler())
X_train_prep = preprocessing.fit_transform(X_train)
X_valid_prep = preprocessing.transform(X_valid)
sgd_reg = SGDRegressor(penalty=None, eta0=0.002, random_state=42)
n_epochs = 500
best_valid_rmse = float('inf')

for epoch in range(n_epochs):
    sgd_reg.partial_fit(X_train_prep, y_train)
    y_valid_predict = sgd_reg.predict(X_valid_prep)
```

```
val_error = mean_squared_error(y_valid, y_valid_predict, squared=False)
if val_error < best_valid_rmse:
    best_valid_rmse = val_error
    best_model = deepcopy(sgd_reg)
```

이 코드는 먼저 다항 특성을 추가하고 훈련 세트와 검증 세트 모두에 대해 모든 입력 특성의 스케일을 조정합니다(이 코드는 원래 훈련 세트를 더 작은 훈련 세트와 검증 세트로 분할했다고 가정합니다). 그런 다음 규제가 없고 학습률이 작은 SGDRegressor 모델을 생성합니다. 훈련 반복에서는 fit() 대신 partial_fit()을 호출하여 점진적인 학습을 수행합니다. 각 에포크에서 검증 세트의 RMSE를 측정해 지금까지 확인된 가장 낮은 RMSE보다 낮으면 best_model 변수에 모델의 복사본을 저장합니다. 이 구현은 실제로 학습을 중지하지는 않지만 학습 후 최상의 모델로 되돌릴 수 있습니다. copy.deepcopy()를 사용하여 모델을 복사한다는 점에 유의하세요. 이 함수는 모델의 하이퍼파라미터와 학습된 파라미터를 모두 복사합니다. 이와 대조적으로 sklearn.base.clone()은 모델의 하이퍼파라미터만 복사합니다.

4.6 로지스틱 회귀

1장에서도 이야기한 것처럼 일부 회귀 알고리즘은 분류에서도 사용할 수 있습니다(또는 그 반대의 경우도 있습니다). **로지스틱 회귀**^{logistic regression}(또는 **로짓 회귀**^{logit regression})는 샘플이 특정 클래스에 속할 확률을 추정하는 데 널리 사용됩니다(⓪ 이 이메일이 스팸일 확률은 얼마인가?). 추정 확률이 주어진 임곗값(일반적으로 50%)보다 크면 모델은 그 샘플이 해당 클래스에 속한다고 예측합니다(즉, 레이블이 '1'인 **양성 클래스**). 아니면 클래스에 속하지 않는다고 예측합니다(즉, 레이블이 '0'인 **음성 클래스**). 이를 이진 분류기라고 합니다.

4.6.1 확률 추정

그렇다면 로지스틱 회귀는 어떻게 작동하는 걸까요? 선형 회귀 모델과 같이 로지스틱 회귀 모델은 입력 특성의 가중치 합을 계산합니다(그리고 편향을 더합니다). 대신 선형 회귀처럼 바로 결과를 출력하지 않고 결괏값의 **로지스틱**을 출력합니다(식 4-13).

식 4-13 로지스틱 회귀 모델의 확률 추정(벡터 표현식)

$$\hat{p} = h_{\boldsymbol{\theta}}(\mathbf{x}) = \sigma(\boldsymbol{\theta}^\mathsf{T}\mathbf{x})$$

로지스틱($\sigma(\cdot)$로 표시합니다)은 0과 1 사이의 값을 출력하는 **시그모이드 함수**^{sigmoid function}입니다(즉, S자 형태입니다). 이 함수는 [식 4-14] 및 [그림 4-21]과 같이 정의됩니다.

식 4-14 로지스틱 함수

$$\sigma(t) = \frac{1}{1 + \exp(-t)}$$

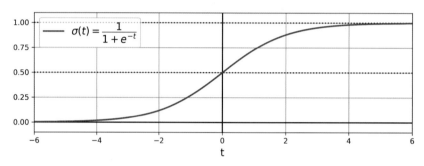

그림 4-21 로지스틱 함수

로지스틱 회귀 모델이 샘플 $\mathbf{x}$가 양성 클래스에 속할 확률 $\hat{p} = h_{\boldsymbol{\theta}}(\mathbf{x})$를 추정하면 이에 대한 예측 $\hat{y}$을 쉽게 구할 수 있습니다(식 4-15).

식 4-15 로지스틱 회귀 모델 예측

$$\hat{y} = \begin{cases} 0 & \hat{p} < 0.5 일 \ 때 \\ 1 & \hat{p} \geq 0.5 일 \ 때 \end{cases}$$

$t < 0$이면 $\sigma(t) < 0.5$이고, $t \geq 0$이면 $\sigma(t) \geq 0.5$이므로 기본 임곗값인 50% 확률을 사용하는 로지스틱 회귀 모델은 $\boldsymbol{\theta}^\mathsf{T}\mathbf{x}$가 양수일 때 1(양성 클래스)이라고 예측하고, 음수일 때 0(음성 클래스)이라고 예측합니다.[33]

---

33 옮긴이_ 사이킷런의 LogisticRegression은 클래스 레이블을 반환하는 predict() 메서드와 클래스에 속할 확률을 반환하는 predict_proba() 메서드를 가지고 있습니다. predict() 메서드는 $\boldsymbol{\theta}^\mathsf{T}\mathbf{x}$ 값이 0보다 클 때 양성 클래스로 판단하여 결과를 반환하고 predict_proba() 메서드는 시그모이드 함수를 적용하여 계산한 확률을 반환합니다.

4.6.2 훈련과 비용 함수

이제 로지스틱 회귀 모델이 어떻게 확률을 추정하고 예측하는지 알았습니다. 그럼 어떻게 훈련시킬까요? 훈련의 목적은 양성 샘플($y = 1$)에 대해서는 높은 확률을 추정하고 음성 샘플($y = 0$)에 대해서는 낮은 확률을 추정하는 모델의 파라미터 벡터 $\boldsymbol{\theta}$를 찾는 것입니다. 이러한 아이디어를 하나의 훈련 샘플 $\mathbf{x}$에 대한 비용 함수인 [식 4-16]으로 요약할 수 있습니다.

식 **4-16** 하나의 훈련 샘플에 대한 비용 함수

$$c(\boldsymbol{\theta}) = \begin{cases} -\log(\hat{p}) & y = 1\text{일 때} \\ -\log(1 - \hat{p}) & y = 0\text{일 때} \end{cases}$$

이 비용 함수는 t가 0에 가까워지면 $-\log(t)$가 매우 커지므로 타당하다고 볼 수 있습니다. 그러므로 모델이 양성 샘플을 0에 가까운 확률로 추정하면 비용이 크게 증가할 것입니다. 또한 음성 샘플을 1에 가까운 확률로 추정해도 비용이 증가할 것입니다. 반면 t가 1에 가까우면 $-\log(t)$는 0에 가까워집니다. 따라서 기대한 대로 음성 샘플의 확률을 0에 가깝게 추정하거나 양성 샘플의 확률을 1에 가깝게 추정하면 비용은 0에 가까워질 것입니다.

전체 훈련 세트에 대한 비용 함수는 모든 훈련 샘플의 비용을 평균한 것입니다. 이를 로그 손실$^{log\ loss}$이라 부르며 [식 4-17]처럼 하나의 식으로 쓸 수 있습니다.[34]

식 **4-17** 로지스틱 회귀의 비용 함수(로그 손실)

$$J(\boldsymbol{\theta}) = -\frac{1}{m} \sum_{i=1}^{m} \left[y^{(i)} \log\left(\hat{p}^{(i)}\right) + \left(1 - y^{(i)}\right) \log\left(1 - \hat{p}^{(i)}\right) \right]$$

---

34 옮긴이_ 양성 클래스($y^{(i)} = 1$)면 $1 - y^{(i)} = 0$이 되어 $y^{(i)} \log(\hat{p}^{(i)})$만 남게 되고, 음성 클래스($y^{(i)} = 0$)면 $\log\left(1 - \hat{p}^{(i)}\right)$만 남게 되어 [식 4-16]과 같게 됩니다. 로그 손실을 로지스틱 손실이라고도 부릅니다.

!CAUTION 로그 손실은 그냥 갑자기 생긴 것이 아닙니다. 샘플이 해당 클래스의 평균을 중심으로 가우스 분포를 따른다고 가정할 때, 이 손실을 최소화하면 최대 가능도$^{maximum\ likelihood}$가 가장 높은 모델이 된다는 것을 (베이즈 추론을 사용하여) 수학적으로 증명할 수 있습니다. 로그 손실을 사용할 때 이것이 바로 암묵적인 가정입니다. 이 가정이 틀릴수록 모델은 더 편향될 것입니다. 마찬가지로 선형 회귀 모델을 훈련하기 위해 MSE를 사용할 때는 데이터가 순수한 선형이며 약간의 가우스 잡음이 있다고 암묵적으로 가정했습니다. 따라서 데이터가 선형적이지 않거나(예 2차 방정식 데이터) 잡음이 가우스 분포를 따르지 않은 경우(예 이상치가 기하급수적으로 줄어들지 않을 경우) 모델이 편향될 수 있습니다.

안타깝게도 이 비용 함수의 최솟값을 계산하는 알려진 해가 없습니다(정규 방정식 같은 것이 없습니다). 하지만 이 비용 함수는 볼록 함수이므로 경사 하강법(또는 다른 최적화 알고리즘)이 전역 최솟값을 찾는 것을 보장합니다(학습률이 너무 크지 않고 충분히 기다릴 시간이 있다면 말입니다). 이 비용 함수의 j번째 모델 파라미터 θ_j에 대해 편미분을 하면 [식 4-18]과 같습니다.

식 4-18 로지스틱 비용 함수의 편도함수

$$\frac{\partial}{\partial \theta_j} J(\boldsymbol{\theta}) = \frac{1}{m} \sum_{i=1}^{m} \left(\sigma(\boldsymbol{\theta}^{\mathrm{T}} \mathbf{x}^{(i)}) - y^{(i)} \right) x_j^{(i)}$$

이 식은 [식 4-5]와 매우 비슷해 보입니다. 각 샘플에 대해 예측 오차를 계산하고 j번째 특성값을 곱해서 모든 훈련 샘플에 대해 평균을 냅니다. 모든 편도함수를 포함한 그레이디언트 벡터를 만들면 배치 경사 하강법 알고리즘을 사용할 수 있습니다. 이제 로지스틱 회귀 모델을 훈련시키는 방법을 알게 되었습니다. 물론 확률적 경사 하강법은 한 번에 하나의 샘플을 사용하고, 미니배치 경사 하강법은 한 번에 하나의 미니배치를 사용합니다.

4.6.3 결정 경계

로지스틱 회귀를 설명하기 위해 붓꽃^{Iris} 데이터셋을 사용하겠습니다. 이 데이터셋은 세 개의 품종 Iris-Setosa, Iris-Versicolor, Iris-Virginica에 속하는 붓꽃 150개의 꽃잎^{petal}과 꽃받침^{sepal}의 너비와 길이를 담고 있습니다(그림 4-22).

꽃잎

꽃받침

Virginica

Versicolor

Setosa

그림 4-22 세 종류의 붓꽃[35]

꽃잎의 너비를 기반으로 Iris-Versicolor 종을 감지하는 분류기를 만들어보겠습니다. 먼저 데이터를 로드하고 간단히 살펴보죠.

```
>>> from sklearn.datasets import load_iris
>>> iris = load_iris(as_frame=True)
>>> list(iris)
['data', 'target', 'frame', 'target_names', 'DESCR', 'feature_names',
 'filename', 'data_module']
>>> iris.data.head(3)
   sepal length (cm) sepal width (cm) petal length (cm) petal width (cm)
0               5.1              3.5               1.4              0.2
1               4.9              3.0               1.4              0.2
2               4.7              3.2               1.3              0.2
>>> iris.target.head(3)  # 샘플을 섞지 않은 상태입니다.
0    0
1    0
2    0
Name: target, dtype: int64
>>> iris.target_names
array(['setosa', 'versicolor', 'virginica'], dtype='<U10')
```

---

35 사진은 위키백과에서 가져왔습니다. Iris-Virginica는 프랭크 메이필드(Frank Mayfield)의 사진(Creative Commons BY-SA 2.0, *https://creativecommons.org/licenses/by-sa/2.0/*)이고 Iris-Versicolor는 D. 고든 E. 로버트슨(D. Gordon E. Robertson)의 사진(Creative Commons BY-SA 3.0, *https://creativecommons.org/licenses/by-sa/3.0/*)이며 Iris-Setosa는 공개된 이미지입니다.

데이터를 분할하고 훈련 세트에서 로지스틱 회귀 모델을 훈련시킵시다.

```
from sklearn.linear_model import LogisticRegression
from sklearn.model_selection import train_test_split

X = iris.data[["petal width (cm)"]].values
y = iris.target_names[iris.target] == 'virginica'
X_train, X_test, y_train, y_test = train_test_split(X, y, random_state=42)

log_reg = LogisticRegression(random_state=42)
log_reg.fit(X_train, y_train)
```

꽃잎의 너비가 0~3cm인 꽃에 대해 모델의 추정 확률을 계산해보겠습니다(그림 4-23).[36]

```
X_new = np.linspace(0, 3, 1000).reshape(-1, 1) # 열 벡터로 바꿉니다.
y_proba = log_reg.predict_proba(X_new)
decision_boundary = X_new[y_proba[:, 1] >= 0.5][0, 0]

plt.plot(X_new, y_proba[:, 0], "b--", linewidth=2,
         label="Iris-Virginica가 아닐 확률")
plt.plot(X_new, y_proba[:, 1], "g-", linewidth=2, label="Iris-Virginica일 확률")
plt.plot([decision_boundary, decision_boundary], [0, 1], "k:", linewidth=2,
         label="결정 경계")
[...] # 그리드, 레이블, 축, 범례, 화살표, 샘플을 추가합니다.
plt.show()
```

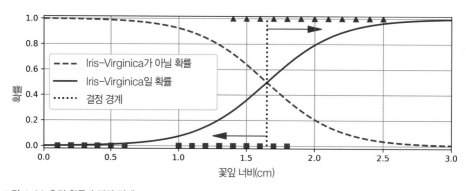

그림 4-23 추정 확률과 결정 경계

....

36 넘파이의 reshape() 함수는 한 차원을 –1로 지정할 수 있습니다. 이는 배열의 길이와 나머지 차원으로부터 값을 '자동'으로 유추하라는
   의미입니다.

Iris-Virginica(삼각형으로 표시)의 꽃잎 너비는 1.4~2.5cm에 분포합니다. 반면 다른 붓꽃(사각형으로 표시)은 일반적으로 꽃잎 너비가 더 작아 0.1~1.8cm에 분포합니다. 그래서 약간 중첩되는 부분이 있습니다. 꽃잎 너비가 2cm 이상인 꽃은 분류기가 Iris-Virginica라고 강하게 확신하며(이 클래스에 대해 높은 확률을 출력합니다). 1cm 미만이면 Iris-Virginica가 아니라고 강하게 확신합니다('Iris-Virginica 아님' 클래스에 대한 확률이 높습니다). 이 두 극단 사이에서는 분류가 확실하지 않습니다. 하지만 어쨌든 클래스를 예측하려고 하면 (predict_proba() 메서드 대신 predict() 메서드를 사용해서) 가장 가능성 높은 클래스를 반환합니다. 따라서 양쪽의 확률이 똑같이 50%가 되는 1.6cm 근방에서 결정 경계 decision boundary가 만들어집니다. 꽃잎 너비가 1.6cm보다 크면 분류기는 Iris-Virginica로 분류하고, 그보다 작으면 아니라고 예측할 것입니다(아주 확실하지 않더라도).

```
>>> decision_boundary
1.6516516516516517
>>> log_reg.predict([[1.7], [1.5]])
array([True, False])
```

[그림 4-24]는 같은 데이터셋을 보여주지만 이번에는 꽃잎 너비와 꽃잎 길이라는 두 개의 특성으로 보여줍니다. 훈련이 끝나면 로지스틱 회귀 분류기가 이 두 특성을 기반으로 새로운 꽃이 Iris-Virginica인지 확률을 추정할 수 있습니다. 점선은 모델이 50% 확률을 추정하는 지점으로, 이 모델의 결정 경계입니다. 이 경계는 선형이라는 것에 주목하세요.[37] 15%(왼쪽 아래)부터 90%(오른쪽 위)까지 나란한 직선들은 모델이 특정 확률을 출력하는 포인트를 나타냅니다. 모델은 맨 오른쪽 위의 직선을 넘는 꽃들을 90% 이상의 확률로 Iris-Virginica라고 판단할 것입니다.

---

37 이 경계는 직선 방정식 $\theta_0 + \theta_1 x_1 + \theta_2 x_2 = 0$을 만족하는 포인트 $\mathbf{x}$의 집합입니다.

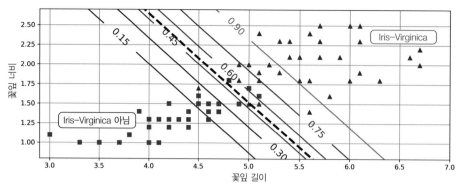

그림 4-24 선형 결정 경계

다른 선형 모델처럼 로지스틱 회귀 모델도 ℓ_1, ℓ_2 페널티를 사용하여 규제할 수 있습니다. 사이킷런은 ℓ_2 페널티를 기본으로 합니다.

> **✏️ NOTE** 사이킷런의 **LogisticRegression** 모델의 규제 강도를 조절하는 하이퍼파라미터는 (다른 선형 모델처럼) **alpha**가 아니고 그 역수에 해당하는 **C**입니다. **C**가 높을수록 모델의 규제가 줄어듭니다.

4.6.4 소프트맥스 회귀

로지스틱 회귀 모델은 (3장에서 언급한 것처럼) 여러 개의 이진 분류기를 훈련시켜 연결하지 않고 직접 다중 클래스를 지원하도록 일반화될 수 있습니다. 이를 **소프트맥스 회귀**^{softmax regression} 또는 **다항 로지스틱 회귀**^{multinomial logistic regression}라고 합니다.

개념은 매우 간단합니다. 샘플 $\mathbf{x}$가 주어지면 먼저 소프트맥스 회귀 모델이 각 클래스 k에 대한 점수 $s_k(\mathbf{x})$를 계산하고, 그 점수에 **소프트맥스 함수**^{softmax function}(또는 **정규화된 지수 함수**^{normalized exponential function})를 적용하여 각 클래스의 확률을 추정합니다. $s_k(\mathbf{x})$를 계산하는 식은 선형 회귀 예측을 위한 식과 매우 비슷해서 친숙할 것입니다(식 4-19).

식 4-19 클래스 k에 대한 <u>소프트맥스 점수</u>

$$s_k(\mathbf{x}) = \left(\boldsymbol{\theta}^{(k)}\right)^{\mathrm{T}} \mathbf{x}$$

각 클래스는 자신만의 파라미터 벡터 $\boldsymbol{\theta}^{(k)}$가 있습니다. 이 벡터들은 **파라미터 행렬**^{parameter matrix}

Θ에 행으로 저장됩니다.[38]

샘플 $\mathbf{x}$에 대해 각 클래스의 점수가 계산되면 소프트맥스 함수(식 4-20)를 통과시켜 클래스 k에 속할 확률 $\hat{p}_k$을 추정할 수 있습니다. 이 함수는 각 점수에 지수 함수를 적용한 후 정규화합니다(모든 지수 함수 결과의 합으로 나눕니다). (사실 정규화되지 않은 로그-오즈이지만) 일반적으로 이 점수를 로짓 또는 로그-오즈라고 부릅니다.

식 4-20 소프트맥스 함수

$$\hat{p}_k = \sigma\big(\mathbf{s}(\mathbf{x})\big)_k = \frac{\exp\big(s_k(\mathbf{x})\big)}{\sum_{j=1}^{K}\exp\big(s_j(\mathbf{x})\big)}$$

- K는 클래스 수입니다.
- $\mathbf{s}(\mathbf{x})$는 샘플 $\mathbf{x}$에 대한 각 클래스의 점수를 담은 벡터입니다.
- $\sigma(\mathbf{s}(\mathbf{x}))_k$는 샘플 $\mathbf{x}$에 대한 각 클래스의 점수가 주어졌을 때 이 샘플이 클래스 k에 속할 추정 확률입니다.

로지스틱 회귀 분류기와 마찬가지로 기본적으로 소프트맥스 회귀 분류기는 [식 4-21]처럼 추정 확률이 가장 높은 클래스(그냥 가장 높은 점수를 가진 클래스)를 선택합니다.

식 4-21 소프트맥스 회귀 분류기의 예측

$$\hat{y} = \underset{k}{\operatorname{argmax}}\, \sigma\big(\mathbf{s}(\mathbf{x})\big)_k = \underset{k}{\operatorname{argmax}}\, s_k(\mathbf{x}) = \underset{k}{\operatorname{argmax}}\, \Big(\big(\boldsymbol{\theta}^{(k)}\big)^{\mathrm{T}}\mathbf{x}\Big)$$

`argmax` 연산은 함수를 최대화하는 변수의 값을 반환합니다. 이 식에서는 추정 확률 $\sigma(\mathbf{s}(\mathbf{x}))_k$가 최대인 k 값을 반환합니다.

> **TIP** 소프트맥스 회귀 분류기는 한 번에 하나의 클래스만 예측합니다(즉, 다중 클래스 multiclass 지 다중 출력 multioutput은 아닙니다). 그래서 종류가 다른 붓꽃 같이 상호 배타적인 클래스에서만 사용해야 합니다. 하나의 사진에서 여러 사람의 얼굴을 인식하는 데는 사용할 수 없습니다.

모델이 어떻게 확률을 추정하고 예측을 만드는지 알았으므로 훈련 방법에 관해 살펴보겠습니다. 모델이 타깃 클래스에 대해서는 높은 확률을 (그리고 다른 클래스에 대해서는 낮은 확률을) 추정하도록 만드는 것이 목적입니다. [식 4-22]의 **크로스 엔트로피** cross entropy 비용 함수를

---

38 옮긴이_ LogisticRegression 모델의 coef_ 속성은 (클래스 수, 특성 수) 크기인 2차원 배열입니다. intercept_ 속성은 클래스 수와 크기가 같은 1차원 배열입니다.

최소화하는 것은 타깃 클래스에 대해 낮은 확률을 예측하는 모델을 억제하므로 이 목적에 부합합니다. 크로스 엔트로피는 추정된 클래스의 확률이 타깃 클래스에 얼마나 잘 맞는지 측정하는 용도로 종종 사용됩니다.

식 4-22 크로스 엔트로피 비용 함수

$$J(\Theta) = -\frac{1}{m} \sum_{i=1}^{m} \sum_{k=1}^{K} y_k^{(i)} \log\left(\hat{p}_k^{(i)}\right)$$

이 식에서 $y_k^{(i)}$는 i번째 샘플이 클래스 k에 속할 타깃 확률입니다. 일반적으로 샘플이 클래스에 속하는지 아닌지에 따라 1 또는 0이 됩니다.

딱 두 개의 클래스가 있을 때($K = 2$) 이 비용 함수는 로지스틱 회귀의 비용 함수와 같습니다 ([식 4-17]의 로그 손실).

크로스 엔트로피

크로스 엔트로피는 원래 클로드 섀넌의 **정보 이론**information theory에서 유래했습니다. 매일 날씨 정보를 효율적으로 전달하려 한다고 가정합시다. 8가지 정보(맑음, 비 등)가 있다면 $2^3 = 8$ 이므로 이 선택 사항을 3비트로 인코딩할 수 있습니다. 그러나 거의 대부분의 날이 맑음이라면 '맑음'을 하나의 비트(0)로 인코딩하고 다른 일곱 개의 선택 사항을 (1로 시작하는) 4비트로 표현하는 것이 효율적입니다. 크로스 엔트로피는 선택 사항마다 전송한 평균 비트 수를 측정합니다. 날씨에 대한 가정이 완벽하면 크로스 엔트로피는 날씨 자체의 엔트로피와 동일할 것입니다(예측 불가능한 고유 성질입니다). 하지만 이런 가정이 틀렸다면(즉, 비가 자주 온다면) 크로스 엔트로피는 **쿨백–라이블러 발산**Kullback–Leibler divergence이라 불리는 양만큼 커질 것입니다.[39]

두 확률 분포 p와 q 사이의 크로스 엔트로피는 $H(p,q) = -\sum_x p(x) \log q(x)$로 정의됩니다

---

39 옮긴이_ 맑음은 1비트, 다른 날씨는 4비트로 전송된다고 할 때 맑은 날의 비율이 80%라면 평균 전송 비트 수는 1.6이 됩니다(기본값인 solver="lbfgs"를 사용한다고 가정했을 때). 하지만 맑은 날의 비율이 50%라면 평균 전송 비트 수는 2.5로 늘어납니다. 이 두 엔트로피의 차이가 이상적인 확률 분포와 이에 근사하는 확률 분포 사이의 차이를 나타내는 쿨백–라이블러 발산입니다. 이와 비슷한 예가 구글 브레인 팀의 머신러닝 연구원인 크리스토퍼 올라(Christopher Olah)의 블로그에 자세하게 나와 있습니다(http://colah.github.io/posts/2015-09-Visual-Information/).

(분포가 이산적일 때).[40] 조금 더 자세한 내용은 필자가 만든 동영상을 참고하세요(*https://homl.info/xentropy*).

이 비용 함수의 $\theta^{(k)}$에 대한 그레이디언트 벡터는 [식 4-23]과 같습니다.

식 4-23 클래스 k에 대한 크로스 엔트로피의 그레이디언트 벡터

$$\nabla_{\theta^{(k)}} J(\Theta) = \frac{1}{m} \sum_{i=1}^{m} \left(\hat{p}_k^{(i)} - y_k^{(i)} \right) \mathbf{x}^{(i)}$$

이제 각 클래스에 대한 그레이디언트 벡터를 계산할 수 있으므로 비용 함수를 최소화하기 위한 파라미터 행렬 Θ를 찾기 위해 경사 하강법(또는 다른 최적화 알고리즘)을 사용할 수 있습니다.

소프트맥스 회귀를 사용해 붓꽃을 세 개의 클래스로 분류해보겠습니다. 사이킷런의 Logistic Regression은 클래스가 둘 이상일 때 자동으로 소프트맥스 회귀를 사용합니다. multi_class 매개변수를 "multinomial"로 바꾸면 소프트맥스 회귀를 사용할 수 있습니다. 소프트맥스 회귀를 사용하려면 solver 매개변수에 "lbfgs"와 같이 소프트맥스 회귀를 지원하는 알고리즘을 지정해야 합니다(자세한 내용은 사이킷런의 온라인 문서를 참고하세요).[41] 또한 기본적으로 앞서 언급한 하이퍼파라미터 C를 사용하여 조절할 수 있는 ℓ_2 규제가 적용됩니다.

```
X = iris.data[["petal length (cm)", "petal width (cm)"]].values
y = iris["target"]
X_train, X_test, y_train, y_test = train_test_split(X, y, random_state=42)

softmax_reg = LogisticRegression(C=30, random_state=42)
softmax_reg.fit(X_train, y_train)
```

꽃잎의 길이가 5cm, 너비가 2cm인 붓꽃을 발견했다고 가정하고 이 붓꽃의 품종이 무엇인지

---

40 옮긴이_ [식 15-1]의 쿨백-라이블러 발산 공식에 크로스 엔트로피 식을 적용하면 크로스 엔트로피는 고유 엔트로피와 쿨백-라이블러 발산의 합임을 알 수 있습니다.

41 옮긴이_ BFGS 알고리즘은 연구자들의 이름을 따서 Broyden-Fletcher-Goldfarb-Shanno 알고리즘이라고도 부르는 의사 뉴턴 메서드(quasi-Newton method) 중 하나입니다. L-BFGS(Limited-memory BFGS)는 BFGS 알고리즘을 제한된 메모리 공간에서 구현한 것으로 머신러닝 분야에서 널리 사용됩니다. 이 외에 뉴턴 켤레 기울기법(Newton conjugate gradient)인 newton-cg와 확률적 평균 경사 하강법인 sag가 소프트맥스 회귀를 사용합니다. 이 세 알고리즘은 ℓ_1 규제를 지원하지 않습니다. 0.19 버전에 추가된 saga가 ℓ_1, ℓ_2 규제를 지원하며 대규모 데이터셋에 가장 적합합니다.

모델에 질의하면 96%의 확률로 클래스 2에 해당하는 Iris-Virginica(또는 4% 확률로 Iris-Versicolor)를 출력할 것입니다.

```
>>> softmax_reg.predict([[5, 2]])
array([2])
>>> softmax_reg.predict_proba([[5, 2]]).round(2)
array([[0.  , 0.04, 0.96]])
```

[그림 4-25]는 만들어진 결정 경계를 배경색으로 구분하여 나타내고 있습니다. 클래스 사이의 결정 경계가 모두 선형입니다. 또한 Iris-Versicolor 클래스에 대한 확률을 곡선으로 나타냈습니다(즉, 0.30인 직선은 30% 확률 경계를 나타냅니다). 이 모델이 추정 확률 50% 이하인 클래스를 예측할 수도 있다는 점을 주목하세요. 예를 들어 모든 결정 경계가 만나는 지점에서는 모든 클래스가 동일하게 33%의 추정 확률을 가집니다.

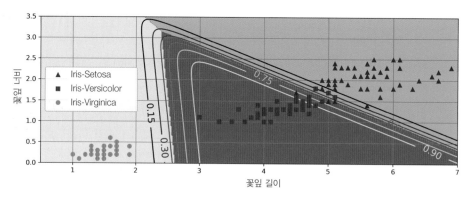

그림 4-25 소프트맥스 회귀 결정 경계

이 장에서는 회귀와 분류를 위해 선형 모델을 훈련하는 다양한 방법을 배웠습니다. 선형 회귀를 풀기 위해 정규 방정식과 경사 하강법을 사용했으며, 훈련 중에 모델을 규제하기 위해 비용함수에 다양한 페널티를 추가하는 방법을 배웠습니다. 그 과정에서 학습 곡선을 그리고 분석하는 방법과 조기 종료를 구현하는 방법도 배웠습니다. 마지막으로 로지스틱 회귀와 소프트맥스 회귀가 어떻게 작동하는지 배웠습니다. 첫 번째 머신러닝 블랙박스를 열었습니다! 다음 장에서는 서포트 벡터 머신을 시작으로 더 많은 블랙박스를 열어보겠습니다.

연습문제

① 수백만 개의 특성을 가진 훈련 세트에서는 어떤 선형 회귀 알고리즘을 사용할 수 있을까요?

② 훈련 세트에 있는 특성들이 서로 다른 스케일을 가지고 있습니다. 이런 데이터에 잘 작동하지 않는 알고리즘은 무엇일까요? 그 이유는 무엇일까요? 이 문제를 어떻게 해결할 수 있을까요?

③ 경사 하강법으로 로지스틱 회귀 모델을 훈련시킬 때 지역 최솟값에 갇힐 가능성이 있을까요?

④ 충분히 오랫동안 실행하면 모든 경사 하강법 알고리즘이 같은 모델을 만들어낼까요?

⑤ 배치 경사 하강법을 사용하고 에포크마다 검증 오차를 그래프로 나타내봤습니다. 검증 오차가 일정하게 상승하고 있다면 어떤 일이 일어나고 있는 걸까요? 이 문제를 어떻게 해결할 수 있나요?

⑥ 검증 오차가 상승하면 미니배치 경사 하강법을 즉시 중단하는 것이 좋은 방법인가요?

⑦ (우리가 언급한 것 중에서) 어떤 경사 하강법 알고리즘이 가장 빠르게 최적 솔루션에 근접해질까요? 실제로 수렴하는 것은 어떤 것인가요? 다른 방법들도 수렴하게 만들 수 있나요?

⑧ 다항 회귀를 사용했을 때 학습 곡선을 보니 훈련 오차와 검증 오차 사이에 간격이 큽니다. 무슨 일이 생긴 걸까요? 이 문제를 해결하는 세 가지 방법은 무엇인가요?

⑨ 릿지 회귀를 사용했을 때 훈련 오차와 검증 오차가 거의 비슷하고 둘 다 높았습니다. 이 모델에는 높은 편향이 문제인가요, 아니면 높은 분산이 문제인가요? 규제 하이퍼파라미터 α를 증가시켜야 할까요, 아니면 줄여야 할까요?

⑩ 다음과 같이 사용해야 하는 이유는 무엇인가요?

　a 평범한 선형 회귀(즉, 아무런 규제가 없는 모델) 대신 릿지 회귀

　b 릿지 회귀 대신 라쏘 회귀

　c 라쏘 회귀 대신 엘라스틱넷 회귀

⑪ 사진을 낮과 밤, 실내와 실외로 분류하려 합니다. 두 개의 로지스틱 회귀 분류기를 만들어야 할까요, 아니면 하나의 소프트맥스 회귀 분류기를 만들어야 할까요?

⑫ 사이킷런을 사용하지 않고 넘파이만 사용하여 조기 종료를 사용한 배치 경사 하강법으로 소프트맥스 회귀를 구현해보세요. 이를 붓꽃 데이터셋 같은 분류 작업에 사용해보세요.

연습문제의 정답은 〈부록 A〉에 있습니다.

## 5장

서포트 벡터 머신

서포트 벡터 머신^{support vector machine}(SVM)은 매우 강력할 뿐만 아니라 선형이나 비선형 분류, 회귀, 특이치 탐지에도 사용할 수 있는 다목적 머신러닝 모델입니다. SVM은 중소규모의 비선형 데이터셋(⑩ 수백에서 수천 개의 샘플), 특히 분류 작업에서 빛을 발합니다. 그러나 (앞으로 보겠지만) 매우 큰 데이터셋으로는 잘 확장되지 않습니다.

이 장에서는 SVM의 핵심 개념을 설명하고 사용법과 작동 원리를 살펴보겠습니다. 그럼 바로 시작해보죠!

5.1 선형 SVM 분류

SVM의 기본 아이디어는 그림으로 설명하는 것이 가장 좋습니다. 4장 끝에서 소개한 붓꽃 데이터셋의 일부를 나타낸 [그림 5-1]을 보면 두 클래스가 직선으로 확실히 잘 나뉘어 있습니다 (**선형적으로 구분**됩니다). 왼쪽 그래프에 세 개의 선형 분류기에서 만들어진 결정 경계가 보입니다.[1] 점선으로 나타난 결정 경계를 만든 모델은 클래스를 적절하게 분류하지 못하고 있습니다. 다른 두 모델은 훈련 세트에 대해 완벽하게 작동합니다. 하지만 결정 경계가 샘플에 너무 가까워 새로운 샘플에 대해서는 잘 작동하지 않을 것입니다. 오른쪽 그래프에 있는 실선은 SVM 분류기의 결정 경계입니다. 이 직선은 두 개의 클래스를 나누고 있을 뿐만 아니라 제일 가까운

---

1   옮긴이_ 왼쪽 그래프의 결정 경계는 설명을 위해 임의의 직선을 그은 것입니다.

훈련 샘플로부터 가능한 한 멀리 떨어져 있습니다. 즉, SVM 분류기를 클래스 사이에 가장 폭이 넓은 도로를 찾는 것으로 생각할 수 있습니다. 그래서 **라지 마진 분류**^{large margin classification}라고 합니다.

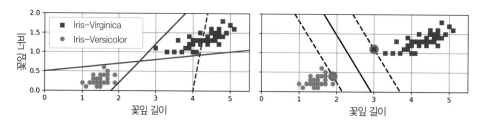

그림 5-1 라지 마진 분류

도로 바깥쪽에 훈련 샘플을 더 추가해도 결정 경계에는 전혀 영향을 미치지 않습니다. 도로 경계에 위치한 샘플에 의해 전적으로 결정됩니다(샘플에 의지합니다). 이런 샘플을 **서포트 벡터**^{support vector}라고 합니다([그림 5-1]의 오른쪽 그래프에 회색 동그라미로 표시했습니다).

> **! CAUTION** SVM은 특성의 스케일에 민감합니다. [그림 5-2]의 왼쪽 그래프에서는 수직축의 스케일이 수평축의 스케일보다 훨씬 커서 가장 넓은 도로가 거의 수평에 가깝게 됩니다. 특성의 스케일을 조정하면 **(C)** 사이킷런의 **StandardScaler**를 사용하여) 결정 경계가 훨씬 좋아집니다(오른쪽 그래프).

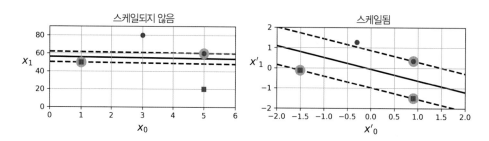

그림 5-2 특성 스케일에 따른 민감성

5.1.1 소프트 마진 분류

모든 샘플이 도로 바깥쪽에 올바르게 분류되어 있다면 이를 **하드 마진 분류**^{hard margin classification}라
고 합니다. 하드 마진 분류에는 두 가지 문제점이 있습니다. 데이터가 선형적으로 구분될 수 있
어야 제대로 작동하며 이상치에 민감합니다. [그림 5-3]은 이상치가 하나 있는 붓꽃 데이터셋
을 나타낸 것입니다. 왼쪽 그래프에서는 하드 마진을 찾을 수 없습니다. 오른쪽 그래프의 결정
경계는 이상치가 없는 [그림 5-1]의 결정 경계와 매우 다르고 모델이 잘 일반화될 것 같지 않습
니다.[2]

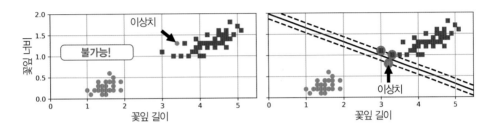

그림 5-3 이상치에 민감한 하드 마진

이런 문제를 피하려면 좀 더 유연한 모델이 필요합니다. 도로의 폭을 가능한 한 넓게 유지하는
것과 **마진 오류**^{margin violation}(샘플이 도로 중간이나 심지어 반대쪽에 있는 경우) 사이에 적절한
균형을 잡아야 합니다. 이를 **소프트 마진 분류**^{soft margin classification}라고 합니다.

사이킷런의 SVM 모델을 만들 때 규제 하이퍼파라미터 C를 포함하여 여러 하이퍼파라미터를
지정할 수 있습니다. 이를 낮게 설정하면 [그림 5-4]의 왼쪽 그래프와 같은 모델을 만듭니다.
높게 설정하면 오른쪽과 같은 모델을 얻습니다. 여기서 볼 수 있듯 C를 줄이면 도로가 더 커지
지만 더 많은 마진 오류가 발생합니다. 다른 말로 하면, C를 줄이면 도로를 지지하는 샘플이 더
많아지므로 과대적합의 위험이 줄어듭니다. 그러나 너무 많이 줄이면 이 경우처럼 모델이 과소
적합됩니다. 즉, C=100인 모델이 C=1인 모델보다 더 잘 일반화될 것 같습니다.

---

2 옮긴이_ [그림 5-3]의 왼쪽과 오른쪽 그래프에 있는 이상치는 설명을 위해 임의로 추가한 것입니다.

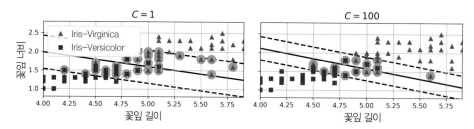

그림 5-4 넓은 마진(왼쪽) vs. 적은 마진 오류(오른쪽)

TIP SVM 모델이 과대적합이라면 C를 감소시켜 모델을 규제할 수 있습니다.

다음 사이킷런 코드는 붓꽃 데이터셋을 적재하고, Iris-Virginia 품종을 감지하기 위해 선형 SVM 모델을 훈련시킵니다. 이 파이프라인은 먼저 특성의 스케일을 변경한 다음 C=1인 LinearSVC를 사용합니다.

```
from sklearn.datasets import load_iris
from sklearn.pipeline import make_pipeline
from sklearn.preprocessing import StandardScaler
from sklearn.svm import LinearSVC

iris = load_iris(as_frame=True)
X = iris.data[["petal length (cm)", "petal width (cm)"]].values
y = (iris.target == 2) # Iris-Virginica

svm_clf = make_pipeline(StandardScaler(),
                        LinearSVC(C=1, random_state=42))
svm_clf.fit(X, y)
```

[그림 5-4]의 왼쪽 그래프가 이 코드로 만들어진 것입니다.

그런 다음 이전처럼 모델을 사용해 예측을 할 수 있습니다.

```
>>> X_new = [[5.5, 1.7], [5.0, 1.5]]
>>> svm_clf.predict(X_new)
array([ True, False])
```

첫 번째 꽃은 Iris-Virginica로 분류되지만 두 번째 꽃은 그렇지 않습니다. SVM이 이러한 예측을 하는 데 사용한 점수를 살펴보겠습니다. SVM 모델은 각 샘플과 결정 경계 사이의 거리

(양수 또는 음수)를 측정합니다.

```
>>> svm_clf.decision_function(X_new)
array([ 0.66163411, -0.22036063])
```

로지스틱 회귀와 달리 LinearSVC에는 클래스 확률을 추정하는 predict_proba() 메서드가 없습니다. LinearSVC 대신 (곧 설명할) SVC 클래스를 사용하고 probability 매개변수를 True로 설정하면 훈련이 끝날 때 SVM 결정 함수 점수를 추정 확률에 매핑하기 위해 추가적인 모델을 훈련합니다. 이렇게 하려면 5-폴드 교차 검증을 사용하여 훈련 세트의 모든 샘플에 대해 표본 외 예측을 생성한 다음 로지스틱 회귀 모델을 훈련해야 하므로 훈련 속도가 상당히 느려집니다. 그런 다음 predict_proba() 및 predict_log_proba() 메서드를 사용할 수 있습니다.

5.2 비선형 SVM 분류

선형 SVM 분류기는 효율적이며 아주 잘 작동하지만 선형적으로 분류할 수 없는 데이터셋이 많습니다. 비선형 데이터셋을 다루는 한 가지 방법은 (4장에서처럼) 다항 특성과 같은 특성을 더 추가하는 것입니다. 이렇게 하면 선형적으로 구분되는 데이터셋이 만들어질 수 있습니다. [그림 5-5]의 왼쪽 그래프는 하나의 특성 x_1만을 가진 간단한 데이터셋을 나타냅니다. 그림에서 볼 수 있듯이 이 데이터셋은 선형적으로 구분할 수 없습니다. 하지만 두 번째 특성 $x_2 = (x_1)^2$을 추가하여 만들어진 2차원 데이터셋은 완벽하게 선형적으로 구분할 수 있습니다.

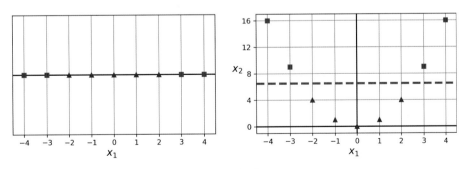

그림 5-5 특성을 추가하여 선형적으로 구분되는 데이터셋 만들기

사이킷런을 사용하여 이를 구현하기 위해 (⟨4.3 다항 회귀⟩에서 소개한) PolynomialFeatures 변환기와 StandardScaler, LinearSVC를 연결하여 파이프라인을 만듭니다. 이를 moons 데이터셋에 적용해보겠습니다. 이 데이터셋은 마주보는 두 개의 초승달 모양으로 데이터 포인트가 놓여 있는 이진 분류를 위한 작은 데이터셋입니다(그림 5-6). make_moons() 함수를 사용해 이 데이터셋을 만들 수 있습니다.

```python
from sklearn.datasets import make_moons
from sklearn.preprocessing import PolynomialFeatures

X, y = make_moons(n_samples=100, noise=0.15, random_state=42)

polynomial_svm_clf = make_pipeline(
    PolynomialFeatures(degree=3),
    StandardScaler(),
    LinearSVC(C=10, max_iter=10_000, random_state=42)
)
polynomial_svm_clf.fit(X, y)
```

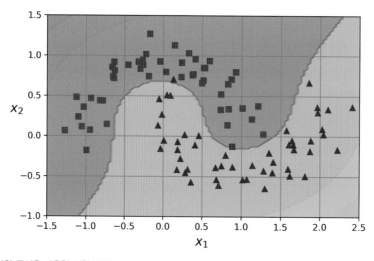

그림 5-6 다항 특성을 사용한 선형 SVM 분류기

5.2.1 다항식 커널

다항 특성을 추가하는 것은 간단하고 (SVM뿐만 아니라) 모든 머신러닝 알고리즘에서 잘 작동합니다. 하지만 낮은 차수의 다항식은 매우 복잡한 데이터셋을 잘 표현하지 못하고 높은 차수의 다항식은 굉장히 많은 특성을 추가하므로 모델을 느리게 만듭니다.

다행히도 SVM을 사용할 땐 **커널 트릭**^{kernel trick}이라는 거의 기적에 가까운 수학적 기교를 적용할 수 있습니다(이 장의 후반부에서 설명하겠습니다). 커널 트릭은 실제로는 특성을 추가하지 않으면서 매우 높은 차수의 다항 특성을 많이 추가한 것과 같은 결과를 얻게 해줍니다. 사실 어떤 특성도 추가하지 않기 때문에 엄청난 수의 특성 조합이 생기지 않습니다. 이 기법은 SVC 파이썬 클래스에 구현되어 있습니다. moons 데이터셋으로 테스트해보겠습니다.

```python
from sklearn.svm import SVC

poly_kernel_svm_clf = make_pipeline(StandardScaler(),
                                    SVC(kernel="poly", degree=3, coef0=1, C=5))
poly_kernel_svm_clf.fit(X, y)
```

이 코드는 3차 다항식 커널을 사용해 SVM 분류기를 훈련시킵니다. 결과는 [그림 5-7]의 왼쪽에 나타냈습니다. 오른쪽 그래프는 10차 다항식 커널을 사용한 또 다른 SVM 분류기입니다. 모델이 과대적합이라면 다항식의 차수를 줄여야 합니다. 반대로 과소적합이라면 차수를 늘려야 합니다. 매개변수 coef0은 모델이 높은 차수와 낮은 차수에 얼마나 영향을 받을지 조절합니다.[3]

> **TIP** 하이퍼파라미터는 일반적으로 자동으로(⑩ 랜덤 서치로) 튜닝됩니다. 하지만 각 하이퍼파라미터가 실제로 어떤 기능을 하는지, 다른 하이퍼파라미터와 어떻게 상호 작용할 수 있는지 파악하는 것이 좋습니다. 이렇게 하면 탐색 범위를 훨씬 더 좁힐 수 있기 때문입니다.

---

3 옮긴이_ coef0 매개변수는 [식 5-10]의 다항식 커널에 있는 상수항 *r*입니다. 다항식 커널은 차수가 높아질수록 1보다 작은 값과 1보다 큰 값의 차이가 크게 벌어지므로 coef0을 적절한 값으로 지정하면 고차항의 영향을 줄일 수 있습니다. coef0의 기본값은 0입니다.

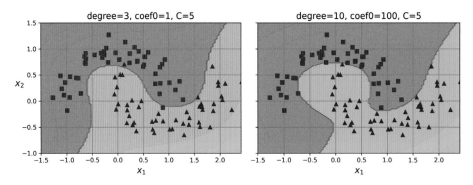

그림 5-7 다항식 커널을 사용한 SVM 분류기

5.2.2 유사도 특성

비선형 특성을 다루는 또 다른 기법은 2장에서 지리적 유사도 특성을 추가했던 것처럼 각 샘플이 특정 **랜드마크**와 얼마나 닮았는지 측정하는 **유사도 함수**^{similarity function}로 계산한 특성을 추가하는 것입니다. 앞에서 본 1차원 데이터셋에 두 개의 랜드마크 $x_1 = -2$와 $x_1 = 1$을 추가하고([그림 5-8]의 왼쪽 그래프) $\gamma = 0.3$인 가우스 **방사 기저 함수**^{radial basis function}(RBF)를 유사도 함수로 정의하겠습니다. 이 함수의 값은 0(랜드마크에서 아주 멀리 떨어진 경우)부터 1(랜드마크와 같은 위치인 경우)까지 변화하며 종 모양으로 나타납니다.

이제 새로운 특성을 만들 준비가 되었습니다. 예를 들어 $x_1 = -1$ 샘플을 살펴봅시다. 이 샘플은 첫 번째 랜드마크에서 1만큼 떨어져 있고 두 번째 랜드마크에서 2만큼 떨어져 있습니다. 그러므로 새로 만든 특성은 $x_2 = \exp(-0.3 \times 1^2) \approx 0.74$와 $x_3 = \exp(-0.3 \times 2^2) \approx 0.30$입니다. [그림 5-8]의 오른쪽 그래프는 변환된 데이터셋을 보여줍니다(원본 특성은 뺐습니다). 그림에서 볼 수 있듯이 이제 선형적으로 구분이 가능합니다.[4]

---

4 옮긴이_ [그림 5-8]의 왼쪽 그래프에서 사각형으로 표시된 샘플은 두 개의 랜드마크 중 적어도 하나와 멀리 떨어져 있으므로 오른쪽 그래프에서 새로 만들어진 특성에서 이 샘플들은 0에 아주 가깝게 나타납니다.

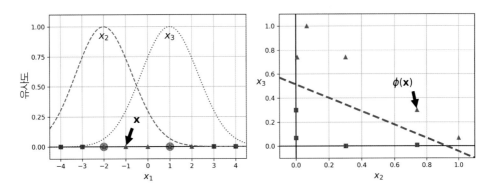

그림 5-8 가우스 RBF를 사용한 유사도 특성

랜드마크를 어떻게 선택하는지 궁금할 것입니다. 간단한 방법은 데이터셋에 있는 모든 샘플 위치에 랜드마크를 설정하는 것입니다. 이렇게 하면 차원이 매우 커져 변환된 훈련 세트가 선형적으로 구분될 가능성이 높습니다. 단점은 훈련 세트에 있는 n개의 특성을 가진 m개의 샘플이 m개의 특성을 가진 m개의 샘플로 변환된다는 것입니다(원본 특성은 제외한다고 가정합니다). 훈련 세트가 매우 클 경우 동일한 크기의 아주 많은 특성이 만들어집니다.

5.2.3 가우스 RBF 커널

다항 특성 방식과 마찬가지로 유사도 특성 방식도 머신러닝 알고리즘에 유용하게 사용될 수 있습니다. 추가 특성을 모두 계산하려면 (특히 훈련 세트가 큰 경우에) 연산 비용이 많이 듭니다. 여기에서 커널 트릭이 한 번 더 SVM의 마법을 만듭니다. 커널 트릭을 사용해 유사도 특성을 많이 추가하는 것과 같은 비슷한 결과를 얻을 수 있습니다. 가우스 RBF 커널을 사용한 SVC 모델을 시도해보겠습니다.

```
rbf_kernel_svm_clf = make_pipeline(StandardScaler(),
                                    SVC(kernel="rbf", gamma=5, C=0.001))
rbf_kernel_svm_clf.fit(X, y)
```

[그림 5-9]의 왼쪽 아래 그래프에 이 모델을 나타냈습니다. 다른 그래프들은 하이퍼파라미터 gamma와 C를 바꾸어 훈련시킨 모델입니다. gamma를 증가시키면 종 모양 그래프가 좁아져서

([그림 5-8]의 왼쪽 그래프를 참고하세요) 각 샘플의 영향 범위가 작아집니다. 결정 경계가 조금 더 불규칙해지고 각 샘플을 따라 구불구불하게 휘어집니다. 반대로 작은 gamma 값은 넓은 종 모양 그래프를 만들며 샘플이 넓은 범위에 걸쳐 영향을 주므로 결정 경계가 더 부드러워집니다. 결국 하이퍼파라미터 γ가 규제의 역할을 합니다. 모델이 과대적합일 경우엔 감소시켜야 하고 과소적합일 경우엔 증가시켜야 합니다(하이퍼파라미터 C와 비슷합니다[5]).

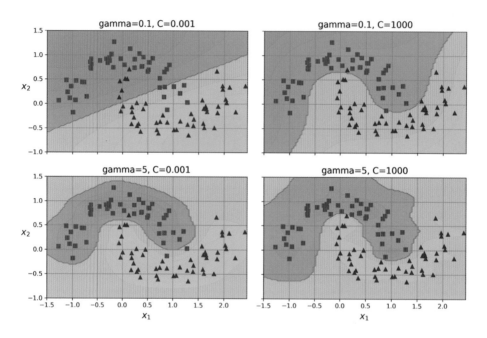

그림 5-9 RBF 커널을 사용한 SVM 분류기

다른 커널도 있지만 거의 사용되지 않습니다. 어떤 커널은 특정 데이터 구조에 특화되어 있습니다. **문자열 커널**^{string kernel}이 가끔 텍스트 문서나 DNA 서열을 분류할 때 사용됩니다(📄 **문자열 서브시퀀스 커널**^{string subsequence kernel}이나 **레벤슈타인 거리**^{Levenshtein distance} 기반의 커널).[6]

---

5 옮긴이_ 따라서 모델의 복잡도를 조절하려면 gamma와 C 하이퍼파라미터를 함께 조절하는 것이 좋습니다.

6 옮긴이_ 문자열 커널은 두 문자열의 유사도를 비교하는 함수로 생각할 수 있습니다. 서브시퀀스는 연속되지 않더라도 순서대로 나열되는 모든 경우를 고려하여 거리를 측정합니다. 즉, "ac"는 "abc"의 서브시퀀스입니다. 이는 로디(Lodhi) 등이 쓴 「Text Classification using String Kernels」(https://goo.gl/6eb3f2)에 소개되었습니다. 레벤슈타인 거리는 한 문자열이 다른 문자열과 같아지기 위해 필요한 추가, 삭제, 수정의 횟수로, 이 기법을 연구한 러시아 과학자 블라디미르 레벤슈타인(Vladimir Levenshtein)의 이름에서 따왔습니다. 사이킷런에서는 문자열 커널을 지원하지 않지만 직접 커널 함수를 만들어 SVC의 kernel 매개변수에 함수 객체를 인수로 전달할 수 있습니다.

TIP 여러 가지 커널 중 어떤 것을 사용해야 할까요? 경험적으로 봤을 때 언제나 선형 커널을 가장 먼저 시도해야 합니다(LinearSVC가 SVC(kernel="linear")보다 훨씬 빠르다는 것을 기억하세요). 특히 훈련 세트가 아주 큰 경우에 그렇습니다. 훈련 세트가 너무 크지 않다면 가우스 RBF 커널도 시도해보면 좋습니다. 많은 경우 이 커널이 잘 들어맞습니다. 시간과 컴퓨팅 성능이 충분하다면 교차 검증과 하이퍼파라미터 탐색을 사용해 다른 커널도 좀 더 시도해볼 수 있습니다. 특히 훈련 데이터의 구조에 특화된 커널이 있다면 해당 커널을 테스트해보세요.

5.2.4 계산 복잡도

LinearSVC 파이썬 클래스는 선형 SVM을 위한 최적화된 알고리즘[7]을 구현한 liblinear 라이브러리를 기반으로 합니다. 이 라이브러리는 커널 트릭을 지원하지 않지만 훈련 샘플과 특성 수에 거의 선형적으로 늘어납니다. 이 알고리즘의 훈련 시간 복잡도는 대략 $O(m \times n)$ 정도입니다. 정밀도를 높이면 알고리즘의 수행 시간이 길어집니다. 이는 허용 오차 하이퍼파라미터 ε으로 조절합니다(사이킷런에서는 매개변수 tol입니다). 대부분의 분류 문제는 허용 오차를 기본값으로 두면 잘 작동합니다.[8]

SVC는 커널 트릭 알고리즘[9]을 구현한 libsvm 라이브러리[10]를 기반으로 합니다. 훈련의 시간 복잡도는 보통 $O(m^2 \times n)$과 $O(m^3 \times n)$ 사이입니다. 불행하게도 이는 훈련 샘플 수가 커지면 (**CI** 수십만 개 샘플) 엄청나게 느려진다는 것을 의미합니다. 따라서 중소규모의 비선형 훈련 세트에 이 알고리즘이 잘 맞습니다. 하지만 특성의 수에 대해서는, 특히 **희소 특성**sparse feature(각 샘플에 0이 아닌 특성이 몇 개 없는 경우)인 경우에는 잘 확장됩니다. 이런 경우 알고리즘의 성능이 샘플이 가진 0이 아닌 특성의 평균 수에 거의 비례합니다.

SGDClassifier 클래스는 기본적으로 라지 마진 분류를 수행하며 하이퍼파라미터, 특히 규제 하이퍼파라미터(alpha 및 penalty)와 learning_rate를 조정하여 선형 SVM과 유사한 결과를 생성할 수 있습니다. 훈련을 위해 점진적 학습이 가능하고 메모리를 거의 사용하지 않는 확

---

7 Chih-Jen Lin et al., "A Dual Coordinate Descent Method for Large-Scale Linear SVM," Proceedings of the 25th International Conference on Machine Learning (2008): 408 – 415. *https://homl.info/13*

8 옮긴이_ SVC의 tol 매개변수 기본값은 0.001이고 LinearSVC의 tol 매개변수 기본값은 0.0001입니다.

9 John Platt, "Sequential Minimal Optimization: A Fast Algorithm for Training Support Vector Machines" (Microsoft Research technical report, April 21, 1998), *https://www.microsoft.com/en-us/research/wp-content/uploads/2016/02/tr-98-14.pdf. https://homl.info/14*

10 옮긴이_ liblinear와 libsvm은 국립타이완대학교 컴퓨터과학부의 린 치젠(Lin Chih-Jen) 교수 팀에서 개발했으며 가장 널리 사용되는 SVM 라이브러리입니다.

률적 경사 하강법(4장 참고)을 사용하므로 RAM에 맞지 않는 대규모 데이터셋(즉, 외부 메모리 학습)에서 모델을 훈련할 수 있습니다. 또한 계산 복잡도가 $O(m \times n)$이므로 확장성이 매우 뛰어납니다. [표 5-1]은 사이킷런의 SVM 분류 클래스를 비교한 것입니다.

표 5-1 SVM 분류를 위한 사이킷런 파이썬 클래스 비교

파이썬 클래스	시간 복잡도	외부 메모리 학습 지원	스케일 조정의 필요성	커널 트릭
LinearSVC	$O(m \times n)$	아니오	예	아니오
SVC	$O(m^2 \times n) \sim O(m^3 \times n)$	아니오	예	예
SGDClassifier	$O(m \times n)$	예	예	아니오

이제 SVM 알고리즘을 선형 및 비선형 회귀에 어떻게 사용할 수 있는지 알아보겠습니다.

5.3 SVM 회귀

SVM을 분류가 아니라 회귀에 적용하는 방법은 목표를 조금 바꾸는 것입니다. 일정한 마진 오류 안에서 두 클래스 간의 도로 폭이 가능한 한 최대가 되도록 하는 대신, SVM 회귀는 제한된 마진 오류(즉, 도로 밖의 샘플) 안에서 도로 안에 가능한 한 많은 샘플이 들어가도록 학습합니다. 도로의 폭은 하이퍼파라미터 ε으로 조절합니다.[11] [그림 5-10]은 랜덤으로 생성한 선형 데이터셋에 훈련시킨 두 개의 선형 SVM 회귀 모델을 보여줍니다. 하나는 마진을 작게($\varepsilon = 0.5$), 다른 하나는 마진을 크게($\varepsilon = 1.2$) 만들었습니다.

---

11 옮긴이_ 허용 오차를 설명할 때 나온 하이퍼파라미터 ε과 혼동하지 마세요. SVM 회귀 모델인 SVR과 LinearSVR에서 허용 오차는 tol 매개변수, 도로의 폭은 epsilon 매개변수로 지정됩니다. SVR과 LinearSVR의 tol 매개변수의 기본값은 SVC, LinearSVC와 마찬가지로 각각 0.001, 0.0001입니다.

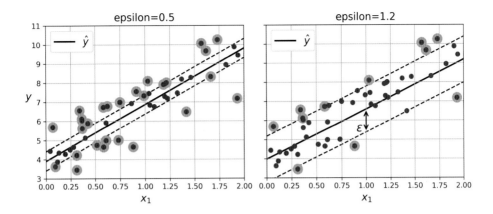

그림 5-10 SVM 회귀

ε을 줄이면 서포트 벡터의 수가 늘어나서 모델이 규제됩니다. 마진 안에서는 훈련 샘플이 추가되어도 모델의 예측에는 영향이 없습니다. 그래서 이 모델을 ε**에 민감하지 않다**[e-insensitive]고 말합니다.

사이킷런의 LinearSVR을 사용해 선형 SVM 회귀를 적용해보겠습니다. 다음 코드는 [그림 5-10]의 왼쪽 그래프에 해당하는 모델을 만듭니다.

```
from sklearn.svm import LinearSVR

X, y = [...] # 선형 데이터셋
svm_reg = make_pipeline(StandardScaler(),
                        LinearSVR(epsilon=0.5, random_state=42))
svm_reg.fit(X, y)
```

비선형 회귀 작업을 처리하려면 커널 SVM 모델을 사용합니다. [그림 5-11]은 임의의 2차 방정식 형태의 훈련 세트에 2차 다항 커널을 사용한 SVM 회귀를 보여줍니다. 왼쪽 그래프는 규제가 약간 있고(작은 C), 오른쪽 그래프는 규제가 훨씬 적습니다(큰 C).

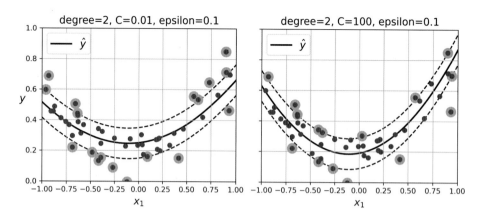

그림 5-11 2차 다항 커널을 사용한 SVM 회귀

다음 코드는 (커널 트릭을 제공하는) 사이킷런의 **SVR**을 사용해 [그림 5-11]의 왼쪽 그래프에 해당하는 모델을 만듭니다.

```
from sklearn.svm import SVR

X, y = [...] # 2차 방정식 데이터셋
svm_poly_reg = make_pipeline(StandardScaler(),
                             SVR(kernel="poly", degree=2, C=0.01, epsilon=0.1))
svm_poly_reg.fit(X, y)
```

SVR은 SVC의 회귀 버전이고 LinearSVR은 LinearSVC의 회귀 버전입니다. LinearSVR은 (LinearSVC처럼) 필요한 시간이 훈련 세트의 크기에 비례해서 선형적으로 늘어납니다. 하지만 SVR은 (SVC처럼) 훈련 세트가 커지면 훨씬 느려집니다.

> **NOTE** 9장에서 보겠지만 SVM을 이상치 탐지에도 사용할 수 있습니다. 자세한 내용은 사이킷런 문서를 참고하세요(*https://goo.gl/cqU71e*).

이 장의 나머지 부분에서는 SVM의 예측은 어떻게 이뤄지는지 그리고 SVM의 훈련 알고리즘이 어떻게 작동하는지 설명합니다. 먼저 선형 SVM 분류기부터 시작하겠습니다. 머신러닝을 처음 시작하는 독자는 이 절을 건너뛰고 연습문제로 넘어가도 좋습니다. 이 절은 나중에 SVM

에 관해 더 깊이 알고 싶을 때 다시 보면 됩니다.

5.4 SVM 이론

선형 SVM 분류기 모델은 단순히 결정 함수 $\boldsymbol{\theta}^T\mathbf{x} = \theta_0 x_0 + \cdots + \theta_n x_n$을 계산해서 새로운 샘플 $\mathbf{x}$의 클래스를 예측합니다(x_0은 편향 특성이며 항상 1입니다). 결괏값이 0보다 크면 예측된 클래스 $\hat{y}$은 양성 클래스(1)가 됩니다. 그렇지 않으면 음성 클래스(0)가 됩니다. 이는 (4장에서 본) `LogisticRegression`과 정확히 같습니다.

> ✏️ **NOTE** 지금까지는 편향 θ_0과 입력 특성 가중치 $\theta_1 \sim \theta_n$을 포함하여 모든 모델 파라미터를 하나의 벡터 $\boldsymbol{\theta}$에 넣는 관례를 사용했습니다. 이를 위해 모든 샘플에 편향 입력 $x_0 = 1$을 추가했습니다. 널리 사용되는 또 다른 관례는 편향 $b(\theta_0$과 같음)와 특성 가중치 벡터 $\mathbf{w}(\theta_1 \sim \theta_n$ 포함)를 분리하는 것입니다. 이 경우 입력 특성 벡터에 편향 특성을 추가할 필요가 없으며 선형 SVM의 결정 함수는 $\mathbf{w}^T\mathbf{x} + b = w_1 x_1 + \cdots + w_n x_n + b$ 가 됩니다. 이 책의 나머지 부분에서는 이 방식을 사용하겠습니다.

따라서 선형 SVM 분류기로 예측하는 것은 매우 간단합니다. 훈련은 어떨까요? 이를 위해서는 마진 오류 횟수를 제한하면서 도로(또는 마진)를 가능한 한 넓게 만드는 가중치 벡터 $\mathbf{w}$와 편향 b를 찾아야 합니다. 도로의 너비에서 시작해보죠. 도로의 너비를 더 넓히려면 $\mathbf{w}$를 더 작게 만들어야 합니다. [그림 5-12]와 같이 2D로 시각화하는 것이 이해하기 더 쉽습니다. 도로의 경계를 결정 함수가 −1 또는 +1인 포인트로 정의해보죠. 왼쪽 그래프에서 가중치 w_1은 1이므로 $w_1 x_1 = -1$ 또는 +1인 포인트는 $x_1 = -1$과 +1입니다. 따라서 마진의 크기는 2입니다. 오른쪽 그래프에서 가중치는 0.5이므로 $w_1 x_1 = -1$ 또는 +1인 점은 $x_1 = -2$와 +2입니다. 따라서 마진의 크기는 4입니다. 결국 $\mathbf{w}$를 가능한 한 작게 유지해야 합니다. 편향 b는 마진의 크기에 영향을 미치지 않습니다. 따라서 이 값을 조정해도 마진 크기에는 영향을 미치지 않고 위치만 이동시킵니다.

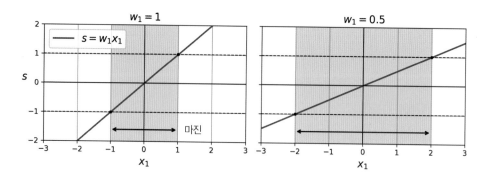

그림 5-12 가중치 벡터가 작을수록 마진은 커집니다.

마진 오류도 피하고 싶습니다. 따라서 결정 함수가 모든 양성 훈련 샘플에서는 1보다 커야 하고 음성 훈련 샘플에서는 −1보다 작아야 합니다. 음성 샘플($y^{(i)}=0$)일 때 $t^{(i)}=-1$로, 양성 샘플($y^{(i)}=1$)일 때 $t^{(i)}=1$로 정의하면 앞서 말한 제약 조건을 모든 샘플에서 $t^{(i)}(\mathbf{w}^\mathsf{T}\mathbf{x}^{(i)}+b)\geq 1$로 표현할 수 있습니다.

그러므로 하드 마진 선형 SVM 분류기의 목적 함수를 [식 5-1]의 제약이 있는 최적화^{constrained} ^{optimization} 문제로 표현할 수 있습니다.

식 5-1 하드 마진 선형 SVM 분류기의 목적 함수

$$\underset{\mathbf{w},\, b}{\text{minimize}} \ \frac{1}{2}\mathbf{w}^\mathsf{T}\mathbf{w}$$

[조건] $i = 1, 2, \cdots, m$일 때 $t^{(i)}\left(\mathbf{w}^\mathsf{T}\mathbf{x}^{(i)} + b\right) \geq 1$

> 📝 **NOTE** ($\mathbf{w}$의 노름인)$\|\mathbf{w}\|$를 최소화하는 대신 $\frac{1}{2}\|\mathbf{w}\|^2$인 $\frac{1}{2}\mathbf{w}^\mathsf{T}\mathbf{w}$를 최소화합니다. 실제로 $\frac{1}{2}\|\mathbf{w}\|^2$이 깔끔하고 간단하게 미분됩니다(미분 결과는 $\mathbf{w}$입니다). 반면 $\|\mathbf{w}\|$는 $\mathbf{w}=0$에서 미분할 수 없습니다.[12] 최적화 알고리즘은 미분할 수 있는 함수에서 잘 작동합니다.

---

12 옮긴이_ $\|\mathbf{w}\|$는 ℓ_2 노름을 말합니다. ℓ_2 노름의 미분은 원점에서 분모가 0이 되므로 도함수가 정의되지 않습니다.

소프트 마진 분류기의 목적 함수를 구성하려면 각 샘플에 대해 **슬랙 변수**slack variable $\zeta^{(i)} \geq 0$을 도입해야 합니다.[13] $\zeta^{(i)}$는 i번째 샘플이 얼마나 마진을 위반할지 정합니다. 이 문제는 두 개의 상충되는 목표를 가지고 있습니다. 마진 오류를 최소화하기 위해 가능한 한 슬랙 변수의 값을 작게 만드는 것과 마진을 크게 하기 위해 $\frac{1}{2}\mathbf{w}^{\mathsf{T}}\mathbf{w}$를 가능한 한 작게 만드는 것입니다. 여기에 하이퍼파라미터 C가 등장합니다. 이 파라미터는 두 목표 사이의 트레이드오프를 정의합니다. 결국 [식 5-2]에 있는 제약을 가진 최적화 문제가 됩니다.

식 5-2 소프트 마진 선형 SVM 분류기의 목적 함수[14]

$$\underset{\mathbf{w},\,b,\,\zeta}{\text{minimize}} \quad \frac{1}{2}\mathbf{w}^{\mathsf{T}}\mathbf{w} + C\sum_{i=1}^{m}\zeta^{(i)}$$

[조건] $i = 1, 2, \cdots, m$일 때 $\quad t^{(i)}\left(\mathbf{w}^{\mathsf{T}}\mathbf{x}^{(i)} + b\right) \geq 1 - \zeta^{(i)}$이고 $\quad \zeta^{(i)} \geq 0$

하드 마진과 소프트 마진 문제는 모두 선형적인 제약 조건이 있는 볼록 함수의 이차 최적화 문제입니다. 이런 문제를 **콰드라틱 프로그래밍**quadratic programming (QP) 문제라고 합니다. 여러 가지 기법으로 QP 문제를 푸는 알고리즘이 많이 있지만 이 책의 범위를 벗어납니다.[15]

SVM을 훈련하는 한 가지 방법은 QP 솔버QP solver를 사용하는 것입니다. 또 다른 방법은 경사 하강법을 사용하여 힌지 손실hinge loss 또는 제곱 힌지 손실squared hinge loss을 최소화하는 것입니다(그림 5-13). 양성 클래스 샘플 $\mathbf{x}$가 주어졌을 때($t = 1$) 결정 함수의 출력 s($s = \mathbf{w}^{\mathsf{T}}\mathbf{x} + b$)가 1보다 크면 손실은 0이 됩니다. 이는 샘플이 도로에서 벗어나 양성 클래스 쪽에 있는 경우입니다. 음성 클래스 샘플($t = -1$)이 주어졌을 때는 $s \leq -1$이면 손실이 0입니다. 이는 샘플이 도로에서 벗어나 음성 클래스 쪽에 있는 경우입니다. 샘플이 마진에서 반대로 멀어질수록 손실이 커집니다. 힌지 손실의 경우 선형적으로, 제곱 힌지 손실의 경우 이차 방정식으로 증가합니다. 따라서 제곱 힌지 손실은 이상치에 더 민감하게 반응합니다. 그러나 데이터셋에 이상치가 없는 경우 더 빨리 수렴하는 경향이 있습니다. 기본적으로 LinearSVC는 제

---

13 ζ(제타, zeta)는 여섯 번째 그리스 문자입니다.

14 옮긴이_ SVM 회귀를 위한 목적 함수는 분류의 경우와 조금 다릅니다. 회귀에서는 결정 경계의 양쪽으로 모든 샘플을 담기 위한 도로의 오차 폭을 두 개의 슬랙 변수 ζ, ζ^{*}라고 할 때, $y^{(i)} - \left(\mathbf{w}^{\mathsf{T}} \cdot \mathbf{x}^{(i)} + b\right) \leq \varepsilon + \zeta^{(i)}$와 $\left(\mathbf{w}^{\mathsf{T}} \cdot \mathbf{x}^{(i)} + b\right) - y^{(i)} \leq \varepsilon + \zeta^{(i)*}$ 두 조건을 만족하는 목적 함수를 구성합니다.

15 QP에 관해 더 자세히 알고 싶다면 스티븐 보이드(Stephen Boyd)와 리번 판덴베르허(Lieven Vandenberghe)의 『Convex Optimization』(영국 케임브리지 대학교, 2004)(http://goo.gl/FGXuLw)이나 리처드 브라운(Richard Brown)의 동영상 강의(http://goo.gl/rTo3Af)를 참고하세요.

곱된 힌지 손실을 사용하는 반면 SGDClassifier는 힌지 손실을 사용합니다. 두 클래스 모두 loss 하이퍼파라미터를 "hinge" 또는 "squared_hinge"로 설정하여 손실을 선택할 수 있습니다. SVC 클래스의 최적화 알고리즘은 힌지 손실을 최소화하는 것과 유사한 솔루션을 찾습니다.

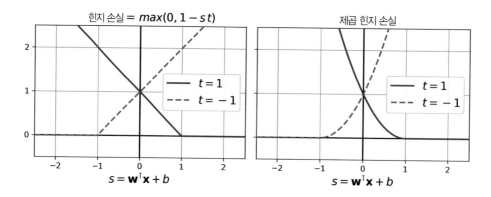

그림 5-13 힌지 손실(왼쪽)과 제곱 힌지 손실(오른쪽)

다음으로 선형 SVM 분류기를 훈련하는 또 다른 방법인 쌍대 문제를 살펴보겠습니다.

5.5 쌍대 문제

원 문제primal problem라고 하는 제약이 있는 최적화 문제가 주어지면 **쌍대 문제**dual problem라고 하는 깊게 관련된 다른 문제로 표현할 수 있습니다. 일반적으로 쌍대 문제의 해는 원 문제 해의 하한 값이지만 어떤 조건하에서는 원 문제와 똑같은 해를 제공합니다. 다행히도 SVM 문제는 이 조건을 만족시킵니다.[16] 따라서 원 문제 또는 쌍대 문제 중 하나를 선택하여 풀 수 있습니다.[17] 둘 다 같은 해를 제공합니다. [식 5-3]이 선형 SVM 목적 함수의 쌍대 형식입니다. 원 문제에서 쌍대 문제를 유도하는 방법은 이 장의 노트북에 있는 추가 자료 섹션을 참고하세요.

---

16 목적 함수가 볼록 함수이고, 부등식 제약 조건이 연속 미분 가능하면서 볼록 함수여야 합니다.

17 옮긴이_ LinearSVC, LinearSVR의 매개변수 dual의 기본값 True를 False로 바꾸면 원 문제를 선택합니다. SVC, SVR은 쌍대 문제만을 풉니다.

식 5-3 선형 SVM 목적 함수의 쌍대 형식

$$\underset{\alpha}{\text{minimize}} \frac{1}{2} \sum_{i=1}^{m} \sum_{j=1}^{m} \alpha^{(i)} \alpha^{(j)} t^{(i)} t^{(j)} \mathbf{x}^{(i)\mathsf{T}} \mathbf{x}^{(j)} - \sum_{i=1}^{m} \alpha^{(i)}$$

[조건] $i = 1, 2, \cdots, m$에 대해서 $\alpha^{(i)} \geq 0$ 이고 $\sum_{i=1}^{m} \alpha^{(i)} t^{(i)} = 0$

(QP 솔버를 사용해) 이 식을 최소화하는 벡터 $\hat{\boldsymbol{\alpha}}$을 찾았다면 [식 5-4]를 사용해 원 문제의 식을 최소화하는 $\hat{\mathbf{w}}$과 $\hat{b}$을 계산할 수 있습니다. 이 식에서 n_s는 서포트 벡터의 개수를 나타냅니다.

식 5-4 쌍대 문제에서 구한 해로 원 문제의 해 계산하기

$$\hat{\mathbf{w}} = \sum_{i=1}^{m} \hat{\alpha}^{(i)} t^{(i)} \mathbf{x}^{(i)}$$

$$\hat{b} = \frac{1}{n_s} \sum_{\substack{i=1 \\ \hat{\alpha}^{(i)} > 0}}^{m} \left(t^{(i)} - \hat{\mathbf{w}}^{\mathsf{T}} \mathbf{x}^{(i)} \right)$$

훈련 샘플 수가 특성 개수보다 작을 때 원 문제보다 쌍대 문제를 푸는 것이 더 빠릅니다. 더 중요한 것은 원 문제에서는 적용이 안 되는 커널 트릭이 가능하다는 점입니다. 그렇다면 커널 트릭은 도대체 무엇일까요?

5.5.1 커널 SVM

(moons 데이터셋 같은) 2차원 데이터셋에 2차 다항식 변환을 적용하고 선형 SVM 분류기를 변환된 이 훈련 세트에 적용한다고 생각해봅시다. [식 5-5]는 우리가 적용하고자 하는 2차 다항식 매핑 함수 ϕ입니다.

식 5-5 2차 다항식 매핑

$$\phi(\mathbf{x}) = \phi \left(\begin{pmatrix} x_1 \\ x_2 \end{pmatrix} \right) = \begin{pmatrix} x_1^2 \\ \sqrt{2} x_1 x_2 \\ x_2^2 \end{pmatrix}$$

변환된 벡터는 2차원이 아니고 3차원이 됩니다. 두 개의 2차원 벡터 $\mathbf{a}$와 $\mathbf{b}$에 2차 다항식 매핑을 적용한 다음 변환된 벡터로 점곱[18]을 하면 어떻게 되는지 살펴봅시다(식 5-6).

식 5-6 2차 다항식 매핑을 위한 커널 트릭

$$\phi(\mathbf{a})^{\mathsf{T}}\phi(\mathbf{b}) = \begin{pmatrix} a_1^2 \\ \sqrt{2}a_1a_2 \\ a_2^2 \end{pmatrix}^{\mathsf{T}} \begin{pmatrix} b_1^2 \\ \sqrt{2}b_1b_2 \\ b_2^2 \end{pmatrix} = a_1^2b_1^2 + 2a_1b_1a_2b_2 + a_2^2b_2^2$$

$$= \left(a_1b_1 + a_2b_2\right)^2 = \left(\begin{pmatrix} a_1 \\ a_2 \end{pmatrix}^{\mathsf{T}} \begin{pmatrix} b_1 \\ b_2 \end{pmatrix}\right)^2 = \left(\mathbf{a}^{\mathsf{T}}\mathbf{b}\right)^2$$

결과가 어떤가요? 변환된 벡터의 점곱이 원래 벡터의 점곱의 제곱과 같습니다.

$$\phi(\mathbf{a})^{\mathsf{T}}\phi(\mathbf{b}) = \left(\mathbf{a}^{\mathsf{T}}\mathbf{b}\right)^2$$

핵심은 다음과 같습니다. 모든 훈련 샘플에 변환 ϕ를 적용하면 쌍대 문제(식 5-3)에 점곱 $\phi(\mathbf{x}^{(i)})^{\mathsf{T}}\phi(\mathbf{x}^{(j)})$가 포함됩니다. 하지만 ϕ가 [식 5-5]에 정의된 2차 다항식 변환이라면 변환된 벡터의 점곱을 간단하게 $\left(\mathbf{x}^{(i)\mathsf{T}}\mathbf{x}^{(j)}\right)^2$으로 바꿀 수 있습니다. 그래서 실제로 훈련 샘플을 변환할 필요가 전혀 없습니다. 즉, [식 5-3]에 있는 점곱을 제곱으로 바꾸기만 하면 됩니다. 결괏값은 실제로 훈련 샘플을 어렵게 변환해서 선형 SVM 알고리즘을 적용하는 것과 완전히 같습니다. 하지만 이 기법이 전체 과정에 필요한 계산량 측면에서 훨씬 효율적입니다. 바로 이것이 커널 트릭입니다.

함수 $K(\mathbf{a}, \mathbf{b}) = \left(\mathbf{a}^{\mathsf{T}}\mathbf{b}\right)^2$을 2차 **다항식 커널**이라고 부릅니다. 머신러닝에서 **커널**은 변환 ϕ를 계산하지 않고(또는 ϕ를 모르더라도) 원래 벡터 $\mathbf{a}$와 $\mathbf{b}$에 기반하여 점곱 $\phi(\mathbf{a})^{\mathsf{T}}\phi(\mathbf{b})$를 계산할 수 있는 함수입니다. [식 5-7]에 널리 사용되는 커널을 나열하였습니다.[19]

---

18 4장에서 설명한 것처럼 두 벡터 $\mathbf{a}$와 $\mathbf{b}$의 점곱은 일반적으로 $\mathbf{a} \cdot \mathbf{b}$로 표시합니다. 하지만 머신러닝에서는 벡터를 종종 열 벡터(즉, 하나의 열을 가진 행렬)로 표현합니다. 따라서 이 점곱 대신 $\mathbf{a}^{\mathsf{T}}\mathbf{b}$를 계산할 수 있습니다. 기술적으로는 하나의 스칼라값이 아니라 원소가 하나인 행렬이 반환됩니다. 하지만 여기에서는 이 책의 다른 부분과 일관성을 유지하기 위해 이 표기법을 사용하겠습니다.

19 옮긴이_ 이 네 개의 커널이 사이킷런의 SVC, SVR에서 매개변수 kernel에 지정할 수 있는 함수입니다. 선형은 "linear", 다항식은 "poly", 가우스 RBF는 "rbf", 시그모이드는 "sigmoid"로 지정합니다.

식 5-7 일반적인 커널

- 선형: $K(\mathbf{a}, \mathbf{b}) = \mathbf{a}^\top \mathbf{b}$

- 다항식: $K(\mathbf{a}, \mathbf{b}) = \left(\gamma \mathbf{a}^\top \mathbf{b} + r\right)^d$

- 가우스 RBF: $K(\mathbf{a}, \mathbf{b}) = \exp\left(-\gamma \|\mathbf{a} - \mathbf{b}\|^2\right)$

- 시그모이드[20]: $K(\mathbf{a}, \mathbf{b}) = \tanh\left(\gamma \mathbf{a}^\top \mathbf{b} + r\right)$

머서의 정리

머서의 정리 Mercer's theorem에 따르면 함수 $K(\mathbf{a}, \mathbf{b})$가 **머서의 조건**Mercer's condition (**예** K가 매개변수에 대해 연속, 대칭인 경우, 즉 $K(\mathbf{a}, \mathbf{b}) = K(\mathbf{b}, \mathbf{a})$ 등)이라 부르는 몇 가지 수학적 조건을 만족할 때 $\mathbf{a}$와 $\mathbf{b}$를 (더 높은 차원의) 다른 공간에 매핑하는 $K(\mathbf{a}, \mathbf{b}) = \phi(\mathbf{a})^\top \phi(\mathbf{b})$와 같은 함수 ϕ가 존재합니다. 그래서 ϕ를 모르더라도 ϕ가 존재하는 것은 알기 때문에 K를 커널로 사용할 수 있습니다. 가우스 RBF 커널의 경우 ϕ는 각 훈련 샘플을 무한 차원의 공간에 매핑하는 것으로 볼 수 있습니다. 따라서 실제로 매핑하지 않아도 돼서 다행입니다!

자주 사용하는 일부 커널(**예** 시그모이드 커널)은 머서의 조건을 모두 따르지 않지만 일반적으로 실전에서는 잘 작동합니다.

아직 매듭짓지 못한 부분이 있습니다. [식 5-4]는 선형 SVM 분류기일 경우 쌍대 문제를 풀어서 원 문제를 해결하는 방법을 알려줍니다. 하지만 커널 트릭을 사용한다면 결국 예측 식에 $\phi(x^{(i)})$를 포함해야 하는데, $\hat{\mathbf{w}}$의 차원이 매우 크거나 무한한 $\phi(x^{(i)})$의 차원과 같아져야 하므로 이를 계산할 수 없습니다. 그렇다면 $\hat{\mathbf{w}}$을 모른 채로 예측을 만들 수 있을까요? 다행히도 [식 5-4]의 $\hat{\mathbf{w}}$에 대한 식을 새로운 샘플 $\mathbf{x}^{(n)}$의 결정 함수에 적용해서 입력 벡터 간의 점곱으로만 된 식을 얻을 수 있습니다. 이렇게 하면 커널 트릭을 사용할 수 있게 되어 [식 5-8]이 됩니다.

---

20 옮긴이_ 시그모이드 함수는 로지스틱 함수나 tanh 함수와 같이 S 모양의 곡선을 갖는 함수를 말합니다.

식 5-8 커널 SVM으로 예측하기

$$h_{\hat{\mathbf{w}}\hat{b}}\big(\phi\big(\mathbf{x}^{(n)}\big)\big) = \hat{\mathbf{w}}^{\mathrm{T}}\phi\big(\mathbf{x}^{(n)}\big) + \hat{b} = \left(\sum_{i=1}^{m}\hat{\alpha}^{(i)}t^{(i)}\phi\big(\mathbf{x}^{(i)}\big)\right)^{\mathrm{T}}\phi\big(\mathbf{x}^{(n)}\big) + \hat{b}$$

$$= \sum_{i=1}^{m}\hat{\alpha}^{(i)}t^{(i)}\big(\phi\big(\mathbf{x}^{(i)}\big)^{\mathrm{T}}\phi\big(\mathbf{x}^{(n)}\big)\big) + \hat{b}$$

$$= \sum_{\substack{i=1 \\ \hat{\alpha}^{(i)}>0}}^{m}\hat{\alpha}^{(i)}t^{(i)}K\big(\mathbf{x}^{(i)}, \mathbf{x}^{(n)}\big) + \hat{b}$$

서포트 벡터만 $\alpha^{(i)} \neq 0$이기 때문에 예측을 만들기 위해서는 전체 샘플이 아니라 서포트 벡터와 새 입력 벡터 $\mathbf{x}^{(n)}$ 간의 점곱만 계산하면 됩니다. 물론 편향 $\hat{b}$도 커널 트릭을 사용해 계산해야 합니다(식 5-9).

식 5-9 커널 트릭을 사용한 편향 계산

$$\hat{b} = \frac{1}{n_s}\sum_{\substack{i=1 \\ \hat{\alpha}^{(i)}>0}}^{m}\big(t^{(i)} - \hat{\mathbf{w}}^{\mathrm{T}}\phi\big(\mathbf{x}^{(i)}\big)\big) = \frac{1}{n_s}\sum_{\substack{i=1 \\ \hat{\alpha}^{(i)}>0}}^{m}\left(t^{(i)} - \left(\sum_{j=1}^{m}\hat{\alpha}^{(j)}t^{(j)}\phi\big(\mathbf{x}^{(j)}\big)\right)^{\mathrm{T}}\phi\big(\mathbf{x}^{(i)}\big)\right)$$

$$= \frac{1}{n_s}\sum_{\substack{i=1 \\ \hat{\alpha}^{(i)}>0}}^{m}\left(t^{(i)} - \sum_{\substack{j=1 \\ \hat{\alpha}^{(j)}>0}}^{m}\hat{\alpha}^{(j)}t^{(j)}K\big(\mathbf{x}^{(i)}, \mathbf{x}^{(j)}\big)\right)$$

머리가 아프기 시작한다면 당연한 것입니다. 그것도 커널 트릭으로 생기는 부수 효과 중 하나입니다.

> **NOTE** 점진적 학습이 가능한 온라인 커널 SVM을 구현하는 것도 가능합니다. 이는 「Incremental and Decremental Support Vector Machine Learning」[21]이나 「Fast Kernel Classifiers with Online and Active Learning」[22]과 같은 논문에 기술되어 있습니다. 그러나 이러한 커널 SVM들은 매트랩Matlab이나 C++로 구현됩니다. 대규모의 비선형 문제라면 대신 랜덤 포레스트(7장 참고)나 신경망 알고리즘(2부 참고)을 고려해보는 것이 좋습니다.

---

21 Gert Cauwenberghs and Tomaso Poggio, "Incremental and Decremental Support Vector Machine Learning," Proceedings of the 13th International Conference on Neural Information Processing Systems (2000): 388-394. *https://homl.info/17*

22 Antoine Bordes et al., "Fast Kernel Classifiers with Online and Active Learning," Journal of Machine Learning Research 6 (2005): 1579-1619. *https://homl.info/18*

연습문제

① 서포트 벡터 머신의 기본 아이디어는 무엇인가요?

② 서포트 벡터가 무엇인가요?

③ SVM을 사용할 때 입력값의 스케일이 왜 중요한가요?

④ SVM 분류기가 샘플을 분류할 때 신뢰도 점수와 확률을 출력할 수 있나요?

⑤ LinearSVC, SVC, SGDClassifier 중에서 어떤 것을 선택해야 하나요?

⑥ RBF 커널을 사용해 SVM 분류기를 훈련시켰더니 훈련 세트에 과소적합된 것 같습니다. γ(gamma)를 증가시켜야 할까요, 감소시켜야 할까요? C의 경우는 어떤가요?

⑦ 모델이 ε에 민감하다는 것은 무슨 의미인가요?

⑧ 커널 트릭을 사용하는 이유는 무엇인가요?

⑨ 선형적으로 분리되는 데이터셋에 LinearSVC를 훈련시켜보세요. 그런 다음 같은 데이터셋에 SVC와 SGDClassifier를 적용해보세요. 거의 비슷한 모델이 만들어지는지 확인해보세요.

⑩ sklearn.datasets.load_wine()을 사용해 로드할 수 있는 와인 데이터셋에서 SVM 분류기를 훈련하세요. 이 데이터셋에는 세 명의 재배자가 생성한 와인 샘플 178개의 화학 성분이 포함되어 있습니다. 목표는 와인의 화학 성분을 기반으로 재배자를 예측할 수 있는 분류 모델을 훈련하는 것입니다. SVM 분류기는 이진 분류기이므로 세 가지 클래스를 모두 분류하려면 OvA를 사용해야 합니다. 어느 정도의 정확도에 도달할 수 있나요?

⑪ 캘리포니아 주택 데이터셋에서 SVM 회귀 모델을 훈련하고 미세 튜닝하세요. 2장에서 수정한 버전이 아닌 sklearn.datasets.fetch_california_housing()으로 로드한 원본 데이터셋을 사용할 수 있습니다. 타깃값은 십만 달러 단위입니다. 샘플이 20,000개가 넘기 때문에 SVM이 느려질 수 있습니다. 따라서 하이퍼파라미터 튜닝을 할 때 훨씬 적은 샘플(예 2,000개)을 사용하여 더 많은 하이퍼파라미터 조합을 테스트해야 합니다. 가장 좋은 모델의 RMSE는 얼마인가요?

연습문제의 정답은 〈부록 A〉에 있습니다.

6장

결정 트리

결정 트리^{decision tree}는 분류와 회귀 작업 그리고 다중 출력 작업까지 가능한 다목적 머신러닝 알고리즘입니다. 또한 매우 복잡한 데이터셋도 학습할 수 있는 강력한 알고리즘입니다. 예를 들면 2장에서 캘리포니아 주택 가격 데이터셋을 완벽하게 맞추는 `DecisionTreeRegressor` 모델을 훈련시켰습니다(사실 과대적합입니다).

결정 트리는 최근에 자주 사용되는 강력한 머신러닝 알고리즘인 랜덤 포레스트(7장 참고)의 기본 구성 요소이기도 합니다.

이 장에서는 결정 트리의 훈련, 시각화, 예측 방법을 먼저 살펴보겠습니다. 그런 다음 사이킷런의 CART 훈련 알고리즘을 둘러보고 트리에 규제를 가하는 방법과 회귀 문제에 적용하는 방법을 배우겠습니다. 마지막으로 결정 트리의 제약 사항에 관해 이야기하겠습니다.

6.1 결정 트리 학습과 시각화

결정 트리를 이해하기 위해 모델 하나를 만들어서 어떻게 예측을 하는지 살펴보겠습니다. 다음은 붓꽃 데이터셋(4장 참고)에 `DecisionTreeClassifier`를 훈련시키는 코드입니다.

```
from sklearn.datasets import load_iris
from sklearn.tree import DecisionTreeClassifier
```

```
iris = load_iris(as_frame=True)
X_iris = iris.data[["petal length (cm)", "petal width (cm)"]].values
y_iris = iris.target

tree_clf = DecisionTreeClassifier(max_depth=2, random_state=42)
tree_clf.fit(X_iris, y_iris)
```

export_graphviz() 함수를 사용해 그래프 정의를 iris_tree.dot 파일로 출력하여 훈련된 결정 트리를 시각화할 수 있습니다.

```
from sklearn.tree import export_graphviz

export_graphviz(
        tree_clf,
        out_file="iris_tree.dot",
        feature_names=["꽃잎 길이 (cm)", "꽃잎 너비 (cm)"],
        class_names=iris.target_names,
        rounded=True,
        filled=True
    )
```

그런 다음 graphviz.Source.from_file()을 사용해 주피터 노트북에 파일을 로드하고 표시할 수 있습니다.[1]

```
from graphviz import Source

Source.from_file("iris_tree.dot")
```

graphviz는 오픈 소스 그래프 시각화 소프트웨어 패키지입니다. 또한 .dot 파일을 PDF 또는 PNG와 같은 다양한 형식으로 변환하는 dot 명령줄 도구가 포함되어 있습니다.

우리가 만든 첫 번째 결정 트리는 [그림 6-1]과 같습니다.

---

1   옮긴이_ 사이킷런은 .dot 파일을 만들지 않고 바로 트리를 그릴 수 있는 plot_tree() 함수를 제공합니다.

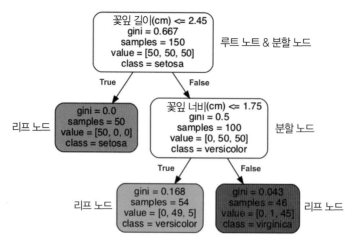

그림 6-1 붓꽃 결정 트리

6.2 예측

[그림 6-1]의 트리가 어떻게 예측을 만들어내는지 살펴보겠습니다. 꽃잎을 기준으로 하여 새로 발견한 붓꽃의 품종을 분류하려 한다고 가정하겠습니다. 먼저 **루트 노드**^{root node}(깊이가 0인 맨 꼭대기의 노드)에서 시작합니다. 이 노드는 꽃잎의 길이가 2.45cm보다 짧은지 검사합니다. 만약 그렇다면 루트 노드에서 왼쪽의 자식 노드^{child node}(깊이 1, 왼쪽 노드)로 이동합니다. 이 경우 이 노드가 **리프 노드**^{leaf node}(자식 노드를 가지지 않는 노드)이므로 추가적인 검사를 하지 않습니다. 그냥 노드에 있는 예측 클래스를 보고 결정 트리가 새로 발견한 꽃의 품종을 Iris-Setosa(`class=setosa`)라고 예측합니다.

또 다른 꽃을 발견했는데 이번에는 꽃잎의 길이가 2.45cm보다 깁니다. 다시 루트 노드에서 시작하지만 이번에는 오른쪽 자식 노드로 이동합니다. 이 노드는 리프 노드가 아니고 분할 노드입니다. 따라서 추가로 '꽃잎의 너비가 1.75cm보다 작은지' 검사합니다. 만약 그렇다면 이 꽃은 아마도 Iris-Versicolor(깊이 2, 왼쪽)일 것입니다. 그렇지 않다면 Iris-Virginica(깊이 2, 오른쪽)일 것입니다. 아주 간단명료하네요.

> **NOTE** 결정 트리의 한 가지 장점은 데이터 전처리가 거의 필요하지 않다는 점입니다. 실제로 특성의 스케일을 맞추거나 평균을 원점에 맞추는 작업이 필요하지 않습니다.

노드의 sample 속성은 얼마나 많은 훈련 샘플이 적용되었는지 헤아린 것입니다. 예를 들어 100개의 훈련 샘플의 꽃잎 길이가 2.45cm보다 길고(깊이 1, 오른쪽), 그중 54개 샘플의 꽃잎 너비가 1.75cm보다 짧습니다(깊이 2, 왼쪽). 노드의 value 속성은 노드에서 각 클래스에 얼마나 많은 훈련 샘플이 있는지 알려줍니다. 예를 들어 맨 오른쪽 아래 노드는 Iris-Setosa가 0개이고, Iris-Versicolor가 1개, Iris-Virginica가 45개 있습니다. 마지막으로 노드의 gini 속성은 **지니 불순도**^{gini impurity}를 측정합니다. 한 노드의 모든 샘플이 같은 클래스에 속해 있다면 이 노드를 순수(gini=0)하다고 합니다. 예를 들어 깊이 1의 왼쪽 노드는 Iris-Setosa 훈련 샘플만 가지고 있으므로 순수 노드이고 지니 불순도가 0입니다. [식 6-1]은 훈련 알고리즘이 i번째 노드의 지니 불순도 G_i를 계산하는 방법을 보여줍니다. 깊이 2의 왼쪽 노드의 지니 불순도는 $1 - (0/54)^2 - (49/54)^2 - (5/54)^2 \approx 0.168$입니다.

식 6-1 지니 불순도

$$G_i = 1 - \sum_{k=1}^{n} p_{i,k}^{2}$$

- G_i는 i번째 노드의 지니 불순도입니다.
- $p_{i,k}$는 i번째 노드에 있는 훈련 샘플 중 클래스 k에 속한 샘플의 비율입니다.

> **NOTE** 사이킷런은 **이진 트리**만 만드는 CART^{classification and regression tree} 알고리즘을 사용합니다. 이진 트리의 분할 노드는 항상 정확히 두 개의 자식 노드를 가집니다(즉, 질문의 답은 '예' 또는 '아니오'입니다). 하지만 ID3 같은 알고리즘은 둘 이상의 자식 노드를 가진 결정 트리를 만들 수 있습니다.

[그림 6-2]는 이 결정 트리의 결정 경계를 보여줍니다. 굵은 수직선이 루트 노드(깊이 0)의 결정 경계(꽃잎 길이=2.45cm)를 나타냅니다. 왼쪽 영역은 순수 노드(Iris-Setosa만 있음)이기 때문에 더는 나눌 수 없습니다. 하지만 오른쪽 영역은 순수 노드가 아니므로 깊이 1의 오른쪽 노드는 꽃잎 너비=1.75cm에서 나누어집니다(파선). max_depth를 2로 설정했기 때문에 결정 트리는 더 분할되지 않았습니다. max_depth를 3으로 하면 깊이 2의 두 노드가 각각 결정 경계를 추가로 만듭니다(두 개의 수직 점선).

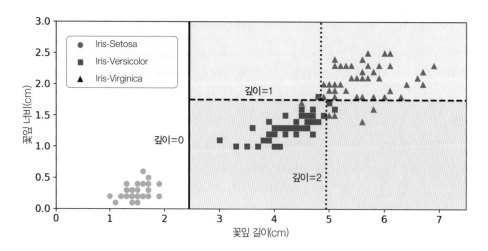

그림 6-2 결정 트리의 결정 경계

TIP 분류기의 tree_ 속성을 통해 [그림 6-1]에 표시된 모든 정보를 포함하는 트리 구조를 참조할 수 있습니다. 자세한 내용은 help(tree_clf.tree_)를 실행하거나 이 장의 노트북을 참고하세요.

모델 해석: 화이트박스와 블랙박스

결정 트리는 직관적이고 결정 방식을 이해하기 쉽습니다. 이런 모델을 **화이트박스**^{white box} 모델이라고 합니다. 반대로 앞으로 보게 될 랜덤 포레스트나 신경망은 **블랙박스**^{black box} 모델입니다. 이 알고리즘들은 성능이 뛰어나고 예측을 만드는 연산 과정을 쉽게 확인할 수 있습니다. 그렇지만 왜 그런 예측을 만드는지는 쉽게 설명하기 어렵습니다. 예를 들어 신경망이 어떤 사람이 사진에 있다고 판단했을 때 무엇이 이런 예측을 낳게 했는지 파악하기 어렵습니다. 모델이 그 사람의 눈을 인식한 걸까요? 아니면 입이나 코 또는 신발일까요? 아니면 그 사람이 앉아 있는 소파 때문일까요? 반면에 결정 트리는 필요하다면 (**예** 붓꽃 분류를 위해) 수동으로 직접 따라 해볼 수 있는 간단하고 명확한 분류 방법을 사용합니다. **해석가능한 ML**^{interpretable ML} 분야는 사람이 이해할 수 있는 방식으로 모델의 결정을 설명할 수 있는 ML 시스템을 만드는 것을 목표로 합니다. 이는 시스템이 불공정한 결정을 내리지 않도록 하는 등 많은 영역에서 중요합니다.

6.3 클래스 확률 추정

결정 트리는 한 샘플이 특정 클래스 k에 속할 확률을 추정할 수도 있습니다. 먼저 이 샘플의 리프 노드를 찾기 위해 트리를 탐색하고 그 노드에 있는 클래스 k의 훈련 샘플의 비율을 반환합니다. 예를 들어 길이가 5cm이고 너비가 1.5cm인 꽃잎을 발견했다고 가정합시다. 이에 해당하는 리프 노드는 깊이 2에서 왼쪽 노드이므로 결정 트리는 그에 해당하는 확률을 출력합니다. 즉, Iris-Setosa는 0%(0/54), Iris-Versicolor는 90.7%(49/54), Iris-Virginica는 9.3%(5/54)입니다. 만약 클래스를 하나 예측한다면 가장 높은 확률을 가진 Iris-Versicolor(클래스 1)를 출력할 것입니다. 확인해봅시다.

```
>>> tree_clf.predict_proba([[5, 1.5]]).round(3)
array([[0. , 0.907, 0.093]])
>>> tree_clf.predict([[5, 1.5]])
array([1])
```

정확하네요! 추정된 확률은 [그림 6-2]의 오른쪽 아래 사각형 안에서는 어느 위치든 동일합니다.[2] 예를 들어 길이가 6cm이고 너비가 1.5cm인 꽃잎도 확률이 같습니다(사실 이 경우에는 Iris-Virginica에 더 가까워 보입니다).

6.4 CART 훈련 알고리즘

사이킷런은 결정 트리를 훈련시키기 위해(즉, 트리를 성장시키기 위해) CART classification and regression tree 알고리즘을 사용합니다. 먼저 훈련 세트를 하나의 특성 k의 임곗값 t_k를 사용해 두 개의 서브셋으로 나눕니다(예 꽃잎의 길이 ≤ 2.45cm). 어떻게 k와 t_k를 고를까요? 크기에 따른 가중치가 적용된 가장 순수한 서브셋으로 나눌 수 있는 (k, t_k) 쌍을 찾습니다. 이 알고리즘이 최소화해야 하는 비용 함수는 [식 6-2]와 같습니다.

---

2 옮긴이_ 이 영역은 [그림 6-2]에서 '깊이=1'로 표시된 파선 밑의 사각형을 말합니다.

식 6-2 분류에 대한 CART 비용 함수

$$J(k, t_k) = \frac{m_{\text{left}}}{m} G_{\text{left}} + \frac{m_{\text{right}}}{m} G_{\text{right}}$$

여기서 $\begin{cases} G_{\text{left/right}} \text{는 왼쪽 / 오른쪽 서브셋의 불순도} \\ m_{\text{left/right}} \text{는 왼쪽 / 오른쪽 서브셋의 샘플 수} \end{cases}$

CART 알고리즘이 훈련 세트를 성공적으로 둘로 나누었다면 같은 방식으로 서브셋을 또 나누고 그다음엔 서브셋의 서브셋을 나누고 이런 식으로 계속 반복합니다. 이 과정은 (max_depth 매개변수로 정의된) 최대 깊이가 되거나 불순도를 줄이는 분할을 찾을 수 없을 때 멈추게 됩니다. (잠시 후에 살펴볼) 다른 몇 개의 매개변수도 중지 조건에 관여합니다(min_samples_split, min_samples_leaf, min_weight_fraction_leaf, max_leaf_nodes).

> **! CAUTION** 여기에서 볼 수 있듯이 CART 알고리즘은 **탐욕 알고리즘**greedy algorithm입니다. 맨 위 루트 노드에서 최적의 분할을 찾으며 이어지는 각 단계에서 이 과정을 반복합니다. 현재 단계의 분할이 몇 단계를 거쳐 가장 낮은 불순도로 이어질 수 있을지 없을지는 고려하지 않습니다. 탐욕 알고리즘은 종종 납득할 만한 훌륭한 솔루션을 만들어냅니다. 하지만 최적의 솔루션을 보장하지는 않습니다.
>
> 불행하게도 최적의 트리를 찾는 것은 **NP-완전**NP-Complete 문제[3]로 알려져 있습니다. 이 문제는 $O(\exp(m))$ 시간이 필요하고 매우 작은 훈련 세트에도 적용하기 어렵습니다. 그러므로 결정 트리를 훈련할 때 '납득할 만한 좋은 솔루션'에 만족해야 합니다.

6.5 계산 복잡도

예측을 하려면 결정 트리를 루트 노드에서부터 리프 노드까지 탐색해야 합니다. 일반적으로 결정 트리는 거의 균형을 이루고 있으므로 결정 트리를 탐색하기 위해서는 약 $O(\log_2(m))$개의

---

3   P는 다항 시간(데이터셋 크기의 다항식) 안에 풀 수 있는 문제의 집합입니다. NP는 다항 시간 안에 답을 검증할 수 있는 문제의 집합입니다. NP-난해(NP-Hard) 문제는 다항 시간 안에 알려진 NP-난해 문제로 축소시킬 수 있는 문제입니다. NP-완전 문제는 NP이면서 NP-난해인 문제입니다. 대표적인 수학 분야의 미해결 문제는 P = NP인지 아닌지입니다. 만약 P ≠ NP(이것이 맞는 것 같지만)이면 NP-완전 문제를 위해 다항 시간 안에 풀 수 있는 알고리즘을 찾을 수 없습니다(언젠가 양자 컴퓨터를 제외하고). 옮긴이_ 하나의 NP-난해 문제를 다항 시간 안에 풀 수 있다면 모든 NP 문제를 다항 시간 안에 풀 수 있습니다. P = NP면 NP-완전도 P가 되어 다항 시간 안에 풀 수 있습니다. 2002년과 2012년에 수행한 설문에 따르면 대부분의 연구자는 P와 NP는 다르다고 생각하고 있습니다.

노드를 거쳐야 합니다.[4] 여기에서 $\log_2(m)$은 밑이 2인 m의 로그이며 $\log(m)/\log(2)$과 같습니다. 각 노드는 하나의 특성값만 확인하기 때문에 예측에 필요한 전체 복잡도는 특성 수와 무관하게 $O(\log_2(m))$입니다. 그래서 큰 훈련 세트를 다룰 때도 예측 속도가 매우 빠릅니다.

훈련 알고리즘은 각 노드에서 모든 훈련 샘플의 모든(또는 max_features가 지정되었다면 그보다는 적은) 특성을 비교합니다. 각 노드에서 모든 샘플의 모든 특성을 비교하면 훈련 복잡도는 $O(n \times m \log_2(m))$이 됩니다.

6.6 지니 불순도 또는 엔트로피?

기본적으로 DecisionTreeClassifier 클래스는 지니 불순도를 사용하지만[5] criterion 매개변수를 "entropy"로 지정하여 **엔트로피** 불순도를 사용할 수 있습니다. 엔트로피는 분자의 무질서함을 측정하는 것으로 원래 열역학의 개념입니다. 분자가 안정되고 질서정연하면 엔트로피가 0에 가깝습니다. 엔트로피는 후에 여러 분야에 퍼졌습니다. 4장에서 보았듯이 메시지의 평균 정보량을 측정하는 섀넌의 **정보 이론**도 여기에 포함됩니다. 여기서는 모든 메시지가 동일할 때 엔트로피가 0이 됩니다. 머신러닝에서는 불순도의 측정 방법으로 자주 사용됩니다. 어떤 세트가 한 클래스의 샘플만 담고 있다면 엔트로피가 0입니다. [식 6-3]에서 i번째 노드의 엔트로피 정의를 보여주고 있습니다. 예를 들어 [그림 6-1]에서 깊이 2의 왼쪽 노드의 엔트로피는 $-\frac{49}{54}\log_2\left(\frac{49}{54}\right) - \frac{5}{54}\log_2\left(\frac{5}{54}\right) \approx 0.445$와 같습니다.

식 6-3 엔트로피

$$H_i = -\sum_{\substack{k=1 \\ p_{i,k} \neq 0}}^{n} p_{i,k} \log_2(p_{i,k})$$

지니 불순도와 엔트로피 중 어떤 것을 사용해야 할까요? 실제로는 큰 차이가 없습니다. 즉, 둘 다 비슷한 트리를 만들어냅니다. 지니 불순도가 조금 더 계산이 빠르기 때문에 기본값으로 좋

---

4   옮긴이_ 균형 이진 트리에서 깊이 d에서의 리프 노드의 개수는 2^d입니다. 리프 노드가 훈련 데이터 수(m)만큼 있다면 이 트리의 깊이는 $\log_2(m)$이 됩니다.

5   옮긴이_ DecisionTreeClassifier의 criterion 매개변수의 기본값은 "gini"이고, DecisionTreeRegressor의 기본값은 "mse"입니다.

습니다. 그러나 다른 트리가 만들어지는 경우 지니 불순도는 가장 빈도 높은 클래스를 한쪽 가지 [branch] 로 고립시키는 경향이 있는 반면 엔트로피는 조금 더 균형 잡힌 트리를 만듭니다.[6]

6.7 규제 매개변수

결정 트리는 훈련 데이터에 대한 제약 사항이 거의 없습니다(반대로 선형 모델은 데이터가 선형일 거라 가정합니다). 제한을 두지 않으면 트리가 훈련 데이터에 아주 가깝게 맞추려고 해서 과대적합되기 쉽습니다. 결정 트리는 모델 파라미터가 전혀 없는 것이 아니라(보통 많습니다) 훈련되기 전에 파라미터 수가 결정되지 않기 때문에 **비파라미터 모델**nonparametric model이라고 합니다. 그래서 모델 구조가 데이터에 맞춰져서 고정되지 않고 자유롭습니다. 반대로 선형 모델 같은 **파라미터 모델**parametric model은 모델 파라미터 수가 미리 정해져 있으므로 자유도가 제한되어 과대적합될 위험이 줄어듭니다(하지만 과소적합될 위험은 커집니다).

훈련 데이터에 대한 과대적합을 피하기 위해 학습할 때 결정 트리의 자유도를 제한할 필요가 있습니다. 이미 알고 있듯이 이를 규제라고 합니다. 규제 매개변수는 사용하는 알고리즘에 따라 다르지만 보통 적어도 결정 트리의 최대 깊이는 제어할 수 있습니다. 사이킷런에서는 max_depth 매개변수로 이를 조절합니다. 기본값은 제한이 없는 것을 의미하는 None입니다. max_depth를 줄이면 모델을 규제하게 되고 과대적합이 위험이 감소합니다.

DecisionTreeClassifier에는 비슷하게 결정 트리의 형태를 제한하는 다른 하이퍼파라미터가 몇 개 있습니다.

- max_features: 각 노드에서 분할에 사용할 특성의 최대 수
- max_leaf_nodes: 리프 노드의 최대 수
- min_samples_split: 분할되기 위해 노드가 가져야 하는 최소 샘플 수
- min_samples_leaf: 리프 노드가 생성되기 위해 가지고 있어야 할 최소 샘플 수
- min_weight_fraction_leaf: min_samples_leaf와 같지만 가중치가 부여된 전체 샘플 수에서의 비율

---

6 자세한 내용은 세바스찬 라쉬카(Sebastian Raschka)가 분석한 내용을 참고하세요(*http://goo.gl/UndTr0*).
   옮긴이_ 이 글의 번역본은 옮긴이의 블로그를 참고하세요(*https://goo.gl/YbjeNx*).

min_으로 시작하는 매개변수를 증가시키거나 max_로 시작하는 매개변수를 감소시키면 모델에 규제가 커집니다.[7]

5장에서 소개한 moons 데이터셋에서 규제를 테스트해보겠습니다. 규제 없이 결정 트리 하나를 훈련하고 min_samples_leaf=5로 다른 결정 트리를 훈련합니다. 코드는 다음과 같습니다. [그림 6-3]은 각 결정 트리의 결정 경계를 보여줍니다.

```
from sklearn.datasets import make_moons

X_moons, y_moons = make_moons(n_samples=150, noise=0.2, random_state=42)

tree_clf1 = DecisionTreeClassifier(random_state=42)
tree_clf2 = DecisionTreeClassifier(min_samples_leaf=5, random_state=42)
tree_clf1.fit(X_moons, y_moons)
tree_clf2.fit(X_moons, y_moons)
```

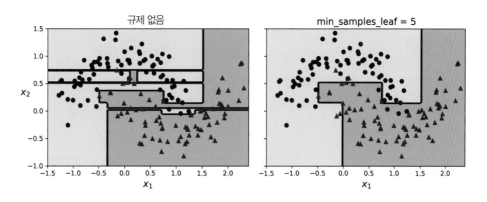

그림 6-3 규제하지 않은 결정 트리(왼쪽)와 규제를 추가한 결정 트리(오른쪽)의 결정 경계

규제가 없는 왼쪽 모델은 확실히 과대적합이며 규제를 추가한 오른쪽 모델이 일반화가 더 잘 될 것입니다. 다른 랜덤 시드로 생성한 테스트 세트에서 두 결정 트리를 평가하여 이를 확인할 수 있습니다.

----

7   옮긴이_ 사이킷런 0.19에는 이 외에도 분할로 얻어질 최소한의 불순도 감소량을 지정하는 min_impurity_decrease가 추가되었습니다. DecisionTreeRegressor에도 동일한 매개변수가 있습니다.

```
>>> X_moons_test, y_moons_test = make_moons(n_samples=1000, noise=0.2,
...                                          random_state=43)
...
>>> tree_clf1.score(X_moons_test, y_moons_test)
0.898
>>> tree_clf2.score(X_moons_test, y_moons_test)
0.92
```

실제로 테스트 세트에서 두 번째 결정 트리의 정확도가 더 높습니다.

> **NOTE** 제한 없이 결정 트리를 훈련시키고 불필요한 노드를 **가지치기**[pruning](제거)하는 알고리즘도 있습니다.[8] 순도를 높이는 것이 **통계적으로 큰 효과가 없다면** 리프 노드 바로 위의 노드는 불필요할 수 있습니다. 대표적으로 χ^2 **검정**[chi-squared test][9] 같은 통계적 검정을 사용하여 우연히 향상된 것인지 추정합니다(**귀무가설**[null hypothesis]이라 부릅니다). 이 확률을 **p-값**이라 부르며 어떤 임곗값(하이퍼파라미터로 조정되지만 통상적으로 5%)보다 높으면 그 노드는 불필요한 것으로 간주되고 자식 노드는 삭제됩니다.[10] 가지치기는 불필요한 노드가 모두 없어질 때까지 계속됩니다.

6.8 회귀

결정 트리는 회귀 문제에도 사용됩니다. 사이킷런의 `DecisionTreeRegressor`를 사용해 잡음이 섞인 2차 함수 형태의 데이터셋에서 `max_depth=2` 설정으로 회귀 트리를 만들어보겠습니다.[11]

```
import numpy as np
from sklearn.tree import DecisionTreeRegressor

np.random.seed(42)
X_quad = np.random.rand(200, 1) - 0.5 # 랜덤한 하나의 입력 특성
y_quad = X_quad ** 2 + 0.025 * np.random.randn(200, 1)
```

---

8 옮긴이_ 이런 방식을 사후 가지치기(post-pruning)라고 합니다. 사이킷런은 트리 생성을 미리 제한하는 사전 가지치기(pre-pruning)만 지원했지만 0.22 버전에서 비용 복잡도 기반의 사후 가지치기를 위한 `ccp_alpha` 매개변수가 결정 트리와 트리 기반의 앙상블 모델에 추가되었습니다.

9 옮긴이_ 카이제곱 검정(*https://goo.gl/7vUFVq*)은 `sklearn.feature_selection.chi2` 함수에 구현되어 있습니다. 카이제곱의 값이 커지면 p-값은 줄어듭니다.

10 옮긴이_ p-값이 임곗값보다 높으면 순도 향상이 우연에 의한 것일 수 있다고 봅니다.

11 옮긴이_ 이 코드에 있는 훈련 데이터는 $y = 4(x - 0.5)^2$을 사용하여 만들었으며 y 값에 랜덤한 잡음을 섞었습니다.

```
tree_reg = DecisionTreeRegressor(max_depth=2, random_state=42)
tree_reg.fit(X_quad, y_quad)
```

만들어진 트리는 [그림 6-4]와 같습니다.

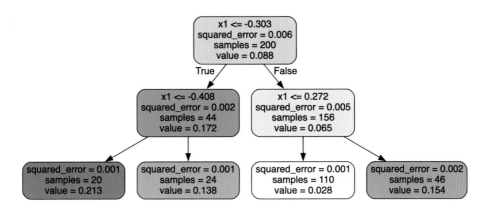

그림 6-4 회귀 결정 트리

앞서 만든 분류 트리와 매우 비슷해 보입니다. 주요한 차이는 각 노드에서 클래스를 예측하는 대신 어떤 값을 예측한다는 점입니다. 예를 들어 $x_1 = 0.2$인 샘플의 타깃값을 예측한다고 가정해보겠습니다. 루트 노드는 $x_1 \leq -0.303$인지 묻습니다. 이에 해당하지 않으므로 알고리즘은 오른쪽 자식 노드로 이동하여 $x_1 \leq 0.272$인지 여부를 묻습니다. 이에 해당하므로 알고리즘은 왼쪽 자식 노드로 이동합니다. 이 노드는 리프 노드이므로 `value = 0.028`을 예측으로 사용합니다. 이 리프 노드에 있는 110개 훈련 샘플의 평균 타깃값이 예측값이 됩니다. 이 예측값을 사용해 110개 샘플에 대한 평균 제곱 오차(MSE)를 계산하면 0.015가 됩니다.

이 모델의 예측을 [그림 6-5]의 왼쪽에 나타냈습니다. `max_depth=3`으로 설정하면 오른쪽 그래프와 같은 예측을 얻게 됩니다. 각 영역의 예측값은 항상 그 영역에 있는 타깃값의 평균이 됩니다. 알고리즘은 예측값과 가능한 한 많은 샘플이 가까이 있도록 영역을 분할합니다.

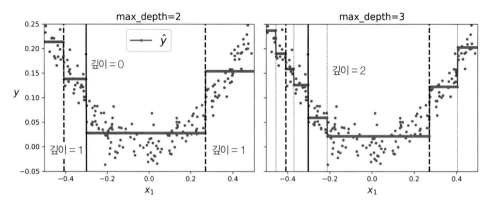

그림 6-5 두 개의 결정 트리 회귀 모델의 예측

CART 알고리즘은 훈련 세트를 불순도를 최소화하는 방향으로 분할하는 대신 MSE를 최소화하도록 분할하는 것을 제외하고는 앞서 설명한 것과 거의 비슷하게 작동합니다. [식 6-4]는 알고리즘이 최소화하기 위한 비용 함수를 보여줍니다.

식 6-4 회귀를 위한 CART 비용 함수

$$J\left(k, t_k\right) = \frac{m_{\text{left}}}{m} \text{MSE}_{\text{left}} + \frac{m_{\text{right}}}{m} \text{MSE}_{\text{right}}$$

$$\text{여기서} \begin{cases} \text{MSE}_{\text{node}} = \dfrac{1}{m_{\text{node}}} \sum_{i \in \text{node}} \left(\hat{y}_{\text{node}} - y^{(i)}\right)^2 \\ \hat{y}_{\text{node}} = \dfrac{1}{m_{\text{node}}} \sum_{i \in \text{node}} y^{(i)} \end{cases}$$

분류에서와 같이 회귀 작업에서도 결정 트리가 과대적합되기 쉽습니다. 규제가 없다면(즉, 기본 매개변수를 사용하면) [그림 6-6]의 왼쪽 그래프와 같은 예측을 하게 됩니다. 이 예측은 확실히 훈련 세트에 아주 크게 과대적합되었습니다. `min_samples_leaf=10`으로 지정하면 [그림 6-6]의 오른쪽 그래프처럼 훨씬 그럴싸한 모델을 만들어줍니다.

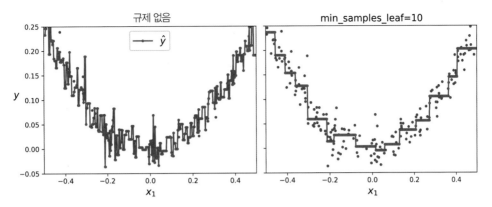

그림 6-6 규제가 없는 회귀 트리의 예측(왼쪽)과 규제가 있는 회귀 트리의 예측(오른쪽)

6.9 축 방향에 대한 민감성

지금쯤이면 결정 트리가 장점이 많다는 것을 알게 되었을 것입니다. 결정 트리는 비교적 이해하고 해석하기 쉬우며, 사용하기 편하고, 여러 용도로 사용할 수 있으며, 성능도 뛰어납니다. 하지만 몇 가지 제한 사항이 있습니다. 눈치챘을지 모르겠지만 결정 트리는 계단 모양의 결정 경계를 만듭니다(모든 분할은 축에 수직입니다). 그래서 데이터의 방향에 민감합니다. [그림 6-7]은 선형으로 구분될 수 있는 데이터셋을 예로 보여줍니다. 왼쪽의 결정 트리는 쉽게 데이터셋을 구분하지만, 데이터셋을 45° 회전한 오른쪽의 결정 트리는 불필요하게 구불구불해졌습니다. 두 결정 트리 모두 훈련 세트를 완벽하게 학습하지만 오른쪽 모델은 잘 일반화될 것 같지 않습니다.

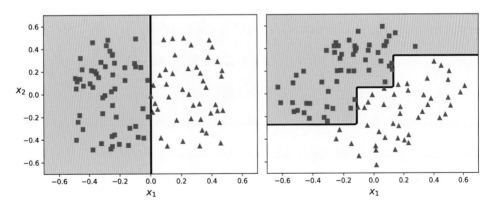

그림 6-7 훈련 세트의 회전에 민감한 결정 트리

이 문제를 제한하는 한 가지 방법은 데이터의 스케일을 조정한 다음 주성분 분석principal component analysis (PCA) 변환을 적용하는 것입니다. 8장에서 주성분 분석에 관해 자세히 살펴볼 것이므로, 지금은 특성 간의 상관관계를 줄이는 방식으로 데이터를 회전하여 결정 트리를 더 쉽게 만들 수 있다는 점만 알아두면 됩니다(항상 그런 것은 아닙니다).

데이터의 스케일을 조정하고 PCA를 사용하여 데이터를 회전시키는 작은 파이프라인을 만든 다음 이 데이터에서 `DecisionTreeClassifier`를 훈련해보겠습니다. [그림 6-8]은 이 결정 트리의 결정 경계를 보여줍니다. 여기서 볼 수 있듯이 회전을 통해 원래 꽃잎 길이와 너비의 선형 함수인 z_1 특성 하나만 사용하여 데이터셋을 매우 잘 학습할 수 있습니다. 코드는 다음과 같습니다.

```python
from sklearn.decomposition import PCA
from sklearn.pipeline import make_pipeline
from sklearn.preprocessing import StandardScaler

pca_pipeline = make_pipeline(StandardScaler(), PCA())
X_iris_rotated = pca_pipeline.fit_transform(X_iris)
tree_clf_pca = DecisionTreeClassifier(max_depth=2, random_state=42)
tree_clf_pca.fit(X_iris_rotated, y_iris)
```

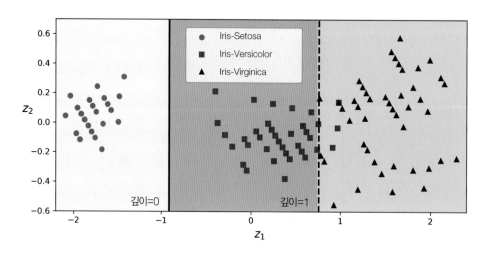

그림 6-8 스케일을 조정하고 PCA 회전한 붓꽃 데이터셋에 대한 결정 트리의 결정 경계

6.10 결정 트리의 분산 문제

일반적으로 결정 트리의 주요 문제는 분산이 상당히 크다는 것입니다. 즉, 하이퍼파라미터나 데이터를 조금만 변경해도 매우 다른 모델이 생성될 수 있습니다. 실제로 사이킷런에서 사용하는 훈련 알고리즘은 확률적이므로(각 노드에서 평가할 특성 집합을 랜덤하게 선택합니다) 정확히 동일한 데이터에서 동일한 결정 트리를 재훈련하더라도 (random_state 매개변수를 설정하지 않는 한) [그림 6-9]에 표시된 것과 같이 매우 다른 모델이 생성될 수 있습니다.[12] 확실히 [그림 6-9]는 이전 결정 트리(그림 6-2)와는 매우 달라 보입니다.

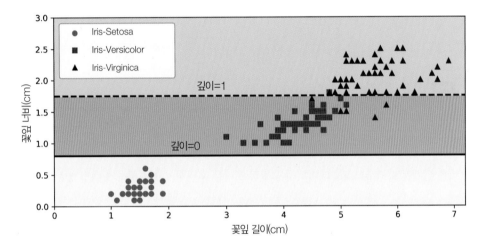

그림 6-9 동일한 데이터에서 동일한 모델을 재훈련하면 매우 다른 모델이 생성될 수 있습니다.

다행히도 여러 결정 트리의 예측을 평균하면 분산을 크게 줄일 수 있습니다. 이러한 결정 트리의 앙상블을 랜덤 포레스트라고 합니다. 다음 장에서 살펴보겠지만 현재 사용 가능한 가장 강력한 종류의 모델입니다.

---

12 옮긴이_ DecisionTreeClassifier와 DecisionTreeRegressor는 max_features 매개변수에서 분할에 사용할 특성의 최대 개수를 지정할 수 있습니다. 데이터셋의 특성 개수보다 작게 설정하면 랜덤으로 일부 특성이 선택됩니다. 기본값은 None으로 전체 특성 개수가 사용됩니다. 하지만 이 경우라도 불순도 감소가 동일한 분할이 두 개 이상이라면 랜덤하게 하나의 분할이 선택됩니다.

연습문제

① 백만 개의 샘플을 가진 훈련 세트에서 (규제 없이) 훈련시킨 결정 트리의 깊이는 대략 얼마일까요?

② 한 노드의 지니 불순도가 보통 그 부모 노드보다 낮을까요, 아니면 높을까요? 일반적으로 낮거나 높을까요, 아니면 항상 낮거나 높을까요?

③ 결정 트리가 훈련 세트에 과대적합되었다면 max_depth를 줄이는 것이 좋을까요?

④ 결정 트리가 훈련 세트에 과소적합되었다면 입력 특성의 스케일을 조정하는 것이 좋을까요?

⑤ 백만 개의 샘플을 가진 훈련 세트에 결정 트리를 훈련시키는 데 한 시간이 걸렸다면 천만 개의 샘플을 가진 훈련 세트에 결정 트리를 훈련시키는 데는 대략 얼마나 걸릴까요?

> **Hint** CART 알고리즘의 계산 복잡도를 고려하세요.

⑥ 어떤 훈련 세트에서 결정 트리를 훈련하는 데 1시간이 걸리는 경우, 특성의 개수를 두 배로 늘리면 대략 어느 정도의 시간이 걸릴까요?

⑦ 다음 단계를 따라 moons 데이터셋에 결정 트리를 훈련시키고 세밀하게 튜닝해보세요.

   a make_moons(n_samples=1000, noise=0.4)를 사용해 데이터셋을 생성합니다.

   b 이를 train_test_split()을 사용해 훈련 세트와 테스트 세트로 나눕니다.

   c DecisionTreeClassifier의 최적의 매개변수를 찾기 위해 교차 검증과 함께 그리드 서치를 수행합니다(GridSearchCV를 사용하면 됩니다).

>   **Hint** 여러 가지 max_leaf_nodes 값을 시도해보세요.

   d 찾은 매개변수를 사용해 전체 훈련 세트에 대해 모델을 훈련시키고 테스트 세트에서 성능을 측정합니다. 대략 85~87%의 정확도가 나올 것입니다.

⑧ 다음 단계를 따라 랜덤 포레스트를 만들어보세요.

   a 이전 연습문제에 이어서 훈련 세트의 서브셋을 1,000개 생성합니다. 각각은 랜덤으로 선택된 100개의 샘플을 담고 있습니다.

>   **Hint** 사이킷런의 ShuffleSplit을 사용할 수 있습니다.

b 이전 연습문제에서 찾은 최적의 매개변수를 사용해 각 서브셋에 결정 트리를 훈련시킵니다. 테스트 세트로 이 1,000개의 결정 트리를 평가합니다. 더 작은 데이터셋에서 훈련되었기 때문에 이 결정 트리는 앞서 만든 결정 트리보다 성능이 떨어져 약 80%의 정확도를 냅니다.

c 이제 마술을 부릴 차례입니다. 각 테스트 세트 샘플에 대해 1,000개의 결정 트리 예측을 만들고 다수로 나온 예측만 취합니다(사이파이의 mode() 함수를 사용할 수 있습니다). 그러면 테스트 세트에 대한 **다수결 예측**^{majority-vote prediction}이 만들어집니다.

d 테스트 세트에서 이 예측을 평가합니다. 앞서 만든 모델보다 조금 높은(약 0.5~1.5% 정도) 정확도를 얻게 될 것입니다. 축하합니다, 랜덤 포레스트 분류기를 훈련시켰습니다!

연습문제의 정답은 〈부록 A〉에 있습니다.

7장

앙상블 학습과 랜덤 포레스트

랜덤으로 선택된 수천 명의 사람에게 복잡한 질문을 하고 대답을 모은다고 가정합시다. 많은 경우 이렇게 모은 답이 전문가의 답보다 낫습니다. 이를 **대중의 지혜**^{wisdom of the crowd}라고 합니다. 이와 비슷하게 일련의 예측기(즉, 분류나 회귀 모델)로부터 예측을 수집하면 가장 좋은 모델 하나보다 더 좋은 예측을 얻을 수 있을 것입니다. 일련의 예측기를 **앙상블**이라고 부르기 때문에 이를 **앙상블 학습**^{ensemble learning}이라고 하며, 앙상블 학습 알고리즘을 **앙상블 방법**^{ensemble method}이라고 합니다.

앙상블 방법의 예를 들면 훈련 세트로부터 랜덤으로 각기 다른 서브셋을 만들어 일련의 결정 트리 분류기를 훈련시킬 수 있습니다. 개별 트리의 예측을 모아 가장 많은 선택을 받은 클래스를 앙상블의 예측으로 삼습니다(6장의 마지막 연습문제를 참고하세요). 결정 트리의 앙상블을 **랜덤 포레스트**라고 합니다. 간단한 방법임에도 랜덤 포레스트는 오늘날 가장 강력한 머신러닝 알고리즘입니다.

(2장에서 언급한 것처럼) 프로젝트의 마지막에 다다르면 흔히 앙상블 방법을 사용하여 여러 괜찮은 예측기를 연결하여 더 좋은 예측기를 만듭니다. 사실 머신러닝 경연 대회에서 우승하는 솔루션은 여러 가지 앙상블 방법을 사용한 경우가 많습니다. 이는 특히 넷플릭스 대회(*http://netflixprize.com/*)에서 가장 유명합니다.

이 장에서는 투표 기반 분류기, 배깅과 페이스팅 앙상블, 랜덤 포레스트, 부스팅, 스태킹 앙상블 등 가장 인기 있는 앙상블 방법을 설명하겠습니다.

7.1 투표 기반 분류기

정확도가 80%인 분류기 여러 개를 훈련시켰다고 가정합시다. 아마도 로지스틱 회귀 분류기, SVM 분류기, 랜덤 포레스트 분류기, k-최근접 이웃 분류기 등을 가지고 있을 수 있습니다(그림 7-1).

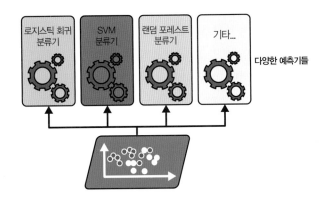

그림 7-1 여러 분류기 훈련시키기

더 좋은 분류기를 만드는 매우 간단한 방법은 각 분류기의 예측을 집계하는 것입니다. 가장 많은 표를 얻은 클래스가 앙상블의 예측이 됩니다. 이렇게 다수결 투표로 정해지는 분류기를 **직접투표**hard voting 분류기라고 합니다(그림 7-2).

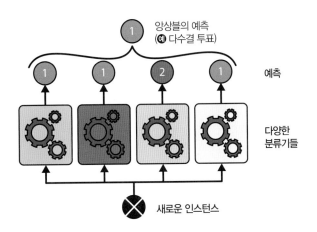

그림 7-2 직접 투표 분류기의 예측

조금 놀랍게도 이 다수결 투표 분류기가 앙상블에 포함된 개별 분류기 중 가장 뛰어난 것보다도 정확도가 높은 경우가 많습니다. 사실 각 분류기가 **약한 학습기**weak learner (랜덤 추측보다 조금 더 높은 성능을 내는 분류기)일지라도 앙상블에 있는 약한 학습기가 충분하게 많고 다양하다면 앙상블은 (높은 정확도를 내는) **강한 학습기**strong learner가 될 수 있습니다.

이게 어떻게 가능할까요? 다음 설명이 이 미스터리를 조금 밝혀줄 것입니다. 동전을 던졌을 때 앞면이 51%, 뒷면이 49%가 나오는 조금 균형이 맞지 않는 동전이 있다고 가정하겠습니다. 이 동전을 1,000번 던진다면 대략 510번은 앞면, 490번은 뒷면이 나올 것이므로 다수는 앞면이 됩니다. 수학적으로 계산해보면 1,000번을 던진 후 앞면이 다수가 될 확률은 75%에 가깝다는 것을 확인할 수 있습니다. 더 많이 던질수록 확률은 증가합니다(예를 들어 10,000번 던지면 확률이 97% 이상으로 올라갑니다).[1] 이는 **큰 수의 법칙**law of large numbers 때문입니다. 동전을 자꾸 던질수록 앞면이 나오는 비율은 점점 더 앞면이 나올 확률(51%)에 가까워집니다. [그림 7-3]은 균형이 틀어진 동전을 10번 실험한 그래프입니다. 던진 횟수가 증가할수록 앞면이 나올 확률 51%에 가까워집니다. 결국 10번의 실험 모두 50%보다 높게 유지되며 51%에 수렴하면서 끝나고 있습니다.

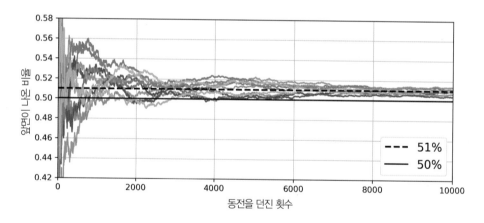

그림 7-3 큰 수의 법칙

....

1 옮긴이_ 이 확률은 이항 분포(binomial distribution)의 확률 질량 함수(probability mass function)로 계산할 수 있습니다. 확률이 p인 이항 분포에서 n번의 시도 중 k번 성공할 확률은 $\binom{n}{k}p^k(1-p)^{(n-k)}$입니다. 성공 확률이 51%인 동전을 1,000번 던져서 앞면이 한 번만 나올 확률은 $\binom{1000}{1}0.51^1(1-0.51)^{(1000-1)}=1.6\times10^{-307}$이 됩니다. 이런 식으로 1,000의 과반 직전인 499까지의 확률을 더하여 전체 확률 1에서 빼면 1,000번 던져 앞면이 절반 이상 나올 확률이 됩니다. 사이파이에는 이항 분포의 누적 분포 함수가 있어 다음과 같이 손쉽게 계산할 수 있습니다. from scipy.stats import binom; 1-binom.cdf(499, 1000, 0.51)=0.747입니다. 또한 10,000번을 던져서 앞면이 절반 이상 나올 확률은 1-binom.cdf(4999, 10000, 0.51)=0.978입니다.

이와 비슷하게 (랜덤 추측보다 조금 더 나은) 51% 정확도를 가진 1,000개의 분류기로 앙상블 모델을 구축한다고 가정합시다. 가장 많은 클래스를 예측으로 삼는다면 75%의 정확도를 기대할 수 있습니다! 하지만 이런 가정은 모든 분류기가 완벽하게 독립적이고 오차에 상관관계가 없어야 가능합니다. 하지만 여기서는 같은 데이터로 훈련시키기 때문에 이런 가정이 맞지 않습니다. 분류기들이 같은 종류의 오차를 만들기 쉽기 때문에 잘못된 클래스가 다수인 경우가 많고 앙상블의 정확도가 낮아집니다.

> **TIP** 앙상블 방법은 예측기가 가능한 한 서로 독립적일 때 최고의 성능을 발휘합니다. 다양한 분류기를 얻는 한 가지 방법은 각기 다른 알고리즘으로 학습시키는 것입니다. 이렇게 하면 매우 다른 종류의 오차를 만들 가능성이 높기 때문에 앙상블 모델의 정확도가 향상됩니다.

사이킷런은 이름/예측기 쌍의 리스트를 제공하기만 하면 일반 분류기처럼 쉽게 사용할 수 있는 **VotingClassifier** 클래스를 제공합니다. 5장에서 소개한 moons 데이터셋에서 사용해보겠습니다. moons 데이터셋을 로드하고 훈련 세트와 테스트 세트로 분할한 다음 세 가지 다양한 분류기로 구성된 투표 기반 분류기를 생성하고 훈련하겠습니다.

```python
from sklearn.datasets import make_moons
from sklearn.ensemble import RandomForestClassifier, VotingClassifier
from sklearn.linear_model import LogisticRegression
from sklearn.model_selection import train_test_split
from sklearn.svm import SVC

X, y = make_moons(n_samples=500, noise=0.30, random_state=42)
X_train, X_test, y_train, y_test = train_test_split(X, y, random_state=42)

voting_clf = VotingClassifier(
    estimators=[
        ('lr', LogisticRegression(random_state=42)),
        ('rf', RandomForestClassifier(random_state=42)),
        ('svc', SVC(random_state=42))
    ]
)
voting_clf.fit(X_train, y_train)
```

VotingClassifier를 훈련할 때 이 클래스는 모든 추정기를 복제하여 복제된 추정기를 훈련합니다. 원본 추정기는 estimators 속성을 통해 참조할 수 있으며 훈련된 복제본은 estimators_ 속성에 저장됩니다. 리스트 대신 딕셔너리를 전달하는 경우 named_estimators 또는 named_estimators_를 사용할 수 있습니다. 먼저 테스트 세트에서 훈련된 각 분류기의 정확도를 살펴보겠습니다.

```
>>> for name, clf in voting_clf.named_estimators_.items():
...     print(name, "=", clf.score(X_test, y_test))
...
lr = 0.864
rf = 0.896
svc = 0.896
```

투표 기반 분류기의 predict() 메서드를 호출하면 직접 투표를 수행합니다. 예를 들어 이 투표 기반 분류기는 테스트 세트의 첫 번째 샘플에 대해 클래스 1을 예측하는데, 이는 세 분류기 중 두 분류기가 해당 클래스를 예측하기 때문입니다.

```
>>> voting_clf.predict(X_test[:1])
array([1])
>>> [clf.predict(X_test[:1]) for clf in voting_clf.estimators_]
[array([1]), array([1]), array([0])]
```

이제 테스트 세트에서 투표 기반 분류기의 성능을 살펴보겠습니다.

```
>>> voting_clf.score(X_test, y_test)
0.912
```

예상대로입니다! 투표 기반 분류기가 다른 개별 분류기보다 성능이 조금 더 높습니다.

모든 분류기가 클래스의 확률을 예측할 수 있으면(즉, predict_proba() 메서드가 있으면) 개별 분류기의 예측을 평균 내어 확률이 가장 높은 클래스를 예측할 수 있습니다. 이를 **간접 투표**soft voting라고 합니다. 이 방식은 확률이 높은 투표에 비중을 더 두기 때문에 직접 투표 방식보다 성능이 높습니다. 이 방식을 사용하기 위해서는 투표 기반 분류기의 voting 매개변수를 "soft"로 바꾸고 모든 분류기가 클래스의 확률을 추정할 수 있도록 하면 됩니다. SVC는 기본값에서는 클래스 확률을 제공하지 않으므로 probability 매개변수를 True로 지정해야 합니다(이렇게 하면 클래스 확률을 추정하기 위해 교차 검증을 사용하므로 훈련 속도가 느려지지만 SVC에서 predict_proba() 메서드를 사용할 수 있습니다). 한번 시도해보죠.

```
>>> voting_clf.voting = "soft"
>>> voting_clf.named_estimators["svc"].probability = True
>>> voting_clf.fit(X_train, y_train)
>>> voting_clf.score(X_test, y_test)
0.92
```

간접 투표 방식을 사용해 92% 정확도를 달성했습니다. 나쁘지 않군요!

7.2 배깅과 페이스팅

앞서 말했듯이 다양한 분류기를 만드는 한 가지 방법은 각기 다른 훈련 알고리즘을 사용하는 것입니다. 또 다른 방법은 같은 알고리즘을 사용하고 훈련 세트의 서브셋을 랜덤으로 구성하여 분류기를 각기 다르게 학습시키는 것입니다. 훈련 세트에서 중복을 허용하여[2] 샘플링하는 방식을 **배깅**bagging[3] (bootstrap aggregating의 줄임말[4])이라 하며, 중복을 허용하지 않고 샘플링하는 방식을 **페이스팅**pasting[5]이라고 합니다.

다시 말해 배깅과 페이스팅에서는 같은 훈련 샘플을 여러 개의 예측기에 걸쳐 사용할 수 있습니다. 하지만 배깅만이 한 예측기를 위해 같은 훈련 샘플을 여러 번 샘플링할 수 있습니다. 이 샘플링과 훈련 과정을 [그림 7-4]에 나타냈습니다.

---

2 카드 덱(deck)에서 랜덤으로 하나의 카드를 골라 기록한 후 다음 카드를 뽑기 전에 다시 덱에 넣는다고 상상해보세요. 같은 카드를 여러 번 뽑을 수 있습니다.

3 Leo Breiman, "Bagging Predictors," Machine Learning 24, no. 2 (1996): 123 – 140. *https://homl.info/20*

4 통계학에서는 중복을 허용한 리샘플링(resampling)을 **부트스트래핑**(bootstrapping)이라고 합니다.

5 Leo Breiman, "Pasting Small Votes for Classification in Large Databases and On-Line," Machine Learning 36, no. 1 – 2 (1999): 85 – 103. *https://homl.info/21*

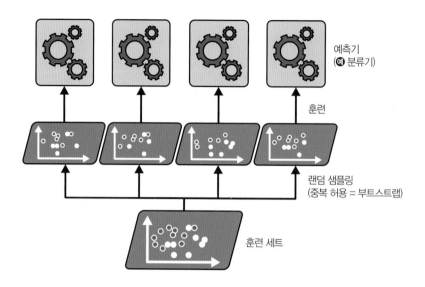

그림 7-4 배깅과 페이스팅은 훈련 세트에서 랜덤으로 샘플링하여 여러 개의 예측기를 훈련합니다.

모든 예측기가 훈련을 마치면 앙상블은 모든 예측기의 예측을 모아서 새로운 샘플에 대한 예측을 만듭니다. 집계 함수는 일반적으로 분류일 때는 **통계적 최빈값**^{statistical mode}(직접 투표 분류기처럼 가장 많은 예측 결과)을, 회귀에 대해서는 평균을 계산합니다. 개별 예측기는 원본 훈련 세트로 훈련시킨 것보다 훨씬 크게 편향되어 있지만 집계 함수를 통과하면 편향과 분산이 모두 감소합니다.[6] 일반적으로 앙상블의 결과는 원본 데이터셋으로 하나의 예측기를 훈련시킬 때와 비교해 편향은 비슷하지만 분산은 줄어듭니다.

[그림 7-4]에서 볼 수 있듯이 예측기는 동시에 다른 CPU 코어나 서버에서 병렬로 학습시킬 수 있습니다. 이와 유사하게 예측도 병렬로 수행할 수 있습니다. 이런 확장성 덕분에 배깅과 페이스팅의 인기가 높습니다.

---

6 편향과 분산은 4장에서 소개했습니다.

7.2.1 사이킷런의 배깅과 페이스팅

사이킷런은 배깅과 페이스팅을 위해 간편한 API로 구성된 BaggingClassifier(회귀의 경우에는 BaggingRegressor)를 제공합니다. 다음은 결정 트리 분류기 500개의 앙상블을 훈련시키는 코드입니다.[7] 각 분류기는 훈련 세트에서 중복을 허용하여 랜덤으로 선택된 100개의 샘플로 훈련됩니다(이는 배깅의 경우이고, 페이스팅을 사용하려면 bootstrap=False로 지정하면 됩니다). n_jobs 매개변수는 사이킷런이 훈련과 예측에 사용할 CPU 코어 수를 지정합니다. −1로 지정하면 가용한 모든 코어를 사용합니다.[8]

```
from sklearn.ensemble import BaggingClassifier
from sklearn.tree import DecisionTreeClassifier

bag_clf = BaggingClassifier(DecisionTreeClassifier(), n_estimators=500,
                            max_samples=100, n_jobs=-1, random_state=42)
bag_clf.fit(X_train, y_train)
```

> **NOTE** BaggingClassifier는 기반이 되는 분류기가 결정 트리 분류기처럼 클래스 확률을 추정할 수 있으면(즉, predict_proba() 함수가 있으면) 직접 투표 대신 자동으로 간접 투표 방식을 사용합니다.

[그림 7-5]는 단일 결정 트리의 결정 경계와 500개의 트리를 사용한 배깅 앙상블(이전 코드로 만든 모델)의 결정 경계를 비교한 것입니다. 둘 다 moons 데이터셋에 훈련시켰습니다. 여기서 볼 수 있듯이 앙상블의 예측이 결정 트리 하나의 예측보다 일반화가 훨씬 잘된 것 같습니다. 앙상블은 비슷한 편향에서 더 작은 분산을 만듭니다(훈련 세트의 오차 수가 거의 동일하지만 결정 경계는 덜 불규칙합니다).

---

7 max_samples 매개변수를 0.0~1.0 사이의 실수로 지정할 수도 있습니다. 이렇게 지정하면 샘플링되는 데이터 수는 훈련 세트의 크기에 max_samples를 곱한 값이 됩니다.
8 옮긴이_ n_jobs의 기본값은 1입니다.

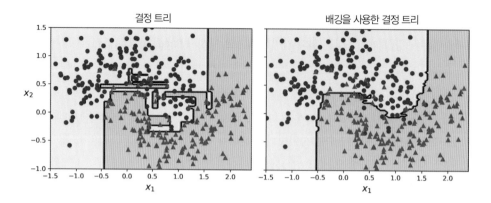

그림 7-5 단일 결정 트리(왼쪽)와 500개의 트리로 만든 배깅 앙상블(오른쪽) 비교

배깅은 각 예측기가 학습하는 서브셋에 다양성을 추가하므로 배깅이 페이스팅보다 편향이 조금 더 높습니다. 하지만 다양성을 추가한다는 것은 예측기들의 상관관계를 줄이므로 앙상블의 분산이 줄어든다는 것을 의미합니다. 전반적으로 배깅이 더 나은 모델을 만들기 때문에 일반적으로 더 선호됩니다. 그러나 시간과 CPU 파워에 여유가 있다면 교차 검증으로 배깅과 페이스팅을 모두 평가해서 더 나은 쪽을 선택하는 것이 좋습니다.

7.2.2 OOB 평가

배깅을 사용하면 어떤 샘플은 한 예측기를 위해 여러 번 샘플링되고 어떤 것은 전혀 선택되지 않을 수 있습니다. `BaggingClassifier`는 기본값으로 중복을 허용하여(`bootstrap=True`) 훈련 세트의 크기만큼인 m개 샘플을 선택합니다. 이는 평균적으로 각 예측기에 훈련 샘플의 63% 정도만 샘플링된다는 것을 의미합니다.[9] 선택되지 않은 나머지 37%를 OOB^out-of-bag 샘플이라고 부릅니다. 예측기마다 남겨진 37%는 모두 다릅니다.

예측기가 훈련되는 동안에는 OOB 샘플을 사용하지 않으므로 별도의 검증 세트를 사용하지 않고 OOB 샘플을 사용해 평가할 수 있습니다. 앙상블의 평가는 각 예측기의 OOB 평가를 평

---

9 m이 커지면 이 비율이 $1 - \exp(-1) \approx 63.212\%$에 가까워집니다.
옮긴이_ m개의 샘플에서 랜덤으로 하나를 추출할 때 선택되지 않을 확률은 $1 - \frac{1}{m}$ 이고 이를 m번 반복했을 때도 선택되지 않을 확률은 $\left(1 - \frac{1}{m}\right)^m$ 입니다. 여기에 로그를 취하고 로피탈의 정리를 적용하면 이 값이 e^{-1}과 같아집니다. 따라서 샘플링될 확률은 $1 - e^{-1} = 0.63212$ 가 됩니다. 더 자세한 내용은 옮긴이의 블로그(*https://goo.gl/ifFbg3*)를 참고하세요.

균하여 얻습니다.

사이킷런에서 BaggingClassifier를 만들 때 oob_score=True로 지정하면 훈련이 끝난 후 자동으로 OOB 평가를 수행합니다. 다음 코드는 이 과정을 보여줍니다. 평가 점수 결과는 oob_score_ 변수에 저장되어 있습니다.

```
>>> bag_clf = BaggingClassifier(DecisionTreeClassifier(), n_estimators=500,
...                             oob_score=True, n_jobs=-1, random_state=42)
...
>>> bag_clf.fit(X_train, y_train)
>>> bag_clf.oob_score_
0.896
```

OOB 평가 결과를 보면 이 BaggingClassifier는 테스트 세트에서 약 89.6%의 정확도를 얻을 것으로 보입니다. 확인해보죠.

```
>>> from sklearn.metrics import accuracy_score
>>> y_pred = bag_clf.predict(X_test)
>>> accuracy_score(y_test, y_pred)
0.91200000000000003
```

테스트 세트에서 91.2%의 정확도를 얻었습니다. OOB 평가는 2% 정도 낮아 조금 비관적이었습니다.

OOB 샘플에 대한 결정 함수의 값도 oob_decision_function_ 변수에서 확인할 수 있습니다. 기반이 되는 예측기가 predict_proba() 메서드를 가지고 있기 때문에 결정 함수는 각 훈련 샘플의 클래스 확률을 반환합니다. 다음 예를 보면 OOB 평가는 첫 번째 훈련 샘플이 양성 클래스에 속할 확률을 67.6%, 음성 클래스에 속할 확률을 32.4%로 추정하고 있습니다.

```
>>> bag_clf.oob_decision_function_[:3]  # 처음 3개의 샘플에 대한 확률
array([[0.32352941, 0.67647059],
       [0.3375    , 0.6625 ],
       [1.        , 0. ]])
```

7.3 랜덤 패치와 랜덤 서브스페이스

BaggingClassifier는 특성 샘플링도 지원합니다. 샘플링은 max_features, bootstrap_features 두 매개변수로 조절됩니다. max_samples, bootstrap과 동일한 방식으로 작동하지만 샘플이 아닌 특성에 대한 샘플링에 사용됩니다. 따라서 각 예측기는 랜덤으로 선택한 입력 특성의 일부분으로 훈련됩니다.

이 기법은 훈련 속도를 크게 높일 수 있기 때문에 특히 (이미지와 같은) 매우 고차원의 데이터셋을 다룰 때 유용합니다. 훈련 특성과 샘플을 모두 샘플링하는 것을 **랜덤 패치 방식**^{random patches} method[10]이라고 합니다. 훈련 샘플을 모두 사용하고(bootstrap=False이고 max_samples=1.0으로 설정) 특성을 샘플링하는(bootstrap_features=True 그리고/또는 max_features는 1.0보다 작게 설정) 것을 **랜덤 서브스페이스 방식**^{random subspaces method}[11]이라고 합니다.

특성 샘플링은 더 다양한 예측기를 만들며 편향을 늘리는 대신 분산을 낮춥니다.

7.4 랜덤 포레스트

앞서 언급했듯이 랜덤 포레스트[12]는 일반적으로 배깅 방법(또는 페이스팅)을 적용한 결정 트리의 앙상블입니다. 일반적으로 max_samples를 훈련 세트의 크기로 지정합니다.[13] BaggingClassifier에 DecisionTreeClassifier를 넣어 만드는 대신 결정 트리에 최적화되어 사용하기 편리한 RandomForestClassifier를 사용할 수 있습니다(비슷하게 회귀 문제를 위한 클래스로는 RandomForestRegressor가 있습니다).[14] 다음은 (최대 16개의 리프 노드를 갖는) 500개의 트리로 이뤄진 랜덤 포레스트 분류기를 가능한 모든 CPU 코어에서 훈련시키는 코드입니다.

---

10 Gilles Louppe and Pierre Geurts, "Ensembles on Random Patches," Lecture Notes in Computer Science 7523 (2012): 346-361. *https://homl.info/22*

11 Tin Kam Ho, "The Random Subspace Method for Constructing Decision Forests," IEEE Transactions on Pattern Analysis and Machine Intelligence 20, no. 8 (1998): 832-844. *https://homl.info/23*

12 Tin Kam Ho, "Random Decision Forests," Proceedings of the Third International Conference on Document Analysis and Recognition 1 (1995): 278. *https://homl.info/24*

13 옮긴이_ 사이킷런 0.22 버전에서 랜덤 포레스트 클래스에 부트스트랩 샘플 크기를 지정할 수 있는 max_samples 매개변수가 추가되었습니다. 샘플 크기를 정수로 입력하거나 비율을 실수로 지정할 수 있으며, 기본값은 훈련 세트 전체 크기입니다.

14 BaggingClassifier는 결정 트리 이외의 모델을 앙상블하고 싶을 때 여전히 유용합니다.

```
from sklearn.ensemble import RandomForestClassifier

rnd_clf = RandomForestClassifier(n_estimators=500, max_leaf_nodes=16,
                                 n_jobs=-1, random_state=42)
rnd_clf.fit(X_train, y_train)

y_pred_rf = rnd_clf.predict(X_test)
```

RandomForestClassifier는 몇 가지 예외가 있지만 (트리의 성장을 조절하기 위한) Decision TreeClassifier의 매개변수와 앙상블 자체를 제어하는 데 필요한 BaggingClassifier의 매개변수를 모두 가지고 있습니다.

랜덤 포레스트 알고리즘은 트리의 노드를 분할할 때 전체 특성 중에서 최선의 특성을 찾는 대신 랜덤으로 선택한 특성 후보 중에서 최적의 특성을 찾는 식으로 무작위성을 더 주입합니다(6장 참고). 기본적으로 $\sqrt{n}$개의 특성을 선택합니다(n은 전체 특성 개수입니다). 이는 결국 트리를 더욱 다양하게 만들고 편향을 손해보는 대신 분산을 낮추어 전체적으로 더 훌륭한 모델을 만들어냅니다. 다음은 BaggingClassifier를 앞의 RandomForestClassifier와 거의 동일하게 만든 것입니다.

```
bag_clf = BaggingClassifier(
    DecisionTreeClassifier(max_features="sqrt", max_leaf_nodes=16),
    n_estimators=500, n_jobs=-1, random_state=42)
```

7.4.1 엑스트라 트리

랜덤 포레스트에서 트리를 만들 때 (앞서 이야기한 것처럼) 각 노드는 랜덤으로 특성의 서브셋을 만들어 분할에 사용합니다. 트리를 더욱 랜덤하게 만들기 위해 (보통의 결정 트리처럼) 최적의 임곗값을 찾는 대신 후보 특성을 사용해 랜덤으로 분할한 다음 그중에서 최상의 분할을 선택합니다. 이렇게 하려면 DecisionTreeClassifier를 만들 때 splitter="random"으로 지정하기만 하면 됩니다.

이와 같이 극단적으로 랜덤한 트리의 랜덤 포레스트를 **익스트림 랜덤 트리**extremely randomized tree[15] 앙상블(또는 줄여서 **엑스트라 트리**extra-tree)이라고 부릅니다. 여기서도 역시 편향이 늘어나는 대신 분산이 낮아집니다. 모든 노드에서 특성마다 가장 최적의 임곗값을 찾는 것은 트리 알고리즘에서 가장 시간이 많이 소요되는 작업이므로 일반적인 랜덤 포레스트보다 엑스트라 트리의 훈련 속도가 훨씬 빠릅니다.

엑스트라 트리를 만들려면 사이킷런의 ExtraTreesClassifier를 사용합니다. boostrap 매개변수가 기본적으로 False인 것을 제외하고 사용법은 RandomForestClassifier와 같습니다. 마찬가지로 ExtraTreesRegressor도 boostrap 매개변수가 기본적으로 False인 것을 제외하고 RandomForestRegressor와 같은 API를 제공합니다.[16]

> **TIP** RandomForestClassifier가 ExtraTreesClassifier보다 더 나을지 혹은 나쁠지 예단하긴 어렵습니다. 둘 다 시도해보고 교차 검증으로 비교해보는 것이 유일한 방법입니다.

7.4.2 특성 중요도

랜덤 포레스트의 또 다른 장점은 특성의 상대적 중요도를 측정하기 쉽다는 점입니다.[17] 사이킷런은 어떤 특성을 사용한 노드가 (랜덤 포레스트에 있는 모든 트리에 걸쳐서) 평균적으로 불순도를 얼마나 감소시키는지 확인하여 특성의 중요도를 측정합니다. 더 정확하게는 가중치 평균이며, 각 노드의 가중치는 연관된 훈련 샘플 수와 같습니다[18](6장 참고).

사이킷런은 훈련이 끝난 뒤 특성마다 자동으로 이 점수를 계산하고 중요도의 전체 합이 1이 되도록 결괏값을 정규화합니다. 이 값은 feature_importances_ 변수에 저장되어 있습니다. 예를 들어 다음 코드는 (4장에서 소개한) iris 데이터셋에 RandomForestClassifier를 훈련시키고 각 특성의 중요도를 출력합니다. 가장 중요한 특성은 꽃잎의 길이(44%)와 너비(42%)이고 꽃받침의 길이와 너비는 비교적 덜 중요한 것으로 나타납니다(각각 11%와 2%).

---

15 Pierre Geurts et al., "Extremely Randomized Trees," Machine Learning 63, no. 1 (2006): 3–42. *https://homl.info/25*

16 옮긴이_ 엑스트라 트리의 랜덤 분할을 단일 결정 트리에 적용한 모델은 ExtraTreeClassifier와 ExtraTreeRegressor입니다.

17 옮긴이_ 결정 트리를 기반으로 하는 모델은 모두 특성 중요도를 제공합니다. DecisionTreeClassifier의 특성 중요도는 일부 특성을 완전히 배제시키지만, 무작위성이 주입된 RandomForestClassifier는 거의 모든 특성에 대해 평가할 기회를 가집니다.

18 옮긴이_ 결정 트리의 특성 중요도는 노드에 사용된 특성별로 (현재 노드의 샘플 비율 × 불순도) – (왼쪽 자식 노드의 샘플 비율 × 불순도) – (오른쪽 자식 노드의 샘플 비율 × 불순도)와 같이 계산하여 더하고, 특성 중요도의 합이 1이 되도록 전체 합으로 나누어 정규화합니다. 여기서 샘플 비율은 트리 전체 샘플 수에 대한 비율입니다. 랜덤 포레스트의 특성 중요도는 각 결정 트리의 특성 중요도를 모두 계산하여 더한 후 트리 수로 나눈 것입니다.

```
>>> from sklearn.datasets import load_iris
>>> iris = load_iris(as_frame=True)
>>> rnd_clf = RandomForestClassifier(n_estimators=500, random_state=42)
>>> rnd_clf.fit(iris.data, iris.target)
>>> for score, name in zip(rnd_clf.feature_importances_, iris.data.columns):
...     print(round(score, 2), name)
...
0.11 sepal length (cm)
0.02 sepal width (cm)
0.44 petal length (cm)
0.42 petal width (cm)
```

이와 유사하게 (3장에서 본) MNIST 데이터셋에 랜덤 포레스트 분류기를 훈련시키고 각 픽셀의 중요도를 그래프로 나타내면 [그림 7-6]과 같은 이미지를 얻게 됩니다.

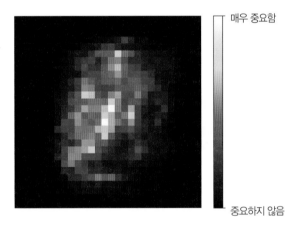

그림 7-6 (랜덤 포레스트 분류기에서 얻은) MNIST 픽셀 중요도

랜덤 포레스트는 특히 특성을 선택해야 할 때 어떤 특성이 중요한지 빠르게 확인할 수 있어 매우 편리합니다.

7.5 부스팅

부스팅boosting (원래는 **가설 부스팅**hypothesis boosting이라 불렀습니다)은 약한 학습기를 여러 개 연결하여 강한 학습기를 만드는 앙상블 방법을 말합니다. 부스팅 방법의 아이디어는 앞의 모델을 보완해 나가면서 일련의 예측기를 학습시키는 것입니다. 부스팅 방법에는 여러 가지가 있지만 가장 인기 있는 것은 **AdaBoost**[19](adaptive boosting의 줄임말, '에이다부스트'라고 읽습니다)와 **그레이디언트 부스팅**입니다. AdaBoost부터 시작해보죠.

7.5.1 AdaBoost

이전 예측기를 보완하는 새로운 예측기를 만드는 방법은 이전 모델이 과소적합했던 훈련 샘플의 가중치를 더 높이는 것입니다. 이렇게 하면 새로운 예측기는 학습하기 어려운 샘플에 점점 더 맞춰지게 됩니다. 이것이 AdaBoost에서 사용하는 방식입니다.

예를 들어 AdaBoost 분류기를 만들 때 먼저 알고리즘이 기반이 되는 첫 번째 분류기(⑩ 결정 트리)를 훈련 세트에서 훈련시키고 예측을 만듭니다. 그런 다음 알고리즘이 잘못 분류된 훈련 샘플의 가중치를 상대적으로 높입니다. 두 번째 분류기는 업데이트된 가중치를 사용해 훈련 세트에서 훈련하고 다시 예측을 만듭니다. 그리고 다시 가중치를 업데이트하는 방식으로 계속됩니다(그림 7-7).

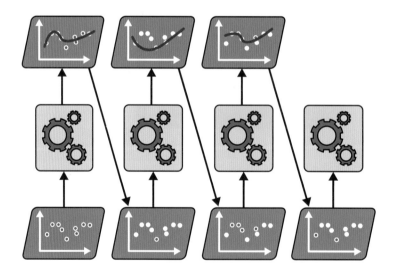

그림 7-7 샘플의 가중치를 업데이트하면서 순차적으로 학습하는 AdaBoost

----

19 Yoav Freund and Robert E. Schapire, "A Decision-Theoretic Generalization of On-Line Learning and an Application to Boosting," Journal of Computer and System Sciences 55, no. 1 (1997): 119 - 139. *https://homl.info/26*

[그림 7-8]은 moons 데이터셋에 훈련시킨 다섯 개의 연속된 예측기의 결정 경계입니다(이 모델은 규제를 강하게 한 RBF 커널 SVM 분류기입니다[20]). 첫 번째 분류기가 많은 샘플을 잘못 분류해서 이 샘플들의 가중치가 높아졌습니다. 따라서 두 번째 분류기는 이 샘플들을 더 정확히 예측하게 됩니다. 오른쪽 그래프는 학습률을 반으로 낮춘 것만 빼고 똑같은 일련의 예측기를 나타낸 것입니다(즉, 잘못 분류된 샘플의 가중치는 반복마다 절반 정도만 높아집니다). 그림에서 볼 수 있듯이 이런 연속된 학습 기법은 경사 하강법과 비슷한 면이 있습니다. 경사 하강법은 비용 함수를 최소화하기 위해 한 예측기의 모델 파라미터를 조정해가는 반면 AdaBoost는 점차 더 좋아지도록 앙상블에 예측기를 추가합니다.

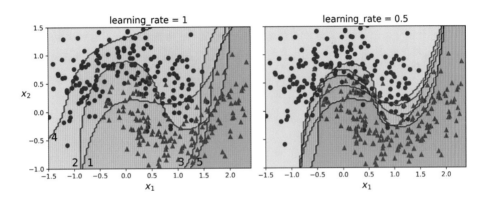

그림 7-8 연속된 예측기의 결정 경계[21]

모든 예측기가 훈련을 마치면 이 앙상블은 배깅이나 페이스팅과 비슷한 방식으로 예측을 만듭니다. 하지만 가중치가 적용된 훈련 세트의 전반적인 정확도에 따라 예측기마다 다른 가중치가 적용됩니다.

> **CAUTION** 연속된 학습 기법에는 중요한 단점이 하나 있습니다. 각 예측기는 이전 예측기가 훈련되고 평가된 후에 학습될 수 있기 때문에 훈련을 병렬화할 수 없습니다. 결국 배깅이나 페이스팅만큼 확장성이 높지 않습니다.

---

20 이는 예시일 뿐입니다. 보통 SVM은 속도가 느리고 AdaBoost와 함께 사용했을 때 불안정한 경향이 있어 AdaBoost의 기반 예측기로는 적합하지 않습니다.

21 옮긴이_ 이 그래프는 SVC 모델에서 `fit` 메서드를 호출할 때 `sample_weight` 매개변수를 사용해 훈련 샘플의 가중치를 부여하여 만들었습니다. 왼쪽 그래프는 잘못 분류된 샘플의 가중치를 2의 배수로 증가시킨 것이고, 오른쪽 그래프는 1.5배씩 증가시킨 것입니다.

AdaBoost 알고리즘을 더 자세히 들여다봅시다. 각 샘플 가중치 $w^{(i)}$는 초기에 $\frac{1}{m}$로 초기화됩니다. 첫 번째 예측기가 학습되고 가중치가 적용된 오류율 r_1이 훈련 세트에 대해 계산됩니다. [식 7-1]을 참고하세요.

식 7-1 j번째 예측기의 가중치가 적용된 오류율

$$r_j = \frac{\displaystyle\sum_{\substack{i=1 \\ \hat{y}_j^{(i)} \neq y^{(i)}}}^{m} w^{(i)}}{\displaystyle\sum_{i=1}^{m} w^{(i)}} \qquad \text{여기서 } \hat{y}_j^{(i)} \text{는 } i\text{번째 샘플에 대한 } j\text{번째 예측기의 예측}$$

예측기의 가중치 α_j는 [식 7-2]를 사용해 계산됩니다. 여기서 η는 학습률 하이퍼파라미터이며 기본값은 1입니다.[22] 예측기가 정확할수록 가중치는 더 높아집니다. 만약 랜덤 추측이라면 가중치는 0에 가까워집니다. 그러나 그보다 나쁘면(즉, 랜덤 추측보다 정확도가 낮으면) 가중치는 음수가 됩니다.[23]

식 7-2 예측기 가중치

$$\alpha_j = \eta \log \frac{1 - r_j}{r_j}$$

다음으로 AdaBoost 알고리즘이 [식 7-3]을 사용해 샘플의 가중치를 업데이트합니다. 즉, 잘못 분류된 샘플의 가중치가 높아집니다.

식 7-3 가중치 업데이트 규칙

$$w^{(i)} \leftarrow \begin{cases} w^{(i)} & \hat{y}_j^{(i)} = y^{(i)} \text{일 때} \\ w^{(i)} \exp\left(\alpha_j\right) & \hat{y}_j^{(i)} \neq y^{(i)} \text{일 때} \end{cases} \qquad \text{여기서 } i = 1, 2, \cdots, m$$

그런 다음 모든 샘플의 가중치를 정규화합니다(즉, $\sum_{i=1}^{m} w^{(i)}$로 나눕니다).

----

22 원래 AdaBoost 알고리즘은 학습률 하이퍼파라미터를 사용하지 않습니다.

23 옮긴이_ 랜덤으로 예측하여 오류율(r)이 0.5에 가까워지면 $\frac{1-r}{r} \approx 1$이 되므로 예측기 가중치가 0에 가까워집니다. 오류율이 0.5보다 높으면 $\frac{1-r}{r} < 1$이 되어 예측기 가중치가 음수가 됩니다.

마지막으로 새 예측기가 업데이트된 가중치를 사용해 훈련되고 전체 과정이 반복됩니다(새 예측기의 가중치가 계산되고 샘플의 가중치를 업데이트해서 또 다른 예측기를 훈련시키는 식입니다). 이 알고리즘은 지정된 예측기 수에 도달하거나 완벽한 예측기가 만들어지면 중지됩니다.

예측을 할 때 AdaBoost는 단순히 모든 예측기의 예측을 계산하고 예측기 가중치 α_j를 더해 예측 결과를 만듭니다. 가중치 합이 가장 큰 클래스가 예측 결과가 됩니다(식 7-4).

식 7-4 AdaBoost 예측

$$\hat{y}(\mathbf{x}) = \underset{k}{\operatorname{argmax}} \sum_{\substack{j=1 \\ \hat{y}_j(\mathbf{x})=k}}^{N} \alpha_j \qquad \text{여기서 } N\text{은 예측기 수}$$

사이킷런은 SAMME(`https://homl.info/27`)[24]라는 AdaBoost의 다중 클래스 버전을 사용합니다.[25] 클래스가 두 개뿐이라면 SAMME는 AdaBoost와 동일합니다.[26] 예측기가 클래스의 확률을 추정할 수 있다면(즉, `predict_proba()` 메서드가 있다면) 사이킷런은 SAMME의 변형인 SAMME.R(끝의 R은 'Real'을 뜻합니다)을 사용합니다. 이 알고리즘은 예측값 대신 클래스 확률을 기반으로 하며 일반적으로 성능이 더 좋습니다.[27]

다음 코드는 사이킷런의 `AdaBoostClassifier`를 사용하여(예상했겠지만 `AdaBoostRegressor`도 있습니다[28]) 200개의 아주 얕은 **결정 트리**를 기반으로 하는 AdaBoost 분류기를 훈련시킵

---

24 stagewise additive modeling using a multiclass exponential loss function의 약자입니다.

25 더 자세한 내용은 「Multi-Class AdaBoost」, J. Zhu et al. (2006)를 참고하세요. `http://goo.gl/Eji2vR`

26 옮긴이_ SAMME 알고리즘에서 예측기 가중치를 구하는 식은 다음과 같습니다.

$$\alpha_j = \eta \left(\log \frac{1-r_j}{r_j} + \log(K-1) \right)$$

클래스의 개수 K가 2면 AdaBoost 알고리즘의 [식 7-2]와 동일합니다.

27 옮긴이_ SAMME.R 알고리즘에서 예측기 가중치를 구하는 식은 다음과 같습니다.

$$\alpha_j = -\eta \frac{K-1}{K} y \log \hat{y}_j$$

여기에서 y는 정답 클래스일 때 1 아니면 $-\frac{1}{1-K}$ 이고, $\hat{y}_j$는 j번째 예측기가 만든 클래스 확률입니다. 예측을 할 때는 다음 공식으로 예측기별 클래스 확률을 계산해서 합한 후 확률이 가장 높은 클래스를 선택합니다.

$$\hat{y}(x) = \underset{k}{\operatorname{argmax}} \sum_{j=1}^{N} (K-1) \left(\log \hat{y}_j - \frac{1}{K} \sum_{k=0}^{K} \hat{y}_j \right)$$

`AdaBoostClassifier`의 `algorithm` 매개변수의 기본값은 `'SAMME.R'`입니다. SAMME 알고리즘을 사용하려면 `algorithm='SAMME'`로 지정합니다.

28 옮긴이_ `AdaBoostRegressor`는 AdaBoost.R2(`https://goo.gl/Pm4WcR`) 알고리즘을 사용합니다. 예측기의 신뢰도 $\beta_j = \frac{L_j}{1-L_j}$ 를 $L_j = \sum_{i=1}^{m} w^{(i)} v_j$로 계산합니다. 여기서 v_j는 예측기가 만드는 평균 오차이며, `AdaBoostRegressor`의 loss 매개변수가 기본값인 `'linear'`일 때는 $\frac{|\hat{y}-y|}{|\hat{y}-y|_{\max}}$이고 `'square'`일 때는 v_{linear}^2, `'exponential'`일 때는 $1-e^{-v_{\text{linear}}}$입니다. 예측기의 가중치는 $\alpha_j = \eta \log\left(\frac{1}{\beta}\right)$로 계산하고, 샘플의 가중치는 $w^{(i)} = w^{(i)} \beta^{(1-v_j)\eta}$와 같이 업데이트합니다. 예측을 할 땐 예측기의 결괏값을 순서대로 정렬하여 각 예측기 가중치의 누적값이 중간이 되는 지점에 있는 예측기의 결과를 사용합니다.

니다. 여기에서 사용하는 결정 트리는 max_depth=1입니다. 다시 말해 결정 노드 하나와 리프 노드 두 개로 이루어진 트리입니다. 이 트리가 AdaBoostClassifier의 기본 추정기입니다.[29]

```
from sklearn.ensemble import AdaBoostClassifier

ada_clf = AdaBoostClassifier(
    DecisionTreeClassifier(max_depth=1), n_estimators=30,
    learning_rate=0.5, random_state=42)
ada_clf.fit(X_train, y_train)
```

TIP AdaBoost 앙상블이 훈련 세트에 과대적합되면 추정기 수를 줄이거나 추정기의 규제를 더 강하게 해보세요.

7.5.2 그레이디언트 부스팅

인기가 높은 또 하나의 부스팅 알고리즘은 **그레이디언트 부스팅**gradient boosting[30]입니다. AdaBoost처럼 그레이디언트 부스팅은 앙상블에 이전까지의 오차를 보정하도록 예측기를 순차적으로 추가합니다. 하지만 AdaBoost처럼 반복마다 샘플의 가중치를 수정하는 대신 이전 예측기가 만든 **잔여 오차**residual error에 새로운 예측기를 학습시킵니다.

결정 트리를 기반 예측기로 사용하는 간단한 회귀 문제를 풀어보겠습니다. 이를 **그레이디언트 트리 부스팅**gradient tree boosting 또는 **그레이디언트 부스티드 회귀 트리**gradient boosted regression tree(GBRT)라고 합니다. 먼저 2차 방정식으로 잡음이 섞인 데이터셋을 생성하고 DecisionTreeRegressor를 학습시켜보겠습니다.

```
import numpy as np
from sklearn.tree import DecisionTreeRegressor
np.random.seed(42)
X = np.random.rand(100, 1) - 0.5
y = 3 * X[:, 0] ** 2 + 0.05 * np.random.randn(100) # y = 3x² + 가우스_잡음
tree_reg1 = DecisionTreeRegressor(max_depth=2, random_state=42)
tree_reg1.fit(X, y)
```

....

29 옮긴이_ AdaBoostRegressor는 깊이가 3인 DecisionTreeRegressor를 기본 추정기로 사용합니다.

30 그레이디언트 부스팅은 레오 브레이먼(Leo Breiman)의 1997년 논문 「Arcing the Edge」에서 처음 소개되었습니다. 그후 제롬 프리드먼(Jerome Friedman)의 1999년 논문 「Greedy Function Approximation: A Gradient Boosting Machine」에서 더 발전되었습니다. *https://homl.info/28*

이제 첫 번째 예측기에서 생긴 잔여 오차에 두 번째 `DecisionTreeRegressor`를 훈련시킵니다.

```
y2 = y - tree_reg1.predict(X)
tree_reg2 = DecisionTreeRegressor(max_depth=2, random_state=43)
tree_reg2.fit(X, y2)
```

그런 다음 두 번째 예측기가 만든 잔여 오차에 세 번째 회귀 모델을 훈련시킵니다.

```
y3 = y2 - tree_reg2.predict(X)
tree_reg3 = DecisionTreeRegressor(max_depth=2, random_state=44)
tree_reg3.fit(X, y3)
```

이제 세 개의 트리를 포함하는 앙상블 모델이 생겼습니다. 새로운 샘플에 대한 예측을 만들려면 모든 트리의 예측을 더하면 됩니다.

```
>>> X_new = np.array([[-0.4], [0.], [0.5]])
>>> sum(tree.predict(X_new) for tree in (tree_reg1, tree_reg2, tree_reg3))
array([0.49484029, 0.04021166, 0.75026781])
```

[그림 7-9]의 왼쪽 열은 이 세 트리의 예측이고 오른쪽 열은 앙상블의 예측입니다. 첫 번째 행에서는 앙상블에 트리가 하나만 있어서 첫 번째 트리의 예측과 완전히 같습니다. 두 번째 행에서는 새로운 트리가 첫 번째 트리의 잔여 오차에 대해 학습되었습니다. 오른쪽의 앙상블 예측이 두 개의 트리 예측의 합과 같은 것을 볼 수 있습니다. 비슷하게 세 번째 행에서는 또 다른 트리가 두 번째 트리의 잔여 오차에 훈련되었습니다. 트리가 앙상블에 추가될수록 앙상블의 예측이 점차 좋아지는 것을 알 수 있습니다.

사이킷런의 `GradientBoostingRegressor`를 사용하면 GBRT 앙상블을 간단하게 훈련시킬 수 있습니다(분류를 위한 `GradientBoostingClassifier` 클래스도 있습니다). 트리 수(`n_estimators`)와 같이 앙상블의 훈련을 제어하는 매개변수는 물론 `RandomForestRegressor`와 아주 비슷하게 결정 트리의 성장을 제어하는 매개변수(`max_depth`, `min_samples_leaf`)를 가지고 있습니다. 다음은 이전에 만든 것과 같은 앙상블을 만드는 코드입니다.

```
from sklearn.ensemble import GradientBoostingRegressor
```

```
gbrt = GradientBoostingRegressor(max_depth=2, n_estimators=3,
                                 learning_rate=1.0, random_state=42)
gbrt.fit(X, y)
```

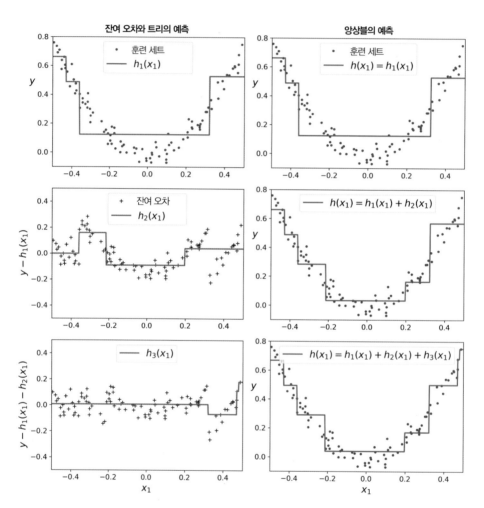

그림 7-9 이 그레이디언트 부스팅 그래프에서 첫 번째 예측기(왼쪽 위)가 평소처럼 훈련됩니다. 그다음 연이은 예측기(왼쪽 중간, 왼쪽 아래)가 이전의 예측기의 잔여 오차에서 훈련됩니다. 오른쪽 열은 만들어진 앙상블의 예측을 보여줍니다.

learning_rate 매개변수가 각 트리의 기여도를 조절합니다. 이를 0.05처럼 낮게 설정하면 앙상블을 훈련 세트에 학습시키기 위해 많은 트리가 필요하지만 일반적으로 예측의 성능은 좋아집니다. 이는 **축소**^{shrinkage}라고 부르는 규제 방법입니다. [그림 7-10]은 다른 하이퍼파라미터로 훈련시킨 두 개의 GBRT 앙상블을 보여줍니다. 왼쪽은 훈련 세트를 학습하기에는 트리가 충분하지 않은 반면 오른쪽은 적정한 개수의 트리를 사용합니다. 트리를 더 많이 추가하면 GBRT가 훈련 세트에 과대적합되기 시작할 것입니다.

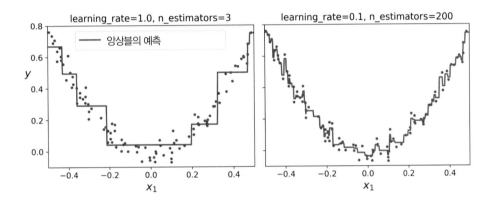

그림 7-10 예측기가 부족한 경우(왼쪽)와 충분한 경우(오른쪽)의 GBRT 앙상블

최적의 트리 개수를 찾으려면 평소처럼 GridSearchCV 또는 RandomizedSearchCV를 사용하여 교차 검증을 수행할 수 있지만 더 간단한 방법이 있습니다. n_iter_no_change 하이퍼파라미터를 정숫값(예 10)으로 설정하면 훈련 중에 마지막 10개의 트리가 도움이 되지 않는 경우 GradientBoostingRegressor가 트리 추가를 자동으로 중지합니다. 이것은 (4장에서 소개한) 단순한 조기 종료 기법이지만 약간의 인내심을 가지고 몇 번의 반복에서 진전이 없는 것을 확인한 후 중지합니다. 조기 종료를 사용해 앙상블을 훈련해봅시다.

```
gbrt_best = GradientBoostingRegressor(
    max_depth=2, learning_rate=0.05, n_estimators=500,
    n_iter_no_change=10, random_state=42)
gbrt_best.fit(X, y)
```

n_iter_no_change를 너무 낮게 설정하면 훈련이 너무 일찍 중단되어 모델이 과소적합될 수 있습니다. 하지만 너무 높게 설정하면 오히려 과대적합됩니다. 또한 학습률을 상당히 작게 설정하고 추정기 개수를 많이 설정했지만 학습된 앙상블의 실제 추정기 개수는 조기 종료 덕분에 훨씬 적습니다.

```
>>> gbrt_best.n_estimators_
92
```

n_iter_no_change를 설정하면 fit() 메서드가 자동으로 훈련 세트를 더 작은 훈련 세트와 검증 세트로 분할하므로 새 트리를 추가할 때마다 모델의 성능을 평가할 수 있습니다. 검증 세트의 크기는 validation_fraction 하이퍼파라미터에 의해 제어되며, 기본값은 10%입니다. tol 하이퍼파라미터는 무시할 수 있는 최대 성능 향상을 결정합니다. 기본값은 0.0001입니다.

GradientBoostingRegressor는 각 트리가 훈련할 때 사용할 훈련 샘플의 비율을 지정할 수 있는 subsample 매개변수도 지원합니다. 예를 들어 subsample=0.25라고 하면 각 트리는 랜덤으로 선택된 25%의 훈련 샘플로 학습됩니다. 짐작했겠지만 편향이 높아지는 대신 분산이 낮아지게 됩니다. 또한 훈련 속도도 상당히 빨라집니다. 이런 기법을 **확률적 그레이디언트 부스팅**stochastic gradient boosting이라고 합니다.

7.5.3 히스토그램 기반 그레이디언트 부스팅

사이킷런은 대규모 데이터셋에 최적화된 또 다른 GBRT 구현인 히스토그램 기반 그레이디언트 부스팅histogram-based gradient boosting(HGB)도 제공합니다. 이 알고리즘은 입력 특성을 구간으로 나누어 정수로 대체하는 방식으로 작동합니다. 구간의 개수는 max_bins 하이퍼파라미터에 의해 제어되며, 기본값은 255이고 이보다 높게 설정할 수 없습니다. 구간 분할을 사용하면 학습 알고리즘이 평가해야 하는 가능한 임곗값의 수를 크게 줄일 수 있습니다. 또한 정수로 작업하면 더 빠르고 메모리 효율적인 데이터 구조를 사용할 수 있습니다. 그리고 구간을 분할하는 방식 덕분에 각 트리를 학습할 때 특성을 정렬할 필요가 없습니다.

그 결과, 이 구현의 계산 복잡도는 $O(n \times m \times \log(m))$이 아닌 $O(b \times m)$이며, 여기서 b는 구간의 개수, m은 훈련 샘플의 개수, n은 특성의 개수입니다. 이는 실제로 HGB가 대규모 데이터셋에서 일반 GBRT보다 수백 배 빠르게 훈련할 수 있다는 것을 의미합니다. 그러나 구간 분할은 규제처럼 작동해 정밀도 손실을 유발하므로 데이터셋에 따라 과대적합을 줄이는 데 도움이 될 수도 있고 과소적합을 유발할 수도 있습니다.

사이킷런은 HGB를 위한 두 가지 클래스 HistGradientBoostingRegressor와 HistGradientBoostingClassifier를 제공합니다. 이 두 클래스는 GradientBoostingRegressor 그리고

GradientBoostingClassifier와 유사하지만 몇 가지 주목할 만한 차이점이 있습니다.

- 인스턴스 수가 10,000개보다 많으면 조기 종료가 자동으로 활성화됩니다. early_stopping 매개변수를 True 또는 False로 설정하여 조기 종료를 항상 켜거나 끌 수 있습니다.
- subsample 매개변수가 지원되지 않습니다.
- n_estimators 매개변수가 max_iter로 바뀌었습니다.
- 조정할 수 있는 결정 트리 하이퍼파라미터는 max_leaf_nodes, min_samples_leaf, max_depth뿐입니다.

HGB 클래스는 범주형 특성과 누락된 값을 지원합니다. 이로 인해 전처리가 상당히 간소화됩니다. 그러나 범주형 특성은 0 ~ max_bins 사이의 정수로 표현돼야 합니다. 이를 위해 OrdinalEncoder를 사용할 수 있습니다. 예를 들어 2장에서 소개한 캘리포니아 주택 데이터셋에 대한 전체 파이프라인을 구축하고 훈련하는 방법은 다음과 같습니다.

```python
from sklearn.pipeline import make_pipeline
from sklearn.compose import make_column_transformer
from sklearn.ensemble import HistGradientBoostingRegressor
from sklearn.preprocessing import OrdinalEncoder

hgb_reg = make_pipeline(
    make_column_transformer((OrdinalEncoder(), ["ocean_proximity"]),
                            remainder="passthrough"),
    HistGradientBoostingRegressor(categorical_features=[0], random_state=42)
)
hgb_reg.fit(housing, housing_labels)
```

전체 파이프라인이 임포트 구문만큼 짧습니다! 누락된 값을 채우고, 스케일을 조정하고, 원-핫 인코딩을 처리하지 않아도 되므로 정말 편리합니다. 범주형 열의 인덱스(또는 불리언 배열)로 categorical_features를 설정해야 한다는 점에 유의하세요. 하이퍼파라미터 튜닝 없이도 이 모델은 약 47,600의 RMSE를 산출하는데 이는 그리 나쁘지 않은 수치입니다.

TIP 파이썬 ML 생태계에는 최적화된 그레이디언트 부스팅 구현이 몇 가지 더 있는데, 특히 XGBoost(*https://github.com/dmlc/xgboost*), CatBoost(*https://catboost.ai/*), LightGBM(*https://light gbm.readthedocs.io/*)이 잘 알려져 있습니다.[31] 이러한 라이브러리는 몇 년 전부터 사용되어 왔습니다. 모두 그레이디언트 부스팅에 특화되어 있고, API가 사이킷런과 매우 유사하며, GPU 가속을 비롯한 다양한 추가

---

31 옮긴이_ 이런 라이브러리에 관한 자세한 내용은 『XGBoost와 사이킷런을 활용한 그레이디언트 부스팅』(한빛미디어, 2022)을 참고하세요.

기능을 제공하므로 꼭 확인해보기 바랍니다! 또한 텐서플로 랜덤 포레스트 라이브러리(*https://tensorflow. org/decision_forests*)는 일반적인 랜덤 포레스트, 엑스트라 트리, GBRT 등 다양한 랜덤 포레스트 알고리즘의 최적화된 구현을 제공합니다.

7.6 스태킹

이 장에서 이야기할 마지막 앙상블 모델은 **스태킹**^{stacking} (stacked generalization의 줄임말)[32]입니다. 이는 '앙상블에 속한 모든 예측기의 예측을 취합하는 (직접 투표 같은) 간단한 함수를 사용하는 대신 취합하는 모델을 훈련시킬 수 없을까?'라는 기본 아이디어에서 출발합니다. [그림 7-11]은 새로운 샘플에 회귀 작업을 수행하는 앙상블을 보여줍니다. 아래의 세 예측기는 각각 다른 값(3.1, 2.7, 2.9)을 예측하고 마지막 예측기(**블렌더**^{blender} 또는 **메타 학습기**^{meta learner}라고 합니다)가 이 예측을 입력으로 받아 최종 예측(3.0)을 만듭니다.

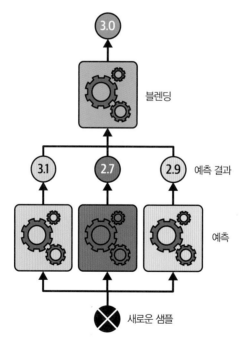

그림 7-11 블렌딩 예측기를 사용한 예측 취합

---

32 David H. Wolpert, "Stacked Generalization," Neural Networks 5, no. 2 (1992): 241–259. *https://homl.info/29*

블렌더를 훈련하려면 먼저 블렌딩^{blending} 훈련 세트를 만들어야 합니다. 앙상블의 모든 예측기에서 cross_val_predict()를 사용하여 원본 훈련 세트에 있는 각 샘플에 대한 표본 외 예측을 얻습니다(그림 7-12). 이를 블렌더를 훈련하기 위한 입력 특성으로 사용하고 타깃은 원본 훈련 세트에서 간단히 복사할 수 있습니다. 원본 훈련 세트의 특성 개수(이 예에서는 하나)에 관계없이 블렌딩 훈련 세트에는 예측기당 하나의 입력 특성이 포함됩니다(이 예에서는 세 개). 블렌더가 학습되면 기본 예측기는 전체 원본 훈련 세트로 마지막에 한 번 더 재훈련됩니다.

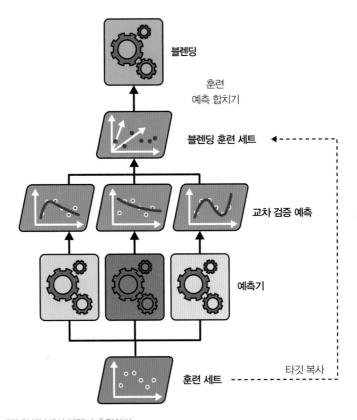

그림 7-12 스태킹 앙상블에서 블렌더 훈련하기

실제로 [그림 7-13]과 같이 여러 가지 블렌더(◐ 선형 회귀를 사용하는 블렌더, 랜덤 포레스트 회귀를 사용하는 블렌더)를 이러한 방식으로 훈련하여 전체 블렌더 계층을 얻은 다음 그 위에 다른 블렌더를 추가하여 최종 예측을 생성하는 것이 가능합니다. 이렇게 하면 성능을 조금 더

끌어올릴 수 있지만 훈련 시간과 시스템 복잡성 측면에서 비용이 증가합니다.

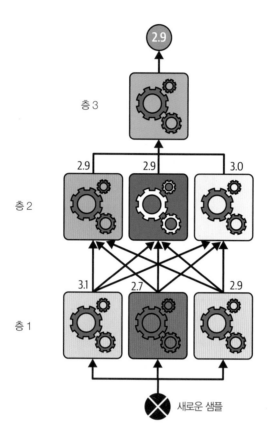

그림 7-13 다층 스태킹 앙상블에서의 예측

사이킷런은 스태킹 앙상블을 위한 StackingClassifier와 StackingRegressor 클래스를 제공합니다. 예를 들어 이 장의 시작 부분에서 moons 데이터셋에 사용한 VotingClassifier를 StackingClassifier로 대체할 수 있습니다.

```
from sklearn.ensemble import StackingClassifier

stacking_clf = StackingClassifier(
    estimators=[
```

```
        ('lr', LogisticRegression(random_state=42)),
        ('rf', RandomForestClassifier(random_state=42)),
        ('svc', SVC(probability=True, random_state=42))
    ],
    final_estimator=RandomForestClassifier(random_state=43),
    cv=5 # 교차 검증 폴드 개수
)
stacking_clf.fit(X_train, y_train)
```

각 예측기에 대해 스태킹 분류기는 사용 가능한 경우 predict_proba()를 호출하고, 그렇지 않은 경우 decision_function()을 사용하거나 최후의 수단으로 predict()를 호출합니다. 최종 예측기를 제공하지 않으면 StackingClassifier는 LogisticRegression을 사용하고 StackingRegressor는 RidgeCV를 사용합니다.

테스트 세트에서 이 스태킹 모델을 평가하면 92.8%의 정확도를 얻을 수 있으며, 이는 92%를 얻은 간접 투표 방식의 분류기보다 약간 더 나은 결과입니다.

결론적으로 앙상블 방법은 다재다능하고 강력하며 사용법이 매우 간단합니다. 랜덤 포레스트, AdaBoost, GBRT는 대부분의 머신러닝 작업에서 가장 먼저 테스트해야 하는 모델이며, 특히 서로 다른 종류로 구성된 표 형식 데이터에서 빛을 발합니다. 또한 전처리가 거의 필요하지 않기 때문에 프로토타입을 빠르게 구축하는 데 적합합니다. 마지막으로 투표 기반 분류기와 스태킹 분류기 같은 앙상블 방법은 시스템 성능을 한계까지 끌어올리는 데 도움이 될 수 있습니다.

연습문제

① 정확히 같은 훈련 데이터로 다섯 개의 다른 모델을 훈련시켜서 모두 95% 정확도를 얻었다면 이 모델들을 연결하여 더 좋은 결과를 얻을 수 있을까요? 가능하다면 어떻게 해야 할까요? 그렇지 않다면 왜일까요?

② 직접 투표와 간접 투표 분류기의 차이점은 무엇일까요?

③ 배깅 앙상블의 훈련을 여러 대의 서버에 분산시켜 속도를 높일 수 있을까요? 페이스팅 앙상블, 부스팅 앙상블, 랜덤 포레스트, 스태킹 앙상블의 경우는 어떨까요?

④ OOB 평가의 장점은 무엇인가요?

⑤ 무엇이 엑스트라 트리 앙상블을 일반 랜덤 포레스트보다 더 랜덤하게 만드나요? 추가적인 무작위성이 어떻게 도움이 될까요? 엑스트라 트리 분류기는 일반 랜덤 포레스트보다 느릴까요, 빠를까요?

⑥ AdaBoost 앙상블이 훈련 데이터에 과소적합되었다면 어떤 매개변수를 어떻게 바꾸어야 할까요?

⑦ 그레이디언트 부스팅 앙상블이 훈련 데이터에 과대적합되었다면 학습률을 높여야 할까요, 낮춰야 할까요?

⑧ (3장에서 소개한) MNIST 데이터를 불러들여 훈련 세트, 검증 세트, 테스트 세트로 나눕니다(ⓒⅠ 훈련에 50,000개 샘플, 검증에 10,000개 샘플, 테스트에 10,000개 샘플). 그런 다음 랜덤 포레스트 분류기, 엑스트라 트리 분류기, SVM 분류기 같은 여러 종류의 분류기를 훈련시킵니다. 그리고 검증 세트에서 개별 분류기보다 더 높은 성능을 내도록 이들을 간접 또는 직접 투표 방법을 사용해 앙상블로 연결해보세요. 앙상블을 얻고 나면 테스트 세트로 확인해보세요. 개별 분류기와 비교해서 성능이 얼마나 향상되나요?

⑨ 이전 연습문제의 각 분류기를 실행해서 검증 세트에서 예측을 만들고 그 결과로 새로운 훈련 세트를 만들어보세요. 각 훈련 샘플은 하나의 이미지에 대한 전체 분류기의 예측을 담은 벡터이고 타깃은 이미지의 클래스입니다. 새로운 훈련 세트에 분류기 하나를 훈련시켜보세요. 축하합니다, 방금 블렌더를 훈련시켰습니다. 그리고 이 분류기를 모아서 스태킹 앙상블을 구성했습니다! 이제 테스트 세트에 앙상블을 평가해보세요. 테스트 세트의 각 이미지에 대해 모든 분류기로 예측을 만들고 앙상블의 예측 결과를 만들기 위해 블렌더에 그 예측을 주입합니다. 앞서 만든 투표 분류기와 비교하면 어떤가요? 이제 StackingClassifier를 사용하여 다시 시도해보세요. 성능이 더 좋아졌나요? 그렇다면 그 이유는 무엇인가요?

연습문제의 정답은 〈부록 A〉에 있습니다.

## 8장

차원 축소

많은 경우 머신러닝 문제는 훈련 샘플 각각이 수천 심지어 수백만 개의 특성을 가지고 있습니다. 이런 많은 특성은 훈련을 느리게 할 뿐만 아니라 좋은 솔루션을 찾기 어렵게 만듭니다. 이런 문제를 종종 **차원의 저주**^{curse of dimensionality}라고 합니다.

다행히도 실전 문제에서는 특성 수를 크게 줄여서 불가능한 문제를 가능한 범위로 변경할 수 있는 경우가 많습니다. 예를 들어 (3장에서 소개한) MNIST 이미지를 생각해보세요. 이미지 경계에 있는 픽셀은 거의 항상 흰색이므로 훈련 세트에서 이런 픽셀을 완전히 제거해도 많은 정보를 잃지 않습니다. 이전 장에 있는 [그림 7-6]을 보면 이런 픽셀들이 분류 문제에 크게 중요하지 않다는 것을 알 수 있습니다. 게다가 인접한 두 픽셀은 종종 많이 연관되어 있습니다. 두 픽셀을 하나의 픽셀로 합치더라도(예를 들어 두 픽셀 강도를 평균 냄으로써) 잃는 정보가 많지 않을 것입니다.

> **CAUTION** 차원을 축소시키면 JPEG로 이미지를 압축했을 때 품질이 떨어지는 것처럼 일부 정보가 유실됩니다. 그래서 훈련 속도가 빨라질 수는 있지만 시스템의 성능이 조금 나빠질 수 있습니다. 또한 작업 파이프라인이 조금 더 복잡해지고 유지 관리가 어려워집니다. 그러므로 차원 축소를 고려하기 전에 먼저 원본 데이터로 시스템을 훈련해보는 것을 권장합니다. 어떤 경우에는 훈련 데이터의 차원을 축소시키면 잡음이나 불필요한 세부 사항을 걸러내므로 성능이 높아질 수 있습니다. 일반적으로는 훈련 속도만 빨라집니다.

훈련 속도를 높이는 것 외에 차원 축소는 데이터 시각화에도 아주 유용합니다. 차원 수를 둘 또는 셋으로 줄이면 고차원 훈련 세트를 하나의 압축된 그래프로 그릴 수 있고 군집 같은 시각적인 패턴을 감지해 중요한 인사이트를 얻는 경우가 많습니다. 또한 데이터 과학자가 아닌 사람들, 특히 최종 결과를 사용하는 결정권자에게 여러분의 판단을 설명하는 데 데이터 시각화는 필수적입니다.

이 장에서는 먼저 차원의 저주에 관해 논의하고 고차원 공간에서 어떤 일이 일어나는지 알아보겠습니다. 그런 다음 차원 축소에 사용되는 두 가지 주요 접근 방법인 투영 projection 과 매니폴드 학습 manifold learning 을 소개하겠습니다. 그리고 가장 인기 있는 차원 축소 기법인 주성분 분석(PCA), 랜덤 투영, 지역 선형 임베딩 locally linear embedding (LLE)을 다루도록 하겠습니다.

8.1 차원의 저주

우리는 3차원[1] 세계에서 살고 있어서 고차원 공간을 직관적으로 상상하기 어렵습니다. 1,000차원의 공간에서 휘어져 있는 200차원의 타원체는 고사하고 기본적인 4차원 초입방체 hypercube 조차도 머릿속에 그리기 어렵습니다(그림 8-1).

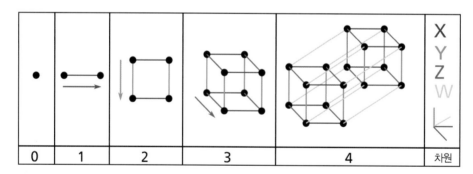

그림 8-1 점, 선, 정사각형, 정육면체, 테서랙트 tesseract (0차원에서 4차원까지의 초입방체)[2]

---

1 시간까지 고려하면 4차원이고 끈 이론가라면 더 늘어날 수 있습니다. 옮긴이_ 대표적으로 초끈(superstring) 이론은 물질의 구성 요소를 소립자가 아니라 10^{-33}cm라는 극히 작은 고무줄 같은 끈이라고 생각합니다. 여기서는 3차원 공간의 모든 점에 6차원 너비의 공간이 있다고 가정하여 9차원의 세계를 생각합니다. 『Newton Highlight 블랙홀 화이트홀』(뉴턴코리아, 2009) 참고

2 3차원 공간에 투영시킨 회전하는 테서랙트를 http://goo.gl/OM7ktJ에서 확인해보세요. [그림 8-1]의 이미지는 위키백과 사용자 NerdBoy1392가 제작한 것으로 https://en.wikipedia.org/wiki/Tesseract에서 인용했습니다(크리에이티브 커먼즈 BY-SA 3.0). 옮긴이_ 테서랙트는 3차원에 시간이 추가된 4차원의 초입방체입니다. 영화 〈인터스텔라〉에서 주인공 쿠퍼가 블랙홀에 떨어진 후 특이점 경계에서 '그들'이 준비한 테서렉트에 구조되고 딸 머피에게 중력 방정식을 알려준 다음 5차원인 벌크(bulk)를 이동하여 토성 근처로 돌아오게 됩니다. 『인터스텔라의 과학』(까치글방, 2015) 참고

고차원 공간에서는 많은 것이 상당히 다르게 작동합니다. 예를 들어 단위 면적(1×1 사각형) 안에 있는 점을 랜덤으로 선택한다면 경계선에서 0.001 이내에 위치할 가능성은 0.4%입니다 (다른 말로 하면 어느 방향으로든 거의 끝부분에 있는 점을 선택할 가능성은 매우 낮습니다).[3] 하지만 10,000차원의 단위 면적을 가진 초입방체에서는 이 가능성이 99.999999%보다 커집니다.[4] 고차원 초입방체에 있는 대다수의 점은 경계와 매우 가까이 있습니다.[5]

여기에 더 심각한 차이점이 있습니다. 단위 면적에서 임의의 두 점을 선택하면 두 점 사이의 거리는 평균적으로 대략 0.52가 됩니다. 3차원 큐브에서 임의의 두 점을 선택하면 평균 거리는 대략 0.66입니다. 만약 1,000,000차원의 단위 면적을 가진 초입방체에서 두 점을 랜덤으로 선택하면 어떨까요? 믿거나 말거나 평균 거리는 약 408.25 (대략 $\sqrt{1,000,000/6}$)입니다![6] 이는 직관적이지 않습니다. 두 점이 단위 초입방체에 같이 놓여 있는데 어떻게 이렇게 멀리 떨어져 있는 걸까요? 고차원은 많은 공간을 가지고 있기 때문입니다. 이로 인해 고차원 데이터셋은 매우 희박할 위험이 있습니다. 즉, 대부분의 훈련 데이터가 서로 멀리 떨어져 있습니다. 이는 새로운 샘플도 훈련 샘플과 멀리 떨어져 있을 가능성이 높다는 뜻입니다. 이 경우 예측을 위해 훨씬 많은 외삽 extrapolation 을 해야 하기 때문에 저차원일 때보다 예측이 더 불안정합니다. 간단히 말해 훈련 세트의 차원이 클수록 과대적합 위험이 커집니다.

이론적으로 차원의 저주를 해결하는 해결책 하나는 훈련 샘플의 밀도가 충분히 높아질 때까지 훈련 세트의 크기를 키우는 것입니다. 불행하게도 실제로는 일정 밀도에 도달하기 위해 필요한 훈련 샘플 수는 차원 수가 커짐에 따라 기하급수적으로 늘어납니다. 특성의 범위가 0~1 사이이고 MNIST 문제보다 특성 수가 훨씬 적은 100개뿐이라고 해도 모든 차원에 걸쳐 균일하게 퍼져 있다고 가정하고 훈련 샘플을 서로 평균 0.1 이내에 위치시키려면 관측 가능한 우주에 있는 원자 수 모두를 합친 것보다 더 많은 훈련 샘플을 모아야 합니다.[7]

----

3 옮긴이_ 1×1 사각형에서 테두리 0.001을 제외한 안쪽 사각형의 면적은 $(1 - 0.001 \times 2)^2 = 0.996004$입니다. 따라서 두께 0.001인 테두리의 너비는 $1 - 0.996004 = 0.003996$이므로 단위 면적의 약 0.4%가 됩니다.

4 옮긴이_ 테두리를 제외한 초입방체의 부피를 같은 방식으로 계산하면 $(1 - 0.001 \times 2)^{10000} \approx 0.000000002$가 되므로 테두리의 공간은 $1 - 0.000000002 = 0.999999998$이 됩니다.

5 재미있는 사실: 충분히 많은 차원이 있다는 점을 고려하면 누구나 적어도 한 가지 면에서는 극단주의 성향이 있을 가능성이 높습니다(예 커피에 넣는 설탕의 양).

6 옮긴이_ 랜덤으로 선택한 두 점 사이의 평균 거리는 적분을 이용해 계산합니다. 2차원일 때 평균 거리는 $\frac{1}{15}(\sqrt{2} + 2 + 5\ln(1+\sqrt{2})) = 0.521405$이며 n차원일 때 평균 거리는 최대 $\sqrt{\frac{n}{6}}$을 넘지 않습니다. 따라서 1,000,000차원 초입방체에서 임의의 두 점 사이의 평균 거리는 대략 $\sqrt{\frac{1,000,000}{6}}$ 이라고 할 수 있습니다.

7 옮긴이_ 크기가 1인 2차원 평면에 0.1 거리 이내에 훈련 샘플을 모두 놓으려면 최소한 10×10개의 샘플이 필요합니다. 이를 100개의 차원으로 확장하면 $10 \times 10 \times \cdots \times 10 = 10^{100}$개의 훈련 샘플이 필요합니다. 우주에 존재하는 원자 수는 관측 가능한 우주의 질량을 수소 원자의 질량으로 나눠 계산할 수 있는데, 대략 10^{80}개로 알려져 있습니다.

8.2 차원 축소를 위한 접근법

구체적인 차원 축소 알고리즘을 알아보기 전에 차원을 감소시키는 두 가지 주요한 접근법인 투영과 매니폴드 학습을 살펴보겠습니다.

8.2.1 투영

대부분의 실전 문제는 훈련 샘플이 모든 차원에 걸쳐 균일하게 퍼져 있지 않습니다. 많은 특성은 거의 변화가 없는 반면, (앞서 말한 MNIST의 경우처럼) 다른 특성들은 서로 강하게 연관되어 있습니다.[8] 결과적으로 모든 훈련 샘플이 고차원 공간 안의 저차원 **부분 공간**subspace (또는 가까이)에 놓여 있습니다.[9] 너무 추상적인 말이라 예를 들어 살펴보겠습니다. [그림 8-2]에 작은 공으로 표현된 3차원 데이터셋이 있습니다.

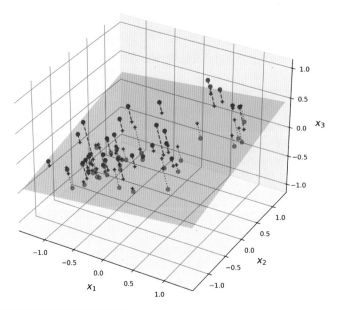

그림 8-2 2차원에 가깝게 배치된 3차원 데이터셋

---

8 옮긴이_ MNIST 이미지의 테두리는 거의 항상 흰색이고 중심부의 픽셀들은 인접 픽셀과 강하게 연관되었다는 점을 이 장의 서두에서 설명했습니다.

9 옮긴이_ 거의 모두 흰색인 테두리 부분을 떼어놓고 생각하면 대부분의 이미지가 더 낮은 차원(적은 픽셀)인 부분 공간에 놓여 있다고 말할 수 있습니다.

모든 훈련 샘플이 거의 평면 형태로 놓여 있습니다. 이것이 고차원(3D) 공간에 있는 저차원 (2D) 부분 공간입니다. 여기서 모든 훈련 샘플을 이 부분 공간에 수직으로(즉, 샘플과 평면 사이를 연결한 짧은 파선을 따라) 투영하면 [그림 8-3]과 같은 2D 데이터셋을 얻습니다. 짜잔! 우리는 방금 데이터셋의 차원을 3D에서 2D로 줄였습니다. 각 축은 (평면에 투영된 좌표인) 새로운 특성 z_1과 z_2에 대응됩니다.

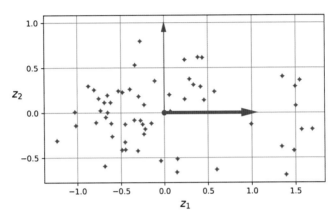

그림 8-3 투영하여 만들어진 새로운 2D 데이터셋

그러나 차원 축소에 있어서 투영이 언제나 최선의 방법은 아닙니다. 많은 경우 [그림 8-4]에 표현된 **스위스 롤**Swiss roll[10] 데이터셋처럼 부분 공간이 뒤틀리거나 휘어 있기도 합니다.

---

10 옮긴이_ 스위스 롤은 크림이나 잼을 넣어 돌돌 말은 형태의 케이크를 말합니다. 중부 유럽에서 유래한 것으로 추측되며 우리에게는 롤케이크로 널리 알려져 있습니다.

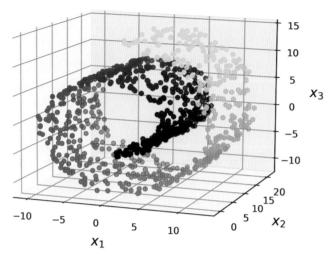

그림 8-4 스위스 롤 데이터셋

그냥 평면에 투영시키면(⑩ x_3을 버리고) [그림 8-5]의 왼쪽처럼 스위스 롤의 층이 서로 뭉개집니다. 하지만 우리가 원하는 것은 스위스 롤을 펼쳐서 오른쪽처럼 2D 데이터셋을 얻는 것입니다.

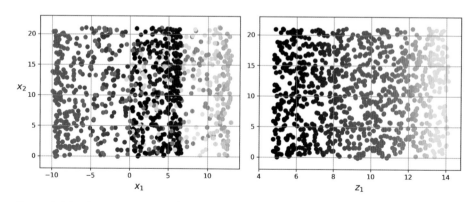

그림 8-5 평면에 그냥 투영시켜서 뭉개진 것(왼쪽)과 스위스 롤을 펼쳐놓은 것(오른쪽)

8.2.2 매니폴드 학습

스위스 롤은 2D 매니폴드의 한 예입니다. 간단히 말해 2D 매니폴드는 고차원 공간에서 휘어지거나 뒤틀린 2D 모양입니다. 더 일반적으로 d차원 매니폴드는 국부적으로 d차원 초평면^{hyperplane}으로 보일 수 있는 n차원 공간의 일부입니다($d < n$). 스위스 롤의 경우에는 $d=2$이고 $n=3$입니다. 국부적으로는 2D 평면으로 보이지만 3차원으로 말려있습니다.

많은 차원 축소 알고리즘이 훈련 샘플이 놓여 있는 **매니폴드**^{manifold}를 모델링하는 식으로 작동합니다. 이를 **매니폴드 학습**이라고 합니다. 이는 대부분 실제 고차원 데이터셋이 더 낮은 저차원 매니폴드에 가깝게 놓여 있다는 **매니폴드 가정** 또는 **매니폴드 가설**에 근거합니다. 경험적으로도 이런 가정은 매우 자주 발견됩니다.

여기에서도 MNIST 데이터셋으로 생각해보겠습니다. 전체 손글씨 숫자 이미지는 어느 정도 비슷한 면이 있습니다. 선으로 연결되어 있고 경계는 흰색이고 어느 정도 중앙에 있습니다. 랜덤으로 생성된 이미지라면 그중 아주 적은 일부만 손글씨 숫자처럼 보일 것입니다. 다시 말해 숫자 이미지를 만들 때 가능한 자유도는 아무 이미지나 생성할 때의 자유도보다 훨씬 낮습니다. 이런 제약은 데이터셋을 저차원의 매니폴드로 압축할 수 있도록 도와줍니다.[11]

매니폴드 가정은 종종 암묵적으로 다른 가정과 병행되곤 합니다. 바로 처리해야 할 작업(**예** 분류나 회귀)이 저차원의 매니폴드 공간에 표현되면 더 간단해질 것이란 가정입니다. 예를 들어 [그림 8-6]의 첫 번째 행에서는 스위스 롤이 두 개의 클래스로 나뉘어 있습니다. 3D (왼쪽)에서는 결정 경계가 매우 복잡하지만 펼쳐진 매니폴드 공간인 2D (오른쪽)에서는 결정 경계가 단순한 직선입니다.

그러나 이런 암묵적인 가정이 항상 유효하지는 않습니다. [그림 8-6]의 두 번째 행의 경우에는 결정 경계가 $x_1 = 5$에 놓여 있습니다. 이 결정 경계는 3D 공간에서는 매우 단순합니다(수직 평면). 하지만 펼쳐진 매니폴드에서는 결정 경계가 더 복잡해졌습니다(네 개의 독립된 수직선[12]).

---

11 옮긴이_ 사이킷런에 포함된 손글씨 숫자 이미지에 대한 다양한 매니폴드 학습 결과는 사이킷런 문서(*https://goo.gl/41pt5s*)에서 확인할 수 있습니다.

12 옮긴이_ [그림 8-6]의 오른쪽 아래 그래프에 표현된 매니폴드의 결정 경계는 $z_1 = 6$, $z_1 = 7$, $z_1 = 11.5$, $z_1 = 13.5$ 근처에 수직으로 나타나 있습니다.

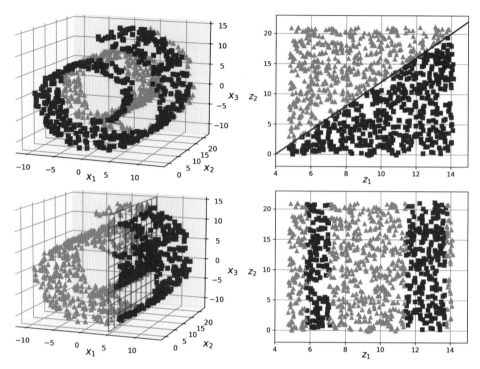

그림 8-6 저차원에서 항상 간단하진 않은 결정 경계

요약하면 모델을 훈련시키기 전에 훈련 세트의 차원을 감소시키면 훈련 속도는 빨라지지만 항상 더 낮거나 간단한 솔루션이 되는 것은 아닙니다. 이는 전적으로 데이터셋에 달렸습니다.

이제 차원의 저주가 무엇인지, 특히 매니폴드 가정이 성립할 때 차원 축소 알고리즘이 어떻게 작동하는지 감을 잡았기 바랍니다. 이 장의 나머지 부분에서는 널리 알려진 몇 가지 차원 축소 알고리즘을 살펴보도록 하겠습니다.

8.3 주성분 분석

주성분 분석^{principal component analysis} (PCA)은 가장 인기 있는 차원 축소 알고리즘입니다. 먼저 데이터에 가장 가까운 초평면을 정의한 다음, 데이터를 이 평면에 투영시킵니다.

8.3.1 분산 보존

저차원의 초평면에 훈련 세트를 투영하기 전에 먼저 올바른 초평면을 선택해야 합니다. 예를 들어 [그림 8-7]의 왼쪽 그래프는 간단한 2D 데이터셋이 세 개의 축(즉, 1차원 초평면)과 함께 표현되어 있습니다. 오른쪽 그래프는 데이터셋이 각 축에 투영된 결과입니다. 여기서 볼 수 있듯이 실선에 투영된 것(위)은 분산을 최대로 보존하는 반면, 점선에 투영된 것(아래)은 분산을 매우 적게 유지하고 있습니다. 파선에 투영된 것(가운데)은 분산을 중간 정도로 유지하고 있습니다.

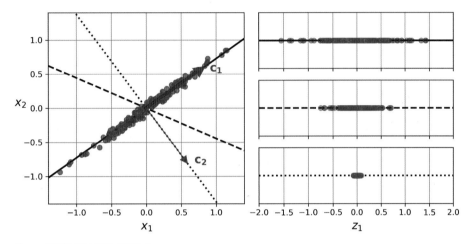

그림 8-7 투영할 부분 공간 선택하기

다른 방향으로 투영하는 것보다 분산이 최대로 보존되는 축을 선택하는 것이 정보가 가장 적게 손실되므로 합리적으로 보입니다. 이 선택을 다른 방식으로 설명하면 원본 데이터셋과 투영된 것 사이의 평균 제곱 거리를 최소화하는 축입니다. 이 방식이 PCA를 더 간단하게 설명할 수 있습니다.[13]

---

13 Karl Pearson, "On Lines and Planes of Closest Fit to Systems of Points in Space," The London, Edinburgh, and Dublin Philosophical Magazine and Journal of Science 2, no. 11 (1901): 559–572, *https://homl.info/pca*

8.3.2 주성분

PCA는 훈련 세트에서 분산이 최대인 축을 찾습니다. [그림 8-7]에서는 실선이 됩니다. 또한 첫 번째 축에 직교하고 남은 분산을 최대한 보존하는 두 번째 축을 찾습니다. 이 2D 예제에서는 선택의 여지가 없습니다. 즉, 점선이 됩니다. 고차원 데이터셋이라면 PCA는 이전의 두 축에 직교하는 세 번째 축을 찾으며 데이터셋에 있는 차원의 수만큼 네 번째, 다섯 번째, …, n번째 축을 찾습니다.

i번째 축을 이 데이터의 i번째 **주성분**principal component (PC)이라고 부릅니다. [그림 8-7]에서 첫 번째 PC는 벡터 c_1이 놓인 축이고 두 번째 PC는 벡터 c_2가 놓인 축입니다. [그림 8-2]에서는 처음 두 개의 PC가 투영 평면에 있으며 세 번째 PC가 이 평면에 수직인 축입니다. 투영된 후 [그림 8-3]에서 첫 번째 PC가 z_1에 해당하고 두 번째 PC가 z_2에 해당합니다.

> **NOTE** 각 주성분을 위해 PCA는 주성분 방향을 가리키고 원점에 중앙이 맞춰진 단위 벡터를 찾습니다. 하나의 축에 단위 벡터가 반대 방향으로 두 개 있으므로 PCA가 반환하는 단위 벡터의 방향은 일정하지 않습니다. 주성분의 방향은 일정치 않습니다. 훈련 세트를 조금 섞은 다음 다시 PCA를 적용하면 새로운 PC 중 일부가 원래 PC와 반대 방향일 수 있습니다. 그러나 일반적으로 같은 축에 놓여 있을 것입니다. 어떤 경우에는(두 축의 분산이 매우 비슷하다면) 한 쌍의 PC가 회전하거나 서로 바뀔 수 있지만 보통은 같은 평면을 구성합니다.

그럼 훈련 세트의 주성분을 어떻게 찾을까요? 다행히 특잇값 분해singular value decomposition (SVD)라는 표준 행렬 분해 기술이 있어서 훈련 세트 행렬 $\mathbf{X}$를 세 개 행렬의 행렬 곱셈인 $\mathbf{U}\Sigma\mathbf{V}^T$로 분해할 수 있습니다. 여기서 찾고자 하는 모든 주성분의 단위 벡터가 $\mathbf{V}$에 [식 8-1]과 같이 담겨 있습니다.[14]

식 8-1 주성분 행렬

$$\mathbf{V} = \begin{pmatrix} | & | & & | \\ \mathbf{c}_1 & \mathbf{c}_2 & \cdots & \mathbf{c}_n \\ | & | & & | \end{pmatrix}$$

---

14 옮긴이_ 공분산 행렬의 고유 벡터는 분산이 어느 방향으로 가장 큰지 나타냅니다. 중앙에 맞춰진 훈련 세트의 공분산 행렬은 $Cov = \frac{1}{n-1}\mathbf{X}^T\mathbf{X} = \frac{1}{n-1}\left(\mathbf{U}\Sigma\mathbf{V}^T\right)^T\left(\mathbf{U}\Sigma\mathbf{V}^T\right) = \frac{1}{n-1}\left(\mathbf{V}\Sigma\mathbf{U}^T\right)\left(\mathbf{U}\Sigma\mathbf{V}^T\right) = \frac{1}{n-1}\mathbf{V}\Sigma^2\mathbf{V}^T = \mathbf{V}\frac{\Sigma^2}{n-1}\mathbf{V}^T$ 입니다. 따라서 $\mathbf{V}$가 공분산 행렬의 고유 벡터이고 주성분이 됩니다. 사이킷런의 PCA는 scipy.linalg.svd 함수를 사용하여 주성분 $\mathbf{V}$를 구합니다. 다만 scipy.linalg.svd나 numpy.linalg.svd 함수에서 반환되는 U, s, V 값 중에서 V가 SVD 공식 $\mathbf{U}\Sigma\mathbf{V}^T$의 $\mathbf{V}^T$입니다. 그래서 [식 8-1] 다음에 나오는 코드에서 svd 함수로부터 얻은 Vt를 다시 전치하여 첫 번째와 두 번째 열을 주성분으로 추출했습니다.

다음 파이썬 코드는 넘파이의 svd() 함수를 사용해 [그림 8-2]에 있는 3D 훈련 세트의 모든 주성분을 구한 후 처음 두 개의 PC를 정의하는 두 개의 단위 벡터를 추출합니다.

```
import numpy as np

X = [...] # 작은 3D 데이터셋을 만듭니다.
X_centered = X - X.mean(axis=0)
U, s, Vt = np.linalg.svd(X_centered)
c1 = Vt[0]
c2 = Vt[1]
```

> **! CAUTION** PCA는 데이터셋의 평균이 0이라고 가정합니다. 앞으로 볼 사이킷런의 PCA 파이썬 클래스는 이 작업을 대신 처리해줍니다. (앞의 코드처럼) PCA를 직접 구현하거나 다른 라이브러리를 사용한다면 먼저 데이터를 원점에 맞추는 것을 잊어서는 안 됩니다.

8.3.3 d차원으로 투영하기

주성분을 모두 추출해냈다면 처음 d개의 주성분으로 정의한 초평면에 투영하여 데이터셋의 차원을 d차원으로 축소시킬 수 있습니다. 이 초평면은 분산을 가능한 한 최대로 보존하는 투영임을 보장합니다. 예를 들어 [그림 8-2]에서 3D 데이터셋은 데이터셋의 분산이 가장 큰 첫 두 개의 주성분으로 구성된 2D 평면에 투영되었습니다. 결과를 보면 이 2D 투영은 원본 3D 데이터셋과 매우 비슷해 보입니다.

초평면에 훈련 세트를 투영하고 d차원으로 축소된 데이터셋 $\mathbf{X}_{d\text{-proj}}$을 얻기 위해서는 [식 8-2]와 같이 행렬 $\mathbf{X}$와 $\mathbf{V}$의 첫 d 열로 구성된 행렬 $\mathbf{W}_d$를 행렬 곱셈하면 됩니다.

식 8-2 훈련 세트를 d차원으로 투영하기[15]

$$\mathbf{X}_{d\text{-proj}} = \mathbf{X}\mathbf{W}_d$$

다음 파이썬 코드는 첫 두 개의 주성분으로 정의된 평면에 훈련 세트를 투영합니다.

---

15 옮긴이_ [그림 8-2]의 샘플 수는 60개이므로 행렬 $\mathbf{X}$가 (60, 3)이고 두 개의 주성분이 담긴 $\mathbf{W}_d$의 크기는 (3, 2)가 됩니다. 따라서 투영된 $\mathbf{X}_{d\text{-proj}}$ 행렬의 크기는 (60, 2)가 됩니다. 주성분은 원본 데이터 공간에서 어떤 방향을 나타내므로 입력 행렬 $\mathbf{X}$의 차원 3과 동일합니다.

```
W2 = Vt[:2].T
X2D = X_centered @ W2
```

PCA 변환이 되었습니다! 지금까지 분산을 가능한 한 최대로 유지하면서 어떻게 데이터셋의 차원을 특정 차원으로 축소하는지 보았습니다.

8.3.4 사이킷런 사용하기

사이킷런의 PCA 모델은 앞서 한 것처럼 SVD를 사용하여 구현합니다. 다음은 PCA 모델을 사용해 데이터셋의 차원을 2로 줄이는 코드입니다(사이킷런의 PCA 모델은 자동으로 데이터를 중앙에 맞춰줍니다).

```
from sklearn.decomposition import PCA

pca = PCA(n_components=2)
X2D = pca.fit_transform(X)
```

PCA 변환기를 데이터셋에 학습시키고 나면 components_ 속성에 $\mathbf{W}_d$의 전치가 담겨있습니다. 이 배열의 행은 처음 d개의 주성분에 해당합니다.

8.3.5 설명된 분산의 비율

explained_variance_ratio_ 변수에 저장된 주성분의 **설명된 분산의 비율**explained variance ratio도 유용한 정보입니다.[16] 이 비율은 각 주성분의 축을 따라 있는 데이터셋의 분산 비율을 나타냅니다. 예를 들어 [그림 8-2]에 나타난 3D 데이터셋의 처음 두 주성분에 대한 설명된 분산의 비율을 살펴보겠습니다.

```
>>> pca.explained_variance_ratio_
array([0.7578477, 0.15186921])
```

---

16 옮긴이_ PCA의 주성분으로 설명된 분산은 〈8.3.2 주성분〉 주석에 있는 공식에서 공분산 행렬의 고윳값(eigenvalue), 즉 $\frac{\Sigma^2}{n-1}$ 입니다 (Σ는 svd 함수가 반환하는 s입니다). 이 값이 explained_variance_ 변수에 저장되며, 설명된 분산의 비율은 전체 분산에서 차지하는 비율입니다.

이는 데이터셋 분산의 76%가 첫 번째 PC를 따라 놓여 있고 15%가 두 번째 PC를 따라 놓여 있음을 알려줍니다. 세 번째 PC에는 9% 미만이 남아 있을 것이므로 아주 적은 양의 정보가 들어 있다고 생각해도 됩니다.

8.3.6 적절한 차원 수 선택

축소할 차원 수를 임의로 정하기보다는 충분한 분산(⑩ 95%)이 될 때까지 더해야 할 차원 수를 선택하는 것이 간단합니다(물론 예외적으로 데이터 시각화를 위해 차원을 축소하는 경우에는 차원을 2개나 3개로 줄입니다).

다음 코드는 3장에서 소개한 MNIST 데이터셋을 로드하고 분할한 다음, 차원을 줄이지 않고 PCA를 수행합니다. 그다음 훈련 집합의 분산 95%를 보존하는 데 필요한 최소 차원 수를 계산합니다.[17]

```python
from sklearn.datasets import fetch_openml

mnist = fetch_openml('mnist_784', as_frame=False)
X_train, y_train = mnist.data[:60_000], mnist.target[:60_000]
X_test, y_test = mnist.data[60_000:], mnist.target[60_000:]

pca = PCA()
pca.fit(X_train)
cumsum = np.cumsum(pca.explained_variance_ratio_)
d = np.argmax(cumsum >= 0.95) + 1 # d == 154
```

그런 다음 n_components=d로 설정하여 PCA를 다시 실행합니다. 하지만 유지하려는 주성분의 수를 지정하기보다는 보존하려는 분산의 비율을 n_components에 0.0에서 1.0 사이로 설정하는 편이 훨씬 낫습니다.

```python
pca = PCA(n_components=0.95)
X_reduced = pca.fit_transform(X_train)
```

---

17 옮긴이_ n_components를 지정하지 않으면 특성 수와 샘플 수 중 작은 값으로 설정됩니다. np.cumsum 함수는 입력 배열의 원소를 차례대로 누적한 배열을 반환합니다.

실제 주성분 개수는 훈련 중에 결정되며 n_components_ 속성에 저장됩니다.

```
>>> pca.n_components_
154
```

또 다른 방법은 설명된 분산을 차원 수에 대한 함수로 그리는 것입니다(그냥 cumsum을 그래프로 그리면 됩니다. [그림 8-8]을 보세요). 일반적으로 이 그래프에는 설명된 분산의 빠른 성장이 멈추는 변곡점이 있습니다. 여기서는 차원을 약 100으로 축소해도 설명된 분산을 크게 손해보지 않을 것입니다.

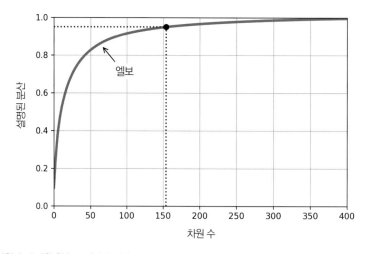

그림 8-8 차원 수에 대한 함수로 나타낸 설명된 분산

마지막으로 지도 학습 작업(예 분류)의 전처리 단계로 차원 축소를 사용하는 경우, 다른 하이퍼파라미터와 마찬가지로 차원 수를 튜닝할 수 있습니다(2장 참고). 예를 들어 다음 코드 예제는 두 단계로 구성된 파이프라인을 생성합니다. 먼저 PCA를 사용하여 차원을 줄인 다음 랜덤 포레스트를 사용하여 분류를 수행합니다. 그런 다음 RandomizedSearchCV를 사용하여 PCA와 랜덤 포레스트 분류기에 잘 맞는 하이퍼파라미터 조합을 찾습니다. 이 예에서는 두 개의 하이퍼파라미터를 튜닝하기 위해 1,000개의 샘플에서 반복 횟수 10회로 설정하여 간단한 검색을 수행하지만 시간이 있다면 더 철저한 검색을 수행해도 좋습니다.

```
from sklearn.ensemble import RandomForestClassifier
from sklearn.model_selection import RandomizedSearchCV
from sklearn.pipeline import make_pipeline

clf = make_pipeline(PCA(random_state=42),
                    RandomForestClassifier(random_state=42))
param_distrib = {
    "pca__n_components": np.arange(10, 80),
    "randomforestclassifier__n_estimators": np.arange(50, 500)
}
rnd_search = RandomizedSearchCV(clf, param_distrib, n_iter=10, cv=3,
                                random_state=42)
rnd_search.fit(X_train[:1000], y_train[:1000])
```

앞에서 찾은 최상의 하이퍼파라미터를 살펴보겠습니다.

```
>>> print(rnd_search.best_params_)
{'randomforestclassifier__n_estimators': 465, 'pca__n_components': 23}
```

흥미롭게도 최적의 성분 수가 매우 적습니다. 784개 차원의 데이터셋을 단 23개 차원으로 줄였습니다! 이는 매우 강력한 모델인 랜덤 포레스트를 사용했다는 사실과 관련이 있습니다. SGDClassifier와 같은 선형 모델을 사용했다면 하이퍼파라미터 튜닝을 통해 더 많은 차원(약 70개)을 보존해야 한다는 것을 알게 될 것입니다.

8.3.7 압축을 위한 PCA

차원 축소 후 훈련 세트는 훨씬 적은 공간을 차지합니다. 예를 들어 95%의 분산을 유지하도록 MNIST 데이터 세트에 PCA를 적용하면 원래 784개의 특성 중에서 154개의 특성만 남게 됩니다. 따라서 데이터셋의 크기는 원본의 20% 이하로 줄지만 분산은 5%만 손실되었습니다! 이는 상당한 압축률이고 이런 크기 축소는 (SVM 같은) 분류 알고리즘의 속도를 크게 높일 수 있습니다.

또한 압축된 데이터셋에 PCA 투영의 변환을 반대로 적용하여 784개의 차원으로 되돌릴 수도 있습니다. 투영에서 일정량의 정보(유실된 5%의 분산)를 잃어버렸기 때문에 이렇게 해도 원본 데이터셋을 얻을 수는 없습니다. 하지만 원본 데이터와 매우 비슷할 것입니다. 원본 데이터와 재구성된 데이터(압축 후 원상 복구한 것) 사이의 평균 제곱 거리를 **재구성 오차**[reconstruction error]라고 합니다.

inverse_transform() 메서드를 사용하면 축소된 MNIST 데이터 집합을 다시 784개 차원으로 복원할 수 있습니다.

```
X_recovered = pca.inverse_transform(X_reduced)
```

[그림 8-9]는 원본 훈련 세트(왼쪽)와 샘플을 압축한 후 복원한 결과를 보여줍니다. 이미지 품질이 조금 손실된 것을 볼 수 있지만 숫자 모양은 거의 온전한 상태입니다.

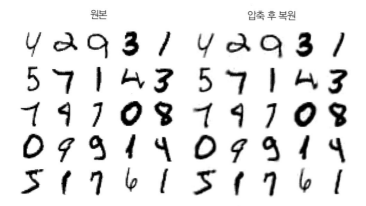

원본   압축 후 복원

그림 8-9 분산의 95%가 유지된 MNIST 압축

역변환 공식은 [식 8-3]과 같습니다.

식 8-3 원본의 차원 수로 되돌리는 PCA 역변환[18]

$$\mathbf{X}_{\text{recovered}} = \mathbf{X}_{d\text{-proj}} \mathbf{W}_d^{\mathsf{T}}$$

---

18 옮긴이_ 주성분의 전치 행렬인 $\mathbf{V}^{\mathsf{T}}$(또는 $\mathbf{W}_d^{\mathsf{T}}$)가 components_ 변수에 저장되어 있으므로 inverse_transform() 메서드에서는 압축된 데이터셋에 components_를 점곱하고 원본 데이터셋에서 구한 평균을 더합니다. X_train의 크기가 (52500, 784)라고 하면 PCA 변환 후 X_reduced의 크기는 (52500, 154)가 됩니다. 주성분의 전치인 components_의 크기는 (154, 784)이므로 X_reduced와 components_의 점곱 결과는 (52500, 784)가 되어 원본 데이터셋의 차원으로 복원됩니다.

8.3.8 랜덤 PCA

svd_solver 매개변수를 "randomized"로 지정하면 사이킷런은 랜덤 PCA라 부르는 확률적 알고리즘을 사용해 처음 d개의 주성분에 대한 근삿값을 빠르게 찾습니다. 이 알고리즘의 계산 복잡도는 완전한 SVD 방식인 $O(m \times n^2) + O(n^3)$이 아니라 $O(m \times d^2) + O(d^3)$입니다. 따라서 d가 n보다 많이 작으면 완전 SVD보다 훨씬 빠릅니다.

```
rnd_pca = PCA(n_components=154, svd_solver="randomized", random_state=42)
X_reduced = rnd_pca.fit_transform(X_train)
```

svd_solver의 기본값은 "auto"입니다. $\max(m, n) > 500$이고 n_components가 $\min(m, n)$의 80%보다 작은 정수인 경우 사이킷런은 자동으로 랜덤 PCA 알고리즘을 사용합니다. 그렇지 않으면 완전한 SVD 방식을 사용합니다. 따라서 앞의 코드는 $154 < 0.8 \times 784$이므로 svd_solver="randomized" 매개변수를 제거하더라도 랜덤 PCA 알고리즘을 사용하게 됩니다. 좀 더 정확한 결과를 얻기 위해 사이킷런이 완전한 SVD를 사용하도록 하려면 svd_solver 매개변수를 "full"로 설정하면 됩니다.

8.3.9 점진적 PCA

PCA 구현의 문제는 SVD 알고리즘을 실행하기 위해 전체 훈련 세트를 메모리에 올려야 한다는 것입니다. 다행히 **점진적 PCA**incremental PCA(IPCA) 알고리즘이 개발되었습니다. 훈련 세트를 미니배치로 나눈 뒤 IPCA 알고리즘에 한 번에 하나씩 주입합니다. 이런 방식은 훈련 세트가 클 때 유용하고 온라인으로(즉, 새로운 데이터가 준비되는 대로 실시간으로) PCA를 적용할 수도 있습니다.

다음 코드는 MNIST 훈련 세트를 (넘파이의 array_split() 함수를 사용해) 100개의 미니배치로 나누고 사이킷런의 IncrementalPCA 파이썬 클래스[19]에 주입하여 MNIST 데이터셋의 차원을 이전과 같은 154개로 줄입니다. 전체 훈련 세트를 사용하는 fit() 메서드가 아니라 partial_fit() 메서드를 미니배치마다 호출해야 합니다.

---

19 사이킷런은 David A. Ross et al., "Incremental Learning for Robust Visual Tracking," International Journal of Computer Vision 77, no. 1–3 (2008): 125–141. *https://homl.info/32*에 기술된 알고리즘을 사용합니다.

```
from sklearn.decomposition import IncrementalPCA

n_batches = 100
inc_pca = IncrementalPCA(n_components=154)
for X_batch in np.array_split(X_train, n_batches):
    inc_pca.partial_fit(X_batch)

X_reduced = inc_pca.transform(X_train)
```

또는 디스크의 이진 파일에 저장된 대규모 배열을 마치 메모리에 있는 것처럼 조작할 수 있는 넘파이 memmap 클래스를 사용할 수 있습니다. 이 클래스는 필요할 때 원하는 데이터만 메모리에 로드합니다. 이를 시연하기 위해 먼저 메모리 매핑된 파일(memmap)을 생성하고 MNIST 훈련 세트를 복사한 다음 flush()를 호출하여 캐시에 남아 있는 모든 데이터가 디스크에 저장되도록 해보겠습니다. 실제 환경에서 X_train은 일반적으로 메모리에 맞지 않으므로 한 청크chunk씩 로드하고 각 청크를 memmap 배열의 적절한 위치에 저장합니다.

```
filename = "my_mnist.mmap"
X_mmap = np.memmap(filename, dtype='float32', mode='write', shape=X_train.shape)
X_mmap[:] = X_train # 대신 반복을 사용해 데이터를 한 청크씩 저장할 수 있습니다.
X_mmap.flush()
```

다음으로 memmap 파일을 로드하고 일반적인 넘파이 배열처럼 사용할 수 있습니다. Incre mentalPCA 클래스를 사용해 차원을 줄여보겠습니다. 이 알고리즘은 특정 순간에 배열의 작은 부분만 사용하기 때문에 메모리 부족 문제가 일어나지 않습니다. 따라서 partial_fit() 대신 일반적인 fit() 메서드를 호출할 수 있어 매우 편리합니다.[20]

```
X_mmap = np.memmap(filename, dtype="float32", mode="readonly").reshape(-1, 784)
batch_size = X_mmap.shape[0] // n_batches
inc_pca = IncrementalPCA(n_components=154, batch_size=batch_size)
inc_pca.fit(X_mmap)
```

---

20 옮긴이_ IncrementalPCA의 fit() 메서드는 batch_size만큼 전체 훈련 데이터를 미니배치로 나누어 partial_fit() 메서드를 호출합니다. batch_size의 기본값은 특성 수의 5배입니다.

> **! CAUTION** 원시 이진 데이터만 디스크에 저장되므로 배열을 로드할 때 데이터 타입과 배열의 크기를 지정해야 합니다. 크기를 생략하면 `np.memmap()`은 1D 배열을 반환합니다.

매우 고차원인 데이터셋의 경우 PCA가 너무 느려질 수 있습니다. 앞서 살펴본 것처럼 랜덤 PCA를 사용하더라도 계산 복잡도는 여전히 $O(m \times d^2) + O(d^3)$이므로 목표 차원 수 d가 너무 크지 않아야 합니다. 수만 개 이상의 특성이 있는 데이터셋(예: 이미지)을 다루는 경우 훈련 속도가 너무 느려질 수 있으므로 이 경우 대신 랜덤 투영을 사용하는 것을 고려해야 합니다.

8.4 랜덤 투영

이름에서 알 수 있듯이 랜덤 투영 알고리즘은 랜덤한 선형 투영을 사용하여 데이터를 저차원 공간에 투영합니다. 말도 안 되는 소리처럼 들릴지 모르지만, 윌리엄 B. 존슨[William B. Johnson]과 요람 린덴스트라우스[Joram Lindenstrauss]가 유명한 정리를 통해 수학적으로 증명한 것처럼 이러한 랜덤한 투영은 실제로 거리를 상당히 잘 보존할 가능성이 매우 높다는 것이 밝혀졌습니다. 따라서 투영 후에도 비슷한 두 개의 샘플은 비슷한 채로 남고 매우 다른 두 개의 샘플은 매우 다른 채로 남습니다.

당연히 더 많은 차원을 삭제할수록 더 많은 정보가 손실되고 더 많은 거리가 왜곡됩니다. 그렇다면 최적의 차원 수는 어떻게 선택할 수 있을까요? 존슨과 린덴스트라우스는 거리가 주어진 허용 오차 이상으로 변하지 않도록 (높은 확률로) 보장하기 위해 보존할 최소 차원 수를 결정하는 방정식을 생각해냈습니다. 예를 들어 각각 $n = 20,000$개의 특성과 $m = 5,000$개의 샘플로 구성된 데이터셋이 있고 두 샘플 간의 제곱 거리가 $\varepsilon = 10\%$[21]를 초과하여 변경되지 않도록 하려면 데이터를 $d \geq 4 \log(m) / (\frac{1}{2} \varepsilon^2 - \frac{1}{3} \varepsilon^3)$인 d, 즉 7,300개 차원으로 투영해야 합니다. 이는 상당히 큰 차원 감소입니다! 이 방정식은 n을 사용하지 않고 m과 ε에만 의존합니다. 이 방정식은 `johnson_lindenstrauss_min_dim()` 함수에 구현되어 있습니다.

---

21 ε는 그리스 문자 엡실론(epsilon)으로, 작은 값을 나타내는 데 자주 사용됩니다.

```
>>> from sklearn.random_projection import johnson_lindenstrauss_min_dim
>>> m, ε = 5_000, 0.1
>>> d = johnson_lindenstrauss_min_dim(m, eps=ε)
>>> d
7300
```

이제 각 항목을 평균 0, 분산 $1/d$의 가우스 분포에서 랜덤 샘플링한 $[d, n]$ 크기의 랜덤 행렬 **P**를 생성하고 이를 사용하여 데이터셋을 n차원에서 d차원으로 투영할 수 있습니다.

```
n = 20_000
np.random.seed(42)
P = np.random.randn(d, n) / np.sqrt(d)  # 표준 편차 = 분산의 제곱근

X = np.random.randn(m, n)               # 가짜 데이터셋을 생성합니다.
X_reduced = X @ P.T
```

이것이 전부입니다! 알고리즘이 랜덤한 행렬을 생성하는 데 필요한 것은 데이터셋의 크기뿐이므로 간단하고 효율적이며 훈련이 필요하지 않습니다. 데이터 자체는 전혀 사용되지 않습니다.

사이킷런은 방금 한 것과 정확히 같은 작업을 수행할 수 있는 GaussianRandomProjection 클래스를 제공합니다. 이 클래스의 fit() 메서드를 호출하면 johnson_lindenstrauss_min_dim()을 사용해 출력 차원을 결정한 다음 랜덤한 행렬을 생성하여 components_ 속성에 저장합니다. 그런 다음 transform()을 호출하면 이 행렬을 사용하여 투영을 수행합니다. 이 변환기를 만들 때 ε을 조정하려면 eps 매개변수를 설정하고(기본값은 0.1), 특정 차원 d를 강제로 적용하려면 n_components 매개변수를 설정할 수 있습니다. 다음 코드 예제는 이전 코드와 동일한 결과를 제공합니다(gaussian_rnd_proj.components_가 P와 같은지 확인할 수도 있습니다).

```
from sklearn.random_projection import GaussianRandomProjection

gaussian_rnd_proj = GaussianRandomProjection(eps=ε, random_state=42)
X_reduced = gaussian_rnd_proj.fit_transform(X) # 이전 결과와 동일합니다.
```

사이킷런은 SparseRandomProjection이라는 두 번째 랜덤 투영 변환기도 제공합니다. 이 변환기는 동일한 방식으로 타깃 차원을 결정하고 동일한 크기의 랜덤 행렬을 생성한 후 투영을

동일하게 수행합니다. 가장 큰 차이점은 랜덤 행렬이 희소하다는 것입니다. 즉, 이전 예제에서 거의 1.2GB가 사용되던 메모리가 약 25MB로 훨씬 적게 사용됩니다! 또한 랜덤 행렬을 생성하고 차원을 줄이는 데 있어서도 훨씬 빠릅니다(이 경우 약 50% 더 빠릅니다). 또한 입력이 희소할 경우 이 변환은 희소성을 유지합니다(dense_output=True로 설정하지 않는다면 말입니다). 마지막으로 이전 접근 방식과 동일한 거리 보존 속성을 가지며 차원 축소 품질도 비슷합니다. 요컨대, 일반적으로 특히 규모가 크거나 희박한 데이터셋의 경우 첫 번째 변환기 대신 이 변환기를 사용하는 것이 더 바람직합니다.

희소한 랜덤 행렬에서 0이 아닌 항목의 비율 r을 밀도^{density}라고 합니다. 기본적으로 밀도는 $1/\sqrt{n}$입니다. 20,000개의 특성을 사용하면 랜덤 행렬의 141개 항목 중 1개만 0이 아니라는 뜻으로, 매우 희소합니다! 원하는 경우 density 매개변수를 다른 값으로 설정할 수 있습니다. 희소 랜덤 행렬의 각 항목은 0이 아닐 확률 r을 가지며, 0이 아닌 각 값은 $-v$ 또는 $+v$(둘 다 동일 확률)이며, 여기서 $v = 1/\sqrt{dr}$입니다.

역변환을 수행하려면 먼저 사이파이의 pinv() 함수를 사용하여 성분 행렬의 유사역행렬을 계산한 다음, 축소된 데이터에 유사역행렬의 전치를 곱해야 합니다.

```
components_pinv = np.linalg.pinv(gaussian_rnd_proj.components_)
X_recovered = X_reduced @ components_pinv.T
```

> **! CAUTION** 성분 행렬이 큰 경우 유사역행렬을 계산하는 데 시간이 오래 걸릴 수 있는데, 그 이유는 pinv()의 계산 복잡도가 $d < n$일 경우 $O(dn^2)$, 그렇지 않을 경우 $O(nd^2)$이기 때문입니다.

요약하면, 랜덤 투영은 간단하고 빠르며 메모리 효율이 높고 놀라울 정도로 강력한 차원 축소 알고리즘으로, 특히 고차원 데이터셋을 다룰 때 염두에 두어야 합니다.

> **✎ NOTE** 랜덤 투영이 대규모 데이터셋의 차원을 줄이는 데만 사용되는 것은 아닙니다. 예를 들어 산조이 다스굽타$^{Sanjoy\ Dasgupta}$ 등이 쓴 2017년 논문(*https://homl.info/flies*)[22]에 따르면 초파리의 뇌는 랜덤

---

22 Sanjoy Dasgupta et al., "A neural algorithm for a fundamental computing problem", *Science* 358, no. 6364 (2017): 793 – 796.

투영의 아날로그 버전을 구현하여 조밀한 저차원 후각 입력을 희박한 고차원 이진 출력에 매핑합니다. 각 냄새에 대해 출력 뉴런의 일부만 활성화되지만 유사한 냄새는 많은 수의 동일한 뉴런을 활성화하는 것으로 나타났습니다. 이는 일반적으로 검색 엔진에서 유사한 문서를 그룹화하는 데 사용되는 LSH[locality sensitive hashing]라는 잘 알려진 알고리즘과 유사합니다.

8.5 지역 선형 임베딩

지역 선형 임베딩[locally linear embedding] (LLE)[23]은 **비선형 차원 축소**[nonlinear dimensionality reduction] $(NLDR)$ 기술입니다. PCA나 랜덤 투영과는 달리 투영에 의존하지 않는 매니폴드 학습입니다. 간단히 말해 LLE는 먼저 각 훈련 샘플이 최근접 이웃에 얼마나 선형적으로 연관되어 있는지 측정합니다. 그런 다음 국부적인 관계가 가장 잘 보존되는 훈련 세트의 저차원 표현을 찾습니다(잠시후에 자세히 설명하겠습니다). 이 방법은 특히 잡음이 너무 많지 않은 경우 꼬인 매니폴드를 펼치는 데 좋습니다.

다음 코드는 스위스 롤을 만든 다음 사이킷런의 `LocallyLinearEmbedding`을 사용해 이를 펼칩니다.

```python
from sklearn.datasets import make_swiss_roll
from sklearn.manifold import LocallyLinearEmbedding

X_swiss, t = make_swiss_roll(n_samples=1000, noise=0.2, random_state=42)
lle = LocallyLinearEmbedding(n_components=2, n_neighbors=10, random_state=42)
X_unrolled = lle.fit_transform(X_swiss)
```

변수 t는 스위스 롤의 회전 축을 따라 각 샘플의 위치를 포함하는 1D 넘파이 배열입니다. 이 예제에서는 사용하지 않지만 비선형 회귀 작업의 타깃으로 사용할 수 있습니다.

결과 2D 데이터셋이 [그림 8-10]에 나타나 있습니다. 그림에서 볼 수 있듯이 스위스 롤이 완전히 펼쳐졌고 지역적으로는 샘플 간 거리가 잘 보존되어 있습니다. 그러나 크게 보면 샘플 간 거

---

23 Sam T. Roweis and Lawrence K. Saul, "Nonlinear Dimensionality Reduction by Locally Linear Embedding," Science 290, no. 5500 (2000): 2323–2326. https://homl.info/lle

리가 잘 유지되어 있지 않습니다. 펼쳐진 스위스 롤은 이런 식으로 늘어나거나 꼬인 밴드가 아닌 직사각형이어야 합니다. 그럼에도 불구하고 LLE는 매니폴드를 모델링하는 데 잘 작동합니다.

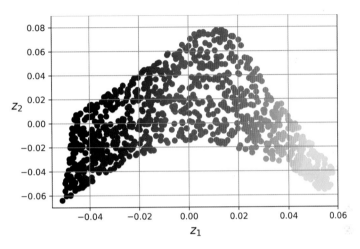

그림 8-10 LLE를 사용하여 펼쳐진 스위스 롤

LLE가 작동하는 방식은 다음과 같습니다. 먼저 알고리즘이 각 훈련 샘플 $\mathbf{x}^{(i)}$에 대해 k개의 최근접 이웃을 찾습니다(앞 코드에서는 $k = 10$입니다[24]). 그런 다음 이 이웃에 대한 선형 함수로 $\mathbf{x}^{(i)}$를 재구성합니다. 더 구체적으로 말하면 $\mathbf{x}^{(i)}$와 $\sum_{j=1}^{m} w_{i,j}\mathbf{x}^{(j)}$ 사이의 제곱 거리가 최소가 되는 $w_{i,j}$를 찾는 것입니다. 여기서 $\mathbf{x}^{(j)}$가 $\mathbf{x}^{(i)}$의 가장 가까운 k개 이웃 중 하나가 아닐 경우에는 $w_{i,j} = 0$이 됩니다. 그러므로 LLE의 첫 단계는 [식 8-4]와 같은 제한이 있는 최적화 문제가 됩니다. 여기서 $\mathbf{W}$는 가중치 $w_{i,j}$를 모두 담은 가중치 행렬입니다. 두 번째 제약은 각 훈련 샘플 $\mathbf{x}^{(i)}$에 대한 가중치를 단순히 정규화하는 것입니다.

식 8-4 LLE 단계 1: 선형적인 지역 관계 모델링

$$\hat{\mathbf{W}} = \underset{\mathbf{W}}{\operatorname{argmin}} \sum_{i=1}^{m} \left(\mathbf{x}^{(i)} - \sum_{j=1}^{m} w_{i,j}\mathbf{x}^{(j)} \right)^2$$

$$[\text{조건}] \begin{cases} w_{i,j} = 0 & \mathbf{x}^{(j)}\text{가 } \mathbf{x}^{(i)}\text{의 최근접 이웃 } k\text{개 중 하나가 아닐 때} \\ \sum_{j=1}^{m} w_{i,j} = 1 & i = 1, 2, \cdots, m\text{일 때} \end{cases}$$

---

24 옮긴이_ n_neighbors 매개변수를 말하는 것입니다. n_neighbors의 기본값은 5입니다.

이 단계를 거치면 (가중치 $\hat{w}_{i,j}$를 담은) 가중치 행렬 $\hat{\mathbf{W}}$은 훈련 샘플 사이에 있는 지역 선형 관계를 담고 있습니다. 이제 두 번째 단계는 가능한 한 이 관계가 보존되도록 훈련 샘플을 d차원 공간($d < n$)으로 매핑하는 것입니다. 만약 $\mathbf{z}^{(i)}$가 d차원 공간에서 $\mathbf{x}^{(i)}$의 상^{image}이라면 가능한 한 $\mathbf{z}^{(i)}$와 $\sum_{j=1}^{m} \hat{w}_{i,j}\mathbf{z}^{(j)}$ 사이의 거리가 최소화되어야 합니다. 이 아이디어는 [식 8-5]와 같은 제약이 없는 최적화 문제로 바꾸어줍니다. 첫 번째 단계와 비슷해 보이지만 샘플을 고정하고 최적의 가중치를 찾는 대신, 반대로 가중치를 고정하고 저차원의 공간에서 샘플 이미지의 최적 위치를 찾습니다. $\mathbf{Z}$는 모든 $\mathbf{z}^{(i)}$를 포함하는 행렬입니다.

식 8-5 LLE 단계 2: 관계를 보존하는 차원 축소

$$\hat{\mathbf{Z}} = \underset{\mathbf{Z}}{\operatorname{argmin}} \sum_{i=1}^{m} \left(\mathbf{z}^{(i)} - \sum_{j=1}^{m} \hat{w}_{i,j}\mathbf{z}^{(j)} \right)^2$$

사이킷런이 제공하는 LLE 구현의 계산 복잡도는 k개의 최근접 이웃을 찾는 데 $O(m \log(m) n \log(k))$, 가중치 최적화에 $O(mnk^3)$, 저차원 표현을 만드는 데 $O(dm^2)$입니다. 불행하게도 마지막 항의 m^2 때문에 이 알고리즘을 대규모 데이터셋에 적용하기는 어렵습니다.[25]

보다시피 LLE는 투영 기법과는 상당히 다르며 훨씬 더 복잡하지만, 데이터가 비선형인 경우 훨씬 더 나은 저차원 표현을 구성할 수 있습니다.

8.6 다른 차원 축소 기법

이 장을 마무리하기 전에 사이킷런에서 제공하는 몇 가지 인기 있는 차원 축소 기법을 간단히 살펴보겠습니다.

다차원 스케일링

다차원 스케일링$^{multidimensional\ scaling}$(MDS)은 샘플 간의 거리를 보존하면서 차원을 축소합니다. 랜덤 투영은 고차원 데이터에는 적합하지만 저차원 데이터에는 잘 작동하지 않습니다.

---

25 옮긴이_ 이 절에서는 LocallyLinearEmbedding의 method 매개변수가 기본값인 'standard'일 때를 설명합니다. method 매개변수에 지정할 수 있는 다른 옵션에 대한 자세한 설명은 사이킷런의 API 문서(*https://goo.gl/yms7EH*)와 가이드 문서(*https://goo.gl/3XFAVB*)를 참고하세요.

Isomap

Isomap은 각 샘플을 가장 가까운 이웃과 연결하는 식으로 그래프를 만듭니다. 그런 다음 샘플 간의 **지오데식 거리**^{geodesic distance}를 유지하면서 차원을 축소합니다. 그래프에서 두 노드 사이의 지오데식 거리는 두 노드 사이의 최단 경로를 이루는 노드의 수입니다.

t-SNE

t-SNE ^{t-distributed stochastic neighbor embedding}는 비슷한 샘플은 가까이, 비슷하지 않은 샘플은 멀리 떨어지도록 하면서 차원을 축소합니다. 주로 시각화에 많이 사용되며 특히 고차원 공간에 있는 샘플의 군집을 시각화할 때 사용됩니다. 예를 들어 이 장의 마지막에 있는 연습문제에서 t-SNE를 사용하여 MNIST 이미지의 2D 맵을 그릴 수 있습니다.

선형 판별 분석

선형 판별 분석^{linear discriminant analysis}(LDA)은 선형 분류 알고리즘입니다. 하지만 훈련 과정에서 클래스 사이를 가장 잘 구분하는 축을 학습합니다. 이 축은 데이터가 투영되는 초평면을 정의하는 데 사용될 수 있습니다. 이 알고리즘의 장점은 투영을 통해 가능한 한 클래스를 멀리 떨어지게 유지시키므로 (LDA만으로 충분하지 않다면) 다른 분류 알고리즘을 적용하기 전에 차원을 축소시키는 데 좋습니다.

[그림 8-11]은 스위스 롤에 대한 MDS, Isomap, t-SNE의 결과를 보여줍니다. MDS는 전체 곡률을 유지한 채로 스위스 롤을 평평하게 만드는 반면 Isomap은 곡률을 완전히 없앱니다. 후속 작업에 따라 거시적인 구조를 보존하는 것이 좋을 수도 있고 나쁠 수도 있습니다. t-SNE는 스위스 롤을 평평하게 만들고 약간의 곡률을 보존하는 합리적인 작업을 수행하며 클러스터를 강조시키기 위해 롤을 분해합니다. 다시 말하지만, 이는 후속 작업에 따라 좋을 수도 있고 나쁠 수도 있습니다.

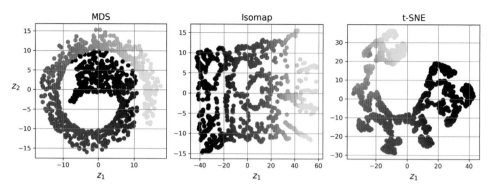

그림 8-11 여러 가지 기법을 사용해 스위스 롤을 2D로 축소하기

연습문제

① 데이터셋의 차원을 축소하는 주요 목적은 무엇인가요? 대표적인 단점은 무엇인가요?

② 차원의 저주란 무엇인가요?

③ 데이터셋의 차원을 축소시키고 나서 이 작업을 원상 복구할 수 있나요? 할 수 있다면 어떻게 가능할까요? 가능하지 않다면 왜일까요?

④ 매우 비선형적인 데이터셋의 차원을 축소하는 데 PCA를 사용할 수 있을까요?

⑤ 설명된 분산을 95%로 지정한 PCA를 1,000개의 차원을 가진 데이터셋에 적용한다고 가정하겠습니다. 결과 데이터셋의 차원은 얼마나 될까요?

⑥ 기본 PCA, 점진적 PCA, 랜덤 PCA, 랜덤 투영은 각각 어느 경우에 사용될까요?

⑦ 어떤 데이터셋에 적용한 차원 축소 알고리즘의 성능을 어떻게 평가할 수 있을까요?

⑧ 두 개의 차원 축소 알고리즘을 연결할 수 있을까요?

⑨ (3장에서 소개한) MNIST 데이터셋을 로드하고 훈련 세트와 테스트 세트로 분할합니다 (처음 60,000개는 훈련을 위한 샘플이고 나머지 10,000개는 테스트용입니다). 이 데이터셋에 랜덤 포레스트 분류기를 훈련시키고 얼마나 오래 걸리는지 시간을 잰 다음, 테스트 세트로 만들어진 모델을 평가합니다. 그런 다음 PCA를 사용해 설명된 분산이 95%가 되도록 차원을 축소합니다. 이 축소된 데이터셋에 새로운 랜덤 포레스트 분류기를 훈련시키고 얼

마나 오래 걸리는지 확인합니다. 훈련 속도가 더 빨라졌나요? 이제 테스트 세트에서 이 분류기를 평가해보세요. 이전 분류기와 비교해서 어떤가요? `SGDClassifier`로 다시 시도해보세요. PCA가 얼마나 도움이 되나요?

⑩ t-SNE 알고리즘을 사용해 MNIST 데이터셋의 처음 5,000개 이미지를 2차원으로 축소시키고 맷플롯립으로 그래프를 그려보세요. 이미지의 타깃 클래스마다 10가지 색상으로 나타낸 산점도를 그릴 수 있습니다. 또는 산점도의 각 포인트를 이에 상응하는 샘플의 클래스(0에서 9까지 숫자)로 바꾸거나 숫자 이미지 자체의 크기를 줄여서 그릴 수도 있습니다(모든 숫자를 다 그리면 그래프가 너무 복잡해지므로 랜덤으로 선택한 샘플만 그리거나, 인접한 곳에 다른 샘플이 그려져 있지 않은 경우에만 그립니다). 잘 분리된 숫자의 군집을 시각화할 수 있을 것입니다. PCA, LLE, MDS 같은 차원 축소 알고리즘을 적용해보고 시각화 결과를 비교해보세요.

연습문제의 정답은 〈부록 A〉에 있습니다.

9장

비지도 학습

오늘날 대부분의 머신러닝 애플리케이션이 지도 학습 기반이지만(그래서 대부분 투자를 받는 것도 지도 학습입니다) 사용할 수 있는 데이터는 대부분 레이블이 없습니다. 즉, 입력 특성 X 는 있지만 레이블 y는 없습니다. 컴퓨터과학자 얀 르쿤이 한 말이 유명합니다. "지능이 케이크라면 비지도 학습은 케이크의 빵이고, 지도 학습은 케이크 위의 크림이고, 강화 학습은 케이크 위의 체리입니다." 다른 말로 하면 이제 겨우 발을 담그기 시작한 비지도 학습에 큰 잠재력이 있다는 뜻입니다.

제조 라인에서 제품의 사진을 받아 결함이 있는 제품을 감지하는 시스템을 만든다고 가정해봅시다. 자동으로 사진을 찍는 시스템을 만드는 것은 쉬우니 매일 수천 장의 사진을 얻을 수 있을 것입니다. 몇 주 만에 아주 큰 데이터셋을 만들 수 있습니다. 하지만 잠깐만요, 여기에는 레이블이 없습니다! 제품에 결함이 있는지 아닌지 판단하는 이진 분류기를 만들려면 모든 사진마다 '결함' 또는 '정상'이라고 레이블을 부여해야 합니다. 일반적으로는 사람이 이를 모두 수동으로 처리해야 합니다. 이 작업은 시간이 오래 걸리고 비용이 많이 들며 지루하기까지 합니다. 그래서 보통 전체 사진 중 일부분만 작업하기 때문에 레이블된 데이터셋은 매우 작습니다. 따라서 당연히 분류기 성능은 좋지 못할 것입니다. 또한 제품이 바뀔 때마다 전체 과정을 처음부터 다시 시작해야 합니다. 사람이 모든 사진에 레이블을 붙일 필요 없이 알고리즘이 레이블이 없는 데이터를 바로 사용하면 좋지 않을까요? 바로 비지도 학습이 필요합니다.

8장에서 가장 널리 사용되는 비지도 학습 방법인 차원 축소를 살펴보았습니다. 이 장에서는 몇 가지 비지도 학습 작업을 추가로 알아봅니다.

군집

비슷한 샘플을 **클러스터**로 모읍니다. 군집은 데이터 분석, 고객 분류, 추천 시스템, 검색 엔진, 이미지 분할, 준지도 학습, 차원 축소 등에 사용할 수 있는 훌륭한 도구입니다.

이상치 탐지

'정상' 데이터가 어떻게 보이는지를 학습합니다. 그다음 비정상 샘플을 감지하는 데 사용합니다. 이러한 샘플을 이상치^{outlier}라고 하고 정상 샘플을 정상치^{inlier}라고 합니다. 이상치 탐지는 사기 탐지, 제조 과정에서 결함이 있는 제품 탐지, 시계열의 새로운 트렌드 파악, 다른 모델을 학습시키기 전에 데이터셋에서 이상치를 제거하여 결과 모델의 성능을 크게 개선하는 등 다양한 애플리케이션에서 유용합니다.

밀도 추정

데이터셋 생성 확률 과정$^{random \; process}$의 **확률 밀도 함수**$^{probability \; density \; function}$(PDF)를 추정합니다. 밀도 추정은 이상치 탐지에 널리 사용됩니다. 밀도가 매우 낮은 영역에 놓인 샘플이 이상치일 가능성이 높습니다. 또한 데이터 분석과 시각화에도 유용합니다.

케이크의 빵을 즐길 준비가 되었나요? 먼저 k-평균과 DBSCAN을 사용해 군집 알고리즘부터 시작해보죠. 그다음 가우스 혼합 모델을 설명하고 어떻게 이를 밀도 추정, 군집, 이상치 탐지에 사용할 수 있는지 알아봅시다.

9.1 군집

등산을 하며 이전에 본 적 없는 꽃을 발견했다고 해봅시다. 주위를 둘러보니 꽃이 몇 개 더 있네요. 꽃들이 동일하지는 않지만 충분히 비슷해서 같은 종(또는 적어도 같은 속)에 속한다는 것을 알았습니다. 어떤 종인지 알려면 식물학자에게 물어봐야 하지만 비슷해 보이는 꽃을 모으기 위해서는 전문가가 필요하지 않습니다. 이를 **군집**이라고 부릅니다. 비슷한 샘플을 구별해 하나의 **클러스터** 또는 비슷한 샘플의 그룹으로 할당하는 작업입니다.

분류와 마찬가지로 각 샘플은 하나의 그룹에 할당됩니다. 하지만 분류와 달리 군집은 비지도 학습입니다. [그림 9-1]을 살펴봅시다. 왼쪽은 (4장에서 소개한) 붓꽃 데이터셋입니다. 각 샘플의 품종(즉, 클래스)이 구분되어 나타나 있습니다. 이 데이터셋은 레이블이 되어 있으므로 로지스틱 회귀, SVM, 랜덤 포레스트 분류기 같은 분류 알고리즘이 잘 맞습니다. 오른쪽은 동일한 데이터셋이지만 레이블이 없습니다. 따라서 더는 분류 알고리즘을 사용할 수 없습니다. 군집 알고리즘이 필요한 경우입니다. 대부분의 군집 알고리즘은 왼쪽 아래 클러스터를 쉽게 감지할 수 있습니다. 사람 눈으로도 쉽게 구분됩니다. 하지만 오른쪽 위의 클러스터는 두 개의 하위 클러스터로 구성되었는지 확실하지 않습니다. 사실 이 데이터셋에는 이 그림에 없는 두 개의 특성(꽃받침의 높이와 너비)이 더 있습니다. 모든 특성을 사용하면 군집 알고리즘이 클러스터 세 개를 매우 잘 구분할 수 있습니다(예를 들어 가우스 혼합 모델을 사용하면 150개 중 5개 샘플만 잘못된 클러스터로 할당됩니다).

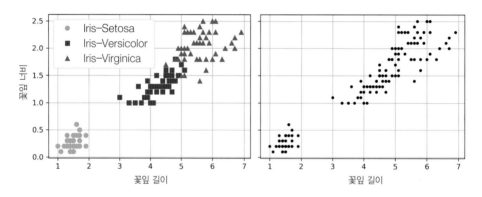

그림 9-1 분류(왼쪽) vs. 군집(오른쪽)

군집은 다음과 같은 다양한 애플리케이션에서 사용됩니다.

- **고객 분류**

  고객을 구매 이력이나 웹 사이트 내 행동 등을 기반으로 분류할 수 있습니다. 이는 고객이 누구인지, 고객이 무엇을 원하는지 이해하는 데 도움이 됩니다. 고객 그룹마다 제품 추천이나 마케팅 전략을 다르게 적용할 수 있습니다. 예를 들어 동일한 클러스터 내의 사용자가 좋아하는 콘텐츠를 추천하는 **추천 시스템**recommender system을 만들 수 있습니다.

- **데이터 분석**

  새로운 데이터셋을 분석할 때 군집 알고리즘을 실행하고 각 클러스터를 따로 분석하면 도움이 됩니다.

- **차원 축소 기법**

  한 데이터셋에 군집 알고리즘을 적용하면 각 클러스터에 대한 샘플의 **친화성**affinity을 측정할 수 있습니다 (친화성은 샘플이 클러스터에 얼마나 잘 맞는지를 측정합니다). 각 샘플의 특성 벡터 x는 클러스터 친화성의 벡터로 바꿀 수 있습니다. k개의 클러스터가 있다면 이 벡터는 k차원이 됩니다. 이 벡터는 일반적으로 원본 특성 벡터보다 훨씬 저차원입니다. 하지만 이후 분석을 위한 충분한 정보를 가질 수 있습니다.

- **특성 공학**

  클러스터 친화성은 종종 추가적인 특성으로 사용됩니다. 예를 들어 2장에서 k-평균을 사용하여 캘리포니아 주택 데이터셋에 지리적인 클러스터 친화성 특성을 추가한 결과, 더 나은 성능을 얻을 수 있었습니다.

- **이상치 탐지**

  모든 클러스터에 친화성이 낮은 샘플은 이상치일 가능성이 높습니다. 웹 사이트 내 행동을 기반으로 사용자의 클러스터를 만들었다면 초당 웹 서버 요청을 비정상적으로 많이 하는 사용자를 감지할 수 있습니다.

- **준지도 학습**

  레이블된 샘플이 적다면 군집을 수행하고 동일한 클러스터에 있는 모든 샘플에 레이블을 전파할 수 있습니다. 이 기법은 이어지는 지도 학습 알고리즘에 필요한 레이블을 크게 증가시켜 성능이 매우 향상됩니다.

- **검색 엔진**

  일부 검색 엔진은 제시된 이미지와 비슷한 이미지를 찾아줍니다. 이런 시스템을 구축하려면 먼저 데이터베이스에 있는 모든 이미지에 군집 알고리즘을 적용해야 합니다. 비슷한 이미지는 동일한 클러스터에 속합니다. 사용자가 찾으려는 이미지를 제공하면 훈련된 군집 모델을 사용해 이미지의 클러스터를 찾습니다. 그다음 이 클러스터의 모든 이미지를 반환합니다.

- **이미지 분할**

  색을 기반으로 픽셀을 클러스터로 모읍니다. 그다음 각 픽셀의 색을 해당 클러스터의 평균 색으로 바꿉니다. 이는 이미지에 있는 색상의 종류를 크게 줄입니다. 이렇게 하면 물체의 윤곽을 감지하기 쉬워지므로 물체 탐지 및 추적 시스템에서 이미지 분할을 많이 활용합니다.

클러스터에 관한 보편적인 정의는 없습니다. 실제로 상황에 따라 다릅니다. 알고리즘이 다르면 다른 종류의 클러스터를 감지합니다. 어떤 알고리즘은 **센트로이드**centroid라 부르는 특정 포인트를 중심으로 모인 샘플을 찾습니다. 어떤 알고리즘은 샘플이 밀집되어 연속된 영역을 찾습니다. 이런 클러스터는 어떤 모양이든 될 수 있습니다. 어떤 알고리즘은 계층적으로 클러스터의 클러스터를 찾습니다. 종류는 아주 많습니다.

먼저 유명한 군집 알고리즘인 k-평균과 DBSCAN을 살펴보고 비선형 차원 축소, 준지도 학습, 이상치 탐지와 같은 애플리케이션을 알아봅시다.

9.1.1 k-평균

[그림 9-2]와 같이 레이블이 없는 데이터셋을 생각해봅시다. 샘플 덩어리 다섯 개가 잘 보입니다. k-평균은 반복 몇 번으로 이런 종류의 데이터셋을 빠르고 효율적으로 클러스터로 묶을 수 있는 간단한 알고리즘입니다. 1957년 벨 연구소에서 스튜어트 로이드 Stuart Lloyd가 펄스 부호 변조 pulse-code modulation 기법으로 제안했지만 1982년이 되어서야 외부에 공개되었습니다.[1] 1965년에 에드워드 포지 Edward W. Forgy가 사실상 동일한 알고리즘을 발표했습니다. 그래서 k-평균을 로이드-포지 알고리즘이라고도 부르기도 합니다.

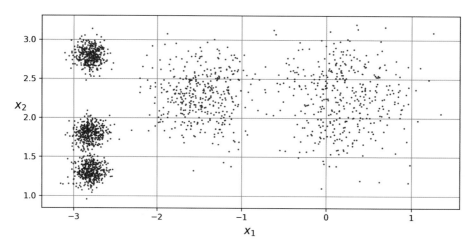

그림 9-2 샘플 덩어리 다섯 개로 이루어진 레이블 없는 데이터셋

이 데이터셋에 k-평균 알고리즘을 훈련해보죠. 이 알고리즘은 각 클러스터의 중심을 찾고 가장 가까운 클러스터에 샘플을 할당합니다.

```
from sklearn.cluster import KMeans
from sklearn.datasets import make_blobs

X, y = make_blobs([...]) # y는 클러스터 ID를 포함합니다.
                         # 하지만 이를 사용하지 않고 예측해보겠습니다.
k = 5
```

---

[1] Stuart P. Lloyd, "Least Squares Quantization in PCM," IEEE Transactions on Information Theory 28, no. 2 (1982): 129–137. *https://homl.info/36*

```
kmeans = KMeans(n_clusters=k, random_state=42)
y_pred = kmeans.fit_predict(X)
```

알고리즘이 찾을 클러스터 개수 k를 지정해야 합니다. 이 예에서는 데이터를 보고 k를 5로 지정해야 한다고 알 수 있지만 이는 일반적으로 쉬운 일이 아닙니다. 뒤에서 설명하겠습니다.

각 샘플은 다섯 개의 클러스터 중 하나에 할당됩니다. 군집에서 각 샘플의 **레이블**은 알고리즘이 샘플에 할당한 클러스터의 인덱스입니다. 분류에서 타깃으로 사용하는 클래스 레이블과 혼동하지 마세요(군집이 비지도 학습이라는 것을 잊지 맙시다). **KMeans** 클래스의 인스턴스는 labels_ 인스턴스 변수에 훈련된 샘플의 예측 레이블을 가지고 있습니다.

```
>>> y_pred
array([4, 0, 1, ..., 2, 1, 0], dtype=int32)
>>> y_pred is kmeans.labels_
True
```

이 알고리즘이 찾은 센트로이드 다섯 개도 확인할 수 있습니다.

```
>>> kmeans.cluster_centers_
array([[-2.80389616,  1.80117999],
       [ 0.20876306,  2.25551336],
       [-2.79290307,  2.79641063],
       [-1.46679593,  2.28585348],
       [-2.80037642,  1.30082566]])
```

새로운 샘플에 가장 가까운 센트로이드의 클러스터를 할당할 수 있습니다.

```
>>> import numpy as np
>>> X_new = np.array([[0, 2], [3, 2], [-3, 3], [-3, 2.5]])
>>> kmeans.predict(X_new)
array([1, 1, 2, 2], dtype=int32)
```

클러스터의 결정 경계를 그려보면 보로노이 다이어그램^{Voronoi tessellation}[2]을 얻을 수 있습니다.

---

2 옮긴이_ 보로노이 다이어그램은 평면을 특정 점까지의 거리가 가장 가까운 점의 집합으로 분할한 그림입니다(출처: 위키백과). *https://ko.wikipedia.org/wiki/보로노이_다이어그램*

[그림 9-3]에 센트로이드가 ×로 표시되어 있습니다.

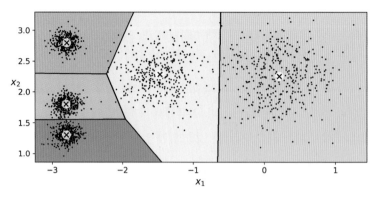

그림 9-3 k−평균의 결정 경계(보로노이 다이어그램)

샘플은 대부분 적절한 클러스터에 잘 할당되었습니다. 하지만 샘플 몇 개는 레이블이 잘못 부여되었습니다(특히 왼쪽 위에 있는 클러스터와 가운데 클러스터의 경계 부근). 실제 k−평균 알고리즘은 클러스터의 크기가 많이 다르면 잘 작동하지 않습니다. 샘플을 클러스터에 할당할 때 센트로이드까지 거리를 고려하는 것이 전부이기 때문입니다.

샘플을 하나의 클러스터에 할당하는 **하드 군집**hard clustering보다 클러스터마다 샘플에 점수를 부여하는 **소프트 군집**soft clustering이 유용할 수 있습니다. 이 점수는 샘플과 센트로이드 사이의 거리나 2장에서 사용한 가우스 방사 기저 함수와 같은 유사도 점수similarity score(또는 친화성 점수)가 될 수 있습니다.[3] KMeans 클래스의 transform() 메서드는 샘플과 각 센트로이드 사이의 거리를 반환합니다.

```
>>> kmeans.transform(X_new).round(2)
array([[2.81, 0.33, 2.9 , 1.49, 2.89],
       [5.81, 2.8 , 5.85, 4.48, 5.84],
       [1.21, 3.29, 0.29, 1.69, 1.71],
       [0.73, 3.22, 0.36, 1.55, 1.22]])
```

이 예에서 X_new에 있는 첫 번째 샘플이 첫 번째 센트로이드에서 약 2.81, 두 번째 센트로이드에서 0.33, 세 번째 센트로이드에서 2.9, 네 번째 센트로이드에서 1.49, 다섯 번째 센트로이드

---

3 옮긴이_ 센트로이드까지 거리는 작을수록 해당 클러스터에 가깝고 유사도 점수는 높을수록 해당 클러스터에 가깝습니다.

에서 2.89 거리만큼 떨어져 있습니다. 고차원 데이터셋을 이런 방식으로 변환하면 k차원 데이터셋이 만들어집니다. 이 변환은 매우 효율적인 비선형 차원 축소 기법이 될 수 있습니다. 또는 2장에서와 같이 이러한 거리를 추가 특성으로 사용하여 다른 모델을 훈련할 수 있습니다.

k-평균 알고리즘

그럼 알고리즘이 어떻게 작동하는 걸까요? 센트로이드가 주어진다고 가정해보죠. 데이터셋에 있는 모든 샘플에 가장 가까운 센트로이드의 클러스터를 할당할 수 있습니다. 반대로 모든 샘플의 레이블이 주어진다면 각 클러스터에 속한 샘플의 평균을 계산하여 모든 센트로이드를 쉽게 구할 수 있습니다. 하지만 레이블이나 센트로이드가 주어지지 않으면 어떻게 할까요? 처음에는 센트로이드를 랜덤하게 선정합니다(예를 들어 랜덤으로 데이터셋에서 k개의 샘플을 뽑아 그 위치를 센트로이드로 정합니다). 그다음 샘플에 레이블을 할당하고 센트로이드를 업데이트하고, 샘플에 레이블을 할당하고 센트로이드를 업데이트하는 식으로 센트로이드에 변화가 없을 때까지 계속합니다. 이 알고리즘은 제한된 횟수 안에 수렴하는 것을 보장합니다(일반적으로 이 횟수는 매우 적습니다). 샘플과 가장 가까운 센트로이드 사이의 평균 제곱 거리는 각 단계마다 내려갈 수만 있고 음수가 될 수 없기 때문에 수렴이 보장됩니다.

[그림 9-4]에서 이 알고리즘이 작동하는 것을 볼 수 있습니다. 처음에 센트로이드를 랜덤하게 초기화합니다(왼쪽 위). 그다음 샘플에 레이블을 할당합니다(오른쪽 위). 그리고 센트로이드를 업데이트합니다(왼쪽 가운데). 샘플에 다시 레이블을 할당합니다(오른쪽 가운데). 이렇게 계속됩니다. 여기서 볼 수 있듯이 반복 세 번만에 이 알고리즘은 최적으로 보이는 클러스터에 도달했습니다.

> **NOTE** 이 알고리즘의 계산 복잡도는 일반적으로 샘플 개수 m, 클러스터 개수 k, 차원 개수 n에 선형적입니다. 하지만 이는 데이터가 군집할 수 있는 구조를 가질 때입니다. 그렇지 않으면 최악의 경우 계산 복잡도는 샘플 개수에 지수적으로 증가할 수 있습니다. 실전에서 이런 일은 드뭅니다. 일반적으로 k-평균은 가장 빠른 군집 알고리즘입니다.

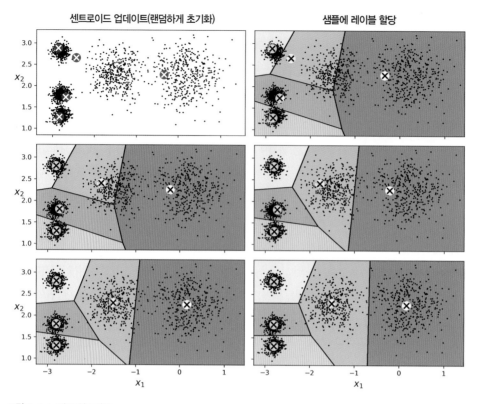

그림 9-4 k-평균 알고리즘

이 알고리즘의 수렴은 보장되지만 적절한 솔루션으로 수렴하지 못할 수 있습니다(즉, 지역 최적점으로 수렴할 수 있습니다). 이 여부는 센트로이드 초기화에 달려있습니다. [그림 9-5]의 두 가지 예는 랜덤한 초기화 단계에 운이 없을 때 알고리즘이 수렴할 수 있는 최적이 아닌 솔루션을 보여줍니다.

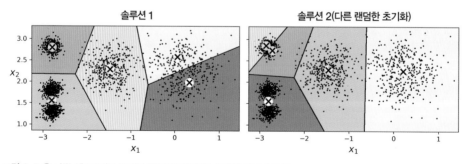

그림 9-5 운 나쁜 센트로이드 초기화 때문에 만들어진 최적이 아닌 솔루션

센트로이드 초기화를 개선하여 이런 위험을 줄일 수 있는 방법을 알아봅시다.

센트로이드 초기화 방법

센트로이드 위치를 근사하게 알 수 있다면(예를 들어 또 다른 군집 알고리즘을 먼저 실행합니다) init 매개변수에 센트로이드 리스트를 담은 넘파이 배열을 지정하고 n_init을 1로 설정할 수 있습니다.

```
good_init = np.array([[-3, 3], [-3, 2], [-3, 1], [-1, 2], [0, 2]])
kmeans = KMeans(n_clusters=5, init=good_init, n_init=1, random_state=42)
kmeans.fit(X)
```

또 다른 방법은 랜덤 초기화를 다르게 하여 여러 번 알고리즘을 실행하고 가장 좋은 솔루션을 선택하는 것입니다. 랜덤 초기화 횟수는 n_init 매개변수로 조절합니다. 기본값은 10입니다. 이는 fit() 메서드를 호출할 때 앞서 설명한 전체 알고리즘이 10번 실행된다는 뜻입니다. 사이킷런은 이 중에 최선의 솔루션을 반환합니다. 하지만 최선의 솔루션을 어떻게 알 수 있을까요? 사용하는 성능 지표가 있습니다! 이 값은 각 샘플과 가장 가까운 센트로이드 사이의 제곱 거리 합으로, 모델의 **이너셔**inertia라고 부릅니다. [그림 9-5]의 왼쪽 모델의 이너셔는 대략 219.4이고 오른쪽에 있는 모델의 이너셔는 258.6입니다. [그림 9-3]의 모델은 211.6입니다. KMeans 클래스는 알고리즘을 n_init번 실행하여 이너셔가 가장 낮은 모델을 반환합니다. 이 예에서는 (랜덤 초기화가 n_init번 연속으로 운이 나쁘지 않다면) [그림 9-3]에 있는 모델이 선택될 것입니다. 이 값이 궁금하면 inertia_ 인스턴스 변수로 모델의 이너셔를 확인할 수 있습니다.

```
>>> kmeans.inertia_
211.59853725816856
```

score() 메서드는 이너셔의 음숫값을 반환합니다. 왜 음수일까요? 예측기의 score() 메서드는 사이킷런의 '큰 값이 좋은 것이다'라는 규칙을 따라야 하기 때문입니다. 한 예측기가 다른 것보다 좋다면 score() 메서드가 더 높은 값을 반환해야 합니다.

```
>>> kmeans.score(X)
-211.59853725816856
```

데이비드 아서[David Arthur]와 세르게이 바실비츠키[Sergei Vassilvitskii]는 2006년 논문에서 k-평균 알고리즘을 향상시킨 k-평균++ 알고리즘을 제안했습니다.[4] 이 논문에서 다른 센트로이드와 거리가 먼 센트로이드를 선택하는 똑똑한 초기화 단계를 소개했습니다. 이 방법은 k-평균 알고리즘이 최적이 아닌 솔루션으로 수렴할 가능성을 크게 낮춥니다. 최적의 솔루션을 찾기 위해 실행할 알고리즘 반복 횟수를 크게 줄일 수 있기 때문에 이 똑똑한 초기화 단계에 드는 추가 계산이 충분한 가치가 있다는 것을 보였습니다. k-평균++ 초기화 알고리즘은 다음과 같습니다.

1 데이터셋에서 랜덤으로 균등하게 하나의 센트로이드 $\mathbf{c}^{(1)}$을 선택합니다.

2 $D\left(\mathbf{x}^{(i)}\right)^2 / \sum_{j=1}^{m} D\left(\mathbf{x}^{(j)}\right)^2$ 의 확률로 샘플 $\mathbf{x}^{(i)}$를 새로운 센트로이드 $\mathbf{c}^{(i)}$로 선택합니다. 여기에서 $D\left(\mathbf{x}^{(i)}\right)$는 샘플 $\mathbf{x}^{(i)}$와 이미 선택된 가장 가까운 센트로이드까지 거리입니다. 이 확률 분포는 이미 선택한 센트로이드에서 멀리 떨어진 샘플을 다음 센트로이드로 선택할 가능성을 높입니다.

3 k개의 센트로이드가 선택될 때까지 이전 단계를 반복합니다.

KMeans 클래스는 기본적으로 이 초기화 방법을 사용합니다.

k-평균 속도 개선과 미니배치 k-평균

2013년 찰스 엘칸[Charles Elkan]은 논문[5]에서 k-평균 알고리즘에 대해 또 다른 중요한 개선을 제안했습니다. 클러스터가 많은 일부 대규모 데이터셋에서 불필요한 거리 계산을 피함으로써 알고리즘의 속도를 상당히 높일 수 있다는 것입니다. 엘칸은 이를 위해 삼각 부등식[triangle inequality]을 사용했습니다(즉, 두 점 사이의 직선은 항상 가장 짧은 거리가 됩니다[6]). 그리고 샘플과 센트로이드 사이의 거리를 위한 하한선과 상한선을 유지합니다. 그러나 엘칸의 알고리즘이 항상 훈련 속도를 높일 수 있는 것은 아니며 때로는 훈련 속도가 상당히 느려질 수도 있는데, 이는 데이터셋에 따라 다릅니다. 그래도 사용해보고 싶다면 algorithm="elkan"으로 지정하세요.

2010년 데이비드 스컬리[David Sculley]의 논문[7]에서 k-평균 알고리즘의 또 다른 중요한 변형이 제시되었습니다. 이 알고리즘은 전체 데이터셋을 사용해 반복하지 않고 각 반복마다 미니배치를

---

4 David Arthur and Sergei Vassilvitskii, "k-means++: The Advantages of Careful Seeding," Proceedings of the 18th Annual ACM-SIAM Symposium on Discrete Algorithms (2007): 1027-1035. *https://homl.info/37*

5 Charles Elkan, "Using the Triangle Inequality to Accelerate k-means," Proceedings of the 20th International Conference on Machine Learning (2003): 147-153. *https://homl.info/38*

6 삼각 부등식은 AC ≤ AB + BC입니다. 여기에서 A, B, C는 세 점이고 AB, AC, BC는 이 점들 사이의 거리입니다.

7 David Sculley, "Web-Scale k-means Clustering," Proceedings of the 19th International Conference on World Wide Web (2010): 1177-1178. *https://homl.info/39*

사용해 센트로이드를 조금씩 이동합니다. 이는 일반적으로 알고리즘의 속도를 3배에서 4배 정도 높입니다. 또한 메모리에 들어가지 않는 대량의 데이터셋에 군집 알고리즘을 적용할 수 있습니다. 사이킷런은 MiniBatchKMeans 클래스에 이 알고리즘을 구현했습니다. KMeans 클래스처럼 이 클래스를 사용할 수 있습니다.

```python
from sklearn.cluster import MiniBatchKMeans

minibatch_kmeans = MiniBatchKMeans(n_clusters=5, random_state=42)
minibatch_kmeans.fit(X)
```

데이터셋이 메모리에 들어가지 않는 경우 가장 간단한 방법은 8장의 점진적 PCA에서 했던 것처럼 memmap 클래스를 사용하는 것입니다. 또는 MiniBatchKMeans 클래스의 partial_fit() 메서드에 한 번에 하나의 미니배치를 전달할 수 있습니다. 하지만 초기화를 여러 번 수행하고 만들어진 결과에서 가장 좋은 것을 직접 골라야 해서 해야 할 일이 많습니다.

미니배치 k-평균 알고리즘이 일반 k-평균 알고리즘보다 훨씬 빠르지만 이너셔는 일반적으로 조금 더 나쁩니다. 이를 [그림 9-6]에서 볼 수 있습니다. 왼쪽의 그래프는 여러 가지 클러스터 개수 k를 사용해 앞선 데이터셋에서 훈련한 미니배치 k-평균과 일반 k-평균 모델의 이너셔를 비교한 것입니다. 두 곡선의 차이는 작지만 눈에 띄입니다. 오른쪽 그래프에서 미니배치 k-평균이 일반 k-평균보다 이 데이터셋에서 약 3.5배 빠르다는 것을 볼 수 있습니다.

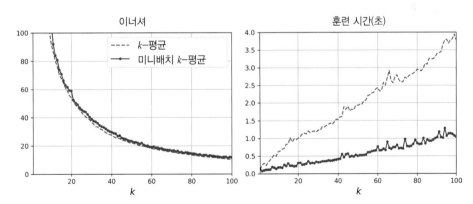

그림 9-6 미니배치 k-평균의 이너셔가 k-평균보다 높습니다(왼쪽). 하지만 훨씬 빠르고 k가 증가할수록 더 그렇습니다 (오른쪽).

최적의 클러스터 개수 찾기

지금까지 클러스터 개수 k를 5로 지정했습니다. 데이터를 볼 때 이 값이 올바른 클러스터 개수임이 분명하기 때문입니다. 하지만 일반적으로 k를 어떻게 설정할지 쉽게 알 수 없습니다. 만약 올바르게 지정하지 않으면 결과는 매우 나쁠 수 있습니다. [그림 9-7]에서 볼 수 있듯 이 데이터셋에서 k를 3이나 8로 지정하면 상당히 나쁜 모델이 만들어집니다.

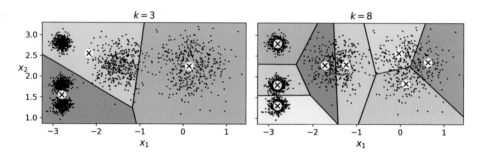

그림 9-7 잘못된 클러스터 개수 선택: k가 너무 작으면 별개의 클러스터가 합쳐지고(왼쪽), k가 너무 크면 하나의 클러스터가 여러 개로 나뉩니다(오른쪽).

가장 작은 이너셔를 가진 모델을 선택하면 되지 않을까요? 안타깝지만 그렇게 간단하지 않습니다. $k=3$일 때 이너셔는 653.2이고 이는 $k=5$일 때(211.6)보다 높습니다. 하지만 $k=8$일 때 이너셔는 119.1입니다. 이너셔는 k가 증가함에 따라 점점 작아지므로 k를 선택할 때 좋은 성능 지표가 아닙니다. 실제로 클러스터가 늘어날수록 각 샘플은 가까운 센트로이드에 더 가깝게 됩니다. 따라서 이너셔는 더 작아질 것입니다. 이너셔를 k의 함수로 그래프를 그려보죠. 이런 그래프를 그리면 종종 그래프에 팔꿈치(엘보[elbow])처럼 보이는 굴곡 지점이 나타납니다(그림 9-8).

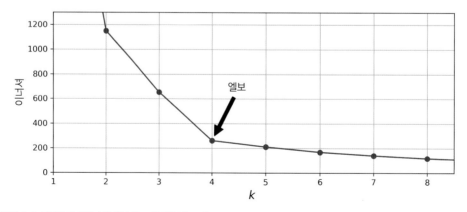

그림 9-8 클러스터 개수 k의 함수로 그린 이너셔 그래프

그림에서 볼 수 있듯 이너셔는 k가 4까지 증가할 때 빠르게 줄어듭니다. 하지만 k가 계속 증가하면 이너셔는 훨씬 느리게 감소합니다. 이 그래프를 팔의 형태와 비슷하게 보면 $k=4$ 지점이 엘보입니다. 따라서 k에 대한 정답을 모른다면 4는 좋은 선택이 됩니다. 이보다 작은 값은 변화가 심하고 더 큰 값은 크게 도움이 되지 않습니다. 어쩌면 완벽한 클러스터를 아무 이유 없이 반으로 나누었는지 모릅니다.

최선의 클러스터 개수를 선택하는 이 방법은 너무 엉성합니다. 더 정확한 (하지만 계산 비용이 많이 드는) 방법은 **실루엣 점수**silhouette score입니다. 이 값은 모든 샘플에 대한 **실루엣 계수**silhouette coefficient의 평균입니다. 샘플의 실루엣 계수는 $(b-a)/\max(a, b)$로 계산됩니다. 여기에서 a는 동일한 클러스터에 있는 다른 샘플까지 평균 거리입니다(클러스터 내부의 평균 거리). b는 가장 가까운 클러스터까지 평균 거리입니다(가장 가까운 클러스터의 샘플까지 평균 거리. 샘플과 가장 가까운 클러스터는 자신이 속한 클러스터를 제외하고 b가 최소인 클러스터입니다). 실루엣 계수는 -1에서 $+1$까지 바뀔 수 있습니다. $+1$에 가까우면 자신의 클러스터 안에 잘 속해 있고 다른 클러스터와는 멀리 떨어져 있다는 뜻입니다. 실루엣 계수가 0에 가까우면 클러스터 경계에 위치한다는 의미이고 -1에 가까우면 이 샘플이 잘못된 클러스터에 할당되었다는 의미입니다.

실루엣 점수를 계산하려면 사이킷런의 `silhouette_score()` 함수를 사용합니다. 데이터셋에 있는 모든 샘플과 할당된 레이블을 전달합니다.

```
>>> from sklearn.metrics import silhouette_score
>>> silhouette_score(X, kmeans.labels_)
0.655517642572828
```

클러스터 개수를 달리하여 실루엣 점수를 비교해보죠(그림 9-9).

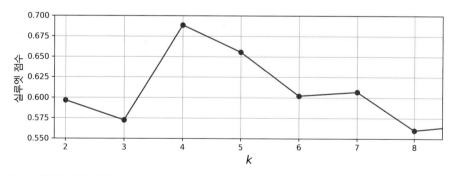

그림 9-9 실루엣 점수를 사용해 클러스터 개수 k를 선택하기

여기서 볼 수 있듯이 이 그래프는 이전보다 훨씬 많은 정보를 줍니다. $k=4$가 좋은 선택이지만 $k=5$도 꽤 좋다는 사실을 잘 보여줍니다. 특히 $k=6$이나 7보다 훨씬 좋습니다. 이는 이너셔를 비교했을 때는 드러나지 않았습니다.

모든 샘플의 실루엣 계수를 할당된 클러스터와 계수 값으로 정렬하여 그리면 더 많은 정보가 있는 그래프를 얻을 수 있습니다. 이를 **실루엣 다이어그램**silhouette diagram이라고 합니다(그림 9-10). 클러스터마다 칼 모양의 그래프가 그려집니다. 이 그래프의 높이는 클러스터가 포함하고 있는 샘플의 개수를 의미하고, 너비는 이 클러스터에 포함된 샘플의 정렬된 실루엣 계수를 나타냅니다(넓을수록 좋습니다).

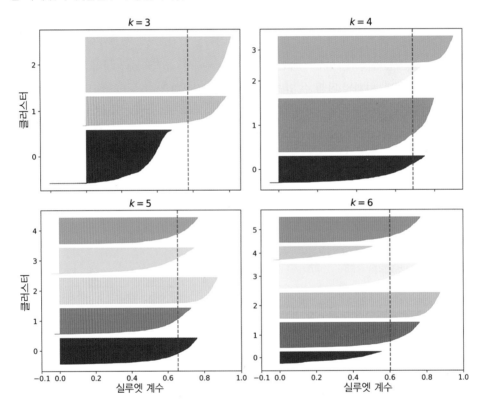

그림 9-10 여러 가지 k 값에 대한 실루엣 다이어그램 분석

수직 파선은 각 클러스터 개수에 해당하는 평균 실루엣 점수를 나타냅니다. 한 클러스터의 샘플 대부분이 이 점수보다 낮은 계수를 가지면(즉, 많은 샘플이 파선의 왼쪽에서 멈추면) 클러

스터의 샘플이 다른 클러스터랑 너무 가깝다는 것을 의미하므로 나쁜 클러스터입니다. $k=3$과 $k=6$에서 이런 나쁜 클러스터를 볼 수 있습니다. 하지만 $k=4$나 $k=5$일 때는 클러스터가 상당히 좋아 보입니다. 대부분의 샘플이 파선을 넘어서 뻗어 있고 1.0에 근접해 있습니다. $k=4$일 때 인덱스 1(위에서부터 세 번째)의 클러스터가 매우 큽니다. $k=5$일 때는 모든 클러스터의 크기가 비슷합니다. 따라서 $k=4$일 때 전반적인 실루엣 점수가 $k=5$보다 조금 높더라도 비슷한 크기의 클러스터를 얻을 수 있는 $k=5$를 선택하는 것이 좋습니다.

9.1.2 k-평균의 한계

k-평균은 장점이 많습니다. 특히 속도가 빠르고 확장이 용이합니다. 그렇지만 k-평균이 완벽한 것은 아닙니다. 앞에서 보았듯이 최적이 아닌 솔루션을 피하려면 알고리즘을 여러 번 실행해야 합니다. 또한 클러스터 개수를 지정해야 합니다. 꽤 번거로운 작업일 수 있습니다. 또한 k-평균은 클러스터의 크기 또는 밀집도가 서로 다르거나 원형[8]이 아닐 경우 잘 작동하지 않습니다. 예를 들어 [그림 9-11]은 크기와 밀집도, 방향이 다른 세 개의 타원형 클러스터를 가진 데이터셋을 k-평균이 어떻게 군집하는지 보여줍니다.

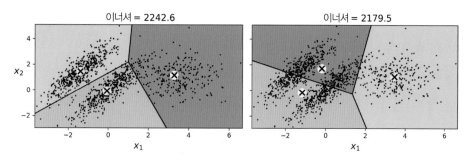

그림 9-11 k-평균이 세 개의 타원형 클러스터를 적절히 구분하지 못합니다.

이 솔루션들은 모두 좋지 않습니다. 왼쪽 솔루션이 더 낫지만 가운데 클러스터의 25% 정도가 오른쪽 클러스터로 할당되었습니다. 오른쪽 솔루션은 이너셔가 더 작지만 끔찍한 수준입니다. 데이터에 따라서 잘 수행할 수 있는 군집 알고리즘이 다릅니다. 이런 타원형 클러스터에서는

---

8 옮긴이_ 원서는 구형(spherical)으로 쓰여 있습니다. 고차원일 경우 초구 형태가 됩니다. 하지만 예제 그림을 쉽게 이해할 수 있도록 이 장에서는 모두 원형으로 옮겼습니다. 원형은 2차원에만 해당된다는 것을 잊지 마세요.

가우스 혼합 모델이 잘 작동합니다.

> **TIP** k-평균을 실행하기 전에 입력 특성의 스케일을 맞추는 것이 중요합니다(2장 참고). 그렇지 않으면 클러스터가
> 길쭉해지고 k-평균의 결과가 좋지 않습니다. 특성의 스케일을 맞추어도 모든 클러스터가 잘 구분되고 원형을
> 형태를 가진다고 보장할 수는 없지만 일반적으로 k-평균에 도움이 됩니다.

이제 군집에서 도움을 받을 수 있는 몇 가지 방법을 살펴보겠습니다. k-평균을 사용하지만 다
른 군집 알고리즘으로도 자유롭게 실험해보세요.

9.1.3 군집을 사용한 이미지 분할

이미지 분할^{image segmentation}은 이미지를 여러 개의 **세그먼트**^{segment}로 분할하는 작업입니다. 여기
에는 여러 가지 변형이 있습니다.

- **색상 분할**
  동일한 색상을 가진 픽셀을 같은 세그먼트에 할당합니다. 많은 애플리케이션에서는 이 정도로 충분합니다.
  예를 들어 인공위성 사진을 분석하여 한 지역의 전체 산림 면적이 얼마나 되는지 측정하려면 색상 분할로
  충분합니다.

- **시맨틱 분할**
  동일한 종류의 물체에 속한 모든 픽셀을 같은 세그먼트에 할당합니다. 예를 들어 자율 주행 자동차의 비전
  시스템에서 보행자 이미지를 구성하는 모든 픽셀은 '보행자' 세그먼트에 할당될 것입니다.

- **인스턴스 분할**
  개별 객체에 속한 모든 픽셀을 같은 세그먼트에 할당합니다. 이 경우 각 보행자는 다른 세그먼트가 됩니다.

시맨틱 분할 또는 인스턴스 분할에서 최고 수준의 성능을 내려면 합성곱 신경망(14장 참고)
기반의 복잡한 모델을 사용해야 합니다. 이 장에서는 k-평균을 사용하는 (훨씬 간단한) 색상
분할 작업에 중점을 두겠습니다.

먼저 Pillow 패키지(파이썬 이미지 처리 라이브러리인 PIL의 후속 버전)를 임포트한 다음, 이
를 사용해 ladybug.png 이미지([그림 9-12]의 왼쪽 상단 이미지 참고)를 로드합니다. 이 파
일은 filepath 경로에 있다고 가정합니다.

```
>>> import PIL
>>> image = np.asarray(PIL.Image.open(filepath))
```

```
>>> image.shape
(533, 800, 3)
```

이 이미지는 3D 배열로 표시됩니다. 첫 번째 차원의 크기는 높이, 두 번째 차원은 너비, 세 번째 차원은 색상 채널의 수입니다. 이 경우 빨강, 초록, 파랑(RGB)입니다. 다른 말로 하면 각 픽셀에 대해 0에서 255 사이의 부호 없는 8비트 정수로 빨강, 초록, 파랑의 강도를 담고 있는 3D 벡터가 있습니다. 일부 이미지에는 채널 수가 적을 수 있으며(⑩ 채널이 하나만 있는 흑백 이미지), 일부 이미지에는 채널 수가 많을 수 있습니다(⑩ 투명도를 위해 알파 채널이 추가된 이미지, 적외선과 같이 추가적인 전자기파 채널이 포함된 위성 이미지).

다음 코드는 배열의 크기를 바꾸어 긴 RGB 색상 리스트로 만든 다음 k-평균을 사용하여 8개의 클러스터로 모읍니다. 각 픽셀에 대해 가장 가까운 클러스터 중심(즉, 각 픽셀 클러스터의 평균 색상)을 포함한 segmented_img 배열을 생성하고 마지막으로 이 배열을 원래 이미지 크기로 바꿉니다. 세 번째 줄은 고급 넘파이 인덱싱을 사용합니다. 예를 들어 kmeans_. labels_의 처음 10개의 레이블이 1이면 segmented_img의 처음 10개의 색상은 kmeans. cluster_centers_[1]과 동일합니다.

```
X = image.reshape(-1, 3)
kmeans = KMeans(n_clusters=8, random_state=42).fit(X)
segmented_img = kmeans.cluster_centers_[kmeans.labels_]
segmented_img = segmented_img.reshape(image.shape)
```

이렇게 하면 [그림 9-12]의 오른쪽 위에 보이는 이미지를 출력합니다. 그림처럼 클러스터 개수를 여러 개로 바꿔 테스트할 수 있습니다. 8개보다 클러스터 개수를 작게 하면 무당벌레의 화려한 빨간색이 독자적인 클러스터를 만들지 못하고 주위 색에 합쳐집니다. 이는 k-평균이 비슷한 크기의 클러스터를 만드는 경향이 있기 때문입니다. 무당벌레는 이미지의 나머지 부분보다 훨씬 작기 때문에 화려한 색을 가지고 있더라도 k-평균이 무당벌레를 하나의 클러스터로 만들지 못합니다.

그림 9-12 다양한 클러스터 개수로 *k*–평균을 사용해 만든 이미지 분할

너무 어렵지 않죠? 이제 군집을 활용한 전처리에 관해 알아봅시다.

9.1.4 군집을 사용한 준지도 학습

군집을 사용하는 또 다른 사례는 준지도 학습입니다. 레이블이 없는 데이터가 많고 레이블이 있는 데이터는 적을 때 사용합니다. 이 절에서는 숫자 0에서 9까지를 나타내는 8×8 흑백 이미지 1,797개로 구성된 MNIST와 유사한 간단한 숫자 데이터셋을 사용하겠습니다. 먼저 데이터셋을 로드하고 분할해보겠습니다(이미 뒤섞인 상태입니다).

```python
from sklearn.datasets import load_digits

X_digits, y_digits = load_digits(return_X_y=True)
X_train, y_train = X_digits[:1400], y_digits[:1400]
X_test, y_test = X_digits[1400:], y_digits[1400:]
```

여기서는 50개 샘플에 대한 레이블만 있다고 가정하겠습니다. 기준 성능을 얻기 위해 레이블이 있는 이 50개 샘플에서 로지스틱 회귀 모델을 훈련해봅시다.

```
from sklearn.linear_model import LogisticRegression

n_labeled = 50
log_reg = LogisticRegression(max_iter=10_000)
log_reg.fit(X_train[:n_labeled], y_train[:n_labeled])
```

그런 다음 테스트 세트에서 이 모델의 정확도를 측정할 수 있습니다(테스트 세트는 레이블이 있어야 합니다).

```
>>> log_reg.score(X_test, y_test)
0.7481108312342569
```

모델의 정확도는 74.8%에 불과합니다. 실제로 전체 훈련 세트로 모델을 훈련하면 약 90.7%의 정확도에 도달한다는 것을 알 수 있습니다. 어떻게 개선할 수 있을지 알아보죠. 먼저 훈련 세트를 50개의 클러스터로 모읍니다. 그다음 각 클러스터에서 센트로이드에 가장 가까운 이미지를 찾습니다. 이런 이미지를 **대표 이미지**representative image라고 부릅니다.

```
k = 50
kmeans = KMeans(n_clusters=k, random_state=42)
X_digits_dist = kmeans.fit_transform(X_train)
representative_digit_idx = np.argmin(X_digits_dist, axis=0)
X_representative_digits = X_train[representative_digit_idx]
```

[그림 9-13]이 대표 이미지 50개입니다.

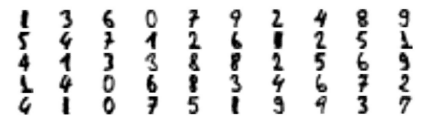

그림 9-13 50개의 대표 숫자 이미지(클러스터당 한 개)

이미지를 보고 수동으로 레이블을 할당해보죠.

```
y_representative_digits = np.array([1, 3, 6, 0, 7, 9, 2, ..., 5, 1, 9, 9, 3, 7])
```

이제 레이블된 50개의 샘플로 이루어진 데이터셋이 준비되었습니다. 이 이미지들은 랜덤으로 고른 샘플이 아니며 각 클러스터를 대표하는 이미지입니다. 성능이 조금이라도 높은지 확인해 보죠.

```
>>> log_reg = LogisticRegression(max_iter=10_000)
>>> log_reg.fit(X_representative_digits, y_representative_digits)
>>> log_reg.score(X_test, y_test)
0.8488664987405542
```

와우! 50개 샘플로 모델을 훈련했을 뿐인데 74.8%에서 84.9%로 확 올라갔습니다. 샘플에 레이블을 부여하는 것은 비용이 많이 들고 어렵습니다. 특히 전문가가 수동으로 처리해야 할 때 그렇습니다. 따라서 랜덤 샘플 대신 대표 샘플에 레이블을 할당하는 것이 좋은 방법입니다.

여기서 한 단계 더 나아갈 수 있습니다. 이 레이블을 동일한 클러스터에 있는 모든 샘플로 전파하면 어떨까요? 이를 **레이블 전파**^{label propagation}라고 부릅니다.

```
y_train_propagated = np.empty(len(X_train), dtype=np.int64)
for i in range(k):
    y_train_propagated[kmeans.labels_ == i] = y_representative_digits[i]
```

이제 모델을 다시 훈련하고 성능을 확인해보죠.

```
>>> log_reg = LogisticRegression()
>>> log_reg.fit(X_train, y_train_propagated)
>>> log_reg.score(X_test, y_test)
0.8942065491183879
```

정확도가 크게 향상되었습니다! 클러스터 중심에서 가장 먼 1%의 샘플을 무시하면 더 나은 결과를 얻을 수 있는지 살펴봅시다. 이렇게 하면 일부 이상치가 제거될 것입니다. 다음 코드는 먼저 각 샘플에서 가장 가까운 클러스터 중심까지의 거리를 계산한 다음 각 클러스터에 대해 가장 큰 1%의 거리를 −1로 설정합니다. 마지막으로 −1 거리로 표시된 샘플이 없는 데이터셋을 생성합니다.

```
percentile_closest = 99

X_cluster_dist = X_digits_dist[np.arange(len(X_train)), kmeans.labels_]
for i in range(k):
    in_cluster = (kmeans.labels_ == i)
    cluster_dist = X_cluster_dist[in_cluster]
    cutoff_distance = np.percentile(cluster_dist, percentile_closest)
    above_cutoff = (X_cluster_dist > cutoff_distance)
    X_cluster_dist[in_cluster & above_cutoff] = -1

partially_propagated = (X_cluster_dist != -1)
X_train_partially_propagated = X_train[partially_propagated]
y_train_partially_propagated = y_train_propagated[partially_propagated]
```

이제 부분적으로 전파한 이 데이터셋에서 모델을 다시 훈련하고 어떤 정확도를 얻을 수 있는지 확인해보겠습니다.

```
>>> log_reg = LogisticRegression(max_iter=10_000)
>>> log_reg.fit(X_train_partially_propagated, y_train_partially_propagated)
>>> log_reg.score(X_test, y_test)
0.9093198992443325
```

훌륭합니다! 레이블된 샘플 50개만으로(평균적으로 클래스당 5개 샘플) 90.9%의 정확도를 얻었습니다. 레이블이 있는 전체 데이터셋으로 얻은 성능(90.7%)보다 조금 더 높습니다. 이는 일부 이상치를 제거한 덕분이며 전파된 레이블이 실제로 매우 좋기 때문입니다. 이 레이블의 정확도는 다음 코드에서 볼 수 있듯이 약 97.5%에 달합니다.

```
>>> (y_train_partially_propagated == y_train[partially_propagated]).mean()
0.9755555555555555
```

> **TIP** 사이킷런은 레이블을 자동으로 전파할 수 있는 두 개의 클래스를 제공합니다. sklearn.semi_supervised 패키지에 있는 LabelSpreading과 LabelPropagation입니다. 두 클래스 모두 모든 샘플 간에 유사도 행렬을 구축하고 레이블이 지정된 샘플에서 레이블이 지정되지 않은 비슷한 샘플로 레이블을 반복적으로 전파합니다. 같은 패키지에는 SelfTrainingClassifier라는 매우 다른 클래스도 있습니다. 이 클래스에 기본 분류기(⑩ RandomForestClassifier)를 제공하면 레이블이 지정된 샘플에서 훈련한 다음 이를 사용하여 레이블이 지정되지 않은 샘플의 레이블을 예측합니다. 그런 다음 가장 확신하는 레이블로 훈련 세트를 업데이트하고 더 이상 레이블을 추가할 수 없을 때까지 이 훈련과 레이블 지정 프로세스를 반복합니다. 이러한 기법은

마법의 총알은 아니지만 때때로 모델을 약간 향상시킬 수 있습니다.

능동 학습

모델과 훈련 세트를 지속적으로 향상시키기 위해 다음 단계로 **능동 학습**active learning을 몇 번 반복할 수 있습니다. 이 방법은 전문가가 학습 알고리즘과 상호 작용하여 알고리즘이 요청할 때 특정 샘플의 레이블을 제공합니다. 능동 학습에는 여러 다른 전략이 많습니다. 하지만 가장 널리 사용되는 것은 **불확실성 샘플링**uncertainty sampling입니다. 작동 방식은 다음과 같습니다.

1 지금까지 수집한 레이블된 샘플에서 모델을 훈련합니다. 이 모델을 사용해 레이블되지 않은 모든 샘플에 대한 예측을 만듭니다.

2 모델이 가장 불확실하게 예측한 샘플(즉, 추정 확률이 낮은 샘플)을 전문가에게 보내 레이블을 붙입니다.

3 레이블을 부여하는 노력만큼의 성능이 향상되지 않을 때까지 이를 반복합니다.

다른 능동 학습 전략은 모델을 가장 크게 바꾸는 샘플이나 모델의 검증 점수를 가장 크게 떨어뜨리는 샘플, 여러 개의 모델(⑩ SVM이나 랜덤 포레스트)이 동일한 예측을 내지 않는 샘플에 대해 레이블을 요청하는 것입니다.

가우스 혼합 모델을 배우기 전에 인기가 높은 군집 알고리즘인 DBSCAN을 알아봅시다. 이 알고리즘은 국부적인 밀집도를 추정하는 매우 다른 방식을 사용합니다. 이 방식으로 임의의 모양을 가진 클러스터를 식별할 수 있습니다.

9.1.5 DBSCAN

DBSCAN density-based spatial clustering of applications with noise 알고리즘은 밀집된 연속적 지역을 클러스터로 정의합니다. 작동 방식은 다음과 같습니다.

- 알고리즘이 각 샘플에서 작은 거리인 ε 내에 샘플이 몇 개 놓여 있는지 셉니다. 이 지역을 샘플의 ε-이웃 ε-neighborhood이라고 부릅니다.
- (자기 자신을 포함해) ε-이웃 내에 적어도 min_samples개 샘플이 있다면 이를 **핵심 샘플**core instance로 간주합니다. 즉, 핵심 샘플은 밀집된 지역에 있는 샘플입니다.
- 핵심 샘플의 이웃에 있는 모든 샘플은 동일한 클러스터에 속합니다. 이웃에는 다른 핵심 샘플이 포함될 수 있습니다. 따라서 핵심 샘플의 이웃의 이웃은 계속해서 하나의 클러스터를 형성합니다.

- 핵심 샘플이 아니고 이웃도 아닌 샘플은 이상치로 판단합니다.

이 알고리즘은 모든 클러스터가 밀집되지 않은 지역과 잘 구분될 때 좋은 성능을 냅니다. 사이킷런에 있는 **DBSCAN** 클래스는 예상대로 사용법이 간단합니다. 5장에서 소개한 초승달 데이터셋에서 테스트해봅시다.

```
from sklearn.cluster import DBSCAN
from sklearn.datasets import make_moons

X, y = make_moons(n_samples=1000, noise=0.05)
dbscan = DBSCAN(eps=0.05, min_samples=5)
dbscan.fit(X)
```

모든 샘플의 레이블은 인스턴스 변수 **labels_**에 저장되어 있습니다.

```
>>> dbscan.labels_
array([ 0,  2, -1, -1,  1,  0,  0,  0, ...,  3,  2,  3,  3,  4,  2,  6,  3])
```

일부 샘플의 클러스터 인덱스는 −1입니다. 이는 알고리즘이 이 샘플을 이상치로 판단했다는 의미입니다. 핵심 샘플의 인덱스는 인스턴스 변수 **core_sample_indices_**에서 확인할 수 있습니다. 핵심 샘플 자체는 인스턴스 변수 **components_**에 저장되어 있습니다.

```
>>> len(dbscan.core_sample_indices_)
808
>>> dbscan.core_sample_indices_
array([ 0,  4,  5,  6,  7,  8, 10, 11, ..., 992, 993, 995, 997, 998, 999])
>>> dbscan.components_
array([[-0.02137124,  0.40618608],
       [-0.84192557,  0.53058695],
              ...
       [ 0.79419406,  0.60777171]])
```

이 군집 결과는 [그림 9-14]의 왼쪽 그래프에서 확인할 수 있습니다. 클러스터를 7개 만들었고 많은 샘플을 이상치로 판단했습니다.[9] 기대와 다르군요! 다행히 eps를 0.2로 증가시켜 샘

---

9 옮긴이_ 빨간색 × 표시가 이상치를 나타냅니다.

플의 이웃 범위를 넓히면 오른쪽 그래프처럼 완벽한 군집을 얻습니다. 이 모델로 계속 진행해 보죠.

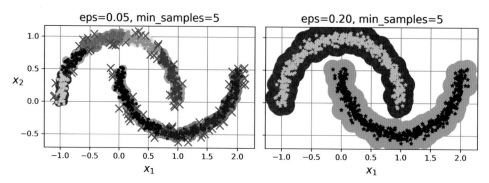

그림 9-14 두 가지 이웃 반경을 사용한 DBSCAN 군집

놀랍게도 DBSCAN 클래스는 predict() 메서드를 제공하지 않고 fit_predict() 메서드를 제공합니다. 다시 말해 이 알고리즘은 새로운 샘플에 대해 클러스터를 예측할 수 없습니다. 이런 구현 결정은 다른 분류 알고리즘이 이 작업을 더 잘 수행할 수 있기 때문입니다.[10] 따라서 사용자가 필요한 예측기를 선택해야 합니다. 직접 구현하는 것도 어렵지 않습니다. 예를 들어 KNeighborsClassifier를 훈련해봅시다.

```
from sklearn.neighbors import KNeighborsClassifier

knn = KNeighborsClassifier(n_neighbors=50)
knn.fit(dbscan.components_, dbscan.labels_[dbscan.core_sample_indices_])
```

이제 샘플 몇 개를 전달하여 어떤 클러스터에 속할 가능성이 높은지 예측하고 각 클러스터에 대한 확률을 추정해봅니다.

```
>>> X_new = np.array([[-0.5, 0], [0, 0.5], [1, -0.1], [2, 1]])
```

---

10 옮긴이_ 곧 다룰 병합 군집과 마찬가지로 DBSCAN의 작동 방식을 생각하면 새로운 데이터에 대해 예측할 수 없음을 쉽게 이해할 수 있습니다. 테스트 샘플과 가장 가까운 거리의 클러스터를 계산하여 예측값으로 반환할 수 있지만 이는 DBSCAN이 샘플에 클러스터 레이블을 할당하는 방식이 아닙니다. 가능한 방법은 기존 훈련 세트에 테스트 샘플을 추가하여 다시 DBSCAN을 훈련하는 것입니다. 하지만 추가된 샘플로 인해 클러스터 개수와 인덱스가 바뀔 수 있습니다. DBSCAN의 fit_predict()는 단순히 fit() 메서드를 호출한 후 labels_ 인스턴스 변수를 반환하는 메서드입니다.

```
>>> knn.predict(X_new)
array([1, 0, 1, 0])
>>> knn.predict_proba(X_new)
array([[0.18, 0.82],
       [1.  , 0.  ],
       [0.12, 0.88],
       [1.  , 0.  ]])
```

이 분류기를 핵심 샘플에서만 훈련했지만 모든 샘플에서 훈련할 수도 있습니다. 또는 이상치를 제외할 수 있습니다. 선택은 최종 작업의 성능에 따라 결정됩니다.

이 결정 경계가 [그림 9-15]에 나타나 있습니다(덧셈 기호는 X_new에 있는 샘플 네 개를 표시합니다). 훈련 세트에 이상치가 없기 때문에 클러스터가 멀리 떨어져 있더라도 분류기는 항상 클러스터 한 개를 선택합니다. 최대 거리를 사용하면 두 클러스터에서 멀리 떨어진 샘플을 이상치로 간단히 분류할 수 있습니다. KNeighborsClassifier의 kneighbors() 메서드를 사용합니다. 이 메서드에 샘플을 전달하면 훈련 세트에서 가장 가까운 k개 이웃의 거리와 인덱스를 반환합니다(k개의 열을 가진 행렬 두 개를 반환합니다).[11]

```
>>> y_dist, y_pred_idx = knn.kneighbors(X_new, n_neighbors=1)
>>> y_pred = dbscan.labels_[dbscan.core_sample_indices_][y_pred_idx]
>>> y_pred[y_dist > 0.2] = -1
>>> y_pred.ravel()
array([-1,  0,  1, -1])
```

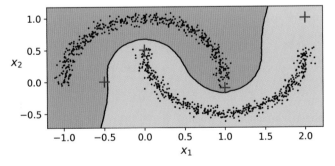

그림 9-15 두 클러스터 사이의 결정 경계

---

11 옮긴이_ 이 코드에서 이웃(핵심 샘플)과의 거리가 0.2보다 큰 경우 이상치로 분류했습니다. 0.2는 [그림 9-14]의 오른쪽 그래프의 eps 값에 해당합니다.

간단히 말해 DBSCAN은 매우 간단하지만 강력한 알고리즘입니다. 클러스터의 모양과 개수에 상관없이 감지할 수 있는 능력이 있습니다. 이상치에 안정적이고 하이퍼파라미터가 두 개뿐입니다(eps와 min_samples).[12] 하지만 클러스터 간의 밀집도가 크게 다르거나 일부 클러스터 주변에 저밀도 영역이 충분히 없는 경우에는 DBSCAN이 모든 클러스터를 올바르게 잡아내는 데 어려움을 겪을 수 있습니다. 게다가 계산 복잡도가 대략 $O(m^2n)$이므로 대규모 데이터셋에 잘 확장되지 않습니다.

> **TIP** scikit-learn-contrib 프로젝트(*https://github.com/scikit-learn-contrib/hdbscan*)에 구현된 계층적 DBSCAN^{hierarchical DBSCAN}(HDBSCAN)도 실험해보세요. 일반적으로 다양한 밀도의 클러스터를 찾는 데 DBSCAN보다 더 낫습니다.

9.1.6 다른 군집 알고리즘

사이킷런에는 살펴볼 만한 여러 군집 알고리즘이 구현되어 있습니다. 모두 자세히 다룰 수는 없지만 간단히 요약해봅시다.

병합 군집

클러스터 계층을 밑바닥부터 위로 쌓아 구성합니다. 물위를 떠다니는 작은 방울을 생각해보세요. 물방울끼리 합쳐져 나중에는 하나의 커다란 방울이 됩니다. 비슷하게 병합 군집^{agglomerative clustering}은 반복마다 인접한 클러스터 쌍을 연결합니다(처음에는 샘플 하나에서 시작합니다). 병합된 클러스터 쌍을 트리로 그리면 클러스터의 이진 트리를 얻을 수 있습니다. 이 트리의 리프는 개별 샘플입니다. 병합 군집은 다양한 형태의 클러스터를 감지할 수 있습니다. 또한 특정 클러스터 개수를 선택하는 데 도움이 되는 유용한 클러스터 트리를 만들 수 있습니다. 이는 어떤 짝 거리^{pairwise distance}와도 사용할 수 있습니다.[13] 이웃한 샘플 간의 거리를 담은 $m \times m$ 크기 희소 행렬을 연결 행렬로 전달하는 식으로 대규모 샘플에도 잘 적용할 수 있습니다(예를 들어 sklearn.neighbors.kneighbors_graph() 함수가 반환한 값을 사용합니다).[14] 연결 행렬이 없으면 대규모 데이터셋으로 확장하기 어렵습니다.

---

12 옮긴이_ DBSCAN은 사전에 클러스터 개수를 지정할 필요가 없습니다.

13 옮긴이_ 사이킷런에서 계산할 수 있는 짝 거리는 pairwise_distances() 함수를 참고하세요(*http://bit.ly/pairwise_distances*).

14 옮긴이_ AgglomerativeClustering 클래스의 connectivity 매개변수에 연결 행렬을 전달합니다.

BIRCH

BIRCH^{balanced iterative reducing and clustering using hierarchies} 알고리즘은 특별히 대규모 데이터셋을 위해 고안되었습니다. 특성 개수가 너무 많지 않다면(20개 이하) 배치 k-평균보다 빠르고 비슷한 결과를 만듭니다. 훈련 과정에서 새로운 샘플을 클러스터에 빠르게 할당할 수 있는 정보를 담은 트리 구조를 만듭니다. 이 트리에 모든 샘플을 저장하지 않습니다. 이 방식은 제한된 메모리를 사용하므로 대용량 데이터셋을 다룰 수 있습니다.

평균-이동

이 알고리즘은 먼저 각 샘플을 중심으로 하는 원을 그립니다. 그런 다음 원마다 안에 포함된 모든 샘플의 평균을 구합니다. 그리고 원의 중심을 평균점으로 이동시킵니다. 모든 원이 움직이지 않을 때까지 이러한 평균-이동^{mean-shift}을 계속합니다(즉, 원의 중심이 포함된 샘플의 평균점이 될 때까지 반복합니다). 평균-이동은 지역의 최대 밀도를 찾을 때까지 높은 쪽으로 원을 이동시킵니다. 동일한 지역에(또는 충분히 가깝게) 안착한 원에 있는 모든 샘플은 동일한 클러스터가 됩니다. 평균-이동은 DBSCAN과 유사한 특징이 있습니다. 모양이나 개수에 상관없이 클러스터를 찾을 수 있습니다. 하이퍼파라미터도 매우 적으며(**대역폭**^{bandwidth}이라 부르는 원 반경 딱 한 개입니다) 국부적인 밀집도 추정에 의존합니다. 하지만 DBSCAN과 달리 평균-이동은 클러스터 내부 밀집도가 불균형할 때 클러스터를 여러 개로 나누는 경향이 있습니다. 아쉽지만 계산 복잡도는 $O(m^2)$입니다. 따라서 대규모 데이터셋에는 적합하지 않습니다.

유사도 전파

이 알고리즘에서 모든 샘플은 자신을 대표할 다른 샘플(또는 자신)을 선택할 때까지 샘플 간에 메시지를 반복적으로 교환합니다. 이렇게 선출된 샘플을 **예시**^{exemplar}라고 합니다. 각 예시와 이를 선출한 모든 샘플은 하나의 클러스터를 형성합니다. 예를 들어 정치에서는 일반적으로 나와 비슷한 의견을 가진 후보에게 투표하고 싶지만, 완전히 동의하지는 않더라도 해당 당이 이기길 바라기 때문에 더 인기 있는 후보를 선택할 수도 있습니다. 일반적으로 설문 조사를 통해 인기도를 평가합니다. 선호도 전파도 비슷한 방식으로 작동하며, k-평균과 유사하게 클러스터의 중심 근처에 위치한 예시를 선택하는 경향이 있습니다. 하지만 k-평균과 달리 미리 클러스터의 수를 정할 필요가 없으며 훈련 중에 결정됩니다. 또한 선호도 전파는 다양한 크기의 클러스터를 잘 처리할 수 있습니다. 안타깝게도 이 알고리즘은 계산 복잡도가 $O(m^2)$이므로 대규모 데이터 세트에는 적합하지 않습니다.

스펙트럼 군집

이 알고리즘은 샘플 사이의 유사도 행렬을 받아 저차원 임베딩을 만듭니다(즉, 행렬의 차원을 축소합니다). 그다음 이 저차원 공간에서 또 다른 군집 알고리즘을 사용합니다(사이킷런의 구현은 k-평균을 사용합니다). 스펙트럼 군집은 복잡한 클러스터 구조를 감지하고 그래프 컷graph cut을 찾는 데 사용될 수 있습니다(즉, 소셜 네트워크에서 친구의 클러스터를 찾습니다). 이 알고리즘은 샘플 개수가 많으면 잘 적용되지 않고 클러스터의 크기가 매우 다르면 잘 작동하지 않습니다.

이제 밀집도 추정, 군집, 이상치 탐지에 사용할 수 있는 가우스 혼합 모델을 배울 차례입니다.

9.2 가우스 혼합

가우스 혼합 모델 Gaussian mixture model(GMM)은 샘플이 파라미터가 알려지지 않은 여러 개의 혼합된 가우스 분포에서 생성되었다고 가정하는 확률 모델입니다. 하나의 가우스 분포에서 생성된 모든 샘플은 하나의 클러스터를 형성합니다. 일반적으로 이 클러스터는 타원형입니다. 각 클러스터는 [그림 9-11]처럼 타원의 모양, 크기, 밀집도, 방향이 다릅니다. 샘플이 주어지면 가우스 분포 중 하나에서 생성되었다는 것은 알지만 어떤 분포인지 또 이 분포의 파라미터는 무엇인지 알지 못합니다.

GMM은 여러 변형이 있습니다. 가장 간단한 버전이 `GaussianMixture` 클래스에 구현되어 있습니다. 여기서는 사전에 가우스 분포의 개수 k를 알아야 합니다. 데이터셋 $\mathbf{X}$가 다음 확률 과정을 통해 생성되었다고 가정합니다.

- 샘플마다 k개의 클러스터에서 랜덤하게 한 클러스터가 선택됩니다. j번째 클러스터를 선택할 확률은 클러스터의 가중치 $\phi^{(j)}$[15]입니다. i번째 샘플을 위해 선택한 클러스터 인덱스는 $z^{(i)}$로 표시됩니다.
- i번째 샘플이 j번째 클러스터에 할당되었다면($z^{(i)}=j$) 이 샘플의 위치 $\mathbf{x}^{(i)}$는 평균이 $\boldsymbol{\mu}^{(j)}$이고 공분산 행렬이 $\boldsymbol{\Sigma}^{(j)}$인 가우스 분포에서 랜덤하게 샘플링됩니다. 이를 $\mathbf{x}^{(i)} \sim \mathcal{N}\left(\boldsymbol{\mu}^{(j)}, \boldsymbol{\Sigma}^{(j)}\right)$와 같이 씁니다.

이 모델로 무엇을 할 수 있을까요? 먼저 데이터셋 $\mathbf{X}$가 주어지면 가중치 $\boldsymbol{\phi}$, 전체 분포의 파라미터 $\boldsymbol{\mu}^{(1)}$에서 $\boldsymbol{\mu}^{(k)}$까지, $\boldsymbol{\Sigma}^{(1)}$에서 $\boldsymbol{\Sigma}^{(k)}$까지를 추정합니다. 사이킷런의 `GaussianMixture` 클래

---

15 파이(phi) ϕ 또는 φ는 21번째 그리스 문자입니다.

스를 사용하면 아주 쉽습니다.

```
from sklearn.mixture import GaussianMixture

gm = GaussianMixture(n_components=3, n_init=10, random_state=42)
gm.fit(X)
```

이 알고리즘이 추정한 파라미터를 확인해보죠.[16]

```
>>> gm.weights_
array([0.39025715, 0.40007391, 0.20966893])
>>> gm.means_
array([[ 0.05131611, 0.07521837],
       [-1.40763156, 1.42708225],
       [ 3.39893794, 1.05928897]])
>>> gm.covariances_
array([[[ 0.68799922, 0.79606357],
        [ 0.79606357, 1.21236106]],

       [[ 0.63479409, 0.72970799],
        [ 0.72970799, 1.1610351 ]],

       [[ 1.14833585, -0.03256179],
        [-0.03256179,  0.95490931]]])
```

훌륭합니다. 잘 작동했네요! 세 클러스터 중 두 클러스터는 각각 500개의 샘플로 생성되었고 세 번째 클러스터에는 250개의 샘플만 포함되어 있습니다. 따라서 실제 클러스터 가중치는 각각 0.4, 0.4, 0.2이며, 알고리즘이 찾은 값과 대략적으로 같습니다. 평균과 분산 행렬도 이 알고리즘이 찾은 것과 매우 비슷합니다. 하지만 어떻게 한 걸까요? 이 클래스는 **기댓값–최대화**expectation–maximization(EM) 알고리즘을 사용합니다. 이 알고리즘은 k–평균 알고리즘과 공통점이 많습니다. 클러스터 파라미터를 랜덤하게 초기화하고 수렴할 때까지 두 단계를 반복합니다. 먼저 샘플을 클러스터에 할당합니다(이를 **기댓값 단계**expectation step라고 부릅니다). 그다음 클러스터를 업데이트합니다(이를 **최대화 단계**maximization step라고 부릅니다). 비슷해 보이지 않나요? 군집 입장에서 보면 EM을 클러스터 중심($\mu^{(1)}$에서 $\mu^{(k)}$까지)뿐만 아니라 크기, 모양, 방향

---

16 옮긴이_ 여기서 사용한 데이터셋은 [그림 9-11]에서 사용한 것과 같습니다. 특성이 두 개이므로 평균이 특성마다 하나씩 반환되었고 공분산 행렬의 크기는 2×2가 됩니다.

($\Sigma^{(1)}$에서 $\Sigma^{(k)}$까지)과 클러스터의 상대적 가중치($\phi^{(1)}$에서 $\phi^{(k)}$까지)를 찾는 k−평균의 일반화로 생각할 수 있습니다. k−평균과 달리 EM은 하드 클러스터 할당이 아니라 소프트 클러스터 할당을 사용합니다. 예를 들어 기댓값 단계에서 알고리즘은 (현재 클러스터 파라미터에 기반하여) 각 클러스터에 속할 확률을 예측합니다. 그다음 최대화 단계에서 각 클러스터가 데이터셋에 있는 모든 샘플을 사용해 업데이트됩니다. 클러스터에 속할 추정 확률로 샘플에 가중치가 적용됩니다. 이 확률을 샘플에 대한 클러스터의 **책임**^{responsibility}이라고 부릅니다. 최대화 단계에서 클러스터 업데이트는 책임이 가장 많은 샘플에 크게 영향을 받습니다.

> **! CAUTION** 아쉽게도 k−평균처럼 EM이 나쁜 솔루션으로 수렴할 수 있습니다. 따라서 여러 번 실행하여 가장 좋은 솔루션을 선택해야 합니다. 따라서 n_init을 10으로 설정했습니다. n_init의 기본값이 1이므로 주의하세요.

알고리즘이 수렴했는지 여부와 반복 횟수를 확인할 수 있습니다.

```
>>> gm.converged_
True
>>> gm.n_iter_
4
```

각 클러스터의 위치, 크기, 모양, 방향, 상대적인 가중치를 예측했습니다. 이 모델은 새로운 샘플을 가장 비슷한 클러스터에 손쉽게 할당할 수 있습니다(하드 군집). 또는 특정 클러스터에 속할 확률을 예측할 수 있습니다(소프트 군집). 하드 군집을 위해서는 predict() 메서드를 사용하고 소프트 군집을 위해서는 predict_proba() 메서드를 사용합니다.

```
>>> gm.predict(X)
array([0, 0, 1, ..., 2, 2, 2])
>>> gm.predict_proba(X).round(3)
array([[0.977, 0. , 0.023],
       [0.983, 0.001, 0.016],
       [0. , 1. , 0. ],
       ...,
       [0. , 0. , 1. ],
       [0. , 0. , 1. ],
       [0. , 0. , 1. ]])
```

가우스 혼합 모델은 **생성 모델**generative model입니다. 즉, 이 모델에서 새로운 샘플을 만들 수 있습니다(반환된 샘플은 클러스터 인덱스순으로 정렬되어 있습니다).

```
>>> X_new, y_new = gm.sample(6)
>>> X_new
array([[-0.86944074, -0.32767626],
       [ 0.29836051,  0.28297011],
       [-2.8014927 , -0.09047309],
       [ 3.98203732,  1.49951491],
       [ 3.81677148,  0.53095244],
       [ 2.84104923, -0.73858639]])
>>> y_new
array([0, 0, 1, 2, 2, 2])
```

또한 주어진 위치에서 모델의 밀도를 추정할 수 있습니다. 이를 위해 score_samples() 메서드를 사용합니다. 샘플이 주어지면 이 메서드는 그 위치의 **확률 밀도 함수**(PDF)의 로그를 예측합니다. 점수가 높을수록 밀도가 높습니다.

```
>>> gm.score_samples(X).round(2)
array([-2.61, -3.57, -3.33, ..., -3.51, -4.4 , -3.81])
```

이 점수의 지숫값을 계산하면 샘플의 위치에서 PDF 값을 얻을 수 있습니다. 이 값은 하나의 확률이 아니라 확률 밀도입니다. 즉, 0에서 1까지 값이 아니라 어떤 양숫값도 될 수 있습니다. 샘플이 특정 지역 안에 속할 확률을 예측하려면 그 지역에 대해 PDF를 적분해야 합니다(가능한 샘플 위치 전체에 대해 적분해 더하면 1이 됩니다).[17]

[그림 9-16]은 이 모델의 클러스터 평균, 결정 경계(파선), 밀도 등고선을 보여줍니다.

---

17 옮긴이_ 확률 밀도는 하나의 확률값이 아니라 확률 변숫값이 특정 범위 안에 있을 확률을 나타냅니다. 이 값은 PDF 그래프의 아래 면적이며 적분으로 계산할 수 있습니다. 예를 들어 (0, 0.1) 영역 밖에서는 모두 0인 확률 분포가 있다면 이 영역의 평균적인 확률 밀도는 10이 될 것입니다. 전 지역에 대해 (단순하게) 그래프 아래 면적을 계산하면 10×0.1=1이 됩니다. 동일한 조건에서 2개의 확률 변수가 있다면 평균 확률 밀도는 100이 됩니다. 양축 방향으로 (단순하게) 그래프 아래 공간을 계산하면 100×0.1×0.1=1이 됩니다.

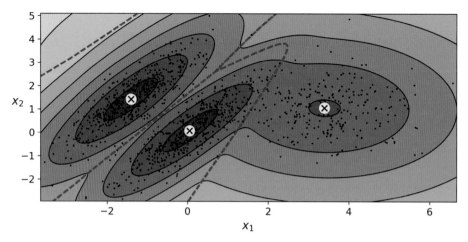

그림 9-16 훈련된 가우스 혼합 모델의 클러스터 평균, 결정 경계, 밀도 등고선

멋지네요! 이 알고리즘이 훌륭한 솔루션을 찾은 것 같습니다. 물론 이 문제는 2D 가우스 분포를 사용해 데이터를 생성한 쉬운 작업입니다(실제 데이터는 가우스 분포나 저차원이 아닌 경우가 많습니다). 또한 이 알고리즘에 정확한 클러스터 개수를 입력했습니다. 특성이나 클러스터가 많거나 샘플이 적을 때는 EM이 최적의 솔루션으로 수렴하기 어렵습니다. 이런 작업의 어려움을 줄이려면 알고리즘이 학습할 파라미터 개수를 제한해야 합니다. 한 가지는 클러스터의 모양과 방향의 범위를 제한하는 것입니다. 공분산 행렬에 제약을 추가하여 이렇게 할 수 있습니다. 사이킷런에서는 covariance_type 매개변수에 다음 값 중 하나를 설정하세요.

- "spherical"

  모든 클러스터가 원형입니다. 하지만 지름은 다를 수 있습니다(즉, 분산이 다릅니다).

- "diag"

  클러스터는 크기에 상관없이 어떤 타원형도 가능합니다. 하지만 타원의 축은 좌표축과 나란해야 합니다(즉, 공분산 행렬이 대각 행렬이어야 합니다).

- "tied"

  모든 클러스터가 동일한 타원 모양, 크기, 방향을 가집니다(즉, 모든 클러스터는 동일한 공분산 행렬을 공유합니다).

covariance_type 매개변수의 기본값은 "full"입니다. 각 클러스터는 모양, 크기, 방향에 제약이 없습니다(각자 제약이 없는 공분산 행렬을 가집니다). [그림 9-17]은 covariance_type

을 "tied" 또는 "spherical"로 지정했을 때 EM 알고리즘으로 찾은 솔루션입니다.

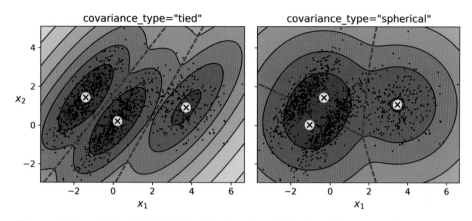

그림 9-17 타이드(tied) 클러스터(왼쪽)와 원형 클러스터(오른쪽)를 사용한 가우스 혼합

> **NOTE** GaussianMixture 모델을 훈련하는 계산 복잡도는 샘플 개수 m, 차원 개수 n, 클러스터 개수 k와 공분산 행렬에 있는 제약에 따라 결정됩니다. covariance_type이 "spherical" 또는 "diag"이면 데이터에 어떤 클러스터 구조가 있다고 가정하므로 $O(kmn)$입니다. covariance_type이 "tied" 또는 "full"이면 $O(kmn^2+kn^3)$입니다. 따라서 특성 개수가 많으면 적용하기 어렵습니다.

가우스 혼합 모델을 이상치 탐지에도 사용할 수 있습니다. 다음 절에서 어떻게 하는지 알아보죠.

9.2.1 가우스 혼합을 사용한 이상치 탐지

가우스 혼합 모델을 이상치 탐지에 사용하는 방법은 매우 간단합니다. 밀도가 낮은 지역에 있는 모든 샘플을 이상치로 볼 수 있습니다. 이렇게 하려면 사용할 밀도 임곗값을 정해야 합니다. 예를 들어 결함 제품을 감지하려는 제조 회사는 일반적으로 결함 제품의 비율을 알고 있습니다. 이를 2%라고 가정해보죠. 밀도 임곗값을 이 값으로 설정하면 밀도가 낮은 지역에 있는 샘플의 2%를 얻을 수 있습니다. 만약 거짓 양성이 너무 많다면(완벽하게 정상인 제품이 결함으로 표시되었다면) 임곗값을 더 낮춥니다. 반대로 거짓 음성이 너무 많다면(결함 제품이 결함으로 표시되지 않았다면) 임곗값을 더 높입니다. 이는 일반적인 정밀도/재현율 트레이드오프입니다(3장 참고). 다음은 네 번째 백분위수(4%)를 밀도 임곗값으로 사용하여 이상치를 구분하는 방법을 보여줍니다.

```
densities = gm.score_samples(X)
density_threshold = np.percentile(densities, 2)
anomalies = X[densities < density_threshold]
```

[그림 9-18]에 이상치가 별 모양으로 표시되어 있습니다.

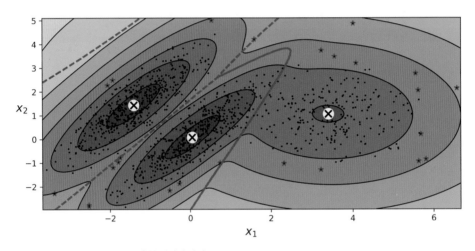

그림 9-18 가우스 혼합 모델을 사용한 이상치 탐지

이와 비슷한 작업은 **특이치 탐지**입니다. 이 알고리즘은 이상치로 오염되지 않은 '깨끗한' 데이터셋에서 훈련한다는 점이 이상치 탐지와 다릅니다. 이상치 탐지는 이런 가정을 하지 않습니다. 실제로 이상치 탐지는 데이터셋을 정제하는 데 자주 사용됩니다.

TIP 가우스 혼합 모델은 이상치를 포함해 모든 데이터에 맞추려고 합니다. 이상치가 너무 많으면 모델이 정상치를 바라보는 시각이 편향되고 일부 이상치를 정상으로 잘못 생각할 수 있습니다. 이런 일이 일어나면 먼저 한 모델을 훈련하고 가장 크게 벗어난 이상치를 제거합니다. 그다음 정제된 데이터셋에서 모델을 다시 훈련합니다. 또 다른 방법은 안정적인 공분산 추정 방법을 사용하는 것입니다(EllipticEnvelope 클래스를 참고하세요).

k-평균처럼 GaussianMixture 알고리즘의 경우에도 클러스터의 개수를 지정해야 합니다. 그럼 어떻게 이 값을 찾을 수 있을까요?

9.2.2 클러스터 개수 선택

k-평균에서는 이너셔나 실루엣 점수를 사용해 적절한 클러스터 개수를 선택합니다. 가우스 혼합에서는 이런 지표를 사용할 수 없습니다. 이런 지표들은 클러스터가 타원형이거나 크기가 다를 때 안정적이지 않기 때문입니다. 대신 [식 9-1]에 정의된 **BIC**Bayesian information criterion나 **AIC**Akaike information criterion와 같은 **이론적 정보 기준**theoretical information criterion을 최소화하는 모델을 찾습니다.

식 9-1 BIC와 AIC

$$BIC = \log(m)\,p - 2\log(\hat{\mathscr{L}})$$

$$AIC = 2p - 2\log(\hat{\mathscr{L}})$$

이 식을 살펴봅시다.

- m은 샘플의 개수입니다.
- p는 모델이 학습할 파라미터 개수입니다.
- $\hat{\mathscr{L}}$은 모델의 **가능도 함수**likelihood function의 최댓값입니다.

BIC와 AIC는 모두 학습할 파라미터가 많은(클러스터가 많은) 모델에게 벌칙을 가하고 데이터에 잘 맞는 모델에게 보상을 더합니다. 이 둘은 종종 동일한 모델을 선택합니다. 둘의 선택이 다를 경우 BIC가 선택한 모델이 AIC가 선택한 모델보다 간단한(파라미터가 적은) 경향이 있습니다. 하지만 데이터에 아주 잘 맞지 않을 수 있습니다(특히 대규모 데이터셋에서 그렇습니다).

가능도 함수

확률probability과 가능도likelihood는 종종 구별 없이 사용됩니다. 하지만 통계학에서 이 둘은 다른 의미를 가집니다. 파라미터 $\boldsymbol{\theta}$인 확률 모델이 주어지면 '확률'은 미래 출력 $\mathbf{x}$가 얼마나 그럴듯한지 설명합니다(파라미터 값 $\boldsymbol{\theta}$를 알고 있는 경우). 반면 '가능도'는 출력 $\mathbf{x}$를 알고 있을 때 특정 파라미터 값 $\boldsymbol{\theta}$가 얼마나 그럴듯한지 설명합니다.

−4와 +1이 중심인 두 개의 가우스 분포를 가진 1D 혼합 모델을 생각해보죠. 간단하게 나타내기 위해 이 모델은 두 분포의 표준 편차를 제어하기 위한 파라미터 θ 하나를 가집니다. [그림 9-19]에서 왼쪽 위 그래프는 x와 θ의 함수로 전체 모델 $f(x; \theta)$를 보여줍니다. 미래 출력 x의

확률 분포를 예측하려면 모델 파라미터 θ를 지정해야 합니다. 예를 들어 θ를 1.3(수평선)으로 설정했다면 왼쪽 아래 그래프와 같은 확률 밀도 함수 $f(x; \theta{=}1.3)$를 얻습니다. x가 -2와 $+2$ 사이에 들어갈 확률을 예측하려면 이 범위에서 PDF의 적분을 계산해야 합니다(그림자 부분의 면적). 하지만 θ를 모른 채 대신 샘플 $x{=}2.5$(왼쪽 위 그래프에 있는 수직선) 하나를 관측했다면 어떻게 할 수 있을까요? 이 경우 오른쪽 위 그래프에 나타난 가능도 함수 $\mathscr{L}(\theta|x{=}2.5){=}f(x{=}2.5; \theta)$를 얻습니다.

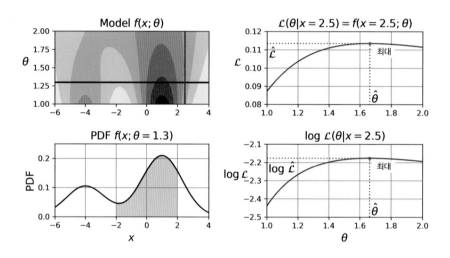

그림 9-19 모델의 파라미터 함수(왼쪽 위)와 여기에서 유도된 함수: PDF(왼쪽 아래), 가능도 함수(오른쪽 위), 로그 가능도 함수(오른쪽 아래)

간단히 말해 PDF는 x의 함수입니다(θ 고정). 반면 가능도 함수는 θ의 함수입니다(x 고정). 가능도 함수가 확률 분포가 아님을 이해하는 것이 중요합니다. 가능한 모든 x에 대해서 확률 분포를 적분하면 항상 1이 됩니다. 하지만 가능한 모든 θ에 대해서 가능도 함수를 적분하면 어떤 양숫값도 될 수 있습니다.

데이터셋 **X**가 주어졌을 때 일반적으로 모델 파라미터에 대해 가장 그럴듯한 값을 예측합니다. 이를 위해 **X**에 대한 가능도 함수를 최대화하는 값을 찾아야 합니다. 이 예에서 샘플 $x{=}2.5$ 하나를 관측했다면 θ의 **최대 가능도 추정**maximum likelihood estimate (MLE)은 $\hat{\theta}{=}1.5$ 입니다. θ에 대한 사전 확률 분포 g가 존재한다면 $\mathscr{L}(\theta|x)$를 최대화하는 것보다 $\mathscr{L}(\theta|x)g(\theta)$를 최대화하는 것이 좋습니다. 이를 **최대 사후 확률**maximum a-posteriori (MAP)이라고 합니다. MAP가 파라미터 값을 제약하므로 이를 MLE의 규제 버전으로 생각할 수 있습니다.

가능도 함수를 최대화하는 것은 이 함수의 로그를 최대화하는 것과 동일합니다([그림 9-19]
의 오른쪽 아래 그래프). 로그 함수는 항상 증가하는 함수이기 때문에 θ가 로그 가능도를 최
대화하면 가능도도 최대화됩니다. 일반적으로 로그 가능도를 최대화하는 것이 더 쉽습니다.
예를 들어 여러 개의 독립적인 샘플 $x^{(1)}$에서 $x^{(m)}$을 관측했다면 개별 가능도 함수의 곱을 최
대화하는 θ를 찾아야 합니다. 하지만 로그 가능도 함수의 (곱이 아니라) 합을 최대화하는 것
이 동일하면서도 훨씬 쉽습니다. 로그의 곱셈을 덧셈으로 바꿀 수 있는 성질 덕분입니다. 즉,
$\log(ab)=\log(a)+\log(b)$입니다.

가능도 함수를 최대화하는 θ 값 $\hat{\boldsymbol{\theta}}$을 추정하고 나면 AIC와 BIC를 계산하기 위해 필요한 값인
$\mathscr{L}=\mathscr{L}(\hat{\boldsymbol{\theta}}, \mathbf{X})$를 계산할 준비가 됩니다. 이를 모델이 데이터에 얼마나 잘 맞는지 측정하는 값으
로 생각할 수 있습니다.

bic()와 aic() 메서드를 사용해 BIC와 AIC를 계산합니다.

```
>>> gm.bic(X)
8189.747000497186
>>> gm.aic(X)
8102.521720382148
```

[그림 9-20]은 여러 가지 클러스터 개수 k에 대한 AIC와 BIC를 보여줍니다. 여기서 볼 수 있
듯이 k=3에서 BIC와 AIC 모두 가장 작습니다. 따라서 k=3이 최선의 선택으로 보입니다.

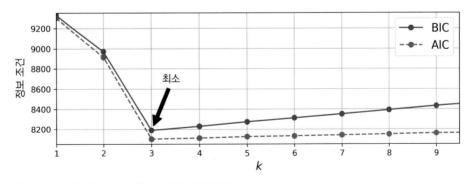

그림 9-20 여러 가지 클러스터 개수 k에 대한 AIC와 BIC

9.2.3 베이즈 가우스 혼합 모델

최적의 클러스터 개수를 수동으로 찾지 않고 불필요한 클러스터의 가중치를 0으로(또는 0에 가깝게) 만드는 BayesianGaussianMixture 클래스를 사용할 수 있습니다. 클러스터 개수 n_components를 최적의 클러스터 개수보다 크다고 믿을 만한 값으로 지정합니다(현재 문제에 대해 최소한의 정보를 가지고 있다고 가정합니다). 이 알고리즘은 자동으로 불필요한 클러스터를 제거합니다. 예를 들어 클러스터 개수를 10으로 설정하고 결과를 확인해보죠.

```
>>> from sklearn.mixture import BayesianGaussianMixture
>>> bgm = BayesianGaussianMixture(n_components=10, n_init=10, random_state=42)
>>> bgm.fit(X)
>>> bgm.weights_.round(2)
array([0.4 , 0.21, 0.4 , 0.  , 0.  , 0.  , 0.  , 0.  , 0.  , 0. ])
```

완벽하네요. 알고리즘이 자동으로 3개의 클러스터가 필요하다는 것을 감지했습니다. 이 결괏 값은 [그림 9-16]과 거의 동일합니다.

가우스 혼합 모델에 대한 마지막 참고 사항은 다음과 같습니다. 이 모델은 타원형 클러스터에 잘 작동합니다. 하지만 다른 모양을 가진 클러스터에서는 잘 작동하지 않습니다. 예를 들어 반 달 데이터셋을 군집하기 위해 베이즈 가우스 혼합 모델을 사용하면 어떻게 되는지 확인해보겠 습니다(그림 9-21).

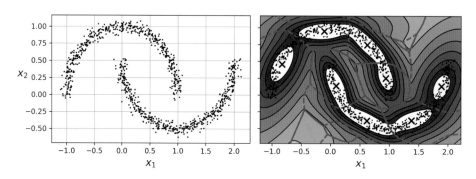

그림 9-21 타원형이 아닌 클러스터에 가우스 혼합 모델 훈련하기

이런! 이 알고리즘은 필사적으로 타원을 찾습니다. 2개가 아니라 8개의 클러스터를 찾았습니 다. 밀도 추정은 너무 나쁘지 않으므로 이상치 탐지를 위해 이 모델을 사용할 수 있습니다. 하

지만 두 개의 초승달을 식별하는 데는 실패했습니다. 이제부터는 임의의 모양을 가진 클러스터를 다룰 수 있는 몇 가지 군집 알고리즘을 알아보겠습니다.

9.2.4 이상치 탐지와 특이치 탐지를 위한 알고리즘

사이킷런에는 이상치 탐지와 특이치 탐지 전용으로 사용할 수 있는 몇 가지 알고리즘이 구현되어 있습니다.

Fast-MCD

`EllipticEnvelope` 클래스에서 구현된 Fast-MCD[minimum covariance determinant] 알고리즘은 이상치 탐지에 유용합니다. 특히 데이터셋을 정제할 때 사용됩니다. 보통 샘플(정상치)이 (혼합된 것이 아니라) 하나의 가우스 분포에서 생성되었다고 가정합니다. 또한 이 가우스 분포에서 생성되지 않은 이상치로 이 데이터셋이 오염되었다고 가정합니다. 알고리즘이 가우스 분포의 파라미터를(즉, 정상치를 둘러싼 타원 도형을) 추정할 때 이상치로 의심되는 샘플을 무시합니다. 이런 기법은 알고리즘이 타원형을 잘 추정하고 이상치를 잘 구분하도록 돕습니다.

아이솔레이션 포레스트

특히 고차원 데이터셋에서 이상치 탐지에 효율적인 알고리즘입니다. 아이솔레이션 포레스트 알고리즘은 랜덤으로 성장한 결정 트리로 구성된 랜덤 포레스트를 만듭니다. 각 노드에서 특성을 랜덤하게 선택한 다음 (최솟값과 최댓값 사이에서) 랜덤한 임곗값을 골라 데이터셋을 둘로 나눕니다. 이런 식으로 데이터셋은 점차 분리되어 모든 샘플이 다른 샘플과 격리될 때까지 진행됩니다. 이상치는 일반적으로 다른 샘플과 멀리 떨어져 있으므로 (모든 결정 트리에 걸쳐) 평균적으로 정상 샘플과 적은 단계에서 격리됩니다.

LOF

LOF[local outlier factor] 알고리즘도 이상치 탐지에 좋습니다. 주어진 샘플 주위의 밀도와 이웃 주위의 밀도를 비교합니다. 이상치는 종종 k개의 최근접 이웃보다 더 격리됩니다.

one-class SVM

이 알고리즘은 특이치 탐지에 잘 맞습니다. 커널 SVM 분류기가 두 클래스를 분리하는 방법을 떠올려보세요. 먼저 모든 샘플을 고차원 공간에 (암묵적으로) 매핑한 다음 이 고차원 공간에서 선형 SVM 분류기를 사용해 두 클래스를 분리합니다(5장 참고). 여기서는 샘플의 클래스가 하나이기 때문에 대신 one-class SVM 알고리즘이 원본 공간으로부터 고차원 공간에 있는 샘플을 분리합니다. 원본 공간에서는 모든 샘플을 둘러싼 작은 영역을 찾는 것에 해당합니다. 새로운 샘플이 이 영역 안에 놓이지 않는다면 이는 이상치입니다. 이 알고리즘은 조정할 하이퍼파라미터가 적습니다. 커널 SVM을 위한 하이퍼파라미터 하나와 마진 하이퍼파라미터가 있습니다. 마진은 실제 정상인 새로운 샘플을 실수로 이상치로 판단할 확률입니다. 이 알고리즘은 특히 고차원 데이터셋에 잘 작동합니다. 하지만 모든 SVM과 마찬가지로 대규모 데이터셋으로의 확장은 어렵습니다.

PCA(그리고 inverse_transform() 메서드를 가진 다른 차원 축소 기법)
보통 샘플의 재구성 오차와 이상치의 재구성 오차를 비교하면 일반적으로 후자가 훨씬 큽니다. 이는 종종 이상치 탐지에 매우 효과적이며 간단합니다(이 장의 연습문제에서 이런 방식의 애플리케이션을 만들어보세요).

연습문제

① 군집을 어떻게 정의할 수 있나요? 몇 개의 군집 알고리즘을 말해보세요.

② 군집 알고리즘의 주요 애플리케이션은 무엇인가요?

③ k-평균을 사용할 때 적절한 클러스터 개수를 선택할 수 있는 두 가지 기법을 설명하세요.

④ 레이블 전파는 무엇인가요? 왜 이를 구현해야 하고 어떻게 구현할 수 있나요?

⑤ 대규모 데이터셋으로 확장할 수 있는 군집 알고리즘 두 개를 말해보세요. 밀도가 높은 지역을 찾는 군집 알고리즘 두 개는 무엇인가요?

⑥ 능동 학습이 유용한 경우는 언제인가요? 어떻게 구현할 수 있나요?

⑦ 이상치 탐지와 특이치 탐지의 차이는 무엇인가요?

⑧ 가우스 혼합이 무엇인가요? 어떤 작업에 사용할 수 있나요?

⑨ 가우스 혼합 모델을 사용할 때 적절한 클러스터 개수를 찾는 두 가지 기법을 말해보세요.

⑩ 전통적인 올리베티^{Olivetti} 얼굴 데이터셋은 64×64 픽셀 크기의 흑백 얼굴 이미지 400개를 담고 있습니다. 각 이미지는 4,096 크기의 1D 벡터로 펼쳐져 있습니다. 사람 40명의 얼굴 사진을 10장씩 찍은 것입니다. 어떤 사람의 사진인지 예측하는 모델을 훈련하는 데 일반적으로 쓰입니다. `sklearn.datasets.fetch_olivetti_faces()` 함수를 사용해 데이터셋을 불러오고 훈련 세트, 검증 세트, 테스트 세트로 나눕니다(이 데이터셋은 이미 0에서 1 사이로 스케일이 조정되어 있습니다). 이 데이터셋은 매우 작으니 계층적 샘플링을 사용해 각 세트에 동일한 사람의 얼굴이 고루 섞이도록 하는 것이 좋습니다. 그다음 k-평균을 사용해 이미지를 군집해보세요. (이 장에서 소개한 기법 한 가지를 사용해) 적절한 클러스터 개수를 찾아보세요. 클러스터를 시각화해보세요. 각 클러스터에 비슷한 얼굴이 들어 있나요?

⑪ 올리베티 얼굴 데이터셋으로 계속해보겠습니다. 사진에 나타난 사람을 예측하는 분류기를 훈련하고 검증 세트에서 평가해보세요. 그다음 k-평균을 차원 축소 도구로 사용하여 축소된 세트에서 분류기를 훈련해보세요. 분류기 성능을 최대로 만드는 클러스터 개수를 찾아보세요. 얼마나 성능이 나오나요? 축소된 세트에서 추출한 특성을 원본 특성에 추가하면 어떤가요? 여기에서도 최선의 클러스터 개수를 찾아보세요.

⑫ 올리베티 얼굴 데이터셋에서 가우스 혼합 모델을 훈련해보세요. 알고리즘의 속도를 높이기 위해 데이터셋의 차원을 축소해야 할 것입니다(⑪ 분산의 99%를 유지하면서 PCA 사용하기). 이 모델을 사용해 (`sample()` 메서드로) 새로운 얼굴을 생성하고 시각화해보세요(PCA를 사용했다면 `inverse_transform()` 메서드를 사용해야 합니다). 일부 이미지를 수정해보세요(⑪ 회전, 뒤집기, 어둡게 하기). 모델이 이상치를 감지하는지 확인해보세요(정상 샘플과 이상치에 대해 `score_samples()` 메서드 출력을 비교해보세요).

⑬ 일부 차원 축소 기법은 이상치 탐지를 위해 사용될 수도 있습니다. 예를 들어 올리베티 얼굴 데이터셋을 PCA를 사용해 분산의 99% 유지하도록 축소해보세요. 그다음 각 이미지의 재구성 오차를 계산합니다. 그리고 이전 연습문제에서 만든 수정된 이미지를 선택해 재구성 오차를 확인해보세요. 재구성 오차가 얼마나 커지는지 확인하세요. 재구성 이미지를 출력해보면 이유를 알 수 있습니다. 정상 얼굴을 재구성하기 때문입니다.

연습문제 정답은 〈부록 A〉에 있습니다.

2부

신경망과 딥러닝

2부

10장

케라스를 사용한 인공 신경망 소개

사람이 새를 보고 비행기에 대한 영감을 얻고, 산우엉에서 찍찍이에 대한 영감을 얻었듯이[1] 셀 수 없이 많은 발명품이 자연에서 영감을 받았습니다. 그렇다면 지능적인 기계를 만드는 법에 대한 영감을 얻으려면 뇌 구조를 살펴보는 것이 합리적일 것입니다. 이는 **인공 신경망**artificial neural network(ANN)을 촉발시킨 근원입니다. 인공 신경망은 뇌에 있는 생물학적 뉴런의 네트워크에서 영감을 받은 머신러닝 모델입니다. 그러나 새를 보고 비행기에 대한 영감을 얻었다 하더라도 날기 위해 비행기 날개를 새처럼 펄럭거릴 필요는 없습니다. 비슷하게 인공 신경망도 생물학적 뉴런(신경 세포)에서 점점 멀어지고 있습니다. 어떤 이들은 연구자의 창의성이 생물학적 시스템에 국한되지 않도록 생물학적 비교를 모두 버려야 한다고 주장합니다(**예** '뉴런neuron' 대신 '유닛unit'으로 부릅니다).[2]

인공 신경망은 딥러닝의 핵심입니다. 인공 신경망은 다재다능하고 강력하고 확장성이 좋아서 수백만 개의 이미지를 분류하거나(**예** 구글 이미지), 음성 인식 서비스의 성능을 높이거나(**예** 애플의 시리Siri), 매일 수억 명에 이르는 사용자에게 가장 좋은 비디오를 추천하거나(**예** 유튜브), 바둑 세계 챔피언을 이기기 위해 수백만 개의 기보를 익히고 자기 자신과 게임하면서

---

1 옮긴이_ 1941년 스위스 엔지니어 조르주 드 메스트랄(George de Mestral)은 우연히 산우엉(도꼬마리)의 씨가 갈고리 모양임을 발견하고 한쪽 면에 갈고리를 빼곡하게 채워 섬유에 강력하게 접착되는 벨크로를 발명하였습니다.

2 생물학적으로 비현실적인 모델이 만들어지더라도 잘 작동한다면 생물학적 영감에 한정하지 말고 양쪽 분야의 장점을 취할 수 있습니다. 옮긴이_ 인공 신경망이 뇌의 구조에서 영감을 얻었지만 뇌처럼 작동한다거나 뇌를 모델링한 것은 아닙니다. 우리는 뇌가 어떤 방식으로 학습하는지 아직 정확히 알지 못합니다. 생물학적 뉴런에 대한 비유로 신경망 알고리즘을 신비롭고 어려운 대상으로 인식하는 것보다 그냥 데이터에서 패턴을 점진적으로 학습하는 수학 모델로 생각하는 것이 낫습니다.

학습하는(🔘 딥마인드의 알파고) 등 아주 복잡한 대규모 머신러닝 문제를 다루는 데 적합합니다.[3]

이 장은 인공 신경망의 초창기 구조를 간단히 소개하는 것으로 시작합니다. 그런 다음 요즘 많이 사용하는 **다층 퍼셉트론**multi-layer perceptron을 설명합니다(다른 구조는 다음 장에서 살펴보겠습니다). 이어서 인기가 높은 케라스 API를 사용하여 인공 신경망을 구현하는 방법을 알아봅니다. 케라스는 신경망 구축, 훈련, 평가, 실행을 목적으로 설계된 멋지고 간결한 고수준 API입니다. 하지만 이 간결함이 단순함을 의미하는 건 아닙니다. 케라스는 아주 다양한 신경망 구조를 만들 수 있을 만큼 충분히 유연하고 표현력이 뛰어나니까요. 아마도 대부분의 신경망은 케라스만으로도 충분할 것입니다. 만약 더 유연한 구조가 필요하다면 언제든지 저수준 API를 사용해 사용자 정의 케라스 컴포넌트를 만들거나 텐서플로를 바로 사용할 수도 있습니다. 이는 12장에서 알아봅니다.

먼저 인공 신경망이 어떻게 만들어졌는지 시간을 거슬러 올라가봅시다.

10.1 생물학적 뉴런에서 인공 뉴런까지

놀랍게도 인공 신경망은 꽤 오래전부터 있었습니다. 1943년 신경생리학자 워런 매컬러Warren McCulloch와 수학자 월터 피츠Walter Pitts가 독보적인 논문[4]에서 처음 소개했습니다. 명제 논리를 사용해 동물 뇌의 생물학적 뉴런이 복잡한 계산을 위해 어떻게 상호 작용하는지에 관한 간단한 계산 모델을 제시한 것입니다. 최초의 인공 신경망 구조였습니다. 이후 여러 구조가 많이 발명되었습니다.

인공 신경망의 초기 성공은 곧 지능을 가진 기계와 대화를 나누게 될 것이란 믿음으로 이어졌습니다. 그러나 1960년대에 이 약속이 (적어도 꽤 오랫동안) 지켜질 수 없다는 것이 명백해지자 투자금이 다른 분야로 옮겨갔고 인공 신경망은 긴 침체기에 들어갔습니다. 1980년대 초에 새로운 네트워크 구조가 발명되고 더 나은 훈련 기법이 개발되면서 신경망에 대한 연구인 **연결**

---

3 옮긴이_ 2017년 10월 딥마인드는 기보 없이 스스로 학습하여 기존 알파고의 실력을 뛰어넘은 '알파고 제로'를 공개했습니다(*https://goo.gl/pKuFgB*). 2018년 10월에는 스스로 학습하여 체스, 쇼기, 바둑을 마스터하는 '알파 제로'를 공개했습니다(*http://bit.ly/2pEdGr3*).

4 「A Logical Calculus of Ideas Immanent in Nervous Activity」, W. McCulloch and W. Pitts (1943), *https://homl.info/43*

주의connectionism에 대한 관심이 다시 살아났습니다. 하지만 발전은 더뎠고 1990년대에 이르러서야 서포트 벡터 머신(5장 참고) 같은 강력한 머신러닝 기술들이 개발되었습니다. 이런 방법들은 인공 신경망보다 더 나은 결과를 내는 것 같았고 이론적 기반도 탄탄해보였습니다. 결국 신경망 연구는 또다시 긴 침체기에 들어갔습니다.

우리는 지금 인공 신경망의 또 다른 부흥을 목격하고 있습니다. 이 흐름이 이전처럼 사라지게 될까요? 이번에는 예전과 다르게 인공 신경망이 우리 생활에 훨씬 커다란 영향을 줄 것이라는 믿을 만한 근거가 몇 가지 있습니다.

- 신경망을 훈련하기 위한 데이터가 엄청나게 많아졌습니다. 인공 신경망은 종종 규모가 크고 복잡한 문제에서 다른 머신러닝 기법보다 좋은 성능을 냅니다.
- 1990년대 이후 컴퓨터 하드웨어가 크게 발전했습니다. 덕분에 납득할 만한 시간 안에 대규모 신경망을 훈련할 수 있습니다. 어느 정도는 무어의 법칙Moore's Law 덕분입니다(지난 50년간 집적 회로의 성능이 2년마다 두 배 증가했습니다). 또한 수백만 개의 강력한 GPU 카드를 생산해내는 게임 산업 덕분이기도 합니다. 게다가 클라우드 플랫폼은 이런 강력한 도구를 손쉽게 사용할 수 있는 환경을 제공합니다.
- 훈련 알고리즘이 향상되었습니다. 1990년대와 비교해서 매우 조금 변경되었지만 이 작은 변화가 커다란 영향을 끼쳤습니다.
- 일부 인공 신경망의 이론상 제한이 실전에서는 문제가 되지 않는다고 밝혀졌습니다. 한 가지 예를 들면 많은 사람이 인공 신경망 훈련 알고리즘은 지역 최적점에 갇히기 때문에 해결책을 찾지 못할 것으로 생각했습니다. 하지만 실제로는 큰 문제가 되지 않는 것으로 나타났습니다. 특히 대규모 신경망의 경우 지역 최적점이 전역 최적점과 거의 비슷한 성능을 발휘하는 경우가 많기 때문입니다.
- 인공 신경망이 투자와 진보의 선순환에 들어간 것으로 보입니다. 인공 신경망을 기반으로 한 놀라운 제품들이 주기적으로 뉴스 헤드라인을 장식합니다. 덕분에 더 많은 관심과 투자를 받고 기술이 더욱 향상될 것이며 결국 더 놀라운 제품을 만들어낼 것입니다.

10.1.1 생물학적 뉴런

인공 뉴런에 관해 이야기하기 전에 생물학적 뉴런을 간단히 살펴봅시다(그림 10-1). 이 이상하게 생긴 세포는 대부분의 동물의 뇌에서 발견됩니다. 이 세포는 핵을 포함하는 세포체cell body와 복잡한 구성 요소로 이루어져 있습니다. **수상돌기**dendrite라는 나뭇가지 모양의 돌기와 **축삭돌기**axon라는 아주 긴 돌기 하나가 있습니다. 축삭돌기의 길이는 세포체의 몇 배에서 4만 배까지 다양합니다.[5] 축삭돌기의 끝은 **축삭끝가지**telodendria라는 여러 가지로 나뉘고, 이 가지 끝은 **시냅**

---

5   옮긴이_ 척추의 끝에서 시작하여 양발의 엄지발가락까지 이어지는 좌골 신경이 인체에서 가장 긴 축삭돌기를 가지고 있습니다.

스 말단synaptic terminals (또는 간단히 **시냅스**synapse)이라는 미세한 구조이며 다른 뉴런의 수상돌기나 세포체에 연결됩니다.[6] 생물학적 뉴런은 **활동 전위**action potential (AP) 또는 간단히 **신호**signal라고 부르는 짧은 전기 자극을 만듭니다. 이 신호는 축삭돌기를 따라 이동하여 시냅스가 **신경 전달 물질**neurotransmitter이라는 화학적 신호를 생성합니다. 뉴런은 일천 분의 몇 초 동안 충분한 양의 신경 전달 물질을 받았을 때 자체적인 신호를 발생시킵니다(실제로는 신경 전달 물질에 따라 다릅니다. 뉴런의 신호 발생을 막는 신경 전달 물질도 있습니다).

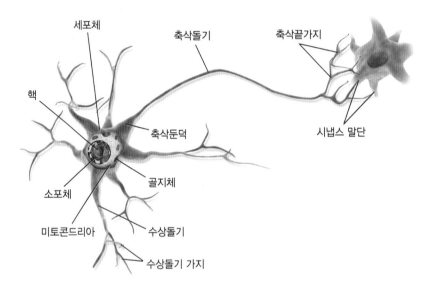

그림 10-1 생물학적 뉴런[7]

생물학적 뉴런 하나는 단순하게 작동하지만 보통은 수십억 개로 구성된 거대한 네트워크로 조직되며, 이는 보통 다른 뉴런 네트워크 수천 개와 연결됩니다. 작은 개미들의 노력이 모여서 복잡한 개미탑을 이루는 것처럼 단순한 뉴런으로 구성된 거대한 네트워크가 매우 복잡한 계산을 수행할 수 있습니다. 생물학적 신경망biological neural network (BNN)[8] 구조는 활발히 연구가 진행되는 분야입니다. 뇌의 일부는 그 지도가 그려져 있는데 [그림 10-2]처럼 뉴런들이 연속된 층으로 조직되어 있는 것으로 보입니다. 특히 대뇌 피질(즉, 뇌의 표면 층)의 뉴런이 그렇습니다.

---

6   실제로는 붙어 있지 않고 화학적 신호를 빠르게 주고 받을 수 있을 만큼 가까이 있습니다.

7   브루스블라우스(BruceBlaus)의 이미지(크리에이티브 커먼즈 3)로, *https://en.wikipedia.org/wiki/Neuron*에서 가져왔습니다.

8   머신러닝 분야에서 '신경망'이라고 하면 보통 생물학적 신경망이 아니라 인공 신경망을 말합니다.

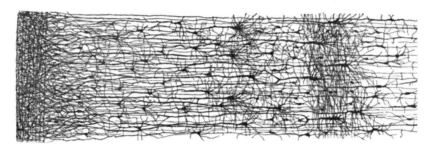

그림 10-2 생물학적 신경망의 여러 층(사람의 피질)[9]

10.1.2 뉴런을 사용한 논리 연산

매컬러와 피츠가 생물학적 뉴런에서 착안한 매우 단순한 신경망 모델을 제안했는데, 이것이 나중에 **인공 뉴런**artificial neuron이 되었습니다.[10] 이 모델은 하나 이상의 이진(on/off) 입력과 하나의 이진 출력을 가집니다. 인공 뉴런은 단순히 입력이 일정 개수만큼 활성화되었을 때 출력을 내보냅니다. 논문에서 매컬러와 피츠는 이런 간단한 모델로 인공 뉴런의 네트워크를 만들어 어떤 논리 명제도 계산할 수 있다는 것을 증명했습니다. 이런 네트워크가 어떻게 작동하는지 알아보기 위해 논리 연산을 수행하는 인공 신경망을 몇 개 만들어보겠습니다(그림 10-3). 여기서는 적어도 입력이 둘은 준비되어야 뉴런이 활성화된다고 가정했습니다.

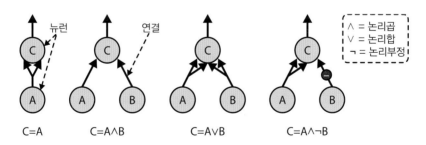

그림 10-3 간단한 논리 연산을 수행하는 인공 신경망

---

9   S. 라몬 이 카할(S. Ramon y Cajal)의 외피 박판 그림(퍼블릭 도메인)으로, *https://en.wikipedia.org/wiki/Cerebral_cortex*에서 가져왔습니다. 옮긴이_ 왼쪽 끝 외피에서부터 깊이가 깊어지면서 뉴런이 층을 이루고 있는 것을 볼 수 있습니다.

10 옮긴이_ 매컬러와 피츠의 이름을 따서 MCP 뉴런이라고도 합니다. 인공 신경망을 설명하면서 인공 뉴런 혹은 뉴런이란 말을 많이 사용합니다. 나중에 보게 되겠지만 실제 뉴런은 어떤 객체를 만드는 것이 아니며 행렬 계산의 일부로 표현되는 것이 전부입니다. 뉴런이라 하여 뭔가 특별하거나 심오한 것으로 오해하지 마세요.

이 네트워크가 어떤 일을 하는지 알아봅시다.

- 왼쪽 첫 번째 네트워크는 항등 함수입니다. 뉴런 A가 활성화되면 (뉴런 A에서 두 입력 신호를 받으므로) 뉴런 C도 활성화됩니다. 하지만 뉴런 A가 꺼지면 뉴런 C도 꺼집니다.[11]

- 두 번째 네트워크는 논리곱 연산을 수행합니다. 뉴런 A와 B가 모두 활성화될 때만 뉴런 C가 활성화됩니다(입력 신호 하나만으로는 뉴런 C를 활성화하지 못합니다).

- 세 번째 네트워크는 논리합 연산을 수행합니다. 뉴런 A와 B 중 하나가(혹은 둘 다) 활성화되면 뉴런 C가 활성화됩니다.

- (생물학적 뉴런처럼) 어떤 입력이 뉴런의 활성화를 억제할 수 있다고 가정하면 네 번째 네트워크는 조금 더 복잡한 논리 명제를 계산할 수 있습니다. 뉴런 A가 활성화되고 뉴런 B가 비활성화될 때 뉴런 C가 활성화됩니다. 만약 뉴런 A가 항상 활성화되어 있다면 이 네트워크는 논리 부정 연산이 됩니다. 즉, 뉴런 B가 비활성화될 때 뉴런 C가 활성화되고, 또는 정반대로 뉴런 B가 활성화될 때 뉴런 C가 비활성화됩니다.

복잡한 논리 표현식을 계산하기 위해 이런 네트워크들을 어떻게 연결할 수 있는지 상상할 수 있을 것입니다(이 장의 끝에 있는 연습문제를 참고하세요).

10.1.3 퍼셉트론

퍼셉트론perceptron은 가장 간단한 인공 신경망 구조로, 1957년에 프랑크 로젠블라트Frank Rosenblatt 가 제안했습니다. 퍼셉트론은 TLUthreshold logic unit 또는 이따금 LTUlinear threshold unit라고 불리는 조금 다른 형태의 인공 뉴런을 기반으로 합니다(그림 10-4). 입력과 출력이 이진값(on/off)이 아닌 어떤 숫자이고, 각각의 입력 연결은 가중치와 연관되어 있습니다. TLU는 먼저 입력의 선형 함수($z = w_1x_1 + w_2x_2 + \cdots + w_nx_n + b = \mathbf{w}^T\mathbf{x} + b$)를 계산합니다. 그 다음 이 결과에 **계단 함수**step function ($h_w(\mathbf{x}) = \text{step}(z)$)를 적용합니다. 따라서 로지스틱 회귀와 거의 비슷하지만 로지스틱 함수(4장) 대신 스텝 함수를 사용한다는 점이 다릅니다. 로지스틱 회귀와 마찬가지로 모델 파라미터는 입력 가중치 $\mathbf{w}$와 편향 b입니다.

---

11 옮긴이_ [그림 10-3]의 네트워크에서 입력 뉴런이 활성화될 때는 1이, 꺼질 때는 0이 뉴런 C로 입력된다고 생각하면 이해하기 쉽습니다.

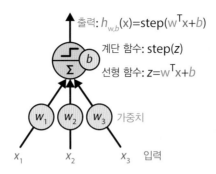

그림 10-4 TLU: 입력의 가중치 합 $\mathbf{w}^T\mathbf{x}$를 계산하고 편향 b를 더한 다음 계단 함수를 적용하는 인공 뉴런

퍼셉트론에서 가장 널리 사용되는 계단 함수는 **헤비사이드 계단 함수**^{Heaviside step function}입니다(식 10-1).[12] 이따금 부호 함수^{sign function}를 대신 사용하기도 합니다.

> **식 10-1** 퍼셉트론에서 일반적으로 사용되는 계단 함수(임곗값을 0으로 가정)
>
> $$\text{heaviside}(z) = \begin{cases} 0 & z < 0 \text{일 때} \\ 1 & z \geq 0 \text{일 때} \end{cases} \qquad \text{sgn}(z) = \begin{cases} -1 & z < 0 \text{일 때} \\ 0 & z = 0 \text{일 때} \\ +1 & z > 0 \text{일 때} \end{cases}$$

하나의 TLU는 간단한 선형 이진 분류 문제에 사용될 수 있습니다. 입력의 선형 함수를 계산해서 그 결과가 임곗값을 넘으면 양성 클래스를 출력합니다. 그렇지 않으면 음성 클래스를 출력합니다(로지스틱 회귀(4장)나 선형 SVM 분류기(5장)처럼). 예를 들어 하나의 TLU를 이용해 꽃잎의 길이와 너비를 기반으로 붓꽃의 품종을 분류할 수 있습니다. 이 경우 TLU를 훈련한다는 것은 최적의 w_1, w_2, b를 찾는다는 뜻입니다(훈련 알고리즘에 관해서는 잠시 후에 설명합니다).

퍼셉트론은 하나의 층 안에 놓인 하나 이상의 TLU로 구성되며, 각각의 TLU는 모든 입력에 연결됩니다. 이러한 층을 **완전 연결 층**^{fully connected layer} 또는 **밀집 층**^{dense layer}이라고 합니다. 입력은 **입력 층**^{input layer}을 구성합니다. 그리고 TLU의 층이 최종 출력을 생성하기 때문에 이를 **출력 층**^{output layer}이라고 합니다. 예를 들어 두 개의 입력과 세 개의 출력이 있는 퍼셉트론은 [그림 10-5]와 같습니다.

---

12 옮긴이_ 헤비사이드 계단 함수는 이를 발명한 올리버 헤비사이드(Oliver Heaviside)의 이름에서 따왔으며, 단위 계단 함수(unit step function)라고도 합니다.

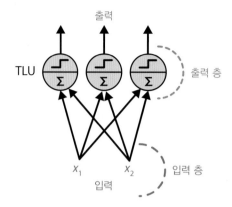

그림 10-5 두 개의 입력과 세 개의 출력 뉴런으로 구성된 퍼셉트론의 구조

이 퍼셉트론은 샘플을 세 개의 이진 클래스로 동시에 분류할 수 있으므로 다중 레이블 분류기multilabel classifier입니다. 또한 다중 분류multiclass classification에도 사용할 수 있습니다.

선형대수학 덕분에 [식 10-2]를 사용하여 한 번에 여러 샘플에 대해 인공 뉴런 층의 출력을 효율적으로 계산할 수 있습니다.

식 10-2 완전 연결 층의 출력 계산

$$h_{\mathbf{W},\mathbf{b}}(\mathbf{X}) = \phi(\mathbf{X}\mathbf{W} + \mathbf{b})$$

- 이전과 마찬가지로 $\mathbf{X}$는 입력 특성의 행렬을 나타냅니다. 이 행렬의 행은 샘플, 열은 특성입니다.
- 가중치 행렬 $\mathbf{W}$는 모든 연결 가중치를 포함합니다. 이 행렬의 행은 입력에 해당하고 열은 출력 층에 있는 뉴런에 해당합니다.
- 편향 벡터 $\mathbf{b}$는 뉴런마다 하나씩 모든 편향을 포함합니다.
- **ϕ를 활성화 함수**activation function라고 부릅니다. 인공 뉴런이 TLU일 경우 이 함수는 계단 함수입니다(잠시 후에 다른 활성화 함수를 알아보겠습니다).

TIP 수학에서 행렬과 벡터의 덧셈은 정의되지 않습니다. 그러나 데이터 과학에서 행렬에 벡터를 추가한다는 것은 행렬의 모든 행에 벡터를 추가하는 것을 의미합니다. 따라서 $\mathbf{X}\mathbf{W} + \mathbf{b}$는 먼저 $\mathbf{X}$에 $\mathbf{W}$를 곱하여 샘플이 하나의 행이고 출력이 하나의 열인 행렬을 만든 다음, 해당 행렬의 모든 행에 벡터 $\mathbf{b}$를 더합니다. 이는 각 샘플에 대한 출력마다 각각의 편향을 더하는 것과 같습니다. 그런 다음 결과 행렬의 각 원소마다 ϕ를 적용합니다.

그렇다면 퍼셉트론은 어떻게 훈련될까요? 프랑크 로젠블라트가 제안한 퍼셉트론의 훈련 알고리즘은 **헤브의 규칙**^{Hebb's rule}에서 영감을 많이 받았습니다. 도널드 헤브^{Donald Hebb}는 『The Organization of Behavior』(Wiley, 1949)에서 생물학적 뉴런이 다른 뉴런을 활성화시킬 때 이 두 뉴런의 연결이 더 강해진다고 제안했습니다. 이 아이디어를 나중에 시에그리드 로웰^{Siegrid Löwel}이 일목요연하게 요약했습니다. '서로 활성화되는 세포가 서로 연결된다.' 즉, 두 뉴런이 동시에 활성화될 때마다 이들 사이의 연결 가중치가 증가하는 경향이 있습니다. 이 규칙은 후에 헤브의 규칙(또는 **헤브 학습**^{Hebbian learning})으로 알려졌습니다. 퍼셉트론은 네트워크가 예측할 때 만드는 오차를 반영하도록 조금 변형된 규칙을 사용하여 훈련됩니다. 퍼셉트론 학습 규칙은 오차가 감소되도록 연결을 강화시킵니다. 조금 더 구체적으로 말하면 퍼셉트론에 한 번에 한 개의 샘플이 주입되면 각 샘플에 대해 예측이 만들어집니다. 잘못된 예측을 하는 모든 출력 뉴런에 대해 올바른 예측을 만들 수 있도록 입력에 연결된 가중치를 강화시킵니다. 규칙은 [식 10-3]과 같습니다.

식 10-3 퍼셉트론 학습 규칙(가중치 업데이트)

$$w_{i,j}^{(\text{next step})} = w_{i,j} + \eta \left(y_j - \hat{y}_j \right) x_i$$

- $w_{i,j}$는 i번째 입력 뉴런과 j번째 출력 뉴런 사이를 연결하는 가중치입니다.
- x_i는 현재 훈련 샘플의 i번째 뉴런의 입력값입니다.
- $\hat{y}_j$는 현재 훈련 샘플의 j번째 출력 뉴런의 출력값입니다.
- y_j는 현재 훈련 샘플의 j번째 출력 뉴런의 타깃값입니다.
- η는 학습률입니다(4장 참고).

각 출력 뉴런의 결정 경계는 선형이므로 퍼셉트론도 (로지스틱 회귀 분류기처럼) 복잡한 패턴을 학습하지 못합니다. 하지만 로젠블라트는 훈련 샘플이 선형적으로 구분될 수 있다면 이 알고리즘이 정답에 수렴한다는 것을 증명했습니다.[13] 이를 **퍼셉트론 수렴 이론**^{perceptron convergence theorem}이라고 합니다.

사이킷런은 Perceptron 클래스를 제공합니다. 이 파이썬 클래스도 동일한 방식으로 사용됩니다. 예를 들어 4장에서 소개한 붓꽃 데이터셋을 사용해보겠습니다.

---

13 이 답이 일반적으로 고유한 것은 아닙니다. 데이터가 선형적으로 구분된다면 가능한 초평면은 무한히 많습니다.

```
import numpy as np
from sklearn.datasets import load_iris
from sklearn.linear_model import Perceptron

iris = load_iris(as_frame=True)
X = iris.data[["petal length (cm)", "petal width (cm)"]].values
y = (iris.target == 0) # Iris-setosa

per_clf = Perceptron(random_state=42)
per_clf.fit(X, y)

X_new = [[2, 0.5], [3, 1]]
y_pred = per_clf.predict(X_new) # 이 두 꽃에 대한 예측은 True와 False입니다.
```

아마 퍼셉트론 학습 알고리즘이 (4장에서 소개한) 확률적 경사 하강법과 매우 닮았다고 느낄 것입니다. 사실 사이킷런의 `Perceptron` 클래스는 매개변수가 `loss="perceptron"`, `learning_rate="constant"`, `eta0=1`(학습률), `penalty=None`(규제 없음)인 `SGDClassifier`와 같습니다.

1969년 「Perceptrons」 논문에서 마빈 민스키$^{Marvin Minsky}$와 시모어 페퍼트$^{Seymour Papert}$는 퍼셉트론의 여러 가지 심각한 약점을 언급했습니다. 실제로 퍼셉트론으로는 일부 간단한 문제를 풀수 없습니다(⑩ [그림 10-6]의 왼쪽의 배타적 논리합(XOR) 분류 문제). 이는 (로지스틱 회귀와 같은) 다른 선형 분류기도 마찬가지입니다. 하지만 연구자들은 퍼셉트론에 더 많은 것을 기대했습니다. 일부는 신경망을 떠나서 논리학, 문제 해결, 검색 같은 고수준 문제를 연구했습니다. 실용적인 애플리케이션이 부족하다는 점도 도움이 되지 않았습니다.

퍼셉트론을 여러 개 쌓아올리면 일부 제약을 줄일 수 있다는 사실이 밝혀졌는데, 이런 인공 신경망을 **다층 퍼셉트론**(MLP)이라 합니다. 다층 퍼셉트론은 XOR 문제를 풀 수 있습니다. [그림 10-6]의 오른쪽에 있는 다층 퍼셉트론의 출력을 계산해보면 확인할 수 있습니다. 입력이 (0, 0)이나 (1, 1)일 때는 네트워크가 0을 출력하고, 입력이 (0, 1)이나 (1, 0)일 때는 1을 출력합니다. 이 네트워크가 진짜 XOR 문제를 풀 수 있는지 확인해보세요![14]

....

14 예를 들어 입력이 (0, 1)인 경우 왼쪽 아래 뉴런은 $0 \times 1 + 1 \times 1 - \frac{3}{2} = -\frac{1}{2}$이 되어 음수이므로 0을 출력합니다. 오른쪽 아래 뉴런은 $0 \times 1 + 1 \times 1 - \frac{1}{2} = \frac{1}{2}$이 되어 양수이므로 1을 출력합니다. 출력 뉴런은 처음 두 뉴런의 출력을 입력으로 받으므로 $0 \times (-1) + 1 \times 1 - \frac{1}{2} = \frac{1}{2}$을 계산합니다. 이것은 양수이므로 1을 출력합니다.

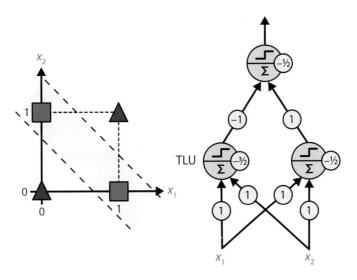

그림 10-6 XOR 분류 문제와 이를 푸는 다층 퍼셉트론

TIP 로지스틱 회귀 분류기와 달리 퍼셉트론은 클래스 확률을 출력하지 않습니다. 이것이 퍼셉트론보다 로지스틱 회귀를 선호하는 이유입니다. 또한 퍼셉트론은 기본적으로 정규화를 사용하지 않으며, 훈련 세트에 더 이상 예측 오차가 없으면 즉시 훈련을 중단합니다. 따라서 일반적으로 로지스틱 회귀나 선형 SVM 분류기만큼 일반화가 잘 되지 않습니다. 하지만 퍼셉트론을 조금 더 빠르게 훈련할 수 있습니다.

10.1.4 다층 퍼셉트론과 역전파

다층 퍼셉트론은 **입력 층** 하나와 **은닉 층**^{hidden layer}이라 불리는 하나 이상의 TLU 층과 마지막 **출력 층**으로 구성됩니다(그림 10-7). 입력 층과 가까운 층을 보통 **하위 층**^{lower layer}이라 부르고 출력에 가까운 층을 **상위 층**^{upper layer}이라고 부릅니다.

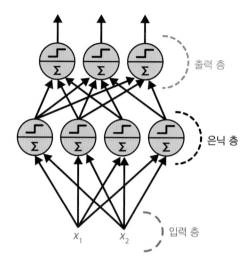

그림 10-7 두 개의 입력, 네 개의 뉴런을 가진 은닉 층, 세 개의 출력 뉴런으로 구성된 다층 퍼셉트론의 구조

NOTE 신호는 (입력에서 출력으로) 한 방향으로만 흐릅니다. 따라서 이 구조는 **피드포워드 신경망**feedforward neural network(FNN)에 속합니다.

은닉 층[15]을 여러 개 쌓아 올린 인공 신경망을 **심층 신경망**deep neural network (DNN)이라고 합니다. 딥러닝은 심층 신경망을 연구하는 분야이며 조금 더 일반적으로는 연산이 연속하여 길게 연결된 모델을 연구합니다. 그렇지만 많은 사람들은 (얕더라도) 신경망이 사용되면 딥러닝이라고 말합니다.

수년 동안 연구자들은 MLP를 훈련하는 방법을 찾기 위해 고군분투했지만 성공하지 못했습니다. 1960년대 초에 몇몇 연구자들은 신경망을 훈련하기 위해 경사 하강법의 가능성을 논의했지만, 4장에서 살펴본 것처럼 경사 하강법을 사용하려면 모델 파라미터에 대한 오차의 그레이디언트를 계산해야 하는데, 당시에는 컴퓨터로 수많은 파라미터가 포함된 복잡한 모델을 효율적으로 훈련하는 방법이 명확하지 않았습니다.

그러던 중 1970년 세포 린나인마Seppo Linnainmaa라는 연구원이 석사 학위 논문에서 모든 그레이디언트를 자동으로 효율적으로 계산하는 기법을 소개했습니다. 이 알고리즘은 현재 **후진 모드**

---

15 1990년대에는 은닉 층이 두 개 이상이면 심층 신경망으로 봤습니다. 요즘에는 은닉 층이 수십에서 수백 개인 신경망이 흔합니다. 이로 인해 심층(deep)이란 용어의 기준이 애매합니다.

자동 미분reverse-mode automatic differentiation(또는 줄여서 reverse-mode autodiff)이라고 불립니다. 이 알고리즘은 네트워크를 두 번만 통과(전진, 후진)하면 모든 단일 모델 파라미터에 대한 신경망 오차의 그레이디언트를 계산할 수 있습니다. 즉, 신경망의 오차를 줄이기 위해 각 연결 가중치와 편향을 어떻게 조정해야 하는지 알아낼 수 있습니다. 그런 다음 이 그레이디언트를 사용하여 경사 하강법 단계를 수행할 수 있습니다. 그레이디언트를 자동으로 계산하고 경사 하강법 단계를 수행하는 과정을 반복하면 신경망의 오차가 점차 감소하여 결국 최솟값에 도달하게 됩니다. 이러한 후진 모드 자동 미분과 경사 하강법을 결합한 것을 **역전파**backpropagation(또는 줄여서 backprop)라고 합니다.

> **✏ NOTE** 장단점이 각기 다른 여러 가지 자동 미분 기법이 있습니다. **후진 모드 자동 미분**은 미분 함수에 변수가 많고(⑩ 연결 가중치 및 편향) 출력이 적을 때(⑩ 하나의 손실) 적합합니다. 자동 미분에 관해 자세히 알아보려면 〈부록 B〉를 참고하세요.

역전파는 실제로 신경망뿐만 아니라 모든 종류의 계산 그래프에 적용될 수 있습니다. 실제로 린나인마의 석사 학위 논문은 신경망에 관한 것이 아니라 더 일반적인 것이었습니다. 역전파가 신경망 훈련에 사용되기까지는 몇 년이 더 걸렸지만 여전히 주류는 아니었습니다. 그러던 중 1985년 데이비드 루멜하트David Rumelhart, 제프리 힌턴Geoffrey Hinton, 로날드 윌리엄스Ronald Williams 는 신경망이 어떻게 역전파를 통해 유용한 내부 표현을 학습할 수 있는지 분석하는 획기적인 논문[16]을 발표했습니다. 이들의 연구 결과는 매우 인상적이어서 역전파는 이 분야에서 빠르게 대중화되었습니다. 오늘날 역전파는 신경망 훈련 기법 중 가장 널리 사용되는 기법입니다.

역전파의 작동 방식을 다시 한번 조금 더 자세히 살펴보겠습니다.

한 번에 (예를 들어 32개의 샘플이 포함된) 하나의 미니배치씩 진행하여 전체 훈련 세트를 처리합니다. 이 과정을 여러 번 반복합니다. 각 반복을 **에포크**라고 부릅니다.

각 미니배치는 입력 층을 통해 네트워크로 들어갑니다. 그다음 이 알고리즘은 미니배치에 있는 모든 샘플에 대해 첫 번째 은닉 층에 있는 모든 뉴런의 출력을 계산합니다. 이 결과는 다음 층으로 전달됩니다. 다시 이 층의 출력을 계산하고 결과는 다음 층으로 전달됩니다. 이런 식으로

---

16 David Rumelhart et al., "Learning Internal Representations by Error Propagation" (Defense Technical Information Center technical report, September 1985).

마지막 층인 출력 층의 출력을 계산할 때까지 계속됩니다. 이것이 **정방향 계산**^{forward pass}입니다. 역방향 계산을 위해 중간 계산값을 모두 저장하는 것 외에는 예측을 만드는 것과 정확히 같습니다.

그다음 알고리즘이 네트워크의 출력 오차를 측정합니다(즉, 손실 함수를 사용하여 기대하는 출력과 네트워크의 실제 출력을 비교하고 오차 측정값을 반환합니다).

그런 다음 각 출력의 오차와 출력 층의 각 연결이 이 오차에 얼마나 기여했는지 계산합니다. (아마도 미적분에서 가장 기본 규칙인) **연쇄 법칙**^{chain rule}을 적용하면 이 단계를 빠르고 정확하게 수행할 수 있습니다.

이 알고리즘은 또 다시 연쇄 법칙을 사용하여 이전 층의 연결 가중치가 이 오차의 기여 정도에 얼마나 기여했는지 측정합니다. 이렇게 입력 층에 도달할 때까지 역방향으로 계속됩니다. 앞서 설명한 것처럼 이런 역방향 단계는 오차 그레이디언트를 거꾸로 전파함으로써 효율적으로 네트워크에 있는 모든 연결 가중치와 편향에 대한 오차 그레이디언트를 측정합니다(여기서 역전파라는 알고리즘의 이름이 유래했습니다).

마지막으로 알고리즘은 경사 하강법을 수행하여 방금 계산한 오차 그레이디언트를 사용해 네트워크에 있는 모든 연결 가중치를 수정합니다.

요약하면, 역전파 알고리즘이 먼저 미니배치에 대한 예측을 만들고(정방향 계산) 오차를 측정합니다. 그런 다음 역방향으로 각 층을 거치면서 각 연결이 오차에 기여한 정도를 측정합니다(역방향 계산). 마지막으로 이 오차가 감소하도록 가중치와 편향을 조정합니다(경사 하강법 단계).

> **! CAUTION** 은닉 층의 연결 가중치를 랜덤하게 초기화하는 것이 중요합니다. 그렇지 않으면 훈련이 실패할 것입니다. 예를 들어 모든 가중치와 편향을 0으로 초기화하면 층의 모든 뉴런이 완전히 같아집니다. 따라서 역전파도 뉴런을 동일하게 바꾸어 모든 뉴런이 똑같아진 채로 남습니다. 다른 말로 하면 층에 뉴런이 수백 개 있더라도 모델은 마치 뉴런이 하나인 것처럼 작동할 것입니다. 제대로 문제를 풀 수 없겠죠. 대신 가중치를 랜덤하게 초기화하면 대칭성이 깨지므로 역전파가 전체 뉴런을 다양하게 훈련할 수 있습니다.

이 알고리즘을 잘 작동시키고자 데이비드 루멜하트^{David Rumelhart}와 동료들은 다층 퍼셉트론 구조에 중요한 변화를 주었습니다. 계단 함수를 로지스틱 함수 $\sigma(z) = 1/(1 + \exp(-z))$로 바꾼 것입니다. 이 함수를 시그모이드 함수라고도 부릅니다. 계단 함수에는 수평선밖에 없으니 계산할 그레이디언트가 없습니다(경사 하강법은 평편한 곳을 이동할 수 없습니다). 반면 시그모이드 함수는 어디서든지 0이 아닌 그레이디언트가 잘 정의되어 있습니다. 사실 역전파 알고리즘을 시그모이드 함수뿐만 아니라 다른 활성화 함수와도 사용할 수 있습니다. 널리 쓰이는 두 개의 활성화 함수는 다음과 같습니다.

- **tanh 함수(하이퍼볼릭 탄젠트 함수)**: $\tanh(z) = 2\sigma(2z) - 1$
  시그모이드 함수처럼 이 활성화 함수도 S자 모양이고 연속적이며 미분 가능합니다. 하지만 출력 범위가 −1에서 1 사이입니다(시그모이드 함수는 0에서 1 사이입니다). 이 범위는 훈련 초기에 각 층의 출력을 원점 근처로 모으는 경향이 있습니다. 이는 종종 빠르게 수렴되도록 도와줍니다.

- **ReLU 함수**: $\text{ReLU}(z) = \max(0, z)$
  ReLU 함수는 연속적이지만 $z = 0$에서 미분 가능하지 않습니다[17](기울기가 갑자기 변해서 경사 하강법이 엉뚱한 곳으로 튈 수 있습니다). $z < 0$일 경우 도함수는 0입니다. 그러나 실제로는 잘 작동하고 계산 속도가 빠르다는 장점이 있어 기본 활성화 함수가 되었습니다.[18] 무엇보다 중요한 점은 출력에 최댓값이 없다는 점이며, 경사 하강법에 있는 일부 문제를 완화해줍니다(11장에서 다시 살펴보겠습니다).[19]

이 활성화 함수와 해당 도함수를 [그림 10-8]에 나타냈습니다. 하지만 잠깐만요! 왜 활성화 함수가 필요할까요? 선형 변환을 여러 개 연결해도 얻을 수 있는 것은 선형 변환뿐입니다. 예를 들어 두 선형 함수 $f(x) = 2x + 3$과 $g(x) = 5x − 1$을 연결하면 또 다른 선형 함수 $f(g(x)) = 2(5x − 1) + 3 = 10x + 1$이 됩니다. 따라서 층 사이에 비선형성을 추가하지 않으면 아무리 층을 많이 쌓아도 하나의 층과 동일해집니다. 이런 층으로는 복잡한 문제를 풀 수 없습니다. 반대로 비선형 활성화 함수가 있는 충분히 큰 심층 신경망은 이론적으로 어떤 연속 함수continuous function도 근사할 수 있습니다.

---

17 옮긴이_ ReLU 함수의 값이 0보다 클 때 기울기는 항상 1이므로 오차 그레이디언트를 그대로 역전파시킵니다. 원점에서는 기울기가 정의되지 않지만 텐서플로를 포함해 일반적으로 0을 사용합니다. 따라서 ReLU 함수의 값이 0보다 작거나 같을 때는 오차 그레이디언트를 역전파하지 않습니다.

18 생물학적 뉴런이 (S자 모양의) 시그모이드 활성화 함수를 구현한 것처럼 보여 오랫동안 연구자들은 시그모이드 함수에만 집착했습니다. 하지만 일반적으로 ReLU 함수가 인공 신경망에서 더 잘 작동한다는 것이 밝혀졌습니다. 이것이 생물학적 비유가 오해를 일으킨 한 가지 사례입니다.

19 옮긴이_ 시그모이드 함수나 tanh 함수는 출력 범위가 0~1 또는 −1~1 사이로 한정되어 양극단에서 기울기가 급격히 감소하므로 오차 그레이디언트를 잘 역전파하지 못합니다.

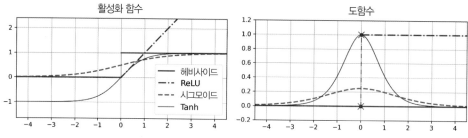

그림 10-8 활성화 함수(왼쪽)와 해당 도함수(오른쪽)

좋습니다! 지금까지 신경망의 유래와 구조, 출력 계산 방법을 알아보고, 역전파 알고리즘을 배웠습니다. 그럼 신경망으로 정확히 무엇을 할 수 있는 걸까요?

10.1.5 회귀를 위한 다층 퍼셉트론

다층 퍼셉트론은 회귀 작업에 사용될 수 있습니다. 값 하나를 예측하는 데 (⑩ 여러 특성으로 주택 가격을 예측할 때) 출력 뉴런은 하나만 필요합니다. 이 뉴런의 출력이 예측된 값입니다. 다변량 회귀$^{multivariate\ regression}$에서는(즉, 동시에 여러 값을 예측하는 경우) 출력 차원마다 출력 뉴런이 하나씩 필요합니다. 예를 들어 이미지에서 물체의 중심 위치를 파악하려면 2D 좌표를 예측해야 합니다. 따라서 출력 뉴런 두 개가 필요합니다. 이 물체 주위로 바운딩 박스$^{bounding\ box}$를 그리려면 물체의 너비와 높이를 나타내는 숫자가 두 개 더 필요합니다. 결국 출력 뉴런이 네 개 있어야 합니다.

사이킷런에는 `MLPRegressor` 클래스가 포함되어 있으므로 이를 사용하여 각각 50개의 뉴런을 가진 3개의 은닉 층으로 구성된 MLP를 만들고 캘리포니아 주택 데이터셋에서 훈련해보겠습니다. 간단하게 사이킷런의 `fetch_california_housing()` 함수를 사용하여 데이터를 로드하겠습니다. 이 데이터셋은 숫자 특성만 포함하고(`ocean_proximity` 특성이 없음) 누락된 값이 없기 때문에 2장에서 사용한 데이터셋보다 더 간단합니다. 다음 코드는 먼저 데이터셋을 가져오고 분할한 다음, `MLPRegressor`로 전달할 입력 특성을 표준화하기 위한 파이프라인을 생성합니다. 신경망은 경사 하강법을 사용하여 훈련되기 때문에 이는 매우 중요하며, 4장에서 살펴본 것처럼 경사 하강법은 특성의 스케일이 매우 다를 때 잘 수렴되지 않습니다. 마지막으로 코드가 모델을 훈련하고 검증 오차를 평가합니다. 이 모델은 은닉 층에 ReLU 활성화 함수를 사용하며, 평균 제곱 오차를 최소화하기 위해 **Adam**이라는 변형된 경사 하강법(11장 참고)을 사용하고 약간의 ℓ_2 정규화(**alpha** 하이퍼파라미터를 통해 제어할 수 있음)를 적용합니다.

```python
from sklearn.datasets import fetch_california_housing
from sklearn.metrics import mean_squared_error
from sklearn.model_selection import train_test_split
from sklearn.neural_network import MLPRegressor
from sklearn.pipeline import make_pipeline
from sklearn.preprocessing import StandardScaler

housing = fetch_california_housing()
X_train_full, X_test, y_train_full, y_test = train_test_split(
    housing.data, housing.target, random_state=42)
X_train, X_valid, y_train, y_valid = train_test_split(
    X_train_full, y_train_full, random_state=42)

mlp_reg = MLPRegressor(hidden_layer_sizes=[50, 50, 50], random_state=42)
pipeline = make_pipeline(StandardScaler(), mlp_reg)
pipeline.fit(X_train, y_train)
y_pred = pipeline.predict(X_valid)
rmse = mean_squared_error(y_valid, y_pred, squared=False) # 약 0.505
```

약 0.505의 검증 RMSE를 얻었는데, 이는 랜덤 포레스트 분류기로 얻을 수 있는 것과 비슷한 값입니다. 첫 시도치고는 나쁘지 않습니다!

이 MLP는 출력 층에 활성화 함수를 사용하지 않으므로 원하는 값을 자유롭게 출력할 수 있습니다. 일반적으로는 괜찮지만 출력이 항상 양수임을 보장하려면 출력 층에 ReLU 활성화 함수를 사용하거나 ReLU의 부드러운 변형인 소프트플러스 함수 ^{softplus function}$(\mathrm{softplus}(z) = \log(1 + \exp(z)))$를 사용해야 합니다. 소프트플러스는 z가 음수이면 0에 가깝고, z가 양수이면 z에 가깝습니다. 마지막으로 예측이 항상 주어진 값의 범위 내에 속하도록 보장하려면 시그모이드 함수 또는 쌍곡 탄젠트를 사용하고 적절한 범위로 타깃의 스케일을 조정해야 합니다. 시그모이드의 경우 0에서 1 사이를, 탄젠트의 경우 −1에서 1 사이를 출력합니다. 안타깝게도 **MLPRegressor** 클래스는 출력 층에서 활성화 함수를 지원하지 않습니다.

> **! CAUTION** 몇 줄의 코드만으로 사이킷런에서 표준 MLP를 구축하고 훈련하는 것은 매우 편리하지만, 신경망의 기능은 제한적입니다. 이것이 바로 10.2절부터 케라스를 사용하는 이유입니다.

MLPRegressor 클래스는 일반적으로 회귀에 필요한 평균 제곱 오차를 사용하지만, 훈련 세트에 이상치가 많은 경우 평균 절대 오차를 대신 사용하는 것이 더 좋을 수 있습니다. 또는 이 두 가지를 조합한 **후버 손실**$^{Huber loss}$을 사용할 수도 있습니다. 오차가 임곗값 δ(일반적으로 1)보다 작으면 이차 함수가 되고 δ보다 크면 선형 함수입니다. 선형 함수 부분은 평균 제곱 오차보다 이상치에 덜 민감하고, 이차 함수 부분은 평균 절대 오차보다 더 빠르고 정확하게 수렴하도록 도와줍니다. 하지만 **MLPRegressor**는 MSE만 지원합니다.

[표 10-1]에는 회귀 MLP의 전형적인 구조가 요약되어 있습니다.

표 10-1 회귀 MLP의 전형적인 구조

하이퍼파라미터	일반적인 값
은닉 층 수	문제에 따라 다름(일반적으로 1에서 5 사이)
은닉 층의 뉴런 수	문제에 따라 다름(일반적으로 10에서 100 사이)
출력 뉴런 수	예측 차원마다 하나
은닉 층의 활성화 함수	ReLU
출력 층의 활성화 함수	없음. 또는 (출력이 양수일 때) ReLU/소프트플러스나 (출력을 특정 범위로 제한할 때) 로지스틱/tanh를 사용
손실 함수	MSE 또는 (이상치가 있다면) 후버

10.1.6 분류를 위한 다층 퍼셉트론

다층 퍼셉트론은 분류 작업에도 사용됩니다. 이진 분류 문제에서는 시그모이드 활성화 함수를 가진 하나의 출력 뉴런만 필요합니다. 출력은 0과 1 사이의 실수입니다. 이를 양성 클래스에 대한 예측 확률로 해석할 수 있습니다. 음성 클래스에 대한 예측 확률은 1에서 양성 클래스의 예측 확률을 뺀 값입니다.

다층 퍼셉트론은 다중 레이블 이진 분류 문제를 쉽게 처리할 수 있습니다(3장 참고). 예를 들어 이메일이 스팸 메일인지 아닌지 예측하고 동시에 긴급한 메일인지 아닌지 예측하는 이메일 분류 시스템이 있다고 해봅시다. 이 경우 시그모이드 활성화 함수를 가진 두 출력 뉴런이 필요합니다. 첫 번째 뉴런은 이메일이 스팸일 확률을 출력하고 두 번째 뉴런은 긴급한 메일일 확률을 출력합니다. 출력된 확률의 합이 1이 될 필요는 없습니다. 모델은 어떤 레이블 조합도 출력할 수 있습니다. 즉, 긴급하지 않은 메일, 긴급한 메일, 긴급하지 않은 스팸 메일, 심지어 (아마도 오류 같지만) 긴급한 스팸 메일도 가능합니다.

각 샘플이 3개 이상의 클래스 중 한 클래스에만 속할 수 있다면(예를 들어 숫자 이미지 분류에서 클래스 0에서 9까지) 클래스마다 하나의 출력 뉴런이 필요합니다. 출력 층에는 소프트맥스 활성화 함수를 사용해야 합니다(그림 10-9).[20] (4장에서 소개한) 소프트맥스 함수는 모든 예측 확률을 0과 1 사이로 만들고 클래스가 서로 배타적이기 때문에 더했을 때 1이 됩니다. 3장에서 보았듯이 이를 다중 분류라고 부릅니다.

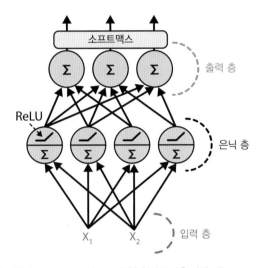

그림 10-9 분류에 사용되는 (ReLU와 소프트맥스를 포함한) 현대적 다층 퍼셉트론

확률 분포를 예측해야 하므로 손실 함수에는 일반적으로 크로스 엔트로피 손실 cross-entropy loss (또는 로그 손실 log loss 이라고도 부릅니다)을 선택하는 것이 좋습니다(4장 참고).

사이킷런은 `sklearn.neural_network` 패키지 아래 `MLPClassifier` 클래스를 제공합니다. 이 클래스는 `MLPRegressor` 클래스와 거의 동일하지만 MSE가 아닌 크로스 엔트로피를 최소화한다는 점이 다릅니다. 붓꽃 데이터셋에 지금 바로 사용해보세요. 거의 선형 모델로 충분한 작업이므로 5~10개의 뉴런이 있는 단일 층이면 충분합니다(특성의 스케일을 조정해야 합니다).

---

20 옮긴이_ [식 4-20]의 소프트맥스 함수 공식에서 분모는 모든 클래스의 출력에 지수 함수를 적용하여 더한 값입니다. 그래서 [그림 10-9]의 소프트맥스 함수가 출력 뉴런 전체에 걸쳐 있습니다.

[표 10-2]에는 분류 MLP의 전형적인 구조가 요약되어 있습니다.

표 10-2 분류 MLP의 전형적인 구조

하이퍼파라미터	이진 분류	다중 레이블 분류	다중 분류
은닉 층 수	문제에 따라 다름(일반적으로 1에서 5 사이))		
출력 뉴런 수	1개	이진 레이블마다 1개	클래스마다 1개
출력 층의 활성화 함수	시그모이드 함수	시그모이드 함수	소프트맥스 함수
손실 함수	크로스 엔트로피	크로스 엔트로피	크로스 엔트로피

TIP 계속 진행하기 전에 이 장의 끝에 있는 연습문제 1번을 풀어보세요. 텐서플로 플레이그라운드에서 여러 가지 신경망을 실험해보고 출력을 시각화할 수 있습니다. (층과 뉴런의 개수, 활성화 함수 등) 하이퍼파라미터의 효과는 물론 다층 퍼셉트론을 이해하는 데 크게 도움이 될 것입니다.

이제 필요한 모든 개념을 배웠으니 케라스로 다층 퍼셉트론을 구현해봅시다.

10.2 케라스로 다층 퍼셉트론 구현하기

케라스는 모든 종류의 신경망을 손쉽게 만들고 훈련, 평가, 실행할 수 있는 텐서플로의 고수준 딥러닝 API입니다. 원본 케라스 라이브러리는 프랑수아 숄레가 연구 프로젝트[21]의 일환으로 개발했으며 2015년 3월에 독립적인 오픈 소스로 공개되었습니다. 사용하기 쉬우면서도 유연성과 아름다운 디자인을 가지고 있기 때문에 금세 인기가 높아졌습니다.

NOTE 케라스는 텐서플로, PlaidML, Theano, CNTK(마지막 두 개는 안타깝게도 더 이상 사용되지 않음) 등 여러 백엔드 backend를 지원했지만 버전 2.4부터는 텐서플로 전용입니다. 마찬가지로 텐서플로에는 여러 가지 상위 수준 API가 포함되어 있었지만 텐서플로 2가 출시되면서 케라스가 공식적으로 고수준 API로 선택되었습니다. 텐서플로를 설치하면 케라스도 자동으로 설치되며, 텐서플로가 설치되지 않으면 케라스가 작동하지 않습니다. 요컨대, 케라스와 텐서플로가 하나가 된 셈이죠. 다른 인기 있는 딥러닝 라이브러리로는 페이스북의 파이토치와 구글의 JAX가 있습니다.[22]

---

21 ONEIROS(Open-ended Neuro-Electronic Intelligent Robot Operating System) 프로젝트. 숄레는 2015년에 구글에 합류하여 계속 케라스 프로젝트를 이끌고 있습니다.

22 파이토치 API는 케라스와 매우 유사하기 때문에 케라스에 익숙해지면 필요할 때 파이토치로 전환하는 것이 어렵지 않습니다. 파이토치는 간결함과 훌륭한 문서 덕분에 2018년에 급격히 인기가 높아졌습니다. 텐서플로 1.x 버전이 약한 부분입니다. 하지만 텐서플로 2는 파이토치만큼 간결해졌습니다. 케라스를 공식 고수준 API로 채택했고 나머지 API도 크게 단순화하고 정리했습니다. 문서도 완전히 재구성되

이제 케라스를 사용해보겠습니다! 이미지 분류를 위한 MLP를 구축하는 것부터 시작하겠습니다.

NOTE 코랩 런타임에는 최신 버전의 텐서플로와 케라스가 사전 설치되어 있습니다. 그러나 직접 컴퓨터에 설치하려면 *https://homl.info/install*에 있는 설치 가이드라인을 참고하세요.

10.2.1 시퀀셜 API로 이미지 분류기 만들기

먼저 데이터셋을 적재해야 합니다. 이 장에서는 (3장에서 소개한) MNIST를 그대로 대체할 수 있는 패션Fashion MNIST를 사용하겠습니다. MNIST(10개의 클래스로 이루어진 28×28 픽셀 크기의 흑백 이미지 70,000개)와 형태가 정확히 같지만 손글씨 숫자가 아니라 패션 아이템을 나타내는 이미지입니다. 클래스마다 샘플이 더 다양하므로 MNIST보다 훨씬 어려운 문제입니다. 예를 들면 간단한 선형 모델이 MNIST에서 92% 정확도를 내지만 패션 MNIST에서는 83% 정도만 달성합니다.

케라스로 데이터셋 적재하기

케라스는 MNIST, 패션 MNIST 데이터셋을 포함하여 널리 사용되는 데이터셋을 다운로드하고 적재할 수 있는 유틸리티 함수를 제공합니다. 패션 MNIST를 로드해봅시다. 이 데이터셋은 이미 뒤섞여 훈련 세트(60,000개 이미지)와 테스트 세트(10,000개 이미지)로 분할되어 있지만, 검증 세트를 위해 훈련 세트의 마지막 5,000개 이미지를 떼어놓겠습니다.

```python
import tensorflow as tf

fashion_mnist = tf.keras.datasets.fashion_mnist.load_data()
(X_train_full, y_train_full), (X_test, y_test) = fashion_mnist
X_train, y_train = X_train_full[:-5000], y_train_full[:-5000]
X_valid, y_valid = X_train_full[-5000:], y_train_full[-5000:]
```

어 원하는 것을 훨씬 쉽게 찾을 수 있습니다. 비슷하게 파이토치의 주요 약점(예를 들면 이식성이 제한적이고 계산 그래프 해석이 없음)은 파이토치 1.0에서 대부분 해결되었습니다. 건전한 경쟁은 모두에게 유익한 것 같습니다.

TIP 텐서플로는 일반적으로 tf로 임포트하며, tf.keras로 케라스 API를 사용할 수 있습니다.

사이킷런 대신 케라스를 사용하여 MNIST나 패션 MNIST 데이터를 적재할 때 중요한 차이점은 각 이미지가 784 크기의 1D 배열이 아니라 28×28 크기의 배열이라는 것입니다. 또한 픽셀 강도가 실수(0.0에서 255.0까지)가 아니라 정수(0에서 255까지)로 표현되어 있습니다. 훈련 세트의 크기와 데이터 타입을 확인해봅시다.

```
>>> X_train.shape
(55000, 28, 28)
>>> X_train.dtype
dtype('uint8')
```

간단히 픽셀 강도를 255.0으로 나누어 0~1 사이 범위로 조정하겠습니다(자동으로 실수로 변환됩니다).[23]

```
X_train, X_valid, X_test = X_train / 255., X_valid / 255., X_test / 255.
```

MNIST의 레이블이 5이면 이 이미지가 손글씨 숫자 5를 나타냅니다. 쉽죠. 하지만 패션 MNIST는 레이블에 해당하는 아이템을 나타내기 위해 클래스 이름의 리스트를 만들어야 합니다.

```
class_names = ["T-shirt/top", "Trouser", "Pullover", "Dress", "Coat",
               "Sandal", "Shirt", "Sneaker", "Bag", "Ankle boot"]
```

예를 들어 훈련 세트에 있는 첫 번째 이미지는 앵클 부츠를 나타냅니다.

```
>>> class_names[y_train[0]]
'Ankle boot'
```

[그림 10-10]은 패션 MNIST 데이터셋의 일부 샘플을 보여줍니다.

---

23 옮긴이_ 패션 MNIST 데이터셋에 대한 스케일 조정은 단순히 각 픽셀을 255로 나눠주는 것입니다. 그래서 새로운 데이터에 대해서도 동일하게 255로 나눠줍니다. 만약 훈련 데이터의 통계 속성을 사용하여 스케일을 조정했다면 새로운 데이터에도 반드시 훈련 데이터에서 얻은 통계값을 사용해 스케일을 조정해야 합니다. 그렇지 않으면 훈련 데이터에서 학습된 모델 파라미터로는 새로운 데이터를 올바르게 예측하지 못합니다.

그림 10-10 패션 MNIST의 샘플

시퀀셜 API로 모델 만들기

이제 신경망을 만들어보겠습니다. 다음은 두 개의 은닉 층으로 이루어진 분류용 다층 퍼셉트론입니다.

```
tf.random.set_seed(42)  ❶
model = tf.keras.Sequential()  ❷
model.add(tf.keras.layers.Input(shape=[28, 28]))  ❸
model.add(tf.keras.layers.Flatten())  ❹
model.add(tf.keras.layers.Dense(300, activation="relu"))  ❺
model.add(tf.keras.layers.Dense(100, activation="relu"))  ❻
model.add(tf.keras.layers.Dense(10, activation="softmax"))  ❼
```

이 코드를 하나씩 살펴봅시다.

❶ 먼저, 결과를 재현할 수 있도록 텐서플로의 랜덤 시드를 설정합니다. 이렇게 하면 은닉 층과 출력 층의 랜덤한 가중치가 노트북을 실행할 때마다 동일하게 유지됩니다. `tf.keras.utils.set_random_seed()` 함수를 사용해 텐서플로, 파이썬(`random.seed()`), 넘파이(`np.random.seed()`)의 랜덤 시드를 편리하게 설정할 수도 있습니다.

❷ Sequential 모델을 만듭니다. 이 모델은 가장 간단한 케라스의 신경망 모델입니다. 순서대로 연결된 층을 일렬로 쌓아서 구성합니다. 이를 시퀀셜^{Sequential} API라고 부릅니다.

❸ 다음으로 첫 번째 층(Input 층)을 만들어 모델에 추가합니다. 배치 크기는 포함하지 않고 샘플의 크기만 담은 shape 매개변수를 지정합니다. 케라스는 입력의 크기를 알아야 첫 번째 은닉 층의 연결 가중치 행렬의 크기를 결정할 수 있습니다.[24]

---

24 옮긴이_ 사실 Input()은 InputLayer 클래스의 객체를 반환하는 유틸리티 함수입니다. 이 라인은 `tf.keras.layers.InputLayer`(input_shape=[28, 28])과 같습니다.

❹ Flatten 층을 추가합니다. 이 층의 역할은 각 입력 이미지를 1D 배열로 변환하는 것입니다. 예를 들어 [32, 28, 28]의 크기의 배치를 받으면 [32, 784]로 크기를 변경합니다. 즉, 입력 데이터 X를 받으면 X.reshape(-1, 784)를 계산합니다. 이 층은 매개변수가 없으며 간단한 전처리만 수행합니다.

❺ 뉴런 300개를 가진 Dense 은닉 층을 추가합니다. 이 층은 ReLU 활성화 함수를 사용합니다. Dense 층마다 각자 가중치 행렬을 관리합니다. 이 행렬에는 층의 뉴런과 입력 사이의 모든 연결 가중치가 포함됩니다. 또한 (뉴런마다 하나씩 있는) 편향도 벡터로 관리합니다. 이 층은 입력 데이터를 받으면 [식 10-2]를 계산합니다.

❻ 뉴런 100개를 가진 두 번째 Dense 은닉 층을 추가합니다. 역시 ReLU 활성화 함수를 사용합니다.

❼ 마지막으로 (클래스마다 하나씩) 뉴런 10개를 가진 Dense 출력 층을 추가합니다. (배타적인 클래스이므로) 소프트맥스 활성화 함수를 사용합니다.

> **TIP** activation="relu"로 지정하는 것과 activation=tf.keras.activations.relu로 지정하는 것은 동일합니다. tf.keras.activations 패키지에 다른 활성화 함수가 많습니다. 이 중에서 많은 함수를 이 책에서 사용해보겠습니다. 전체 리스트는 *https://keras.io/api/layers/activations*를 참고하세요.[25]

앞에서와 같이 층을 하나씩 추가하지 않고 Sequential 모델을 만들 때 층의 리스트를 전달하면 편리한 경우가 많습니다. 또한 Input 층 대신에 첫 번째 층에 input_shape를 지정할 수 있습니다.

```
model = tf.keras.Sequential([
    keras.layers.Flatten(input_shape=[28, 28]),
    keras.layers.Dense(300, activation="relu"),
    keras.layers.Dense(100, activation="relu"),
    keras.layers.Dense(10, activation="softmax")
])
```

모델의 summary() 메서드는 모델에 있는 모든 층을 출력합니다.[26] 각 층의 이름(층을 만들 때 지정하지 않으면 자동으로 생성됩니다), 출력 크기(None은 배치 크기에 어떤 값도 가능하다는 의미입니다), 파라미터 개수가 함께 출력됩니다. 마지막에 훈련되는 파라미터와 훈련되지 않은 파라미터를 포함하여 전체 파라미터 개수를 출력합니다. 이 예에서는 훈련되는 파라미터만 있습니다(나중에 이 장에서 훈련되지 않는 파라미터가 있는 예제를 살펴봅니다).

---

25 옮긴이_ 학습되는 파라미터가 있거나 조금 더 복잡한 활성화 함수는 keras.layers 모듈 아래 층으로 구현되어 있습니다. *https://keras.io/api/layers/activation_layers/*에 이런 활성화 함수가 나열되어 있습니다.

26 keras.utils.plot_model() 함수를 사용하여 모델 구조를 이미지로 출력할 수 있습니다.

```
>>> model.summary()
Model: "sequential"

_____
Layer (type)              Output Shape            Param #
=================================================================
flatten (Flatten)         (None, 784)             0

dense (Dense)             (None, 300)             235500

dense_1 (Dense)           (None, 100)             30100

dense_2 (Dense)           (None, 10)              1010


=================================================================
Total params: 266,610
Trainable params: 266,610
Non-trainable params: 0
_____
```

Dense 층은 보통 많은 파라미터를 가집니다. 예를 들어 첫 번째 은닉 층은 784×300개의 연결 가중치와 300개의 편향을 가집니다. 이를 더하면 파라미터가 무려 235,500개나 됩니다. 이런 모델은 훈련 데이터를 학습하기 충분한 유연성을 가집니다. 또한 과대적합의 위험을 갖는다는 의미이기도 합니다. 특히 훈련 데이터가 많지 않을 경우에 그렇습니다. 이 문제에 관해서는 나중에 다시 살펴봅니다.

모델의 각 층은 고유한 이름(⑩ "dense_2")을 가져야 합니다. 생성자의 name 매개변수를 사용하여 층 이름을 명시적으로 설정할 수도 있지만, 일반적으로 방금 한 것처럼 케라스가 자동으로 층 이름을 지정하도록 하는 것이 더 간단합니다. 케라스는 층의 클래스 이름을 스네이크 표기법$^{snake\ case}$으로 변환합니다(⑩ MyCoolLayer 클래스 층의 이름은 기본적으로 "my_cool_layer"가 됩니다). 또한 케라스는 "dense_2"와 같이 필요한 경우 인덱스를 추가하여 모델 사이에서도 이름이 전역적으로 고유하도록 보장합니다. 그런데 왜 모델 간에 이름을 고유하게 만들까요? 이름 충돌 없이 모델을 쉽게 병합할 수 있기 때문입니다.

TIP 케라스에서 관리하는 모든 전역 상태는 케라스 세션$^{Keras\ session}$에 저장되며, tf.keras.backend.clear_session()을 사용하여 지울 수 있습니다. 특히 이름 카운터가 초기화됩니다.

layers 속성을 사용하여 모델의 층 목록을 쉽게 얻을 수 있으며 get_layer() 메서드를 사용하여 층 이름으로 층을 선택할 수 있습니다.

```
>>> model.layers
[<tensorflow.python.keras.layers.core.Flatten at 0x132414e48>,
 <tensorflow.python.keras.layers.core.Dense at 0x1324149b0>,
 <tensorflow.python.keras.layers.core.Dense at 0x1356ba8d0>,
 <tensorflow.python.keras.layers.core.Dense at 0x13240d240>]
>>> hidden1 = model.layers[1]
>>> hidden1.name
'dense'
>>> model.get_layer('dense') is hidden1
True
```

층의 모든 파라미터는 get_weights() 메서드와 set_weights() 메서드를 사용해 접근할 수 있습니다. Dense 층의 경우 연결 가중치와 편향이 모두 포함되어 있습니다.

```
>>> weights, biases = hidden1.get_weights()
>>> weights
array([[ 0.02448617, -0.00877795, -0.02189048, ...,  0.03859074, -0.06889391],
       [ 0.00476504, -0.03105379, -0.0586676 , ..., -0.02763776, -0.04165364],
       ...,
       [ 0.07061854, -0.06960931,  0.07038955, ..., 0.00034875,  0.02878492],
       [-0.06022581,  0.01577859, -0.02585464, ..., 0.00272203, -0.06793761]],
      dtype=float32)
>>> weights.shape
(784, 300)
>>> biases
array([0., 0., 0., 0., 0., 0., 0., 0., 0., ...,  0., 0., 0.], dtype=float32)
>>> biases.shape
(300,)
```

Dense 층은 (앞서 언급한 대칭성을 깨뜨리기 위해) 연결 가중치를 랜덤으로 초기화합니다. 편향은 0으로 초기화합니다. 다른 초기화 방법을 사용하고 싶다면 층을 만들 때 kernel_initializer(커널은 연결 가중치 행렬의 또 다른 이름입니다)와 bias_initializer 매개변수를 설정할 수 있습니다. 11장에서 초기화 방법을 자세히 알아보겠습니다. 전체 리스트를 보고 싶다면 *https://keras.io/api/layers/initializers*를 참고하세요.

모델 컴파일

모델을 만들고 나서 compile() 메서드를 호출하여 사용할 손실 함수와 옵티마이저^{optimizer}를 지정해야 합니다. 부가적으로 훈련과 평가 시에 계산할 지표를 지정할 수 있습니다.

```python
model.compile(loss="sparse_categorical_crossentropy",
              optimizer="sgd",
              metrics=["accuracy"])
```

이 코드는 설명이 좀 필요합니다. 먼저 레이블이 정수 하나로 이루어져 있고 (즉, 샘플마다 타깃 클래스 인덱스 하나가 있습니다. 여기에서는 0에서 9까지 정수입니다) 클래스가 배타적이므로 "sparse_categorical_crossentropy" 손실을 사용합니다. 만약 샘플마다 클래스별 타깃 확률을 가지고 있다면(예를 들어 클래스 3의 경우 [0., 0., 0., 1., 0., 0., 0., 0., 0., 0.]인 원-핫 벡터라면) 대신 "categorical_crossentropy" 손실을 사용해야 합니다. 이진 분류나 다중 레이블 이진 분류를 수행한다면 출력 층에 "softmax" 함수 대신 "sigmoid"

---

27 *https://keras.io/api/losses, https://keras.io/api/optimizers, https://keras.io/api/metrics*

함수를 사용하고 "binary_crossentropy" 손실을 사용합니다.

> **TIP** 희소한 레이블 sparse label(클래스 인덱스)을 원–핫 벡터 레이블로 변환하려면 tf.keras.utils.to_
> categorical() 함수를 사용하세요. 그 반대로 변환하려면 axis=1로 지정하여 np.argmax() 함수를 사용
> 합니다.

옵티마이저에 "sgd"를 지정하면 확률적 경사 하강법을 사용하여 모델을 훈련한다는 의미입니
다. 다른 말로 하면 케라스가 앞서 소개한 역전파 알고리즘을 수행합니다(후진 모드 자동 미분
과 경사 하강법). 11장에서 더 효율적인 옵티마이저를 설명하겠습니다. 이런 옵티마이저들은
자동 미분이 아니라 경사 하강법 단계를 향상한 것입니다.

> **📝 NOTE** SGD 옵티마이저를 사용할 때 학습률을 튜닝하는 것이 중요합니다. 따라서 보통 opti
> mizer=tf.keras.optimizers.SGD(learning_rate=???)와 같이 학습률을 지정합니다. optimizer=
> "sgd"는 기본값 learning_rate=0.01을 사용합니다.[28]

마지막으로, 분류기이므로 훈련과 평가 시에 정확도를 측정하는 것이 유용합니다. 그래서
metrics=["accuracy"]로 지정했습니다.

모델 훈련과 평가

이제 모델을 훈련할 준비가 되었습니다. 모델을 훈련하려면 간단하게 fit() 메서드를 호출합니
다.

```
>>> history = model.fit(X_train, y_train, epochs=30,
...                     validation_data=(X_valid, y_valid))
...
Epoch 1/30
1719/1719 [==============================] - 2s 989us/step
  - loss: 0.7220 - sparse_categorical_accuracy: 0.7649
  - val_loss: 0.4959 - val_sparse_categorical_accuracy: 0.8332
Epoch 2/30
1719/1719 [==============================] - 2s 964us/step
```

---

28 옮긴이_ lr 매개변수를 deprecated 경고를 피하기 위해 learning_rate로 수정했습니다. 하위 호환(텐서플로 1.13 버전 이하)을 위
해선 lr 매개변수를 사용하세요.

```
  - loss: 0.4825 - sparse_categorical_accuracy: 0.8332
  - val_loss: 0.4567 - val_sparse_categorical_accuracy: 0.8384
[...]
Epoch 30/30
1719/1719 [==============================] - 2s 963us/step
  - loss: 0.2235 - sparse_categorical_accuracy: 0.9200
  - val_loss: 0.3056 - val_sparse_categorical_accuracy: 0.8894
```

입력 특성(X_train)과 타깃 클래스(y_train), 훈련할 에포크 횟수(지정하지 않으면 기본값이 1이라서 좋은 솔루션으로 수렴하기 충분하지 않을 것입니다)를 전달합니다. 검증 세트도 전달했습니다(이는 선택 사항입니다). 케라스는 에포크가 끝날 때마다 검증 세트를 사용해 손실과 추가적인 측정 지표를 계산합니다. 이 지표는 모델이 얼마나 잘 수행되는지 확인하는 데 유용합니다. 훈련 세트 성능이 검증 세트보다 월등히 높다면 아마도 모델이 훈련 세트에 과대적합되었을 것입니다(또는 훈련 세트와 검증 세트 간의 데이터 불일치 등의 버그가 있을 수 있습니다).

> **TIP** 크기에 관련된 에러는 특히 처음 배우기 시작할 때 매우 흔하게 발생하므로 에러 메시지에 익숙해지는 것이 좋습니다. 잘못된 크기의 입력 또는 레이블로 모델을 훈련해보고 어떤 에러가 발생하는지 확인해보세요. 마찬가지로 loss="sparse_categorical_crossentropy" 대신 loss="categorical_crossentropy"로 모델을 컴파일해보세요. 또는 Flatten 층을 제거할 수도 있습니다.

이게 전부입니다! 신경망을 훈련했습니다. 훈련 에포크마다 케라스는 진행 표시줄^progress bar 왼쪽에 처리한 미니배치 개수를 출력합니다. 배치 크기는 기본적으로 32개이며, 훈련 세트에 55,000개의 이미지가 있으므로 모델은 에포크당 1,719개의 배치(32개 크기 1,718개와 24개 크기 1개)를 처리합니다. 진행 표시줄 다음에는 샘플마다 걸린 평균 훈련 시간, 훈련 세트와 검증 세트에 대한 손실과 정확도(또는 추가로 요청한 다른 지표)를 출력합니다. 훈련 손실이 감소하므로 좋은 신호입니다. 30번 에포크 이후에 검증 정확도가 88.94%에 도달했습니다. 이는 훈련 정확도보다 약간 낮기 때문에 약간의 과대적합이 있지만 크지는 않습니다.

> **TIP** validation_data 매개변수에 검증 세트를 전달하는 대신 케라스가 검증에 사용할 훈련 세트의 비율을 지정할 수 있습니다. 예를 들어 validation_split=0.1로 쓰면 케라스는 검증에 (섞기 전의) 데이터의 마지막 10%를 사용합니다.

어떤 클래스는 많이 등장하고 다른 클래스는 조금 등장하여 훈련 세트가 편중되어 있다면

fit() 메서드를 호출할 때 class_weight 매개변수를 지정하는 것이 좋습니다. 적게 등장하는 클래스는 높은 가중치를 부여하고 많이 등장하는 클래스는 낮은 가중치를 부여합니다. 케라스가 손실을 계산할 때 이 가중치를 사용합니다. 샘플별로 가중치를 부여하고 싶다면 sample_weight 매개변수를 지정합니다. class_weight와 sample_weight가 모두 지정되면 케라스는 두 값을 곱하여 사용합니다.[29] 어떤 샘플은 전문가에 의해 레이블이 할당되고 다른 샘플은 크라우드소싱crowdsourcing 플랫폼을 사용해 레이블이 할당되었다면 샘플별 가중치가 도움될 수 있습니다. 아마 전자에 더 높은 가중치를 부여할 것입니다. validation_data 튜플의 세 번째 원소로 검증 세트에 대한 샘플별 가중치를 지정할 수도 있습니다(클래스 가중치는 지정하지 못합니다).

fit() 메서드가 반환하는 History 객체에는 훈련 파라미터(history.params), 수행된 에포크 리스트(history.epoch)가 포함됩니다. 이 객체의 가장 중요한 속성은 에포크가 끝날 때마다 훈련 세트와 (있다면) 검증 세트에 대한 손실과 측정한 지표를 담은 딕셔너리(history.history)입니다. 이 딕셔너리를 사용해 판다스 데이터프레임을 만들고 plot() 메서드를 호출하면 [그림 10-11]과 같은 학습 곡선을 볼 수 있습니다.

```python
import matplotlib.pyplot as plt
import pandas as pd

pd.DataFrame(history.history).plot(
    figsize=(8, 5), xlim=[0, 29], ylim=[0, 1], grid=True, xlabel="에포크",
    style=["r--", "r--.", "b-", "b-*"])
plt.show()
```

---

29 옮긴이_ 각 샘플의 손실에 가중치를 곱한 후 전체 샘플 개수로 나누어 손실을 계산합니다. 손실뿐만 아니라 다른 측정 지표에도 샘플 가중치가 적용되지만 샘플 개수가 아니라 전체 가중치 합으로 나눕니다. 예를 들어 샘플 가중치가 [1, 3]이고 두 번째 샘플만 정확히 예측되었다면 정확도는 $((0 \times 1) + (1 \times 3))/4 = 0.75$가 됩니다. 샘플 가중치의 기본값은 1입니다. 샘플 가중치를 0으로 설정하면 해당 샘플을 제외하는 효과를 냅니다.

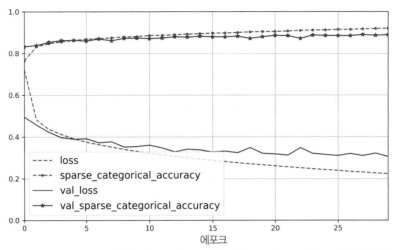

그림 10-11 학습 곡선: 에포크마다 측정한 평균적인 훈련 손실과 정확도 및 에포크의 종료 시점마다 측정한 평균적인 검증 손실과 정확도

훈련하는 동안 훈련 정확도와 검증 정확도가 꾸준히 상승하는 것을 볼 수 있습니다. 반면 훈련 손실과 검증 손실은 감소합니다. 아주 좋습니다! 검증 곡선이 처음에는 서로 비교적 가깝지만 시간이 지남에 따라 점점 더 멀어져 약간의 과대적합이 있음을 보여줍니다. 특히 이 경우는 훈련 초기에 모델이 훈련 세트보다 검증 세트에서 더 좋은 성능을 낸 것처럼 보입니다. 하지만 사실 그렇지 않습니다. 검증 손실은 에포크가 끝난 후에 계산되고 훈련 손실은 에포크가 진행되는 동안 계산됩니다. 따라서 훈련 곡선은 에포크의 절반만큼 왼쪽으로 이동해야 합니다. 그렇게 놓고 보면 훈련 초기에 훈련 곡선과 검증 곡선이 거의 완벽하게 일치합니다.

일반적으로 충분히 오래 훈련하면 훈련 세트의 성능이 검증 세트의 성능을 앞지릅니다. 검증 손실이 여전히 감소한다면 모델이 아직 완전히 수렴되지 않았다고 볼 수 있습니다. 아마도 훈련을 계속해야 할 것입니다. 케라스에서는 `fit()` 메서드를 다시 호출하면 중지되었던 곳에서부터 훈련을 이어갈 수 있습니다. 89.8% 검증 정확도에 근접해질 것입니다. 반면 훈련 정확도는 100%까지 계속 상승합니다(항상 그런 것은 아닙니다).

모델 성능이 만족스럽지 않으면 처음으로 되돌아가서 하이퍼파라미터를 튜닝해야 합니다. 맨 처음 확인할 것은 학습률입니다. 학습률이 도움이 되지 않는다면 다른 옵티마이저를 테스트해 보세요(항상 다른 하이퍼파라미터를 바꾼 후에는 학습률을 다시 튜닝해야 합니다). 여전히 성능이 높지 않으면 층 개수, 층에 있는 뉴런 개수, 은닉 층이 사용하는 활성화 함수와 같은 모델의 하이퍼파라미터를 튜닝해보세요. 배치 크기와 같은 다른 하이퍼파라미터를 튜닝해볼 수도 있습니다(fit() 메서드를 호출할 때 batch_size 매개변수로 지정합니다. 기본값은 32입니다). 이 장의 끝에서 하이퍼파라미터 튜닝에 관해 다시 알아봅니다. 모델의 검증 정확도가 만족스럽다면 모델을 제품 환경으로 배포하기 전에 테스트 세트로 모델을 평가하여 일반화 오차를 추정해야 합니다. 이때 evaluate() 메서드를 사용합니다(이 메서드는 batch_size와 sample_weight 같은 다른 매개변수도 지원합니다. 자세한 내용은 온라인 문서를 참고하세요 [30]).

```
>>> model.evaluate(X_test, y_test)
313/313 [==============================] - 0s 626us/step
  - loss: 0.3243 - sparse_categorical_accuracy: 0.8864
[0.32431697845458984, 0.8863999843597412]
```

2장에서 보았듯이 검증 세트보다 테스트 세트에서 성능이 조금 낮은 것이 일반적입니다. 하이퍼파라미터를 튜닝한 곳이 테스트 세트가 아니라 검증 세트이기 때문입니다(이 예에서는 어떤 하이퍼파라미터 튜닝도 하지 않았습니다. 낮은 정확도는 운이 나빴던 것뿐입니다). 테스트 세트에서 하이퍼파라미터를 튜닝하려는 유혹을 참아야 합니다. 그렇지 않으면 일반화 오차를 매우 낙관적으로 추정하게 됩니다.

모델로 예측 만들기

모델의 predict() 메서드를 사용해 새로운 샘플에 대해 예측을 만들 수 있습니다. 여기서는 실제로 새로운 샘플이 없기 때문에 테스트 세트의 처음 3개 샘플을 사용하겠습니다.

```
>>> X_new = X_test[:3]
>>> y_proba = model.predict(X_new)
>>> y_proba.round(2)
array([[0.  , 0.  , 0.  , 0.  , 0.  , 0.01, 0.  , 0.02, 0.  , 0.97],
       [0.  , 0.  , 0.99, 0.  , 0.01, 0.  , 0.  , 0.  , 0.  , 0.  ],
       [0.  , 1.  , 0.  , 0.  , 0.  , 0.  , 0.  , 0.  , 0.  , 0.  ]],
      dtype=float32)
```

---

30 옮긴이_ Sequential 클래스의 메서드는 다음 주소를 참고하세요. *https://keras.io/api/models/sequential/*

모델은 각 샘플에 대해 0에서 9까지 클래스마다 각각의 확률을 추정했습니다. 이는 사이킷런 분류기의 predict_proba() 메서드 출력과 비슷합니다. 예를 들어 첫 번째 이미지에 대해서는 클래스 9(앵클 부츠)의 확률을 97%, 클래스 7(스니커즈)의 확률을 2%, 클래스 5(샌들)의 확률을 1%로 추정했습니다. 다른 클래스의 확률은 무시할 수준입니다. 다른 말로 하면 첫 번째 이미지는 신발 종류라고 믿고 있으며 거의 앵클 부츠에 가깝고 스니커즈이거나 샌들일 가능성도 조금 있습니다. (실제로는 확률값이 낮더라도) 가장 높은 확률을 가진 클래스에만 관심이 있다면 argmax() 메서드를 사용하여 각 샘플에 대해 가장 높은 확률의 클래스 인덱스를 얻을 수 있습니다.

```
>>> import numpy as np
>>> y_pred = y_proba.argmax(axis=-1)
>>> y_pred
array([9, 2, 1])
>>> np.array(class_names)[y_pred]
array(['Ankle boot', 'Pullover', 'Trouser'], dtype='<U11')
```

이 분류기는 세 개의 이미지 모두 올바르게 분류했습니다([그림 10-12]에 분류한 이미지가 있습니다).

```
>>> y_new = y_test[:3]
>>> y_new
array([9, 2, 1], dtype=uint8)
```

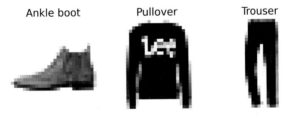

Ankle boot   Pullover   Trouser

그림 10-12 올바르게 분류된 패션 MNIST 이미지

이제 시퀀셜 API를 사용해 분류를 위한 MLP를 구축, 훈련, 평가, 예측하는 방법을 알았습니다. 그럼 회귀는 어떻게 할까요?

10.2.2 시퀀셜 API로 회귀용 다층 퍼셉트론 만들기

캘리포니아 주택 가격 문제로 돌아가서 이전과 동일하게 각각 50개의 뉴런으로 구성된 3개의 은닉 층을 가진 MLP를 사용하되 이번에는 케라스를 사용하여 구축해보겠습니다.

시퀀셜 API를 사용하여 회귀 MLP를 구축하고, 훈련하고, 평가하고, 사용하는 것은 분류를 위해 했던 것과 매우 유사합니다. 다음 코드 예제에서 가장 큰 차이점은 출력 층에 (하나의 값만 예측하고 싶기 때문에) 하나의 뉴런이 있고 활성화 함수를 사용하지 않으며, 손실 함수는 MSE이고, 측정 지표는 RMSE이며, 사이킷런의 MLPRegressor와 같이 Adam 옵티마이저를 사용한다는 점입니다. 또한 이 예제에서는 Flatten 층이 필요하지 않고 대신 Normalization 층(정규화 층)을 첫 번째 층으로 사용하고 있습니다. Normalization 층은 사이킷런의 StandardScaler와 동일한 작업을 수행하지만 모델의 fit() 메서드를 호출하기 전에 adapt() 메서드를 사용하여 훈련 데이터에 적응시켜야 합니다(13장에서 다루겠지만 케라스에는 다른 전처리 층도 있습니다). 이제 확인해보겠습니다.

```python
tf.random.set_seed(42)
norm_layer = tf.keras.layers.Normalization(input_shape=X_train.shape[1:])
model = tf.keras.Sequential([
    norm_layer,
    tf.keras.layers.Dense(50, activation="relu"),
    tf.keras.layers.Dense(50, activation="relu"),
    tf.keras.layers.Dense(50, activation="relu"),
    tf.keras.layers.Dense(1)
])
optimizer = tf.keras.optimizers.Adam(learning_rate=1e-3)
model.compile(loss="mse", optimizer=optimizer, metrics=["RootMeanSquaredError"])
norm_layer.adapt(X_train)
history = model.fit(X_train, y_train, epochs=20,
                    validation_data=(X_valid, y_valid))
mse_test, rmse_test = model.evaluate(X_test, y_test)
X_new = X_test[:3]
y_pred = model.predict(X_new)
```

> **NOTE** Normalization 층은 adapt() 메서드를 호출할 때 학습 데이터의 특성 평균과 표준 편차를 학습합니다. 그러나 모델의 summary() 메서드를 호출할 때 이러한 통계치는 non-trainable 변수에 포함됩니다. 이는 이러한 파라미터가 경사 하강법에 영향을 받지 않기 때문입니다.

여기서 볼 수 있듯이 시퀀셜 API는 매우 깔끔하고 간단합니다. Sequential 모델이 매우 널리 사용되지만 입력과 출력이 여러 개이거나 더 복잡한 네트워크 토폴로지를 갖는 신경망을 만들어야 할 때가 있습니다. 이를 위해 케라스는 함수형 API$^{Functional\ API}$를 제공합니다.

10.2.3 함수형 API로 복잡한 모델 만들기

순차적이지 않은 신경망의 한 예는 와이드 & 딥$^{Wide\ \&\ Deep}$ 신경망입니다. 이 신경망 구조는 2016년 형쯔 청$^{Heng-Tze\ Cheng}$의 논문[31]에서 소개되었습니다. 이 신경망은 [그림 10-13]과 같이 입력의 일부 또는 전체가 출력 층에 바로 연결됩니다. 이 구조를 사용하면 신경망이 (깊게 쌓은 층을 사용한) 복잡한 패턴과 (짧은 경로를 사용한) 간단한 규칙을 모두 학습할 수 있습니다.[32] 이와는 대조적으로 일반적인 MLP는 네트워크에 있는 층 전체에 모든 데이터를 통과시킵니다. 데이터에 있는 간단한 패턴이 연속된 변환으로 인해 왜곡될 수 있습니다.

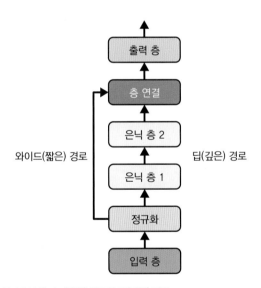

그림 10-13 와이드 & 딥 신경망의 와이드(짧은) 경로와 딥(깊은) 경로

31 Heng-Tze Cheng et al., "Wide & Deep Learning for Recommender Systems," Proceedings of the First Workshop on Deep Learning for Recommender Systems (2016): 7 – 10. *https://homl.info/widedeep*
32 짧은 경로는 신경망에 수동으로 찾은 특성을 제공하기 위해 사용될 수도 있습니다.
옮긴이_ 짧은 경로는 [그림 10-13]의 와이드 경로를 말합니다. 원문은 두 용어를 혼용합니다. 번역서는 혼동을 피하고 이해하기 쉽도록 '짧은 경로'로 통일하되 필요한 경우에 병기합니다.

이런 신경망을 만들어 캘리포니아 주택 문제를 해결해봅시다.

```
normalization_layer = tf.keras.layers.Normalization()
hidden_layer1 = tf.keras.layers.Dense(30, activation="relu")
hidden_layer2 = tf.keras.layers.Dense(30, activation="relu")    ❶
concat_layer = tf.keras.layers.Concatenate()
output_layer = tf.keras.layers.Dense(1)

input_ = tf.keras.layers.Input(shape=X_train.shape[1:])    ❷
normalized = normalization_layer(input_)    ❸
hidden1 = hidden_layer1(normalized)
hidden2 = hidden_layer2(hidden1)    ❹
concat = concat_layer([normalized, hidden2])    ❺
output = output_layer(concat)    ❻

model = tf.keras.Model(inputs=[input_], outputs=[output])
```

고수준에서 보면 처음 다섯 줄은 모델을 만드는 데 필요한 모든 층을 만들고, 다음 여섯 줄은 이 층을 함수처럼 사용하여 입력에서 출력으로 이동하며, 마지막 줄에서 입력과 출력을 지정하여 케라스 모델 객체를 만듭니다. 이 코드를 좀 더 자세히 살펴보겠습니다.

❶ 먼저 입력을 표준화하기 위한 Normalization 층, ReLU 활성화 함수를 사용하여 각각 30개의 뉴런이 있는 두 개의 Dense 층, Concatenate 층, 그리고 출력 층을 위해 활성화 함수 없이 하나의 뉴런이 있는 Dense 층 등 5개의 층을 만듭니다.

❷ 다음으로 Input 객체를 생성합니다(파이썬의 내장 함수 input()과 이름이 충돌되지 않도록 변수 이름을 input_으로 사용했습니다). 이것은 모델이 받을 입력의 종류에 대한 사양으로, input과 선택적으로 dtype 매개변수를 가집니다. dtype의 기본값은 32비트 부동소수점입니다. 곧 보게 되겠지만 모델에는 실제로 여러 개의 입력이 있을 수 있습니다.

❸ 그런 다음 Normalization 층을 함수처럼 사용하여 Input 객체를 전달합니다. 이것이 바로 함수형 API라고 부르는 이유입니다. Input 객체는 데이터 사양일 뿐이므로 실제로 데이터는 아직 처리되지 않습니다. 다만 케라스에 층을 어떻게 연결해야 하는지 알려줄 뿐입니다. 즉, 심볼릭 입력입니다. 이 호출의 출력도 마찬가지로 기호입니다. normalized는 실제 데이터를 가지고 있지 않고 모델을 구성하는 데만 사용됩니다.

❹ 같은 방식으로 normalized를 hidden_layer1에 전달하면 hidden1이 출력되고, hidden1을 hidden_layer2에 전달하면 hidden2가 출력됩니다.

❺ 지금까지는 층을 순차적으로 연결했지만 concat_layer를 사용하여 입력과 두 번째 은닉 층의 출력을 연결합니다. 다시 말하지만, 실제 데이터는 아직 연결되지 않았으며 모두 모델을 구축하기 위한 기호입니다.

❻ 그런 다음 concat을 output_layer로 전달하여 최종 output을 얻습니다.

케라스 모델을 만들고 나면 나머지는 이전과 동일하므로 다시 설명하지 않겠습니다. 모델을 컴파일하고 `Normalization` 층의 `adapt()` 메서드를 호출한 다음, 훈련, 평가, 예측을 수행합니다.

[그림 10-14]에 나타난 것처럼 일부 특성을 짧은 경로로 전달하고 다른 특성들을(중복될 수 있습니다) 깊은 경로로 전달하고 싶다면 어떻게 해야 할까요? 이런 경우 한 가지 방법은 여러 입력을 사용하는 것입니다. 예를 들어 5개 특성(특성 인덱스 0부터 4까지)을 짧은 경로로 보내고 6개 특성(특성 인덱스 2부터 7까지)을 깊은 경로로 보낸다고 가정해봅시다. 다음과 같이 할 수 있습니다.

```python
input_wide = tf.keras.layers.Input(shape=[5]) # 특성 인덱스 0부터 4까지
input_deep = tf.keras.layers.Input(shape=[6]) # 특성 인덱스 2부터 7까지
norm_layer_wide = tf.keras.layers.Normalization()
norm_layer_deep = tf.keras.layers.Normalization()
norm_wide = norm_layer_wide(input_wide)
norm_deep = norm_layer_deep(input_deep)
hidden1 = tf.keras.layers.Dense(30, activation="relu")(norm_deep)
hidden2 = tf.keras.layers.Dense(30, activation="relu")(hidden1)
concat = tf.keras.layers.concatenate([norm_wide, hidden2])
output = tf.keras.layers.Dense(1)(concat)
model = tf.keras.Model(inputs=[input_wide, input_deep], outputs=[output])
```

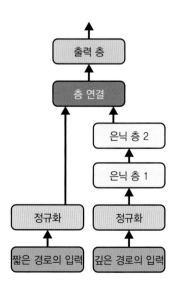

그림 10-14 여러 개의 입력 다루기

이 예제에는 이전 예제와 비교하여 몇 가지 주목해야 할 사항이 있습니다.

- 모든 Dense 층은 한 줄에서 생성되어 호출됩니다. 이런 방식은 명확성을 잃지 않으면서 코드를 더 간결하게 만들기 때문에 널리 사용됩니다. 하지만 Normalization 층의 경우에는 이렇게 할 수 없습니다. 모델을 훈련하기 전에 Normalization 층의 adapt() 메서드를 호출할 수 있도록 이 층에 대한 참조가 필요하기 때문입니다.
- tf.keras.layers.concatenate()을 사용하여 Concatenate 층을 만들고 주어진 입력으로 이 층을 호출했습니다.
- 두 개의 입력이 있으므로 모델을 만들 때 inputs=[input_wide, input_deep]과 같이 지정했습니다.

이제 이전과 동일하게 모델을 컴파일할 수 있지만 fit() 메서드를 호출할 때 하나의 입력 행렬 X_train을 전달하는 것이 아니라 입력마다 하나씩 행렬의 튜플 (X_train_wide, X_train_deep)을 전달해야 합니다. X_valid에도 동일하게 적용됩니다. evaluate()나 predict()를 호출할 때 X_test와 X_new에도 동일합니다.

```
optimizer = tf.keras.optimizers.Adam(learning_rate=1e-3)
model.compile(loss="mse", optimizer=optimizer, metrics=["RootMeanSquaredError"])

X_train_wide, X_train_deep = X_train[:, :5], X_train[:, 2:]
X_valid_wide, X_valid_deep = X_valid[:, :5], X_valid[:, 2:]
X_test_wide, X_test_deep = X_test[:, :5], X_test[:, 2:]
X_new_wide, X_new_deep = X_test_wide[:3], X_test_deep[:3]

norm_layer_wide.adapt(X_train_wide)
norm_layer_deep.adapt(X_train_deep)
history = model.fit((X_train_wide, X_train_deep), y_train, epochs=20,
                    validation_data=((X_valid_wide, X_valid_deep), y_valid))
mse_test = model.evaluate((X_test_wide, X_test_deep), y_test)
y_pred = model.predict((X_new_wide, X_new_deep))
```

여러 개의 출력이 필요한 경우는 많습니다.

- 여러 출력이 필요한 작업일 때입니다. 예를 들어 그림에 있는 주요 물체를 분류하고 위치를 알아야 할 수 있습니다. 이는 회귀 작업인 동시에 분류 작업이기도 합니다.
- 동일한 데이터에서 독립적인 여러 작업을 수행할 때입니다. 물론 작업마다 새로운 신경망을 훈련할 수 있지만, 작업마다 하나의 출력을 가진 단일 신경망을 훈련하는 것이 보통 더 나은 결과를 냅니다. 신경망이 여러 작업에 걸쳐 유용한 특성을 학습할 수 있기 때문입니다. 예를 들어 얼굴 사진으로 **다중 작업 분류**multitask classification를 수행할 수 있습니다. 한 출력은 사람의 얼굴 표정(기쁨, 놀람 등)을 분류하고 다른 출력은 안경을 썼는지 구별할 수 있습니다.

- 규제 기법으로 사용할 때입니다. 과대적합을 줄이고 모델의 일반화 성능을 높이도록 훈련에 제약을 가하는 경우입니다. 예를 들어 신경망 구조 안에 보조 출력을 추가할 수 있습니다(그림 10-15). 보조 출력을 사용해 하위 네트워크가 나머지 네트워크에 의존하지 않고 그 자체로 유용한 것을 학습하는지 확인할 수 있습니다.

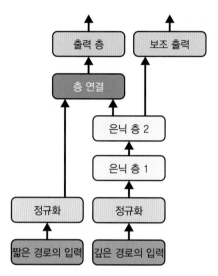

그림 10-15 여러 개의 출력 다루기. 여기에서는 규제를 위해 보조 출력을 추가합니다.

보조 출력을 추가하는 것은 매우 쉽습니다. 적절한 층에 연결하고 모델의 출력 리스트에 추가하면 됩니다. 예를 들면 다음 코드는 [그림 10-15]의 네트워크를 만듭니다.

```
[...]    # 출력 층까지는 이전과 동일합니다.
output = tf.keras.layers.Dense(1)(concat)
aux_output = tf.keras.layers.Dense(1)(hidden2)
model = tf.keras.Model(inputs=[input_wide, input_deep],
                       outputs=[output, aux_output])
```

각 출력은 자신만의 손실 함수가 필요합니다. 따라서 모델을 컴파일할 때 손실의 리스트[33]를 전달해야 합니다(하나의 손실을 전달하면 케라스는 모든 출력의 손실 함수가 동일하다고 가정합니다). 기본적으로 케라스는 나열된 손실을 모두 더하여 최종 손실을 구해 훈련에 사용합니다

---

33 출력 이름과 손실을 매핑한 딕셔너리를 전달할 수도 있습니다. 입력과 마찬가지로 출력이 여러 개일 때 나열 순서를 혼동하지 않도록 도와줍니다. (뒤에서 설명할) 손실 가중치와 측정 지표도 딕셔너리로 지정할 수 있습니다.

다. 보조 출력보다 주 출력에 더 관심이 많다면(보조 출력은 규제로만 사용되므로), 주 출력의 손실에 더 많은 가중치를 부여해야 합니다. 다행히 모델을 컴파일할 때 손실 가중치를 지정할 수 있습니다.

```python
optimizer = tf.keras.optimizers.Adam(learning_rate=1e-3)
model.compile(loss=("mse", "mse"), loss_weights=(0.9, 0.1), optimizer=optimizer,
              metrics=["RootMeanSquaredError"])
```

> **TIP** loss=("mse", "mse")와 같이 튜플을 전달하는 대신 출력 층을 name="output"과 name="aux_output"으로 만들었다면 loss={"output": "mse", "aux_output": "mse"}와 같이 딕셔너리를 전달할 수 있습니다. 입력과 마찬가지로 이렇게 하면 코드가 명확해지고 출력이 여러 개일 때 에러를 방지할 수 있습니다. loss_weights도 딕셔너리로 지정할 수 있습니다.

이제 모델을 훈련할 때 각 출력에 대한 레이블을 제공해야 합니다. 여기에서는 주 출력과 보조 출력이 같은 것을 예측해야 하므로 동일한 레이블을 사용합니다. 따라서 y_train 대신에 (y_train, y_train)을 전달하거나 출력 이름이 "output" 및 "aux_output"인 경우 딕셔너리 {"output": y_train, "aux_output": y_train}을 전달해야 합니다. y_valid와 y_test도 마찬가지입니다.

```python
norm_layer_wide.adapt(X_train_wide)
norm_layer_deep.adapt(X_train_deep)
history = model.fit(
    (X_train_wide, X_train_deep), (y_train, y_train), epochs=20,
    validation_data=((X_valid_wide, X_valid_deep), (y_valid, y_valid))
)
```

모델을 평가하면 케라스는 개별 손실과 측정 지표는 물론 손실의 가중치 합을 반환합니다.

```python
eval_results = model.evaluate((X_test_wide, X_test_deep), (y_test, y_test))
weighted_sum_of_losses, main_loss, aux_loss, main_rmse, aux_rmse = eval_results
```

> **TIP** return_dict=True로 설정하면 evaluate()가 튜플 대신 딕셔너리를 반환합니다.

비슷하게 predict() 메서드는 각 출력에 대한 예측을 반환합니다.

```
y_pred_main, y_pred_aux = model.predict((X_new_wide, X_new_deep))
```

predict() 메서드는 튜플을 반환하며, 딕셔너리를 반환하기 위한 return_dict 매개변수가 없습니다. 하지만 model.output_names를 사용하여 딕셔너리를 만들 수 있습니다.

```
y_pred_tuple = model.predict((X_new_wide, X_new_deep))
y_pred = dict(zip(model.output_names, y_pred_tuple))
```

여기에서 볼 수 있듯이 함수형 API를 사용하면 어떤 종류의 구조도 손쉽게 만들 수 있습니다. 이제 케라스 모델을 만들 수 있는 마지막 방법을 알아보겠습니다.

10.2.4 서브클래싱 API로 동적 모델 만들기

시퀀셜 API와 함수형 API는 모두 선언적declarative입니다. 사용할 층과 연결 방식을 먼저 정의 해야 합니다. 그다음 모델에 데이터를 주입하여 훈련이나 추론을 시작할 수 있습니다. 이 방식에는 장점이 많습니다. 모델을 저장하거나 복사, 공유하기 쉽습니다. 또한 모델의 구조를 출력하거나 분석하기 좋습니다. 프레임워크가 크기를 짐작하고 타입을 확인하여 에러를 (모델에 데이터가 주입되기 전에) 일찍 발견할 수 있습니다. 전체 모델이 층으로 구성된 정적 그래프이므로 디버깅하기도 쉽습니다. 하지만 정적이라는 것이 단점도 됩니다. 어떤 모델은 반복문을 포함하고 다양한 크기를 다루어야 하며 조건문을 가지는 등 여러 가지 동적인 구조를 필요로 합니다. 이런 경우에 조금 더 명령형imperative 프로그래밍 스타일이 필요하다면 서브클래싱 API subclassing API가 정답입니다.

간단히 Model 클래스를 상속한 다음 생성자 안에서 필요한 층을 만듭니다. 그다음 call() 메서드 안에 수행하려는 연산을 기술합니다. 예를 들어 다음 WideAndDeepModel 클래스의 인스턴스는 앞서 함수형 API로 만든 모델과 동일한 기능을 수행합니다.

```
class WideAndDeepModel(tf.keras.Model):
    def __init__(self, units=30, activation="relu", **kwargs):
        super().__init__(**kwargs) # 모델에 이름을 부여하기 위해 필요합니다.
        self.norm_layer_wide = tf.keras.layers.Normalization()
        self.norm_layer_deep = tf.keras.layers.Normalization()
        self.hidden1 = tf.keras.layers.Dense(units, activation=activation)
```

```
        self.hidden2 = tf.keras.layers.Dense(units, activation=activation)
        self.main_output = tf.keras.layers.Dense(1)
        self.aux_output = tf.keras.layers.Dense(1)

    def call(self, inputs):
        input_wide, input_deep = inputs
        norm_wide = self.norm_layer_wide(input_wide)
        norm_deep = self.norm_layer_deep(input_deep)
        hidden1 = self.hidden1(norm_deep)
        hidden2 = self.hidden2(hidden1)
        concat = tf.keras.layers.concatenate([norm_wide, hidden2])
        output = self.main_output(concat)
        aux_output = self.aux_output(hidden2)
        return output, aux_output

model = WideAndDeepModel(30, activation="relu", name="my_cool_model")
```

이 예제는 생성자에서 층을 생성하는 것[34]과 call() 메서드에서 이 층을 사용하는 것을 분리한다는 점을 제외하면 이전 예제와 비슷합니다. 그리고 Input 객체를 생성할 필요 없이 call() 메서드에 inputs 매개변수를 사용할 수 있습니다.

이제 모델 객체가 생겼으므로 함수형 API에서 했던 것처럼 모델 객체를 컴파일하고, 정규화 층을 적용하고(예를 들어 model.norm_layer_wide.adapt(...)와 model.norm_layer_deep.adapt(...)를 사용합니다), 훈련하고, 평가하고, 예측에 사용할 수 있습니다.

이 API의 가장 큰 차이점은 call() 메서드에 for 반복문, if 문, 저수준 텐서플로 연산 등 원하는 거의 모든 것을 포함시킬 수 있다는 것입니다. 상상력이 부족할 뿐입니다(12장 참고)! 특히 새로운 아이디어를 실험하는 연구자들에게 아주 좋은 API입니다. 하지만 이러한 추가적인 유연성에는 대가가 따릅니다. 모델의 구조가 call() 메서드에 숨겨져 있어 케라스가 쉽게 검사할 수 없고, tf.keras.models.clone_model()을 사용하여 모델을 복제할 수 없습니다. summary() 메서드를 호출하면 층이 서로 어떻게 연결되어 있는지에 대한 정보 없이 층의 목록만 출력됩니다. 또한 케라스가 타입과 크기를 미리 확인할 수 없으므로 실수하기 쉽습니다. 따라서 추가적인 유연성이 정말 필요한 경우가 아니라면 시퀀셜 API나 함수형 API를 사용하는 것이 좋습니다.

---

34 케라스 모델에는 output이라는 속성이 있어서 이를 주 출력 층의 이름으로 사용할 수 없습니다. 그래서 main_output이라는 이름을 사용했습니다. 옮긴이_ 케라스 층과 모델의 output 속성은 계산 그래프상의 출력 텐서를 나타냅니다.

TIP 케라스 모델은 일반적인 층처럼 사용 가능합니다. 따라서 모델을 연결하여 더 복잡한 구조를 만들 수 있습니다.

케라스를 사용하여 신경망을 만들고 훈련하는 법을 알았습니다. 그럼 모델을 저장하는 방법도 알아봅시다!

10.2.5 모델 저장과 복원하기

훈련된 케라스 모델을 저장하는 것은 매우 간단합니다.

```
model.save("my_keras_model", save_format="tf")
```

save_format="tf"[35]로 설정하면 케라스는 텐서플로의 SavedModel 포맷을 사용하여 모델을 저장합니다. 이는 (지정한 이름의) 디렉터리이며 여러 파일과 서브디렉터리를 포함하고 있습니다. 특히 saved_model.pb 파일에는 모델의 아키텍처와 로직이 직렬화된 계산 그래프 형태로 포함되어 있으므로 제품 환경에서 사용하기 위해 모델의 소스 코드를 배포할 필요 없이 SavedModel로 충분합니다(12장에서 작동 방식을 확인할 수 있습니다). keras_metadata.pb 파일에는 케라스에 필요한 추가 정보가 포함되어 있습니다. variables 서브디렉터리에는 모든 파라미터 값(연결 가중치, 편향, 정규화 통계치, 옵티마이저 파라미터 포함)이 포함되며, 모델이 매우 큰 경우 여러 파일에 분할되어 있을 수 있습니다. 마지막으로 assets 디렉터리에는 데이터 샘플, 특성 이름, 클래스 이름 등과 같은 추가 파일이 포함될 수 있습니다. 기본적으로 assets 디렉터리는 비어 있습니다. 옵티마이저도 하이퍼파라미터와 모든 상태를 포함하여 저장되므로 원하는 경우 모델을 로드한 후 훈련을 계속할 수 있습니다.

NOTE save_format="h5"를 설정하거나 .h5, .hdf5 또는 .keras로 끝나는 파일 이름을 사용하는 경우 케라스는 HDF5 형식을 기반으로 하는 케라스 전용 포맷을 사용하여 모델을 단일 파일에 저장합니다. 그러나 대부분의 텐서플로 배포 도구는 SavedModel 포맷을 요구합니다.

---

35 현재는 이 포맷이 기본값이지만 케라스 팀에서 다음 버전에서 기본값으로 할 새로운 포맷을 개발 중이므로 미래에 대비하기 위해 명시적으로 포맷을 설정했습니다. 옮긴이_ 텐서플로 2.12.0 버전에서 새로운 저장 포맷인 save_format="keras_v3"가 추가되었습니다. 향후 .keras로 끝나는 파일을 사용하는 경우 이 포맷이 기본값이 됩니다.

일반적으로 모델을 훈련하고 저장하는 스크립트와 모델을 로드하여 평가하거나 예측하는 데 사용하는 하나 이상의 스크립트(또는 웹 서비스)가 있습니다. 모델을 로드하는 것은 저장하는 것만큼이나 쉽습니다.

```
model = tf.keras.models.load_model("my_keras_model")
y_pred_main, y_pred_aux = model.predict((X_new_wide, X_new_deep))
```

save_weights()와 load_weights()를 사용하여 파라미터 값만 저장하고 로드할 수도 있습니다. 여기에는 연결 가중치, 편향, 전처리 통계치, 옵티마이저 상태 등이 포함됩니다. 파라미터 값은 my_weights.data-00004-of-00052와 같은 한 개 이상의 파일에 저장되며 my_weights.index와 같은 인덱스 파일이 있습니다.[36]

가중치만 저장하는 것이 전체 모델을 저장하는 것보다 더 빠르고 디스크 공간을 덜 사용하므로 훈련 중에 체크포인트를 빠르게 저장하는 데 적합합니다. 큰 모델을 훈련하는 데 몇 시간 또는 며칠이 걸리는 경우 컴퓨터가 다운되는 경우를 대비해 체크포인트^{checkpoint}를 정기적으로 저장해야 합니다. 하지만 어떻게 fit() 메서드에 체크포인트를 저장하도록 지시할 수 있을까요? 콜백^{callback}을 사용하면 됩니다.

10.2.6 콜백 사용하기

fit() 메서드의 callbacks 매개변수를 사용하여 케라스가 훈련의 시작 전이나 후에 호출할 객체 리스트를 지정할 수 있습니다. 또는 에포크의 시작 전후, 각 배치 처리 전후에 호출할 수도 있습니다. 예를 들어 ModelCheckpoint는 훈련하는 동안 일정한 간격으로 모델의 체크포인트를 저장합니다. 기본적으로 매 에포크의 끝에서 호출됩니다.

```
checkpoint_cb = tf.keras.callbacks.ModelCheckpoint("my_checkpoints",
                                             save_weights_only=True)
history = model.fit([...], callbacks=[checkpoint_cb])
```

---

36 옮긴이_ 이를 체크포인트(checkpoint)라고 부릅니다.

훈련하는 동안 검증 세트를 사용하면 ModelCheckpoint를 만들 때 save_best_only=True 로 지정할 수 있습니다. 이렇게 하면 최상의 검증 세트 점수에서만 모델을 저장합니다. 오랜 훈 련 시간으로 훈련 세트에 과대적합될 걱정을 하지 않아도 됩니다. 훈련이 끝난 후 마지막에 저 장된 모델을 복원하면 됩니다. 그 모델이 검증 세트에서 최상의 점수를 낸 모델입니다. 이것이 (4장에서 소개한) 조기 종료를 구현하는 한 가지 방법입니다. 하지만 실제로 훈련을 종료시키 지는 않습니다.

또 다른 방법은 EarlyStopping 콜백을 사용하는 것입니다. 일정 에포크(patience 매개변수 로 지정합니다) 동안 검증 세트에 대한 점수가 향상되지 않으면 훈련을 멈춥니다. restore_ best_weights=True로 지정하면 훈련이 끝난 후 최상의 모델을 복원합니다. 컴퓨터가 문제를 일으키는 경우를 대비해서 체크포인트 저장 콜백과 시간이나 컴퓨팅 자원을 낭비하지 않고 과 대적합을 막기 위해 진전이 없는 경우 훈련을 일찍 멈추는 콜백을 함께 사용할 수 있습니다.

```
early_stopping_cb = tf.keras.callbacks.EarlyStopping(patience=10,
                                                     restore_best_weights=True)
history = model.fit([...], callbacks=[checkpoint_cb, early_stopping_cb])
```

모델이 향상되지 않으면 훈련이 자동으로 중지되기 때문에 에포크의 숫자를 크게 지정해도 됩 니다(학습률이 너무 작지 않은지 확인하세요. 그렇지 않으면 끝까지 느리게 진행될 수 있습니 다). 조기 종료 콜백은 최적의 모델 가중치를 메모리에 저장하고 훈련이 끝나면 이를 복원합 니다.

TIP tf.keras.callbacks 패키지에는 다른 종류의 콜백이 많이 있습니다(*https://keras.io/callbacks*).

더 많은 제어를 원한다면 사용자 정의 콜백을 만들 수 있습니다. 예를 들어 다음과 같은 사용자 정의 콜백은 훈련하는 동안 검증 손실과 훈련 손실의 비율을 출력합니다(즉, 과대적합을 감지 합니다).

```
class PrintValTrainRatioCallback(tf.keras.callbacks.Callback):
    def on_epoch_end(self, epoch, logs):
        ratio = logs["val_loss"] / logs["loss"]
        print(f"Epoch={epoch}, val/train={ratio:.2f}")
```

예상할 수 있겠지만 on_train_begin(), on_train_end(), on_epoch_begin(), on_epoch_end(), on_batch_begin(), on_batch_end()를 구현할 수 있습니다. 필요하다면 콜백은 검증과 예측 단계에서도 사용할 수 있습니다(예를 들어 디버깅을 위해). 평가에 사용하려면 on_test_begin(), on_test_end(), on_test_batch_begin(), on_test_batch_end()를 구현해야 합니다(evaluate()에서 호출됩니다). 예측에 사용하려면 on_predict_begin(), on_predict_end(), on_predict_batch_begin(), on_predict_batch_end()를 구현해야 합니다(predict()에서 호출됩니다).

이제 **tf.keras**를 사용할 때 반드시 알아야 할 도구인 텐서보드^{TensorBoard}를 알아봅시다.

10.2.7 텐서보드로 시각화하기

텐서보드는 매우 좋은 인터랙티브 시각화 도구입니다. 훈련하는 동안 학습 곡선을 그리거나 여러 실행 간의 학습 곡선을 비교하고 계산 그래프 시각화와 훈련 통계 분석을 수행할 수 있습니다. 또한 모델이 생성한 이미지를 확인하거나 3D에 투영된 복잡한 다차원 데이터를 시각화하고 자동으로 클러스터링하며 네트워크 프로파일링(속도를 측정하여 병목 현상 파악) 등에 사용할 수 있는 훌륭한 대화형 시각화 도구입니다!

텐서보드는 텐서플로를 설치할 때 자동으로 설치됩니다. 그러나 프로파일링 데이터를 시각화하려면 텐서보드 플러그인이 필요합니다. *https://homl.info/install*의 설치 지침에 따라 로컬에서 모든 것을 실행했다면 플러그인이 이미 설치되어 있지만, 코랩을 사용하는 경우 다음 명령을 실행해야 합니다.

```
%pip install -q -U tensorboard-plugin-profile
```

텐서보드를 사용하려면 프로그램을 수정하여 이벤트 파일$^{\text{event file}}$이라는 특별한 이진 로그 파일에 시각화하려는 데이터를 출력해야 합니다. 각각의 이진 데이터 레코드를 'summary'라고 부릅니다. 텐서보드 서버는 로그 디렉터리를 모니터링하고 자동으로 변경 사항을 읽어 그래프를 업데이트합니다. 훈련하는 중간에 학습 곡선 같이 (약간의 지연이 있지만) 실시간 데이터를 시각화할 수 있습니다. 일반적으로 텐서보드 서버가 루트^{root} 로그 디렉터리를 가리키고 프로그램은 실행할 때마다 다른 서브디렉터리에 이벤트를 기록합니다. 이렇게 하면 복잡하지 않게 하나의 텐서보드 서버가 여러 번 실행한 프로그램의 결과를 시각화하고 비교할 수 있습니다.

루트 로그 디렉터리의 이름을 **my_logs**로 지정하고, 현재 날짜와 시간을 기준으로 서브디렉터리의 경로를 생성하는 함수를 정의하여 실행할 때마다 다른 경로를 만들겠습니다.

```python
from pathlib import Path
from time import strftime

def get_run_logdir(root_logdir="my_logs"):
    return Path(root_logdir) / strftime("run_%Y_%m_%d_%H_%M_%S")

run_logdir = get_run_logdir()  # 예: my_logs/run_2022_08_01_17_25_59
```

좋은 소식은 케라스가 로그 디렉터리(필요한 경우 상위 디렉터리와 함께)를 생성하고, 훈련 중에 이벤트 파일을 만들어 요약 정보를 기록하는 편리한 TensorBoard() 콜백을 제공한다는 점입니다. 모델의 훈련 및 검증 손실과 측정 지표(이 경우 MSE 및 RMSE)를 계산하고 신경망의 프로파일링도 수행합니다. 사용법은 간단합니다.

```python
tensorboard_cb = tf.keras.callbacks.TensorBoard(run_logdir,
                                     profile_batch=(100, 200))
history = model.fit([...], callbacks=[tensorboard_cb])
```

이것이 전부입니다! 이 예에서는 첫 번째 에포크 동안 배치 100과 200 사이의 신경망을 프로파일링합니다. 왜 100과 200일까요? 신경망이 '워밍업'하는 데 몇 개의 배치가 걸리는 경우가 많으므로 너무 일찍 프로파일링하지 않는 것이 좋습니다. 또 프로파일링에는 자원이 사용되므로 모든 배치에 대해 프로파일링을 수행하지 않는 것이 좋습니다.

다음으로 학습률을 0.001에서 0.002로 변경하고 코드를 다시 실행해보세요(새로운 서브디렉터리가 만들어집니다). 다음과 비슷한 디렉터리 구조가 만들어질 것입니다.

```
my_logs
├── run_2022_08_01_17_25_59
│   │   └── plugins
│   │       └── profile
│   │           └── 2022_08_01_17_26_02
│   │               ├── my_host_name.input_pipeline.pb
│   │               └── [...]
│   ├──── train
│   │       ├── events.out.tfevents.1659331561.my_host_name.42042.0.v2
│   │       ├── events.out.tfevents.1659331562.my_host_name.profile-empty
│   └──── validation
│           └── events.out.tfevents.1659331562.my_host_name.42042.1.v2
└── run_2022_08_01_17_31_12
    └── [...]
```

실행마다 하나의 디렉터리가 생성됩니다. 그 아래 훈련 로그를 위한 서브디렉터리와 검증 로그를 위한 서브디렉터리가 포함됩니다. 둘 다 이벤트 파일을 담고 있습니다. 훈련 로그에는 프로파일링 트레이스profiling trace 파일도 포함됩니다.

이제 이벤트 파일이 준비되었으므로 텐서보드 서버를 시작할 차례입니다. 이 작업은 텐서보드 라이브러리와 함께 설치되는 주피터 확장 프로그램을 사용하여 주피터 또는 코랩 내에서 직접 수행할 수 있습니다. 이 확장 프로그램은 코랩에 사전 설치되어 있습니다. 다음 코드에서 첫 번째 라인은 텐서보드용 주피터 확장 프로그램을 로드합니다. 그다음 두 번째 라인은 my_logs 디렉터리로 텐서보드 서버를 시작하고 주피터에서 이 서버에 연결하여 바로 사용자 인터페이스를 표시합니다. 서버는 6006 이상의 사용 가능한 첫 번째 TCP 포트에서 수신 대기합니다 (또는 --port 옵션을 사용하여 원하는 포트를 설정할 수 있습니다).

```
%load_ext tensorboard
%tensorboard --logdir=./my_logs
```

TIP 자신의 컴퓨터에서 실행하는 경우 터미널에서 tensorboard --logdir=./my_logs 명령으로 텐서보드를 시작할 수 있습니다. 먼저 텐서보드를 설치한 콘다 환경을 활성화하고 handson-ml3 디렉터리로 이동해야 합니다. 서버가 시작되면 *http://localhost:6006*에 접속합니다.

이제 텐서보드의 사용자 인터페이스가 표시됩니다. 학습 곡선을 보려면 SCALARS 탭을 클릭합니다(그림 10-16). 왼쪽 하단에서 시각화하려는 로그(❶ 첫 번째 및 두 번째 실행의 훈련

로그)를 선택하고 epoch_loss 스칼라를 클릭합니다. 두 번의 실행 모두에서 훈련 손실이 감소했지만 두 번째 실행에서는 학습률이 더 높아 훈련 손실이 조금 더 빠르게 감소한 것을 알 수 있습니다.

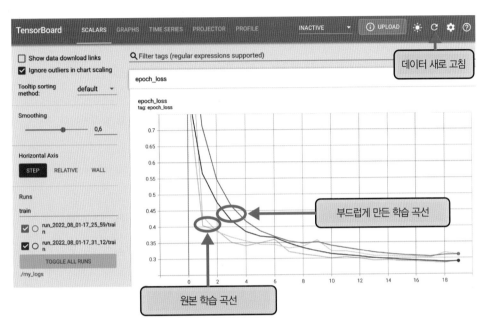

그림 10-16 텐서보드로 학습 곡선 시각화하기

GRAPHS 탭에서 전체 계산 그래프를, PROJECTOR 탭에서 3D로 투영된 학습된 가중치를, PROFILE 탭에서 프로파일링 트레이스를 시각화할 수도 있습니다. TensorBoard() 콜백에는 추가 데이터를 기록하는 옵션도 있습니다(자세한 내용은 온라인 문서[37]를 참고하세요). 오른쪽 상단의 새로 고침 버튼(↻)을 클릭하면 텐서보드가 데이터를 새로 갱신할 수 있으며, 설정 버튼(✿)을 클릭하면 자동 새로 고침^{auto-refresh}을 활성화하고 새로 고침 간격을 지정할 수 있습니다.

또한 텐서플로에서는 tf.summary 패키지에 저수준의 API를 제공합니다. 다음 코드는 create_file_writer() 함수를 사용하여 SummaryWriter를 생성하고, 이를 파이썬 콘텍스트로 사용하여 스칼라, 히스토그램, 이미지, 오디오 및 텍스트를 기록합니다. 이런 데이터는 모두

---

37 _https://bit.ly/43tL4hU_

텐서보드를 사용하여 시각화할 수 있습니다.

```python
test_logdir = get_run_logdir()
writer = tf.summary.create_file_writer(str(test_logdir))
with writer.as_default():
    for step in range(1, 1000 + 1):
        tf.summary.scalar("my_scalar", np.sin(step / 10), step=step)

        data = (np.random.randn(100) + 2) * step / 100      # 점점 커집니다.
        tf.summary.histogram("my_hist", data, buckets=50, step=step)

        images = np.random.rand(2, 32, 32, 3) * step / 1000 # 점점 밝아집니다.
        tf.summary.image("my_images", images, step=step)

        texts = ["The step is " + str(step), "Its square is " + str(step ** 2)]
        tf.summary.text("my_text", texts, step=step)

        sine_wave = tf.math.sin(tf.range(12000) / 48000 * 2 * np.pi * step)
        audio = tf.reshape(tf.cast(sine_wave, tf.float32), [1, -1, 1])
        tf.summary.audio("my_audio", audio, sample_rate=48000, step=step)
```

이 코드를 실행하고 텐서보드에서 새로고침 버튼을 클릭하면 IMAGES, AUDIO, DISTRIBUTIONS, HISTOGRAMS, TEXT 탭이 나타납니다. IMAGES 탭을 클릭하고 각 이미지 위에 있는 슬라이더를 사용하여 다양한 시간 간격으로 이미지를 볼 수 있습니다. 마찬가지로 AUDIO 탭으로 이동하여 다양한 시간 간격으로 오디오를 들어보세요. 여기서 볼 수 있듯이 텐서보드는 텐서플로나 딥러닝을 넘어서도 유용한 도구입니다.

> **TIP** 결과를 *https://tensorboard.dev*에 게시하여 온라인으로 공유할 수 있습니다. 이렇게 하려면 !tensor board dev upload --logdir ./my_logs 명령을 실행하면 됩니다. 처음 실행하면 이용 약관에 동의하고 인증하라는 메시지가 표시됩니다. 그러면 로그가 업로드되고 텐서보드 인터페이스에서 결과를 볼 수 있는 링크가 제공됩니다.

지금까지 배운 것을 요약하고 신경망의 유래와 다층 퍼셉트론에 관해 알아보았습니다. 그리고 분류와 회귀 문제를 위해 다층 퍼셉트론을 사용하는 방법과 tf.keras 시퀀셜 API를 사용해 다층 퍼셉트론을 만드는 방법을 배웠습니다. (와이드 & 딥 모델과 다중 입출력 모델 같이) 더 복잡한 구조의 모델을 만들기 위해 함수형 API와 서브클래싱 API를 사용하는 방법도 살펴보았습니다. 또한 모델을 저장하고 복원하는 방법과 체크포인트 저장, 조기 종료 등을 위해 콜백을 사용하는 방법을 배웠습니다. 마지막으로 텐서보드를 사용해 시각화하는 방법을 배웠습니다. 이제 직접 신경망을 사용해 여러 가지 문제를 해결할 수 있습니다! 하지만 은닉 층의 개수, 뉴런의 개수와 그 외 다른 하이퍼파라미터를 어떻게 결정해야 할지 궁금할 수 있습니다. 지금부터 살펴보겠습니다.

10.3 신경망 하이퍼파라미터 튜닝하기

신경망의 유연성은 단점이기도 합니다. 조정할 하이퍼파라미터가 많기 때문입니다. 아주 복잡한 네트워크 구조에서뿐만 아니라 기본적인 다층 퍼셉트론에서도 층의 개수, 층마다 있는 뉴런의 개수, 각 층에서 사용하는 활성화 함수, 가중치 초기화 전략, 사용할 옵티마이저, 학습률, 배치 크기 등 많은 것을 바꿀 수 있습니다. 어떤 하이퍼파라미터 조합이 주어진 문제에 최적인지 알 수 있을까요?

한 가지 옵션은 케라스 모델을 사이킷런 추정기로 변환한 다음 2장에서 했던 것처럼 GridSearchCV 또는 RandomizedSearchCV를 사용하여 하이퍼파라미터를 미세 튜닝하는 것입니다. 이를 위해 SciKeras 라이브러리의 KerasRegressor와 KerasClassifier 래퍼 클래스를 사용할 수 있습니다(자세한 내용은 *https://github.com/adriangb/scikeras*를 참고하세요). 하지만 더 좋은 방법이 있습니다. 케라스 모델을 위한 하이퍼파라미터 튜닝 라이브러리인 **케라스 튜너**^{Keras Tuner} 라이브러리를 사용할 수 있습니다. 이 라이브러리는 여러 가지 튜닝 전략을 제공하며, 사용자 정의가 가능하고, 텐서보드와의 통합이 뛰어납니다. 어떻게 사용하는지 알아보겠습니다.

*https://homl.info/install*의 설치 가이드를 따라 모든 것을 로컬에서 실행했다면 이미 케라스 튜너가 설치되어 있을 것입니다. 하지만 코랩을 사용하는 경우 %pip install -q -U keras-tuner 명령을 실행해야 합니다. 그런 다음 keras_tuner를 kt로 임포트하고 케라스 모델을 구축, 컴파일하여 반환하는 함수를 작성합니다. 이 함수는 kt.HyperParameters 객체를 매개변수로 받습니다. 이를 사용해 하이퍼파라미터(정수, 실수, 문자열 등)와 함께 가능한 값의 범위를 정의할 수 있습니다. 그리고 이러한 하이퍼파라미터를 사용해 모델을 만들고 컴파일할 수 있습니다. 다음 함수는 은닉 층의 수(n_hidden), 각 층의 뉴런 수(n_neurons), 학습률(learning_rate), 사용할 옵티마이저(optimizer) 등의 하이퍼파라미터를 사용하여 패션

MNIST 이미지를 분류하기 위한 MLP를 만들고 컴파일합니다.

```python
import keras_tuner as kt

def build_model(hp):
    n_hidden = hp.Int("n_hidden", min_value=0, max_value=8, default=2)
    n_neurons = hp.Int("n_neurons", min_value=16, max_value=256)
    learning_rate = hp.Float("learning_rate", min_value=1e-4, max_value=1e-2,
                             sampling="log")
    optimizer = hp.Choice("optimizer", values=["sgd", "adam"])
    if optimizer == "sgd":
        optimizer = tf.keras.optimizers.SGD(learning_rate=learning_rate)
    else:
        optimizer = tf.keras.optimizers.Adam(learning_rate=learning_rate)

    model = tf.keras.Sequential()
    model.add(tf.keras.layers.Flatten())
    for _ in range(n_hidden):
        model.add(tf.keras.layers.Dense(n_neurons, activation="relu"))
    model.add(tf.keras.layers.Dense(10, activation="softmax"))
    model.compile(loss="sparse_categorical_crossentropy", optimizer=optimizer,
                  metrics=["accuracy"])
    return model
```

이 함수의 첫 번째 부분은 하이퍼파라미터를 정의합니다. 예를 들어 hp.Int("n_hidden", min_value=0, max_value=8, default=2)는 "n_hidden"이라는 하이퍼파라미터가 Hyper Parameters 객체 hp에 있는지 확인하고, 있다면 그 값을 반환합니다. 그렇지 않은 경우 가능한 값의 범위가 0에서 8(포함)인 "n_hidden"이라는 새로운 정수 하이퍼파라미터를 등록하고 기본값 2를 반환합니다(기본값이 설정되지 않은 경우 min_value가 반환됩니다). "n_neurons" 하이퍼파라미터도 비슷한 방식으로 등록됩니다. "learning_rate" 하이퍼파라미터는 10^{-4}에서 10^{-2} 범위의 실수로 등록되며, sampling="log"이므로 모든 범위에서 학습률이 동일하게 샘플링됩니다. 마지막으로 optimizer 하이퍼파라미터는 두 가지 가능한 값인 "sgd" 또는 "adam"으로 등록됩니다(기본값은 첫 번째 값이므로 여기서는 "sgd"입니다). optimizer 값에 따라 주어진 학습률을 가진 SGD 옵티마이저 또는 Adam 옵티마이저를 생성합니다.

이 함수의 두 번째 부분은 하이퍼파라미터 값을 사용하여 모델을 구축합니다. 이 함수는

Flatten 층으로 시작하여 Sequential 모델을 생성한 다음, 요청된 수(n_hidden 하이퍼파라미터)만큼 ReLU 활성화 함수를 사용하는 은닉 층을 만들고, 소프트맥스 활성화 함수와 10개의 뉴런(클래스당 1개)이 있는 출력 층을 만듭니다. 마지막으로 이 함수는 모델을 컴파일하고 반환합니다.

이제 기본적인 랜덤 서치를 수행하려면 kt.RandomSearch 튜너를 만들고 build_model 함수를 생성자에 전달한 후 튜너의 search() 메서드를 호출하면 됩니다.

```
random_search_tuner = kt.RandomSearch(
    build_model, objective="val_accuracy", max_trials=5, overwrite=True,
    directory="my_fashion_mnist", project_name="my_rnd_search", seed=42)
random_search_tuner.search(X_train, y_train, epochs=10,
                           validation_data=(X_valid, y_valid))
```

RandomSearch 튜너는 먼저 모든 하이퍼파라미터 사양을 수집하기 위해 빈 Hyperparameters 객체로 build_model()을 한 번 호출합니다. 그런 다음 이 예제에서는 5번을 시도합니다. 각 시도마다 해당 범위 내에서 랜덤하게 샘플링된 하이퍼파라미터를 사용하여 모델을 만든 다음, 해당 모델을 10 에포크 동안 훈련하고 my_fashion_mnist/my_rnd_search 디렉터리의 서브 디렉터리에 저장합니다. overwrite=True이므로 훈련이 시작되기 전에 my_rnd_search 디렉터리가 삭제됩니다. 이 코드를 overwrite=False, max_trials=10으로 두 번째 실행하면 튜너가 중단한 지점부터 계속 튜닝하여 5번 더 실행하므로 한 번에 모든 시도를 실행할 필요가 없습니다. 마지막으로 objective가 "val_accuracy"로 설정되어 있으므로 튜너는 검증 정확도가 높은 모델을 선호하고 따라서 튜너가 검색을 완료하면 이에 해당하는 최상의 모델을 얻을 수 있습니다.

```
top3_models = random_search_tuner.get_best_models(num_models=3)
best_model = top3_models[0]
```

또한 get_best_hyperparameters()를 호출하여 최상의 모델의 kt.HyperParameters를 얻을 수도 있습니다.

```
>>> top3_params = random_search_tuner.get_best_hyperparameters(num_trials=3)
>>> top3_params[0].values # 최상의 하이퍼파라미터 값
```

```
{'n_hidden': 5,
 'n_neurons': 70,
 'learning_rate': 0.00041268008323824807,
 'optimizer': 'adam'}
```

각 튜너는 소위 **오라클**^{oracle}의 안내를 받습니다. 튜너는 각 시도 전에 오라클에 다음 시도가 무엇인지 알려달라고 요청합니다. RandomSearch 튜너는 앞서 살펴본 것처럼 다음 시도를 랜덤으로 선택하는 매우 기본적인 RandomSearchOracle을 사용합니다. 오라클은 모든 시도를 기록하기 때문에 최상의 시도를 요청하여 해당 시도의 요약을 출력할 수 있습니다.

```
>>> best_trial = random_search_tuner.oracle.get_best_trials(num_trials=1)[0]
>>> best_trial.summary()
Trial summary
Hyperparameters:
n_hidden: 5
n_neurons: 70
learning_rate: 0.00041268008323824807
optimizer: adam
Score: 0.8736000061035156
```

여기에는 앞에서와 같이 최상의 하이퍼파라미터와 검증 정확도가 표시됩니다. 모든 측정 지표에 직접 액세스할 수도 있습니다.

```
>>> best_trial.metrics.get_last_value("val_accuracy")
0.8736000061035156
```

최상의 모델 성능이 만족스럽다면 전체 훈련 세트(X_train_full와 y_train_full)에서 몇 번의 에포크 동안 이어서 훈련한 다음 테스트 세트에서 평가하고 제품에 배포할 수 있습니다 (19장 참고).

```
best_model.fit(X_train_full, y_train_full, epochs=10)
test_loss, test_accuracy = best_model.evaluate(X_test, y_test)
```

경우에 따라 데이터 전처리 하이퍼파라미터 또는 배치 크기와 같은 model.fit() 매개변수를 미세 튜닝해야 할 수도 있습니다. 이를 위해서는 약간 다른 기법을 사용해야 합니다. build_ model() 함수를 작성하는 대신 kt.HyperModel 클래스의 서브클래스를 만들고 build()와 fit() 메서드 두 개를 정의해야 합니다. build() 메서드는 build_model() 함수와 정확히 동일한 작업을 수행합니다. fit() 메서드는 HyperParameters 객체와 컴파일된 모델, 그리고 model.fit()의 모든 매개변수를 인수로 받아 모델을 훈련하고 History 객체를 반환합니다. 결정적으로 fit() 메서드는 하이퍼파라미터를 사용하여 데이터 전처리 방법과 배치 크기 등을 결정할 수 있습니다. 예를 들어 다음 클래스는 동일한 하이퍼파라미터를 사용하여 이전과 동일한 모델을 만들지만 불리언^{boolean} 타입의 "normalize" 하이퍼파라미터를 사용해 모델을 훈련하기 전에 훈련 데이터를 표준화할지 여부를 제어합니다.

```python
class MyClassificationHyperModel(kt.HyperModel):
    def build(self, hp):
        return build_model(hp)
    def fit(self, hp, model, X, y, **kwargs):
        if hp.Boolean("normalize"):
            norm_layer = tf.keras.layers.Normalization()
            X = norm_layer(X)
        return model.fit(X, y, **kwargs)
```

그런 다음 build_model() 함수 대신 이 클래스의 객체를 원하는 튜너에 전달할 수 있습니다. 예를 들어 MyClassificationHyperModel 객체를 기반으로 kt.Hyperband 튜너를 만들어보 겠습니다.

```python
hyperband_tuner = kt.Hyperband(
    MyClassificationHyperModel(), objective="val_accuracy", seed=42,
    max_epochs=10, factor=3, hyperband_iterations=2,
    overwrite=True, directory="my_fashion_mnist", project_name="hyperband")
```

이 튜너는 2장에서 설명한 HalvingRandomSearchCV 클래스와 유사합니다. 먼저 몇 번의 에포크 동안 여러 모델을 훈련한 다음, 최악의 모델을 제거하고 상위 1 / factor 모델(이 경우 상위 1/3 안에 드는 모델)만 남깁니다. 이 선택 과정을 단일 모델이 남을 때까지 반복합니다.[38] max_epochs 매개변수는 최상의 모델을 훈련할 최대 에포크 수를 지정합니다. 이 경우 전체 과

---

38 하이퍼밴드는 SH(successive halving)보다 실제로 조금 더 복잡합니다. 자세한 내용은 다음 논문을 참고하세요. Lisha Li et al., "Hyperband: A Novel Bandit-Based Approach to Hyperparameter Optimization", Journal of Machine Learning Research 18 (April 2018): 1–52. https://homl.info/hyperband

정이 두 번 반복됩니다(hyperband_iterations=2). 각 하이퍼밴드[hyperband] 반복에서 전체 모델의 총 훈련 에포크 수는 max_epochs * (log(max_epochs) / log(factor)) ** 2입니다. 따라서 이 예에서는 약 44번의 에포크입니다. 다른 매개변수는 kt.RandomSearch와 동일합니다.

이제 하이퍼밴드 튜너를 실행해보겠습니다. 이번에는 루트 로그 디렉터리(튜너가 각 시도마다 다른 서브디렉터리를 사용합니다)를 지정한 텐서보드 콜백과 조기 종료 콜백을 사용합니다.

```python
root_logdir = Path(hyperband_tuner.project_dir) / "tensorboard"
tensorboard_cb = tf.keras.callbacks.TensorBoard(root_logdir)
early_stopping_cb = tf.keras.callbacks.EarlyStopping(patience=2)
hyperband_tuner.search(X_train, y_train, epochs=10,
                       validation_data=(X_valid, y_valid),
                       callbacks=[early_stopping_cb, tensorboard_cb])
```

이제 텐서보드를 실행할 때 --logdir로 my_fashion_mnist/hyperband/tensorboard 디렉터리를 지정하면 모든 시도의 결과를 확인할 수 있습니다. HPARAMS 탭에는 테스트한 모든 하이퍼파라미터 조합과 이에 해당하는 측정값이 요약되어 있습니다. HPARAMS 탭 안에는 TABLE VIEW, PARALLEL COORDINATES VIEW, SCATTERPLOT MATRIX VIEW 이렇게 세 가지 탭이 있습니다. 왼쪽 패널 하단에서 validation.epoch_accuracy를 제외한 모든 측정값의 선택을 취소하면 그래프가 더 명확해집니다. PARALLEL COORDINATES VIEW에서 validation.epoch_accuracy 열의 값이 높은 것을 선택해보세요. 이렇게 하면 좋은 성능에 도달한 하이퍼파라미터 조합만 필터링됩니다. 하이퍼파라미터 조합 중 하나를 클릭하면 해당 학습 곡선이 페이지 하단에 나타납니다. 각 탭을 천천히 살펴보면 각 하이퍼파라미터가 성능에 미치는 영향과 하이퍼파라미터 간의 상호 작용을 이해하는 데 도움이 될 것입니다.

하이퍼밴드는 리소스를 할당하는 방식에서 순수 랜덤 검색보다 더 똑똑하지만 여전히 하이퍼파라미터 공간을 랜덤으로 탐색하는 방식을 사용합니다. 따라서 빠르지만 듬성듬성하다는 단점이 있습니다. 하지만 케라스 튜너에는 kt.BayesianOptimization 튜너도 포함되어 있습니다. 이 알고리즘은 가우스 과정[Gaussian process]이라는 확률 모델을 적용하여 하이퍼파라미터 공간의 어느 영역이 가장 유망한지 점진적으로 학습합니다. 이를 통해 최적의 하이퍼파라미터를 점진적으로 찾아갈 수 있습니다. 단점은 알고리즘에 자체 하이퍼파라미터가 있다는 것입니다. alpha는 여러 번의 시도에 걸친 성능 측정에서 예상되는 잡음 수준을 나타내며(기본값은 10^{-4}), beta는 하이퍼파라미터 공간에서 알려진 좋은 영역을 단순히 활용하는 대신 알고리즘이 얼마나 공간을 탐색할지 지정합니다(기본값은 2.6). 그 외에는 이전 튜너와 동일하게 사용할 수 있습니다.

```
bayesian_opt_tuner = kt.BayesianOptimization(
    MyClassificationHyperModel(), objective="val_accuracy", seed=42,
    max_trials=10, alpha=1e-4, beta=2.6,
    overwrite=True, directory="my_fashion_mnist", project_name="bayesian_opt")
bayesian_opt_tuner.search([...])
```

하이퍼파라미터 튜닝은 아직 활발히 연구되는 영역이며 다른 많은 접근 방식이 모색되고 있습니다. 예를 들어 진화 알고리즘을 사용하여 모델의 모집단과 하이퍼파라미터를 공동으로 최적화한 딥마인드의 훌륭한 논문[39]을 확인해보세요. 구글도 하이퍼파라미터 탐색뿐만 아니라 온갖 종류의 모델 구조를 탐험하는 데도 진화적 접근 방법을 사용합니다. 이는 구글 버텍스 AI에서 AutoML 서비스로 제공됩니다(19장 참고). 이런 AutoML 시스템은 ML 워크플로의 상당 부분을 처리합니다. 진화 알고리즘은 흔한 경사 하강법을 대체하여 개별 신경망을 성공적으로 훈련하기도 했습니다. 예를 들어 **심층 신경진화**deep neuroevolution 기법을 소개한 2017년 우버Uber의 포스트(*https://homl.info/neuroevol*)를 확인해보세요.

이런 놀라운 발전과 도구와 서비스가 있더라도 신속한 프로토타입prototype을 만들고 탐색 공간을 제한하기 위해 각 하이퍼파라미터에 어떤 값이 적절한지 생각해보는 것은 도움이 됩니다. 다음 절에서 퍼셉트론에 있는 은닉 층의 개수와 뉴런의 개수를 고르고 주요 하이퍼파라미터에서 좋은 값을 선택하는 가이드라인을 소개하겠습니다.

10.3.1 은닉 층 개수

은닉 층 하나로 시작해도 많은 문제에서 납득할 만한 결과를 얻을 수 있습니다. 이론적으로 은닉 층이 하나인 다층 퍼셉트론이더라도 뉴런 개수가 충분하면 아주 복잡한 함수도 모델링할 수

---

[39] Max Jaderberg et al., "Population Based Training of Neural Networks," arXiv preprint arXiv:1711.09846 (2017). *https://homl.info/pbt*

있습니다.[40] 하지만 복잡한 문제에서는 심층 신경망이 얕은 신경망보다 **파라미터 효율성**parameter efficiency이 훨씬 좋습니다. 심층 신경망은 복잡한 함수를 모델링하는 데 얕은 신경망보다 훨씬 적은 수의 뉴런을 사용하므로 동일한 양의 훈련 데이터에서 더 높은 성능을 낼 수 있습니다.

왜 그런지 이해하기 위해 복사/붙여넣기 기능이 없는 드로잉 소프트웨어로 숲을 그려야 한다고 가정해봅시다. 시간이 아주 많이 걸릴 것입니다. 나무, 가지, 잎을 하나하나 전부 그려야 하니까요. 만약 잎 하나를 그려서 가지에 붙여넣고, 이 나뭇가지를 복사해 나무를 만들고, 나무를 복사해 숲을 만들 수 있다면 금세 일을 마칠 수 있을 겁니다. 실제 데이터는 이런 계층 구조를 가진 경우가 많으므로 심층 신경망은 이런 면에서 유리합니다. 아래쪽 은닉 층은 저수준의 구조를 모델링하고(예 여러 방향이나 모양의 선), 중간 은닉 층은 저수준의 구조를 연결해 중간 수준의 구조를 모델링합니다(예 사각형, 원). 그리고 가장 위쪽 은닉 층과 출력 층은 중간 수준의 구조를 연결해 고수준의 구조를 모델링합니다(예 얼굴).

계층 구조는 심층 신경망이 좋은 솔루션으로 빨리 수렴하게 도와줄 뿐만 아니라 새로운 데이터에 일반화되는 능력도 향상시킵니다. 예를 들어 사진에서 얼굴을 인식하는 모델을 훈련한 후, 헤어스타일을 인식하는 신경망을 새로 훈련하려면 첫 번째 네트워크의 하위 층을 재사용하여 훈련을 시작할 수 있습니다. 새로운 신경망에서 처음 몇 개 층의 가중치와 편향을 난수로 초기화하는 대신 첫 번째 신경망의 층에 있는 가중치와 편향 값으로 초기화할 수 있습니다. 이런 방식을 사용하면 대부분의 사진에 나타나는 저수준 구조를 학습할 필요가 없게 됩니다. 즉, (헤어스타일 같은) 고수준 구조만 학습하면 됩니다. 이를 **전이 학습**transfer learning이라고 합니다.

요약하면, 하나 또는 두 개의 은닉 층만으로도 많은 문제를 꽤 잘 해결할 수 있습니다. 예를 들어 MNIST 데이터셋에서는 몇백 개의 뉴런을 가진 은닉 층 하나로 97% 이상의 정확도를 쉽게 얻을 수 있습니다. 전체 뉴런의 수는 동일하게 하고 은닉 층 두 개를 사용하면 거의 비슷한 훈련 시간 안에 98% 이상의 정확도를 얻을 수 있습니다. 더 복잡한 문제라면 훈련 세트에 과대적합이 생길 때까지 점진적으로 은닉 층의 수를 늘릴 수 있습니다. 대규모 이미지 분류나 음성 인식 같이 매우 복잡한 작업에서는 일반적으로 수십 개 층으로 이뤄진 네트워크가 필요합니다(심지어 수백 개일 수도 있습니다. 하지만 14장에서 살펴보는 것처럼 완전 연결되어 있지는 않습니다). 그리고 훈련 데이터가 아주 많이 필요합니다. 하지만 이런 네트워크를 처음부터 훈련

---

40 옮긴이_1989년 조지 시벤코(George Cybenko)가 뉴런 수만 무한하다면 은닉 층 하나로 어떤 함수도 근사할 수 있음을 밝혔습니다. 이를 시벤코 정리 혹은 일반 근사 이론이라고도 합니다. 「Approximation by superpositions of a sigmoidal function」, George Cybenko (1989), *https://goo.gl/WNovp1*

하는 경우는 드뭅니다. 비슷한 작업에서 가장 뛰어난 성능을 낸 미리 훈련된 네트워크 일부를 재사용하는 것이 일반적입니다. 훈련 속도는 훨씬 빠르고 데이터도 훨씬 적게 필요합니다(11장에서 자세히 설명합니다).

10.3.2 은닉 층의 뉴런 개수

입력 층과 출력 층의 뉴런 개수는 해당 작업에 필요한 입력과 출력의 형태에 따라 결정됩니다. 예를 들어 MNIST는 $28 \times 28 = 784$개의 입력 뉴런과 10개의 출력 뉴런이 필요합니다.[41]

은닉 층은 일반적으로 각 층의 뉴런을 점점 줄여서 깔때기처럼 구성됩니다. 저수준의 많은 특성이 고수준의 적은 특성으로 합쳐질 수 있기 때문입니다. 예를 들어 전형적인 MNIST 신경망은 첫 번째는 300개, 두 번째는 200개, 세 번째는 100개의 뉴런으로 구성된 세 개의 은닉 층을 가집니다. 하지만 이 구성은 요즘엔 일반적이지 않습니다. 대부분의 경우 모든 은닉 층에 같은 크기를 사용해도 동일하거나 더 나은 성능을 냅니다. 또한 튜닝할 하이퍼파라미터가 층마다 한 개씩이 아니라 전체를 통틀어 한 개가 됩니다. 데이터셋에 따라 다르지만 다른 은닉 층보다 첫 번째 은닉 층을 크게 하는 것이 도움이 됩니다.

층의 개수와 마찬가지로 네트워크가 과대적합이 시작되기 전까지 점진적으로 뉴런 수를 늘릴 수 있습니다. 필요한 것보다 더 많은 층과 뉴런을 가진 모델을 선택한 다음, 과대적합되지 않도록 조기 종료나 규제 기법을 사용할 수 있습니다. 구글의 과학자 빈센트 반호크Vincent Vanhoucke가 이를 '스트레치 팬츠stretch pants' 방식이라고 불렀습니다. 즉, 나에게 맞는 사이즈의 바지를 찾느라 시간을 낭비하는 대신에 그냥 큰 스트레치 팬츠를 사고 나중에 알맞게 줄이는 것입니다. 이 방식을 사용하면 모델에서 문제를 일으키는 병목 층bottleneck layer을 피할 수 있습니다. 실제로 한 층의 뉴런 수가 너무 적으면 입력에 있는 유용한 정보를 모두 유지하기 위한 충분한 표현 능력을 가지지 못합니다(예를 들어 뉴런 두 개를 가진 층은 2D 데이터만 출력할 수 있습니다. 만약 3D 데이터를 입력으로 받으면 일부 정보를 잃게 됩니다). 네트워크의 나머지 층이 얼마나 크고 강력한지에 상관없이 이 정보는 다시 복원되지 않습니다.

TIP 일반적으로 층의 뉴런 수보다 층 수를 늘리는 쪽이 이득이 많습니다.

----

41 옮긴이_ 이렇게 층의 뉴런 수를 정할 때 편향 뉴런은 특별히 언급하지 않는 것이 보통입니다.

10.3.3 학습률, 배치 크기 그리고 다른 하이퍼파라미터

은닉 층과 뉴런 개수가 다층 퍼셉트론에서 튜닝할 유일한 하이퍼파라미터는 아닙니다. 다음은 중요한 하이퍼파라미터와 이를 조정하는 방법입니다.

학습률

학습률은 논쟁의 여지 없이 가장 중요한 하이퍼파라미터입니다. 일반적으로 최적의 학습률은 최대 학습률(4장에서 보았듯이 훈련 알고리즘이 발산하는 학습률)의 절반 정도입니다. 좋은 학습률을 찾는 한 가지 방법은 매우 낮은 학습률(예 10^{-5})에서 시작해서 점진적으로 매우 큰 학습률(예 10)까지 수백 번 반복하여 모델을 훈련하는 것입니다. 반복마다 일정한 값을 학습률에 곱합니다(예 10^{-5}부터 10까지 $\exp(\log(10^6)/500)$을 500번 반복하여 곱합니다). (로그 스케일로 조정된 학습률을 사용하여) 학습률에 대한 손실을 그래프로 그리면 처음에 손실이 줄어드는 것이 보입니다. 하지만 잠시 후 학습률이 커지면 손실이 다시 커집니다. 최적의 학습률은 손실이 다시 상승하는 지점보다 조금 아래에 있을 것입니다(일반적으로 상승점보다 약 10배 낮은 지점입니다). 이제 모델을 다시 초기화하고 앞에서 찾은 학습률을 사용해 다시 정상적으로 훈련할 수 있습니다. 11장에서 학습률 최적화 기법에 관해 더 자세히 살펴보겠습니다.

옵티마이저

고전적인 평범한 미니배치 경사 하강법보다 더 좋은 옵티마이저를 선택하는 것(그리고 이 옵티마이저의 하이퍼파라미터를 튜닝하는 것)도 매우 중요합니다. 11장에서 고급 옵티마이저를 알아보겠습니다.

배치 크기

배치 크기는 모델 성능과 훈련 시간에 큰 영향을 미칠 수 있습니다. 큰 배치 크기를 사용하는 것의 주요 장점은 GPU와 같은 하드웨어 가속기를 효율적으로 활용할 수 있다는 점입니다(19장 참고). 따라서 훈련 알고리즘이 초당 더 많은 샘플을 처리할 수 있습니다. 많은 연구자들과 기술자들은 GPU RAM에 맞는 가장 큰 배치 크기를 사용하라고 권장합니다. 하지만 한 가지 주의할 점이 있습니다. 실전에서 큰 배치를 사용하면 특히 훈련 초기에 종종 불안정하게 훈련됩니다. 결과 모델이 작은 배치 크기로 훈련된 모델만큼 일반화 성능을 내지 못할 수 있습니다.

심지어 2018년 4월 얀 르쿤Yann LeCun은 '여러분 주변에 32보다 큰 미니배치를 사용하는 사람이 있으면 말려주세요'라고 트윗을 보냈습니다.[42] 그는 작은 배치가 적은 훈련 시간으로 더 좋은 모델을 만들기 때문에 작은 배치(2에서 32까지)를 사용하는 것이 바람직하다는 도미니크 마스터스Dominic Masters와 카를로 루스키Carlo Luschi의 2018년 논문[43]을 인용했습니다. 그러나 반대 의견도 있습니다. 2017년 일래드 호퍼Elad Hoffer 등의 논문[44]과 프리야 고얄Priya Goyal 등의 논문[45]은 학습률 예열warming up (즉, 작은 학습률로 훈련을 시작해서 점점 학습률을 크게 합니다. 11장에서 다룹니다) 같은 다양한 기법을 사용하면 매우 큰 배치 크기(8,192까지)를 사용할 수 있다고 밝혔습니다. 큰 배치 크기는 일반화 성능에 영향을 미치지 않고 훈련 시간을 매우 단축합니다. 따라서 한 가지 전략은 학습률 예열을 사용해 큰 배치 크기를 시도해보는 것입니다. 만약 훈련이 불안정하거나 최종 성능이 만족스럽지 못하면 작은 배치 크기를 사용해보세요.[46]

활성화 함수

이 장의 서두에 활성화 함수를 선택하는 방법을 소개했습니다. 일반적으로 ReLU 활성화 함수가 모든 은닉 층에 좋은 기본값입니다. 출력 층의 활성화 함수는 수행하는 작업에 따라 달라집니다.

반복 횟수

대부분의 경우 훈련 반복 횟수는 튜닝할 필요가 없습니다. 대신 조기 종료를 사용합니다.

> **TIP** 최적의 학습률은 다른 하이퍼파라미터에 의존적입니다. 특히 배치 크기에 영향을 많이 받습니다. 따라서 다른 하이퍼파라미터를 수정하면 학습률도 반드시 튜닝해야 합니다.

신경망 하이퍼파라미터 튜닝에 관한 가장 좋은 모범 사례를 소개한 레슬리 스미스Leslie Smith의

---

42 옮긴이_ http://bit.ly/yann-32-batchsize

43 Dominic Masters and Carlo Luschi, "Revisiting Small Batch Training for Deep Neural Networks," arXiv preprint arXiv:1804.07612 (2018). https://homl.info/smallbatch

44 Elad Hoffer et al., "Train Longer, Generalize Better: Closing the Generalization Gap in Large Batch Training of Neural Networks," Proceedings of the 31st International Conference on Neural Information Processing Systems (2017): 1729–1739. https://homl.info/largebatch

45 Priya Goyal et al., "Accurate, Large Minibatch SGD: Training ImageNet in 1 Hour," arXiv preprint arXiv:1706.02677 (2017). https://homl.info/large

46 옮긴이_ 텐서플로 2.4 버전에서 케라스 모델의 compile() 메서드에 있는 steps_per_execution 매개변수를 1 이상으로 설정하면 계산 그래프를 한 번 실행할 때 여러 배치를 처리할 수 있기 때문에 GPU를 최대로 활용할 수 있고 배치 크기를 바꾸지 않고 훈련 속도를 높일 수 있습니다.

2018년 논문[47]을 확인해보세요.

이것으로 인공 신경망과 케라스에 관한 소개를 마칩니다. 이어지는 장에서는 매우 깊은 네트워크를 훈련하는 방법을 설명합니다. 텐서플로의 저수준 API를 사용해 모델을 커스터마이징하는 방법과 **tf.data** API를 사용해 효과적으로 데이터를 적재하고 전처리하는 방법을 살펴봅니다. 그리고 이미지 처리를 위한 합성곱 신경망, 순차 데이터를 위한 순환 신경망과 트랜스포머, 표현 학습을 위한 오토인코더, 데이터를 생성하기 위한 생성적 적대 신경망generative adversarial networks(GAN) 같은 인기가 많은 네트워크 구조들을 자세히 살펴봅니다.

연습문제

① 텐서플로 플레이그라운드(`https://playground.tensorflow.org`)는 텐서플로 팀에서 만든 편리한 신경망 시뮬레이터입니다. 이 연습문제에서 클릭 몇 번만으로 이진 분류기 몇 개를 훈련해보겠습니다. 또 모델 구조와 하이퍼파라미터를 조작하여 신경망의 작동 방식과 하이퍼파라미터의 역할을 이해해보겠습니다.

   a 신경망이 학습한 패턴: 왼쪽 상단에 있는 '▶' 모양의 실행 버튼을 클릭해 기본 신경망을 훈련해보세요. 얼마나 빨리 이 분류 문제에 대한 좋은 솔루션을 찾는지 확인하세요. 첫 번째 은닉 층에 있는 뉴런은 단순한 패턴을 학습합니다. 반면 두 번째 은닉 층에 있는 뉴런은 첫 번째 은닉 층의 단순한 패턴을 조금 더 복잡한 패턴으로 연결합니다. 일반적으로 층이 많을수록 더 복잡한 패턴이 만들어집니다.

   b 활성화 함수: tanh 함수를 ReLU 함수로 바꾸고 이 신경망을 다시 훈련해보세요. 더 빠르게 솔루션을 찾지만 이번에는 선형 경계가 만들어집니다. 이는 ReLU 함수의 특성 때문입니다.

   c 지역 최솟값의 위험: 세 개의 뉴런과 하나의 은닉 층만 있는 네트워크 구조로 수정하세요. 여러 번 훈련해보세요(네트워크 가중치를 초기화하려면 실행 버튼 왼쪽에 있는 리셋 버튼을 누른 다음 실행 버튼을 클릭합니다). 훈련에 걸리는 시간이 차이가 납니다.

---

47 Leslie N. Smith, "A Disciplined Approach to Neural Network Hyper-Parameters: Part 1—Learning Rate, Batch Size, Momentum, and Weight Decay," arXiv preprint arXiv:1803.09820 (2018). `https://homl.info/1cycle`

이따금 지역 최솟값에 갇히기도 합니다.

d 신경망이 너무 작으면 어떤 일이 일어날까요?: 뉴런 한 개를 삭제하고 두 개만 남겨보세요. 이제 여러 번 훈련해봐도 이 신경망은 좋은 솔루션을 찾을 수 없습니다. 이 모델은 파라미터가 너무 적어서 구조적으로 훈련 세트에 과소적합됩니다.

e 신경망이 너무 크면 어떤 일이 일어날까요?: 뉴런의 수를 여덟 개로 늘리고 신경망을 여러 번 훈련해보세요. 모두 빠르게 훈련되고 지역 최솟값에 갇히지 않습니다. 이는 신경망 이론에서 발견된 중요한 사실을 알려줍니다. 대규모 신경망은 거의 절대로 지역 최솟값에 갇히지 않습니다. 지역 최적점$^{local\ optima}$에 도달했더라도 거의 전역 최적점$^{global\ optimum}$만큼 좋은 솔루션입니다. 그러나 여전히 긴 평탄한 지역에 오랫동안 갇힐 수 있습니다.

f 심층 신경망에서 그레이디언트 소실 문제: 나선형^{spiral} 데이터셋을 선택하세요('DATA' 항목에 있는 오른쪽 아래 데이터셋). 각각 뉴런을 여덟 개 가진 은닉 층 네 개로 네트워크 구조를 바꾸세요. 훈련 시간이 더 오래 걸리고 이따금 긴 시간 동안 평탄한 지역에 갇힙니다. 가장 상위 층(오른쪽 층)에 있는 뉴런이 하위 층(왼쪽 층)에 있는 뉴런보다 더 빨리 학습되는 경향이 있습니다. 이를 **그레이디언트 소실**$^{vanishing\ gradient}$이라고 부릅니다. 이 문제는 (11장에서 소개할) 고급 옵티마이저(AdaGrad나 Adam 등)나 배치 정규화$^{batch\ normalization}$ 등 더 좋은 가중치 초기화 방법과 다른 기법을 사용해 줄일 수 있습니다.

g 다른 하이퍼파라미터를 사용해 한 시간 가량 실험해보세요. 각 하이퍼파라미터의 역할을 확인하고 신경망에 대한 이해를 높여보세요.

② ([그림 10-3]에 있는 것과 같은) 초창기 인공 뉴런을 사용해 A⊕B(⊕는 XOR 연산입니다)를 계산하는 인공 신경망을 그려보세요.

> **Hint** A⊕B=(A∧¬B)∨(¬A∧B)

③ 고전적인 퍼셉트론(즉, 퍼셉트론 훈련 알고리즘으로 훈련된 단일 TLU)보다 로지스틱 회귀 분류기를 일반적으로 선호하는 이유는 무엇인가요? 퍼셉트론을 어떻게 수정하면 로지스틱 회귀 분류기와 동등하게 만들 수 있나요?

④ 왜 초창기의 다층 퍼셉트론을 훈련할 때 시그모이드 활성화 함수가 핵심 요소였나요?

⑤ 인기 많은 활성화 함수 세 가지는 무엇인가요? 이를 그려볼 수 있나요?

⑥ 통과 뉴런 10개로 구성된 입력 층, 뉴런 50개로 구성된 은닉 층, 뉴런 3개로 구성된 출력 층으로 이루어진 다층 퍼셉트론이 있다고 가정합시다. 모든 뉴런은 ReLU 활성화 함수를 사용합니다.

    a 입력 행렬 $\mathbf{X}$의 크기는 얼마인가요?

    b 은닉 층의 가중치 행렬 $\mathbf{W}_h$와 편향 벡터 $\mathbf{b}_h$의 크기는 얼마인가요?

    c 출력 층의 가중치 행렬 $\mathbf{W}_o$와 편향 벡터 $\mathbf{b}_o$의 크기는 얼마인가요?

    d 네트워크의 출력 행렬 $\mathbf{Y}$의 크기는 얼마인가요?

    e $\mathbf{X}$, $\mathbf{W}_h$, $\mathbf{b}_h$, $\mathbf{W}_o$, $\mathbf{b}_o$의 함수로 네트워크의 출력 행렬 $\mathbf{Y}$를 계산하는 식을 써보세요.

⑦ 스팸 메일을 분류하기 위해서는 출력 층에 몇 개의 뉴런이 필요할까요? 출력 층에 어떤 활성화 함수를 사용해야 할까요? MNIST 문제라면 출력 층에 어떤 활성화 함수를 사용하고 뉴런은 몇 개가 필요할까요? 2장에서 본 주택 가격 예측용 네트워크에 대해 같은 질문의 답을 찾아보세요.

⑧ 역전파란 무엇이고 어떻게 작동하나요? 역전파와 후진 모드 자동 미분의 차이점은 무엇인가요?

⑨ 다층 퍼셉트론에서 조정할 수 있는 하이퍼파라미터를 모두 나열해보세요. 훈련 데이터에 다층 퍼셉트론이 과대적합되었다면 이를 해결하기 위해 하이퍼파라미터를 어떻게 조정해야 할까요?

⑩ 심층 다층 퍼셉트론을 MNIST 데이터셋에 훈련해보세요(`tf.keras.datasets.mnist.load_data()` 함수를 사용해 데이터를 적재할 수 있습니다). 98% 이상의 정확도를 얻을 수 있는지 확인해보세요. 이 장에서 소개한 방법을 사용해 최적의 학습률을 찾아보세요 (즉, 학습률을 지수적으로 증가시키면서 손실을 그래프로 그립니다. 그다음 손실이 다시 증가하는 지점을 찾습니다). 모든 부가 기능을 추가해보세요. 체크포인트를 저장하고, 조기 종료를 사용하고, 텐서보드를 사용해 학습 곡선을 그려보세요.

연습문제의 정답은 〈부록 A〉에 있습니다.

## 11장

심층 신경망 훈련

10장에서 첫 번째 인공 신경망을 만들고, 훈련하고, 미세 튜닝했습니다. 몇 개의 은닉 층만으로 이루어진 얕은^{shallow} 네트워크였습니다. 고해상도 이미지에서 수백 종류의 물체를 감지하는 것처럼 아주 복잡한 문제를 다뤄야 한다면 어떻게 해야 할까요? 아마도 수백 개의 뉴런으로 구성된 10개 이상의 층을 수십만 개의 가중치로 연결해 훨씬 더 깊은 인공 신경망을 훈련해야 할 것입니다. 심층 신경망을 훈련하는 것은 쉬운 일이 아닙니다. 훈련 중에 다음과 같은 문제를 마주할 수 있습니다.

- 심층 신경망의 출력 층에서 멀어질수록 그레이디언트가 점점 더 작아지거나 커지는 문제가 나타날 수 있습니다. 두 문제 모두 하위 층을 훈련하기 매우 어렵게 만듭니다.
- 이런 대규모 신경망을 위한 훈련 데이터가 충분하지 않거나 레이블을 만드는 작업에 비용이 너무 많이 들 수 있습니다.
- 훈련이 극단적으로 느려질 수 있습니다.
- 수백만 개의 파라미터를 가진 모델은 훈련 세트에 과대적합될 위험이 매우 큽니다. 특히 훈련 샘플이 충분하지 않거나 잡음이 많은 경우에 그렇습니다.

이 장에서는 이러한 문제들을 차례로 살펴보고 해결 방법을 제시합니다. 먼저 그레이디언트 소실과 그레이디언트 폭주 문제를 설명하고 가장 널리 알려진 해결 방법을 살펴봅니다. 그리고 레이블된 데이터가 적을 때 복잡한 문제를 다루는 데 도움이 되는 전이 학습과 비지도 사전 훈련을 알아봅니다. 대규모 모델의 훈련 속도를 크게 높여주는 다양한 최적화 방법도 알아봅니다. 마지막으로 널리 알려져 있는 대규모 신경망을 위한 규제 기법 몇 가지를 살펴봅니다.

이런 방법들을 사용하여 매우 깊은 신경망을 훈련할 수 있습니다. 딥러닝의 세계에 오신 걸 환영합니다!

11.1 그레이디언트 소실과 폭주 문제

10장에서 이야기한 것처럼 역전파 알고리즘의 두 번째 단계는 출력 층에서 입력 층으로 오차 그레이디언트를 전파하면서 진행됩니다. 알고리즘이 신경망의 모든 파라미터에 대한 오차 함수의 그레이디언트를 계산하면 경사 하강법 단계에서 이 그레이디언트를 사용하여 각 파라미터를 수정합니다.

그런데 알고리즘이 하위 층으로 진행될수록 그레이디언트가 점점 작아지는 경우가 많습니다. 경사 하강법이 하위 층의 연결 가중치를 변경되지 않은 채로 둔다면 안타깝게도 훈련이 좋은 솔루션으로 수렴되지 않을 것입니다. 이 문제를 **그레이디언트 소실**vanishing gradient이라고 합니다. 어떤 경우엔 반대 현상이 일어날 수 있습니다. 그레이디언트가 점점 커져서 여러 층이 비정상적으로 큰 가중치로 갱신되면 알고리즘은 발산diverse합니다. 이 문제를 **그레이디언트 폭주**exploding gradient라고 하며 순환 신경망에서 주로 나타납니다(15장 참고). 일반적으로 불안정한 그레이디언트는 심층 신경망 훈련을 어렵게 만듭니다. 층마다 학습 속도가 달라질 수 있기 때문입니다.

이런 좋지 않은 학습 패턴이 꽤 오랫동안 경험적으로 관측되었습니다. 2000년 초까지 심층 신경망이 방치되었던 이유 중 하나입니다. 심층 신경망을 훈련할 때 그레이디언트를 불안정하게 만드는 원인이 무엇인지 명확하지 않았습니다. 2010년에 세이비어 글로럿Xavier Glorot과 요슈아 벤지오Yoshua Bengio가 발표한 논문[1] 덕분에 이에 대한 이해가 많이 진전되었습니다. 저자들은 의심되는 원인을 몇 가지 발견했는데, 그중에는 많이 사용되는 로지스틱 시그모이드 활성화 함수와 그 당시 가장 인기 있던 가중치 초기화 방식(평균이 0이고 표준 편차가 1인 정규 분포)의 조합이었습니다. 이 활성화 함수와 초기화 방식을 사용했을 때 각 층에서 출력의 분산이 입력의 분산보다 더 크다는 것을 밝혔습니다. 신경망의 위쪽으로 갈수록 층을 지날 때마다 분산이

---

[1] Xavier Glorot and Yoshua Bengio, "Understanding the Difficulty of Training Deep Feedforward Neural Networks," Proceedings of the 13th International Conference on Artificial Intelligence and Statistics (2010): 249-256. https://homl.info/47

계속 커져 가장 높은 층에서는 활성화 함수가 0이나 1로 수렴합니다. 이는 시그모이드 함수의 평균이 0이 아니고 0.5라는 사실 때문에 더 나빠집니다[2](tanh 함수는 평균이 0이므로 깊은 신경망에서 시그모이드 함수보다 조금 더 낫습니다).

[그림 11-1]의 시그모이드 활성화 함수를 보면 입력이 (양수나 음수로) 커지면 0이나 1로 수렴해서 기울기가 0에 매우 가까워지는 것을 알 수 있습니다. 그래서 역전파가 될 때 사실상 신경망으로 전파할 그레이디언트가 거의 없고, 조금 있는 그레이디언트는 최상위 층에서부터 역전파가 진행되면서 점차 약해져서 실제로 아래쪽 층에는 아무것도 도달하지 않게 됩니다.[3]

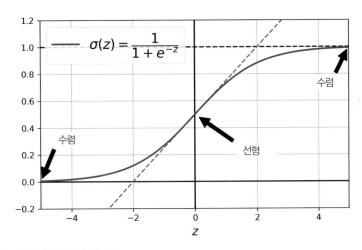

그림 11-1 시그모이드 활성화 함수의 수렴

11.1.1 글로럿과 He 초기화

글로럿과 벤지오는 논문에서 불안정한 그레이디언트 문제를 크게 완화하는 방법을 제안합니다. 예측을 할 때는 정방향으로, 그레이디언트를 역전파할 때는 역방향으로 양방향 신호가 적절하게 흘러야 합니다. 신호가 죽거나, 폭주하거나, 소멸하지 않아야 합니다. 저자들은 적절한 신호가 흐르기 위해서는 각 층의 출력에 대한 분산이 입력에 대한 분산과 같아야 한다고 주장합

---

2 옮긴이_ 시그모이드 함수는 항상 양수를 출력하므로 출력의 가중치 합이 입력보다 커질 가능성이 높습니다. 이를 편향 이동(bias shift)이라고도 부릅니다.

3 옮긴이_ 시그모이드 함수(식 4-14)의 도함수는 $\sigma(1-\sigma)$이므로 함수의 값이 0이나 1에 가까우면 도함수의 결과가 매우 작아지고, 층이 거듭될수록 그 값은 더 작아집니다.

니다.[4] 그리고 역방향에서 층을 통과하기 전과 후의 그레이디언트 분산이 동일해야 합니다(수학적인 상세 내용에 관심이 있다면 논문을 참고하세요). 사실 층의 입력과 출력 연결 개수(이 개수를 층의 **팬-인**fan-in과 **팬-아웃**fan-out이라고 부릅니다)가 같지 않다면 이 두 가지를 보장할 수 없습니다. 하지만 글로럿과 벤지오는 실전에서 매우 잘 작동한다고 입증된 대안을 제안하였습니다. 각 층의 연결 가중치를 [식 11-1]에 기술한 방식대로 랜덤으로 초기화하는 것입니다. 이 식에서 $fan_{avg} = (fan_{in} + fan_{out})/2$입니다. 이 초기화 전략을 저자의 이름을 따서 **글로럿 초기화**Glorot initialization 또는 **세이비어 초기화**Xavier initialization라고 합니다.

식 11-1 글로럿 초기화 (시그모이드 활성화 함수를 사용할 때)

평균이 0이고 분산이 $\sigma^2 = \dfrac{1}{fan_{avg}}$ 인 정규 분포

또는 $r = \sqrt{\dfrac{3}{fan_{avg}}}$ 일 때 $-r$과 $+r$ 사이의 균등 분포

[식 11-1]에서 fan_{avg}를 fan_{in}으로 바꾸면 1990년에 얀 르쿤이 제안한 초기화 전략이 됩니다. 이를 **르쿤 초기화**LeCun initialization라고 부릅니다. 제네비에브 오어Genevieve Orr와 클라우스-로버트 뮐러Klaus-Robert Müller는 『Neural Networks: Tricks of the Trade』(Springer, 1998)에서 이 방식을 권장했습니다. $fan_{in} = fan_{out}$이면 르쿤 초기화는 글로럿 초기화와 동일합니다. 이 방법이 얼마나 중요한지 연구자들이 깨닫는 데 십 년이 걸렸습니다. 글로럿 초기화를 사용하면 훈련 속도를 상당히 높일 수 있습니다. 이는 현재 딥러닝의 성공을 견인한 기술 중 하나입니다.

일부 논문들[5]이 다른 활성화 함수에 대해 비슷한 전략을 제안했습니다. [표 11-1]에서 볼 수 있듯이 이 전략들은 분산의 스케일링이나 fan_{avg} 또는 fan_{in}을 쓰는 것만 다릅니다(균등 분포의 경우 단순히 $r = \sqrt{3\sigma^2}$ 을 사용합니다). ReLU 활성화 함수와 그 변형을 위한 초기화 전략을 논문 저자의 이름을 따서 **He 초기화**He initialization 또는 **카이밍 초기화**Kaiming initialization라고 부릅니다.

---

4   비유를 들어 설명하면, 마이크 볼륨 다이얼을 0에 너무 가깝게 하면 목소리가 들리지 않을 것입니다. 반대로 최대치에 너무 가깝게 하면 목소리가 포화되어 무슨 말을 하는지 사람들이 이해하지 못할 것입니다. 이런 증폭기들이 연결되어 있을 때 마지막 스피커에서 목소리가 크고 명확히 들리게 하려면 모든 증폭기가 순서대로 적절하게 설정되어야 합니다. 즉, 각 증폭기에서 출력되는 목소리 크기는 입력되는 크기와 같아야 합니다.

5   E.g., Kaiming He et al., "Delving Deep into Rectifiers: Surpassing Human-Level Performance on ImageNet Classification," Proceedings of the 2015 IEEE International Conference on Computer Vision (2015): 1026-1034. https://homl.info/48

르쿤 초기화를 사용하는 SELU 활성화 함수는 정규 분포를 사용하는 것이 좋습니다. 잠시 후에 이런 활성화 함수를 모두 다루겠습니다.

표 11-1 활성화 함수별 초기화 전략

초기화 전략	활성화 함수	σ^2 (정규 분포)
글로럿	활성화 함수 없음. tanh, 로지스틱, 소프트맥스	$1 / fan_{avg}$
He	ReLU, LeakyReLU, ELU, GELU, Swish, Mish	$2 / fan_{in}$
르쿤	SELU	$1 / fan_{in}$

케라스는 기본적으로 균등 분포의 글로럿 초기화를 사용합니다. 다음과 같이 층을 만들 때 kernel_initializer="he_uniform"이나 kernel_initializer="he_normal"로 바꾸어 He 초기화를 사용할 수 있습니다.

```python
import tensorflow as tf

dense = tf.keras.layers.Dense(50, activation="relu",
                              kernel_initializer="he_normal")
```

또는 [표 11-1]에 나열된 초기화 또는 그 이상의 다른 초기화 방법을 위해 VarianceScaling 을 사용할 수 있습니다.[6] 예를 들어 균등 분포와 fan_{in} 대신 fan_{out}을 기반으로 He 초기화를 사용하려면 다음과 같이 작성합니다.

```python
he_avg_init = tf.keras.initializers.VarianceScaling(scale=2., mode="fan_avg",
                                                    distribution="uniform")
dense = tf.keras.layers.Dense(50, activation="sigmoid",
                              kernel_initializer=he_avg_init)
```

----

6 옮긴이_ VarianceScaling 클래스의 매개변수 기본값은 scale=1.0, mode='fan_in', distribution='truncated_normal'입니다. 절단 정규 분포(distribution='truncated_normal')일 경우에는 σ^2=1.3×scale/mode로 계산됩니다. 정규 분포(distribution='untruncated_normal')일 경우에는 σ^2=scale/mode로 계산됩니다. 케라스 층의 kernel_initializer 매개변수의 기본값은 'glorot_uniform'으로 VarianceScaling(scale=1.0, mode='fan_avg', distribution='uniform')을 사용합니다. 'he_normal'일 경우 VarianceScaling(scale=2., mode='fan_in', distribution='truncated_normal')을 사용합니다. 'lecun_normal'일 경우 VarianceScaling 클래스의 기본값을 사용합니다.

11.1.2 고급 활성화 함수

글로럿과 벤지오의 2010년 논문에서 얻은 한 가지 인사이트는 활성화 함수를 잘못 선택하면 자칫 그레이디언트의 소실이나 폭주로 이어질 수 있다는 것입니다. 그전에는 대부분 생물학적 뉴런의 방식과 비슷한 시그모이드 활성화 함수가 최선의 선택일 것이라고 생각했습니다. 하지만 다른 활성화 함수가 심층 신경망에서 훨씬 더 잘 작동한다는 사실이 밝혀졌습니다. 특히 ReLU 함수는 특정 양숫값에 수렴하지 않고 계산도 빠르다는 큰 장점이 있습니다.

안타깝게도 ReLU 함수는 완벽하지 않습니다. 죽은 ReLU[dying ReLU]로 알려진 문제가 있습니다. 훈련하는 동안 일부 뉴런이 0 이외의 값을 출력하지 않는다는 의미에서 죽었다고 말합니다. 특히 큰 학습률을 사용하면 신경망의 뉴런 절반이 죽어 있기도 합니다. 뉴런의 가중치가 바뀌어 훈련 세트에 있는 모든 샘플에 대해 ReLU 함수의 입력이(뉴런 입력의 가중치 합에 편향을 더한 것) 음수가 되면 뉴런이 죽게 됩니다. 가중치 합이 음수이면 ReLU 함수의 그레이디언트가 0이 되므로 경사 하강법이 더는 작동하지 않습니다.[7]

이 문제를 해결하기 위해 **LeakyReLU** 같은 ReLU 함수의 변형을 사용합니다.

LeakyReLU

LeakyReLU 활성화 함수는 $\text{LeakyReLU}_\alpha(z) = \max(\alpha z, z)$로 정의됩니다(그림 11-2). 하이퍼파라미터 α가 이 함수가 '새는[leaky]' 정도를 결정합니다. 새는 정도란 $z < 0$일 때 이 함수의 기울기를 말합니다. $z < 0$일 때 기울기가 LeakyReLU를 절대 죽지 않게 만들어줍니다. 뉴런이 혼수 상태에 오래 있을 수는 있지만 다시 깨어날 가능성을 얻게 됩니다. 빙 쉬[Bing Xu] 등이 쓴 2015년 논문[8]에서 여러 ReLU 함수의 변형을 비교해 얻은 결론 하나는 LeakyReLU가 ReLU보다 항상 성능이 높다는 것입니다. 사실 $\alpha = 0.2$(많이 통과)로 하는 것이 $\alpha = 0.01$(조금 통과)보다 더 나은 성능을 내는 것으로 보입니다. 이 논문은 훈련하는 동안 주어진 범위에서 α를 랜덤으로 선택하고 테스트 시에는 평균을 사용하는 **RReLU**[randomized leaky ReLU]도 평가했습니다. 이함수도 꽤 잘 작동했으며 훈련 세트의 과대적합 위험을 줄이는 규제의 역할을 하는 것처럼 보였습니다. 마지막으로 α가 훈련하는 동안 학습되는 **PReLU**[parametric leaky ReLU]도 비교했습니다.

---

7   시간이 지남에 따라 입력이 진화하여 결국 ReLU 활성화 함수가 다시 양수 입력을 받게 되면 죽은 뉴런이 다시 살아날 수 있습니다. 예를 들어 경사 하강법이 죽은 뉴런 아래에 있는 층의 뉴런을 바꾸는 경우 이런 일이 발생할 수 있습니다.

8   Bing Xu et al., "Empirical Evaluation of Rectified Activations in Convolutional Network," arXiv preprint arXiv:1505.00853 (2015). *https://homl.info/49*

즉, 하이퍼파라미터가 아니고 다른 모델 파라미터와 마찬가지로 역전파에 의해 변경됩니다. 이 함수를 사용하면 대규모 이미지 데이터셋에서는 ReLU보다 성능이 크게 앞서지만, 소규모 데이터셋에서는 훈련 세트에 과대적합될 위험이 있습니다.

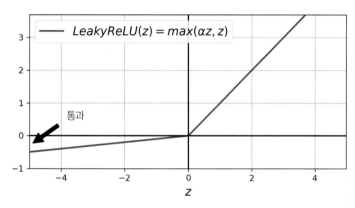

그림 11-2 LeakyReLU: ReLU와 비슷하지만 음수 부분이 작은 기울기를 가집니다.

ELU와 SELU

케라스는 `tf.keras.layers` 패키지 아래 LeakyReLU와 PReLU 클래스를 제공합니다. 다른 ReLU 변형과 마찬가지로 He 초기화를 사용해야 합니다. 예를 들면 다음과 같습니다.

```
leaky_relu = tf.keras.layers.LeakyReLU(alpha=0.2) # alpha의 기본값은 0.3
dense = tf.keras.layers.Dense(50, activation=leaky_relu,
                              kernel_initializer="he_normal")
```

원한다면 LeakyReLU를 별도의 층으로 모델에 추가할 수도 있습니다. 훈련과 예측할 때 차이는 없습니다.

```
model = tf.keras.models.Sequential([
    [...] # 다른 층
    tf.keras.layers.Dense(50, kernel_initializer="he_normal"), # 활성화 함수 없음
    tf.keras.layers.LeakyReLU(alpha=0.2), # 별도의 활성화 함수 층
    [...] # 다른 층
])
```

PReLU를 사용하려면 LeakyReLU 클래스를 PReLU로 바꾸면 됩니다. 케라스에는 현재 공식적인 RReLU 구현이 없습니다. 하지만 쉽게 직접 구현할 수 있습니다(어떻게 만드는지 배우려면 12장 끝에 있는 연습문제를 참고하세요).

ReLU, LeakyReLU, PReLU는 모두 매끄러운 함수가 아니라는 단점이 있습니다. 즉, 도함수가 $z = 0$에서 갑자기 바뀝니다. 라쏘를 논의할 때 4장에서 보았듯이 이런 종류의 불연속성은 경사 하강법을 최적점에서 진동하게 만들거나 수렴을 느리게 만들 수 있습니다. 이제 ReLU 활성화 함수의 부드러운 변형을 살펴보겠습니다. ELU와 SELU부터 시작해보죠.

툐르크-아르네 클레베르트[Djork-Arné Clevert] 등의 2015년 논문[9]은 **ELU**[exponential linear unit]라는 새로운 활성화 함수를 제안했습니다. 이 함수는 저자들의 실험에서 다른 모든 ReLU 변형의 성능을 앞질렀습니다. 훈련 시간이 줄고 신경망의 테스트 세트 성능도 더 높았습니다. 이 함수의 정의는 [식 11-2]와 같습니다.

식 11-2 ELU 활성화 함수

$$\text{ELU}_\alpha(z) = \begin{cases} \alpha(\exp(z) - 1) & z < 0\text{일 때} \\ z & z \geq 0\text{일 때} \end{cases}$$

이 함수는 몇 가지를 제외하고는 ReLU와 매우 비슷합니다(그림 11-3).

- $z < 0$일 때 음숫값이 들어오므로 활성화 함수의 평균 출력이 0에 더 가까워집니다. 이는 앞서 이야기한 그레이디언트 소실 문제를 완화해줍니다. 하이퍼파라미터 α는 z가 큰 음숫값일 때 ELU가 수렴할 값의 역수를 정의합니다. 보통 1로 설정하지만 다른 하이퍼파라미터처럼 변경할 수 있습니다

- $z < 0$이어도 그레이디언트가 0이 아니므로 죽은 뉴런을 만들지 않습니다.

- $\alpha = 1$이면 이 함수는 $z = 0$에서 급격히 변동하지 않으므로 $z = 0$을 포함해 모든 구간에서 매끄러워 경사 하강법의 속도를 높여줍니다.[10]

케라스에서 ELU를 사용하려면 간단히 activation="elu"로 지정하면 됩니다. 다른 ReLU 변형과 마찬가지로 He 초기화를 사용해야 합니다. ELU 활성화 함수의 주요 단점은 (지수 함수를 사용하므로) ReLU나 그 변형들보다 계산이 느리다는 점입니다. 훈련하는 동안에는 수렴

----

9 Djork-Arné Clevert et al., "Fast and Accurate Deep Network Learning by Exponential Linear Units (ELUs)," Proceedings of the International Conference on Learning Representations (2016). *https://homl.info/50*

10 옮긴이_ ELU 함수의 도함수는 $z < 0$일 때 $\alpha(\exp(z))$이고, $z \geq 0$일 때 1이 됩니다. 따라서 $\alpha = 1$이 아닐 경우 이 도함수는 $z = 0$에서 불연속적입니다.

속도가 빨라서 느린 계산이 상쇄될 수 있지만 테스트 시에는 ELU를 사용한 네트워크가 ReLU를 사용한 네트워크보다 느릴 것입니다.

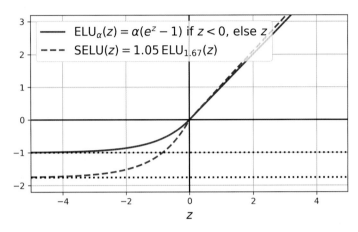

그림 11-3 ELU와 SELU 활성화 함수

얼마 지나지 않아 귄터 클람바우어[Günter Klambauer] 등의 2017년 논문[11]에서 SELU[Scaled ELU] 활성화 함수를 소개했습니다. 이름이 의미하듯 이 함수는 스케일이 조정된 ELU 활성화 함수의 변형입니다($\alpha \approx 1.67$인 ELU의 약 1.05배에 해당합니다). 저자들은 완전 연결 층만 쌓아서 신경망(MLP)을 만들고 모든 은닉 층이 SELU 활성화 함수를 사용한다면 네트워크가 자기 정규화[self-normalize]된다는 것을 보였습니다. 훈련하는 동안 각 층의 출력이 평균 0과 표준 편차 1을 유지하는 경향이 있습니다. 이는 그레이디언트 소실과 폭주 문제를 막아줍니다. 그 결과로 SELU 활성화 함수는 MLP(특히 아주 깊은 네트워크)에서 다른 활성화 함수보다 높은 성능을 냅니다. 케라스에서 사용하려면 `activation="selu"`로 지정하면 됩니다. 그러나 자기 정규화가 일어나려면 몇 가지 조건이 필요합니다(수학적인 배경은 논문을 참고하세요).

- 입력 특성은 반드시 표준화(평균 0, 표준 편차 1)되어야 합니다
- 모든 은닉 층의 가중치는 르쿤 정규 분포 초기화로 초기화되어야 합니다. 케라스에서는 `kernel_initializer="lecun_normal"`로 설정합니다.

---

11 Günter Klambauer et al., "Self-Normalizing Neural Networks," Proceedings of the 31st International Conference on Neural Information Processing Systems (2017): 972–981. *https://homl.info/selu*

- 자기 정규화는 일반적인 MLP에서만 보장됩니다. 만약 순환 신경망(15장 참고)이나 **스킵 연결**[skip connection](즉, 와이드 & 딥 네트워크에서 건너뛰어 연결된 층)과 같은 다른 구조에 SELU를 사용하면 ELU 함수보다 성능이 뛰어나지 않을 것입니다.

- ℓ_1, ℓ_2 규제, 맥스-노름, 배치 정규화, 드롭아웃과 같은 규제를 사용할 수 없습니다(잠시 후 알아보겠습니다).

제약이 크기 때문에 좋은 성질을 가지고 있음에도 큰 관심을 얻지 못했습니다. 또한 GELU, Swish, Mish 활성화 함수가 대부분의 작업에서 일관되게 더 나은 성능을 발휘합니다.

GELU, Swish, Mish

GELU는 댄 헨드릭스[Dan Hendrycks]와 케빈 짐펠[Kevin Gimpel]의 2016년 논문[12]에서 소개되었습니다. GELU도 ReLU 활성화 함수의 부드러운 변형이라고 생각할 수 있습니다. 이 함수의 정의는 [식 11-3]에 나타나 있습니다. 여기에서 Φ는 표준 가우스 누적 분포 함수[cumulative distribution function]입니다. $\Phi(z)$는 평균이 0이고 분산이 1인 정규 분포에서 랜덤하게 샘플링한 값이 z보다 작을 확률에 해당합니다.

식 11-3 GELU 활성화 함수
$$\text{GELU}(z) = z\,\Phi(z)$$

[그림 11-4]에서 볼 수 있듯이 GELU는 ReLU와 닮았습니다. 입력 z가 큰 음수일 때 0에 가까워지고 z가 큰 양수일 때 z에 가까워집니다. 지금까지 소개한 모든 활성화 함수가 볼록한[convex] 단조[monotonic] 함수[13]이지만 GELU 활성화 함수는 둘 다 아닙니다. 왼쪽에서 직선으로 시작해서 아래로 구부러지다가 $-0.17(z \approx -0.75$ 근처)에서 저점에 도달합니다. 그리고 마지막에 상승하여 오른쪽 위로 직진하는 것으로 끝납니다. 이런 복잡한 모양과 모든 위치에 곡률이 있다는 사실이 특히 복잡한 작업에서 이 함수가 잘 작동하는 이유를 설명합니다. 경사 하강법이 복잡한 패턴을 학습하기 쉬울 수 있습니다. 실제로 지금까지 설명한 다른 모든 활성화 함수보다 성능이 뛰어난 경우가 많습니다. 하지만 계산량이 조금 더 많으며 성능 향상이 추가 비용을 정

---

12 Dan Hendrycks and Kevin Gimpel, "Gaussian Error Linear Units (GELUs)", arXiv preprint arXiv:1606.08415 (2016). *https://homl.info/gelu*

13 곡선의 임의의 두 점 사이의 선분이 곡선 아래에 위치하지 않는 함수를 볼록 함수라고 합니다. 단조 함수는 증가만하거나 감소만하는 함수입니다.

당화하기에 항상 충분하지는 않습니다. σ가 시그모이드 함수일 때 이 함수가 $z\sigma(1.702\,z)$와 거의 같다는 것을 보일 수 있습니다. 이 근사식은 매우 잘 작동하고 계산이 훨씬 빠르다는 이점이 있습니다.

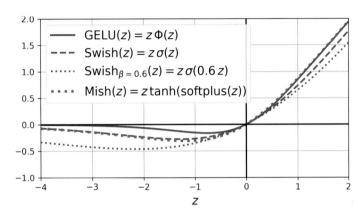

그림 11-4 GELU, Swish, 매개변수를 가진 Swish, Mish 활성화 함수

GELU 논문은 **SiLU**sigmoid linear unit 활성화 함수도 소개합니다. 이 함수는 $z\sigma(z)$와 같지만 논문의 테스트에서 GELU의 성능을 능가했습니다. 흥미롭게도 프라이트 라마칸드란Prajit Ramachandran 등의 2017년 논문[14]에서 좋은 활성화 함수를 자동으로 찾는 과정에서 SiLU 함수를 재발견했습니다. 이 저자들은 이 함수의 이름을 **Swish**라고 붙였습니다. 이 논문에서 Swish는 GELU를 포함해 다른 모든 활성화 함수의 성능을 능가했습니다. 라마칸드란 등은 나중에 추가적인 하이퍼파라미터 β를 추가해 Swish를 일반화했습니다. 일반화된 Swish 함수는 $\text{Swish}_\beta(z) = z\sigma(\beta z)$입니다. 따라서 GELU는 $\beta = 1.702$를 사용하는 일반화된 Swish 함수와 거의 동일합니다. 다른 하이퍼파라미터처럼 β를 튜닝할 수 있습니다. 또는 β를 훈련 가능한 파라미터로 만들고 경사 하강법으로 최적화할 수도 있습니다. PReLU와 마찬가지로 이 방법은 모델을 더 강력하게 만들 수 있지만 데이터에 과대적합될 위험이 있습니다.

---

14 Prajit Ramachandran et al., "Searching for Activation Functions", arXiv preprint arXiv:1710.05941 (2017). *https://homl.info/swish*

매우 비슷한 또 다른 활성화 함수는 디간타 미스라$^{Diganta\ Misra}$의 2019년 논문에서 소개된 **Mish**입니다.[15] 이 함수는 $\mathrm{mish}(z) = z\tanh(\mathrm{softplus}(z))$로 정의됩니다. 여기서 $\mathrm{softplus}(z) = \log(1 + \exp(z))$입니다. GELU나 Swish와 마찬가지로 매끄럽고 볼록하지 않고 단조 함수가 아닌 ReLU의 변형입니다. 저자가 여러 실험을 수행한 결과 Mish가 일반적으로 다른 활성화 함수, 심지어 Swish와 GELU보다 근소한 차이로 더 나은 성능을 발휘한다는 사실을 발견했습니다. [그림 11-4]는 GELU, ($\beta = 1$(기본값)과 $\beta = 0.6$인) Swish, Mish를 보여줍니다. 그림에서 볼 수 있듯 Mish는 z가 음수일 때 Swish와 거의 완벽하게 겹치고, z가 양수일 때는 GELU와 거의 완벽하게 겹칩니다.

TIP 그렇다면 심층 신경망의 은닉 층에 어떤 활성화 함수를 사용해야 할까요? 간단한 작업에는 ReLU가 좋은 기본값입니다. 더 정교한 활성화 함수인만큼 성능이 뛰어나고 계산 속도가 매우 빠르며 많은 라이브러리와 하드웨어 가속기가 ReLU에 특화된 최적화를 제공하기 때문입니다. 하지만 더 복잡한 작업에는 Swish가 더 나을 수 있으며, 가장 복잡한 작업에는 학습 가능한 β 파라미터를 가진 Swish를 시도해볼 수도 있습니다. Mish는 조금 더 나은 결과를 얻을 수 있지만 계산량이 조금 더 많습니다. 실행 속도가 중요한 경우 복잡한 작업을 위해 LeakyReLU나 파라미터를 가진 LeakyReLU가 나을 수 있습니다. 심층 MLP의 경우 SELU를 시도해보세요. 하지만 앞서 언급한 제약 조건을 반드시 준수해야 합니다. 시간과 컴퓨팅 성능에 여유가 있다면 교차 검증을 사용하여 다른 활성화 함수도 평가할 수 있습니다.

케라스는 GELU와 Swish를 기본적으로 지원하므로 `activation="gelu"` 또는 `activation="swish"`로 지정하면 됩니다. 그러나 아직 Mish나 일반화된 Swish 활성화 함수는 지원하지 않습니다(사용자 정의 활성화 함수와 층을 구현하는 방법은 12장을 참고하세요).

활성화 함수는 여기까지입니다! 이제 불안정한 그레이디언트 문제를 해결하기 위한 완전히 다른 방법인 배치 정규화를 살펴보겠습니다.

11.1.3 배치 정규화

RELU(또는 다른 ReLU의 변형)와 함께 He 초기화를 사용하면 훈련 초기 단계에서 그레이디언트 소실이나 폭주 문제를 크게 줄일 수 있지만, 훈련하는 동안 다시 발생하지 않으리란 보장은 없습니다.

---

15 Diganta Misra, "Mish: A Self Regularized Non-Monotonic Activation Function", arXiv preprint arXiv:1908.08681 (2019). *https://homl.info/mish*

2015년의 한 논문[16]에서 세르게이 이오페$^{\text{Sergey Ioffe}}$와 크리스티언 세게디$^{\text{Christian Szegedy}}$가 그레이디언트 소실과 폭주 문제를 해결하기 위한 **배치 정규화**$^{\text{batch normalization}}$(BN) 기법을 제안했습니다. 이 기법은 각 층에서 활성화 함수를 통과하기 전이나 후에 모델에 연산을 하나 추가합니다. 이 연산은 단순하게 입력을 원점에 맞추고 정규화한 다음, 각 층에서 두 개의 새로운 파라미터로 결괏값의 스케일을 조정하고 이동시킵니다. 하나는 스케일 조정에, 다른 하나는 이동에 사용됩니다. 많은 경우 신경망의 첫 번째 층으로 배치 정규화를 추가하면 훈련 세트를 표준화할 필요가 없습니다. 즉, `StandardScaler`나 `Normalization` 클래스가 필요하지 않습니다. 배치 정규화 층이 이런 역할을 대신합니다(한 번에 하나의 배치만 처리하기 때문에 근사적입니다. 또한 입력 특성마다 스케일을 조정하고 이동시킬 수 있습니다).

입력 데이터를 원점에 맞추고 정규화하려면 알고리즘은 평균과 표준 편차를 추정해야 합니다. 이를 위해 현재 미니배치에서 입력의 평균과 표준 편차를 평가합니다(그래서 이름이 배치 정규화입니다). [식 11-4]는 전체 알고리즘을 요약한 것입니다.

식 11-4 배치 정규화 알고리즘

$$1 \quad \boldsymbol{\mu}_B = \frac{1}{m_B} \sum_{i=1}^{m_B} \mathbf{x}^{(i)}$$

$$2 \quad \boldsymbol{\sigma}_B^{\,2} = \frac{1}{m_B} \sum_{i=1}^{m_B} \left(\mathbf{x}^{(i)} - \boldsymbol{\mu}_B \right)^2$$

$$3 \quad \hat{\mathbf{x}}^{(i)} = \frac{\mathbf{x}^{(i)} - \boldsymbol{\mu}_B}{\sqrt{\boldsymbol{\sigma}_B^{\,2} + \varepsilon}}$$

$$4 \quad \mathbf{z}^{(i)} = \boldsymbol{\gamma} \otimes \hat{\mathbf{x}}^{(i)} + \boldsymbol{\beta}$$

이 알고리즘을 살펴봅시다.

- $\boldsymbol{\mu}_B$는 미니배치 B에 대해 평가한 입력의 평균 벡터입니다(입력마다 하나의 평균을 가집니다).
- m_B는 미니배치에 있는 샘플 수입니다.
- $\boldsymbol{\sigma}_B$도 미니배치에 대해 평가한 입력의 표준 편차 벡터입니다.

---

16 Sergey Ioffe and Christian Szegedy, "Batch Normalization: Accelerating Deep Network Training by Reducing Internal Covariate Shift," Proceedings of the 32nd International Conference on Machine Learning (2015): 448–456. https://homl.info/51

- ε은 분모가 0이 되는 것을 막고 그레이디언트가 너무 커지지 않게 만들기 위한 작은 숫자(전형적으로 10^{-5})입니다. 이를 **안전을 위한 항**smoothing term이라고 합니다.

- $\hat{x}^{(i)}$는 평균이 0이고 정규화된 샘플 i의 입력입니다.

- γ은 층의 출력 스케일 파라미터 벡터입니다(입력마다 하나의 스케일 파라미터가 있습니다).[17]

- $\otimes$는 원소별 곱셈element-wise multiplication입니다(각 입력은 해당되는 출력 스케일 파라미터와 곱해집니다).

- β는 층의 출력 이동 (오프셋) 파라미터 벡터입니다(입력마다 하나의 스케일 파라미터가 있습니다). 각 입력은 해당 파라미터만큼 이동합니다.

- $z^{(i)}$는 배치 정규화 연산의 출력입니다. 즉, 입력의 스케일을 조정하고 이동시킨 것입니다.

훈련하는 동안 배치 정규화는 입력을 정규화한 다음 스케일을 조정하고 이동시킵니다. 좋네요! 테스트 시에는 어떻게 할까요? 간단한 문제는 아닙니다. 아마 샘플의 배치가 아니라 샘플 하나에 대한 예측을 만들어야 합니다.[18] 이 경우 입력의 평균과 표준 편차를 계산할 방법이 없습니다. 샘플의 배치를 사용한다 하더라도 매우 작거나 독립 동일 분포independent identically distributed(IID) 조건을 만족하지 못할 수 있습니다. 이런 배치 샘플에서 계산한 통계는 신뢰도가 떨어집니다. 한 가지 방법은 훈련이 끝난 후 전체 훈련 세트를 신경망에 통과시켜 배치 정규화 층의 각 입력에 대한 평균과 표준 편차를 계산하는 것입니다. 예측할 때 배치 입력 평균과 표준 편차로 이 '최종' 입력 평균과 표준 편차를 대신 사용할 수 있습니다. 그러나 대부분 배치 정규화 구현은 층의 입력 평균과 표준 편차의 이동 평균moving average을 사용해 훈련하는 동안 최종 통계를 추정합니다. 케라스의 `BatchNormalization` 층은 이를 자동으로 수행합니다. 정리하면 배치 정규화 층마다 네 개의 파라미터 벡터가 학습됩니다. γ(출력 스케일 벡터)와 β(출력 이동 벡터)는 일반적인 역전파를 통해 학습됩니다. μ(최종 입력 평균 벡터)와 σ(최종 입력 표준 편차 벡터)는 지수 이동 평균을 사용하여 추정됩니다. μ와 σ는 훈련하는 동안 추정되지만 훈련이 끝난 후에 사용됩니다([식 11-3]에 있는 배치 입력 평균과 표준 편차를 대체하기 위함입니다).

이오페와 세게디는 실험한 모든 심층 신경망에서 배치 정규화가 성능을 크게 향상시킨다는 것을 보였습니다. 특히 이미지넷ImageNet[19] 분류 작업에서 큰 성과를 냈습니다. 그레이디언트 소실 문제가 크게 감소하여 tanh나 시그모이드 활성화 함수 같은 수렴성을 가진 활성화 함수를 사용할 수 있습니다. 또 가중치 초기화에 네트워크가 훨씬 덜 민감해집니다. 저자들은 훨씬 큰 학

---

17 옮긴이_ γ와 β의 차원은 모두 $z^{(i)}$와 같습니다. 즉, 층의 뉴런마다 γ와 β를 하나씩 가집니다.

18 옮긴이_ 올바른 평가를 위해 테스트할 때도 새로운 데이터에 대해 예측을 하는 것처럼 샘플이 하나씩 주입된다고 가정하기 때문입니다.

19 이미지넷은 여러 클래스로 분류된 대규모 이미지 데이터베이스로, 컴퓨터 비전 시스템을 평가하는 용도로 널리 사용됩니다.

습률을 사용하여 학습 과정의 속도를 크게 높일 수 있었습니다. 특히 다음과 같은 내용을 언급했습니다.

> 가장 뛰어난 이미지 분류 모델에 적용하면 배치 정규화가 14배나 적은 훈련 단계에서 같은 정확도를 달성하고 상당한 차이로 원래 모델을 앞지릅니다. [⋯] 배치 정규화된 모델의 앙상블을 사용해 이미지넷 분류의 가장 뛰어난 수준에 도달했습니다. 사람의 판별 능력을 뛰어넘는 4.9%의 톱-5 검증 오차(그리고 4.8%의 테스트 오차)를 달성했습니다.

마지막으로 마치 또 하나의 선물처럼, 배치 정규화는 규제와 같은 역할을 하여 (이 장의 뒷부분에 나오는 드롭아웃 같은) 다른 규제 기법의 필요성을 줄여줍니다.[20]

그러나 (앞서 언급한 것처럼 입력 데이터를 정규화할 필요는 없어지지만) 배치 정규화는 모델의 복잡도를 키웁니다. 더군다나 실행 시간 면에서도 손해입니다. 층마다 추가되는 계산이 신경망의 예측을 느리게 합니다. 다행히 훈련이 끝난 후에 이전 층과 배치 정규화 층을 합쳐 실행 속도 저하를 피할 수 있습니다. 이전 층의 가중치를 바꾸어 바로 스케일이 조정되고 이동된 출력을 만듭니다. 예를 들면 이전 층이 $\mathbf{XW}+\mathbf{b}$를 계산하면 배치 정규화 층은 $\gamma\otimes(\mathbf{XW}+\mathbf{b}-\boldsymbol{\mu})/\boldsymbol{\sigma}+\boldsymbol{\beta}$를 계산합니다(분모에 안전을 위해 추가하는 항인 ε은 무시합니다). 만약 $\mathbf{W}'=\gamma\otimes\mathbf{W}/\boldsymbol{\sigma}$와 $\mathbf{b}'=\gamma\otimes(\mathbf{b}-\boldsymbol{\mu})/\boldsymbol{\sigma}+\boldsymbol{\beta}$로 정의하면 이 식은 $\mathbf{XW}'+\mathbf{b}'$로 단순화됩니다. 따라서 이전 층의 가중치와 편향($\mathbf{W}$와 $\mathbf{b}$)을 업데이트된 가중치와 편향($\mathbf{W}'$와 $\mathbf{b}'$)으로 바꾸면 배치 정규화 층을 제거할 수 있습니다(19장에서 볼 TFLite 변환기는 이를 자동으로 처리합니다).

> **✎ NOTE** 배치 정규화를 사용할 때 에포크마다 더 많은 시간이 걸리므로 훈련이 오히려 느려질 수 있습니다. 하지만 배치 정규화를 사용하면 수렴이 훨씬 빨라지므로 보통 상쇄됩니다. 따라서 더 적은 에포크로 동일한 성능에 도달할 수 있습니다. 대부분 실제로 걸리는 시간은 보통 더 짧습니다(진짜 시계로 잰 시간을 말합니다).

---

20 옮긴이_ 배치 정규화는 전체 데이터셋이 아니라 미니배치마다 평균과 표준 편차를 계산하므로 훈련 데이터에 일종의 잡음을 넣는다고 볼 수 있습니다. 이런 잡음은 훈련 세트에 과대적합되는 것을 방지하는 규제의 효과를 가지며 미니배치의 크기가 클수록 효과는 줄어듭니다. 하지만 배치 정규화로 인한 규제는 부수 효과여서 비교적 크지 않으므로 규제를 위해서는 드롭아웃을 함께 사용하는 것이 좋습니다.

케라스로 배치 정규화 구현하기

다른 케라스 코드와 마찬가지로 배치 정규화 층도 간단하고 손쉽게 구현할 수 있습니다. 은닉 층의 활성화 함수 전이나 후에 BatchNormalization 층을 추가하면 됩니다. 모델의 첫 번째 층으로 배치 정규화 층을 추가할 수도 있습니다. 하지만 Normalization 층도 일반적으로 이 위치에서 잘 작동합니다(유일한 단점은 먼저 adapt() 메서드를 호출해야 한다는 것입니다). 예를 들면 다음 모델은 각 은닉 층 다음과 모델의 첫 번째 층으로 배치 정규화 층을 적용합니다.

```python
model = tf.keras.Sequential([
    tf.keras.layers.Flatten(input_shape=[28, 28]),
    tf.keras.layers.BatchNormalization(),
    tf.keras.layers.Dense(300, activation="relu",
                          kernel_initializer="he_normal"),
    tf.keras.layers.BatchNormalization(),
    tf.keras.layers.Dense(100, activation="relu",
                          kernel_initializer="he_normal"),
    tf.keras.layers.BatchNormalization(),
    tf.keras.layers.Dense(10, activation="softmax")
])
```

이게 전부입니다! 은닉 층 두 개를 가진 작은 예제라서 배치 정규화가 큰 도움이 되지 않을 수 있습니다. 하지만 깊은 네트워크에서는 엄청난 차이를 만들 수 있습니다.

모델의 summary() 메서드를 호출해봅시다.

```
>>> model.summary()
Model: "sequential"
_____
Layer (type)                    Output Shape            Param #
=================================================================
flatten (Flatten)               (None, 784)             0
_____
batch_normalization (BatchNo    (None, 784)             3136
_____
dense (Dense)                   (None, 300)             235500
_____
batch_normalization_1 (Batch    (None, 300)             1200
_____
```

```
dense_1 (Dense)                  (None, 100)              30100
_____
batch_normalization_2 (Batch (None, 100)               400
_____
dense_2 (Dense)                  (None, 10)               1010
=================================================================
Total params: 271,346
Trainable params: 268,978
Non-trainable params: 2,368
_____
```

여기서 볼 수 있듯이 배치 정규화 층은 입력마다 네 개의 파라미터 γ, β, μ, σ를 추가합니다(**예** 첫 번째 배치 정규화 층은 4×784=3,136개의 파라미터가 있습니다). 마지막 두 개의 파라미터 μ와 σ는 이동 평균입니다. 이 파라미터는 역전파로 학습되지 않기 때문에 케라스는 'Non-trainable' 파라미터[21]로 분류합니다(배치 정규화 파라미터의 전체 개수는 3,136+1,200+400입니다. 이를 2로 나누면 이 모델에서 훈련되지 않는 전체 파라미터 개수 2,368을 얻습니다).

첫 번째 배치 정규화 층의 파라미터를 살펴봅시다. 두 개는 (역전파로) 훈련되고 두 개는 훈련되지 않습니다.[22]

```
>>> [(var.name, var.trainable) for var in model.layers[1].variables]
[('batch_normalization_v2/gamma:0', True),
 ('batch_normalization_v2/beta:0', True),
 ('batch_normalization_v2/moving_mean:0', False),
 ('batch_normalization_v2/moving_variance:0', False)]
```

배치 정규화 논문의 저자들은 (방금 전 예제처럼) 활성화 함수 이후보다 활성화 함수 이전에 배치 정규화 층을 추가하는 것이 좋다고 조언합니다. 하지만 작업에 따라 선호되는 방식이 달라서 이 조언에 대해서는 논란이 조금 있습니다. 두 가지 방법 모두 실험해보고 어떤 것이 주어진 데이터셋에 가장 잘 맞는지 확인하는 것이 좋습니다. 활성화 함수 전에 배치 정규화 층을 추

---

21 하지만 훈련하는 동안 훈련 데이터를 기반으로 추정되므로 학습된다고 볼 수도 있습니다. 케라스에서 'Non-trainable'은 역전파로 업데이트되지 않는다는 의미입니다.

22 옮긴이_ variables 속성 외에 훈련되는 파라미터만 가지고 있는 trainable_variables와 훈련되지 않는 파라미터를 가지고 있는 non_trainable_variables 속성이 있습니다. 이 세 가지 속성은 각각 wegiths, trainable_weights, non_trainable_weights 속성과 동일합니다.

가하려면 은닉 층에서 활성화 함수를 지정하지 말고 배치 정규화 층 뒤에 별도의 층으로 추가해야 합니다. 또한 배치 정규화 층은 입력마다 이동 파라미터를 포함하기 때문에 이전 층에서 편향을 뺄 수 있습니다. 층을 만들 때 use_bias=False로 설정하면 됩니다. 마지막으로 첫 번째 은닉 층이 배치 정규화 층 두 개 사이에 끼이지 않도록 첫 번째 배치 정규화 층을 삭제할 수 있습니다. 업데이트된 코드는 다음과 같습니다.

```
model = tf.keras.Sequential([
    tf.keras.layers.Flatten(input_shape=[28, 28]),
    tf.keras.layers.Dense(300, kernel_initializer="he_normal", use_bias=False),
    tf.keras.layers.BatchNormalization(),
    tf.keras.layers.Activation("relu"),
    tf.keras.layers.Dense(100, kernel_initializer="he_normal", use_bias=False),
    tf.keras.layers.BatchNormalization(),
    tf.keras.layers.Activation("relu"),
    tf.keras.layers.Dense(10, activation="softmax")
])
```

BatchNormalization 클래스는 조정할 하이퍼파라미터가 적습니다. 보통 기본값이 잘 작동하지만 이따금 momentum 매개변수를 변경해야 할 수 있습니다. BatchNormalization 층이 지수 이동 평균을 업데이트할 때 이 하이퍼파라미터를 사용합니다. 새로운 값 $\mathbf{v}$(즉, 현재 배치에서 계산한 새로운 입력 평균 벡터나 표준 편차 벡터)가 주어지면 다음 식을 사용해 이동 평균 $\hat{\mathbf{v}}$을 업데이트합니다.

$$\hat{\mathbf{v}} \leftarrow \hat{\mathbf{v}} \times \text{momentum} + \mathbf{v} \times (1 - \text{momentum})$$

적절한 모멘텀 값은 일반적으로 1에 가깝습니다. 예를 들면 0.9, 0.99, 0.999입니다(데이터셋이 크고 미니배치가 작으면 소수점 뒤에 9를 더 넣어 1에 더 가깝게 합니다).

중요한 다른 하이퍼파라미터는 axis입니다. 이 매개변수는 정규화할 축을 결정합니다. 기본값은 −1입니다. 즉, (다른 축을 따라 계산한 평균과 표준 편차를 사용하여) 마지막 축을 정규화합니다. 입력 배치가 2D(배치 크기가 [샘플 개수, 특성 개수])이면 각 입력 특성이 배치에 있는 모든 샘플에 대해 계산한 평균과 표준 편차를 기반으로 정규화됩니다. 예를 들어 이전 코드 예제에서 첫 번째 배치 정규화 층은 784개의 입력 특성마다 독립적으로 정규화(그리고 스케일 조정과 이동)될 것입니다. 만약 배치 정규화 층을 Flatten 층 이전으로 옮기면 입력 배치는 [샘플 개수, 높이, 너비] 크기의 3D가 됩니다. 따라서 배치 정규화 층이 28개의 평균과 28개의 표준 편차를 계산합니다(열에 있는 모든 행과 샘플에 대해 계산하므로 픽셀의 열마다 1개씩 만들어집니다). 그다음 동일한 평균과 표준 편차를 사용하여 해당 열의 모든 픽셀을 정규화합니다. 또한 28개의 스케일 파라미터와 28개의 이동 파라미터가 있습니다. 784개의 픽셀을 독립적으로 다루고 싶다면 axis=[1, 2]로 지정해야 합니다.

BatchNormalization은 심층 신경망, 특히 14장에서 소개할 심층 합성곱 신경망에서 매우 널리 사용하는 층이 되었고, 보통 모든 층 뒤에 배치 정규화가 있다고 가정하므로 종종 신경망 그림에서 빠져 있습니다. 이제 훈련 중 그레이디언트를 안정화시키는 마지막 기법으로 그레이디언트 클리핑을 알아보겠습니다.

11.1.4 그레이디언트 클리핑

그레이디언트 폭주 문제를 완화하는 또 다른 방법은 역전파될 때 특정 임곗값을 넘어서지 못하게 그레이디언트를 잘라내는 것입니다. 이를 **그레이디언트 클리핑**gradient clipping[23]이라고 합니다. (15장에서 보겠지만) 이 기법은 일반적으로 배치 정규화를 사용하기 까다로운 순환 신경망에서 사용됩니다.

케라스에서 그레이디언트 클리핑을 구현하려면 다음과 같이 옵티마이저를 만들 때 clipvalue와 clipnorm 매개변수를 지정하면 됩니다.

```
optimizer = tf.keras.optimizers.SGD(clipvalue=1.0)
model.compile([...], optimizer=optimizer)
```

이 옵티마이저는 그레이디언트 벡터의 모든 원소를 −1.0과 1.0 사이로 클리핑합니다. 즉, (훈련되는 각 파라미터에 대한) 손실의 모든 편미분값을 −1.0에서 1.0으로 잘라냅니다. 임곗값은 하이퍼파라미터로 튜닝할 수 있습니다. 이 기능은 그레이디언트 벡터의 방향을 바꿀 수 있습니다. 예를 들어 원래 그레이디언트 벡터가 [0.9, 100.0]이라면 대부분 두 번째 축 방향을 향합니다. 하지만 값을 기준으로 이를 클리핑을 하면 [0.9, 1.0]이 되고 거의 두 축 사이 대각선 방향을 향합니다. 실전에서는 이 방식이 잘 작동합니다. 만약 그레이디언트 클리핑이 그레이디언트

---

23 Razvan Pascanu et al., "On the Difficulty of Training Recurrent Neural Networks," Proceedings of the 30th International Conference on Machine Learning (2013): 1310–1318.

벡터의 방향을 바꾸지 못하게 하려면 clipvalue 대신 clipnorm을 지정하여 노름으로 클리핑해야 합니다. 만약 ℓ_2 노름이 지정한 임곗값보다 크다면 전체 그레이디언트를 클리핑합니다. 예를 들어 clipnorm=1.0으로 지정한다면 벡터 [0.9, 100.0]이 [0.00899964, 0.9999595]로 클리핑되므로 방향을 그대로 유지합니다. 하지만 첫 번째 원소는 거의 무시됩니다. 훈련하는 동안 그레이디언트가 폭주한다면 다른 임곗값으로 값과 노름을 모두 사용하여 클리핑할 수 있습니다(텐서보드를 사용해 그레이디언트의 크기를 추적할 수 있습니다).[24] 그리고 검증 세트에서 어떤 방식이 가장 좋은 성과를 내는지 확인할 수 있습니다.

11.2 사전 훈련된 층 재사용하기

일반적으로 해결하려는 것과 비슷한 유형의 문제를 처리한 신경망이 이미 있는지 찾아보지 않고 아주 큰 규모의 DNN을 처음부터 새로 훈련하는 것은 좋은 생각이 아닙니다(어떻게 찾는지는 14장에서 설명하겠습니다). 이런 신경망을 찾았다면 최상위 층을 제외하고 대부분의 층을 재사용할 수 있습니다. 이를 **전이 학습**transfer learning이라고 합니다. 이 방법은 훈련 속도를 크게 높일 뿐만 아니라 필요한 훈련 데이터도 크게 줄여줍니다.

동물, 식물, 자동차, 생활용품을 포함해 카테고리 100개로 구분된 이미지를 분류하도록 훈련한 DNN을 가지고 있다고 가정합시다. 그리고 이제 구체적인 자동차의 종류를 분류하는 DNN을 훈련하려 합니다. 이런 작업들은 비슷한 점이 많고 심지어 일부 겹치기도 하므로 첫 번째 신경망의 일부를 재사용해봐야 합니다(그림 11-5).

---

24 옮긴이_ clipnorm과 clipvalue 매개변수가 모두 지정될 경우 clipnorm이 먼저 적용됩니다.

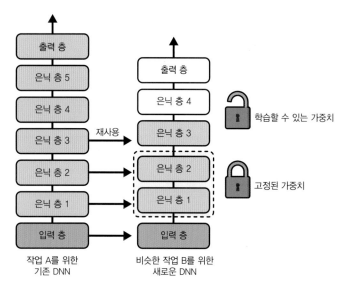

작업 A를 위한
기존 DNN

비슷한 작업 B를 위한
새로운 DNN

학습할 수 있는 가중치

고정된 가중치

그림 11-5 사전 훈련된 층 재사용하기

> 📝 **NOTE** 만약 원래 문제에서 사용한 것과 크기가 다른 이미지를 입력으로 사용한다면 원본 모델에 맞는 크기로 변경하는 전처리 단계를 추가해야 합니다. 일반적으로 전이 학습은 저수준 특성이 비슷한 입력에서 잘 작동합니다.

보통 원본 모델의 출력 층을 바꿔야 합니다. 이 층은 새로운 작업에 가장 유용하지 않거나 새로운 작업에 필요한 출력 개수와 맞지 않을 수도 있습니다.

비슷하게 원본 모델의 상위 은닉 층은 하위 은닉 층보다 덜 유용합니다. 새로운 작업에 유용한 고수준 특성은 원본 작업에서 유용했던 특성과는 상당히 다르기 때문입니다. 따라서 재사용할 층 개수를 잘 선정할 수 있어야 합니다.

> 💡 **TIP** 작업이 비슷할수록 (낮은 층부터 시작해서) 더 많은 층을 재사용하세요. 아주 비슷한 작업이라면 모든 은닉 층을 유지하고 출력 층만 교체합니다.

먼저 재사용하는 층을 모두 동결합니다(경사 하강법으로 가중치가 고정된 상태로 남도록 훈련되지 않는 가중치로 만듭니다). 그런 다음 모델을 훈련하고 성능을 평가합니다. 맨 위에 있는 한두 개의 은닉 층의 동결을 해제하고 역전파를 통해 가중치를 조정하여 성능이 향상되는지 확인합니다. 훈련 데이터가 많을수록 많은 층의 동결을 해제할 수 있습니다. 재사용 층의 동결을 해제할 때는 학습률을 줄이는 것이 좋습니다. 가중치를 세밀하게 튜닝하는 데 도움이 됩니다.

만약 여전히 좋은 성능을 낼 수 없고 훈련 데이터가 적다면 상위 은닉 층(들)을 제거하고 남은 은닉 층을 다시 동결해보세요. 이런 식으로 재사용할 은닉 층의 적절한 개수를 찾을 때까지 반복합니다. 훈련 데이터가 아주 많다면 은닉 층을 제거하는 대신 다른 것으로 바꾸거나 심지어 더 많은 은닉 층을 추가할 수도 있습니다.

11.2.1 케라스를 사용한 전이 학습

예를 하나 살펴봅시다. 8개의 클래스만 있는 패션 MNIST 데이터셋이 있습니다. 이 데이터셋에는 샌들과 셔츠를 제외한 클래스들이 있습니다. 누군가 이 데이터의 클래스를 분류하는 작업 A를 해결하는 모델을 만들고 훈련시켜 꽤 좋은 성능(>90% 정확도)을 얻었습니다. 이 모델을 '모델 A'라고 부릅시다. 여러분이 샌들과 셔츠 이미지를 구분하는 작업 B를 해결하기 위해 이진 분류기를 훈련하려 합니다(양성=셔츠, 음성=샌들). 레이블된 이미지는 겨우 200개로 매우 적습니다. 이를 위해서 모델 A와 구조가 거의 비슷한 '모델 B'라는 새 모델을 훈련하여 91.85%의 테스트 정확도를 얻었습니다. 그런데 모닝 커피를 마시다가 작업 B는 모델 A가 해결하는 작업 A와 매우 비슷하다는 것을 깨달았습니다. 혹시 전이 학습이 도움이 될 수 있을까요? 직접 확인해봅시다!

먼저 모델 A를 로드하고 이 모델의 층을 기반으로 새로운 모델(model_B_on_A)을 만듭니다. 출력 층만 제외하고 모든 층을 재사용하겠습니다.

```
[...] # 모델 A는 이미 훈련되어 "my_model_A"에 저장되어 있다고 가정합니다.
model_A = tf.keras.models.load_model("my_model_A")
model_B_on_A = tf.keras.Sequential(model_A.layers[:-1])
model_B_on_A.add(tf.keras.layers.Dense(1, activation="sigmoid"))
```

model_A와 model_B_on_A는 일부 층을 공유합니다. model_B_on_A를 훈련할 때 model_A도 영향을 받습니다. 이를 원치 않는다면 층을 재사용하기 전에 model_A를 클론^{clone}하세요. clone_model() 메서드로 모델 A의 구조를 복제한 후 가중치를 복사합니다.

```
model_A_clone = tf.keras.models.clone_model(model_A)
model_A_clone.set_weights(model_A.get_weights())
```

이제 작업 B를 위해 model_B_on_A를 훈련할 수 있습니다. 하지만 새로운 출력 층이 랜덤하게 초기화되어 있으므로 큰 오차를 만들 것입니다(적어도 처음 몇 번의 에포크 동안). 따라서 큰 오차 그레이디언트가 재사용된 가중치를 망칠 수 있습니다. 이를 피하는 한 가지 방법은 처음 몇 번의 에포크 동안 재사용된 층을 동결하고 새로운 층에게 적절한 가중치를 학습할 시간을 주는 것입니다. 이를 위해 모든 층의 **trainable** 속성을 **False**로 지정하고 모델을 컴파일합니다.

```
for layer in model_B_on_A.layers[:-1]:
    layer.trainable = False

optimizer = tf.keras.optimizers.SGD(learning_rate=0.001)
model_B_on_A.compile(loss="binary_crossentropy", optimizer=optimizer,
                     metrics=["accuracy"])
```

✎ NOTE 층을 동결하거나 동결을 해제한 후 반드시 모델을 컴파일해야 합니다.[25]

이제 몇 번의 에포크 동안 모델을 훈련할 수 있습니다. 그다음 재사용된 층의 동결을 해제하고 (모델을 다시 컴파일해야 합니다) 작업 B에 맞게 재사용된 층을 세밀하게 튜닝하기 위해 훈련을 계속합니다. 일반적으로 재사용된 층의 동결을 해제한 후에 학습률을 낮추는 것이 좋습니다. 이렇게 하면 재사용된 가중치가 망가지는 것을 막아줍니다.

```
history = model_B_on_A.fit(X_train_B, y_train_B, epochs=4,
                           validation_data=(X_valid_B, y_valid_B))

for layer in model_B_on_A.layers[:-1]:
    layer.trainable = True
```

---

25 옮긴이_ compile() 메서드가 모델에서 훈련될 가중치를 모으기 때문에 동결을 하거나 해제한 후에는 반드시 다시 컴파일해야 합니다.

```
optimizer = tf.keras.optimizers.SGD(learning_rate=0.001)
model_B_on_A.compile(loss="binary_crossentropy", optimizer=optimizer,
                     metrics=["accuracy"])
history = model_B_on_A.fit(X_train_B, y_train_B, epochs=16,
                           validation_data=(X_valid_B, y_valid_B))
```

자, 그럼 최종 점수는 어떤가요? 이 모델의 테스트 정확도는 93.85%로 91.85%보다 2퍼센트 포인트나 올랐습니다! 이는 전이 학습이 오류율을 거의 25%나 줄였다는 의미입니다.

```
>>> model_B_on_A.evaluate(X_test_B, y_test_B)
[0.2546142041683197, 0.9384999871253967]
```

믿을 수 있나요? 사실 믿어서는 안 됩니다. 속임수가 있습니다! 사실 높은 성능을 가진 모델을 찾기까지 여러 가지 설정을 시도해보았습니다. 타깃 클래스나 랜덤 초깃값을 바꾸면 성능이 떨어질 것입니다. 심지어 성능이 향상되지 않거나 더 나빠지기도 합니다. 이를 '될 때까지 데이터를 들들 볶기'라고 부릅니다. 논문의 결과가 너무 긍정적이라면 의심해보아야 합니다. 현란한 새 기술이 실제로 큰 도움이 되지 않을 수도 있습니다(심지어 성능이 떨어지기도 합니다). 논문 저자들은 여러 시도를 해보고 그중 가장 좋은 결과만을 제출하고(좋은 결과는 순전히 운이 좋았던 것일 수도 있습니다) 연구 과정에서 얼마나 많은 실패를 겪었는지는 언급하지 않습니다. 대부분의 경우가 악의적이지는 않지만, 이는 과학 분야에서 많은 결과들이 재현되지 않는 이유 중 하나입니다.

왜 속임수를 썼을까요? 전이 학습은 작은 완전 연결 네트워크에서는 잘 작동하지 않기 때문입니다. 아마도 작은 네트워크는 패턴 수를 적게 학습하고 완전 연결 네트워크는 특정 패턴을 학습하기 때문일 것입니다. 이런 패턴은 다른 작업에 유용하지 않습니다. 전이 학습은 조금 더 일반적인 특성을 (특히 아래쪽 층에서) 감지하는 경향이 있는 심층 합성곱 신경망에서 잘 작동합니다. 조금 전에 언급한 기법을 사용하여 14장에서 전이 학습을 다시 살펴보겠습니다(이때는 속임수가 없습니다. 믿어주세요!).

11.2.2 비지도 사전 훈련

레이블된 훈련 데이터가 많지 않은 복잡한 문제가 있는데, 아쉽게도 비슷한 작업에 대해 훈련된 모델을 찾을 수 없다고 가정합시다. 하지만 실망하지 마세요! 먼저 레이블된 훈련 데이터를 더 많이 모아보세요. 만약 이것이 어렵다면 **비지도 사전 훈련**unsupervised pretraining을 수행할 수 있습니다(그림 11-6). 사실 레이블이 없는 훈련 샘플을 모으는 것은 비용이 적게 들지만 여기에 레이블을 부여하는 것이 비쌉니다. 레이블되지 않은 훈련 데이터를 많이 모을 수 있다면 이를 사용하여 오토인코더autoencoder나 생성적 적대 신경망(17장 참고)과 같은 비지도 학습 모델을 훈련할 수 있습니다. 그런 다음 오토인코더나 GAN 판별자의 하위 층을 재사용하고 그 위에 새로운 작업에 맞는 출력 층을 추가할 수 있습니다. 그리고 지도 학습으로(레이블된 훈련 샘플로) 최종 네트워크를 세밀하게 튜닝합니다.

사실 제프리 힌턴과 그의 팀이 2006년에 이 기법을 사용해 신경망의 부활과 딥러닝의 성공을 이끌었습니다. 2010년까지 제한된 볼츠만 머신restricted Boltzmann machine(RBM)을 사용한 비지도 사전 훈련이 심층 신경망의 표준이었습니다. 그레이디언트 소실 문제가 완화되고 나서야 역전파 알고리즘만을 사용하여 심층 신경망을 훈련하는 것이 널리 일반화되었습니다. 그러나 풀어야 할 문제가 복잡하고 재사용할 수 있는 비슷한 모델이 없으며 레이블된 훈련 데이터가 적을 때는 (오늘날엔 일반적으로 RBM보다 오토인코더나 GAN을 사용한) 비지도 사전 훈련이 좋은 선택입니다.

딥러닝 초기에는 층이 많은 모델을 훈련하는 것이 어려웠기 때문에 탐욕적 층 단위 사전 훈련greedy layer-wise pretraining이라고 부르는 기법을 사용했습니다(그림 11-6). 먼저 하나의 층을 가진 비지도 학습 모델을 훈련합니다. 일반적으로 RBM을 사용합니다. 그런 다음 이 층을 동결하고 그 위에 다른 층을 추가한 다음 모델을 다시 훈련합니다(새로 추가한 층만 훈련하기 위함입니다). 그다음 새로운 층을 동결하고 그 위에 또 다른 층을 추가하고 모델을 다시 훈련하는 식으로 반복됩니다. 오늘날에는 훨씬 간단한 방법을 사용합니다. 일반적으로 한 번에 전체 비지도 학습 모델을 훈련하고 RBM 대신 오토인코더나 GAN을 사용합니다.

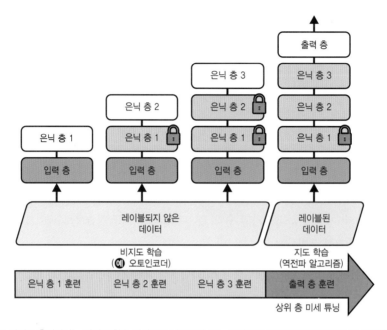

그림 11-6 비지도 훈련에서는 비지도 학습 기법으로 레이블이 없는 데이터를 포함하여 전체 데이터로 모델을 훈련합니다. 그다음 지도 학습 기법을 사용하여 레이블된 데이터만으로 최종 학습을 위해 세밀하게 튜닝합니다. 비지도 학습 부분은 그림처럼 한 번에 하나의 층씩 훈련하거나 바로 전체 모델을 훈련할 수도 있습니다.

11.2.3 보조 작업에서 사전 훈련

레이블된 훈련 데이터가 많지 않다면 마지막 선택 사항은 레이블된 훈련 데이터를 쉽게 얻거나 생성할 수 있는 보조 작업에서 첫 번째 신경망을 훈련하는 것입니다. 그리고 이 신경망의 하위 층을 실제 작업을 위해 재사용합니다. 첫 번째 신경망의 하위 층은 두 번째 신경망에 재사용될 수 있는 특성 추출기를 학습하게 됩니다.

예를 들어 얼굴을 인식하는 시스템을 만들려고 하는데 개인별 이미지가 얼마 없다면 좋은 분류기를 훈련하기에 충분하지 않습니다. 각 사람의 사진을 수백 개씩 모으기란 현실적으로 어렵습니다. 그러나 인터넷에서 랜덤으로 많은 인물의 이미지를 수집해서 두 개의 다른 이미지가 같은 사람의 것인지 감지하는 첫 번째 신경망을 훈련할 수 있습니다. 이런 신경망은 얼굴의 특성을 잘 감지하도록 학습될 것입니다. 그러므로 이런 신경망의 하위 층을 재사용해 적은 양의 훈련 데이터에서 얼굴을 잘 구분하는 분류기를 훈련할 수 있습니다.

자연어 처리natural language processing(NLP) 애플리케이션에서는 수백만 개의 텍스트 문서로 이루어진 말뭉치corpus를 다운로드하고 이 데이터에서 레이블된 데이터를 자동으로 생성합니다. 예를 들면 일부 단어를 랜덤하게 지우고 누락된 단어를 예측하는 모델을 훈련할 수 있습니다(가령 'What ___ you saying?'이라는 문장에서 빠진 단어를 are 또는 were로 예측해야 합니다). 이 작업에서 좋은 성능을 내는 모델을 훈련할 수 있다면 언어에 대해 상당히 많은 것을 알고 있는 모델입니다. 실제 작업에 이 모델을 재사용하고 레이블된 데이터를 사용하여 미세 튜닝할 수 있을 것입니다(15장에서 사전 훈련 작업에 관해 더 알아보겠습니다).

> **NOTE** **자기 지도 학습**self-supervised learning은 위의 텍스트를 마스킹masking하는 예에서처럼 데이터에서 스스로 레이블을 생성하고 지도 학습 기법으로 레이블된 데이터셋에서 모델을 훈련하는 방법입니다.

11.3 고속 옵티마이저

아주 큰 심층 신경망의 훈련 속도는 심각하게 느릴 수 있습니다. 지금까지 훈련 속도를 높이는 네 가지 방법을 보았습니다(그리고 더 나은 모델을 만들었습니다). 연결 가중치에 좋은 초기화 전략 적용하기, 좋은 활성화 함수 사용하기, 배치 정규화 사용하기, (보조 작업 또는 비지도 학습을 사용하여 만들 수 있는) 사전 훈련된 네트워크의 일부 재사용하기입니다. 훈련 속도를 크게 높일 수 있는 또 다른 방법으로 표준적인 경사 하강법 옵티마이저 대신 더 빠른 옵티마이저를 사용할 수 있습니다. 이 절에서는 인기 있는 옵티마이저인 모멘텀 최적화, 네스테로프 가속 경사, AdaGrad, RMSProp, 그리고 마지막으로 Adam과 그 변형을 소개합니다.

11.3.1 모멘텀 최적화

볼링공이 매끈한 표면의 완만한 경사를 따라 굴러간다고 합시다. 처음에는 느리게 출발하지만 종단속도terminal velocity[26]에 도달할 때까지는 빠르게 가속될 것입니다(마찰이나 공기 저항이 있다면). 이것이 보리스 폴랴크Boris Polyak가 1964년에 제안한 모멘텀 최적화momentum optimization의 핵심 원리입니다.[27] 반대로 표준적인 경사 하강법은 경사가 완만할 때는 작은 스텝으로 움직이

---

[26] 옮긴이_ 종단속도는 가속되는 물체가 저항 때문에 더는 가속되지 않고 등속도 운동을 하게 될 때의 속도를 말합니다.

[27] Boris T. Polyak, "Some Methods of Speeding Up the Convergence of Iteration Methods," USSR Computational Mathematics and Mathematical Physics 4, no. 5 (1964): 1–17. *https://homl.info/54*

고 경사가 가파를 때는 큰 스텝으로 이동합니다. 하지만 속도가 높아지지는 않습니다. 결과적으로 표준적인 경사 하강법은 모멘텀 최적화보다 최저점에 도달하는 데 일반적으로 훨씬 느립니다.

경사 하강법은 가중치에 대한 비용 함수 $J(\boldsymbol{\theta})$의 그레이디언트($\nabla_{\boldsymbol{\theta}} J(\boldsymbol{\theta})$)에 학습률 η를 곱한 것을 바로 차감하여 가중치 $\boldsymbol{\theta}$를 갱신합니다. 공식은 $\boldsymbol{\theta} \leftarrow \boldsymbol{\theta} - \eta \nabla_{\boldsymbol{\theta}} J(\boldsymbol{\theta})$입니다. 이 식은 이전 그레이디언트가 얼마였는지 고려하지 않습니다. 국부적으로 그레이디언트가 아주 작으면 매우 느려질 것입니다.

모멘텀 최적화는 이전 그레이디언트가 얼마였는지를 상당히 중요하게 생각합니다. 매 반복에서 현재 그레이디언트를 (학습률 η를 곱한 후) **모멘텀 벡터**^{momentum vector} $\mathbf{m}$에 더하고 이 값을 빼는 방식으로 가중치를 갱신합니다(식 11-5). 다시 말해 그레이디언트를 속도가 아니라 가속도로 사용합니다. 일종의 마찰 저항을 표현하고 모멘텀이 너무 커지는 것을 막기 위해 이 알고리즘에는 **모멘텀**^{momentum}이라는 새로운 하이퍼파라미터 β가 등장합니다. 이 값은 0(높은 마찰 저항)과 1(마찰 저항 없음) 사이로 설정되어야 합니다. 일반적인 모멘텀 값은 0.9입니다.

식 11-5 모멘텀 알고리즘[28]

1 $\mathbf{m} \leftarrow \beta \mathbf{m} - \eta \nabla_{\boldsymbol{\theta}} J(\boldsymbol{\theta})$

2 $\boldsymbol{\theta} \leftarrow \boldsymbol{\theta} + \mathbf{m}$

그레이디언트가 일정하다면 종단속도(가중치를 갱신하는 최대 크기)는 학습률 η를 곱한 그레이디언트에 (부호는 무시하고) $\frac{1}{1-\beta}$을 곱한 것과 같음을 확인할 수 있습니다.[29] 예를 들어 $\beta = 0.9$면 종단속도는 그레이디언트와 학습률을 곱하고 다시 10을 곱한 것과 같으므로 모멘텀 최적화가 경사 하강법보다 10배 빠르게 진행됩니다! 이는 모멘텀 최적화가 경사 하강법보다 더 빠르게 평편한 지역을 탈출하게 도와줍니다. 특히 4장에 보았듯이 입력값의 스케일이 매우 다르면 비용 함수는 한쪽이 길쭉한 그릇처럼 됩니다(그림 4-7). 경사 하강법이 가파른 경사를 꽤 빠르게 내려가지만 좁고 긴 골짜기에서는 오랜 시간이 걸립니다. 반면에 모멘텀 최적화는 골짜기를 따라 바닥(최적점)에 도달할 때까지 점점 더 빠르게 내려갑니다. 배치 정규화를 사

---

28 옮긴이_ [식 11-5]에서 1번과 2번 식의 덧셈, 뺄셈 부호를 반대로 쓰는 경우도 있습니다. 사실 $\mathbf{m}$은 누적되는 값이기 때문에 음수를 누적하여 $\boldsymbol{\theta}$에 더하나 양수를 누적하여 $\boldsymbol{\theta}$에서 빼나 똑같습니다. 마찬가지로 학습률 η를 2번 식으로 옮겨 $\mathbf{m}$을 모두 누적한 후 학습률을 곱하도록 표현하는 경우도 있습니다.

29 옮긴이_ 종단속도는 등속도 운동이므로 [식 11-5]의 1번에서 좌변과 우변을 같게 놓고 정리하면 됩니다.

용하지 않는 심층 신경망에서 상위 층은 종종 스케일이 매우 다른 입력을 받게 됩니다. 모멘텀 최적화를 사용하면 이런 경우 큰 도움이 됩니다. 또한 이 기법은 지역 최적점을 건너뛰도록 하는 데도 도움이 됩니다.

> **NOTE** 모멘텀 때문에 옵티마이저가 최적값에 안정되기 전까지 건너뛰었다가 다시 돌아오고, 다시 또 건너뛰는 식으로 여러 번 왔다갔다할 수 있습니다. 이것이 시스템에 마찰 저항이 조금 있는 것이 좋은 이유입니다. 이는 이런 진동을 없애주고 빠르게 수렴되도록 합니다.[30]

케라스에서 모멘텀 최적화를 구현하는 것은 아주 쉽습니다. SGD 옵티마이저를 사용하고 momentum 매개변수를 지정하고 기다리면 됩니다!

```
optimizer = tf.keras.optimizers.SGD(learning_rate=0.001, momentum=0.9)
```

모멘텀 최적화의 한 가지 단점은 튜닝할 하이퍼파라미터가 하나 늘어난다는 것입니다. 그러나 보통 모멘텀 0.9에서 잘 작동하며 경사 하강법보다 거의 항상 더 빠릅니다.

11.3.2 네스테로프 가속 경사

1983년 유리 네스테로프^{Yurii Nesterov}가 제안한[31] 모멘텀 최적화의 한 변형은 기본 모멘텀 최적화보다 거의 항상 더 빠릅니다. 네스테로프 가속 경사^{Nesterov accelerated gradient}(NAG)(또는 네스테로프 모멘텀 최적화^{Nesterov momentum optimization}로 알려져 있습니다)는 현재 위치가 θ가 아니라 모멘텀의 방향으로 조금 앞선 $\theta + \beta\mathbf{m}$에서 비용 함수의 그레이디언트를 계산하는 것입니다(식 11-6).

식 11-6 네스테로프 가속 경사 알고리즘

1. $\mathbf{m} \leftarrow \beta\mathbf{m} - \eta\nabla_\theta J(\theta + \beta\mathbf{m})$

2. $\theta \leftarrow \theta + \mathbf{m}$

---

30 옮긴이_ https://distill.pub/2017/momentum에서 β가 모멘텀 알고리즘에 주는 영향을 시뮬레이션해볼 수 있습니다. $\beta = 0.8$ 근처에서 잘 수렴되며 0.9 이상이 되면, 즉 저항이 거의 없으면 최적점 주위에서 수렴을 위한 진동이 심해지는 것을 볼 수 있습니다.

31 Yurii Nesterov, "A Method for Unconstrained Convex Minimization Problem with the Rate of Convergence O(1/k2)," Doklady AN USSR 269 (1983): 543–547. https://homl.info/55

일반적으로 모멘텀 벡터가 올바른 방향(최적점을 향하는 방향)을 가리킬 것이므로 이런 변경이 가능합니다. 그래서 [그림 11-7]처럼 원래 위치에서의 그레이디언트를 사용하는 것보다 그 방향으로 조금 더 나아가서 측정한 그레이디언트를 사용하는 것이 약간 더 정확할 것입니다 (∇_1은 시작점 θ에서 측정한 비용 함수의 그레이디언트를 나타내고, ∇_2는 $\theta + \beta m$에서 측정한 그레이디언트를 나타냅니다).

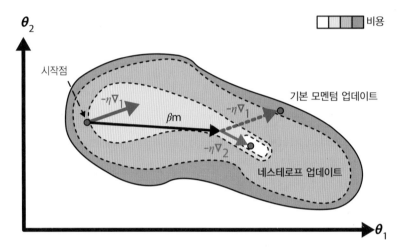

그림 11-7 일반 최적화에서는 모멘텀 단계 이전에 계산한 그레이디언트를 적용하지만 네스테로프 모멘텀 최적화에서는 그 이후에 계산한 모멘텀을 적용합니다.[32]

여기서 볼 수 있듯이 네스테로프 업데이트가 최적값에 더 가깝습니다. 시간이 조금 지나면 이 작은 개선이 쌓여서 NAG가 기본 모멘텀 최적화보다 확연히 빨라지게 됩니다. 더군다나 모멘텀이 골짜기를 가로지르도록 가중치에 힘을 가할 때 ∇_1은 골짜기를 더 가로지르도록 독려하는 반면 ∇_2는 계곡의 아래쪽으로 잡아당기게 됩니다. 이는 진동을 감소시키고 수렴을 빠르게 만들어줍니다.

---

32 옮긴이_ 네스테로프 모멘텀을 계산하려면 현재 위치에서 가속도 방향으로 선진행하여 그레이디언트를 구해야 합니다. 실제로는 손쉬운 계산을 위해 조금 변형하여 구현되어 있습니다. 이 방식의 아이디어는 [그림 11-7]의 ∇_2의 화살표 끝에서 βm의 화살표 끝으로 알고리즘의 이동 경로를 한 단계씩 뒤로 물러서 생각하는 것입니다. 이 두 지점은 확실히 차이가 있지만 알고리즘이 수렴하여 최적점에 가까워지면 거의 차이가 나지 않을 것입니다. 이 방식으로 수식을 풀어내면 네스테로프 알고리즘은 기본 모멘텀 방식을 두 번 중복 적용한 것으로 표현됩니다. 텐서플로와 사이킷런도 이 방식을 사용하고 있으며 더 자세한 내용은 옮긴이의 블로그를 참고하세요(*https://goo.gl/xcNlDE*).

NAG를 사용하려면 SGD 옵티마이저를 만들 때 use_nesterov=True라고 설정하면 됩니다.[33]

```
optimizer = tf.keras.optimizers.SGD(learning_rate=0.001, momentum=0.9,
                                     use_nesterov=True)
```

11.3.3 AdaGrad

한쪽이 길쭉한 그릇 문제를 다시 생각해봅시다. 경사 하강법은 전역 최적점 방향으로 곧장 향하지 않고 가장 가파른 경사를 따라 빠르게 내려가기 시작해서 골짜기 아래로 느리게 이동합니다. 알고리즘이 이를 일찍 감지하고 전역 최적점 쪽으로 좀 더 정확한 방향을 잡았다면 좋았을 것입니다. AdaGrad 알고리즘[34]은 가장 가파른 차원을 따라 그레이디언트 벡터의 스케일을 감소시켜 이 문제를 해결합니다(식 11-7).

식 11-7 AdaGrad 알고리즘

$1 \quad \mathbf{s} \leftarrow \mathbf{s} + \nabla_{\boldsymbol{\theta}} J(\boldsymbol{\theta}) \otimes \nabla_{\boldsymbol{\theta}} J(\boldsymbol{\theta})$

$2 \quad \boldsymbol{\theta} \leftarrow \boldsymbol{\theta} - \eta \nabla_{\boldsymbol{\theta}} J(\boldsymbol{\theta}) \oslash \sqrt{\mathbf{s} + \varepsilon}$

첫 번째 단계는 그레이디언트의 제곱을 벡터 $\mathbf{s}$에 누적합니다($\otimes$ 기호는 원소별 곱셈을 나타냅니다). 이 벡터화된 식은 벡터 $\mathbf{s}$의 각 원소 s_i마다 $s_i \leftarrow s_i + (\partial J(\boldsymbol{\theta}) / \partial \theta_i)^2$을 계산하는 것과 동일합니다. 다시 말해 s_i는 파라미터 θ_i에 대한 비용 함수의 편미분을 제곱하여 누적합니다. 비용 함수가 i번째 차원을 따라 가파르다면 s_i는 반복이 진행됨에 따라 점점 커질 것입니다.

두 번째 단계는 경사 하강법과 거의 같습니다. 한 가지 큰 차이는 그레이디언트 벡터를 $\sqrt{\mathbf{s} + \varepsilon}$으로 나누어 스케일을 조정하는 점입니다($\oslash$ 기호는 원소별 나눗셈을 나타내고 ε은 0으로 나누는 것을 막기 위한 값으로, 일반적으로 10^{-10}입니다). 이 벡터화된 식은 모든 파라미터 θ_i에

---

33 옮긴이_ SGD 클래스의 learning_rate(learning_rate) 기본값은 0.010이고 momentum 기본값은 0입니다. 사이킷런의 다층 퍼셉트론 구현인 MLPClassifier, MLPRegressor에서도 모멘텀 최적화를 사용할 수 있습니다. solver 매개변수가 'sgd'일 때 momentum과 nesterovs_momentum 매개변수에 β 값과 네스테로프 방식을 사용할지 설정하며 기본값은 momentum=0.9, nesterovs_momentum=True입니다.

34 John Duchi et al., "Adaptive Subgradient Methods for Online Learning and Stochastic Optimization," Journal of Machine Learning Research 12 (2011): 2121–2159. *https://homl.info/56*

대해 동시에 $\theta_i \leftarrow \theta_i - \eta \partial J(\mathbf{\theta}) / \partial \theta_i / \sqrt{s_i + \varepsilon}$ 을 계산하는 것과 동일합니다.

요약하면 이 알고리즘은 학습률을 감소시키지만 경사가 완만한 차원보다 가파른 차원에 대해 더 빠르게 감소됩니다.[35] 이를 **적응적 학습률**^{adaptive learning rate}이라고 부르며, 전역 최적점 방향으로 더 곧장 가도록 갱신되는 데 도움이 됩니다(그림 11-8). 학습률 하이퍼파라미터 η를 덜 튜닝해도 된다는 점은 또 하나의 장점입니다.

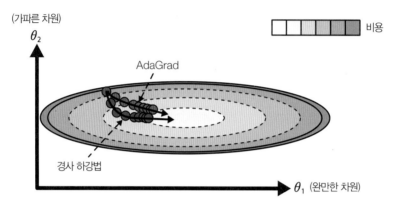

그림 11-8 AdaGrad와 경사 하강법: AdaGrad는 최적점을 향하여 일찍 방향을 바꿀 수 있습니다.

AdaGrad는 간단한 2차 방정식 문제에 대해서는 잘 작동하지만 신경망을 훈련할 때 너무 일찍 멈추는 경우가 종종 있습니다. 학습률이 너무 감소하여 전역 최적점에 도착하기 전에 알고리즘이 완전히 멈춥니다. 그래서 케라스에 **Adagrad** 옵티마이저가 있지만 심층 신경망에는 사용하지 말아야 합니다(다만 선형 회귀 같은 간단한 작업에는 효과적일 수 있습니다). 하지만 AdaGrad를 알면 다른 적응적 학습률 옵티마이저를 이해하는 데 도움이 됩니다.[36]

11.3.4 RMSProp

AdaGrad는 너무 빨리 느려져서 전역 최적점에 수렴하지 못하는 위험이 있습니다. RMSProp

---

35 옮긴이_ $\sqrt{s_i + \varepsilon}$ 으로 나눠지기 때문에 차원별로 학습률이 다르게 감소됩니다. 그레이디언트가 클수록 s_i도 커져 가파른 차원에서 학습률이 빠르게 감소되어 속도가 느려지고 완만한 차원에서 진행이 빨라지는 효과를 냅니다.

36 옮긴이_ 케라스에서는 `optimizer = keras.optimizers.Adagrad(learning_rate=0.001)`과 같이 사용합니다. `learning_rate`의 기본값은 0.001입니다.

알고리즘[37]은 훈련 시작부터의 모든 그레이디언트가 아닌 가장 최근 반복에서 비롯된 그레이디언트만 누적함으로써 이 문제를 해결했습니다. 이렇게 하기 위해 알고리즘의 첫 번째 단계에서 지수 감소를 사용합니다(식 11-8).

식 11-8 RMSProp 알고리즘

1    $\mathbf{s} \leftarrow \rho\mathbf{s} + (1-\rho)\nabla_{\boldsymbol{\theta}}J(\boldsymbol{\theta}) \otimes \nabla_{\boldsymbol{\theta}}J(\boldsymbol{\theta})$

2    $\boldsymbol{\theta} \leftarrow \boldsymbol{\theta} - \eta\nabla_{\boldsymbol{\theta}}J(\boldsymbol{\theta}) \oslash \sqrt{\mathbf{s}+\varepsilon}$

보통 감쇠율 ρ를 0.9로 설정합니다.[38] 네, 하이퍼파라미터가 하나 더 생겼습니다. 하지만 기본값이 잘 작동하는 경우가 많으므로 이를 튜닝할 필요는 전혀 없습니다.

예상할 수 있듯이 케라스에는 **RMSprop** 옵티마이저가 있습니다.[39]

```
optimizer = tf.keras.optimizers.RMSprop(learning_rate=0.001, rho=0.9)
```

아주 간단한 문제를 제외하고는 이 옵티마이저가 언제나 AdaGrad보다 훨씬 더 성능이 좋습니다. 사실 이 알고리즘은 Adam 최적화가 나오기 전까지 연구자들이 가장 선호하는 최적화 알고리즘이었습니다.

11.3.5 Adam

적응적 모멘트 추정adaptive moment estimation을 의미하는 **Adam**[40]은 모멘텀 최적화와 RMSProp의 아이디어를 합친 것입니다. 모멘텀 최적화처럼 지난 그레이디언트의 지수 감소 평균exponential decaying average을 따르고 RMSProp처럼 지난 그레이디언트 제곱의 지수 감소된 평균을 따릅니다(식 11-9). 이는 그레이디언트의 평균과 (평균이 0이 아닌) 분산에 대한 예측입니다. 이 평

---

37 이 알고리즘은 테이먼 틸레만(Tijmen Tieleman)과 제프리 힌턴이 2012년에 만들었으며 제프리 힌턴이 코세라(Coursera) 신경망 수업에서 소개했습니다(슬라이드: *https://homl.info/57*, 영상: *https://homl.info/58*). 재미있는 것은 저자들이 이 알고리즘에 관해 논문을 쓰지 않았기 때문에 종종 '강의 6의 슬라이드 29'라고 인용됩니다.

38 ρ는 그리스 문자 로(rho)입니다.

39 옮긴이_ RMSprop의 learning_rate, rho 매개변수 기본값은 각각 0.001, 0.9입니다.

40 Diederik P. Kingma and Jimmy Ba, "Adam: A Method for Stochastic Optimization," arXiv preprint arXiv:1412.6980 (2014). *https://homl.info/59*

균을 **첫 번째 모멘트**^{first moment}라 부르고 분산은 **두 번째 모멘트**^{second moment}라 부르곤 해서 알고리즘의 이름이 적응적 모멘트 추정입니다.

식 11-9 Adam 알고리즘

1 $\quad \mathbf{m} \leftarrow \beta_1 \mathbf{m} - \left(1 - \beta_1\right) \nabla_{\boldsymbol{\theta}} J\left(\boldsymbol{\theta}\right)$

2 $\quad \mathbf{s} \leftarrow \beta_2 \mathbf{s} + \left(1 - \beta_2\right) \nabla_{\boldsymbol{\theta}} J\left(\boldsymbol{\theta}\right) \otimes \nabla_{\boldsymbol{\theta}} J\left(\boldsymbol{\theta}\right)$

3 $\quad \hat{\mathbf{m}} \leftarrow \dfrac{\mathbf{m}}{1 - \beta_1^{\,t}}$

4 $\quad \hat{\mathbf{s}} \leftarrow \dfrac{\mathbf{s}}{1 - \beta_2^{\,t}}$

5 $\quad \boldsymbol{\theta} \leftarrow \boldsymbol{\theta} + \eta \hat{\mathbf{m}} \oslash \sqrt{\hat{\mathbf{s}} + \varepsilon}$

t는 (1부터 시작하는) 반복 횟수를 나타냅니다.

단계 1, 2, 5를 보면 Adam이 모멘텀 최적화, RMSProp과 아주 비슷하다는 것을 알 수 있습니다. β_1은 모멘텀 최적화의 β에 해당하고 β_2는 RMSProp의 ρ에 해당합니다. 차이점은 단계 1에서 지수 감소 합이 아닌 지수 감소 평균을 계산하는 것이지만 사실 상수 배인 것을 제외하면 동일합니다(지수 감소 평균은 지수 감소 합의 $1 - \beta_1$배입니다[41]). 단계 3과 4는 기술적인 설명이 필요합니다. $\mathbf{m}$과 $\mathbf{s}$가 0으로 초기화되기 때문에 훈련 초기에 0쪽으로 치우치게 될 것입니다. 그래서 이 두 단계가 훈련 초기에 $\mathbf{m}$과 $\mathbf{s}$의 값을 증폭시키는 데 도움을 줍니다. [42]

보통 모멘텀 감쇠 하이퍼파라미터 β_1을 보통 0.9로 초기화하고 스케일 감쇠 하이퍼파라미터 β_2를 0.999로 초기화하는 경우가 많습니다. 앞에서처럼 안정된 계산을 위해 ε의 경우 보통 10^{-7} 같은 아주 작은 수로 초기화합니다. 이것이 Adam 클래스의 기본값입니다. 다음은 케라스에서 Adam 옵티마이저를 만드는 방법입니다.

```
optimizer = tf.keras.optimizers.Adam(learning_rate=0.001, beta_1=0.9,
                                     beta_2=0.999)
```

---

41 옮긴이_ 즉, [식 11-5]의 β는 $\frac{\beta_1}{1-\beta_1}$인 셈입니다. 종종 모멘텀 최적화 공식을 지수 감소 평균 방식으로도 표현합니다.

42 옮긴이_ $\mathbf{m}$과 $\mathbf{s}$가 0부터 시작하므로 $\beta_1 \mathbf{m}$과 $\beta_2 \mathbf{s}$는 반복 초기에 크게 기여하지 못합니다. 단계 3, 4는 이를 보상해주기 위해 반복 초기에 $\mathbf{m}$과 $\mathbf{s}$를 증폭시켜주지만 반복이 많이 진행되면 단계 3, 4의 분모는 1에 가까워져 거의 증폭되지 않습니다.

Adam은 (AdaGrad나 RMSProp처럼) 적응적 학습률 알고리즘이기 때문에 학습률 하이퍼파라미터 η를 튜닝할 필요가 적습니다. 기본값 $\eta = 0.001$을 일반적으로 사용하므로 경사 하강법보다 Adam이 사용하기 더 쉽습니다.

> **TIP** 다양한 알고리즘이 많아 겁을 먹거나 자신의 작업에 맞는 것을 어떻게 고를지 모른다고 걱정하지 마세요. 이 장의 끝에서 실용적인 가이드라인을 제시합니다.

마지막으로 Adam의 변형인 AdaMax, Nadam, AdamW를 살펴보겠습니다.

11.3.6 AdaMax

AdaMax는 Adam 논문에서 소개되었습니다. [식 11-9]의 단계 2에서 Adam은 **s**에 그레이디언트의 제곱을 누적합니다(최근 그레이디언트에 더 큰 가중치를 부여합니다). 단계 5에서 (기술적 세부 사항인) ε과 단계 3, 4를 무시하면 Adam은 **s**의 제곱근으로 파라미터 업데이트의 스케일을 낮춥니다. 요약하면 Adam은 시간에 따라 감쇠된 그레이디언트의 ℓ_2 노름으로 파라미터 업데이트의 스케일을 낮춥니다(ℓ_2 노름은 제곱 합의 제곱근입니다).

AdaMax는 ℓ_2 노름을 ℓ_∞ 노름으로 바꿉니다(그래서 이름이 Max입니다). 구체적으로 [식 11-9]의 단계 2를 $\mathbf{s} \leftarrow \max(\beta_2 \mathbf{s},\ \mathrm{abs}(\nabla_\theta J(\theta))$로 바꾸고 단계 4를 삭제합니다. 단계 5에서 **s**에 비례하여 그레이디언트 업데이트의 스케일을 낮춥니다. 시간에 따라 감쇠된 그레이디언트의 최대 절댓값입니다.

이 때문에 실전에서 AdaMax가 Adam보다 더 안정적입니다. 하지만 실제로 데이터셋에 따라 다르고 일반적으로 Adam의 성능이 더 낫습니다. AdaMax는 어떤 작업에서 Adam이 잘 작동하지 않는다면 시도할 수 있는 옵티마이저입니다.

11.3.7 Nadam

Nadam 옵티마이저는 Adam 옵티마이저에 네스테로프 기법을 더한 것입니다. 따라서 종종 Adam보다 조금 더 빠르게 수렴합니다. 이 기법이 소개된 보고서[43]에서 티모시 도자트^{Timothy}

---

43 Timothy Dozat, "Incorporating Nesterov Momentum into Adam" (2016). *https://homl.info/nadam*

^{Dozat} 연구원은 다양한 작업에서 여러 가지 옵티마이저를 비교했습니다. 일반적으로 Nadam이 Adam보다 성능이 좋았지만 이따금 RMSProp이 나을 때도 있었습니다.

11.3.8 AdamW

AdamW[44]는 가중치 감쇠^{weight decay}라는 규제 기법을 통합한 Adam의 변형입니다. 가중치 감쇠는 각 훈련 반복에서 모델의 가중치에 0.99와 같은 감쇠 계수^{decay factor}를 곱하여 가중치의 크기를 줄입니다. 이는 (4장에서 소개한) 가중치를 작게 유지하는 것이 목표인 ℓ_2 정규화를 떠오르게 하며, 실제로 SGD를 사용할 때 ℓ_2 정규화가 가중치 감쇠와 동일하다는 것을 수학적으로 증명할 수 있습니다. 그러나 Adam 또는 그 변형을 사용할 때 ℓ_2 정규화와 가중치 감쇠는 동등하지 않습니다. 실제로 Adam과 ℓ_2 정규화를 결합하면 SGD로 만든 모델만큼 일반화되지 않는 모델이 생성됩니다. AdamW는 Adam과 가중치 감쇠를 적절히 결합하여 이 문제를 해결합니다.

> **! CAUTION** (RMSProp, Adam, AdaMax, Nadam, AdamW 최적화를 포함하여) 적응적 최적화 방법은 좋은 솔루션으로 빠르게 수렴합니다. 그러나 아시아 윌슨^{Ashia C. Wilson} 등이 쓴 2017년 논문[45]에서 이 방식이 일부 데이터셋에서 나쁜 결과를 낸다는 것을 보였습니다. 따라서 모델의 성능이 만족스럽지 못할 때는 기본 네스테로프 가속 경사를 사용해보세요. 주어진 데이터셋이 적응적 그레이디언트와 잘 맞지 않을지도 모릅니다. 이 분야는 빠르게 발전하니 최근 연구 결과도 확인해보기 바랍니다.[46]

지금까지 논의한 모든 최적화 기법은 **1차 편미분**(**야코비안**^{Jacobian})에만 의존합니다. 최적화 이론에는 **2차 편미분**(**헤시안**^{Hessian}, 야코비안의 편미분)을 기반으로 한 뛰어난 알고리즘들이 있습니다. 불행하게도 이런 알고리즘은 심층 신경망에 적용하기가 매우 어렵습니다. 이런 알고리즘은 하나의 출력마다 n개의 1차 편미분이 아니라 n^2개의 2차 편미분을 계산해야 하기 때문입니다(n은 파라미터 수). DNN은 전형적으로 수만 개 또는 그 이상의 파라미터를 가지므로

---

44 Ilya Loshchilov, and Frank Hutter, "Decoupled Weight Decay Regularization", arXiv preprint arXiv:1711.05101 (2017). https://homl.info/adamw

45 Ashia C. Wilson et al., "The Marginal Value of Adaptive Gradient Methods in Machine Learning," Advances in Neural Information Processing Systems 30 (2017): 4148 – 4158. https://homl.info/60

46 옮긴이_ 이 문제를 개선하기 위한 다양한 방법이 연구되고 있습니다. 최신 트렌드가 잘 정리되어 있는 세바스티안 루더(Sebastian Ruder)의 블로그(http://bit.ly/42ZCo3a)를 참고하세요.

2차 편미분 최적화 알고리즘은 메모리 용량을 넘어서는 경우가 많고 가능하다고 해도 헤시안 계산은 너무 느립니다.

> **희소 모델 훈련**
>
> 지금까지 언급한 모든 최적화 알고리즘은 대부분의 파라미터가 0이 아닌 밀집dense 모델을 만듭니다. 엄청 빠르게 실행할 모델이 필요하거나 메모리를 적게 차지하는 모델이 필요하면 희소sparse 모델을 만들 수 있습니다.
>
> 한 가지 방법은 보통 때처럼 모델을 훈련하고 작은 값의 가중치를 제거하는 것입니다(즉, 0으로 만듭니다). 일반적으로 많이 희소한 모델을 만들지 못하고 모델의 성능을 낮출 수 있습니다.
>
> 더 좋은 방법은 훈련하는 동안 ℓ_1 규제를 강하게 적용하는 것입니다(나중에 이 장에서 어떻게 하는지 보겠습니다). (4장의 '라쏘 회귀'에서처럼) 옵티마이저가 가능한 한 많은 가중치를 0으로 만들도록 강제합니다.
>
> 이런 기법이 잘 맞지 않는다면 텐서플로 모델 최적화 툴킷(TF-MOT)[47]을 확인해보세요. 훈련하는 동안 반복적으로 연결 가중치를 크기에 맞춰 제거하는 가지치기pruning API를 제공합니다.

표 11-2 지금까지 소개한 모든 옵티마이저 비교(* = 나쁨, ** = 보통, *** = 좋음)

클래스	수렴 속도	수렴 품질
SGD	*	***
SGD(momentum=...)	**	***
SGD(momentum=..., nesterov=True)	**	***
Adagrad	***	* (너무 일찍 멈춤)
RMSprop	***	** 또는 ***
Adam	***	** 또는 ***
AdaMax	***	** 또는 ***
Nadam	***	** 또는 ***
AdamW	***	** 또는 ***

---

47 *https://homl.info/tfmot*

11.3.9 학습률 스케줄링

좋은 학습률을 찾는 것은 매우 중요합니다. 학습률을 너무 크게 잡으면 (〈4.2 경사 하강법〉에서 언급한 것처럼) 훈련이 발산할 수 있습니다. 너무 작게 잡으면 최적점에 수렴하겠지만 시간이 매우 오래 걸릴 것입니다. 만약 조금 높게 잡으면 처음에는 매우 빠르게 진행하겠지만 최적점 근처에서는 요동이 심해져 수렴하지 못할 것입니다. 컴퓨팅 자원이 한정적이라면 차선의 솔루션을 만들기 위해 완전히 수렴하기 전에 훈련을 멈추어야 합니다(그림 11-9).

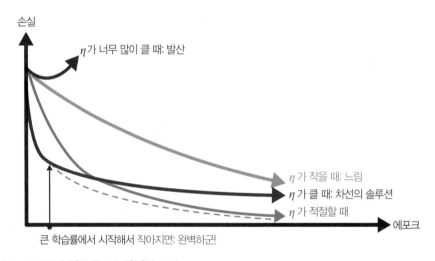

그림 11-9 여러 가지 학습률 η에 대한 학습 곡선

10장에서 언급한 것처럼 매우 작은 값에서 매우 큰 값까지 지수적으로 학습률을 증가시키면서 모델 훈련을 수백 번 반복하여 좋은 학습률을 찾을 수 있습니다. 학습 곡선을 살펴보고 다시 상승하는 곡선보다 조금 더 작은 학습률을 선택합니다. 그다음 모델을 다시 초기화하고 이 학습률로 훈련합니다.

그러나 일정한 학습률보다 더 나은 방법이 있습니다. 큰 학습률로 시작하고 학습 속도가 느려질 때 학습률을 낮추면 최적의 고정 학습률보다 좋은 솔루션을 더 빨리 발견할 수 있습니다. 훈련하는 동안 학습률을 감소시키는 전략에는 여러 가지가 있습니다. 이런 전략을 **학습 스케줄**이라고 합니다(4장에서 이 개념을 간단히 소개했습니다). 다음은 널리 사용되는 학습 스케줄입니다.

거듭제곱 기반 스케줄링

거듭제곱 기반 스케줄링[power scheduling]은 학습률을 반복 횟수 t에 대한 함수 $\eta(t) = \eta_0 / (1 + t/s)^c$로 지정합니다. 초기 학습률 η_0, 거듭제곱 수 c(일반적으로 1로 지정합니다), 스텝 횟수 s는 하이퍼파라미터입니다. 학습률은 각 스텝마다 감소합니다. s번 스텝 뒤에 학습률은 $\eta_0/2$으로 줄어듭니다. s번 더 스텝이 진행된 후 학습률은 $\eta_0/3$으로 줄어들고 그다음 $\eta_0/4$으로 줄어들고 그다음 $\eta_0/5$이 되는 식입니다. 여기서 볼 수 있듯이 처음에는 빠르게 감소하다가 점점 느리게 감소합니다. 물론 거듭제곱 기반 스케줄링은 η_0과 s를(아마 c도) 튜닝해야 합니다.

지수 기반 스케줄링

지수 기반 스케줄링[exponential scheduling]은 학습률을 $\eta(t) = \eta_0 \, 0.1^{t/s}$로 설정합니다. 학습률이 s 스텝마다 10배씩 점차 줄어들 것입니다. 거듭제곱 기반 스케줄링이 학습률을 갈수록 천천히 감소시키는 반면 지수 기반 스케줄링은 s번 스텝마다 계속 10배씩 감소합니다.

구간별 고정 스케줄링

구간별 고정 스케줄링[piecewise constant scheduling]은 일정 횟수의 에포크 동안 일정한 학습률을 사용하고(예 5에포크 동안 $\eta_0 = 0.1$) 그다음 또 다른 횟수의 에포크 동안 작은 학습률을 사용하는 (예 50에포크 동안 $\eta_1 = 0.001$) 식입니다. 이 방법이 잘 작동할 수 있지만 적절한 학습률과 에포크 횟수의 조합을 찾으려면 이리저리 바꿔봐야 합니다.

성능 기반 스케줄링

성능 기반 스케줄링[performance scheduling]은 N 스텝마다 (조기 종료처럼) 검증 오차를 측정하고 오차가 줄어들지 않으면 λ배만큼 학습률을 감소시킵니다.

1사이클 스케줄링

1사이클 스케줄링[1cycle scheduling]은 레슬리 스미스[Leslie Smith]의 2018년 논문[48]에서 소개되었습니다. 다른 방식과 대조적으로 1사이클은 훈련 절반 동안 초기 학습률 η_0을 선형적으로 η_1까지 증가시킵니다. 그다음 나머지 절반 동안 선형적으로 학습률을 η_0까지 다시 줄입니다. 마지막 몇 번의 에포크는 학습률을 소수점 몇째 자리까지 줄입니다(여전히 선형적으로). 최대 학습률

---

48 Leslie N. Smith, "A Disciplined Approach to Neural Network Hyper-Parameters: Part 1—Learning Rate, Batch Size, Momentum, and Weight Decay," arXiv preprint arXiv:1803.09820 (2018). *https://homl.info/1cycle*

η_1은 최적의 학습률을 찾을 때와 같은 방식을 사용해 선택하고 초기 학습률 η_0은 대략 10배 정도 낮습니다. 모멘텀을 사용할 때는 처음에 높은 모멘텀으로 시작해(⑩ 0.95) 훈련의 처음 절반 동안 낮은 모멘텀으로 줄어듭니다(⑩ 선형적으로 0.85까지 낮춥니다). 그다음 다시 나머지 훈련 절반 동안 최댓값(⑩ 0.95)으로 되돌립니다. 마지막 몇 번의 에포크는 최댓값으로 진행합니다. 스미스는 많은 실험을 통해 이 방식이 훈련 속도를 크게 높여주고 더 높은 성능을 낸다는 것을 보였습니다. 예를 들면 잘 알려진 CIFAR10 이미지 데이터셋에서 이 방식으로 에포크 100번 만에 91.9% 검증 정확도를 달성했습니다. (동일한 신경망 구조에서) 기본적인 방법을 사용하면 에포크 800번 동안 90.3% 정확도를 달성합니다. 이 성과는 **슈퍼 컨버전스**super-convergence라고 불렸습니다.

앤드루 시니어Andrew Senior 등의 2013년 논문[49]에서 모멘텀 최적화를 사용한 음성 인식용 심층 신경망을 훈련할 때 가장 널리 알려진 학습률 스케줄링의 성능을 비교했습니다. 저자들은 여기에서 성능 기반 스케줄링과 지수 기반 스케줄링이 둘 다 잘 작동했지만 튜닝이 쉽고 최적점에 조금 더 빨리 수렴하는 지수 기반 스케줄링이 선호된다고 결론을 내었습니다. 또한 성능 기반 스케줄링보다 구현하기 쉽다고 언급했습니다. 하지만 케라스에서는 두 방식 모두 쉽게 사용할 수 있습니다. 성능 면에서는 1사이클 방식이 조금 더 좋은 성능을 내는 것 같습니다.

케라스에서 거듭제곱 기반 스케줄링이 가장 구현하기 쉽습니다. 옵티마이저를 만들 때 decay 매개변수만 지정하면 됩니다.

```
optimizer = tf.keras.optimizers.SGD(learning_rate=0.01, weight_decay=1e-4)
```

decay는 s(학습률을 나누기 위해 수행할 스텝 수)의 역수입니다. 케라스는 c를 1로 가정합니다.[50]

지수 기반 스케줄링과 구간별 스케줄링도 꽤 간단합니다. 먼저 현재 에포크를 받아 학습률을 반환하는 함수를 정의해야 합니다. 예를 들면 다음과 같이 지수 기반 스케줄링을 구현해볼 수

49 Andrew Senior et al., "An Empirical Study of Learning Rates in Deep Neural Networks for Speech Recognition," Proceedings of the IEEE International Conference on Acoustics, Speech, and Signal Processing (2013): 6724 – 6728. https://homl.info/63

50 옮긴이_ decay 매개변수의 기본값은 0입니다. Adagrad, RMSProp, Adam, Adamax 클래스도 동일한 decay 매개변수를 지원합니다.

있습니다.

```
def exponential_decay_fn(epoch):
    return 0.01 * 0.1**(epoch / 20)
```

η_0과 s를 하드코딩하고 싶지 않다면 이 변수를 설정한 클로저^{closure}를 반환하는 함수를 만들 수 있습니다.[51]

```
def exponential_decay(lr0, s):
    def exponential_decay_fn(epoch):
        return lr0 * 0.1**(epoch / s)
    return exponential_decay_fn

exponential_decay_fn = exponential_decay(lr0=0.01, s=20)
```

그다음 이 스케줄링 함수를 전달하여 LearningRateScheduler 콜백을 만듭니다. 그리고 이 콜백을 fit() 메서드에 전달합니다.

```
lr_scheduler = tf.keras.callbacks.LearningRateScheduler(exponential_decay_fn)
history = model.fit(X_train, y_train, [...], callbacks=[lr_scheduler])
```

LearningRateScheduler는 에포크를 시작할 때마다 옵티마이저의 learning_rate 속성을 업데이트합니다. 에포크마다 한 번씩 스케줄을 업데이트해도 보통 충분합니다. 만약 더 자주 업데이트하고 싶다면 (⑩ 스텝마다) 사용자 정의 콜백을 만들 수 있습니다(이 장의 주피터 노트북의 '지수 기반 스케줄링' 예를 참고하세요). 만약 에포크마다 스텝이 많다면 스텝마다 학습률을 업데이트하는 것이 좋습니다. 또는 잠시 후에 설명할 tf.keras.optimizers.schedules을 사용할 수 있습니다.

> TIP 훈련이 끝난 후 history.history["lr"]에서 훈련에 사용한 학습률 리스트를 확인할 수 있습니다.

스케줄 함수는 두 번째 매개변수로 현재 학습률을 받을 수 있습니다. 예를 들어 다음과 같은 스

----

51 옮긴이_ exponential_decay_fn 함수가 반환된 이후에도 exponential_decay 함수의 지역 변수 lr0과 s를 계속 참조할 수 있습니다. 이런 함수를 클로저라고 부릅니다.

케줄 함수는 이전 학습률에 $0.1^{1/20}$을 곱하여 동일한 지수 감쇄 효과를 냅니다(여기서는 에포크 1이 아니라 0에서부터 감쇄가 시작됩니다).

```python
def exponential_decay_fn(epoch, lr):
    return lr * 0.1**(1 / 20)
```

이 구현은 (이전 구현과 달리) 옵티마이저의 초기 학습률에만 의존하므로 이를 적절히 설정해야 합니다.

모델을 저장할 때 옵티마이저와 학습률이 함께 저장됩니다. 새로운 스케줄 함수를 사용할 때도 아무 문제없이 훈련된 모델을 로드하여 중지된 지점부터 훈련을 계속 진행할 수 있습니다. 하지만 스케줄 함수가 epoch 매개변수를 사용하면 문제가 조금 복잡해집니다. 에포크는 저장되지 않고 fit() 메서드를 호출할 때마다 0으로 초기화됩니다. 중지된 지점부터 모델 훈련을 이어가려 한다면 매우 큰 학습률이 만들어져 모델의 가중치를 망가뜨릴 가능성이 높습니다. 한 가지 방법은 epoch에서 시작하도록 fit() 메서드의 initial_epoch 매개변수를 수동으로 지정하는 것입니다.

구간별 고정 스케줄링을 위해서는 다음과 같은 스케줄 함수를 사용할 수 있습니다(앞에서와 같이 조금 더 일반적인 함수를 정의할 수 있습니다. 주피터 노트북의 '구간별 고정 스케줄링' 예를 참고하세요). 그다음 지수 기반 스케줄링에서 했던 것처럼 이 함수로 Learning RateScheduler 콜백을 만들어 fit() 메서드에 전달합니다.

```python
def piecewise_constant_fn(epoch):
    if epoch < 5:
        return 0.01
    elif epoch < 15:
        return 0.005
    else:
        return 0.001
```

성능 기반 스케줄링을 위해서는 ReduceLROnPlateau 콜백을 사용합니다. 예를 들어 다음 콜백을 fit() 메서드에 전달하면 최상의 검증 손실이 다섯 번의 연속적인 에포크 동안 향상되지 않을 때마다 학습률에 0.5를 곱합니다(다른 옵션도 가능합니다. 자세한 내용은 온라인 문서를 참고하세요[52]).

```
lr_scheduler = tf.keras.callbacks.ReduceLROnPlateau(factor=0.5, patience=5)
history = model.fit(X_train, y_train, [...], callbacks=[lr_scheduler])
```

마지막으로 tf.keras는 학습률 스케줄링을 위한 또 다른 방법을 제공합니다. tf.keras.optimizers.schedules에 있는 스케줄 중 하나를 사용해 학습률을 정의하고 옵티마이저에 전달할 수 있습니다.[53] 이렇게 하면 에포크가 아니라 매 스텝마다 학습률을 업데이트합니다. 다음은 앞서 정의한 exponential_decay_fn()과 동일한 지수 기반 스케줄링을 구현하는 방법입니다.

```
import math

batch_size = 32
n_epochs = 25
n_steps = n_epochs * math.ceil(len(X_train) / batch_size)
scheduled_learning_rate = tf.keras.optimizers.schedules.ExponentialDecay(
    initial_learning_rate=0.01, decay_steps=n_steps, decay_rate=0.1)
optimizer = tf.keras.optimizers.SGD(learning_rate=scheduled_learning_rate)
```

간결하고 이해하기 좋습니다. 또한 모델을 저장할 때 학습률과 (현재 상태를 포함한) 스케줄도 함께 저장됩니다.

케라스에서 1사이클 스케줄링을 지원하지는 않지만 매 반복마다 학습률을 조정하는 사용자 정의 콜백을 30줄 미만의 코드로 만들 수 있습니다. 콜백의 on_batch_begin() 메서드에서 옵티마이저의 학습률을 업데이트하려면 tf.keras.backend.set_value(self.model.optimizer.learning_rate, new_learning_rate)를 호출해야 합니다. 주피터 노트북에 있는 '1사이클 스케줄링'을 참고하세요.

---

52 옮긴이_ ReduceLROnPlateau 클래스의 다른 매개변수로는 모니터링할 값을 지정하는 monitor(기본값 'val_loss'), 학습률을 조정하기 위해 향상되어야 할 최소 점수를 지정하는 min_delta(기본값 1e-4), 줄어들 수 있는 최소 학습률을 지정하는 min_lr(기본값 0)이 있습니다. 또한 mode 매개변수에는 모니터링 값이 줄어들 때 학습률을 낮추어야 하면 'min', 커질 때 학습률을 낮추어야 하면 'max'를 지정합니다. 기본값은 'auto'로 monitor 매개변수에 지정한 이름에 따라 자동으로 처리합니다. 마지막으로 cooldown 매개변수(기본값 0)는 학습률을 낮춘 후 다시 모니터링을 시작하기까지 지연할 에포크 수를 지정합니다. 자세한 내용은 *https://www.tensorflow.org/api_docs/python/tf/keras/callbacks/ReduceLROnPlateau*를 참고하세요.

53 옮긴이_ 이 패키지에서는 거듭제곱 기반 스케줄링을 위한 InverseTimeDecay, 구간별 고정 스케줄링을 위한 PiecewiseConstantDecay 등을 제공합니다.

정리하면 지수 기반 스케줄링, 성능 기반 스케줄링, 1사이클 스케줄링이 수렴 속도를 크게 높일 수 있습니다.[54] 한번 테스트해보세요!

11.4 규제를 사용해 과대적합 피하기

> 나는 네 개의 파라미터가 있으면 코끼리 모양을 학습시킬 수 있고, 다섯 개가 있으면 코를 꿈틀거리게 할 수 있다.
>
> 존 폰 노이만John von Neumann[55], 네이처 427호에서 엔리코 페르미Enrico Fermi[56]가 인용함

수백만 개의 파라미터가 있으면 동물원 전체를 그려낼 수 있을지도 모릅니다. 심층 신경망은 전형적으로 수만 개, 때로는 수백만 개의 파라미터를 가지고 있습니다. 이 때문에 네트워크의 자유도가 매우 높습니다. 즉, 대규모의 복잡한 데이터셋을 학습할 수 있다는 뜻입니다. 하지만 이런 높은 자유도는 네트워크를 훈련 세트에 과대적합되기 쉽게 만듭니다. 규제가 필요합니다.

10장에서 이미 최상의 규제 방법인 조기 종료를 구현했습니다. 또한 배치 정규화는 불안정한 그레이디언트 문제를 해결하기 위해 고안되었지만 꽤 괜찮은 규제 방법으로 사용될 수 있습니다. 이 절에서는 신경망에서 널리 사용되는 다른 규제 방법을 알아보겠습니다. ℓ_1과 ℓ_2 규제, 드롭아웃, 맥스-노름 규제입니다.

11.4.1 ℓ_1과 ℓ_2 규제

4장에서 간단한 선형 모델에 했던 것처럼 신경망의 연결 가중치를 제한하기 위해 ℓ_2 규제를 사용하거나 (많은 가중치가 0인) 희소 모델을 만들기 위해 ℓ_1 규제를 사용할 수 있습니다. 다음은

---

54 옮긴이_ 최근 구글 브레인 팀의 2017년 논문 「Don't Decay the Learning Rate, Increase the Batch Size」(https://goo.gl/TWKuXd)에서는 SGD, 모멘텀, 네스테로프 가속 경사 등에서 학습률 감소 대신 배치 크기를 늘려서 같은 성능을 얻었다고 밝혔습니다.

55 옮긴이_ 존 폰 노이만(1903~1957)은 헝가리 출신 미국인 수학자로서 양자역학, 컴퓨터과학, 수치해석 등 많은 분야에 업적을 남겼습니다. 특히 지금의 CPU, 메모리, 프로그램 구조를 갖는 범용 컴퓨터 구조인 폰 노이만 구조를 고안한 것으로 유명합니다.

56 옮긴이_ 엔리코 페르미(1901~1954)는 세계 최초의 핵반응로인 시카고 파일 1호를 개발하여 '핵시대의 설계자', '원자폭탄의 설계자'라고 불리는 이탈리아계 미국인 물리학자입니다. 엔리코 페르미가 영국 태생의 미국인 물리학자인 프리먼 다이슨(1923~2020)에게 너무 복잡한 다이슨의 모델에 대해 비판하면서 존 폰 노이만의 이 말을 인용했다고 합니다. 즉, 코끼리 모양을 위한 네 개의 파라미터에 비해 다섯 번째는 중요도가 떨어져 불필요하다는 뜻입니다.

케라스 층의 연결 가중치에 규제 강도 0.01을 사용하여 ℓ_2 규제를 적용하는 방법을 보여줍니다.

```
layer = tf.keras.layers.Dense(100, activation="relu",
                              kernel_initializer="he_normal",
                              kernel_regularizer=tf.keras.regularizers.l2(0.01))
```

l2() 함수는 훈련하는 동안 규제 손실을 계산하기 위해 각 스텝에서 호출되는 규제 객체를 반환합니다. 이 손실은 최종 손실에 합산됩니다. 예상할 수 있겠지만 ℓ_1 규제가 필요하면 keras.regularizers.l1()을 사용할 수 있습니다. ℓ_1과 ℓ_2가 모두 필요하면 keras.regularizers.l1_l2()를 사용합니다(두 개의 규제 강도를 모두 지정합니다[57]).

일반적으로 네트워크의 모든 은닉 층에 동일한 활성화 함수, 동일한 초기화 전략을 사용하거나 모든 층에 동일한 규제를 적용하기 때문에 동일한 매개변수 값을 반복하는 경우가 많습니다. 이는 코드를 읽기 어렵게 하고 버그를 만들기 쉽습니다. 이를 피하기 위해 반복문을 사용하도록 코드를 리팩터링refactoring할 수 있습니다. 또 다른 방법은 파이썬의 functools.partial() 함수를 사용하여 기본 매개변수 값을 통해 함수 호출을 감싸는 것입니다.

```
from functools import partial

RegularizedDense = partial(tf.keras.layers.Dense,
                           activation="relu",
                           kernel_initializer="he_normal",
                           kernel_regularizer=tf.keras.regularizers.l2(0.01))

model = tf.keras.Sequential([
    tf.keras.layers.Flatten(input_shape=[28, 28]),
    RegularizedDense(100),
    RegularizedDense(100),
    RegularizedDense(10, activation="softmax")
])
```

---

57 옮긴이_ l1_l2(l1=0.01, l2=0.01)과 같이 사용합니다. l1(), l2(), l1_l2() 함수의 규제 강도 매개변수 기본값은 모두 0.01입니다.

> **! CAUTION** 앞서 보았듯이 ℓ_2 규제는 SGD, 모멘텀 최적화, 네스테로프 모멘텀 최적화와 같이 사용해도 괜찮지만 Adam과 그 변형에 사용했을 때는 그렇지 않습니다. Adam에 가중치 감쇠를 적용하고 싶다면 ℓ_2 규제 대신에 AdamW를 사용하세요.

11.4.2 드롭아웃

드롭아웃^{dropout}은 심층 신경망에서 인기 있는 규제 기법입니다. 이 방식은 2012년에 제프리 힌턴 등이 제안했습니다.[58] 그리고 니티시 스리바스타바$^{Nitish\ Srivastava}$의 2014년 논문[59]에서 더 자세히 설명되었으며 아주 잘 작동된다고 입증되었습니다. 최고의 성능을 내는 많은 신경망에 드롭아웃을 적용해서 정확도를 1~2% 높였습니다. 이것이 크게 느껴지지 않을 수 있지만 모델의 정확도가 95%일 때 2% 상승하는 것은 오차율이 거의 40% 정도 줄어드는 것을 의미합니다(오차가 5%에서 약 3%로).

이 알고리즘은 매우 간단합니다. 매 훈련 스텝에서 각 뉴런(입력 뉴런은 포함하고 출력 뉴런은 제외합니다)은 임시적으로 드롭아웃될 확률 p를 가집니다. 즉, 이번 훈련 스텝에는 완전히 무시되지만 다음 스텝에는 활성화될 수 있습니다(그림 11-10). 하이퍼파라미터 p를 **드롭아웃 비율**$^{dropout\ rate}$이라고 하며, 보통 10%와 50% 사이로 지정합니다. 순환 신경망(15장 참고)에서는 20~30%에 가깝고 합성곱 신경망(14장 참고)에서는 40~50%에 가깝습니다. 훈련이 끝난 후에는 뉴런에 더는 드롭아웃을 적용하지 않습니다. 이게 전부입니다(기술적인 세부 사항은 조금 뒤에 설명하겠습니다).

----

58 Geoffrey E. Hinton et al., "Improving Neural Networks by Preventing Co-Adaptation of Feature Detectors," arXiv preprint arXiv:1207.0580 (2012). *https://homl.info/64*

59 Nitish Srivastava et al., "Dropout: A Simple Way to Prevent Neural Networks from Overfitting," Journal of Machine Learning Research 15 (2014): 1929–1958. *https://homl.info/65*

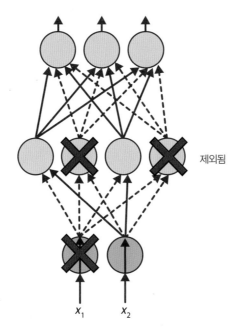

제외됨

그림 11-10 드롭아웃 규제. 각 훈련 반복에서 (출력 층을 제외하고) 하나 이상의 층에 있는 모든 뉴런의 일부를 제거합니다. 이런 뉴런은 이 반복에서 0을 출력합니다(파선으로 표시되어 있습니다).

처음에는 이런 파괴적인 방식이 잘 작동한다는 것에 놀랍니다. 어떤 회사에서 직원들이 아침마다 출근할지 말지 동전 던지기로 결정한다면 회사의 일이 더 잘될까요? 글쎄요, 누가 알겠어요. 어쩌면 정말 그럴지도 모르죠! 회사가 이런 식으로 운영된다면 커피머신의 원두를 채우는일이나 아주 중요한 어떤 업무도 한 사람에게 전적으로 의지할 수 없을 것이고, 전문성이 여러사람에게 나뉘어져 있어야 합니다. 직원들은 주변 동료뿐만 아니라 많은 다른 직원과 협력하는 법을 배워야 합니다. 이 회사는 유연성이 훨씬 더 높아질 것입니다. 한 직원이 직장을 떠나도 크게 달라지는 것이 없겠죠. 이 아이디어가 회사에 실제로 맞을지는 잘 모르겠지만 신경망에는 확실히 적합합니다. 드롭아웃으로 훈련된 뉴런은 이웃한 뉴런에 맞추어 적응할 수 없습니다. 즉, 가능한 한 자기 자신이 유용해져야 합니다. 또 이런 뉴런들은 몇 개의 입력 뉴런에만 지나치게 의존할 수 없습니다. 모든 입력 뉴런에 주의를 기울여야 합니다. 그러므로 입력값의 작은변화에 덜 민감해집니다. 결국 더 안정적인 네트워크가 되어 일반화 성능이 좋아집니다.

드롭아웃의 능력을 이해하는 또 다른 방법은 각 훈련 스텝에서 고유한 네트워크가 생성된다고생각하는 것입니다. 개개의 뉴런이 있을 수도 없을 수도 있기 때문에 2^N개의 네트워크가 가능합니다(N은 드롭아웃이 가능한 뉴런 수). 이는 아주 큰 값이어서 같은 네트워크가 두 번 선택될 가능성이 사실상 거의 없습니다. 10,000번의 훈련 스텝을 진행하면 10,000개의 다른 신경망을 (각각 하나의 훈련 샘플을 사용해서) 훈련하게 됩니다. 이 신경망은 대부분의 가중치를 공유하고 있기 때문에 아주 독립적이지 않습니다. 하지만 그럼에도 모두 다릅니다. 결과적으로 만들어진 신경망은 이 모든 신경망을 평균한 앙상블로 볼 수 있습니다.

TIP 일반적으로 (출력 층을 제외한) 맨 위층부터 세 번째 층까지의 뉴런에만 드롭아웃을 적용합니다.

한 가지 사소하지만 중요한 기술적인 세부 사항이 있습니다. $p=75\%$로 하면 평균적으로 전체 뉴런의 25%만 훈련하는 동안 작동합니다. 따라서 훈련이 끝나면 각 뉴런이 훈련할 때보다 네 배나 많은 입력에 연결됩니다. 이런 점을 보상하기 위해 훈련하는 동안 각 뉴런의 연결 가중치에 4를 곱해야 합니다. 그렇지 않으면 신경망이 훈련 중, 훈련 후에 다른 데이터를 만나게 되므로 제대로 작동하지 않을 것입니다. 조금 더 일반적으로 말하면 훈련하는 동안 각 입력의 연결 가중치를 **보존 확률**^{keep probability} $(1-p)$로 나눠야 합니다.

케라스에서는 `tf.keras.layers.Dropout` 층을 사용하여 드롭아웃을 구현합니다. 이 층은 훈련하는 동안 일부 입력을 랜덤하게 버립니다(0으로 설정합니다). 그런 다음 남은 입력을 보존 확률로 나눕니다. 훈련이 끝난 후에는 어떤 작업도 하지 않습니다. 입력을 다음 층으로 그냥 전달합니다. 다음은 드롭아웃 비율을 0.2로 설정하고 드롭아웃 규제를 모든 **Dense** 층 이전에 적용하는 코드입니다.

```
model = tf.keras.Sequential([
    tf.keras.layers.Flatten(input_shape=[28, 28]),
    tf.keras.layers.Dropout(rate=0.2),
    tf.keras.layers.Dense(100, activation="relu",
                          kernel_initializer="he_normal"),
    tf.keras.layers.Dropout(rate=0.2),
    tf.keras.layers.Dense(100, activation="relu",
                          kernel_initializer="he_normal"),
    tf.keras.layers.Dropout(rate=0.2),
tf.keras.layers.Dense(10, activation="softmax")
])
[...] # 모델 컴파일과 훈련
```

ⓘ CAUTION 드롭아웃은 훈련하는 동안에만 활성화되므로 훈련 손실과 검증 손실을 비교하면 오해를 일으키기 쉽습니다. 특히 비슷한 훈련 손실과 검증 손실을 얻었더라도 모델이 훈련 세트에 과대적합될 수 있습니다. 따라서 (예를 들어 훈련이 끝난 후) 드롭아웃을 빼고 훈련 손실을 평가해야 합니다.

모델이 과대적합되었다면 드롭아웃 비율을 늘릴 수 있습니다. 반대로 모델이 훈련 세트에 과소적합되면 드롭아웃 비율을 낮추어야 합니다. 층이 클 때는 드롭아웃 비율을 늘리고 작을 때는 드롭아웃 비율을 낮추는 것이 도움이 됩니다. 또한 많은 최신 신경망 구조는 마지막 은닉 층 뒤에만 드롭아웃을 사용합니다. 드롭아웃을 전체에 적용하는 것이 너무 강하다면 이렇게 시도해보세요.

드롭아웃은 수렴을 상당히 느리게 만드는 경향이 있지만 적절하게 튜닝하면 더 좋은 모델을 만듭니다. 특히 대규모 모델일 경우 추가적인 시간과 노력을 기울일 가치가 있습니다.

TIP 만약 SELU 활성화 함수를 기반으로 자기 정규화하는 네트워크를 규제하고 싶다면 알파alpha 드롭아웃을 사용해야 합니다. 이 방법은 입력의 평균과 표준 편차를 유지하는 드롭아웃의 한 변형입니다(이 드롭아웃은 SELU와 동일한 논문에서 소개되었습니다. 일반 드롭아웃이 자기 정규화하는 기능을 망가뜨릴 수 있기 때문입니다).

11.4.3 몬테 카를로 드롭아웃

야린 갤Yarin Gal과 주빈 가라마니Zoubin Ghahramani의 2016년 논문[60]에서 드롭아웃을 사용해야 하는 몇 가지 이유를 소개했습니다.

- 이 논문은 드롭아웃을 수학적으로 정의하여 드롭아웃 네트워크(즉, Dropout 층을 포함한 신경망)와 근사 베이즈 추론approximate Bayesian inference 사이에 깊은 관련성을 정립했습니다.[61]
- 저자들은 훈련된 드롭아웃 모델을 재훈련하거나 전혀 수정하지 않고 성능을 크게 향상시킬 수 있는 **몬테 카를로 드롭아웃**Monte Carlo dropout(MC 드롭아웃)이라 불리는 강력한 기법을 소개했습니다. 모델의 불확실성을 더 잘 측정할 수 있고 단 몇 줄의 코드로 구현할 수 있습니다.

---

60 Yarin Gal and Zoubin Ghahramani, "Dropout as a Bayesian Approximation: Representing Model Uncertainty in Deep Learning," Proceedings of the 33rd International Conference on Machine Learning (2016): 1050–1059. https://homl.info/mcdropout

61 구체적으로 드롭아웃 네트워크를 훈련하는 것이 심층 가우스 과정(deep Gaussian process)이라 불리는 특정 확률 모델에서 근사 베이즈 추론과 수학적으로 동등하다는 것을 보였습니다.

마치 과장 광고처럼 들린다면 다음 코드를 확인해보세요. 앞서 훈련한 드롭아웃 모델을 재훈련하지 않고 성능을 향상시키는 완전한 MC 드롭아웃 구현입니다.

```
import numpy as np

y_probas = np.stack([model(X_test, training=True)
                     for sample in range(100)])
y_proba = y_probas.mean(axis=0)
```

model(X)는 넘파이 배열이 아닌 텐서를 반환하는 점을 제외하고는 model.predict(X)와 비슷하고 training 매개변수를 지원합니다. 코드 예제에서는 training=True로 지정하여 Dropout 층이 활성화되기 때문에 예측이 달라집니다. 테스트 세트에서 100개의 예측을 만들고 평균을 계산합니다. 구체적으로 모델을 호출할 때마다 샘플이 행이고 클래스마다 하나의 열을 가진 행렬이 반환됩니다. 테스트 세트에 10,000개의 샘플과 10개의 클래스가 있으므로 이 행렬의 크기는 [10000, 10]입니다. 이런 행렬 100개를 쌓았기 때문에 y_probas는 [100, 10000, 10] 크기의 3D 행렬입니다. 첫 번째 차원(axis=0)을 기준으로 평균하면 한 번의 예측을 수행했을 때와 같은 [10000, 10] 크기의 배열 y_proba를 얻게 됩니다. 이게 끝입니다! 드롭아웃으로 만든 예측을 평균하면 일반적으로 드롭아웃 없이 예측한 하나의 결과보다 더 안정적입니다. 한번 드롭아웃을 끄고 패션 MNIST 테스트 세트에 있는 첫 번째 샘플의 모델 예측을 확인해봅시다.

```
>>> model.predict(X_test[:1]).round(3)
array([[0.   , 0. ,  0. ,  0. ,  0. ,   0.024, 0. ,   0.132, 0. ,
        0.844]], dtype=float32)
```

모델은 이 이미지가 클래스 9(앵클 부츠)에 속한다고 강하게 확신합니다(84.4%). 이를 MC 드롭아웃의 예측과 비교해보겠습니다.

```
>>> y_proba[0].round(3)
array([0. ,  0. ,  0. ,  0. ,  0. ,   0.067,  0. ,   0.209,  0.001,
       0.723], dtype=float32)
```

모델은 여전히 이 이미지가 클래스 9에 속한다고 생각하지만 확신이 72.3%로 줄었고 클래스 5(샌들)와 클래스 7(스니커즈)에 대한 추정 확률이 증가했습니다. 둘 다 신발이기 때문에 납득이 됩니다.

MC 드롭아웃은 모델이 만든 확률 추정치의 신뢰성을 높입니다. 다시 말해 모델의 자신감은 높지만 틀릴 경우 위험할 수 있습니다. 예를 들어 자율 주행 자동차가 자신만만하게 정지 신호를 무시한다고 생각해보세요. 또한 가장 가능성이 높은 다른 클래스를 아는 데도 유용합니다. 이 확률 추정의 표준 분포를 확인해볼 수도 있습니다.

```
>>> y_std = y_probas.std(axis=0)
>>> y_std[0].round(3)
array([0. ,   0. ,   0. ,   0.001,   0. ,   0.096, 0. ,   0.162,   0.001,
       0.183], dtype=float32)
```

클래스 9에 대한 확률 추정에는 많은 분산이 있습니다. 클래스 9의 추정 확률이 0.723인데 표준편차가 0.183입니다. 만약 위험에 민감한 시스템(◍ 의료나 금융 시스템)을 만든다면 이런 불확실한 예측을 매우 주의 깊게 다루어야 합니다. 84.4%의 확신을 가진 예측처럼 다루어서는 안 됩니다. 또한 모델의 정확도가 87.0에서 87.2로 (아주) 조금 향상되었습니다.

```
>>> y_pred = y_proba.argmax(axis=1)
>>> accuracy = (y_pred == y_test).sum() / len(y_test)
>>> accuracy
0.8717
```

> **✎ NOTE** 몬테 카를로 샘플의 숫자(이 예에서는 100)는 튜닝할 수 있는 하이퍼파라미터입니다. 이 값이 높을수록 예측과 불확실성 추정이 더 정확해질 것입니다. 하지만 샘플 수를 두 배로 늘리면 예측 시간도 두 배가 됩니다. 또한 일정 샘플 수를 넘어서면 성능이 크게 향상되지 않습니다. 애플리케이션에 따라 성능과 정확도 사이에 균형점을 찾는 것이 중요합니다.

모델이 훈련하는 동안 다르게 작동하는 (BatchNormalization 층과 같은) 층을 가지고 있다면 앞에서와 같이 훈련 모드를 강제로 설정해서는 안 됩니다. 대신 Dropout 층을 다음과 같은

MCDropout 클래스로 바꿔주세요.[62]

```
class MCDropout(tf.keras.layers.Dropout):
    def call(self, inputs, training=False):
        return super().call(inputs, training=True)
```

Dropout 층을 상속하고 call() 메서드를 오버라이딩^{overriding}하여 training 매개변수를 True 로 강제로 설정합니다(12장 참고). 비슷하게 AlphaDropout 클래스를 상속하여 MCAlpha Dropout 클래스를 정의할 수 있습니다. 처음부터 모델을 만든다면 그냥 Dropout 대신 MCDropout을 사용하면 됩니다. 하지만 이미 Dropout을 사용하여 모델을 훈련했다면 Dropout 층을 MCDropout으로 바꾸고 기존 모델과 동일한 모델을 새로 만듭니다. 그런 다음 기존 모델 의 가중치를 새로운 모델로 복사합니다.

간단히 말해서 MC 드롭아웃은 드롭아웃 모델의 성능을 높여주고 더 정확한 불확실성 추정을 제공하는 훌륭한 기술입니다. 물론 훈련하는 동안은 일반적인 드롭아웃처럼 수행하기 때문에 규제처럼 작동합니다.

11.4.4 맥스-노름 규제

신경망에서 널리 사용되는 또 다른 규제 기법은 맥스-노름 규제^{max-norm regularization}입니다. 이 방식은 각각의 뉴런에 대해 입력의 연결 가중치 $\mathbf{w}$가 $\|\mathbf{w}\|_2 \leq r$이 되도록 제한합니다. r은 맥스-노름 하이퍼파라미터이고 $\|\cdot\|_2$는 ℓ_2 노름을 나타냅니다.

맥스-노름 규제는 전체 손실 함수에 규제 손실항을 추가하지 않습니다. 대신 일반적으로 매 훈련 스텝이 끝나고 $\|\mathbf{w}\|_2$를 계산하고 필요하면 $\mathbf{w}$의 스케일을 조정합니다($\mathbf{w} \leftarrow \mathbf{w}\frac{r}{\|w\|_2}$).

r을 줄이면 규제의 양이 증가하여 과대적합을 감소시키는 데 도움이 됩니다. 맥스-노름 규제 는 (배치 정규화를 사용하지 않았을 때) 불안정한 그레이디언트 문제를 완화하는 데 도움을 줍 니다.

---

62 MCDropout 클래스는 시퀀셜 API를 포함하여 모든 케라스 API에 사용할 수 있습니다. 함수형 API나 서브클래싱 API를 사용할 때는 MCDropout 클래스를 만들 필요가 없고 보통의 Dropout 층을 만들고 training=True를 사용하여 호출할 수 있습니다.
옮긴이_ 시퀀셜 API는 포함된 모든 층의 training 매개변수를 강제로 바꾸기 때문입니다.

케라스에서 맥스-노름 규제를 구현하려면 다음과 같이 적절한 최댓값으로 지정한 max_norm()이 반환한 객체[63]로 은닉 층의 kernel_constraint 매개변수를 지정합니다.

```
dense = tf.keras.layers.Dense(
    100, activation="relu", kernel_initializer="he_normal",
    kernel_constraint=tf.keras.constraints.max_norm(1.))
```

매 훈련 반복이 끝난 후 모델의 fit() 메서드가 층의 가중치와 함께 max_norm()이 반환한 객체를 호출하고 스케일이 조정된 가중치를 반환받습니다. 이 값을 사용하여 층의 가중치를 바꿉니다. 12장에서 보겠지만 필요하면 사용자 정의 규제 함수를 정의하고 kernel_constraint 매개변수에 이를 지정할 수 있습니다. bias_constraint 매개변수에 지정하여 편향을 규제할 수도 있습니다.

max_norm() 함수는 기본값이 0인 axis 매개변수를 가집니다. Dense 층은 일반적으로 [샘플 개수, 뉴런 개수] 크기의 가중치를 가집니다. axis=0을 사용하면 맥스-노름 규제는 각 뉴런의 가중치 벡터에 독립적으로 적용됩니다. 합성곱 층(14장 참고)에 맥스-노름을 사용하려면 max_norm()의 axis 매개변수를 적절하게 지정해야 합니다(일반적으로 axis=[0, 1, 2]로 지정합니다).[64]

11.5 요약 및 실용적인 가이드라인

이 장에서 여러 가지 기법을 다루었습니다. 어떤 것을 언제 써야 할지 고민일 수 있습니다. 작업에 따라 좋은 기법이 다르며, 선택에 명확한 기준은 없지만 [표 11-3]에 하이퍼파라미터 튜닝을 크게 하지 않고 대부분의 경우에 잘 맞는 설정을 정리했습니다. 하지만 이 기본값을 고정된 규칙으로 생각하지는 마세요!

---

63 옮긴이_ max_norm은 MaxNorm 클래스의 별칭입니다.

64 옮긴이_ 합성곱 층은 일반적으로 [샘플 개수, 높이, 너비, 채널 개수] 크기의 가중치를 가집니다. 따라서 axis=[0, 1, 2]로 지정하면 채널 축에 독립적으로 적용됩니다.

표 11-3 기본 DNN 설정

하이퍼파라미터	기본값
커널 초기화	He 초기화
활성화 함수	얕은 신경망이면 ELU, 깊은 신경망이면 Swish
정규화	얕은 신경망일 경우 없음. 깊은 신경망이라면 배치 정규화
규제	조기 종료 필요하면 가중치 감쇠
옵티마이저	네스테로프 가속 경사 또는 AdamW
학습률 스케줄	성능 기반 스케줄링 또는 1사이클 스케줄링

네트워크가 완전 연결 층을 쌓은 단순한 모델이라면 자기 정규화를 사용할 수 있습니다. 이 경우에는 [표 11-4]에 있는 설정을 사용하세요.

표 11-4 자기 정규화를 위한 DNN 설정

하이퍼파라미터	기본값
커널 초기화	르쿤 초기화
활성화 함수	SELU
정규화	없음(자기 정규화)
규제	필요하다면 알파 드롭아웃
옵티마이저	네스테로프 가속 경사
학습률 스케줄	성능 기반 스케줄링 또는 1사이클 스케줄링

입력 특성을 정규화해야 한다는 점을 잊지 마세요! 비슷한 문제를 해결한 모델을 찾을 수 있다면 사전 훈련된 신경망의 일부를 재사용해봐야 합니다. 레이블이 없는 데이터가 많다면 비지도 사전 훈련을 사용하세요. 또는 비슷한 작업을 위한 레이블된 데이터가 많다면 보조 작업에서 사전 훈련을 수행할 수 있습니다.

이 가이드라인에도 몇 가지 예외적인 경우가 있습니다.

- 희소 모델이 필요하다면 ℓ_1 규제를 사용할 수 있습니다(훈련된 후 작은 가중치를 0으로 만듭니다). 매우 희소한 모델이 필요하면 텐서플로 모델 최적화 툴킷(TF-MOT)을 사용할 수 있습니다. 이 도구는 자기 정규화를 깨뜨리므로 이 경우 기본 DNN 설정을 사용해야 합니다.
- 빠른 응답을 하는 모델(번개처럼 빨리 예측하는 모델)이 필요하면 층 개수를 줄이고 배치 정규화 층을 이전 층에 합치세요. 그리고 LeakyReLU나 ReLU와 같이 빠른 활성화 함수를 사용하세요. 희소 모델을 만

드는 것도 도움이 됩니다. 마지막으로 부동소수점 정밀도를 32비트에서 16비트 혹은 8비트로 낮출 수도 있습니다(〈19.2 모바일 또는 임베디드 디바이스에 모델 배포하기〉를 참고하세요). 여기에서도 TF-MOT 를 확인하세요.

- 위험에 민감하고 예측 속도가 매우 중요하지 않은 애플리케이션이라면 성능을 올리고 불확실성 추정과 신뢰할 수 있는 확률 추정을 얻기 위해 MC 드롭아웃을 사용할 수 있습니다.

이제 가이드라인을 따라 매우 깊은 신경망을 훈련할 준비가 되었습니다! 간편한 케라스 API만을 사용해도 많은 작업을 할 수 있다는 확신을 얻었기를 바랍니다. 하지만 언젠가 조금 더 많은 제어가 필요한 순간이 올 수 있습니다. 예를 들어 사용자 정의 손실 함수를 만들거나 훈련 알고리즘을 조정하는 경우입니다. 이런 경우에는 다음 장에서 소개할 텐서플로의 저수준 API를 사용해야 합니다.

연습문제

① 글로럿 초기화와 He 초기화가 해결하고자 하는 문제는 무엇인가요?

② He 초기화를 사용하여 랜덤으로 선택한 값이라면 모든 가중치를 같은 값으로 초기화해도 괜찮을까요?

③ 편향을 0으로 초기화해도 괜찮을까요?

④ 어떤 경우에 이 장에서 언급한 활성화 함수를 사용하나요?

⑤ SGD 옵티마이저를 사용할 때 momentum 하이퍼파라미터를 너무 1에 가깝게 하면(⑩ 0.99999) 어떤 일이 일어날까요?

⑥ 희소 모델을 만들 수 있는 세 가지 방법은 무엇인가요?

⑦ 드롭아웃이 훈련 속도를 느리게 만드나요? 추론(새로운 샘플에 대한 예측을 만드는 것)도 느리게 만드나요? MC 드롭아웃은 어떤가요?

⑧ CIFAR10 이미지 데이터셋에 심층 신경망을 훈련해보세요.

a 100개의 뉴런을 가진 은닉 층 20개로 심층 신경망을 만들어보세요(너무 많은 것 같지만 이 연습문제의 핵심입니다). He 초기화와 Swish 활성화 함수를 사용하세요.

b Nadam 옵티마이저와 조기 종료를 사용하여 CIFAR10 데이터셋에 이 네트워크를 훈련 하세요. `tf.keras.datasets.cifar10.load_data()`를 사용하여 데이터를 적재할 수 있습니다. 이 데이터셋은 10개의 클래스와 32×32 크기의 컬러 이미지 60,000개로 구성됩니다(50,000개는 훈련, 10,000개는 테스트). 따라서 10개의 뉴런과 소프트맥스 활성화 함수를 사용하는 출력 층이 필요합니다. 모델 구조와 하이퍼파라미터를 바꿀 때마다 적절한 학습률을 찾아야 한다는 것을 기억하세요.

c 배치 정규화를 추가하고 학습 곡선을 비교해보세요. 이전보다 빠르게 수렴하나요? 더 좋은 모델이 만들어지나요? 훈련 속도에는 어떤 영향을 미치나요?

d 배치 정규화를 SELU로 바꾸어보세요. 네트워크가 자기 정규화하기 위해 필요한 변경 사항을 적용해보세요(입력 특성 표준화, 르쿤 정규 분포 초기화, 완전 연결 층만 순차적으로 쌓은 심층 신경망 등).

e 알파 드롭아웃으로 모델에 규제를 적용해보세요. 그다음 모델을 다시 훈련하지 않고 MC 드롭아웃으로 더 높은 정확도를 얻을 수 있는지 확인해보세요.

f 1사이클 스케줄링으로 모델을 다시 훈련하고 훈련 속도와 모델 정확도가 향상되는지 확인해보세요.

연습문제의 정답은 〈부록 A〉에 있습니다.

Hands-On Machine Learning with Scikit-Learn, Keras & TensorFlow

핸즈온 머신러닝 3판

2권

| 표지 설명 |

표지 그림은 중동 지역에서 서식하는 양서류인 극동 불도롱뇽(학명: *Salamandra salamandra*)입니다. 피부가 검으며 등과 머리에 커다란 노란 점이 있는 것이 특징입니다. 노란색은 포식자를 막기 위한 경계색입니다. 다 자란 도롱뇽은 30cm가 넘기도 합니다.

불도롱뇽은 아열대 관목지와 강 또는 민물 근처의 숲에 삽니다. 대부분 육지에서 활동하지만 알은 물속에 낳습니다. 주로 곤충, 벌레나 작은 갑각류를 먹고 살고 때로는 다른 도롱뇽을 잡아먹습니다.

아직 멸종 위기에 처하지는 않았지만 불도롱뇽의 개체 수는 감소하고 있습니다. 주요 원인은 도롱뇽의 번식을 방해하는 하천의 댐과 환경 오염입니다. 또한 최근에는 모기고기[mosquitofish] 같은 육식성 어류의 등장으로 위협받고 있습니다. 모기고기는 모기의 개체 수를 조절하는 역할을 하지만 어린 도롱뇽도 잡아먹습니다.

오라일리 표지의 동물들은 대부분 멸종위기종입니다. 이 동물들은 모두 우리에게 중요합니다. 이들을 돕고 싶다면 animals.oreilly.com을 방문해주세요.

표지 그림은 존 조지 우드[John George Wood]의 『Illustrated Natural History』에서 가져왔습니다.

핸즈온 머신러닝 [3판]

사이킷런, 케라스, 텐서플로 2로 완벽 이해하는 머신러닝, 딥러닝 이론 & 실무

초판 1쇄 발행 2018년 4월 27일
2판 1쇄 발행 2020년 5월 4일
3판 1쇄 발행 2023년 9월 29일
3판 2쇄 발행 2023년 12월 18일

지은이 오렐리앙 제롱 / **옮긴이** 박해선 / **베타리더** 강민재, 강찬석, 노병준, 박조은, 백혜림, 이기용, 이여름, 조선민
펴낸이 김태헌 / **펴낸곳** 한빛미디어(주) / **주소** 서울시 서대문구 연희로2길 62 한빛미디어(주) IT출판2부
전화 02-325-5544 / **팩스** 02-336-7124
등록 1999년 6월 24일 제25100-2017-000058호 / **ISBN** 979-11-6921-147-5 93000

총괄 송경석 / **책임편집** 박민아 / **기획 · 편집** 이채윤 / **디자인** 최연희 / **전산편집** 백지선
영업 김형진, 장경환, 조유미 / **마케팅** 박상용, 한종진, 이행은, 김선아, 고광일, 성화정, 김한솔 / **제작** 박성우, 김정우

이 책에 대한 의견이나 오탈자 및 잘못된 내용에 대한 수정 정보는 한빛미디어(주)의 홈페이지나 아래 이메일로 알려주십시오. 잘못된 책은 구입하신 서점에서 교환해드립니다. 책값은 뒤표지에 표시되어 있습니다.
한빛미디어 홈페이지 www.hanbit.co.kr / 이메일 ask@hanbit.co.kr

지금 하지 않으면 할 수 없는 일이 있습니다.
책으로 펴내고 싶은 아이디어나 원고를 메일(writer@hanbit.co.kr)로 보내주세요.
한빛미디어(주)는 여러분의 소중한 경험과 지식을 기다리고 있습니다.

Hands-On Machine Learning with Scikit-Learn, Keras & TensorFlow

핸즈온 머신러닝 3판

O'REILLY® ||B 한빛미디어 Hanbit Media, Inc.

1장 ~ 11장은 1권에서 확인할 수 있습니다.

전체 목차와 세부 목차는 한빛미디어 홈페이지(https://www.hanbit.co.kr/)에서 확인할 수 있습니다.

14장 합성곱 신경망을 사용한 컴퓨터 비전

15장 RNN과 CNN을 사용한 시퀀스 처리

18장 강화 학습

19장 대규모 텐서플로 모델 훈련과 배포

12장

텐서플로를 사용한
사용자 정의 모델과 훈련

지금까지 텐서플로의 고수준 API인 케라스만으로 많은 것을 만들어보았습니다. 배치 정규화, 드롭아웃, 학습률 스케줄 같은 다양한 기술을 사용해 회귀와 분류를 위한 신경망, 와이드 & 딥 네트워크, 자기 정규화 네트워크를 포함한 여러 가지 신경망 구조를 만들었습니다. 앞으로 만나게 될 딥러닝 작업의 95%는 케라스(그리고 13장에서 볼 **tf.data**) 외에 다른 것이 필요하지 않습니다. 하지만 이번에는 텐서플로를 자세히 들여다보고 저수준 파이썬 API를 살펴보려고 합니다. 자신만의 손실 함수, 지표, 층, 모델, 초기화, 규제, 가중치 규제 등을 만들어 세부적으로 제어하고 싶을 때 필요하기 때문입니다. 그레이디언트에 특별한 변환 또는 규제를 적용하거나 네트워크의 부분마다 다른 옵티마이저를 사용하는 등 훈련 반복문 자체를 완전히 제어하고 싶을 수도 있습니다. 이 장에서는 이런 경우를 모두 다룹니다. 또한 텐서플로의 자동 그래프 생성 기능을 사용해 사용자 정의 모델과 훈련 알고리즘의 성능을 향상시키는 방법도 알아봅니다. 그전에 먼저 텐서플로를 간단히 훑어봅시다.

12.1 텐서플로 훑어보기

텐서플로는 강력한 수치 계산용 라이브러리입니다. 특히 대규모 머신러닝에 잘 맞도록 튜닝되어 있습니다(하지만 계산량이 많이 필요한 작업에도 사용할 수 있습니다). 텐서플로는 구글 브레인 팀에서 개발했고 구글 클라우드 스피치^{Google Cloud Speech}, 구글 포토^{Google Photos}, 구글 검색과 같은 대규모 서비스에 사용됩니다. 2015년 11월 오픈 소스로 공개되었고 현재 업계에서 가장 널리 사용되는 딥러닝 라이브러리입니다.[1] 셀 수 없이 많은 프로젝트가 텐서플로를 사용하여 이미지 분류, 자연어 처리, 추천 시스템, 시계열 예측 등 모든 종류의 머신러닝 작업을 수행합니다.

텐서플로는 무엇을 제공할까요? 간단히 요약해보았습니다.

- 핵심 구조는 넘파이와 매우 비슷하지만 GPU를 지원합니다.
- (여러 장치와 서버에 대해서) 분산 컴퓨팅을 지원합니다.
- 일종의 JIT$^{just-in-time}$ 컴파일러를 포함합니다. 속도를 높이고 메모리 사용량을 줄이기 위해 계산을 최적화합니다. 이를 위해 파이썬 함수에서 **계산 그래프** computation graph를 추출한 다음 최적화하고(예를 들어 사용하지 않는 노드를 가지치기합니다) 효율적으로 실행합니다(예를 들어 독립적인 연산을 자동으로 병렬 실행합니다).
- 계산 그래프는 플랫폼에 중립적인 포맷으로 내보낼 수 있으므로 한 환경(예 리눅스에 있는 파이썬)에서 텐서플로 모델을 훈련하고 다른 환경(예 안드로이드 디바이스에 있는 자바)에서 실행할 수 있습니다.
- 텐서플로는 후진 모드 자동 미분(10장과 부록 B 참고) 기능과 RMSProp, Nadam 같은 고성능 옵티마이저(11장 참고)를 제공하므로 모든 종류의 손실 함수를 쉽게 최소화할 수 있습니다.

텐서플로는 이런 핵심 기술을 기반으로 매우 많은 기능을 제공합니다. 물론 케라스가 가장 중요합니다.[2] 데이터 적재와 전처리 연산(**tf.data**, **tf.io** 등), 이미지 처리 연산(**tf.image**), 신호 처리 연산(**tf.signal**)과 그 외 많은 기능을 가지고 있습니다([그림 12-1]에 텐서플로의 전체 파이썬 API를 요약했습니다).

> **TIP** 텐서플로 API에 있는 많은 패키지와 함수를 다루겠지만 모두를 설명하는 것은 불가능합니다. 따라서 여러분이 시간을 들여 이런 API를 직접 살펴보아야 합니다. 자세하고 잘 정리된 문서를 참고하세요.

---

1 하지만 학계에서는 페이스북의 파이토치 라이브러리가 더 인기가 많습니다. 텐서플로나 케라스보다 파이토치를 사용하는 논문이 많습니다. 또한 구글의 JAX 라이브러리도 학계의 많은 관심을 끌고 있습니다.
2 텐서플로는 추정기(estimator) API라 부르는 또 다른 딥러닝 API를 포함하고 있지만 지금은 더 이상 사용되지 않습니다.

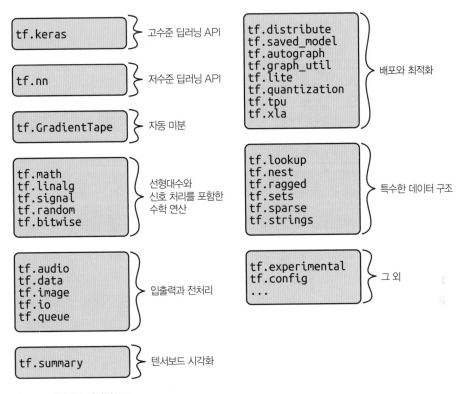

그림 12-1 텐서플로 파이썬 API

가장 저수준의 텐서플로 연산[operation](짧게 줄여서 op)은 매우 효율적인 C++ 코드로 구현되어 있습니다.[3] 많은 연산은 **커널**[kernel]이라 부르는 여러 구현을 가집니다. 각 커널은 CPU, GPU 또는 TPU(**텐서 처리 장치**[tensor processing unit])와 같은 특정 장치에 맞추어 만들어졌습니다. GPU는 계산을 작은 단위로 나누어 여러 GPU 스레드에서 병렬로 실행하므로 속도를 극적으로 향상시킵니다. TPU는 더 빠릅니다. TPU는 딥러닝 연산을 위해 특별하게 설계된 ASIC 칩[chip]입니다[4] (19장에서 텐서플로를 GPU와 TPU에서 사용하는 방법을 설명합니다).

[그림 12-2]에 텐서플로 구조를 나타냈습니다. 대부분의 코드는 고수준 API(특히 케라스와 `tf.data`)를 사용합니다. 하지만 더 높은 자유도가 필요한 경우 저수준 파이썬 API를 사용하여 텐서를 직접 다루어야 합니다. 텐서플로의 실행 엔진은 여러 디바이스와 서버로 이루어진

---

3 (아마도 필요하지 않겠지만) 만약 필요하다면 C++ API를 사용해 자신만의 연산을 만들 수 있습니다.

4 TPU와 작동 방식에 관해 궁금하다면 다음 주소를 참고하세요. *https://homl.info/tpus*

분산 환경에서도 연산을 효율적으로 실행합니다.

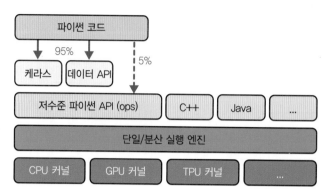

그림 12-2 텐서플로 구조

텐서플로는 Windows, 리눅스, macOS뿐만 아니라 (텐서플로 Lite를 사용하여) iOS와 안드로이드 같은 모바일 디바이스에서도 실행됩니다(19장 참고). 파이썬 외에 다른 언어의 API도 제공합니다. C++, 자바, 스위프트 API를 사용할 수 있습니다. **TensorFlow.js**라는 자바스크립트 구현도 있습니다. 이를 사용하면 브라우저에서 직접 모델을 실행할 수 있습니다.

텐서플로는 하나의 라이브러리 그 이상입니다. 텐서플로는 광범위한 라이브러리 생태계를 가지고 있습니다. 먼저 시각화를 위한 텐서보드가 있습니다(10장 참고). 그리고 구글에서 만든 텐서플로 제품화를 위한 라이브러리 모음인 TFX[TensorFlow Extended](*https://tensorflow.org/tfx*)가 있습니다. 여기에는 데이터 시각화, 전처리, 모델 분석, 서빙[serving] (19장의 '텐서플로 서빙' 참고) 등이 포함됩니다. 구글의 **텐서플로 허브**[TensorFlow Hub]를 사용하면 사전 훈련된 신경망을 손쉽게 다운로드하여 재사용할 수 있습니다. 또한 텐서플로 모델 저장소(*https://github.com/tensorflow/models*)에서 많은 신경망 구조를 다운로드할 수 있습니다. 이 중 일부는 사전 훈련되어 있습니다. 텐서플로 리소스 페이지(*https://www.tensorflow.org/resources*)와 *https://github.com/jtoy/awesome-tensorflow*에서 다양한 텐서플로 기반 프로젝트를 확인해보세요. 깃허브에서 수백 개의 텐서플로 프로젝트 저장소를 찾을 수 있습니다. 여러분이 하려는 것이 무엇이든 기존 코드를 쉽게 찾을 수 있을 것입니다.

> **TIP** 갈수록 많은 머신러닝 논문들이 구현을 함께 공개하고 있습니다. 이따금 사전 훈련된 모델도 공개합니다. *https://paperswithcode.com*에서 이런 논문을 찾을 수 있습니다.

끝으로 중요한 것은 텐서플로가 열정적이고 헌신적인 개발자로 이루어진 전담 팀을 가지고 있으며 대규모 커뮤니티가 텐서플로의 향상을 위해 기여하고 있다는 것입니다. 기술적인 질문을 하려면 스택오버플로(*http://stackoverflow.com*)에서 tensorflow와 python 태그를 붙여 올려보세요. 깃허브(*https://github.com/tensorflow/tensorflow*)에 버그를 알리거나 새로운 기능을 요청할 수 있습니다. 텐서플로에 대한 일반적인 이야기는 텐서플로 포럼(*https://discuss.tensorflow.org/*)에서 살펴볼 수 있습니다.

좋습니다. 이제 코딩을 시작해봅시다!

12.2 넘파이처럼 텐서플로 사용하기

텐서플로 API는 텐서tensor를 순환시킵니다. 텐서는 한 연산에서 다른 연산으로 흐릅니다. 그래서 '텐서플로flow'라고 부릅니다. 텐서는 넘파이 **ndarray**와 매우 비슷합니다. 즉, 텐서는 일반적으로 다차원 배열입니다. 하지만 스칼라값(42와 같은 단순한 값)도 가질 수 있습니다. 사용자 정의 손실 함수, 사용자 정의 지표, 사용자 정의 층 등을 만들 때 텐서가 중요합니다. 그럼 텐서를 만들고 조작하는 방법을 알아봅시다.[5]

12.2.1 텐서와 연산

tf.constant() 함수로 텐서를 만들 수 있습니다. 예를 들면 다음은 두 개의 행과 세 개의 열을 가진 실수 행렬을 나타내는 텐서입니다.

```
>>> import tensorflow as tf
>>> t = tf.constant([[1., 2., 3.], [4., 5., 6.]]) # 행렬
>>> t
<tf.Tensor: shape=(2, 3), dtype=float32, numpy=
array([[1., 2., 3.],
       [4., 5., 6.]], dtype=float32)>
```

ndarray와 마찬가지로 **tf.Tensor**는 크기(**shape**)와 데이터 타입(**dtype**)을 가집니다.

---

5   옮긴이_ 텐서플로 2.4 버전에서 넘파이 호환 API인 tf.experimental.numpy가 추가되었습니다.

```
>>> t.shape
TensorShape([2, 3])
>>> t.dtype
tf.float32
```

인덱스 참조도 넘파이와 매우 비슷하게 작동합니다.

```
>>> t[:, 1:]
<tf.Tensor: shape=(2, 2), dtype=float32, numpy=
array([[2., 3.],
       [5., 6.]], dtype=float32)>
>>> t[..., 1, tf.newaxis]
<tf.Tensor: shape=(2, 1), dtype=float32, numpy=
array([[2.],
       [5.]], dtype=float32)>
```

가장 중요한 점은 모든 종류의 텐서 연산이 가능하다는 것입니다.

```
>>> t + 10
<tf.Tensor: shape=(2, 3), dtype=float32, numpy=
array([[11., 12., 13.],
       [14., 15., 16.]], dtype=float32)>
>>> tf.square(t)
<tf.Tensor: shape=(2, 3), dtype=float32, numpy=
array([[ 1., 4., 9.],
       [16., 25., 36.]], dtype=float32)>
>>> t @ tf.transpose(t)
<tf.Tensor: shape=(2, 2), dtype=float32, numpy=
array([[14., 32.],
       [32., 77.]], dtype=float32)>
```

t+10이라고 쓰는 것은 tf.add(t, 10)을 호출하는 것과 같습니다(실제로 파이썬은 매직^{magic} 메서드 t.__add__(10)을 호출하고 이 메서드는 tf.add(t, 10)을 호출합니다). -와 * 같은 다른 연산도 지원합니다. @ 연산은 행렬 곱셈을 위해 파이썬 3.5에 추가되었습니다. 이 연산은 tf.matmul() 함수를 호출하는 것과 동일합니다.

많은 함수와 클래스들이 별칭을 가집니다. 예를 들어 **tf.add()**와 **tf.math.add()**는 같은 함수입니다. 별칭을 사용해 패키지를 잘 조직화하면서 자주 사용하는 연산의 이름을 간소화할 수 있습니다.[6]

텐서는 스칼라값도 가질 수 있습니다. 이 경우 크기는 비어 있습니다.

```
>>> tf.constant(42)
<tf.Tensor: shape=(), dtype=int32, numpy=42>
```

NOTE 케라스 API는 **tf.keras.backend**에 자체적인 저수준 API를 가지고 있습니다. 이 패키지는 일반적으로 간결하게 **K**로 임포트합니다. 여기에는 기존 코드에서 실행할 수 있는 **K.square()**, **K.exp()**, **K.sqrt()** 등의 함수가 포함되어 있습니다. 이는 케라스가 여러 백엔드를 지원하던 때에 이식 가능한 코드를 작성하는 데 유용했습니다. 하지만 이제 케라스는 텐서플로 전용이므로 텐서플로의 저수준 API를 직접 호출해야 합니다(**◖◗** **K.square()** 대신 **tf.square()**). 기술적으로 **K.square()** 그리고 이와 유사한 함수는 이전 버전과의 호환성을 위해 여전히 유지되고 있지만 **tf.keras.backend** 패키지 문서에는 clear_session()(10장에서 언급)과 같은 몇 가지 유틸리티 함수만 나열되어 있습니다.

필요한 모든 기본 수학 연산(**tf.add()**, **tf.multiply()**, **tf.square()**, **tf.exp()**, **tf.sqrt()** 등)과 넘파이에서 볼 수 있는 대부분의 연산(**◖◗** **tf.reshape()**, **tf.squeeze()**, **tf.tile()**)을 제공합니다. 일부 함수들은 넘파이와 이름이 다릅니다. 예를 들어 **tf.reduce_mean()**, **tf.reduce_sum()**, **tf.reduce_max()**, **tf.math.log()**는 np.mean(), np.sum(), np.max(), np.log()와 동일합니다. 이름이 다른 데는 그만한 이유가 있습니다. 예를 들어 텐서플로에서는 **tf.transpose(t)**라고 써야 하며 넘파이처럼 t.T라고 쓰면 안 되는데, 그 이유는 **tf.transpose()** 함수가 넘파이 T 속성과 완전히 동일한 작업을 수행하지 않기 때문입니다. 텐서플로에서는 전치된 데이터의 복사본으로 새로운 텐서가 만들어지지만 넘파이에서 **t.T**는 동일한 데이터의 전치된 뷰[view]일 뿐입니다. 비슷하게 **tf.reduce_sum()** 연산으로 이름 지은 것은 이 GPU 커널(즉, GPU 구현)이 원소가 추가된 순서를 보장하지 않는 리듀스[reduce] 알고리즘을 사용하기 때문입니다. 32비트 부동소수는 제한된 정밀도를 가지므로 이 연산을 호출할 때마다 결과가 조금씩 달라질 수 있습니다. **tf.reduce_mean()**도 마찬가지입니다(하지만 **tf.reduce_max()**는 값이 바뀌지 않습니다).

---

6   tf.math.log()는 자주 사용되지만 로깅(logging)과 혼동될 수 있기 때문에 예외적으로 tf.log()와 같은 별칭이 없습니다.

12.2.2 텐서와 넘파이

텐서는 넘파이와 함께 사용하기 편리합니다. 넘파이 배열로 텐서를 만들 수 있고 그 반대도 가능합니다. 넘파이 배열에 텐서플로 연산을 적용할 수 있고 텐서에 넘파이 연산을 적용할 수도 있습니다.

```
>>> import numpy as np
>>> a = np.array([2., 4., 5.])
>>> tf.constant(a)
<tf.Tensor: id=111, shape=(3,), dtype=float64, numpy=array([2., 4., 5.])>
>>> t.numpy()  # 또는 np.array(t)
array([[1., 2., 3.],
       [4., 5., 6.]], dtype=float32)
>>> tf.square(a)
<tf.Tensor: id=116, shape=(3,), dtype=float64, numpy=array([4., 16., 25.])>
>>> np.square(t)
array([[ 1., 4., 9.],
       [16., 25., 36.]], dtype=float32)
```

> **! CAUTION** 넘파이는 기본으로 64비트 정밀도를 사용하지만 텐서플로는 32비트 정밀도를 사용합니다. 일반적으로 신경망은 32비트 정밀도로 충분하고 더 빠르며 메모리도 적게 사용하기 때문입니다. 따라서 넘파이 배열로 텐서를 만들 때 dtype=tf.float32로 지정해야 합니다.

12.2.3 타입 변환

타입 변환은 성능을 크게 감소시킬 수 있습니다. 타입이 자동으로 변환되면 사용자가 눈치채지 못할 수 있습니다. 이를 방지하기 위해 텐서플로는 어떤 타입 변환도 자동으로 수행하지 않습니다. 호환되지 않는 타입의 텐서로 연산을 실행하면 예외가 발생합니다. 예를 들어 실수 텐서와 정수 텐서를 더할 수 없습니다. 32비트 실수와 64비트 실수도 더할 수 없습니다.

```
>>> tf.constant(2.) + tf.constant(40)
[...] InvalidArgumentError: [...] expected to be a float tensor [...]
>>> tf.constant(2.) + tf.constant(40., dtype=tf.float64)
[...] InvalidArgumentError: [...] expected to be a float tensor [...]
```

처음엔 불편해보이지만 여기에는 그럴 만한 이유가 있다는 것을 기억해주세요! 물론 진짜 타입 변환이 필요할 때는 `tf.cast()` 함수를 사용할 수 있습니다.

```
>>> t2 = tf.constant(40., dtype=tf.float64)
>>> tf.constant(2.0) + tf.cast(t2, tf.float32)
<tf.Tensor: id=136, shape=(), dtype=float32, numpy=42.0>
```

12.2.4 변수

지금까지 살펴본 `tf.Tensor`는 변경이 불가능한 객체입니다. 즉, 텐서의 내용을 바꿀 수 없습니다. 따라서 일반적인 텐서로는 역전파로 변경되어야 하는 신경망의 가중치를 구현할 수 없습니다. 또한 시간에 따라 변경되어야 하는 파라미터도 있습니다(예 모멘텀 옵티마이저는 과거 그레이디언트를 계속 업데이트해야 합니다). 이것이 `tf.Variable`이 필요한 이유입니다.

```
>>> v = tf.Variable([[1., 2., 3.], [4., 5., 6.]])
>>> v
<tf.Variable 'Variable:0' shape=(2, 3) dtype=float32, numpy=
array([[1., 2., 3.],
       [4., 5., 6.]], dtype=float32)>
```

`tf.Variable`은 `tf.Tensor`와 비슷하게 작동합니다. 동일한 연산을 수행할 수 있고 넘파이와도 잘 호환됩니다. 까다로운 데이터 타입도 마찬가지입니다. 하지만 `assign()` 메서드를 사용하여 변숫값을 바꿀 수 있습니다(`assign_add()`나 `assign_sub()` 메서드를 사용하면 주어진 값만큼 변수를 증가 혹은 감소시킬 수 있습니다). 또한 원소(또는 슬라이스[slice])의 `assign()` 메서드나 `scatter_update()`, `scatter_nd_update()` 메서드를 사용하여 개별 원소(또는 슬라이스)를 수정할 수도 있습니다.[7]

```
v.assign(2 * v)         # v는 이제 [[2., 4., 6.], [8., 10., 12.]]입니다.
v[0, 1].assign(42)      # v는 이제 [[2., 42., 6.], [8., 10., 12.]]입니다.
v[:, 2].assign([0., 1.]) # v는 이제 [[2., 42., 0.], [8., 10., 1.]]입니다.
```

---

7 옮긴이_ `tf.Variable`은 `tf.Tensor`를 사용하여 값을 저장하며 변수의 값을 증가시키거나 원소의 값을 바꾸면 새로운 텐서가 만들어집니다.

```
v.scatter_nd_update(       # v는 이제 [[100., 42., 0.], [8., 10., 200.]]입니다.
    indices=[[0, 0], [1, 2]], updates=[100., 200.])
```

직접 수정은 안 됩니다.

```
>>> v[1] = [7., 8., 9.]
[...] TypeError: 'ResourceVariable' object does not support item assignment
```

> **✏ NOTE** 앞으로 살펴보겠지만 케라스는 add_weight() 메서드로 변수 생성을 대신 처리해주기 때문에
> 실전에서 변수를 직접 만드는 일은 매우 드뭅니다. 또한 모델 파라미터는 일반적으로 옵티마이저가 업데이트
> 하므로 수동으로 변수를 업데이트하는 일은 매우 드뭅니다.

12.2.5 다른 데이터 구조

텐서플로는 다음과 같은 데이터 구조도 지원합니다(더 자세한 내용은 주피터 노트북의 '다른
데이터 구조' 섹션과 〈부록 C〉를 참고하세요).

- **희소 텐서**(tf.SparseTensor)
  대부분 0으로 채워진 텐서를 효율적으로 나타냅니다. tf.sparse 패키지는 희소 텐서를 위한 연산을 제공
  합니다.

- **텐서 배열**(tf.TensorArray)
  텐서의 리스트입니다. 기본적으로 고정된 길이를 가지지만 동적으로 바꿀 수 있습니다. 리스트에 포함된
  모든 텐서는 크기와 데이터 타입이 동일해야 합니다.

- **래그드 텐서**(tf.RaggedTensor)
  래그드 텐서ragged tensor는 리스트를 나타냅니다. 모든 텐서는 랭크와 데이터 타입이 같아야 하지만 크기
  는 다를 수 있습니다. 텐서의 크기가 달라지는 차원을 래그드 차원이라고 부릅니다. tf.ragged 패키지는
  래그드 텐서를 위한 연산을 제공합니다.

- **문자열 텐서**
  tf.string 타입의 텐서입니다. 유니코드Unicode가 아니라 바이트 문자열을 나타냅니다. 유니코드 문자
  열(◉ "café"와 같은 일반적인 파이썬 3 문자열)을 사용해 문자열 텐서를 만들면 자동으로 UTF-8로
  인코딩됩니다(◉ b"caf\xc3\xa9"). 또는 유니코드 코드 포인트code point를 나타내는 tf.int32 텐서
  를 사용해 유니코드 문자열을 표현할 수 있습니다(◉ [99, 97, 102, 233]). tf.strings 패키지(끝에 s
  를 주의하세요)는 바이트 문자열, 유니코드 문자열과 이런 텐서 사이의 변환을 위한 연산을 제공합니다.
  tf.string은 기본 데이터 타입이기 때문에 문자열의 길이가 텐서 크기에 나타나지 않습니다. 유니코드

텐서(즉, 유니코드 코드 포인트를 가진 tf.int32 텐서)로 바꾸면 문자열 길이가 텐서 크기에 표현됩니다.

- **집합**

  집합은 일반적인 텐서(또는 희소 텐서)로 나타냅니다. 예를 들면 tf.constant([[1, 2], [3, 4]])는 두 개의 집합 {1, 2}와 {3, 4}를 나타냅니다. 일반적으로 각 집합은 텐서의 마지막 축에 있는 벡터에 의해 표현됩니다. tf.sets 패키지의 연산을 사용해 집합을 다룰 수 있습니다.

- **큐**

  큐는 단계별로 텐서를 저장합니다. 텐서플로는 여러 종류의 큐를 제공합니다. 간단한 FIFO[first in, first out] 큐 (FIFOQueue), 어떤 원소에 우선권을 주는 큐(PriorityQueue), 원소를 섞는 큐(RandomShuffleQueue), 패딩을 추가하여 크기가 다른 원소의 배치를 만드는 큐(PaddingFIFOQueue) 등이 있습니다. 이 클래스들은 tf.queue 패키지에 포함되어 있습니다.

지금까지 텐서, 연산, 변수, 다양한 데이터 구조를 알아보았습니다. 이제 모델과 훈련 알고리즘을 커스터마이징할 준비를 마쳤습니다!

12.3 사용자 정의 모델과 훈련 알고리즘

가장 간단하고 많이 사용하는 사용자 정의 손실 함수를 만들어봅시다.

12.3.1 사용자 정의 손실 함수

회귀 모델을 훈련하는 데 훈련 세트에 잡음 데이터가 조금 있다고 가정해봅시다. 물론 이상치를 제거하거나 고쳐서 데이터셋을 수정해볼 수 있지만, 비효율적이며 잡음 데이터는 여전히 남아 있을 것입니다. 이럴 때 어떤 손실 함수를 사용해야 할까요? 평균 제곱 오차는 큰 오차에 너무 과한 벌칙을 가하기 때문에 정확하지 않은 모델이 만들어질 것입니다. 평균 절댓값 오차는 이상치에 관대해서 훈련이 수렴되기까지 시간이 걸립니다. 그리고 모델이 정밀하게 훈련되지 않을 것입니다. 이런 경우 평균 제곱 오차 대신 후버 손실(10장 참고)을 사용하면 좋습니다. 후버 손실은 케라스에 포함되어 있지만(tf.keras.losses.Huber 클래스를 사용하면 됩니다) 없다고 생각하고 구현해보겠습니다. 이를 구현하려면 레이블과 모델의 예측을 매개변수로 받는 함수를 만들고 텐서플로 연산을 사용해 (각 샘플의) 손실을 모두 담은 텐서를 계산하면 됩니다.

```
def huber_fn(y_true, y_pred):
    error = y_true - y_pred
    is_small_error = tf.abs(error) < 1
    squared_loss = tf.square(error) / 2
    linear_loss = tf.abs(error) - 0.5
    return tf.where(is_small_error, squared_loss, linear_loss)
```

> **CAUTION** 성능을 생각한다면 이 예시처럼 벡터화하여 구현해야 합니다. 또한 텐서플로 그래프 최적화의 장점을 활용하려면 텐서플로 연산만 사용해야 합니다.

개별 샘플 손실 대신 평균 손실을 반환할 수도 있지만, 이렇게 하면 필요할 때 클래스 가중치나 샘플 가중치를 적용할 수 없으므로 추천하지 않습니다(10장 참고).

이제 이 후버 손실을 사용해 케라스 모델의 컴파일 메서드를 호출하고 모델을 훈련할 수 있습니다.

```
model.compile(loss=huber_fn, optimizer="nadam")
model.fit(X_train, y_train, [...])
```

이게 끝입니다! 훈련하는 동안 배치마다 케라스는 huber_fn() 함수를 호출하여 손실을 계산하고 후진 모드 자동 미분을 사용해 모든 모델 파라미터에 대한 손실의 그레이디언트를 계산합니다. 그다음 (이 경우 Nadam 옵티마이저를 사용해) 경사 하강법 단계를 수행합니다. 또한 에포크 시작부터 전체 손실을 기록하여 평균 손실을 출력합니다.

하지만 모델을 저장할 때 사용자 정의 손실 때문에 문제가 생기진 않을까요?

12.3.2 사용자 정의 요소를 가진 모델을 저장하고 로드하기

사용자 정의 손실 함수를 사용하는 모델을 저장하는 데는 아무런 문제가 없습니다. 하지만 모델을 로드load할 때는 함수 이름과 실제 함수를 매핑한 딕셔너리를 전달해야 합니다. 좀 더 일반적으로 사용자 정의 객체를 포함한 모델을 로드할 때는 그 이름과 객체를 매핑해야 합니다.

```
model = tf.keras.models.load_model("my_model_with_a_custom_loss",
                                   custom_objects={"huber_fn": huber_fn})
```

TIP huber_fn() 함수에 @keras.utils.register_keras_serializable() 데코레이터를 추가하면 자동으로 load_model()에서 사용할 수 있습니다. 즉, custom_objects 딕셔너리에 이를 추가할 필요가 없습니다.

앞서 구현한 함수는 −1과 1 사이의 오차는 작은 것으로 간주합니다. 다른 기준이 필요할 때는 어떻게 해야 할까요? 한 가지 방법은 매개변수를 받을 수 있는 함수를 만드는 것입니다.

```
def create_huber(threshold=1.0):
    def huber_fn(y_true, y_pred):
        error = y_true - y_pred
        is_small_error = tf.abs(error) < threshold
        squared_loss = tf.square(error) / 2
        linear_loss = threshold * tf.abs(error) - threshold ** 2 / 2
        return tf.where(is_small_error, squared_loss, linear_loss)
    return huber_fn

model.compile(loss=create_huber(2.0), optimizer="nadam")
```

안타깝지만 모델을 저장할 때 이 threshold 값은 저장되지 않습니다. 따라서 모델을 로드할 때 threshold 값을 지정해야 합니다(새로 정의한 함수 이름이 아니라 저장한 케라스 모델에 사용했던 함수 이름인 "huber_fn"을 사용합니다).

```
model = tf.keras.models.load_model(
    "my_model_with_a_custom_loss_threshold_2",
    custom_objects={"huber_fn": create_huber(2.0)}
)
```

이 문제는 tf.keras.losses.Loss 클래스를 상속하고 get_config() 메서드를 구현하여 해결할 수 있습니다.

```
class HuberLoss(tf.keras.losses.Loss):
    def __init__(self, threshold=1.0, **kwargs):       ❶
        self.threshold = threshold
        super().__init__(**kwargs)
```

```
    def call(self, y_true, y_pred):  ❷
        error = y_true - y_pred
        is_small_error = tf.abs(error) < self.threshold
        squared_loss = tf.square(error) / 2
        linear_loss = self.threshold * tf.abs(error) - self.threshold**2 / 2
        return tf.where(is_small_error, squared_loss, linear_loss)

    def get_config(self):  ❸
        base_config = super().get_config()
        return {**base_config, "threshold": self.threshold}
```

이 코드를 하나씩 살펴봅시다.

❶ 생성자는 기본적인 하이퍼파라미터를 **kwargs로 받은 매개변수 값을 부모 클래스의 생성자에게 전달합니다. 손실 함수의 name과 개별 샘플의 손실을 모으기 위해 사용할 reduction 알고리즘입니다. 기본값은 "AUTO"이며 "SUM_OVER_BATCH_SIZE"에 해당합니다. 샘플 손실에 가중치를 곱하여 더하고 배치 크기로 나눕니다(가중치 합으로 나누지 않으므로 이 손실은 가중치 평균이 아닙니다[8]). 샘플 가중치가 없다면 1.0으로 간주합니다. 다른 값으로는 "SUM"과 "NONE"이 있습니다.[9]

❷ call() 메서드는 레이블과 예측을 받고 모든 샘플의 손실을 계산하여 반환합니다.

❸ get_config() 메서드는 하이퍼파라미터 이름과 같이 매핑된 딕셔너리를 반환합니다. 먼저 부모 클래스의 get_config() 메서드를 호출하고 그다음 반환된 딕셔너리에 새로운 하이퍼파라미터를 추가합니다.[10]

그런 다음 모델을 컴파일할 때 이 클래스의 인스턴스를 사용할 수 있습니다.

```
model.compile(loss=HuberLoss(2.), optimizer="nadam")
```

이 모델을 저장할 때 임곗값도 함께 저장됩니다. 모델을 로드할 때 클래스 이름과 클래스 자체를 매핑해주어야 합니다.

---

8   가중치 평균을 사용하는 것이 바람직하지 않기 때문입니다. 만약 그렇게 한다면 같은 가중치를 가지지만 다른 배치에 있는 두 샘플의 경우 배치의 전체 가중치 합에 따라 훈련에 미치는 영향이 달라집니다.

9   옮긴이_ "SUM"은 손실에 가중치를 곱하여 더한 값을 반환합니다. "NONE"은 손실에 가중치를 곱한 배열을 반환합니다.

10 파이썬 3.5에서 {**x, [...]} 문법이 추가되어 딕셔너리 x의 모든 키/값 쌍을 다른 딕셔너리로 병합할 수 있습니다. 파이썬 3.9부터는 이보다 더 멋진 x | y 문법을 사용할 수 있습니다(여기서 x와 y는 딕셔너리입니다).
    옮긴이_ 파이썬 3.5에서 반복 가능한 객체의 언패킹(unpacking) 연산자(*)와 딕셔너리 언패킹 연산자(**)가 추가되었습니다. 대표적으로 객체를 언패킹하여 원소를 추가하고 다시 리스트나 딕셔너리를 만들 때와 매개변수가 여러 개인 함수에 한 번에 값을 전달하고 싶을 때 사용됩니다. 특히 딕셔너리 언패킹을 사용하면 함수의 키워드 매개변수를 편리하게 전달할 수 있습니다. 예를 들면 param = {'a': 1, 'b': 2}; func(**param)은 func(a=1, b=2)와 같습니다.

```
model = tf.keras.models.load_model("my_model_with_a_custom_loss_class",
                                   custom_objects={"HuberLoss": HuberLoss})
```

모델을 저장할 때 케라스는 손실 객체의 get_config() 메서드를 호출하여 반환된 설정을 HDF5 파일에 JSON 형태로 저장합니다. 모델을 로드하면 HuberLoss 클래스의 from_config() 클래스 메서드를 호출합니다. 이 메서드는 기본 손실 클래스(Loss)에 구현되어 있고 생성자에게 **config 매개변수를 전달해 클래스의 인스턴스를 만듭니다.

지금까지 사용자 정의 손실 함수를 만드는 살펴보았습니다. 활성화 함수, 초기화, 규제를 커스터마이징하는 것도 크게 다르지 않습니다.

12.3.3 활성화 함수, 초기화, 규제, 제한을 커스터마이징하기

손실, 규제, 제한, 초기화, 지표, 활성화 함수, 층, 모델과 같은 대부분의 케라스 기능은 유사한 방법으로 커스터마이징할 수 있습니다. 대부분의 경우 적절한 입력과 출력을 가진 간단한 함수를 작성하면 됩니다. 다음은 사용자 정의 활성화 함수(tf.keras.activations.softplus()나 tf.nn.softplus()와 동일), 사용자 정의 글로럿 초기화(tf.keras.initializers.glorot_normal()과 동일), 사용자 정의 ℓ_1 규제(tf.keras.regularizers.l1(0.01)과 동일), 양수인 가중치만 남기는 사용자 정의 제한(tf.keras.constraints.nonneg()나 tf.nn.relu()와 동일)에 대한 예입니다.

```
def my_softplus(z):
    return tf.math.log(1.0 + tf.exp(z))

def my_glorot_initializer(shape, dtype=tf.float32):
    stddev = tf.sqrt(2. / (shape[0] + shape[1]))
    return tf.random.normal(shape, stddev=stddev, dtype=dtype)

def my_l1_regularizer(weights):
    return tf.reduce_sum(tf.abs(0.01 * weights))

def my_positive_weights(weights):    # tf.nn.relu(weights)와 반환값이 같습니다.
    return tf.where(weights < 0., tf.zeros_like(weights), weights)
```

여기서 볼 수 있듯이 매개변수는 사용자 정의하려는 함수의 종류에 따라 다릅니다. 만들어진 사용자 정의 함수는 보통의 함수와 동일하게 사용할 수 있습니다. 예를 들면 다음과 같습니다.

```
layer = tf.keras.layers.Dense(1, activation=my_softplus,
                              kernel_initializer=my_glorot_initializer,
                              kernel_regularizer=my_l1_regularizer,
                              kernel_constraint=my_positive_weights)
```

이 활성화 함수는 Dense 층의 출력에 적용되고 다음 층에 그 결과가 전달됩니다. 층의 가중치는 초기화 함수에서 반환된 값으로 초기화됩니다. 훈련 스텝마다 가중치가 규제 함수에 전달되어 규제 손실을 계산하고 전체 손실에 추가되어 훈련을 위한 최종 손실을 만듭니다. 마지막으로 제한 함수가 훈련 스텝마다 호출되어 층의 가중치를 제한한 가중치 값으로 바뀝니다.

함수가 모델과 함께 저장해야 할 하이퍼파라미터를 가지고 있다면 tf.keras.regularizers. Regularizer, tf.keras.constraints.Constraint, tf.keras.initializers.Initializer, (활성화 함수를 포함하여 층을 상속하려면) tf.keras.layers.Layer와 같이 적절한 클래스를 상속합니다. 다음은 사용자 정의 손실을 만들었던 것처럼 factor 하이퍼파라미터를 저장하는 ℓ_1 규제를 위한 간단한 클래스의 예입니다(이 경우에는 부모 클래스에 생성자와 get_config() 메서드가 정의되어 있지 않기 때문에 호출할 필요가 없습니다[11]).

```
class MyL1Regularizer(tf.keras.regularizers.Regularizer):
    def __init__(self, factor):
        self.factor = factor

    def __call__(self, weights):
        return tf.reduce_sum(tf.abs(self.factor * weights))

    def get_config(self):
        return {"factor": self.factor}
```

손실, (활성화 함수를 포함하여) 층, 모델의 경우 call() 메서드를 구현해야 합니다. 규제, 초기화, 제한의 경우에는 __call__() 메서드를 구현해야 합니다. 지표의 경우 조금 다르므로 다

---

11 옮긴이_ 만약 Regularizer 클래스를 상속한 다른 규제 클래스(예 L1L2)를 상속하여 사용자 정의 규제를 만든다면 앞서 HuberLoss를 만들었던 것처럼 부모의 생성자와 get_config() 메서드를 호출해야 합니다.

음 절에서 따로 살펴봅니다.

12.3.4 사용자 정의 지표

손실과 지표는 개념적으로 유사하지만 차이가 있습니다. 손실(⑩ 크로스 엔트로피)은 모델을 훈련하기 위해 경사 하강법에서 사용되므로 (적어도 평가할 지점에서는) 미분 가능해야 하고 그레이디언트가 모든 곳에서 0이 아니어야 합니다. 사람이 쉽게 이해할 수 없어도 괜찮습니다. 반대로 지표(⑩ 정확도)는 모델을 평가할 때 사용됩니다. 지표는 훨씬 이해하기 쉬워야 합니다. 미분이 가능하지 않거나 모든 곳에서 그레이디언트가 0이어도 괜찮습니다.

그렇지만 대부분의 경우 사용자 지표 함수를 만드는 것은 사용자 손실 함수를 만드는 것과 동일합니다. 실제로 앞서 만든 후버 손실 함수는 지표로 사용해도 잘 작동합니다(모델을 저장할 때도 동일하게 함수의 이름 "huber_fn"만 저장됩니다. threshold는 저장하지 않아도 됩니다).[12]

```
model.compile(loss="mse", optimizer="nadam", metrics=[create_huber(2.0)])
```

훈련하는 동안 각 배치에 대해 케라스는 지표를 계산하고 에포크가 시작할 때부터 평균을 기록합니다. 이 방식이 대부분의 요구 사항에 맞습니다. 하지만 항상 그렇지는 않습니다! 예를 들어 이진 분류기의 정밀도를 생각해보죠. 3장에서 보았듯이 정밀도는 진짜 양성 개수를 (진짜 양성과 거짓 양성을 더한) 양성 예측 개수로 나눈 값입니다. 모델이 첫 번째 배치에서 5개의 양성 예측을 만들고 그중에 4개가 맞았다면 정밀도는 80%입니다. 그다음 두 번째 배치에서 3개의 양성 예측을 만들었는데 모두 틀렸습니다. 두 번째 배치의 정밀도는 0%입니다. 두 정밀도를 평균하면 40%를 얻습니다. 하지만 이 값은 두 배치에 대한 모델의 진짜 정밀도가 아닙니다. 두 배치를 합해서 보면 8개의 양성 예측(5+3) 중에 4개가 진짜 양성(4+0)이므로 전체 정밀도는 40%가 아니라 50%입니다. 따라서 진짜 양성 개수와 거짓 양성 개수를 기록하고 필요할 때 정밀도를 계산할 수 있는 객체가 필요합니다. tf.keras.metrics.Precision 클래스가 하는 일이 바로 이것입니다.

---

12 하지만 후버 손실은 지표로는 잘 사용되지 않습니다(평균 절댓값 오차나 평균 제곱 오차를 많이 사용합니다).

```
>>> precision = tf.keras.metrics.Precision()
>>> precision([0, 1, 1, 1, 0, 1, 0, 1], [1, 1, 0, 1, 0, 1, 0, 1])
<tf.Tensor: shape=(), dtype=float32, numpy=0.8>
>>> precision([0, 1, 0, 0, 1, 0, 1, 1], [1, 0, 1, 1, 0, 0, 0, 0])
<tf.Tensor: shape=(), dtype=float32, numpy=0.5>
```

이 예에서 Precision 클래스 객체를 만들고 이를 함수처럼 사용하여 첫 번째 배치와 두 번째 배치의 레이블과 예측을 각각 첫 번째 매개변수와 두 번째 매개변수로 전달했습니다(필요하다면 샘플 가중치를 전달할 수도 있습니다).[13] 앞서 소개한 예와 동일한 개수의 진짜 양성과 거짓 양성을 사용했습니다. 첫 번째 배치를 처리한 후에 정밀도는 80%이고 두 번째 배치를 처리한 후에 정밀도는 50%입니다(두 번째 배치의 정밀도가 아니라 지금까지 전체 정밀도를 계산합니다). 배치마다 점진적으로 업데이트되기 때문에 이를 **스트리밍 지표**streaming metric(또는 **상태가 있는 지표**stateful metric)라고 부릅니다.

이 지점에서 result() 메서드를 호출하여 현재 지표 값을 얻을 수 있습니다. 또 variables 속성을 사용하여 (진짜 양성과 거짓 양성을 기록한) 변수를 확인할 수도 있습니다. 그리고 reset_states() 메서드를 사용해 이 변수를 초기화할 수 있습니다.

```
>>> precision.result()
<tf.Tensor: shape=(), dtype=float32, numpy=0.5>
>>> precision.variables
[<tf.Variable 'true_positives:0' [...], numpy=array([4.], dtype=float32)>,
 <tf.Variable 'false_positives:0' [...], numpy=array([4.], dtype=float32)>]
>>> precision.reset_states()    # 두 변수가 0.0으로 초기화됩니다.
```

만약 사용자 정의 스트리밍 지표를 만들고 싶다면 tf.keras.metrics.Metric 클래스를 상속합니다. 다음 예는 전체 후버 손실과 지금까지 처리한 샘플 수를 기록하는 클래스입니다. 결괏값을 요청하면 평균 후버 손실이 반환됩니다.

```
class HuberMetric(tf.keras.metrics.Metric):
    def __init__(self, threshold=1.0, **kwargs):  ❶
        super().__init__(**kwargs) # 기본 매개변수 처리(예: dtype)
        self.threshold = threshold
        self.huber_fn = create_huber(threshold)
```

---

13 옮긴이_ Metric 클래스를 상속하는 모든 지표는 sample_weight 매개변수를 지원합니다.

```
            self.total = self.add_weight("total", initializer="zeros")
            self.count = self.add_weight("count", initializer="zeros")

        def update_state(self, y_true, y_pred, sample_weight=None):   ❷
            sample_metrics = self.huber_fn(y_true, y_pred)
            self.total.assign_add(tf.reduce_sum(sample_metrics))
            self.count.assign_add(tf.cast(tf.size(y_true), tf.float32))

        def result(self):   ❸
            return self.total / self.count

        def get_config(self):   ❹
            base_config = super().get_config()
            return {**base_config, "threshold": self.threshold}
```

이 코드를 하나씩 살펴봅시다.[14]

❶ 생성자는 add_weight() 메서드를 사용해 여러 배치에 걸쳐 지표의 상태를 기록하기 위한 변수를 만듭니다. 이 예에서는 후버 손실의 합(total)과 지금까지 처리한 샘플 수(count)를 기록합니다. 원한다면 수동으로 변수를 만들 수 있습니다. 케라스는 속성으로 만들어진 모든 tf.Variable을(그리고 조금 더 일반적으로 층이나 모델처럼 모든 추적이 가능한 객체를) 관리합니다.

❷ update_state() 메서드는 이 클래스를 함수처럼 사용할 때 호출됩니다(Precision 객체에서 했던 것처럼). 배치의 레이블과 예측을 (그리고 이 예에는 없지만 샘플 가중치를) 바탕으로 변수를 업데이트합니다.

❸ result() 메서드는 최종 결과를 계산하고 반환합니다. 이 예에서는 모든 샘플에 대한 평균 후버 손실값입니다. 이 지표 클래스를 함수처럼 사용하면 먼저 update_state() 메서드가 호출되고 그다음 result() 메서드가 호출되어 출력이 반환됩니다.

❹ get_config() 메서드를 구현하여 threshold 변수를 모델과 함께 저장합니다.

• (이전 페이지 두 번째 코드 블록의) reset_status() 메서드는 기본적으로 모든 변수를 0.0으로 초기화합니다(필요하면 이 함수를 오버라이딩할 수 있습니다).

> **✎ NOTE** 케라스가 빈틈없이 변수의 지속성을 관리하므로 여러분이 따로 해야 할 일이 없습니다.

지표를 간단한 함수로 정의하면 앞서 우리가 수동으로 했던 것처럼 케라스가 배치마다 자동으로 이 함수를 호출하고 에포크 동안 평균을 기록합니다. 따라서 HuberMetric 클래스를 정의하는 것의 유일한 이점은 threshold를 저장한다는 것입니다. 물론 정밀도와 같이 어떤 지표는

---

14 이 클래스는 예시를 위해 만든 것입니다. tf.keras.metrics.Mean 클래스를 상속하는 것이 간단하고 더 좋은 구현입니다. 이 장의 주피터 노트북에서 '스트리밍 지표' 섹션에 있는 예제를 참고하세요.

배치에 걸쳐 단순히 평균을 낼 수 없습니다. 이런 경우에는 스트리밍 지표를 구현하는 것 외에는 다른 방법이 없습니다.

스트리밍 지표를 만들어보았으니 사용자 정의 층을 만드는 것은 아주 쉽게 이해할 수 있습니다.

12.3.5 사용자 정의 층

이따금 텐서플로에는 없는 특이한 층을 가진 네트워크를 만들어야 할 때가 있습니다. 또는 동일한 층 블록이 여러 번 반복되는 네트워크를 만들 경우 각각의 블록을 하나의 층으로 다루는 것이 편리합니다. 이런 경우 사용자 정의 층을 만듭니다.

`tf.keras.layers.Flatten`이나 `tf.keras.layers.ReLU`와 같이 가중치가 없는 층이 있습니다. 가중치가 필요 없는 사용자 정의 층을 만드는 가장 간단한 방법은 파이썬 함수를 만든 후 `tf.keras.layers.Lambda` 층으로 감싸는 것입니다. 다음은 입력에 지수 함수를 적용하는 층입니다.

```
exponential_layer = tf.keras.layers.Lambda(lambda x: tf.exp(x))
```

이 사용자 정의 층을 시퀀셜 API나 함수형 API, 서브클래싱 API에서 보통의 층과 동일하게 사용할 수 있습니다. 또는 활성화 함수로 사용하거나 `activation=tf.exp`와 같이 지정할 수도 있습니다. 지수 함수는 이따금 회귀 모델에서 예측값의 스케일이 매우 다를 때 출력 층에 사용됩니다(⑩ 0.001, 10, 1,000). 사실 지수 함수는 표준 활성화 함수입니다. 따라서 간단히 `activation="exponential"`과 같이 쓸 수 있습니다.

아마 예상했겠지만 상태가 있는 층(가중치를 가진 층)을 만들려면 `tf.keras.layers.Layer`를 상속해야 합니다. 예를 들면 다음 클래스는 Dense 층의 간소화 버전을 구현한 것입니다.

```
class MyDense(tf.keras.layers.Layer):
    def __init__(self, units, activation=None, **kwargs):    ❶
        super().__init__(**kwargs)
        self.units = units
        self.activation = tf.keras.activations.get(activation)

    def build(self, batch_input_shape):    ❷
```

```
        self.kernel = self.add_weight(
            name="kernel", shape=[batch_input_shape[-1], self.units],
            initializer="glorot_normal")
        self.bias = self.add_weight(
            name="bias", shape=[self.units], initializer="zeros")

    def call(self, X):  ❸
        return self.activation(X @ self.kernel + self.bias)

    def get_config(self):  ❹
        base_config = super().get_config()
        return {**base_config, "units": self.units,
                "activation": tf.keras.activations.serialize(self.activation)}
```

이 코드를 하나씩 살펴봅시다.

❶ 생성자는 모든 하이퍼파라미터를 매개변수로 받습니다(여기에서는 units와 activation). **kwargs 매개변수를 추가하는 것도 중요합니다. 부모 생성자를 호출하면서 kwargs를 전달합니다. 이를 통해 input_shape, trainable, name과 같은 기본 매개변수들을 처리할 수 있습니다. 그다음 하이퍼파라미터를 속성으로 저장하고 activation 매개변수를 tf.keras.activations.get() 함수(이 함수는 함수 객체나 "relu", "swish", None과 같은 문자열을 받습니다)를 사용해 적절한 활성화 함수로 바꿉니다.

❷ build() 메서드의 역할은 가중치마다 add_weight() 메서드를 호출하여 층의 변수를 만드는 것입니다. build() 메서드는 층이 처음 사용될 때 호출됩니다. 이 시점이 되면 케라스가 층의 입력 크기를 알고 있을 것이므로 build() 메서드의 입력으로 크기를 전달합니다.[15] 가중치를 만들 때 크기가 꼭 필요한 경우가 종종 있습니다. 예를 들어 연결 가중치(즉, "kernel")를 만들려면 이전 층의 뉴런 개수를 알아야 합니다. 이 크기는 입력의 마지막 차원 크기에 해당합니다. 반드시 build() 메서드 끝에서 부모의 build() 메서드를 호출해야 합니다. 이렇게 하면 층이 만들어졌다는 것을 케라스가 인식합니다(self.built=True로 설정됩니다).

❸ call() 메서드는 이 층에 필요한 연산을 수행합니다. 이 경우 입력 X와 층의 커널을 행렬 곱셈하고 편향을 더합니다. 그다음 결과에 활성화 함수를 적용합니다. 이 값이 층의 출력입니다.

❹ get_config() 메서드는 앞서 보았던 것과 같습니다. tf.keras.activations.serialize()를 사용하여 활성화 함수의 전체 설정을 저장합니다.

이제 **MyDense** 층을 다른 층과 동일하게 사용할 수 있습니다!

----

15 케라스 API에서는 이 매개변수를 input_shape으로 부릅니다. 하지만 여기에는 배치 차원이 포함되어 있기 때문에 batch_input_shape으로 부르는 것이 더 낫다고 생각합니다.

여러 가지 입력을 받는 (예 Concatenate 층과 같은) 층을 만들려면 call() 메서드에 모든 입력이 포함된 튜플을 매개변수 값으로 전달해야 합니다. 여러 출력을 가진 층을 만들려면 call() 메서드가 출력의 리스트를 반환해야 합니다. 예를 들어 다음 예는 두 개의 입력과 세 개의 출력을 만드는 층입니다.

```
class MyMultiLayer(tf.keras.layers.Layer):
    def call(self, X):
        X1, X2 = X
        return X1 + X2, X1 * X2, X1 / X2
```

이제 이 층은 다른 일반적인 층처럼 사용할 수 있습니다. 하지만 함수형 API와 서브클래싱 API에만 사용할 수 있습니다. (하나의 입력과 하나의 출력을 가진 층만 사용하는) 시퀀셜 API에는 사용할 수 없습니다.

훈련과 테스트에서 다르게 작동하는 층이 필요하다면(예를 들어 Dropout이나 Batch Normalization을 사용하는 층이라면) call() 메서드에 training 매개변수를 추가하여 훈련인지 테스트인지를 결정해야 합니다. 훈련하는 동안 (규제 목적으로) 가우스 잡음을 추가하고 테스트 시에는 아무것도 하지 않는 층을 만들어봅시다(케라스에는 이와 동일한 작업을 하는 tf.keras.layers.GaussianNoise 층이 있습니다).

```
class MyGaussianNoise(tf.keras.layers.Layer):
    def __init__(self, stddev, **kwargs):
        super().__init__(**kwargs)
        self.stddev = stddev

    def call(self, X, training=False):
        if training:
            noise = tf.random.normal(tf.shape(X), stddev=self.stddev)
            return X + noise
        else:
            return X
```

이제 필요한 사용자 정의 층을 만들 수 있습니다! 이어서 사용자 정의 모델을 만드는 방법을 알아봅시다.

12.3.6 사용자 정의 모델

10장에서 서브클래싱 API를 설명할 때 어떻게 사용자 정의 모델 클래스를 만드는지 알아보았습니다.[16] 방법은 간단합니다. `tf.keras.Model` 클래스를 상속하여 생성자에서 층과 변수를 만들고, 모델이 해야 할 작업을 `call()` 메서드에 구현합니다. 예를 들어 [그림 12-3]과 같은 모델을 만들어야 한다고 가정해봅시다.

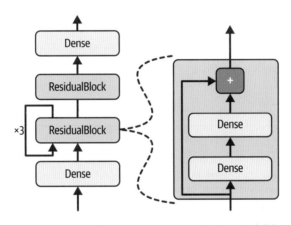

그림 12-3 사용자 정의 모델: 스킵 연결이 있는 사용자 정의 잔차 블록(ResidualBlock) 층을 가진 예제 모델

입력이 첫 번째 완전 연결 층을 통과하여 두 개의 완전 연결 층과 스킵 연결로 구성된 **잔차 블록**residual block으로 전달됩니다(14장에서 보겠지만 잔차 블록은 출력에 입력을 더합니다). 그다음 동일한 잔차 블록에 세 번 더 통과시킵니다. 그리고 두 번째 잔차 블록을 지나 마지막 출력이 완전 연결된 출력 층에 전달됩니다. 이 모델이 별 의미가 없더라도 걱정하지 마세요. 필요에 따라 반복문이나 스킵 연결이 있는 모델도 쉽게 만들 수 있다는 것을 보이기 위한 예시일 뿐입니다. 이 모델을 구현하려면 동일한 블록을 여러 개 만들어야 하므로(또한 다른 모델에 재사용하기 위해) 먼저 `ResidualBlock` 층을 만들어봅시다.

---

16 일반적으로 케라스에서 '서브클래싱 API'라는 이름은 클래스 상속을 통해 사용자 정의 모델을 만드는 것만을 의미합니다. 하지만 이 장에서 보았듯이 모델 외에도 많은 것을 상속을 통해 만들 수 있습니다.

```
class ResidualBlock(tf.keras.layers.Layer):
    def __init__(self, n_layers, n_neurons, **kwargs):
        super().__init__(**kwargs)
        self.hidden = [tf.keras.layers.Dense(n_neurons, activation="relu",
                                             kernel_initializer="he_normal")
                       for _ in range(n_layers)]

    def call(self, inputs):
        Z = inputs
        for layer in self.hidden:
            Z = layer(Z)
        return inputs + Z
```

이 층은 다른 층을 포함하고 있기 때문에 조금 특별합니다. 케라스가 알아서 추적해야 할 객체 (여기서는 층)가 담긴 hidden 속성을 감지하고 필요한 변수를 자동으로 이 층의 변수 리스트에 추가합니다. 이 클래스의 나머지는 그 자체로 이해할 수 있습니다. 그다음 서브클래싱 API를 사용해 이 모델을 정의해봅시다.

```
class ResidualRegressor(tf.keras.Model):
    def __init__(self, output_dim, **kwargs):
        super().__init__(**kwargs)
        self.hidden1 = tf.keras.layers.Dense(30, activation="relu",
                                             kernel_initializer="he_normal")
        self.block1 = ResidualBlock(2, 30)
        self.block2 = ResidualBlock(2, 30)
        self.out = tf.keras.layers.Dense(output_dim)

    def call(self, inputs):
        Z = self.hidden1(inputs)
        for _ in range(1 + 3):
            Z = self.block1(Z)
        Z = self.block2(Z)
        return self.out(Z)
```

생성자에서 층을 만들고 call() 메서드에서 이를 사용합니다. 이 모델을 다른 일반 모델처럼 사용할 수 있습니다(컴파일, 평가, 예측에 사용합니다). save() 메서드를 사용해 모델을 저장하고 tf.keras.models.load_model() 함수를 사용해 저장된 모델을 로드하고 싶다면 ResidualBlock 클래스와 ResidualRegressor 클래스에 모두 (앞서 언급한) get_config()

메서드를 구현해야 합니다. 또한 save_weights()와 load_weights() 메서드를 사용해 가중치를 저장하고 로드할 수 있습니다.

Model 클래스는 Layer 클래스의 서브클래스이므로 모델을 층처럼 정의할 수 있습니다. 하지만 모델은 compile(), fit(), evaluate(), predict(), (그 외 특정 층에 필요한) 메서드와 같은 추가적인 기능이 있습니다. 또한 get_layers() 메서드와 save() 메서드가 있습니다 (tf.keras.models.load_model()과 tf.keras.models.clone_model()도 지원합니다).

> **TIP** 모델이 층보다 더 많은 기능을 제공한다면, 왜 모든 층을 모델처럼 정의하지 않을까요? 기술적으로는 가능하지만 일반적으로 모델 안의 내부 구성 요소(즉, 모델의 층이나 재사용 가능한 층의 블록)를 모델(훈련 대상 객체)과 구분하는 것이 당연합니다. 전자는 Layer 클래스를 상속해야 하고 후자는 Model 클래스를 상속해야 합니다.

이로써 시퀀셜 API, 함수형 API, 서브클래싱 API를 사용해 논문에 나오는 거의 모든 모델, 심지어는 이런 모델을 합성한 모델도 간결하게 만들 수 있습니다. 왜 '거의' 모든 모델이냐고요? 아직 살펴봐야 할 것이 더 있기 때문입니다. 첫째는 모델 내부 구조에 기반한 손실과 지표를 만드는 방법이고, 둘째는 사용자 정의 훈련 반복을 만드는 방법입니다.

12.3.7 모델 구성 요소에 기반한 손실과 지표

앞서 정의한 사용자 손실과 지표는 모두 레이블과 예측을 (그리고 선택적으로 샘플 가중치를) 기반으로 합니다. 하지만 은닉 층의 가중치나 활성화 함수 등과 같이 모델의 구성 요소에 기반한 손실을 정의해야 할 때도 있습니다. 이런 손실은 규제나 모델의 내부 상황을 모니터링할 때 유용합니다.

모델 구성 요소에 기반한 손실을 정의하고 계산하여 add_loss() 메서드에 그 결과를 전달합니다. 예를 들어 다섯 개의 은닉 층과 출력 층으로 구성된 회귀용 MLP 모델을 만들어봅시다. 이 모델은 맨 위의 은닉 층에 보조 출력을 가집니다. 이 보조 출력에 연결된 손실을 **재구성 손실**reconstruction loss(17장 참고)이라고 부르겠습니다. 즉, 재구성과 입력 사이의 평균 제곱 오차입니다. 재구성 손실을 주 손실에 더하여 회귀 작업에 직접적으로 도움이 되지 않는 정보일지라도 모델이 은닉 층을 통과하면서 가능한 한 많은 정보를 유지하도록 유도합니다. 사실 이런 손실이 이따금 일반화 성능을 향상시킵니다(규제 손실처럼 작동합니다). 또한 모델의 add_ metric() 메서드를 사용해 사용자 정의 지표를 추가할 수도 있습니다. 다음은 사용자 정의 재구성 손실과 이에 해당하는 사용자 정의 지표를 가지는 모델을 만드는 코드입니다.

```
class ReconstructingRegressor(tf.keras.Model):
    def __init__(self, output_dim, **kwargs):
        super().__init__(**kwargs)
        self.hidden = [tf.keras.layers.Dense(30, activation="relu",
                                             kernel_initializer="he_normal")
                       for _ in range(5)]                                       ❶
        self.out = tf.keras.layers.Dense(output_dim)
        self.reconstruction_mean = tf.keras.metrics.Mean(
            name="reconstruction_error")

    def build(self, batch_input_shape):
        n_inputs = batch_input_shape[-1]                                        ❷
        self.reconstruct = tf.keras.layers.Dense(n_inputs)

    def call(self, inputs, training=False):
        Z = inputs
        for layer in self.hidden:                                              ❸
            Z = layer(Z)
        reconstruction = self.reconstruct(Z)
        recon_loss = tf.reduce_mean(tf.square(reconstruction - inputs))        ❹
        self.add_loss(0.05 * recon_loss)
        if training:
            result = self.reconstruction_mean(recon_loss)                      ❺
            self.add_metric(result)
        return self.out(Z)              ❻
```

이 코드를 하나씩 살펴봅시다.

❶ 생성자가 다섯 개의 은닉 층과 하나의 출력 층으로 구성된 심층 신경망을 만듭니다. 훈련하는 동안 재구성 오차를 추적하기 위해 Mean 스트리밍 지표도 만듭니다.

❷ build() 메서드에서 완전 연결 층을 하나 더 추가하여 모델의 입력을 재구성하는 데 사용합니다. 이 완전 연결 층의 유닛 개수는 입력 개수와 같아야 합니다. 이런 재구성 층을 build() 메서드에서 만드는 이유는 이 메서드가 호출되기 전까지는 입력 개수를 알 수 없기 때문입니다.

❸ call() 메서드에서 입력이 다섯 개의 은닉 층에 모두 통과합니다. 그다음 결괏값을 재구성 층에 전달하여 재구성을 만듭니다.

❹ call() 메서드에서 재구성 손실(재구성과 입력 사이의 평균 제곱 오차)을 계산하고 add_loss() 메서드

를 사용해 모델의 손실 리스트에 추가합니다.[17] 재구성 손실이 주 손실을 압도하지 않도록 0.05(이 값은 하이퍼파라미터로 튜닝 대상입니다)를 곱하여 크기를 줄였습니다.

❺ 훈련 중에만 call() 메서드가 재구성 지표를 업데이트하고 화면에 출력되도록 모델에 추가합니다. 이 코드 예제는 실제로 간단히 self.add_metric(recon_loss)를 호출할 수 있습니다. 이렇게 하면 케라스가 자동으로 평균을 추적합니다.

❻ call() 메서드 마지막에서 은닉 층의 출력을 출력 층에 전달하여 얻은 출력값을 반환합니다.

훈련하는 동안 총 손실과 재구성 손실이 함께 계산됩니다.

```
Epoch 1/5
363/363 [========] - 1s 820us/step - loss: 0.7640 - reconstruction_error: 1.2728
Epoch 2/5
363/363 [========] - 0s 809us/step - loss: 0.4584 - reconstruction_error: 0.6340
[...]
```

복잡한 구조나 손실, 지표를 가진 어떤 모델을 만들더라도 대부분의 경우 지금까지 이야기한 것으로 충분할 것입니다. 하지만 (17장에서 볼) GAN 같은 구조에서는 훈련 반복 자체를 제어해야 합니다. 이를 알아보기 전에 텐서플로에서 그레이디언트를 자동으로 어떻게 계산하는지 살펴보겠습니다.

12.3.8 자동 미분으로 그레이디언트 계산하기

자동 미분(10장과 부록 B 참고)을 사용하여 그레이디언트를 자동으로 계산하는 방법을 이해하기 위해 간단한 함수를 살펴봅시다.

```
def f(w1, w2):
    return 3 * w1 ** 2 + 2 * w1 * w2
```

미적분을 알고 있다면 w1에 대한 이 함수의 도함수가 6 * w1 + 2 * w2라는 것을 구할 수 있습니다. 또한 w2에 대한 도함수는 2 * w1입니다. 예를 들어 포인트 (w1, w2) = (5, 3)에서 이 도함수의 값은 각각 36과 10입니다. 따라서 이 포인트의 그레이디언트 벡터는 (36, 10)입니다. 신경망은 보통 수만 개의 파라미터를 가진 매우 복잡한 함수입니다. 손으로 직접 도함수를 계산

---

17 모델이 각 층에서 손실을 모을 수 있도록 모델에 있는 어떤 층에 대해서도 add_loss() 메서드를 호출할 수 있습니다.

하는 것은 거의 불가능한 작업입니다. 한 가지 대안은 각 파라미터가 매우 조금 바뀔 때 함수의 출력이 얼마나 변하는지 측정하여 도함수의 근삿값을 계산하는 것입니다.

```
>>> w1, w2 = 5, 3
>>> eps = 1e-6
>>> (f(w1 + eps, w2) - f(w1, w2)) / eps
36.000003007075065
>>> (f(w1, w2 + eps) - f(w1, w2)) / eps
10.000000003174137
```

제대로 계산된 것 같군요! 이 방법은 잘 작동하고 구현하기도 쉽습니다. 하지만 근삿값이고 무엇보다도 파라미터마다 적어도 한 번씩은 함수 f()를 호출해야 합니다(f(w1, w2)는 한 번만 계산하면 되기 때문에 두 번이 아닙니다). 따라서 대규모 신경망에서는 적용하기 어려운 방법입니다. 대신 후진 모드 자동 미분을 사용해봅시다. 텐서플로에서는 아주 쉽게 계산할 수 있습니다.

```
w1, w2 = tf.Variable(5.), tf.Variable(3.)
with tf.GradientTape() as tape:
    z = f(w1, w2)

gradients = tape.gradient(z, [w1, w2])
```

먼저 두 변수 w1과 w2를 정의하고 tf.GradientTape 블록을 만들어 이 변수와 관련된 모든 연산을 자동으로 기록합니다. 마지막으로 이 테이프^{tape}에 두 변수 [w1, w2]에 대한 z의 그레이디언트를 요청합니다. 텐서플로가 계산한 그레이디언트를 확인해보죠.

```
>>> gradients
[<tf.Tensor: shape=(), dtype=float32, numpy=36.0>,
 <tf.Tensor: shape=(), dtype=float32, numpy=10.0>]
```

완벽하군요! 결과가 정확하고(부동소수점 오차에 따라 정밀도가 제한될 뿐입니다), 변수의 개수에 상관없이 gradient() 메서드는 기록된 계산을 한 번만에 (거꾸로) 통과했습니다. 매우 효율적인 방법입니다. 마치 마술 같네요!

TIP 메모리를 절약하려면 tf.GradientTape() 블록 안에 최소한만 담으세요. 또는 tf.GradientTape() 블록
안에서 with tape.stop_recording() 블록을 만들어 계산을 기록하지 않을 수 있습니다.

gradient() 메서드가 호출된 후에는 자동으로 테이프가 즉시 지워집니다. 따라서 gradient()
메서드를 두 번 호출하면 예외가 발생합니다.

```
with tf.GradientTape() as tape:
    z = f(w1, w2)

dz_dw1 = tape.gradient(z, w1)    # 36.0 텐서가 반환됩니다.
dz_dw2 = tape.gradient(z, w2)    # RuntimeError가 발생합니다!
```

gradient() 메서드를 한 번 이상 호출해야 한다면 지속 가능한 테이프를 만들고 사용이 끝난
후 테이프를 삭제하여 리소스를 해제해야 합니다.[18]

```
with tf.GradientTape(persistent=True) as tape:
    z = f(w1, w2)

dz_dw1 = tape.gradient(z, w1)    # => 36.0 텐서
dz_dw2 = tape.gradient(z, w2)    # => 10.0 텐서, 작동 이상 없음!
del tape
```

기본적으로 테이프는 변수가 포함된 연산만을 기록합니다. 만약 변수가 아닌 다른 객체에 대한
z의 그레이디언트를 계산하면 **None**이 반환됩니다.

```
c1, c2 = tf.constant(5.), tf.constant(3.)
with tf.GradientTape() as tape:
    z = f(c1, c2)

gradients = tape.gradient(z, [c1, c2])    # [None, None] 반환
```

하지만 필요한 경우 어떤 텐서든 감시하여 관련된 모든 연산을 기록하도록 강제할 수 있습니다
다. 그리고 변수처럼 이런 텐서에 대해 그레이디언트를 계산할 수 있습니다.

---

18 함수가 반환되어 테이프 객체가 더는 유효하지 않게 되면 파이썬 가비지 컬렉터(garbage collector)가 삭제해줄 것입니다.

```
with tf.GradientTape() as tape:
    tape.watch(c1)
    tape.watch(c2)
    z = f(c1, c2)

gradients = tape.gradient(z, [c1, c2])    # [36. 텐서, 10. 텐서] 반환
```

이것이 유용한 경우가 있습니다. 입력이 작을 때 변동 폭이 큰 활성화 함수에 대한 규제 손실을 구현하는 경우입니다. 이 손실은 입력에 대한 활성화 함수의 그레이디언트를 기반으로 할 것입니다. 입력은 변수가 아니므로 테이프에 기록을 명시적으로 알려주어야 합니다.

대부분의 경우 그레이디언트 테이프는 여러 값(일반적으로 모델 파라미터)에 대한 한 값(일반적으로 손실)의 그레이디언트를 계산하는 데 사용됩니다. 이런 경우 후진 모드 자동 미분이 적합합니다. 한 번의 정방향 계산과 역방향 계산으로 모든 그레이디언트를 동시에 계산할 수 있기 때문입니다. 여러 손실이 포함된 벡터의 그레이디언트를 계산하면 텐서플로는 벡터의 합의 그레이디언트를 계산할 것입니다. 만약 개별 그레이디언트를 계산하고 싶다면 (⑩ 모델 파라미터에 대한 각 손실의 그레이디언트) 테이프의 jacobian() 메서드를 호출해야 합니다. 이 메서드는 벡터에 있는 각 손실마다 (기본적으로 동시에) 후진 자동 미분을 수행합니다. 심지어 이계도함수^{second-order partial derivative}를 계산할 수도 있습니다(헤시안^{Hessian}, 즉 도함수의 도함수). 하지만 실제로 사용되는 경우는 드뭅니다(주피터 노트북의 '자동 미분으로 그레이디언트 계산하기'에 있는 예를 참고하세요).

어떤 경우에는 신경망의 일부분에 그레이디언트가 역전파되지 않도록 막을 필요가 있습니다. 이렇게 하려면 tf.stop_gradient() 함수를 사용해야 합니다. 이 함수는 (tf.identity()처럼) 정방향 계산을 할 때 입력을 반환합니다. 하지만 역전파 시에는 그레이디언트를 전파하지 않습니다(상수처럼 작동합니다).

```
def f(w1, w2):
    return 3 * w1 ** 2 + tf.stop_gradient(2 * w1 * w2)

with tf.GradientTape() as tape:
    z = f(w1, w2)    # 정방향 계산은 stop_gradient()에 영향을 받지 않습니다.

gradients = tape.gradient(z, [w1, w2])    # [30. 텐서, None] 반환
```

마지막으로 이따금 그레이디언트를 계산할 때 수치적인 이슈가 발생할 수 있습니다. 예를 들어 $x = 10^{-50}$에서 제곱근을 계산하면 결과는 무한대가 됩니다. 실제로 이 지점의 기울기는 무한대가 아니지만 32비트 부동소수점으로는 다룰 수 없습니다.

```
>>> x = tf.Variable(1e-50)
>>> with tf.GradientTape() as tape:
...     z = tf.sqrt(x)
...
>>> tape.gradient(z, [x])
[<tf.Tensor: shape=(), dtype=float32, numpy=inf>]
```

이 문제를 해결하기 위해 제곱근을 계산할 때 x에 (10^{-6}과 같은) 작은 값을 추가하는 것은 좋은 아이디어입니다.

지수 함수는 매우 빠르게 증가하기 때문에 자주 골칫거리가 되기도 합니다. 예를 들어 앞서 정의한 my_softplus() 함수는 수치적으로 안정적이지 않습니다. my_softplus(100.0)을 계산하면 올바른 결과(약 100)가 아닌 무한대가 나옵니다. 하지만 수치적으로 안정되도록 함수를 다시 작성할 수 있습니다. 소프트플러스 함수는 $\log(1 + \exp(z))$로 정의됩니다. 이는 $\log(1 + \exp(-|z|)) + \max(z, 0)$과 같습니다. 수학적 증명은 노트북을 참고하세요.. 이 두 번째 식의 장점은 지수 항이 폭발하지 않는다는 것입니다. 따라서 다음은 더 나은 my_softplus() 함수의 구현입니다.

```
def my_softplus(z):
    return tf.math.log(1 + tf.exp(-tf.abs(z))) + tf.maximum(0., z)
```

드물지만 수치적으로 안정적인 함수에도 수치적으로 불안정한 그레이디언트가 있을 수 있습니다. 이러한 경우 자동 미분을 사용하지 않고 그레이디언트 계산을 위해 사용할 식을 텐서플로에 알려주어야 합니다. 이를 위해서는 함수를 정의할 때 @tf.custom_gradient 데코레이터를 사용하고 일반적인 함수 결과와 그레이디언트를 계산하는 함수를 모두 반환해야 합니다. 수치적으로 안정적인 그레이디언트 함수도 반환하도록 my_softplus() 함수를 업데이트해봅시다.

```
@tf.custom_gradient
def my_softplus(z):
    def my_softplus_gradients(grads): # grads = 상위 층에서 역전파된 그레이디언트
        return grads * (1 - 1 / (1 + tf.exp(z))) # 안정적인 소프트플러스의 그레이디언트

    result = tf.math.log(1 + tf.exp(-tf.abs(z))) + tf.maximum(0., z)
    return result, my_softplus_gradients
```

미분(이 주제에 관해서는 튜토리얼 노트북을 참고하세요)을 알고 있다면 $\log(1 + \exp(z))$의 도함수는 $\exp(z) / (1 + \exp(z))$라는 것을 알 수 있습니다. 그러나 이 식은 안정적이지 않습니다. z 값이 크면 무한대를 무한대로 나눈 값을 계산하게 되고, 결국 NaN이 반환됩니다. 그러나 약간의 대수적 조작을 통해 $1 - 1 / (1 + \exp(z))$과도 같다는 것을 보여줄 수 있으며 이식은 안정적입니다. my_softplus_gradients() 함수는 이 식을 사용하여 그레이디언트를 계산합니다. 이 함수는 지금까지 my_softplus() 함수까지 역전파된 그레이디언트를 입력으로 받으며 연쇄 법칙에 따라 이 함수의 그레이디언트를 곱해야 합니다.

이제 큰 입력값에서도 my_better_softplus() 함수의 그레이디언트를 올바르게 계산할 수 있습니다.

축하합니다! 이제 어떤 함수의 그레이디언트도 (계산하는 지점에서 미분 가능하면) 계산할 수 있습니다. 필요할 때 역전파를 멈추거나 자신만의 그레이디언트 함수를 작성할 수도 있습니다! 사용자 정의 훈련 반복을 만들더라도 훨씬 더 유연하게 만들 수 있을 것입니다. 다음 절에서 어떻게 하는지 알아보겠습니다.

12.3.9 사용자 정의 훈련 반복

드물게 fit() 메서드의 유연성이 원하는 만큼 충분하지 않을 수 있습니다. 예를 들어 10장에서 설명한 헝쯔 청의 논문[19]은 두 개의 다른 옵티마이저를 사용합니다. 하나는 와이드 네트워크에, 다른 하나는 딥 네트워크에 사용합니다. fit() 메서드는 하나의 옵티마이저만 사용하므로(compile() 메서드에 하나의 옵티마이저만 지정할 수 있습니다) 이 논문을 구현하려면 훈련 반복을 직접 구현해야 합니다.

---

19 https://homl.info/widedeep

혹은 의도한 대로 잘 작동하는지 확신을 갖기 위해 사용자 정의 훈련 반복을 쓸 수도 있습니다
(fit() 메서드의 상세 구현에 확신이 없을지도 모릅니다). 때로는 모든 것을 분명하게 하는
게 안전합니다. 하지만 사용자 훈련 반복을 만들면 길고, 버그가 발생하기 쉽고, 유지 보수하기
어려운 코드가 만들어진다는 것을 기억하세요.[20]

> **TIP** 극도의 유연성이 필요한 것이 아니라면 사용자 정의 훈련 반복 대신 fit() 메서드를 사용하는 것이 좋습니다.
> 특히 팀이 함께 작업하는 경우에 그렇습니다.

먼저 간단한 모델을 만들어봅시다. 훈련 반복을 직접 다루기 때문에 컴파일할 필요가 없습
니다.

```
l2_reg = tf.keras.regularizers.l2(0.05)
model = tf.keras.models.Sequential([
    tf.keras.layers.Dense(30, activation="relu", kernel_initializer="he_normal",
                          kernel_regularizer=l2_reg),
    tf.keras.layers.Dense(1, kernel_regularizer=l2_reg)
])
```

그다음 훈련 세트에서 샘플 배치를 랜덤하게 추출하는 작은 함수를 만듭니다(13장에서 훨씬
나은 방법인 **tf.data** API를 소개합니다).[21]

```
def random_batch(X, y, batch_size=32):
    idx = np.random.randint(len(X), size=batch_size)
    return X[idx], y[idx]
```

현재 스텝 수, 전체 스텝 수, 에포크 시작부터 평균 손실(Mean 지표를 사용해 계산합니다),
그 외 다른 지표를 포함하여 훈련 상태를 출력하는 함수도 만듭니다.

```
def print_status_bar(step, total, loss, metrics=None):
    metrics = " - ".join([f"{m.name}: {m.result():.4f}"
```

---

20 옮긴이_ 텐서플로 2.2 버전부터 제공되는 케라스 모델의 train_step 메서드를 오버라이딩하여 사용자 정의 훈련을 구현할 수도 있습니다. 이 예는 번역서 깃허브에 있는 custom_model_in_keras.ipynb 주피터 노트북을 참고하세요.

21 옮긴이_ 이 함수는 미니배치를 만들기 위해 중복을 허용하여 샘플링합니다. 전체 데이터를 순회하는 미니배치를 만들려면 np.random. permutation(np.arange(len(X)))로 랜덤하게 섞인 인덱스를 만든 후 yield 문을 사용하여 미니배치 크기만큼 순서대로 데이터를 반환하세요.

```
                    for m in [loss] + (metrics or [])])
        end = "" if step < total else "\n"
        print(f"\r{step}/{total} - " + metrics, end=end)
```

파이썬 문자열 포매팅에 익숙하다면 이 코드를 이해하는 것이 어렵지 않습니다. {m.result() :.4f}는 소수점 이하 자릿수가 4개인 실수로 지표의 값을 바꿉니다. end=""와 함께 \r(캐리지 리턴)을 사용하면 상태 막대가 동일한 줄에 출력됩니다.

이제 실제로 적용해봅시다! 먼저 몇 개의 하이퍼파라미터를 정의하고 옵티마이저, 손실 함수, 지표(이 예제에서는 MAE)를 선택해야 합니다.

```
n_epochs = 5
batch_size = 32
n_steps = len(X_train) // batch_size
optimizer = tf.keras.optimizers.SGD(learning_rate=0.01)
loss_fn = tf.keras.losses.mean_squared_error
mean_loss = tf.keras.metrics.Mean(name="mean_loss")
metrics = [tf.keras.metrics.MeanAbsoluteError()]
```

사용자 정의 훈련 반복을 만들 준비가 끝났습니다!

```
for epoch in range(1, n_epochs + 1):
    print("Epoch {}/{}".format(epoch, n_epochs))
    for step in range(1, n_steps + 1):
        X_batch, y_batch = random_batch(X_train_scaled, y_train)     ❶
        with tf.GradientTape() as tape:
            y_pred = model(X_batch, training=True)
            main_loss = tf.reduce_mean(loss_fn(y_batch, y_pred))      ❷
            loss = tf.add_n([main_loss] + model.losses)

        gradients = tape.gradient(loss, model.trainable_variables)
        optimizer.apply_gradients(zip(gradients, model.trainable_variables))   ❸
        mean_loss(loss)
        for metric in metrics:
            metric(y_batch, y_pred)                                    ❹

        print_status_bar(step, n_steps, mean_loss, metrics)

    for metric in [mean_loss] + metrics:                              ❺
        metric.reset_states()
```

이 코드에서는 두 개의 반복문을 중첩했습니다. 하나는 에포크를 위한 것, 다른 하나는 에포크 안의 배치를 위한 것입니다.

❶ 훈련 세트에서 배치를 랜덤하게 샘플링합니다.

❷ tf.GradientTape() 블록 안에서 모델을 함수처럼 사용하여 배치 하나를 위한 예측을 만들고 손실을 계산합니다. 이 손실은 주 손실에 다른 손실(이 모델에서는 층마다 하나의 규제 손실이 있습니다)을 더한 것입니다. mean_squared_error() 함수가 샘플마다 하나의 손실을 반환하기 때문에 tf.reduce_mean() 함수를 사용하여 배치에 대한 평균을 계산합니다(샘플마다 다른 가중치를 적용하려면 이 단계에서 적용해야 합니다). 규제 손실은 하나의 스칼라값이므로 (동일한 크기와 타입을 가진 텐서를 더하는 tf.add_n() 함수를 사용하여) 손실을 모두 더합니다.

❸ 테이프를 사용해 훈련 가능한(모든 변수가 아닙니다!) 각 변수에 대한 손실의 그레이디언트를 계산합니다. 이를 옵티마이저에 적용하여 경사 하강법을 수행합니다.

❹ (현재 에포크에 대한) 평균 손실과 지표를 업데이트하고 상태 막대를 출력합니다.

❺ 매 에포크 끝에서 평균 손실과 지표 값을 초기화합니다.

만약 그레이디언트 클리핑(11장 참고)을 하고 싶다면 clipnorm이나 clipvalue 하이퍼파라미터를 지정하세요. 만약 가중치에 다른 변환을 적용하려면 apply_gradients() 메서드를 호출하기 전에 수행하세요. (층을 만들 때 kernel_constraint나 bias_constraint를 지정하여) 모델에 가중치 제한을 추가하고 싶다면 apply_gradients() 다음에 이 제한을 적용하도록 훈련 반복을 수정해야 합니다.

```
for variable in model.variables:
    if variable.constraint is not None:
        variable.assign(variable.constraint(variable))
```

> **CAUTION** 특히 모델이 훈련과 테스트 중에 다르게 작동하는 경우(⑩ BatchNormalization이나 Dropout을 사용하는 경우) 훈련 반복 안에서 모델을 호출할 때 training=True를 지정하는 것을 잊지 마세요. 사용자 정의 모델의 경우 training 매개변수 값을 이 모델이 호출하는 층에 전파해야 합니다.

살펴본 것처럼 사용자 정의 훈련 반복 구현은 주의해야 할 점이 많고 그 과정에서 실수하기도 쉽습니다. 장점은 완전하게 제어할 수 있다는 것입니다.

이제 모델의 모든 구성 요소[22]와 훈련 알고리즘을 어떻게 커스터마이징하는지 알았습니다. 다음으로 텐서플로의 자동 그래프 생성 기능을 어떻게 사용하는지 알아봅시다. 이는 작성한 코드의 실행 속도를 크게 높여주고 텐서플로가 지원하는 모든 플랫폼에서 구동시켜줍니다(19장 참고).

12.4 텐서플로 함수와 그래프

텐서플로 1에서 그래프는 텐서플로 API의 핵심이므로 피할 수가 없었습니다(이 때문에 복잡도가 높아졌죠). (2019년에 출시된) 텐서플로 2에도 그래프가 있지만 이전만큼 핵심적이진 않으며 사용하기 매우 (정말 매우!) 쉽습니다. 간단한 예로 입력의 세제곱을 계산하는 함수를 만들어 살펴봅시다.

```
def cube(x):
    return x ** 3
```

정수나 실수 같은 파이썬 상수나 텐서를 사용하여 이 함수를 호출할 수 있습니다.

```
>>> cube(2)
8
>>> cube(tf.constant(2.0))
<tensorflow.python.eager.polymorphic_function.polymorphic_function.Function at
0x7f453e8634c0>
```

이제 `tf.function()`을 사용하여 이 파이썬 함수를 **텐서플로 함수**TensorFlow function로 바꿔봅시다.

```
>>> tf_cube = tf.function(cube)
>>> tf_cube
<tensorflow.python.eager.def_function.Function at 0x1546fc080>
```

---

22 옵티마이저를 커스터마이징하는 경우는 매우 드물기 때문에 옵티마이저는 설명하지 않았습니다. 주피터 노트북의 '사용자 정의 옵티마이저'에 있는 예제를 참고하세요.

이 텐서플로 함수는 원래 파이썬 함수처럼 사용할 수 있고 동일한 (하지만 항상 텐서로) 결과를 반환합니다.

```
>>> tf_cube(2)
<tf.Tensor: shape=(), dtype=int32, numpy=8>
>>> tf_cube(tf.constant(2.0))
<tf.Tensor: shape=(), dtype=float32, numpy=8.0>
```

내부적으로 tf.function()은 cube() 함수에서 수행되는 계산을 분석하고 동일한 작업을 수행하는 계산 그래프를 생성합니다! 여기서 볼 수 있듯이 아주 간단하게 수행됩니다(잠시 후에 어떻게 작동하는지 알아보겠습니다). 다른 방법으로는 tf.function 데코레이터가 있으며 실제로 더 널리 사용됩니다.

```
@tf.function
def tf_cube(x):
    return x ** 3
```

원본 파이썬 함수는 필요할 때 여전히 텐서플로 함수의 python_function 속성으로 참조할 수 있습니다.

```
>>> tf_cube.python_function(2)
8
```

텐서플로는 사용하지 않는 노드를 제거하고 표현을 단순화(예를 들면 1+2를 3으로 대체합니다)하는 등 계산 그래프를 최적화합니다. 최적화된 그래프가 준비되면 텐서플로 함수는 적절한 순서에 맞춰 (그리고 가능하면 병렬로) 그래프 내의 연산을 효율적으로 실행합니다. 따라서 일반적으로 텐서플로 함수는 원본 파이썬 함수보다 훨씬 빠르게 실행됩니다. 특히 복잡한 연산을 수행할 때 더 두드러집니다.[23] 파이썬 함수를 빠르게 실행하려면 텐서플로 함수로 변환하세요. 대부분의 경우 이보다 더 많이 알 필요가 없습니다. 이게 끝입니다!

또한, tf.function()을 호출할 때 jit_compile=True로 설정하면 텐서플로는 **XLA**accelerated

---

23 하지만 간단한 이 예에서는 계산 그래프가 작아서 최적화할 것이 전혀 없습니다. 따라서 tf_cube()가 cube()보다 더 느리게 실행됩니다.

^{linear algebra}를 사용하여 해당 그래프를 위한 전용 커널을 컴파일하며, 종종 여러 연산을 융합합니다. 예를 들어 텐서플로 함수가 `tf.reduce_sum(a * b + c)`를 호출하는 경우, XLA가 없다면 이 함수는 먼저 `a * b`를 계산하고 그 결과를 임시 변수에 저장한 다음 해당 변수에 `c`를 더하고 마지막으로 그 결과에 대해 `tf.reduce_sum()`을 호출해야 합니다. 그러나 XLA를 사용하면 전체 계산이 단일 커널로 컴파일되어 임시 변수를 사용하지 않고도 한 번에 `tf.reduce_sum(a * b + c)`를 계산합니다. 이렇게 하면 속도가 훨씬 빨라질 뿐만 아니라 메모리도 훨씬 적게 사용합니다.

사용자 정의 손실 함수, 사용자 정의 지표, 사용자 정의 층 또는 다른 사용자 정의 함수를 작성하고(지금까지 이 장에서 한 것처럼) 이를 케라스 모델에 사용할 때, 케라스는 자동으로 이 함수를 텐서플로 함수로 변환합니다. 따라서 `tf.function()`을 사용할 필요가 없습니다. 대부분의 경우 이런 마술은 자동으로 일어납니다. 케라스가 XLA를 사용하도록 하려면 `compile()` 메서드를 호출할 때 `jit_compile=True`를 설정하기만 하면 됩니다. 간단하죠!

> **TIP** 케라스가 파이썬 함수를 텐서플로 함수로 바꾸지 못하게 하려면 사용자 정의 층이나 모델을 만들때 `dynamic=True`로 지정합니다. 다른 방법으로는 모델의 `compile()` 메서드를 호출할 때 `run_eagerly=True`로 지정할 수 있습니다.

기본적으로 텐서플로 함수는 호출에 사용되는 입력 크기와 데이터 타입에 맞춰 매번 새로운 그래프를 생성합니다. 예를 들어 `tf_cube(tf.constant(10))`과 같이 호출하면 [ ] 크기의 int32 텐서에 맞는 그래프가 생성됩니다. 그다음 `tf_cube(tf.constant(20))`을 호출하면 동일한 그래프가 재사용됩니다. 하지만 `tf_cube(tf.constant([10, 20]))`을 호출하면 [2] 크기의 int32 텐서에 맞는 새로운 그래프가 생성됩니다. 텐서플로 함수는 이런 식으로 다형성^{polymorphism}(다양한 매개변수 타입과 크기)을 처리합니다. 이는 매개변수 값으로 텐서를 사용했을 때만 해당됩니다. 파이썬 값을 텐서플로 함수에 전달하면 고유한 값마다 새로운 그래프가 생성됩니다. 예를 들어 `tf_cube(10)`과 `tf_cube(20)`은 두 개의 그래프를 만듭니다.

> **⚠ CAUTION** 파이썬 값으로 텐서플로 함수를 여러 번 호출하면 프로그램이 느려지고 메모리가 많이 사용됩니다(사용 메모리를 해제하려면 텐서플로 함수를 삭제해야 합니다). 층의 뉴런 개수와 같은 하이퍼파라미터처럼 몇 개의 고유한 값이 있는 경우에만 매개변수 값에 파이썬 값을 사용해야 합니다. 이렇게 해야 텐서플로가 모델을 잘 최적화할 수 있습니다.

12.4.1 오토그래프와 트레이싱

그럼 텐서플로가 어떻게 그래프를 생성할까요? 먼저 파이썬 함수의 소스 코드를 분석하여 for 문, while 문, if 문은 물론 break, continue, return 같은 제어문을 모두 찾습니다. 이 첫 단계를 **오토그래프**[autograph]라고 부릅니다. 텐서플로가 소스 코드를 분석하는 이유는 파이썬이 제어문을 찾는 방법을 제공하지 않기 때문입니다. 파이썬에는 +와 * 연산을 위해 __add__()와 __mul__() 같은 매직 메서드가 있지만 __while__()이나 __if__() 같은 메서드는 없습니다. 함수의 코드를 분석한 후 오토그래프는 이 함수의 모든 제어문을 텐서플로 연산으로 바꾸어 업그레이드된 버전을 만듭니다. 예를 들어 반복문은 tf.while_loop()로 바꾸고 if 문은 tf.cond()로 바꿉니다. 예를 들어 [그림 12-4]에서 오토그래프는 sum_squares() 파이썬 함수의 소스 코드를 분석하고 tf__sum_squares() 함수를 생성합니다. 이 함수에서 for 문은 (원래 반복문 for 안의 코드를 포함한) loop_body() 함수로 바뀌었습니다. 그다음 for_stmt() 함수를 호출합니다. 이 함수는 계산 그래프 안에 적절한 tf.while_loop() 연산을 만들 것입니다.

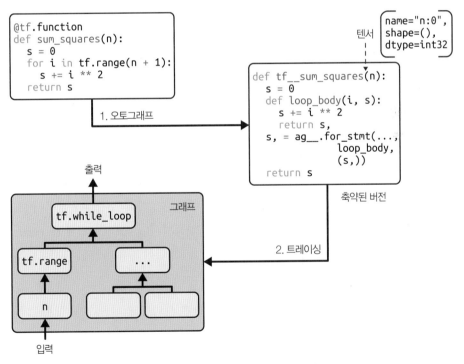

그림 12-4 텐서플로가 오토그래프와 트레이싱을 사용해 그래프를 생성하는 방법

그다음 텐서플로가 이 업그레이드된 함수를 호출합니다. 하지만 매개변수 값을 전달하는 대신 **심볼릭 텐서**^{symbolic tensor}를 전달합니다. 이 텐서는 실제하는 값이 없고 이름, 데이터 타입, 크기만 가집니다. 예를 들어 sum_squares(tf.constant(10))을 호출하면 tf__sum_squares() 함수는 크기가 [ ]이고 int32 타입의 심볼릭 텐서를 사용해 호출됩니다. 이 함수는 **그래프 모드**^{graph mode}로 실행될 것입니다. 이는 각 텐서플로 연산이 해당 연산을 나타내고 텐서를 출력하기 위해 그래프에 노드를 추가한다는 의미입니다(**즉시 실행**^{eager execution} 또는 **즉시 실행 모드**^{eager mode}로 부르는 일반적인 모드와 반대입니다). 텐서플로 연산은 어떤 계산도 수행하지 않습니다. 텐서플로 1에서는 그래프 모드가 기본이었습니다. [그림 12-4]에서 tf__sum_squares() 함수가 심볼릭 텐서를 매개변수로 하여 호출됩니다(이 경우에는 크기가 [ ]이고 int32 타입의 텐서). 최종 그래프는 트레이싱^{tracing} 과정을 통해 생성됩니다. 노드는 연산을 나타내고 화살표는 텐서를 나타냅니다(이 그림에서 생성된 함수와 그래프는 모두 단순화된 것입니다).

> **TIP** tf.autograph.to_code(sum_squares.python_function)을 호출하면 생성된 함수의 소스 코드를 볼 수 있습니다. 출력된 코드는 깔끔하지는 않지만 이따금 디버깅에 도움이 됩니다.

12.4.2 텐서플로 함수 사용법

대부분의 경우 텐서플로 연산을 수행하는 파이썬 함수를 텐서플로 함수로 바꾸는 것은 간단합니다. @tf.function 데코레이터를 사용하면 케라스가 나머지를 알아서 처리합니다. 하지만 몇 가지 지켜야 할 규칙이 있습니다.

1 넘파이나 표준 라이브러리를 포함해서 다른 라이브러리를 호출하면 트레이싱 과정에서 실행될 것입니다. 이 호출은 그래프에 포함되지 않습니다. 실제 텐서플로 그래프는 텐서플로 구성 요소(텐서, 연산, 변수, 데이터셋 등)만 포함할 수 있습니다. 따라서 (트레이싱 과정에서 코드가 실행되는 것을 원하지 않는다면) np.sum() 대신에 tf.reduce_sum()을, sorted() 내장 함수 대신에 tf.sort()와 같이 사용하세요. 이 외에도 다음과 같은 영향을 미칩니다.

- np.random.rand()를 반환하는 텐서플로 함수 f(x)를 정의한다면 이 함수가 트레이싱될 때 난수가 생성됩니다. f(tf.constant(2.))와 f(tf.constant(3.))은 같은 난수를 반환하지만 f(tf.constant([2., 3.]))은 다른 값을 반환합니다.

np.random.rand()를 tf.random.uniform([])으로 바꾸면 이 연산이 그래프의 일부분이 되므로 호출할 때마다 난수가 생성될 것입니다.

- 텐서플로에서 지원하지 않는 코드가 (어떤 것을 로깅하거나 파이썬 카운터를 업데이트하는 등의) 부수적인 작업을 하면 함수를 트레이싱할 때만 호출되므로 텐서플로 함수를 호출할 때 이 코드가 실행되지 않습니다.

- 임의의 코드를 tf.py_function()으로 감쌀 수 있습니다. 하지만 텐서플로가 이 코드에 대해서 최적화를 수행할 수 없어서 성능이 저하됩니다. 또한 파이썬이 가능한 (그리고 필요한 라이브러리가 설치된) 플랫폼에서만 이 그래프가 실행되므로 이식성이 낮아집니다.

2 다른 파이썬 함수나 텐서플로 함수를 호출할 수 있습니다. 하지만 텐서플로가 계산 그래프에 있는 이러한 함수들의 연산을 감지하므로 동일한 규칙을 따릅니다. 이 함수들에는 @tf.function 데코레이터를 적용할 필요가 없습니다.[24]

3 함수에서 텐서플로 변수(또는 데이터셋이나 큐와 같은 상태가 있는 다른 텐서플로 객체)를 만든다면 처음 호출될 때만 수행되어야 합니다. 아니면 예외가 발생합니다. 일반적으로 텐서플로 함수 밖에서 변수를 생성하는 것이 좋습니다(🄼 사용자 정의 층의 build() 메서드). 변수에 새로운 값을 할당하려면 = 연산자 대신에 assign() 메서드를 사용하세요.

4 파이썬 함수의 소스 코드는 텐서플로에서 사용 가능해야 합니다. 만약 소스 코드를 사용할 수 없다면(예를 들어 소스 코드에 접근할 수 없는 파이썬 셸에서 함수를 정의하거나 컴파일된 *.pyc 파이썬 파일을 제품 환경에 배포한다면) 그래프 생성 과정이 실패하거나 일부 기능을 사용할 수 없게 됩니다.

5 텐서플로는 텐서나 tf.data.Dataset(13장 참고)을 순회하는 for 문만 감지합니다. 따라서 for i in range(x) 대신 for i in tf.range(x)를 사용해야 합니다. 그렇지 않으면 이 반복문이 그래프에 표현되지 못합니다. 대신 트레이싱 단계에서 실행됩니다(일부러 이런 for 문을 사용해 그래프를 만들 수 있습니다. 예를 들면 신경망의 층을

---

24 옮긴이_ 즉, 그래프 모드로 계산할 첫 번째 함수에만 적용하면 됩니다. 함수 안에서 일어나는 (외부 라이브러리가 아닌) 다른 함수 호출은 자동으로 그래프 모드가 적용됩니다. 사용자 정의 층을 만든다면 전형적으로 __call__() 메서드에 데코레이터를 적용합니다.

반복문으로 만듭니다).

6 성능 면에서는 반복문보다 벡터화된 구현을 사용하는 것이 좋습니다.

이제 정리할 시간입니다! 텐서플로를 간단히 소개하는 것으로 이 장을 시작했고, 텐서, 연산, 변수, 특별한 데이터 구조를 포함하여 텐서플로의 저수준 API를 살펴보았습니다. 이런 도구를 사용하여 케라스 API에 있는 거의 모든 구성 요소를 커스터마이징해보았습니다. 또한 텐서플로 함수가 어떻게 성능을 향상시키는지 알아보았습니다. 마지막으로 오토그래프와 트레이싱을 사용해 그래프를 생성하는 방법과 텐서플로 함수를 사용할 때 따라야 할 규칙을 배웠습니다 (블랙박스 안을 조금 더 들여다보고 싶다면, 예를 들어 생성된 그래프를 둘러보고 싶다면 〈부록 D〉에 있는 기술적인 상세 내용을 참고하세요).

다음 장에서는 텐서플로에서 데이터를 효율적으로 로드하고 전처리하는 방법을 알아보겠습니다.

연습문제

① 텐서플로를 한마디로 어떻게 정의할 수 있나요? 텐서플로의 주요 특징은 무엇인가요? 인기 있는 딥러닝 라이브러리는 어떤 것이 있나요?

② 텐서플로는 넘파이를 그대로 대체할 수 있나요? 두 라이브러리의 주요 차이점은 무엇인가요?

③ `tf.range(10)`과 `tf.constant(np.arange(10))`의 결과는 같나요?

④ 일반 텐서 외에 텐서플로에서 사용할 수 있는 6가지 데이터 구조는 무엇인가요?

⑤ `tf.keras.losses.Loss` 클래스를 상속하거나 일반 함수를 작성하여 사용자 정의 손실 함수를 정의할 수 있습니다. 언제 사용해야 하나요?

⑥ 비슷하게 `tf.keras.metrics.Metric` 클래스를 상속하거나 함수를 정의하여 지표를 정의할 수 있습니다. 언제 사용해야 하나요?

⑦ 언제 사용자 정의 층 또는 사용자 정의 모델을 만들어야 하나요?

⑧ 사용자 정의 훈련 반복을 만들어야 하는 경우는 언제인가요?

⑨ 케라스의 사용자 정의 구성 요소가 임의의 파이썬 코드를 담을 수 있나요? 또는 이 구성 요소를 텐서플로 함수로 바꿀 수 있나요?

⑩ 텐서플로 함수로 바꿀 수 있는 함수를 만든다면 따라야 할 주요 규칙은 무엇인가요?

⑪ 동적인 케라스 모델을 만들어야 할 때는 언제인가요? 어떻게 만들 수 있나요? 왜 전체 모델을 동적으로 만들지 않나요?

⑫ **층 정규화**layer normalization를 수행하는 사용자 정의 층을 구현하세요(이런 종류의 층을 15장에서 사용합니다).

  a `build()` 메서드에서 두 개의 훈련 가능한 가중치 **α**와 **β**를 정의합니다. 두 가중치 모두 크기가 `input_shape[-1:]`이고 데이터 타입은 `tf.float32`입니다. **α**는 1로 초기화되고 **β**는 0으로 초기화되어야 합니다.

  b `call()` 메서드는 샘플의 특성마다 평균 μ와 표준 편차 σ를 계산해야 합니다. 이를 위해 전체 샘플의 평균 μ와 분산 σ^2을 반환하는 `tf.nn.moments(inputs, axes=-1, keepdims=True)`를 사용할 수 있습니다(분산의 제곱근으로 표준 편차를 계산합니다). 그다음 $\boldsymbol{\alpha} \otimes (\mathbf{X}-\mu)/(\sigma+\varepsilon)+\boldsymbol{\beta}$를 계산하여 반환합니다. 여기에서 $\otimes$는 원소별 곱셈(*)을 나타냅니다. ε은 안전을 위한 항입니다(0으로 나누어지는 것을 막기 위한 작은 상수, ⓔ 0.001).

  c 사용자 정의 층이 `tf.keras.layers.LayerNormalization` 층과 동일한(또는 거의 동일한) 출력을 만드는지 확인하세요.

⑬ 사용자 정의 훈련 반복을 사용해 패션 MNIST 데이터셋(10장 참고)으로 모델을 훈련해보세요.

  a 에포크, 반복, 평균 훈련 손실, (반복마다 업데이트되는) 에포크의 평균 정확도를 비롯하여 에포크 끝에서 검증 손실과 정확도를 출력하세요.

  b 상위 층과 하위 층에 학습률이 다른 옵티마이저를 각각 사용해보세요.

연습문제의 정답은 〈부록 A〉에 있습니다.

13장

텐서플로를 사용한
데이터 적재와 전처리

2장에서 데이터 로드와 전처리가 모든 머신러닝 프로젝트에서 중요한 부분이라는 점을 살펴보았습니다. 판다스를 사용해 CSV 파일로 저장된 (수정된 버전의) 캘리포니아 주택 데이터셋을 로드하고 탐색했으며, 사이킷런의 변환기를 사용해 전처리를 수행했습니다. 이러한 도구는 매우 편리하며, 특히 데이터를 탐색하고 실험할 때 자주 사용됩니다.

하지만 대용량 데이터셋에서 텐서플로 모델을 훈련할 때는 텐서플로 자체의 데이터 로드 및 전처리 API인 tf.data를 사용하는 것이 더 좋습니다. 이 API는 매우 효율적으로 데이터를 로드하고 전처리할 수 있으며, 멀티스레드와 큐^{queue}를 사용하여 여러 파일에서 동시에 읽고, 샘플을 셔플링하거나 배치로 만드는 등의 작업을 수행할 수 있습니다. 또한 GPU 또는 TPU가 훈련을 위해 현재 데이터 배치를 바쁘게 처리하는 동안 동시에 여러 CPU 코어에 걸쳐 다음 데이터 배치를 로드하고 전처리할 수 있습니다.

tf.data API를 사용하면 메모리보다 큰 데이터셋을 처리할 수 있으며, 하드웨어 리소스를 최대한 활용할 수 있으므로 훈련 속도가 향상됩니다. 기본 기능으로 데이터 API는 텍스트 파일(例 CSV 파일), 고정 길이의 레코드를 가진 이진 파일, 텐서플로의 TFRecord 포맷을 사용하는 이진 파일에서 데이터를 읽을 수 있습니다. 이 포맷은 길이가 다른 레코드를 지원합니다.

TFRecord는 일반적으로 (오픈 소스 이진 포맷인) 프로토콜 버퍼^{protocol buffer}를 담은 유연하고 효율적인 이진 포맷입니다. 데이터 API는 SQL 데이터베이스에서 읽는 기능을 지원합니다. 또한 구글 빅쿼리^{BigQuery}와 같은 다양한 데이터 소스에서 읽을 수 있는 오픈 소스도 있습니다 (https://tensorflow.org/io).

케라스는 모델에 포함시킬 수 있는 강력하면서도 사용하기 쉬운 전처리 층을 제공합니다. 이렇게 하면 모델을 제품 환경에 배포할 때 다른 전처리 코드를 추가할 필요 없이 원시 데이터를 직접 주입할 수 있습니다. 또한 훈련 중에 사용된 전처리 코드와 제품 환경에서 사용되는 전처리 코드가 달라져 훈련/서빙의 차이를 일으키는 위험을 제거할 수 있습니다. 서로 다른 프로그래밍 언어로 코딩된 여러 앱에 모델을 배포하는 경우 동일한 전처리 코드를 여러 번 다시 구현할 필요가 없으므로 이런 불일치에 대한 위험도 줄어듭니다.

앞으로 보겠지만 두 API를 함께 사용하면 tf.data가 제공하는 효율적인 데이터 로딩과 케라스 전처리 층의 편리함을 활용할 수 있습니다.

이 장에서는 먼저 tf.data API와 TFRecord 포맷을 살펴봅니다. 그런 다음 케라스 전처리 층과 이를 tf.data API와 함께 사용하는 방법을 알아보겠습니다. 마지막으로 데이터를 로드하고 전처리하는 데 유용한 몇 가지 라이브러리(**어** 텐서플로 데이터셋과 텐서플로 허브)를 간략히 살펴보겠습니다. 그럼 시작해봅시다!

13.1 데이터 API

전체적인 tf.data API의 중심에는 tf.data.Dataset 개념이 있습니다. 이는 데이터 항목의 시퀀스를 나타냅니다. 일반적으로 디스크에서 데이터를 점진적으로 읽는 데이터셋을 사용합니다. 하지만 간단히 tf.data.Dataset.from_tensor_slices()를 사용해 간단한 텐서로 데이터셋을 생성해보겠습니다.

```
>>> import tensorflow as tf
>>> X = tf.range(10)  # 임의의 데이터 텐서
>>> dataset = tf.data.Dataset.from_tensor_slices(X)
>>> dataset
<_TensorSliceDataset element_spec=TensorSpec(shape=(), dtype=tf.int32, name=None)>
```

from_tensor_slices() 함수는 텐서를 받아 첫 번째 차원을 따라 X의 각 원소가 아이템으로 표현되는 tf.data.Dataset을 만듭니다.[1] 즉, 이 데이터셋은 텐서 0, 1, 2, …, 9에 해당하는

---

[1] 옮긴이_ 원서에서는 아이템, 원소, 슬라이스를 혼용합니다. 번역서에서는 넘파이 배열과 혼동을 피하기 위해 Dataset의 원소를 아이템으로 통일하여 부릅니다.

10개의 아이템을 가집니다. 이 경우 `tf.data.Dataset.range(10)`으로 만든 데이터셋과 동일합니다(다만 아이템은 32비트 정수가 아니라 64비트 정수입니다).

다음과 같이 데이터셋의 아이템을 순회할 수 있습니다.

```
>>> dataset = tf.data.Dataset.from_tensor_slices(tf.range(10))
>>> for item in dataset:
...     print(item)
...
tf.Tensor(0, shape=(), dtype=int32)
tf.Tensor(1, shape=(), dtype=int32)
[...]
tf.Tensor(9, shape=(), dtype=int32)
```

> **✏️ NOTE** `tf.data` API는 스트리밍 API입니다. 데이터셋의 아이템을 매우 효율적으로 반복할 수 있지만 인덱싱이나 슬라이싱을 위해 설계된 것은 아닙니다.

데이터셋에는 텐서 튜플, 이름/텐서 쌍의 딕셔너리, 심지어 중첩된 튜플과 딕셔너리도 포함될 수 있습니다. 튜플, 딕셔너리 또는 중첩 구조를 슬라이싱할 때, 데이터셋은 튜플/딕셔너리 구조를 유지하면서 그 안에 포함된 텐서만 슬라이싱합니다. 예를 들면 다음과 같습니다.

```
>>> X_nested = {"a": ([1, 2, 3], [4, 5, 6]), "b": [7, 8, 9]}
>>> dataset = tf.data.Dataset.from_tensor_slices(X_nested)
>>> for item in dataset:
...     print(item)
...
{'a': (<tf.Tensor: [...]=1>, <tf.Tensor: [...]=4>), 'b': <tf.Tensor: [...]=7>}
{'a': (<tf.Tensor: [...]=2>, <tf.Tensor: [...]=5>), 'b': <tf.Tensor: [...]=8>}
{'a': (<tf.Tensor: [...]=3>, <tf.Tensor: [...]=6>), 'b': <tf.Tensor: [...]=9>}
```

13.1.1 연쇄 변환

데이터셋이 준비되면 변환 메서드를 호출하여 여러 종류의 변환을 수행할 수 있습니다. 각 메서드는 새로운 데이터셋을 반환하므로 다음과 같이 변환 메서드를 연결할 수 있습니다(이 연쇄 변환이 [그림 13-1]에 나타나 있습니다).

```
>>> dataset = dataset.repeat(3).batch(7)
>>> for item in dataset:
...     print(item)
...
tf.Tensor([0 1 2 3 4 5 6], shape=(7,), dtype=int32)
tf.Tensor([7 8 9 0 1 2 3], shape=(7,), dtype=int32)
tf.Tensor([4 5 6 7 8 9 0], shape=(7,), dtype=int32)
tf.Tensor([1 2 3 4 5 6 7], shape=(7,), dtype=int32)
tf.Tensor([8 9], shape=(2,), dtype=int32)
```

먼저 원본 데이터셋에서 repeat() 메서드를 호출하면 원본 데이터셋의 아이템을 세 차례 반복하는 새로운 데이터셋을 반환합니다. 물론 메모리에서 데이터를 세 번 복사하는 것은 아닙니다! 매개변수 없이 이 메서드를 호출하면 원본 데이터셋이 끝없이 반복될 것입니다. 따라서 이데이터셋을 반복하는 코드가 중지할 때를 결정해야 합니다.

그런 다음 새로운 데이터셋에서 batch() 메서드를 호출하면 다시 새로운 데이터셋이 만들어집니다. 이 메서드는 이전 데이터셋의 아이템을 7개씩 그룹으로 묶습니다.

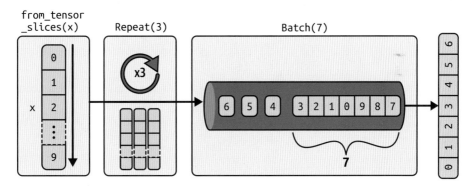

그림 13-1 연쇄적인 데이터셋 변환

마지막으로 마지막 데이터셋의 아이템을 순회합니다. 여기서 볼 수 있듯이 batch() 메서드에서 출력된 마지막 배치 크기는 7이 아니라 2입니다. batch() 메서드를 drop_remainder=True로 호출하면 길이가 모자란 마지막 배치를 버리고 모든 배치를 동일한 크기로 맞춥니다.

> **! CAUTION** dataset 메서드는 데이터셋을 바꾸지 않고 새로운 데이터셋을 만듭니다. 따라서 꼭 새로운 데이터셋을 반환받아야 합니다(◉ dataset = ...). 그렇지 않으면 변환된 것을 모두 잃게 됩니다.

map() 메서드를 호출하여 아이템을 변환할 수도 있습니다. 예를 들어 다음 코드는 모든 아이템에 2를 곱하여 새로운 데이터셋을 만듭니다.

```
>>> dataset = dataset.map(lambda x: x * 2) # x는 하나의 배치입니다.
>>> for item in dataset:
...     print(item)
...
tf.Tensor([ 0  2  4  6  8 10 12], shape=(7,), dtype=int32)
tf.Tensor([14 16 18  0  2  4  6], shape=(7,), dtype=int32)
[...]
```

map() 메서드를 사용하면 데이터에 어떤 전처리 작업도 적용할 수 있습니다. 이따금 이미지 크기 변환이나 회전 같은 복잡한 계산을 포함하기 때문에 여러 스레드로 나누어 속도를 높이는 것이 좋습니다. 이를 위해 num_parallel_calls 매개변수에 실행할 스레드 개수나 tf.data.AUTOTUNE을 지정할 수 있습니다. map() 메서드에 전달하는 함수는 텐서플로 함수(12장 참고)로 변환 가능해야 합니다.

filter() 메서드를 사용하여 데이터셋을 필터링할 수도 있습니다. 예를 들어 다음 코드는 아이템의 합이 50보다 큰 배치만을 담은 데이터셋을 만듭니다.

```
>>> dataset = dataset.filter(lambda x: tf.reduce_sum(x) > 50)
>>> for item in dataset:
...     print(item)
...
tf.Tensor([14 16 18 0 2 4 6], shape=(7,), dtype=int32)
tf.Tensor([ 8 10 12 14 16 18 0], shape=(7,), dtype=int32)
tf.Tensor([ 2 4 6 8 10 12 14], shape=(7,), dtype=int32)
```

데이터셋에 있는 몇 개의 아이템만 보고 싶을 때가 종종 있습니다. 이런 경우 take() 메서드를 사용합니다.

```
>>> for item in dataset.take(2):
...     print(item)
...
tf.Tensor([14 16 18 0 2 4 6], shape=(7,), dtype=int32)
tf.Tensor([ 8 10 12 14 16 18 0], shape=(7,), dtype=int32)
```

13.1.2 데이터 셔플링

4장에서 언급했듯이 경사 하강법은 훈련 세트에 있는 샘플이 독립적이고 동일한 분포일 때 최고의 성능을 발휘합니다. 이렇게 하는 간단한 방법은 shuffle() 메서드를 사용하여 샘플을 섞는 것입니다. 이 메서드는 먼저 원본 데이터셋의 처음 아이템을 buffer_size 개수만큼 추출하여 버퍼에 채웁니다. 그다음 새로운 아이템이 요청되면 이 버퍼에서 랜덤하게 하나를 꺼내 반환합니다. 그리고 원본 데이터셋에서 새로운 아이템을 추출하여 비워진 버퍼를 채웁니다. 원본 데이터셋의 모든 아이템이 사용될 때까지 반복됩니다. 그다음엔 버퍼가 비워질 때까지 계속하여 랜덤하게 아이템을 반환합니다. 이 메서드를 사용하려면 버퍼 크기를 지정해야 합니다. 버퍼 크기를 충분히 크게 하는 것이 중요합니다. 그렇지 않으면 셔플링의 효과가 감소합니다.[2] 다만 보유한 메모리 크기를 넘지 않아야 하며, 충분한 메모리가 있더라도 버퍼 크기가 데이터셋 크기보다 클 필요는 없습니다. 프로그램을 실행할 때마다 셔플링되는 순서를 동일하게 만들려면 랜덤 시드를 부여합니다. 예를 들어 다음 코드는 정수 0에서 9까지 세 번 반복된 데이터셋을 만든 다음 버퍼 크기 5와 랜덤 시드 42를 사용하여 셔플링하고 배치 크기 7로 나누어 출력합니다.

---

2 왼쪽에 순서대로 쌓인 카드 덱(deck)이 있다고 생각해보죠. 맨위에서 세 개의 카드를 집어서 섞은 다음 랜덤하게 하나를 뽑아 오른쪽에 놓습니다. 남은 두 카드는 그대로 손에 들고 있습니다. 카드 덱에서 또 다른 카드 하나를 집은 다음 손에 든 카드와 합쳐 다시 섞고 랜덤하게 하나를 선택하여 오른쪽에 놓습니다. 이런 작업을 모든 카드에 대해 적용하여 오른쪽 카드 덱을 만듭니다. 이 카드 덱이 완전히 셔플링된 것이라고 말할 수 있을까요? 옮긴이_ 버퍼 크기가 작으면 원본 데이터셋에서 뒤쪽에 있는 아이템이 새로 만들어진 데이터셋에서도 뒤에 등장할 가능성이 높습니다. 완벽한 셔플링을 위해서는 버퍼 크기가 데이터셋의 크기와 같아야 합니다.

```
>>> dataset = tf.data.Dataset.range(10).repeat(2)
>>> dataset = dataset.shuffle(buffer_size=4, seed=42).batch(7)
>>> for item in dataset:
...     print(item)
...
tf.Tensor([1 4 2 3 5 0 6], shape=(7,), dtype=int64)
tf.Tensor([9 8 2 0 3 1 4], shape=(7,), dtype=int64)
tf.Tensor([5 7 9 6 7 8], shape=(6,), dtype=int64)
```

> **TIP** 셔플된 데이터셋에 repeat() 메서드를 호출하면 기본적으로 반복마다 새로운 순서를 생성합니다.[3] 일반적으로 이런 작동 방식은 바람직합니다. 하지만 반복마다 동일한 순서를 사용해야 한다면(예를 들어 테스트나 디버깅을 위해) shuffle() 메서드를 호출할 때 reshuffle_each_iteration=False를 지정합니다.

메모리 용량보다 큰 대규모 데이터셋은 버퍼가 데이터셋에 비해 작기 때문에 간단한 셔플링 버퍼 방식으로는 충분하지 않습니다. 이를 해결하는 방법은 원본 데이터 자체를 섞는 것입니다 (예를 들어 리눅스에서는 **shuf** 명령어를 사용해 텍스트를 섞을 수 있습니다). 이렇게 하면 셔플링 효과가 크게 향상됩니다! 원본 데이터가 섞여 있더라도 일반적으로 에포크마다 한 번 더 섞습니다. 그렇지 않으면 에포크마다 동일한 순서가 반복되어 모델에 편향이 추가됩니다(원본 데이터에 우연히 존재하는 가짜 패턴 때문입니다). 샘플을 더 섞기 위해 많이 사용하는 방법은 원본 데이터를 여러 파일로 나눈 다음 훈련하는 동안 랜덤으로 읽는 것입니다. 하지만 동일한 파일에 있는 샘플은 여전히 함께 처리됩니다. 이를 피하기 위해 파일 여러 개를 랜덤으로 선택하고 파일에서 동시에 읽은 레코드를 돌아가면서 반환할 수 있습니다. 그런 다음 shuffle() 메서드를 사용해 그 위에 셔플링 버퍼를 추가합니다. 복잡하게 보이지만 걱정하지 마세요. 데이터 API를 사용하면 몇 줄의 코드로 만들 수 있습니다. 어떻게 하는지 알아봅시다.

13.1.3 여러 파일에서 한 줄씩 번갈아 읽기

먼저 캘리포니아 주택 데이터셋을 적재하고 (섞여 있지 않았다면) 섞은 다음 훈련 세트, 검증 세트, 테스트 세트로 나누었다고 가정합시다. 각 세트를 다음과 같은 CSV 파일 여러 개로 나눕니다(각 행은 8개의 입력 특성과 타깃인 중간 주택 가격을 담고 있습니다).

---

3   옮긴이_ 예를 들어 dataset.shuffle(buffer_size=3).repeat(3).batch(7)과 같이 쓰면 반복마다 순서가 달라집니다.

```
MedInc,HouseAge,AveRooms,AveBedrms,Popul…,AveOccup,Lat…,Long…,MedianHouseValue
3.5214,15.0,3.050,1.107,1447.0,1.606,37.63,-122.43,1.442
5.3275,5.0,6.490,0.991,3464.0,3.443,33.69,-117.39,1.687
3.1,29.0,7.542,1.592,1328.0,2.251,38.44,-122.98,1.621
[...]
```

train_filepaths가 훈련 파일 경로를 담은 리스트라고 가정합니다(또한 valid_filepaths 와 test_filepaths도 있습니다).

```
>>> train_filepaths
['datasets/housing/my_train_00.csv', 'datasets/housing/my_train_01.csv',...]
```

파일 패턴도 사용할 수 있습니다. 예를 들면 train_filepaths="datasets/housing/my_ train_*.csv"와 같이 쓸 수 있습니다. 이제 이런 파일 경로가 담긴 데이터셋을 만듭니다.

```
filepath_dataset = tf.data.Dataset.list_files(train_filepaths, seed=42)
```

기본적으로 list_files() 함수는 파일 경로를 섞은 데이터셋을 반환합니다. 일반적으로 이는 바람직한 설정이지만 어떤 이유로 이를 원하지 않는다면 shuffle=False로 지정할 수 있습니다.

그다음 interleave() 메서드를 호출하여 한 번에 다섯 개의 파일을 한 줄씩 번갈아 읽습니다 (각 파일의 첫 번째 줄은 열 이름이므로 skip() 메서드를 사용하여 건너뜁니다).

```
n_readers = 5
dataset = filepath_dataset.interleave(
    lambda filepath: tf.data.TextLineDataset(filepath).skip(1),
    cycle_length=n_readers)
```

interleave() 메서드는 filepath_dataset에 있는 다섯 개의 파일 경로에서 데이터를 읽 는 데이터셋을 만듭니다. 이 메서드에 전달한 함수(여기서는 람다^lambda 함수)를 각 파일에 대 해 호출하여 새로운 데이터셋(이 경우는 TextLineDataset)을 만들 것입니다. 명확하게 말해 서 이 단계에는 총 7개의 데이터셋이 있습니다. 파일 경로 데이터셋, 인터리브 데이터셋, 인터 리브 데이터셋에 의해 내부적으로 생성된 다섯 개의 TextLineDataset이 있습니다. 인터리브 데이터셋을 반복문에 사용하면 다섯 개의 TextLineDataset을 순회합니다. 모든 데이터셋이 아이템이 소진될 때까지 한 번에 한 줄씩 읽습니다. 그리고 나서 filepath_dataset에서 다음 다섯 개의 파일 경로를 가져오고 동일한 방식으로 한 줄씩 읽습니다. 모든 파일 경로가 소진될 때까지 계속됩니다. 인터리빙interleaving이 잘 작동하려면 파일의 길이가 동일한 것이 좋습니다. 그렇지 않으면 가장 긴 파일 끝은 인터리빙이 되지 않을 것입니다.

기본적으로 interleave() 메서드는 병렬화를 사용하지 않습니다. 각 파일에서 한 번에 한 줄씩 순서대로 읽습니다. 여러 파일에서 병렬로 읽고 싶다면 interleave() 메서드의 num_parallel_calls 매개변수에 원하는 스레드 개수를 지정합니다(map() 메서드도 이 매개변수를 지원합니다). 이 매개변수를 tf.data.AUTOTUNE으로 지정하면 텐서플로가 가용한 CPU를 기반으로 동적으로 적절한 스레드 개수를 선택할 수 있습니다. 그럼 지금까지의 데이터셋을 확인해봅시다.[4]

```
>>> for line in dataset.take(5):
...     print(line)
...
tf.Tensor(b'4.5909,16.0,[...],33.63,-117.71,2.418', shape=(), dtype=string)
tf.Tensor(b'2.4792,24.0,[...],34.18,-118.38,2.0', shape=(), dtype=string)
tf.Tensor(b'4.2708,45.0,[...],37.48,-122.19,2.67', shape=(), dtype=string)
tf.Tensor(b'2.1856,41.0,[...],32.76,-117.12,1.205', shape=(), dtype=string)
tf.Tensor(b'4.1812,52.0,[...],33.73,-118.31,3.215', shape=(), dtype=string)
```

이 내용은 CSV 파일의 (열 이름을 가진 행을 무시하고) 첫 번째 행에 해당하며 순서는 랜덤합니다. 훌륭합니다!

> **NOTE** TextLineDataset 생성자에 파일 경로 리스트를 전달할 수 있습니다. 그러면 순서대로 각 파일을 한 줄씩 읽습니다. 또한 num_parallel_reads 매개변수를 1보다 큰 숫자로 설정하면 데이터셋이 해당 개수의 파일을 병렬로 읽어 (interleave() 메서드를 호출할 필요 없이) 한 줄씩 번갈아 출력합니다. 그러나 파일을 섞거나 헤더를 건너뛰지는 않습니다.

---

4 옮긴이_ take() 메서드는 지정한 개수만큼 읽는 TakeDataset 객체를 반환합니다. 텐서플로의 데이터셋 객체는 모두 파이썬의 for ... in 문에 사용할 수 있습니다. 이렇게 사용되기 전까지는 실제 파일에서 어떤 데이터도 읽지 않습니다.

13.1.4 데이터 전처리

이제 각 샘플을 바이트 문자열이 담긴 텐서로 반환하는 주택 데이터셋이 있으므로 문자열을 파싱하고 데이터 스케일을 조정하는 등 약간의 전처리가 필요합니다. 이런 전처리를 수행하기 위한 사용자 정의 함수 몇 개를 만들어보겠습니다.

```
X_mean, X_std = [...]    # 훈련 세트에 있는 각 특성의 평균과 표준 편차
n_inputs = 8

def parse_csv_line(line):    ❶
    defs = [0.] * n_inputs + [tf.constant([], dtype=tf.float32)]
    fields = tf.io.decode_csv(line, record_defaults=defs)    ❷
    return tf.stack(fields[:-1]), tf.stack(fields[-1:])

def preprocess(line):    ❸
    x, y = parse_csv_line(line)
    return (x - X_mean) / X_std, y
```

이 코드를 하나씩 살펴봅시다. 먼저 이 코드는 훈련 세트에 있는 각 특성의 평균과 표준 편차를 미리 계산했다고 가정합니다. X_mean과 X_std는 특성마다 1개씩 8개의 실수를 가진 1D 텐서(또는 넘파이 배열)입니다. 데이터셋에서 충분히 큰 랜덤 샘플을 추출하여 사이킷런의 StandardScaler로 이를 계산할 수 있습니다. 나중에 이 장에서 이를 위해 케라스 전처리 층을 사용해보겠습니다.

❶ parse_csv_line() 함수는 CSV 한 라인을 받아 파싱합니다. 이를 위해 tf.io.decode_csv() 함수를 사용합니다. 이 함수는 두 개의 매개변수를 받습니다. 첫 번째는 파싱할 라인이고, 두 번째는 CSV 파일의 각 열에 대한 기본값을 담은 배열입니다. 이 배열(defs)은 텐서플로에게 각 열의 기본값뿐만 아니라 열 개수와 데이터 타입도 알려줍니다. 이 예에서는 모든 특성 열이 실수이고 누락된 값의 기본값은 0으로 지정했습니다. 마지막 열(타깃)에 tf.float32 타입의 빈 배열을 제공합니다. 이 배열은 텐서플로에게 이 열은 실수이지만 기본값이 없다고 알려줍니다. 따라서 이 열에서 누락된 값이 발견되면 예외가 발생할 것입니다.

❷ tf.io.decode_csv() 함수는 (열마다 한 개씩) 스칼라 텐서의 리스트를 반환합니다. 하지만 1D 텐서 배열을 반환해야 하므로 마지막 열(타깃)을 제외하고 모든 텐서에 대해 tf.stack() 함수를 호출합니다. 이 함수는 모든 텐서를 쌓아 1D 배열을 만듭니다. 그다음 타깃값에도 동일하게 적용합니다. 이렇게 하면 스칼라 텐서가 아니라 하나의 값을 가진 1D 텐서가 됩니다. 따라서 parse_csv_line() 함수가 완료되면 입력 특성과 타깃이 반환됩니다.

❸ 마지막으로 preprocess() 함수는 parse_csv_line() 함수를 호출하고, 입력 특성에서 평균을 빼고 표준 편차로 나누어 스케일을 조정합니다. 그다음 스케일이 조정된 특성과 타깃을 담은 튜플을 반환합니다.

이 전처리 함수를 테스트하면 다음과 같이 잘 작동합니다.

```
>>> preprocess(b'4.2083,44.0,5.3232,0.9171,846.0,2.3370,37.47,-122.2,2.782')
(<tf.Tensor: shape=(8,), dtype=float32, numpy=
 array([ 0.16579159,  1.216324  , -0.05204564, -0.39215982, -0.5277444 ,
        -0.2633488 ,  0.8543046 , -1.3072058 ], dtype=float32)>,
<tf.Tensor: shape=(1,), dtype=float32, numpy=array([2.782], dtype=float32)>)
```

좋아 보이네요! preprocess() 함수는 바이트 문자열로 된 샘플을 스케일 조정된 텐서와 레이블 텐서로 변환할 수 있습니다. 이제 데이터셋의 map() 메서드를 사용하여 데이터셋의 각 샘플에 preprocess() 함수를 적용할 수 있습니다.

13.1.5 데이터 적재와 전처리 합치기

재사용성이 더 높은 코드로 만들기 위해 지금까지 언급한 모든 것을 또 다른 헬퍼 함수로 만들겠습니다. 이 함수는 CSV 파일에서 캘리포니아 주택 데이터셋을 효율적으로 적재하고 전처리, 셔플링, 배치를 적용한 데이터셋을 만들어 반환합니다(그림 13-2).

```python
def csv_reader_dataset(filepaths, n_readers=5, n_read_threads=None,
                       n_parse_threads=5, shuffle_buffer_size=10_000, seed=42,
                       batch_size=32):
    dataset = tf.data.Dataset.list_files(filepaths, seed=seed)
    dataset = dataset.interleave(
        lambda filepath: tf.data.TextLineDataset(filepath).skip(1),
        cycle_length=n_readers, num_parallel_calls=n_read_threads)
    dataset = dataset.map(preprocess, num_parallel_calls=n_parse_threads)
    dataset = dataset.shuffle(shuffle_buffer_size, seed=seed)
    return dataset.batch(batch_size).prefetch(1)
```

마지막 라인에 prefetch() 메서드를 사용했습니다. 잠시 후에 보겠지만 이는 성능에 아주 중요합니다.

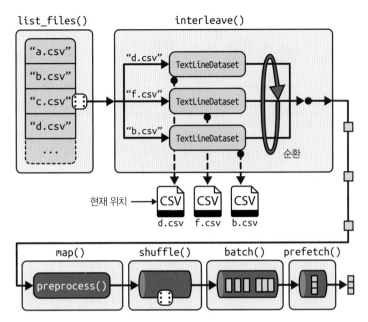

그림 13-2 여러 CSV 파일에서 데이터를 적재하고 전처리하기

13.1.6 프리페치

csv_reader_dataset() 함수 마지막에 prefetch(1)을 호출하면 데이터셋은 항상 한 배치가 미리 준비되도록 최선을 다합니다.[5] 다시 말해 훈련 알고리즘이 한 배치로 작업을 하는 동안 이 데이터셋이 동시에 다음 배치를 준비합니다(예를 들면 디스크에서 데이터를 읽고 전처리합니다). 이 기능은 [그림 13-3]에 나타난 것처럼 성능을 크게 향상시킵니다.

(interleave()와 map() 메서드를 호출할 때 num_parallel_calls 매개변수를 지정하여) 멀티스레드로 데이터를 적재하고 전처리하면 여러 개의 CPU 코어를 활용하여 아마도 GPU에서 훈련 스텝을 수행하는 것보다 짧은 시간 안에 하나의 배치 데이터를 준비할 수 있을 것입니다. 이렇게 하면 (CPU에서 GPU로 데이터를 전송하는 시간을 제외하고[6]) GPU를 거의 100% 활용할 수 있습니다. 따라서 훈련 속도가 더 빨라질 것입니다.

---

5 일반적으로 배치 하나를 프리페치하는 것만으로 충분합니다. 어떤 경우에는 프리페치를 조금 더 많이 해야 할 수 있습니다. 또는 prefetch()에 tf.data.AUTOTUNE을 전달하면 텐서플로가 자동으로 결정할 수 있습니다.

6 GPU에서 데이터를 바로 프리페치할 수 있는 tf.data.experimental.prefetch_to_device()를 확인해보세요. 이름에 experimental이 포함된 모든 텐서플로 함수 또는 클래스는 향후 버전에서 경고 없이 바뀔 수 있습니다. 이런 함수가 실패하면 experimental을 제거해보세요. 핵심 API로 옮겨졌을 수 있습니다. 그렇지 않은 경우 노트북에서 업데이트된 최신 코드를 확인하세요.

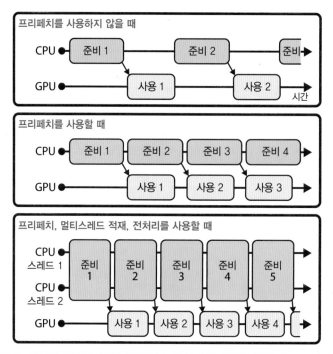

그림 13-3 프리페치로 CPU와 GPU를 동시에 사용합니다. GPU가 한 배치를 처리할 때 CPU가 다음 배치를 준비합니다.

TIP 성능과 메모리 용량은 GPU 카드를 구입할 때 중요합니다(특히 대규모 컴퓨터 비전과 자연어 처리 모델에서는 큰 RAM 용량이 아주 중요합니다). 그런데 성능만큼 중요한 것이 있습니다. 바로 GPU의 **메모리 대역폭**memory bandwidth입니다. 이는 초당 RAM에서 입출력할 수 있는 데이터의 기가바이트(GB) 수치입니다.

데이터셋이 메모리에 모두 들어갈 수 있을 정도로 작다면 RAM에 모두 캐싱할 수 있는 cache() 메서드를 사용하여 훈련 속도를 크게 높일 수 있습니다. 일반적으로 데이터를 적재하고 전처리한 후 셔플링, 반복, 배치, 프리페치하기 전에 캐싱을 수행합니다. 이렇게 하면 각 샘플을 (매 에포크가 아니라) 한 번만 읽고 전처리하지만 에포크마다 다르게 셔플링되고 다음 배치도 미리 준비될 것입니다.

이제 여러 텍스트 파일에서 데이터를 효율적으로 읽고 전처리하는 입력 파이프라인을 어떻게 만드는지 알았습니다. 가장 많이 사용하는 데이터셋 메서드를 소개했지만 이보다 더 많은 메서드가 있습니다. concatenate(), zip(), window(), reduce(), shard(), flat_map(), apply(), unbatch(), padded_batch()를 살펴보세요. from_generator(), from_ tensors()와 같은 클래스 메서드도 있습니다. 각각 파이썬 제너레이터나 텐서 리스트로 데이터셋을 만듭니다. 자세한 내용은 API 문서를 확인하세요. tf.data.experimental 패키지에는 실험적인 기능이 있으며, 이 중 많은 기능이 향후 릴리스에 핵심 API가 될 가능성이 많습니다(예를 들어 CsvDataset 클래스와 CSV 파일에서 각 열의 데이터 타입을 추측하여 처리하는 make_csv_dataset()을 확인해보세요).

13.1.7 케라스와 데이터셋 사용하기

이제 앞서 작성한 사용자 정의 csv_reader_dataset() 함수를 사용하여 훈련 세트, 검증 세트, 테스트 세트를 위한 데이터셋을 만들 수 있습니다. 훈련 세트는 각 에포크마다 셔플됩니다(실제로는 필요하지 않지만 검증 세트와 테스트 세트도 셔플됩니다).

```
train_set = csv_reader_dataset(train_filepaths)
valid_set = csv_reader_dataset(valid_filepaths)
test_set = csv_reader_dataset(test_filepaths)
```

이제 케라스 모델을 만들고 이 데이터셋으로 훈련할 수 있습니다. 모델의 fit() 메서드를 호출할 때 X_train, y_train 대신에 train_set을 전달하고, validation_data=(X_valid, y_valid) 대신에 validation_data=valid_set을 전달합니다. fit() 메서드가 에포크마다 랜덤한 순서로 훈련 데이터셋을 한 번씩 반복합니다.

```
model = tf.keras.Sequential([...])
model.compile(loss="mse", optimizer="sgd")
model.fit(train_set, validation_data=valid_set, epochs=5)
```

비슷하게 evaluate()와 predict() 메서드에 데이터셋을 전달할 수 있습니다.

```
test_mse = model.evaluate(test_set)
new_set = test_set.take(3)        # 새로운 샘플이 3개 있다고 가정합니다.
y_pred = model.predict(new_set) # 또는 넘파이 배열을 전달할 수 있습니다.
```

다른 세트와 달리 new_set은 레이블을 가지고 있지 않습니다. 포함되어 있더라도 케라스가 무시합니다. 이런 모든 경우에 데이터셋 대신에 넘파이 배열을 사용할 수 있습니다(물론 먼저 데이터를 적재하고 전처리해야 합니다).

(12장처럼) 자신만의 훈련 반복을 만들고 싶다면 그냥 훈련 세트를 반복하면 됩니다.

```
n_epochs = 5
for epoch in range(n_epochs):
    for X_batch, y_batch in train_set:
        [...] # 경사 하강법 단계를 수행합니다.
```

사실 한 번의 에포크 동안 모델을 훈련하는 텐서플로 함수(12장 참고)를 만들 수도 있습니다. 이렇게 하면 훈련 속도가 상당히 높아집니다.

```
@tf.function
def train_one_epoch(model, optimizer, loss_fn, train_set):
    for X_batch, y_batch in train_set:
        with tf.GradientTape() as tape:
            y_pred = model(X_batch)
            main_loss = tf.reduce_mean(loss_fn(y_batch, y_pred))
            loss = tf.add_n([main_loss] + model.losses)
        gradients = tape.gradient(loss, model.trainable_variables)
        optimizer.apply_gradients(zip(gradients, model.trainable_variables))

optimizer = tf.keras.optimizers.SGD(learning_rate=0.01)
loss_fn = tf.keras.losses.mean_squared_error
for epoch in range(n_epochs):
    print("\rEpoch {}/{}".format(epoch + 1, n_epochs), end="")
    train_one_epoch(model, optimizer, loss_fn, train_set)
```

케라스에서 compile() 메서드의 steps_per_execution 매개변수를 사용하면 훈련에 사용하는 tf.function을 호출할 때마다 fit() 메서드가 처리할 배치의 수를 정의할 수 있습니다. 기본값은 1이므로 50으로 설정하면 성능이 크게 향상되는 것을 종종 볼 수 있습니다. 하지만 케라스 콜백의 on_batch_*() 메서드가 50개의 배치마다 호출될 것입니다.

축하합니다! tf.data API를 사용해 강력한 입력 파이프라인을 만드는 방법을 배웠습니다. 지금까지 사용한 CSV 파일은 간단하고 편리해서 널리 통용되지만 효율적이지 않고 대규모의 복잡한 (이미지나 오디오 같은) 데이터 구조를 지원하지 못합니다. 이 대신 TFRecord를 사용하는 방법을 알아봅시다.

TIP CSV 파일(또는 어떤 다른 포맷)을 선호한다면 TFRecord를 사용할 필요가 없습니다. 문제가 없다면 그대로 사용해도 됩니다. TFRecord는 훈련 과정에서 데이터를 적재하고 전처리하는 데 병목이 생기는 경우 유용합니다.

13.2 TFRecord 포맷

대용량 데이터를 저장하고 효율적으로 읽기 위해 텐서플로가 선호하는 포맷은 TFRecord입니다. TFRecord는 크기가 다른 연속된 이진 레코드를 저장하는 단순한 이진 포맷입니다(각 레코드는 레코드 길이, 길이가 올바른지 체크하는 CRC 체크섬^{checksum}, 실제 데이터, 데이터를 위한 CRC 체크섬으로 구성됩니다). `tf.io.TFRecordWriter` 클래스를 사용해 TFRecord를 손쉽게 만들 수 있습니다.

```
with tf.io.TFRecordWriter("my_data.tfrecord") as f:
    f.write(b"This is the first record")
    f.write(b"And this is the second record")
```

그다음 `tf.data.TFRecordDataset`을 사용해 하나 이상의 TFRecord를 읽을 수 있습니다.

```
filepaths = ["my_data.tfrecord"]
dataset = tf.data.TFRecordDataset(filepaths)
for item in dataset:
    print(item)
```

출력은 다음과 같습니다.

```
tf.Tensor(b'This is the first record', shape=(), dtype=string)
tf.Tensor(b'And this is the second record', shape=(), dtype=string)
```

기본적으로 TFRecordDataset은 파일을 하나씩 차례로 읽습니다. 생성자에 파일 경로 리스트를 전달하고 num_parallel_reads를 1보다 크게 지정하여 여러 파일에서 레코드를 번갈아 읽을 수 있습니다. 또는 앞서 CSV 파일에 적용했던 것처럼 list_files()와 interleave()를 사용하여 동일한 결과를 얻을 수 있습니다.

13.2.1 압축된 TFRecord 파일

이따금 TFRecord 파일을 압축할 필요가 있습니다. 특히 네트워크를 통해 읽어야 하는 경우입니다. options 매개변수를 사용하여 압축된 TFRecord 파일을 만들 수 있습니다.

```
options = tf.io.TFRecordOptions(compression_type="GZIP")
with tf.io.TFRecordWriter("my_compressed.tfrecord", options) as f:
    f.write(b"Compress, compress, compress!")
```

압축된 TFRecord 파일을 읽으려면 압축 형식을 지정해야 합니다.

```
dataset = tf.data.TFRecordDataset(["my_compressed.tfrecord"],
                                  compression_type="GZIP")
```

13.2.2 프로토콜 버퍼 개요

각 레코드는 어떤 이진 포맷도 사용할 수 있지만 일반적으로 TFRecord는 직렬화된 **프로토콜 버퍼**protocol buffer(또는 protobuf)를 담고 있습니다. 프로토콜 버퍼는 2001년 구글이 개발한 이식성과 확장성이 좋고 효율적인 이진 포맷으로, 2008년에 오픈 소스로 공개되었습니다. 프로토콜 버퍼는 요즘 널리 사용됩니다. 특히 구글의 원격 프로시저procedure 호출 시스템인 gRPC에 사용됩니다. 프로토콜 버퍼는 다음과 같은 간단한 언어를 사용하여 정의됩니다.

```
syntax = "proto3";
message Person {
  string name = 1;
  int32 id = 2;
  repeated string email = 3;
}
```

이 프로토콜 버퍼 정의는 프로토콜 버퍼 포맷의 버전 3을 사용하고, 각 Person 객체[7]는 (선택적으로) string 타입의 name, int32 타입의 id, string 타입인 email 필드를 하나 이상 가집니다. 숫자 1, 2, 3은 필드 식별자로 레코드의 이진 표현에 사용됩니다. .proto 파일로 정의를 만든 후 컴파일할 수 있습니다. 프로토콜 버퍼 컴파일러인 protoc를 사용해 파이썬 (또는 다른 언어의) 클래스를 생성합니다. 일반적으로 텐서플로에서 사용할 프로토콜 버퍼 정의는 이미 컴파일되어 텐서플로 안에 파이썬 클래스로 포함되어 있습니다. 따라서 protoc를 사용할 필요가 없습니다. 프로토콜 버퍼 정의에 따라 생성된 파이썬 클래스의 사용법을 알아야 하는 것이 전부입니다. 기본적인 내용을 설명하기 위해 Person 프로토콜 버퍼로 생성된 클래스를 사용하는 간단한 예를 살펴보겠습니다(주석에 코드 설명이 담겨있습니다).

```
>>> from person_pb2 import Person    # 생성된 클래스를 임포트합니다.
>>> person = Person(name="Al", id=123, email=["a@b.com"])    # Person 객체를 만듭니다.
>>> print(person)              # Person을 출력합니다.
name: "Al"
id: 123
email: "a@b.com"
>>> person.name               # 필드를 읽습니다.
"Al"
>>> person.name = "Alice"     # 필드를 수정합니다.
>>> person.email[0]           # 반복 필드는 배열처럼 참조할 수 있습니다.
"a@b.com"
>>> person.email.append("c@d.com")         # 이메일 주소를 추가합니다.
>>> serialized = person.SerializeToString()    # 바이트 문자열로 객체를 직렬화합니다.
>>> serialized
b'\n\x05Alice\x10{\x1a\x07a@b.com\x1a\x07c@d.com'
>>> person2 = Person()               # 새로운 Person 객체를 만듭니다.
>>> person2.ParseFromString(serialized)    # 길이가 27인 바이트 문자열을 파싱합니다.
27
>>> person == person2                # 두 객체는 동일합니다.
True
```

protoc로 생성된 Person 클래스를 임포트하고 객체를 만들어 출력해보았으며 필드의 값을 읽고 써보았습니다. 그리고 SerializeToString() 메서드를 사용해 직렬화했습니다. 이 문자열을 저장하거나 네트워크를 통해 전달할 수 있습니다. 이진 데이터를 읽거나 수신하면 ParseFromString() 메서드를 사용해 파싱할 수 있습니다. 이를 통해 직렬화한 객체의 복사

---

7 프로토콜 버퍼 객체는 직렬화하여 전송된 것을 의미하므로 메시지(message)라고 부릅니다.

본을 얻을 수 있습니다.[8]

직렬화된 Person 객체를 TFRecord 파일로 저장한 다음 읽고 파싱할 수 있습니다. 모든 작업이 이상 없이 작동할 것입니다. 하지만 ParseFromString()은 텐서플로 연산이 아니기 때문에 tf.data 파이프라인 안에 있는 전처리 함수에 포함할 수 없습니다(12장에서 보았던 tf.py_function() 연산으로 감싸는 것은 제외합니다. 이렇게 하면 코드가 느려지고 이식성이 떨어집니다). 하지만 프로토콜 버퍼 정의만 제공하면 tf.io.decode_proto() 함수를 사용하여 어떤 프로토콜 버퍼도 파싱할 수 있습니다(노트북에 있는 예제를 참고하세요). 하지만 일반적으로 텐서플로가 전용 파싱 연산을 제공하는 사전 정의된 프로토콜 버퍼를 대신 사용하는 것이 좋습니다. 이제부터 사전에 정의된 프로토콜 버퍼를 살펴보겠습니다.

13.2.3 텐서플로 프로토콜 버퍼

TFRecord 파일에서 사용하는 전형적인 주요 프로토콜 버퍼는 데이터셋에 있는 하나의 샘플을 표현하는 Example 프로토콜 버퍼입니다. 이 프로토콜 버퍼는 이름을 가진 특성의 리스트를 가지고 있습니다. 각 특성은 바이트 문자열의 리스트나 실수의 리스트, 정수의 리스트 중 하나입니다. 다음은 (텐서플로 소스 코드에서 가져온) 이 프로토콜 버퍼의 정의입니다.

```
syntax = "proto3";
message BytesList { repeated bytes value = 1; }
message FloatList { repeated float value = 1 [packed = true]; }
message Int64List { repeated int64 value = 1 [packed = true]; }
message Feature {
    oneof kind {
        BytesList bytes_list = 1;
        FloatList float_list = 2;
        Int64List int64_list = 3;
    }
};
message Features { map<string, Feature> feature = 1; };
message Example { Features features = 1; };
```

----

[8] 이 장은 TFRecord를 사용하기 위해 알아야 할 프로토콜 버퍼의 최소한만을 다룹니다. 프로토콜 버퍼에 관한 자세한 내용을 알고 싶다면 *https://homl.info/protobuf*를 참고하세요.

BytesList, FloatList, Int64List의 정의는 이해하기 쉽습니다. [packed=true]는 효율적인 인코딩을 위해 반복적인 수치 필드에 사용됩니다. Feature는 BytesList, FloatList, Int64List 중 하나를 담고 있습니다. (복수형인) Features는 특성 이름과 특성값을 매핑한 딕셔너리를 가집니다. 마지막으로 Example은 하나의 Features 객체를 가집니다.

> **✏️ NOTE** 하나 이상의 Features 객체가 포함되지 않는데 왜 Example을 정의할까요? 텐서플로 개발자들이 언젠가 더 추가할 수 있기 때문입니다. 새로운 Example 정의가 동일한 ID로 features 필드를 포함하는 한 이전 버전에 대한 호환성을 유지할 것입니다. 이러한 확장성은 프로토콜 버퍼가 가진 훌륭한 특징입니다.

다음은 앞서 Person과 동일하게 표현한 tf.train.Example 객체를 만드는 방법을 보여줍니다.

```python
from tensorflow.train import BytesList, FloatList, Int64List
from tensorflow.train import Feature, Features, Example

person_example = Example(
    features=Features(
        feature={
            "name": Feature(bytes_list=BytesList(value=[b"Alice"])),
            "id": Feature(int64_list=Int64List(value=[123])),
            "emails": Feature(bytes_list=BytesList(value=[b"a@b.com",
                                                          b"c@d.com"]))
        }))
```

장황하고 중복이 많은 코드처럼 보이지만 작은 유틸리티 함수로 이 코드를 쉽게 감쌀 수 있습니다. Example 프로토콜 버퍼를 만들었으므로 SerializeToString() 메서드를 호출하여 직렬화하고 결과 데이터를 TFRecord 파일에 저장할 수 있습니다. 다섯 개의 연락처가 있다고 가정하고 반복해서 저장해보죠.

```python
with tf.io.TFRecordWriter("my_contacts.tfrecord") as f:
    for _ in range(5):
        f.write(person_example.SerializeToString())
```

13장 텐서플로를 사용한 데이터 적재와 전처리 **551**

보통 하나 이상의 Example을 만들어야겠죠! 일반적으로 현재 포맷(예 CSV 파일)을 읽어 샘플마다 하나의 Example 프로토콜 버퍼를 생성하고, 직렬화한 다음 프로세스에서 셔플링하여 TFRecord 파일 여러 개에 저장하는 변환 스크립트를 만들 것입니다. 이는 작업량이 꽤 되므로 진짜로 필요할 때 적용하기 바랍니다(CSV 파일을 사용해도 잘 작동하는 파이프라인일 수 있습니다).

직렬화된 Example을 담은 TFRecord 파일을 만들었으면 이제 이것을 읽어봅시다.

13.2.4 Example 프로토콜 버퍼 읽고 파싱하기

직렬화된 Example 프로토콜 버퍼를 읽기 위해서 tf.data.TFRecordDataset을 다시 사용하고 tf.io.parse_single_example()로 각 Example을 파싱하겠습니다. 이 함수에는 두 개의 매개변수가 필요합니다. 직렬화된 데이터를 담은 문자열 스칼라 텐서와 각 특성에 대한 설명description입니다. 이 설명은 각 특성 이름을 특성의 크기, 타입, 기본값을 표현한 tf.io.FixedLenFeature 또는 ("email" 특성처럼) 특성 리스트의 길이가 가변적인 경우 특성의 타입만 표현한 tf.io.VarLenFeature에 매핑한 딕셔너리입니다.

다음 코드는 설명 딕셔너리를 정의한 다음 TFRecordDataset을 만들고 사용자 정의 함수를 적용하여 이 데이터셋에 포함된 직렬화된 Example 프로토콜 버퍼를 파싱합니다.

```
feature_description = {
    "name": tf.io.FixedLenFeature([], tf.string, default_value=""),
    "id": tf.io.FixedLenFeature([], tf.int64, default_value=0),
    "emails": tf.io.VarLenFeature(tf.string),
}

def parse(serialized_example):
    return tf.io.parse_single_example(serialized_example, feature_description)

dataset = tf.data.TFRecordDataset(["my_contacts.tfrecord"]).map(parse)
for parsed_example in dataset:
    print(parsed_example)
```

고정 길이 특성은 보통의 텐서로 파싱되지만 가변 길이 특성은 희소 텐서로 파싱됩니다. tf.sparse.to_dense()로 희소 텐서를 밀집 텐서로 변환할 수 있지만 여기에서는 희소 텐서의 값을 바로 참조하는 것이 더 간단합니다.

```
>>> tf.sparse.to_dense(parsed_example["emails"], default_value=b"")
<tf.Tensor: [...] dtype=string, numpy=array([b'a@b.com', b'c@d.com'], [...])>
>>> parsed_example["emails"].values
<tf.Tensor: [...] dtype=string, numpy=array([b'a@b.com', b'c@d.com'], [...])>
```

tf.io.parse_single_example()로 하나씩 파싱하는 대신 tf.io.parse_example()을 사용하여 배치 단위로 파싱할 수 있습니다.

```
def parse(serialized_examples):
    return tf.io.parse_example(serialized_examples, feature_description)

dataset = tf.data.TFRecordDataset(["my_contacts.tfrecord"]).batch(2).map(parse)
for parsed_examples in dataset:
    print(parsed_examples)  # 한 번에 두 개의 Example
```

마지막으로 BytesList는 직렬화된 객체를 포함해 원하는 어떤 이진 데이터도 포함할 수 있습니다. 예를 들어 tf.io.encode_jpeg()를 사용해 JPEG 포맷 이미지를 인코딩하고 이 이진 데이터를 BytesList에 넣을 수 있습니다. 나중에 코드에서 이 TFRecord를 읽을 때 Example을 파싱한 다음 데이터를 파싱하고 원본 이미지를 얻기 위해 tf.io.decode_jpeg()를 호출해야 합니다(또는 BMP, GIF, JPEG, PNG 이미지를 디코딩할 수 있는 tf.io.decode_image()를 사용할 수 있습니다). 또한 tf.io.serialize_tensor()를 사용하여 어떤 텐서라도 직렬화하고 결과 바이트 문자열을 BytesList 특성에 넣어 저장할 수 있습니다. 나중에 이 TFRecord를 파싱할 때는 tf.io.parse_tensor()를 사용하여 이 데이터를 파싱합니다. TFRecord 파일에 이미지와 텐서를 저장하는 예는 이 장의 주피터 노트북을 참고하세요.

여기서 볼 수 있듯이 Example 프로토콜 버퍼는 매우 유연하기 때문에 대부분의 경우 이 정도로 충분할 것입니다. 하지만 리스트의 리스트를 다룰 때는 조금 사용하기 어렵습니다. 예를 들어 텍스트 문서를 분류한다고 가정해보죠. 각 문서는 문장의 리스트로 표현됩니다. 각 문장은 단어의 리스트로 표현됩니다. 또는 각 문서가 코멘트의 리스트를 가지고, 각 코멘트는 단어의 리스트로 표현될 수 있습니다. 문서의 저자, 제목, 출간일 같은 문맥contextual 데이터도 가질 수 있습니다. 이런 경우를 위해 텐서플로의 SequenceExample이 고안된 것입니다.

13.2.5 SequenceExample 프로토콜 버퍼로 리스트의 리스트 다루기

다음은 SequenceExample 프로토콜 버퍼의 정의입니다.

```
message FeatureList { repeated Feature feature = 1; };
message FeatureLists { map<string, FeatureList> feature_list = 1; };
message SequenceExample {
    Features context = 1;
    FeatureLists feature_lists = 2;
};
```

SequenceExample은 문맥 데이터를 위한 하나의 Features 객체와 이름이 있는 한 개 이상의 FeatureList를 가진 FeatureLists 객체를 포함합니다(예를 들어 한 FeatureList의 이름이 "content"이고 또 다른 이름은 "comments"입니다). 각 FeatureList는 Feature 객체의 리스트를 포함하고 있습니다. Feature 객체는 바이트 문자열의 리스트나 64비트 정수의 리스트, 실수의 리스트일 수 있습니다(이 예에서 Feature는 하나의 문장이나 코멘트를 표현합니다. 아마도 단어를 나타내는 ID의 리스트 형태일 것입니다). SequenceExample을 만들고 직렬화하고 파싱하는 것은 Example을 만들고 직렬화하고 파싱하는 것과 비슷합니다. 하지만 하나의 SequenceExample을 파싱하려면 tf.io.parse_single_sequence_example()을 사용하고 배치를 파싱하려면 tf.io.parse_sequence_example()을 사용해야 합니다. 두 함수는 모두 문맥 특성(딕셔너리)과 특성 리스트(역시 딕셔너리)를 담은 튜플을 반환합니다. 특성 리스트가 (앞선 예제처럼) 가변 길이의 시퀀스를 담고 있다면 tf.RaggedTensor.from_sparse()를 사용해 래그드 텐서로 바꿀 수 있습니다(주피터 노트북에서 전체 코드를 확인하세요).

```
parsed_context, parsed_feature_lists = tf.io.parse_single_sequence_example(
    serialized_sequence_example, context_feature_descriptions,
    sequence_feature_descriptions)
parsed_content = tf.RaggedTensor.from_sparse(parsed_feature_lists["content"])
```

이제 tf.data API, TFRecords, 프로토콜 버퍼를 사용해 효율적으로 데이터를 저장하고 읽고 파싱하고 전처리하는 방법을 알았습니다. 이제 케라스 전처리 층을 알아볼 차례입니다.

13.3 케라스의 전처리 층

신경망에 사용할 데이터를 준비하려면 일반적으로 수치 특성 정규화, 범주형 특성이나 텍스트 인코딩, 이미지 자르기와 크기 조정 등의 작업이 필요합니다. 이러한 작업을 위한 몇 가지 방법이 있습니다.

- 훈련 데이터 파일을 준비할 때 넘파이, 판다스, 사이킷런과 같은 도구를 사용하여 미리 전처리를 수행할 수 있습니다. 제품에 투입한 모델이 훈련할 때와 비슷하게 전처리된 입력을 받으려면 제품 환경에 정확히 동일한 전처리 단계를 적용해야 합니다.
- 이 장의 앞부분에서 수행한 것처럼 데이터셋의 map() 메서드를 사용하여 데이터셋의 모든 원소에 전처리 함수를 적용하여 tf.data로 데이터를 로드하는 동안 바로 전처리할 수 있습니다. 여기서도 제품 환경에서 동일한 전처리 단계를 적용해야 합니다.
- 모델 내부에 전처리 층을 직접 포함시켜 훈련 중에 즉시 모든 입력 데이터를 전처리합니다. 그런 다음 제품 환경에서 동일한 전처리 층을 사용하는 것입니다. 이 장의 나머지 부분에서는 이 접근 방식에 관해 살펴봅니다.

케라스는 모델에 포함할 수 있는 다양한 전처리 층을 제공하며 이를 수치 특성, 범주형 특성, 이미지 및 텍스트에 적용할 수 있습니다. 다음 절에서는 수치 특성, 범주형 특성과 기본적인 텍스트 전처리에 관해 살펴보겠습니다. 14장에서는 이미지 전처리, 16장에서는 고급 텍스트 전처리를 다룰 것입니다.

13.3.1 Normalization 층

10장에서 보았듯이 케라스는 입력 특성을 표준화할 수 있는 **Normalization** 층을 제공합니다. 이 층을 만들 때 각 특성의 평균과 분산을 지정할 수 있습니다. 아니면 모델을 훈련하기 전에 이 층의 **adapt()** 메서드에 훈련 세트를 전달하여 특성의 평균과 분산을 계산할 수 있습니다.

```
norm_layer = tf.keras.layers.Normalization()
model = tf.keras.models.Sequential([
    norm_layer,
    tf.keras.layers.Dense(1)
])
model.compile(loss="mse", optimizer=tf.keras.optimizers.SGD(learning_rate=2e-3))
norm_layer.adapt(X_train) # 모든 특성의 평균과 분산을 계산합니다.
model.fit(X_train, y_train, validation_data=(X_valid, y_valid), epochs=5)
```

TIP adapt() 메서드에 전달하는 데이터 샘플은 데이터셋을 대표할 수 있을 만큼 충분히 커야합니다. 하지만 전체 훈련 세트를 전달할 필요는 없습니다. Normalization 층의 경우 훈련 세트에서 몇백 개의 샘플을 랜덤하게 추출하면 특성의 평균과 분산을 추정하는 데 충분합니다.

모델에 Normalization 층을 포함했기 때문에 정규화에 대해 신경 쓰지 않고 이 모델을 제품에 배포할 수 있습니다. 모델이 정규화를 알아서 처리할 것입니다(그림 13-4). 환상적이네요! 이 방식은 전처리 불일치 위험을 완전히 제거합니다. 전처리 불일치는 훈련과 제품에 사용하는 전처리 코드를 별도로 유지하다가 한 쪽은 업데이트되고 다른 쪽은 업데이트되지 않을 때 일어 납니다. 결국 제품 모델은 기대하는 것과 다르게 전처리된 데이터를 받습니다. 운이 좋다면 버그로 발견할 수 있을 것입니다. 그렇지 않다면 소리 없이 모델의 정확도가 감소하게 됩니다.

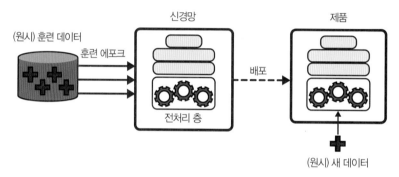

그림 13-4 모델에 전처리 층 포함하기

모델에 전처리 층을 포함시키는 것은 좋은 생각이고 간단하지만 (Normalization 층의 경우 매우 작지만) 훈련 속도를 느리게 만듭니다. 실제로 전처리가 훈련하는 동안 즉시 적용되기 때문에 에포크마다 매번 수행됩니다. 이보다는 훈련 전에 전체 훈련 세트를 딱 한 번 전처리하는 것이 낫습니다. 이렇게 하기 위해 (사이킷런의 StandardScaler처럼) Normalization 층을 독립적으로 사용할 수 있습니다.

```
norm_layer = tf.keras.layers.Normalization()
norm_layer.adapt(X_train)
X_train_scaled = norm_layer(X_train)
X_valid_scaled = norm_layer(X_valid)
```

이제 스케일이 조정된 데이터로 모델을 훈련할 수 있습니다. 하지만 이번에는 Normalization 층을 포함시키지 않습니다.

```
model = tf.keras.models.Sequential([tf.keras.layers.Dense(1)])
model.compile(loss="mse", optimizer=tf.keras.optimizers.SGD(learning_rate=2e-3))
model.fit(X_train_scaled, y_train, epochs=5,
          validation_data=(X_valid_scaled, y_valid))
```

좋네요! 이렇게 하면 훈련 속도가 조금 빨라질 것입니다. 하지만 모델을 제품에 배포했을 때 입력을 전처리하지 못합니다. 이 문제를 해결하기 위해 (adapt() 메서드를 호출한) Normalization 층과 훈련된 모델을 포함하는 새로운 모델을 만듭니다. 그런 다음 이 최종 모델을 제품에 배포합니다. 이 모델은 입력을 전처리하여 예측을 만들 수 있습니다(그림 13-5).

```
final_model = tf.keras.Sequential([norm_layer, model])
X_new = X_test[:3]        # (스케일을 조정하지 않은) 새로운 샘플이라고 가정합니다.
y_pred = final_model(X_new) # 데이터를 전처리하고 예측을 만듭니다.
```

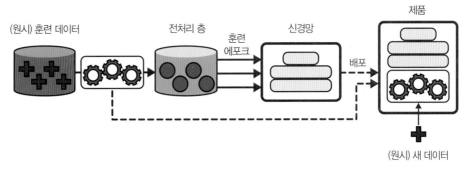

그림 13-5 전처리 층을 사용해 훈련 전에 데이터를 한 번 전처리한 다음 이 층을 최종 모델에 포함하여 배포합니다.

이제 두 접근 방식의 장점을 모두 취했습니다. 훈련 전에 데이터를 한 번만 전처리하기 때문에 훈련 속도가 빠릅니다. 그리고 최종 모델이 입력 데이터를 바로 전처리할 수 있어 전처리 불일치에 대한 위험이 없습니다.

또한 케라스 전처리 층은 tf.data API와 함께 쓸 수 있습니다. 예를 들어 tf.data.Dataset 객체를 전처리 층의 adapt() 메서드에 전달할 수 있습니다. 또는 tf.data.Dataset 객체의 map() 메서드에 케라스 전처리 층을 적용할 수도 있습니다. 다음 코드는 adapt() 메서드를 호출한 Normalization 층을 데이터셋에 있는 각 배치의 입력 특성에 적용하는 예입니다.

```
dataset = dataset.map(lambda X, y: (norm_layer(X), y))
```

마지막으로 케라스 전처리 층이 제공하는 것보다 더 많은 기능이 필요하다면 12장에서 언급했던 것처럼 언제든지 자신만의 케라스 층을 만들 수 있습니다. 예를 들어 Normalization 층이 없다고 가정하면 다음과 같은 사용자 정의 층을 만들어 비슷한 작업을 수행할 수 있습니다.

```
import numpy as np

class MyNormalization(tf.keras.layers.Layer):
    def adapt(self, X):
        self.mean_ = np.mean(X, axis=0, keepdims=True)
        self.std_ = np.std(X, axis=0, keepdims=True)

    def call(self, inputs):
        eps = tf.keras.backend.epsilon() # 0 나눗셈을 방지하기 위한 작은 값
        return (inputs - self.mean_) / (self.std_ + eps)
```

다음 절에서 수치 특성을 위한 또 다른 케라스 전처리 층인 Discretization 층을 알아보겠습니다.

13.3.2 Discretization 층

Discretization 층의 목적은 (구간^{bin}이라 부르는) 값 범위를 범주로 매핑하여 수치 특성을 범주형 특성으로 변환하는 것입니다. 다중모드^{multimodal} 분포를 가진 특성이나 타깃과의 관계가 매우 비선형적인 특성에 유용할 때가 있습니다. 예를 들어 다음 코드는 수치 특성 age를 18보다 작음, 18~50(50은 포함하지 않음) 사이, 50 이상의 세 범주로 매핑합니다.

```
>>> age = tf.constant([[10.], [93.], [57.], [18.], [37.], [5.]])
>>> discretize_layer = tf.keras.layers.Discretization(bin_boundaries=[18., 50.])
>>> age_categories = discretize_layer(age)
>>> age_categories
<tf.Tensor: shape=(6, 1), dtype=int64, numpy=array([[0],[2],[2],[1],[1],[0]])>
```

이 예시에서는 원하는 구간 경계를 제공했지만, 원하는 구간 개수를 전달하고 adapt() 메서드를 호출하여 백분위수 기반으로 적절한 구간 경계를 찾게 만들 수도 있습니다. 예를 들어 num_bins=3으로 지정하면 구간 경계는 33번째와 66번째 백분위수 바로 아래에 있는 값(이 예시의 경우 10과 37)이 될 것입니다.

```
>>> discretize_layer = tf.keras.layers.Discretization(num_bins=3)
>>> discretize_layer.adapt(age)
>>> age_categories = discretize_layer(age)
>>> age_categories
<tf.Tensor: shape=(6, 1), dtype=int64, numpy=array([[1],[2],[2],[1],[2],[0]])>
```

이런 범주 식별자는 비교하는 것이 의미가 없으므로 일반적으로 바로 신경망으로 주입해서는 안 됩니다. 대신 원-핫 인코딩을 사용해 인코딩되어야 합니다. 어떻게 하는지 알아보죠.

13.3.3 CategoryEncoding 층

범주의 개수가 적다면(🆑 10 또는 20개 미만) 원-핫 인코딩(2장 참고)이 좋은 옵션입니다. 이를 위해 케라스는 CategoryEncoding 층을 제공합니다. 예를 들어 앞서 만든 age_categories 특성을 원-핫 인코딩해보죠.

```
>>> onehot_layer = tf.keras.layers.CategoryEncoding(num_tokens=3)
>>> onehot_layer(age_categories)
<tf.Tensor: shape=(6, 3), dtype=float32, numpy=
array([[0., 1., 0.],
       [0., 0., 1.],
       [0., 0., 1.],
       [0., 1., 0.],
       [0., 0., 1.],
       [1., 0., 0.]], dtype=float32)>
```

(동일한 범주를 사용한다고 가정할 때) 동시에 한 개 이상의 범주형 특성을 인코딩하면 CategoryEncoding 클래스는 기본적으로 **멀티-핫 인코딩**^{multi-hot encoding}을 수행합니다. 즉, 입력 특성에 있는 범주에 해당하는 위치마다 출력 텐서의 값이 1이 됩니다. 예를 들면 다음과 같습니다.

```
>>> two_age_categories = np.array([[1, 0], [2, 2], [2, 0]])
>>> onehot_layer(two_age_categories)
<tf.Tensor: shape=(3, 3), dtype=float32, numpy=
array([[1., 1., 0.],
       [0., 0., 1.],
       [1., 0., 1.]], dtype=float32)>
```

각 범주가 얼마나 많이 등장하는지 알고 싶다면 CategoryEncoding 층을 만들 때 output_mode="count"를 추가합니다. 이렇게 하면 출력 텐서에 각 범주의 등장 횟수가 포함되므로 이전 예시에서 두 번째 행의 경우 [0., 0., 2.]이 될 것입니다.

멀티-핫 인코딩과 카운트 인코딩은 범주를 활성화한 특성이 어떤 것인지 알 수 없기 때문에 정보에 손실이 있다는 점을 유념하세요. 예를 들어 [0, 1]과 [1, 0]은 모두 [1., 1., 0.]으로 인코딩됩니다. 이를 피하려면 특성마다 별도로 원-핫 인코딩을 한 다음 출력을 합쳐야 합니다. 이렇게 하면 [0, 1]은 [1., 0., 0., 0., 1., 0.]으로 인코딩되고 [1, 0]은 [0., 1., 0., 1., 0., 0.]으로 인코딩됩니다. 범주 식별자가 겹치지 않도록 조정하면 동일한 결과를 얻을 수 있습니다. 예를 들면 다음과 같습니다.

```
>>> onehot_layer = tf.keras.layers.CategoryEncoding(num_tokens=3 + 3)
>>> onehot_layer(two_age_categories + [0, 3]) # 두 번째 특성에 3을 더합니다.
<tf.Tensor: shape=(3, 6), dtype=float32, numpy=
array([[0., 1., 0., 1., 0., 0.],
       [0., 0., 1., 0., 0., 1.],
       [0., 0., 1., 1., 0., 0.]], dtype=float32)>
```

이 출력에서 처음 세 개의 열은 첫 번째 특성에 해당하고 마지막 세 개의 열은 두 번째 특성에 해당합니다. 이렇게 하면 모델이 두 특성을 구별할 수 있습니다. 하지만 모델에 주입할 특성의 개수를 증가시키기 때문에 모델 파라미터가 더 필요해집니다. 하나의 멀티-핫 인코딩이 더 나을지 특성별 원-핫 인코딩이 더 나을지 미리 알기는 어렵습니다. 작업에 따라 다르며 두 방식을 모두 테스트해보아야 합니다.

이제 원-핫 인코딩이나 멀티-핫 인코딩을 사용해 정수로 된 범주형 특성을 인코딩할 수 있습니다. 그럼 텍스트로 된 범주형 특성의 경우는 어떻게 할까요? 이를 위해서는 StringLookup 층을 사용할 수 있습니다.

13.3.4 StringLookup 층

케라스 StringLookup 층을 사용해 cities 특성을 원-핫 인코딩해보겠습니다.

```
>>> cities = ["Auckland", "Paris", "Paris", "San Francisco"]
>>> str_lookup_layer = tf.keras.layers.StringLookup()
>>> str_lookup_layer.adapt(cities)
>>> str_lookup_layer([["Paris"], ["Auckland"], ["Auckland"], ["Montreal"]])
<tf.Tensor: shape=(4, 1), dtype=int64, numpy=array([[1], [3], [3], [0]])>
```

먼저 StringLookup 층을 만들고 adapt() 메서드에 데이터를 전달하여 세 개의 고유한 범주를 찾습니다. 그런 다음 이 층을 사용해 몇 개의 도시를 인코딩합니다. 기본적으로 정수로 인코딩됩니다. 알 수 없는 범주는 0으로 매핑됩니다. 앞의 예시에서는 "Montreal"이 여기에 해당합니다. 이미 알고 있는 범주는 가장 자주 등장하는 범주에서 드물게 등장하는 범주순으로 1부터 매핑됩니다.

편리하게도 StringLookup 층을 만들 때 output_mode="one_hot"으로 지정하면 정수 대신 범주마다 원-핫 벡터를 출력합니다.

```
>>> str_lookup_layer = tf.keras.layers.StringLookup(output_mode="one_hot")
>>> str_lookup_layer.adapt(cities)
>>> str_lookup_layer([["Paris"], ["Auckland"], ["Auckland"], ["Montreal"]])
<tf.Tensor: shape=(4, 4), dtype=float32, numpy=
array([[0., 1., 0., 0.],
       [0., 0., 0., 1.],
       [0., 0., 0., 1.],
       [1., 0., 0., 0.]], dtype=float32)>
```

TIP 케라스에는 StringLookup 층과 매우 비슷한 IntegerLookup 층도 있습니다. 이 층은 입력으로 문자열 대신 정수를 받습니다.

훈련 세트가 매우 크면 훈련 세트에서 랜덤하게 일부를 추출하여 adapt() 메서드에 전달하는 것이 편리할 수 있습니다. 이런 경우 이 층의 adapt() 메서드는 일부 드문 범주를 놓칠 수 있습니다. 기본적으로 이런 범주를 모두 범주 0으로 매핑하기 때문에 모델이 구별할 수 없습니다. (훈련 세트의 일부로 이 층의 adapt() 메서드를 호출하지만) 이런 위험을 줄이기 위해 num_oov_indices를 1보다 큰 정수로 지정할 수 있습니다. 이 값은 OOV[out-of-vocabulary] 버킷[bucket] 개수입니다. 알 수 없는 범주는 해시 함수를 사용해 OOV 버킷 중 하나로 랜덤하게 매핑될 것입니다. 이렇게 하면 모델이 적어도 드문 범주 중 일부를 구별할 수 있을 것입니다. 예를 들면 다음과 같습니다.

```
>>> str_lookup_layer = tf.keras.layers.StringLookup(num_oov_indices=5)
>>> str_lookup_layer.adapt(cities)
>>> str_lookup_layer([["Paris"], ["Auckland"], ["Foo"], ["Bar"], ["Baz"]])
<tf.Tensor: shape=(4, 1), dtype=int64, numpy=array([[5], [7], [4], [3], [4]])>
```

다섯 개의 OOV 버킷이 있으므로 알려진 첫 번째 범주("Paris")의 ID는 5가 되었습니다. 하지만 "Foo", "Bar", "Baz"는 알 수 없는 범주이므로 OOV 버킷 중 하나에 매핑됩니다. "Bar"는 독립적인 버킷(ID 3)에 매핑되었지만 "Foo"와 "Baz"는 같은 버킷(ID 4)에 매핑되어서 모델이 이 둘을 구분할 수 없습니다. 이를 **해싱 충돌**[hashing collision]이라고 부릅니다. 해싱 충돌의 위험을 줄이는 유일한 방법은 OOV 버킷의 수를 늘리는 것입니다. 하지만 이렇게 하면 범주의 전체 개수도 증가되어 필요한 메모리가 늘어나고 범주마다 원-핫 인코딩되기 때문에 모델 파라미터도 증가합니다. 따라서 이 숫자를 너무 많이 늘리지 마세요.

범주를 랜덤하게 버킷에 매핑하는 아이디어를 **해싱 트릭**[hashing trick]이라고 합니다. 케라스에는 이를 위한 전용 Hashing 층이 있습니다.

13.3.5 Hashing 층

케라스 Hashing 층은 범주마다 해시를 계산하고 버킷(또는 구간) 개수로 나눈 나머지를 구합니다. 이 매핑은 재현 가능한 랜덤이므로 안정적입니다(즉, 구간의 개수가 바뀌지 않는다면 동일한 범주는 항상 같은 정수로 매핑됩니다).[9] 예를 들어 Hashing 층으로 몇 개의 도시를 인코

---

9   옮긴이_ StringLookup 층도 마찬가지로 재현 가능한 랜덤(pseudorandom)입니다.

딩해보겠습니다.

```
>>> hashing_layer = tf.keras.layers.Hashing(num_bins=10)
>>> hashing_layer([["Paris"], ["Tokyo"], ["Auckland"], ["Montreal"]])
<tf.Tensor: shape=(4, 1), dtype=int64, numpy=array([[0], [1], [9], [1]])>
```

이 층의 장점은 adapt() 메서드를 호출할 필요가 없다는 점이며, 이따금 유용하게 쓰입니다. 특히 (데이터셋이 너무 커서 메모리에 들어가지 않는) 외부 메모리 out-of-core 환경에서 그렇습니다. 하지만 여기에서도 해싱 충돌이 일어나 "Tokyo"와 "Montreal"이 동일한 ID에 매핑되므로 모델이 이 둘을 구분할 수 없습니다. 따라서 일반적으로 StringLookup 층을 사용하는 것이 좋습니다.

이제 범주를 인코딩하는 또 다른 방법인 훈련 가능한 임베딩에 관해 알아보죠.

13.3.6 임베딩을 사용해 범주형 특성 인코딩하기

임베딩은 범주나 어휘 사전의 단어와 같은 고차원 데이터의 밀집 표현입니다. 50,000개의 범주가 있다면 원-핫 인코딩은 50,000차원의 희소 벡터를 만듭니다(즉, 대부분 0으로 채워집니다). 반면 임베딩은 상대적으로 작은 밀집 벡터입니다(⑩ 100차원).

딥러닝에서 임베딩은 일반적으로 랜덤하게 초기화되고 다른 모델 파라미터와 함께 경사 하강법으로 훈련됩니다. 예를 들어 캘리포니아 주택 데이터셋에 있는 "NEAR BAY" 범주는 초기에 [0.131, 0.890]과 같은 랜덤 벡터로 표현되고, "NEAR OCEAN"은 [0.631, 0.791]과 같은 또 다른 랜덤 벡터로 표현됩니다. 이 예에서는 2D 임베딩을 사용하지만 차원 수는 수정 가능한 하이퍼파라미터입니다.

임베딩을 훈련할 수 있기 때문에 훈련 도중에 점차 향상됩니다. 비슷한 범주들은 경사 하강법이 더 가깝게 만들 것입니다. 반면 "INLAND" 범주의 임베딩은 더 멀어집니다(그림 13-6). 표현이 좋을수록 신경망이 정확한 예측을 만들기 쉽습니다. 따라서 범주가 유용하게 표현되도록 임베딩이 훈련되는 경향이 있습니다. 이를 **표현 학습** representation learning이라고 부릅니다(17장에서 다른 종류의 표현 학습에 관해 알아봅니다).

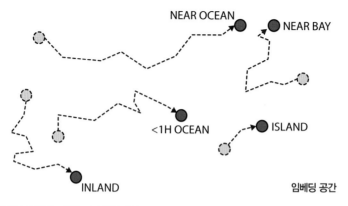

NEAR OCEAN

NEAR BAY

<1H OCEAN

ISLAND

INLAND

임베딩 공간

그림 13-6 임베딩이 훈련하는 동안 점차 향상됩니다.

단어 임베딩

일반적으로 임베딩은 현재 작업에 유용한 표현일 뿐만 아니라 종종 다른 작업에서도 성공적으로 재사용될 수 있습니다. 가장 대표적인 예는 **단어 임베딩**word embedding(개별 단어의 임베딩)입니다. 자연어 처리 작업을 수행할 때 직접 단어 임베딩을 훈련하는 것보다 사전 훈련된 임베딩을 재사용하는 것이 나은 경우가 많습니다.

벡터를 사용해 단어를 표현하는 아이디어는 1960년대로 거슬러 올라갑니다. 좋은 벡터를 만들기 위해 신경망을 포함해 복잡한 기술들이 많이 사용되었습니다. 전환점이 마련된 것은 2013년입니다. 이때 토마시 미콜로프Tomáš Mikolov와 구글의 다른 연구원들이 신경망을 사용해 단어 임베딩을 효과적으로 학습하는 방법을 담은 논문[10]을 공개했습니다. 이 기법은 대량의 텍스트 데이터에서 임베딩을 학습할 수 있는 방법으로, 이전 방식들의 성능을 크게 앞질렀습니다. 주어진 단어 근처의 단어를 예측하기 위해 신경망을 훈련하여 뛰어난 성능의 단어 임베딩을 얻을 수 있습니다. 예를 들어 비슷한 말은 임베딩이 매우 비슷하고, France, Spain, Italy와 같이 관련된 단어들은 함께 군집을 이룹니다.

단어 임베딩에서 근접한 정도만 얻을 수 있는 것은 아닙니다. 단어 임베딩은 어떤 의미를 가진 축을 따라 임베딩 공간 안에서 조직됩니다. 다음은 잘 알려진 예제입니다. 만약 King−

---

10 Tomas Mikolov et al., "Distributed Representations of Words and Phrases and Their Compositionality," Proceedings of the 26th International Conference on Neural Information Processing Systems 2 (2013): 3111–3119. *https://homl.info/word2vec*

Man+Woman을 계산하면(즉, 이 단어의 임베딩 벡터를 더하고 뺍니다) 결괏값은 Queen 단어의 임베딩과 매우 가까울 것입니다(그림 13-7). 다시 말해 이 단어 임베딩이 성별의 개념을 인코딩했습니다! 비슷하게 Madrid−Spain+France를 계산하면 결괏값이 Paris에 가깝습니다. 국가의 수도 개념이 이 임베딩에 인코딩된 것처럼 보입니다.

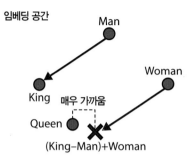

그림 13-7 비슷한 단어의 단어 임베딩은 가까이 있는 경향을 보입니다. 어떤 축은 의미 있는 개념을 인코딩한 것처럼 보입니다.

아쉽게도 단어 임베딩은 이따금 크게 편향됩니다. 예를 들어 Man이 King일 때 Woman이 Queen이라는 것을 정확히 학습했더라도 Man이 Doctor일 때 Woman을 Nurse라고 학습할지도 모릅니다. 확실히 성별에 대해 크게 편향된 결과입니다. 사실 이 특별한 예시는 2019년 말비나 니심^{Malvina Nissim} 등이 쓴 논문[11]에서 지적한 것처럼 과장된 것일지 모릅니다. 그럼에도 딥러닝 알고리즘에 공정성을 부여하는 것은 중요하고 활발히 연구되는 주제입니다.

케라스는 **임베딩 행렬**^{embedding matrix}를 감싼 Embedding 층을 제공합니다. 이 행렬은 범주마다 하나의 행을, 임베딩 차원마다 하나의 열을 가집니다. 기본적으로 랜덤하게 초기화됩니다. 범주 ID를 임베딩으로 변환하기 위해 Embedding 층이 범주에 해당하는 행을 찾아 반환합니다. 이게 전부입니다! 5개의 행과 2D 임베딩으로 구성된 Embedding 층을 만들어 몇 개의 범주를 인코딩해봅시다.

---

11 Malvina Nissim et al., "Fair Is Better Than Sensational: Man Is to Doctor as Woman Is to Doctor," arXiv preprint arXiv:1905.09866 (2019). *https://homl.info/fairembeds*

```
>>> tf.random.set_seed(42)
>>> embedding_layer = tf.keras.layers.Embedding(input_dim=5, output_dim=2)
>>> embedding_layer(np.array([2, 4, 2]))
<tf.Tensor: shape=(3, 2), dtype=float32, numpy=
array([[-0.04663396, 0.01846724],
       [-0.02736737, -0.02768031],
       [-0.04663396, 0.01846724]], dtype=float32)>
```

여기에서 볼 수 있듯이 범주 2는 2D 벡터 [-0.04663396, 0.01846724]로 (두 번) 인코딩되었습니다. 반면 범주 4는 [-0.02736737, -0.02768031]로 인코딩되었습니다. 이 층은 아직 훈련되지 않았기 때문에 이런 인코딩 값은 그냥 랜덤한 숫자입니다.

> **! CAUTION** Embedding 층은 랜덤하게 초기화되기 때문에 사전 훈련된 가중치로 초기화되지 않는 한 Embedding 층을 독립적인 전처리 층으로 모델 밖에서 사용하는 것이 의미가 없습니다.

범주형 텍스트 특성을 임베딩하기 위해 StringLookup 층과 Embedding 층을 다음과 같이 연결할 수 있습니다.

```
>>> tf.random.set_seed(42)
>>> ocean_prox = ["<1H OCEAN", "INLAND", "NEAR OCEAN", "NEAR BAY", "ISLAND"]
>>> str_lookup_layer = tf.keras.layers.StringLookup()
>>> str_lookup_layer.adapt(ocean_prox)
>>> lookup_and_embed = tf.keras.Sequential([
...     tf.keras.layers.InputLayer(input_shape=[], dtype=tf.string),
...     str_lookup_layer
...     tf.keras.layers.Embedding(input_dim=str_lookup_layer.vocabulary_size(),
...                               output_dim=2)
... ])
...
>>> lookup_and_embed(np.array([["<1H OCEAN"], ["ISLAND"], ["<1H OCEAN"]]))
<tf.Tensor: shape=(3, 2), dtype=float32, numpy=
array([[-0.01896119, 0.02223358],
       [ 0.02401174, 0.03724445],
       [-0.01896119, 0.02223358]], dtype=float32)>
```

임베딩 행렬의 행 개수는 어휘 사전의 크기와 같아야 합니다. 즉, 알려진 범주와 OOV 버킷 개수(기본값은 1)를 포함한 총 범주 개수입니다. 편리하게도 StringLookup 클래스의 vocabulary_size() 메서드는 이 숫자를 반환합니다.

> **TIP** 이 예에서는 2D 임베딩을 사용하지만 일반적으로 임베딩은 10~300차원으로 구성됩니다. 이는 작업, 어휘 사전 크기, 훈련 세트의 크기에 따라 다르므로 하이퍼파라미터를 튜닝해야 합니다.

이를 모두 연결하면 일반적인 수치 특성과 함께 범주형 텍스트 특성을 처리하고 각 범주(그리고 각 OOV 버킷)를 위한 임베딩을 학습하는 케라스 모델을 만들 수 있습니다.

```
X_train_num, X_train_cat, y_train = [...] # 훈련 세트를 로드합니다.
X_valid_num, X_valid_cat, y_valid = [...] # 검증 세트를 로드합니다.

num_input = tf.keras.layers.Input(shape=[8], name="num")
cat_input = tf.keras.layers.Input(shape=[], dtype=tf.string, name="cat")
cat_embeddings = lookup_and_embed(cat_input)
encoded_inputs = tf.keras.layers.concatenate([num_input, cat_embeddings])
outputs = tf.keras.layers.Dense(1)(encoded_inputs)
model = tf.keras.models.Model(inputs=[num_input, cat_input], outputs=[outputs])
model.compile(loss="mse", optimizer="sgd")
history = model.fit((X_train_num, X_train_cat), y_train, epochs=5,
                    validation_data=((X_valid_num, X_valid_cat), y_valid))
```

이 모델은 두 개의 입력을 받습니다. num_input은 샘플마다 8개의 수치 특성을 담고 있습니다. cat_input은 샘플마다 하나의 범주형 텍스트 특성을 담고 있습니다. 이 모델은 앞서 만든 lookup_and_embed 모델을 사용해 해안 근접성 범주를 훈련 가능한 임베딩으로 인코딩합니다. 그리고 concatenate() 함수를 사용해 수치 입력과 임베딩을 연결하여 완전하게 인코딩된 입력을 만들어 신경망에 주입할 준비를 마칩니다. 이후에는 어떤 종류의 신경망도 추가할 수 있지만 간단하게 만들기 위해 하나의 밀집 출력 층을 추가합니다. 그런 다음 앞서 정의한 입력과 출력으로 케라스 모델을 만듭니다. 이 모델을 컴파일하고 수치 입력과 범주형 입력을 모두 전달해 훈련합니다.

> **NOTE** 원-핫 인코딩 다음에 뒤따르는 (활성화 함수가 없고 편향이 없는) Dense 층은 Embedding 층과 동등한 역할을 합니다. 하지만 많은 0 곱셈을 피할 수 있기 때문에 Embedding 층이 더 적은 연산을 사용합니다(임베딩 행렬의 크기가 커지면 성능 차이가 두드러집니다). Dense 층의 가중치 행렬이 임베딩 행렬의 역할을 수행합니다. 예를 들어 길이가 20인 원-핫 벡터와 10개의 유닛을 가진 Dense 층을 사용하는 것은

input_dim=20이고 output_dim=10인 Embedding 층을 사용하는 것과 동일합니다. 결국 Embedding 층을 뒤따르는 층에 있는 유닛 개수보다 더 많은 임베딩 차원을 사용하는 것은 낭비입니다.

좋습니다. 이제 범주형 특성을 인코딩하는 방법을 배웠으니 텍스트 전처리에 대해 알아보죠.

13.3.7 텍스트 전처리

케라스는 기본적인 텍스트 전처리를 위한 TextVectorization 층을 제공합니다. StringLookup 층과 매우 비슷하게 층을 만들 때 vocabulary 매개변수로 어휘 사전을 전달하거나 adapt() 메서드를 사용해 훈련 데이터로부터 어휘 사전을 학습할 수 있습니다. 예를 들면 다음과 같습니다.

```
>>> train_data = ["To be", "!(to be)", "That's the question", "Be, be, be."]
>>> text_vec_layer = tf.keras.layers.TextVectorization()
>>> text_vec_layer.adapt(train_data)
>>> text_vec_layer(["Be good!", "Question: be or be?"])
<tf.Tensor: shape=(2, 4), dtype=int64, numpy=
array([[2, 1, 0, 0],
       [6, 2, 1, 2]])>
```

두 문장 "Be good!"과 "Question: be or be?"가 각각 [2, 1, 0, 0]과 [6, 2, 1, 2]로 인코딩되었습니다. 훈련 데이터에 있는 네 개의 문장으로부터 학습한 어휘 사전은 "be"=2, "to"=3 등입니다. 어휘 사전을 구성하기 위해 adapt() 메서드는 먼저 훈련 텍스트를 소문자로 바꾸고 구두점을 삭제합니다. 그래서 "Be", "be", "be?"가 모두 "be"=2로 인코딩됩니다. 그다음 문장을 공백으로 나누고 만들어진 단어를 빈도에 따라 정렬하여 최종 어휘 사전을 만듭니다. 문장을 인코딩할 때 알 수 없는 단어는 1로 인코딩됩니다. 마지막으로 첫 번째 문장이 두 번째 문장보다 짧기 때문에 0으로 패딩됩니다.

TIP TextVectorization 층은 많은 옵션을 가지고 있습니다. 예를 들어 대소문자와 구두점을 유지하고 싶다면 standardize=None으로 지정하거나 standardize 매개변수에 원하는 표준화 함수를 전달할 수 있습니다. 문장 분할을 막으려면 split=None으로 지정하거나 자신만의 분할 함수를 지정할 수 있습니다. output_sequence_length 매개변수를 지정하면 원하는 길이로 출력 문장이 잘리거나 패딩됩니다. 또는 ragged=

True로 지정하여 일반 텐서가 아니라 래그드 텐서를 얻을 수 있습니다. 더 많은 옵션에 관해서는 온라인 문서를 참고하세요.

단어 ID는 인코딩되어야 하며 일반적으로 Embedding 층을 사용합니다. 16장에서 이를 수행해보겠습니다. 또는 TextVectorization 층의 output_mode 매개변수를 "multi_hot" 또는 "count"로 지정하여 멀티-핫 인코딩이나 카운트 인코딩을 얻을 수 있습니다. 하지만 단순한 단어 카운팅은 일반적으로 이상적이지 않습니다. "to"와 "the" 같은 단어는 너무 자주 등장해서 중요성이 떨어지는 반면 "basketball" 같이 드물게 나타나는 단어는 훨씬 많은 정보를 가집니다. 따라서 output_mode를 "multi_hot"이나 "count"로 지정하는 것보다 $\text{TF}^{\text{term-frequency}}$ × $\text{IDF}^{\text{inverse-document-frequency}}$를 의미하는 "tf_idf"로 설정하는 것이 낫습니다. 카운트 인코딩과 비슷하지만 훈련 데이터에 자주 등장하는 단어의 가중치를 줄이고 드물게 등장하는 단어의 가중치를 높입니다. 예를 들면 다음과 같습니다.

```
>>> text_vec_layer = tf.keras.layers.TextVectorization(output_mode="tf_idf")
>>> text_vec_layer.adapt(train_data)
>>> text_vec_layer(["Be good!", "Question: be or be?"])
<tf.Tensor: shape=(2, 6), dtype=float32, numpy=
array([[0.96725637, 0.6931472 , 0. , 0. , 0. , 0.         ],
       [0.96725637, 1.3862944 , 0. , 0. , 0. , 1.0986123 ]], dtype=float32)>
```

TF-IDF에는 여러 변형이 있지만 TextVectorization 층은 단어 카운트에 $\log(1+d/(f+1))$를 가중치로 곱합니다. 여기서 d는 훈련 데이터에 있는 전체 문장(문서)의 개수이고 f는 주어진 단어가 포함된 문장의 개수입니다. 예시에서 훈련 데이터에 있는 문장의 경우 $d = 4$개이고, "be"는 $f = 3$개의 문장에서 나타납니다. "be"는 문장 "Question: be or be?"에 두 번 나타나기 때문에 $2 \times \log(1+4/(1+3)) \approx 1.3862944$로 인코딩됩니다. 단어 "question"은 한 번만 나타나지만 드물기 때문에 $1 \times \log(1+4/(1+1)) \approx 1.0986123$과 같이 거의 비슷하게 높은 값으로 인코딩됩니다. 알 수 없는 단어에는 평균 가중치를 사용합니다.

이런 텍스트 인코딩 방법은 사용하기 쉽고 기초적인 자연어 처리 작업에서 꽤 좋은 결과를 내지만 몇 가지 중요한 제약 사항이 있습니다. 공백으로 단어가 구분되는 언어에만 사용할 수 있으며, 동음이의어(⑩ "to bear"와 "teddy bear")를 구별하지 못하고, "evolution"과 "evolutionary" 같은 단어의 관계에 대한 힌트를 모델에게 주지 못하는 등의 문제가 있습니다. 멀티-핫, 카운트, TF-IDF 인코딩을 사용하면 단어의 순서가 사라집니다. 그럼 다른 방식은 어떤 것이 있을까요?

한 가지 옵션은 TextVectorization 층보다 훨씬 고급의 텍스트 전처리 기능을 제공하는 텐서플로 텍스트^{TensorFlow Text} 라이브러리(*https://tensorflow.org/text*)를 사용하는 것입니다. 예를 들어 텍스트를 단어보다 작은 토큰^{token}으로 분할할 수 있는 부분 단어 토크나이저^{subword tokenizer}를 제공합니다. 이를 사용하면 "evolution"과 "evolutionary" 사이에 공통점이 있다는 것을 모델이 더 쉽게 감지할 수 있습니다(부분 단어 토큰화는 16장에서 자세히 알아보겠습니다).

또 다른 옵션은 사전 훈련된 언어 모델 구성 요소를 사용하는 것입니다. 다음 절에서 알아보죠.

13.3.8 사전 훈련된 언어 모델 구성 요소 사용하기

텐서플로 허브 라이브러리(*https://tensorflow.org/hub*)를 사용하면 텍스트, 이미지, 오디오 등을 위해 사전 훈련된 모델의 구성 요소를 쉽게 재사용할 수 있습니다. 이런 모델의 구성 요소를 모듈^{module}이라고 부릅니다. 텐서플로 허브 저장소(*https://tfhub.dev/*)를 둘러보고 필요한 것을 찾아 코드 예제를 프로젝트에 복사해 넣으세요. 그러면 자동으로 모듈이 다운로드되어 케라스 층으로 제공되므로 모델에 바로 추가할 수 있습니다. 모듈은 일반적으로 전처리 코드와 사전 훈련된 가중치를 모두 가지며 추가 훈련이 필요 없습니다(물론 여러분 모델의 나머지 부분은 훈련이 필요합니다).

예를 들면 사전 훈련된 강력한 언어 모델을 일부 제공합니다. 가장 강력한 모델은 (몇 기가바이트로) 매우 크기 때문에 간단한 예를 위해 원시 텍스트를 입력으로 받아 50차원 문장 임베딩을 출력하는 nnlm-en-dim50 모듈 버전 2를 사용해보겠습니다. 텐서플로 허브를 임포트하고 이 모듈을 로드한 다음, 모듈을 사용해 두 개의 문장을 벡터로 인코딩해봅시다.[12]

```
>>> import tensorflow_hub as hub
>>> hub_layer = hub.KerasLayer("https://tfhub.dev/google/nnlm-en-dim50/2")
>>> sentence_embeddings = hub_layer(tf.constant(["To be", "Not to be"]))
>>> sentence_embeddings.numpy().round(2)
```

---

12 텐서플로 허브는 텐서플로에 포함되어 있지 않지만 코랩을 사용하거나 *https://homl.info/install*에 있는 설치 안내를 따랐다면 바로 텐서플로 허브를 사용할 수 있습니다.

```
array([[-0.25, 0.28,  0.01, 0.1 , [...] ,  0.05, 0.31],
       [-0.2 , 0.2 , -0.08, 0.02, [...] , -0.04, 0.15]], dtype=float32)
```

hub.KerasLayer 층은 주어진 URL에서 모듈을 다운로드합니다. 이 모듈은 **문장 인코더**[sentence encoder]입니다. 문자열을 입력으로 받아 하나의 벡터로 인코딩합니다(이 경우 50차원 벡터). 내부적으로 문자열을 파싱(공백을 기준으로 단어로 나누기)하고 대규모 말뭉치[corpus](구글 뉴스 7B 말뭉치(70억 단어 길이!))에서 사전 훈련된 임베딩 행렬을 사용해 각 단어를 임베딩합니다. 그런 다음 모든 단어 임베딩의 평균을 계산하면 그 결과가 문장 임베딩입니다.[13]

hub_layer를 모델에 추가하면 준비가 끝납니다. 이 언어 모델은 영어에서 훈련되었지만 다른 언어와 다국어 모델도 있습니다.

허깅 페이스[Hugging Face]에서 만든 훌륭한 오픈 소스 라이브러리인 트랜스포머스[Transformers](*https://huggingface.co/docs/transformers*)를 사용하면 강력한 언어 모델의 구성 요소를 손쉽게 모델에 추가할 수 있습니다. 허깅 페이스 허브(*https://huggingface.co/models*)에서 원하는 모델을 찾아 여기에서 제공하는 예제 코드를 사용할 수 있습니다. 이전에는 언어 모델만 제공했지만 이제는 이미지 모델 등으로 확장되었습니다.

16장에서 자연어 처리에 관해 자세히 다루겠습니다. 이제 케라스의 이미지 전처리 층에 관해 알아보죠.

13.3.9 이미지 전처리 층

케라스 전처리 API에는 세 개의 이미지 전처리 층이 포함되어 있습니다.

- tf.keras.layers.Resizing은 입력 이미지를 원하는 크기로 바꿉니다. 예를 들어 Resizing(height=100, width=200)은 이미지 크기를 100 x 200으로 바꾸며 이미지 높이와 너비 비율이 왜곡될 수 있습니다. crop_to_aspect_ratio=True로 설정하면 왜곡을 피하기 위해 목표 이미지 비율에 맞게 이미지를 자릅니다.
- tf.keras.layers.Rescaling은 픽셀값의 스케일을 조정합니다. 예를 들어 Rescaling(scale=2/255, offset=-1)은 0~255 사이의 값을 -1~1 사이의 값으로 바꿉니다.
- tf.keras.layers.CenterCrop은 원하는 높이와 너비의 중간 부분만 유지하면서 이미지를 자릅니다.

---

13 정확하게 말해 문장 임베딩은 평균 단어 임베딩에 문장에 있는 단어 개수의 제곱근을 곱한 것과 같습니다. n개의 랜덤한 벡터의 평균이 n이 증가함에 따라 0에 가까워진다는 사실을 보상하기 위해 이렇게 계산합니다.

몇 개의 샘플 이미지를 로드하고 중앙 부분만 남도록 잘라봅시다. 이를 위해 사이킷런의 load_sample_images() 함수를 사용하겠습니다. 이 함수는 중국 사원 이미지와 꽃 이미지를 로드합니다(이 함수는 Pillow 라이브러리를 사용합니다. 코랩을 사용하거나 설치 가이드라인을 따랐다면 이미 설치되어 있을 것입니다).

```python
from sklearn.datasets import load_sample_images

images = load_sample_images()["images"]
crop_image_layer = tf.keras.layers.CenterCrop(height=100, width=100)
cropped_images = crop_image_layer(images)
```

케라스는 RandomCrop, RandomFlip, RandomTranslation, RandomRotation, RandomZoom, RandomHeight, RandomWidth, RandomContrast와 같은 데이터 증식[data augmentation]에 관한 층도 포함하고 있습니다. 이런 층들은 훈련 중에만 활성화되며 입력 이미지에 랜덤한 변형을 적용합니다(층 이름을 보고 쉽게 알 수 있습니다). 데이터 증식은 인공적으로 훈련 세트의 크기를 증가시켜 변형된 이미지가 실제 (증식되지 않은) 이미지처럼 보이는 한 종종 성능을 증가시킵니다. 이미지 처리는 다음 장에서 조금 더 자세히 알아보겠습니다.

> **NOTE** 내부적으로 케라스 전처리 층은 텐서플로 저수준 API를 기반으로 합니다. 예를 들어 Normalization 층은 tf.nn.moments()를 사용해 평균과 분산을 계산합니다. Discretization 층은 tf.raw_ops.Bucketize()를 사용하고, CategoricalEncoding 층은 tf.math.bincount()를 사용하고, IntegerLookup 층과 StringLookup 층은 tf.lookup 패키지를 사용합니다. Hashing과 TextVectorization 층은 tf.strings 패키지에 있는 여러 연산을 사용합니다. Embedding 층은 tf.nn.embedding_lookup()을 사용하고, 이미지 전처리 층은 tf.image 패키지에 있는 연산을 사용합니다. 케라스 전처리 API로 충분하지 않다면 텐서플로 저수준 API를 바로 사용할 수 있습니다.

이제 텐서플로에서 데이터를 쉽고 효율적으로 로드할 수 있는 또 다른 방법을 알아보겠습니다.

13.4 텐서플로 데이터셋 프로젝트

텐서플로 데이터셋(TFDS)(*https://tensorflow.org/datasets*)을 사용하면 널리 사용되는 데이터셋을 손쉽게 다운로드할 수 있습니다. MNIST나 패션 MNIST처럼 작은 것부터 이미지 넷(많은 디스크 용량이 필요합니다!) 같은 커다란 데이터셋까지 제공합니다. 여기에는 이미지 데이터셋, 텍스트 데이터셋(번역 데이터셋도 있습니다), 오디오와 비디오 데이터셋, 시계열 등이 포함됩니다. *https://homl.info/tfds*에서 각 데이터셋에 관한 설명과 전체 리스트를 볼 수 있습니다. 또한 TFDS에서 제공하는 많은 데이터셋을 탐색하고 이해하는 데 도움이 되는 도구인 Know Your Data(*https://knowyourdata.withgoogle.com/*)도 확인해보세요.

TFDS는 텐서플로에 기본으로 포함되어 있지만 코랩을 사용하거나 *https://homl.info/install*에 있는 지침을 따랐다면 이미 설치되어 있을 것입니다. 보통 `tfds`로 `tensorflow_datasets`을 임포트하고 `tfds.load()` 함수를 호출하면 (사전에 다운로드하지 않았다면) 원하는 데이터를 다운로드하고 데이터셋의 딕셔너리(일반적으로 훈련용과 테스트용 데이터가 들어 있지만 선택한 데이터셋에 따라 달라집니다)로 데이터를 반환합니다. 예를 들어 MNIST 데이터셋을 다운로드해봅시다.

```
import tensorflow_datasets as tfds

dataset = tfds.load(name="mnist")
mnist_train, mnist_test = dataset["train"], dataset["test"]
```

그런 다음 원하는 변환(셔플링, 배치 나누기, 프리페칭 등)을 적용해 모델을 훈련하기 위한 준비를 마칩니다. 다음은 예시 코드입니다.

```
for batch in mnist_train.shuffle(10_000, seed=42).batch(32).prefetch(1):
    images = batch["image"]
    labels = batch["label"]
    # [...] images와 labels로 무언가를 수행합니다.
```

> **TIP** load() 함수에 shuffle_files=True로 지정하면 다운로드한 파일을 섞을 수 있습니다. 하지만 이 셔플링은 충분하지 않기 때문에 훈련 데이터를 더 섞는 것이 좋습니다.[14]

---

14 옮긴이_ load() 함수는 다운로드한 데이터셋을 (리눅스 기준으로) ~/tensorflow_datasets/mnist 디렉터리 아래에 샤드 여러 개로

데이터셋에 있는 각 아이템은 특성과 레이블을 담은 딕셔너리입니다. 하지만 케라스는 두 원소 (특성과 레이블)를 담은 튜플 아이템을 원합니다. map() 메서드를 사용해 데이터셋을 이런 식으로 변환할 수 있습니다.

```
mnist_train = mnist_train.shuffle(buffer_size=10_000, seed=42).batch(32)
mnist_train = mnist_train.map(lambda items: (items["image"], items["label"]))
mnist_train = mnist_train.prefetch(1)
```

하지만 as_supervised=True로 지정하여 load() 함수를 호출하는 것이 더 간단합니다(당연히 이는 레이블된 데이터셋에만 적용할 수 있습니다).

마지막으로 TFDS는 split 매개변수를 사용하여 데이터를 간편하게 분할할 수 있습니다. 예를 들어 훈련 세트의 첫 90%를 훈련에 사용하고, 나머지 10%는 검증에 사용하고, 테스트 세트는 모두 테스트에 사용하려면 split=["train[:90%]", "train[90%:]", "test"]로 지정하면 됩니다. load() 함수는 세 세트를 모두 반환합니다. 다음은 TFDS를 사용하여 MNIST 데이터셋을 로드하고 분할한 다음 이를 사용하여 간단한 케라스 모델을 훈련하고 평가하는 완전한 예제입니다.

```
train_set, valid_set, test_set = tfds.load(
    name="mnist",
    split=["train[:90%]", "train[90%:]", "test"],
    as_supervised=True
)
train_set = train_set.shuffle(buffer_size=10_000, seed=42).batch(32).prefetch(1)
valid_set = valid_set.batch(32).cache()
test_set = test_set.batch(32).cache()
tf.random.set_seed(42)
model = tf.keras.Sequential([
    tf.keras.layers.Flatten(input_shape=(28, 28)),
    tf.keras.layers.Dense(10, activation="softmax")
])
model.compile(loss="sparse_categorical_crossentropy", optimizer="nadam",
              metrics=["accuracy"])
history = model.fit(train_set, validation_data=valid_set, epochs=5)
```

나누어 저장합니다. load() 함수의 shuffle_files 매개변수의 기본값은 False입니다. 훈련 데이터와 테스트 데이터의 샤드 개수는 데이터셋에 따라 다릅니다. MNIST 데이터셋의 경우 훈련 데이터는 10개의 샤드, 테스트 세트는 1개의 샤드를 사용합니다.

```
test_loss, test_accuracy = model.evaluate(test_set)
```

기술적인 내용이 많은 이 장을 마친 것을 축하합니다! 멋지게 보였던 추상화된 신경망 개념과 거리가 있다고 느꼈을지도 모릅니다. 하지만 딥러닝은 대량의 데이터를 다루는 경우가 많고 이런 데이터를 효율적으로 적재, 파싱, 전처리하는 것이 아주 중요한 기술입니다. 다음 장에서는 이미지 처리와 그 외 많은 애플리케이션에서 가장 성공적으로 적용된 신경망 구조인 합성곱 신경망을 알아보겠습니다.

연습문제

① 왜 tf.data API를 사용해야 하나요?

② 대용량 데이터셋을 여러 파일로 나누면 어떤 장점이 있나요?

③ 훈련 과정에서 입력 파이프라인의 병목을 어떻게 찾을 수 있나요? 어떻게 병목 현상을 고칠 수 있나요?

④ 어떤 이진 데이터라도 TFRecord 파일 또는 직렬화된 프로토콜 버퍼로 저장할 수 있나요?

⑤ 모든 데이터를 Example 프로토콜 버퍼 포맷으로 변환해야 하나요? 자신만의 프로토콜 버퍼 정의를 사용하는 것은 어떤가요?

⑥ TFRecord를 사용할 때 언제 압축을 사용하나요? 왜 기본적으로 압축을 사용하지 않나요?

⑦ 데이터 파일을 작성할 때 또는 tf.data 파이프라인이나 모델의 전처리 층 안에서 데이터를 전처리할 수 있습니다. 각 방식의 장단점을 설명할 수 있나요?

⑧ 범주형 특성을 인코딩할 수 있는 대표적인 방법을 나열해보세요. 텍스트 데이터는 어떻게 인코딩할 수 있나요?

⑨ (10장에서 소개한) 패션 MNIST 데이터셋을 적재하고 훈련 세트, 검증 세트, 테스트 세트로 나눕니다. 훈련 세트를 섞은 다음 각 데이터셋을 TFRecord 파일로 저장합니다. 각 레코드는 두 개의 특성을 가진 Example 프로토콜 버퍼, 즉 직렬화된 이미지(tf.

`io.serialize_tensor()`를 사용해 이미지를 직렬화하세요)와 레이블입니다.[15] 그다음 `tf.data`로 각 세트를 위한 효율적인 데이터셋을 만듭니다. 마지막으로 이 데이터셋으로 입력 특성을 표준화하는 전처리 층을 포함한 케라스 모델을 훈련합니다. 텐서보드로 프로파일 데이터를 시각화하여 가능한 한 입력 파이프라인을 효율적으로 만들어보세요.

⑩ 이번에는 데이터셋을 다운로드 및 분할하고 `tf.data.Dataset` 객체를 만들어 데이터를 적재하고 효율적으로 전처리하겠습니다. 그다음 `Embedding` 층을 포함한 이진 분류 모델을 만들고 훈련시킵니다.

  a 인터넷 영화 데이터베이스Internet Movie Database의 영화 리뷰 50,000개를 담은 영화 리뷰 데이터셋Movie Review Dataset(`https://homl.info/imdb`)을 다운로드합니다. 이 데이터는 `train`과 `test`라는 두 개의 디렉터리로 구성되어 있습니다. 각 디렉터리에는 12,500개의 긍정 리뷰를 담은 `pos` 서브디렉터리와 12,500개의 부정 리뷰를 담은 `neg` 서브디렉터리가 있습니다. 리뷰는 각각 별도의 텍스트 파일에 저장되어 있습니다. (전처리된 BOW를 포함해) 다른 파일과 디렉터리가 있지만 이 문제에서는 무시합니다.

  b 테스트 세트를 검증 세트(15,000개)와 테스트 세트(10,000개)로 나눕니다.

  c `tf.data`를 사용해 각 세트에 대한 효율적인 데이터셋을 만듭니다.

  d 리뷰를 전처리하기 위해 `TextVectorization` 층을 사용한 이진 분류 모델을 만드세요.

  e `Embedding` 층을 추가하고 단어 개수의 제곱근을 곱하여 리뷰마다 평균 임베딩을 계산하세요(16장 참고). 이제 스케일이 조정된 이 평균 임베딩을 모델의 다음 부분으로 전달할 수 있습니다.

  f 모델을 훈련하고 정확도가 얼마인지 확인해보세요. 가능한 한 훈련 속도를 빠르게 하기 위해 파이프라인을 최적화해보세요.

  g `tfds.load("imdb_reviews")`와 같이 TFDS를 사용해 동일한 데이터셋을 간단하게 적재해보세요.

연습문제의 정답은 〈부록 A〉에 있습니다.

----

15 용량이 큰 이미지일 경우 `tf.io.encode_jpeg()`를 사용할 수 있습니다. 많은 공간을 절약할 수 있지만 이미지 품질이 손상됩니다.

## 14장

합성곱 신경망을 사용한 컴퓨터 비전

1996년에 IBM의 딥블루Deep Blue 슈퍼컴퓨터가 체스 세계 챔피언인 가리 카스파로프Garry Kasparov를 이겼지만, 꽤 최근까지 컴퓨터는 사진에서 강아지를 감지하거나 음성을 인식하는 것 같은 외견상 간단해 보이는 작업을 안정적으로 수행할 수 없었습니다. 사람은 어떻게 이런 일을 쉽게 할 수 있을까요? 그 해답은 사람의 지각이 주로 의식의 영역 밖, 즉 뇌의 특별한 시각, 청각, 그리고 다른 감각 기관에서 일어난다는 사실에 있습니다. 감각의 정보가 우리 의식에 도달할 때는 이미 고수준의 특성으로 채워져 있습니다. 예를 들어 귀여운 강아지 사진을 보았을 때 강아지를 보지 않거나 귀여움을 느끼지 않겠다고 선택할 수 없습니다. 또한 어떻게 귀여운 강아지를 인식했는지 설명할 수도 없습니다. 이는 매우 당연한 사실입니다. 그러므로 사람들은 자신의 개인적인 경험을 신뢰할 수 없습니다. 즉, 지각은 간단한 문제가 아니며 이를 이해하려면 감각 기관의 작동 원리를 알아야 합니다.

합성곱 신경망(CNN)은 대뇌의 시각 피질cortex 연구에서 시작되었고 1980년대부터 컴퓨터 이미지 인식 분야에 사용되었습니다. 최근 몇 년 동안 컴퓨터 성능의 향상과 많은 양의 훈련 데이터, 11장에서 본 심층 신경망을 훈련시키기 위한 기술 덕분에 CNN이 일부 복잡한 이미지 처리 문제에서 사람을 능가하는 성능을 달성했습니다. 이 기술은 이미지 검색 서비스, 자율 주행 자동차, 영상 자동 분류 시스템 등에 큰 기여를 했습니다. 또한 CNN은 시각 분야에 국한되지 않고 **음성 인식**이나 **자연어 처리**(NLP) 같은 다른 작업에도 많이 사용됩니다. 그러나 여기서는 시각적인 애플리케이션에 초점을 맞추겠습니다.

이 장에서는 CNN이 어디에서 왔는지, 구성 요소는 무엇인지 알아보고 케라스를 사용해 구현하는 방법을 설명하겠습니다. 그런 다음 성능이 뛰어난 몇 가지 CNN 구조를 소개하겠습니다. 객체 탐지(이미지 하나에서 여러 가지 객체를 구분하고 객체 주위에 바운딩 박스를 그리는 작업)와 시맨틱 분할(물체가 속한 클래스에 따라 각 픽셀을 구분하는 작업)을 포함한 시각적인 작업에 관해서도 설명하겠습니다.

14.1 시각 피질 구조

데이비드 허블David H. Hubel과 토르스텐 비셀Torsten Wiesel은 1958년[1]과 1959년[2]에 시각 피질의 구조에 대한 결정적인 인사이트를 제공한 고양이 실험을 연속해서 수행했습니다(두 저자는 이 연구의 공로로 1981년 노벨 생리의학상을 수상했습니다). 그리고 몇 년 뒤에는 원숭이를 대상으로 실험했습니다.[3] 특히 이들은 시각 피질 안의 많은 뉴런이 작은 **국부 수용장**local receptive field을 가진다는 것을 보였습니다. 이는 뉴런들이 시야의 일부 범위 안에 있는 시각 자극에만 반응한다는 뜻입니다(뉴런 다섯 개의 국부 수용장을 파선 원으로 표현한 [그림 14-1]을 참고하세요). 뉴런의 수용장들은 서로 겹칠 수 있어서 이를 합치면 전체 시야를 감싸게 됩니다.

또한 어떤 뉴런은 수평선의 이미지에만 반응하는 반면 다른 뉴런은 다른 각도의 선분에 반응한다는 점을 보였습니다(두 뉴런은 동일한 수용장을 가지지만 다른 각도의 선분에 반응합니다). 이 외에도 어떤 뉴런은 큰 수용장을 가져서 저수준 패턴이 조합된 더 복잡한 패턴에 반응한다는 점을 알아냈습니다. 이러한 관찰은 고수준 뉴런이 이웃한 저수준 뉴런의 출력에 기반한다는 아이디어로 이어졌습니다([그림 14-1]에서 각 뉴런은 이전 층의 가까운 뉴런에만 연결됩니다). 이와 같은 강력한 구조가 전체 시야 영역에 포함된 모든 종류의 복잡한 패턴을 감지할 수 있게 합니다.

---

1 David H. Hubel, "Single Unit Activity in Striate Cortex of Unrestrained Cats," The Journal of Physiology 147 (1959): 226–238. https://homl.info/71

2 David H. Hubel and Torsten N. Wiesel, "Receptive Fields of Single Neurons in the Cat's Striate Cortex," The Journal of Physiology 148 (1959): 574–591. https://homl.info/72

3 David H. Hubel and Torsten N. Wiesel, "Receptive Fields and Functional Architecture of Monkey Striate Cortex," The Journal of Physiology 195 (1968): 215–243. https://homl.info/73

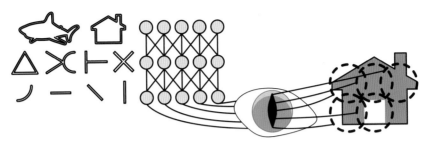

그림 14-1 시각 피질의 국부 수용장은 수용장이라 불리는 시야의 작은 영역에 있는 특정 패턴에 반응합니다. 시각 신호가 연속적인 뇌 모듈을 통과하면서 뉴런이 더 큰 수용장에 있는 더 복잡한 패턴에 반응합니다.

시각 피질에 관한 연구는 1980년에 소개된 신인식기^{neocognitron}에 영감을 주었고[4] 우리가 지금 **합성곱 신경망**이라고 부르는 것으로 점진적으로 진화했습니다.[5] 1998년 얀 르쿤 등의 논문[6]이 중요한 전환점이 되었습니다. 이 논문에서는 수표에 쓰인 손글씨 숫자를 인식하는 데 널리 사용된 **LeNet-5** 구조를 소개했습니다. 이 구조에는 우리에게 익숙한 완전 연결 층과 시그모이드 활성화 함수 같은 구성 요소가 들어 있으며, 이 외에도 **합성곱 층**과 **풀링 층**이라는 새로운 구성 요소가 포함되어 있습니다. 합성곱 층부터 시작해 이 두 구성 요소에 관해 살펴봅시다.

> **✎ NOTE** 왜 이미지 인식 문제에 일반적인 완전 연결 층을 가진 심층 신경망을 사용하지 않을까요? 이런 신경망은 작은 이미지(예 MNIST)에서는 잘 작동하지만 큰 이미지에서는 아주 많은 파라미터가 만들어지기 때문에 문제가 됩니다. 예를 들어 100×100 이미지는 픽셀 10,000개로 이루어져 있습니다. 여기에 (다음 층으로 전달되는 정보의 양을 상당히 줄여서) 첫 번째 은닉 층을 뉴런 1,000개로 만들어도 연결이 총 1천만 개가 생깁니다. 첫 번째 은닉 층에만 말이죠. CNN은 층을 부분적으로 연결하고 가중치를 공유하여 이 문제를 해결합니다.

---

4   Kunihiko Fukushima, "Neocognitron: A Self-Organizing Neural Network Model for a Mechanism of Pattern Recognition Unaffected by Shift in Position," Biological Cybernetics 36 (1980): 193–202. *https://homl.info/74*

5   옮긴이_ 구니히코 후쿠시마(Kunihiko Fukushima) 박사가 제안한 신인식기를 소개하는 영상 두 편이 유튜브에 공개되어 있습니다 (*https://goo.gl/LNQZPz, https://goo.gl/rXNsnN*). 이 영상은 1986년에 만든 것이라 화질이 좋지 않지만 합성곱 신경망을 이해하는 데 많은 도움이 됩니다.

6   Yann LeCun et al., "Gradient-Based Learning Applied to Document Recognition," Proceedings of the IEEE 86, no. 11 (1998): 2278–2324. *https://homl.info/75*

14.2 합성곱 층

CNN의 가장 중요한 구성 요소는 **합성곱 층**convolutional layer[7]입니다. 첫 번째 합성곱 층의 뉴런은 (이전 장에서 설명한 층처럼) 입력 이미지의 모든 픽셀에 연결되는 것이 아니라 합성곱 층 뉴런의 수용장 안에 있는 픽셀에만 연결됩니다(그림 14-2). 두 번째 합성곱 층에 있는 각 뉴런은 첫 번째 층의 작은 사각 영역 안에 위치한 뉴런에 연결됩니다. 이런 구조는 네트워크가 첫 번째 은닉 층에서는 작은 저수준 특성에 집중하고, 그다음 은닉 층에서는 더 큰 고수준 특성으로 조합해 나가도록 도와줍니다. 이런 계층적 구조는 실제 이미지에서 흔히 볼 수 있으며, CNN이 이미지 인식에 잘 작동하는 이유이기도 합니다.

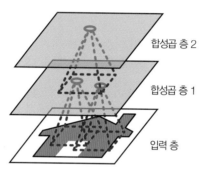

합성곱 층 2

합성곱 층 1

입력 층

그림 14-2 사각 형태의 국부 수용장을 가진 CNN 층

> **✎ NOTE** 지금까지 살펴본 모든 다층 신경망의 층은 한 줄로 길게 늘어선 뉴런으로 구성되었습니다. 그래서 입력 이미지를 신경망에 주입하기 전에 1D 배열로 펼쳐야 했습니다. CNN에서는 각 층이 2D로 표현되므로 뉴런을 그에 상응하는 입력과 연결하기 더 쉽습니다.

어떤 층의 i 행, j 열에 있는 한 뉴런은 이전 층의 i에서 $i + f_h - 1$까지의 행과 j에서 $j + f_w - 1$까지의 열에 있는 뉴런의 출력에 연결됩니다. 여기서 f_h와 f_w는 이 수용장의 높이와 너비입니다(그림 14-3). 그림에서와 같이 높이와 너비를 이전 층과 같게 하기 위해 입력의 주위에 0을 추가하는 것이 일반적입니다. 이를 **제로 패딩**zero padding이라고 합니다.

---

7   합성곱은 한 함수가 다른 함수 위를 이동하면서 원소별 곱셈의 적분을 계산하는 수학 연산입니다. 이 연산은 푸리에 변환(Fourier transform) 및 라플라스 변환(Laplace transform)과 깊은 관계가 있으며 신호 처리 분야에서 많이 사용됩니다. 합성곱 층은 사실 합성곱과 매우 유사한 교차 상관(cross-correlation)을 사용합니다(더 자세한 내용은 *https://homl.info/76*을 참고하세요).
   옮긴이_ 합성곱 연산의 정의는 두 함수 중 하나를 반전시킵니다(조금 더 자세한 내용은 옮긴이의 블로그를 참고하세요. *https://goo.gl/Gj84MS*). 즉, 입력 이미지나 필터 중 하나는 뒤집어서 연산해야 합니다. 교차 상관은 합성곱에서 반전을 제외한 것으로, 모델을 학습할 때나 예측을 만들 때 필터가 일정하기만 하면 되므로 계산의 편의를 위해 텐서플로를 비롯해 대부분의 딥러닝 프레임워크는 교차 상관으로 구현되어 있습니다. 또한 연산의 성능을 향상하기 위해 텐서플로 1.3부터는 위노그라드(Winograd, *https://goo.gl/vGeKCF*) 알고리즘이 기본으로 사용됩니다.

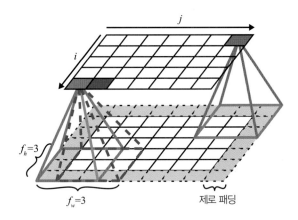

$f_h=3$

$f_w=3$

제로 패딩

그림 14-3 층과 제로 패딩 사이의 연결

[그림 14-4]처럼 수용장 사이에 간격을 두어 큰 입력 층을 훨씬 작은 층에 연결하는 것도 가능합니다. 이렇게 하면 모델의 계산 복잡도가 크게 줄어듭니다. 한 수용장과 다음 수용장 사이의 수평 또는 수직 방향 스텝 크기를 **스트라이드**stride라고 합니다. 이 그림에서는 (제로 패딩이 적용된) 5×7 입력 층이 3×3 수용장과 스트라이드 2를 사용하여 3×4 층에 연결되었습니다 (이 예제에서는 가로세로 방향으로 모두 스트라이드가 동일하지만 꼭 그래야 하는 것은 아닙니다). 상위 층의 i 행, j 열에 있는 뉴런이 이전 층의 $i \times s_h$에서 $i \times s_h + f_h - 1$까지의 행과 $j \times s_w$에서 $j \times s_w + f_w - 1$까지의 열에 위치한 뉴런과 연결됩니다. 여기서 s_h와 s_w는 스트라이드의 수직 값과 수평 값입니다.[8]

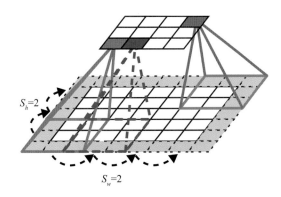

$S_h=2$

$S_w=2$

그림 14-4 스트라이드 2를 사용해 차원 축소하기

------

8   옮긴이_ 스트라이드와 패딩에 관한 자세한 설명과 시뮬레이션은 옮긴이의 블로그에서 「딥러닝을 위한 콘볼루션 계산 가이드」(*https://goo.gl/qvNTyu*)를 참고하세요.

14.2.1 필터

뉴런의 가중치는 수용장 크기의 작은 이미지로 표현될 수 있습니다. 예를 들어 [그림 14-5]는 **필터**[filter] (**합성곱 커널**[convolution kernel] 또는 그냥 **커널**)라 부르는 두 개의 가중치 세트를 보여줍니다. 첫 번째 것은 가운데 흰 수직선이 있는 검은 사각형입니다(가운데 열은 1로 채워져 있고 그 외에는 모두 0인 7×7 행렬입니다). 이런 가중치를 사용한 뉴런은 가운데 수직선 부분을 제외하고는 수용장에 있는 모든 것을 무시할 것입니다(가운데 위치한 수직선 부분을 제외하고는 입력에 모두 0이 곱해지기 때문입니다). 두 번째 필터는 가운데 흰 수평선이 있는 검은 사각형입니다. 이 가중치를 사용한 뉴런은 가운데 수평선 부분을 제외하고는 수용장 안의 모든 것을 무시할 것입니다.

이제 [그림 14-5]의 (하단) 입력 이미지를 네트워크에 주입하고 한 층의 모든 뉴런에 같은 수직선 필터(그리고 같은 편향)를 적용하면 이 층은 왼쪽 위의 이미지를 출력할 것입니다. 흰 수직선은 강조되고 나머지는 희미해졌습니다. 비슷하게 오른쪽 위의 이미지는 모든 뉴런에 수평선 필터를 적용했을 때 얻은 것입니다. 그러므로 층의 전체 뉴런에 적용된 하나의 필터는 하나의 **특성 맵**[feature map]을 만듭니다. 이 맵은 필터를 가장 크게 활성화시키는 이미지의 영역을 강조합니다. 하지만 걱정하지 마세요. 수동으로 필터를 정의할 필요가 없습니다. 훈련하는 동안 합성곱 층이 자동으로 해당 문제에 가장 유용한 필터를 찾고 상위 층은 이들을 연결하여 더 복잡한 패턴을 학습합니다.

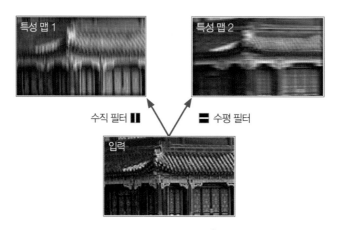

그림 14-5 두 개의 특성 맵을 만들기 위해 두 개의 다른 필터 적용하기[9]

---

9 옮긴이_ 이 그림은 사이킷런에 내장된 샘플 이미지의 일부를 발췌한 것입니다. 전체 이미지는 [그림 14-8]에 있습니다.

14.2.2 여러 가지 특성 맵 쌓기

지금까지는 단순함을 유지하기 위해 합성곱 층의 출력을 2D 층으로 표현했지만, 실제 합성곱 층은 여러 가지 필터를 가지고 필터마다 하나의 특성 맵을 출력하므로 3D로 표현하는 것이 더 정확합니다(그림 14-6). 각 특성 맵의 픽셀은 하나의 뉴런에 해당하고 하나의 특성 맵 안에서는 모든 뉴런이 같은 파라미터(동일한 가중치와 편향)를 공유하지만, 다른 특성 맵에 있는 뉴런은 다른 파라미터를 사용합니다. 한 뉴런의 수용장은 앞서 설명한 것과 같지만 이전 층에 있는 모든 특성 맵에 걸쳐 확장됩니다.[10] 간단히 말해 하나의 합성곱 층이 입력에 여러 필터를 동시에 적용하여 입력에 있는 여러 특성을 감지할 수 있습니다.

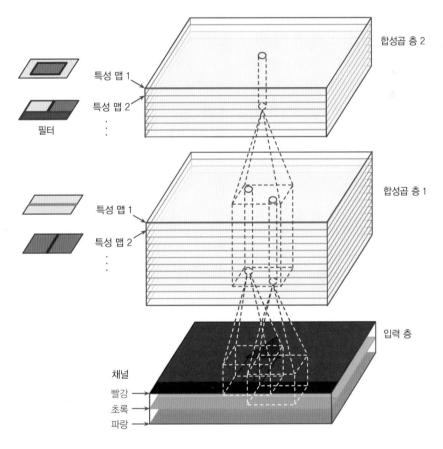

그림 14-6 세 개의 컬러 채널을 가진 이미지를 처리하는 여러 개의 필터(커널)로 구성된 두 개의 합성곱 층. 각 합성곱 층은 필터마다 하나의 특성 맵을 출력합니다.

....

10 옮긴이_ 이 장의 마지막에 소개된 `depthwise_conv2d()` 등과 같은 함수를 제외하고는 보통 합성곱은 입력 층에 있는 전체 특성 맵(입력 층이라면 채널)을 대상으로 합니다.

> **✎ NOTE** 한 특성 맵에 있는 모든 뉴런이 같은 파라미터를 공유하기 때문에 모델의 전체 파라미터 수가 급격하게 줄어듭니다. 일단 CNN이 한 지점에서 패턴을 인식하도록 학습되었다면 어떤 위치에 있는 패턴도 인식할 수 있습니다. 반대로 완전 연결 신경망이 한 지점에 있는 패턴을 인식하도록 학습되었다면 오직 패턴이 그 위치에 있을 때만 감지할 수 있습니다.

입력 이미지는 **컬러 채널**channel마다 하나씩 여러 서브 층으로 구성되기도 합니다. 9장에서 언급했듯이 컬러 채널은 전형적으로 빨강, 초록, 파랑(RGB) 세 가지입니다. 흑백 이미지는 하나의 채널만 가집니다. 하지만 어떤 이미지는 매우 많은 채널을 가질 수 있습니다. 예를 들어 위성 이미지에는 가시광선 외에도 (적외선 같은) 다른 빛의 파장이 기록됩니다.

구체적으로 살펴보면, 합성곱 층 *l*에 있는 *k* 특성 맵의 *i* 행, *j* 열에 위치한 뉴런은 이전 *l*−1 층에 있는 모든 특성 맵의 $i \times s_h$에서 $i \times s_h + f_h - 1$까지의 행과 $j \times s_w$에서 $j \times s_w + f_w - 1$까지의 열에 있는 뉴런의 출력에 연결됩니다. 다른 특성 맵이더라도 같은 층에 있는 *i* 행과 *j* 열에 있는 뉴런이라면 정확히 이전 층에 있는 동일한 뉴런들의 출력에 연결됩니다.

[식 14-1]은 앞의 설명을 하나의 큰 수학식으로 정리한 것입니다. 이 식은 합성곱 층에서 한 뉴런의 출력을 계산하는 법을 보여줍니다. 첨자가 모두 달라서 보기 어렵지만 입력에 대한 가중치 합을 계산하고 편향을 더하는 것이 전부입니다.

식 14-1 합성곱 층에 있는 뉴런의 출력 계산

$$z_{i,j,k} = b_k + \sum_{u=0}^{f_h-1} \sum_{v=0}^{f_w-1} \sum_{k'=0}^{f_{n'}-1} x_{i',j',k'} \times w_{u,v,k',k} \quad \text{여기서} \begin{cases} i' = i \times s_h + u \\ j' = j \times s_w + v \end{cases}$$

- $z_{i,j,k}$는 합성곱 층(*l* 층)의 *k* 특성 맵에서 *i* 행, *j* 열에 위치한 뉴런의 출력입니다.
- 앞서 설명한 것처럼 s_h와 s_w는 수직과 수평 스트라이드이고 f_h와 f_w는 수용장의 높이와 너비입니다. 그리고 $f_{n'}$는 이전 층(*l*-1 층)에 있는 특성 맵의 수입니다.
- $x_{i',j',k'}$는 *l*−1 층의 *i'* 행, *j'* 열, *k'* 특성 맵(혹은 *l*−1 층이 입력 층이면 *k'* 채널)에 있는 뉴런의 출력입니다.
- b_k는 (*l* 층에 있는) *k* 특성 맵의 편향입니다. 이를 *k* 특성 맵의 전체 밝기를 조정하는 다이얼로 생각할 수 있습니다.[11]
- $w_{u,v,k',k}$는 *l* 층의 *k* 특성 맵에 있는 모든 뉴런과 (뉴런의 수용장에 연관된) *u* 행, *v* 열, 그리고 *k'* 특성 맵에 위치한 입력 사이의 연결 가중치입니다.

---

11 옮긴이_ 특성 맵마다 하나의 편향이 있으므로 편향 값을 조절하면 특성 맵에 있는 전체 뉴런의 값이 커지거나 작아집니다.

14.2.3 케라스로 합성곱 층 구현하기

먼저 사이킷런의 load_sample_image() 함수로 몇 개의 샘플 이미지를 로드하고 (13장에서 소개한) 케라스 CenterCrop과 Rescaling 층으로 전처리해보겠습니다.

```python
from sklearn.datasets import load_sample_images
import tensorflow as tf

images = load_sample_images()["images"]
images = tf.keras.layers.CenterCrop(height=70, width=120)(images)
images = tf.keras.layers.Rescaling(scale=1 / 255)(images)
```

images 텐서의 크기를 확인해보죠.

```python
>>> images.shape
TensorShape([2, 70, 120, 3])
```

이런, 4D 텐서입니다. 아직까지 본 적이 없는 텐서입니다! 이 차원들은 무엇을 의미할까요? 첫 번째 차원은 두 개의 샘플 이미지가 있다는 것을 설명합니다. 두 번째와 세 번째 차원은 이미지의 크기입니다. 각 이미지는 70×120 크기이며, CenterCrop 층을 만들 때 지정한 것입니다 (원본 이미지 크기는 427×640입니다). 마지막으로 각 픽셀은 컬러 채널당 하나의 값을 가집니다. 빨강, 초록, 파랑 세 개의 채널이 있으므로 마지막 차원이 3입니다.

그럼 2D 합성곱 층을 만들고 이런 이미지를 주입하여 어떤 값이 출력되는지 확인해보죠. 이를 위해 케라스는 Convolution2D(또는 별칭인 Conv2D) 층을 제공합니다. 내부적으로 이 층은 텐서플로의 tf.nn.conv2d() 연산을 사용합니다. 크기가 7×7인 필터 32개로 구성된 합성곱 층을 만들어보죠(kernel_size=7은 kernel_size=(7, 7)을 사용하는 것과 동일합니다). 그리고 이 층을 두 개의 이미지로 구성된 작은 배치에 적용해보겠습니다.

```python
conv_layer = tf.keras.layers.Conv2D(filters=32, kernel_size=7)
fmaps = conv_layer(images)
```

> **✎ NOTE** 2D 합성곱 층에서 '2D'는 **공간** 차원(높이와 너비)의 개수를 의미합니다. 하지만 여기서 보듯이 이 층은 4D 입력을 받습니다. 다른 두 개의 차원은 배치 크기(첫 번째 차원)와 채널 개수(마지막 차원)입니다.

출력의 크기를 확인해보죠.

```
>>> fmaps.shape
TensorShape([2, 64, 114, 32])
```

출력 크기는 입력 크기와 비슷하지만 두 가지가 크게 다릅니다. 첫째, 채널 개수가 3이 아니라 32입니다. 이는 `filters=32`라고 지정했기 때문입니다. 이 설정으로 인해 32개의 특성 맵이 출력되었습니다. 각 위치에서 빨강, 초록, 파랑의 강도 대신 각각의 특성 강도를 얻었습니다. 둘째, 높이와 너비는 6픽셀씩 줄어들었습니다. 이는 `Conv2D` 층이 기본적으로 제로 패딩을 사용하지 않기 때문입니다. 이로 인해 필터의 크기에 따라 출력 특성 맵의 가장자리에서 몇 개의 픽셀을 잃습니다. 여기에서는 커널 크기가 7이기 때문에 수평과 수직 방향으로 6픽셀씩 (즉, 양 가장자리에서 3픽셀씩) 잃습니다.

> **! CAUTION** 기본 옵션은 어떤 제로 패딩도 사용하지 않는 `padding="valid"`입니다. 각 뉴런의 수용장이 입력 안의 유효한 ^{valid} 위치에 놓여야 한다는 의미에서 이런 이름이 지어졌습니다(즉, 경계 밖으로 나가지 않습니다). 케라스뿐만 아니라 많은 사람이 이런 명칭을 사용합니다.

대신 `padding="same"`이라 지정하면 출력 특성 맵이 입력과 같은 크기가 되도록 입력 가장자리에 충분한 패딩이 추가됩니다(그래서 이름이 same입니다).

```
>>> conv_layer = tf.keras.layers.Conv2D(filters=32, kernel_size=7,
...                                      padding="same")
...
>>> fmaps = conv_layer(images)
>>> fmaps.shape
TensorShape([2, 70, 120, 32])
```

이 두 패딩 옵션이 [그림 14-7]에 나타나 있습니다. 간단하게 나타내기 위해 수평 차원만 그렸지만 수직 차원에도 동일한 로직이 적용됩니다.

(어떤 방향으로든지) 스트라이드가 1보다 크면 `padding="same"`으로 지정해도 출력 크기가 입력 크기와 같지 않게 됩니다. 예를 들어 `strides=2`(또는 `strides=(2, 2)`)라고 지정하면 출력 특성 맵의 크기는 35×60이 될 것입니다. 두 패딩 옵션에서 `strides=2`라고 지정했을 때

어떻게 작동하는지 [그림 14-8]에 나타나 있습니다.

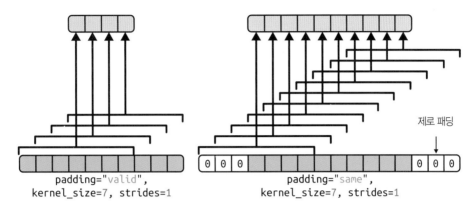

그림 14-7 strides=1일 때 두 패딩 옵션

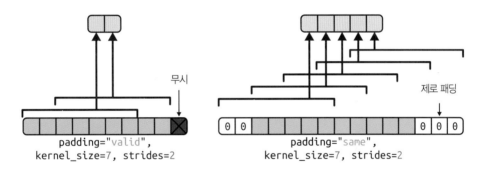

그림 14-8 스트라이드가 1보다 크면 "same" 패딩을 사용할 때에도 출력이 작아집니다("valid" 패딩은 일부 입력을 무시할 수 있습니다).

출력 크기가 계산되는 방식은 다음과 같습니다.

- padding="valid"

  입력의 너비가 i_h라면 출력 너비는 $(i_h - f_h + s_h) / s_h$를 내림한 값이 됩니다. f_h는 커널 너비, s_h는 수평 방향 스트라이드입니다. 이 나눗셈의 나머지는 입력 이미지의 오른쪽 끝에 있는 무시된 열에 해당합니다. 동일한 로직이 출력 높이와 이미지 아래쪽의 무시된 행을 계산하는 데도 사용됩니다.

- padding="same"

  출력 너비는 i_h / s_h를 올림한 값이 됩니다. 이를 위해 적절한 개수의 0이 입력 이미지의 왼쪽과 오른쪽 열에 패딩됩니다(가능하면 양쪽에 동일한 개수의 0이 추가되고 그렇지 않으면 오른쪽이 하나 더 많습니다). 출력 너비가 o_w라고 가정하면 제로 패딩되는 열의 개수는 $(o_w - 1) \times s_h + f_h - i_h$입니다. 여기에서도 동일한 로직이 출력 높이와 패딩되는 행의 개수를 계산하는 데 사용됩니다.

이제 층의 가중치([식 14-1]의 $w_{u,v,k',k}$와 b_k)를 살펴보죠. Dense 층과 마찬가지로 Conv2D 층은 커널과 편향을 포함해 모든 가중치를 가지고 있습니다. 커널은 랜덤하게 초기화되고 편향은 0으로 초기화됩니다. 이런 가중치는 weights 속성을 통해 텐서플로 변수나 get_weights() 함수를 통해 넘파이 배열로 참조할 수 있습니다.

```
>>> kernels, biases = conv_layer.get_weights()
>>> kernels.shape
(7, 7, 3, 32)
>>> biases.shape
(32,)
```

kernels 배열은 4D이고 크기는 [kernel_height, kernel_width, input_channels, output_channels]입니다. biases 배열은 1D이고 크기는 [output_channels]입니다. 출력 채널의 개수는 출력 특성 맵의 개수와 같습니다. 또한 필터의 개수와도 같습니다.

더 중요한 점은 입력 이미지의 높이와 너비가 커널 크기에 나타나지 않는다는 것입니다. 이는 앞서 설명했듯이 출력 특성 맵에 있는 모든 뉴런이 동일한 가중치를 공유하기 때문입니다. 이미지가 적어도 커널만큼 크고 채널 개수(이 경우 3개)가 맞다면 이 층에 어떤 크기의 이미지도 입력할 수 있다는 의미입니다.

마지막으로 Conv2D 층을 만들 때 일반적으로 (ReLU와 같은) 활성화 함수와 (He 초기화 같은) 커널 초기화 방법을 지정할 것입니다. Dense 층과 마찬가지로 합성곱 층은 선형 연산을 수행하기 때문에 활성화 함수 없이 여러 개의 합성곱 층을 쌓아도 하나의 합성곱 층과 동일하며 복잡한 것을 학습할 수 없게 됩니다.

여기서 볼 수 있듯이 합성곱 층에는 여러 개의 하이퍼파라미터가 있습니다. filters, kernel_size, padding, strides, activation, kernel_initializer 등입니다. 항상 그렇듯이 최적의 하이퍼파라미터 값을 찾기 위해 교차 검증을 사용할 수 있지만 시간이 매우 많이 소요됩니다. 나중에 이 장에서 대표적인 CNN 구조를 알아보고 어떤 하이퍼파라미터가 가장 효과적인지 설명하겠습니다.

14.2.4 메모리 요구 사항

CNN에 관련된 또 하나의 문제는 합성곱 층이 많은 양의 RAM을 필요로 한다는 점입니다. 특히 훈련하는 동안에 역전파 알고리즘이 역방향 계산을 할 때 정방향에서 계산했던 모든 중간 값을 필요로 합니다.

예를 들어 스트라이드 1과 "same" 패딩을 사용하고 5×5 필터 200개를 가진 합성곱 층을 생각해봅시다. 입력이 150×100 RGB 이미지(채널 3개)면 파라미터 수는 $(5 \times 5 \times 3 + 1) \times 200 = 15{,}200$개입니다(+1은 편향 때문입니다).[12] 이 수는 완전 연결 층에 비해 상당히 적습니다.[13] 하지만 200개의 특성 맵마다 150×100개의 뉴런을 포함하고, 각 뉴런은 $5 \times 5 \times 3 = 75$개의 입력에 대한 가중치 합을 계산해야 합니다. 그러므로 총 2억 2천 5백만 개의 실수 곱셈이 있습니다.[14] 완전 연결 층만큼 나쁘지는 않지만 계산량이 매우 많습니다. 더군다나 특성 맵이 32비트 부동소수로 표현된다면 합성곱 층의 출력이 RAM의 $200 \times 150 \times 100 \times 32 = 9$천 6백만 비트(약 12MB)를 점유할 것입니다.[15] 이는 한 샘플에 대해서입니다. 훈련 배치가 100개의 샘플로 이루어져 있다면 이 층은 1.2GB의 RAM을 사용할 것입니다!

추론을 할 때(즉, 새로운 샘플에 대한 예측을 만들 때) 하나의 층이 점유하고 있는 RAM은 다음 층의 계산이 완료되자마자 해제될 수 있습니다. 그러므로 연속된 두 개의 층에서 필요로 하는 만큼의 RAM만 가지고 있으면 됩니다. 하지만 훈련하는 동안에는 정방향에서 계산했던 모든 값이 역방향을 위해 보존되어야 합니다. 그래서 (적어도) 각 층에서 필요한 RAM 양의 전체 합만큼 RAM이 필요합니다.

TIP 메모리 부족으로 훈련이 실패한다면 미니배치 크기를 줄여봅니다. 또는 스트라이드를 사용해 차원을 줄이거나 몇 개의 층을 제거할 수 있습니다. 아니면 32비트 부동소수 대신 16비트 부동소수를 사용할 수 있습니다. 또는 여러 장치에 CNN을 분산시킬 수 있습니다(19장에서 어떻게 하는지 알아보겠습니다).

이제 CNN의 두 번째 일반 구성 요소인 풀링 층을 살펴봅시다.

---

12 옮긴이_ 앞서 언급한 것처럼 필터는 이전 층의 채널 혹은 특성 맵의 전체 깊이에 적용되는 것이 보통입니다. 따라서 5×5 필터이고 입력 채널이 3이면 필터의 크기는 $5 \times 5 \times 3$이 됩니다.

13 동일한 크기의 출력을 만들기 위해 $150 \times 100 \times 3$ 입력에 연결된 $200 \times 150 \times 100$ 뉴런으로 이루어진 완전 연결 층은 $200 \times 150 \times 100 \times (150 \times 100 \times 3 + 1) = 1{,}350$억 개의 파라미터를 가집니다!

14 옮긴이_ 합성곱의 곱셈 수는 $5 \times 5 \times 3$(필터의 크기)$\times 150 \times 100$(특성 맵의 크기)$\times 200$(특성 맵의 수) = 2억 2천 5백만 개가 됩니다.

15 국제단위계(international system of unit)에서 1MB = 1,000KB = $1{,}000 \times 1{,}000$바이트 = $1{,}000 \times 1{,}000 \times 8$비트입니다. 그리고 1MiB = 1,024kiB = $1{,}024 \times 1{,}024$바이트입니다. 따라서 12MB ≈ 11.44MiB입니다.

14.3 풀링 층

어떻게 합성곱 층이 작동하는지 이해했다면 풀링 층^{pooling layer}은 매우 쉽게 이해할 수 있습니다. 이 층의 목적은 계산량과 메모리 사용량, (결과적으로 과대적합의 위험을 줄여주는) 파라미터 수를 줄이기 위해 입력 이미지의 **부표본**^{subsample} (축소본)을 만드는 것입니다.

합성곱 층에서와 마찬가지로 풀링 층의 각 뉴런은 이전 층의 작은 사각 영역의 수용장 안에 있는 뉴런의 출력과 연결되어 있습니다. 이전과 동일하게 크기, 스트라이드, 패딩 유형을 지정해야 합니다. 하지만 풀링 뉴런은 가중치가 없습니다. 즉, 최대나 평균 같은 합산 함수를 사용해 입력값을 더하는 것이 전부입니다. [그림 14-9]는 아주 널리 사용되는 풀링 층인 **최대 풀링 층**^{max pooling layer}을 보여줍니다. 이 예에서는 2×2 **풀링 커널**^{pooling kernel16}과 스트라이드 2를 사용하며 패딩은 없습니다. 각 수용장에서 가장 큰 입력값이 다음 층으로 전달되고 다른 값은 버려집니다. 예를 들어 [그림 14-9]의 왼쪽 아래 수용장에서 입력값 1, 5, 3, 2의 최댓값인 5가 다음 층으로 전달됩니다. 스트라이드 2이므로 출력 이미지의 높이와 너비는 입력 이미지의 절반이 됩니다(패딩을 사용하지 않았으므로 소수점 이하는 내림입니다).

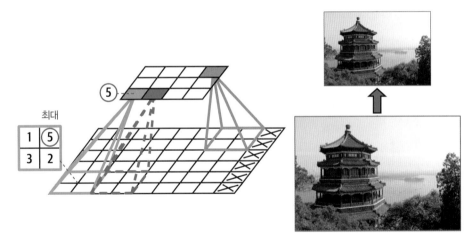

그림 14-9 최대 풀링 층(2×2 풀링 커널, 스트라이드 2, 패딩 없음)

---

16 지금까지 언급했던 다른 커널은 가중치를 가지고 있지만 풀링 커널은 가중치가 없습니다. 풀링은 단지 상태가 없는 슬라이딩 윈도일 뿐입니다.
옮긴이_ 이 책에서는 풀링 커널, 풀링 뉴런 등으로 표현하고 있지만 풀링은 가중치가 없어서 '풀링 함수'라고 부르는 경우가 많습니다.

계산량, 메모리 사용량, 파라미터 수를 줄이는 것 외에 [그림 14-10]처럼 최대 풀링은 작은 변화에도 일정 수준의 **불변성**^{invariance}을 만들어줍니다. 밝은 픽셀의 값이 검은 픽셀보다 낮다고 가정하고 세 개의 이미지(A, B, C)가 2×2 커널, 스트라이드 2인 최대 풀링 층을 통과한다고 생각해봅시다. 이미지 B와 C는 이미지 A와 동일하지만 각각 오른쪽으로 한 픽셀과 두 픽셀 이동한 것입니다. 여기서 볼 수 있듯이 이미지 A와 B에서 최대 풀링 층의 출력은 동일합니다. 이것이 이동 불변성$^{\text{translation invariance}}$입니다. 이미지 C의 출력은 다릅니다. 오른쪽으로 한 픽셀 이동했습니다(여전히 50%는 변하지 않았습니다). CNN에서 몇 개 층마다 최대 풀링 층을 추가하면 전체적으로 일정 수준의 이동 불변성을 얻을 수 있습니다. 또한 최대 풀링은 회전과 확대, 축소에 대해 약간의 불변성을 제공합니다. (제한적이지만) 이와 같은 불변성은 분류 작업처럼 예측이 이런 작은 부분에서 영향을 받지 않는 경우 유용할 수 있습니다.

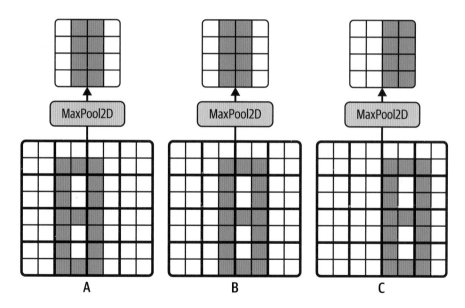

그림 14-10 이동에 대한 불변성

최대 풀링은 단점도 가지고 있습니다. 이 층은 매우 파괴적입니다. 작은 2×2 커널과 스트라이드 2를 사용하더라도 출력은 양방향으로 절반이 줄어들어(그러므로 면적이 1/4로 줄어듭니

다) 입력값의 75%를 잃게 됩니다. 어떤 애플리케이션에서는 불변성이 필요하지 않습니다. 시맨틱 분할(픽셀이 속한 객체에 따라 픽셀을 구분하는 작업으로 이 장의 뒷부분에서 살펴봅니다)의 경우입니다. 입력 이미지가 오른쪽으로 한 픽셀 이동했다면 출력도 오른쪽으로 한 픽셀 이동해야 합니다. 이 경우 불변성이 아니라 **등변성**equivariance이 목표가 됩니다. 입력의 작은 변화가 출력에서 그에 상응하는 작은 변화로 이어져야 합니다.

14.4 케라스로 풀링 층 구현하기

다음 코드는 MaxPooling2D(또는 별칭인 MaxPool2D)를 사용해 2×2 커널을 사용하는 풀링 층을 만듭니다. 스트라이드의 기본값은 커널 크기이므로 이 층은 (수평과 수직 모두) 스트라이드 2를 사용합니다. 기본적으로 "valid" 패딩을 사용합니다(즉, 패딩을 하지 않습니다).

```
max_pool = tf.keras.layers.MaxPool2D(pool_size=2)
```

평균 풀링 층average pooling layer을 만들려면 MaxPool2D 대신 AveragePooling2D(또는 별칭인 AvgPool2D)를 사용합니다. 예상대로 이 층은 최댓값이 아닌 평균을 계산하는 것만 빼면 최대 풀링 층과 동일하게 작동합니다. 평균 풀링 층이 잘 알려져 있지만 최대 풀링 층이 보통 더 성능이 좋아서 대부분 최대 풀링 층을 사용합니다. 조금 놀랍게도 일반적으로 평균을 계산하면 최댓값을 계산하는 것보다 정보 손실이 적습니다. 반면 최대 풀링은 의미 없는 것은 모두 제거하고 가장 큰 특징만 유지합니다.[17] 따라서 다음 층이 조금 더 명확한 신호로 작업할 수 있습니다. 또한 최대 풀링은 평균 풀링보다 강력한 이동 불변성을 제공하고 연산 비용이 조금 덜 듭니다.

흔하지는 않지만 최대 풀링과 평균 풀링은 공간 차원이 아니라 깊이 차원으로 수행될 수 있습니다. 이를 통해 CNN이 다양한 특성에 대한 불변성을 학습할 수 있습니다. 예를 들어 동일 패턴이 회전된 여러 가지 필터를 학습했을 때([그림 14-11]의 손글씨 숫자 참고) 깊이 방향depthwise 최대 풀링 층은 회전에 상관없이 동일한 출력을 만듭니다. 이 CNN은 비슷하게 두께, 밝기, 왜곡, 색상 등 어떤 것에 대해서도 불변성을 학습할 수 있습니다.

---

17 옮긴이_ 반대로 평균 풀링은 평균을 계산하기 때문에 특징을 희석시키는 효과를 냅니다.

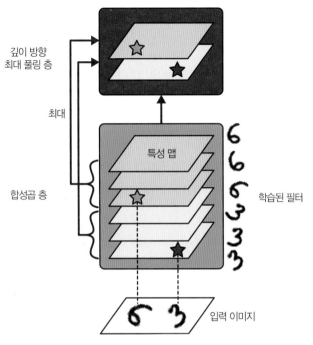

깊이 방향
최대 풀링 층

최대

합성곱 층

특성 맵

학습된 필터

입력 이미지

그림 14-11 깊이 방향 최대 풀링을 사용한 CNN은 (이 경우 회전에 대한) 불변성을 학습할 수 있습니다.

케라스는 깊이 방향 최대 풀링 층을 제공하지 않지만 사용자 정의 층으로 어렵지 않게 구현할 수 있습니다.

```
class DepthPool(tf.keras.layers.Layer):
    def __init__(self, pool_size=2, **kwargs):
        super().__init__(**kwargs)
        self.pool_size = pool_size

    def call(self, inputs):
        shape = tf.shape(inputs)                  # shape[-1]은 채널 개수입니다.
        groups = shape[-1] // self.pool_size # 채널 그룹의 개수
        new_shape = tf.concat([shape[:-1], [groups, self.pool_size]], axis=0)
        return tf.reduce_max(tf.reshape(inputs, new_shape), axis=-1)
```

이 층은 입력의 채널을 원하는 크기(`pool_size`)의 그룹으로 나눕니다. 그다음 `tf.reduce_max()`를 사용해 각 그룹의 최댓값을 계산합니다. 이 코드는 일반적인 경우로 스트라이드가 풀링 크기와 같다고 가정합니다. 또는 텐서플로의 `tf.nn.max_pool()` 함수를 Lambda 층으로 감

싸 케라스 모델에서 사용할 수 있습니다. 하지만 이 연산은 GPU를 위해 깊이 방향 풀링을 제공하지 못하며 CPU에서만 사용할 수 있습니다.

현대적인 신경망 구조에서 종종 보게될 마지막 풀링 층은 **전역 평균 풀링 층**global average pooling layer입니다. 이 층의 작동 방식은 앞서 살펴본 것들과 매우 다릅니다. 이 층에서는 각 특성 맵의 평균을 계산합니다(입력과 공간 방향 차원이 같은 커널을 사용하는 풀링 층과 같습니다). 각 샘플의 특성 맵마다 하나의 숫자를 출력한다는 의미입니다. 물론 이는 매우 파괴적인 연산이지만(특성 맵에 있는 대부분 정보를 잃습니다) 나중에 이 장에서 볼 수 있듯이 출력 층 직전에 유용하게 쓰입니다. 이런 층을 만들려면 간단히 GlobalAveragePooling2D 클래스(또는 별칭인 GlobalAvgPool2D 클래스)를 사용합니다.

```
global_avg_pool = tf.keras.layers.GlobalAvgPool2D()
```

이는 다음 코드와 같이 공간 방향(높이와 너비)을 따라 평균을 계산하는 Lambda 층과 동등합니다.

```
global_avg_pool = tf.keras.layers.Lambda(
    lambda X: tf.reduce_mean(X, axis=[1, 2]))
```

예를 들어 이 층에 입력 이미지를 적용하면 각 이미지의 빨강, 초록, 파랑 색의 평균 강도를 얻습니다.

```
>>> global_avg_pool(images)
<tf.Tensor: shape=(2, 3), dtype=float32, numpy=
array([[0.64338624, 0.5971759 , 0.5824972 ],
       [0.76306933, 0.26011038, 0.10849128]], dtype=float32)>
```

합성곱 신경망을 만들기 위한 모든 구성 요소를 배웠습니다. 이제 이들을 어떻게 조합하는지 알아봅시다.

14.5 CNN 구조

전형적인 CNN 구조는 합성곱 층을 몇 개 쌓고(각각 ReLU 층을 그 뒤에 놓고), 그다음에 풀링 층을 쌓고, 그다음에 또 합성곱 층(+ReLU)을 몇 개 더 쌓고, 그다음에 다시 풀링 층을 쌓는 식입니다. 네트워크를 통과하여 진행할수록 이미지는 점점 작아지지만 합성곱 층 때문에 일반적으로 점점 더 깊어집니다(즉, 더 많은 특성 맵을 가집니다(그림 14-12). 맨 위층에는 몇 개의 완전 연결 층(+ReLU)으로 구성된 일반적인 피드포워드 신경망[18]이 추가되고 마지막 층(예 클래스 확률을 추정하기 위한 소프트맥스 층)에서 예측을 출력합니다.

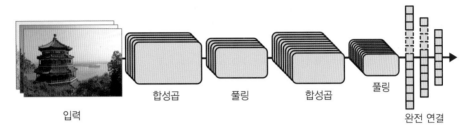

그림 14-12 전형적인 CNN 구조

> **TIP** 합성곱 층에 너무 큰 커널을 사용하는 것은 흔한 실수입니다. 예를 들면 5×5 커널의 합성곱 층 대신 3×3 커널 두 개를 쌓습니다. 파라미터와 계산량이 적고 일반적으로 더 나은 성능을 냅니다.[19] 한 가지 예외는 첫 번째 합성곱 층입니다. 여기서는 일반적으로 큰 크기의 커널(예 5×5)과 2 이상의 스트라이드를 사용합니다. 이렇게 하면 너무 많은 정보를 잃지 않고 공간 방향 차원을 줄일 수 있습니다. 커널 크기를 늘려도 입력 이미지는 3개의 채널만 가지므로 비용이 크게 들지 않습니다.

다음 코드는 (10장에서 소개한) 패션 MNIST 데이터셋 문제를 해결하기 위한 기본적인 CNN입니다.

```
from functools import partial

DefaultConv2D = partial(tf.keras.layers.Conv2D, kernel_size=3, padding="same",   ❶
                        activation="relu", kernel_initializer="he_normal")
```

---

18 옮긴이_ 피드포워드 신경망은 순환 신경망처럼 뉴런의 출력이 순환되지 않는 구조를 통칭하므로 완전 연결 신경망과 합성곱 신경망을 포함합니다. 하지만 보통 완전 연결 신경망만을 의미하는 것으로 사용되는 경우가 많습니다.

19 옮긴이_ 스트라이드와 패딩의 조건이 같다면 3×3 합성곱을 두 번 하는 것이 5×5 합성곱을 한 번 하는 것과 동일하다는 뜻입니다. 5×5 필터는 25+1개의 파라미터를 사용하지만, 3×3 필터 두 개는 18+2개의 파라미터를 사용하고 역방향 계산에서도 비용이 적게 듭니다.

```
model = tf.keras.Sequential([  ❷
    DefaultConv2D(filters=64, kernel_size=7, input_shape=[28, 28, 1]),
    tf.keras.layers.MaxPool2D(),  ❸
    DefaultConv2D(filters=128),
    DefaultConv2D(filters=128),
    tf.keras.layers.MaxPool2D(),  ❹, ❺
    DefaultConv2D(filters=256),
    DefaultConv2D(filters=256),
    tf.keras.layers.MaxPool2D(),
    tf.keras.layers.Flatten(),
    tf.keras.layers.Dense(units=128, activation="relu",
                          kernel_initializer="he_normal"),
    tf.keras.layers.Dropout(0.5),                              ❻
    tf.keras.layers.Dense(units=64, activation="relu",
                          kernel_initializer="he_normal"),
    tf.keras.layers.Dropout(0.5),
    tf.keras.layers.Dense(units=10, activation="softmax")
])
```

이 코드를 하나씩 살펴봅시다.

❶ (11장에서 소개한) functools.partial() 함수를 사용해 Conv2D와 같지만 기본 매개변수 값이 다른 DefaultConv2D를 정의합니다. 커널 크기는 3이고 "same" 패딩, ReLU 활성화 함수, He 초기화를 사용합니다.

❷ Sequential 모델을 만듭니다. 첫 번째 층은 꽤 큰 크기(7×7)의 필터 64개를 가진 Default Conv2D입니다. 입력 이미지가 크지 않기 때문에 스트라이드 기본값 1을 사용합니다. 또한 이미지가 28×28 픽셀이고 컬러 채널이 하나(흑백)이므로 input_shape=[28, 28, 1]로 지정합니다. 패션 MNIST 데이터셋을 로드할 때 이미지의 크기가 이와 같은지 확인해야 합니다. 경우에 따라 채널 차원을 추가하기 위해 np.reshape() 또는 np.expand_dims()를 사용해야 할 수 있습니다. 또는 모델의 첫 번째 층으로 Reshape 층을 사용할 수 있습니다.

❸ 풀링 크기가 (기본값) 2인 최대 풀링 층을 추가하여 공간 방향 차원을 절반으로 줄입니다.

❹ 이와 동일한 구조를 두 번 반복합니다. 최대 풀링 층이 뒤따르는 합성곱 층이 두 번 등장합니다. 이미지가 클 때는 이 구조를 더 많이 반복할 수 있습니다. 반복 횟수는 튜닝해야 할 하이퍼파라미터입니다.

❺ CNN이 출력 층에 다다를수록 필터 개수가 늘어납니다(처음엔 64개이고 그다음 128개, 256개입니다). 저수준 특성(@ 작은 동심원, 수평선)의 개수는 적지만 이를 연결하여 고수준 특성을 만들 수 있는 방법이 많기 때문에 이런 구조가 합리적입니다. 풀링 층 다음에 필터 개수를 두 배로 늘리는 것이 일반적인 방법입니다. 풀링 층이 공간 방향 차원을 절반으로 줄이므로 이어지는 층에서 파라미터 개수, 메모리 사용량, 계산 비용을 크게 늘리지 않고 특성 맵 개수를 두 배로 늘릴 수 있습니다.

❻ 두 개의 은닉 층과 하나의 출력 층으로 구성된 완전 연결 네트워크입니다. 이 문제는 10개의 클래스를 가진 분류 작업이므로 출력 층은 10개의 유닛을 가지고 소프트맥스 활성화 함수를 사용합니다. 밀집 층은 샘플의 특성으로 1D 배열을 기대하므로 첫 번째 밀집 층 이전에 입력을 일렬로 펼쳐야 합니다. 또 밀집 층 사이에 과대적합을 줄이기 위해 50%의 드롭아웃 비율을 가진 드롭아웃 층을 추가합니다.

이 모델을 `sparse_categorical_crossentropy` 손실을 사용해 컴파일하고 패션 MNIST 훈련 세트로 훈련하면 테스트 세트에서 92% 이상의 정확도를 달성합니다. 최고 수준의 성능은 아니지만 꽤 훌륭합니다. 10장의 밀집 네트워크로 달성한 것보다는 훨씬 좋은 결과입니다.

지난 몇 년간 이 기본 구조에서 여러 변형이 개발되었고 인공 지능 분야의 놀라운 발전을 이끌었습니다. 얼마나 진전되었는지 확인하는 좋은 방법은 ILSVRC 이미지넷 대회(*http://image-net.org*) 같은 경연 대회의 오류율을 보는 것입니다. 이 대회에서 이미지 분류에 대한 톱-5 오류율이 최근 6년간 26%에서 2.3%로 떨어졌습니다. 톱-5 오류율은 테스트 이미지에서 시스템이 만든 다섯 개의 예측 중 옳은 답이 포함되지 않은 비율입니다. 이 이미지들은 크고(256픽셀[20]), 클래스가 1,000개이며, 어떤 것은 진짜 감지하기 어렵습니다(강아지 120마리의 품종을 구분해야 합니다). 대회에서 우승한 모델들의 발전 과정을 살펴보면 CNN의 작동 방식과 어떻게 딥러닝 연구가 발전되었는지 이해하는 데 많은 도움이 될 것입니다.

먼저 고전이 된 LeNet-5 구조(1998)를 보고 ILSVRC 대회에서 우승한 몇 가지 모델 AlexNet(2012), GoogLeNet(2014), ResNet(2015), SENet(2017)을 살펴보겠습니다. 또한 Xception, ResNeXt, DenseNet, MobileNet, CSPNet, EfficientNet 같은 구조도 알아보겠습니다.

14.5.1 LeNet-5

LeNet-5 구조[21]는 아마도 가장 널리 알려진 CNN 구조일 것입니다. 앞서 언급한 바와 같이 이 구조는 1998년에 얀 르쿤이 만들었으며 손글씨 숫자 인식(MNIST)에 널리 사용되었습니다. 이는 [표 14-1]과 같은 층으로 구성되어 있습니다.

---

20 옮긴이_ 이미지넷 데이터에서 가장 작은 차원은 256픽셀이므로 보통 전체 이미지를 256×256 크기로 조절합니다.

21 Yann LeCun et al., "Gradient-Based Learning Applied to Document Recognition," Proceedings of the IEEE 86, no. 11 (1998): 2278-2324. *https://homl.info/lenet5*

표 14-1 LeNet-5 구조

층	종류	특성 맵	크기	커널 크기	스트라이드	활성화 함수
출력	완전 연결	–	10	–	–	RBF
F6	완전 연결	–	84	–	–	tanh
C5	합성곱	120	1×1	5×5	1	tanh
S4	평균 풀링	16	5×5	2×2	2	tanh
C3	합성곱	16	10×10	5×5	1	tanh
S2	평균 풀링	6	14×14	2×2	2	tanh
C1	합성곱	6	28×28	5×5	1	tanh
입력	입력	1	32×32	–	–	–

여기서 볼 수 있듯이 이 모델은 패션 MNIST 모델과 매우 비슷합니다. 합성곱 층과 풀링 층을 쌓고 밀집 층이 뒤따릅니다. 최신 분류 CNN과 가장 크게 차이나는 점은 활성화 함수일 것입니다. 요즘에는 tanh 대신에 ReLU를 사용하고 RBF 대신에 소프트맥스를 사용합니다. 몇 가지 다른 차이점도 있지만 크게 중요하지 않습니다. 이에 대해 궁금하다면 이 장의 노트북을 참고하세요. 얀 르쿤의 웹 사이트(*http://yann.lecun.com/exdb/lenet/index.html*)에 LeNet-5 모델이 숫자를 분류하는 멋진 데모가 있습니다.

14.5.2 AlexNet

AlexNet CNN 구조[22]는 2012년 이미지넷 대회에서 큰 차이로 우승했습니다. AlexNet이 17%의 톱-5 오류율을 달성한 반면 2위는 겨우 26%였습니다! AlexNet은 알렉스 크리체프스키 Alex Krizhevsky(그래서 이름이 AlexNet입니다), 일리아 서스케버 Ilya Sutskever, 제프리 힌턴이 만들었습니다. 이 구조는 더 크고 깊을 뿐 LeNet-5와 비슷하며, 처음으로 합성곱 층 위에 풀링 층을 쌓지 않고 바로 합성곱 층끼리 쌓았습니다. [표 14-2]에 이 구조를 나타냈습니다.

---

22 Alex Krizhevsky et al., "ImageNet Classification with Deep Convolutional Neural Networks," _Proceedings of the 25th International Conference on Neural Information Processing Systems 1 (2012): 1097-1105. *https://homl. info/80*

표 14-2 AlexNet 구조

층	종류	특성 맵	크기	커널 크기	스트라이드	패딩	활성화 함수
출력	완전 연결	–	1,000	–	–	–	소프트맥스
F10	완전 연결	–	4,096	–	–	–	ReLU
F9	완전 연결	–	4,096	–	–	–	ReLU
F8	최대 풀링	256	6×6	3×3	2	valid	–
C7	합성곱	256	13×13	3×3	1	same	ReLU
C6	합성곱	384	13×13	3×3	1	same	ReLU
C5	합성곱	384	13×13	3×3	1	same	ReLU
S4	최대 풀링	256	13×13	3×3	2	valid	–
C3	합성곱	256	27×27	5×5	1	same	ReLU
S2	최대 풀링	96	27×27	3×3	2	valid	–
C1	합성곱	96	55×55	11×11	4	valid	ReLU
입력	입력	3 (RGB)	227×227	–	–	–	–

과대적합을 줄이기 위해 저자들은 두 가지 규제 기법을 사용했습니다. 첫째, 훈련하는 동안 F9과 F10의 출력에 (11장에서 소개한) 드롭아웃을 50% 비율로 적용했습니다. 둘째, 훈련 이미지를 랜덤하게 여러 간격으로 이동하거나 수평으로 뒤집고 조명을 바꾸는 식으로 **데이터 증식**data augmentation을 수행했습니다.

데이터 증식

데이터 증식은 진짜 같은 훈련 샘플을 인공적으로 생성하여 훈련 세트의 크기를 늘립니다. 과대적합을 줄이므로 규제 기법으로 사용할 수 있습니다. 생성된 샘플은 가능한 진짜에 가까워야 합니다. 이상적으로는 증식된 훈련 세트에서 이미지를 뽑았을 때 증식된 것인지 아닌지를 구분할 수 없어야 합니다. 단순한 백색 잡음white noise을 추가하는 것은 도움이 되지 않습니다. 증식 방식이 학습 가능해야 합니다(백색 잡음은 학습할 수 없습니다).

예를 들어 각기 다른 양으로 훈련 세트에 있는 모든 이미지의 크기를 조금 변경하거나 이동, 회전합니다. 이렇게 만든 이미지를 훈련 세트에 추가합니다(그림 14-13). 이를 위해 13장에서 소개한 케라스 데이터 증식 층(**CH** RandomCrop, RandomRotation 등)을 사용할 수 있습니다. 이렇게 하면 모델이 그림에 있는 물체의 위치, 방향, 크기 변화에 덜 민감해집니다. 조명 조건에 민감하지 않은 모델을 만들기 위해 비슷하게 여러 가지 명암을 가진 이미지를 생성할 수 있습니다. 일반적으로 (텍스트나 다른 비대칭 물체를 제외하고) 이미지는 수평으로 뒤집을 수 있습니다. 이런 변환을 연결하여 훈련 세트의 크기를 많이 늘릴 수 있습니다.

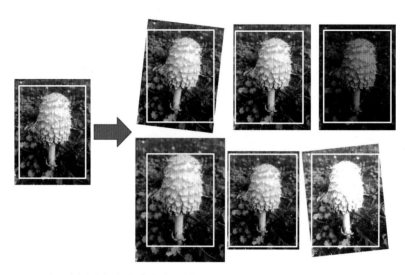

그림 14-13 기존 데이터에서 새로운 훈련 샘플 생성하기

데이터 증식은 불균형한 데이터셋을 다룰 때도 유용합니다. 이를 사용해 클래스 빈도가 적은 샘플을 늘릴 수 있습니다. 이를 SMOTE^{synthetic minority oversampling technique}라고 부릅니다.

AlexNet은 또 C1과 C3 층의 ReLU 단계 후에 바로 **LRN**^{local response normalization}이라 부르는 경쟁적인 정규화 단계를 사용했습니다. 가장 강하게 활성화된 뉴런이 다른 특성 맵에 있는 같은 위치의 뉴런을 억제합니다(이런 경쟁적인 활성화가 생물학적 뉴런에서 관측되었습니다). 이는 특성 맵을 각기 특별하게 다른 것과 구분되게 하고, 더 넓은 시각에서 특징을 탐색하도록 만들어 결국 일반화 성능을 향상시킵니다. [식 14-2]에 LRN을 적용하는 방법이 나와 있습니다.

식 14-2 LRN

$$b_i = a_i \left(k + \alpha \sum_{j=j_{\text{low}}}^{j_{\text{high}}} a_j^2 \right)^{-\beta} \quad \text{여기서} \quad \begin{cases} j_{\text{high}} = \min\left(i + \dfrac{r}{2}, f_n - 1\right) \\ j_{\text{low}} = \max\left(0, i - \dfrac{r}{2}\right) \end{cases}$$

- b_i는 i 특성 맵, u 행, v 열에 위치한 뉴런의 정규화된 출력입니다(이 식에서는 현재의 행과 열에 위치한 뉴런만 고려하므로 u와 v는 없습니다).
- a_i는 ReLU 단계를 지나고 정규화 단계는 거치기 전인 뉴런의 활성화 값입니다.

- k, α, β, r은 하이퍼파라미터입니다. k는 **편향**, r은 **깊이 반경**depth radius입니다.
- f_n은 특성 맵의 수입니다.

예를 들어 $r=2$이고 한 뉴런이 강하게 활성화되었다면 자신의 위와 아래의 특성 맵에 위치한 뉴런의 활성화를 억제할 것입니다.[23]

AlexNet에서 하이퍼파라미터는 $r=2$, $\alpha=0.00002$, $\beta=0.75$, $k=1$로 설정되었습니다. 이 단계는 `tf.nn.local_response_normalization()` 연산을 사용하여 구현할 수 있습니다(이 함수를 케라스 모델에 사용하고 싶다면 Lambda 층으로 감쌉니다).

AlexNet 변형으로 매슈 질러Matthew Zeiler와 롭 퍼거스Rob Fergus가 개발한 ZF Net[24]이 2013년 ILSVRC 대회에서 우승했습니다. 이 구조는 몇 가지 하이퍼파라미터 설정(특성 맵의 수, 커널 크기, 스트라이드 등)을 제외하고는 AlexNet과 같습니다.

14.5.3 GoogLeNet

구글 리서치의 크리스티언 세게디Christian Szegedy 등이 개발한 GoogLeNet 구조[25]는 ILSVRC 2014 대회에서 톱-5 오류율을 7% 이하로 낮추었습니다. 이런 괄목할 만한 성능은 ([그림 14-15]에서 볼 수 있듯이) 네트워크가 이전 CNN보다 훨씬 더 깊기 때문입니다. **인셉션 모듈**inception module[26]이라는 서브 네트워크를 가지고 있어서 GoogLeNet이 이전의 구조보다 훨씬 효과적으로 파라미터를 사용합니다. 실제로 GoogLeNet은 AlexNet보다 10배나 적은 파라미터를 가집니다(6천만 개에서 거의 6백만 개).

[그림 14-14]는 인셉션 모듈의 구조를 보여줍니다. '3×3+1(S)' 표시는 3×3 커널, 스트라이드 1, "same" 패딩을 사용한다는 뜻입니다. 처음에 입력 신호가 네 개의 다른 층에 주입됩니다. 모든 합성곱 층은 ReLU 활성화 함수를 사용합니다. 위쪽의 합성곱 층은 각기 다른 커널 크기(1×1, 3×3, 5×5)를 사용하여 다른 크기의 패턴을 잡습니다. 모든 층은(최대 풀링

---

23 옮긴이_ k가 보통 1로 설정되면 괄호 안의 식이 항상 1보다 크게 되므로 주변 특성 맵에 있는 뉴런의 활성화 값(a)이 커질수록 상대적으로 뉴런의 출력(b)이 줄어듭니다.

24 Matthew D. Zeiler and Rob Fergus, "Visualizing and Understanding Convolutional Networks," Proceedings of the European Conference on Computer Vision (2014): 818–833. *https://homl.info/zfnet*

25 Christian Szegedy et al., "Going Deeper with Convolutions," Proceedings of the IEEE Conference on Computer Vision and Pattern Recognition (2015): 1–9. *https://homl.info/81*

26 2010년에 개봉한 영화 〈인셉션〉에서는 등장인물들이 여러 단계의 깊은 꿈속으로 들어갑니다. 여기에서 이 모듈의 이름을 따왔습니다.

층조차도) 스트라이드 1과 "same" 패딩을 사용하므로 출력의 높이와 너비가 모두 입력과 같습니다. 이렇게 하면 모든 출력을 **깊이 연결 층**^{depth concatenation layer}에서 깊이 방향으로 연결할 수 있습니다(즉, 위쪽 네 개의 합성곱 층에서 만든 특성 맵을 쌓습니다). 이 층은 케라스 기본값 axis=-1로 지정한 Concatenate 층을 사용해 구현할 수 있습니다.

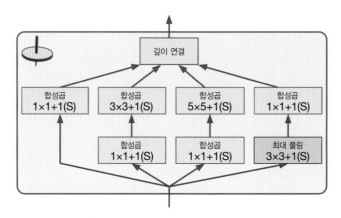

그림 14-14 인셉션 모듈

왜 인셉션 모듈이 1×1 커널의 합성곱 층을 가지는지 궁금할 수 있습니다. 이 층은 한 번에 하나의 픽셀만 처리하기 때문에 어떤 특성도 잡을 수 없는 걸까요? 사실 이 층은 세 개의 목적을 가지고 있습니다.

- 공간상의 패턴을 잡을 수는 없지만 깊이 차원(채널)을 따라 놓인 패턴을 잡을 수 있습니다.
- 입력보다 더 적은 특성 맵을 출력하므로 차원을 줄인다는 의미인 **병목 층**^{bottleneck layer}의 역할을 담당합니다. 연산 비용과 파라미터 개수를 줄여 훈련 속도를 높이고 일반화 성능을 향상합니다.
- 합성곱 층의 쌍([1×1, 3×3]과 [1×1, 5×5])이 더 복잡한 패턴을 감지할 수 있는 한 개의 강력한 합성곱 층처럼 작동합니다. 하나의 합성곱 층은 하나의 밀집 층으로 (각 위치에서 작은 수용장만 바라보면서) 이미지를 훑는 것과 같고 합성곱 층의 쌍은 두 개의 층을 가진 신경망으로 이미지를 훑는 것과 같습니다.

간단히 말해 전체 인셉션 모듈을 여러 크기의 복잡한 패턴이 담긴 특성 맵을 출력하는 (스테로이드 주사를 맞은) 합성곱 층으로 생각해도 됩니다.

이제 GoogLeNet CNN의 구조를 살펴보겠습니다(그림 14-15). 합성곱 층과 풀링 층에서 출력되는 특성 맵의 수는 커널 크기 앞에 표시되어 있습니다. 이 네트워크는 매우 깊어서 세 개의 열로 나타냈습니다. GoogLeNet은 실제로 네트워크를 하나로 길게 쌓은 구조이고, 9개의 인셉션 모듈(회전판이 그려진 박스)을 포함하고 있습니다. 인셉션 모듈에 있는 여섯 개의 숫자는 모듈 안에 있는 합성곱 층에서 출력하는 특성 맵의 수를 나타냅니다([그림 14-14]에 있는 순서와 같습니다). 모든 합성곱 층은 ReLU 활성화 함수를 사용합니다.

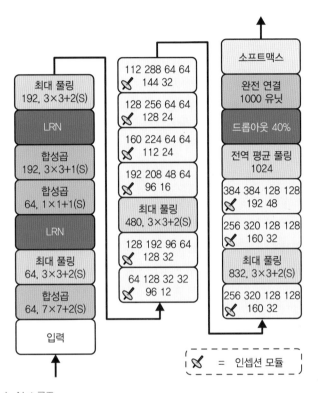

그림 14-15 GoogLeNet 구조

이 네트워크를 살펴봅시다.

- 처음 두 층은 계산량을 줄이기 위해 이미지의 높이와 너비를 4배로 줄입니다(그러므로 면적은 16배 줄어듭니다).[27] 많은 정보를 유지하기 위해 첫 번째 층은 큰 크기의 커널(7×7)을 사용합니다.

- LRN 층은 (앞서 설명한 대로) 이전 층이 다양한 특성을 학습하도록 만듭니다.

- 이어지는 두 개의 합성곱 층 중에서 첫 번째 층이 앞서 설명했듯이 병목 층처럼 작동합니다. 이 합성곱 쌍을 하나의 똑똑한 합성곱 층으로 생각할 수 있습니다.

- 다시 한번 LRN 층이 이전 층이 다양한 패턴을 학습하도록 만듭니다.

....

27 옮긴이_ "same" 패딩일 경우 출력의 크기는 커널 크기에 영향을 받지 않으며 단순히 입력의 크기를 스트라이드 수로 나눈 값입니다. 맨 처음 합성곱과 풀링의 스트라이드가 2이므로 총 4배 줄어듭니다.

- 그런 다음 최대 풀링 층이 계산 속도를 높이기 위해 이미지의 높이와 너비를 2배로 줄입니다.

- 9개의 인셉션 모듈이 길게 이어지고, 차원 감소와 속도 향상을 위해 몇 개의 최대 풀링 층을 끼워넣었습니다.

- 그다음 전역 평균 풀링 층이 각 특성 맵의 평균을 출력합니다. 여기서는 공간 방향 정보를 모두 잃습니다. 이 지점에서는 남아 있는 공간 정보가 많지 않기 때문에 괜찮습니다. 실제 GoogLeNet은 224×224 크기의 입력 이미지를 기대합니다. 5번의 최대 풀링 층에서 매번 높이와 너비가 절반으로 줄어들면 특성 맵 크기는 7×7이 됩니다. 또한 위치 추정[localization]이 아니라 분류 작업이므로 물체가 어디 있는지는 중요하지 않습니다. 이 층에서 수행된 차원 축소 덕택에 (AlexNet에서처럼) CNN 위에 몇 개의 완전 연결 층을 둘 필요가 없습니다. 파라미터의 수를 크게 감소시키고 과대적합의 위험도 줄여줍니다.

- 마지막 층은 쉽게 이해할 수 있습니다. 규제를 위한 드롭아웃 층 다음에 (1,000개의 클래스가 있으므로) 1,000개의 유닛과 소프트맥스 활성화 함수를 적용한 완전 연결 층으로 클래스 확률 추정값을 출력합니다.

원본 GoogLeNet 구조는 세 번째와 여섯 번째 인셉션 모듈 위에 연결된 두 개의 부가적인 분류기를 포함합니다. 이들은 모두 하나의 평균 풀링 층, 하나의 합성곱 층, 두 개의 완전 연결 층, 소프트맥스 활성화 층으로 구성되어 있습니다. 훈련하는 동안 여기에서의 손실이 (70% 정도 감해서) 전체 손실에 더해집니다. 이것의 목적은 그레이디언트 소실 문제를 줄이고 네트워크를 규제하기 위해서였습니다. 그러나 효과는 비교적 작은 것으로 알려져 있습니다.

이후에 구글 연구자들은 Inception-v3와 Inception-v4를 포함해 여러 GoogLeNet 변형을 제안했습니다. 이들은 조금씩 다른 인셉션 모듈을 사용하며 성능이 더 뛰어납니다.

14.5.4 VGGNet

ILSVRC 2014 대회 2등은 옥스퍼드 대학교 VGG[Visual Geometry Group] 연구소의 캐런 시몬얀[Karen Simonyan]과 앤드루 지서만[Andrew Zisserman]이 개발한 VGGNet[28]이었습니다. VGGNet은 매우 단순하고 고전적인 구조입니다. 2개 또는 3개의 합성곱 층 뒤에 풀링 층이 나오고 다시 2개 또는 3개의 합성곱 층과 풀링 층이 등장하는 식입니다(VGGNet 종류에 따라 총 16개 또는 19개의 합성곱 층이 있습니다). 마지막 밀집 네트워크는 2개의 은닉 층과 출력 층으로 이루어집니다. VGGNet은 많은 개수의 필터를 사용하지만 3×3 필터만 사용합니다.

28 Karen Simonyan and Andrew Zisserman, "Very Deep Convolutional Networks for Large-Scale Image Recognition," arXiv preprint arXiv:1409.1556 (2014). https://homl.info/83

14.5.5 ResNet

카이밍 허^{Kaiming He} 등은 **잔차 네트워크**^{residual network}(ResNet)[29]를 사용해 ILSVRC 2015 대회에서 우승했습니다. 3.6% 이하의 놀라운 톱-5 오류율을 기록했습니다. 우승한 네트워크는 152개 층으로 구성된 극도로 깊은 CNN을 사용했습니다(34개, 50개, 101개 층을 가진 변형도 있습니다). 또한 더 적은 파라미터를 사용해 점점 더 깊은 네트워크로 컴퓨터 비전 모델을 구성하는 일반적인 트렌드를 만들었습니다. 이런 깊은 네트워크를 훈련시킬 수 있는 핵심 요소는 **스킵 연결**^{skip connection}(또는 **숏컷 연결**^{shortcut connection})입니다. 즉, 어떤 층에 주입되는 신호가 상위 층의 출력에도 더해집니다. 이것이 왜 유용한지 살펴봅시다.

신경망을 훈련시킬 때는 목적 함수 $h(\mathbf{x})$를 모델링하는 것이 목표입니다. 만약 입력 $\mathbf{x}$를 네트워크의 출력에 더한다면(즉, 스킵 연결을 추가하면) 네트워크는 $h(\mathbf{x})$ 대신 $f(\mathbf{x}) = h(\mathbf{x}) - \mathbf{x}$를 학습하게 될 것입니다. 이를 **잔차 학습**^{residual learning}이라고 합니다(그림 14-16).

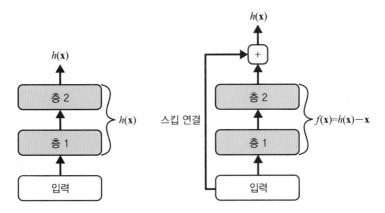

그림 14-16 잔차 학습

일반적인 신경망을 초기화할 때는 가중치가 0에 가깝기 때문에 네트워크도 0에 가까운 값을 출력합니다. 스킵 연결을 추가하면 이 네트워크는 입력과 같은 값을 출력합니다. 즉, 초기에는 항등 함수^{identity function}를 모델링합니다. 목적 함수가 항등 함수에 매우 가깝다면(대부분의 경우에 해당) 훈련 속도가 매우 빨라질 것입니다.

---

29 Kaiming He et al., "Deep Residual Learning for Image Recognition," arXiv preprint arXiv:1512:03385 (2015).

또한 스킵 연결을 많이 추가하면 일부 층이 아직 학습되지 않았더라도 네트워크는 훈련을 시작할 수 있습니다(그림 14-17). 스킵 연결 덕분에 입력 신호가 전체 네트워크에 손쉽게 영향을 미치게 됩니다. 심층 잔차 네트워크는 스킵 연결을 가진 작은 신경망인 **잔차 유닛**^{residual}^{unit}(RU)을 쌓은 것으로 볼 수 있습니다.

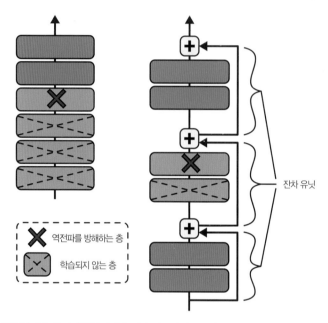

그림 14-17 일반적인 심층 신경망(왼쪽)과 심층 잔차 네트워크(오른쪽)

이제 ResNet의 구조를 살펴보겠습니다(그림 14-18). 이 구조는 놀라울 정도로 매우 단순합니다. (드롭아웃 층을 제외하고는) GoogLeNet과 똑같이 시작하고 종료합니다. 다만 중간에 단순한 잔차 유닛을 매우 깊게 쌓은 것뿐입니다. 각 잔차 유닛은 배치 정규화(BN)와 ReLU, 3×3 커널을 사용하고 공간 정보를 유지하는(스트라이드 1, "same" 패딩) 두 개의 합성곱 층(풀링 층이 없습니다!)으로 이루어져 있습니다.

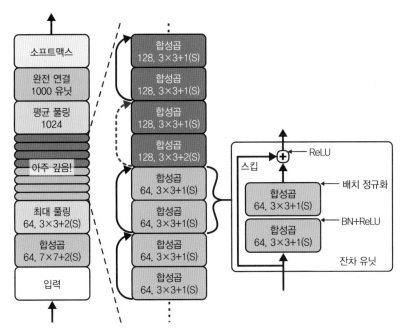

그림 14-18 ResNet 구조

특성 맵의 수는 몇 개의 잔차 유닛마다 두 배로 늘어나고 (스트라이드 2인 합성곱 층을 사용해서) 높이와 너비는 절반이 됩니다. 이러한 경우 입력과 출력의 크기가 다르기 때문에 입력이 잔차 유닛의 출력에 바로 더해질 수 없습니다(예를 들어 이 문제는 [그림 14-18]에서 빨간색 선으로 표시된 스킵 연결에 영향을 미칩니다). 이 문제를 해결하기 위해 스트라이드 2이고 출력 특성 맵의 수가 같은 1×1 합성곱 층으로 입력을 통과시킵니다(그림 14-19).

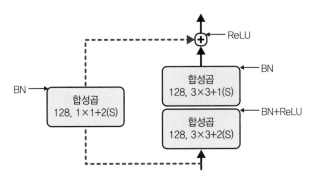

그림 14-19 특성 맵의 크기와 깊이가 바뀔 때 스킵 연결

층의 개수에 따라 다양한 변형 구조가 있습니다. ResNet-34는 (합성곱 층과 완전 연결 층만 헤아려서) 34개 층으로 이루어진 ResNet으로[30] 64개의 특성 맵을 출력하는 3개 RU, 128개 맵의 4개 RU, 256개 맵의 6개 RU, 512개 맵의 3개 RU를 포함합니다. 이 장 뒷부분에서 구조를 구현해보겠습니다.

이보다 깊은 ResNet-152 같은 ResNet은 조금 다른 잔차 유닛을 가집니다. 예를 들어 256개의 특성 맵으로 된 두 개의 3×3 합성곱 층 대신 세 개의 합성곱 층을 사용합니다. 먼저 (앞서 언급한) 병목 층처럼 작동하는 (4배 작은) 64개 특성 맵의 1×1 합성곱 층, 그다음 64개 특성 맵의 3×3 합성곱 층, 마지막으로 원본 깊이를 복원하는 (64의 4배인) 256개 특성 맵의 1×1 합성곱 층입니다.[31] ResNet-152는 256개 맵을 출력하는 3개 RU, 512개 맵의 8개 RU, 1,024개 맵의 36개 RU, 그리고 마지막으로 2,048개 맵의 3개 RU를 포함합니다.

> **✏️ NOTE** 구글의 Inception-v4[32] 구조는 GoogLeNet과 ResNet의 아이디어를 합쳐 이미지넷 분류 문제에서 3%에 가까운 톱-5 오류율을 달성했습니다.

14.5.6 Xception

GoogLeNet 구조의 또 다른 변형으로 언급할 만한 것은 (케라스의 창시자인) 프랑수아 숄레가 2016년에 제안한 Xception[33]입니다(extreme inception을 의미합니다). (3억 5천만 개 이미지와 17,000 클래스를 가진) 대규모 비전 문제에서 Inception-v3보다 훨씬 성능이 뛰어납니다. Inception-v4와 마찬가지로 GoogLeNet과 ResNet의 아이디어를 합쳤지만 인셉션 모듈은 **깊이별 분리 합성곱 층**depthwise separable convolution layer (또는 간단히 분리 합성곱 층[34])이

---

30 신경망을 설명할 때 파라미터를 가진 층만 세는 것이 일반적입니다.

31 옮긴이_ 이와 비슷하게 512개 맵을 출력하는 RU는 4배가 줄어든 128개 맵의 1×1 층과 128개 맵의 3×3 층을 통과하고 512개 맵의 1×1 합성곱 층으로 복원되는 식입니다.

32 Christian Szegedy et al., "Inception-v4, Inception-ResNet and the Impact of Residual Connections on Learning," arXiv preprint arXiv:1602.07261 (2016). https://homl.info/84

33 François Chollet, "Xception: Deep Learning with Depthwise Separable Convolutions," arXiv preprint arXiv:1610.02357 (2016). https://homl.info/xception

34 공간 분리 합성곱도 종종 '분리 합성곱'이라 부르기 때문에 이 이름은 혼동을 일으킬 수 있습니다. 옮긴이_ 공간 분리 합성곱은 커널을 두 개의 수직, 수평 커널로 분리하여 첫 번째 합성곱에서 행을 줄이고 두 번째 합성곱에서 열을 줄이는 방법으로 널리 사용되지는 않습니다.

라는 특별한 층으로 대체했습니다. 이런 층들이 이전에도 일부 CNN 구조에서 사용되었지만 Xception 구조만큼 핵심적으로 활용되지는 않았습니다. 일반적인 합성곱 층은 공간상의 패턴(◉ 타원 형태)과 채널 사이의 패턴(◉ 입+코+눈=얼굴)을 동시에 잡기 위해 필터를 사용합니다. 반면 분리 합성곱 층은 공간 패턴과 채널 사이 패턴을 분리하여 모델링할 수 있다고 가정합니다(그림 14-20). 이 층은 두 개의 부분으로 구성됩니다. 첫 번째 부분은 하나의 공간 필터를 각 입력 특성 맵에 적용합니다. 그리고 두 번째 부분에서는 채널 사이 패턴만 조사합니다. 이 부분은 1×1 필터를 사용한 일반적인 합성곱 층입니다.

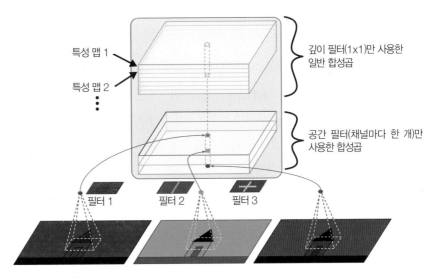

그림 14-20 깊이별 분리 합성곱 층

분리 합성곱 층은 입력 채널마다 하나의 공간 필터만 가지기 때문에 입력 층과 같이 채널이 너무 적은 층 다음에 사용하는 것을 피해야 합니다([그림 14-20]에서 3개의 채널에 사용했지만 예시를 위한 목적일 뿐입니다). 이런 이유로 Xception 구조는 2개의 일반 합성곱 층으로 시작합니다. 이 구조의 나머지는 분리 합성곱만 사용합니다(총 34개입니다). 거기에 몇 개의 최대 풀링 층과 전형적인 마지막 층들(전역 평균 풀링 층과 밀집 출력 층)을 사용합니다.

인셉션 모듈이 전혀 없는데 Xception을 GoogLeNet의 변형으로 간주하는 이유가 궁금할 것입니다. 앞에서 언급한 것처럼 인셉션 모듈은 1×1 필터를 사용한 합성곱 층을 포함합니다. 이 층은 채널 사이 패턴만 감지합니다. 하지만 이 위에 놓인 합성곱 층은 공간과 채널 패턴을 모두 감지하는 일반적인 합성곱 층입니다. 따라서 인셉션 모듈을 (공간 패턴과 채널 패턴을 함께 고려하는) 일반 합성곱 층과 (따로 고려하는) 분리 합성곱 층의 중간 형태로 생각할 수 있습니다. 일반적으로 분리 합성곱 층이 더 나은 성능을 내는 것으로 보입니다.

TIP 분리 합성곱 층이 일반 합성곱 층보다 파라미터, 메모리, 연산을 더 적게 사용합니다. 그리고 성능이 더 나은 경우가 많습니다. (입력 채널처럼) 채널 수가 적은 층 다음을 제외하고 기본으로 이 층을 사용하는 것을 고려해봐야 합니다. 케라스에서는 Conv2D 대신에 그냥 SeparableConv2D를 사용하면 됩니다. 케라스는 깊이별 분리 합성곱 층의 첫 번째 부분을 구현한 DepthwiseConv2D 층도 제공합니다.(즉, 입력 특성 맵마다 하나의 공간 필터를 적용합니다).

14.5.7 SENet

ILSVRC 2017 대회 우승자는 SENet[squeeze–and–excitation network][35]입니다. 이 구조는 인셉션 네트워크와 ResNet 같은 기존 구조를 확장하여 성능을 높였습니다. 이를 통해 SENet은 2.25% 톱-5 오류율이라는 놀라운 기록으로 우승했습니다! 인셉션 네트워크와 ResNet을 확장한 버전을 각각 **SE-Inception**과 **SE-ResNet**이라고 부릅니다. SENet은 [그림 14-21]처럼 원래 구조에 있는 모든 인셉션 모듈이나 모든 잔차 유닛에 **SE 블록**이라는 작은 신경망을 추가하여 성능을 향상했습니다.

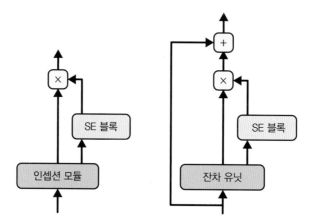

그림 14-21 SE-Inception 모듈(왼쪽)과 SE-ResNet 유닛(오른쪽)

---

35 Jie Hu et al., "Squeeze-and-Excitation Networks," Proceedings of the IEEE Conference on Computer Vision and Pattern Recognition (2018): 7132-7141. *https://homl.info/senet*

SE 블록이 추가된 부분의 유닛의 출력을 깊이 차원에 초점을 맞추어 분석합니다(공간 패턴은 신경 쓰지 않습니다). 어떤 특성이 일반적으로 동시에 가장 크게 활성화되는지 학습한 다음, [그림 14-22]처럼 이 정보를 사용하여 특성 맵을 보정합니다. 예를 들어 SE 블록이 그림에서 함께 등장하는 입, 코, 눈을 학습할 수 있습니다. 우리가 사진에서 입과 코를 보았다면 눈도 볼 수 있다고 기대합니다. 따라서 입과 코 특성 맵이 강하게 활성되고 눈 특성 맵만 크게 활성화되지 않았다면 이 블록이 눈 특성 맵의 출력을 높입니다(정확히 말하면 관련없는 특성 맵의 값을 줄입니다). 눈이 다른 요소와 다소 혼동된다면 이런 특성 맵 보정이 애매함을 해결하는 데 도움이 될 것입니다.

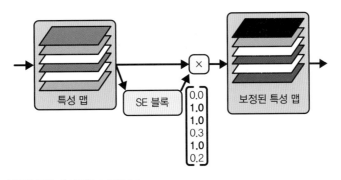

그림 14-22 SE 블록은 특성 맵 보정을 수행합니다.

하나의 SE 블록은 3개의 층으로 구성됩니다. 전역 평균 풀링 층과 ReLU 활성화 함수를 사용하는 밀집 은닉 층, 시그모이드 활성화 함수를 사용하는 밀집 출력 층입니다(그림 14-23).

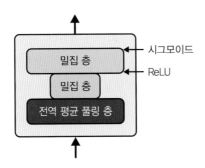

그림 14-23 SE 블록 구조

처음에 전역 평균 풀링 층이 각 특성 맵에 대한 평균 활성화 값을 계산합니다. 예를 들어 256개의 특성 맵을 가진 입력이라면 각 필터의 전반적인 응답 수준을 나타내는 256개의 숫자가 출력됩니다. 그리고 다음 층에서 압축이 일어납니다. 이 층은 256개보다 훨씬 적은 뉴런을 가집니다. 일반적으로 특성 맵 개수보다 16배 적습니다(⒞ 16개의 뉴런). 즉, 256개의 숫자가 작은 벡터(⒞ 16차원)로 압축됩니다. 이 저차원 벡터(하나의 임베딩)는 특성 응답의 분포를 표현합니다. 이 병목 층을 통해 SE 블록이 특성 조합에 대한 일반적인 표현을 학습합니다(17장에서 오토인코더를 설명할 때 이 개념을 다시 다룹니다). 마지막으로 출력 층은 이 임베딩을 받아 특성 맵마다 0과 1 사이의 하나의 숫자를 담은 보정된 벡터(⒞ 256개)를 출력합니다. 그다음 특성 맵과 이 보정된 벡터를 곱해 관련없는 (보정된 점수가 낮은) 특성값을 낮추고 관련 있는 (보정된 점수가 1에 가까운) 특성값은 그대로 유지합니다.

14.5.8 주목할 만한 다른 구조

ResNeXt[36]

ResNeXt는 ResNet의 잔차 유닛을 향상시켰습니다. 최상의 ResNet 모델에 있는 잔차 유닛이 각각 3개의 합성곱 층을 가지고 있지만 ResNeXt 잔차 유닛은 3개의 합성곱 층을 가진 여러 병렬 스택(⒞ 32개의 스택)으로 구성됩니다. 하지만 각 스택의 처음 2개의 층은 적은 수의 필터(⒞ 4개)만 사용하기 때문에 전체적인 파라미터 개수는 ResNet과 동일합니다. 그다음 모든 스택의 출력이 합쳐져 (스킵 연결과 함께) 다음 잔차 유닛으로 전달됩니다.

DenseNet[37]

DenseNet은 여러 개의 밀집 블록으로 구성되어 있습니다. 각 블록은 몇 개의 밀집 연결 합성곱 층으로 만들어집니다. 이 구조는 비교적 적은 수의 파라미터를 사용하지만 뛰어난 정확도를 달성했습니다. 여기서 '밀집 연결'이 무엇일까요? 각 층의 출력이 동일 블록 안에서 그 다음에 나오는 다른 모든 층의 입력으로 전달되는 것을 의미합니다. 예를 들어 한 블록에 있는 층 4는

---

36 Saining Xie et al., "Aggregated Residual Transformations for Deep Neural Networks", arXiv preprint arXiv:1611.05431 (2016). *https://homl.info/resnext*

37 Gao Huang et al., "Densely Connected Convolutional Networks", arXiv preprint arXiv:1608.06993 (2016). *https://homl.info/densenet*

같은 블록에 있는 층 1, 2, 3의 출력을 깊이 방향으로 연결한 것을 입력으로 받습니다. 밀집 블록은 몇 개의 전환 층transition layer[38]으로 분리됩니다.

MobileNet[39]

MobileNet은 경량이고 빠르게 설계된 간소화 모델로 모바일과 웹 애플리케이션에서 널리 사용됩니다. Xception처럼 깊이별 분리 합성곱 층을 기반으로 합니다. 저자들은 약간의 정확도를 희생하면서 더 빠르고 작은 모델을 위해 여러 변형 모델을 제안했습니다.

CSPNet[40]

CSPNetCross Stage Partial Network은 DenseNet과 비슷하지만 각 밀집 블록의 입력 중 일부가 블록을 통과하지 않고 블록의 출력에 바로 연결됩니다.

EfficientNet[41]

EfficientNet은 앞서 나열한 것들 중에서 가장 중요한 모델입니다. 저자들은 원칙에 입각하여 깊이(층 개수), 너비(층의 필터 개수), 해상도(입력 이미지 크기)를 동시에 증가시켜 어떤 CNN이더라도 효율적으로 확장할 수 있는 방법을 제안했습니다. 이를 **복합 스케일링**compound scaling이라고 부릅니다. 신경망 구조 검색을 사용해 (이미지 개수와 크기가 작은) 축소된 버전의 이미지넷에서 좋은 성능을 내는 구조를 찾습니다. 그다음 복합 스케일링을 사용해 이 구조의 더 큰 버전을 만듭니다. EfficientNet이 등장했을 때 모든 컴퓨팅 비용 측면에서 기존의 모델을 크게 능가했습니다. 오늘날에도 여전히 최고의 모델입니다.

EfficientNet의 복합 스케일링 방법을 이해하면 CNN을 자세히 이해하는 데 도움이 됩니다. 특히 CNN 구조를 확장해야 할 때 그렇습니다. 컴퓨팅 예산 ϕ의 로그값을 기반으로 합니다. 컴

---

38 옮긴이_ 이 전환 층은 1×1 합성곱 층과 평균 풀링으로 구성됩니다.

39 Andrew G. Howard et al., "MobileNets: Efficient Convolutional Neural Networks for Mobile Vision Applications", arXiv preprint arxiv:1704.04861 (2017). *https://homl.info/mobilenet*

40 Chien-Yao Wang et al., "CSPNet: A New Backbone That Can Enhance Learning Capability of CNN", arXiv preprint arXiv:1911.11929 (2019). *https://homl.info/cspnet*

41 Mingxing Tan and Quoc V. Le, "EfficientNet: Rethinking Model Scaling for Convolutional Neural Networks", arXiv preprint arXiv:1905.11946 (2019). *https://homl.info/efficientnet*

퓨팅 예산이 두 배로 늘어나면 ϕ는 1만큼 증가합니다. 다른 말로 하면 훈련을 위해 사용할 수 있는 부동소수점 연산의 개수가 2^ϕ에 비례합니다. CNN 구조의 깊이, 너비, 해상도는 각각 α^ϕ, β^ϕ, γ^ϕ으로 확장되어야 합니다. α, β, γ는 1보다 커야 하고 $\alpha + \beta^2 + \gamma^2$은 2에 가까워야 합니다. 이 인자의 최적값은 CNN 구조에 따라 다릅니다. EfficientNet 구조에 대한 최적값을 찾기 위해 저자들은 $\phi = 1$로 고정하고 작은 기준 모델(EfficientNetB0)로 시작해서 그리드 서치를 수행하여 $\alpha = 1.2$, $\beta = 1.1$, $\gamma = 1.1$을 얻었습니다. 그런 다음 이 인자를 사용하여 ϕ 값을 증가시키기 위해 EfficientNetB1에서 EfficientNetB7까지 더 큰 구조를 여러 개 만듭니다.

14.5.9 올바른 CNN 구조 선택

이렇게 많은 CNN 구조 중에서 프로젝트에 가장 잘 맞는 구조를 어떻게 선택할까요? 이는 무엇을 가장 중요하게 여기는지에 따라 달라집니다. 정확도, 모델 크기(⑩ 모바일 디바이스에 배포하는 경우), CPU의 추론 속도, GPU에서 추론 속도 등입니다. [표 14-3]은 케라스에서 제공하는 사전 훈련된 최상의 모델을 모델 크기순으로 나열한 것입니다(나중에 이 장에서 사용 방법을 알아보겠습니다). 전체 목록은 *https://keras.io/api/applications*에서 확인할 수 있습니다. 각 모델에 대해 이 표는 (`tf.keras.applications` 패키지에 있는) 케라스 클래스 이름, MB 단위 모델 크기, 이미지넷 데이터셋에서 톱-1과 톱-5 정확도, 파라미터 개수(백만 단위), 강력한 하드웨어[42]에서 32개 배치를 사용했을 때 CPU와 CPU에서 추론 속도(ms)를 보여줍니다. 각 열에서 최상의 값이 강조되어 있습니다. 여기서 볼 수 있듯이 모델이 클수록 일반적으로 정확도가 높지만 항상 그렇지는 않습니다. 예를 들어 EfficientNetB2는 InceptionV3의 크기와 정확도를 모두 능가합니다. InceptionV3를 추가한 이유는 CPU에서 EfficientNetB2보다 거의 두 배가 빠르기 때문입니다. 비슷하게 InceptionResNetV2가 CPU에서 빠르고 ResNet50V2와 ResNet101V2가 GPU에서 매우 빠릅니다.

---

42 92-코어 AMD EPYC CPU (IBPB), 1.7 TB 메모리, Nvidia Tesla A100 GPU

표 14-3 케라스에서 제공하는 사전 훈련된 모델

클래스 이름	크기 (MB)	톱-1 정확도	톱-5 정확도	파라미터 수	CPU(ms)	GPU(ms)
MobileNetV2	14	71.3%	90.1%	3.5M	25.9	3.8
MobileNet	16	70.4%	89.5%	4.3M	22.6	3.4
NASNetMobile	23	74.4%	91.9%	5.3M	27.0	6.7
EfficientNetB0	29	77.1%	93.3%	5.3M	46.0	4.9
EfficientNetB1	31	79.1%	94.4%	7.9M	60.2	5.6
EfficientNetB2	36	80.1%	94.9%	9.2M	80.8	6.5
EfficientNetB3	48	81.6%	95.7%	12.3M	140.0	8.8
EfficientNetB4	75	82.9%	96.4%	19.5M	308.3	15.1
InceptionV3	92	77.9%	93.7%	23.9M	42.2	6.9
ResNet50V2	98	76.0%	93.0%	25.6M	45.6	4.4
EfficientNetB5	118	83.6%	96.7%	30.6M	579.2	25.3
EfficientNetB6	166	84.0%	96.8%	43.3M	958.1	40.4
ResNet101V2	171	77.2%	93.8%	44.7M	72.7	5.4
InceptionResNetV2	215	80.3%	95.3%	55.9M	130.2	10.0
EfficientNetB7	256	**84.3%**	**97.0%**	66.7M	1578.9	61.6

지금까지 주요 CNN 구조를 자세히 알아보았습니다. 이제 케라스를 사용해 이 중 하나를 구현해보겠습니다.

14.6 케라스로 ResNet-34 CNN 구현하기

지금까지 설명한 대부분의 CNN 구조는 케라스를 사용해 쉽게 구현할 수 있습니다(앞으로 보겠지만 일반적으로 사전 훈련된 네트워크를 이용합니다). 이 과정을 설명하기 위해 케라스를 사용해 직접 ResNet-34 모델을 구현해보겠습니다. 먼저 `ResidualUnit` 층을 만듭니다.

```
DefaultConv2D = partial(tf.keras.layers.Conv2D, kernel_size=3, strides=1,
                        padding="same", kernel_initializer="he_normal",
```

```
                        use_bias=False)

class ResidualUnit(tf.keras.layers.Layer):
    def __init__(self, filters, strides=1, activation="relu", **kwargs):
        super().__init__(**kwargs)
        self.activation = tf.keras.activations.get(activation)
        self.main_layers = [
            DefaultConv2D(filters, strides=strides),
            tf.keras.layers.BatchNormalization(),
            self.activation,
            DefaultConv2D(filters),
            tf.keras.layers.BatchNormalization()
        ]
        self.skip_layers = []
        if strides > 1:
            self.skip_layers = [
                DefaultConv2D(filters, kernel_size=1, strides=strides),
                tf.keras.layers.BatchNormalization()
            ]

    def call(self, inputs):
        Z = inputs
        for layer in self.main_layers:
            Z = layer(Z)
        skip_Z = inputs
        for layer in self.skip_layers:
            skip_Z = layer(skip_Z)
        return self.activation(Z + skip_Z)
```

이 코드는 [그림 14-19]를 구현한 것입니다. 생성자에서 필요한 층을 모두 만듭니다. main_layers가 이 그림의 오른쪽 모듈입니다. skip_layers는 왼쪽 모듈입니다(스트라이드가 1보다 큰 경우에만 필요합니다). call() 메서드에서 입력을 main_layers와 (skip_layers가 있다면) skip_layers에 통과시킨 후 두 출력을 더하여 활성화 함수를 적용합니다.

이 네트워크는 연속되어 길게 연결된 층이기 때문에 Sequential 클래스를 사용해 ResNet-34 모델을 만들 수 있습니다. ResidualUnit 클래스를 준비해놓았으니 잔차 유닛을 하나의 층처럼 취급할 수 있습니다. 이 코드는 [그림 14-18]의 구조와 매우 비슷합니다.

```
model = tf.keras.Sequential([
    DefaultConv2D(64, kernel_size=7, strides=2, input_shape=[224, 224, 3]),
```

```
    tf.keras.layers.BatchNormalization(),
    tf.keras.layers.Activation("relu"),
    tf.keras.layers.MaxPool2D(pool_size=3, strides=2, padding="same"),
])
prev_filters = 64
for filters in [64] * 3 + [128] * 4 + [256] * 6 + [512] * 3:
    strides = 1 if filters == prev_filters else 2
    model.add(ResidualUnit(filters, strides=strides))
    prev_filters = filters

model.add(tf.keras.layers.GlobalAvgPool2D())
model.add(tf.keras.layers.Flatten())
model.add(tf.keras.layers.Dense(10, activation="softmax"))
```

이 코드에서 복잡한 부분은 모델에 **ResidualUnit** 층을 더하는 반복문입니다. 앞서 설명한 것처럼 처음 3개 RU는 64개의 필터를 가지고 그다음 4개 RU는 128개의 필터를 가지는 식입니다. 각 반복에서 필터 개수가 이전 RU와 동일한 경우에는 스트라이드를 1로 설정합니다. 아니면 스트라이드를 2로 설정합니다. 그다음 **ResidualUnit**을 더하고 마지막에 **prev_filters**를 업데이트합니다.

놀랍게도 약 40줄의 코드로 ILSVRC 2015년 대회 우승 모델을 만들 수 있습니다! 이 코드에서 ResNet 모델의 우아함과 케라스 API의 유연성을 볼 수 있습니다. 다른 CNN 구조를 구현하는 것은 조금 더 길지만 어렵지 않습니다. 하지만 이런 구조는 케라스에 기본으로 포함되어 있으니 이를 사용하는 것이 좋습니다.

14.7 케라스의 사전 훈련 모델 사용하기

일반적으로 GoogLeNet이나 ResNet 같은 표준 모델을 직접 구현할 필요가 없습니다. **tf.keras.applications** 패키지에 준비되어 있는 사전 훈련된 모델을 코드 한 줄로 불러올 수 있기 때문입니다.

예를 들어 다음 코드로 이미지넷 데이터셋에서 사전 훈련된 ResNet-50 모델을 로드할 수 있습니다.

```
model = tf.keras.applications.resnet50.ResNet50(weights="imagenet")
```

이것이 전부입니다! 이 코드는 ResNet-50 모델을 만들고 이미지넷 데이터셋에서 사전 훈련된 가중치를 다운로드합니다. 이 모델을 사용하려면 이미지가 적절한 크기인지 확인해야 합니다. ResNet-50 모델은 224×224 픽셀 크기의 이미지를 기대합니다(모델이 다르면 299×299 와 같이 기대하는 크기가 다를 수 있습니다). (13장에서 소개한) 케라스의 Resizing 층을 사용해 샘플 이미지 두 개의 크기를 바꾸어보겠습니다(목표 크기에 맞도록 이미지를 잘라냅니다).

```
images = load_sample_images()["images"]
images_resized = tf.keras.layers.Resizing(height=224, width=224,
                                           crop_to_aspect_ratio=True)(images)
```

사전 훈련된 모델은 이미지가 적절한 방식으로 전처리되었다고 가정합니다. 경우에 따라 0에서 1 사이 또는 −1에서 1 사이의 입력을 기대합니다. 이를 위해 모델마다 이미지를 전처리해 주는 preprocess_input() 함수를 제공합니다. 이 함수는 이 예제의 이미지처럼 원본 픽셀값이 0에서 255 사이라고 가정합니다.

```
inputs = tf.keras.applications.resnet50.preprocess_input(images_resized)
```

이제 사전 훈련된 모델을 사용해 예측을 수행할 수 있습니다.

```
>>> Y_proba = model.predict(inputs)
>>> Y_proba.shape
(2, 1000)
```

통상적인 구조대로 출력 Y_proba는 행이 하나의 이미지이고 열이 하나의 클래스(여기에서는 1,000개의 클래스가 있습니다)인 행렬입니다. 최상위 K개의 예측을 클래스 이름과 예측 클래스의 추정 확률을 출력하려면 decode_predictions() 함수를 사용합니다. 이 함수는 각 이미지에 대해 최상위 K개의 예측을 담은 리스트를 반환합니다.[43] 각 예측은 클래스 ID(class_

---

43 옮긴이_ decode_predictions() 함수의 반환값은 샘플마다 K개의 예측이 담긴 리스트의 리스트입니다.

id).[44] 이름(name), 확률(y_proba)을 포함한 튜플입니다.

```
top_K = tf.keras.applications.resnet50.decode_predictions(Y_proba, top=3)
for image_index in range(len(images)):
    print(f"Image #{image_index}")
    for class_id, name, y_proba in top_K[image_index]:
        print(f" {class_id} - {name:12s} {y_proba:.2%}")
```

출력은 다음과 같습니다.

```
Image #0
  n03877845 - palace        54.69%
  n03781244 - monastery     24.72%
  n02825657 - bell_cote     18.55%

Image #1
  n04522168 - vase          32.66%
  n11939491 - daisy         17.81%
  n03530642 - honeycomb     12.06%
```

올바른 클래스는 palace와 dahlia입니다. 따라서 첫 번째 이미지는 맞혔지만 두 번째 이미지
는 틀렸습니다. 하지만 dahlia는 이미지넷의 1,000개 클래스에 속해 있지 않습니다. 이런 점
을 고려하면 vase가 합리적인 추측입니다(꽃병^{vase}에 꽃이 있지 않을까요?). daisy와 dahlia
모두 국화과에 속하므로 daisy도 나쁜 선택이 아닙니다.

여기서 볼 수 있듯이 사전 훈련된 모델을 사용해 좋은 이미지 분류기를 만드는 것은 아주 쉽습
니다. [표 14-3]에서 볼 수 있듯이 tf.keras.applications에는 가볍고 빠른 모델부터 크고
정확한 모델까지 많은 종류의 비전 모델이 있습니다.

만약 이미지넷에 없는 이미지 클래스를 감지하는 이미지 분류기가 필요하다면 어떻게 해야 할
까요? 이런 경우에도 사전 훈련된 모델을 사용해 전이 학습을 수행할 수 있습니다.

---

44 이미지넷 데이터셋에서 각 이미지는 WordNet 데이터셋에 있는 한 단어에 해당합니다. 클래스 ID는 WordNet ID가 됩니다.

14.8 사전 훈련된 모델을 사용한 전이 학습

이미지 분류기를 훈련하고 싶지만 밑바닥부터 훈련할만큼 충분한 데이터가 없다면 11장에서 언급한 것처럼 사전 훈련된 모델의 하위 층을 사용하는 것이 좋습니다. 예를 들어 사전 훈련된 Xception 모델을 사용해 꽃 이미지를 분류하는 모델을 훈련해보겠습니다. 먼저 텐서플로 데이터셋(13장 참고)을 사용해 데이터를 적재합니다.

```python
import tensorflow_datasets as tfds

dataset, info = tfds.load("tf_flowers", as_supervised=True, with_info=True)
dataset_size = info.splits["train"].num_examples    # 3670
class_names = info.features["label"].names          # ["dandelion", "daisy", ...]
n_classes = info.features["label"].num_classes      # 5
```

with_info=True로 지정하면 데이터셋에 관한 정보를 얻을 수 있습니다. 여기에서는 데이터셋의 크기와 클래스의 이름을 얻습니다. 이 데이터셋에는 "train" 세트만 있고 테스트 세트나 검증 세트는 없습니다. 따라서 훈련 세트를 나누어야 합니다. tfds.load()를 다시 호출해보죠. 하지만 이번에는 데이터셋의 처음 10%를 테스트 세트로 사용하고 다음 15%를 검증 세트, 나머지 75%는 훈련 세트로 나눕니다.

```python
test_set_raw, valid_set_raw, train_set_raw = tfds.load(
    "tf_flowers",
    split=["train[:10%]", "train[10%:25%]", "train[25%:]"],
    as_supervised=True)
```

세 데이터셋 모두 이미지를 낱개로 포함하고 있습니다. 이를 배치로 묶어야 하지만 먼저 이미지 크기가 모두 동일한지 확인하겠습니다. 그렇지 않으면 배치로 묶을 수 없습니다. 이를 위해 Resizing 층을 사용할 수 있습니다. 또한 Xception 모델에 맞도록 이미지를 전처리하기 위해 tf.keras.applications.xception.preprocess_input() 함수를 호출해야 합니다. 마지막으로 훈련 세트를 섞고 프리페칭하겠습니다.

```python
batch_size = 32
preprocess = tf.keras.Sequential([
    tf.keras.layers.Resizing(height=224, width=224, crop_to_aspect_ratio=True),
```

```
    tf.keras.layers.Lambda(tf.keras.applications.xception.preprocess_input)
])
train_set = train_set_raw.map(lambda X, y: (preprocess(X), y))
train_set = train_set.shuffle(1000, seed=42).batch(batch_size).prefetch(1)
valid_set = valid_set_raw.map(lambda X, y: (preprocess(X), y)).batch(batch_size)
test_set = test_set_raw.map(lambda X, y: (preprocess(X), y)).batch(batch_size)
```

이제 각 배치는 32개의 이미지를 담고 있고 모두 224×224 픽셀 크기입니다. 각 픽셀값의 범위는 −1에서 1까지입니다. 완벽하네요!

이 데이터셋은 아주 크지 않기 때문에 약간의 데이터 증식이 확실히 도움이 될 것입니다. 최종 모델에 추가할 데이터 증식 모델을 만들어보겠습니다. 훈련하는 동안 이미지를 수평으로 랜덤하게 뒤집고, 약간 회전하고, 명암을 조절하겠습니다.

```
data_augmentation = tf.keras.Sequential([
    tf.keras.layers.RandomFlip(mode="horizontal", seed=42),
    tf.keras.layers.RandomRotation(factor=0.05, seed=42),
    tf.keras.layers.RandomContrast(factor=0.2, seed=42)
])
```

데이터 증식을 추가하고 싶다면 훈련 세트에 대한 전처리 함수를 바꾸어 훈련 이미지를 랜덤하게 변환하세요. 예를 들어 `tf.image.random_crop()` 함수로 이미지를 랜덤하게 자르거나 `tf.image.random_flip_left_right()` 함수로 이미지를 수평으로 랜덤하게 뒤집는 식입니다(주피터 노트북에 있는 '사전 훈련된 모델을 사용한 전이 학습'의 예를 참고하세요).

> **TIP** `tf.keras.preprocessing.image.ImageDataGenerator` 클래스를 사용하면 손쉽게 디스크에서 이미지를 적재하여 여러 방식으로 데이터를 증식할 수 있습니다. 이미지 이동, 회전, 크기 변환, 수평 뒤집기, 수직 뒤집기, 전단[shear] 변환 등 여러 방식이 있습니다. 또한 원하는 변환 함수도 적용할 수 있습니다. 간단한 프로젝트에서 매우 편리한 도구입니다. 하지만 `tf.data` 파이프라인이 아주 복잡하지 않고 일반적으로 더 빠릅니다. 또한 GPU를 사용하고 전처리와 데이터 증식 층을 모델에 포함한다면 훈련하는 동안 GPU 가속의 이점을 얻을 수 있습니다.

그다음 이미지넷에서 사전 훈련된 Xception 모델을 로드합니다. `include_top=False`로 지정하여 네트워크의 최상 층에 해당하는 전역 평균 풀링 층과 밀집 출력 층을 제외시킵니다. 이 기반 모델의 출력을 바탕으로 새로운 전역 평균 풀링 층을 추가하고 그 뒤에 클래스마다 하나의 유닛과 소프트맥스 활성화 함수를 가진 밀집 출력 층을 놓습니다. 마지막으로 케라스의 **Model**로 이를 모두 감쌉니다.

```
base_model = tf.keras.applications.xception.Xception(weights="imagenet",
                                                      include_top=False)
avg = tf.keras.layers.GlobalAveragePooling2D()(base_model.output)
output = tf.keras.layers.Dense(n_classes, activation="softmax")(avg)
model = tf.keras.Model(inputs=base_model.input, outputs=output)
```

11장에서 설명한 것처럼 훈련 초기에는 사전 훈련된 층의 가중치를 동결하는 것이 좋습니다.

```
for layer in base_model.layers:
    layer.trainable = False
```

> **!CAUTION** `base_model` 객체 자체를 사용하는 것이 아니라 기반 모델의 층을 직접 사용하기 때문에 `base_model.trainable=False`로 지정해도 효과가 없습니다.

마지막으로 모델을 컴파일하고 훈련을 시작합니다.

```
optimizer = tf.keras.optimizers.SGD(learning_rate=0.1, momentum=0.9)
model.compile(loss="sparse_categorical_crossentropy", optimizer=optimizer,
              metrics=["accuracy"])
history = model.fit(train_set, validation_data=valid_set, epochs=3)
```

> **!CAUTION** 코랩을 사용하는 경우 GPU 런타임인지 확인하세요. [런타임] → [런타임 유형 변경]을 클릭해서 [하드웨어 가속기] 드롭다운 메뉴에서 [GPU]를 선택하고 [저장]을 클릭합니다. GPU 없이 모델을 훈련할 수 있지만 매우 느릴 것입니다(GPU를 사용하면 에포크당 몇 초가 걸리는데 GPU가 없다면 에포크당 몇 분이 걸립니다).

모델을 몇 번의 에포크 동안 훈련하면 검증 정확도가 75~80%를 조금 넘은 후 더 나아지지 않을 것입니다. 이는 새로 추가한 최상위 층이 잘 훈련되었다는 것을 의미합니다. 따라서 이제 기반 모델의 상위 층 일부의 동결을 해제하고 훈련을 계속합니다. 예를 들어 56번째 층 이상을 동결 해제해보죠(층 이름을 확인하면 알 수 있지만 이 층은 14개의 잔차 유닛 중 7번째 유닛의 시작 부분입니다).

```
for layer in base_model.layers[56:]:
    layer.trainable = True
```

층을 동결하거나 해제할 때 모델을 다시 컴파일하는 것을 잊지 마세요. 이때는 사전 훈련된 가중치가 훼손되는 것을 피하기 위해 훨씬 작은 학습률을 사용합니다.

```
optimizer = tf.keras.optimizers.SGD(learning_rate=0.01, momentum=0.9)
model.compile(loss="sparse_categorical_crossentropy", optimizer=optimizer,
              metrics=["accuracy"])
history = model.fit(train_set, validation_data=valid_set, epochs=10)
```

이 모델은 (GPU를 사용하는 경우) 몇 분의 훈련만에 테스트 세트에서 92% 정확도를 달성할 것입니다. 하이퍼파라미터를 튜닝하고 학습률을 낮추어 조금 더 오래 훈련하면 95%에서 97%까지 도달할 수 있습니다. 이런 식으로 자신이 가진 이미지와 클래스로 훌륭한 이미지 분류기를 훈련할 수 있습니다! 컴퓨터 비전에는 분류 외에도 다양한 분야가 있습니다. 예를 들어 사진에 꽃이 어디 있는지를 알고 싶다면 어떨까요? 다음 절에서 알아보겠습니다.

14.9 분류와 위치 추정

10장에서 언급한 것처럼 사진에서 물체의 위치를 추정하는 것은 회귀 작업으로 나타낼 수 있습니다. 물체 주위의 바운딩 박스bounding box를 예측하는 것인데, 일반적인 방법은 물체 중심의 수평, 수직 좌표와 높이, 너비를 예측하는 것입니다. 즉, 네 개의 숫자를 예측해야 합니다. 이 때문에 모델을 크게 바꿀 필요는 없습니다. (일반적으로 전역 평균 풀링 층 위에) 네 개의 유닛을 가진 두 번째 밀집 출력 층을 추가하고 MSE 손실을 사용해 훈련합니다.

```
base_model = tf.keras.applications.xception.Xception(weights="imagenet",
                                                     include_top=False)
avg = tf.keras.layers.GlobalAveragePooling2D()(base_model.output)
```

```python
class_output = tf.keras.layers.Dense(n_classes, activation="softmax")(avg)
loc_output = tf.keras.layers.Dense(4)(avg)
model = tf.keras.Model(inputs=base_model.input,
                       outputs=[class_output, loc_output])
model.compile(loss=["sparse_categorical_crossentropy", "mse"],
              loss_weights=[0.8, 0.2], # 중요도에 따라
              optimizer=optimizer, metrics=["accuracy"])
```

여기에는 한 가지 문제가 있습니다. 꽃 데이터셋은 꽃 주위에 바운딩 박스를 가지고 있지 않습니다. 따라서 직접 만들어 추가해야 합니다. 레이블을 만드는 것은 머신러닝 프로젝트에서 가장 어렵고 비용이 많이 드는 작업입니다. 그렇기 때문에 시간을 들여 적절한 도구를 찾아보는 것이 좋습니다. 이미지에 바운딩 박스를 추가하기 위한 오픈 소스 이미지 레이블 도구로는 VGG Image Annotator, LabelImg, OpenLabeler, ImgLab이 있고 유료 제품으로는 LabelBox, Supervisely가 있습니다. 만약 처리해야 할 이미지가 매우 많다면 아마존 메커니컬 터크와 같은 크라우드소싱^{crowdsourcing} 플랫폼을 고려해볼 수 있습니다. 하지만 크라우드소싱 플랫폼을 세팅하고, 작업자에게 보낼 양식을 준비하고, 작업자를 감독하고, 작업물의 품질을 확인하는 등 많은 노력이 필요합니다. 따라서 정말 이런 노력이 필요한지 확인해야 합니다. 아드리아나 코바시카^{Adriana Kovashka} 등이 컴퓨터 비전에서 크라우드소싱에 관한 매우 실용적인 논문[45]을 썼습니다. 크라우드소싱을 사용할 계획이 없더라도 이 논문을 한번 읽어보는 것이 좋습니다. 레이블할 이미지가 수백 또는 수천 개 정도이고 자주 수행하는 작업이 아니라면 직접 하는 게 나을 수도 있습니다. 적절한 도구를 갖추면 며칠 밖에 걸리지 않을 것이며 데이터셋과 작업에 관해 더 잘 이해할 수 있습니다.

꽃 데이터셋의 모든 이미지에 대해 바운딩 박스가 준비되었다고 가정해봅시다(여기서는 이미지마다 하나의 바운딩 박스가 있다고 생각하겠습니다). 클래스 레이블, 바운딩 박스와 함께 전처리된 이미지의 배치가 하나의 원소인 데이터셋을 만들어야 합니다. 각 원소는 (images, (class_labels, bounding_boxes)) 형태의 튜플이 됩니다. 이제 모델을 훈련할 준비가 되었습니다!

> **TIP** 바운딩 박스의 높이와 너비는 물론 수평과 수직 좌표의 범위를 0에서 1 사이로 정규화해야 합니다. 또한 일반적으로 높이와 너비를 직접 예측하지 않고 높이와 너비의 제곱근을 예측합니다. 따라서 작은 바운딩 박스에서

---

[45] Adriana Kovashka et al., "Crowdsourcing in Computer Vision," Foundations and Trends in Computer Graphics and Vision 10, no. 3 (2014): 177–243. https://homl.info/crowd

10픽셀 오차가 큰 바운딩 박스의 10픽셀 오차보다 더 많은 벌칙을 받습니다.[46]

MSE를 모델 훈련을 위한 손실 함수로 사용할 수 있습니다. 하지만 모델이 바운딩 박스를 얼마나 잘 예측하는지 평가하는 데 아주 좋은 지표는 아닙니다. 바운딩 박스에 널리 사용되는 지표는 **IoU**intersection over union입니다. 이 값은 예측한 바운딩 박스와 타깃 바운딩 박스 사이에 중첩되는 영역을 전체 영역으로 나눈 것입니다(그림 14-24). 케라스에서는 `tf.keras.metrics.MeanIoU`에 구현되어 있습니다.

그림 14-24 바운딩 박스를 위한 IoU 지표

하나의 물체를 분류하고 위치를 잘 추정했지만 (꽃 데이터셋처럼) 이미지에 여러 물체가 들어 있는 경우에는 어떻게 해야 할까요?

14.10 객체 탐지

하나의 이미지에서 여러 물체를 분류하고 위치를 추정하는 작업을 **객체 탐지**object detection라고 합니다. 몇 년 전까지 널리 사용되던 방법은 이미지 중앙에 놓인 하나의 물체를 분류하고 위치를 찾는 CNN을 훈련한 다음 이 CNN으로 이미지 위를 훑으면서 각 위치에서 예측을 만드는 것

---

46 옮긴이_ 바운딩 박스를 위한 손실 함수는 수평, 수직 좌표의 오차를 제곱하고 높이, 너비 제곱근의 오차를 제곱하여 사용합니다. 제곱근 함수는 값이 작을수록 더 급격하게 줄어듭니다. 따라서 동일한 크기의 픽셀 오차가 있을 때 작은 바운딩 박스의 손실값이 더 큽니다.

입니다. 이 CNN은 일반적으로 클래스 확률과 바운딩 박스 외에도 **객체성 점수**^{objectness score}를
예측하도록 훈련됩니다. 이는 이미지의 중앙부에 실제 객체가 있는지에 대한 추정 확률입니다.
이 값은 이진 분류 출력이므로 하나의 유닛과 시그모이드 활성화 함수를 가진 밀집 출력 층을
사용하고 이진 크로스 엔트로피 손실로 훈련하여 만들 수 있습니다.

> **NOTE** 객체성 점수 대신에 이따금 '객체 없음(no-object)'을 클래스에 추가하지만 일반적으로 잘 작
> 동하지 않습니다. '객체가 있나요?'와 '어떤 종류의 객체인가요?'는 별개로 구하는 것이 효과적입니다.

이런 슬라이딩 CNN 방식이 [그림 14-25]에 나타나 있습니다. 이 예에서 이미지를 5×7 격자
로 잘랐습니다. (두꺼운 검은 사각형인) CNN이 모든 3×3 영역을 슬라이딩하면서 각 단계에
서 예측을 만듭니다.

그림 14-25 이미지 위를 슬라이딩하면서 여러 물체를 감지합니다.

이 그림에서 CNN은 3×3 영역 중 세 곳에 대한 예측을 만들었습니다.

- (두 번째 행과 두 번째 열에 있는 빨간색 셀이 가운데인) 왼쪽 상단 3×3 영역을 보면 가장 왼쪽에 있는 장미를 감지했습니다. 예측된 바운딩 박스는 이 3×3 영역의 경계를 초과합니다. 하지만 괜찮습니다. 이 CNN은 장미의 아래쪽 부분을 볼 수 없지만 장미가 어디에 있을지에 대한 합리적인 추측을 할 수 있습니다. 또한 클래스 확률을 예측하여 '장미' 클래스에 높은 확률을 부여합니다. 마지막으로, 바운딩 박스의 중심이 가운데 셀 안에 있기 때문에 상당히 높은 객체성 점수를 예측합니다(이 그림에서 객체성 점수는 바운딩 박스의 두께로 표시됩니다).
- 오른쪽으로 한 셀을 이동해 (파란색 셀이 가운데인) 다음 3×3 영역을 봅시다. 해당 영역의 중앙에 있는 꽃을 감지하지 못했기 때문에 매우 낮은 객체성 점수를 예측합니다. 따라서 예측된 바운딩 박스 및 클래스 확률은 무시해도 무방합니다. 예측된 바운딩 박스가 좋지 않다는 것을 볼 수 있습니다.
- 한 번 더 오른쪽으로 한 셀을 이동해 (녹색 셀이 가운데인) 다음 3×3 영역을 보면 완벽하지는 않지만 상단의 장미를 감지했습니다. 이 장미는 이 영역의 중앙에 위치하지 않아 예측된 객체성 점수가 그다지 높지 않습니다.

전체 이미지에 걸쳐 이 CNN을 슬라이딩하면 3×5 그리드로 구성된 총 15개의 바운딩 박스 예측이 만들어지고 각 바운딩 박스에는 추정 클래스 확률과 객체성 점수가 함께 표시됩니다. 객체의 크기가 다양할 수 있으므로 더 큰 4×4 영역에 대해 CNN을 다시 슬라이딩하여 더 많은 바운딩 박스를 얻을 수도 있습니다.

이 방식은 매우 쉽지만 앞서 본 것처럼 조금씩 다른 위치에서 동일한 물체를 여러 번 감지하는 경우가 많습니다. 불필요한 바운딩 박스를 제거하기 위해 사후 처리가 필요합니다. 흔히 사용되는 방법은 NMS$^{\text{non-max suppression}}$입니다. 방법은 다음과 같습니다.

1 먼저 객체성 점수가 일정 임곗값보다 낮은 바운딩 박스를 모두 삭제합니다. CNN이 해당 위치에 객체가 없다고 믿기 때문에 이런 바운딩 박스는 쓸모가 없습니다.
2 남은 바운딩 박스에서 객체성 점수가 가장 높은 바운딩 박스를 찾고 이 박스와 많이 중첩된(예를 들어 IoU가 60% 이상인) 다른 바운딩 박스를 모두 제거합니다. 예를 들어 [그림 14-25]에서 객체성 점수가 최대인 바운딩 박스는 가장 왼쪽의 장미꽃이 들어 있는 굵은 바운딩 박스입니다. 같은 꽃 위에 있는 다른 바운딩 박스는 최댓값을 가진 바운딩 박스와 상당히 겹쳐 있으므로 제거될 것입니다(이 예의 경우 이전 단계에서 이미 삭제되었을 것입니다).
3 더는 제거할 바운딩 박스가 없을 때까지 2단계를 반복합니다.

이런 간단한 객체 탐지 방식은 꽤 잘 작동하지만 CNN을 여러 번(이 예의 경우 15번) 실행시켜야 하므로 많이 느립니다. 다행히 **완전 합성곱 신경망**$^{\text{fully convolutional network}}$(FCN)을 사용하면 CNN을 훨씬 빠르게 이미지에 슬라이딩시킬 수 있습니다.

14.10.1 완전 합성곱 신경망

조너선 롱^{Jonathan Long} 등이 시맨틱 분할(물체가 속한 클래스에 따라 이미지의 모든 픽셀을 분류하는 작업)을 위한 2015년 논문[47]에서 FCN의 아이디어를 처음 소개했습니다. 저자들은 CNN 맨 위의 밀집 층을 합성곱 층으로 바꿀 수 있다고 설명합니다. 이해를 위해 예를 하나 들어보겠습니다. 7×7 크기(커널 크기가 아니라 특성 맵 크기입니다) 100개의 특성 맵을 출력하는 합성곱 층 위에 뉴런이 200개 있는 밀집 층이 있습니다. 각 뉴런은 합성곱 층에서 출력된 100× 7×7 크기의 활성화 값(그리고 편향)에 대한 가중치 합을 계산합니다. 이 밀집 층을 7×7 크기의 필터 200개와 "valid" 패딩을 사용하는 합성곱 층으로 바꾸면 어떤 일이 일어나는지 확인해보죠. 이 층은 1×1 크기의 특성 맵 200개를 출력할 것입니다(커널이 정확히 입력 특성 맵의 크기와 같고 "valid" 패딩을 사용했기 때문입니다). 밀집 층과 마찬가지로 200개의 숫자가 출력되는 것이죠. 이 합성곱 층이 수행하는 계산을 자세히 살펴보면 밀집 층이 만드는 숫자와 완전히 동일합니다. 유일한 차이는 밀집 층의 출력은 [배치 크기, 200] 크기의 텐서이고 합성곱 층의 출력은 [배치 크기, 1, 1, 200] 크기의 텐서라는 점입니다.

> **TIP** 밀집 층을 합성곱 층으로 바꾸려면 합성곱 층의 필터 개수와 밀집 층의 유닛 개수가 동일해야 하고 필터의 크기가 입력 특성 맵의 크기와 같아야 합니다. 그리고 "valid" 패딩도 사용해야 합니다. 뒤에서 다루겠지만 스트라이드는 1 이상 지정할 수 있습니다.

이 네트워크의 역할은 무엇일까요? 밀집 층은 (입력 특성마다 하나의 가중치를 두므로) 특정 입력 크기를 기대하지만 합성곱 층은 어떤 크기의 이미지도 처리할 수 있습니다[48](대신 합성곱 층은 입력 채널마다 커널 가중치가 달라서 특정 개수의 채널을 기대합니다). FCN은 합성곱 층 (그리고 동일한 성질을 가진 풀링 층)만 가지므로 어떤 크기의 이미지에서도 훈련하고 실행할 수 있습니다!

예를 들어 꽃 분류와 위치 추정을 위해 하나의 CNN을 훈련했다고 가정합시다. 이 모델은 224×224 이미지에서 훈련했고 10개의 숫자를 출력합니다.

---

47 Jonathan Long et al., "Fully Convolutional Networks for Semantic Segmentation," Proceedings of the IEEE Conference on Computer Vision and Pattern Recognition (2015): 3431–3440. *https://homl.info/fcn*
48 한 가지 예외가 있습니다. "valid" 패딩을 사용하는 합성곱 층은 입력 크기가 커널 크기보다 작으면 문제가 됩니다.

- 0에서 4번째까지 출력은 소프트맥스 활성화 함수로 전달되어 (클래스마다 하나씩) 클래스 확률을 만듭니다.

- 5번째 출력은 시그모이드 활성화 함수를 통과하여 객체성 점수를 출력합니다.

- 6에서 7번째까지 출력은 바운딩 박스의 중앙 좌표를 나타냅니다. 이 값도 시그모이드 활성화 함수를 통과하여 0~1 사이의 값이 됩니다.

- 8에서 9번째 출력은 바운딩 박스의 높이와 너비를 나타냅니다. 이 값은 어떤 활성화 함수도 거치지 않으며 이미지 경계 밖으로 넘어갈 수 있습니다.

이 CNN의 밀집 층을 합성곱 층으로 바꿀 수 있습니다. 사실 다시 훈련할 필요도 없습니다. 밀집 층의 가중치를 합성곱 층으로 복사할 수 있기 때문입니다! 또는 훈련하기 전에 CNN을 FCN으로 바꿀 수 있습니다.

이 네트워크에 224×224 크기 이미지([그림 14-26]의 왼쪽 이미지)가 주입되었을 때 출력 층 직전의 합성곱 층(병목 층이라고도 부릅니다)이 7×7 크기 특성 맵을 출력한다고 가정합시다. 이 FCN에 448×448 크기 이미지([그림 14-26]의 오른쪽 이미지)를 주입하면 병목 층은 14×14 크기 특성 맵을 출력할 것입니다.[49] 밀집 출력 층이 7×7 크기의 필터 10개와 "valid" 패딩, 스트라이드 1을 사용한 합성곱 층으로 바뀌었기 때문에 출력은 8×8 크기(14-7+1=8)의 특성 맵 10개로 이루어집니다. 다시 말해 FCN은 전체 이미지를 딱 한 번 처리하여 8×8 크기의 배열을 출력합니다. 각 셀[cell][50]은 10개의 숫자(5개의 클래스 확률, 1개의 객체성 점수, 4개의 바운딩 박스 좌표)를 담고 있습니다. 이는 원래 CNN이 행 방향으로 8 스텝, 열 방향으로 8 스텝 슬라이딩하는 것과 같습니다. 이를 시각화하기 위해 원본 이미지를 14×14 격자로 줄이고 이 격자에 7×7 윈도가 슬라이딩한다고 생각해봅시다. 가능한 윈도 위치는 8×8=64개이므로 8×8개의 예측이 됩니다. 하지만 FCN 방식은 이미지를 딱 한 번만 처리하기 때문에 더 효율적입니다. 딱 한 번만 본다는 의미의 **YOLO**[you only look once]는 매우 유명한 객체 탐지 방법입니다. 다음 절에서 이에 관해 살펴보겠습니다.

---

49 네트워크가 "same" 패딩만 사용한다고 가정합니다. "valid" 패딩은 특성 맵의 크기를 감소시킵니다. 또한 448은 2로 나누어져 떨어지므로 반올림 오차 없이 7이 될 때까지 나누어집니다. 만약 어떤 층이 1이나 2가 아닌 다른 스트라이드를 사용하면 나누어 떨어지지 않기 때문에 특성 맵은 더 작아질 것입니다.

50 옮긴이_ 여기서 셀은 10개의 특성 맵에서 같은 위치에 놓인 배열의 원소를 의미합니다.

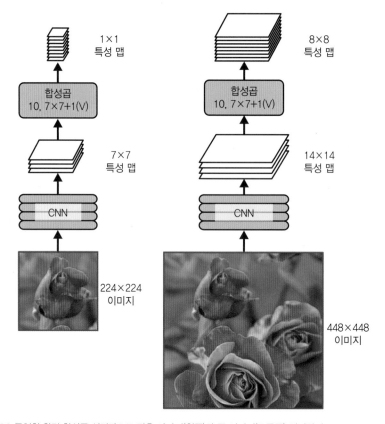

그림 14-26 동일한 완전 합성곱 신경망으로 작은 이미지(왼쪽)와 큰 이미지(오른쪽) 처리하기

14.10.2 YOLO

YOLO는 조지프 레드먼Joseph Redmon 등이 2015년 논문[51]에서 제안한 빠르고 정확한 객체 탐지 구조입니다. 이 알고리즘은 매우 빨라서 레드먼의 데모(*https://homl.info/yolodemo*)에서 볼 수 있듯이 실시간으로 비디오에 적용할 수 있습니다. YOLOv3 구조는 앞서 설명한 구조와 매우 비슷하지만 몇 가지 중요한 차이점이 있습니다.

- YOLO는 각 격자 셀에서 바운딩 박스 중심이 셀 안에 있는 객체만 고려합니다. 바운딩 박스 좌표는 셀에 상대적입니다. (0, 0)은 셀의 왼쪽 상단을 의미하고 (1, 1)은 오른쪽 하단을 의미합니다. 하지만 바운딩 박스의 높이와 너비는 셀 경계를 넘을 수 있습니다.

---

51 Joseph Redmon et al., "You Only Look Once: Unified, Real-Time Object Detection," Proceedings of the IEEE Conference on Computer Vision and Pattern Recognition (2016): 779-788. *https://homl.info/yolo*

- 격자 셀마다 (하나가 아니라) 두 개의 바운딩 박스를 출력합니다. 이를 통해 두 객체가 너무 가까이 있어서 바운딩 박스 중심이 같은 셀 안에 놓인 경우를 처리할 수 있습니다. 바운딩 박스마다 객체성 점수가 제공됩니다.

- YOLO는 격자 셀에 대한 클래스 확률 분포를 출력합니다. YOLO는 20개의 클래스를 가진 PASCAL VOC 데이터셋에서 훈련되었기 때문에 격자 셀마다 20개의 클래스 확률을 예측합니다. 이는 거친 **클래스 확률 맵** class probability map을 만듭니다. 모델이 바운딩 박스가 아니라 격자 셀마다 하나의 클래스 확률 분포를 예측한다는 점에 유의하세요. 하지만 각 바운딩 박스가 클래스 확률 맵에 있는 클래스와 얼마나 잘 맞는지 측정하여 후처리하는 동안 각 바운딩 박스에 대해 클래스 확률을 추정할 수 있습니다. 예를 들어 차 앞에 사람이 서 있는 이미지를 떠올려봅시다. 여기에는 두 개의 바운딩 박스가 있을 것입니다. 하나는 자동차를 담은 가로 형태의 큰 바운딩 박스이고 하나는 사람을 담은 세로 형태의 작은 바운딩 박스입니다. 두 바운딩 박스의 중심은 같은 격자 셀에 있을 수 있습니다. 그러면 각 바운딩 박스에 어떤 클래스를 할당해야 할까요? 클래스 확률 맵에는 '자동차' 클래스가 지배적인 큰 영역이 있고 '사람' 클래스가 지배적인 작은 영역이 있을 것입니다. 아마도 자동차 바운딩 박스는 대략 이 '자동차' 영역에 일치하고 사람 바운딩 박스는 '사람' 영역에 일치할 것입니다. 이를 통해 각 바운딩 박스에 올바른 클래스를 할당할 수 있습니다.

YOLO는 원래 조지프 레드먼이 C로 개발한 오픈 소스 딥러닝 프레임워크인 Darknet을 사용해 개발되었습니다. 하지만 금방 텐서플로, 케라스, 파이토치 등으로 포팅되었습니다. 그런 다음 YOLOv2, YOLOv3, YOLO9000(이상 조지프 레드먼 등), YOLOv4(알렉세이 보코브스키 Alexey Bochkovskiy 등), YOLOv5(글렌 조처 Glenn Jocher 등), PP-YOLO(샹 롱 Xiang Long 등) 등 수년에 걸쳐 지속적으로 개선되었습니다.

각 버전은 다양한 기법을 사용해 속도와 정확도를 크게 향상시켰습니다. 예를 들어 YOLOv3는 클래스에 따라 더 가능성 높은 바운딩 박스 모양이 있다는 사실(**예** 사람은 수직 바운딩 박스가 맞는 경향이 있지만 자동차는 일반적으로 그렇지 않습니다)을 활용하는 **앵커 프라이어** anchor prior 덕분에 정확도가 일부 향상되었습니다. 또한 격자 셀당 바운딩 박스의 수를 늘리고 많은 클래스(YOLO9000의 경우 계층적으로 구성된 최대 9,000개의 클래스)를 가진 다양한 데이터셋에서 훈련했습니다. 스킵 연결을 추가하여 CNN에서 손실되는 일부 공간 해상도를 복구하는 등(이는 시맨틱 분할을 살펴볼 때 설명하겠습니다) 여러 가지 기법을 사용했습니다. YOLOv4-tiny와 같은 다양한 변형 모델도 있습니다. 이 모델은 저성능 머신에서 훈련할 수 있도록 최적화되었고 매우 빠르게(초당 1,000프레임 이상!) 실행할 수 있지만 mAP가 약간 낮습니다.

mAP

객체 탐지에서 널리 사용되는 평가 지표는 **mAP**$^{\text{mean average precision}}$입니다. 'mean average'는 의미가 중복된 것처럼 보입니다. 이 지표를 이해하기 위해 3장에서 소개한 분류 지표인 정밀도와 재현율을 떠올려봅시다. 이 두 지표에는 트레이드오프가 있습니다. 재현율이 높을수록 정밀도가 낮습니다. 이 값을 정밀도/재현율 곡선으로 그려볼 수 있습니다(그림 3-6). 그리고 곡선의 아래 면적을 계산해 이 곡선을 하나의 숫자로 요약할 수 있습니다(AUC). 하지만 정밀도/재현율 곡선에는 재현율이 증가할 때 정밀도가 상승하는 영역이 포함될 수 있습니다. 특히 재현율 값이 낮을 때 그렇습니다([그림 3-6]의 왼쪽 위에서 이를 볼 수 있습니다). 이것이 mAP 지표가 만들어진 한 가지 이유입니다.

한 분류기가 10% 재현율에서 90% 정밀도를 달성하고 20% 재현율에서 96% 정밀도를 달성한다고 가정해봅시다. 여기서는 트레이드오프가 없습니다. 재현율과 정밀도 모두 상승하므로 10% 재현율보다 20% 재현율의 분류기를 사용하는 것이 당연합니다. 따라서 10% 재현율에서 정밀도를 보는 것이 아니라 최소 10% 재현율에서 분류기가 제공할 수 있는 최대 정밀도를 찾아야 합니다. 이 값은 90%가 아니라 96%입니다. 따라서 공정한 모델의 성능을 측정하는 한 가지 방법은 0% 재현율에서 얻을 수 있는 최대 정밀도, 그다음 10%, 그리고 20%에서 100%까지 재현율에서의 최대 정밀도를 계산하는 것입니다. 그런 다음 이 최대 정밀도를 평균합니다. 이를 **평균 정밀도**$^{\text{average precision}}$(AP)라고 부릅니다. 두 개 이상의 클래스가 있을 때는 각 클래스에 대해 AP를 계산한 다음 평균 AP를 계산합니다. 이것이 mAP입니다!

객체 탐지 시스템에서는 조금 더 복잡합니다. 시스템이 정확한 클래스를 탐지했지만 위치가 잘못되었다면(바운딩 박스가 객체 밖으로 완전히 벗어났다면) 어떻게 할까요? 당연히 이를 올바른 예측으로 포함시키지 않아야 합니다. 한 가지 방법은 IoU 임곗값을 정의하는 것입니다. 예를 들어 IOU가 0.5보다 크고 예측 클래스가 맞다면 올바른 예측으로 간주합니다.

이에 해당하는 mAP는 일반적으로 mAP@0.5라고 씁니다(또는 mAP@50%나 mAP@50이라고 씁니다). (PASCAL VOC 같은) 일부 대회는 이 값을 구하는 것이 목표입니다. (COCO와 같은) 다른 대회에서는 다른 IoU 임곗값(0.50, 0.55, 0.60, ..., 0.95)에서 mAP를 계산하고 이 값을 모두 평균한 것이 최종 지표가 됩니다(mAP@[.50:.95] 또는 mAP@[.50:0.05:.95]라고 씁니다). 맞습니다, 이는 평균 mAP입니다.

텐서플로 허브에서 많은 객체 탐지 모델을 제공하며, 종종 YOLOv5[52], SSD[53], Faster R-CNN[54], EfficentDet[55]과 같이 사전 훈련된 가중치를 사용하는 모델도 있습니다.

SSD와 EfficientDet은 YOLO와 유사한 'look once' 탐지 모델입니다. EfficientDet은 EfficientNet 합성곱 구조를 기반으로 합니다. Faster R-CNN은 더 복잡합니다. 이미지가 먼저 CNN을 통과한 다음, 객체를 포함할 가능성이 가장 높은 바운딩 박스를 제안하는 **영역 제안 네트워크**region proposal network(RPN)로 CNN의 출력을 전달합니다. 그다음 CNN의 출력을 기반으로 각 바운딩 박스에 대해 분류기를 실행합니다. 이러한 모델을 사용해볼 수 있는 가장 좋은 곳은 텐서플로 허브의 객체 탐지 튜토리얼(*https://homl.info/objdet*)입니다.

지금까지는 단일 이미지에서 객체를 탐지하는 것만 고려했습니다. 하지만 동영상은 어떨까요? 각 프레임에서 객체를 탐지해야 할 뿐만 아니라 시간 경과에 따라 객체를 추적해야 합니다. 객체 추적에 관해 간단히 살펴봅시다.

14.11 객체 추적

객체 추적은 까다로운 작업입니다. 객체가 움직이고, 카메라에 가까워지거나 멀어짐에 따라 커지거나 작아지고, 돌아서거나 다른 배경 또는 조명 조건으로 옮겨가면 모양이 달라지고, 다른 물체에 의해 일시적으로 가려질 수 있기 때문입니다.

가장 널리 사용되는 객체 추적 시스템은 DeepSORT[56]입니다. 이 시스템은 고전적인 알고리즘과 딥러닝의 조합을 기반으로 합니다. 다음은 추적 과정을 간단히 요약한 것입니다.

---

52 YOLOv3, YOLOv4를 비롯한 다른 소형 버전을 텐서플로 모델 프로젝트(*https://bit.ly/41zumwz*)에서 찾을 수 있습니다.

53 Wei Liu et al., "SSD: Single Shot Multibox Detector", Proceedings of the 14th European Conference on Computer Vision 1 (2016): 21-37. *https://homl.info/ssd*

54 Shaoqing Ren et al., "Faster R-CNN: Towards Real-Time Object Detection with Region Proposal Networks", Proceedings of the 28th International Conference on Neural Information Processing Systems 1 (2015): 91-99. *https://homl.info/fasterrcnn*

55 Mingxing Tan et al., "EfficientDet: Scalable and Efficient Object Detection", arXiv preprint arXiv:1911.09070 (2019). *https://homl.info/efficientdet*

56 Nicolai Wojke et al., "Simple Online and Realtime Tracking with a Deep Association Metric", arXiv preprint arXiv:1703.07402 (2017). *https://homl.info/deepsort*

1 객체가 일정한 속도로 움직인다고 가정하고 **칼만 필터**^{Kalman filter}를 사용하여 이전에 감지된 객체의 가장 가능성이 높은 현재 위치를 추정합니다.

2 딥러닝 모델을 사용하여 새로운 탐지 결과와 기존 추적 객체 간의 유사성을 측정합니다.

3 **헝가리 알고리즘**^{Hungarian algorithm}을 사용하여 새로운 탐지 대상을 기존 추적 객체에(또는 새로운 추적 객체로) 매핑합니다. 이 알고리즘은 탐지된 결과와 추적 객체의 예측 위치 사이의 거리를 최소화하는 동시에 외관상의 불일치를 최소화하는 매핑 조합을 효율적으로 찾습니다.

예를 들어 파란색 공에서 방금 튕겨 나와 반대 방향으로 이동하는 빨간색 공을 상상해보세요. 칼만 필터는 객체가 일정한 속도로 움직인다고 가정하기 때문에 튕기는 것을 예상하지 못하고 공의 이전 위치를 기반으로 공이 서로 통과할 것이라고 예측합니다. 헝가리 알고리즘이 위치만 고려했다면 마치 공이 서로 통과하고 색이 바뀐 것처럼 새로운 탐지 결과를 엉뚱한 공에 매핑했을 것입니다. 하지만 유사성 측정 덕분에 헝가리 알고리즘은 문제를 알아챌 수 있습니다. 공이 너무 비슷하지 않다고 가정하면 알고리즘은 새로운 탐지 결과를 올바른 공에 매핑할 것입니다.

> **TIP** 깃허브에는 YOLOv4 + DeepSORT(`https://github.com/theAIGuysCode/yolov4-deepsort`)의 텐서플로 구현을 포함한 몇 가지 DeepSORT 구현이 있습니다.

지금까지는 바운딩 박스를 사용하여 객체의 위치를 찾았습니다. 이 정도면 충분하지만 화상 회의 통화 중 사람 뒤에 있는 배경을 제거하는 것처럼 훨씬 더 정밀하게 객체의 위치를 찾아야 하는 경우가 있습니다. 이번에는 픽셀 수준으로 객체의 위치를 찾는 방법을 알아보겠습니다.

14.12 시맨틱 분할

시맨틱 분할^{semantic segmentation}에서 각 픽셀은 [그림 14-27]에서 보는 것처럼 픽셀이 속한 객체의 클래스로 분류됩니다(**예** 도로, 자동차, 보행자, 건물 등). 클래스가 같은 물체는 구별되지 않습니다. 예를 들어 이미지 오른쪽에 있는 여러 개의 자전거는 하나의 큰 픽셀 덩어리가 되었습니다. 이 작업에서 가장 어려운 점은 이미지가 일반적인 CNN을 통과할 때 점진적으로 위치 정보를 잃는 것에 있습니다(1 이상의 스트라이드를 사용하는 층 때문입니다). 따라서 보통의 CNN은 이미지의 왼쪽 아래 어딘가에 사람이 있다고 알 수 있지만 그보다 더 정확히 알지 못합니다.

객체 탐지와 마찬가지로 이 문제를 해결하기 위한 다양한 접근 방법이 있으며 어떤 솔루션은 매우 복잡합니다. 하지만 〈14.10.1 완전 합성곱 신경망〉에서 언급했듯이 조너선 롱 등이 2015년 논문에서 매우 단순한 해결책을 제시했습니다. 저자들은 먼저 사전 훈련된 CNN을 FCN으로 변환합니다. 이 CNN이 입력 이미지에 적용하는 전체 스트라이드는 32입니다(1보다 큰 스트라이드를 모두 더한 것입니다). 이는 마지막 층이 입력 이미지보다 32배나 작은 특성 맵을 출력한다는 뜻입니다. 확실히 이는 너무 듬성듬성합니다. 따라서 해상도를 32배로 늘리는 **업샘플링 층**^{upsampling layer}을 하나 추가합니다.

그림 14-27 시맨틱 분할

여러 가지 (이미지 사이즈를 늘리는) 업샘플링 방법이 있습니다. 예를 들면 이중 선형 보간^{bilinear interpolation}이 있는데, 이는 이미지 사이즈를 4배나 8배로 늘리는 데 적합합니다. 저자들은 대신 **전치 합성곱 층**^{transposed convolutional layer}[57]을 사용했습니다. 이 층은 먼저 이미지에 (0으로 채워진) 빈 행과 열을 삽입하여 이미지를 늘린 다음 일반적인 합성곱을 수행합니다(그림 14-28). 이를 부분 스트라이드를 사용하는 일반 합성곱으로 생각하는 경우도 있습니다(ⓔ [그림 14-28]의 경우 1/2 스트라이드).[58] 전치 합성곱 층은 선형 보간에 가까운 작업을 수행하도록 초기화

---

57 이 층은 이따금 역합성곱 층(deconvolution layer)이라고 불립니다. 하지만 이 층이 수학자들이 말하는 역합성곱을 수행하는 것이 아니기 때문에 이 이름은 오해를 불러일으킬 수 있습니다.

58 옮긴이_ 전치 합성곱은 일반 합성곱의 입력과 출력을 뒤바꾼 것으로 생각하면 쉽습니다. 스트라이드가 2 이상인 일반 합성곱에서는 커널이 입력 위를 훑는 속도(2픽셀씩)가 출력을 지나가는 속도(1픽셀씩)보다 더 빠릅니다(*https://goo.gl/oaZGV4*). 전치 합성곱에서 이를 반대로 놓으면 출력의 속도를 따라가기 위해 입력에 0을 끼워넣어야 합니다(*https://goo.gl/VQSqGX*). 이렇게 0이 끼워진 입력 위를 지나가는 것은 입력 데이터 입장에서는 스트라이드 1보다 더 느리다고 볼 수 있으므로 부분 스트라이드라고 부르기도 합니다.

될 수 있지만 훈련되는 층이기 때문에 훈련 과정에서 성능이 더 나아질 수 있습니다. 케라스에서는 Conv2DTranspose 층을 사용합니다.

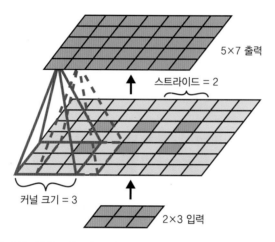

그림 14-28 전치 합성곱 층을 사용한 업샘플링

> **NOTE** 전치 합성곱 층에서 스트라이드는 필터의 스텝 크기가 아니라 입력이 얼마나 늘어나는지로 정의됩니다. 따라서 스트라이드가 클수록 출력이 커집니다(일반적인 합성곱 층이나 풀링 층과는 다릅니다).

다른 케라스 합성곱 층

텐서플로는 몇 가지 다른 종류의 합성곱 층도 제공합니다.

- `tf.keras.layers.Conv1D`

  15장에서 볼 시계열이나 텍스트(문자나 단어의 시퀀스)와 같은 1D 입력에 대한 합성곱 층

- `tf.keras.layers.Conv3D`

  3D PET 스캔[59] 같은 3D 입력을 위한 합성곱 층

---

59 옮긴이_ PET(positron emission tomography)는 양전자 단층 촬영이라고 하며 양전자를 방출하는 의약품을 체내에 주입한 후 이를 추적하는 방법입니다. 최근에는 PET와 컴퓨터 단층 촬영(CT)을 하나로 결합한 스캐너를 사용해 좀 더 정확하고 우수한 화질의 3D 영상을 만듭니다.

- dilation_rate

  tf.keras의 합성곱 층에 있는 dilation_rate 매개변수를 2 이상으로 지정하면 **아트루스 합성곱 층**atrous convolutional layer이 됩니다('à trous'는 프랑스어로 '구멍 난'이란 뜻입니다).[60] 이는 0(구멍)으로 된 행과 열을 추가하여 늘린 필터로, 보통의 합성곱 층을 사용하는 것과 동일합니다. 예를 들어 [[1,2,3]]과 같은 1×3 필터를 **팽창 비율**dilation rate 4로 늘리면 **팽창된 필터**dilated filter는 [[1, 0, 0, 0, 2, 0, 0, 0, 3]]이 됩니다. 이는 추가적인 계산 비용이나 파라미터를 발생시키지 않고 더 큰 수용장receptive field을 갖는 합성곱 층을 만들게 해줍니다.

업샘플링을 위해 전치 합성곱 층을 사용하는 것은 좋은 방법이지만 여전히 정확도가 떨어집니다. 이를 개선하기 위해 저자들은 아래쪽 층에서부터 스킵 연결을 추가했습니다. 예를 들어 (32배가 아니라) 2배로 출력 이미지를 업샘플링하고 아래쪽 층의 출력을 더하여 해상도를 두 배로 키웁니다. 그다음 이 결과를 16배로 늘려서 업샘플링하여 최종적으로 32배의 업샘플링을 달성합니다(그림 14-29). 이 방식은 풀링 층에서 잃은 일부 공간 정보를 복원합니다. 비슷하게 두 번째 스킵 연결을 사용해 더 낮은 층의 세부 정보를 복원하여 최상의 구조를 만들었습니다. 요약하면 원본 CNN의 출력은 '2배 업샘플링 → (동일한 크기의) 아래쪽 층의 출력을 더함 → 2배 업샘플링 → 더 아래쪽 층의 출력을 더함 → 8배 업샘플링' 단계를 추가로 거칩니다. 원본 이미지 크기보다 더 크게 업샘플링을 하는 것도 가능합니다. 이는 이미지의 해상도를 높이는 데 사용할 수 있으며 이를 **초해상도**super-resolution라고 부릅니다.

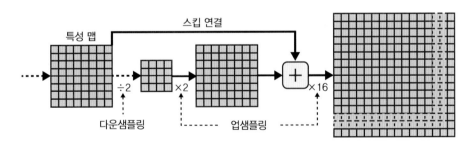

그림 14-29 아래쪽 층에서 공간 정보를 복원하는 스킵 연결 층

---

60 옮긴이_ tf.nn.conv2d 함수의 팽창 비율 매개변수는 dilations입니다.

인스턴스 분할은 시맨틱 분할과 비슷하지만 동일한 클래스 물체를 하나의 덩어리로 합치는 것이 아니라 각 물체를 구분하여 표시합니다(예를 들어 개별 자전거를 식별합니다). 2017년 논문에서 제안된 Mask R-CNN[61] 구조는 각 바운딩 박스에 대해 픽셀 마스크를 추가로 생성하여 Faster R-CNN 모델을 확장합니다. 따라서 각 객체에 대해 일련의 추정 클래스 확률을 포함한 바운딩 박스를 얻을 수 있을 뿐만 아니라 바운딩 박스에서 객체에 속하는 픽셀을 찾아내는 픽셀 마스크도 얻을 수 있습니다. 이 모델은 COCO 2017 데이터셋으로 사전 훈련된 모델로, 텐서플로 허브에서 제공됩니다. 이 분야는 빠르게 발전하고 있으므로 최신의 가장 뛰어난 모델을 사용해보고 싶다면 *https://paperswithcode.com*의 Browse State-of-the-Art 항목을 확인하기 바랍니다.

여기서 볼 수 있듯이 딥러닝을 사용한 컴퓨터 비전 분야는 방대하고 빠르게 발전하고 있으며, 각종 구조가 매년 등장하고 있습니다. 거의 모든 구조가 합성곱 신경망을 기반으로 하지만 2020년에 또 다른 신경망 구조인 트랜스포머(16장 참고)가 등장했습니다. 최근 몇 년간의 발전은 매우 놀라운 수준입니다. 연구자들은 **적대적 학습**adversarial learning (네트워크를 속이는 이미지에 더 안전한 네트워크를 만듭니다), **설명 가능성**explainability (왜 네트워크가 특정 분류를 수행했는지 설명합니다), 현실 같은 **이미지 생성**image generation (17장 참고), **싱글-샷 학습**single-shot learning (객체를 한 번 본 후에 인식할 수 있는 시스템을 만듭니다), 비디오의 다음 프레임 예측, 텍스트와 이미지 작업 결합 등 갈수록 더 어려운 문제를 다루고 있습니다.

다음 장에서는 순환 신경망과 합성곱 신경망을 사용하여 시계열과 같은 순차적 데이터를 처리하는 방법을 살펴보겠습니다.

연습문제

① 이미지 분류에서 완전 연결 DNN보다 CNN이 나은 점은 무엇인가요?

② 3×3 커널, 스트라이드 2, "same" 패딩을 가진 합성곱 층 세 개로 구성된 CNN이 있습니다. 가장 아래 층은 특성 맵 100개를 출력하고, 중간 층은 200개, 가장 위의 층은 400개를 출력합니다. 입력 이미지는 200×300픽셀의 RGB 이미지입니다.

61 Kaiming He et al., "Mask R-CNN", arXiv preprint arXiv:1703.06870 (2017). *https://homl.info/maskrcnn*

a 이 CNN의 전체 파라미터 수는 얼마일까요?

b 32비트 부동소수를 사용한다면 이 네트워크가 하나의 샘플을 예측하기 위해 적어도 얼마의 RAM이 필요할까요?

c 50개의 이미지를 미니배치로 훈련할 땐 얼마의 RAM이 필요할까요?

③ 어떤 CNN을 훈련시킬 때 GPU에서 메모리 부족이 발생했다면 이 문제를 해결하기 위해 시도해볼 수 있는 방법 다섯 가지를 나열해보세요.

④ 스트라이드 크기가 동일한 합성곱 층 대신 최대 풀링 층을 추가하는 이유는 무엇인가요?

⑤ LRN 층을 추가해야 할 때는 언제인가요?

⑥ LeNet-5와 비교해서 AlexNet의 혁신점은 무엇인가요? 또 GoogLeNet, ResNet, SENet, Xception, EfficientNet의 혁신점은 무엇인가요?

⑦ 완전 합성곱 신경망이 무엇인가요? 밀집 층을 어떻게 합성곱 층으로 바꿀 수 있나요?

⑧ 시맨틱 분할에서 주요한 기술적 어려움은 무엇인가요?

⑨ 여러분만의 CNN을 만들고 MNIST 데이터셋에서 가능한 최대 정확도를 달성해보세요.

⑩ 다음 단계를 따라 전이 학습을 사용해 대규모 이미지 분류를 수행해보세요.

a 클래스마다 최소한 100개의 이미지가 포함된 훈련 세트를 만드세요. 예를 들어 위치에 따라(해변, 산, 도심 등) 사진을 분류하거나, 기존의 데이터셋(⬤ 텐서플로 데이터셋)을 사용할 수도 있습니다.

b 이를 훈련 세트와 검증 세트, 테스트 세트로 나눕니다.

c 적절한 전처리 연산을 수행하고 선택적으로 데이터 증식을 수행하는 입력 파이프라인을 만듭니다.

d 이 데이터셋에서 사전 훈련된 모델을 미세 튜닝합니다.

⑪ 텐서플로의 스타일 전이 튜토리얼(*https://homl.info/styletuto*)을 살펴보세요. 딥러닝을 사용해 재미있는 그림을 생성할 수 있습니다.

연습문제의 정답은 〈부록 A〉에 있습니다.

15장

RNN과 CNN을 사용한
시퀀스 처리

친구의 말을 대신 마무리하거나 아침에 커피 향을 예상하는 것처럼 우리는 늘 미래를 예측하며 살고 있습니다. 이 장에서는 미래를 예측할 수 있는(물론 어느 정도만) 네트워크인 순환 신경망$^{recurrent\ neural\ network}$(RNN)을 알아봅니다. RNN은 웹 사이트의 일일 활성 사용자 수, 도시의 시간별 기온, 가정의 일일 전력 소비량, 주변 차량의 궤적 등과 같은 시계열 데이터를 분석할 수 있습니다. 데이터에서 과거 패턴을 학습한 RNN은 과거 패턴이 미래에도 여전히 유효하다고 가정하고 그 지식을 사용하여 미래를 예측할 수 있습니다.

일반적으로 RNN은 고정 길이 입력이 아닌 임의 길이의 시퀀스를 다룰 수 있습니다. 예를 들어 문장, 문서, 오디오 샘플을 입력으로 받을 수 있습니다. 따라서 자동 번역, 스피치 투 텍스트$^{speech\ to\ text}$ 같은 자연어 처리에 매우 유용합니다.

이 장에서는 RNN 이면에 있는 기본적인 개념을 먼저 살펴보고 역전파하여 네트워크를 훈련하는 방법을 알아봅니다. 그런 다음 이 네트워크를 사용해 시계열 예측을 수행해봅니다. 이 과정에서 시계열을 예측하는 데 자주 사용되는 ARMA 모델을 살펴보고 RNN과 비교해보겠습니다. 그 후에 RNN에 있는 두 가지 주요 난제를 살펴보겠습니다.

- (11장에서 언급한) 불안정한 그레이디언트는 순환 드롭아웃과 순환 층 정규화를 포함한 여러 가지 기법을 사용해 감소시킬 수 있습니다.
- (매우) 제한적인 단기 기억은 LSTM과 GRU 셀을 사용해 확장할 수 있습니다.

RNN이 순차 데이터를 다룰 수 있는 유일한 신경망은 아닙니다. 작은 시퀀스의 경우 일반적인 밀집 네트워크가 처리할 수 있고 오디오 샘플이나 텍스트처럼 매우 긴 시퀀스라면 합성곱 신경망도 실제로 잘 작동할 수 있습니다. 이 두 가능성을 살펴본 뒤 마지막에 **WaveNet**을 구현하겠습니다. 이 네트워크는 수만 개의 타임 스텝을 가진 시퀀스를 다룰 수 있는 CNN 구조입니다. 그럼 시작해봅시다.

15.1 순환 뉴런과 순환 층

지금까지는 활성화 신호가 입력 층에서 출력 층 방향으로만 흐르는 피드포워드 신경망에 초점을 맞추었습니다. 순환 신경망은 피드포워드 신경망과 매우 비슷하지만 뒤쪽으로 순환하는 연결도 있다는 점이 다릅니다.

[그림 15-1]의 왼쪽 그림처럼 입력을 받아 출력을 만들고 자신에게도 출력을 보내는 뉴런 하나로 구성된 가장 간단한 RNN을 살펴봅시다. 각 **타임 스텝**^{time step} t(또는 **프레임**^{frame})마다 이 **순환 뉴런**^{recurrent neuron}은 $\mathbf{x}_{(t)}$와 이전 타임 스텝의 출력인 $\hat{y}_{(t-1)}$을 입력으로 받습니다. 첫 번째 타임 스텝에서는 이전 출력이 없으므로 일반적으로 0으로 설정됩니다. 이 작은 네트워크를 [그림 15-1] 오른쪽 그림처럼 시간을 축으로 하여 표현할 수 있는데 이를 **시간에 따라 네트워크를 펼쳤다**^{unrolling the network through time}고 말합니다(동일한 뉴런을 타임 스텝마다 하나씩 표현한 것입니다).

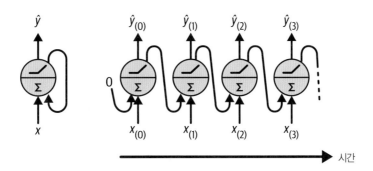

그림 15-1 순환 뉴런(왼쪽)과 타임 스텝으로 펼친 모습(오른쪽)

순환 뉴런으로 이루어진 층은 쉽게 만들 수 있습니다. [그림 15-2]처럼 타임 스텝 t마다 모든 뉴런은 입력 벡터 $\mathbf{x}_{(t)}$와 이전 타임 스텝의 출력 벡터 $\hat{\mathbf{y}}_{(t-1)}$을 받습니다. 이제 입력과 출력이 모두 벡터가 됩니다(뉴런이 하나일 때는 출력이 스칼라입니다).

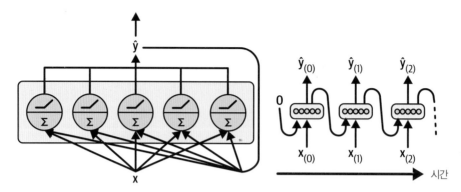

그림 15-2 순환 뉴런의 층(왼쪽)과 타임 스텝으로 펼친 모습(오른쪽)

각 순환 뉴런은 두 벌의 가중치를 가집니다. 하나는 입력 $\mathbf{x}_{(t)}$를 위한 것이고 다른 하나는 이전 타임 스텝의 출력 $\hat{\mathbf{y}}_{(t-1)}$을 위한 것입니다. 이 가중치 벡터를 $\mathbf{w}_x$와 $\mathbf{w}_{\hat{y}}$이라고 하겠습니다. 하나의 순환 뉴런이 아니라 순환 층 전체를 생각하면 가중치 벡터를 가중치 행렬 $\mathbf{W}_x$와 $\mathbf{W}_{\hat{y}}$으로 바꿀 수 있습니다. 그러면 순환 층 전체의 출력 벡터는 익숙한 형태인 [식 15-1]과 같이 계산됩니다. $\mathbf{b}$는 편향이고 $\phi(\cdot)$는 ReLU[1]와 같은 활성화 함수입니다.

식 15-1 하나의 샘플에 대한 순환 층의 출력

$$\hat{\mathbf{y}}_{(t)} = \phi\left(\mathbf{W}_x^{\mathsf{T}}\mathbf{x}_{(t)} + \mathbf{W}_{\hat{y}}^{\mathsf{T}}\hat{\mathbf{y}}_{(t-1)} + \mathbf{b}\right)$$

피드포워드 신경망처럼 타임 스텝 t에서의 모든 입력을 행렬 $\mathbf{X}_{(t)}$로 만들어 미니배치 전체에 대해 순환 층의 출력을 한 번에 계산할 수 있습니다(식 15-2).

식 15-2 미니배치에 있는 전체 샘플에 대한 순환 뉴런 층의 출력

$$\hat{\mathbf{Y}}_{(t)} = \phi\left(\mathbf{X}_{(t)}\mathbf{W}_x + \hat{\mathbf{Y}}_{(t-1)}\mathbf{W}_{\hat{y}} + \mathbf{b}\right)$$

$$= \phi\left(\left[\mathbf{X}_{(t)}\ \hat{\mathbf{Y}}_{(t-1)}\right]\mathbf{W} + \mathbf{b}\right) \quad \text{여기에서} \quad \mathbf{W} = \begin{bmatrix} \mathbf{W}_x \\ \mathbf{W}_{\hat{y}} \end{bmatrix}$$

---

[1] 많은 연구자들이 RNN에서 ReLU 활성화 함수보다 tanh 활성화 함수를 선호합니다. 부 팜(Vu Pham) 등의 2013년 논문 「Dropout Improves Recurrent Neural Networks for Handwriting Recognition」(*https://homl.info/91*)을 참고하세요. 꾸옥 레(Quoc V. Le) 등의 2015년 논문 「A Simple Way to Initialize Recurrent Networks of Rectified Linear Units」(*https://homl.info/92*) 에서 보여준 것처럼 ReLU 기반의 RNN도 가능합니다.

- $\hat{\mathbf{Y}}_{(t)}$는 타임 스텝 t에서 미니배치에 있는 각 샘플에 대한 층의 출력을 담은 $m \times n_{\text{neurons}}$ 행렬입니다(m은 미니배치에 있는 샘플 수이고 n_{neurons}은 뉴런 수입니다).

- $\mathbf{X}_{(t)}$는 모든 샘플의 입력값을 담은 $m \times n_{\text{inputs}}$ 행렬입니다(n_{inputs}은 입력 특성 수입니다).

- $\mathbf{W}_x$는 현재 타임 스텝의 입력에 대한 연결 가중치를 담은 $n_{\text{inputs}} \times n_{\text{neurons}}$ 행렬입니다.

- $\mathbf{W}_{\hat{y}}$은 이전 타임 스텝의 출력에 대한 연결 가중치를 담은 $n_{\text{neurons}} \times n_{\text{neurons}}$ 행렬입니다.

- $\mathbf{b}$는 각 뉴런의 편향을 담은 n_{neurons} 크기의 벡터입니다.

- 가중치 행렬 $\mathbf{W}_x$와 $\mathbf{W}_{\hat{y}}$을 종종 $(n_{\text{inputs}} + n_{\text{neurons}}) \times n_{\text{neurons}}$ 크기의 가중치 행렬 $\mathbf{W}$ 하나로 연결합니다([식 15-2]의 두 번째 줄을 참고하세요).

- $[\mathbf{X}_{(t)} \ \hat{\mathbf{Y}}_{(t-1)}]$ 표기는 행렬 $\mathbf{X}_{(t)}$와 $\hat{\mathbf{Y}}_{(t-1)}$을 수평적으로 연결한다는 것을 나타냅니다.[2]

$\hat{\mathbf{Y}}_{(t)}$는 $\mathbf{X}_{(t)}$와 $\hat{\mathbf{Y}}_{(t-1)}$의 함수이고, $\hat{\mathbf{Y}}_{(t-1)}$은 $\mathbf{X}_{(t-1)}$과 $\hat{\mathbf{Y}}_{(t-2)}$의 함수, $\hat{\mathbf{Y}}_{(t-2)}$는 $\mathbf{X}_{(t-2)}$와 $\hat{\mathbf{Y}}_{(t-3)}$의 함수가 되는 식입니다. 결국 $\hat{\mathbf{Y}}_{(t)}$는 시간 $t = 0$에서부터 모든 입력에 대한 함수가 됩니다(즉, $\mathbf{X}_{(0)}$, $\mathbf{X}_{(1)}$, $\cdots$, $\mathbf{X}_{(t)}$). 첫 번째 타임 스텝 $t = 0$에서는 이전 출력이 없으므로 보통 모두 0이라고 가정합니다.

15.1.1 메모리 셀

타임 스텝 t에서 순환 뉴런의 출력은 이전 타임 스텝의 모든 입력에 대한 함수이므로 일종의 **메모리** 형태라고 말할 수 있습니다. 타임 스텝에 걸쳐서 어떤 상태를 보존하는 신경망의 구성 요소를 **메모리 셀**memory cell (혹은 간단히 **셀**)이라고 합니다. 하나의 순환 뉴런 또는 순환 뉴런의 층은 짧은 패턴(보통 10 스텝 정도의 길이이며 주어진 문제에 따라 다릅니다)만 학습할 수 있는 매우 기본적인 셀입니다.[3] 이 장 뒷부분에서 긴 패턴(대략 10배 정도 길지만 문제에 따라 다릅니다)을 학습할 수 있는 더 복잡하고 강력한 종류의 셀을 알아봅니다.

일반적으로 타임 스텝 t에서의 셀의 상태 $\mathbf{h}_{(t)}$ (h는 히든hidden을 의미)는 해당 타임 스텝의 입력과 이전 타임 스텝의 상태에 대한 함수입니다. 즉, $\mathbf{h}_{(t)} = f(\mathbf{x}_{(t)}, \mathbf{h}_{(t-1)})$입니다. 타임 스텝 t에서의 출력 $\hat{\mathbf{y}}_{(t)}$도 이전 상태와 현재 입력에 대한 함수입니다. 지금까지 이야기한 기본 셀의 경우

---

2 옮긴이_ 이 행렬의 크기는 $m \times (n_{\text{inputs}} + n_{\text{neurons}})$이 됩니다.

3 옮긴이_ 보통 RNN에서 셀이라고 말할 때는 완전 연결 신경망에서 층(layer)을 의미합니다.

출력은 셀의 상태와 동일하지만 [그림 15-3]처럼 더 복잡한 셀의 경우 항상 그렇지는 않습니다.[4]

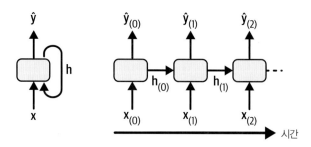

그림 15-3 셀의 히든 상태와 출력은 다를 수 있습니다.

15.1.2 입력과 출력 시퀀스

RNN은 입력 시퀀스를 받아 출력 시퀀스를 만들 수 있습니다([그림 15-4] 왼쪽 위의 네트워크 참고). 이는 **시퀀스-투-시퀀스 네트워크**sequence-to-sequence network로, 가정의 일일 전력 사용량 같은 시계열 데이터를 예측하는 데 유용합니다. 최근 N일치의 전력 사용량을 주입하면 네트워크는 각 입력값보다 하루 앞선 미래의 전력 사용량을 출력해야 합니다(즉, $N-1$일 전부터 내일까지).

또는 입력 시퀀스를 네트워크에 주입하고 마지막을 제외한 모든 출력을 무시할 수 있습니다([그림 15-4]의 오른쪽 위의 네트워크 참고). 이는 **시퀀스-투-벡터 네트워크**sequence-to-vector network로, 영화 리뷰에 있는 연속된 단어를 주입하면 네트워크는 감성 점수를 출력합니다(⑩ -1(싫다)에서 +1(좋다)까지).

반대로 각 타임 스텝에서 하나의 입력 벡터를 반복해서 네트워크에 주입하고 하나의 시퀀스를 출력할 수 있습니다([그림 15-4]의 왼쪽 아래 네트워크 참고). 이는 **벡터-투-시퀀스 네트워크**vector-to-sequence network로, 이미지(또는 CNN의 출력)를 입력하여 이미지에 대한 캡션을 출력할 수 있습니다.

마지막으로 **인코더**encoder라 부르는 시퀀스-투-벡터 네트워크 뒤에 **디코더**decoder라 부르는 벡

---

4 옮긴이_ [그림 15-2]는 히든 상태(**h**) 대신 출력(**y**)이 다시 입력으로 주입됩니다. [그림 15-3]은 출력(**y**)과 히든 상태(**h**)가 구분되어 있어서 두 값이 동일하지 않을 수 있다는 것을 나타냅니다.

터-투-시퀀스 네트워크를 연결할 수 있습니다([그림 15-4] 오른쪽 아래 네트워크 참고). 예를 들어 한 언어의 문장을 다른 언어로 번역하는 데 사용할 수 있습니다. 한 언어의 문장을 네트워크에 주입하면 인코더는 이 문장을 하나의 벡터 표현으로 변환하고, 디코더가 이 벡터를 다른 언어의 문장으로 디코딩합니다. **인코더-디코더**[5]라 부르는 이런 이중 단계 모델은 (왼쪽 위에 있는 네트워크처럼) 하나의 시퀀스-투-시퀀스 RNN을 사용하여 한 단어씩 번역하는 것보다 훨씬 더 잘 작동합니다. 문장의 마지막 단어가 번역의 첫 번째 단어에 영향을 줄 수 있기 때문입니다. 그래서 번역하기 전에 전체 문장이 주입될 때까지 기다릴 필요가 있습니다. 16장에서 인코더-디코더를 어떻게 구현하는지 알아보겠습니다(나중에 보겠지만 [그림 15-4]보다는 조금 더 복잡합니다).

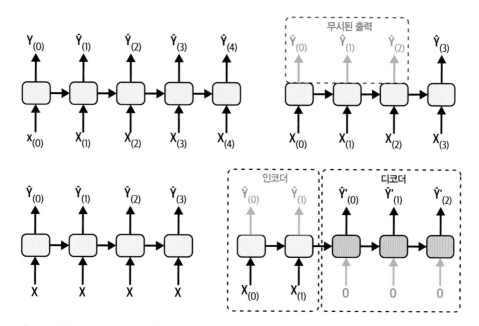

그림 15-4 시퀀스-투-시퀀스(왼쪽 위), 시퀀스-투-벡터(오른쪽 위), 벡터-투-시퀀스(왼쪽 아래), 인코더-디코더(오른쪽 아래) 네트워크

이런 다재다능한 능력이 매우 기대되네요. 그런데 어떻게 순환 신경망을 훈련할까요?

---

5   Nal Kalchbrenner and Phil Blunsom, "Recurrent Continuous Translation Models", Proceedings of the 2013 Conference on Empirical Methods in Natural Language Processing (2013): 1700–1709. *https://homl.info/seq2seq*

15.2 RNN 훈련하기

RNN을 훈련하기 위한 기법은 타임 스텝으로 네트워크를 펼치고[6] (이전에 했던 것처럼) 보통의 역전파를 사용하는 것입니다(그림 15-5). 이런 전략을 **BPTT**^backpropagation through time 라고 합니다.

보통의 역전파와 같이 첫 번째 정방향 패스가 펼쳐진 네트워크를 통과합니다(파선 화살표로 표시).[7] 그런 다음 손실 함수 $\mathscr{L}(\mathbf{Y}_{(0)}, \mathbf{Y}_{(1)}, ..., \mathbf{Y}_{(T)}; \hat{\mathbf{Y}}_{(0)}, \hat{\mathbf{Y}}_{(1)}, ..., \hat{\mathbf{Y}}_{(T)})$를 사용하여 출력 시퀀스를 평가합니다(여기서 $\mathbf{Y}_{(i)}$는 i번째 타깃, $\hat{\mathbf{Y}}_{(i)}$는 i번째 예측, T는 최대 타임 스텝). 이 손실 함수는 일부 출력을 무시할 수 있습니다. 예를 들어 시퀀스-투-벡터 RNN에서는 마지막 출력을 제외한 모든 출력이 무시됩니다. [그림 15-5]에서 손실 함수는 마지막 세 개의 출력을 사용하여 계산됩니다. 그런 다음 해당 손실 함수의 그레이디언트는 펼쳐진 네트워크를 따라 역방향으로 전파됩니다(실선 화살표로 표시). 예제에서 출력 $\hat{\mathbf{Y}}_{(0)}$과 $\hat{\mathbf{Y}}_{(1)}$은 손실 계산에 사용되지 않으므로 그레이디언트가 이 두 값을 통과해 역방향으로 흐르지 않고 $\hat{\mathbf{Y}}_{(2)}$, $\hat{\mathbf{Y}}_{(3)}$, $\hat{\mathbf{Y}}_{(4)}$를 통해서만 흐릅니다. 또한 각 타임 스텝마다 동일한 파라미터 $\mathbf{W}$와 $\mathbf{b}$가 사용되기 때문에[8] 그레이디언트는 역전파 동안에 여러 번 조정될 것입니다. 역방향 계산이 완료되고 모든 그레이디언트가 계산되면 BPTT는 경사 하강법 단계를 수행하여 파라미터를 업데이트할 수 있습니다(이는 일반적인 역전파와 다르지 않습니다).

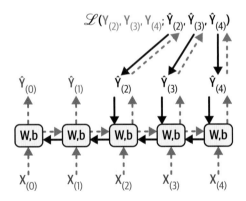

그림 15-5 BPTT

---

6 옮긴이_ 실제 RNN 클래스에서 네트워크를 펼치는 어떤 작업을 하지는 않습니다. 이렇게 설명하는 이유는 RNN의 역전파를 기술할 때 펼친 네트워크처럼 생각하는 것이 편리하기 때문입니다.

7 옮긴이_ 이 그림에서 정방향 패스는 다섯 개의 입력 시퀀스가 주입된 다섯 번의 타임 스텝을 말합니다.

8 옮긴이_ 순환 신경망은 일련의 타임 스텝을 진행하고 나서 그레이디언트가 전파됩니다. 즉, 정방향 패스 동안에는 모두 동일한 가중치가 적용됩니다.

다행히 케라스가 복잡한 모든 것을 처리해줍니다. 하지만 그 전에 시계열 데이터를 로드하고 기존 도구를 사용하여 분석해보겠습니다. 이렇게 하면 앞으로 다루려는 것을 더 잘 이해하고 몇 가지 기준 지표를 확보할 수 있습니다.

15.3 시계열 예측하기

좋습니다. 여러분이 시카고 교통국의 데이터 과학자로 방금 채용되었다고 가정해보죠. 첫 번째 일은 내일 버스와 열차에 탑승할 승객 수를 예측하는 모델을 만드는 것입니다. 2001년부터 일일 승객 데이터를 가지고 있습니다. 어떻게 만들 수 있는지 함께 알아보죠. 먼저 데이터를 로드하고 정제합니다.[9]

```python
import pandas as pd
from pathlib import Path

path = Path("datasets/ridership/CTA_-_Ridership_-_Daily_Boarding_Totals.csv")
df = pd.read_csv(path, parse_dates=["service_date"])
df.columns = ["date", "day_type", "bus", "rail", "total"]  # 짧은 이름
df = df.sort_values("date").set_index("date")
df = df.drop("total", axis=1)  # total은 단순히 bus + rail이므로 필요 없음
df = df.drop_duplicates()       # 중복 월 삭제(2011-10과 2014-07)
```

CSV 파일을 로드하고, 열 이름을 짧게 줄이고, 날짜순으로 행을 정렬하고, total 열을 삭제하고, 중복 행을 삭제했습니다. 처음 몇 개의 행을 살펴보죠.

```
>>> df.head()
            day_type     bus     rail
date
2001-01-01         U  297192   126455
2001-01-02         W  780827   501952
2001-01-03         W  824923   536432
2001-01-04         W  870021   550011
2001-01-05         W  890426   557917
```

---

9 시카고 교통국의 최신 데이터는 시카고 데이터 포털(*https://homl.info/ridership*)에서 다운로드할 수 있습니다.

2001년 1월 1일에 297,192명이 시카고 버스를 이용했고 126,455명이 열차를 이용했습니다. day_type 열은 평일의 경우 W, 토요일은 A, 일요일이나 공휴일은 U입니다.

2019년 몇 달 동안의 버스와 열차 승객 수를 그래프로 그려봅시다(그림 15-6).

```python
import matplotlib.pyplot as plt

df["2019-03":"2019-05"].plot(grid=True, marker=".", figsize=(8, 3.5))
plt.show()
```

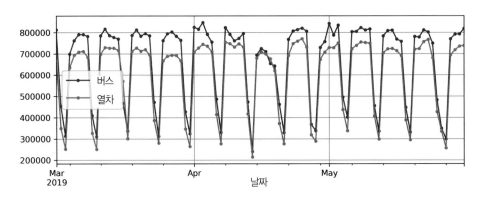

그림 15-6 시카고 일일 승객 수

판다스는 지정한 범위의 시작과 끝을 모두 포함시킵니다. 따라서 이 그래프는 3월 1일부터 5월 31일까지 데이터를 그립니다. 이는 **시계열**time series입니다. 일반적으로 일정한 간격의 타임 스텝별 값을 가진 데이터입니다. 더 구체적으로는 타임 스텝마다 여러 개의 값이 있기 때문에 **다변량 시계열**multivariate time series입니다. bus 열만 본다면 타임 스텝마다 하나의 값이 있기 때문에 **단변량 시계열**univariate time series입니다. 시계열을 다룰 때 가장 일반적인 작업은 미래의 값을 예측하는 것입니다. 이 장에서 이를 중점적으로 다루겠습니다. 다른 작업으로는 대치imputation(누락된 과거의 값 채우기), 분류, 이상치 탐지 등이 있습니다.

[그림 15-6]을 보면 매주 비슷한 패턴이 반복되는 것을 볼 수 있습니다. 이를 주간 **계절성**seasonality이라고 합니다. 사실 이 경우 패턴이 매우 강력해서 일주일 전 값을 내일 승객 수로 예측해도 매우 좋은 결과를 얻을 것입니다. 이를 **단순 예측**naive forecasting[10]이라고 합니다. 즉, 과

---

10 옮긴이_ 시계열의 경우 종종 forecasting이란 표현을 즐겨 사용하지만 기술적으로 예측(prediction)과 동일하기 때문에 둘을 구분하지 않고 모두 '예측'이라고 옮겼습니다.

거 값을 단순히 복사해 예측을 만듭니다. 단순 예측은 종종 훌륭한 기준점이 됩니다. 이따금 이를 넘어서는 것이 어려울 수도 있습니다.

> **✎ NOTE** 일반적으로 단순 예측은 가장 최근 값을 복사하는 것을 의미합니다(즉, 오늘 값으로 내일을 예측합니다). 하지만 이 경우는 강한 주간 계절성 때문에 일주일 전 값을 사용하는 것이 더 낫습니다.

단순 예측 결과를 시각화하기 위해 (버스와 열차에 대한) 시계열과 함께 일주일 지연된(오른쪽으로 이동된) 시계열을 점선으로 그려보겠습니다. 그리고 두 시계열의 차이(시간 t의 값에서 시간 $t-7$의 값을 뺀 것)도 그려보겠습니다. 이를 **차분**^{differencing}이라고 합니다(그림 15-7).

```
diff_7 = df[["bus", "rail"]].diff(7)["2019-03":"2019-05"]

fig, axs = plt.subplots(2, 1, sharex=True, figsize=(8, 5))
df.plot(ax=axs[0], legend=False, marker=".")  # 원본 시계열
df.shift(7).plot(ax=axs[0], grid=True, legend=False, linestyle=":") # 지연된 시계열
diff_7.plot(ax=axs[1], grid=True, marker=".") # 7일 간의 차이
plt.show()
```

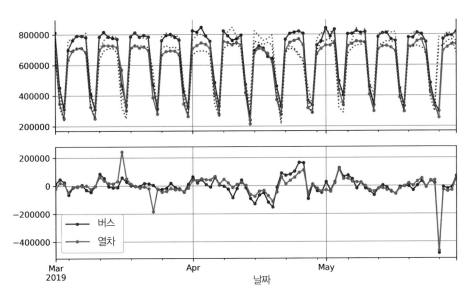

그림 15-7 7일 지연된 시계열을 겹쳐 놓은 그래프(위)와 시간 t와 $t-7$ 사이의 차분 그래프(아래)

나쁘지 않네요! 지연된 시계열이 실제 시계열을 잘 따라가고 있습니다. 시계열이 시간이 지연된 자기자신과 상관관계를 가질 때 이를 **자기상관**^autocorrelation 시계열이라고 합니다. 여기서 볼 수 있듯이 5월 말을 제외하고는 대부분 차이가 매우 작습니다. 이때 공휴일이 있었을까요? day_type 열을 확인해보죠.

```
>>> list(df.loc["2019-05-25":"2019-05-27"]["day_type"])
['A', 'U', 'U']
```

실제로 당시 월요일이 메모리얼 데이^Memorial Day였기 때문에 주말이 길었습니다. 이 열을 사용해 예측을 개선할 수 있지만 지금은 그냥 임의로 선택한 2019년 3~5월 3달 동안의 평균 절댓값 오차^mean absolute error(MAE)를 계산해 대략적인 아이디어를 얻어보겠습니다.

```
>>> diff_7.abs().mean()
bus     43915.608696
rail    42143.271739
dtype: float64
```

단순 예측의 MAE는 버스의 경우 약 43,916명, 열차의 경우 약 42,143명입니다. 이 값이 얼마나 좋은지 나쁜지 단번에 알아채기 어려우므로 예측 오차를 타깃값으로 나누어보겠습니다.

```
>>> targets = df[["bus", "rail"]]["2019-03":"2019-05"]
>>> (diff_7 / targets).abs().mean()
bus     0.082938
rail    0.089948
dtype: float64
```

이 값을 **평균 절대 비율 오차**^mean absolute percentage error(MAPE)라고 부릅니다. 단순 예측의 MAPE는 버스의 경우 대략 8.3%, 열차의 경우 9.0%입니다. 흥미롭게도 열차 예측의 MAE가 버스 예측의 MAE보다 조금 더 좋았는데 MAPE의 경우는 그 반대입니다. 이는 버스 승객이 열차 승객보다 더 많기 때문입니다. 따라서 예측 오차도 커지는 것이 당연합니다. 하지만 오차를 비율로 바꾸면 버스 예측이 실제로 열차 예측보다 조금 더 좋게 나타납니다.

TIP MAE, MAPE, MSE는 예측을 평가하는 데 사용되는 가장 보편적인 측정 지표입니다. 항상 그렇듯이 올바른 측정 지표를 선택하는 것은 작업에 따라 다릅니다. 예를 들어 프로젝트가 작은 오차보다 큰 오차에서 더욱 급격하게 문제를 겪는다면 큰 오차를 강하게 규제해야 하는 MSE가 더 낫습니다.

이 시계열을 보면 월간 계절성이 크게 나타나지 않습니다. 연간 계절성도 확인해보죠. 2001년부터 2019년까지 데이터를 살펴보겠습니다. 데이터 스누핑^{data snooping}의 위험을 줄이기 위해 최신 데이터를 잠시 무시하겠습니다. 장기간 트렌드를 시각화하기 위해 각 시계열의 12개월 이동 평균을 그려보겠습니다(그림 15-8).

```
period = slice("2001", "2019")
df_monthly = df.resample('M').mean() # 월 평균을 계산합니다.
rolling_average_12_months = df_monthly[period].rolling(window=12).mean()

fig, ax = plt.subplots(figsize=(8, 4))
df_monthly[period].plot(ax=ax, marker=".")
rolling_average_12_months.plot(ax=ax, grid=True, legend=False)
plt.show()
```

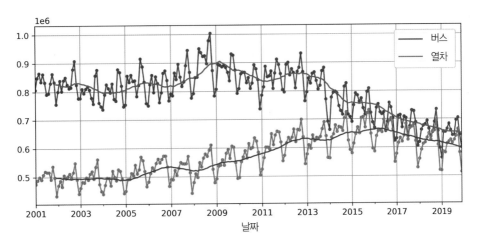

그림 15-8 연간 계절성과 장기간 트렌드

아하! 주간 계절성보다 잡음이 있긴 하지만 연간 계절성도 분명히 있습니다. 버스 시계열보다 열차 시계열에서 더 잘 보입니다. 매년 거의 같은 날짜에서 최고점과 최저점을 볼 수 있습니다. 12개월 차분을 그려서 어떻게 나오는지 확인해보죠(그림 15-9).

```
df_monthly.diff(12)[period].plot(grid=True, marker=".", figsize=(8, 3))
plt.show()
```

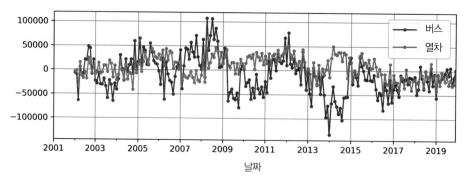

그림 15-9 12개월 차분

차분은 연간 계절성을 제거할 뿐만 아니라 장기간 트렌드도 없앱니다. 예를 들어 2016년에서 2019년까지 이 시계열에 나타난 선형적인 감소 트렌드가 차분 시계열에서는 거의 일정한 음숫값이 되었습니다. 사실 차분은 시계열에서 트렌드와 계절성을 제거하기 위해 사용되는 대표적인 기법입니다. 계절성이나 트렌드가 없어 시간에 따라 통계적 속성이 일정한 **정상 시계열**stationary time series을 분석하는 것이 더 쉽습니다. 차분 시계열에서 정확한 예측을 수행할 수 있다면 이전에 차감한 과거 값을 다시 더해서 실제 시계열에 대한 예측으로 쉽게 바꿀 수 있습니다.

내일 승객 수만 예측하므로 장기 패턴이 단기 패턴보다 덜 중요하다고 생각할 수 있습니다. 네 맞습니다. 하지만 장기 패턴을 고려하면 성능을 조금 더 향상시킬 수 있습니다. 예를 들어 일일 버스 승객이 2017년 10월 약 2,500명 줄었는데 이는 매주 약 570명의 승객이 줄었다는 것을 의미합니다. 따라서 현재가 2017년 10월이라면 지난 주 값에서 570을 빼서 내일 승객 수를 예측하는 것이 합리적입니다. 트렌드를 고려하면 평균적으로 예측의 정확도를 조금 더 높일 수 있습니다.

이제 이 승객 시계열에 익숙해졌고 계절성, 트렌드, 차분, 이동 평균과 같이 시계열 분석에서 가장 중요한 개념도 알아보았습니다. 다음으로 시계열 분석에 일반적으로 사용되는 인기 있는 통계적 모델을 간단히 살펴보겠습니다.

15.3.1 ARMA 모델

1930년대 허먼 월드Herman Wold가 개발한 **자기 회귀 이동 평균**autoregressive moving average (ARMA) 모델로 시작해보죠. 이 모델은 지연된 값의 간단한 가중치 합을 사용해 예측을 구하고 앞서 우리가 했던 것처럼 이동 평균을 더해 이 예측을 수정합니다. 구체적으로 마지막 몇 개의 예측 오차의 가중치 합을 사용해 이동 평균을 계산합니다. [식 15-3]은 이 모델이 예측을 구하는 방법을 보여줍니다.

식 15-3 ARMA 모델을 사용해 예측하기

$$\hat{y}_{(t)} = \sum_{i=1}^{p} \alpha_i \, y_{(t-1)} + \sum_{i=1}^{q} \theta_i \, \varepsilon_{(t-1)} \qquad \text{여기에서 } \varepsilon_{(t)} = y_{(t)} - \hat{y}_{(t)}$$

- $\hat{y}_{(t)}$는 타임 스텝 t에서 모델의 예측입니다.
- $y_{(t)}$는 타임 스텝 t에서 시계열의 값입니다.
- 첫 번째 항은 시계열의 지난 p개 값의 가중치 합이며 α_i는 학습되는 가중치입니다. 숫자 p는 하이퍼파라미터이며 모델이 얼마나 먼 과거를 바라볼지 결정합니다. 이 항이 모델의 자기 상관 부분입니다. 즉, 지난 값을 기반으로 회귀를 수행합니다.
- 두 번째 항은 지난 q개 예측 오차 $\varepsilon_{(t)}$의 가중치 합이며 θ_i는 학습되는 가중치입니다. 숫자 q는 하이퍼파라미터입니다. 이 항이 모델의 이동 평균 부분에 해당합니다.

중요한 점은 이 모델이 정상 시계열을 가정한다는 것입니다. 그렇지 않다면 차분이 도움이 될 수 있습니다. 한 타임 스텝에 대한 차분을 구하면 시계열의 도함수를 근사할 수 있습니다. 이는 실제로 각 타임 스텝에서 시계열의 기울기입니다. 즉, 선형적인 트렌드를 제거하고 일정한 값으로 변환한다는 의미입니다. 예를 들어 한 스텝 차분을 시계열 [3, 5, 7, 9, 11]에 적용하면 [2, 2, 2, 2]를 얻습니다.

원본 시계열이 선형적인 트렌드가 아니라 2차 방정식 형태의 트렌드를 가진다면 한 번의 차분으로는 충분하지 않습니다. 예를 들어 [1, 4, 9, 16, 25, 36]에 차분을 한 번 적용하면 [3, 5, 7, 9, 11]이 됩니다. 따라서 차분을 두 번 적용하면 2차 방정식 형태의 트렌드가 제거됩니다. 일반적으로 연속적인 d번의 차분을 수행하면 시계열의 d차 도함수를 근사할 수 있습니다. 따라서 d차 다항식 트렌드를 제거할 수 있습니다. 하이퍼파라미터 d를 **누적 차수**order of integration라 합니다.

차분은 조지 박스George Box와 귈림 젠킨스Gwilym Jenkins가 『Time Series Analysis』(Wiley, 1970) 책에서 소개한 **자기 회귀 누적 이동 평균**autoregressive integrated moving average (ARIMA)의 핵심입니다. 이 모델은 d번의 차분을 수행해 시계열을 정상 상태로 만들고 일반적인 ARMA 모델을 적용합니다. 예측을 수행할 때 ARMA 모델을 사용한 다음, 차분으로 뺐던 값을 다시 더합니다.

ARMA 모델의 마지막 유형은 **계절성**^seasonal **ARIMA**(SARIMA) 모델입니다. ARIMA와 같은 방식으로 시계열을 모델링하지만 주어진 빈도(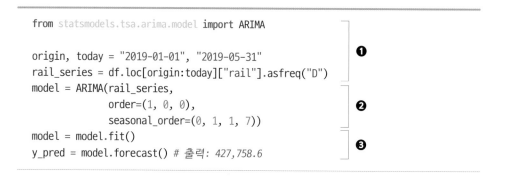**Ⓒ** 주간)에 대한 계절 항을 추가로 모델링합니다. 따라서 총 7개의 하이퍼파라미터를 가집니다. ARIMA 모델을 위한 p, d, q 하이퍼파라미터, 계절성 패턴을 모델링하기 위한 P, D, Q 하이퍼파라미터, 마지막으로 계절성 패턴의 간격인 s입니다. 하이퍼파라미터 P, D, Q는 p, d, q와 같지만 $t - s$, $t - 2s$, $t - 3s$ 등에 대한 시계열을 모델링하기 위해 사용됩니다.

열차 시계열에 SARIMA 모델을 적용해서 내일의 승객 수를 예측해보겠습니다. 오늘을 2019년 5월의 마지막 날이라 가정하고 2019년 6월 1일의 열차 승객 수를 예측하겠습니다. 이를 위해 ARMA 모델과 여러 변형을 포함해 여러 가지 통계 모델을 제공하는 `statsmodels` 라이브러리를 사용할 수 있습니다. 이 모델은 `ARIMA` 클래스에 구현되어 있습니다.

```
from statsmodels.tsa.arima.model import ARIMA

origin, today = "2019-01-01", "2019-05-31"                    ❶
rail_series = df.loc[origin:today]["rail"].asfreq("D")
model = ARIMA(rail_series,
              order=(1, 0, 0),                               ❷
              seasonal_order=(0, 1, 1, 7))
model = model.fit()                                          ❸
y_pred = model.forecast() # 출력: 427,758.6
```

❶ ARIMA 클래스를 먼저 임포트한 다음, `asfreq("D")`를 사용하여 2019년 5월 말까지 열차 승객 데이터의 빈도를 일자별로 설정합니다. 이 데이터는 원래 일자별이기 때문에 이로 인해 바뀌는 것은 없습니다. 하지만 이렇게 하지 않으면 ARIMA 클래스가 빈도를 예측해야 하므로 경고가 출력됩니다.

❷ 그런 다음 5월 말까지 전체 데이터를 전달하여 ARIMA 클래스의 인스턴스를 만듭니다. 모델 하이퍼파라미터 `order=(1, 0, 0)`은 $p = 1$, $d = 0$, $q = 0$을 의미합니다. `seasonal_order=(0, 1, 1, 7)`은 $P = 0$, $D = 1$, $Q = 1$, $s = 7$을 의미합니다. statsmodels API는 사이킷런과 조금 다릅니다. 따라서 `fit()` 메서드가 아니라 모델 생성 시점에 데이터를 전달합니다.

❸ 이제 모델을 훈련하고 다음 날인 2019년 6월 1일에 대한 예측을 만듭니다.

예측 승객 수는 427,759명이고 실제 승객 수는 379,044명입니다. 12.9%나 차이가 나므로 이는 상당히 나쁜 예측입니다. 426,932명으로 12.6% 적게 예측한 단순 예측보다도 조금 더 안 좋습니다. 하지만 어쩌면 단순히 운이 안 좋았을 수 있습니다. 이를 확인하기 위해 동일한 코드를 반복문으로 감싸서 3월, 4월, 5월의 모든 날에 대한 예측을 만들고 전체 기간에 대한 MAE

를 계산해보겠습니다.

```python
origin, start_date, end_date = "2019-01-01", "2019-03-01", "2019-05-31"
time_period = pd.date_range(start_date, end_date)
rail_series = df.loc[origin:end_date]["rail"].asfreq("D")
y_preds = []
for today in time_period.shift(-1):
    model = ARIMA(rail_series[origin:today],    # today까지 데이터로 훈련합니다.
                  order=(1, 0, 0),
                  seasonal_order=(0, 1, 1, 7))
    model = model.fit()                          # 매일 모델을 재훈련합니다!
    y_pred = model.forecast()[0]
    y_preds.append(y_pred)

y_preds = pd.Series(y_preds, index=time_period)
mae = (y_preds - rail_series[time_period]).abs().mean() # 출력: 32,040.7
```

오, 훨씬 좋아졌습니다! MAE가 약 32,041로 단순 예측의 MAE(42,143)보다 크게 낮습니다. 이 모델이 완벽하진 않지만 평균적으로 단순 예측의 성능을 큰 차이로 앞섭니다.

이 지점에서 SARIMA 모델의 하이퍼파라미터를 선택하는 방법이 궁금할 것입니다. 몇 가지 방법이 있지만 가장 이해하기 쉽고 시작하기 좋은 방법은 단순한 그리드 서치입니다. 평가하려는 각 모델(각 하이퍼파라미터의 조합)에 대해 하이퍼파라미터 값만 바꾸면서 코드를 실행하면 됩니다. 좋은 p, q, P, Q 값은 일반적으로 매우 작습니다(보통 0에서 2 사이, 간혹 5나 6까지 갈 수 있습니다). 좋은 d, D는 일반적으로 0 또는 1이며, 이따금 2입니다. s는 계설정 패턴의 기간이며, 이 예제는 강한 주간 계절성을 가지므로 7입니다. 가장 낮은 MAE를 내는 모델이 최상의 모델입니다. 물론 MAE를 비즈니스 목표에 맞는 다른 지표로 바꿀 수 있습니다. ARMA 모델은 이것으로 마칩니다![11]

---

11 자기상관 함수(autocorrelation function, ACF)와 부분 자기상관 함수(partial autocorrelation function, PACF)를 분석하거나 모델 파라미터 수를 제한하고 과대 적합의 위험을 줄이기 위해 (9장에서 소개한) AIC 또는 BIC 지표를 최소화하는 등 좋은 하이퍼파라미터를 선택하는 다른 방법이 있지만 그리드 서치가 시작하기 좋습니다. ACF–PACF 방법에 관한 자세한 내용은 제이슨 브라운리(Jason Brownlee)의 훌륭한 글을 참고하세요(*https://homl.info/arimatuning*).

15.3.2 머신러닝 모델을 위한 데이터 준비하기

이제 단순 예측과 SARIMA 두 개의 기준 모델이 있으므로 지금까지 다루었던 머신러닝 모델을 사용해 이 시계열을 예측해보겠습니다. 먼저 기본적인 선형 모델로 시작해보죠. 이 작업의 목표는 과거 8주(56일)의 데이터를 기반으로 내일의 승객 수를 예측하는 것입니다. 따라서 모델의 입력은 시퀀스가 될 것입니다(모델이 제품에 투입되면 일반적으로 하루에 하나의 시퀀스가 입력됩니다). 각 시퀀스는 $t - 55$에서 t까지 56개의 값을 담고 있습니다. 각 시퀀스에 대해 모델은 하나의 값, 즉 타임 스텝 $t + 1$에 대한 예측을 출력합니다.

그렇다면 무엇을 훈련 데이터로 사용할까요? 56일 길이의 윈도^{window}로 자를 수 있는 모든 과거 데이터를 훈련 데이터로 사용하고 각 윈도의 다음 값을 타깃으로 사용합니다.

케라스는 훈련 세트를 준비하는 데 도움이 되는 `tf.keras.utils.timeseries_dataset_from_array()` 함수를 제공합니다. 이 함수는 시계열을 입력으로 받고 원하는 길이의 모든 윈도와 타깃을 담은 (13장에서 소개한) `tf.data.Dataset`을 만듭니다. 다음 코드는 0에서 5까지의 숫자를 담은 시계열을 받아 길이가 3인 윈도와 타깃을 담은 배치 크기 2의 데이터셋을 만듭니다.

```python
import tensorflow as tf

my_series = [0, 1, 2, 3, 4, 5]
my_dataset = tf.keras.utils.timeseries_dataset_from_array(
    my_series,
    targets=my_series[3:],  # 네 번째 원소부터 타깃이 됩니다.
    sequence_length=3,
    batch_size=2
)
```

이 데이터셋의 내용을 확인해보죠.

```
>>> list(my_dataset)
[(<tf.Tensor: shape=(2, 3), dtype=int32, numpy=
  array([[0, 1, 2],
         [1, 2, 3]], dtype=int32)>,
  <tf.Tensor: shape=(2,), dtype=int32, numpy=array([3, 4], dtype=int32)>),
 (<tf.Tensor: shape=(1, 3), dtype=int32, numpy=array([[2, 3, 4]], dtype=int32)>,
  <tf.Tensor: shape=(1,), dtype=int32, numpy=array([5], dtype=int32)>)]
```

이 데이터셋에 있는 각 샘플은 길이가 3인 윈도와 이에 해당하는 타깃(윈도 바로 다음에 나오는 값)입니다. 이 예제의 경우 윈도는 [0, 1, 2,], [1, 2, 3], [2, 3, 4]이고 이에 해당하는 타깃은 3, 4, 5입니다. 총 3개의 윈도가 있어 배치 크기의 배수가 아니기 때문에 마지막 배치는 2개가 아니라 1개의 윈도만 담고 있습니다.

tf.data의 Dataset 클래스에 있는 window() 메서드를 사용해서 같은 결과를 얻을 수 있습니다. 조금 더 복잡하지만 세부적으로 제어할 수 있습니다. 나중에 이 장에서 사용할 것이므로 어떻게 작동하는지 잠시 살펴보죠. window() 메서드는 윈도 데이터셋의 데이터셋을 반환합니다.

```
>>> for window_dataset in tf.data.Dataset.range(6).window(4, shift=1):
...     for element in window_dataset:
...         print(f"{element}", end=" ")
...     print()
...
0 1 2 3
1 2 3 4
2 3 4 5
3 4 5
4 5
5
```

이 예시의 경우 데이터셋은 여섯 개의 윈도를 담고 있습니다. 각 윈도는 이전 윈도보다 한 스텝 앞으로 이동합니다. 마지막 세 개의 윈도는 시계열의 끝과 만나기 때문에 크기가 작습니다. window() 메서드에 drop_remainder=True를 지정하여 작은 윈도를 삭제할 수 있습니다.

window() 메서드는 리스트의 리스트처럼 중첩된 데이터셋을 반환합니다. 데이터셋의 메서드를 사용해 각 윈도를 변환하고 싶을 때(예를 들어 셔플링하거나 배치로 묶을 때 유용합니다). 하지만 모델은 입력으로 데이터셋이 아니라 텐서를 기대하기 때문에 중첩된 데이터셋을 훈련에 바로 사용할 수 없습니다.

따라서 중첩된 데이터셋을 (데이터셋이 아니라 텐서를 담은) **플랫 데이터셋**flat dataset으로 변환해 주는 flat_map() 메서드를 호출해야 합니다. 예를 들어 {1, 2, 3}이 텐서 1, 2, 3으로 구성된 시퀀스를 담은 데이터셋이라 가정해보죠. 중첩된 데이터셋 {{1, 2}, {3, 4, 5, 6}}을 펼치면 플랫 데이터셋 {1, 2, 3, 4, 5, 6}을 얻습니다.

또한 flat_map() 메서드는 중첩된 데이터셋을 펼치기 전에 각 데이터셋에 적용하는 변환 함수를 매개변수로 받을 수 있습니다. 예를 들어 flat_map()에 lambda ds: ds.batch(2)를 전달하면 중첩된 데이터셋 {{1, 2}, {3, 4, 5, 6}}을 플랫 데이터셋 {[1, 2], [3, 4], [5, 6]}으로 변환합니다. 즉, 크기가 2인 텐서 3개를 담은 데이터셋이 됩니다.

이런 점을 유의하면서 앞의 데이터셋을 펼쳐보죠.

```
>>> dataset = tf.data.Dataset.range(6).window(4, shift=1, drop_remainder=True)
>>> dataset = dataset.flat_map(lambda window_dataset: window_dataset.batch(4))
>>> for window_tensor in dataset:
...     print(f"{window_tensor}")
...
[0 1 2 3]
[1 2 3 4]
[2 3 4 5]
```

윈도 데이터셋마다 정확하게 네 개의 항목을 담고 있기 때문에 batch(4)를 호출하여 크기가 4인 텐서를 만듭니다. 좋네요! 텐서로 표현된 연속적인 윈도를 담은 데이터셋이 준비되었습니다. 데이터셋에서 윈도를 추출하기 쉽도록 간단한 헬퍼 함수를 만들겠습니다.

```
def to_windows(dataset, length):
    dataset = dataset.window(length, shift=1, drop_remainder=True)
    return dataset.flat_map(lambda window_ds: window_ds.batch(length))
```

마지막 단계는 map() 메서드를 사용해 윈도를 입력과 타깃으로 나누는 것입니다. 또한 만들어진 윈도를 크기가 2인 배치로 만들 수 있습니다.

```
>>> dataset = to_windows(tf.data.Dataset.range(6), 4) # 입력 3개 + 타깃 1개 = 4
>>> dataset = dataset.map(lambda window: (window[:-1], window[-1]))
>>> list(dataset.batch(2))
[(<tf.Tensor: shape=(2, 3), dtype=int64, numpy=
  array([[0, 1, 2],
         [1, 2, 3]])>,
  <tf.Tensor: shape=(2,), dtype=int64, numpy=array([3, 4])>),
 (<tf.Tensor: shape=(1, 3), dtype=int64, numpy=array([[2, 3, 4]])>,
  <tf.Tensor: shape=(1,), dtype=int64, numpy=array([5])>)]
```

앞서 timeseries_dataset_from_array()를 사용했을 때와 같은 결과를 얻었습니다(조금 더 수고스럽지만 그만한 가치가 있습니다).

이제 훈련을 시작하기 전에 데이터를 훈련 세트, 검증 세트, 테스트 세트로 나누어야 합니다. 지금은 열차 승객 데이터만 사용하겠습니다. 또한 값이 대략 0에서 1 사이가 되도록 백만으로 나눕니다. 이렇게 하면 기본 가중치 초기화와 학습률이 잘 작동합니다.

```
rail_train = df["rail"]["2016-01":"2018-12"] / 1e6
rail_valid = df["rail"]["2019-01":"2019-05"] / 1e6
rail_test = df["rail"]["2019-06":] / 1e6
```

> **✏️ NOTE** 시계열을 다룰 때 일반적으로 시간에 따라 데이터를 분할합니다. 하지만 어떤 경우에는 다른 차원으로 나누어 훈련 데이터의 기간을 늘릴 수도 있습니다. 예를 들어 2001년부터 2019년까지 10,000개 회사의 재무 건전성에 관한 데이터가 있다면 이 데이터를 회사별로 나눌 수 있습니다. 하지만 (전체 경제는 동반 상승하거나 하락하므로) 많은 회사가 강한 상관관계를 가지고 있어 훈련 세트와 테스트 세트의 회사 간에 상관관계가 발생하면 일반화 오차가 낙관적으로 편향되기 때문에 테스트 세트가 유용하지 않을 것입니다.

그런 다음 timeseries_dataset_from_array() 함수를 사용해 훈련 세트와 검증 세트를 위한 데이터셋을 만듭니다. 4장에서 보았듯이 경사 하강법은 훈련 세트에 있는 샘플이 독립 동일 분포라고 가정하기 때문에 (윈도 안의 내용이 아니라) 훈련 윈도를 섞기 위해 shuffle=True로 지정해야 합니다.

```
seq_length = 56
train_ds = tf.keras.utils.timeseries_dataset_from_array(
    rail_train.to_numpy(),
    targets=rail_train[seq_length:],
    sequence_length=seq_length,
    batch_size=32,
    shuffle=True,
    seed=42
)
valid_ds = tf.keras.utils.timeseries_dataset_from_array(
    rail_valid.to_numpy(),
    targets=rail_valid[seq_length:],
    sequence_length=seq_length,
    batch_size=32
)
```

이제 원하는 회귀 모델을 만들고 훈련할 준비를 마쳤습니다!

15.3.3 선형 모델로 예측하기

기본적인 선형 모델을 먼저 시도해보죠. 10장에서 언급했듯이 MAE 손실을 직접 최소화하는
것보다 더 나은 방법인 후버 손실을 사용하겠습니다. 또한 조기 종료를 사용하겠습니다.

```
tf.random.set_seed(42)
model = tf.keras.Sequential([
    tf.keras.layers.Dense(1, input_shape=[seq_length])
])
early_stopping_cb = tf.keras.callbacks.EarlyStopping(
    monitor="val_mae", patience=50, restore_best_weights=True)
opt = tf.keras.optimizers.SGD(learning_rate=0.02, momentum=0.9)
model.compile(loss=tf.keras.losses.Huber(), optimizer=opt, metrics=["mae"])
history = model.fit(train_ds, validation_data=valid_ds, epochs=500,
                    callbacks=[early_stopping_cb])
```

이 모델의 검증 MAE는 약 37,866입니다(여러분의 결과는 다를 수 있습니다). 단순 예측보다
좋지만 SARIMA 모델보다는 나쁩니다.[12]

RNN이 더 나을까요? 시도해보죠!

15.3.4 간단한 RNN으로 예측하기

[그림 15-1]처럼 하나의 순환 뉴런을 가진 순환 층 하나로 구성된 가장 간단한 RNN을 사용해
보죠.

```
model = tf.keras.Sequential([
    tf.keras.layers.SimpleRNN(1, input_shape=[None, 1])
])
```

케라스의 모든 순환 층은 [batch_size, time_step, dimensionality] 크기의 3D 입력을

----

12 검증 세트가 2019년 1월 1일부터 시작하기 때문에 첫 번째 예측은 8주 후인 2019년 2월 26일입니다. 기준 모델을 평가할 때는 3월 1
일의 예측부터 사용했지만 이 정도면 충분히 가깝습니다.

기대합니다. 여기서 `dimensionality`는 단변량 시계열일 경우 1이고, 다변량 시계열일 경우 1보다 큽니다. `input_shape` 매개변수에는 첫 번째 차원(배치 크기)을 제외하고 지정한다는 것을 기억하세요. 순환 층은 어떤 크기의 입력 시퀀스도 받을 수 있기 때문에 두 번째 차원을 모든 크기를 의미하는 None으로 지정할 수 있습니다. 마지막으로 단변량 시계열을 다루기 때문에 마지막 차원 크기를 1로 지정해야 합니다. 이런 이유로 입력 크기를 [None, 1]로 지정했습니다. 이는 임의의 길이를 가진 단변량 시퀀스를 의미합니다. 이 데이터셋은 실제로 [batch_size, time_step] 크기의 입력을 담고 있으므로 크기 1에 해당하는 마지막 차원이 빠졌습니다. 하지만 케라스가 친절하게 마지막 차원을 채워줍니다.

이 모델은 앞에서 본 것과 정확히 동일하게 작동합니다. 초기 상태 $h_{(init)}$이 0으로 초기화되어 첫 번째 타임 스텝의 값 $x_{(0)}$과 함께 하나의 순환 뉴런으로 전달됩니다. 순환 뉴런은 이 값의 가중치 합에 편향을 더한 다음 활성화 함수를 적용합니다. 일반적으로 기본 활성화 함수는 tanh입니다. 이 결과가 첫 번째 출력 y_0입니다. 기본 RNN에서 이 출력이 새로운 상태 h_0이 됩니다. 이 새로운 상태는 다음 입력값 $x_{(1)}$과 함께 동일한 순환 뉴런으로 전달됩니다. 이 과정이 마지막 타임 스텝에 도달할 때까지 반복됩니다. 그런 다음 이 층은 그냥 마지막 값을 출력합니다. 이 예제의 경우 시퀀스 길이는 56스텝이므로 마지막 값은 y_{55}입니다. 이런 모든 작업이 배치에 있는 모든 시퀀스(이 경우에는 32개)에 대해 동시에 수행됩니다.

> **NOTE** 기본적으로 케라스의 순환 층은 마지막 출력만 반환합니다. 앞으로 보겠지만 타임 스텝마다 출력을 반환하려면 `return_sequences=True`로 지정해야 합니다.

이 모델이 이 책에서 만든 첫 번째 순환 신경망입니다! 이 모델은 시퀀스-투-벡터 모델이며, 출력 뉴런이 하나이기 때문에 출력 벡터의 크기가 1입니다.

이전 모델처럼 이 모델을 컴파일하고, 훈련하고, 평가하면 전혀 좋지 않다는 사실을 알게 될 것입니다. 검증 MAE가 100,000 이상입니다! 이는 다음과 같은 두 가지 이유로 예상된 결과였습니다.

1 이 모델은 하나의 순환 뉴런만 가지고 있기 때문에 예측을 만들기 위해 사용되는 데이터는 현재 타임 스텝의 입력값과 이전 타임 스텝의 출력값뿐입니다. 많지 않군요! 따라서 이 RNN의 기억력은 매우 제한적입니다. 이전 출력에 해당하는 하나의 숫자뿐입니다. 이 모델의 파라미터 개수를 세어보죠. 두 개의 입력을 받는 하나의 순환 뉴런만 있기 때문에 전체 모델에는 세 개의 파라미터만 있습니다(두 개의 가중치와 하

나의 편향). 이 시계열에는 충분하지 않은 것 같습니다. 반면에 이전 모델은 동시에 56개의 이전 값을 바라보기 때문에 총 57개의 파라미터가 있습니다.

2 이 시계열은 0에서부터 약 1.4까지의 값을 담고 있습니다. 하지만 기본 활성화 함수가 tanh 함수이기 때문에 순환 층이 −1에서 +1 사이의 값만 출력할 수 있습니다. 즉, 1.0에서 1.4 사이의 값을 예측할 수 있는 방법이 없습니다.

이 두 문제를 고쳐보죠. 32개의 순환 뉴런을 가진 순환 층과 그 위에 출력 뉴런이 하나이고 활성화 함수가 없는 밀집 층을 추가한 모델을 만들어보겠습니다. 이 순환 층은 한 타임 스텝에서 다음 타임 스텝으로 훨씬 많은 정보를 실어 나를 수 있습니다. 밀집 출력 층은 32차원의 최종 출력을 값의 범위가 제한되지 않은 1차원으로 투영합니다.

```
univar_model = tf.keras.Sequential([
    tf.keras.layers.SimpleRNN(32, input_shape=[None, 1]),
    tf.keras.layers.Dense(1) # 기본적으로 활성화 함수가 없습니다.
])
```

이제 이전과 마찬가지로 이 모델을 컴파일하고, 훈련하고, 평가하면 검증 MAE가 27,703에 도달할 것입니다. 이 모델의 결과는 지금까지 훈련한 모델 중 최상이며 SARIMA 모델도 능가합니다. 매우 훌륭하네요!

TIP 트렌드와 계절성을 제거하지 않고 시계열을 정규화했을 뿐인데도 모델은 여전히 잘 작동합니다. 이런 방식은 전처리에 대해 크게 걱정할 필요 없이 가능성 있는 모델을 빠르게 탐색할 수 있으므로 편리합니다. 그러나 최상의 성능을 얻으려면 차분를 사용하는 등 시계열을 더 정상 상태로 만드는 것이 좋습니다.

15.3.5 심층 RNN으로 예측하기

RNN은 [그림 15-10]처럼 셀을 여러 층으로 쌓는 것이 일반적입니다. 이렇게 만든 것이 **심층 RNN**deep RNN입니다.

케라스로 심층 RNN을 구현하는 것은 매우 쉽습니다. 그냥 순환 층을 쌓으면 됩니다. 이 예에서는 세 개의 SimpleRNN 층을 사용합니다(잠시 후에 설명할 LSTM 층이나 GRU 층 같은 다른 종류의 순환 층을 사용할 수도 있습니다). 처음 두 개의 층은 시퀀스-투-시퀀스 층이고 마지막 층은 시퀀스-투-벡터 층입니다. 마지막으로 Dense 층이 모델의 예측을 만듭니다(이를 벡터-투-벡터 층으로 생각할 수 있습니다). 따라서 이 모델은 $\hat{\mathbf{Y}}_{(0)}$부터 $\hat{\mathbf{Y}}_{(t-1)}$까지 출력을 무시하고

$\hat{Y}_{(t)}$ 위에 실제 예측을 출력하는 밀집 층을 놓았다는 것을 제외하면 [그림 15-10]의 모델과 같습니다.

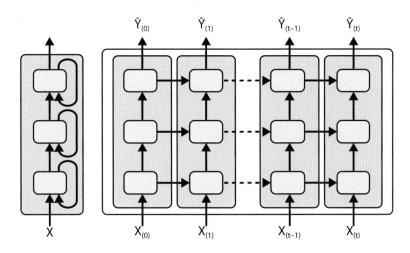

그림 15-10 심층 RNN(왼쪽)과 타임 스텝으로 펼친 모습(오른쪽)

```
deep_model = tf.keras.Sequential([
    tf.keras.layers.SimpleRNN(32, return_sequences=True, input_shape=[None, 1]),
    tf.keras.layers.SimpleRNN(32, return_sequences=True),
    tf.keras.layers.SimpleRNN(32),
    tf.keras.layers.Dense(1)
])
```

> **⚠ CAUTION** 모든 순환 층에서 **return_sequences=True**로 설정해야 합니다(마지막 출력만 관심 대상이면 마지막 층에서는 설정하지 않습니다). 한 순환 층에서 이 매개변수를 설정하지 않으면 모든 타임 스텝에 대한 출력을 담은 3D 배열이 아니라 마지막 타임 스텝의 출력만 담은 2D 배열이 출력되고 다음 순환 층이 3D 형태로 시퀀스를 받지 못하기 때문에 작동하지 못합니다.

이 모델을 훈련하고 평가하면 MAE가 약 31,211에 도달합니다. 두 기준 모델보다 좋지만 얕은 RNN을 이기지 못하네요. 아마도 이 RNN이 작업에 비해 너무 큰 것 같습니다.

15.3.6 다변량 시계열 예측하기

신경망의 큰 장점은 유연성입니다. 구조를 거의 바꾸지 않고도 다변량 시계열을 다룰 수 있습니다. 버스와 열차 데이터를 입력으로 사용하여 열차 시계열을 예측해보겠습니다. 그리고 day_type도 추가해보겠습니다. 내일이 주중인지, 주말인지, 공휴일인지 요일 유형을 항상 미리 알수 있으므로 day_type 시리즈를 하루 미래로 이동하면 모델이 내일의 day_type을 입력으로 사용할 수 있습니다. 간단히 판다스로 이를 처리해보겠습니다.

```
# 버스와 열차 시리즈를 입력으로 사용합니다.
df_mulvar = df[["bus", "rail"]] / 1e6
# 내일의 요일 유형을 알고 있습니다.
df_mulvar["next_day_type"] = df["day_type"].shift(-1)
# day_type을 원-핫 인코딩합니다.
df_mulvar = pd.get_dummies(df_mulvar)
```

df_mulvar는 다섯 개의 열을 가진 데이터프레임입니다. 버스와 열차 데이터 외에 다음 날의 요일 유형을 원-핫 인코딩한 3개의 열이 있습니다(가능한 요일 유형은 W, A, U라는 것을 기억하세요). 앞에서 했던 것과 비슷하게 진행해봅시다. 먼저 데이터를 훈련, 검증, 테스트 세트로 나눕니다.

```
mulvar_train = df_mulvar["2016-01":"2018-12"]
mulvar_valid = df_mulvar["2019-01":"2019-05"]
mulvar_test = df_mulvar["2019-06":]
```

그다음 데이터셋을 만듭니다.

```
train_mulvar_ds = tf.keras.utils.timeseries_dataset_from_array(
    mulvar_train.to_numpy(), # 5개의 열을 모두 입력으로 사용합니다.
    targets=mulvar_train["rail"][seq_length:], # 열차 시계열만 예측합니다.
    [...] # 다른 네 개의 매개변수 값은 앞에서와 같습니다.
)
valid_mulvar_ds = tf.keras.utils.timeseries_dataset_from_array(
    mulvar_valid.to_numpy(),
    targets=mulvar_valid["rail"][seq_length:],
    [...] # 다른 두 개의 매개변수 값은 앞에서와 같습니다.
)
```

마지막으로 RNN 모델을 만듭니다.

```
mulvar_model = tf.keras.Sequential([
    tf.keras.layers.SimpleRNN(32, input_shape=[None, 5]),
    tf.keras.layers.Dense(1)
])
```

앞서 만든 univar_model RNN과 유일하게 다른 점은 입력 크기입니다. 매 타임 스텝마다 이 모델은 한 개가 아니라 5개의 입력을 받습니다. 이 모델의 검증 MAE는 22,062입니다. 아주 크게 향상되었네요!

사실 버스와 열차 승객 수를 모두 예측하는 RNN을 어렵지 않게 만들 수 있습니다. 데이터셋을 만들 때 타깃을 바꾸기만 하면 됩니다. 훈련 세트는 mulvar_train[["bus", "rail"]][seq_length:]로 지정하고 검정 세트는 mulvar_valid[["bus", "rail"]][seq_length:]로 지정합니다. 이제 두 개의 예측을 만들기 때문에 출력 Dense 층에 하나의 뉴런을 추가해야 합니다. 하나는 내일의 버스 승객 수를 예측하고 다른 하나는 열차 승객 수를 예측합니다. 네, 이것이 전부입니다!

10장에서 설명했듯이 관련성 있는 여러 작업에 단일 모델을 사용하는 것이 작업마다 별도의 모델을 사용하는 것보다 더 낫습니다. 한 작업에서 학습한 특성이 다른 작업에 유용할 수 있고 여러 작업에 걸쳐 잘 수행되어야 (규제의 한 형태로) 모델의 과대적합을 방지할 수 있기 때문입니다. 하지만 이는 작업에 따라 다릅니다. 이 경우 버스와 열차 승객 수를 모두 예측하는 다중 작업 RNN은 (5개의 열을 입력으로 사용하여) 둘 중 하나를 예측하는 전용 모델만큼 성능이 좋지 않습니다. 하지만 검증 MAE가 열차의 경우 25,330, 버스의 경우 26,369에 도달하므로 꽤 좋은 편입니다.

15.3.7 여러 타임 스텝 앞 예측하기

지금까지 다음 타임 스텝의 값만 예측했지만 타깃을 적절히 바꾸어 여러 타임 스텝 앞의 값을 손쉽게 예측할 수 있습니다(예를 들어 지금부터 2주 뒤의 승객 수를 예측하려면 1일 앞이 아니라 14일 앞의 값을 타깃으로 사용하면 됩니다). 다음 값 14개를 예측하고 싶다면 어떻게 해야 할까요?

첫 번째 방법은 앞서 열차 시계열을 위해 훈련된 `univar_model` 모델을 사용하여 다음 값을 예측한 다음, 예측된 값이 실제로 발견된 것처럼 입력으로 추가하는 것입니다. 그리고 이 모델을 사용해 다시 다음 값을 예측하는 식입니다.

```python
import numpy as np

X = rail_valid.to_numpy()[np.newaxis, :seq_length, np.newaxis]
for step_ahead in range(14):
    y_pred_one = univar_model.predict(X)
    X = np.concatenate([X, y_pred_one.reshape(1, 1, 1)], axis=1)
```

우선 검증 세트에서 처음 56일치 열차 승객 데이터를 [1, 56, 1] 크기의 넘파이 배열로 변환합니다(순환 층은 3D 입력을 기대한다는 것을 기억하세요). 그다음 이 모델을 사용해 반복적으로 다음 값을 예측하고 각 예측값을 시간축(axis=1)을 따라 입력 시계열에 덧붙입니다. 만들어진 예측 그래프는 [그림 15-11]과 같습니다.

> **CAUTION** 모델이 한 타임 스텝에서 오차를 만들면 이어지는 타임 스텝의 예측도 영향을 받습니다. 즉, 오차가 누적되는 경향이 있습니다. 따라서 이런 기법은 타임 스텝이 적은 경우에만 사용하는 것이 좋습니다.

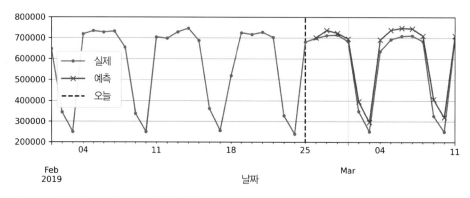

그림 15-11 한 번에 1 스텝씩 14 스텝 앞을 예측하기

2번째 방법은 한 번에 다음 14개 값을 예측하는 RNN을 훈련하는 것입니다. 여기서도 시퀀스-투-벡터 모델을 사용할 수 있지만 이 경우 하나가 아니라 14개의 값을 출력합니다. 이렇게

하기 위해 timeseries_dataset_from_array() 함수를 다시 사용할 수 있습니다. 이번에는 타깃이 없고(targets=None) 길이가 seq_length+14인 긴 시퀀스를 가진 데이터셋을 만듭니다. 그다음 데이터셋의 map() 메서드를 사용해 시퀀스의 각 배치에 사용자 정의 함수를 적용하여 입력과 타깃으로 나눕니다. 이 예에서는 다변량 시계열(5개의 열 모두)을 입력으로 사용하고 다음 14일에 해당하는 열차 승객 수를 예측합니다.[13]

```python
def split_inputs_and_targets(mulvar_series, ahead=14, target_col=1):
    return mulvar_series[:, :-ahead], mulvar_series[:, -ahead:, target_col]

ahead_train_ds = tf.keras.utils.timeseries_dataset_from_array(
    mulvar_train.to_numpy(),
    targets=None,
    sequence_length=seq_length + 14,
    [...] # 다른 3개의 매개변수 값은 앞에서와 같습니다.
).map(split_inputs_and_targets)
ahead_valid_ds = tf.keras.utils.timeseries_dataset_from_array(
    mulvar_valid.to_numpy(),
    targets=None,
    sequence_length=seq_length + 14,
    batch_size=32
).map(split_inputs_and_targets)
```

이제 출력 층의 유닛 개수가 1개가 아니라 14개여야 합니다.

```python
ahead_model = tf.keras.Sequential([
    tf.keras.layers.SimpleRNN(32, input_shape=[None, 5]),
    tf.keras.layers.Dense(14)
])
```

이 모델을 훈련한 후, 다음과 같이 한 번에 다음 14개 값을 예측할 수 있습니다.

```python
X = mulvar_valid.to_numpy()[np.newaxis, :seq_length] # 크기: [1, 56, 5]
Y_pred = ahead_model.predict(X)                      # 크기: [1, 14]
```

----

13 이 모델로 자유롭게 다양한 시도를 해보세요. 예를 들어 다음 14일의 버스와 열차 승객 수 모두를 예측해볼 수 있습니다. 타깃에 버스와 열차 승객 수가 모두 포함되도록 바꾸고 모델의 출력이 14개가 아니라 28개가 되도록 수정해야 합니다.

이 방식은 매우 잘 작동합니다. 다음 날에 대한 예측이 14일 후에 대한 예측보다 확실히 낮지만 이전 방식처럼 오차를 누적하지 않습니다. 하지만 시퀀스-투-시퀀스(또는 seq2seq) 모델을 사용하여 더 성능을 높일 수 있습니다.

15.3.8 시퀀스-투-시퀀스 모델로 예측하기

마지막 타임 스텝에서만 다음 14개의 값을 예측하는 모델을 훈련하지 않고 모든 타임 스텝에서 다음 14개의 값을 예측하도록 훈련할 수 있습니다. 다른 말로 하면 시퀀스-투-벡터 RNN을 시퀀스-투-시퀀스 RNN으로 바꿀 수 있습니다. 이 기법의 장점은 마지막 타임 스텝의 출력뿐만 아니라 모든 타임 스텝의 RNN 출력이 손실에 포함된다는 점입니다.

이는 훨씬 많은 오차 그레이디언트가 모델로 흘러간다는 것을 의미합니다. 마지막 타임 스텝뿐만 아니라 각 타임 스텝의 출력에서 오차 그레이디언트가 나오기 때문에 시간을 거슬러 오래 전파되지 않아도 됩니다. 이는 훈련을 안정시키고 속도를 높입니다.

구체적으로 설명하면 타임 스텝 0에서 모델이 타임 스텝 1부터 14까지의 예측을 담은 벡터를 출력합니다. 그다음 타임 스텝 1에서 모델이 타임 스텝 2부터 15까지 예측하는 식입니다. 다른 말로 하면 타깃은 매 타임 스텝마다 한 타임 스텝씩 이동한 연속된 윈도의 시퀀스입니다. 타깃은 더 이상 벡터가 아니지만 입력은 타임 스텝마다 14차원 벡터를 담은 동일한 길이의 시퀀스입니다.

이 데이터셋은 샘플마다 입력을 위한 윈도와 출력을 위한 윈도의 시퀀스를 가져야 하므로 만들기가 간단하지 않습니다. 한 가지 방법은 앞서 만든 to_window() 함수를 한 행에 두 번 실행하여 연속적인 윈도의 윈도를 얻는 것입니다. 예를 들어 다음과 같이 0에서 6까지의 숫자로 이루어진 시계열을 길이가 3인 윈도 4개가 연속되는 시퀀스를 담은 데이터셋으로 바꾸어봅시다.

```
>>> my_series = tf.data.Dataset.range(7)
>>> dataset = to_windows(to_windows(my_series, 3), 4)
>>> list(dataset)
[<tf.Tensor: shape=(4, 3), dtype=int64, numpy=
 array([[0, 1, 2],
        [1, 2, 3],
        [2, 3, 4],
        [3, 4, 5]])>,
```

```
<tf.Tensor: shape=(4, 3), dtype=int64, numpy=
array([[1, 2, 3],
       [2, 3, 4],
       [3, 4, 5],
       [4, 5, 6]])>]
```

이제 map() 메서드를 사용해 윈도의 윈도를 입력과 타깃으로 나눌 수 있습니다.

```
>>> dataset = dataset.map(lambda S: (S[:, 0], S[:, 1:]))
>>> list(dataset)
[(<tf.Tensor: shape=(4,), dtype=int64, numpy=array([0, 1, 2, 3])>,
  <tf.Tensor: shape=(4, 2), dtype=int64, numpy=
  array([[1, 2],
         [2, 3],
         [3, 4],
         [4, 5]])>),
 (<tf.Tensor: shape=(4,), dtype=int64, numpy=array([1, 2, 3, 4])>,
  <tf.Tensor: shape=(4, 2), dtype=int64, numpy=
  array([[2, 3],
         [3, 4],
         [4, 5],
         [5, 6]])>)]
```

이제 이 데이터셋에 포함된 입력은 길이가 4인 시퀀스이고 타깃은 각 타임 스텝마다 다음 두 스텝의 값을 담은 시퀀스입니다. 예를 들어 첫 번째 입력 시퀀스가 [0, 1, 2, 3]이고 이에 해당하는 타깃은 각 타임 스텝에서 다음 두 스텝의 값에 해당하는 [[1, 2], [2, 3], [3, 4], [4, 5]]입니다. 아마도 이를 이해하는 데 시간이 좀 걸릴 것입니다. 천천히 생각해보세요!

> **NOTE** 입력에 있는 값이 타깃에 포함되어 있다는 것에 놀랄 수 있습니다. 속임수가 아닌가요? 다행히 전혀 그렇지 않습니다. 매 타임 스텝마다 RNN은 과거 스텝에 대한 정보만 알고 있으며 앞을 내다볼 수 없습니다. 이를 **인과 모델**causal model이라고 합니다.

시퀀스-투-시퀀스 모델에 사용할 데이터셋을 준비하기 위해 또 다른 유틸리티 함수를 만들어보죠. 이 함수는 (선택적으로) 셔플링과 배치 처리도 담당합니다.

```
def to_seq2seq_dataset(series, seq_length=56, ahead=14, target_col=1,
                       batch_size=32, shuffle=False, seed=None):
    ds = to_windows(tf.data.Dataset.from_tensor_slices(series), ahead + 1)
    ds = to_windows(ds, seq_length).map(lambda S: (S[:, 0], S[:, 1:, 1]))
    if shuffle:
        ds = ds.shuffle(8 * batch_size, seed=seed)
    return ds.batch(batch_size)
```

이제 이 함수를 사용해 데이터셋을 만들 수 있습니다.

```
seq2seq_train = to_seq2seq_dataset(mulvar_train, shuffle=True, seed=42)
seq2seq_valid = to_seq2seq_dataset(mulvar_valid)
```

마지막으로 시퀀스-투-시퀀스 모델을 만듭니다.

```
seq2seq_model = tf.keras.Sequential([
    tf.keras.layers.SimpleRNN(32, return_sequences=True, input_shape=[None, 5]),
    tf.keras.layers.Dense(14)
])
```

이 모델은 이전과 거의 동일합니다. 유일한 차이는 SimpleRNN 층에 return_sequences=True 를 설정한 것뿐입니다. 이렇게 하면 마지막 타임 스텝에서 하나의 벡터를 출력하는 것이 아니라 (크기가 32인) 벡터의 시퀀스를 출력합니다. Dense 층은 시퀀스 입력을 처리할 수 있습니다. 즉, 32차원 벡터를 입력으로 받고 14차원 벡터를 출력하는 식으로 매 타임 스텝에 적용됩니다. 사실 동일한 결과를 얻는 또 다른 방법은 커널 크기가 1인 Conv1D 층(Conv1D(14, kernel_size=1))을 사용하는 것입니다.

> **TIP** 케라스는 입력 시퀀스에 있는 각 벡터에 벡터-투-벡터 층을 적용해주는 TimeDistributed 층을 가지고 있습니다. 효율적으로 이런 작업을 수행하기 위해 입력 크기를 바꾸어 각 타임 스텝을 별개의 샘플로 취급하고, 층의 출력을 바꾸어 시간 차원을 복원합니다. 이 예제의 경우 Dense 층이 시퀀스 입력을 다룰 수 있기 때문에 필요하지 않습니다.

훈련 코드는 이전과 동일합니다. 훈련하는 동안 모델의 출력을 모두 사용하지만 훈련이 끝난 후에는 마지막 타임 스텝의 출력만 중요하므로 나머지는 버릴 수 있습니다. 예를 들어 다음과 같이 향후 14일 동안의 열차 승객 수를 예측할 수 있습니다.

```
X = mulvar_valid.to_numpy()[np.newaxis, :seq_length]
y_pred_14 = seq2seq_model.predict(X)[0, -1] # 마지막 타임 스텝의 출력
```

$t + 1$에 대해 이 모델의 예측을 평가하면 검증 MAE는 25,519입니다. $t + 2$에 대해서는 26,274입니다. 모델이 더 먼 미래를 예측할수록 성능은 점차 감소됩니다. $t + 14$에 대한 MAE 는 34,322입니다.

> **TIP** 여러 타임 스텝을 예측하는 두 방식을 합칠 수 있습니다. 예를 들어 향후 14일을 예측하는 모델을 훈련한 다음 이 출력을 입력 뒤에 추가하고 모델을 다시 실행하여 다음 14일에 대한 예측을 얻는 식으로 이 과정을 반복할 수 있습니다.

단순한 RNN은 시계열을 예측하거나 다른 종류의 시퀀스를 처리하는 데 매우 뛰어납니다. 하지만 긴 시계열이나 시퀀스에서는 성능이 좋지 않습니다. 그 이유를 알아보고 해결 방법을 살펴보겠습니다.

15.4 긴 시퀀스 다루기

긴 시퀀스로 RNN을 훈련하려면 많은 타임 스텝에 걸쳐 실행해야 하므로 펼친 RNN이 매우 깊은 네트워크가 됩니다. 다른 심층 신경망과 마찬가지로 11장에서 언급한 그레이디언트 소실과 폭주 문제를 겪을 수 있습니다. 즉, 훈련하는 데 아주 오랜 시간이 걸리거나 훈련이 불안정할 수 있습니다. 또한 RNN이 긴 시퀀스를 처리할 때 입력의 첫 부분을 조금씩 잊게 될 것입니다. 불안정한 그레이디언트 문제부터 시작해서 이 두 문제를 자세히 알아봅시다.

15.4.1 불안정한 그레이디언트 문제와 싸우기

불안정한 그레이디언트 문제를 완화하기 위해 심층 신경망에 사용했던 많은 기법을 RNN에서도 사용할 수 있습니다. 좋은 가중치 초기화, 빠른 옵티마이저, 드롭아웃 등을 말이죠. 그러나 수렴하지 않는 활성화 함수(⑩ ReLU)는 큰 도움이 되지 않습니다. 사실 이런 함수는 훈련하는 동안 RNN을 더 불안정하게 만들 수 있습니다. 왜일까요? 경사 하강법이 첫 번째 타임 스텝에서 출력을 조금 증가시키는 방향으로 가중치를 업데이트한다고 가정해봅시다. 동일한 가중

치가 모든 타임 스텝에서 사용되기 때문에 두 번째 타임 스텝의 출력도 조금 증가할 수 있고 세 번째 출력도 마찬가지입니다. 이런 식으로 출력이 폭주합니다. 수렴하지 않는 활성화 함수는 이를 막지 못합니다.

작은 학습률을 사용하거나 tanh 함수 같이 수렴하는 활성화 함수를 사용하여 이런 위험을 감소시킬 수 있습니다(이것이 tanh 함수가 기본값인 이유입니다). 같은 방식으로 그레이디언트 자체도 폭주할 수 있습니다. 훈련이 불안정하다고 느껴지면 그레이디언트의 크기를 모니터링하고(예를 들어 텐서보드를 사용합니다) 그레이디언트 클리핑gradient clipping을 사용하는 것이 좋습니다.

배치 정규화는 심층 피드포워드 네트워크에서만큼 RNN에서 효율적으로 사용할 수 없습니다. 실제로 타임 스텝 사이에 사용할 수 없으며 순환 층 사이에서만 사용할 수 있습니다. 조금 더 정확히 말하면 기술적으로 (뒤에서 보겠지만) 메모리 셀에 배치 정규화 층을 추가하여 타임 스텝마다 (현재 타임 스텝의 입력과 이전 스텝의 은닉 상태 모두에) 적용할 수 있습니다. 하지만 입력이나 은닉 상태의 실제 스케일과 이동에 상관없이 동일한 파라미터를 가진 배치 정규화가 타임 스텝마다 사용될 것입니다. 세자르 로랑César Laurent 등이 2015년 논문[14]에서 보였듯이 실제로 이 방식은 좋은 결과를 만들지 못합니다. 저자들은 배치 정규화가 은닉 상태가 아니라 층의 입력에 적용했을 때 조금 도움이 된다는 것을 밝혔습니다. 다른 말로 하면 순환 층 안([그림 15-10]의 수평 방향)이 아니라 순환 층 사이(수직 방향)에 적용했을 때 없는 것보다 조금 낫습니다. 케라스에서는 간단히 각 순환 층 이전에 BatchNormalization 층을 추가하여 층 사이에 배치 정규화를 적용할 수 있습니다. 하지만 훈련 속도가 느려지며 크게 도움이 되지 않을 수 있습니다.

RNN에서 잘 맞는 다른 종류의 정규화는 **층 정규화**layer normalization입니다. 이 아이디어는 지미 레이 바Jimmy Lei Ba 등이 2016년 논문[15]에서 소개했습니다. 층 정규화는 배치 정규화와 매우 비슷하지만 배치 차원에 대해 정규화하는 대신 특성 차원에 대해 정규화합니다. 한 가지 장점은 샘플에 독립적으로 타임 스텝마다 동적으로 필요한 통계를 계산할 수 있다는 것입니다. 이는 훈련과 테스트에서 동일한 방식으로 작동한다는 것을 의미합니다(배치 정규화와는 다릅니다). 배치 정규화가 하듯이 훈련 세트의 모든 샘플에 대한 특성 통계를 추정하기 위해 지수 이동 평

---

14 César Laurent et al., "Batch Normalized Recurrent Neural Networks," Proceedings of the IEEE International Conference on Acoustics, Speech, and Signal Processing (2016): 2657–2661. *https://homl.info/rnnbn*

15 Jimmy Lei Ba et al., "Layer Normalization," arXiv preprint arXiv:1607.06450 (2016). *https://homl.info/layernorm*

균이 필요하지 않습니다. 배치 정규화와 마찬가지로 층 정규화는 입력마다 하나의 스케일과 이동 파라미터를 학습합니다. RNN에서 층 정규화는 일반적으로 입력과 은닉 상태의 선형 조합 직후에 사용됩니다.

케라스를 사용해 간단한 메모리 셀 안에 층 정규화를 구현해보겠습니다. 이렇게 하려면 사용자 정의 메모리 셀을 정의해야 합니다. 이 층은 call() 메서드가 두 개의 매개변수를 받는 것을 제외하고는 일반적인 층입니다. 바로 현재 타임 스텝의 inputs과 이전 타임 스텝의 은닉 states입니다.

states 매개변수는 하나 이상의 텐서를 담은 리스트입니다. 간단한 RNN 셀의 경우 이전 타임 스텝의 출력과 동일한 하나의 텐서를 담고 있습니다. 다른 셀의 경우에는 여러 상태 텐서를 가질 수 있습니다(예를 들어 잠시 후에 볼 LSTMCell은 장기간 상태와 단기간 상태를 가집니다). 셀은 state_size 속성과 output_size 속성을 가져야 합니다. 간단한 RNN에서는 둘 다 유닛 개수와 동일합니다. 다음 코드는 SimpleRNNCell처럼 작동하는 사용자 정의 메모리 셀을 구현합니다. 다른 점은 각 타임 스텝마다 층 정규화를 적용한다는 점입니다.

```python
class LNSimpleRNNCell(tf.keras.layers.Layer):
    def __init__(self, units, activation="tanh", **kwargs):
        super().__init__(**kwargs)
        self.state_size = units
        self.output_size = units
        self.simple_rnn_cell = tf.keras.layers.SimpleRNNCell(units,
                                                             activation=None)
        self.layer_norm = tf.keras.layers.LayerNormalization()
        self.activation = tf.keras.activations.get(activation)

    def call(self, inputs, states):
        outputs, new_states = self.simple_rnn_cell(inputs, states)
        norm_outputs = self.activation(self.layer_norm(outputs))
        return norm_outputs, [norm_outputs]
```

이 코드를 하나씩 살펴보죠. LNSimpleRNNCell 클래스는 다른 사용자 정의 층과 마찬가지로 tf.keras.layers.Layer 클래스를 상속합니다. 생성자는 유닛 개수와 활성화 함수를 매개변수로 받고 state_size와 output_size 속성을 설정한 다음 활성화 함수 없이 Simple RNNCell을 만듭니다(선형 연산 후와 활성화 함수 전에 층 정규화를 수행하기 위해서입니다).[16] 그런 다음 생성자는 LayerNormalization 층을 만들고 마지막으로 원하는 활성화 함수를 선택합니다.

call() 메서드는 먼저 간단한 RNN 셀을 적용하여 현재 입력과 이전 은닉 상태의 선형 조합을 계산합니다. 이 셀은 두 개의 결과를 반환합니다(SimpleRNNCell에서 출력은 은닉 상태와 동일합니다. 다른 말로 하면 new_states[0]은 outputs과 동일합니다. 따라서 call() 메서드의 나머지 부분에서 new_states를 무시해도 괜찮습니다). 그런 다음 call() 메서드는 층 정규화와 활성화 함수를 차례대로 적용합니다. 마지막으로 출력을 두 번 반환합니다. 하나는 출력이 되고 다른 하나는 새로운 은닉 상태가 됩니다. 이 사용자 정의 셀을 사용하려면 tf.keras.layers.RNN 층을 만들어 이 셀의 객체를 전달하면 됩니다.

```
custom_ln_model = tf.keras.Sequential([
    tf.keras.layers.RNN(LNSimpleRNNCell(32), return_sequences=True,
                        input_shape=[None, 5]),
    tf.keras.layers.Dense(14)
])
```

비슷하게 타임 스텝 사이에 드롭아웃을 적용하는 사용자 정의 셀을 만들 수 있습니다. 하지만 더 간단한 방법이 있습니다. 케라스에서 제공하는 대부분의 순환 층과 셀은 dropout 매개변수와 recurrent_dropout 매개변수를 지원합니다. 전자는 입력에 적용하는 드롭아웃 비율을 정의합니다. 후자는 타임 스텝 사이의 은닉 상태에 대한 드롭아웃 비율을 정의합니다. 따라서 RNN에서 타임 스텝마다 드롭아웃을 적용하기 위해 사용자 정의 셀을 만들 필요가 없습니다.

이런 기법으로 불안정안 그레이디언트 문제를 줄이고 훨씬 더 효율적으로 RNN을 훈련할 수 있습니다. 이제 단기 기억 문제를 다루는 방법을 알아봅시다.

> **TIP** 시계열을 예측할 때는 오차 막대[error bar][17]를 사용하는 것이 유용합니다. 이를 위한 한 가지 방법은 11장에서 소개한 MC 드롭아웃입니다. 훈련하는 동안 recurrent_dropout을 사용하고 추론 시에 model(X, training=True)로 호출하여 드롭아웃을 활성 상태로 유지합니다. 이를 여러 번 실행하여 조금씩 다른 예측을 얻은 다음 각 타임 스텝에서 예측의 평균과 표준 편차를 계산합니다.

---

16 SimpleRNNCell을 상속하면 SimpleRNNCell 내부 작동을 구현하거나 state_size와 output_size 속성을 다룰 필요가 없어 더 간단합니다. 여기서 목적은 밑바닥부터 사용자 정의 셀을 만드는 방법을 보여주는 것입니다.

17 옮긴이_ 오차 막대는 여러 번 실행하여 얻은 결과의 범위를 말합니다.

15.4.2 단기 기억 문제 해결하기

RNN을 거치면서 데이터가 변환되므로 일부 정보는 매 훈련 스텝 후 사라집니다. 어느 정도 시간이 지나면 RNN의 상태는 사실상 첫 번째 입력의 흔적을 가지고 있지 않습니다. 이는 심각한 문제가 될 수 있습니다. 영화 〈니모를 찾아서〉에 나오는 물고기 도리[18]가 긴 문장을 번역한다고 상상해볼까요? 도리는 문장을 다 읽고 나면 앞부분을 까먹을 겁니다. 이런 문제를 해결하기 위해 장기 메모리를 가진 여러 종류의 셀이 연구됐습니다. 요즘에는 이런 셀들의 성능이 매우 좋아 기본 셀이 많이 사용되지 않습니다. 장기 메모리를 가진 셀에서 가장 인기 있는 LSTM 셀을 먼저 보겠습니다.

LSTM 셀

장단기 메모리[long short-term memory] (LSTM) 셀은 제프 호흐라이터[Sepp Hochreiter]와 위르겐 슈미트후버[Jürgen Schmidhuber]가 1997년에 소개했고[19], 알렉스 그레이브스[Alex Graves][20], 하심 삭[Haşim Sak][21], 보이치에흐 자렘바[Wojciech Zaremba][22] 등 여러 연구자 덕분에 수년간 점차 향상됐습니다. LSTM 셀을 블랙박스처럼 생각하면 기본 셀과 매우 비슷하게 사용할 수 있으며 성능은 훨씬 좋을 것입니다. 즉, 훈련이 빠르게 수렴하고 데이터에 있는 장기간의 의존성을 감지할 것입니다. 케라스에서는 간단하게 SimpleRNN 층 대신 LSTM 층을 사용하면 됩니다.

```
model = tf.keras.Sequential([
    tf.keras.layers.LSTM(32, return_sequences=True, input_shape=[None, 5]),
    tf.keras.layers.Dense(14)
])
```

또는 범용 목적의 keras.layers.RNN 층에 LSTMCell을 매개변수로 지정할 수도 있습니다. 하지만 LSTM 층이 GPU에서(19장 참고) 최적화된 구현을 사용하므로 일반적으로 더 선호됩니다(RNN 층은 앞서 언급한 것처럼 사용자 정의 셀을 정의할 때 많이 사용됩니다).

---

18 애니메이션 영화 〈니모를 찾아서〉와 〈도리를 찾아서〉에 나오는 캐릭터로 단기 기억 상실증을 가지고 있습니다.

19 Sepp Hochreiter and Jürgen Schmidhuber, "Long Short-Term Memory," Neural Computation 9, no. 8 (1997): 1735-1780. *https://homl.info/93*

20 *https://homl.info/graves*

21 Haşim Sak et al., "Long Short-Term Memory Based Recurrent Neural Network Architectures for Large Vocabulary Speech Recognition," arXiv preprint arXiv:1402.1128 (2014). *https://homl.info/94*

22 Wojciech Zaremba et al., "Recurrent Neural Network Regularization," arXiv preprint arXiv:1409.2329 (2014). *https://homl.info/95*

그럼 LSTM은 어떻게 작동하는 걸까요? [그림 15-12]는 LSTM의 구조를 나타낸 그림입니다. 박스 안을 들여다보지 않는다면 LSTM 셀은 상태가 두 개의 벡터 $\mathbf{h}_{(t)}$와 $\mathbf{c}_{(t)}$ (c는 셀cell을 의미) 로 나뉜다는 것을 빼고는 정확히 일반 셀처럼 보입니다. $\mathbf{h}_{(t)}$를 단기 상태short-term state, $\mathbf{c}_{(t)}$를 장기 상태long-term state라고 생각할 수 있습니다.

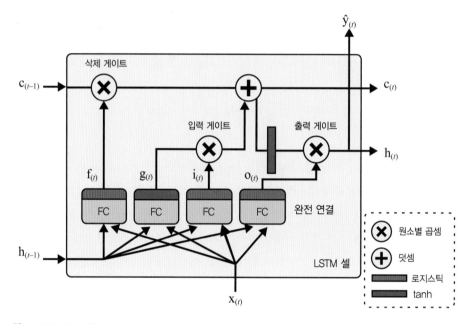

그림 15-12 LSTM 셀

그럼 이제 박스 안을 들여다봅시다! 핵심 아이디어는 네트워크가 장기 상태에 저장할 것, 버릴 것, 그리고 읽어들일 것을 학습하는 것입니다. 장기 기억 $\mathbf{c}_{(t-1)}$은 네트워크를 왼쪽에서 오른쪽으로 관통하면서 **삭제 게이트**forget gate를 지나 일부 기억을 잃고, 덧셈 연산으로 새로운 기억을 추가합니다(**입력 게이트**input gate에서 선택한 기억을 추가합니다). 만들어진 $\mathbf{c}_{(t)}$는 다른 추가 변환 없이 바로 출력으로 보내집니다. 따라서 타임 스텝마다 일부 기억이 삭제되고 일부 기억이 추가됩니다. 또한 덧셈 연산 후 이 장기 상태가 복사되어 tanh 함수로 전달됩니다. 그런 다음 이 결과는 **출력 게이트**output gate에 의해 걸러집니다. 이는 단기 상태 $\mathbf{h}_{(t)}$를 만듭니다(이 타임 스텝에서 셀의 출력 $\mathbf{y}_{(t)}$와 동일합니다). 이제 새로운 기억이 들어오는 곳과 게이트가 어떻게 작동하는지 살펴보겠습니다.

먼저 현재 입력 벡터 $\mathbf{x}_{(t)}$와 이전의 단기 상태 $\mathbf{h}_{(t-1)}$이 네 개의 다른 완전 연결 층에 주입됩니다. 이 층은 모두 다른 목적을 가집니다.

- 주 층은 $\mathbf{g}_{(t)}$를 출력하는 층입니다. 이 층은 현재 입력 $\mathbf{x}_{(t)}$와 이전의 (단기) 상태 $\mathbf{h}_{(t-1)}$을 분석하는 일반적인 역할을 담당합니다. 기본 셀에는 이 층 외에는 아무것도 없으며 바로 $\mathbf{y}_{(t)}$와 $\mathbf{h}_{(t)}$로 출력됩니다. 하지만 LSTM에서는 이 층의 출력이 바로 나가지 않습니다. 대신 장기 상태에 가장 중요한 부분이 저장됩니다(나머지는 버립니다).
- 세 개의 다른 층은 **게이트 제어기**^{gate controller}입니다. 이들은 시그모이드 활성화 함수를 사용하기 때문에 출력의 범위가 0에서 1 사이입니다. [그림 15-12]에서 보듯이 게이트 제어기의 출력은 원소별 곱셈 연산으로 주입되어 0을 출력하면 게이트를 닫고 1을 출력하면 게이트를 엽니다.
- **삭제 게이트**($\mathbf{f}_{(t)}$가 제어함)는 장기 상태의 어느 부분이 삭제되어야 하는지 제어합니다.
- **입력 게이트**($\mathbf{i}_{(t)}$가 제어함)는 $\mathbf{g}_{(t)}$의 어느 부분이 장기 상태에 더해져야 하는지 제어합니다.
- **출력 게이트**($\mathbf{o}_{(t)}$가 제어함)는 장기 상태의 어느 부분을 읽어서 이 타임 스텝의 $\mathbf{h}_{(t)}$와 $\mathbf{y}_{(t)}$로 출력해야 하는지 제어합니다.

간단히 말해 LSTM 셀은 중요한 입력을 인식하고(입력 게이트의 역할), 장기 상태에 저장하고, 필요한 기간 동안 이를 보존하고(삭제 게이트의 역할), 필요할 때마다 이를 추출하기 위해 학습합니다. 그러므로 LSTM 셀은 시계열, 긴 텍스트, 오디오 녹음 등에서 장기 패턴을 잡아내는 데 놀라운 성과를 냅니다.

[식 15-4]는 하나의 샘플에 대해 타임 스텝마다 셀의 장기 상태와 단기 상태 그리고 출력을 계산하는 법을 보여줍니다(전체 미니배치에 대한 식도 매우 비슷합니다).

식 15-4 LSTM 계산

$$\mathbf{i}_{(t)} = \sigma\left(\mathbf{W}_{xi}^{\mathsf{T}}\mathbf{x}_{(t)} + \mathbf{W}_{hi}^{\mathsf{T}}\mathbf{h}_{(t-1)} + \mathbf{b}_i\right)$$

$$\mathbf{f}_{(t)} = \sigma\left(\mathbf{W}_{xf}^{\mathsf{T}}\mathbf{x}_{(t)} + \mathbf{W}_{hf}^{\mathsf{T}}\mathbf{h}_{(t-1)} + \mathbf{b}_f\right)$$

$$\mathbf{o}_{(t)} = \sigma\left(\mathbf{W}_{xo}^{\mathsf{T}}\mathbf{x}_{(t)} + \mathbf{W}_{ho}^{\mathsf{T}}\mathbf{h}_{(t-1)} + \mathbf{b}_o\right)$$

$$\mathbf{g}_{(t)} = \tanh\left(\mathbf{W}_{xg}^{\mathsf{T}}\mathbf{x}_{(t)} + \mathbf{W}_{hg}^{\mathsf{T}}\mathbf{h}_{(t-1)} + \mathbf{b}_g\right)$$

$$\mathbf{c}_{(t)} = \mathbf{f}_{(t)} \otimes \mathbf{c}_{(t-1)} + \mathbf{i}_{(t)} \otimes \mathbf{g}_{(t)}$$

$$\mathbf{y}_{(t)} = \mathbf{h}_{(t)} = \mathbf{o}_{(t)} \otimes \tanh\left(\mathbf{c}_{(t)}\right)$$

- $\mathbf{W}_{xi}, \mathbf{W}_{xf}, \mathbf{W}_{xo}, \mathbf{W}_{xg}$는 입력 벡터 $\mathbf{x}_{(t)}$에 각각 연결된 네 개 층의 가중치 행렬입니다.

- $\mathbf{W}_{hi}, \mathbf{W}_{hf}, \mathbf{W}_{ho}, \mathbf{W}_{hg}$는 이전의 단기 상태 $\mathbf{h}_{(t-1)}$에 각각 연결된 네 개 층의 가중치 행렬입니다.

- $\mathbf{b}_i, \mathbf{b}_f, \mathbf{b}_o, \mathbf{b}_g$는 네 개 층 각각에 대한 편향입니다. 텐서플로는 $\mathbf{b}_f$를 0이 아니라 1로 채워진 벡터로 초기화해서 훈련 초기에 모든 것이 망각되는 것을 방지합니다.

LSTM 셀에는 여러 가지 변형이 있습니다. 특히 널리 사용되는 변형은 지금부터 살펴볼 GRU 셀입니다.

GRU 셀

게이트 순환 유닛^{gated recurrent unit} (GRU) 셀은 2014년에 조경현 등의 논문[23]에서 제안됐습니다 (그림 15-13). 이 논문에서는 앞서 언급한 인코더-디코더 네트워크도 소개합니다.

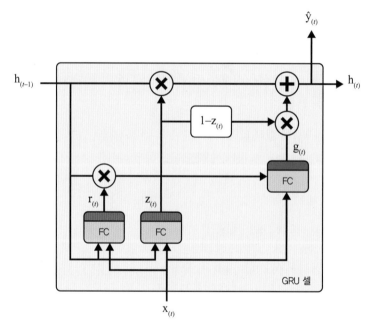

그림 15-13 GRU 셀

23 Kyunghyun Cho et al., "Learning Phrase Representations Using RNN Encoder–Decoder for Statistical Machine Translation," Proceedings of the 2014 Conference on Empirical Methods in Natural Language Processing (2014): 1724–1734. *https://homl.info/97*

GRU 셀은 LSTM 셀의 간소화된 버전이며 유사하게 작동하는 것처럼 보입니다[24] (그래서 인기가 많습니다). 다음은 주요 간소화 내용입니다.

- 두 상태 벡터가 하나의 벡터 $\mathbf{h}_{(t)}$로 합쳐졌습니다.

- 하나의 게이트 제어기 $\mathbf{z}_{(t)}$가 삭제 게이트와 입력 게이트를 모두 제어합니다. 게이트 제어기가 1을 출력하면 삭제 게이트가 열리고(=1) 입력 게이트가 닫힙니다(1-1=0). 게이트 제어기가 0을 출력하면 그 반대가 됩니다. 다시 말해 기억이 저장될 때마다 저장될 위치가 먼저 삭제됩니다. 사실 이것 자체는 흔한 LSTM 셀의 변형입니다.

- 출력 게이트가 없습니다. 즉, 전체 상태 벡터가 매 타임 스텝마다 출력됩니다. 그러나 이전 상태의 어느 부분이 주 층($\mathbf{g}_{(t)}$)에 노출될지 제어하는 새로운 게이트 제어기 $\mathbf{r}_{(t)}$가 있습니다.

[식 15-5]는 하나의 샘플에 대해 타임 스텝마다 셀의 상태를 어떻게 계산하는지 요약합니다.

식 15-5 GRU 계산

$$\mathbf{z}_{(t)} = \sigma\left(\mathbf{W}_{xz}^{\mathsf{T}}\mathbf{x}_{(t)} + \mathbf{W}_{hz}^{\mathsf{T}}\mathbf{h}_{(t-1)} + \mathbf{b}_z\right)$$

$$\mathbf{r}_{(t)} = \sigma\left(\mathbf{W}_{xr}^{\mathsf{T}}\mathbf{x}_{(t)} + \mathbf{W}_{hr}^{\mathsf{T}}\mathbf{h}_{(t-1)} + \mathbf{b}_r\right)$$

$$\mathbf{g}_{(t)} = \tanh\left(\mathbf{W}_{xg}^{\mathsf{T}}\mathbf{x}_{(t)} + \mathbf{W}_{hg}^{\mathsf{T}}\left(\mathbf{r}_{(t)} \otimes \mathbf{h}_{(t-1)}\right) + \mathbf{b}_g\right)$$

$$\mathbf{h}_{(t)} = \mathbf{z}_{(t)} \otimes \mathbf{h}_{(t-1)} + (1 - \mathbf{z}_{(t)}) \otimes \mathbf{g}_{(t)}$$

케라스는 `tf.keras.layers.GRU` 층을 제공합니다. 이 층을 사용하려면 `SimpleRNN`이나 `LSTM`을 `GRU`로 바꾸면 됩니다. GRU 셀을 기반으로 사용자 셀을 만들고 싶다면 `tf.keras.layers.GRUCell`을 사용할 수 있습니다.

LSTM과 GRU 셀은 RNN 성공의 주역입니다. 셀은 단순한 RNN보다 훨씬 긴 시퀀스를 다룰 수 있지만 매우 제한적인 단기 기억을 가집니다. 따라서 100 타임 스텝 이상의 시퀀스에서 장기 패턴을 학습하는 데 어려움이 있습니다. 이 문제를 해결하는 한 가지 방법은 1D 합성곱 층을 사용해 입력 시퀀스를 짧게 줄이는 것입니다.

---

24 클라우스 그레프(Klaus Greff) 등의 "LSTM: A Search Space Odyssey", IEEE Transactions on Neural Networks and Learning Systems 28, no. 10 (2017): 2222-2232.를 참고하세요. 이 논문은 모든 LSTM 변형이 거의 동일한 성능을 발휘한다는 것을 보여줍니다.

1D 합성곱 층으로 시퀀스 처리하기

14장에서 2D 합성곱 층이 이미지에 대해 몇 개의 매우 작은 커널(또는 필터)을 슬라이딩하여 (커널마다 하나씩) 2D 특성 맵을 만든다는 것을 보았습니다. 비슷하게 1D 합성곱 층은 시퀀스 전체에 대해 몇 개의 커널을 슬라이딩하여 커널마다 1D 특성 맵을 출력합니다. 각 커널은 매우 짧은 하나의 순차 패턴을 감지하도록 학습됩니다(커널 크기보다 길지 않습니다). 10개의 커널을 사용하면 이 층의 출력은 (모두 길이가 같은) 10개의 1D 시퀀스로 구성됩니다. 또는 이 출력을 10D 시퀀스 하나로 볼 수 있습니다. 이는 순환 층과 1D 합성곱 층(또는 심지어 1D 풀링 층)을 섞어서 신경망을 구성할 수 있다는 뜻입니다. 스트라이드 1과 "same" 패딩을 가진 1D 합성곱 층을 사용하면 출력 시퀀스의 길이는 입력 시퀀스와 같습니다. 하지만 "valid" 패딩과 1보다 큰 스트라이드를 사용하면 출력 시퀀스는 입력 시퀀스보다 짧아지므로 그에 맞게 타깃을 조정해야 합니다.

예를 들어 다음 모델은 앞의 모델과 같습니다. 다만 스트라이드 2를 사용해 입력 시퀀스를 두 배로 다운샘플링하는 1D 합성곱 층으로 시작하는 점이 다릅니다. 커널 크기가 스트라이드보다 크므로 모든 입력을 사용하여 이 층의 출력을 계산합니다. 따라서 모델이 중요하지 않은 세부 사항은 버리고 유용한 정보를 보존하도록 학습할 수 있습니다. 합성곱 층으로 시퀀스 길이를 줄이면 GRU 층이 더 긴 패턴을 감지하는 데 도움이 됩니다. 따라서 입력 시퀀스 길이를 두 배인 112일로 늘릴 수 있습니다. 실제로 커널의 크기가 4이므로 합성곱 층의 첫 번째 출력은 입력 타임 스텝 0~3을 기반으로 하고 첫 번째 예측은 (타임 스텝 1~14 대신) 타임 스텝 4~17을 기반으로 합니다. 또한 스트라이드 때문에 타깃을 두 배로 다운샘플링해야 합니다.

```python
conv_rnn_model = tf.keras.Sequential([
    tf.keras.layers.Conv1D(filters=32, kernel_size=4, strides=2,
                           activation="relu", input_shape=[None, 5]),
    tf.keras.layers.GRU(32, return_sequences=True),
    tf.keras.layers.Dense(14)
])

longer_train = to_seq2seq_dataset(mulvar_train, seq_length=112,
                                  shuffle=True, seed=42)
longer_valid = to_seq2seq_dataset(mulvar_valid, seq_length=112)
downsampled_train = longer_train.map(lambda X, Y: (X, Y[:, 3::2]))
downsampled_valid = longer_valid.map(lambda X, Y: (X, Y[:, 3::2]))
[...] # 다운샘플링된 데이터셋으로 모델을 컴파일하고 훈련합니다.
```

이 모델을 훈련하고 평가하면 (약간의 차이로) 이전 모델의 성능을 능가합니다. 사실 순환 층을 완전히 제거하고 1D 합성곱 층만 사용할 수도 있습니다!

WaveNet

애런 밴 덴 오르드Aaron van den Oord와 다른 딥마인드 연구자들이 2016년 논문[25]에서 **WaveNet**이라 부르는 구조를 소개했습니다. 이 네트워크는 층마다 (각 뉴런의 입력이 떨어져 있는 간격인) 팽창 비율dilation rate을 두 배로 늘리는 1D 합성곱 층을 쌓습니다. 첫 번째 합성곱 층이 한 번에 2개의 타임 스텝만 바라봅니다. 다음 층은 4개의 타임 스텝을 보고(즉, 수용장은 4개의 타임 스텝 길이입니다), 다음은 8개의 타임 스텝을 보는 식입니다(그림 15-14). 이런 식으로 하위 층은 단기 패턴을 학습하고 상위 층은 장기 패턴을 학습합니다. 팽창 비율을 두 배로 늘린 덕분에 네트워크는 아주 긴 시퀀스를 매우 효율적으로 처리할 수 있습니다.

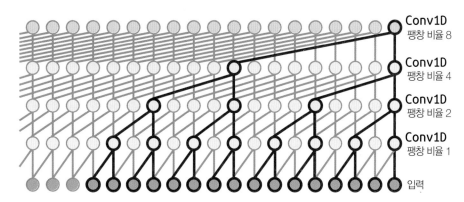

그림 15-14 WaveNet 구조[26]

저자들은 실제로 팽창 비율이 각각 1, 2, 4, 8, …, 256, 512인 합성곱 층 10개를 쌓고 (팽창 비율이 1, 2, 4, 8, …, 256, 512인) 동일한 층 10개를 따로 그룹지어 쌓았습니다. 그리고 이런 팽창 비율을 가진 합성곱 층 10개가 1,024 크기의 커널 한 개로 이루어진 매우 효율적인 합성곱 층처럼 작동한다는 것을 보였습니다(더 빠르고 강력하며 훨씬 적은 파라미터를 사용합니

---

25 Aaron van den Oord et al., "WaveNet: A Generative Model for Raw Audio," arXiv preprint arXiv:1609.03499 (2016). https://homl.info/wavenet

26 옮긴이_ 이 그림은 각 층에서 하나의 필터가 1D 합성곱을 수행하는 모습을 나타낸 것입니다.

다). 또한 각 층 이전의 팽창 비율과 동일한 개수[27]의 0을 입력 시퀀스 왼쪽에 패딩으로 추가하여 네트워크를 통과하는 시퀀스 길이를 동일하게 만들었습니다.

다음은 앞의 설명과 동일한 시퀀스를 처리하는 간단한 WaveNet 구현입니다.[28]

```python
wavenet_model = tf.keras.Sequential()
wavenet_model.add(tf.keras.layers.Input(shape=[None, 5]))
for rate in (1, 2, 4, 8) * 2:
    wavenet_model.add(tf.keras.layers.Conv1D(
        filters=32, kernel_size=2, padding="causal", activation="relu",
        dilation_rate=rate))
wavenet_model.add(tf.keras.layers.Conv1D(filters=14, kernel_size=1))
```

이 Sequential 모델은 명시적인 입력 층으로 시작합니다. 이 방식이 for 문 안의 첫 번째 층에만 input_shape을 넣는 것보다 간단합니다. 이어서 "causal" 패딩을 사용한 1D 합성곱 층을 추가합니다. 이 패딩은 입력 시퀀스 양쪽이 아닌 시작 부분에만 0을 추가하는 것을 제외하면 "same" 패딩과 같습니다. 이렇게 하면 합성곱 층이 예측을 만들 때 미래의 시퀀스를 훔쳐보게 되지 않습니다. 이때 동일하게 팽창 비율이 늘어나는 일련의 층을 반복합니다. 즉, 팽창 비율 1, 2, 4, 8의 층을 추가하고 다시 팽창 비율 1, 2, 4, 8의 층을 추가합니다. 마지막으로 출력 층을 추가합니다. 이 층은 크기가 1인 필터 14개를 사용하고 활성화 함수가 없는 합성곱 층입니다.[29] 앞서 보았듯이 이런 합성곱 층은 14개의 유닛을 가진 Dense 층과 같습니다. "causal" 패딩 덕분에 모든 합성곱 층은 입력 시퀀스의 길이와 동일한 시퀀스를 출력합니다. 따라서 훈련하는 동안 112일의 전체 시퀀스를 타깃으로 사용할 수 있습니다. 잘라내거나 다운샘플링할 필요가 없습니다.

이 절에서 소개한 모델은 승객 수 예측 작업에서 비슷한 성능을 냅니다. 하지만 작업과 가용 데이터의 양에 따라 크게 달라집니다. WaveNet 논문에서 저자들은 놀라울 정도로 실제와 같은

---

27 옮긴이_ 이는 kernel_size가 2인 경우이고 2보다 큰 경우에는 dilation_rate * (kernel_size - 1)만큼 왼쪽에 0을 패딩으로 추가합니다. 이 패딩 방식을 사용하려면 padding="causal"로 지정해야 합니다.

28 완전한 WaveNet 구조는 몇 가지 트릭을 더 사용합니다. ResNet에 있는 스킵 연결과 GRU 셀과 비슷한 GAU(gated activation unit)입니다. 자세한 내용은 주피터 노트북을 참고하세요.

29 옮긴이_ 출력 층의 dilation_rate은 기본값인 1입니다. 이 네트워크의 첫 번째 층은 필터가 20개이고 커널 크기가 2이므로 가중치 개수는 20개의 편향을 더해 20×2+20 = 60입니다. 이 층은 20개의 특성 맵을 출력하므로 두 번째 층부터는 20(특성 맵 개수)×20(필터 개수)×2(커널 크기)+20(편향 개수) = 820개의 가중치를 가집니다. 마지막 출력 층은 필터가 10개이고 커널 크기가 1이므로 20×10×1+10 = 210개의 가중치를 가집니다.

목소리를 여러 언어로 생성하는 텍스트-투-스피치text-to-speech 작업을 포함하여 여러 오디오 문제(그래서 구조의 이름이 WaveNet입니다)에서 최상의 성능을 달성했습니다. 또한 이 모델을 사용해 한 번에 하나의 음악 오디오 샘플을 생성했습니다. 오디오 1초에 수만 개의 타임 스텝이 포함될 수 있기 때문에 이런 능력은 매우 놀랍습니다. LSTM이나 GRU도 이렇게 긴 시퀀스를 다룰 수 없습니다.

> **! CAUTION** 2020년부터 시작되는 테스트 세트를 사용해 시카고 승객 수 예측 작업을 위해 만든 최상의 모델을 평가해보면 예상보다 성능이 훨씬 나쁘다는 것을 알 수 있습니다! 왜 그럴까요? 바로 그때 코로나19 팬데믹이 시작되어 대중교통에 큰 영향을 미쳤기 때문입니다. 앞서 언급했듯이 이러한 모델은 과거에서 학습한 패턴이 미래에도 지속될 경우에만 잘 작동합니다. 어떤 경우든 모델을 제품으로 배포하기 전에 최근 데이터에서 잘 작동하는지 확인하세요. 그리고 일단 제품에 배포한 후에는 정기적으로 성능을 모니터링해야 합니다.

이제 모든 종류의 시계열을 다룰 수 있게 되었습니다! 16장에서는 RNN에 관해 좀 더 살펴보고 여러 NLP 작업을 어떻게 처리할 수 있는지 알아보겠습니다.

연습문제

① 시퀀스-투-시퀀스 RNN을 사용한 애플리케이션에는 어떤 것들이 있나요? 시퀀스-투-벡터 RNN과 벡터-투-시퀀스 RNN은 어떤가요?

② RNN 층의 입력은 얼마나 많은 차원을 가지나요? 각 차원이 표현하는 것은 무엇인가요? 출력은 어떤가요?

③ 심층 시퀀스-투-시퀀스 RNN을 만든다면 어떤 RNN 층을 return_sequences=True로 설정해야 하나요? 시퀀스-투-벡터 RNN은 어떤가요?

④ 일자별 단변량 시계열 데이터를 가지고 다음 7일을 예측하려고 합니다. 어떤 RNN 구조를 사용해야 하나요?

⑤ RNN을 훈련할 때 주요 문제는 무엇인가요? 어떻게 이를 처리할 수 있나요?

⑥ LSTM 셀의 구조를 그릴 수 있나요?

⑦ 왜 RNN 안에 1D 합성곱 층을 사용해야 하나요?

⑧ 영상을 분류하기 위해 어떤 신경망 구조를 사용할 수 있나요?

⑨ 텐서플로 데이터셋에서 제공하는 SketchRNN 데이터셋으로 분류 모델을 훈련해보세요.

⑩ 바흐 합창곡^{chorale}(*https://homl.info/bach*) 데이터셋을 다운로드하여 압축을 풉니다. 이 데이터셋은 요한 제바스티안 바흐^{Johann Sebastian Bach}가 작곡한 382개의 합창곡으로 구성되어 있습니다. 각 곡의 길이는 100~640 타임 스텝이며, 각 타임 스텝은 4개의 정수를 담고 있습니다. 각 정수는 피아노 음표의 인덱스에 해당합니다(연주되는 음표가 없다는 것을 의미하는 0은 제외). 곡의 타임 스텝 시퀀스가 주어지면 다음 타임 스텝(4개의 음표)을 예측할 수 있는 순환 모델, 합성곱 모델 또는 두 가지를 합친 모델을 훈련하세요. 그다음 이 모델을 사용해 한 번에 하나의 음표씩 바흐와 같은 음악을 생성하세요. 곡의 시작 부분을 모델에 주입하고 다음 타임 스텝을 예측합니다. 이 타임 스텝을 입력 시퀀스에 추가하여 모델이 다음 음표를 예측하게 만드는 식입니다. 또 바흐를 위한 구글 두들^{Doodle}에 사용된 구글의 Coconet 모델(*https://homl.info/coconet*)을 확인해보세요.

연습문제의 정답은 〈부록 A〉에 있습니다.

## 16장

RNN과 어텐션을 사용한 자연어 처리

앨런 튜링[Alan Turing]이 1950년에 튜링 테스트[1]를 상상했을 때 그의 목적은 사람의 지능에 버금가는 기계의 능력을 평가하는 것이었습니다. 사진 속에서 고양이 인식하기, 체스, 음악, 미로 탈출 같은 것으로 기계의 능력을 평가할 수 있었지만 그는 흥미롭게도 언어 문제를 선택했습니다. 좀 더 구체적으로는 대화의 상대방이 자신을 사람이라고 생각하도록 속일 수 있는 **챗봇**[chatbot]을 고안했습니다.[2] 이 테스트에는 약점이 있습니다. 하드코딩된 일련의 규칙으로는 의심이 없거나 순진한 사람만을 속일 수 있습니다(기계가 어떤 키워드에 대한 응답으로 사전에 정의된 애매한 대답을 할 수 있습니다. 농담을 하거나 술에 취한 척하여 어색한 대답을 넘기려 할 수도 있죠. 또는 질문에 질문으로 대답하여 어려운 질문을 피해갈 수 있습니다). 또한 사람 지능의 여러 측면(얼굴 표정 같은 비언어적인 대화를 해석하거나 수작업을 배우는 능력)이 완전히 무시됩니다. 이 테스트는 언어를 마스터하는 것이 **호모 사피엔스**[Homo sapiens]의 놀라운 인지 능력이라는 사실을 강조합니다.

문어와 구어에 통달한 기계를 만들 수 있을까요? 이것이 NLP 연구의 궁극적인 목표지만 너무 광범위하기 때문에 실제로 연구자들은 텍스트 분류, 번역, 요약, 질문-답변 등 구체적인 작업에 집중합니다.

---

1 Alan Turing, "Computing Machinery and Intelligence," Mind 49 (1950): 433-460. *https://homl.info/turingtest*
2 물론 챗봇이란 말은 훨씬 이후에 생겼습니다. 튜링은 이 테스트를 이미테이션 게임(imitation game)이라 불렀습니다. 기계 A와 사람 B는 대화 상대인 사람 C와 텍스트 메시지로 채팅합니다. 사람 C는 어떤 것이 기계(A 또는 B)인지 알아내기 위해 질문을 합니다. 대화 상대를 속일 수 있다면 기계가 이 테스트를 통과합니다. 반면 사람 B는 대화 상대 C를 도와야 합니다.

자연어 문제에 많이 사용되는 방법은 순환 신경망입니다. 따라서 (15장에서 소개한) RNN 을 계속해서 살펴봅니다. 문장에서 다음 글자를 예측하도록 훈련하는 **문자 단위 RNN** character RNN, char-RNN부터 시작합니다. 먼저 **상태가 없는 RNN**stateless RNN을 사용하고 이후에 **상태가 있는 RNN**stateful RNN을 구축하겠습니다(상태가 없는 RNN은 각 반복에서 랜덤하게 택한 텍스트의 일부로 학습하고, 나머지 텍스트는 사용하지 않습니다. 상태가 있는 RNN은 훈련 반복 사이에 은닉 상태를 유지하고 중지된 지점부터 이어서 상태를 반영합니다. 그래서 더 긴 패턴을 학습할 수 있습니다). 그다음에는 감성 분석(영화 리뷰를 읽고 영화에 대한 평가자의 느낌을 추출하는 등)을 수행하는 RNN을 구축해봅니다. 여기서는 문자가 아니라 단어의 시퀀스로 문장을 다룹니다. 그리고 영어를 스페인어로 번역하기 위해 신경망 기계 번역neural machine translation(NMT)을 수행할 수 있는 인코더-디코더 구조를 만드는 데 RNN을 사용하는 방법을 알아봅니다.

16.4절에서는 **어텐션 메커니즘**attention mechanism을 알아봅니다. 이름에서 알 수 있듯이 이는 각 타임 스텝에서 모델이 집중해야 할 입력 부분을 선택하도록 학습하는 신경망 구성 요소입니다. 먼저 어텐션을 사용하여 RNN 기반 인코더-디코더 구조의 성능을 높이는 방법을 알아봅니다. 그런 다음 RNN을 모두 제거하고 어텐션만 사용해 매우 좋은 성능을 내는 **트랜스포머**Transformer 구조에 관해 살펴봅니다. 마지막으로 최근 몇 년간 NLP 분야의 가장 중요한 발전을 알아봅니다. 여기에는 트랜스포머를 기반으로 한 GPT와 BERT 같은 매우 강력한 언어 모델도 포함됩니다. 추가로 허깅 페이스Hugging Face의 뛰어난 트랜스포머스Transformers 라이브러리를 사용하는 방법을 소개하겠습니다.

(어느 정도는) 셰익스피어처럼 쓸 수 있는 간단하고 재미있는 모델부터 시작해보죠.

16.1 Char-RNN으로 셰익스피어 문체 생성하기

2015년 'The Unreasonable Effectiveness of Recurrent Neural Networks(순환 신경망의 믿을 수 없는 효율성)'이라는 제목의 블로그 글(*https://homl.info/charrnn*)에서 안드레이 카르파시Andrej Karpathy는 RNN을 훈련하여 문장에서 다음 글자를 예측하는 방법을 소개했습니다. 이 Char-RNN을 사용해 한 번에 한 글자씩 새로운 텍스트를 생성할 수 있습니다. 다음은 셰익스피어 작품에서 훈련한 Char-RNN 모델로 생성한 텍스트 샘플입니다.

> PANDARUS:
>
> Alas, I think he shall be come approached and the day
>
> When little srain would be attain'd into being never fed,
>
> And who is but a chain and subjects of his death,
>
> I should not sleep.

훌륭한 작품이라고 할 수는 없지만 모델이 문장에서 다음 글자를 예측하도록 훈련한 것만으로도 단어, 문법, 적절한 구두점 등을 학습했다는 것은 매우 놀랍습니다. 이는 첫 번째 언어 모델의 예시입니다. 이와 비슷한 (하지만 훨씬 더 강력한) 언어 모델이 최신 NLP의 핵심이며 이장의 뒷부분에서 설명하겠습니다. 지금부터는 Char-RNN 모델을 어떻게 만드는지 단계별로 알아봅시다. 먼저 데이터셋부터 만듭니다.

16.1.1 훈련 데이터셋 만들기

케라스의 편리한 `tf.keras.utils.get_file()` 함수를 사용해 안드레이 카르파시의 Char-RNN 프로젝트(*https://github.com/karpathy/char-rnn*)에서 셰익스피어 작품을 모두 다운로드합니다.

```python
import tensorflow as tf

shakespeare_url = "https://homl.info/shakespeare" # 단축 URL
filepath = tf.keras.utils.get_file("shakespeare.txt", shakespeare_url)
with open(filepath) as f:
    shakespeare_text = f.read()
```

처음 몇 줄을 출력해보죠.

```
>>> print(shakespeare_text[:80])
First Citizen:
Before we proceed any further, hear me speak.
```

```
All:
Speak, speak.
```

세익스피어의 글 같네요. 좋습니다!

다음으로 (13장에서 소개한) tf.keras.layers.TextVectorization 층을 사용해 이 텍스트를 인코딩합니다. 기본 단어 수준 인코딩 대신에 split="character"로 설정해 문자 수준 인코딩을 합니다. (작업을 간단하게 하기 위해) standardize="lower"를 사용해 텍스트를 소문자로 바꿉니다.

```
text_vec_layer = tf.keras.layers.TextVectorization(split="character",
                                                   standardize="lower")
text_vec_layer.adapt([shakespeare_text])
encoded = text_vec_layer([shakespeare_text])[0]
```

각 문자는 2부터 시작하는 정수에 매핑됩니다. TextVectorization 층은 패딩 토큰을 위해 0을 사용하고 알려지지 않은 문자를 위해 1을 사용합니다. 지금은 이런 토큰이 모두 필요하지 않으므로 문자 ID에서 2를 빼서 고유한 문자 개수와 총 문자 개수를 계산해보겠습니다.

```
encoded -= 2 # 토큰 0(패딩 토큰)과 1(알려지지 않은 문자)을 사용하지 않으므로 무시합니다.
n_tokens = text_vec_layer.vocabulary_size() - 2 # 고유한 문자 개수 = 39
dataset_size = len(encoded)                     # 총 문자 개수 = 1,115,394
```

그런 다음 15장에서 했던 것처럼 매우 긴 이 시퀀스를 시퀀스-투-시퀀스 RNN을 훈련하는 데 사용할 수 있도록 윈도의 데이터셋으로 바꿉니다. 타깃은 입력과 비슷하지만 한 타임 스텝 미래로 이동합니다. 예를 들어 데이터셋의 한 샘플이 텍스트 'to be or not to b'(마지막에 'e'가 빠졌습니다)를 나타내는 문자 ID의 시퀀스라고 가정해보죠. 이에 해당하는 타깃은 텍스트 'o be or not to be'(시작 부분에 't'가 빠지고 마지막에 'e'가 포함되었습니다)를 나타내는 문자 ID의 시퀀스가 될 것입니다. 문자 ID로 구성된 긴 시퀀스를 입력과 타깃 윈도 쌍의 데이터셋으로 변환하는 작은 유틸리티 함수를 작성해보겠습니다.

```
def to_dataset(sequence, length, shuffle=False, seed=None, batch_size=32):
    ds = tf.data.Dataset.from_tensor_slices(sequence)
    ds = ds.window(length + 1, shift=1, drop_remainder=True)
```

```
    ds = ds.flat_map(lambda window_ds: window_ds.batch(length + 1))
    if shuffle:
        ds = ds.shuffle(buffer_size=100_000, seed=seed)
    ds = ds.batch(batch_size)
    return ds.map(lambda window: (window[:, :-1], window[:, 1:])).prefetch(1)
```

이 함수는 15장에서 만들었던 **to_windows()** 함수의 시작 부분과 매우 비슷합니다.

> **1** 시퀀스(인코딩된 텍스트)를 입력으로 받고 원하는 길이의 모든 윈도를 담은 데이터셋을 만듭니다.
>
> **2** 타깃을 위한 다음 문자가 필요하기 때문에 길이를 하나 증가시킵니다.
>
> **3** (선택적으로) 윈도를 섞고, 배치로 묶고, 입력/출력 쌍으로 나누고, 프리페칭을 활성화합니다.

이를 그림으로 요약해보면 [그림 16-1]과 같습니다. 여기서 윈도 길이는 11이고 배치 크기는 3입니다. 각 윈도의 시작 인덱스가 옆에 표시되어 있습니다.

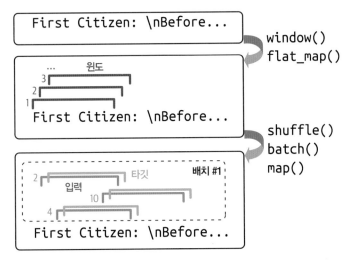

그림 16-1 윈도의 데이터셋 준비하기

이제 훈련 세트, 검증 세트, 테스트 세트를 만들 준비가 되었습니다. 텍스트의 약 90%를 훈련에 사용하고 5%를 검증에, 나머지 5%를 테스트에 사용하겠습니다.

```
length = 100
tf.random.set_seed(42)
train_set = to_dataset(encoded[:1_000_000], length=length, shuffle=True,
```

```
                        seed=42)
    valid_set = to_dataset(encoded[1_000_000:1_060_000], length=length)
    test_set = to_dataset(encoded[1_060_000:], length=length)
```

> **TIP** 윈도 길이를 100으로 지정했지만 이 값을 튜닝할 수 있습니다. 짧은 입력 시퀀스로 RNN을 훈련하는 것이
> 쉽고 빠르지만 length보다 더 긴 패턴을 학습할 수 없으므로 너무 작게 만들지 마세요.

이제 되었습니다! 데이터셋을 준비하는 것이 가장 어려운 부분입니다. 다음으로 모델을 만들어
보죠.

16.1.2 Char-RNN 모델 만들고 훈련하기

언어 모델링은 상당히 어려운 작업이며 데이터셋이 매우 크기 때문에 순환 뉴런 몇 개를 가진
단순한 RNN 이상의 것이 필요합니다. 128개의 유닛으로 구성된 하나의 GRU 층을 가진 모델
을 구축하고 훈련해보겠습니다(필요한 경우 나중에 층과 유닛 수를 조정할 수 있습니다).

```
model = tf.keras.Sequential([
    tf.keras.layers.Embedding(input_dim=n_tokens, output_dim=16),   ❶
    tf.keras.layers.GRU(128, return_sequences=True),
    tf.keras.layers.Dense(n_tokens, activation="softmax")   ❷
])
model.compile(loss="sparse_categorical_crossentropy", optimizer="nadam",
              metrics=["accuracy"])
model_ckpt = tf.keras.callbacks.ModelCheckpoint(                          ❸
    "my_shakespeare_model", monitor="val_accuracy", save_best_only=True)
history = model.fit(train_set, validation_data=valid_set, epochs=10,
                    callbacks=[model_ckpt])
```

이 코드를 살펴보죠.

❶ 첫 번째 층으로 Embedding 층을 사용하여 문자 ID를 인코딩합니다(임베딩은 13장에서 소개했습니다).
  Embedding 층의 입력 차원 수는 고유한 문자 ID의 개수입니다. 출력 차원 수는 조정할 수 있는 하이퍼
  파라미터로, 여기서는 16으로 설정하겠습니다. Embedding 층의 입력은 크기가 [배치 크기, 윈도 길이]인
  2D 텐서이지만 Embedding 층의 출력은 크기가 [배치 크기, 윈도 길이, 임베딩 크기]인 3D 텐서가 될 것
  입니다.

❷ 출력 층에 Dense 층을 사용합니다. 텍스트에 39개의 고유 문자가 있고 (타임 스텝마다) 가능한 각 문자에 대한 확률을 출력하고 싶기 때문에 출력 층은 39개의 유닛(n_tokens)을 가져야 합니다. 39개 출력의 확률의 합은 각 타임 스텝마다 1이어야 하므로 Dense 층의 출력에 소프트맥스 활성화 함수를 적용합니다.

❸ "sparse_categorical_crossentropy" 손실과 Nadam 옵티마이저를 사용하여 이 모델을 컴파일하고 여러 에포크 동안 모델을 훈련합니다. 훈련이 진행됨에 따라 ModelCheckpoint 콜백을 사용하여 (검증 정확도 측면에서) 최적의 모델을 저장합니다.

TIP GPU가 활성화된 상태에서 코랩에서 이 코드를 실행하는 경우 훈련에 대략 1~2시간이 소요됩니다. 그렇게 오래 기다리지 않으려면 에포크 수를 줄일 수 있지만 당연히 모델의 정확도가 낮아질 수 있습니다. 코랩 세션이 시간 초과되면 빠르게 다시 연결해야 하며, 그렇지 않으면 코랩 런타임이 파괴됩니다.

이 모델은 텍스트 전처리를 포함하지 않습니다. 따라서 첫 번째 층으로 tf.keras.layers.TextVectorization 층을 포함한 최종 모델로 감싸 보겠습니다. 또한 지금은 패딩과 알려지지 않은 문자를 위한 토큰을 사용하지 않으므로 tf.keras.layers.Lambda 층을 사용해 문자 ID에서 2를 뺍니다.

```
shakespeare_model = tf.keras.Sequential([
    text_vec_layer,
    tf.keras.layers.Lambda(lambda X: X - 2), # <PAD>와 <UNK> 토큰을 제외합니다.
    model
])
```

이제 이 모델을 사용해 시퀀스의 다음 문자를 예측해보겠습니다.

```
>>> y_proba = shakespeare_model.predict(["To be or not to b"])[0, -1]
>>> y_pred = tf.argmax(y_proba) # 가장 가능성 높은 문자 ID를 선택합니다.
>>> text_vec_layer.get_vocabulary()[y_pred + 2]
'e'
```

훌륭하네요. 이 모델이 다음 문자를 정확히 예측했습니다. 그럼 이제 이 모델을 사용해 셰익스피어처럼 글을 써보죠.

16.1.3 가짜 셰익스피어 텍스트 생성하기

Char-RNN 모델을 사용해 새로운 텍스트를 생성해봅시다. 먼저 초기 텍스트를 주입하고 모델이 가장 가능성 있는 다음 글자를 예측합니다. 그런 다음 예측한 글자를 텍스트 끝에 추가하고 늘어난 텍스트를 모델에 전달하여 다음 글자를 예측하는 식입니다. 이를 **그리디 디코딩**greedy decoding이라고 합니다. 사실 이렇게 하면 같은 단어가 계속 반복되는 경우가 많습니다. 대신 텐서플로의 `tf.random.categorical()` 함수를 사용해 모델이 추정한 확률을 기반으로 다음 글자를 랜덤으로 선택할 수 있습니다. 이 방식은 더 다채롭고 흥미로운 텍스트를 생성합니다. `categorical()` 함수는 클래스의 로그 확률(로짓)을 전달하면 랜덤하게 클래스 인덱스를 샘플링합니다. 생성된 텍스트의 다양성을 더 많이 제어하려면 **온도**temperature라고 불리는 숫자로 로짓을 나눕니다. 예를 들면 다음과 같습니다.

```
>>> log_probas = tf.math.log([[0.5, 0.4, 0.1]])      # 확률 = 50%, 40%, 10%
>>> tf.random.set_seed(42)
>>> tf.random.categorical(log_probas, num_samples=8) # 8개의 샘플을 뽑습니다.
<tf.Tensor: shape=(1, 8), dtype=int64, numpy=array([[0, 1, 0, 2, 1, 0, 0, 1]])>
```

온도를 원하는 값으로 설정할 수 있는데, 0에 가까울수록 높은 확률을 가진 글자를 선택합니다.[3] 온도가 높으면 모든 글자가 동일한 확률을 가집니다. 수학 방정식과 같이 비교적 엄격하고 정확한 텍스트를 생성할 때는 일반적으로 낮은 온도가 선호되며, 다양하고 창의적인 텍스트를 생성할 때는 높은 온도가 선호됩니다. 다음 `next_char()` 헬퍼 함수는 이 방식을 사용해 다음 글자를 선택하고 입력 텍스트에 추가합니다.

```python
def next_char(text, temperature=1):
    y_proba = shakespeare_model.predict([text])[0, -1:]
    rescaled_logits = tf.math.log(y_proba) / temperature
    char_id = tf.random.categorical(rescaled_logits, num_samples=1)[0, 0]
    return text_vec_layer.get_vocabulary()[char_id + 2]
```

그다음 `next_char()` 함수를 반복 호출하여 다음 글자를 얻고 텍스트에 추가하는 작은 함수를

---

3 옮긴이_ predict() 메서드의 출력은 0과 1 사이의 값을 가집니다. 여기에 로그를 취하고 0에 가까운 temperature로 나눈 후 다시 지수 함수로 복원하면 작았던 확률이 더 작아집니다. 즉, 가장 높았던 확률을 가진 단어가 선택될 가능성이 더 높아집니다. categorical() 함수는 입력된 로짓값을 지숫값으로 바꾼 후 랜덤하게 하나의 인덱스를 선택하여 반환합니다. num_samples 매개변수는 반복하여 선택할 횟수를 지정합니다.

만듭니다.

```
def extend_text(text, n_chars=50, temperature=1):
    for _ in range(n_chars):
        text += next_char(text, temperature)
    return text
```

이제 텍스트를 생성할 준비가 되었습니다! 온도를 다르게 해보며 테스트합시다.

```
>>> tf.random.set_seed(42)
>>> print(extend_text("To be or not to be", temperature=0.01))
To be or not to be the duke
as it is a proper strange death,
and the
>>> print(extend_text("To be or not to be", temperature=1))
To be or not to behold?

second push:
gremio, lord all, a sistermen,
>>> print(extend_text("To be or not to be", temperature=100))
To be or not to bef ,mt'&o3fpadm!$
wh!nse?bws3est-vgerdjw?c-y-ewznq
```

이 셰익스피어 모델은 온도에 취약한 것 같습니다. 더 설득력 있는 텍스트를 생성하기 위한 일반적인 기법은 상위 *k*개의 문자에서 샘플링하거나 총 확률이 특정 임곗값을 초과하는 가장 작은 상위 문자 집합에서만 샘플링하는 것입니다(이를 **뉴클리어스 샘플링**[nucleus sampling]이라고 합니다). 또는 이 장의 뒷부분에서 설명할 **빔 서치**[beam search]를 사용하거나 더 많은 GRU 층과 층마다 더 많은 뉴런을 사용하고, 더 오래 훈련하고, 필요한 경우 규제를 추가할 수도 있습니다. 이 모델은 현재 length가 100자를 초과하는 긴 패턴을 학습할 수 없습니다. 윈도를 크게 할 수 있지만 훈련이 더 어려워집니다. LSTM과 GRU 셀이라도 매우 긴 시퀀스는 다룰 수 없습니다. 대안으로 상태가 있는 RNN을 사용합니다.

16.1.4 상태가 있는 RNN

지금까지는 **상태가 없는 RNN**[stateless RNN]만 사용했습니다. 상태가 없는 RNN은 훈련 반복마다 모델의 은닉 상태를 0으로 초기화합니다. 타임 스텝마다 이 상태를 업데이트하고 마지막 타임 스텝 후에는 더는 필요가 없기 때문에 버립니다. 만약 RNN이 한 훈련 배치를 처리한 후에 마지막 상태를 다음 훈련 배치의 초기 상태로 사용하면 어떨까요? 이렇게 하면 역전파는 짧은 시퀀스에서 일어나지만 모델이 장기간 패턴을 학습할 수 있습니다. 이를 **상태가 있는 RNN**^{stateful RNN}이라고 합니다. 어떻게 만드는지 알아봅시다.

상태가 있는 RNN은 배치에 있는 각 입력 시퀀스가 이전 배치의 시퀀스가 끝난 지점에서 시작해야 합니다. 따라서 첫 번째로 할 일은 순차적이고 겹치지 않는 입력 시퀀스를 만드는 것입니다(상태가 없는 RNN을 훈련하기 위해 사용한 시퀀스로, 섞은 뒤 겹쳐진 시퀀스가 아닙니다). `tf.data.Dataset`을 만들 때 `window()` 메서드에서 (`shift=1` 대신) `shift=n_steps`를 사용합니다. 또한 `shuffle()` 메서드를 호출해서는 안 됩니다.

안타깝게도 상태가 있는 RNN을 위한 데이터셋은 상태가 없는 RNN의 경우보다 배치를 구성하기 더 힘듭니다. 실제로 `batch(32)`를 호출하면 32개의 연속적인 윈도가 같은 배치에 들어갑니다. 그리고 이 윈도가 끝난 지점부터 다음 배치가 계속되지 않습니다. 첫 번째 배치는 윈도 1부터 32까지 포함하고 두 번째 배치는 윈도 33부터 64까지 포함합니다. 따라서 각 배치의 첫 번째 윈도를 생각하면(윈도 1과 33) 연속적이지 않음을 알 수 있습니다. 이 문제에 대한 가장 간단한 해결책은 크기가 1인 배치를 사용하는 것입니다. `to_dataset_for_stateful_rnn()` 유틸리티 함수는 이런 전략을 사용해 상태가 있는 RNN을 위한 데이터셋을 준비합니다.

```
def to_dataset_for_stateful_rnn(sequence, length):
    ds = tf.data.Dataset.from_tensor_slices(sequence)
    ds = ds.window(length + 1, shift=length, drop_remainder=True)
    ds = ds.flat_map(lambda window: window.batch(length + 1)).batch(1)
    return ds.map(lambda window: (window[:, :-1], window[:, 1:])).prefetch(1)

stateful_train_set = to_dataset_for_stateful_rnn(encoded[:1_000_000], length)
stateful_valid_set = to_dataset_for_stateful_rnn(encoded[1_000_000:1_060_000],
                                                 length)
stateful_test_set = to_dataset_for_stateful_rnn(encoded[1_060_000:], length)
```

[그림 16-2]는 이 함수의 주요 단계를 요약한 것입니다.

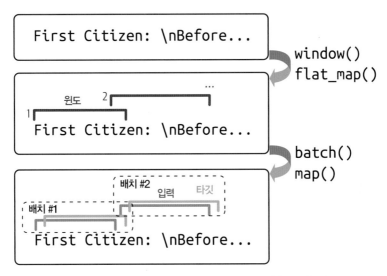

그림 16-2 상태가 있는 RNN을 위해 연속적인 시퀀스 조각으로 이루어진 데이터셋 준비하기

배치를 만드는 것이 어렵지만 불가능한 것은 아닙니다. 예를 들면 셰익스피어의 텍스트를 길이가 동일한 32개의 텍스트로 나누고 각 텍스트에 대해 연속적인 입력 시퀀스를 가진 데이터셋 하나를 만들 수 있습니다. 마지막으로 tf.train.Dataset.zip(datasets).map(lambda *windows: tf.stack(windows))를 사용해 연속적인 배치를 만듭니다. 한 배치에서 n번째 입력 시퀀스의 시작은 정확히 이전 배치의 n번째 입력 시퀀스가 끝나는 지점입니다(전체 코드는 주피터 노트북을 참고하세요).

이제 상태가 있는 RNN을 만들어봅시다. 각 순환 층을 만들 때 stateful 매개변수를 True로 지정해야 합니다. 그리고 배치 크기를 알아야 합니다(배치에 있는 입력 시퀀스의 상태를 보존해야 하기 때문입니다). 따라서 첫 번째 층에 batch_input_shape 매개변수를 지정해야 합니다. 입력 길이에 제한이 없으므로 두 번째 차원은 지정하지 않아도 됩니다.

```
model = tf.keras.Sequential([
    tf.keras.layers.Embedding(input_dim=n_tokens, output_dim=16,
                              batch_input_shape=[1, None]),
    tf.keras.layers.GRU(128, return_sequences=True, stateful=True),
    tf.keras.layers.Dense(n_tokens, activation="softmax")
])
```

에포크 끝마다 텍스트를 다시 시작하기 전에 상태를 재설정해야 합니다. 이를 위해 사용자 정의 콜백 함수를 사용합니다.

```
class ResetStatesCallback(tf.keras.callbacks.Callback):
    def on_epoch_begin(self, epoch, logs):
        self.model.reset_states()
```

이제 모델을 컴파일하고 이 콜백을 사용하여 훈련합니다.

```
model.compile(loss="sparse_categorical_crossentropy", optimizer="nadam",
              metrics=["accuracy"])
history = model.fit(stateful_train_set, validation_data=stateful_valid_set,
                    epochs=10, callbacks=[ResetStatesCallback(), model_ckpt])
```

TIP 이 모델을 훈련한 후에 훈련할 때 사용한 것과 동일한 크기의 배치로만 예측을 만들 수 있습니다. 이런 제약을 없애려면 동일한 구조의 상태가 없는 모델을 만들고 상태가 있는 모델의 가중치를 복사합니다.

흥미롭게도 char-RNN 모델은 다음 문자를 예측하도록 훈련되었지만 이 단순해 보이는 작업을 수행하기 위해서는 몇 가지 고차원적인 작업도 학습해야 합니다. 예를 들어 'Great movie, I really'의 다음 문자를 찾으려면 이 문장이 긍정적이라는 점을 이해하는 것이 도움이 됩니다. 따라서 그 뒤에 오는 문자가 ('hated'를 위한) 'h'가 아니라 ('loved'를 위한) 'l'이 될 가능성이 더 높을 것입니다. 실제로 2017년 알렉 래드퍼드^{Alec Radford}와 다른 OpenAI 연구원들이 작성한 논문[4]에서 대용량 데이터셋에 대해 char-RNN과 유사한 대규모 모델을 학습시킨 결과, 뉴런 중 하나가 탁월한 감성 분석 분류기 역할을 한다는 사실을 발견했습니다. 이 모델은 레이블 없이 훈련되었지만 저자들이 부르는 감정 뉴런은 감성 분석 벤치마크에서 최상의 성능에 도달했습니다. 이는 NLP 분야에서 비지도 사전 훈련을 예고하고 촉발시켰습니다.

비지도 사전 훈련에 관해 살펴보기 전에 단어 수준의 모델을 지도 학습 방식으로 감성 분석^{sentiment analysis}에 사용하는 방법을 알아보겠습니다. 이 과정에서 마스킹을 사용해 길이가 다른 시퀀스를 다루는 방법도 알아봅니다.

---

4   Alec Radford et al., "Learning to Generate Reviews and Discovering Sentiment", arXiv preprint arXiv:1704.01444 (2017). *https://homl.info/sentimentneuron*

16.2 감성 분석

텍스트를 생성하는 것은 재미있고 유익할 수 있습니다. 하지만 실제 프로젝트에서 NLP의 가장 일반적인 애플리케이션은 텍스트 분류, 그중에서도 특히 감성 분석입니다. MNIST을 사용한 이미지 분류가 컴퓨터 비전계의 'hello world'라면 IMDb 리뷰 데이터셋을 사용한 감성 분석은 자연어 처리계의 'hello world'입니다. IMDb 데이터셋은 영어로 쓰인 영화 리뷰 50,000개(25,000개는 훈련, 25,000개는 테스트)로 구성되어 있습니다. 유명한 인터넷 영화 데이터베이스^{Internet Movie Database}(IMDb)(*https://imdb.com*)에서 추출한 것으로, 각 리뷰가 부정적인지(0) 긍정적인지(1)를 나타내는 간단한 이진 타깃이 포함되어 있습니다. MNIST처럼 IMDb 리뷰 데이터셋이 인기가 높은 이유가 있습니다. 노트북에서 감당할 수 있는 시간 안에 처리할 수 있을 만큼 간단하면서도 충분히 재미있고 도전할 가치가 있습니다.

13장에서 소개한 텐서플로 데이터셋 라이브러리를 사용하여 IMDb 데이터셋을 로드해보겠습니다. 훈련 세트의 처음 90%를 훈련에 사용하고 나머지 10%를 검증에 사용하겠습니다.

```python
import tensorflow_datasets as tfds

raw_train_set, raw_valid_set, raw_test_set = tfds.load(
    name="imdb_reviews",
    split=["train[:90%]", "train[90%:]", "test"],
    as_supervised=True
)
tf.random.set_seed(42)
train_set = raw_train_set.shuffle(5000, seed=42).batch(32).prefetch(1)
valid_set = raw_valid_set.batch(32).prefetch(1)
test_set = raw_test_set.batch(32).prefetch(1)
```

> **TIP** 케라스에는 IMDb 데이터셋을 로드하는 함수인 tf.keras.datasets.imdb.load_data()도 포함되어 있습니다. 이 함수로 로드한 리뷰는 이미 단어 ID의 시퀀스로 전처리되어 있습니다.

몇 개의 리뷰를 확인해보죠.

```python
>>> for review, label in raw_train_set.take(4):
...     print(review.numpy().decode("utf-8"))
...     print("레이블:", label.numpy())
...
```

```
This was an absolutely terrible movie. Don't be lured in by Christopher [...]
레이블: 0
I have been known to fall asleep during films, but this is usually due to [...]
레이블: 0
Mann photographs the Alberta Rocky Mountains in a superb fashion, and [...]
레이블: 0
This is the kind of film for a snowy Sunday afternoon when the rest of the [...]
레이블: 1
```

일부 리뷰는 분류하기 쉽습니다. 예를 들어 첫 번째 리뷰는 첫 문장에 'terrible movie'라는 단어가 포함되어 있습니다. 하지만 많은 경우에 간단하지 않습니다. 예를 들어 세 번째 리뷰는 부정적인 리뷰(레이블 0)임에도 불구하고 긍정적으로 시작됩니다.

이 작업을 위한 모델을 구축하려면 텍스트를 전처리해야 하지만 이번에는 문자가 아닌 단어로 자릅니다. 이를 위해서도 `tf.keras.layers.TextVectorization` 층을 사용할 수 있습니다. 이 층은 단어 경계를 식별하기 위해 공백을 사용하므로 일부 언어에서는 제대로 작동하지 않을 수 있습니다. 예를 들어 중국어는 단어 사이에 공백을 사용하지 않고, 베트남어는 단어 내에서도 공백을 사용하며, 독일어는 공백 없이 여러 단어를 함께 붙이는 경우가 많습니다. 영어에서도 공백이 항상 텍스트를 토큰화하는 최선의 방법은 아닙니다. 'San Francisco'나 '#ILoveDeepLearning'을 생각해보세요.

다행히도 이러한 문제를 위한 해결책이 있습니다. 2016년 한 논문[5]에서 에든버러 대학교의 리코 젠리히^{Rico Sennrich} 등은 부분 단어^{subword} 수준에서 텍스트를 토큰화하거나 복원하는 몇 가지 방법을 탐구했습니다. 이렇게 하면 모델이 이전에 본 적이 없는 희귀한 단어를 접하더라도 그 단어의 의미를 합리적으로 추측할 수 있습니다. 예를 들어 모델이 학습 중에 'smartest'라는 단어를 본 적이 없더라도 'smart'라는 단어를 학습하고 접미사 'est'가 'the most'를 의미하는 것을 알면 'smartest'의 의미를 유추할 수 있습니다. 저자들이 평가한 기술 중 하나는 **바이트 페어 인코딩**^{byte pair encoding}(BPE)입니다. BPE는 전체 훈련 세트를 개별 문자(공백 포함)로 분할한 다음 어휘 사전이 원하는 크기에 도달할 때까지 가장 빈번하게 등장하는 인접 쌍을 반복적으로 병합합니다.

---

5 Rico Sennrich et al., "Neural Machine Translation of Rare Words with Subword Units", Proceedings of the 54th Annual Meeting of the Association for Computational Linguistics 1 (2016): 1715 – 1725. *https://homl.info/rarewords*

2018년 구글의 타쿠 구도$^{Taku\ Kudo}$의 논문[6]에서는 부분 단어 토큰화를 더욱 개선하여 많은 언어에서 토큰화 전에 전처리의 필요성을 제거하였습니다. 또한 이 논문에서는 훈련 중에 토큰화에 약간의 무작위성을 도입하여 정확도와 견고성을 향상시키는 **부분 단어 규제**$^{subword\ regularization}$라는 새로운 규제 기법을 제안했습니다. 예를 들어 'New England'는 'New' + 'England'로 토큰화하거나, 'New' + 'Eng' + 'land' 또는 단순히 'New England'(토큰 하나)로 토큰화할 수 있습니다. 구글의 SentencePiece 프로젝트(*https://github.com/google/sentencepiece*)가 타쿠 구도와 존 리처드슨$^{John\ Richardson}$의 논문[7]에 대한 오픈 소스 구현을 제공합니다.

또한 텐서플로 텍스트(*https://homl.info/tftext*) 라이브러리는 (BPE의 변형인) Word Piece[8]를 포함한 다양한 토큰화 전략을 구현하고 있습니다. 허깅 페이스의 Tokenizers 라이브러리(*https://homl.info/tokenizers*)도 매우 빠르고 다양한 토크나이저를 제공합니다.

하지만 영어로 된 IMDb 작업의 경우 토큰 경계를 위해 공백을 사용하는 것으로 충분합니다. 이제 TextVectorization 층을 생성하고 이를 훈련 세트에 적용해보겠습니다. 이 작업에서는 매우 드문 단어가 중요하지 않을 가능성이 높고 어휘 사전의 크기를 제한하면 모델이 학습해야 하는 파라미터 수가 줄어들기 때문에 어휘 사전을 1,000개 토큰으로 제한하겠습니다. 여기에는 가장 빈번한 998개 단어와 패딩 토큰 및 알려지지 않은 단어에 대한 토큰이 포함됩니다.

```
vocab_size = 1000
text_vec_layer = tf.keras.layers.TextVectorization(max_tokens=vocab_size)
text_vec_layer.adapt(train_set.map(lambda reviews, labels: reviews))
```

마지막으로 모델을 만들고 훈련합니다.

```
embed_size = 128
tf.random.set_seed(42)
model = tf.keras.Sequential([
```

6   Taku Kudo, "Subword Regularization: Improving Neural Network Translation Models with Multiple Subword Candidates", arXiv preprint arXiv:1804.10959 (2018). *https://homl.info/subword*

7   Taku Kudo and John Richardson, "SentencePiece: A Simple and Language Independent Subword Tokenizer and Detokenizer for Neural Text Processing", arXiv preprint arXiv:1808.06226 (2018). *https://homl.info/sentencepiece*

8   Yonghui Wu et al., "Google's Neural Machine Translation System: Bridging the Gap Between Human and Machine Translation", arXiv preprint arXiv:1609.08144 (2016). *https://homl.info/wordpiece*

```
    text_vec_layer,
    tf.keras.layers.Embedding(vocab_size, embed_size),
    tf.keras.layers.GRU(128),
    tf.keras.layers.Dense(1, activation="sigmoid")
])
model.compile(loss="binary_crossentropy", optimizer="nadam",
              metrics=["accuracy"])
history = model.fit(train_set, validation_data=valid_set, epochs=2)
```

첫 번째 층은 방금 만든 TextVectorization 층이고, 그 다음에는 단어 ID를 임베딩으로 변환하는 Embedding 층이 있습니다. 임베딩 행렬에는 어휘 사전의 토큰당 하나의 행(vocab_size)과 임베딩 차원당 하나의 열이 있어야 합니다(이 예에서는 128개의 차원을 사용하지만, 이는 튜닝할 수 있는 하이퍼파라미터입니다). 다음으로 GRU 층을 사용하고 이진 분류 작업이므로 하나의 뉴런과 시그모이드 활성화 함수가 있는 Dense 층을 사용합니다. 이 모델의 출력은 리뷰가 영화에 대해 긍정적으로 표현하는지에 대한 추정 확률입니다. 그런 다음 모델을 컴파일하고 앞서 준비한 데이터셋에서 몇 번의 에포크 동안 모델을 훈련합니다(더 나은 결과를 위해 더 오래 훈련할 수도 있습니다).

안타깝게도 이 코드를 실행하면 일반적으로 모델이 전혀 학습하지 못한다는 것을 알 수 있습니다. 정확도는 50%에 가까워 랜덤한 선택보다 나을 것이 없습니다. 왜 그럴까요? TextVectorization 층이 리뷰를 토큰 ID의 시퀀스로 변환할 때 리뷰의 길이가 서로 다르기 때문에 짧은 시퀀스를 패딩 토큰(ID 0)으로 패딩하여 배치에서 가장 긴 시퀀스만큼 길게 만듭니다. 결과적으로 대부분의 시퀀스는 많은 패딩 토큰으로 끝나는데, 종종 수십 개 또는 수백 개의 토큰이 사용됩니다. SimpleRNN 층보다 훨씬 나은 GRU 층을 사용하고 있지만, 단기 기억은 여전히 좋지 않기 때문에 많은 패딩 토큰을 거치면 결국 리뷰 내용을 잊어버리게 됩니다! 한 가지 해결책은 모델에 동일한 길이의 문장으로 구성된 배치를 주입하는 것입니다(학습 속도도 빨라집니다). 또 다른 해결책은 RNN이 패딩 토큰을 무시하도록 하는 것입니다. 마스킹을 사용하여 이를 수행할 수 있습니다.

16.2.1 마스킹

모델이 패딩 토큰을 무시하게 만드는 것은 케라스에서 간단합니다. Embedding 층을 만들 때 mask_zero=True 매개변수를 추가하면 됩니다. 이렇게 하면 이어지는 모든 층에서 (ID가 0

인)[9] 패딩 토큰을 무시합니다. 이게 전부입니다! 앞의 모델을 몇 에포크 동안 다시 훈련하면 검증 정확도가 빠르게 80%에 도달하는 것을 확인할 수 있습니다.

구체적으로 Embedding 층이 tf.math.not_equal(inputs, 0)과 같은 마스크 텐서$^{\text{mask tensor}}$를 만듭니다. 이 텐서는 입력과 크기가 같은 불리언 텐서입니다. ID가 0인 위치는 False이고 나머지는 True입니다. 이 마스크 텐서는 모델에 의해 다음 층에 자동으로 전파됩니다. 해당 층의 call() 메서드에 mask 매개변수가 있으면 자동으로 마스크를 받습니다. 이를 통해 층이 적절한 타임 스텝을 무시할 수 있습니다. 층마다 마스크 텐서를 다르게 다룰 수 있지만 일반적으로 마스킹된 타임 스텝을 무시합니다(즉, False로 마스킹된 타임 스텝). 예를 들어 순환 층은 마스킹된 타임 스텝을 만나면 이전 타임 스텝의 출력을 단순히 복사합니다.

다음으로, 층의 supports_masking 속성이 True이면 마스크가 자동으로 다음 층으로 전파됩니다. 층에 supports_masking=True가 있는 한 이런 식으로 계속 전파됩니다. 예를 들어 순환 층의 경우 return_sequences=True일 때는 supports_masking 속성이 True이지만 return_sequences=False일 때는 마스크가 더 이상 필요하지 않으므로 False가 됩니다. 따라서 return_sequences=True인 순환 층을 여러 개 배치한 다음 return_sequences=False인 순환 층이 있는 모델의 경우 마스크는 마지막 순환 층까지 자동으로 전파됩니다. 이 층은 마스크를 사용하여 마스킹된 스텝을 무시하지만 더 이상 마스크를 전파하지는 않습니다. 마찬가지로 방금 구축한 감성 분석 모델에서 Embedding 층을 만들 때 mask_zero=True로 설정하면 GRU 층이 마스크를 받아 자동으로 사용하지만 return_sequences가 True로 설정되지 않았기 때문에 더 이상 마스크를 전파하지 않습니다.

> **TIP** 일부 층은 마스크를 다음 층으로 전파하기 전에 마스크를 업데이트해야 합니다. 이런 층은 입력과 이전 마스크의 두 가지 매개변수를 받는 compute_mask() 메서드에서 이를 수행합니다. 이 함수는 업데이트된 마스크를 계산하여 반환합니다. 이전의 마스크를 변경하지 않은 상태로 반환하는 것이 compute_mask()의 기본 구현입니다.

많은 케라스 층이 마스킹을 지원합니다. SimpleRNN, GRU, LSTM, Bidirectional, Dense, TimeDistributed, Add 등이 있습니다(모두 tf.keras.layers 패키지에 있음). 하지만 (Conv1D를 포함하여) 합성곱 층은 마스킹을 지원하지 않습니다. 합성곱 층이 어떻게 마스킹

---

9 데이터셋에서 가장 자주 등장하는 단어일 때 ID가 0이 됩니다. 실제로 가장 자주 등장하지 않더라도 패딩 토큰을 항상 0으로 인코딩하는 것은 좋은 방법입니다.

을 지원해야 하는지도 명확하지 않습니다.

마스크가 출력까지 전파되면 손실에도 적용되므로 마스킹된 타임 스텝은 손실에 기여하지 않습니다(이 타임 스텝의 손실은 0이 됩니다). 이는 모델이 시퀀스를 출력한다고 가정한 것이며 이 감성 분석 모델에는 해당되지 않습니다.

> **⚠ CAUTION** LSTM과 GRU 층은 Nvidia의 cuDNN 라이브러리 기반의 최적화된 GPU 구현을 가지고 있습니다. 하지만 이 구현은 모든 패딩 토큰이 시퀀스 끝에 있는 경우에만 마스킹을 지원합니다. 또한 `activation`, `recurrent_activation`, `recurrent_dropout`, `unroll`, `use_bias`, `reset_after`와 같은 여러 하이퍼파라미터에 대해 기본값을 사용해야 합니다. 그렇지 않은 경우 이러한 층은 (훨씬 느린) 기본 GPU 구현으로 되돌아갑니다.

마스킹을 지원하는 사용자 정의 층을 구현하려면 `call()` 메서드에 `mask` 매개변수를 추가하고 이 메서드에서 마스크를 사용해야 합니다. 또한 마스크를 다음 층으로 전파해야 하는 경우 생성자에서 `self.supports_masking=True`로 설정해야 합니다. 마스크가 전파되기 전에 마스크를 업데이트해야 하는 경우 `compute_mask()` 메서드를 구현해야 합니다.

모델이 Embedding 층으로 시작하지 않는다면 대신 `tf.keras.layers.Masking` 층을 사용할 수 있습니다. 기본적으로 이 층은 마스크를 `tf.math.reduce_any(tf.math.not_equal(X, 0), axis=-1)`로 설정하므로 마지막 차원이 모두 0인 타임 스텝은 후속 층에서 마스킹됩니다.

간단한 모델에서는 Masking 층과 자동 마스크 전파를 사용하는 것이 좋습니다. Conv1D 층과 순환 층을 혼합하여 사용하는 경우와 같이 복잡한 모델에서는 이런 방법이 항상 맞는 것은 아닙니다. 이러한 경우 함수형 API 또는 서브클래싱 API를 사용하여 마스크를 명시적으로 계산하고 적절한 층에 전달해야 합니다. 예를 들어 다음 모델은 함수형 API를 사용하여 구축하고 마스킹을 수동으로 처리한다는 점을 제외하면 이전 모델과 동일합니다. 또한 이전 모델이 약간 과대적합되었기 때문에 약간의 드롭아웃을 추가합니다.

```
inputs = tf.keras.layers.Input(shape=[], dtype=tf.string)
token_ids = text_vec_layer(inputs)
mask = tf.math.not_equal(token_ids, 0)
Z = tf.keras.layers.Embedding(vocab_size, embed_size)(token_ids)
Z = tf.keras.layers.GRU(128, dropout=0.2)(Z, mask=mask)
```

```
outputs = tf.keras.layers.Dense(1, activation="sigmoid")(Z)
model = tf.keras.Model(inputs=[inputs], outputs=[outputs])
```

마스킹에 대한 마지막 처리 방법은 모델에 래그드 텐서를 주입하는 것입니다.[10] 실제로는 Text Vectorization 층을 만들 때 ragged=True로 설정하여 입력 시퀀스를 래그드 텐서로 표현하면 됩니다.

```
>>> text_vec_layer_ragged = tf.keras.layers.TextVectorization(
...     max_tokens=vocab_size, ragged=True)
...
>>> text_vec_layer_ragged.adapt(train_set.map(lambda reviews, labels: reviews))
>>> text_vec_layer_ragged(["Great movie!", "This is DiCaprio's best role."])
<tf.RaggedTensor [[86, 18], [11, 7, 1, 116, 217]]>
```

래그드 텐서 표현을 패딩 토큰을 사용하는 일반 텐서 표현과 비교해보죠.

```
>>> text_vec_layer(["Great movie!", "This is DiCaprio's best role."])
<tf.Tensor: shape=(2, 5), dtype=int64, numpy=
array([[ 86,  18,   0,   0,   0],
       [ 11,   7,   1, 116, 217]])>
```

케라스의 순환 층은 래그드 텐서를 기본적으로 지원하므로 모델에서 TextVectorization 층을 사용하면 다른 작업을 수행할 필요가 없습니다. mask_zero=True를 전달하거나 마스크를 명시적으로 처리할 필요 없이 모든 것이 자동으로 구현됩니다. 정말 편리하죠! 하지만 2022년 초 현재 케라스의 래그드 텐서 지원은 최신 기능이므로 아직 완전하지 않습니다. 예를 들어 현재는 GPU에서 실행할 때 래그드 텐서를 타깃으로 사용할 수 없습니다(하지만 여러분이 이 글을 읽을 때쯤이면 이 문제가 해결될 수 있습니다).

어떤 마스킹 방식을 사용하든 이 모델을 몇 에포크 동안 훈련시키면 리뷰가 긍정적인지 아닌지를 꽤 잘 판단할 것입니다. tf.keras.callbacks.TensorBoard() 콜백을 사용하면 학습 중인 임베딩을 텐서보드에서 시각화할 수 있습니다. 흥미롭게도 임베딩 공간의 한쪽에는 'awesome', 'amazing'과 같은 단어가 점진적으로 모이고 다른 쪽에는 'awful', 'terrible'과

---

10 래그드 텐서는 12장에서 소개했고 〈부록 C〉에서 자세한 내용을 볼 수 있습니다.

같은 단어가 모이는 것을 볼 수 있습니다. 부정적인 리뷰에 'not good'이라는 문구가 많이 포함되어 있기 때문에 'good'과 같은 단어처럼 (적어도 이 모델에서는) 예상만큼 긍정적이지 않은 단어도 있습니다.

16.2.2 사전 훈련된 임베딩과 언어 모델 재사용하기

모델이 단 25,000개의 영화 리뷰를 기반으로 유용한 단어 임베딩을 학습할 수 있다는 점이 인상적입니다. 수십억 개의 리뷰가 있다면 얼마나 더 좋은 임베딩을 학습할 수 있을지 상상해보세요! 안타깝게도 그럴 수는 없지만, 영화 리뷰가 아니더라도 다른 (매우) 큰 텍스트 말뭉치 (텐서플로 데이터셋에서 제공되는 아마존 리뷰)에서 학습된 단어 임베딩을 재사용할 수 있지 않을까요? 'amazing'이라는 단어는 일반적으로 영화에 대해 이야기할 때나 다른 어떤 것에 대해 이야기할 때나 동일한 의미를 갖습니다. 또한 다른 작업을 위해서 훈련된 임베딩이라도 감성 분석에 유용할 수 있습니다. 'awesome'과 'amazing' 같은 단어는 의미가 비슷하기 때문에 문장의 다음 단어를 예측하는 작업의 임베딩 공간에서도 가깝게 모일 가능성이 높습니다. 모든 긍정 단어와 모든 부정 단어가 군집을 형성하고 있다면 이는 감성 분석에 도움이 됩니다. 따라서 단어 임베딩을 훈련하는 대신 구글의 Word2Vec 임베딩, 스탠퍼드의 GloVe 임베딩 또는 페이스북의 FastText 임베딩과 같이 사전 훈련된 임베딩을 다운로드하여 사용할 수 있습니다.

사전 훈련된 단어 임베딩을 사용하는 것은 몇 년 동안 인기가 있었지만 이 방식에는 한계가 있습니다. 특히 단어가 문맥에 관계없이 하나의 표현을 가지고 있습니다. 예를 들어 단어 'right' 은 매우 다른 두 가지 의미를 가지고 있음에도 불구하고 'left and right'과 'right and wrong' 에서 동일한 방식으로 인코딩됩니다. 이러한 한계를 해결하기 위해 매튜 피터스Matthew Peters는 2018년 논문[11]에서 ELMoEmbeddings from Language Models를 소개했습니다. ELMo는 심층 양방향 언어 모델의 내부 상태에서 학습된 문맥이 반영된 단어 임베딩입니다. 모델에 사전 훈련된 임베딩을 사용하는 대신 사전 훈련된 언어 모델의 일부를 재사용할 수 있습니다.

거의 비슷한 시기에 제러미 하워드Jeremy Howard와 세바스찬 루더Sebastian Ruder가 작성한 ULMFiT

---

11 Matthew Peters et al., "Deep Contextualized Word Representations", Proceedings of the 2018 Conference of the North American Chapter of the Association for Computational Linguistics: Human Language Technologies 1 (2018): 2227-2237. *https://homl.info/elmo*

Universal Language Model Fine-Tuning 논문[12]에서는 NLP 작업에 대한 비지도 사전 훈련의 효과를 보여주었습니다. 저자들은 자기 지도 학습(즉, 데이터로부터 자동으로 레이블을 생성합니다)을 사용하여 대규모 텍스트 말뭉치에서 LSTM 언어 모델을 학습한 다음 다양한 작업에서 이를 미세 튜닝했습니다. 이 모델은 여섯 가지 텍스트 분류 작업에서 최신 기술을 크게 능가하는 성능을 보였습니다(대부분의 경우 오류율을 18~24% 줄였습니다). 또한 저자들은 레이블이 지정된 단 100개의 샘플에서 미세 튜닝된 사전 훈련된 모델이 10,000개의 샘플로 처음부터 훈련된 모델과 동일한 성능을 달성할 수 있다는 것을 보여주었습니다. ULMFiT 논문이 발표되기 전에는 사전 훈련된 모델을 사용하는 것은 컴퓨터 비전 분야에 국한되었으며, NLP에서 사전 훈련은 단어 임베딩으로 제한되었습니다. 이 논문은 새로운 NLP 시대의 시작을 알렸으며, 오늘날에는 사전 훈련된 언어 모델을 재사용하는 것이 일반적입니다.

예를 들어 구글 연구 팀이 2018년 논문[13]에서 소개한 모델 아키텍처인 범용 문장 인코더Universal Sentence Encoder를 기반으로 분류기를 만들어보겠습니다. 이 모델은 이 장의 뒷부분에서 살펴볼 트랜스포머 아키텍처를 기반으로 합니다. 이 모델은 편리하게도 텐서플로 허브를 통해 사용할 수 있습니다.

```python
import os
import tensorflow_hub as hub

os.environ["TFHUB_CACHE_DIR"] = "my_tfhub_cache"
model = tf.keras.Sequential([
    hub.KerasLayer("https://tfhub.dev/google/universal-sentence-encoder/4",
                   trainable=True, dtype=tf.string, input_shape=[]),
    tf.keras.layers.Dense(64, activation="relu"),
    tf.keras.layers.Dense(1, activation="sigmoid")
])
model.compile(loss="binary_crossentropy", optimizer="nadam",
              metrics=["accuracy"])
model.fit(train_set, validation_data=valid_set, epochs=10)
```

12 Jeremy Howard and Sebastian Ruder, "Universal Language Model Fine-Tuning for Text Classification", Proceedings of the 56th Annual Meeting of the Association for Computational Linguistics 1 (2018): 328-339. *https://homl.info/ulmfit*

13 Daniel Cer et al., "Universal Sentence Encoder", arXiv preprint arXiv:1803.11175 (2018). *https://homl.info/139*

이 모델은 크기가 1GB 정도로 상당히 크기 때문에 다운로드하는 데 시간이 걸릴 수 있습니다. 기본적으로 텐서플로 허브 모듈은 임시 디렉터리에 저장되며, 프로그램을 실행할 때마다 반복해서 다운로드됩니다. 이를 방지하려면 TFHUB_CACHE_DIR 환경 변수를 원하는 디렉터리로 설정하세요. 이렇게 하면 모듈이 해당 디렉터리에 저장되고 한 번만 다운로드됩니다.

텐서플로 허브 모듈 URL의 마지막 부분은 모델 버전 4를 나타냅니다. 버전을 지정하면 텐서플로 허브에서 새 모듈 버전이 릴리스되더라도 모델에 문제가 발생하지 않습니다. 편리하게도 웹 브라우저에서 이 URL을 입력하면 모듈에 대한 설명을 볼 수 있습니다.

또한 hub.KerasLayer를 만들 때 trainable=True로 지정했습니다. 이렇게 하면 사전 훈련된 범용 문장 인코더가 훈련 중에 미세 튜닝되고 일부 가중치가 역전파를 통해 수정됩니다. 모든 텐서플로 허브 모듈을 미세 조정할 수 있는 것은 아니므로 사전 훈련된 모듈 문서를 확인하세요.

훈련 후 이 모델은 90% 이상의 검증 정확도에 도달할 것입니다. 실제로 매우 성능이 좋습니다. 직접 이런 모델을 훈련하려면 많은 리뷰에 긍정적인 글과 부정적인 글이 모두 포함되어 있기 때문에 정확도가 약간만 향상될 것입니다. 이렇게 모호한 리뷰를 분류하는 것은 랜덤하게 선택하는 것과 크게 다르지 않습니다.

지금까지 char-RNN을 사용한 텍스트 생성 그리고 (훈련 가능한 임베딩 기반의) 단어 수준 RNN 모델과 텐서플로 허브의 강력한 사전 훈련 언어 모델을 사용한 감성 분석에 관해 살펴봤습니다. 이어서 또 다른 중요한 NLP 작업인 **신경망 기계 번역**neural machine translation(NMT)에 관해 살펴보겠습니다.

16.3 신경망 기계 번역을 위한 인코더–디코더 네트워크

영어 문장을 스페인어로 번역하는 간단한 NMT 모델[14]을 살펴봅시다(그림 16-3).

간략하게 구조를 정리하면 다음과 같습니다. 영어 문장을 인코더에 입력으로 주입하면 디코더는 스페인어 번역을 출력합니다. 스페인어 번역도 한 스텝 뒤쳐져서 디코더의 입력으로 사용됩

---

14 Ilya Sutskever et al., "Sequence to Sequence Learning with Neural Networks," arXiv preprint arXiv:1409.3215 (2014). https://homl.info/103

니다. 다르게 말하면 실제 무엇이 출력되는지 상관하지 않고 디코더는 이전 스텝에서 출력되어야 할 단어를 입력으로 사용합니다. 모델의 성능을 향상하고 훈련 속도를 크게 높이는 이런 기법을 **티처 포싱**teacher forcing이라 합니다. 맨 처음 단어로 디코더는 SOS[start-of-sequence] 토큰을 받습니다. 그리고 디코더는 문장의 끝에 EOS[end-of-sequence] 토큰이 있을 것으로 기대합니다.

각 단어는 초기에 1차원으로 표현되어 있습니다(⑩ 단어 'soccer'는 854). 그다음 임베딩 층이 단어 임베딩을 반환합니다. 이 단어 임베딩이 인코더와 디코더로 주입됩니다.

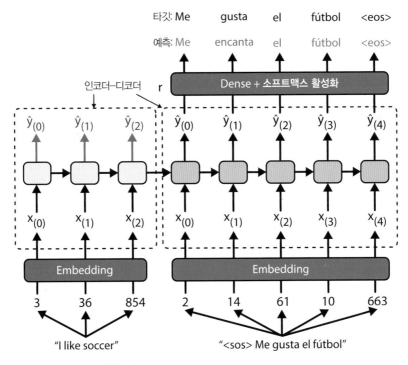

그림 16-3 간단한 신경망 기계 번역 모델

각 단계마다 디코더는 출력 어휘 사전(스페인어)에 있는 단어에 대한 점수를 출력합니다. 그다음 소프트맥스 활성화 함수가 이 점수를 확률로 바꿉니다. 예를 들어 첫 번째 스텝에서 단어 'Me'는 7%의 확률을 갖고 'Yo'는 1%의 확률을 갖는 식입니다. 가장 높은 확률의 단어가 출력됩니다. 이는 일반적인 분류 작업과 매우 비슷합니다. 따라서 Char-RNN 모델에서 했던 것처럼 "sparse_categorical_crossentropy" 손실 함수를 사용해 훈련할 수 있습니다.

(훈련이 끝나고) 추론 시에는 디코더에 주입할 타깃 문장이 없습니다. 대신 [그림 16-4]처럼 그냥 이전 스텝에서 디코더가 출력한 단어를 주입합니다(여기서도 임베딩 룩업이 필요하지만 그림에는 나타내지 않았습니다).

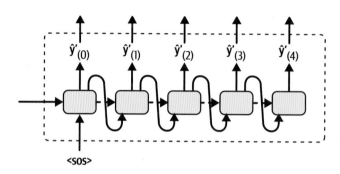

그림 16-4 추론 시에는 이전 타임 스텝에서 출력된 단어를 입력으로 주입합니다.

TIP 새미 벤지오^{Samy Bengio} 등은 2015년 논문[15]에서 훈련 중에 디코더에 주입할 토큰을 이전 타깃 토큰에서 이전 출력 토큰으로 점진적으로 전환하는 방법을 제안했습니다.

이 모델을 만들어 훈련해봅시다! 먼저 영어/스페인어 문장 쌍으로 구성된 데이터셋을 다운로드 해야 합니다.[16]

```
url = "https://storage.googleapis.com/download.tensorflow.org/data/spa-eng.zip"
path = tf.keras.utils.get_file("spa-eng.zip", origin=url, cache_dir="datasets",
                               extract=True)
text = (Path(path).with_name("spa-eng") / "spa.txt").read_text()
```

각 줄에는 영어 문장과 해당 스페인어 번역이 탭으로 구분되어 있습니다. 먼저 TextVectori zation 층이 처리하지 못하는 스페인어 문자 '¡'와 '¿'를 제거한 다음, 문장 쌍을 파싱하고 섞 어보겠습니다. 마지막으로 언어별로 하나씩 두 개의 리스트로 나눕니다.

---

15 Samy Bengio et al., "Scheduled Sampling for Sequence Prediction with Recurrent Neural Networks", arXiv preprint arXiv:1506.03099 (2015), *https://homl.info/scheduledsampling*

16 이 데이터셋은 타토에바(Tatoeba) 프로젝트의 기여자들이 만든 문장 쌍으로 구성되어 있습니다. *https://manythings.org/anki* 웹 사이트의 저자들이 약 120,000개의 문장 쌍을 골랐습니다. 이 데이터셋은 크리에이티브 커먼즈 저작자표시(Creative Commons Attribution) 2.0 프랑스 라이선스로 공개되었습니다. 다른 언어 쌍도 사용할 수 있습니다.

```
import numpy as np

text = text.replace("¡", "").replace("¿", "")
pairs = [line.split("\t") for line in text.splitlines()]
np.random.shuffle(pairs)
sentences_en, sentences_es = zip(*pairs) # 문장 쌍을 두 개의 리스트로 나눕니다.
```

처음 세 개의 문장 쌍을 확인해보죠.

```
>>> for i in range(3):
...     print(sentences_en[i], "=>", sentences_es[i])
...
How boring! => Que aburrimiento!
I love sports. => Adoro el deporte.
Would you like to swap jobs? => Te gustaria que intercambiemos los trabajos?
```

그다음 언어마다 하나씩 두 개의 **TextVectorization** 층을 만들어 텍스트에 적용합니다.

```
vocab_size = 1000  ❶
max_length = 50  ❷
text_vec_layer_en = tf.keras.layers.TextVectorization(
    vocab_size, output_sequence_length=max_length)
text_vec_layer_es = tf.keras.layers.TextVectorization(
    vocab_size, output_sequence_length=max_length)
text_vec_layer_en.adapt(sentences_en)
text_vec_layer_es.adapt([f"startofseq {s} endofseq" for s in sentences_es])  ❸
```

여기서 몇 가지 언급할 사항이 있습니다.

❶ 어휘 사전 크기를 매우 작게 1,000개로 제한했습니다. 그 이유는 훈련 세트가 그다지 크지 않고 작은 값을 사용하면 훈련 속도가 빨라지기 때문입니다. 최첨단 번역 모델은 일반적으로 훨씬 더 큰 어휘 사전(옙 30,000개), 훨씬 더 큰 훈련 세트(수 GB), 훨씬 더 큰 모델(수백 또는 수천 MB)을 사용합니다. 예를 들어 헬싱키 대학교의 Opus-MT 모델이나 페이스북의 M2M-100 모델을 확인해보세요.

❷ 데이터셋에 있는 모든 문장은 최대 50단어이므로 output_sequence_length를 50으로 설정하면 입력 시퀀스 길이가 모두 50토큰이 될 때까지 자동으로 0으로 채워집니다. 훈련 세트에 50토큰보다 긴 문장이 있으면 50토큰으로 잘립니다.

❸ 스페인어 텍스트의 경우 TextVectorization 층을 적용할 때 각 문장에 'startofseq'와 'endofseq'를 추가합니다. 이 단어들을 SOS 및 EOS 토큰으로 사용합니다. 실제 스페인어 단어가 아니기만 하면 다른 단어를 사용할 수도 있습니다.

두 어휘 사전에 있는 처음 10개의 토큰을 살펴봅시다. 패딩 토큰, 알려지지 않은 토큰, (스페인어 어휘 사전에만 있는) SOS 및 EOS 토큰부터 시작하며 실제 단어는 빈도가 많은 순서대로 나열되어 있습니다.

```
>>> text_vec_layer_en.get_vocabulary()[:10]
['', '[UNK]', 'the', 'i', 'to', 'you', 'tom', 'a', 'is', 'he']
>>> text_vec_layer_es.get_vocabulary()[:10]
['', '[UNK]', 'startofseq', 'endofseq', 'de', 'que', 'a', 'no', 'tom', 'la']
```

다음으로 훈련 세트와 검증 세트를 만들어보겠습니다(필요한 경우 테스트 세트를 만들 수도 있습니다). 처음 10만 개의 문장 쌍은 훈련에 사용하고 나머지는 검증에 사용합니다. 디코더의 입력은 스페인어 문장과 SOS 토큰이고, 타깃은 스페인어 문장과 EOS 토큰입니다.

```
X_train = tf.constant(sentences_en[:100_000])
X_valid = tf.constant(sentences_en[100_000:])
X_train_dec = tf.constant([f"startofseq {s}" for s in sentences_es[:100_000]])
X_valid_dec = tf.constant([f"startofseq {s}" for s in sentences_es[100_000:]])
Y_train = text_vec_layer_es([f"{s} endofseq" for s in sentences_es[:100_000]])
Y_valid = text_vec_layer_es([f"{s} endofseq" for s in sentences_es[100_000:]])
```

이제 번역 모델을 구축할 준비가 되었습니다. 모델 구성이 순차적이지 않기 때문에 함수형 API를 사용하겠습니다. 인코더와 디코더에 각각 하나씩 두 개의 텍스트 입력이 필요하므로 그것부터 만들어보겠습니다.

```
encoder_inputs = tf.keras.layers.Input(shape=[], dtype=tf.string)
decoder_inputs = tf.keras.layers.Input(shape=[], dtype=tf.string)
```

다음으로, 앞서 준비한 TextVectorization 층을 사용하여 문장을 인코딩합니다. 그다음 마스킹이 자동으로 처리되도록 각 언어에 대한 Embedding 층을 mask_zero=True로 설정합니다. 임베딩 크기는 항상 그렇듯이 튜닝할 수 있는 하이퍼파라미터입니다.

```
embed_size = 128
encoder_input_ids = text_vec_layer_en(encoder_inputs)
decoder_input_ids = text_vec_layer_es(decoder_inputs)
```

```
encoder_embedding_layer = tf.keras.layers.Embedding(vocab_size, embed_size,
                                                    mask_zero=True)
decoder_embedding_layer = tf.keras.layers.Embedding(vocab_size, embed_size,
                                                    mask_zero=True)
encoder_embeddings = encoder_embedding_layer(encoder_input_ids)
decoder_embeddings = decoder_embedding_layer(decoder_input_ids)
```

TIP 언어가 많은 단어를 공유하는 경우 인코더와 디코더에 동일한 임베딩 층을 사용하면 더 나은 성능을 얻을 수 있습니다.

이제 인코더를 만들고 임베딩된 입력을 전달합니다.

```
encoder = tf.keras.layers.LSTM(512, return_state=True)
encoder_outputs, *encoder_state = encoder(encoder_embeddings)
```

간단하게 하기 위해 하나의 LSTM 층만 사용했지만 여러 개의 층을 쌓을 수도 있습니다. 또한 층의 최종 상태를 얻기 위해 return_state=True로 설정했습니다. LSTM 층을 사용하고 있으므로 실제로는 단기 상태와 장기 상태라는 두 가지 상태가 있습니다. 이 층은 두 상태를 개별적으로 반환하므로 두 상태를 리스트로 묶기 위해 *encoder_state로 썼습니다.[17] 이제 이 (두 개의) 상태를 디코더의 초기 상태로 사용할 수 있습니다.

```
decoder = tf.keras.layers.LSTM(512, return_sequences=True)
decoder_outputs = decoder(decoder_embeddings, initial_state=encoder_state)
```

다음으로 디코더의 출력을 소프트맥스 활성화 함수가 있는 Dense 층에 전달하여 각 스텝에 대한 단어 확률을 얻을 수 있습니다.

```
output_layer = tf.keras.layers.Dense(vocab_size, activation="softmax")
Y_proba = output_layer(decoder_outputs)
```

---

17 파이썬에서 a, *b = [1, 2, 3, 4]를 실행하면 a는 1이고 b는 [2, 3, 4]가 됩니다.

> ### 출력 층 최적화
>
> 출력하는 어휘의 개수가 많은 경우 가능한 모든 단어에 대해 확률을 출력하면 상당히 느릴 수 있습니다. 예를 들어 타깃 어휘 사전이 스페인어 단어 1,000개가 아닌 50,000개를 포함하고 있다면 디코더는 50,000차원 벡터를 출력하게 됩니다. 이렇게 큰 벡터에 대해 소프트맥스 함수를 계산하면 계산 비용이 매우 많이 듭니다. 이를 피하기 위한 한 가지 방법은 모델이 타깃 단어에 대한 로짓과 타깃이 아닌 단어 중 랜덤하게 샘플링한 단어의 로짓을 살펴보고, 이 로짓만을 기반으로 손실의 근사치를 계산하는 것입니다. 이 **샘플링 소프트맥스**[sampled softmax] 기법은 2015년에 세바스티앙 장[Sébastien Jean] 등에 의해 소개되었습니다.[18] 이를 위해 텐서플로에서는 훈련 중에 `tf.nn.sampled_softmax_loss()` 함수를 사용하고 추론 시에는 일반 소프트맥스 함수를 사용할 수 있습니다(샘플링 소프트맥스는 타깃을 알아야 하기 때문에 추론 시에는 사용할 수 없습니다).
>
> 샘플링 소프트맥스와 호환되며 훈련 속도를 높일 수 있는 또 다른 방법은 출력 층의 가중치를 디코더의 임베딩 행렬의 전치와 묶는 것입니다(가중치를 묶는 방법은 17장에서 살펴봅니다). 이렇게 하면 모델 파라미터 수가 크게 줄어들어 훈련 속도가 빨라지고 특히 훈련 데이터가 많지 않은 경우 모델의 정확도가 향상될 수 있습니다. 임베딩 행렬은 편향과 활성화 함수가 없이 원-핫 벡터를 임베딩 공간에 매핑하는 선형 층 다음에 오는 원-핫 인코딩과 동일합니다. 출력 층은 그 반대입니다. 따라서 모델이 전치가 역행렬에 가까운 임베딩 행렬을 찾을 수 있다면(이러한 행렬을 **직교 행렬**[orthogonal matrix]이라고 합니다) 출력 층을 위해 별도의 가중치를 학습할 필요가 없습니다.

이것이 전부입니다! 케라스 **Model** 객체를 만들고 컴파일하고 훈련하면 됩니다.

```
model = tf.keras.Model(inputs=[encoder_inputs, decoder_inputs],
                       outputs=[Y_proba])
model.compile(loss="sparse_categorical_crossentropy", optimizer="nadam",
              metrics=["accuracy"])
model.fit((X_train, X_train_dec), Y_train, epochs=10,
          validation_data=((X_valid, X_valid_dec), Y_valid))
```

---

18 Sébastien Jean et al., "On Using Very Large Target Vocabulary for Neural Machine Translation", Proceedings of the 53rd Annual Meeting of the Association for Computational Linguistics and the 7th International Joint Conference on Natural Language Processing of the Asian Federation of Natural Language Processing 1 (2015): 1 – 10. *https://homl.info/104*

훈련이 끝나면 모델을 사용하여 새로운 영어 문장을 스페인어로 번역할 수 있습니다. 하지만 model.predict()를 호출하는 것처럼 간단하지 않습니다. 디코더는 이전 타임 스텝에서 예측한 단어를 입력으로 기대하기 때문입니다. 이를 수행하는 한 가지 방법은 이전 출력을 기록하여 다음 타임 스텝에서 인코더에게 주입하는 사용자 정의 메모리 셀을 만드는 것입니다. 하지만 간단하게 하려면 모델을 여러 번 호출하고 매번 단어를 하나씩 늘려서 예측하면 됩니다. 이를 위한 간단한 유틸리티 함수를 작성해보겠습니다.

```python
def translate(sentence_en):
    translation = ""
    for word_idx in range(max_length):
        X = np.array([sentence_en])                     # 인코더 입력
        X_dec = np.array(["startofseq " + translation])  # 디코더 입력
        y_proba = model.predict((X, X_dec))[0, word_idx] # 마지막 토큰 확률
        predicted_word_id = np.argmax(y_proba)
        predicted_word = text_vec_layer_es.get_vocabulary()[predicted_word_id]
        if predicted_word == "endofseq":
            break
        translation += " " + predicted_word
    return translation.strip()
```

이 함수는 한 번에 한 단어씩 계속 예측하여 점차적으로 번역을 완료하고 EOS 토큰에 도달하면 중지합니다. 한번 사용해보죠!

```python
>>> translate("I like soccer")
'me gusta el futbol'
```

와우, 작동합니다! 음, 적어도 아주 짧은 문장에서는 그렇습니다. 이 모델을 잠시 사용해보면 아직 두 언어에 능숙하지 못하며 특히 긴 문장에서는 어려움을 겪는다는 것을 알 수 있습니다. 예를 들어 다음과 같이 시도해보죠.

```python
>>> translate("I like soccer and also going to the beach")
'me gusta el futbol y a veces mismo al bus'
```

'나는 축구를 좋아하고 때로는 버스도 좋아한다'라고 번역되었네요. 그렇다면 어떻게 개선할 수 있을까요? 한 가지 방법은 훈련 세트 크기를 늘리고 인코더와 디코더에 더 많은 LSTM 층을 추

가하는 것입니다. 하지만 여기서 마치고 양방향 순환 층부터 시작해서 좀 더 정교한 기법을 살펴보겠습니다.

16.3.1 양방향 RNN

각 타임 스텝에서 일반적인 순환 층은 과거와 현재의 입력만 보고 출력을 생성합니다. 다른 말로 하면 인과적^{causal}입니다. 즉, 미래를 볼 수 없다는 뜻입니다. 이런 종류의 RNN은 시계열을 예측할 때나 시퀀스-투-시퀀스(seq2seq) 모델의 디코더에 적합합니다. 하지만 텍스트 분류 작업이나 seq2seq 모델의 인코더에는 맞지 않습니다. 이런 작업은 주어진 단어를 인코딩하기 전에 다음 단어를 미리 보는 것이 좋습니다.

예를 들어 다음과 같은 'the right arm', 'the right person', 'the right to criticize' 구를 생각해보죠. 'right'을 올바르게 인코딩하려면 앞을 내다봐야 합니다. 이를 위해 동일한 입력에 대해 두 개의 순환 층을 실행합니다. 하나는 왼쪽에서 오른쪽으로 단어를 읽고 다른 하나는 오른쪽에서 왼쪽으로 읽습니다. 그다음 일반적으로 타임 스텝마다 이 두 출력을 연결합니다. 이것이 바로 **양방향 순환 층**$^{bidirectional\ recurrent\ layer}$이 하는 일입니다(그림 16-5).

케라스에서 양방향 순환 층을 구현하려면 `tf.keras.layers.Bidirectional`로 순환 층을 감쌉니다. 예를 들어 다음과 같은 `Bidirectional` 층을 번역 모델의 인코더로 사용할 수 있습니다.

```
encoder = tf.keras.layers.Bidirectional(
    tf.keras.layers.LSTM(256, return_state=True))
```

> **✎ NOTE** `Bidirectional` 층은 LSTM 층을 복사합니다(반대 방향으로). 그다음 두 층을 실행하여 그 출력을 연결합니다. LSTM 층이 10개의 유닛을 가지면 `Bidirectional` 층은 타임 스텝마다 20개의 값을 출력합니다.

한 가지 문제가 있습니다. 이 층은 이제 두 개가 아니라 네 개의 상태를 반환합니다. 정방향 LSTM 층의 마지막 단기 상태와 장기 상태, 역방향 LSTM 층의 마지막 단기 상태와 장기 상태를 반환합니다. 이 네 개의 상태를 디코더의 LSTM 층의 초기 상태로 직접 사용할 수 없습니다.

LSTM은 두 개의 상태(단기 상태와 장기 상태)만 기대하기 때문입니다. 디코더는 인과관계를 유지해야 하므로 양방향으로 만들 수 없습니다. 그렇지 않으면 훈련 중에 속임수를 쓰는 것이며 추론에서 제대로 작동하지 않을 것입니다. 대신 두 개의 단기 상태와 두 개의 장기 상태를 연결할 수 있습니다.

```
encoder_outputs, *encoder_state = encoder(encoder_embeddings)
encoder_state = [tf.concat(encoder_state[::2], axis=-1),  # 단기 상태 (0 & 2)
                 tf.concat(encoder_state[1::2], axis=-1)] # 장기 상태 (1 & 3)
```

이제 추론할 때 번역 모델의 성능을 크게 향상시킬 수 있는 또 다른 인기 기술인 빔 서치에 관해 살펴보겠습니다.

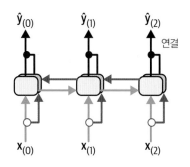

그림 16-5 양방향 순환 층

16.3.2 빔 서치

인코더-디코더 모델을 훈련하여 'I like soccer'를 스페인어로 번역한다고 가정해봅시다. 올바른 번역인 'me gusta el fútbol'이 출력되길 기대하지만 안타깝게도 'I like the players'를 의미하는 'me gustan los jugadores'가 출력됩니다. 훈련 세트를 들여다보니 'me gustan los autos'로 번역된 'I like cars'와 같은 문장이 많다는 걸 알았습니다. 따라서 모델이 'I like'를 보고 'me gustan los'를 출력하는 것이 이상하지 않습니다. 안타깝게도 'soccer'가 단수이기 때문에 이는 실수입니다.[19] 하지만 모델은 실수가 있더라도 뒤로 돌아가 고칠 수 없으므로 최선을 다해 문장을 완성해야 합니다. 이 경우에는 'jugadores' 단어를 사용했습니다. 어떻게 모

---

19 옮긴이_ 스페인어 'los'는 복수 대명사입니다.

델이 앞선 실수를 고칠 수 있게 할까요? 널리 사용되는 방법 중 하나가 **빔 서치**^{beam search}입니다. *k*개의 가능성 있는 (**예** 상위 세 개) 문장의 리스트를 유지하고 디코더 단계마다 이 문장의 단어를 하나씩 생성하여 가능성 있는 *k*개의 문장을 만듭니다. 파라미터 *k*를 **빔 너비**^{beam width}라고 부릅니다.

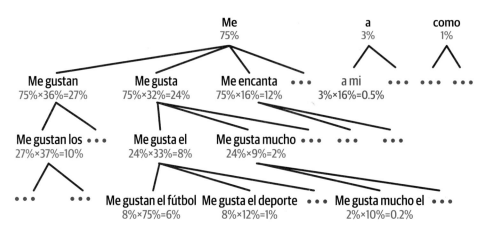

그림 16-6 빔 너비가 3인 빔 서치

예를 들어 빔 너비 3의 빔 서치로 'I like soccer'를 번역한다고 해봅시다(그림 16-6). 첫 번째 디코더 스텝에서 모델이 번역된 문장에 가능한 모든 단어에 대한 추정 확률을 출력할 것입니다. 최상위 세 개 단어를 'me'(75% 추정 확률), 'a'(3%), 'como'(1%)라고 가정해보죠. 이것이 현재 리스트입니다. 그다음 이 모델을 사용해 각 문장의 다음 단어를 찾습니다. 첫 번째 문장('me')을 위해서 모델은 단어 'gustan'에 대해 36% 확률을 출력하고, 'gusta'에 대해 32%, 'encanta'에 대해 16%의 확률을 출력합니다. 실제로 이 값은 'me'로 시작하는 문장이 주어졌을 때의 조건부 확률^{conditional probability}입니다. 두 번째 문장('a')을 위해 모델은 단어 'mi'에 대해 50%의 조건부 확률을 출력하는 식입니다. 어휘 사전에 단어 1,000개가 있다고 가정하면 문장마다 1,000개의 확률이 출력될 것입니다.

그런 다음 이 모델은 두 개의 단어로 이루어진 3,000개의 문장(3×1,000)에 대해 확률을 계산합니다. 완성된 문장의 추정된 확률에 각 단어의 추정된 조건부 확률을 곱하는 방법으로 말이죠. 예를 들어 문장 'me'의 추정 확률이 75%이고 (첫 번째 단어로 'me'가 주어졌을 때) 단어 'gustan'에 대한 추정된 조건부 확률이 36%라면 'me gustan' 문장의 추정 확률은 75%×

36%＝27%가 됩니다. 두 단어로 이루어진 문장 3,000개의 확률을 계산한 후 최상위 3개만 추립니다. 이 예제의 경우 'me gustan'(27%), 'me gusta'(24%), 'me encanta'(12%)와 같이 모두 'me'로 시작합니다. 지금까지는 'me gustan'이 가장 앞서 있지만 'me gusta'가 완전히 배제되지는 않았습니다.

동일한 과정을 반복합니다. 모델을 사용해 세 문장에서 다음 단어를 예측합니다. 그리고 세 단어로 이루어진 문장 3,000개의 확률을 계산합니다. 가령 가장 높은 확률을 가진 세 문장은 'me gustan los'(10%), 'me gusta el'(8%), 'me gusta mucho'(2%)입니다. 다음 단계에서 'me gusta el fútbol'(6%), 'me gusta mucho el'(1%), 'me gusta el deporte'(0.2%)를 얻습니다. 여기에서 'me gustan'이 제외되었고 번역이 올바르게 진행되는 것을 볼 수 있습니다. 추가적인 훈련을 하지 않고 사용법을 개선함으로써 인코더-디코더 모델의 성능을 높였습니다.

> **TIP** 텐서플로 애드온TensorFlow Addons 라이브러리에는 빔 서치 등을 포함하여 어텐션과 함께 인코더-디코더 모델을 구축할 수 있는 완전한 seq2seq API가 포함되어 있습니다. 하지만 현재 문서가 매우 제한적으로 제공됩니다. 빔 서치를 구현하는 것은 좋은 연습이 될 수 있으니 시도해보세요! 이 장의 노트북에 해법이 있으니 확인해보기 바랍니다.

이런 작업을 통해 꽤 짧은 문장에 대해서는 상당히 좋은 번역을 얻을 수 있습니다. 하지만 이 모델은 긴 문장에서는 성능이 매우 나쁩니다. 다시 한번 RNN의 제한된 단기 기억으로 인한 문제가 대두됩니다. 어텐션 메커니즘은 이 문제를 해결하는 획기적인 방법입니다.

16.4 어텐션 메커니즘

[그림 16-3]에서 단어 'soccer'에서 'fútbol'로 번역이 이어지는 경로를 생각해보면 매우 깁니다! 이 단어의 표현이 (다른 모든 단어와 함께) 실제 사용되기 전에 여러 단계를 이동해야 한다는 것을 의미합니다. 이 경로를 더 짧게 만들 수 없을까요?

이것이 드미트리 바흐다나우Dzmitry Bahdanau 등이 2014년에 발표한 혁신적인 논문[20]의 핵심 아이디어입니다. 저자들은 각 타임 스텝에서 (인코더에 의해 인코딩된 대로) 적절한 단어에 디코

---

[20] Dzmitry Bahdanau et al., "Neural Machine Translation by Jointly Learning to Align and Translate," arXiv preprint arXiv:1409.0473 (2014). *https://homl.info/attention*

더가 초점을 맞추도록 하는 기술을 소개했습니다. 예를 들어 디코더가 단어 'fútbol'을 출력해야 하는 타임 스텝에서는 단어 'soccer'에 주의를 집중합니다. 즉, 입력 단어에서 번역까지 경로가 훨씬 짧아졌기 때문에 RNN의 단기 기억 제한성이 훨씬 적은 영향을 미칩니다. 어텐션 메커니즘은 신경망 기계 번역(그리고 일반적인 딥러닝)에 큰 변화를 만들었습니다. 특히 (30단어 이상의) 긴 문장에 대해서 최고 수준의 성능을 크게 향상시켰습니다.

> **✎ NOTE** NMT에서 가장 널리 사용되는 지표는 BLEU^bilingual evaluation understudy 점수입니다. 모델이 생성한 번역과 사람이 만든 여러 개의 좋은 번역을 비교합니다. 이 방법은 모든 타깃 번역에 등장하는 n–그램 (단어 n개의 시퀀스)의 개수를 셉니다. 그리고 타깃 번역에 있는 생성된 n–그램의 빈도수를 고려하여 이 점수를 조정합니다.

[그림 16-7]은 인코더–디코더 모델에 어텐션 메커니즘을 추가한 것입니다. 왼쪽에 인코더와 디코더가 있습니다. 각 타임 스텝에서 인코더의 마지막 은닉 상태와 이전 스텝의 타깃 단어만 디코더에 보내는 것이 아니라(그림에 나와 있지는 않지만 전송합니다) 인코더의 모든 출력을 디코더로 전송합니다. 디코더는 모든 인코더 출력을 한 번에 다룰 수 없으므로 이를 집계해야 합니다. 즉, 각 타임 스텝에서 디코더의 메모리 셀은 모든 인코더 출력의 가중치 합을 계산합니다. 이 단계에서 주의를 집중할 단어를 결정합니다. $\alpha_{(t,\,i)}$ 가중치는 t번째 디코더 타임 스텝에서 i번째 인코더 출력의 가중치입니다. 예를 들어 가중치 $\alpha_{(3,\,2)}$가 가중치 $\alpha_{(3,\,0)}$과 $\alpha_{(3,\,1)}$보다 훨씬 크다면 적어도 이 타임 스텝에서 디코더는 다른 단어보다 두 번째 단어('soccer')에 훨씬 많은 주의를 기울일 것입니다. 디코더의 나머지 부분은 앞서 본 것과 동일하게 작동합니다. 타임 스텝마다 메모리 셀이 앞서 언급한 입력과 이전 타임 스텝의 은닉 상태를 받습니다. 마지막으로 (이 그림에는 나타나 있지는 않지만) 이전 타임 스텝에서 타깃 단어를 받습니다(또는 추론 시에 이전 타임 스텝의 출력을 받습니다).

$\alpha_{(t,\,i)}$ 가중치는 어디에서 오는 것일까요? 이 가중치는 **정렬 모델**^alignment model (또는 **어텐션 층**^attention layer)이라 부르는 작은 신경망에 의해 생성됩니다. 이 모델은 인코더–디코더 모델의 나머지 부분과 함께 훈련됩니다. [그림 16-7]의 오른쪽에 이 정렬 모델이 나타나 있습니다. 먼저 하나의 뉴런으로 구성된 Dense 층이 인코더의 모든 출력과 디코더의 이전 은닉 상태(**예** $h_{(2)}$)를 처리합니다. 이 층은 각 인코더 출력에 대한 점수(또는 에너지)를 출력합니다(**예** $e_{(3,\,2)}$).

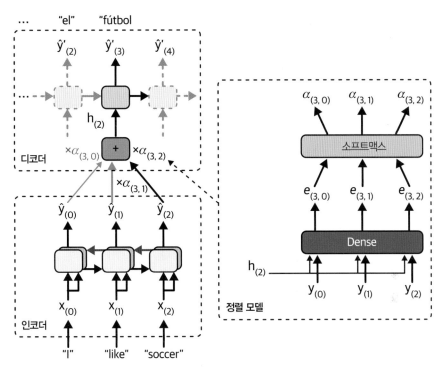

그림 16-7 어텐션 모델과 인코더-디코더 네트워크를 사용한 신경망 기계 번역

이 점수는 각 출력이 디코더의 은닉 상태와 얼마나 잘 맞는지를 측정합니다. 예를 들어 [그림 16-7]에서 모델은 이미 'me gusta el'('I like'의 의미)을 출력했으므로 다음 단어로 명사를 예상합니다. 'soccer'라는 단어가 현재 상태와 가장 잘 일치하므로 높은 점수를 받습니다. 마지막으로 모든 점수가 소프트맥스 층을 통과해 각 인코더 출력에 대한 최종 가중치를 얻습니다 (⑩ $\alpha_{(3, 2)}$). 주어진 디코더 타임 스텝에 대한 모든 가중치 합은 1이 됩니다(소프트맥스 층은 타임 스텝에 각각 적용되지 않기 때문입니다). 이런 종류의 어텐션 메커니즘을 (2014년 논문의 제1저자 이름을 따서) **바흐다나우 어텐션**Bahdanau attention이라고 부릅니다. 인코더의 출력과 디코더의 이전 은닉 상태를 연결하기 때문에 **연결 어텐션**concatenative attention (또는 **덧셈 어텐션**additive attention)이라고도 부릅니다.

> **✐ NOTE** 입력 문장이 n개의 단어로 이루어져 있고 출력 문장이 비슷한 길이라고 가정하면 이 모델이 n^2개의 가중치를 계산해야 합니다. 다행히 긴 문장이라도 단어를 수천 개 가지고 있지는 않으므로 이차식으로 표현되는 계산 복잡도를 감내할 만합니다.

널리 알려진 또 다른 어텐션 메커니즘은 민-탕 루옹Minh-Thang Luong 등이 2015년 논문[21]에서 제안한 루옹 어텐션Luong attention 또는 곱셈 어텐션multiplicative attention입니다. 이 정렬 모델의 목적은 인코더의 출력 하나와 디코더의 이전 은닉 상태 사이의 유사도를 측정하는 것이기 때문에 저자들은 간단히 두 벡터 사이의 점곱(4장 참고)을 제안했습니다. 점곱은 꽤 좋은 유사도 측정 방법이며 현대적인 하드웨어는 점곱을 매우 효율적으로 계산할 수 있습니다. 이렇게 하려면 두 벡터는 동일한 차원을 가져야 합니다. 점곱은 하나의 점수를 만듭니다. 바흐다나우 어텐션처럼 (어떤 디코더 타임 스텝에서) 이 점수가 모두 소프트맥스 층을 통과해 최종 가중치를 만듭니다. 루옹 등이 제안한 또 다른 간소화된 버전은 이전 타임 스텝이 아니라 현재 타임 스텝에서 디코더의 은닉 상태를 사용하는 것입니다($\mathbf{h}_{(t-1)}$이 아니라 $\mathbf{h}_{(t)}$). 그다음 어텐션 메커니즘의 출력($\tilde{\mathbf{h}}_{(t)}$로 표시)을 사용하여 (디코더의 현재 은닉 상태를 계산하지 않고) 바로 디코더의 예측을 계산합니다. 또한 저자들은 인코더의 출력이 점곱 계산 전에 먼저 (편향이 없는) 완전 연결 층을 통과하는 점곱 메커니즘의 변형을 제안했습니다. 이를 '일반' 점곱 방법이라고 부릅니다. 저자들은 (스케일 재조정 파라미터 벡터 $\mathbf{v}$를 추가한) 연결 어텐션 메커니즘과 이 점곱 방법을 비교했습니다. 그 결과 점곱의 변형이 연결 어텐션보다 더 높은 성능을 보였습니다. 이런 이유로 이젠 연결 어텐션이 많이 사용되지 않습니다. 이 세 가지 어텐션 메커니즘의 공식이 [식 16-1]에 요약되어 있습니다.

식 16-1 어텐션 메커니즘

$$\tilde{\mathbf{h}}_{(t)} = \sum_i \alpha_{(t,i)} \mathbf{y}_{(i)}$$

여기에서

$$\alpha_{(t,i)} = \frac{\exp\left(e_{(t,i)}\right)}{\sum_{i'} \exp\left(e_{(t,i')}\right)} \text{ 이고} \qquad e_{(t,i)} = \begin{cases} \mathbf{h}_{(t)}^\top \mathbf{y}_{(i)} & \text{점곱} \\ \mathbf{h}_{(t)}^\top \mathbf{W} \mathbf{y}_{(i)} & \text{일반 점곱} \\ \mathbf{v}^\top \tanh\left(\mathbf{W}\left[\mathbf{h}_{(t)} ; \mathbf{y}_{(i)}\right]\right) & \text{연결} \end{cases}$$

케라스는 루옹 어텐션을 위해 `tf.keras.layers.Attention` 층을, 바흐다나우 어텐션을 위해 `AdditiveAttention` 층을 제공합니다. 인코더-디코더 모델에 루옹 어텐션을 추가해보겠습니다. 인코더의 모든 출력을 `Attention` 층으로 전달해야 하므로 먼저 인코더를 생성할 때

21 Minh-Thang Luong et al., "Effective Approaches to Attention-Based Neural Machine Translation," Proceedings of the 2015 Conference on Empirical Methods in Natural Language Processing (2015): 1412-1421. *https://homl.info/luongattention*

return_sequences=True로 설정해야 합니다.

```
encoder = tf.keras.layers.Bidirectional(
    tf.keras.layers.LSTM(256, return_sequences=True, return_state=True))
```

이번에는 어텐션 층을 생성하고 디코더의 상태와 인코더의 출력을 전달해야 합니다. 하지만 각 스텝에서 디코더의 상태를 참조하려면 사용자 정의 메모리 셀을 작성해야 합니다. 간단하게 하기 위해 디코더의 상태 대신 출력을 사용하겠습니다. 실제로 이 방법도 잘 작동하며 코딩하기가 훨씬 쉽습니다. 그런 다음 루옹 어텐션 논문에서 제안한 대로 어텐션 층의 출력을 출력 층으로 직접 전달하면 됩니다.

```
attention_layer = tf.keras.layers.Attention()
attention_outputs = attention_layer([decoder_outputs, encoder_outputs])
output_layer = tf.keras.layers.Dense(vocab_size, activation="softmax")
Y_proba = output_layer(attention_outputs)
```

이게 전부입니다! 이 모델을 훈련시키면 이제 훨씬 더 긴 문장을 처리할 수 있습니다. 다음과 같이 테스트해보죠.

```
>>> translate("I like soccer and also going to the beach")
'me gusta el futbol y tambien ir a la playa'
```

요약하면 어텐션 층은 입력의 일부에 모델의 주의를 집중시키는 방법을 제공합니다. 하지만 이 층을 다른 방식으로 생각하면 미분 가능한 메모리 검색 메커니즘처럼 작동한다고 볼 수 있습니다.

예를 들어 인코더가 'I like soccer'라는 입력 문장을 분석해서 단어 'I'가 주어, 단어 'like'가 동사라는 것을 이해하여 이러한 정보를 출력에 인코딩했다고 가정해봅시다. 디코더가 이미 주어 번역을 완료했으며 다음으로 동사를 번역해야 한다고 생각해보죠. 이를 위해서는 입력 문장에서 동사를 가져와야 합니다. 이는 딕셔너리 룩업과 유사합니다. 인코더가 {'주어': 'They', '동사': 'played', ...}라는 딕셔너리를 만들고 디코더가 '동사' 키^{key}에 해당하는 값^{value}을 찾는 것과 같습니다.

하지만 이 모델에는 ('주어' 또는 '동사'와 같은) 키를 나타내는 토큰이 없습니다. 대신 훈련 중에 이러한 개념을 학습한 벡터화된 표현을 가지고 있습니다. 따라서 룩업에 사용할 쿼리^{query}

가 딕셔너리에 있는 어떤 키와도 완벽하게 일치하지 않습니다. 해결책은 쿼리와 딕셔너리에 있는 각 키 사이의 유사도를 계산하는 것입니다. 그다음 소프트맥스 함수를 사용하여 이러한 유사도 점수를 가중치로 변환하여 모두 더했을 때 1이 되도록 만듭니다. 앞서 살펴본 바와 같이 이것이 바로 어텐션 층의 역할입니다. **'동사'** 키의 가중치가 1에 가까우면 이 가중치 합이 'played'라는 단어의 표현에 매우 가깝게 될 것입니다.

이것이 케라스의 `Attention`과 `AdditiveAttention` 층이 **쿼리**, **키** 및 (선택적으로) **값**에 해당하는 두 개 또는 세 개의 항목을 담은 리스트를 입력으로 기대하는 이유입니다. 값을 전달하지 않으면 자동으로 키를 값으로 사용합니다. 따라서 이전 코드 예제를 다시 살펴보면 디코더 출력은 쿼리이고 인코더 출력은 키와 값입니다. 각 디코더 출력(각 쿼리)에 대해 어텐션 층은 디코더 출력과 가장 유사한 인코더 출력(키/값)의 가중치 합을 반환합니다.

결론적으로 어텐션 메커니즘은 훈련 가능한 메모리 검색 시스템입니다. 이 시스템은 매우 강력하기 때문에 실제로 어텐션 메커니즘만을 사용하여 최첨단 모델을 구축할 수 있습니다. 이제 트랜스포머 아키텍처에 관해 알아보죠.

16.4.1 트랜스포머 구조: 어텐션만 있으면 된다

2017년의 획기적인 한 논문[22]에서 구글 연구 팀은 '어텐션만 있으면 된다Attention Is All You Need'라고 주장했습니다. 연구자들은 **트랜스포머**transformer라는 구조를 만들었습니다. 이 구조는 순환 층이나 합성곱 층을 전혀 사용하지 않고 (임베딩 층, 밀집 층, 정규화 층, 몇 가지 다른 구성 요소와) 어텐션 메커니즘만 사용하여 NMT 분야의 최신 기술을 크게 향상시켰습니다.[23] 이 모델은 순환하지 않기 때문에 RNN처럼 그레이디언트 소실이나 폭주 문제가 발생하지 않으며, 더 적은 단계로 학습할 수 있고, 여러 GPU에 걸쳐 병렬화하기 쉬우며, RNN보다 장기 패턴을 더 잘 포착할 수 있습니다. 2017년의 원본 트랜스포머 구조는 [그림 16-8]과 같습니다.

간단하게 요약하면 [그림 16-8]의 왼쪽 부분이 인코더이고 오른쪽 부분이 디코더입니다. 임베딩 층은 크기가 [배치 크기, 시퀀스 길이, 임베딩 크기]인 3D 텐서를 출력합니다. 그 후 이 텐

---

[22] Ashish Vaswani et al., "Attention Is All You Need", Proceedings of the 31st International Conference on Neural Information Processing Systems (2017): 6000–6010. *https://homl.info/transformer*

[23] 트랜스포머는 타임 스텝에 독립적으로 적용된(time-distributed) Dense 층을 사용하기 때문에 커널 크기가 1인 1D 합성곱 층을 사용한다고 주장할 수도 있습니다.

서는 트랜스포머를 통과하면서 점차 변형되지만 크기는 동일하게 유지됩니다.

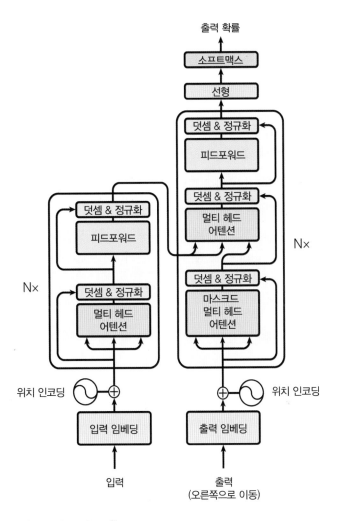

출력 확률

소프트맥스

선형

덧셈 & 정규화

피드포워드

덧셈 & 정규화

멀티 헤드
어텐션

덧셈 & 정규화

마스크드
멀티 헤드
어텐션

Nx

덧셈 & 정규화

피드포워드

Nx

덧셈 & 정규화

멀티 헤드
어텐션

위치 인코딩

입력 임베딩

출력 임베딩

위치 인코딩

입력

출력
(오른쪽으로 이동)

그림 16-8 2017년의 원본 트랜스포머 구조[24]

NMT에 트랜스포머를 사용한다면 훈련할 때 영어 문장을 인코더에 주입하고 이에 해당하는 스페인어 번역을 디코더에 공급해야 합니다. 또한 스페인어 각 문장의 시작 부분에 추가적인 SOS 토큰을 삽입해야 합니다. 추론 시에는 트랜스포머를 여러 번 호출하여 한 번에 한 단어씩

....

24 「Attention Is All You Need」 논문에 있는 [Figure 1]입니다. 저자의 허락을 받아 옮겼습니다.

번역을 생성하고 매번 부분 번역을 디코더에 공급해야 합니다. 앞서 `translate()` 함수에서 한 것과 같습니다.

인코더의 역할은 각 단어의 표현이 문맥 안에서 단어의 의미를 완벽하게 포착할 때까지 입력(영어 문장의 단어 표현)을 점진적으로 변환하는 것입니다. 예를 들어 인코더에 'I like soccer'라는 문장을 입력하면 단어 'like'는 다소 모호한 표현으로 시작하게 됩니다. 이 단어는 문맥에 따라 다른 의미를 가질 수 있기 때문입니다. 예를 들어 'I like soccer'와 'It's like that'을 생각해보세요. 하지만 인코더를 통과한 후 단어의 표현은 주어진 문장에서 'like'의 정확한 의미(예 좋아하다)와 번역에 필요한 기타 정보(예 동사)를 포착해야 합니다.

디코더의 역할은 번역된 문장의 각 단어 표현을 다음 번역 단어의 표현으로 점진적으로 변환하는 것입니다. 예를 들어 번역할 문장이 'I like soccer'이고 디코더의 입력 문장이 '⟨SOS⟩ me gusta el fútbol'이라면 디코더를 통과한 후 단어 'el'의 표현은 단어 'fútbol'의 표현으로 변환됩니다. 마찬가지로 단어 'fútbol'의 표현은 EOS 토큰의 표현으로 변환됩니다.

디코더를 통과한 후 각 단어 표현은 소프트맥스 활성화 함수를 가진 마지막 Dense 층을 거칩니다. 이를 통해 올바른 다음 단어에 대해 높은 확률을, 다른 모든 단어에 대해 낮은 확률을 출력하길 기대합니다. 따라서 예측된 문장은 'me gusta el fútbol ⟨EOS⟩'가 되어야 합니다.

지금까지 큰 그림을 보았으니 이제 [그림 16-8]을 좀 더 자세히 살펴보겠습니다.

먼저 인코더와 디코더 모두 N번 반복하여 쌓아 올린 모듈을 포함하고 있습니다. 이 논문에서 N = 6입니다. 인코더 스택stack의 최종 출력이 N번의 디코더에 모두 주입됩니다.

자세히 보면 대부분의 구성 요소가 익숙한 것입니다. 두 개의 임베딩 층, 여러 개의 스킵 연결과 그 뒤를 잇는 층 정규화, 두 개의 밀집 층으로 구성된 여러 개의 피드포워드 모듈(첫 번째는 ReLU 활성화 함수를 사용하고 두 번째는 활성화 함수가 없습니다), 마지막으로 출력 층은 소프트맥스 활성화 함수를 사용하는 밀집 층입니다. 필요한 경우 어텐션 층과 피드포워드 모듈 뒤에 약간의 드롭아웃을 적용할 수도 있습니다. 이러한 모든 층은 타임 스텝에 독립적time-distributed입니다. 따라서 각 단어는 다른 모든 단어에 대해 독립적으로 처리됩니다. 하지만 단어를 완전히 독립적으로 보면서 어떻게 문장을 번역할 수 있을까요? 맞습니다, 그럴 수 없기 때문에 새로운 구성 요소가 등장했습니다.

- 인코더의 **멀티 헤드 어텐션**multi-head attention 층은 같은 문장에 있는 다른 모든 단어에 주의를 기울여 각 단어 표현을 업데이트합니다. 이를 통해 단어 'like'의 모호한 표현이 더 풍

부하고 정확한 표현으로 바뀌면서 주어진 문장에서 정확한 의미를 포착할 수 있습니다. 이것이 어떻게 작동하는지 곧 자세히 설명하겠습니다.

- 디코더의 **마스크드 멀티 헤드 어텐션**^{masked multi-head attention} 층도 동일한 작업을 수행합니다. 하지만 한 단어를 처리할 때 그 뒤에 있는 단어에는 관심을 기울이지 않는 인과적^{causal} 층입니다. 예를 들어 단어 'gusta'를 처리할 때 '⟨SOS⟩ me gusta'에만 주의를 기울이고 'el fútbol'은 무시합니다(그렇지 않으면 속임수가 됩니다).

- 디코더에서 위쪽에 있는 멀티 헤드 어텐션 층은 디코더가 영어 문장의 단어에 주의를 기울이는 곳입니다. 이를 **셀프 어텐션**^{self attention}이 아닌 **크로스 어텐션**^{cross attention}이라고 합니다. 예를 들어 디코더는 단어 'el'를 처리할 때 'soccer' 단어에 주의를 기울이고 그 표현을 단어 'fútbol'의 표현으로 변환할 것입니다.

- **위치 인코딩**^{positional encoding}은 문장에서 각 단어의 위치를 나타내는 (단어 임베딩과 매우 비슷한) 밀집 벡터입니다. n번째 위치 인코딩이 각 문장에 있는 n번째 단어의 단어 임베딩에 더해집니다. 이렇게 하는 이유는 트랜스포머 구조에 있는 모든 층이 단어 위치를 무시하기 때문입니다. 위치 인코딩이 없으면 입력 시퀀스를 섞을 수 있고 출력 시퀀스도 같은 방식으로 섞을 수 있게 됩니다. 단어의 순서가 중요하므로 어떤 식으로든 트랜스포머에 위치 정보를 제공해야 하는데, 한 가지 좋은 방법은 단어 표현에 위치 인코딩을 추가하는 것입니다.

> ✏️ **NOTE** [그림 16-8]에서 멀티 헤드 어텐션 층으로 향하는 처음 두 화살표는 키와 값을 나타내고 세 번째 화살표는 쿼리를 나타냅니다. 셀프 어텐션 층에서는 세 개 모두 이전 층에서 출력한 단어 표현과 동일합니다. 하지만 디코더의 위쪽에 있는 어텐션 층에서는 인코더의 최종 단어 표현이 키와 값이 되고, 이전 층에서 출력한 단어 표현이 쿼리가 됩니다.

이제 위치 인코딩부터 시작해서 트랜스포머 구조에 새롭게 등장한 구성 요소까지 자세히 살펴보겠습니다.

위치 인코딩

위치 인코딩은 문장 안에 있는 단어의 위치를 인코딩한 밀집 벡터입니다. 단순히 i번째 위치 인코딩이 문장에 있는 i번째 단어의 단어 임베딩에 더해집니다.

이를 구현하는 가장 쉬운 방법은 Embedding 층을 사용하여 0부터 배치에 있는 최대 시퀀스 길이까지 모든 위치를 인코딩한 다음 그 결과를 단어 임베딩에 추가하는 것입니다. 브로드캐스팅 규칙을 사용하면 모든 입력 시퀀스에 위치 인코딩이 적용됩니다. 인코더와 디코더 입력에 위치 인코딩을 추가하는 방법의 예시는 다음과 같습니다.

```
max_length = 50 # 전체 훈련 세트에 있는 문장의 최대 길이
embed_size = 128
pos_embed_layer = tf.keras.layers.Embedding(max_length, embed_size)
batch_max_len_enc = tf.shape(encoder_embeddings)[1]
encoder_in = encoder_embeddings + pos_embed_layer(tf.range(batch_max_len_enc))
batch_max_len_dec = tf.shape(decoder_embeddings)[1]
decoder_in = decoder_embeddings + pos_embed_layer(tf.range(batch_max_len_dec))
```

이 구현은 임베딩이 래그드 텐서가 아닌 일반 텐서로 표현된다고 가정합니다.[25] 인코더와 디코더는 임베딩 크기가 동일하기 때문에 위치 인코딩을 위해 하나의 Embedding 층을 공유합니다 (이런 경우가 많습니다).

훈련 가능한 위치 임베딩 대신 논문에서 저자들은 여러 가지 주기의 사인sine과 코사인cosine 함수에 기반한 고정된 위치 인코딩을 선택했습니다. 위치 인코딩 행렬 **P**는 [식 16-2]에 정의되어 있으며, [그림 16-9]의 위쪽에 (전치되어) 표현되어 있습니다. 여기에서 $P_{p,i}$는 문장에서 p번째 위치에 있는 단어를 위한 인코딩의 i번째 원소입니다.

식 16-2 사인/코사인 위치 인코딩

$$
P_{p,i} = \begin{cases} \sin\left(p/10000^{\,i/d}\right) & i \text{가 짝수일 때} \\ \cos\left(p/10000^{\,(i-1)/d}\right) & i \text{가 홀수일 때} \end{cases}
$$

이 방법은 학습된 위치 임베딩과 동일한 성능을 내면서 모델에 파라미터를 추가하지 않고 임의의 긴 문장으로 확장할 수 있습니다(하지만 사전 훈련 데이터가 많은 경우 일반적으로 훈련 가능한 위치 인코딩이 선호됩니다). 위치마다 고유한 위치 인코딩이 만들어지기 때문에 위치 인코딩을 단어 임베딩에 더하면 모델이 문장에 있는 단어의 절대 위치를 알 수 있습니다(예를 들어 문장에서 22번째 위치에 있는 단어의 위치 인코딩은 [그림 16-9]의 왼쪽 위 수직 점선으로

---

25 최신 텐서플로 버전을 사용하면 래그드 텐서를 사용할 수 있습니다.

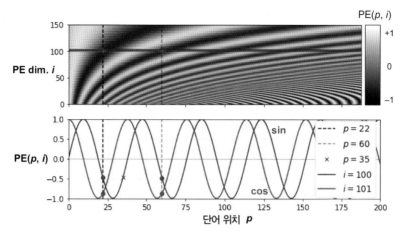

그림 16-9 (전치된) 사인/코사인 위치 인코딩 행렬(위쪽), 두 i 값에 대한 그래프(아래쪽)

나타나 있습니다. 이 위치에 해당하는 인코딩은 고유합니다).[26] 또한 진동 함수(사인 함수와 코사인 함수) 선택에 따라 모델이 상대적인 위치도 학습할 수 있습니다. 예를 들어 [그림 16-9]에서 볼 수 있듯이 38개 단어만큼 떨어진 두 단어는(⑩ $p=22$와 $p=60$ 위치) 인코딩 차원 $i=100$과 $i=101$에서 항상 같은 위치 인코딩 값을 가집니다. 이는 같은 주기의 사인과 코사인 함수를 사용해야 하는 이유입니다. 즉, 사인 함수($i=100$인 파란 곡선)만 사용하면 모델이 $p=22$와 (× 표시된) $p=35$ 위치를 구별할 수 없습니다.

텐서플로에는 PositionalEmbedding과 같은 층이 없지만 만드는 것은 어렵지 않습니다. 생성자에서 위치 인코딩 행렬을 미리 계산한 다음(효율성 때문에 이렇게 합니다), call() 메서드에서 이 인코딩 행렬을 입력의 최대 길이로 잘라 입력에 더합니다. 또한 입력 마스크를 다음 층으로 전파하기 위해 supports_masking=True로 지정합니다.

```python
class PositionalEncoding(tf.keras.layers.Layer):
    def __init__(self, max_length, embed_size, dtype=tf.float32, **kwargs):
        super().__init__(dtype=dtype, **kwargs)
        assert embed_size % 2 == 0, "embed_size must be even"
        p, i = np.meshgrid(np.arange(max_length),
                           2 * np.arange(embed_size // 2))
```

---

26 옮긴이_ i 값이 커질수록 사인/코사인 함수의 파장이 커지므로 단어의 위치마다 모두 다른 인코딩이 만들어집니다.

```
        pos_emb = np.empty((1, max_length, embed_size))
        pos_emb[0, :, ::2] = np.sin(p / 10_000 ** (i / embed_size)).T
        pos_emb[0, :, 1::2] = np.cos(p / 10_000 ** (i / embed_size)).T
        self.pos_encodings = tf.constant(pos_emb.astype(self.dtype))
        self.supports_masking = True

    def call(self, inputs):
        batch_max_length = tf.shape(inputs)[1]
        return inputs + self.pos_encodings[:, :batch_max_length]
```

이 층을 사용해 인코더의 입력에 위치 인코딩을 추가해보죠.

```
pos_embed_layer = PositionalEncoding(max_length, embed_size)
encoder_in = pos_embed_layer(encoder_embeddings)
decoder_in = pos_embed_layer(decoder_embeddings)
```

이제 트랜스포머 모델의 핵심인 멀티 헤드 어텐션 층을 자세히 살펴봅시다.

멀티 헤드 어텐션

멀티 헤드 어텐션 층의 작동 방식을 이해하려면 먼저 기본이 되는 **스케일드 점곱 어텐션**^{scaled dot-product attention} 층을 이해해야 합니다. [식 16-3]에서 벡터 형식으로 이 공식을 나타내었습니다. 스케일링 인자만 제외하면 루옹 어텐션과 같습니다.

식 16-3 스케일드 점곱 어텐션

$$\text{Attention}\left(\mathbf{Q}, \mathbf{K}, \mathbf{V}\right) = \text{softmax}\left(\frac{\mathbf{Q}\mathbf{K}^\mathsf{T}}{\sqrt{d_{keys}}}\right)\mathbf{V}$$

- $\mathbf{Q}$는 행마다 쿼리 하나를 담은 행렬입니다. 이 행렬의 크기는 $[n_{queries}, d_{keys}]$입니다. 여기에서 $n_{queries}$는 쿼리 개수입니다. d_{keys}는 쿼리와 키의 차원 개수입니다.

- $\mathbf{K}$는 행마다 키 하나를 담은 행렬입니다. 이 행렬의 크기는 $[n_{keys}, d_{keys}]$입니다. 여기에서 n_{keys}는 키와 값의 개수입니다.

- $\mathbf{V}$는 행마다 값 하나를 담은 행렬입니다. 이 행렬의 크기는 $[n_{keys}, d_{values}]$입니다. 여기에서 d_{values}는 값의 차원입니다.

- $\mathbf{QK}^\top$의 크기는 $[n_{queries}, n_{keys}]$입니다. 이 행렬은 쿼리/키 쌍마다 하나의 유사도 점수를 담고 있습니다. 이 행렬이 커지는 것을 막기 위해 입력 시퀀스가 너무 길어서는 안 됩니다(잠시 후에 이 제한을 극복하는 방법을 설명하겠습니다). 소프트맥스 함수의 출력도 동일한 크기이지만 모든 행은 합이 1이며, 최종 출력의 크기는 $[n_{queries}, d_{values}]$입니다. 하나의 행은 하나의 쿼리에 해당합니다. 각 행은 쿼리 결과(값의 가중치 합)를 나타냅니다.

- 스케일링 인자 $1/\sqrt{d_{keys}}$ 은 소프트맥스 함수가 포화되어 그레이디언트가 너무 작아지지 않도록 유사도 점수를 낮춥니다.

- 소프트맥스 함수를 계산하기 전에 유사도 점수에 아주 큰 음수를 더해 일부 키/값 쌍을 제외하도록 마스킹 처리할 수 있습니다. 이것이 마스크드 멀티 헤드 어텐션에서 사용하는 방법입니다.

tf.keras.layers.Attention 층을 만들 때 use_scale=True로 지정하면 유사도 점수의 스케일을 적절히 낮추는 방법을 배울 수 있는 추가 파라미터가 생성됩니다. 항상 동일한 인자 $1/\sqrt{d_{keys}}$ 로 유사도 점수를 스케일 조정한다는 점을 제외하면 트랜스포머 모델이 사용하는 스케일드 점곱 어텐션과 거의 같습니다.

Attention 층의 입력은 (첫 번째 차원에) 배치 차원이 추가로 있는 것을 제외하면 $\mathbf{Q}$, $\mathbf{K}$, $\mathbf{V}$와 같습니다. 내부적으로 이 층은 배치에 있는 모든 문장에 대한 어텐션 점수 tf.matmul(queries, key)를 한 번 호출하여 계산하므로 매우 효율적입니다. 실제로 텐서 플로에서 A와 B의 크기가 [2, 3, 4, 5]와 [2, 3, 5, 6] 같이 2차원 이상의 텐서라면 tf.matmul(A, B)는 이 텐서를 각 원소에 행렬이 들어있는 2×3 배열처럼 다루어 해당하는 행렬을 곱합니다. A에 있는 i번째 행과 j번째 열의 행렬이 B에 있는 i번째 행과 j번째 열의 행렬과 곱해집니다. 4×5 행렬과 5×6 행렬을 곱하면 4×6 행렬이 되므로 tf.matmul(A, B)의 결과는 [2, 3, 4, 6] 크기의 배열입니다.[27]

이제 [그림 16-10]을 통해 멀티 헤드 어텐션 층을 살펴봅시다.

---

27 옮긴이_ 넘파이 matmul() 함수도 동일한 결과를 만듭니다. 넘파이 dot() 함수와 같은 텐서플로 함수는 tensordot()입니다. tensor dot() 함수는 세 번째 매개변수에 점곱이 수행될 차원을 전달해야 합니다. 이 예에서는 첫 번째 행렬의 네 번째 차원과 두 번째 행렬의 세 번째 차원입니다. 따라서 np.dot(A, B)==tf.tensordot(A, B, (3, 2))입니다. 결과 행렬의 차원은 [2, 3, 4, 2, 3, 6]입니다.

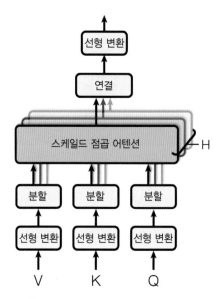

그림 16-10 멀티 헤드 어텐션 층 구조[28]

여기에서 볼 수 있듯이 멀티 헤드 어텐션은 스케일드 점곱 어텐션 층의 묶음입니다. 각 층은 값, 키, 쿼리에 대한 선형 변환(활성화 함수가 없는 타임 스텝에 독립적인 Dense 층)을 먼저 수행합니다. 출력은 단순히 모두 연결되어 (타임 스텝에 독립적인) 마지막 선형 변환을 통과합니다.

왜 이렇게 할까요? 이런 구조를 만들게 된 동기는 무엇일까요? 'I like soccer' 문장에 있는 단어 'like'를 다시 생각해보죠. 인코더가 충분히 똑똑해서 이 단어를 동사라고 인코딩할 수 있습니다. 위치 인코딩 덕분에 텍스트에서 위치도 단어 표현에 들어갑니다. 또한 현재형과 같이 번역에 필요한 다른 특징을 많이 포함할 수 있습니다. 간단히 말해서 단어 표현은 단어에 있는 많은 특징을 인코딩합니다. 하나의 스케일드 점곱 어텐션 층만 사용한다면 한 번에 이런 특징을 모두 쿼리할 수밖에 없습니다.

이것이 멀티 헤드 어텐션 층이 값, 키, 쿼리의 여러 가지 선형 변환을 적용하는 이유입니다. 이를 통해 모델이 단어 표현을 여러 부분 공간^subspace으로 다양하게 투영할 수 있습니다. 이 부분 공간은 단어의 일부 특징에 주목합니다. 선형 층 하나가 단어 표현을 해당 단어가 동사라는 정

---

28 이 그림은 논문(*https://arxiv.org/abs/1706.03762*)의 [Figure 2]의 오른쪽 부분입니다. 저자의 허락을 받아 옮겼습니다.

보만 남는 하나의 부분 공간으로 투영합니다. 그리고 다른 선형 층은 현재형이라는 사실만 추출하는 식입니다. 스케일드 점곱 어텐션 층이 룩업 단계를 구현하고 마지막으로 모든 결과를 연결하여 원본 공간으로 다시 투영합니다.

이 글을 쓰는 시점에는 아직 텐서플로 2에 Transformer 클래스나 MultiHeadAttention 클래스가 없습니다. 하지만 언어 이해를 위한 트랜스포머 모델을 구축하는 텐서플로 튜토리얼(*https://homl.info/transformertuto*)을 참고할 수 있습니다. 또한 텐서플로 허브 팀은 트랜스포머 기반 모델 몇 개를 텐서플로 2로 이식하고 있으므로 곧 사용할 수 있을 것입니다. 그 전에는 트랜스포머 모델을 구현하는 것이 아주 어렵지 않다는 것을 알았으면 좋겠습니다. 직접 만들어보면 공부하는 데 큰 도움이 될 것입니다!

케라스에서 tf.keras.layers.MultiHeadAttention 층을 제공하므로 트랜스포머의 나머지를 구축하기 위해 필요한 모든 것이 준비되었습니다. 이제 완전한 인코더부터 만들어봅시다. 훈련 세트가 크지 않기 때문에 여섯 개 대신 두 개의 블록을 쌓고($N = 2$) 약간의 드롭아웃을 추가한다는 점을 제외하면 [그림 16-8]과 같습니다.

```
N = 2 # N은 6 대신 2
num_heads = 8
dropout_rate = 0.1
n_units = 128 # 피드포워드 블록의 첫 번째 밀집 층
encoder_pad_mask = tf.math.not_equal(encoder_input_ids, 0)[:, tf.newaxis]
Z = encoder_in
for _ in range(N):
    skip = Z
    attn_layer = tf.keras.layers.MultiHeadAttention(
        num_heads=num_heads, key_dim=embed_size, dropout=dropout_rate)
    Z = attn_layer(Z, value=Z, attention_mask=encoder_pad_mask)
    Z = tf.keras.layers.LayerNormalization()(tf.keras.layers.Add()([Z, skip]))
    skip = Z
    Z = tf.keras.layers.Dense(n_units, activation="relu")(Z)
    Z = tf.keras.layers.Dense(embed_size)(Z)
    Z = tf.keras.layers.Dropout(dropout_rate)(Z)
    Z = tf.keras.layers.LayerNormalization()(tf.keras.layers.Add()([Z, skip]))
```

이 코드는 마스킹을 제외하고는 대부분 이해하기 쉽습니다. 이 글을 쓰는 시점에 MultiHead

Attention 층은 자동 마스킹을 지원하지 않으므로[29] 수동으로 처리해야 합니다. 어떻게 할 수 있을까요?

MultiHeadAttention 층은 attention_mask 매개변수에서 [배치 크기, 최대 쿼리 길이, 최대 값 길이] 크기의 불리언 텐서를 받습니다. 쿼리 시퀀스에 있는 모든 토큰에 대해 이 마스크는 해당하는 값 시퀀스에서 어떤 토큰에 주의를 기울여야 하는지를 나타냅니다. MultiHeadAttention 층이 값에 있는 모든 패딩 토큰을 무시하도록 해야 합니다. 따라서 먼저 tf.math.not_equal(encoder_input_ids, 0)을 사용하여 패딩 마스크를 계산하여 [배치 크기, 최대 시퀀스 길이] 크기의 불리언 텐서를 얻습니다. 그다음 [배치 크기, 1, 최대 시퀀스 길이]의 마스크를 얻기 위해 [:, tf.newaxis]를 사용하여 두 번째 축을 추가합니다. 이렇게 하면 이 마스크를 MultiHeadAttention 층을 호출할 때 attention_mask에 사용할 수 있습니다. 브로드캐스팅 덕분에 쿼리의 모든 토큰에 동일한 마스크가 사용됩니다. 이렇게 하면 값에 있는 패딩 토큰이 올바르게 무시될 것입니다.

하지만 이 층은 패딩 토큰을 포함하여 모든 단일 쿼리 토큰에 대한 출력을 계산합니다. 이러한 패딩 토큰에 해당하는 출력을 마스킹해야 합니다. Embedding 층에서 mask_zero를 사용했고, PositionalEncoding 층에서 supports_masking을 True로 설정한 것을 기억하세요. 따라서 자동 마스크가 MultiHeadAttention 층의 입력(encoder_in)까지 전파됩니다. 실제로 Add 층은 자동 마스킹을 지원하므로 Z와 skip(처음에는 encoder_in과 동일)을 추가할 때 출력이 자동으로 올바르게 마스킹됩니다.[30] 아이고! 마스킹을 위한 설명이 코드보다 훨씬 더 기네요.

이제 디코더로 넘어가보죠! 여기서도 마스킹만 까다롭기 때문에 마스킹부터 다루어보겠습니다. 첫 번째 멀티 헤드 어텐션 층은 인코더처럼 셀프 어텐션 층입니다. 하지만 마스크드 멀티 헤드 어텐션 층, 즉 인과적causal 층이므로 미래의 모든 토큰을 무시해야 합니다. 따라서 패딩 마스크와 코잘 마스크causal mask 두 개가 필요합니다. 이 두 마스크를 만들어보죠.

---

[29] 이 글을 읽을 때쯤이면 달라졌을 가능성이 높습니다. 자세한 내용은 케라스 이슈 #16248(*https://github.com/keras-team/keras/issues/16248*)을 참고하세요. 이 이슈가 해결되면 attention_mask 매개변수를 설정할 필요가 없으므로 encoder_pad_mask를 만들 필요가 없습니다. 옮긴이_ 이 기능은 텐서플로 2.10.0에 추가되었습니다.

[30] 현재 Z + skip 연산은 자동 마스킹을 지원하지 않습니다. 이 때문에 tf.keras.layers.Add()([Z, skip])을 사용했습니다. 하지만 이 글을 읽을 때쯤 바뀔 수 있습니다.

```
decoder_pad_mask = tf.math.not_equal(decoder_input_ids, 0)[:, tf.newaxis]
causal_mask = tf.linalg.band_part(  # 하삼각행렬을 만듭니다.
    tf.ones((batch_max_len_dec, batch_max_len_dec), tf.bool), -1, 0)
```

패딩 마스크는 인코더에서 만든 것과 똑같지만 인코더가 아니라 디코더의 입력을 기반으로 한다는 점이 다릅니다. 코잘 마스크는 `tf.linalg.band_part()` 함수를 사용하여 만듭니다. 이 함수는 텐서를 받아 주대각선에서 지정한 값만큼 평행하게 떨어져 있는 모든 값을 0으로 바꾼 복사본을 반환합니다. 이러한 매개변수를 사용하면 왼쪽 아래 삼각형에 있는 원소가 1이고, 오른쪽 위 삼각형에 있는 원소가 0인 (배치에 있는 입력 시퀀스의 최대 길이인) `batch_max_len_dec` 크기의 정방행렬을 얻을 수 있습니다.[31] 이 마스크를 어텐션 마스크로 사용하면 됩니다. 첫 번째 쿼리 토큰은 첫 번째 토큰에만, 두 번째 쿼리 토큰은 처음 두 개의 토큰에만, 세 번째 쿼리 토큰은 처음 세 개의 토큰에만 주의를 집중하는 식입니다. 다시 말하면 쿼리 토큰은 미래의 어떤 토큰에도 주의를 집중할 수 없습니다.

이제 디코더를 만들어보죠.

```
encoder_outputs = Z  # 인코더의 최종 출력을 저장합니다.
Z = decoder_in        # 디코더 입력
for _ in range(N):
    skip = Z
    attn_layer = tf.keras.layers.MultiHeadAttention(
        num_heads=num_heads, key_dim=embed_size, dropout=dropout_rate)
    Z = attn_layer(Z, value=Z, attention_mask=causal_mask & decoder_pad_mask)
    Z = tf.keras.layers.LayerNormalization()(tf.keras.layers.Add()([Z, skip]))
    skip = Z
    attn_layer = tf.keras.layers.MultiHeadAttention(
        num_heads=num_heads, key_dim=embed_size, dropout=dropout_rate)
    Z = attn_layer(Z, value=encoder_outputs, attention_mask=encoder_pad_mask)
    Z = tf.keras.layers.LayerNormalization()(tf.keras.layers.Add()([Z, skip]))
    skip = Z
    Z = tf.keras.layers.Dense(n_units, activation="relu")(Z)
    Z = tf.keras.layers.Dense(embed_size)(Z)
    Z = tf.keras.layers.LayerNormalization()(tf.keras.layers.Add()([Z, skip]))
```

---

31 옮긴이_ band_part() 함수의 두 번째 매개변수가 주대각선에서 아래쪽으로 평행하게 떨어진 거리를 지정합니다. −1이면 주대각선 아래의 모든 원소를 그대로 유지합니다. 세 번째 매개변수는 주대각선에서 위쪽으로 평행하게 떨어진 거리를 지정합니다. 0이면 주대각선 위의 모든 원소를 0으로 바꿉니다. 예를 들어 세 번째 매개변수를 1로 지정하면 주대각선 바로 위의 대각선보다 더 위에 있는 모든 원소를 0으로 바꿉니다.

첫 번째 어텐션 층을 위해 causal_mask & decoder_pad_mask를 사용하여 패딩 토큰과 미래 토큰을 모두 마스킹합니다. 코잘 마스크는 두 개의 차원만 가지고 있습니다. 이 마스크는 배치 차원이 없지만 브로드캐스팅을 통해 배치의 모든 샘플에 복사되므로 괜찮습니다.

두 번째 어텐션 층에는 특별한 것이 없습니다. 이 어텐션 층은 인코더의 최종 출력을 값으로 사용하기 때문에 decoder_pad_mask가 아니라 encoder_pad_mask를 사용하고 있다는 점만 주의하세요.

거의 다 끝났습니다. 이제 최종 출력 층을 추가하고, 모델을 만들고, 컴파일하고, 훈련하기만 하면 됩니다.

```
Y_proba = tf.keras.layers.Dense(vocab_size, activation="softmax")(Z)
model = tf.keras.Model(inputs=[encoder_inputs, decoder_inputs],
                       outputs=[Y_proba])
model.compile(loss="sparse_categorical_crossentropy", optimizer="nadam",
              metrics=["accuracy"])
model.fit((X_train, X_train_dec), Y_train, epochs=10,
          validation_data=((X_valid, X_valid_dec), Y_valid))
```

축하합니다! 밑바닥부터 완전한 트랜스포머를 구축하고 자동 번역을 위해 훈련시켰습니다. 상당한 발전을 이루었네요!

TIP 케라스 팀이 만든 새로운 Keras NLP 프로젝트(*https://github.com/keras-team/keras-nlp*)는 트랜스포머를 더 쉽게 구축하기 위한 API를 제공합니다. 컴퓨터 비전을 위한 새로운 Keras CV 프로젝트(*https://github.com/keras-team/keras-cv*)도 있습니다.

하지만 이 분야의 발전은 여기서 멈추지 않았습니다. 이제 최근의 발전 사항 몇 가지를 살펴보겠습니다.

16.5 언어 모델 분야의 최근 혁신

2018년은 'NLP를 위한 이미지넷 시대'라고 불릴 정도로 놀라운 발전을 이룬 해입니다. 이후에는 더 큰 LSTM과 트랜스포머 기반의 모델이 엄청난 규모의 데이터셋에서 훈련되었습니다.

먼저 알렉 래드퍼드와 OpenAI 연구자들의 GPT 논문[32]에서는 이전에 나온 ELMo와 ULMFiT 논문처럼 비지도 사전 훈련의 효과를 보여주었습니다. 하지만 이번에는 트랜스포머와 유사한 구조를 사용했습니다. 저자들은 원본 트랜스포머의 디코더와 같은 마스크드 멀티 헤드 어텐션 층만 사용한 트랜스포머 모듈 12개를 쌓아서 규모가 크지만 간단한 모델을 사전 훈련했습니다. 단순히 다음 토큰을 예측하는 셰익스피어 char-RNN에서 사용했던 자기 회귀 방식으로 대규모 데이터셋에서 모델을 훈련했습니다. 이는 자기 지도 학습의 한 형태입니다. 그다음 조금씩만 변경하여 여러 작업에 대해 미세 튜닝했습니다. 대상 작업은 매우 다양합니다. 텍스트 분류, 수반 관계[entailment](문장 A가 필연적인 결과로 문장 B를 강요[impose], 포함[involve] 또는 암시[imply]하는지 여부)[33], 유사도(예를 들면 'Nice weather today'는 'It is sunny'와 매우 유사합니다), 질문-답변[question answering](어떤 맥락의 문장이 몇 개 주어지고 모델은 객관식 질문에 대답해야 합니다) 등입니다.

다음으로 구글의 BERT 논문[34]이 나왔습니다. 여기서도 대규모 텍스트 데이터에서 자기 지도 사전 훈련의 효과를 보였습니다. GPT와 비슷한 구조지만 원본 트랜스포머의 인코더처럼 마스크가 없는 멀티 헤드 어텐션 층을 사용합니다. 이는 모델이 자연스럽게 양방향성을 가진다는 것을 의미합니다. BERT[bidirectional encoder representations from transformers]의 B가 바로 이를 나타냅니다. 무엇보다도 저자들은 모델의 강점을 잘 설명하는 두 가지 사전 훈련 작업을 제안했습니다.

- **마스크드 언어 모델**[masked language model] **(MLM)**
  문장에 있는 각 단어는 15%의 확률로 마스킹됩니다. 모델은 마스킹된 단어를 예측하도록 훈련됩니다. 예를 들어 원래 문장이 'She had fun at the birthday party'라면 모델이 'She ⟨mask⟩ fun at the ⟨mask⟩ party'란 문장을 받았을 때 had와 birthday를 예측해야 합니다(다른 출력은 무시됩니다). 조금 더 정확히 말해 선택된 각 단어는 80%의 확률로 마스킹되고 10%의 확률로 다른 단어로 바뀝니다(모델을 미세 튜닝하는 동안에는 ⟨mask⟩ 토큰이 없기 때문에 사전 훈련과 미세 튜닝 사이의 차이점을 줄이기 위함입니다). 그리고 10%의 확률로 그대로 남겨집니다(정확한 답으로 모델을 편향시키기 위해서입니다).

- **다음 문장 예측**[next sentence prediction] **(NSP)**
  두 문장이 연속적인지 아닌지를 예측하도록 모델을 훈련합니다. 예를 들어 'The dog sleeps'와 'It snores loudly'는 연속적인 문장이라고 예측해야 합니다. 반면 'The dog sleeps'와 'The Earth orbits

---

32 Alec Radford et al., "Improving Language Understanding by Generative Pre-Training" (2018). *https://homl.info/gpt*

33 예를 들어 문장 '제인은 친구의 생일 파티에서 매우 즐거웠습니다'는 '제인은 파티를 즐겼습니다'를 수반합니다. 하지만 '모든 사람이 파티를 싫어합니다'에는 모순되고 '지구는 평평하다'와는 관계가 없습니다.

34 Jacob Devlin et al., "BERT: Pre-training of Deep Bidirectional Transformers for Language Understanding," Proceedings of the 2018 Conference of the North American Chapter of the Association for Computational Linguistics: Human Language Technologies 1 (2019). *https://homl.info/bert*

the Sun'은 연속성이 없습니다. 후속 연구를 통해 NSP는 처음 생각만큼 중요하지 않다는 것이 밝혀졌습니다. 따라서 대부분의 최근 구조에서는 제외되었습니다.

이 모델은 이 두 가지 작업에서 동시에 훈련되었습니다(그림 16-11). NSP 작업을 위해 저자들은 모든 입력 시작 부분에 클래스 토큰(〈CLS〉)을 추가했습니다. 이에 해당하는 출력 토큰은 모델의 예측을 나타냅니다. 즉, 문장 B가 문장 A 뒤에 나오는 문장인지 아닌지를 나타냅니다. 두 입력 문장은 특수한 분할 토큰(〈SEP〉)으로 연결되어 모델에 입력으로 주입됩니다. 각 입력 토큰이 어느 문장에 속하는지 모델에게 알려주기 위해 토큰의 위치 임베딩 위에 **세그먼트 임베딩**segment embedding이 추가됩니다. 가능한 세그먼트 임베딩은 두 개입니다. 하나는 문장 A에 대한 것이고 다른 하나는 문장 B에 대한 것입니다. MLM 작업을 위해 일부 입력 단어가 (방금 보았던 것처럼) 마스킹되고 모델이 해당 단어가 무엇인지 예측해야 합니다. 손실은 NSP 예측과 마스킹된 토큰에 대해서만 계산되며, 마스킹되지 않은 토큰에 대해서는 계산되지 않습니다.

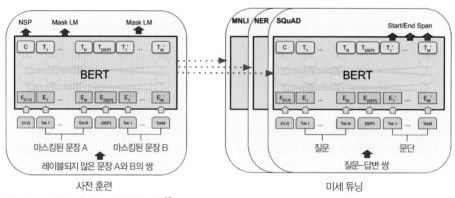

그림 16-11 BERT 훈련과 미세 튜닝 과정[35]

대규모 텍스트 말뭉치에서 비지도 사전 훈련 단계를 거친 후 다양한 작업에서 모델은 조금씩만 바꾸면서 미세 튜닝합니다. 예를 들어 감성 분석과 같은 텍스트 분류의 경우 클래스 토큰에 해당하는 첫 번째 토큰을 제외한 모든 출력 토큰이 무시됩니다. 또한 NSP에서 사용한 이진 분류 층을 새로운 출력 층으로 바꿉니다.

BERT가 발표된 지 불과 몇 달 후인 2019년 2월 알렉 래드퍼드, 제프리 우Jeffrey Wu, 그리고 다른 OpenAI 연구원들은 GPT와 구조가 매우 비슷하지만 규모가 더 큰(15억 개 이상의 파라

---

35 이 그림은 BERT 논문에 있는 [Figure 1]입니다. 저자의 허락을 받아 옮겼습니다.

미터!) GPT-2 논문[36]을 발표했습니다. 연구자들은 향상된 새로운 GPT 모델이 **제로 샷 학습**^{zero-shot learning}(ZSL)을 수행할 수 있음을 보여주었습니다. 이는 미세 튜닝 없이 많은 작업에서 우수한 성능을 달성할 수 있다는 의미입니다. 이것은 대규모 거대 모델을 향한 경쟁의 시작이었습니다. 2021년 1월에 출시된 구글의 스위치 트랜스포머^{Switch Transformers}[37]는 1조 개의 파라미터를 사용했으며 훨씬 더 큰 모델이 뒤따라 나오기 시작했습니다. 2021년 6월에 발표된 베이징 인공 지능 아카데미^{Beijing Academy of Artificial Intelligence}(BAII)의 Wu Dao 2.0 모델이 여기에 해당됩니다.

거대 모델을 향한 이러한 추세는 자금력이 풍부한 조직만이 큰 모델을 훈련할 수 있다는 안타까운 결과를 낳았습니다. 이러한 모델을 훈련하는 데 수십만 달러 이상의 비용이 들고, 모델 하나를 훈련시키는 데 미국 가정의 몇 년치 전기 소비량에 해당되는 에너지가 필요하기 때문입니다. 이는 전혀 친환경적이지 않습니다. 또한 이러한 모델 중 상당수는 일반 하드웨어에 사용하기에는 너무 큽니다. 컴퓨터 메모리에 들어가지 않고 속도가 끔찍하게 느립니다. 마지막으로 일부 모델은 비용이 너무 많이 들기 때문에 공개적으로 출시되지 않습니다.

다행히도 독창적인 연구자들이 트랜스포머의 크기를 줄이고 데이터 효율성을 높일 수 있는 새로운 방법을 찾고 있습니다. 2019년 10월에 허깅 페이스의 빅터 산^{Victor Sanh} 등은 BERT에 기반한 작고 빠른 트랜스포머 모델인 DistilBERT 모델[38]을 소개했습니다. 수천 개의 다양한 모델을 제공하는 허깅 페이스의 모델 허브에서 이 모델을 사용할 수 있습니다. 이 장의 뒷부분에서 이에 관한 예제를 살펴보겠습니다.

DistilBERT는 **증류**^{distillation} 기법(여기서 이름을 따왔습니다)을 사용하여 학습되었습니다. 이는 티처 모델^{teacher model}에서 스튜던트 모델^{student model}로 지식을 이전하는 것을 의미합니다. 스튜던트 모델은 일반적으로 티처 모델보다 훨씬 작습니다. 일반적으로 훈련 샘플에 대한 티처 모델의 예측 확률을 스튜던트 모델의 타깃으로 사용하는 방식으로 수행됩니다. 놀랍게도 증류 기법은 티처 모델과 동일한 데이터셋으로 스튜던트 모델을 처음부터 훈련하는 것보다 더 효과적인 경우가 많습니다! 실제로 스튜던트 모델은 티처 모델이 만드는 미묘한 레이블로부터 많은 이점을 얻을 수 있습니다.

36 Alec Radford et al., "Language Models Are Unsupervised Multitask Learners" (2019). *https://homl.info/gpt2*

37 William Fedus et al., "Switch Transformers: Scaling to Trillion Parameter Models with Simple and Efficient Sparsity" (2021). *https://homl.info/switch*

38 Victor Sanh et al., "DistilBERT, A Distilled Version of Bert: Smaller, Faster, Cheaper and Lighter", arXiv preprint arXiv:1910.01108 (2019). *https://homl.info/distilbert*

BERT 이후 거의 매달 많은 트랜스포머 구조가 출시되었으며 종종 모든 NLP 작업에서 최신 기술을 개선했습니다. XLNet(2019년 6월), RoBERTa(2019년 7월), StructBERT(2019년 8월), ALBERT(2019년 9월), T5(2019년 10월), ELECTRA(2020년 3월), GPT-3(2020년 5월), DeBERTa(2020년 6월), 스위치 트랜스포머(2021년 1월), Wu Dao 2.0(2021년 6월), Gopher(2021년 12월), GPT-NeoX-20B(2022년 2월), Chinchilla(2022년 3월), OPT(2022년 5월) 등 끝이 없습니다. 이러한 모델은 새로운 아이디어와 기술을 소개했지만[39] 필자는 특히 구글 연구원들의 T5 논문[40]을 좋아합니다. 이 논문은 인코더-디코더 트랜스포머를 사용하여 모든 NLP 작업을 텍스트-투-텍스트로 구조화했습니다. 예를 들어 'I like soccer'를 스페인어로 번역하려면 'translate English to Spanish: I like soccer'라는 입력 문장으로 모델을 호출합니다. 그러면 모델은 'me gusta el fútbol'을 출력할 수 있습니다. 어떤 단락을 요약하려면 단락 뒤에 'summarize:'를 추가하면 요약이 출력됩니다. 분류의 경우 접두사만 'classify:'로 변경하면 모델이 텍스트로 클래스 이름을 출력합니다. 이렇게 하면 모델 사용이 간편해지고 더 많은 작업에 대해 사전 훈련할 수 있습니다.

마지막으로 2022년 4월 구글 연구원들은 **Pathways**라는 새로운 대규모 훈련 플랫폼(19장에서 간략히 설명하겠습니다)에서 6,000개 이상의 TPU를 사용하여 무려 5,400억 개의 파라미터가 포함된 PaLM$^{\text{Pathways Language Model}}$[41]이라는 거대한 언어 모델을 학습시켰습니다. 엄청난 크기를 제외하면 이 모델은 몇 가지 수정(자세한 내용은 논문 참고)을 거친 디코더만 사용하는 (즉, 마스크드 멀티 헤드 어텐션 층을 사용하는) 표준 트랜스포머입니다. 이 모델은 모든 종류의 NLP 작업, 특히 자연어 이해$^{\text{natural language understanding}}$(NLU) 작업에서 놀라운 성능을 달성했습니다. 농담 설명하기, 질문에 대해 단계별로 상세하게 답변하기, 심지어는 코딩과 같은 인상적인 능력을 보여줍니다. 이는 부분적으로 모델의 크기 덕분이지만 몇 달 전에 다른 구글 연구팀이 도입한 **사고 사슬 프롬프트**$^{\text{Chain of thought prompting}}$[42]라는 기술 덕분이기도 합니다.

질문-답변 작업에서 보통의 프롬프트에는 전형적으로 다음과 같은 질문과 답변이 들어있습니다.

---

39 마리야 야오(Mariya Yao)가 이런 모델 중 다수를 요약했습니다. *https://homl.info/yaopost*

40 Colin Raffel et al., "Exploring the Limits of Transfer Learning with a Unified Text-to-Text Transformer", arXiv preprint arXiv:1910.10683 (2019). *https://homl.info/t5*

41 Aakanksha Chowdhery et al., "PaLM: Scaling Language Modeling with Pathways", arXiv preprint arXiv:2204.02311 (2022). *https://homl.info/palm*

42 Jason Wei et al., "Chain of Thought Prompting Elicits Reasoning in Large Language Models", arXiv preprint arXiv:2201.11903 (2022). *https://homl.info/ctp*

> **Q** 로저Roger는 테니스 공 5개를 가지고 있습니다. 그는 테니스 공 2캔을 더 삽니다. 각 캔에는 테니스 공이 3개씩 들어 있습니다. 이제 로저는 몇 개의 테니스 공을 가지고 있나요?
>
> **A** 11

그런 다음 실제 질문으로 프롬프트가 계속됩니다.

> **Q** 존John은 개 10마리를 돌보고 있습니다. 각 개를 산책시키고 돌보는 데 하루에 0.5시간이 걸립니다. 그는 일주일에 개를 돌보는 데 몇 시간을 소비하나요?

모델이 해야 할 일은 여기에 답을 추가하는 것입니다(이 경우 '35'입니다).

하지만 사고 사슬 프롬프트를 사용하면 결론에 이르는 모든 추론 단계가 답변에 포함됩니다. 예를 들어 프롬프트에 다음과 같은 답변이 들어있다고 해봅시다.

> **A** 로저는 처음에 5개의 공이 있습니다. 테니스 공 3개가 든 캔 2개는 테니스 공 6개입니다. 5 + 6 = 11.

그러면 모델이 실제 질문에 대해 다음과 같이 자세한 답변을 할 수 있습니다.

> **A** 존은 개 10마리를 돌봅니다. 개 한 마리를 산책시키는 데 하루에 0.5시간이 걸립니다. 따라서 10 × 0.5 = 하루 5시간입니다. 하루 5시간 × 주 7일 = 주 35시간입니다. 정답은 주 35시간입니다.

이것은 논문에 나온 실제 사례입니다!

일반적인 프롬프트를 사용할 때보다 (충분히 생각하도록 모델을 장려하므로) 모델이 정답을 훨씬 더 자주 맞힐 뿐만 아니라 모든 추론 단계를 제공하므로 모델이 낸 답변의 근거를 이해하는 데 유용할 수 있습니다.

트랜스포머가 NLP를 점령했지만 여기서 멈추지 않고 곧 컴퓨터 비전으로 확장했습니다.

16.6 비전 트랜스포머

NMT를 넘어 사용된 첫 번째 어텐션 메커니즘 애플리케이션은 비주얼 어텐션[visual attention][43]을 사용한 이미지 캡션[caption] 생성입니다. 합성곱 신경망이 먼저 이미지를 처리하여 일련의 특성 맵을 출력합니다. 그다음 어텐션 메커니즘을 장착한 디코더 RNN이 한 번에 한 단어씩 캡션을 생성합니다.

디코더 타임 스텝마다(즉, 단어마다) 디코더는 어텐션 모델을 사용해 이미지에서 적절한 부위에 초점을 맞춥니다. 예를 들어 [그림 16-12]에서 모델이 캡션 'A woman is throwing a frisbee in a park'[44]를 생성했습니다. 또한 디코더가 'frisbee'를 출력할 때 입력 이미지의 어떤 부분에 초점을 맞추고 있는지 볼 수 있습니다. 명백하게 어텐션은 플라스틱 원반에 집중되어 있습니다.

그림 16-12 비주얼 어텐션: 입력 이미지(왼쪽)와 단어 'frisbee'를 생성하기 전 모델의 초점(오른쪽)[45]

설명 가능성

어텐션 메커니즘의 추가적인 장점 하나는 모델이 출력을 만들게 된 원인이 무엇인지 이해하기 쉽다는 것입니다. 이를 **설명 가능성**[explainability]이라고 합니다. 이는 모델이 올바르게 예측하지 못할 때 특히 유용합니다. 예를 들어 눈 위를 걷는 강아지 사진에 '눈 위를 걷는 늑대'라는 캡션이

---

43 Kelvin Xu et al., "Show, Attend and Tell: Neural Image Caption Generation with Visual Attention," Proceedings of the 32nd International Conference on Machine Learning (2015): 2048-2057. *https://homl.info/visualattention*

44 옮긴이_ 이 문장은 '한 여성이 공원에서 플라스틱 원반을 던지고 있습니다'라는 뜻입니다.

45 비주얼 어텐션 논문에 있는 [Figure 3]의 일부분입니다. 저자의 허락을 받아 옮겼습니다.

생성된다면 거꾸로 돌아가 모델이 '늑대'라는 단어를 출력할 때 초점을 맞춘 것이 무엇인지 확인할 수 있습니다. 강아지뿐만 아니라 눈에도 주의를 기울이고 있을지 모릅니다. 이것이 앞선 결과를 설명할 수 있습니다. 아마도 모델은 강아지와 늑대를 구별하기 위해 주위에 많은 눈이 있는지 없는지를 확인했을 것입니다. 눈 속에 있지 않은 늑대 사진과 눈 속에 있는 강아지 사진을 많이 사용해 모델을 훈련시켜 이 문제를 해결할 수 있습니다. 이 예시는 2016년 마르코 툴리오 리베이로[Marco Tulio Ribeiro] 등의 훌륭한 논문[46]에서 가져왔습니다. 이 논문에서는 설명 가능성을 위해 다른 접근 방법을 사용했습니다. 여기에서는 분류기의 예측 주변에서 국부적으로 해석 가능한 모델을 학습합니다.

일부 애플리케이션에서 설명 가능성은 모델을 디버깅하는 용도뿐만 아니라 법적 요구 사항일 수 있습니다. 대출 자격을 부여할지 여부를 결정하는 시스템을 생각해보세요.

2017년에 트랜스포머가 출시되고 나서 NLP 외의 작업에 트랜스포머를 실험하기 시작했을 때 처음에는 CNN을 바꾸지 않고 CNN과 함께 트랜스포머를 사용했습니다. 보통 RNN 부분을 대체하는 용도로 트랜스포머를 사용했으며, 그 예로는 이미지 캡션 모델이 있습니다. 객체 탐지를 위한 하이브리드 CNN-트랜스포머 구조를 제안한 페이스북 연구진의 2020년 논문[47]에서 트랜스포머를 조금 더 본격적으로 사용했습니다. 여기서도 CNN이 먼저 입력 이미지를 처리하여 일련의 특성 맵을 출력한 다음 이러한 특성 맵을 시퀀스로 변환하고 트랜스포머에 주입하여 바운딩 박스 예측을 출력합니다. 하지만 여전히 시각에 관한 작업의 대부분은 CNN이 수행합니다.

그러던 중 2020년 10월 구글 연구 팀이 **비전 트랜스포머**[vision transformer](ViT)라고 하는 완전한 트랜스포머 기반 비전 모델을 소개하는 논문[48]을 발표했습니다. 이 아이디어는 놀랍도록 간단합니다. 이미지를 16×16의 작은 정사각형으로 자르고 정사각형의 시퀀스를 마치 단어 표현의 시퀀스처럼 취급하기만 하면 됩니다. 더 정확하게 말하면 먼저 정사각형을 $16 \times 16 \times 3 = 768$ 차원 벡터(3은 RGB 색상 채널 수)로 평평하게 만든 다음 벡터의 차원을 유지하면서 변환하

46 Marco Tulio Ribeiro et al., "'Why Should I Trust You?': Explaining the Predictions of Any Classifier," Proceedings of the 22nd ACM SIGKDD International Conference on Knowledge Discovery and Data Mining (2016): 1135 – 1144. *https://homl.info/explainclass*

47 Nicolas Carion et al., "End-to-End Object Detection with Transformers", arXiv preprint arxiv:2005.12872 (2020). *https://homl.info/detr*

48 Alexey Dosovitskiy et al., "An Image Is Worth 16x16 Words: Transformers for Image Recognition at Scale", arXiv preprint arxiv:2010.11929 (2020). *https://homl.info/vit*

는 선형 층에 통과시킵니다. 이로부터 얻은 벡터 시퀀스를 단어 임베딩 시퀀스처럼 처리할 수 있습니다. 즉, 위치 임베딩을 추가하고 결과를 트랜스포머로 전달합니다. 이것이 전부입니다! 이 모델은 이미지넷 분류 작업에서 최상의 성능을 달성했지만 사실 저자들은 훈련에 3억 개 이상의 이미지를 추가로 사용했습니다. 트랜스포머는 합성곱 신경망만큼 **귀납적 편향**inductive bias 이 많지 않기 때문에 CNN이 암묵적으로 가정하는 것을 학습하기 위해 추가 데이터가 필요합니다.

> **✎ NOTE** 귀납적 편향은 모델의 구조로 인한 암묵적인 가정입니다. 예를 들어 선형 모델은 데이터가 선형이라고 암묵적으로 가정합니다. CNN은 한 위치에서 학습한 패턴이 다른 위치에서도 유용할 것이라고 암묵적으로 가정합니다. RNN은 암묵적으로 입력이 정렬되어 있고 최근 토큰이 오래된 토큰보다 더 중요하다고 가정합니다. 모델이 가진 귀납적 편향이 많고 정확할수록 모델에 필요한 학습 데이터는 줄어듭니다. 하지만 암묵적 가정이 틀리면 대규모 데이터셋에서 훈련하더라도 모델의 성능이 나쁠 수 있습니다.

불과 두 달 후, 페이스북 연구 팀은 **데이터 효율적인 이미지 트랜스포머**data-efficient image transformers (DeiT)를 소개하는 논문[49]을 발표했습니다. 이 모델은 추가 훈련 데이터 없이도 이미지넷에서 경쟁력 있는 결과를 달성했습니다. 이 모델의 구조는 원본 ViT와 거의 동일하지만 저자들은 증류 기법을 사용하여 최신 CNN 모델에서 얻은 지식을 모델로 옮겼습니다.

그리고 2021년 3월 딥마인드는 **퍼시비어**Perceiver 구조를 소개하는 중요한 논문[50]을 발표했습니다. 이 모델은 **멀티모달**multimodal 트랜스포머입니다. 즉, 텍스트, 이미지, 오디오 등 거의 모든 종류의 데이터를 입력할 수 있습니다. 이전까지 트랜스포머는 어텐션 층의 성능과 메모리 병목 현상으로 인해 상당히 짧은 시퀀스로 제한되어 있었습니다. 이로 인해 오디오나 비디오 같은 데이터는 제외되었고 연구자들은 이미지를 픽셀의 시퀀스가 아닌 패치의 시퀀스로 취급해야 했습니다. 이 병목 현상은 모든 토큰이 다른 모든 토큰에 주의를 기울여야 하는 셀프 어텐션으로 인해 발생합니다. 입력 시퀀스에 M개의 토큰이 있다면 어텐션 층은 M×M 행렬을 계산해야 합니다. M이 매우 크면 이 행렬의 크기가 거대해질 수 있습니다. 퍼시비어는 비교적 상당히 짧은 입력의 **잠재 표현**latent representation을 점진적으로 개선함으로써 이 문제를 해결합니다(잠

---

49 Hugo Touvron et al., "Training Data-Efficient Image Transformers & Distillation Through Attention", arXiv preprint arxiv:2012.12877 (2020). *https://homl.info/deit*

50 Andrew Jaegle et al., "Perceiver: General Perception with Iterative Attention", arXiv preprint arxiv:2103.03206 (2021). *https://homl.info/perceiver*

재적이라는 단어는 '숨겨진' 또는 '내부'를 의미합니다). 이 표현은 N개(일반적으로 수백 개)의 토큰으로 구성됩니다. 이 모델은 크로스 어텐션 층만 사용하며 잠재 표현을 쿼리로 사용하고 (아마도 크기가 큰) 입력을 값으로 사용합니다. 이렇게 하면 M×N 행렬만 계산하면 되므로 계산 복잡도는 이차식이 아니라 M에 대해 선형적입니다. 여러 번의 크로스 어텐션 층을 거친 후 모든 것이 순조롭게 진행되면 잠재 표현은 입력에서 중요한 모든 것을 포착하게 됩니다. 저자들은 또한 연속적인 크로스 어텐션 층 간에 가중치를 공유할 것을 제안했습니다. 그러면 퍼시비어가 사실상 RNN이 됩니다. 실제로 공유된 크로스 어텐션 층은 서로 다른 타임 스텝에서 동일한 메모리 셀로 볼 수 있으며, 잠재 표현은 셀의 문맥 벡터에 해당합니다. 동일한 입력이 모든 타임 스텝에서 메모리 셀에 반복적으로 주입됩니다. RNN이 사라진 것 같지 않습니다!

불과 한 달 후, 마틸드 카론^{Mathilde Caron} 등은 자기 지도 방식으로 레이블 없이 훈련되고 높은 정확도의 시맨틱 분할이 가능한 비전 트랜스포머인 DINO[51]를 소개했습니다. 이 모델은 훈련 중에 복제되어 한 네트워크는 티처 역할을 하고 다른 네트워크는 스튜던트 역할을 합니다. 경사 하강법은 스튜던트에게만 영향을 미치며 티처의 가중치는 스튜던트 가중치의 지수 이동 평균입니다. 티처의 예측과 일치하도록 스튜던트를 훈련합니다. 거의 동일한 모델이기 때문에 이를 **자기 증류**^{self–distillation}라고 합니다. 각 훈련 단계에서 입력 이미지는 티처와 스튜던트에게 다른 방식으로 증식되므로 완전히 동일한 이미지를 볼 수는 없지만 두 모델의 예측은 일치해야 합니다. 따라서 두 모델은 고수준의 표현을 만들어내야 합니다. 스튜던트와 티처가 입력을 완전히 무시하고 항상 같은 것을 출력하는 **모드 붕괴**^{mode collapse}를 방지하기 위해 DINO는 티처 출력의 이동 평균을 추적하고 티처의 예측이 평균적으로 0이 되도록 조정합니다. 또한 DINO는 티처가 예측에 대해 높은 신뢰도를 갖도록 강제합니다. 이를 **선명화**^{sharpening}라고 합니다. 이러한 기술을 함께 사용하면 티처의 출력에 다양성이 유지됩니다.

2021년 한 논문[52]에서 구글 연구원들은 데이터의 양에 따라 ViT를 확장하거나 축소하는 방법을 보여주었습니다. 이들은 20억 개의 파라미터를 가진 거대한 모델을 생성하여 이미지넷에서 90.4% 이상의 톱-1 정확도를 달성했습니다. 반대로 한 클래스당 10개의 이미지씩 10,000개의 이미지만을 사용하여 이미지넷에서 84.8% 이상의 톱-1 정확도를 달성한 축소 모델도 훈련

---

51 Mathilde Caron et al., "Emerging Properties in Self–Supervised Vision Transformers", arXiv preprint arxiv:2104.14294 (2021). *https://homl.info/dino*

52 Xiaohua Zhai et al., "Scaling Vision Transformers", arXiv preprint arxiv:2106.04560v1 (2021). *https://homl.info/scalingvits*

시켰습니다!

비주얼 트랜스포머의 발전은 오늘날까지도 꾸준히 이어지고 있습니다. 예를 들어 미첼 워트먼$^{Mitchell\ Wortsman}$ 등이 2022년 3월에 발표한 논문[53]에서는 여러 개의 트랜스포머를 먼저 학습시킨 다음 가중치를 평균하여 새롭고 개선된 모델을 생성할 수 있음을 보였습니다. 이 방법은 앙상블(7장 참고)과 유사하지만 최종 모델은 하나뿐이므로 추론 시간에 불이익이 없다는 점이 다릅니다.

트랜스포머의 최신 트렌드는 제로 샷$^{zero-shot}$ 또는 퓨 샷$^{few-shot}$ 학습이 가능한 대규모 멀티모달 모델을 만드는 것입니다. 예를 들어 OpenAI의 2021년 CLIP 논문[54]에서는 캡션과 이미지를 일치시키기 위한 사전 훈련된 대규모 트랜스포머 모델을 제안했습니다. 이 작업을 통해 우수한 이미지 표현을 학습할 수 있으며 이 모델은 'a photo of a cat'과 같은 간단한 텍스트 프롬프트를 사용하여 이미지 분류 같은 작업에 직접 사용할 수 있습니다. 얼마 지나지 않아 OpenAI는 텍스트 프롬프트를 기반으로 놀라운 이미지를 생성할 수 있는 DALL·E[55]를 발표했습니다. DALL·E 2[56]는 확산 모델$^{diffusion\ model}$(17장 참고)을 사용하여 훨씬 더 높은 품질의 이미지를 생성합니다.

2022년 4월 딥마인드는 텍스트, 이미지, 동영상 등 여러 데이터 형태에서 다양한 작업에 대해 사전 훈련된 모델을 소개하는 플라밍고^{Flamingo} 논문[57]을 발표했습니다. 하나의 모델을 질문 답변, 이미지 캡션 등과 같이 매우 다른 종류의 작업에 사용할 수 있습니다. 곧이어 2022년 5월 딥마인드는 강화 학습 에이전트의 정책으로 사용할 수 있는 멀티모달 모델인 GATO[58]를 출시했습니다(강화 학습은 18장에서 소개하겠습니다). 동일한 트랜스포머가 12억 개의 파라미터만으로 사용자와 채팅하고, 이미지에 캡션을 달고, 아타리^{Atari} 게임을 플레이하고, 로봇 팔을 제어(시뮬레이션)하는 등의 작업을 수행할 수 있습니다. 그리고 모험은 계속됩니다!

---

53 Mitchell Wortsman et al., "Model Soups: Averaging Weights of Multiple Fine-tuned Models Improves Accuracy Without Increasing Inference Time", arXiv preprint arxiv:2203.05482v1 (2022). *https://homl.info/modelsoups*

54 Alec Radford et al., "Learning Transferable Visual Models From Natural Language Supervision", arXiv preprint arxiv:2103.00020 (2021). *https://homl.info/clip*

55 Aditya Ramesh et al., "Zero-Shot Text-to-Image Generation", arXiv preprint arxiv:2102.12092 (2021). *https://homl.info/dalle*

56 Aditya Ramesh et al., "Hierarchical Text-Conditional Image Generation with CLIP Latents", arXiv preprint arxiv:2204.06125 (2022). *https://homl.info/dalle2*

57 Jean-Baptiste Alayrac et al., "Flamingo: a Visual Language Model for Few-Shot Learning", arXiv preprint arxiv:2204.14198 (2022). *https://homl.info/flamingo*

58 Scott Reed et al., "A Generalist Agent", arXiv preprint arxiv:2205.06175 (2022). *https://homl.info/gato*

이러한 놀라운 발전으로 인해 일부 연구자들은 인간 수준의 AI가 가까워졌으며 '필요한 건 규모뿐이다scale is all you need'라고 주장합니다. 그리고 이러한 모델 중 일부에 '약간의 의식이 있을 수 있다'고 말하기도 합니다. 하지만 또 다른 연구자들은 놀라운 발전에도 불구하고 이러한 모델에는 여전히 인간 지능의 신뢰성과 적응력, 상징적으로 추론하는 능력, 하나의 예를 바탕으로 일반화하는 능력 등이 부족하다고 지적합니다.

보다시피 트랜스포머는 어디에나 존재합니다! 좋은 소식은 텐서플로 허브나 허깅 페이스의 모델 허브를 통해 사전 훈련된 고성능 모델을 쉽게 다운로드할 수 있다는 점입니다. 따라서 일반적으로 트랜스포머를 직접 구현하지 않아도 됩니다. 텐서플로 허브에서 모델을 사용하는 방법을 이미 살펴보았으므로 허깅 페이스의 생태계를 간단히 살펴보는 것으로 이 장을 마무리하겠습니다.

16.7 허깅 페이스의 트랜스포머스 라이브러리

자연어 처리, 비전 등을 위해 사용하기 쉬운 오픈 소스 도구 생태계를 구축한 AI 회사인 허깅 페이스를 언급하지 않고 트랜스포머에 관해 이야기하는 것은 불가능합니다. 이 생태계의 핵심 구성 요소는 사전 훈련된 모델과 이에 상응하는 토크나이저tokenizer를 쉽게 다운로드한 다음, 필요한 경우 자체 데이터셋에서 미세 튜닝할 수 있는 트랜스포머스Transformers 라이브러리입니다. 또한 이 라이브러리는 텐서플로, 파이토치, (Flax 라이브러리를 통해) JAX를 지원합니다.

트랜스포머스 라이브러리를 사용하는 가장 간단한 방법은 `transformers.pipeline()` 함수를 사용하는 것입니다. 감성 분석, 개체명 인식, 요약 등 원하는 작업을 지정하기만 하면 사전 훈련된 기본 모델을 다운로드하여 바로 사용할 수 있습니다. 이보다 더 간단할 수는 없죠.

```
from transformers import pipeline

classifier = pipeline("sentiment-analysis") # 가능한 다른 작업이 많습니다.
result = classifier("The actors were very convincing.")
```

결과 내용은 입력 텍스트당 하나의 딕셔너리를 담은 파이썬 리스트입니다.

```
>>> result
[{'label': 'POSITIVE', 'score': 0.9998071789741516}]
```

이 예제에서 모델은 약 99.98%의 신뢰도로 해당 문장이 긍정임을 정확하게 판단했습니다. 물론 모델에 문장의 배치를 전달할 수도 있습니다.

```
>>> classifier(["I am from India.", "I am from Iraq."])
[{'label': 'POSITIVE', 'score': 0.9896161556243896},
 {'label': 'NEGATIVE', 'score': 0.9811071157455444}]
```

편견과 공정성

결과에서 알 수 있듯이 이 분류기는 인도인을 좋아하지만 이라크인에 대해서는 심각하게 편향되어 있습니다. 이 코드를 다른 국가나 도시에 적용해볼 수 있습니다. 이런 바람직하지 않은 편향은 일반적으로 훈련 데이터 자체에서 비롯됩니다. 이 경우 훈련 데이터에는 이라크 전쟁과 관련된 부정적인 문장이 많이 포함되어 있었습니다. 모델이 긍정 또는 부정 클래스 중 하나만 선택해야 했기 때문에 미세 튜닝 과정에서 이러한 편향이 증폭되었습니다. 미세 튜닝 시 중립 클래스를 추가하면 국가 편향이 대부분 사라집니다. 그러나 훈련 데이터가 편향의 유일한 원인은 아닙니다. 모델의 구조, 훈련에 사용된 손실 또는 정규화 종류, 최적화 도구 등 모든 것이 모델이 최종적으로 학습하는 내용에 영향을 미칠 수 있습니다. 설문 조사의 질문이 편향될 수 있는 것처럼 편향이 거의 없는 모델도 편향된 방식으로 사용될 수 있습니다.

AI의 편향성을 이해하고 부정적인 영향을 완화하는 것은 여전히 활발한 연구 분야입니다. 하지만 한 가지 확실한 것은 모델을 제품에 서둘러 배포하기 전에 잠시 멈추고 생각해야 한다는 것입니다. 모델이 간접적으로라도 어떤 해를 끼칠 수 있는지 스스로에게 물어보세요. 예를 들어 모델의 예측을 사용하여 대출 여부를 결정한다면 그 과정이 공정해야 합니다. 따라서 전체 테스트 세트에서 평균적으로 모델의 성능을 평가하는 것뿐만 아니라 다양한 부분 데이터셋에서도 모델의 성능을 평가해야 합니다. 모델이 평균적으로는 매우 잘 작동하지만 일부 범주의 사람들에게는 성능이 형편없을 수 있습니다. 또는 반사실 테스트counterfactual test를 실행할 수도 있습니다. 반사실 테스트는 예를 들어 단순히 누군가의 성별을 바꿨을 때 모델의 예측이 변경되지 않는지 확인하는 것입니다.

모델이 평균적으로 잘 작동한다면 이를 제품에 적용하고 다른 일로 넘어가고 싶은 유혹에 빠질 수 있습니다. 특히 모델이 엄청나게 큰 시스템의 한 구성 요소에 불과한 경우라면 말입니다. 하지만 일반적으로 여러분이 이러한 문제를 해결하지 않으면 누구도 해결하지 않을 것이며 결국 모델에 득보다 실이 많을 수 있습니다. 해결책은 문제에 따라 다릅니다. 데이터셋의 균형을 다시 맞추거나, 다른 데이터셋에서 미세 튜닝하거나, 사전 훈련된 다른 모델로 전환하거나, 모델의 구조 또는 하이퍼파라미터를 조정하는 것 등이 있습니다.

pipeline() 함수는 주어진 작업에 대해 기본 모델을 사용합니다. 예를 들어 감성 분석과 같은 텍스트 분류 작업의 경우, 이 함수를 작성할 당시에는 기본적으로 distilbert-base-uncased-finetuned-sst-2-english 모델을 사용합니다. 영어 위키백과와 영어 책 말뭉치에 대해 훈련했고, 스탠퍼드 감성 트리뱅크$^{Stanford\ Sentiment\ Treebank}$ v2(SST 2) 작업에 대해 미세 튜닝되었으며, 대소문자를 구분하지 않는 토크나이저를 사용하는 DistilBERT 모델입니다. 다른 모델을 수동으로 지정하는 것도 가능합니다. 예를 들어 두 문장을 모순^{contradiction}, 중립^{neutral}, 함의^{entailment}의 세 가지 클래스로 분류하는 MultiNLI$^{Multi-Genre\ Natural\ Language\ Inference}$ 작업에서 미세 튜닝된 DistilBERT 모델을 사용할 수 있습니다. 이렇게 하는 방법은 다음과 같습니다.

```
>>> model_name = "huggingface/distilbert-base-uncased-finetuned-mnli"
>>> classifier_mnli = pipeline("text-classification", model=model_name)
>>> classifier_mnli("She loves me. [SEP] She loves me not.")
[{'label': 'contradiction', 'score': 0.9790192246437073}]
```

TIP 사용 가능한 모델은 *https://huggingface.co/models*에서, 작업 목록은 *https://huggingface.co/tasks* 에서 확인할 수 있습니다.

파이프라인 API는 매우 간단하고 편리하지만 때로는 더 많은 제어가 필요할 수 있습니다. 이러한 경우를 위해 트랜스포머 라이브러리는 다양한 종류의 토크나이저, 모델, 설정, 콜백 등 많은 클래스를 제공합니다. 예를 들어 TFAutoModelForSequenceClassification과 AutoTokenizer 클래스를 사용하여 동일한 DistilBERT 모델을 토크나이저와 함께 로드해보겠습니다.

```
from transformers import AutoTokenizer, TFAutoModelForSequenceClassification

tokenizer = AutoTokenizer.from_pretrained(model_name)
model = TFAutoModelForSequenceClassification.from_pretrained(model_name)
```

그다음 두 개의 문장 쌍을 토큰화해보겠습니다. 이 코드에서는 패딩을 활성화하고 파이썬 리스트 대신 텐서플로 텐서를 사용하도록 지정합니다.

```
token_ids = tokenizer(["I like soccer. [SEP] We all love soccer!",
                       "Joe lived for a very long time. [SEP] Joe is old."],
                      padding=True, return_tensors="tf")
```

TIP 토크나이저에 "문장 1 [SEP] 문장 2"를 전달하는 대신 ("문장 1", "문장 2") 튜플을 전달할 수 있습니다.

출력은 딕셔너리와 비슷한 BatchEncoding 클래스의 객체로 토큰 ID의 시퀀스와 패딩 토큰을 0으로 마스킹한 마스크를 포함합니다.

```
>>> token_ids
{'input_ids': <tf.Tensor: shape=(2, 15), dtype=int32, numpy=
array([[ 101, 1045, 2066, 4715, 1012,  102, 2057, 2035, 2293, 4715,  999,
         102,    0,    0,    0],
       [ 101, 3533, 2973, 2005, 1037, 2200, 2146, 2051, 1012,  102, 3533,
        2003, 2214, 1012,  102]], dtype=int32)>,
 'attention_mask': <tf.Tensor: shape=(2, 15), dtype=int32, numpy=
array([[1, 1, 1, 1, 1, 1, 1, 1, 1, 1, 1, 1, 0, 0, 0],
       [1, 1, 1, 1, 1, 1, 1, 1, 1, 1, 1, 1, 1, 1, 1]], dtype=int32)>}
```

토크나이저를 호출할 때 return_token_type_ids=True로 설정하면 각 토큰이 속한 문장을 나타내는 추가 텐서도 얻을 수 있습니다. 이는 일부 모델에 필요하지만 DistilBERT에는 필요하지 않습니다.

그다음 이 BatchEncoding 객체를 모델에 직접 전달하면 예측 클래스 로짓을 포함하는 TFSequenceClassifierOutput 객체가 반환됩니다.

```
>>> outputs = model(token_ids)
>>> outputs
```

```
TFSequenceClassifierOutput(loss=None, logits=[<tf.Tensor: [...] numpy=
array([[-2.1123817 , 1.1786783 , 1.4101017 ],
       [-0.01478387, 1.0962474 , -0.9919954 ]], dtype=float32)>], [...])
```

마지막으로 소프트맥스 활성화 함수를 적용하여 로짓을 클래스 확률로 변환하고, `argmax()` 함수를 사용하여 각 입력 문장 쌍에 대해 가장 높은 확률을 가진 클래스를 예측할 수 있습니다.

```
>>> Y_probas = tf.keras.activations.softmax(outputs.logits)
>>> Y_probas
<tf.Tensor: shape=(2, 3), dtype=float32, numpy=
array([[0.01619702, 0.43523544, 0.5485676 ],
       [0.08672056, 0.85204804, 0.06123142]], dtype=float32)>
>>> Y_pred = tf.argmax(Y_probas, axis=1)
>>> Y_pred # 0 = 모순, 1 = 함의, 2 = 중립
<tf.Tensor: shape=(2,), dtype=int64, numpy=array([2, 1])>
```

이 예에서 모델은 첫 번째 문장 쌍을 중립(내가 축구를 좋아한다는 사실이 다른 모든 사람이 축구 좋아한다는 것을 의미하지는 않습니다)으로, 두 번째 쌍을 함의(조Joe는 실제로 꽤 나이가 많을 것입니다)로 올바르게 분류합니다.

자체 데이터셋에서 이 모델을 미세 튜닝하려면 평소처럼 케라스를 사용하여 모델을 훈련할 수 있습니다. 몇 가지 추가 메서드가 있는 일반 케라스 모델이기 때문입니다. 하지만 이 모델은 확률 대신 로짓을 출력하기 때문에 "sparse_categorical_crossentropy" 손실 대신 `tf.keras.losses.SparseCategoricalCrossentropy(from_logits=True)` 손실을 사용해야 합니다. 또한 이 모델은 훈련 중에 BatchEncoding 입력을 지원하지 않으므로 data 속성을 사용하여 일반 딕셔너리로 준비해야 합니다.

```
sentences = [("Sky is blue", "Sky is red"), ("I love her", "She loves me")]
X_train = tokenizer(sentences, padding=True, return_tensors="tf").data
y_train = tf.constant([0, 2]) # 모순, 중립
loss = tf.keras.losses.SparseCategoricalCrossentropy(from_logits=True)
model.compile(loss=loss, optimizer="nadam", metrics=["accuracy"])
history = model.fit(X_train, y_train, epochs=2)
```

또한 허깅 페이스는 표준 데이터셋(🔍 IMDb) 또는 사용자 정의 데이터셋을 쉽게 다운로드하고 이를 사용해 모델을 미세 튜닝할 수 있는 데이터셋Datasets 라이브러리를 만들었습니다. 이는

텐서플로 데이터셋과 유사하지만 마스킹과 같은 일반적인 전처리 작업을 즉석에서 수행할 수 있는 도구도 제공합니다. 전체 데이터셋 목록은 *https://huggingface.co/datasets*에서 확인할 수 있습니다.

지금까지 허깅 페이스 생태계에 있는 도구를 알아보았습니다. *https://huggingface.co/docs*에 있는 문서를 참고하면 더 자세한 내용을 알 수 있습니다. 여기에는 튜토리얼 노트북[59], 동영상, 전체 API 등이 포함되어 있습니다. 또한 『트랜스포머를 활용한 자연어 처리』(한빛미디어, 2022)를 읽어보길 추천합니다. 이 책은 허깅 페이스 팀의 루이스 턴스톨[Lewis Tunstall], 레안드로 폰 베라[Leandro von Werra], 토마스 울프[Thomas Wolf]가 썼습니다.

다음 장에서는 오토인코더를 사용하여 비지도 방식으로 심층 표현을 학습하는 방법과 생성적 적대 네트워크를 사용하여 이미지를 생성하는 방법 등을 설명하겠습니다.

연습문제

① 상태가 없는 RNN 대비 상태가 있는 RNN의 장단점은 무엇인가요?

② 왜 자동 번역에 시퀀스-투-시퀀스 RNN 대신 인코더-디코더 RNN을 사용하나요?

③ 가변 길이 입력 시퀀스를 어떻게 다룰 수 있나요? 가변 길이 출력 시퀀스는 어떤가요?

④ 빔 서치가 무엇인가요? 왜 사용해야 하나요? 이를 구현하기 위해 어떤 도구를 사용할 수 있나요?

⑤ 어텐션 메커니즘이 무엇인가요? 어떤 장점이 있나요?

⑥ 트랜스포머 구조에서 가장 중요한 층이 무엇인가요? 이 층의 목적이 무엇인가요?

⑦ 샘플링 소프트맥스를 사용해야 할 때는 언제인가요?

⑧ 호흐라이터와 슈미트후버는 LSTM에 관한 논문에서 **임베딩된 레버 문법**[embedded Reber grammar]을 사용했습니다. 이는 'BPBTSXXVPSEPE'와 같은 문자열을 만드는 인공 문법입니다. 이

---

59 옮긴이_ 허깅 페이스의 NLP 코스(*https://huggingface.co/learn/nlp-course/ko/*)와 오디오 코스(*https://huggingface.co/learn/audio-course/ko/*)의 한국어 버전이 제공됩니다.

주제에 관한 제니 오어^{Jenny Orr}의 훌륭한 소개(*https://homl.info/108*)를 확인해보세요. (제니 오어의 페이지에 있는 것과 같은) 특정 임베딩된 레버 문법 하나를 선택하고, 문자열이 이 문법을 따르는지 아닌지 구별하는 RNN을 훈련해보세요. 먼저 문법에 맞는 문자열 50%와 그렇지 않은 문자열 50%를 담은 훈련 배치를 생성하는 함수를 만들어야 합니다.

⑨ 날짜 문자열 포맷을 변환하는 인코더-디코더 모델을 훈련하세요(예를 들어 'April 22, 2019'에서 '2019-04-22'로 바꿉니다).

⑩ 케라스 웹 사이트에 있는 'Natural language image search with a Dual Encoder' (*https://homl.info/dualtuto*) 예제를 살펴보세요. 동일한 임베딩 공간 내에서 이미지와 텍스트를 모두 표현할 수 있는 모델을 만드는 방법을 배울 수 있습니다. 그럼 OpenAI의 CLIP 모델에서와 같이 텍스트 프롬프트를 사용하여 이미지를 검색할 수 있습니다.

⑪ 허깅 페이스의 트랜스포머스 라이브러리를 사용하여 텍스트를 생성할 수 있는 사전 훈련된 언어 모델(⑩ GPT)을 다운로드하고 더 설득력 있는 셰익스피어식 텍스트를 생성해보세요. 모델의 generate() 메서드를 사용해야 합니다. 자세한 내용은 허깅 페이스 온라인 문서를 참고하세요.

연습문제 정답은 〈부록 A〉에 있습니다.

17장

오토인코더, GAN 그리고 확산 모델

오토인코더autoencoder는 지도 방식을 사용하지 않고도(레이블되어 있지 않은 훈련 데이터를 사용해서) **잠재 표현**latent representation 또는 **코딩**coding[1]이라 부르는 입력 데이터의 밀집 표현을 학습할 수 있는 인공 신경망입니다. 코딩은 일반적으로 입력보다 훨씬 낮은 차원을 가집니다. 따라서 오토인코더는 차원 축소(8장 참고), 특히 시각화에 유용하게 사용됩니다. 즉, 오토인코더가 강력한 특성 추출기처럼 작동하므로 (11장에서 언급한 것처럼) 심층 신경망의 비지도 사전 훈련에 사용될 수 있습니다. 일부 오토인코더는 훈련 데이터와 매우 비슷한 새로운 데이터를 생성할 수 있습니다. 이를 **생성 모델**generative model이라고 합니다. 예를 들어 얼굴 사진으로 오토인코더를 훈련하면 이 모델은 새로운 얼굴을 생성할 수 있게 됩니다.

생성적 적대 신경망generative adversarial networks(GAN)도 데이터를 생성할 수 있습니다. 이 신경망으로 생성한 얼굴은 이를 가짜, 즉 존재하지 않는 사람이라고 믿기 힘들 정도입니다. 웹 사이트(https://nvlabs.github.io/stylegan3/)를 방문해 직접 확인해보세요. StyleGAN이라는 최신 GAN 구조를 사용해 만든 얼굴 이미지를 볼 수 있습니다. 또한 https://thisrental doesnotexist.com에 방문하면 에어비앤비의 침실을 생성한 이미지를 볼 수 있습니다. GAN은 초해상도(이미지 해상도 높이기), 이미지를 컬러로 바꾸기colorization(https://github.com/jantic/DeOldify), 강력한 이미지 편집(원하지 않는 배경 바꾸기), 간단한 스케치를 실제 같은 이미지로 바꾸기, 동영상에서 다음 프레임 예측하기, (다른 모델 훈련을 위한) 데이터 증

---

1 옮긴이_ 여기서 코딩은 컴퓨터 프로그래밍이 아닌 일반적인 부호화를 말합니다.

식, (텍스트, 오디오, 시계열 같은) 여러 종류의 데이터 생성, 다른 모델의 취약점을 식별하고 개선하기 등에 널리 사용됩니다.

최근 생성 학습 분야에서 주목할 만한 것은 **확산 모델**^{diffusion model}입니다. 2021년에는 GAN보다 다양하고 고품질의 이미지를 생성하면서도 훨씬 더 쉽게 훈련할 수 있게 되었지만 실행 속도가 훨씬 느립니다.

오토인코더, GAN, 확산 모델은 모두 비지도 학습이며, 셋 다 잠재 표현을 학습하고 생성 모델로 사용될 수 있습니다. 세 모델은 비슷한 애플리케이션이 많습니다. 하지만 작동 방식은 크게 다릅니다.

- 오토인코더는 단순히 입력을 출력으로 복사하는 방법을 배웁니다. 간단한 작업처럼 보이지만 다양한 방법으로 네트워크에 제약을 가해 이 작업을 오히려 어렵게 만듭니다. 예를 들어 잠재 표현의 크기를 제한하거나[2] 입력에 잡음을 추가하고 원본 입력을 복원하도록 네트워크를 훈련할 수 있습니다. 이런 제약은 오토인코더가 단순히 입력을 출력으로 바로 복사하지 못하도록 막고 데이터를 효율적으로 표현하는 방법을 배우게 만듭니다. 간단히 말해 코딩은 일정 제약 조건하에서 항등 함수^{identity function}를 학습하려는 오토인코더의 노력으로 생겨난 부산물입니다.

- GAN은 신경망 두 개로 구성됩니다. **생성자**^{generator}는 훈련 데이터와 비슷하게 보이는 데이터를 생성합니다. **판별자**^{discriminator}는 가짜 데이터와 진짜 데이터를 구별합니다. 이 구조는 신경망이 훈련하는 동안 생성자와 판별자가 서로 경쟁한다는 점에서 매우 새롭습니다. 생성자는 종종 위조 지폐를 만드는 범인으로 비유됩니다. 판별자는 가짜와 진짜 지폐를 구별하는 경찰관과 같습니다. **적대적 훈련**^{adversarial training}(경쟁하는 신경망을 훈련하는 것)은 2010년대에 일어난 가장 중요한 혁신으로 여겨집니다. 얀 르쿤은 "최근 10년 동안 머신러닝 분야에서 가장 흥미로운 아이디어"라고도 말했습니다.

- **잡음 제거 확산 모델**^{denoising diffusion probabilistic model}(DDPM)은 이미지에서 아주 작은 잡음을 제거하도록 훈련됩니다. 그런 다음 가우스 잡음으로 가득한 찬 이미지에서 확산 모델을 반복적으로 실행하면 훈련 이미지와 유사한 (하지만 동일하지 않은) 고품질 이미지가 서서히 드러납니다.

이 장에서는 먼저 오토인코더의 작동 방식을 알아보고 차원 축소, 특성 추출, 비지도 사전 훈련 방법과 이를 생성 모델로 사용하는 방법을 살펴봅니다. 오토인코더를 익히고 나면 자연스럽게 GAN을 다룰 수 있습니다. 가짜 이미지를 생성하는 간단한 GAN을 구축해보면 훈련이 매우 어렵다는 것을 알게 될 것입니다. 적대적 훈련에서 마주할 수 있는 주요 난관을 설명하고 이런 문제를 해결하는 기법을 소개하겠습니다. 마지막으로 DDPM 모델을 만들고 훈련한 다음 이 모델을 사용해 이미지를 생성해보겠습니다. 그럼 오토인코더부터 시작해보죠!

---

2   옮긴이_ 은닉 층에 있는 뉴런 수를 입력 층보다 적게 한다는 뜻입니다.

17.1 효율적인 데이터 표현

다음과 같은 숫자 시퀀스를 쉽게 기억할 수 있는 방법이 있을까요?

- 40, 27, 25, 36, 81, 57, 10, 73, 19, 68
- 50, 48, 46, 44, 42, 40, 38, 36, 34, 32, 30, 28, 26, 24, 22, 20, 18, 16, 14

처음 봤을 땐 첫 번째 시퀀스가 짧기 때문에 더 쉬워 보입니다. 하지만 두 번째 시퀀스를 자세히 살펴보면 50부터 14까지 짝수를 나열했다는 걸 알 수 있습니다. 이런 패턴을 알고 나면 첫 번째보다 두 번째 시퀀스를 외우는 것이 더 쉽습니다. 패턴(줄어드는 짝수), 시작 숫자, 종료 숫자(50과 14)만 외우면 됩니다. 무엇이든 빠르고 쉽게 기억할 수 있는 사람이라면 두 번째 시퀀스에 어떤 패턴이 있는지 신경 쓸 필요가 없습니다. 모든 숫자를 외우면 그만이니까요. 하지만 보통 이렇게 긴 시퀀스를 기억하기 어렵기 때문에 패턴을 찾는 것이 유용합니다. 그렇기 때문에 훈련하는 동안 오토인코더에 제약을 가해서 데이터에 있는 패턴을 찾아 활용합니다.

1970년대 초 윌리엄 체이스^{William Chase}와 허버트 사이먼^{Herbert Simon}은 기억, 지각, 패턴 매칭 사이의 관계에 관해 많은 연구를 했습니다(*https://homl.info/111*).[3] 이들은 숙련된 체스 플레이어가 체스판을 5초만 보고도 전체 말의 위치를 외울 수 있다는 것을 알아냈습니다. 보통 사람에게는 불가능한 일입니다. 그러나 이는 체스 말이 랜덤으로 놓여 있을 때가 아니라 (실제 게임처럼) 현실적인 위치에 있을 경우에만 그렇습니다. 체스 전문가라 하더라도 보통 사람보다 더 뛰어난 기억력을 가지고 있지는 않습니다. 단지 게임에 대한 경험 덕분에 체스 패턴을 쉽게 보는 것뿐입니다. 즉, 패턴을 찾으면 효율적으로 정보를 저장할 수 있습니다.

이런 기억 실험에서의 체스 플레이어처럼 오토인코더가 입력을 받아 효율적인 내부 표현으로 바꾸고 (바라건대) 입력과 가장 가까운 어떤 것을 출력합니다. 오토인코더는 항상 두 부분으로 구성됩니다. 입력을 내부 표현으로 바꾸는 **인코더**^{encoder}(또는 **인지 네트워크**^{recognition network})와 내부 표현을 출력으로 바꾸는 **디코더**^{decoder}(또는 **생성 네트워크**^{generative network})입니다(그림 17-1).

---

[3]   William G. Chase and Herbert A. Simon, "Perception in Chess," Cognitive Psychology 4, no. 1 (1973): 55–81.

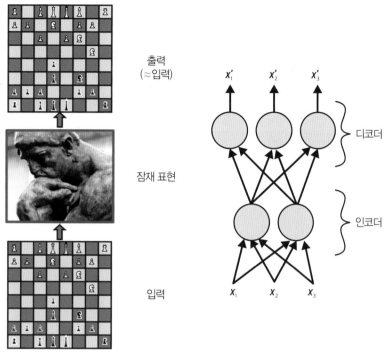

그림 17-1 체스 기억 실험(왼쪽)과 간단한 오토인코더(오른쪽)

그림에서 보듯이 출력 층의 뉴런 수가 입력 개수와 동일하다는 것을 제외하면 일반적으로 오토인코더는 다층 퍼셉트론(MLP, 10장 참고)과 구조가 동일합니다. 이 예에서는 뉴런 두 개로 구성된 하나의 은닉 층이 있습니다(인코더). 그리고 뉴런 세 개로 구성된 출력 층이 있습니다(디코더). 오토인코더가 입력을 재구성하기 때문에 출력을 종종 **재구성**^{reconstruction}이라고 부릅니다. 비용 함수는 재구성이 입력과 다를 때 모델에 벌점을 부과하는 **재구성 손실**^{reconstruction loss}을 포함합니다.

내부의 표현이 입력 데이터보다 저차원이기 때문에(3차원 대신 2차원) 이런 오토인코더를 **과소완전**^{undercomplete}[4]이라고 합니다. 과소완전 오토인코더는 입력을 코딩으로 간단히 복사할 수 없으며, 입력과 똑같은 것을 출력하기 위한 다른 방법을 찾아 입력 데이터에서 가장 중요한 특성을 학습하도록 만듭니다(그리고 중요하지 않은 것은 버립니다).

---

4 옮긴이_ undercomplete의 대수학적 정의를 보면 기저(basis)보다 적은 개수로 표현되는 것을 말하며 overcomplete는 그 반대의 경우입니다. 두 용어에 대한 적절한 번역 사례를 찾지 못하였으나 underfitting/overfitting(과소적합/과대적합)의 경우를 참고하여 '과소완전', '과대완전'이라고 옮겼습니다.

그럼 차원 축소를 위한 아주 간단한 과소완전 오토인코더를 어떻게 구현하는지 살펴봅시다.

17.2 과소완전 선형 오토인코더로 PCA 수행하기

오토인코더가 선형 활성화 함수만 사용하고 비용 함수가 평균 제곱 오차(MSE)라면, 이는 결국 주성분 분석(PCA, 8장 참고)을 수행하는 것으로 볼 수 있습니다.

다음 코드는 3D 데이터셋에 PCA를 적용해 2D에 투영하는 간단한 선형 오토인코더를 만듭니다.

```
import tensorflow as tf

encoder = tf.keras.Sequential([tf.keras.layers.Dense(2)])
decoder = tf.keras.Sequential([tf.keras.layers.Dense(3)])
autoencoder = tf.keras.Sequential([encoder, decoder])

optimizer = tf.keras.optimizers.SGD(learning_rate=0.5)
autoencoder.compile(loss="mse", optimizer=optimizer)
```

이 코드는 이전 장에서 만들었던 MLP와 많이 다르지 않습니다. 하지만 몇 가지 언급할 것이 있습니다.

- 오토인코더를 인코더와 디코더 두 개 컴포넌트로 구성합니다. 둘 다 하나의 Dense 층을 가진 일반적인 Sequential 모델입니다. 오토인코더는 인코더 다음에 디코더가 뒤따르는 Sequential 모델입니다(케라스 모델은 다른 모델의 층으로 사용할 수 있다는 것을 기억하세요).
- 오토인코더의 출력 개수가 입력의 개수와 동일합니다(3개).
- PCA를 수행하기 위해서는 활성화 함수를 사용하지 않으며(즉, 모든 뉴런이 선형입니다), 비용 함수는 MSE입니다. 이것이 PCA가 선형 변환인 이유입니다. 곧 조금 더 복잡하고 비선형적인 오토인코더를 살펴보겠습니다.

이 모델을 8장에서 사용했던 가상의 3D 데이터셋에 훈련합니다. 그다음 이 모델을 사용해 동일한 데이터셋을 인코딩해보겠습니다(즉, 2D로 투영합니다).

```
X_train = [...] # 8장에서처럼 3D 데이터셋을 생성합니다.
history = autoencoder.fit(X_train, X_train, epochs=500, verbose=False)
codings = encoder.predict(X_train)
```

X_train이 입력과 타깃에도 사용된다는 것에 주목하세요. [그림 17-2]는 원본 3D 데이터셋
(왼쪽)과 오토인코더의 은닉 층 출력(코딩 층, 오른쪽)을 보여줍니다. 여기서 볼 수 있듯이 오
토인코더는 (PCA처럼) 데이터에 있는 분산이 가능한 한 많이 보존되도록 데이터를 투영할 최
상의 2D 평면을 찾습니다.

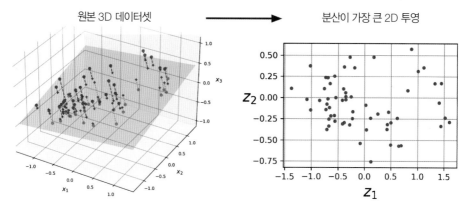

그림 17-2 과소완전 선형 오토인코더로 수행한 근사 PCA

NOTE 오토인코더를 자기 지도 학습의 한 형태로 볼 수 있습니다. 자동으로 생성한 레이블에서 지도
학습 기법을 사용하기 때문입니다(이 경우에는 단순히 입력과 같습니다).

17.3 적층 오토인코더

앞서 살펴봤던 다른 신경망과 마찬가지로 오토인코더도 은닉 층을 여러 개 가질 수 있습니다.
이런 경우를 **적층 오토인코더**stacked autoencoder (또는 **심층 오토인코더**deep autoencoder)라고 합니다.[5]

....

5 옮긴이_ 은닉 층을 여러 개 가졌으므로 다층(multi layer) 오토인코더라고 표현할 수도 있지만 쌓았다(stacked)는 의미를 강조하기 위해
  '적층'이라고 번역했습니다.

층을 더 추가하면 오토인코더가 더 복잡한 코딩을 학습할 수 있습니다. 그러나 오토인코더가 너무 강력해지지 않도록 주의해야 합니다. 인코더가 너무 강력해서 각각의 입력 데이터를 임의의 한 숫자로 매핑하도록 학습했다고(그리고 디코더는 역으로 매핑하는 걸 학습했다고) 가정해봅시다. 당연히 이런 오토인코더는 훈련 데이터를 완벽하게 재구성하겠지만 이 과정에서 유용한 데이터 표현을 학습하지 못할 것입니다(그리고 새로운 샘플에 잘 일반화될 것 같지 않습니다).

적층 오토인코더의 구조는 전형적으로 가운데 은닉 층(코딩 층)을 기준으로 대칭입니다. 간단히 말해 샌드위치 같은 모양입니다. 예를 들어 (3장에서 소개한) 패션 MNIST를 위한 오토인코더라면 입력이 784개 있고, 그다음에 뉴런 100개로 된 은닉 층, 뉴런 30개로 된 가운데 은닉 층, 뉴런 100개로 된 또 다른 은닉 층, 마지막으로 뉴런 784개로 된 출력 층을 가집니다. [그림 17-3]에 이 적층 오토인코더를 나타냈습니다.

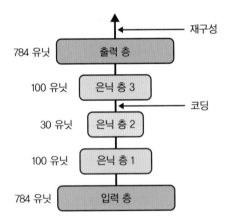

그림 17-3 적층 오토인코더

17.3.1 케라스로 적층 오토인코더 구현하기

일반적인 심층 MLP와 매우 비슷하게 적층 오토인코더를 구현할 수 있습니다.

```
stacked_encoder = tf.keras.Sequential([
    tf.keras.layers.Flatten(),
    tf.keras.layers.Dense(100, activation="relu"),
    tf.keras.layers.Dense(30, activation="relu"),
```
❶

```
    ])
stacked_decoder = tf.keras.Sequential([
    tf.keras.layers.Dense(100, activation="relu"),
    tf.keras.layers.Dense(28 * 28),
    tf.keras.layers.Reshape([28, 28])
])
stacked_ae = tf.keras.Sequential([stacked_encoder, stacked_decoder])

stacked_ae.compile(loss="mse", optimizer="nadam")
history = stacked_ae.fit(X_train, X_train, epochs=20,
                         validation_data=(X_valid, X_valid))
```

❷

❸
❹

이 코드를 하나씩 살펴봅시다. 여기서도 오토인코더 모델을 인코더와 디코더 두 개 서브 모델로 나눕니다.

❶ 인코더는 28×28 픽셀의 흑백 이미지를 받습니다. 그다음 각 이미지를 784 크기의 벡터로 표현하기 위해 펼칩니다. 이 벡터를 크기가 점점 줄어드는 (100개 유닛 다음에 30개 유닛을 가진) Dense 층 두 개에 통과시킵니다. 두 층은 모두 ReLU 활성화 함수를 사용합니다. 각 입력 이미지에 대해 인코더는 크기가 30인 벡터를 출력합니다.

❷ 디코더는 (인코더가 출력한) 크기가 30인 코딩을 받습니다. 그다음 크기가 점점 커지는 (100개 유닛 다음에 784개 유닛을 가진) Dense 층 두 개에 통과시킵니다. 최종 벡터를 28×28 배열로 변경하여 디코더의 출력이 인코더의 입력과 동일한 크기가 되도록 만듭니다.

❸ 적층 오토인코더를 컴파일할 때 평균 MSE 손실과 Nadam 옵티마이저를 사용합니다.

❹ 마지막으로 X_train을 입력과 타깃으로 사용해 모델을 훈련합니다. 비슷하게 X_valid를 검증 입력과 검증 타깃으로 사용합니다.

17.3.2 재구성 시각화

오토인코더가 적절히 훈련되었는지 확인하는 한 가지 방법은 입력과 출력을 비교하는 것입니다. 즉, 입력과 출력의 차이가 너무 크지 않아야 합니다. 검증 세트에서 원본 이미지 몇 개를 재구성된 것과 함께 그려봅시다.

```
import numpy as np

def plot_reconstructions(model, images=X_valid, n_images=5):
    reconstructions = np.clip(model.predict(images[:n_images]), 0, 1)
    fig = plt.figure(figsize=(n_images * 1.5, 3))
```

```
for image_index in range(n_images):
    plt.subplot(2, n_images, 1 + image_index)
    plt.imshow(images[image_index], cmap="binary")
    plt.axis("off")
    plt.subplot(2, n_images, 1 + n_images + image_index)
    plt.imshow(reconstructions[image_index], cmap="binary")
    plt.axis("off")

plot_reconstructions(stacked_ae)
plt.show()
```

출력 결과는 [그림 17-4]입니다.

그림 17-4 원본 이미지(위)와 재구성(아래)

재구성된 이미지를 식별할 수는 있지만 정보를 조금 많이 잃었습니다. 모델을 더 오래 훈련하거나, 인코더와 디코더의 층을 늘리거나, 코딩의 크기를 늘려야 할지 모릅니다. 하지만 네트워크가 너무 강력하면 데이터에서 유익한 패턴을 학습하지 못하고 완벽한 재구성 이미지를 만들 것입니다. 일단은 이 모델을 사용해보겠습니다.

17.3.3 패션 MNIST 데이터셋 시각화

적층 오토인코더를 훈련했으므로 이 모델을 사용해 데이터셋의 차원을 축소할 수 있습니다. 시각화 입장에서 보면 (8장에서 본 것과 같은) 다른 차원 축소 알고리즘만큼 좋은 결과를 주지 못합니다. 하지만 오토인코더의 장점은 샘플과 특성이 많은 대용량 데이터셋을 다룰 수 있다는 점입니다. 따라서 오토인코더를 사용해 적절한 수준으로 차원을 축소한 후 다른 차원 축소 알고리즘을 사용해 시각화하는 것도 전략입니다. 이 방식으로 패션 MNIST 데이터셋을 시각화해 보죠. 먼저 적층 오토인코더의 인코더 모델을 사용해 차원을 30으로 줄입니다. 그다음 t-SNE 알고리즘을 구현한 사이킷런 클래스로 시각화를 위해 차원을 2까지 줄이겠습니다.

```
from sklearn.manifold import TSNE
X_valid_compressed = stacked_encoder.predict(X_valid)
tsne = TSNE(init="pca", learning_rate="auto", random_state=42)
X_valid_2D = tsne.fit_transform(X_valid_compressed)
```

이제 이 데이터셋을 그래프로 그릴 수 있습니다.

```
plt.scatter(X_valid_2D[:, 0], X_valid_2D[:, 1], c=y_valid, s=10, cmap="tab10")
plt.show()
```

[그림 17-5]는 출력된 산점도입니다(이해하기 쉽게 이미지 몇 개를 함께 나타냈습니다). t-SNE 알고리즘이 식별한 클러스터가 클래스와 잘 매칭됩니다(각 클래스는 다른 색으로 표현 했습니다).

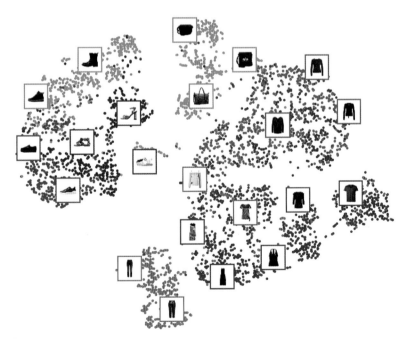

그림 17-5 오토인코더 뒤에 t-SNE를 사용한 패션 MNIST 시각화

이렇게 오토인코더를 차원 축소에 사용할 수 있습니다. 다음으로 비지도 사전 훈련에 적용해보 겠습니다.

17.3.4 적층 오토인코더를 사용한 비지도 사전 훈련

11장에서 언급했던 것처럼 레이블된 훈련 데이터가 많지 않은 복잡한 지도 학습 문제를 다루 어야 한다면 비슷한 문제를 학습한 신경망을 찾아 하위 층을 재사용하는 것도 한 방법입니다. 이렇게 하면 저수준의 특성을 학습할 필요가 없으니 적은 훈련 데이터를 사용해 고성능 모델을 훈련할 수 있습니다. 즉, 기존의 네트워크에서 학습한 특성 감지 기능을 재사용하는 것입니다.

비슷하게 대부분의 데이터가 레이블되지 않은 대량의 데이터셋이 있다면 먼저 전체 데이터를 사용해 적층 오토인코더를 훈련합니다. 그런 다음 오토인코더의 하위 층을 재사용해 실제 문제 를 해결하기 위한 신경망을 만들고 레이블된 데이터를 사용해 훈련할 수 있습니다. 예를 들어 [그림 17-6]은 분류 신경망을 위해 비지도 사전 훈련을 수행하는 적층 오토인코더를 어떻게 사용하는지 보여줍니다. 분류기를 훈련할 때 레이블된 훈련 데이터가 많지 않으면 사전 훈련된 층 가장 하위에 있는 층 하나 이상을 동결하는 것이 좋습니다.

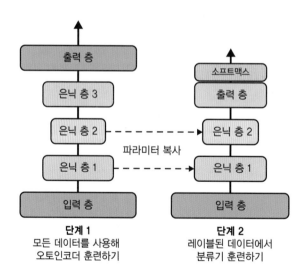

그림 17-6 오토인코더를 사용한 비지도 사전 훈련

구현에 특별한 것은 없습니다. (레이블된 것과 레이블되지 않은) 모든 훈련 데이터를 사용해 오토인코더를 훈련하고 인코더 층을 재사용하여 새로운 신경망을 만들면 됩니다(이 장의 끝에 있는 연습문제를 참고하세요).

이제 적층 오토인코더를 훈련하기 위한 몇 가지 기술을 살펴봅니다.

17.3.5 가중치 묶기

방금 만든 것처럼 오토인코더가 완벽하게 대칭일 땐 디코더의 가중치와 인코더의 가중치를 묶는 것이 일반적인 방법입니다. 이렇게 하면 모델에 있는 가중치의 수가 절반으로 줄어들어 훈련 속도가 증가하고 과대적합의 위험이 줄어듭니다. 구체적인 예로 어떤 오토인코더가 (입력 층을 제외한) N개의 층을 갖고 $\mathbf{W}_L$이 L번째 층의 가중치를 나타낸다고 했을 때(⑩ 1은 첫 번째 은닉 층, $N/2$은 코딩 층, N은 출력 층) 디코더 층의 가중치는 $\mathbf{W}_L = \mathbf{W}_{N-L+1}^{\mathrm{T}}$(여기서 $L = N/2 + 1, \cdots, N$)와 같이 간단하게 정의할 수 있습니다.[6]

케라스의 사용자 정의 층을 만들어 층 간에 가중치를 묶어봅니다.

```
class DenseTranspose(tf.keras.layers.Layer):
    def __init__(self, dense, activation=None, **kwargs):
        super().__init__(**kwargs)
        self.dense = dense
        self.activation = tf.keras.activations.get(activation)

    def build(self, batch_input_shape):
        self.biases = self.add_weight(name="bias",
                                      shape=self.dense.input_shape[-1],
                                      initializer="zeros")
```

---

6 옮긴이_ 코딩 층을 기준으로 뉴런 수가 대칭이므로 출력 층($L = N$)의 가중치 $\mathbf{W}_N$은 첫 번째($L = 1$) 은닉 층의 가중치 $\mathbf{W}_1$의 전치입니다.

```
        super().build(batch_input_shape)

    def call(self, inputs):
        Z = tf.matmul(inputs, self.dense.weights[0], transpose_b=True)
        return self.activation(Z + self.biases)
```

이 사용자 정의 층은 일반적인 Dense 층과 다른 Dense 층의 전치된 가중치를 사용합니다 (transpose_b=True로 지정하는 것이 두 번째 매개변수를 전치하는 것과 동일하지만 matmul() 연산에서 동적으로 전치를 수행하므로 훨씬 효율적입니다). 그리고 독자적인 편향 벡터를 사용합니다. 그런 다음 이전과 비슷하게 새로운 적층 오토인코더를 만듭니다. 이 디코더의 Dense 층은 인코더의 Dense 층과 묶여있습니다.

```
dense_1 = tf.keras.layers.Dense(100, activation="relu")
dense_2 = tf.keras.layers.Dense(30, activation="relu")

tied_encoder = tf.keras.Sequential([
    tf.keras.layers.Flatten(),
    dense_1,
    dense_2
])

tied_decoder = tf.keras.Sequential([
    DenseTranspose(dense_2, activation="relu"),
    DenseTranspose(dense_1),
    tf.keras.layers.Reshape([28, 28])
])

tied_ae = tf.keras.Sequential([tied_encoder, tied_decoder])
```

이 모델은 거의 절반의 파라미터로 이전 모델보다 약간 낮은 재구성 오차를 달성합니다.

17.3.6 오토인코더 한 개씩 훈련하기

앞서 만들었던 것처럼 한 번에 전체 오토인코더를 훈련하는 대신 [그림 17-7]처럼 오토인코더 하나를 훈련하고 이를 쌓아올려서 한 개의 적층 오토인코더를 만들 수 있습니다. 이런 방식은 요즘엔 많이 사용하지 않지만 '탐욕적 방식의 층별 훈련greedy layerwise training'에 관해 이야기하는 논문에는 여전히 등장하므로 알아두는 것이 좋습니다.

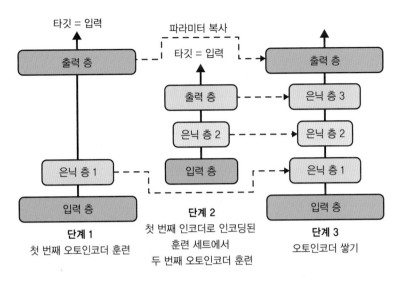

그림 17-7 한 번에 오토인코더 한 개씩 훈련하기

[단계 1]에서 첫 번째 오토인코더는 입력을 재구성하도록 훈련됩니다. 그다음 이 오토인코더를 사용해 전체 훈련 세트를 인코딩하여 (압축된) 새 훈련 세트를 만듭니다. 이 새로운 훈련 세트에서 두 번째 오토인코더를 훈련합니다. 이것이 [단계 2]입니다. 마지막으로 [그림 17-7]처럼 모든 오토인코더를 사용해 전체 네트워크를 만듭니다(각 오토인코더의 은닉 층을 먼저 쌓고 출력 층을 (반대로) 쌓습니다). 이렇게 해서 최종 적층 오토인코더를 만듭니다(구현 예제는 이 장의 주피터 노트북에 있는 '한 번에 오토인코더 한 개씩 훈련하기'를 참고하세요). 이런 방식으로 더 많은 오토인코더를 훈련해 아주 깊은 적층 오토인코더를 만들 수 있습니다.

앞서 언급한 것처럼 딥러닝 쓰나미를 일으킨 도화선 중 하나는 2006년 제프리 힌턴 등이 탐욕적인 층별 접근 방법을 사용하여 심층 신경망을 비지도 형태로 사전 훈련될 수 있다는 것을 발견한 일입니다(*https://homl.info/136*). 이를 위해 제한된 볼츠만 머신[restricted Boltzmann machine](RBM)을 사용했습니다. 그리고 2007년 요슈아 벤지오 등이 오토인코더에도 적용된다는 것을 보였습니다.[7] 11장에서 소개한 여러 기법으로 한 번에 심층 신경망을 훈련할 수 있게 되기 전까지는 수년 동안 이 방식이 심층 신경망을 효율적으로 훈련하는 유일한 방법이었습니다.

---

7 Yoshua Bengio et al., "Greedy Layer-Wise Training of Deep Networks," *Proceedings of the 19th International Conference on Neural Information Processing Systems* (2006): 153–160. *https://homl.info/112*

오토인코더는 밀집 네트워크에 국한되지 않습니다. 합성곱 오토인코더도 만들 수 있습니다. 이 제부터 이런 오토인코더를 알아봅시다.

17.4 합성곱 오토인코더

이미지를 다루는 경우에는 (이미지가 매우 작지 않다면) 오토인코더가 좋은 성능을 내지 못합니다. 14장에서 본 것처럼 이미지를 다룰 때는 합성곱 신경망이 밀집 네트워크보다 훨씬 잘 맞습니다. 따라서 (비지도 사전 훈련이나 차원 축소를 위해) 이미지에 대한 오토인코더를 만들려면 **합성곱 오토인코더**convolutional autoencoder[8]를 만들어야 합니다. 인코더는 합성곱 층과 풀링 층으로 구성된 일반적인 CNN입니다. 인코더는 전형적으로 입력에서 공간 방향의 차원(높이와 너비)을 줄이고 깊이(특성 맵의 개수)를 늘립니다. 디코더는 거꾸로 작동해야 합니다(이미지의 스케일을 늘리고 깊이를 원본 차원으로 되돌려야 합니다). 이를 위해서 전치 합성곱 층을 사용합니다(또는 합성곱 층과 업샘플링 층을 연결할 수 있습니다). 다음은 패션 MNIST 데이터셋에 대한 간단한 합성곱 오토인코더입니다.

```python
conv_encoder = tf.keras.Sequential([
    tf.keras.layers.Reshape([28, 28, 1]),
    tf.keras.layers.Conv2D(16, 3, padding="same", activation="relu"),
    tf.keras.layers.MaxPool2D(pool_size=2), # 출력: 14 × 14 x 16
    tf.keras.layers.Conv2D(32, 3, padding="same", activation="relu"),
    tf.keras.layers.MaxPool2D(pool_size=2), # 출력: 7 × 7 x 32
    tf.keras.layers.Conv2D(64, 3, padding="same", activation="relu"),
    tf.keras.layers.MaxPool2D(pool_size=2), # 출력: 3 × 3 x 64
    tf.keras.layers.Conv2D(30, 3, padding="same", activation="relu"),
    tf.keras.layers.GlobalAvgPool2D()        # 출력: 30
])
conv_decoder = tf.keras.Sequential([
    tf.keras.layers.Dense(3 * 3 * 16),
    tf.keras.layers.Reshape((3, 3, 16)),
    tf.keras.layers.Conv2DTranspose(32, 3, strides=2, activation="relu"),
    tf.keras.layers.Conv2DTranspose(16, 3, strides=2, padding="same",
                                    activation="relu"),
```

----

8   Jonathan Masci et al., "Stacked Convolutional Auto-Encoders for Hierarchical Feature Extraction," Proceedings of the 21st International Conference on Artificial Neural Networks 1 (2011): 52–59. *https://homl.info/convae*

```
    tf.keras.layers.Conv2DTranspose(1, 3, strides=2, padding="same"),
    tf.keras.layers.Reshape([28, 28])
])
conv_ae = tf.keras.Sequential([conv_encoder, conv_decoder])
```

RNN과 같은 다른 구조를 사용해 오토인코더를 만들 수도 있습니다(주피터 노트북 참고).

좋습니다. 한 걸음 물러서서 정리해보죠. 지금까지 여러 종류(기본, 적층, 합성곱)의 오토인코더와 훈련 방법(한 번에 또는 층별로)을 살펴보았습니다. 또한 데이터 시각화와 비지도 사전 훈련에 적용하는 방법도 알아보았습니다.

오토인코더가 흥미로운 특성을 학습하도록 강제하기 위해 코딩 층의 크기를 제한하여 과소완전으로 만들었습니다. 사용할 수 있는 다른 종류의 제약도 많습니다. 입력 크기만큼 또는 입력보다 큰 코딩 층을 두어 **과대완전 오토인코더**overcomplete autoencoder를 만들 수 있습니다. 다음 절에서는 잡음 제거 오토인코더, 희소 오토인코더, 변이형 오토인코더와 같은 오토인코더에 관해 살펴보겠습니다.

17.5 잡음 제거 오토인코더

오토인코더가 유용한 특성을 학습하도록 강제하는 다른 방법은 입력에 잡음을 추가하고 잡음이 없는 원본 입력을 복원하도록 훈련하는 것입니다. 이 아이디어는 1980년대부터 있었습니다 (예를 들어 얀 르쿤의 1987년 석사 논문에 언급되었습니다). 그리고 파스칼 빈센트Pascal Vincent 등이 2008년 논문[9]에서 오토인코더를 특성 추출기로 사용할 수도 있음을 보였습니다. 파스칼 빈센트 등은 2010년 논문[10]에서 **적층 잡음 제거 오토인코더**stacked denoising autoencoder를 소개했습니다.

잡음은 입력에 순수한 가우스 잡음을 입력에 추가하거나 (11장에서 소개한) 드롭아웃처럼 랜덤으로 입력을 꺼서 발생시킬 수 있습니다. [그림 17-8]은 이 두 경우를 보여줍니다.

---

9 Pascal Vincent et al., "Extracting and Composing Robust Features with Denoising Autoencoders," Proceedings of the 25th International Conference on Machine Learning (2008): 1096-1103. *https://homl.info/113*

10 Pascal Vincent et al., "Stacked Denoising Autoencoders: Learning Useful Representations in a Deep Network with a Local Denoising Criterion," Journal of Machine Learning Research 11 (2010): 3371-3408. *https://homl.info/114*

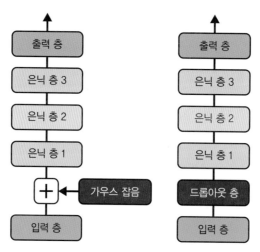

그림 17-8 가우스 잡음(왼쪽) 또는 드롭아웃(오른쪽)을 사용한 잡음 제거 오토인코더

구현은 간단합니다. 인코더의 입력에 적용한 Dropout 층이 있는(또는 GaussianNoise 층을 사용한) 일반적인 적층 오토인코더입니다. Dropout 층은 훈련하는 동안에만 활성화됩니다 (GaussianNoise 층도 마찬가지입니다).

```
dropout_encoder = tf.keras.Sequential([
    tf.keras.layers.Flatten(),
    tf.keras.layers.Dropout(0.5),
    tf.keras.layers.Dense(100, activation="relu"),
    tf.keras.layers.Dense(30, activation="relu")
])
dropout_decoder = tf.keras.Sequential([
    tf.keras.layers.Dense(100, activation="relu"),
    tf.keras.layers.Dense(28 * 28),
    tf.keras.layers.Reshape([28, 28])
])
dropout_ae = tf.keras.Sequential([dropout_encoder, dropout_decoder])
```

[그림 17-9]는 (픽셀 절반을 꺼서 만든) 잡음 섞인 이미지와 드롭아웃 기반의 잡음 제거 오토인코더로 재구성한 이미지입니다. 흰색 셔츠(두 번째 행의 네 번째 이미지)의 목 부분 같이 오토인코더가 실제 입력에 없는 상세 정보를 어떻게 추측하는지 주목하세요. 이처럼 지금까지 소개한 다른 인코더와 같이 잡음 제거 오토인코더를 데이터 시각화나 비지도 사전 훈련뿐만 아니라 간단하고 효율적으로 이미지에서 잡음을 제거하는 데 사용할 수 있습니다.

그림 17-9 잡음 섞인 이미지(위)와 재구성된 이미지(아래)

17.6 희소 오토인코더

좋은 특성을 추출하도록 만드는 다른 제약의 방식은 **희소**sparsity입니다. 이는 비용 함수에 적절한 항을 추가하여 오토인코더가 코딩 층에서 활성화되는 뉴런 수를 감소시키도록 만듭니다. 예를 들어 코딩 층에서 평균적으로 5% 뉴런만 활성화되도록 강제할 수 있습니다. 이렇게 하면 오토인코더가 적은 수의 활성화된 뉴런을 조합하여 입력을 표현해야 합니다. 결국 코딩 층의 각 뉴런은 유용한 특성을 표현하게 됩니다(만약 여러분이 한 달에 몇 마디 말만 할 수 있다면 꼭 필요한 말만 할 것입니다).

간단한 방법은 코딩 층에 (코딩을 0과 1 사이 값으로 제한하기 위해) 시그모이드 활성화 함수를 사용하고 큰 코딩 층(**예** 300개의 유닛을 가진 층)을 사용하는 것입니다. 그리고 코딩 층의 활성화 값에 ℓ_1 규제를 추가합니다(디코더는 일반적인 디코더입니다).

```
sparse_l1_encoder = tf.keras.Sequential([
    tf.keras.layers.Flatten(),
    tf.keras.layers.Dense(100, activation="relu"),
    tf.keras.layers.Dense(300, activation="sigmoid"),
    tf.keras.layers.ActivityRegularization(l1=1e-4)
])
sparse_l1_decoder = tf.keras.Sequential([
    tf.keras.layers.Dense(100, activation="relu"),
    tf.keras.layers.Dense(28 * 28),
    tf.keras.layers.Reshape([28, 28])
])
sparse_l1_ae = tf.keras.Sequential([sparse_l1_encoder, sparse_l1_decoder])
```

`ActivityRegularization` 층은 입력을 그대로 반환하면서 훈련 손실에 입력의 절댓값의 합을 더합니다(이 층은 훈련하는 동안에만 작동합니다). `ActivityRegularization` 층을 제거하고 이전 층에서 `activity_regularizer=tf.keras.regularizers.l1(1e-4)`로 지정해도 동일합니다. 이 규제는 신경망이 0에 가까운 코딩을 만들도록 유도하지만 입력을 올바르게 재구성하지 못하면 벌칙을 받기 때문에 적어도 0이 아닌 값이 조금은 출력되어야 합니다. ℓ_2 노름 대신 ℓ_1 노름을 사용하면 신경망이 (모든 코딩을 감소시키는 대신) 입력 이미지에서 불필요한 것을 제거하고 가장 중요한 코딩을 보전하도록 만듭니다.

종종 더 나은 결과를 내는 또 다른 방법은 훈련 반복마다 코딩 층의 실제 희소 정도를 측정하고 측정된 희소 정도가 타깃 희소 정도와 다르면 모델에 벌칙을 부과하는 것입니다. 이를 위해 전체 훈련 배치에 대해 코딩 층에 있는 각 뉴런의 평균적인 활성화를 계산합니다. 배치 크기는 너무 작지 않아야 합니다. 그렇지 않으면 평균값이 정확하지 않을 것입니다.

각 뉴런에 대한 평균 활성화 정도를 알면 비용 함수에 **희소 손실**^{sparsity loss}을 추가하여 너무 활성화되거나 충분히 활성화되지 않은 뉴런에 벌칙을 가할 수 있습니다. 예를 들어 한 뉴런의 평균 활성화가 0.3이고 목표 희소 정도가 0.1이라면 이 뉴런은 덜 활성화되도록 규제해야 합니다. 간단한 방법은 비용 함수에 제곱 오차 $(0.3-0.1)^2$을 추가하는 것입니다. 하지만 실전에서 더 좋은 방법은 [그림 17-10]에서 볼 수 있듯이 평균 제곱 오차보다 훨씬 강한 그레이디언트를 가진 (4장에서 잠깐 소개한) 쿨백-라이블러 발산^{Kullback–Leibler divergence}을 사용하는 것입니다.

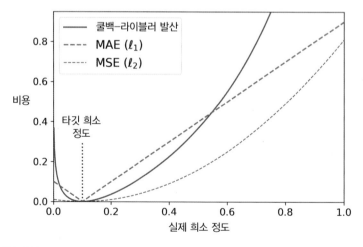

그림 17-10 희소 손실

두 개의 이산 확률 분포 P와 Q가 주어졌을 때, 이 두 분산 사이의 쿨백-라이블러(KL) 발산 $D_{KL}(P \parallel Q)$는 [식 17-1]을 사용해 계산할 수 있습니다.

식 17-1 KL 발산

$$D_{KL}(P \parallel Q) = \sum_i P(i) \log \frac{P(i)}{Q(i)}$$

여기에서는 코딩 층에서 뉴런이 활성화될 목표 확률 p와 실제 확률 q(즉, 훈련 배치에 대한 평균 활성화) 사이의 발산을 측정합니다. 그러므로 KL 발산은 [식 17-2]와 같이 간단해집니다.

식 17-2 목표 희소 정도 p와 실제 희소 정도 q 사이의 KL 발산[11]

$$D_{KL}(p \parallel q) = p \log \frac{p}{q} + (1-p) \log \frac{1-p}{1-q}$$

코딩 층의 각 뉴런에 대해 희소 손실을 계산했다면 이 손실들을 모두 합해서 비용 함수의 결과에 더합니다. 희소 손실과 재구성 손실의 상대적 중요도를 제어하기 위해 희소 손실에 희소 가중치 하이퍼파라미터를 곱합니다. 이 가중치가 너무 크면 모델이 목표 희소에 가깝게 되겠지만 입력을 적절히 재구성하지 못해서 쓸모없는 모델이 될 수 있습니다. 반대로 가중치가 너무 작으면 모델이 희소 목표를 거의 무시할 것이므로 어떤 흥미로운 특성도 학습하지 못할 것입니다.[12]

KL 발산을 기반으로 하는 희소 오토인코더를 구현하기 위해 필요한 모든 것을 배웠습니다. 먼저 KL 발산 규제를 적용하기 위해 사용자 정의 규제를 만들어보죠.

```python
kl_divergence = tf.keras.losses.kullback_leibler_divergence

class KLDivergenceRegularizer(tf.keras.regularizers.Regularizer):
    def __init__(self, weight, target):
        self.weight = weight
        self.target = target
```

---

11 옮긴이_ 각 뉴런에 대해 활성화되었을 때와 그렇지 않을 때 두 가지 경우만 있으므로 KL 발산을 간단하게 나누어 쓸 수 있습니다. 목표 희소 정도(p)가 0.1, 실제 희소 정도(q)가 0.3이라면 활성화된 경우($p = 0.1$, $q = 0.3$)와 아닌 경우($1-p = 0.9$, $1-q = 0.7$)에 대해 $0.1 \log \frac{0.1}{0.3} + 0.9 \log \frac{0.9}{0.7}$ 와 같이 계산됩니다.

12 옮긴이_ 희소 가중치가 크면 비용 함수 결과를 줄이기 위해 p와 q를 가깝게 만들어 희소 모델을 만들고, 희소 가중치가 작으면 그 반대로 p와 q를 가깝게 만들 필요가 적어 목표 희소와 차이가 날 것입니다. p와 q가 같아지면 KL 발산은 0이 되어 비용 함수의 값이 가장 작은 경우가 됩니다.

```
    def __call__(self, inputs):
        mean_activities = tf.reduce_mean(inputs, axis=0)
        return self.weight * (
            kl_divergence(self.target, mean_activities) +
            kl_divergence(1. - self.target, 1. - mean_activities))
```

코딩 층의 활성화에 KLDivergenceRegularizer를 적용해 희소 오토인코더를 만듭니다.

```
kld_reg = KLDivergenceRegularizer(weight=5e-3, target=0.1)
sparse_kl_encoder = tf.keras.Sequential([
    tf.keras.layers.Flatten(),
    tf.keras.layers.Dense(100, activation="relu"),
    tf.keras.layers.Dense(300, activation="sigmoid",
                         activity_regularizer=kld_reg)
])
sparse_kl_decoder = tf.keras.Sequential([
    tf.keras.layers.Dense(100, activation="relu"),
    tf.keras.layers.Dense(28 * 28),
    tf.keras.layers.Reshape([28, 28])
])
sparse_kl_ae = tf.keras.Sequential([sparse_kl_encoder, sparse_kl_decoder])
```

패션 MNIST에 희소 오토인코더를 훈련하면 코딩 층의 희소 정도는 약 10%가 됩니다.

17.7 변이형 오토인코더

2014년에 다이데릭 킹마Diederik Kingma와 맥스 웰링Max Welling이 또 다른 종류의 중요한 오토인코더를 소개했습니다. 그리고 순식간에 가장 인기 있는 오토인코더가 되었습니다. 바로 **변이형 오토인코더** variational autoencoder[13]입니다.

변이형 오토인코더는 다음과 같은 이유로 지금까지 다룬 오토인코더와 매우 다릅니다.

---

13 Diederik Kingma and Max Welling, "Auto-Encoding Variational Bayes," arXiv preprint arXiv:1312.6114 (2013). *https://homl.info/115*

- **확률적 오토인코더**probabilistic autoencoder입니다. 즉, 훈련이 끝난 후에도 출력이 부분적으로 우연에 의해 결정됩니다(이와는 반대로 잡음 제거 오토인코더는 훈련 시에만 무작위성을 사용합니다).
- 무엇보다도 **생성 오토인코더**generative autoencoder라는 점이 중요합니다. 마치 훈련 세트에서 샘플링된 것 같은 새로운 샘플을 생성할 수 있습니다.

이런 두 속성이 변이형 오토인코더를 RBM과 유사하게 만듭니다. 하지만 훈련이 더 쉽고 샘플링 과정이 훨씬 빠릅니다(RBM에서는 새로운 샘플을 만들기 전에 네트워크가 '열평형' 상태로 안정될 때까지 기다려야 합니다). 이름에서 알 수 있듯이 변이형 오토인코더는 효율적인 근사 베이즈 추론 방법인 변분 베이즈 추론variational Bayesian inference을 수행합니다. 베이즈 추론은 베이즈 정리에서 유도된 방정식을 사용하여 새로운 데이터를 기반으로 확률 분포를 업데이트하는 것을 의미합니다. 원래 분포를 **사전 분포**prior라고 하고 업데이트된 분포를 **사후 분포**posterior라고 합니다. 이 경우 데이터 분포의 좋은 근삿값을 찾는 것이 목적입니다. 근삿값을 찾으면 이로부터 샘플을 추출할 수 있습니다.

어떻게 작동되는지 살펴보겠습니다. [그림 17-11]의 왼쪽은 변이형 오토인코더입니다. 오토인코더의 기본 구조인 인코더와 그 뒤를 따르는 디코더(이 예에서는 은닉 층이 각각 두 개로 구성되었습니다)가 있습니다. 그런데 다른 점이 있습니다. 주어진 입력에 대한 코딩을 바로 만드는 대신 인코더는 **평균 코딩**mean coding μ와 표준 편차 σ를 만듭니다. 실제 코딩은 평균이 μ이고 표준 편차가 σ인 가우스 분포에서 랜덤하게 샘플링됩니다. 그 후 디코더가 샘플링된 코딩을 보통처럼 디코딩합니다. 오른쪽 그림은 이 오토인코더를 통과하는 훈련 샘플을 보여줍니다. 먼저 인코더가 μ와 σ를 만들면 코딩이 랜덤하게 선택됩니다(정확히 μ의 위치와 동일하지 않습니다). 마지막으로 이 코딩이 디코딩되어 훈련 샘플을 닮은 최종 출력을 만듭니다.

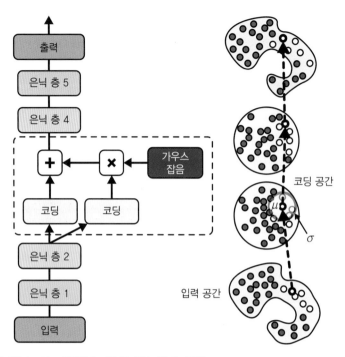

그림 17-11 변이형 오토인코더(왼쪽)와 이를 통과하는 샘플(오른쪽)

그림에서 볼 수 있듯이 변이형 오토인코더는 입력이 매우 복잡한 분포를 가지더라도 간단한 가우스 분포에서 샘플링된 것처럼 보이는 코딩을 만드는 경향이 있습니다.[14] 훈련하는 동안 비용 함수(뒤에서 설명합니다)가 코딩을 가우스 샘플들의 군집처럼 보이도록 **코딩 공간**coding space (또는 **잠재 공간**latent space) 안으로 점진적으로 이동시킵니다. 그러므로 변이형 오토인코더는 훈련이 끝난 뒤 새로운 샘플을 매우 쉽게 생성할 수 있게 됩니다. 가우스 분포에서 랜덤한 코딩을 샘플링해 디코딩하면 됩니다. 만세!

그럼 비용 함수를 알아보겠습니다. 비용 함수는 두 부분으로 구성됩니다. 첫 번째는 오토인코더가 입력을 재생산하도록 만드는 일반적인 재구성 손실입니다(이를 위해 이전처럼 MSE를 사용할 수 있습니다). 두 번째는 단순한 가우스 분포에서 샘플링된 것 같은 코딩을 가지도록 오토인코더를 강제하는 **잠재 손실**latent loss입니다. 여기에는 목표 분포(가우스 분포)와 실제 코딩 분포 사이의 KL 발산을 사용합니다. 희소 인코더보다 수식이 조금 더 복잡합니다. 코딩 층으로

---

14 변이형 오토인코더는 실제로 더 일반적입니다. 코딩은 가우스 분포에 국한되지 않습니다.

전달될 수 있는 정보량을 제한하는 (그래서 오토인코더가 유용한 특성을 학습하게 만드는) 가우스 잡음 때문에 특히 그렇습니다. 다행히 이 식을 간소화하여 [식 17-3]으로 잠재 손실을 간단하게 계산할 수 있습니다.[15]

식 17-3 변이형 오토인코더의 잠재 손실

$$\mathscr{L} = -\frac{1}{2} \sum_{i=1}^{n} \left[1 + \log\left(\sigma_i^2\right) - \sigma_i^2 - \mu_i^2 \right]$$

이 식에서 $\mathscr{L}$은 잠재 손실이고 n은 코딩의 차원, μ_i와 σ_i는 i번째 코딩 원소의 평균과 표준 편차입니다. (모든 μ_i와 σ_i를 포함하는) 벡터 $\boldsymbol{\mu}$와 $\boldsymbol{\sigma}$는 [그림 17-11]의 왼쪽에 나타난 인코더의 출력입니다.

변이형 오토인코더의 구조에서 자주 등장하는 변경 사항은 인코더가 $\boldsymbol{\sigma}$가 아니라 $\gamma = \log\left(\boldsymbol{\sigma}^2\right)$을 출력하는 것입니다.[16] 그럼 잠재 손실은 [식 17-4]처럼 계산할 수 있습니다. 이 방식은 수학적으로 안정적이며 훈련 속도를 높입니다.

식 17-4 $\gamma = \log(\sigma^2)$을 사용해 다시 쓴 변이형 오토인코더의 잠재 손실

$$\mathscr{L} = -\frac{1}{2} \sum_{i=1}^{n} \left[1 + \gamma_i - \exp\left(\gamma_i\right) - \mu_i^2 \right]$$

패션 MNIST 데이터셋에서 변이형 오토인코더를 만들어보겠습니다([그림 17-11]에 있는 것과 같지만 γ를 사용합니다). 먼저 $\boldsymbol{\mu}$와 γ가 주어졌을 때 코딩을 샘플링하는 사용자 정의 층이 필요합니다.

```
class Sampling(tf.keras.layers.Layer):
    def call(self, inputs):
        mean, log_var = inputs
        return tf.random.normal(tf.shape(log_var)) * tf.exp(log_var / 2) + mean
```

이 Sampling 층은 mean($\boldsymbol{\mu}$)와 log_var(γ)를 입력으로 받습니다. tf.random_normal() 함수를 사용해 평균이 0이고 표준 편차가 1인 정규 분포에서 (γ와 동일한 크기의) 랜덤한 벡터

---

15 수학적인 상세 내용은 변이형 오토인코더의 논문이나 칼 도어쉬(Carl Doersch)의 훌륭한 튜토리얼을 참고하세요. *https://homl. info/116*

16 옮긴이_ 표준 편차는 양수여야 하지만 은닉 층의 출력값은 음수일 수 있으므로 로그 스케일로 변경하여 학습합니다.

를 샘플링합니다. 그다음 (σ에 해당하는) exp(γ / 2)를 곱하고 μ를 더한 결과를 반환합니다. 이는 평균이 μ이고 표준 편차가 σ인 정규 분포에서 코딩 벡터를 샘플링합니다.

이 모델은 완전히 순차적이지 않기 때문에 함수형 API를 사용해 인코더를 만듭니다.

```python
codings_size = 10

inputs = tf.keras.layers.Input(shape=[28, 28])
Z = tf.keras.layers.Flatten()(inputs)
Z = tf.keras.layers.Dense(150, activation="relu")(Z)
Z = tf.keras.layers.Dense(100, activation="relu")(Z)
codings_mean = tf.keras.layers.Dense(codings_size)(Z)      # μ
codings_log_var = tf.keras.layers.Dense(codings_size)(Z) # γ
codings = Sampling()([codings_mean, codings_log_var])
variational_encoder = tf.keras.Model(
    inputs=[inputs], outputs=[codings_mean, codings_log_var, codings])
```

codings_mean(μ)와 codings_log_var(γ)를 출력하는 두 Dense 층이 동일한 입력(두 번째 Dense 층의 출력)을 사용합니다. 그다음 codings_mean과 codings_log_var를 Sampling 층으로 전달합니다. 마지막으로 variational_encoder 모델은 출력 세 개를 만듭니다. 필요한 것은 codings뿐이지만 여기에서는 조사 목적으로 codings_mean과 codings_log_var도 출력합니다. 이제 디코더를 만들어보죠.

```python
decoder_inputs = tf.keras.layers.Input(shape=[codings_size])
x = tf.keras.layers.Dense(100, activation="relu")(decoder_inputs)
x = tf.keras.layers.Dense(150, activation="relu")(x)
x = tf.keras.layers.Dense(28 * 28)(x)
outputs = tf.keras.layers.Reshape([28, 28])(x)
variational_decoder = tf.keras.Model(inputs=[decoder_inputs], outputs=[outputs])
```

디코더는 함수형 API 대신 시퀀셜 API를 사용할 수도 있습니다. 사실상 지금까지 만들었던 여러 디코더와 동일하게 층을 쌓은 것이기 때문입니다. 마지막으로 변이형 오토인코더 모델을 만듭니다.

```python
_, _, codings = variational_encoder(inputs)
reconstructions = variational_decoder(codings)
variational_ae = tf.keras.Model(inputs=[inputs], outputs=[reconstructions])
```

인코더의 처음 두 개 출력을 무시합니다(코딩만 디코더에 주입합니다). 마지막으로 잠재 손실과 재구성 손실을 추가합니다.

```
latent_loss = -0.5 * tf.reduce_sum(
    1 + codings_log_var - tf.exp(codings_log_var) - tf.square(codings_mean),
    axis=-1)
variational_ae.add_loss(tf.reduce_mean(latent_loss) / 784.)
```

[식 17-4]를 적용해 마지막 축을 따라 더해서 배치에 있는 각 샘플의 잠재 손실을 계산합니다. 그다음 배치에 있는 모든 샘플의 평균 손실을 계산하고 재구성 손실에 비례해 적절한 크기가 되도록 784로 나눕니다. 실제로 변이형 오토인코더의 재구성 손실은 픽셀마다 재구성 오차의 합입니다. 하지만 케라스가 mse 손실을 계산할 때 합이 아니라 784개 전체 픽셀의 평균을 계산합니다. 따라서 필요한 것보다 재구성 손실이 784배 작습니다. 평균이 아니라 합을 계산하는 사용자 정의 손실 함수를 정의할 수 있지만 잠재 손실을 784로 나누는 것이 더 간단합니다(최종 손실은 원래보다 784배 작아질 것입니다. 이는 더 큰 학습률을 사용해야 한다는 것을 의미합니다).

마지막으로 이 오토인코더를 컴파일하고 훈련합니다!

```
variational_ae.compile(loss="mse", optimizer="nadam")
history = variational_ae.fit(X_train, X_train, epochs=25, batch_size=128,
                            validation_data=(X_valid, X_valid))
```

17.7.1 패션 MNIST 이미지 생성하기

이 변이형 오토인코더를 사용해 패션 의류처럼 보이는 이미지를 생성해보겠습니다. 해야 할 일은 가우스 분포에서 랜덤한 코딩을 샘플링하여 디코딩하는 것이 전부입니다.

```
codings = tf.random.normal(shape=[3 * 7, codings_size])
images = variational_decoder(codings).numpy()
```

[그림 17-12]는 생성한 이미지 12개입니다.

그림 17-12 변이형 오토인코더로 생성된 패션 MNIST 이미지

약간 흐릿하지만 대부분의 이미지는 매우 그럴싸해 보입니다. 몇몇 이미지는 썩 좋지 않습니다. 하지만 오토인코더를 과소평가하지 마세요. 겨우 몇 분간 학습한 것입니다!

변이형 오토인코더는 **시맨틱 보간**^{semantic interpolation}을 수행할 수 있습니다. (두 이미지가 겹쳐 보이는 것 같은) 픽셀 수준의 보간 대신 코딩 수준에서 두 이미지를 보간할 수 있습니다. 예를 들어 잠재 공간에 있는 임의의 선분을 따라 몇 개의 코딩을 선택하여 디코딩합니다. [그림 17-13]처럼 바지에서 스웨터로 점진적으로 바뀌는 연속된 이미지를 얻을 수 있습니다.

```
codings = np.zeros([7, codings_size])
codings[:, 3] = np.linspace(-0.8, 0.8, 7) # 이 경우 axis=3이 가장 낮습니다.
images = variational_decoder(codings).numpy()
```

그림 17-13 시맨틱 보간

이제 GAN에 관해 알아보죠. GAN은 훈련하기 더 어렵지만 제대로 작동하면 상당히 놀라운 이미지를 만들어냅니다.

17.8 생성적 적대 신경망

생성적 적대 신경망은 이언 굿펠로[Ian Goodfellow] 등이 2014년 논문[17]에서 제안했습니다. 이 아이디어는 바로 연구자들의 관심을 끌었지만 GAN 훈련의 어려움을 극복하는 데는 수년이 걸렸습니다. 훌륭한 아이디어는 늘 지나고 나서야 간단해 보입니다. 이 아이디어는 신경망들이 경쟁을 통해 향상되기를 기대합니다. GAN은 [그림 17-14]처럼 신경망 두 개로 구성됩니다.

- **생성자**
  랜덤한 분포(일반적으로 가우스 분포)를 입력으로 받고 이미지와 같은 데이터를 출력합니다. 랜덤한 입력은 생성할 이미지의 잠재 표현(코딩)으로 생각할 수 있습니다. 생성자는 변이형 오토인코더의 디코더와 같은 기능을 제공합니다. 따라서 동일한 방식으로 새로운 이미지를 생성할 수 있습니다(가우스 잡음을 주입하여 완전히 새로운 이미지를 출력합니다). 하지만 앞으로 확인하겠지만 훈련 방식이 매우 다릅니다.

- **판별자**
  생성자에서 얻은 가짜 이미지나 훈련 세트에서 추출한 진짜 이미지를 입력으로 받아 입력된 이미지가 가짜인지 진짜인지 구분합니다.

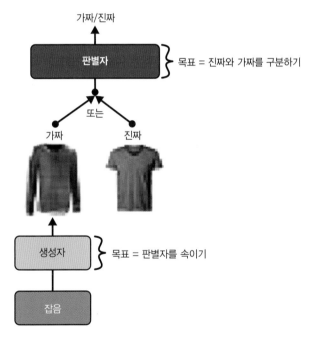

그림 17-14 생성적 적대 신경망

----

17 Ian Goodfellow et al., "Generative Adversarial Nets," Proceedings of the 27th International Conference on Neural Information Processing Systems 2 (2014): 2672–2680. https://homl.info/gan

훈련하는 동안 생성자와 판별자의 목표는 반대입니다. 판별자는 진짜 이미지와 가짜 이미지를 구분하고 생성자는 판별자를 속일 만큼 진짜 같은 이미지를 만듭니다. GAN은 다른 목표를 가진 두 개의 네트워크로 구성되므로 일반적인 신경망처럼 훈련할 수 없습니다. 각 훈련 반복은 두 단계로 이루어집니다.

1 먼저 판별자를 훈련합니다. 훈련 세트에서 실제 이미지 배치를 샘플링하고 생성자에서 생성한 동일한 수의 가짜 이미지를 합칩니다. 가짜 이미지의 레이블은 0으로, 진짜 이미지는 1로 설정합니다. 판별자는 이진 크로스 엔트로피를 사용해 한 스텝 동안 이렇게 레이블된 배치로 훈련됩니다. 이 단계에서 역전파는 판별자의 가중치만 최적화한다는 것을 기억하세요.

2 그다음 생성자를 훈련합니다. 먼저 생성자를 사용해 다른 가짜 이미지 배치를 만듭니다. 다시 판별자를 사용해 이미지가 진짜인지 가짜인지 판별합니다. 이번에는 배치에 진짜 이미지를 추가하지 않고 레이블을 모두 1(진짜)로 설정합니다. 다시 말해 생성자가 판별자가 진짜라고 믿을 만한 이미지(실제로는 가짜 이미지입니다)를 만들어야 합니다! 이 단계 동안에는 판별자의 가중치를 동결하는 것이 중요합니다. 따라서 역전파는 생성자의 가중치에만 영향을 미칩니다.

> **NOTE** 생성자는 실제로 진짜 이미지를 입력으로 받지 않지만 점진적으로 진짜로 믿을 만한 가짜 이미지를 만드는 법을 배웁니다! 생성자가 입력으로 받는 것은 판별자를 통해 전달되는 그레이디언트가 전부입니다. 다행히 판별자의 성능이 좋아질수록 이 간접 그레이디언트에 진짜 이미지의 정보가 많이 담깁니다. 따라서 생성자의 성능이 크게 향상됩니다.

패션 MNIST 데이터셋으로 간단한 GAN을 만들어보겠습니다.

먼저 생성자과 판별자를 만들어야 합니다. 생성자는 오토인코더의 디코더와 비슷합니다. 판별자는 일반적인 이진 분류기입니다(이미지를 입력으로 받고 하나의 유닛과 시그모이드 활성화 함수를 사용한 Dense 층으로 끝납니다). 각 훈련 반복의 두 번째 단계에서 생성자와 판별자가 연결된 전체 GAN 모델이 필요합니다.

```
codings_size = 30

Dense = tf.keras.layers.Dense
generator = tf.keras.Sequential([
    Dense(100, activation="relu", kernel_initializer="he_normal"),
    Dense(150, activation="relu", kernel_initializer="he_normal"),
    Dense(28 * 28, activation="sigmoid"),
    tf.keras.layers.Reshape([28, 28])
])
```

```
discriminator = tf.keras.Sequential([
    tf.keras.layers.Flatten(),
    Dense(150, activation="relu", kernel_initializer="he_normal"),
    Dense(100, activation="relu", kernel_initializer="he_normal"),
    Dense(1, activation="sigmoid")
])
gan = tf.keras.Sequential([generator, discriminator])
```

이제 이 모델들을 컴파일합니다. 판별자는 이진 분류기이므로 자연스럽게 이진 크로스 엔트로피 손실을 사용합니다. gan 모델도 이진 분류기이므로 이진 크로스 엔트로피 손실을 사용합니다. 하지만 생성자는 gan 모델을 통해서만 훈련되기 때문에 따로 컴파일할 필요가 없습니다. 중요한 것은 두 번째 단계에서 판별자를 훈련하면 안 된다는 것입니다. 따라서 gan 모델을 컴파일하기 전에 판별자가 훈련되지 않도록 설정해야 합니다.

```
discriminator.compile(loss="binary_crossentropy", optimizer="rmsprop")
discriminator.trainable = False
gan.compile(loss="binary_crossentropy", optimizer="rmsprop")
```

> **NOTE** trainable 속성은 모델을 컴파일할 때만 영향을 미칩니다. 이 코드를 실행한 후에 discriminator의 fit() 메서드나 (앞으로 사용할) train_on_batch() 메서드를 호출해도 판별자는 여전히 훈련됩니다. 반면 gan 모델의 메서드를 호출할 때는 훈련되지 않습니다.

훈련이 일반적인 반복이 아니기 때문에 fit() 메서드를 사용할 수 없습니다. 대신 사용할 사용자 정의 훈련 반복문을 만들겠습니다. 이를 위해 먼저 이미지를 순회하는 Dataset을 만들어야 합니다.

```
batch_size = 32
dataset = tf.data.Dataset.from_tensor_slices(X_train).shuffle(buffer_size=1000)
dataset = dataset.batch(batch_size, drop_remainder=True).prefetch(1)
```

이제 훈련 반복을 만들 준비가 되었습니다. 이를 train_gan() 함수로 감쌉니다.

```
def train_gan(gan, dataset, batch_size, codings_size, n_epochs):
    generator, discriminator = gan.layers
```

```
for epoch in range(n_epochs):
    for X_batch in dataset:
        # 단계 1 - 판별자 훈련
        noise = tf.random.normal(shape=[batch_size, codings_size])
        generated_images = generator(noise)
        X_fake_and_real = tf.concat([generated_images, X_batch], axis=0)
        y1 = tf.constant([[0.]] * batch_size + [[1.]] * batch_size)
        discriminator.train_on_batch(X_fake_and_real, y1)
        # 단계 2 - 생성자 훈련
        noise = tf.random.normal(shape=[batch_size, codings_size])
        y2 = tf.constant([[1.]] * batch_size)
        gan.train_on_batch(noise, y2)

train_gan(gan, dataset, batch_size, codings_size, n_epochs=50)
```

앞서 언급한 것처럼 각 반복마다 두 단계가 있습니다.

1 가우스 잡음을 생성자에 주입하여 가짜 이미지를 생성합니다. 이와 동일한 개수의 진짜 이미지를 합쳐서
  배치를 완성합니다. 타깃 y1은 가짜 이미지일 경우 0이고 진짜 이미지는 1로 설정합니다. 이 배치에서 판
  별자를 훈련합니다. 이 단계에서는 판별자만 훈련되며 생성자는 훈련되지 않습니다.

2 GAN에 가우스 잡음을 주입합니다. 생성자가 먼저 가짜 이미지를 생성하고 판별자가 이 이미지가 가짜인
  지 진짜인지 추측합니다. 이 단계에서 생성자를 향상시켜야 합니다. 즉, 판별자가 실패해야 합니다. 이 때
  문에 타깃 y2를 1로 지정합니다. 이 단계에서는 판별자가 훈련되지 않으므로 gan 모델에서 향상되는 부분
  은 생성자뿐입니다.

이게 전부입니다! 훈련이 끝난 후에 가우스 분포에서 랜덤하게 코딩을 샘플링하여 생성자에 주
입하면 새로운 이미지를 얻을 수 있습니다.

```
codings = tf.random.normal(shape=[batch_size, codings_size])
generated_images = generator.predict(codings)
```

생성된 이미지(그림 17-15)를 출력하면 첫 번째 에포크가 끝난 시점에서 이미 (잡음이 많지
만) 패션 MNIST 이미지처럼 보이기 시작합니다.

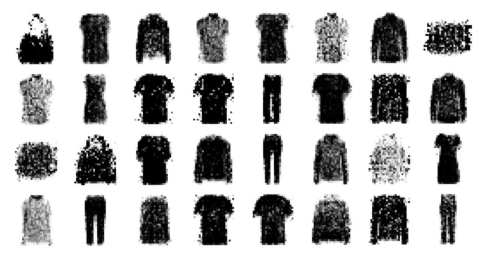

그림 17-15 한 훈련 에포크가 끝난 후 GAN이 생성한 이미지

안타깝지만 이보다 더 좋은 이미지는 생성되지 않습니다. 어떤 에포크에서는 GAN이 학습한 것을 잊어버린 것처럼 보일 수도 있습니다. 왜일까요? 이것이 GAN 훈련이 어렵다고 말하는 이유입니다. 자세히 알아봅시다.

17.8.1 GAN 훈련의 어려움

훈련 과정에서 생성자와 판별자는 끊임없이 서로 앞서려고 노력합니다. 이는 제로섬^{zero-sum} 게임입니다. 훈련이 진행됨에 따라 (게임 이론가들이 수학자 존 내시^{John Nash}의 이름을 따서) **내시 균형**^{Nash equilibrium}이라 부르는 상태에 다다를 수 있습니다. 내시 균형은 다른 플레이어가 전략을 수정하지 않을 것이므로 어떤 플레이어도 자신의 전략을 수정하지 않으려는 상태를 말합니다. 예를 들어 모든 사람이 도로 왼쪽으로 운전할 때 내시 균형이 됩니다. 어떤 운전자도 반대 방향으로 운전하는 것이 도움이 되지 않습니다. 물론 가능한 두 번째 내시 균형이 있습니다. 모든 사람이 도로 오른쪽으로 운전하는 것입니다. 초기 상태와 역학을 달리하면 한 균형 또는 다른 균형을 만들 수 있습니다. 이 예에서는 균형에 다다르는 최적 전략(다른 사람과 동일한 방향으로 운전하기)이 하나 있습니다. 하지만 내시 균형 하나는 여러 가지 경쟁 전략을 포괄할 수 있습니다(예를 들어 포식자는 먹이를 쫓고 먹잇감은 도망칩니다. 둘 다 전략을 바꾸는 것이 바람직하지 않습니다).

그럼 내시 균형이 어떻게 GAN에 적용될까요? GAN 논문의 저자는 GAN이 하나의 내시 균형에만 도달할 수 있다는 것을 보였습니다. 생성자가 완벽하게 실제와 같은 이미지를 만들어내 판별자가 추측밖에 할 수 없을 때입니다(50%는 진짜, 50%는 가짜로). 이 사실은 매우 고무적입니다. GAN을 충분히 오래 훈련하면 완벽한 생성자를 만들어 결국 이 균형에 도달할 것입니다. 하지만 그렇게 쉽지 않습니다. 어떤 것도 이 균형에 도달할 것이라고 보장하지 않습니다.

가장 큰 어려움은 **모드 붕괴**^{mode collapse}입니다. 생성자의 출력의 다양성이 줄어들 때 모드 붕괴가 발생합니다. 어떻게 이런 일이 생길까요? 생성자가 다른 클래스보다 신발을 더 그럴싸하게 만든다고 가정해보죠. 신발이 판별자를 조금 더 속이기 쉽기 때문에 더 많은 신발 이미지를 만들도록 유도합니다. 생성자는 점진적으로 다른 이미지를 생성하는 방법을 잊게 됩니다. 그동안 판별자가 보게 될 유일한 가짜 이미지는 신발이 될 것입니다. 따라서 판별자도 다른 클래스의 가짜 이미지를 구별하는 방법을 잊어버립니다. 판별자가 진짜 신발 중에서 가짜를 구별하게 되면 생성자는 다른 클래스로 옮겨가야 합니다. 셔츠로 옮겨가서 잘 훈련하면 신발에 대해서는 잊어버릴 것입니다. 그리고 판별자도 뒤따라 갈 것입니다. 이 GAN은 몇 개의 클래스 사이를 오가다가 어떤 클래스에서도 좋은 결과를 만들지 못할 수 있습니다.

또한 생성자와 판별자가 지속적으로 서로에게 영향을 주기 때문에 파라미터 변동이 크고 불안정해질 수 있습니다. 훈련이 안정적으로 시작되어도 특별한 이유 없이 갑자기 발산할 수 있습니다. 여러 요인이 이런 복잡한 역학 관계에 영향을 주어 GAN의 하이퍼파라미터는 매우 민감합니다. 이런 하이퍼파라미터를 미세 튜닝하기 위해서는 많은 노력이 필요합니다. 이 때문에 모델을 컴파일할 때 Nadam 대신에 RMSProp을 사용했습니다. Nadam을 사용하면 심각한 모드 붕괴가 발생합니다.

2014년까지는 이런 문제 때문에 연구자들이 매우 바빴습니다. 이 주제와 관련된 논문이 많이 출간되었습니다. 새로운 비용 함수[18]를 제안하거나(하지만 구글 연구자들이 낸 2018년 한 논문[19]에서 이런 함수들의 효율성에 의문을 제기했습니다), 안정적으로 훈련하거나, 모드 붕괴를 피하기 위한 기법을 제안했습니다. 예를 들어 **경험 재생**^{experience replay}이라 부르는 인기 있는 기법은 매 반복에서 생성자가 만든 이미지를 (오래된 이미지는 삭제하면서) 재생 버퍼에 저장하고 실제 이미지와 (현재 생성자가 만든 가짜 이미지가 아니라) 이 버퍼에서 뽑은 가짜 이미

---

18 주요 GAN 손실을 잘 비교한 이활석 님의 훌륭한 깃허브 저장소를 참고하세요(*https://homl.info/ganloss*).

19 Mario Lucic et al., "Are GANs Created Equal? A Large-Scale Study," Proceedings of the 32nd International Conference on Neural Information Processing Systems (2018): 698–707. *https://homl.info/gansequal*

지를 더해서 판별자를 훈련합니다. 이는 판별자가 생성자의 가장 최근 출력에 과대적합될 가능성을 줄입니다. 널리 사용되는 또 다른 기법은 **미니배치 판별**^{mini-batch discrimination}입니다. 이 방법은 배치 간에 얼마나 비슷한 이미지가 있는지 측정하여 판별자에게 제공합니다. 판별자는 다양성이 부족한 가짜 이미지 배치 전체를 쉽게 거부할 수 있습니다. 이는 생성자가 다양한 이미지를 생성하도록 유도하여 모드 붕괴의 위험을 줄입니다. 이 외의 논문들은 훈련이 잘 수행되는 특정한 네트워크 구조를 제안합니다.

간단히 말해서 이 분야는 매우 활발히 연구되고 있으며 GAN의 역학은 아직 완벽하게 파악하지 못했습니다. 하지만 좋은 소식도 있습니다. 그동안 많은 진전이 있었고 일부는 정말 놀라운 결과를 낸다는 것입니다! 그럼 가장 뛰어난 GAN 모델을 살펴보죠. 몇 년 전 최고의 성능을 냈던 심층 합성곱 GAN부터 시작해보겠습니다. 그런 다음 최신 (그리고 더 복잡한) 구조 두 개를 알아보겠습니다.

17.8.2 심층 합성곱 GAN

2014년 원본 GAN 논문의 저자들이 합성곱 층으로 실험했지만 작은 이미지만 생성했습니다. 그 직후에 많은 연구자들이 큰 이미지를 위해 깊은 합성곱 층을 기반으로 한 GAN을 만들기 위해 노력했습니다. 훈련이 매우 불안정했기 때문에 까다로운 구조였습니다. 하지만 2015년 알렉 래드퍼드 등이 여러 가지 구조와 하이퍼파라미터를 실험하여 결국 성공했습니다. 이 구조를 **심층 합성곱 GAN**^{deep convolutional GAN}(DCGAN)[20]이라고 부릅니다. 다음은 안정적인 합성곱 GAN을 구축하기 위해 논문에서 제안한 주요 가이드라인입니다.

- (판별자에 있는) 풀링 층을 스트라이드 합성곱으로 바꾸고 (생성자에 있는) 풀링 층은 전치 합성곱으로 바꿉니다.
- 생성자와 판별자에 배치 정규화를 사용합니다. 생성자의 출력 층과 판별자의 입력 층은 제외합니다.
- 층을 깊게 쌓기 위해 완전 연결 은닉 층을 제거합니다.
- tanh 함수를 사용해야 하는 출력 층을 제외하고 생성자의 모든 층은 ReLU 활성화 함수를 사용합니다.
- 판별자의 모든 층은 LeakyReLU 활성화 함수를 사용합니다.

----

20 Alec Radford et al., "Unsupervised Representation Learning with Deep Convolutional Generative Adversarial Networks," arXiv preprint arXiv:1511.06434 (2015). *https://homl.info/dcgan*

이 가이드라인은 많은 경우에 맞지만 항상 그런 것은 아닙니다. 따라서 여전히 여러 가지 하이퍼파라미터로 실험해봐야 합니다(실제로 랜덤 시드$^{random\ seed}$만 바꾸고 같은 모델을 다시 훈련하는 것이 이따금 성공합니다). 예를 들어 다음 코드는 패션 MNIST에서 잘 작동하는 작은 DCGAN 모델입니다.

```python
codings_size = 100

generator = tf.keras.Sequential([
    tf.keras.layers.Dense(7 * 7 * 128),
    tf.keras.layers.Reshape([7, 7, 128]),
    tf.keras.layers.BatchNormalization(),
    tf.keras.layers.Conv2DTranspose(64, kernel_size=5, strides=2,
                                    padding="same", activation="relu"),
    tf.keras.layers.BatchNormalization(),
    tf.keras.layers.Conv2DTranspose(1, kernel_size=5, strides=2,
                                    padding="same", activation="tanh"),
])
discriminator = tf.keras.Sequential([
    tf.keras.layers.Conv2D(64, kernel_size=5, strides=2, padding="same",
                           activation=tf.keras.layers.LeakyReLU(0.2)),
    tf.keras.layers.Dropout(0.4),
    tf.keras.layers.Conv2D(128, kernel_size=5, strides=2, padding="same",
                           activation=tf.keras.layers.LeakyReLU(0.2)),
    tf.keras.layers.Dropout(0.4),
    tf.keras.layers.Flatten(),
    tf.keras.layers.Dense(1, activation="sigmoid")
])
gan = tf.keras.Sequential([generator, discriminator])
```

생성자는 크기가 100인 코딩을 받아 6,272차원($7 \times 7 \times 128$)으로 투영하고 이 결과를 $7 \times 7 \times 128$ 크기의 텐서로 바꿉니다. 이 텐서는 배치 정규화를 거쳐 스트라이드가 2인 전치 합성곱 층에 주입됩니다. 7×7에서 14×14로 업샘플링되고 깊이는 128에서 64로 감소합니다. 이 결과는 다시 배치 정규화 층을 지나서 스트라이드가 2인 다른 전치 합성곱 층에 주입됩니다. 여기에서는 14×14에서 28×28로 업샘플링되고 깊이는 64에서 1로 감소합니다. 이 층은 tanh 활성화 함수를 사용하므로 출력 범위가 -1에서 1 사이입니다. 따라서 이 GAN을 훈련하기 전에 훈련 세트를 동일한 범위로 스케일을 조정해야 합니다. 또한 크기를 바꾸고 채널 차원을 추가해야 합니다.

```
X_train = X_train.reshape(-1, 28, 28, 1) * 2. - 1.    # 크기 변경과 스케일 조정
```

판별자는 이진 분류를 위한 일반적인 CNN과 매우 비슷합니다. 다만 이미지를 다운샘플링하기 위해 최대 풀링 층을 사용하지 않고 스트라이드 합성곱(strides=2)을 사용합니다. 또한 LeakyReLU 활성화 함수를 사용한다는 것도 눈여겨보세요.

전체적으로 DCGAN의 가이드라인을 따랐지만 판별자에 있는 BatchNormalization 층을 Dropout 층으로 바꾸었습니다. 그렇지 않으면 이 예제에서는 훈련이 불안정해집니다. 자유롭게 이 구조를 바꿔보세요. 하이퍼파라미터에 얼마나 민감한지 볼 수 있습니다. 특히 두 네트워크의 상대적인 학습률이 그렇습니다.

마지막으로 데이터셋을 만들고 모델을 컴파일 및 훈련하기 위해 앞에서와 동일한 코드를 사용합니다. 훈련 에포크 50번 후에 생성자는 [그림 17-16]과 같은 이미지를 생성합니다. 완벽하지는 않지만 대다수의 이미지가 잘 구분됩니다.

그림 17-16 훈련 에포크 50번 후에 DCGAN이 생성한 이미지

이 구조를 확장시켜 대규모 얼굴 데이터셋에서 훈련하면 꽤 실제 같은 이미지를 얻을 수 있습니다. [그림 17-17]에서 볼 수 있듯이 실제로 DCGAN은 상당히 의미 있는 잠재 표현을 학습할 수 있습니다. 생성한 많은 이미지 중에서 9개의 이미지를 직접 선택했습니다(왼쪽 위). 안경을 쓴 남자 3명, 안경을 쓰지 않은 남자 3명, 안경을 쓰지 않은 여자 3명입니다. 세 카테고리

의 이미지를 생성하기 위한 코딩을 평균하고 이 평균 코딩으로 이미지를 생성합니다(왼쪽 아래). 간단히 말해 왼쪽 아래 3개의 이미지는 그 위에 있는 3개의 이미지의 평균을 나타냅니다. 하지만 이는 픽셀 수준에서 단순한 평균을 계산한 것이 아닙니다(이렇게 하면 세 얼굴이 중첩된 이미지를 만듭니다). 잠재 공간에서 계산된 평균이므로 이미지가 자연스러운 얼굴처럼 보입니다. 놀라운 것은 안경을 쓴 남자에서 안경을 쓰지 않은 남자를 빼고, 안경을 쓰지 않은 여자를 더하여(각 항목은 평균 코딩의 하나에 대응됩니다) 이 코더에 대응하는 이미지를 생성하면 오른쪽에 있는 3×3 격자의 중앙에 있는 얼굴 이미지를 얻게 됩니다. 안경을 쓴 여자입니다! 이 이미지 주위를 둘러싼 8개 이미지는 DCGAN의 시맨틱 보간 능력을 보여주기 위해 동일한 벡터에 약간의 잡음을 추가해 생성한 것입니다. 얼굴에 대해 수학 연산을 할 수 있다니 SF 영화 같군요!

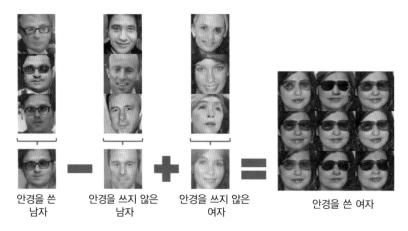

안경을 쓴
남자   −   안경을 쓰지 않은
남자   +   안경을 쓰지 않은
여자   =   안경을 쓴 여자

그림 17-17 시각적 개념의 벡터 연산[21]

하지만 DCGAN은 완벽하지 않습니다. 예를 들어 DCGAN으로 매우 큰 이미지를 생성하면 국부적으로는 특징이 구분되지만 전반적으로는 일관성 없는 이미지를 얻을 가능성이 높습니다. 예를 들면 셔츠의 한쪽 소매가 더 길거나, 귀걸이가 다르거나, 눈이 서로 다른 방향을 봅니다. 어떻게 하면 이를 해결할 수 있을까요?

---

21 DCGAN 논문 [Figure 7]의 일부분을 저자의 허락을 받아 옮겼습니다. *https://homl.info/dcgan*

TIP 생성자와 판별자에 이미지의 클래스를 추가적인 입력으로 넣는다면 클래스마다 어떻게 보이는지를 학습할 것입니다. 따라서 생성자가 만드는 이미지의 클래스를 조절할 수 있게 됩니다. 이를 조건 GAN[conditional GAN][22](CGAN)이라 부릅니다.

17.8.3 ProGAN

2018년 한 논문[23]에서 Nvidia 연구원 테로 캐라스[Tero Karras] 등이 중요한 기법을 제안했습니다. 훈련 초기에 작은 이미지를 생성하고 점진적으로 생성자와 판별자에 합성곱 층을 추가해 갈수록 큰 이미지를 만드는 방법입니다(4×4, 8×8, 16×16, ..., 512×512, $1{,}024 \times 1{,}024$). 이 방법은 적층 오토인코더를 층별로 훈련하는 것과 비슷합니다. 이전에 훈련된 층은 그대로 훈련 가능하게 두고 생성자의 끝과 판별자의 시작 부분에 층을 추가합니다.

예를 들어 생성자의 출력을 4×4에서 8×8로 크게 하려면(그림 17-18) 기존 합성곱 층(합성곱 층 1)에 (최근접 이웃 필터링을 사용한[24]) 업샘플링 층을 추가하여 8×8 크기 특성 맵을 출력합니다. 이 특성 맵이 새로운 합성곱 층(합성곱 층 2)으로 주입되고 다시 새로운 출력이 합성곱 층으로 주입됩니다. '합성곱 층 1'의 훈련된 가중치를 잃지 않기 위해 ([그림 17-18]에 점선으로 표시된) 두 개의 새로운 합성곱 층을 점진적으로 페이드-인[fade-in]하고 원래 출력 층을 페이드-아웃[fade-out]합니다. 이렇게 하기 위해 새로운 출력(가중치 α)과 원래 출력(가중치 $1 - \alpha$)의 가중치 합으로 최종 출력을 만듭니다. 비슷한 페이드-인/페이드-아웃 기법이 판별자에 새로운 합성곱 층을 추가할 때 사용됩니다(다운샘플링을 위해 평균 풀링 층이 뒤따릅니다). 모든 합성곱 층은 **"same"** 스트라이드 1을 사용하므로 입력의 높이와 너비를 보존합니다. 원래 합성곱 층도 마찬가지입니다. 따라서 (입력이 8×8이기 때문에) 8×8 출력을 만듭니다. 마지막으로 출력 층의 커널 크기는 1입니다. 이를 사용해 입력을 필요한 컬러 채널 수(일반적으로 3)로 투영합니다.

---

22 Mehdi Mirza and Simon Osindero, "Conditional Generative Adversarial Nets," arXiv preprint arXiv:1411.1784 (2014). *https://homl.info/cgan*

23 Tero Karras et al., "Progressive Growing of GANs for Improved Quality, Stability, and Variation," Proceedings of the International Conference on Learning Representations (2018). *https://homl.info/progan*

24 옮긴이_ UpSampling2D 층의 interpolation 매개변수 기본값이 가장 인접한 픽셀을 사용하는 'nearest'입니다.

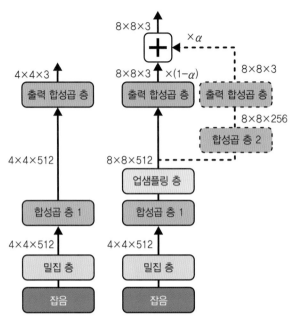

그림 17-18 ProGAN: GAN 생성자가 4×4 컬러 이미지를 출력합니다(왼쪽). 이를 8×8 이미지를 출력하도록 확장합니다(오른쪽).

이 논문은 (모드 붕괴를 막기 위해) 출력의 다양성을 증가시키고 훈련을 더 안정적으로 만드는 몇 가지 다른 기법도 소개합니다.

미니배치 표준 편차 층

판별자의 마지막 층 근처에 추가합니다. 입력에 있는 모든 위치에 대해 모든 채널과 배치의 모든 샘플에 걸쳐 표준 편차를 계산합니다($S=$`tf.math.reduce_std(inputs, axis=[0, -1])`). 그리고 이 표준 편차를 모든 픽셀에 대해 평균하여 하나의 값을 얻습니다($v=$`tf.reduce_mean(S)`). 마지막으로 추가적인 특성 맵이 배치의 모든 샘플에 추가되고 앞서 계산된 하나의 값으로 채워집니다(`tf.concat([inputs, tf.fill([batch_size, height, width, 1], v)], axis=-1)`). 이것이 어떤 도움이 될까요? 생성자가 만든 이미지에 다양성이 부족하면 판별자의 특성 맵 간의 표준 편차가 작을 것입니다. 이 층 덕분에 판별자는 이러한 통계를 쉽게 얻을 수 있고 다양성이 아주 적은 이미지를 만드는 생성자에게 속을 가능성이 줄어듭니다. 이는 생성자가 조금 더 다양한 출력을 만들도록 유도하고 모드 붕괴의 위험을 줄입니다.

동일한 학습 속도[25]

He 초기화 대신 평균이 0이고 표준 편차가 1인 가우스 분포를 사용해 모든 가중치를 초기화합니다. 하지만 런타임[runtime]에(즉, 층이 실행될 때마다) He 초기화에 있는 동일한 인자로 가중치의 스케일을 낮춥니다. 가중치를 $\sqrt{2/n_{\text{inputs}}}$ 로 나누는데, 여기서 n_{inputs}은 층의 입력 개수입니다. RMSProp, Adam이나 다른 적응적 그레이디언트 옵티마이저를 사용했을 때 이 기법이 GAN의 성능을 크게 향상시킨다는 것이 논문에서 입증됐습니다. 이 옵티마이저들은 각자 추정한 표준 편차로 그레이디언트 업데이트를 정규화합니다(11장 참고). 따라서 다이내믹 레인지[dynamic range][26]가 큰 파라미터는 훈련하는 데 시간이 오래 걸립니다. 반면 다이내믹 레인지가 작은 파라미터는 너무 빠르게 업데이트되어 불안정해질 수 있습니다. 가중치 초기화에서 스케일을 맞추지 않고 모델의 한 부분으로 가중치를 조정함으로써 훈련 내내 모든 파라미터의 다이내믹 레인지를 동일하게 만듭니다. 따라서 모든 가중치가 동일한 속도로 학습됩니다. 이는 훈련 속도와 안정성을 높입니다.

픽셀별 정규화 층

생성자의 합성곱 층 뒤에 추가합니다. 이 층은 동일한 이미지의 동일 위치에 있는 모든 활성화를 채널에 대해 정규화를 수행합니다(활성화의 제곱 평균의 제곱근으로 나눕니다). 텐서플로 코드로 나타내면 `inputs / tf.sqrt(tf.reduce_mean(tf.square(X), axis=-1, keepdims=True)+1e-8)`입니다(1e-8은 0으로 나누는 것을 막기 위한 값입니다). 이 기법은 생성자와 판별자 사이의 과도한 경쟁으로 활성화 값이 폭주하는 것을 막습니다.

이런 기법을 모두 조합하여 저자들은 진짜 같은 극도의 고화질 얼굴 이미지를 생성했습니다 (`https://homl.info/progandemo`). 하지만 무엇을 '진짜 같다'고 부르는 걸까요? GAN의 평가는 어려운 도전 과제입니다. 생성된 이미지의 다양성을 자동으로 평가할 수 있지만 품질을 판단하는 것은 훨씬 까다롭고 주관적인 문제입니다. 한 가지 방법은 사람이 직접 평가하는 것이지만 비용과 시간이 많이 듭니다. 논문 저자들은 생성된 이미지와 훈련 이미지의 국부적인 구조 사이의 유사도를 여러 규모로 측정하는 방법을 제안했습니다. 이 아이디어는 또 다른 혁신적인 구조인 StyleGAN을 탄생시켰습니다.

---

25 옮긴이_ 원문은 논문을 따라 'learning rate'로 썼지만 학습률 파라미터와 혼동을 막기 위해 '학습 속도'라고 옮겼습니다.
26 변수의 다이내믹 레인지는 변수가 수용할 수 있는 가장 큰 값과 작은 값 사이의 비율입니다.

17.8.4 StyleGAN

Nvidia 팀은 최고 수준의 고해상도 이미지 생성을 다시 한번 발전시켰습니다. 저자들은 2018년 논문[27]에서 StyleGAN 구조를 소개했습니다. 저자들은 생성자에 **스타일 트랜스퍼**^{style transfer} 기법을 사용해 생성된 이미지가 훈련된 이미지와 같은 다양한 크기의 국부적인 구조를 갖도록 만들었습니다. 이는 생성된 이미지의 품질을 크게 높여줍니다. 판별자와 손실 함수는 그대로 두고 생성자만 변경했습니다. StyleGAN 구조를 살펴보죠. 이 모델은 네트워크 두 개로 구성됩니다(그림 17-19).

매핑 네트워크

8개의 MLP가 잠재 표현 z(코딩)를 벡터 w로 매핑합니다. 이 벡터는 여러 **아핀 변환**^{affine transformation}([그림 17-19]에 A 박스로 표시된 활성화 함수가 없는 Dense 층)으로 전달되어 벡터 여러 개를 생성합니다. 이 벡터는 미세한 텍스처(◉ 머리 색상)부터 고수준 특성(◉ 어른이나 아이)까지 각기 다른 수준에서 생성된 이미지의 스타일을 제어합니다. 간단히 말해 매핑 네트워크는 코딩을 여러 스타일 벡터로 매핑합니다.

합성 네트워크

이미지 생성을 책임집니다. 이 네트워크는 일정하게 학습된 입력을 받습니다(정확하게 말하면 훈련이 끝난 후에 입력이 일정해지고 훈련하는 동안에는 역전파에 의해 계속 바뀝니다). 앞에서와 같이 이 입력을 합성곱 층 여러 개와 업샘플링 층에 통과시킵니다. 하지만 두 가지 다른 점이 있습니다. 첫째, 입력과 (활성화 함수 전에 있는) 모든 합성곱 층의 출력에 잡음이 조금 섞입니다. 둘째, 잡음이 섞인 다음에 **적응적 인스턴스 정규화**^{adaptive instance normalization}(AdaIN) 층이 뒤따릅니다. 각 특성 맵을 독립적으로 (특성 맵의 평균을 빼고 표준 편차로 나누어) 표준화한 다음 스타일 벡터를 사용해 각 특성 맵의 스케일과 이동^{offset}을 결정합니다(스타일 벡터에는 특성 맵마다 하나의 스케일과 하나의 편향이 포함됩니다).

---

27 Tero Karras et al., "A Style-Based Generator Architecture for Generative Adversarial Networks," arXiv preprint arXiv:1812.04948 (2018). *https://homl.info/stylegan*

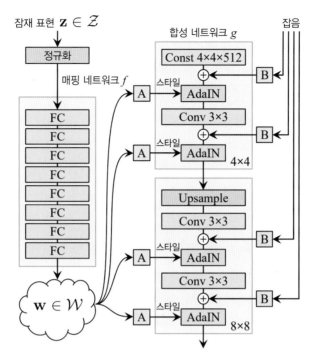

그림 17-19 StyleGAN의 생성자 구조[28]

코딩과 독립적으로 잡음을 추가하는 것이 매우 중요합니다. 주근깨나 머리의 세세한 위치처럼 이미지의 어떤 부분은 매우 랜덤합니다. 초기 GAN에서는 이런 무작위성이 코딩이나 생성자 자체에서 만든 랜덤한 잡음에서 왔습니다. 잡음이 코딩에서 온다는 것은 생성자가 코딩의 표현 능력의 상당 부분을 잡음을 저장하는 데 할애한다는 것을 의미합니다. 이는 손해입니다. 또한 이 잡음이 네트워크를 통과하여 생성자의 마지막 층에 도달할 수 있어야 합니다. 이는 훈련 속도를 느리게 만들 수 있는 불필요한 제약 사항처럼 보입니다. 마지막으로 각기 다른 수준에서 동일한 잡음이 사용되기 때문에 일부 인공적인 요소가 나타날 수 있습니다. 생성자가 랜덤한 잡음을 스스로 만들어낸다면 실제처럼 보이지 않고 더욱 인공적으로 보일 것입니다. 이것 또한 네트워크 능력을 낭비하는 것입니다. 별도의 잡음 입력을 추가하면 이런 모든 이슈가 사라집니다. 이 GAN은 추가된 잡음을 사용하여 이미지의 각 부분에 정확한 양의 무작위성을 추가할 수 있습니다.

---

28 StyleGAN 논문에 있는 [Figure 1]의 일부분을 저자의 허락을 받아 옮겼습니다.

추가된 잡음은 각 수준마다 다릅니다. 잡음 입력은 하나의 특성 맵을 채우는 가우스 잡음으로 구성되며 (해당 수준의) 모든 특성 맵으로 브로드캐스팅됩니다. 그런 다음 추가되기 전에 학습된 특성별 스케일링 인자로 조정됩니다([그림 17-19]에 B 박스로 나타나 있습니다).

마지막으로 StyleGAN은 일정 비율의 이미지를 두 개의 다른 코딩으로 생성하는 **믹싱 규제**mixing regularization (또는 **스타일 믹싱**style mixing)이라 불리는 기법을 사용합니다. 구체적으로 코딩 c_1과 c_2가 매핑 네트워크를 통과하여 두 스타일 벡터 w_1과 w_2를 만듭니다. 그다음 합성 네트워크가 첫 번째 단계에서는 스타일 w_1, 나머지 단계에서는 스타일 w_2를 바탕으로 이미지를 생성합니다. 변경되는 단계는 랜덤하게 선택됩니다. 이는 네트워크가 인접한 수준의 스타일이 상관관계를 가진다고 가정하지 못하도록 막습니다. 결국 각 스타일 벡터가 생성된 이미지에 있는 제한된 개수의 속성에만 영향을 미치는 StyleGAN의 국지성을 촉진시킵니다.

GAN에는 다양한 변형이 많아 이를 모두 다루려면 책 한 권이 필요합니다. 이 장이 GAN의 주요 아이디어를 이해하는 데 도움이 되고 이 분야에 더 관심을 갖는 계기가 되기를 바랍니다. 그리고 직접 GAN을 구현해보세요. 처음 훈련할 때 문제가 생겨도 실망하지 마세요. 안타깝지만 일반적인 현상입니다. 제대로 훈련하려면 상당한 인내가 필요합니다. 하지만 가치 있는 결과를 얻을 것입니다. 상세한 구현 방법에 문제가 있을 때 참고할 만한 케라스나 텐서플로 구현이 많습니다. 빠르게 깜짝 놀랄 결과를 얻는 것이 목적이라면 사전 훈련된 모델을 사용할 수 있습니다(🅒 사전 훈련된 StyleGAN 케라스 모델).[29]

지금까지 오토인코더와 GAN에 관해 알아보았습니다. 이제 마지막으로 확산 모델을 살펴보겠습니다.

17.9 확산 모델

확산 모델에 관한 아이디어는 오래전부터 있었지만 스탠퍼드 대학교와 UC 버클리의 야샤 솔-딕스타인Jascha Sohl-Dickstein 등이 2015년 발표한 논문[30]에서 처음으로 현대적인 형태를 갖추었습

---

29 옮긴이_ Nvidia 공식 깃허브에서 사전 훈련된 텐서플로 구현을 제공합니다(*http://bit.ly/nvidia-stylegan*). 2021년에 Nvidia의 같은 팀이 모델 구조와 훈련 방법을 개선한 StyleGAN2(*http://bit.ly/nvidia-stylegan2*)와 StyleGAN3(*https://bit.ly/nvidia-stylegan3*)를 공개했습니다.

30 Jascha Sohl-Dickstein et al., "Deep Unsupervised Learning using Nonequilibrium Thermodynamics", arXiv preprint arXiv:1503.03585 (2015). *https://homl.info/diffusion*

니다. 저자들은 열역학 도구를 적용하여 차 한 잔에 우유 한 방울이 퍼지는 것과 유사한 확산 과정을 모델링했습니다. 핵심 아이디어는 완전히 혼합된 상태에서 시작하여 차에서 우유를 점차적으로 '혼합 해제'하는 역방향 과정을 학습하도록 모델을 훈련하는 것입니다. 이 아이디어를 사용하여 이미지 생성에서 유망한 결과를 얻었지만 당시에는 GAN이 더 설득력 있는 이미지를 생성했기 때문에 확산 모델은 그다지 주목을 받지 못했습니다.

그러다가 2020년에 UC 버클리의 조나단 호[Jonathan Ho] 등은 매우 사실적인 이미지를 생성할 수 있는 확산 모델을 구축하는 데 성공했습니다. 이를 **잡음 제거 확산 확률 모델**[denoising diffusion probabilistic model](DDPM)이라고 불렀습니다.[31] 몇 달 후 OpenAI 연구원 알렉스 니콜[Alex Nichol]과 프라풀라 다리왈[Prafulla Dhariwal]은 2021년 논문[32]에서 DDPM 아키텍처를 분석하고 몇 가지 개선점을 제안하였고 마침내 DDPM이 GAN을 이겼습니다. DDPM은 GAN보다 훈련하기가 훨씬 쉬울 뿐 아니라 생성되는 이미지가 더 다양하고 품질이 훨씬 더 높습니다. DDPM의 가장 큰 단점은 GAN이나 VAE에 비해 이미지를 생성하는 데 시간이 매우 오래 걸린다는 점입니다.

그렇다면 DDPM은 정확히 어떻게 작동할까요? ([그림 17-20]에 있는) x_0으로 표시된 고양이 사진으로 시작한다고 가정해보죠. 타임 스텝 t마다 평균이 0이고 분산이 β_t인 가우스 잡음을 이미지에 조금씩 추가합니다. 이 잡음은 각 픽셀마다 독립적입니다. 이를 **등방성**[isotropic]이라고 부릅니다. 먼저 x_1, x_2 등으로 시작해서 고양이가 잡음에 완전히 가려져 보이지 않는 이미지를 얻습니다. 마지막 타임 스텝은 T로 나타냅니다. 원본 DDPM 논문에서 저자는 $T = 1{,}000$을 사용했고 고양이 모습이 타임 스텝 0과 T 사이에서 선형적으로 사라지도록 분산 β_t를 스케줄링했습니다. 개선된 DDPM 논문에서는 T를 4,000까지 늘리고 분산 스케줄을 조정하여 처음과 끝에서 더 천천히 변화하도록 조정했습니다. 요약하면 점진적으로 고양이를 잡음으로 뒤덮는데 이를 **정방향 과정**[forward process]이라고 합니다.

정방향 과정에서 가우스 잡음을 점점 더 많이 추가하면 픽셀값이 점점 더 가우스 분포가 됩니다. 앞서 언급하지 않은 중요한 세부 사항은 매 단계마다 픽셀값이 $\sqrt{1 - \beta_t}$ 비율로 조금씩 조정되는 점입니다. 스케일링 계수가 1보다 약간 작기 때문에 픽셀값의 평균이 점차 0에 가까워집니다(숫자에 0.99를 반복적으로 곱한다고 상상해보세요). 또한 분산이 점차 1에 수렴하도록 보

31 Jonathan Ho et al., "Denoising Diffusion Probabilistic Models" (2020), *https://homl.info/ddpm*
32 Alex Nichol and Prafulla Dhariwal, "Improved Denoising Diffusion Probabilistic Models" (2021), *https://homl.info/ddpm2*

장합니다. 픽셀값의 표준 편차가 $\sqrt{1 - \beta_t}$로 스케일 조정되므로 분산은 $1 - \beta_t$ (즉, 스케일링 계수의 제곱)로 스케일 조정됩니다. 하지만 각 단계에서 분산 β_t를 갖는 가우스 잡음을 추가하기 때문에 분산은 0으로 줄어들 수 없습니다. 가우스 분포를 합하면 분산이 더해지므로 분산은 $1 - \beta_t + \beta_t = 1$로만 수렴할 수 있습니다.

정방향 확산 과정은 [식 17-5]에 요약되어 있습니다. 이 식이 정방향 과정에 대해 새로운 것을 알려주지는 않습니다. 하지만 머신러닝 논문에 자주 사용되는 이런 형태의 수학적 표기법을 이해하는 데 도움이 됩니다. 이 식은 x_{t-1}이 주어졌을 때 x_t의 확률 분포 q를 평균이 스케일링 계수와 $\mathbf{x}_{t-1}$의 곱이고 공분산 행렬이 $\beta_t\mathbf{I}$인 가우스 분포로 정의합니다. 이것은 단위 행렬 $\mathbf{I}$에 β_t를 곱한 것으로 잡음이 등방성이고 분산이 β_t라는 의미입니다.

식 17-5 정방향 확산 과정의 확률 분포 q

$$q\left(\mathbf{x}_t \mid \mathbf{x}_{t-1}\right) = \mathcal{N}\left(\sqrt{1 - \beta_t}\mathbf{x}_{t-1},\ \beta_t\mathbf{I}\right)$$

흥미롭게도 정방향 과정에 대한 지름길이 있습니다. $\mathbf{x}_0$이 주어지면 $\mathbf{x}_1$, $\mathbf{x}_2$, ..., $\mathbf{x}_{t-1}$을 계산할 필요 없이 이미지 $\mathbf{x}_t$를 샘플링할 수 있습니다. 실제로 여러 가우스 분포의 합도 가우스 분포이므로 [식 17-6]을 사용하여 모든 잡음을 한 번에 추가할 수 있습니다. 이 식이 훨씬 빠르기 때문에 이것을 사용하겠습니다.

식 17-6 정방향 확산 프로세스의 지름길

$$q\left(\mathbf{x}_t \mid \mathbf{x}_0\right) = \mathcal{N}\left(\sqrt{\bar{\alpha}_t}\mathbf{x}_0,\ \left(1 - \bar{\alpha}_t\right)\mathbf{I}\right)$$

물론 우리의 목표는 고양이를 잡음으로 뒤덮는 것이 아닙니다. 오히려 새로운 고양이를 많이 만들어야 합니다! 이를 위해 $\mathbf{x}_t$에서 $\mathbf{x}_{t-1}$로 가는 **역방향 과정**^{reverse process}을 수행할 수 있는 모델을 훈련시키면 됩니다. 그런 다음 이 모델을 사용하여 이미지에서 작은 잡음을 제거하고 모든 잡음이 사라질 때까지 이 작업을 여러 번 반복합니다. 고양이 이미지가 많이 포함된 데이터셋에서 모델을 훈련시킨 다음 가우스 잡음으로 가득 찬 사진을 제공하면 모델이 점차 새로운 고양이가 나타나게 만들 것입니다(그림 17-20).

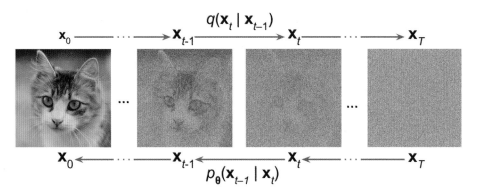

그림 17-20 정방향 프로세스 q와 역방향 프로세스 p

좋습니다. 이제 코딩을 시작해보죠! 가장 먼저 해야 할 일은 정방향 과정을 만드는 것입니다. 이를 위해 분산 스케줄을 구현해야 합니다. 고양이가 사라지는 속도를 어떻게 제어할 수 있을까요? 처음에는 분산의 100%가 원본 고양이 이미지에서 옵니다. 그리고 타임 스텝 t마다 앞서 설명한 대로 이 분산에 $1 - \beta_t$를 곱하고 잡음을 추가합니다. 따라서 초기 분포에서 나오는 분산은 타임 스텝마다 $1 - \beta_t$ 비율만큼 줄어듭니다. $\alpha_t = 1 - \beta_t$로 정의하면 t 타임 스텝 후에 고양이 신호에는 $\bar{\alpha}_t = \alpha_1 \times \alpha_2 \times ... \times \alpha_t = \bar{\alpha}_t = \prod_{i=1}^{t} \alpha_i$가 곱해집니다. 이 '고양이 신호' 계수 $\bar{\alpha}_t$가 타임 스텝 0과 T 사이에서 1에서 0으로 점차 줄어들도록 스케줄링하려는 것입니다. 개선된 DDPM 논문에서 저자는 [식 17-7]에 따라 $\bar{\alpha}_t$를 스케줄링합니다. 이 스케줄이 [그림 17-21]에 나와 있습니다.

식 17-7 정방향 확산 프로세스를 위한 분산 스케줄 방정식

$$\beta_t = 1 - \frac{\bar{\alpha}_t}{\bar{\alpha}_{t-1}}, \text{ 여기에서 } \bar{\alpha}_t = \frac{f(t)}{f(0)} \text{ 이고 } f\left(t\right) = \cos\left(\frac{t/T + s}{1 + s} \cdot \frac{\pi}{2}\right)^2$$

- s는 $t = 0$ 근처에서 β_t가 너무 작아지는 것을 방지하기 위한 작은 값입니다. 논문에서 저자들은 $s = 0.008$을 사용했습니다.
- $t = T$ 근처에서 불안정해지는 것을 방지하기 위해 β_t를 0.999보다 크지 않도록 잘라냅니다.

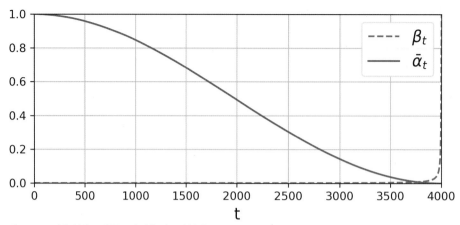

그림 17-21 잡음 분산 스케줄 β_t와 남은 신호의 분산 $\bar{\alpha}_t$

α_t, β_t, $\bar{\alpha}_t$를 계산하는 함수를 만들고 $T = 4{,}000$으로 호출해보겠습니다.

```python
def variance_schedule(T, s=0.008, max_beta=0.999):
    t = np.arange(T + 1)
    f = np.cos((t / T + s) / (1 + s) * np.pi / 2) ** 2
    alpha = np.clip(f[1:] / f[:-1], 1 - max_beta, 1)
    alpha = np.append(1, alpha).astype(np.float32) # α₀ = 1 추가
    beta = 1 - alpha
    alpha_cumprod = np.cumprod(alpha)
    return alpha, alpha_cumprod, beta # t=0에서 T까지 αt , ᾱt , βt

T = 4000
alpha, alpha_cumprod, beta = variance_schedule(T)
```

확산 과정을 거꾸로 수행하도록 모델을 훈련하려면 정방향 과정의 여러 타임 스텝에서 추출한 잡음 섞인 이미지가 필요합니다. 데이터셋에서 깨끗한 이미지의 배치를 가져와 이런 이미지를 만드는 prepare_batch() 함수를 만들어보겠습니다.

```python
def prepare_batch(X):
    X = tf.cast(X[..., tf.newaxis], tf.float32) * 2 - 1          ❶
    X_shape = tf.shape(X)
    t = tf.random.uniform([X_shape[0]], minval=1, maxval=T + 1, dtype=tf.int32)  ❷
```

```
    alpha_cm = tf.gather(alpha_cumprod, t)                                        ❸
    alpha_cm = tf.reshape(alpha_cm, [X_shape[0]] + [1] * (len(X_shape) - 1))      ❹
    noise = tf.random.normal(X_shape)                                             ❺
    return {
        "X_noisy": alpha_cm ** 0.5 * X + (1 - alpha_cm) ** 0.5 * noise,
        "time": t,                                                                ❻
    }, noise
```

이 코드를 살펴보죠.

❶ 간단하게 하기 위해 패션 MNIST를 사용하므로 먼저 채널 축을 추가해야 합니다. 또한 픽셀값을 -1에서 1로 스케일 조정하여 평균이 0이고 분산이 1인 최종 가우스 분포에 가깝게 만듭니다.

❷ 배치의 각 이미지에 대해 1에서 T 사이의 임의의 타임 스텝을 포함하는 벡터 t를 생성합니다.

❸ tf.gather()를 사용하여 벡터 t의 각 타임 스텝에 대한 alpha_cumprod 값을 추출합니다. 이렇게 하면 각 이미지에 대해 $\bar{\alpha}_t$ 값이 하나씩 포함된 벡터 alpha_cm이 만들어집니다.

❹ alpha_cm을 [배치 크기]에서 [배치 크기, 1, 1, 1]로 크기를 바꿉니다. 이는 배치 X에 alpha_cm을 브로드캐스팅하기 위해 필요합니다.

❺ 평균이 0이고 분산이 1인 가우스 잡음을 생성합니다.

❻ [식 17-6]을 사용하여 이미지에 확산 과정을 적용합니다. x ** 0.5는 x의 제곱근과 같습니다. 이 함수는 입력과 타깃을 포함하는 튜플을 반환합니다. 입력은 잡음 이미지와 이미지 생성에 사용된 타임 스텝이 포함된 파이썬 딕셔너리로 표현됩니다. 타깃은 각 이미지를 생성하는 데 사용된 가우스 잡음입니다.

TIP 이런 설정으로 모델은 원본 이미지를 얻기 위해 입력 이미지에서 빼야 하는 잡음을 예측합니다. 원본 이미지를 직접 예측하지 않는 이유는 무엇일까요? 저자들이 시도해보았더니 잘 작동하지 않았다고 합니다.

그다음 훈련 데이터셋과 검증 데이터셋을 만들고 모든 배치에 prepare_batch() 함수를 적용하겠습니다. 이전처럼 X_train과 X_valid에는 픽셀값이 0에서 1 사이인 패션 MNIST 이미지가 담겨있습니다.

```
def prepare_dataset(X, batch_size=32, shuffle=False):
    ds = tf.data.Dataset.from_tensor_slices(X)
    if shuffle:
        ds = ds.shuffle(buffer_size=10_000)
    return ds.batch(batch_size).map(prepare_batch).prefetch(1)

train_set = prepare_dataset(X_train, batch_size=32, shuffle=True)
valid_set = prepare_dataset(X_valid, batch_size=32)
```

이제 실제 확산 모델을 만들 준비가 되었습니다. 잡음 이미지와 타임 스텝을 입력으로 받고 입력에서 뺄 잡음을 예측할 수만 있다면 어떤 모델이든 가능합니다.

```
def build_diffusion_model():
    X_noisy = tf.keras.layers.Input(shape=[28, 28, 1], name="X_noisy")
    time_input = tf.keras.layers.Input(shape=[], dtype=tf.int32, name="time")
    [...]          # 잡음과 타임 스텝을 기반으로 모델을 만듭니다.
    outputs = [...] # (입력 이미지과 같은 크기의) 잡음을 예측합니다.
    return tf.keras.Model(inputs=[X_noisy, time_input], outputs=[outputs])
```

DDPM 저자들은 수정된 U-Net 구조[33]를 사용했습니다. 이 구조는 14장에서 설명한 시맨틱 분할을 위한 FCN 구조와 비슷한 점이 많습니다. 합성곱 신경망으로 입력 이미지를 점진적으로 다운샘플링한 다음 다시 점진적으로 업샘플링합니다. 다운샘플링 부분의 각 수준에서 이에 상응하는 업샘플링 수준으로 스킵 연결이 있습니다. 타임 스텝을 고려하기 위해 트랜스포머의 위치 인코딩과 동일한 기술을 사용합니다(16장 참고). U-Net 구조의 모든 수준에서 이러한 시간 인코딩이 Dense 층을 통과하여 U-Net에 전달됩니다. 마지막으로 다양한 수준에서 멀티 헤드 어텐션 층도 사용했습니다. 기본적인 구현은 이 장의 노트북을 참고하세요. 공식 구현은 *https://homl.info/ddpmcode*를 참고하세요. 더 이상 사용되지 않는 텐서플로 1.x를 기반으로 하지만 꽤 가독성이 높습니다.

이제 모델을 훈련할 수 있습니다. 저자들은 MSE보다 MAE 손실이 더 효과적이라고 언급했습니다. 후버 손실을 사용할 수도 있습니다.

```
model = build_diffusion_model()
model.compile(loss=tf.keras.losses.Huber(), optimizer="nadam")
history = model.fit(train_set, validation_data=valid_set, epochs=100)
```

모델을 훈련하고 나면 이를 사용하여 새로운 이미지를 생성할 수 있습니다. 안타깝게도 역방향 확산 과정에는 지름길이 없습니다. 따라서 평균이 0이고 분산이 1인 가우스 분포에서 x_T를 랜덤으로 샘플링한 다음 모델에 전달하여 잡음을 예측합니다. 그다음 [식 17-8]을 사용하여 이미지에서 잡음을 빼면 x_{T-1}이 됩니다. x_0이 될 때까지 이 과정을 3,999번 더 반복합니다. 모든

---

[33] Olaf Ronneberger et al., "U-Net: Convolutional Networks for Biomedical Image Segmentation", arXiv preprint arXiv:1505.04597 (2015), *https://homl.info/unet*

것이 잘 되었다면 일반적인 패션 MNIST 이미지처럼 보일 것입니다!

식 17-8 확산 프로세스를 한 단계씩 거꾸로 진행하기

$$\mathbf{x}_{t-1} = \frac{1}{\sqrt{\alpha_t}} \left(\mathbf{x}_t - \frac{\beta_t}{\sqrt{1 - \overline{\alpha}_t}} \boldsymbol{\epsilon_\theta}\left(\mathbf{x}_t, t \right) \right) + \sqrt{\beta_t} \mathbf{z}$$

이 식에서 $\boldsymbol{\epsilon_\theta}(\mathbf{x}_t, t)$는 입력 이미지 $\mathbf{x}_t$와 타임 스텝 t가 주어졌을 때 모델이 예측한 잡음을 나타 냅니다. $\boldsymbol{\theta}$는 모델 파라미터를 나타냅니다. 또한 $\mathbf{z}$는 평균이 0이고 분산이 1인 가우스 잡음입 니다. 이는 역방향 과정을 확률적으로 만듭니다. 즉, 여러 번 실행하면 다른 이미지를 얻게 됩 니다.

이 역방향 과정을 구현하는 함수를 작성하고 이를 호출하여 몇 개의 이미지를 생성해보겠습 니다.

```
def generate(model, batch_size=32):
    X = tf.random.normal([batch_size, 28, 28, 1])
    for t in range(T, 0, -1):
        noise = (tf.random.normal if t > 1 else tf.zeros)(tf.shape(X))
        X_noise = model({"X_noisy": X, "time": tf.constant([t] * batch_size)})
        X = (
            1 / alpha[t] ** 0.5
            * (X - beta[t] / (1 - alpha_cumprod[t]) ** 0.5 * X_noise)
            + (1 - alpha[t]) ** 0.5 * noise
        )
    return X

X_gen = generate(model) # 생성된 이미지
```

이미지 생성에 1~2분 정도 걸릴 수 있습니다. 이것이 확산 모델의 주요한 단점입니다. 모델을 여러 번 호출해야 하므로 이미지 생성 속도가 느립니다. 더 작은 T 값을 사용하거나 한 번에 여 러 단계에 걸쳐 동일한 모델 예측을 사용하면 속도를 높일 수 있지만 결과 이미지가 좋지 않을 수 있습니다. 하지만 이러한 속도 제한에도 불구하고 확산 모델은 [그림 17-22]와 같이 고품 질의 다양한 이미지를 생성합니다.

그림 17-22 DDPM으로 생성된 이미지

확산 모델은 최근 엄청난 발전을 이루었습니다. 특히 2021년 12월에 로빈 롬바흐^{Robin Rombach}, 안드레아스 블랫만^{Andreas Blattmann} 등이 발표한 논문[34]에서는 확산 과정이 픽셀 공간이 아닌 잠재 공간에서 일어나는 **잠재 확산 모델**^{latent diffusion model}을 소개했습니다. 이를 위해 강력한 오토인코더를 사용하여 훈련 이미지를 훨씬 더 작은 잠재 공간으로 압축하여 확산 과정을 수행합니다. 그다음 오토인코더를 사용하여 최종 잠재 표현의 압축을 풀고 출력 이미지를 생성합니다. 이렇게 하면 이미지 생성 속도가 상당히 빨라지고 훈련 시간과 비용이 크게 줄어듭니다. 중요한 것은 생성된 이미지의 품질이 매우 뛰어나다는 점입니다.

또한 연구진은 텍스트 프롬프트, 이미지 또는 기타 입력을 사용하여 확산 과정을 가이드하기 위해 다양한 조건 부여 기법을 적용했습니다. 이를 통해 책을 읽고 있는 도롱뇽의 아름다운 고해상도 이미지를 비롯하여 어떤 이미지든지 빠르게 생성할 수 있습니다. 입력 이미지를 사용하여 이미지 생성 프로세스를 제어할 수도 있습니다. 이를 통해 입력 이미지의 경계 너머를 그리는 아웃페인팅^{outpainting}이나 이미지 안의 빈 곳을 채우는 인페인팅^{inpainting}과 같은 다양한 애플리케이션을 구현할 수 있습니다.

마지막으로 EleutherAI와 LAION의 지원을 받아 뮌헨 공과대학교와 StabilityAI, Runway 등 몇몇 기업이 협력하여 사전 훈련된 강력한 잠재 확산 모델인 **스테이블 디퓨전**^{Stable Diffusion}을

34 Robin Rombach, Andreas Blattmann, et al., "High-Resolution Image Synthesis with Latent Diffusion Models", arXiv preprint arXiv:2112.10752 (2021). *https://homl.info/latentdiff*

2022년 8월에 오픈 소스로 공개했습니다. 2022년 9월에 텐서플로로 포팅되어 케라스 팀이 구축한 컴퓨터 비전 라이브러리인 KerasCV(*https://keras.io/keras_cv*)에 포함되었습니다. 이제 누구나 일반 노트북에서도 무료로 몇 초 만에 놀라운 이미지를 생성할 수 있습니다(연습문제 참고). 가능성은 무한합니다!

다음 장에서는 딥러닝의 완전히 다른 분야인 심층 강화 학습을 살펴보겠습니다.

연습문제

① 오토인코더를 활용할 수 있는 주요 작업은 무엇인가요?

② 레이블되지 않은 훈련 데이터는 많지만 레이블된 데이터는 수천 개 정도만 가지고 있을 때 분류기를 훈련하려 합니다. 오토인코더가 어떻게 도움이 될 수 있을까요? 어떻게 작업하면 될까요?

③ 오토인코더가 완벽하게 입력을 재구성했다면 이것이 반드시 좋은 오토인코더인가요? 오토인코더의 성능을 어떻게 평가할 수 있나요?

④ 과소완전과 과대완전 오토인코더가 무엇인가요? 지나치게 과소완전인 오토인코더의 주요 위험은 무엇인가요? 과대완전 오토인코더의 주요 위험은 무엇인가요?

⑤ 적층 오토인코더의 가중치를 어떻게 묶나요? 이렇게 하는 이유는 무엇인가요?

⑥ 생성 모델이 무엇인가요? 생성 오토인코더의 종류를 말할 수 있나요?

⑦ GAN이 무엇인가요? GAN이 유용한 몇 가지 작업을 나열할 수 있나요?

⑧ GAN을 훈련할 때 주요 어려움은 무엇인가요?

⑨ 확산 모델의 장점은 무엇인가요? 주요 한계는 무엇인가요?

⑩ 잡음 제거 오토인코더를 사용해 이미지 분류기를 사전 훈련해보세요. (간단하게) MNIST를 사용하거나 도전적인 문제를 원한다면 CIFAR10과 같이 더 복잡한 이미지 데이터셋을 사용할 수 있습니다. 사용하는 데이터셋에 상관없이 다음 단계를 따르세요.

a 데이터셋을 훈련 세트와 테스트 세트로 나눕니다. 전체 훈련 세트에서 심층 잡음 제거 오토인코더를 훈련합니다.

b 이미지가 잘 재구성되는지 확인하세요. 코딩 층의 각 뉴런을 가장 크게 활성화하는 이미지를 시각화해보세요.

c 이 오토인코더의 하위 층을 재사용해 분류 DNN을 만드세요. 훈련 세트에서 이미지 500개만 사용해 훈련합니다. 사전 훈련을 사용하는 것이 더 나은가요, 사용하지 않는 것이 더 나은가요?

⑪ 이미지 데이터셋을 하나 선택해 변이형 오토인코더를 훈련하고 이미지를 생성해보세요. 또는 관심 있는 레이블이 없는 데이터셋을 찾아서 새로운 샘플을 생성할 수 있는지 확인해보세요.

⑫ 이미지 데이터셋을 처리하는 DCGAN을 훈련하고 이를 사용해 이미지를 생성해보세요. 경험 재생을 추가하고 도움이 되는지 확인하세요. 생성된 클래스를 제어할 수 있는 조건 GAN으로 바꾸어 시도해보세요.

⑬ KerasCV의 훌륭한 스테이블 디퓨전 튜토리얼(*https://homl.info/sdtuto*)을 사용해 책을 읽는 도롱뇽 이미지를 만들어보세요. 가장 멋진 그림을 트위터에 올리고 @aureliengeron 을 태그해주세요. 여러분의 작품을 보고 싶습니다!

연습문제 정답은 〈부록 A〉에 있습니다.

## 18장

강화 학습

강화 학습^{reinforcement learning}(RL)은 요즘 머신러닝에서 가장 흥미진진한 분야이자 가장 오래된 분야입니다. 1950년대부터 여러 해 동안 특히 게임(예 Backgammon 플레이 프로그램인 TD-Gammon[1])과 기계 제어 분야에서 관심을 끄는 애플리케이션들이 많이 나왔지만[2] 좀처럼 뉴스의 헤드라인을 장식하지는 못했습니다. 하지만 2013년 영국 스타트업 딥마인드의 연구원들이 아타리^{Atari} 게임을 아무 정보 없이 그냥 플레이하면서 학습하는 시스템을 시연하며 혁명을 일으켰습니다.[3] 기계는 화면 픽셀에 대한 데이터만 입력으로 받고 게임 규칙에 대한 어떤 사전 정보도 없이 대부분 사람을 능가하는[4] 성과를 냈습니다.[5] 이는 놀라운 성과의 1막이었습니다. 2016년 알파고가 전설적인 프로 바둑 기사 이세돌과의 대결에서 승리를 거두고, 2017년 5월 바둑 세계 챔피언 커제^{Ke Jie}를 이기면서 절정에 다다랐습니다. 과거에는 어떤 프로그램도 세계 챔피언은 고사하고 바둑의 고수와 견줄 만한 수준에 이르지 못했습니다. 오늘날 RL의

---

1 옮긴이_ Backgammon은 아주 오래된 2인용 전략 보드 게임입니다. TD-Gammon은 1992년 IBM 왓슨 연구소의 제럴드 테사우로 (Gerald Tesauro)가 개발한 컴퓨터 프로그램이며, 인공 신경망을 사용한 강화 학습으로 사람과 거의 비슷한 수준의 성능을 냈습니다.

2 조금 더 자세한 내용은 리차드 서튼(Richard Sutton)과 앤드루 바르토(Andrew Barto)의 강화 학습에 관한 책인 『Reinforcement Learning: An Introduction』(MIT Press)(*https://homl.info/126*)을 참고하세요.
옮긴이_ 이 책은 온라인에서 무료로 읽을 수 있습니다(*http://bit.ly/rlbookpdf*). 이 책의 16장에서 TD-Gammon과 알파고를 비롯해 여러 가지 애플리케이션에 관한 자세한 내용을 읽을 수 있습니다.

3 Volodymyr Mnih et al., "Playing Atari with Deep Reinforcement Learning," arXiv preprint arXiv:1312.5602 (2013). *https://homl.info/dqn*

4 Volodymyr Mnih et al., "Human-Level Control Through Deep Reinforcement Learning," Nature 518 (2015): 529 – 533.

5 〈스페이스 인베이더〉, 〈브레이크아웃〉 등의 게임 플레이를 배우는 딥마인드 시스템의 학습 동영상을 확인해보세요(*https://homl.info/dqn3*).

전 분야가 매우 다양한 애플리케이션에서 새로운 아이디어로 들끓고 있습니다.

(2014년 구글에 5억 달러에 인수된) 딥마인드가 어떻게 이런 결과를 낸 걸까요? 알고 보면 매우 단순합니다. 강화 학습 분야에 강력한 딥러닝을 적용했더니 상상 이상의 성능을 낸 것입니다. 이 장에서는 먼저 강화 학습이 무엇인지와 어떤 일을 잘할 수 있는지 설명합니다. 그리고 나서 심층 강화 학습에서 가장 중요한 두 가지 기술인 정책 그레이디언트와 심층 Q-네트워크를 마르코프 결정 과정과 함께 소개합니다. 그럼 시작해보죠!

18.1 보상을 최적화하기 위한 학습

강화 학습에서 소프트웨어 **에이전트**[agent]는 **관측**[observation]을 하고 주어진 **환경**[environment]에서 **행동**[action]을 합니다. 그리고 결과에 따라 환경으로부터 **보상**[reward]을 받습니다. 에이전트의 목적은 보상의 장기간 기대치를 최대로 만드는 행동을 학습하는 것입니다. 양[positive]의 보상은 기쁨으로, 음[negative]의 보상은(이 경우에는 보상이란 말이 맞지 않지만) 아픔으로 생각할 수 있습니다. 간단히 말해 에이전트는 환경 안에서 행동하고 시행착오를 겪으며 기쁨이 최대가 되고 아픔이 최소가 되도록 학습합니다.

이는 다양한 종류의 작업에 적용 가능한 폭넓은 정의입니다. 다음은 몇 가지 사례입니다(그림 18-1).

a 에이전트는 로봇을 제어하는 프로그램일 수 있습니다. 이 경우 환경은 실제 세상이고, 에이전트는 카메라나 터치 센서 같은 여러 **센서**[sensor]를 통해 환경을 관찰합니다. 에이전트의 행동은 모터를 구동하기 위해 시그널을 전송하는 것입니다. 에이전트는 목적지에 도착할 때 양의 보상을 받고, 시간을 낭비하거나 잘못된 방향으로 향할 때 음의 보상을 받도록 프로그램될 수 있습니다.

b 에이전트는 **미스 팩맨**[Ms. Pac-Man][6]을 제어하는 프로그램일 수 있습니다. 이 경우 환경은 아타리 게임 시뮬레이션이고, 행동은 가능한 아홉 가지 조이스틱 위치(왼쪽 위, 아래, 가운데 등)입니다. 관측은 스크린샷이 되고 보상은 게임의 점수입니다.

---

6 옮긴이_ 미스 팩맨은 오리지널 팩맨의 향상된 버전으로 1982년 초에 아케이드 캐비닛으로 출시되었고 가정용 게임기인 아타리 2600을 위한 카트리지로도 출시되었습니다. 오리지널 팩맨과 달리 미스 팩맨은 미로의 벽이 색으로 채워져 있어서 강화 학습에 사용하기 좋습니다.

c 비슷하게 에이전트는 바둑 같은 보드 게임을 플레이하는 프로그램일 수 있습니다. 게임에서 이길 때만 보상을 받습니다.

d 에이전트가 물리적으로(또는 가상으로) 무언가를 움직여야 하는 것은 아닙니다. 예를 들어 에이전트는 목표 온도를 맞추어 에너지를 절약하면 양의 보상을 받고, 사람이 온도를 조작할 필요가 생기면 음의 보상을 받는 스마트 온도 조절기일 수 있습니다. 그러므로 에이전트는 사람의 요구를 예측하도록 학습되어야 합니다.

e 에이전트는 주식 시장의 가격을 관찰하고 매초 얼마나 사고팔아야 할지 결정할 수 있습니다. 당연히 보상은 금전적 이익과 손실이 됩니다.

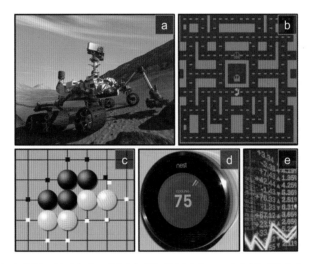

그림 18-1 강화 학습의 예: (a) 로봇, (b) 미스 팩맨, (c) 바둑 게임, (d) 온도 조절기, (e) 자동 매매 프로그램[7]

양의 보상이 전혀 없을 수도 있습니다. 예를 들어 에이전트가 미로 속을 움직인다면 매 타임 스텝마다 음의 보상을 받기 때문에 가능한 한 빨리 탈출구를 찾는 것이 좋을 것입니다! 강화 학습이 잘 들어맞는 작업의 사례가 많습니다. 예를 들면 자율 주행 자동차나 추천 시스템, 웹 페이지에 광고 배치하기,[8] 이미지 분류 시스템이 주의를 집중할 곳을 제어하기 등입니다.

----

7 이미지 (a), (d), (e)는 퍼블릭 도메인(public domain)입니다. (b)는 미스 팩맨 게임의 스크린샷으로 아타리에 저작권이 있습니다(이것은 공정 사용(fair use)에 해당한다고 믿습니다). 이미지 (c), (d)는 위키백과에서 가져왔습니다. (c)는 Stevertigo 사용자가 만든 것으로 크리에이티브 커먼즈 BY-SA 2.0(*https://creativecommons.org/licenses/by-sa/2.0/deed.ko*)을 따릅니다.

8 옮긴이_ 온라인 광고 시스템은 강화 학습의 주요 애플리케이션입니다. 프로그래매틱(programmatic) 광고 시스템에서 에이전트는 광고 입찰을 하는 소프트웨어이고, 행동은 광고 거래(Ad Exchange) 시스템과 사용자를 관찰하여 입찰을 하는 것입니다. 보상은 광고 클릭, 회원 가입 등이 될 수 있습니다.

18.2 정책 탐색

소프트웨어 에이전트가 행동을 결정하기 위해 사용하는 알고리즘을 **정책**^{policy}이라고 합니다. 예를 들어 관측을 입력으로 받고 수행할 행동을 출력하는 신경망이 정책이 될 수 있습니다(그림 18-2).

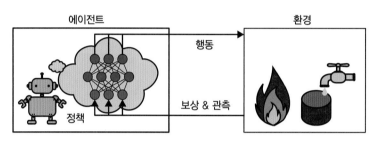

그림 18-2 신경망 정책을 사용한 강화 학습

정책은 여러분이 생각할 수 있는 모든 알고리즘이 될 수 있으며 결정적일 필요는 없습니다. 사실 어떤 경우에는 환경을 관측할 필요도 없습니다! 예를 들어 30분 동안 수집한 먼지의 양을 보상으로 받는 로봇 진공청소기를 생각해봅시다. 이 청소기의 정책은 매 초마다 어떤 확률 p만큼 전진하는 것일 수도 있고, $(1-p)$의 확률로 왼쪽 또는 오른쪽으로 랜덤하게 회전하는 것일 수도 있습니다. 회전 각도는 $-r$과 $+r$ 사이의 랜덤한 각도일 수 있습니다. 이 정책에는 무작위성이 포함되어 있기 때문에 **확률적 정책**^{stochastic policy}이라고 합니다. 로봇이 도달할 수 있는 곳이면 어디든 가서 먼지를 수집하기 때문에 이상한 궤적을 만들어낼 것입니다. 궁금한 것은 '30분 동안 얼마나 많은 먼지를 수집할 것인가'입니다.

이런 로봇을 어떻게 훈련시킬 수 있을까요? 여기에는 변경이 가능한 두 개의 **정책 파라미터**^{policy parameter}가 있습니다. 확률 p와 각도의 범위 r입니다. 이 파라미터에 많은 다른 값을 시도해보고 가장 성능이 좋은 조합을 고르는 학습 알고리즘을 생각해볼 수 있습니다(그림 18-3). 이것은 **정책 탐색**^{policy search}의 한 예인데 여기서는 무식한 방법을 사용했습니다. **정책 공간**^{policy space}이 매우 크면(일반적인 경우입니다) 이런 방법으로 좋은 파라미터 조합을 찾는 것은 모래사장에서 바늘을 찾는 것과 같습니다.

정책 공간을 탐색하는 다른 방법으로 **유전 알고리즘**^{genetic algorithm}이 있습니다. 예를 들어 1세대 정책 100개를 랜덤하게 생성해서 시도해본 다음, 성능이 낮은 정책 80개는 버리고[9] 20개를 살려 각각 자식 정책 4개를 생산하게 합니다. 이 자식 정책은 부모를 복사한 것[10]에 약간의 무작위성을 더한 것입니다. 살아남은 정책과 그 자식은 2세대를 구성합니다. 이런 식으로 좋은 정책을 찾을 때까지 여러 세대에 걸쳐 반복합니다.[11]

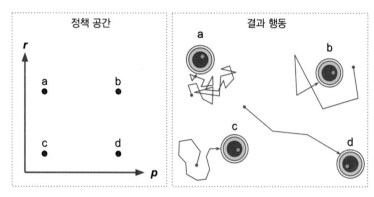

그림 18-3 정책 공간에 있는 지점 4개(왼쪽)와 이에 상응하는 에이전트의 행동(오른쪽)[12]

또 다른 방법은 정책 파라미터에 대한 보상의 그레이디언트를 평가해서 높은 보상의 방향을 따르는 그레이디언트로 파라미터를 수정하는 최적화 기법을 사용하는 것입니다.[13] 이 방법을 **정책 그레이디언트**policy gradient(PG)라고 합니다(뒤에서 자세히 다루겠습니다). 로봇 진공청소기를 다시 생각해보면, p를 조금 증가시켜서 30분 동안 로봇이 수집한 먼지 양이 증가했는지 평가해볼 수 있습니다. 만약 먼지 양이 많아졌다면 p를 조금 증가시키고 그렇지 않다면 p를 감소시킵니다. 여기서는 널리 알려진 PG 알고리즘을 텐서플로를 사용해 구현합니다. 하지만 그전에 에이전트가 활동할 환경을 만들어야 합니다. 이제 OpenAI Gym을 소개할 시간입니다.

---

9 유전자 풀(gene pool)에 다양성을 보존하기 위해 낮은 성능의 정책도 조금 살아남을 여지를 주는 것이 더 나을 때가 많습니다.

10 부모가 하나만 있는 경우를 무성 생식이라고 합니다. 부모가 둘(혹은 그 이상) 있는 경우를 유성 생식이라고 합니다. 자식의 게놈(genome, 여기서는 일련의 정책 파라미터)은 부모의 게놈 일부분을 사용하여 랜덤하게 구성됩니다.

11 강화 학습을 사용한 유전 알고리즘의 흥미로운 한 가지 예는 NEAT(neuroevolution of augmenting topologies) 알고리즘입니다 (https://homl.info/neat).

12 옮긴이_ a 정책은 직진할 가능성이 낮고 최대 회전각이 크므로 주변을 많이 맴도는 궤적을 만듭니다. b 정책은 직진성과 회전성이 모두 좋은 궤적을 보여줍니다. c 정책은 a처럼 직진할 가능성은 낮지만 최대 회전각이 작아서 비교적 부드러운 궤적을 만듭니다. d 정책은 회전은 거의 없고 직진만 하는 궤적을 그립니다.

13 이를 경사 상승법(gradient ascent)이라고 부릅니다. 경사 하강법과 같지만 반대 방향입니다. 즉, 목적 함수를 최소화하는 것이 아니라 최대화합니다.

18.3 OpenAI Gym

강화 학습에서 어려운 점은 에이전트를 훈련하기 위해 먼저 작업 환경을 마련해야 한다는 것입니다. 아타리 게임 플레이를 학습할 에이전트를 프로그래밍하려면 아타리 게임 시뮬레이터가 필요할 것입니다. 만약 보행 로봇을 프로그래밍한다면 실제 세상이 환경이므로 로봇을 실제 세상에서 바로 훈련할 수 있습니다. 하지만 여기에는 제약이 따릅니다. 만약 로봇이 절벽에서 떨어지면 이를 되돌릴 방법이 없습니다. 또한 훈련 속도를 높일 수도 없습니다. 즉, 컴퓨터의 성능을 높인다고 해도 로봇을 더 빠르게 움직이게 만들 수는 없습니다. 그렇다고 동시에 로봇 1,000대를 훈련하기에는 비용이 너무 많이 듭니다. 간단히 말해 실제 세상에서 훈련하는 것은 어렵고 느립니다. 그래서 훈련을 위한 최소한의 **시뮬레이션 환경**이 필요합니다. 예를 들면 PyBullet이나 MuJoCo 같은 3D 물리 시뮬레이션 라이브러리를 사용할 수 있습니다.

OpenAI Gym(*https://gym.openai.com*)[14]은 다양한 종류의 시뮬레이션 환경(아타리 게임, 보드 게임, 2D와 3D 물리 시뮬레이션 등)을 제공하는 툴킷입니다. 이를 사용하여 에이전트를 훈련하고 이들을 비교하거나 새로운 RL 알고리즘을 개발할 수 있습니다.

OpenAI Gym은 코랩에 사전 설치되어 있지만 이전 버전이므로 최신 버전으로 교체해야 합니다.[15] 또한 몇 가지 필수 라이브러리도 설치해야 합니다. 코랩이 아니라 개인 컴퓨터를 사용하고 있고 *https://bit.ly/homl3-install*의 설치 지침을 따랐다면 이 단계를 건너뛸 수 있습니다. 그렇지 않은 경우 다음 명령을 실행하세요.

```
# 코랩을 사용하는 경우 이 명령을 실행하세요!
%pip install -q -U gymnasium
%pip install swig
%pip install -q -U gymnasium[classic_control,box2d,atari,accept-rom-license]
```

첫 번째 **%pip** 명령은 Gym을 최신 버전으로 업그레이드합니다. -q 옵션은 조용히 설치하는 것을 의미하며 장황한 출력을 만들지 않습니다. -U 옵션은 업그레이드를 의미합니다. 두 번째 **%pip** 명령은 다양한 종류의 환경을 실행하는 데 필요한 라이브러리를 설치합니다. 여기에는 카트에서 막대의 균형을 잡는 것과 같은 고전적인 **제어 이론**control theory의 환경이 포함됩니다.

---

14 OpenAI는 일론 머스크가 공동 창업한 인공 지능 연구 회사입니다. 인류를 (몰살시키는 것이 아니라) 돕는 우호적인 AI를 개발하고 퍼트리는 것을 목적으로 합니다.

15 옮긴이_ Gym 개발이 Gymnasium 프로젝트로 이관되었으므로 여기서는 Gymnasium 라이브러리를 사용합니다.

제어 이론은 동적 시스템을 제어하는 과학입니다. 또한 게임용 2D 물리 엔진인 Box2D 라이브러리 기반의 환경도 포함되어 있습니다. 마지막으로 아타리 2600 게임용 에뮬레이터인 아케이드 학습 환경^{Arcade Learning Environment}(ALE) 기반 환경이 포함되어 있습니다. 여러 아타리 게임 ROM이 자동으로 다운로드됩니다. 이 코드를 실행하면 아타리의 ROM 라이선스에 동의하는 것입니다.

이제 OpenAI Gym을 사용할 준비가 되었습니다. Gym을 임포트하고 환경을 만들어보죠.

```python
import gymnasium as gym

env = gym.make("CartPole-v1", render_mode="rgb_array")
```

CartPole 환경을 만들었습니다. 카트 위에 놓인 막대가 넘어지지 않도록 왼쪽이나 오른쪽으로 가속할 수 있는 2D 시뮬레이션입니다(그림 18-4). 이 환경은 고전적인 제어 작업입니다.

TIP gym.envs.registry 딕셔너리에 모든 환경의 이름과 사양이 담겨있습니다.

환경을 만든 후 reset() 메서드로 꼭 초기화해야 합니다(선택적으로 랜덤 시드를 지정할 수 있습니다). 이 메서드는 첫 번째 관측을 반환합니다. 관측은 환경의 종류에 따라 다릅니다. CartPole 환경의 경우 각 관측은 네 개의 실수를 담은 1D 넘파이 배열입니다. 이 실수는 카트의 수평 위치(0.0=중앙), 카트의 속도(양수는 우측 방향을 의미), 막대의 각도(0.0=수직), 막대의 각속도(양수는 시계 방향을 의미)를 나타냅니다. reset() 메서드는 추가적으로 환경에 관련된 정보를 담은 딕셔너리도 반환합니다. 예를 들어 많은 아타리 게임 환경에서는 남은 생명 개수가 제공됩니다. 하지만 CartPole 환경에서는 이 딕셔너리가 비어 있습니다.

```
>>> obs, info = env.reset(seed=42)
>>> obs
array([ 0.0273956 , -0.00611216, 0.03585979, 0.0197368 ], dtype=float32)
>>> info
{}
```

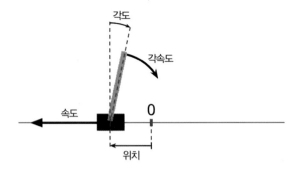

그림 18-4 CartPole 환경

render() 메서드를 호출해 이 환경을 이미지로 렌더링해보죠. 이 환경을 만들 때 render_mode="rgb_array"로 지정했기 때문에 이미지는 넘파이 배열로 반환됩니다.

```
>>> img = env.render()
>>> img.shape # 높이, 너비, 채널(3 = 빨강, 초록, 파랑)
(400, 600, 3)
```

맷플롯립의 imshow() 함수를 사용해 이미지를 화면에 그릴 수 있습니다.

이제 이 환경에서 어떤 행동이 가능한지 확인해보죠.

```
>>> env.action_space
Discrete(2)
```

Discrete(2)는 가능한 행동이 정수 0과 1이라는 것을 의미합니다. 각각 왼쪽 가속과 오른쪽 가속입니다. 다른 환경은 더 많은 개별적인 행동을 가지거나 다른 종류의 행동(◉ 연속적인)을 가질 수 있습니다. 막대가 오른쪽(obs[2] > 0)으로 기울어져 있기 때문에 카트를 오른쪽으로 가속해보겠습니다.

```
>>> action = 1 # 오른쪽으로 가속
>>> obs, reward, done, truncated, info = env.step(action)
>>> obs
array([ 0.02727336,  0.18847767,  0.03625453, -0.26141977], dtype=float32)
```

```
>>> reward
1.0
>>> done
False
>>> truncated
False
>>> info
{}
```

step() 메서드는 주어진 행동을 실행하고 네 가지 값을 반환합니다.

- obs
  새로운 관측값입니다. 이제 카트가 오른쪽 방향으로 움직입니다(obs[1]>0). 막대가 여전히 오른쪽 방향으로 기울어져 있지만(obs[2]>0)[16] 각속도가 음수가 되었으므로(obs[3]<0) 다음 스텝 후에는 왼쪽으로 기울어질 가능성이 큽니다.

- reward
  이 환경에서는 어떤 행동을 실행해도 매 스텝마다 1.0의 보상을 받습니다. 그러므로 시스템의 목적은 가능한 한 오랫동안 실행하는 것입니다.

- done
  이 값이 True이면 이 에피소드[17]가 끝난 것입니다. 막대가 너무 기울어지거나 화면 밖으로 나가거나 200 스텝을 넘기면 에피소드가 끝납니다(마지막의 경우는 에이전트가 이긴 것입니다). 에피소드가 끝나면 환경을 다시 사용하기 전에 꼭 초기화해야 합니다.[18]

- truncated
  이 값은 에피소드가 조기에 중단되는 경우 True가 됩니다. 예들 들면 에피소드당 최대 스텝 수를 부과하는 환경 래퍼wrapper에 의해 중단되는 경우입니다(환경 래퍼에 관한 자세한 내용은 Gym 문서를 참고하세요). 일부 RL 알고리즘은 중단된 에피소드를 정상적으로 완료(done이 True인 경우)된 에피소드와 다르게 처리하지만 이 장에서는 동일하게 처리합니다.

- info
  reset() 메서드가 반환하는 값처럼 환경에 관련된 추가 정보를 담은 딕셔너리입니다.

TIP 한 환경을 다 사용했다면 close() 메서드를 호출해 자원을 반납해야 합니다.

----

16 옮긴이_ 관성 때문에 막대의 방향이 바로 바뀌지 않았습니다.
17 옮긴이_ 여기에서 에피소드는 게임의 한 판을 말합니다.
18 옮긴이_ 즉, reset( ) 함수를 다시 호출해야 합니다.

간단한 정책을 하드코딩해보겠습니다. 이 정책은 막대가 왼쪽으로 기울어지면 카트를 왼쪽으로 가속하고 오른쪽으로 기울어지면 오른쪽으로 가속합니다. 이 정책으로 에피소드 500번 실행해서 얻은 평균 보상을 확인해봅시다.

```python
def basic_policy(obs):
    angle = obs[2]
    return 0 if angle < 0 else 1

totals = []
for episode in range(500):
    episode_rewards = 0
    obs, info = env.reset(seed=episode)
    for step in range(200):
        action = basic_policy(obs)
        obs, reward, done, truncated, info = env.step(action)
        episode_rewards += reward
        if done or truncated:
            break

    totals.append(episode_rewards)
```

이 코드를 쉽게 이해할 수 있을 것입니다. 결과를 확인해봅시다.

```python
>>> import numpy as np
>>> np.mean(totals), np.std(totals), min(totals), max(totals)
(41.698, 8.389445512070509, 24.0, 63.0)
```

500번을 시도해도 이 정책은 막대를 쓰러뜨리지 않고 68번 이상의 스텝을 진행하지 못했습니다. 그다지 좋지 않네요. 이 장의 노트북에 있는 시뮬레이션을 보면 카트가 시간이 갈수록 점점 더 크게 왼쪽과 오른쪽으로 진동해서 막대가 너무 심하게 기울어지는 것을 볼 수 있습니다.[19] 그럼 신경망이 더 좋은 정책을 만들 수 있는지 알아보겠습니다.

----

19 옮긴이_ 이 애니메이션은 깃허브에서는 바로 볼 수 없고 코랩이나 컴퓨터에서 직접 주피터 노트북의 셀을 실행해야 합니다.

18.4 신경망 정책

신경망 정책을 만들어봅시다. 앞서 하드코딩한 정책과 마찬가지로 이 신경망은 관측을 입력으로 받고 실행할 행동을 출력합니다. 더 정확히 말해 각 행동에 대한 확률을 추정합니다. 그리고 추정된 확률에 따라 랜덤하게 행동을 선택합니다(그림 18-5). CartPole 환경의 경우엔 가능한 행동이 두 개(왼쪽과 오른쪽) 있으므로 하나의 출력 뉴런만 있으면 됩니다. 이 뉴런은 행동 0(왼쪽)의 확률을 출력합니다. 당연하게 행동 1(오른쪽)의 확률은 $1-p$가 됩니다. 예를 들어 0.7을 출력했다면 행동 0은 70% 확률로 선택될 것이고, 행동 1은 30% 확률로 선택될 것입니다.

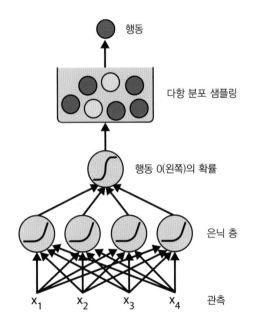

그림 18-5 신경망 정책

왜 가장 높은 점수의 행동을 선택하지 않고 신경망이 만든 확률을 기반으로 랜덤하게 행동을 선택하는지 궁금할 것입니다. 이런 방식은 에이전트가 새로운 행동을 **탐험**^{exploring}하는 것과 잘 할 수 있는 행동을 **활용**^{exploiting}하는 것 사이에 균형을 맞게 합니다. 비유를 들어볼까요? 어떤 음식점에 처음 방문했다고 합시다. 모든 메뉴가 좋아 보여서 아무거나 골랐습니다. 음식이 좋았다면 다음에 다시 같은 메뉴를 주문할 가능성이 높을 것입니다. 하지만 이 확률이 100%가

되어서는 안 됩니다. 100%가 된다면 어쩌면 더 나을 수 있는 다른 메뉴를 전혀 시도해보지 못할 것입니다. 탐험과 활용의 이런 딜레마가 강화 학습의 핵심입니다.

또한 이런 특별한 환경에서는 과거의 행동과 관측은 무시해도 괜찮습니다. 각 관측이 환경에 대한 완전한 상태를 담고 있기 때문입니다. 만약 어떤 상태가 숨겨져 있다면 과거의 행동과 관측도 고려해야 합니다. 예를 들어 이 환경이 카트의 속도는 빼고 위치만 알려준다면 현재의 속도를 추정하기 위해 현재 관측뿐만 아니라 이전의 관측도 고려해야 합니다. 또 다른 사례는 관측에 잡음이 있을 때입니다. 이런 경우에는 가장 가능성 있는 현재의 상태를 추정하기 위해 지난 관측 몇 개를 사용하는 것이 좋습니다. CartPole 문제는 아주 간단한 문제입니다. 즉, 관측에 잡음이 없고 환경에 대한 완전한 상태를 담습니다.

다음은 케라스를 사용하여 신경망 정책을 구현하는 코드입니다.

```
import tensorflow as tf

model = tf.keras.Sequential([
    tf.keras.layers.Dense(5, activation="relu"),
    tf.keras.layers.Dense(1, activation="sigmoid"),
])
```

Sequential 모델을 사용해 정책 네트워크를 정의합니다. 입력의 개수는 관측 공간의 크기입니다. 이 CartPole의 경우는 4입니다. 간단한 문제이므로 은닉 유닛 5개를 사용합니다. 마지막으로 하나의 확률(왼쪽 방향일 확률)이 필요하므로 시그모이드 활성화 함수를 사용한 하나의 출력 뉴런을 둡니다. 만약 가능한 행동이 두 개보다 많으면 행동마다 하나의 출력 뉴런을 두고 소프트맥스 활성화 함수를 사용해야 합니다.

좋네요. 지금까지 관측을 받아 행동을 출력하는 신경망 정책을 만들었습니다. 하지만 어떻게 훈련시켜야 할까요?

18.5 행동 평가: 신용 할당 문제

각 스텝에서 가장 좋은 행동이 무엇인지 알고 있다면 평소처럼 추정된 확률과 타깃 확률 사이의 크로스 엔트로피를 최소화하도록 신경망을 훈련할 수 있습니다. 이는 일반적인 지도 학습과 같습니다. 하지만 강화 학습에서 에이전트가 얻을 수 있는 가이드는 보상뿐입니다. 보상은 일반적으로 드물고 지연되어 나타납니다. 예를 들어 에이전트가 100 스텝 동안 막대의 균형을 유지했다면 이 100번의 행동 중 어떤 것이 좋고, 어떤 것이 나쁜지 알 수 있을까요? 우리가 아는 것은 마지막 행동 뒤에 막대가 쓰러졌다는 것뿐입니다. 하지만 모든 책임이 이 마지막 행동에 있는 것은 당연히 아닙니다. 이를 **신용 할당 문제**credit assignment problem라고 합니다. 즉, 에이전트가 보상을 받았을 때 어떤 행동 덕분인지(혹은 탓인지) 알기 어렵습니다. 주인의 말을 잘 따르고 몇 시간이 지나서 보상을 받은 강아지를 생각해보세요. 이 강아지는 무엇 때문에 보상을 받았는지 이해할 수 있을까요?

이 문제를 해결하기 위해 흔히 사용하는 전략은 행동이 일어난 후 각 단계마다 **할인 계수**discount factor γ(감마)를 적용한 보상을 모두 합하여 행동을 평가하는 것입니다. 할인된 보상의 합을 행동의 **대가**return[20]라고 부릅니다. [그림 18-6]에 있는 예를 생각해보죠. 에이전트가 오른쪽으로 세 번 이동하기로 결정하고 첫 번째 스텝에서 +10, 두 번째 스텝에서 0, 세 번째 스텝에서 −50의 보상을 받았을 때 할인 계수 $\gamma=0.8$을 사용한다고 가정하면, 첫 번째 행동의 이득은 $10+\gamma \times 0+\gamma^2 \times(-50)=-22$가 됩니다. 할인 계수가 0에 가까우면 미래의 보상은 현재의 보상만큼 중요하게 취급되지 않을 것입니다. 반대로 할인 계수가 1에 가까우면 먼 미래의 보상이 현재의 보상만큼 중요하게 고려될 것입니다. 전형적인 할인 계수의 값은 0.9에서 0.99 사이입니다. 할인 계수가 0.95면 13 스텝만큼의 미래에서 받는 보상은 당장의 보상에 비해 대략 절반 정도의 가치가 될 것입니다($0.95^{13} \approx 0.5$이므로). 반면 할인 계수가 0.99면 69 스텝만큼의 미래에서 받는 보상이 당장의 보상에 비해 절반 정도의 가치가 됩니다. CartPole 환경에서는 행동의 효과가 매우 짧은 기간 안에 나타나므로 할인 계수 0.95가 적절한 선택으로 보입니다.

---

20 옮긴이_ reward와 return을 구분하지 않고 모두 '보상'이라고 부르는 경우가 많습니다. 이 책에서는 혼동을 피하기 위해 return을 '대가'라고 옮겼습니다.

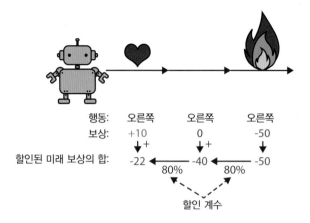

그림 18-6 행동의 이득 계산하기: 할인된 미래 보상의 합

물론 좋은 행동 뒤에 나쁜 행동이 몇 번 뒤따르면 막대가 금방 넘어질 것이므로 좋은 행동이 낮은 대가를 받을 것입니다(좋은 배우가 때로는 형편없는 영화에 출연하기도 합니다). 그러나 게임을 충분히 많은 횟수만큼 반복하면 평균적으로 좋은 행동이 나쁜 행동보다 더 높은 대가를 받을 것입니다. 우리는 평균적으로 다른 가능한 행동과 비교해서 각 행동이 얼마나 좋은지 혹은 나쁜지를 추정해야 합니다. 이를 **행동 이익**action advantage이라고 부릅니다. 이렇게 하려면 많은 에피소드를 실행하고 모든 행동의 대가를 (평균을 빼고 표준 편차로 나누어) 정규화해야 합니다. 그러면 행동 이익이 음수인 행동은 나쁘고, 양수인 행동은 좋다고 가정할 수 있습니다. 완벽하네요. 이제 각 행동을 평가할 방법을 만들었으므로 정책 그레이디언트를 사용해 에이전트를 훈련시킬 준비가 되었습니다. 어떻게 하는지 살펴보죠.

18.6 정책 그레이디언트

앞서 언급한 것처럼 정책 그레이디언트(PG) 알고리즘은 높은 보상을 얻는 방향의 그레이디언트를 따르도록 정책의 파라미터를 최적화하는 알고리즘입니다. 인기 있는 PG 알고리즘 중 하나는 1992년에 로날드 윌리엄스Ronald Williams가 소개한 **REINFORCE 알고리즘**입니다.[21] 다음은

---

21 Ronald J. Williams, "Simple Statistical Gradient–Following Algorithms for Connectionist Reinforcement Leaning," Machine Learning 8 (1992) : 229–256. *https://homl.info/132*

일반적으로 많이 사용하는 REINFORCE 알고리즘 방식입니다.

1 먼저 신경망 정책이 여러 번에 걸쳐 게임을 플레이하고 매 스텝마다 선택된 행동이 더 높은 가능성을 가지도록 만드는 그레이디언트를 계산합니다.[22] 하지만 아직 이 그레이디언트를 적용하지는 않습니다.

2 에피소드를 몇 번 실행한 다음. 각 행동의 이익을 계산합니다(앞 절에서 설명한 방식을 사용합니다).

3 한 행동의 이익이 양수이면 이 행동이 좋은 것임을 의미하므로 미래에 선택될 가능성이 높도록 앞서 계산한 그레이디언트를 적용합니다. 그러나 행동 이익이 음수이면 이 행동이 나쁜 것임을 의미하므로 미래에 이 행동이 덜 선택되도록 반대의 그레이디언트를 적용합니다. 이는 각 그레이디언트 벡터와 그에 상응하는 행동의 이익을 곱하면 됩니다.[23]

4 마지막으로 모든 결과 그레이디언트 벡터를 평균 내어 경사 하강법 스텝을 수행합니다.

케라스를 사용하여 이 알고리즘을 구현해보겠습니다. 카트 위의 막대가 균형 잡는 법을 학습하기 위해 앞서 만든 신경망 정책을 훈련해보겠습니다. 먼저 한 스텝을 진행할 함수가 필요합니다. 어떤 행동을 선택하더라도 손실과 그레이디언트를 계산하기 위해 옳은 행동이라고 가정하겠습니다(이 그레이디언트를 잠시 동안 일단 저장했다가 이 행동이 좋은지 나쁜지 판명된 후에 조정하겠습니다).

```
def play_one_step(env, obs, model, loss_fn):
    with tf.GradientTape() as tape:
        left_proba = model(obs[np.newaxis])                          ❶
        action = (tf.random.uniform([1, 1]) > left_proba)            ❷
        y_target = tf.constant([[1.]]) - tf.cast(action, tf.float32) ❸
        loss = tf.reduce_mean(loss_fn(y_target, left_proba))         ❹

    grads = tape.gradient(loss, model.trainable_variables)           ❹
    obs, reward, done, truncated, info = env.step(int(action))       ❺
    return obs, reward, done, truncated, grads
```

함수를 자세히 살펴봅시다.

❶ GradientTape 블록(12장 참고) 안에서 하나의 관측과 함께 모델을 호출합니다. 모델은 배치를 기대하므로 하나의 샘플이 들어 있는 배치가 되도록 관측의 크기를 바꿉니다. 이 모델은 왼쪽으로 이동할 확률을 출력합니다.

---

22 옮긴이_ 정책 그레이디언트는 신경망의 출력이 $\hat{p}$ 일 때 이 출력의 로그값 $\log(\hat{p})$ 이 커지는 방향으로 그레이디언트를 업데이트합니다. 그래서 앞서 정책 그레이디언트가 경사 상승법을 사용한다고 말한 것입니다. 하지만 실제 구현할 때는 목적 함수를 반대로 하여 경사 하강법 옵티마이저를 사용합니다.

23 옮긴이_ 음수인 이익을 그레이디언트에 곱하면 자동으로 그 행동이 덜 선택되는 반대의 그레이디언트가 된다는 의미입니다.

❷ 0에서 1 사이의 랜덤한 실수를 샘플링합니다. 이 값이 `left_proba`보다 큰지 확인합니다. `action`은 `left_proba` 확률로 False가 되고 1-`left_proba` 확률로 True가 될 것입니다. 이 불리언 값을 정수로 변환하면 `action`은 출력된 확률에 맞게 0(왼쪽) 또는 1(오른쪽)이 됩니다.

❸ 왼쪽으로 이동할 타깃 확률을 정의합니다. 이 값은 1-(실수로 변환된) 행동입니다. 행동이 0(왼쪽)이면 왼쪽으로 이동할 타깃 확률은 1이 될 것입니다. 행동이 1(오른쪽)이면 타깃 확률이 0이 될 것입니다.

❹ 주어진 손실 함수를 사용해 손실을 계산하고 테이프를 사용해 모델의 훈련 가능한 변수에 대한 손실의 그레이디언트를 계산합니다. 이 그레이디언트도 나중에 적용하기 전에 이 행동이 좋은지 나쁜지에 따라 조정될 것입니다.

❺ 선택한 행동을 플레이하고 새로운 관측, 보상, 에피소드 종료 여부, 에피소드 중단 여부, 계산한 그레이디언트를 반환합니다.

이제 `play_one_step()` 함수를 사용해 여러 에피소드를 플레이하고, 전체 보상 및 각 에피소드와 스텝의 그레이디언트를 반환하는 또 다른 함수를 만들어보겠습니다.

```
def play_multiple_episodes(env, n_episodes, n_max_steps, model, loss_fn):
    all_rewards = []
    all_grads = []
    for episode in range(n_episodes):
        current_rewards = []
        current_grads = []
        obs, info = env.reset()
        for step in range(n_max_steps):
            obs, reward, done, truncated, grads = play_one_step(
                env, obs, model, loss_fn)
            current_rewards.append(reward)
            current_grads.append(grads)
            if done or truncated:
                break

        all_rewards.append(current_rewards)
        all_grads.append(current_grads)

    return all_rewards, all_grads
```

이 코드는 보상 리스트의 리스트(에피소드마다 보상 리스트 하나. 이 리스트는 스텝마다 보상 하나를 포함합니다)와 그레이디언트 리스트의 리스트(에피소드마다 그레이디언트 리스트 하나. 이 리스트는 스텝마다 그레이디언트 튜플을 하나 포함하고 각 튜플은 훈련 가능한 변수마다 그레이디언트 텐서 하나를 포함합니다)를 반환합니다.

이 알고리즘은 play_multiple_episodes() 함수를 사용하여 여러 번 게임을 플레이합니다 (⬤ 10번). 그다음 처음부터 모든 보상을 살펴서 각 보상을 할인하고 정규화합니다. 이렇게 하기 위해 함수 몇 개가 더 필요합니다. 첫 번째 함수는 각 스텝에서 할인된 미래 보상의 합을 계산합니다. 두 번째 함수는 여러 에피소드에 걸쳐 계산된 할인된 모든 보상(대가)에서 평균을 빼고 표준 편차로 나누어 정규화합니다.

```python
def discount_rewards(rewards, discount_factor):
    discounted = np.array(rewards)
    for step in range(len(rewards) - 2, -1, -1):
        discounted[step] += discounted[step + 1] * discount_factor
    return discounted

def discount_and_normalize_rewards(all_rewards, discount_factor):
    all_discounted_rewards = [discount_rewards(rewards, discount_factor)
                              for rewards in all_rewards]
    flat_rewards = np.concatenate(all_discounted_rewards)
    reward_mean = flat_rewards.mean()
    reward_std = flat_rewards.std()
    return [(discounted_rewards - reward_mean) / reward_std
            for discounted_rewards in all_discounted_rewards]
```

이 함수를 확인해보죠.

```python
>>> discount_rewards([10, 0, -50], discount_factor=0.8)
array([-22, -40, -50])
>>> discount_and_normalize_rewards([[10, 0, -50], [10, 20]],
...                                 discount_factor=0.8)
...
[array([-0.28435071, -0.86597718, -1.18910299]),
 array([1.26665318, 1.0727777 ])]
```

discount_rewards() 함수를 호출하면 정확히 기대한 값이 반환됩니다(그림 18-6). discount_and_normalize_rewards() 함수가 두 에피소드의 각 행동에 대해 정규화된 행동 이익을 반환한 것을 확인할 수 있습니다. 첫 번째 에피소드는 두 번째에 비해 너무 나쁘므로 정규화된 이익이 모두 음수입니다. 첫 번째 에피소드의 행동은 모두 나쁜 것으로 간주됩니다. 반면 두 번째 에피소드의 행동은 모두 좋은 것으로 간주됩니다.

알고리즘을 실행할 준비를 거의 마쳤습니다! 하이퍼파라미터를 정의해보죠. 훈련 반복을 150
번 실행합니다. 각 반복은 에피소드 10개를 진행하고 각 에피소드는 스텝을 최대 200번 플레
이합니다. 할인 계수는 0.95를 적용합니다.

```
n_iterations = 150
n_episodes_per_update = 10
n_max_steps = 200
discount_factor = 0.95
```

옵티마이저와 손실 함수도 필요합니다. 학습률 0.01인 Adam 옵티마이저가 무난합니다. (왼
쪽 또는 오른쪽의 두 가지 행동만 가능한) 이진 분류기를 훈련하므로 이진 크로스 엔트로피 손
실 함수를 사용하겠습니다.

```
optimizer = tf.keras.optimizers.Nadam(learning_rate=0.01)
loss_fn = tf.keras.losses.binary_crossentropy
```

이제 훈련 반복을 만들어 실행할 준비가 되었습니다!

```
for iteration in range(n_iterations):
    all_rewards, all_grads = play_multiple_episodes(          ❶
        env, n_episodes_per_update, n_max_steps, model, loss_fn)
    all_final_rewards = discount_and_normalize_rewards(all_rewards,   ❷
                                                  discount_factor)
    all_mean_grads = []
    for var_index in range(len(model.trainable_variables)):
        mean_grads = tf.reduce_mean(
            [final_reward * all_grads[episode_index][step][var_index]
            for episode_index, final_rewards in enumerate(all_final_rewards)   ❸
                for step, final_reward in enumerate(final_rewards)], axis=0)
        all_mean_grads.append(mean_grads)
    optimizer.apply_gradients(zip(all_mean_grads, model.trainable_variables))  ❹
```

코드를 차례대로 살펴봅시다.

❶ 각 훈련 반복에서 play_multiple_episodes() 함수를 호출합니다. 이 함수는 게임을 10번 플레이하고
각 에피소드와 스텝에 대한 모든 보상과 그레이디언트를 반환합니다.

❷ discount_and_normalize_rewards() 함수를 호출하여 각 행동의 정규화된 이익(final_reward)을 계산합니다. 이 값은 각 행동이 실제로 얼마나 좋은지 나쁜지를 알려줍니다.

❸ 훈련 가능한 변수를 순회하면서 모든 에피소드와 모든 스텝에 대한 각 변수의 그레이디언트를 final_reward로 가중치를 두어 평균합니다.

❹ 평균 그레이디언트를 옵티마이저에 적용합니다. 모델의 훈련 가능한 변수가 변경되고 아마 정책이 조금 더 나아질 것입니다.

마침내 해냈습니다! 이 코드는 신경망 정책을 훈련시켜서 카트의 막대가 균형을 잡을 수 있도록 훌륭하게 학습할 것입니다. 그리고 에피소드마다 거의 200에 가까운 평균 보상을 얻을 것입니다(이 환경의 기본 최댓값입니다). 성공입니다!

방금 훈련한 간단한 정책 그레이디언트 알고리즘이 CartPole 문제를 풀었습니다. 하지만 더 크고 복잡한 문제에는 잘 적용되지 못합니다. 사실 **샘플 효율성**^{sample efficiency}이 매우 좋지 못합니다. 즉, 아주 긴 시간 동안 게임을 플레이해야 정책을 많이 개선할 수 있습니다. 앞에서 보았듯이 각 행동의 이익을 추정하기 위해 많은 에피소드를 실행해야 한다는 사실 때문입니다. 그러나 **액터-크리틱**^{actor-critic} 알고리즘 같은 더 강력한 알고리즘도 있습니다(이 장 끝에서 간단히 소개합니다).

> **TIP** 연구자들은 에이전트가 환경에 대해 아무것도 알지 못하는 초기에도 잘 작동하는 알고리즘을 찾으려고 노력합니다. 그러나 논문을 쓰기 위한 것이 아니라면 훈련 속도를 높이기 위해 에이전트에 가능한 한 사전 지식을 많이 주입하는 것이 좋습니다. 예를 들어 막대가 가능하면 수직으로 서 있는 것이 좋으므로 막대의 각도에 비례해 음의 보상을 추가할 수 있습니다. 이는 보상을 더 많이 만들고 훈련 속도를 높입니다. 또한 이미 검증된 좋은 정책을 가지고 있다면(예) 하드코딩된 정책) 검증된 정책을 따르는 신경망을 훈련하고 나서 정책 그레이디언트를 사용해 모델의 성능을 높이는 것이 좋습니다.

이제 잘 알려진 또 다른 종류의 알고리즘을 살펴봅시다. PG 알고리즘은 보상을 증가시키기 위해 정책을 직접적으로 최적화하지만 이번에 살펴볼 알고리즘은 덜 직접적입니다. 즉, 에이전트가 각 상태에 대한 할인된 미래의 대가를 추정하도록 학습됩니다. 또는 각 상태에 있는 각 행동에 대한 할인된 미래의 대가를 추정하도록 학습됩니다. 그리고 이 지식을 사용하여 어떻게 행동할지 결정합니다. 이 알고리즘을 이해하기 위해 먼저 **마르코프 결정 과정**^{Markov decision process}(MDP)을 알아봅시다.

18.7 마르코프 결정 과정

20세기 초 수학자 안드레이 마르코프^{Andrey Markov}가 메모리가 없는 확률 과정^{stochastic process}인 **마르코프 연쇄**^{Markov chain}에 관해 연구했습니다. 이 과정은 정해진 개수의 상태를 가지고 있으며, 각 스텝마다 한 상태에서 다른 상태로 랜덤하게 전이됩니다. 상태 s에서 상태 s'로 전이하기 위한 확률은 고정되어 있으며, 시스템에 메모리가 없으므로 과거 상태에 상관없이 (s, s') 쌍에만 의존합니다.[24]

[그림 18-7]은 4개의 상태가 있는 마르코프 연쇄의 예를 보여줍니다.

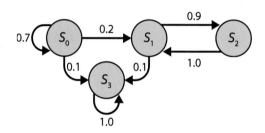

그림 18-7 마르코프 연쇄의 예

이 과정이 상태 s_0에서 시작한다고 가정합시다. 다음 스텝에서 이 상태에 남을 확률은 70%입니다. s_0 방향을 가리키는 상태가 없기 때문에 이 상태를 떠나면 다시 돌아오지 못할 것입니다. 만약 상태 s_1로 갔다면 아마도 상태 s_2로 갈 가능성이 높습니다(90%). 그다음 바로 s_1로 돌아올 것입니다(100%). 이 두 상태를 여러 번 오갈 수 있지만 결국 상태 s_3에 도달할 것이고 나오는 길이 없으므로 영원히 그 상태에 남게 됩니다. 이 상태를 **종료 상태**^{terminal state}라고 합니다. 마르코프 연쇄는 다양한 역학 관계를 모델링할 수 있어서 열역학, 화학, 통계 등 많은 분야에서 사용됩니다.

마르코프 결정 과정은 1950년대 리처드 벨만^{Richard Bellman}이 처음으로 논문에 기술했습니다.[25] 마르코프 연쇄와 비슷하지만 약간 다른 점이 있습니다. 각 스텝에서 에이전트는 여러 가능한 행동 중 하나를 선택할 수 있고, 전이 확률은 선택된 행동에 따라 달라집니다. 또한 어떤 상태

---

24 옮긴이_ 이러한 성질을 마르코프 성질(Markov property)이라고도 합니다.

25 Richard Bellman, "A Markovian Decision Process," *Journal of Mathematics and Mechanics* 6, no. 5 (1957): 679–684. *https://homl.info/133*

전이는 보상(음수 또는 양수)을 반환합니다.[26] 그리고 에이전트의 목적은 시간이 지남에 따라 보상을 최대화하기 위한 정책을 찾는 것입니다.

예를 들어 [그림 18-8]에 표현된 MDP는 (원으로 표현된) 세 개의 상태와 (마름모로 표현된) 각 스텝마다 선택 가능한 독립적인 행동을 최대 세 개까지 가지고 있습니다.

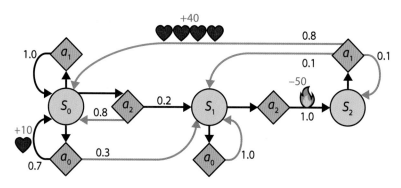

그림 18-8 마르코프 결정 과정의 예

상태 s_0에서 시작하면 에이전트는 행동 a_0, a_1, a_2 중 하나를 선택할 수 있습니다. 행동 a_1을 선택하면 그대로 상태 s_0에 남아 있게 되고 아무런 보상도 받지 못합니다. 필요하다면 영원히 그곳에 머무를 수도 있습니다. 하지만 행동 a_0을 선택하면 70%의 확률로 +10의 보상을 받을 수 있고 상태 s_0으로 돌아옵니다. 가능한 한 보상을 많이 받도록 계속 반복해서 시도할 수 있습니다. 하지만 언젠가 상태 s_1로 가게 될 것입니다. 상태 s_1에서는 가능한 행동이 a_0과 a_2 두 개뿐입니다. a_0을 선택해서 계속 같은 상태에 머무르거나 s_2로 이동하는 것을 선택하여 −50의 보상을 받을 수 있습니다. 상태 s_2에서는 a_1 외에는 다른 선택 사항이 없습니다. a_1은 상태 s_0으로 돌아갈 가능성이 높으며 이때 +40의 보상을 받습니다. 지금까지 전체 그림을 살펴봤습니다. 이 MDP를 보고 시간이 지남에 따라 가장 많은 보상을 받는 전략을 세울 수 있나요? 상태 s_0에서는 행동 a_0이 최선의 선택임이 확실합니다. s_2에서는 a_1 외에는 에이전트에 선택 사항이 없습니다. 하지만 상태 s_1에서는 에이전트가 그냥 머물러야 할지(a_0), 아니면 불 속으로 가야 할지 (a_2) 확실하지 않습니다.

---

26 옮긴이_ 마르코프 결정 과정의 모든 상태에 행동이 하나씩 있고 모든 보상이 동일하다면 마르코프 연쇄로 표현할 수 있습니다.

벨만은 어떤 상태 s의 **최적의 상태 가치**^{optimal state value} $V^*(s)$[27]를 추정하는 방법을 찾았습니다. 이 값은 에이전트가 상태 s에 도달한 후 최적으로 행동한다고 가정하고 평균적으로 기대할 수 있는 할인된 미래 보상의 합입니다. 벨만은 에이전트가 최적으로 행동하면 **벨만 최적 방정식**^{Bellman optimality equation}이 적용된다는 것을 입증했습니다(식 18-1). 이 재귀 식은 에이전트가 최적으로 행동하면 현재 상태의 최적 가치는 하나의 최적 행동으로 인해 평균적으로 받게 될 보상과 이 행동이 유발할 수 있는 가능한 모든 다음 상태의 최적 가치의 기대치를 합한 것과 같다는 것을 의미합니다.

식 18-1 벨만 최적 방정식

$$V^*(s) = \max_a \sum_{s'} T(s, a, s') \left[R(s, a, s') + \gamma \cdot V^*(s') \right] \quad \text{모든 } s \text{에 대해}$$

- $T(s, a, s')$는 에이전트가 행동 a를 선택했을 때 상태 s에서 상태 s'로 전이될 확률입니다. 예를 들면 [그림 18-8]에서 $T(s_2, a_1, s_0) = 0.8$입니다.
- $R(s, a, s')$는 에이전트가 행동 a를 선택해서 상태 s에서 상태 s'로 이동했을 때 에이전트가 받을 수 있는 보상입니다. 예를 들어 [그림 18-8]에서 $R(s_2, a_1, s_0) = +40$입니다.
- γ는 할인 계수입니다.

이 식은 알고리즘이 가능한 모든 상태에 대한 최적의 상태 가치를 정확히 추정할 수 있도록 도와줍니다. 먼저 모든 상태 가치를 0으로 초기화합니다. 그런 다음 **가치 반복**^{value iteration} 알고리즘(식 18-2)을 사용하여 반복적으로 업데이트합니다. 놀랍게도 충분한 시간이 주어지면 이 추정값이 최적의 정책에 대응되는 최적의 상태 가치에 수렴하는 것이 보장됩니다.

식 18-2 가치 반복 알고리즘

$$V_{k+1}(s) \leftarrow \max_a \sum_{s'} T(s, a, s') \left[R(s, a, s') + \gamma \cdot V_k(s') \right] \quad \text{모든 } s \text{에 대해}$$

이 식에서 $V_k(s)$는 알고리즘의 k번째 반복에서 상태 s의 추정 가치입니다.

> **NOTE** 이 알고리즘은 **동적 계획법**^{dynamic programming}의 한 예로 복잡한 문제를 다루기 쉬운 하위 문제로 나누어 반복적으로 해결합니다.

---

27 옮긴이_ 또는 최적의 가치 함수(value function)라고도 부릅니다. 강화 학습에서는 가치(value)라는 표현이 널리 사용되므로 이 장에서도 '값' 대신 '가치'로 번역했습니다.

최적의 상태 가치를 아는 것은 특히 정책을 평가할 때 유용합니다. 하지만 에이전트를 위한 최적의 정책을 알려주지는 않습니다. 다행히 벨만은 **Q-가치**^{Q-value}라고 부르는 최적의 **상태-행동 가치**^{state-action value}를 추정할 수 있는 매우 비슷한 알고리즘을 발견했습니다. 상태-행동 (s, a) 쌍에 대한 최적의 Q-가치인 $Q^*(s, a)$[28]는 에이전트가 상태 s에 도달해서 행동 a를 선택한 후 이 행동의 결과를 얻기 전에 평균적으로 기대할 수 있는 할인된 미래 보상의 합입니다. 여기서는 에이전트가 이 행동 이후에 최적으로 행동할 것이라고 가정합니다.

다음은 이 알고리즘이 작동하는 방식입니다. 여기서도 먼저 Q-가치의 추정을 모두 0으로 초기화합니다. 그다음 **Q-가치 반복**^{Q-value iteration} 알고리즘(식 18-3)을 사용해 업데이트합니다.

식 18-3 Q-가치 반복 알고리즘

$$Q_{k+1}(s, a) \leftarrow \sum_{s'} T(s, a, s') \left[R(s, a, s') + \gamma \cdot \max_{a'} Q_k(s', a') \right] \quad \text{모든 } (s, a)\text{에 대해}$$

최적의 Q-가치를 구하고 나면 최적의 정책인 $\pi^*(s)$를 정의하는 것은 간단합니다. 에이전트가 상태 s에 도달했을 때 가장 높은 Q-가치를 가진 행동을 선택하면 됩니다.

$$\pi^*(s) = \underset{a}{\mathrm{argmax}} Q^*(s, a)$$

이 알고리즘을 [그림 18-8]에 표현된 MDP에 적용해보겠습니다. 먼저 MDP를 정의해야 합니다.

```
transition_probabilities = [ # 크기는 [s, a, s']
    [[0.7, 0.3, 0.0], [1.0, 0.0, 0.0], [0.8, 0.2, 0.0]],
    [[0.0, 1.0, 0.0], None, [0.0, 0.0, 1.0]],
    [None, [0.8, 0.1, 0.1], None]
]
rewards = [ # 크기는 [s, a, s']
    [[+10, 0, 0], [0, 0, 0], [0, 0, 0]],
    [[0, 0, 0], [0, 0, 0], [0, 0, -50]],
    [[0, 0, 0], [+40, 0, 0], [0, 0, 0]]
]
possible_actions = [[0, 1, 2], [0, 2], [1]]
```

---

28 옮긴이_ 이를 최적의 행동 가치 함수 혹은 Q-함수라고 부릅니다.

예를 들어 행동 a_1을 플레이한 후 s_2에서 s_0으로 전이할 확률을 알기 위해서는 transition_probabilities[2][1][0]을 참조합니다(0.8입니다). 비슷하게 이에 해당하는 보상을 얻으려면 rewards[2][1][0]을 참조합니다(+40입니다). s_2에서 가능한 행동의 리스트를 얻으려면 possible_actions[2]를 참조합니다(이 경우 행동 a_1만 가능합니다). 그다음 모든 Q-가치를 0으로 초기화해야 합니다(불가능한 행동은 제외합니다. 이 행동의 Q-가치는 $-\infty$로 설정합니다).

```python
Q_values = np.full((3, 3), -np.inf)    # 불가능한 행동에 대해서는 -np.inf
for state, actions in enumerate(possible_actions):
    Q_values[state, actions] = 0.0    # 모든 가능한 행동에 대해서
```

이제 Q-가치 반복 알고리즘을 실행해보죠. 이 코드는 모든 상태와 모든 가능한 행동에 대해 모든 Q-가치에 [식 18-3]을 반복적으로 적용합니다.

```python
gamma = 0.90    # 할인 계수

for iteration in range(50):
    Q_prev = Q_values.copy()
    for s in range(3):
        for a in possible_actions[s]:
            Q_values[s, a] = np.sum([
                    transition_probabilities[s][a][sp]
                    * (rewards[s][a][sp] + gamma * Q_prev[sp].max())
                for sp in range(3)])
```

이게 전부입니다! 결과 Q-가치는 다음과 같습니다.

```python
>>> Q_values
array([[18.91891892, 17.02702702, 13.62162162],
       [ 0.        ,        -inf, -4.87971488],
       [      -inf, 50.13365013,        -inf]])
```

예를 들어 에이전트가 상태 s_0에 있고 행동 a_1을 선택했을 때 할인된 미래 보상의 기대 합은 약 17.0입니다.

각 상태에 대해 가장 높은 Q-가치를 갖는 행동을 확인해봅시다.

```
>>> np.argmax(Q_values, axis=1)    # 각 상태에 대해 최적의 행동
array([0, 0, 1])
```

이것이 할인 계수 0.90를 사용했을 때 이 MDP를 위한 최적의 정책입니다. 상태 s_0에서는 행동 a_0을 선택하고, 상태 s_1에서는 행동 a_0(그 자리에 있기)을 선택하고, 상태 s_2에서는 행동 a_1(유일한 행동)을 선택합니다. 재미있는 점은 할인 계수를 0.95로 높이면 최적의 정책이 바뀐다는 것입니다. 즉, 상태 s_1에서 최선의 행동은 a_2가 됩니다(불을 통과합니다!). 이는 미래 보상에 더 가치를 둘수록 미래의 행복을 위해 당장의 고통을 견디려 하기 때문입니다.

18.8 시간차 학습

독립적인 행동으로 이루어진 강화 학습 문제는 보통 마르코프 결정 과정으로 모델링될 수 있지만 초기에 에이전트는 전이 확률에 대해 알지 못하며($T(s, a, s')$를 모릅니다), 보상이 얼마나 되는지도 알지 못합니다($R(s, a, s')$를 모릅니다). 보상에 대해 알기 위해서는 적어도 한 번은 각 상태와 전이를 경험해야 합니다. 그리고 전이 확률에 대해 신뢰할 만한 추정을 얻으려면 여러 번 경험을 해야 합니다.[29]

시간차 학습temporal difference learning(TD 학습)은 Q-가치 반복 알고리즘과 매우 비슷하지만 에이전트가 MDP에 대해 일부 정보만 알고 있을 때를 다룰 수 있도록 변형한 것입니다. 일반적으로 에이전트가 초기에 가능한 상태와 행동만 알고 다른 것은 모른다고 가정합니다. 에이전트는 **탐험 정책**exploration policy(**CAU** 완전히 랜덤한 정책)을 사용해 MDP를 탐험합니다. 탐험이 진행될수록 TD 학습 알고리즘이 실제로 관측된 전이와 보상에 근거하여 상태 가치의 추정값을 업데이트합니다(식 18-4).

식 18-4 TD 학습 알고리즘

$$V_{k+1}(s) \leftarrow (1-\alpha)V_k(s) + \alpha(r + \gamma \cdot V_k(s'))$$

---

29 옮긴이_ 가치 반복 알고리즘과 같이 MDP의 전이 확률과 보상에 대한 모델을 알고 있는 경우를 모델 기반 강화 학습(model-based RL)이라고 하며 그 반대의 경우를 모델 프리 강화 학습(model-free RL)이라고 합니다. 시간차 학습과 Q-러닝은 대표적인 모델 프리 강화 학습 알고리즘입니다.

또는 다음과 같이 쓸 수 있습니다.

$$V_{k+1}(s) \leftarrow V_k(s) + \alpha \cdot \delta_k(s,r,s') \qquad \text{여기에서} \qquad \delta_k(s,r,s') = r + \gamma \cdot V_k(s') - V_k(s)$$

- α는 학습률입니다(예 0.01).
- $r + \gamma \cdot V_k(s')$는 **TD 타깃**입니다.
- $\delta_k(s, r, s')$는 **TD 오차**입니다.

이 식의 첫 번째 형태를 더 간단히 쓰는 방법은 $a \underset{\alpha}{\leftarrow} b$ 표기법을 사용하는 것입니다. 이 표기는 $a_{k+1} \leftarrow (1-\alpha) \cdot a_k + \alpha \cdot b_k$를 뜻합니다. 따라서 [식 18-4]의 첫 번째 줄을 다음과 같이 다시 쓸 수 있습니다.

$$V(s) \underset{\alpha}{\leftarrow} r + \gamma \cdot V(s')$$

TIP TD 학습은 확률적 경사 하강법(SGD)과 비슷한 점이 많습니다. 특히 한 번에 하나의 샘플을 다루는 점이 그렇습니다. SGD와 같이 학습률을 점진적으로 줄여가야 올바르게 수렴할 수 있으며, 그렇지 않으면 최적의 Q-가치 주변을 오갈 것입니다.

각 상태 s에서 이 알고리즘은 에이전트가 해당 상태를 떠났을 때 얻을 수 있는 당장의 보상과 (최적으로 행동한다고 가정하여) 나중에 기대할 수 있는 보상을 더한 이동 평균[30]을 저장합니다.

18.9 Q-러닝

비슷하게 Q-러닝^{Q-learning} 알고리즘은 전이 확률과 보상을 초기에 알지 못한 상황에서 Q-가치 반복 알고리즘을 적용한 것입니다(식 18-5). Q-러닝은 에이전트가 플레이하는 것(예 랜덤 플레이)을 보고 점진적으로 Q-가치 추정을 향상하는 방식으로 작동합니다. 정확한 (또는 충분히 근접한) Q-가치 추정을 얻게 되면 최적의 정책은 가장 높은 Q-가치를 가지는 행동을 선택합니다(즉, 탐욕적 정책^{greedy policy}입니다).

---

30 옮긴이_ 〈11.1.3 배치 정규화〉에서 소개한 것과 같은 지수 이동 평균이지만 계수가 반대입니다. 배치 정규화에서 소개한 momentum은 1에 가까운 값이고 여기서 학습률 α는 0에 가깝습니다.

식 18-5 Q-러닝 알고리즘

$$Q(s,a) \underset{\alpha}{\leftarrow} r + \gamma \cdot \max_{a'} Q(s',a')$$

각 상태–행동 (s, a) 쌍마다 이 알고리즘이 행동 a를 선택해 상태 s를 떠났을 때 에이전트가 받을 수 있는 보상 r과 기대할 수 있는 할인된 미래 보상의 합을 더한 이동 평균을 저장합니다. 미래 보상의 합을 추정하기 위해서는 타깃 정책이 이후로 최적으로 행동한다고 가정하고 다음 상태 s'에 대한 Q-가치 추정의 최댓값을 선택합니다.

Q-러닝 알고리즘을 구현해보죠. 먼저 에이전트가 환경을 탐색하게 만들어야 합니다. 이를 위해 에이전트가 한 행동을 실행하고 결과 상태와 보상을 받을 수 있는 스텝 함수를 만듭니다.

```python
def step(state, action):
    probas = transition_probabilities[state][action]
    next_state = np.random.choice([0, 1, 2], p=probas)
    reward = rewards[state][action][next_state]
    return next_state, reward
```

이제 에이전트의 탐색 정책을 구현해보죠. 이 상태 공간은 매우 작기 때문에 단순한 랜덤 정책으로 충분합니다. 알고리즘을 충분히 오랫동안 실행하면 에이전트가 각 상태를 여러 번 방문하고 가능한 모든 행동을 여러 번 실행할 수 있을 것입니다.

```python
def exploration_policy(state):
    return np.random.choice(possible_actions[state])
```

그다음 앞에서와 같이 Q-가치를 초기화한 후 학습률 감쇠(11장에서 소개한 거듭제곱 기반 스케줄링 power scheduling)를 사용해 Q-러닝 알고리즘을 실행합니다.

```python
alpha0 = 0.05    # 초기 학습률
decay = 0.005    # 학습률 감쇠
gamma = 0.90     # 할인 계수
state = 0        # 초기 상태

for iteration in range(10_000):
    action = exploration_policy(state)
    next_state, reward = step(state, action)
```

```
next_value = Q_values[next_state].max() # 다음 스텝에서 탐욕적 정책
alpha = alpha0 / (1 + iteration * decay)
Q_values[state, action] *= 1 - alpha
Q_values[state, action] += alpha * (reward + gamma * next_value)
state = next_state
```

이 알고리즘은 최적의 Q-가치에 수렴하겠지만 많은 반복과 하이퍼파라미터 튜닝이 필요합니다. [그림 18-9]에서 볼 수 있듯이 Q-가치 반복 알고리즘(왼쪽)은 매우 빠르게 20번 반복 이전에 수렴하지만 Q-러닝 알고리즘(오른쪽)은 대략 8,000번을 반복해야 수렴합니다. 전이 확률이나 보상을 알지 못하면 최적의 정책을 찾기가 확실히 더 어렵습니다!

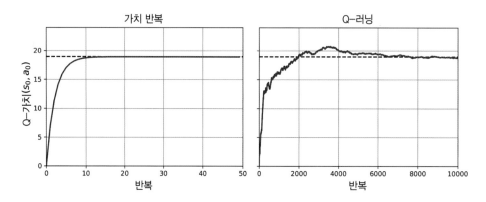

그림 18-9 Q-가치 반복 알고리즘(왼쪽)과 Q-러닝 알고리즘(오른쪽)

훈련된 정책을 훈련 중에 반드시 사용하는 것은 아니기 때문에 Q-러닝 알고리즘을 **오프-폴리시**[off-policy] 알고리즘이라고 합니다. 예를 들어 앞선 코드에서 실행된 정책(탐험 정책)은 완전히 랜덤한 정책이며 훈련된 정책은 전혀 사용되지 않습니다. 최적의 정책은 항상 가장 높은 Q-가치를 가진 행동을 선택하는 것입니다. 반대로 정책 그레이디언트 알고리즘은 **온-폴리시**[on-policy] 알고리즘입니다. 훈련된 정책을 사용해 환경을 탐험합니다. Q-러닝이 에이전트가 랜덤하게 행동하는 것을 바라보는 것만으로도 최적의 정책을 학습하는 능력이 있다는 것은 조금 놀랍습니다. 눈 가리개를 한 원숭이에게 골프를 배운다고 생각해보세요. 더 나은 방법이 있을까요?

18.9.1 탐험 정책

물론 Q-러닝은 탐험 정책이 MDP를 충분히 탐험해야 작동합니다. 완전한 랜덤 정책이 결국에는 모든 상태와 전이를 여러 번 경험하도록 보장하지만 이렇게 하려면 극단적으로 오랜 시간이 걸릴 수 있습니다. 더 나은 방법은 **ε-그리디 정책**$^{\varepsilon-greedy\ policy}$($\varepsilon$은 입실론입니다)을 사용하는 것입니다. 각 스텝에서 ε 확률로 랜덤하게 행동하거나 $1-\varepsilon$ 확률로 그 순간 가장 최선인 것으로(가장 높은 Q-가치를 선택하여) 행동합니다. ε-그리디 정책의 장점은 (완전한 랜덤 정책에 비해) Q-가치 추정이 점점 더 향상되기 때문에 환경에서 관심 있는 부분을 살피는 데 점점 더 많은 시간을 사용한다는 점입니다. 그럼에도 여전히 MDP의 알려지지 않은 지역을 방문하는 데 일정 시간을 사용할 것입니다. ε의 값은 높게(**예** 1.0) 시작해서 점점 감소되는 것(**예** 0.05)이 일반적입니다.

이 외에도 탐험의 가능성에 의존하는 대신 이전에 많이 하지 않았던 행동을 시도하도록 탐험 정책을 강조하는 방법이 있습니다. 이런 방식은 [식 18-6]처럼 Q-가치 추정에 보너스를 추가하는 방식으로 구현됩니다.

> **식 18-6** 탐험 함수를 사용한 Q-러닝
>
> $$Q(s,a) \underset{\alpha}{\leftarrow} r + \gamma \cdot \max_{a'} f\big(Q(s',a'), N(s',a')\big)$$

- $N(s', a')$는 상태 s'에서 행동 a'를 선택한 횟수를 카운트합니다.
- $f(Q, N)$은 $f(Q, N) = Q + \kappa/(1+N)$와 같은 **탐험 함수**$^{exploration\ function}$입니다. 여기에서 κ는 에이전트가 알려지지 않은 곳에 대해 얼마나 흥미를 느끼는지를 나타내는 하이퍼파라미터입니다.

18.9.2 근사 Q-러닝과 심층 Q-러닝

Q-러닝의 주요 문제는 많은 상태와 행동을 가진 대규모(또는 중간 규모)의 MDP에 적용하기 어렵다는 것입니다. Q-러닝을 사용해 미스 팩맨(그림 18-1)을 플레이하는 에이전트를 훈련한다고 생각해봅시다. 미스 팩맨이 먹을 수 있는 먹이 150개가 나타날 수도 있고 (이미 먹었다면) 없을 수도 있습니다. 그러므로 가능한 상태의 개수는 $2^{150} \approx 10^{45}$보다 큽니다. 미스 팩맨과 유령이 있을 수 있는 모든 위치를 더하면 가능한 상태의 수는 지구에 있는 원자 수보다도 큽니다. 그러므로 모든 Q-가치에 대한 추정값을 기록할 수 있는 방법은 없습니다.

해결책은 어떤 상태-행동 (s, a) 쌍의 Q-가치를 근사하는 함수 $Q_\theta(s, a)$를 (파라미터 벡터

θ로 주어진) 적절한 개수의 파라미터를 사용하여 찾는 것입니다. 이를 **근사 Q-러닝**^{approximate} Q-learning이라고 합니다. 오랫동안 상태에서 직접 뽑아낸 특성들을 선형 조합하는 방식이 권장 되었습니다 (예 가장 가까운 유령까지의 거리, 유령의 방향 등). 하지만 2013년 딥마인드는 심 층 신경망을 사용해 특히 복잡한 문제에서 훨씬 더 나은 결과를 냈습니다. 여기에는 어떤 특 성 공학도 필요하지 않았습니다. Q-가치를 추정하기 위해 사용하는 DNN을 **심층 Q-네트워 크**^{deep Q-network}(DQN)라 하고, 근사 Q-러닝을 위해 DQN을 사용하는 것을 **심층 Q-러닝**^{deep} Q-learning이라 합니다.

그럼 DQN을 어떻게 훈련할 수 있을까요? 주어진 상태-행동 쌍 (s, a)에 대해 DQN이 계산 한 근사 Q-가치를 생각해보겠습니다. 벨만 식 덕분에 이 근사 Q-가치는 상태 s에서 행동 a를 실행했을 때 관측된 보상 r과 그 이후에 최적으로 행동해서 얻은 할인된 가치를 더한 값에 가능 한 한 가까워야 합니다. 이 미래의 할인된 가치를 추정하기 위해서는 간단하게 다음 상태 s'와 모든 가능한 행동 a'에 대해 DQN을 실행하면 됩니다. 그럼 모든 가능한 행동에 대한 미래의 근사 Q-가치를 얻을 수 있습니다. 그다음 (최적으로 행동할 것이라고 가정하기 때문에) 근사 Q-가치가 가장 높은 것을 고르고 할인을 적용하면 할인된 미래 보상의 추정을 얻을 수 있습니 다. 보상 r과 미래의 할인된 가치 추정을 더하면 [식 18-7]과 같이 상태-행동 쌍 (s, a)에 대 한 타깃 Q-가치 $y(s, a)$를 얻게 됩니다.

식 18-7 타깃 Q-가치

$$Q_{\text{target}}(s, a) = r + \gamma \cdot \max_{a'} Q_{\theta}(s', a')$$

이 타깃 Q-가치로 경사 하강법을 사용해 훈련 단계를 수행할 수 있습니다. 구체적으로 말하면 추정된 Q-가치 $Q(s, a)$와 타깃 Q-가치 $y(s, a)$ 사이의 제곱 오차를 최소화합니다. 또는 알 고리즘이 큰 오차에 민감하지 않도록 후버 손실을 사용합니다. 이것이 심층 Q-러닝 알고리즘 입니다! CartPole 환경 문제를 해결하기 위해 어떻게 이를 구현하는지 알아보겠습니다.

18.10 심층 Q-러닝 구현

첫 번째로 필요한 것은 심층 Q-네트워크입니다. 이론적으로는 상태-행동 쌍을 입력으로 받고 근사 Q-가치를 출력하는 신경망이 필요합니다. 하지만 실전에서는 상태만 입력으로 받고 가능한 모든 행동에 대한 근사 Q-가치를 각각 출력하는 것이 훨씬 효율적입니다. CartPole 환경을 풀기 위해 아주 복잡한 신경망이 필요하지는 않습니다. 은닉 층 몇 개로 해결할 수 있습니다.

```
input_shape = [4] # == env.observation_space.shape
n_outputs = 2    # == env.action_space.n

model = tf.keras.Sequential([
    tf.keras.layers.Dense(32, activation="elu", input_shape=input_shape),
    tf.keras.layers.Dense(32, activation="elu"),
    tf.keras.layers.Dense(n_outputs)
])
```

이 DQN으로 행동을 선택하려면 예측 Q-가치가 가장 큰 행동을 선택합니다. 에이전트가 환경을 탐험하도록 만들기 위해 ε-그리디 정책을 사용합니다(즉, 확률 ε만큼 랜덤한 행동을 선택합니다).

```
def epsilon_greedy_policy(state, epsilon=0):
    if np.random.rand() < epsilon:
        return np.random.randint(n_outputs) # 랜덤 행동
    else:
        Q_values = model.predict(state[np.newaxis], verbose=0)[0]
        return Q_values.argmax()              # DQN에 따른 최적의 행동
```

최근의 경험에만 의지하여 DQN을 훈련하는 대신 **재생 버퍼**replay buffer(또는 **재생 메모리**replay memory)에 모든 경험을 저장하고 훈련 반복마다 여기에서 랜덤한 훈련 배치를 샘플링할 수 있습니다. 이렇게 하면 경험과 훈련 배치 사이의 상관관계가 줄어들어 훈련에 큰 도움이 됩니다. 이를 위해 덱double-ended queue, deque을 사용하겠습니다.

```
from collections import deque

replay_buffer = deque(maxlen=2000)
```

덱은 양쪽 끝에서 원소를 효율적으로 추가하거나 제거할 수 있는 큐입니다. 큐의 끝에서 항목을 삽입하고 삭제하는 작업은 매우 빠르지만 큐가 길어지면 랜덤 액세스가 느려질 수 있습니다. 매우 큰 재생 버퍼가 필요하다면 순환 버퍼^{circular buffer}(구현은 노트북 참고)나 딥마인드의 Reverb 라이브러리(*https://homl.info/reverb*)를 사용하세요.

각 경험은 원소 6개로 구성됩니다. 상태 s, 에이전트가 선택한 행동 a, 결과 보상 r, 도달한 다음 상태 s', 에피소드가 이때 종료되었는지 여부를 나타내는 불리언 값(done), 마지막으로 에피소드가 중단되었는지 여부를 나타내는 불리언 값(truncated) 이렇게 6개입니다. 재생 버퍼에서 경험을 랜덤하게 샘플링하기 위해 작은 함수를 만들겠습니다. 이 함수는 경험 원소 6개에 상응하는 넘파이 배열 6개를 반환합니다.

```python
def sample_experiences(batch_size):
    indices = np.random.randint(len(replay_buffer), size=batch_size)
    batch = [replay_buffer[index] for index in indices]
    return [
        np.array([experience[field_index] for experience in batch])
        for field_index in range(6)
    ] # [states, actions, rewards, next_states, dones, truncateds]
```

ε–그리디 정책을 사용해 하나의 스텝을 플레이하고 반환된 경험을 재생 버퍼에 저장하는 함수를 만들어보죠.

```python
def play_one_step(env, state, epsilon):
    action = epsilon_greedy_policy(state, epsilon)
    next_state, reward, done, truncated, info = env.step(action)
    replay_buffer.append((state, action, reward, next_state, done, truncated))
    return next_state, reward, done, truncated, info
```

마지막으로 재생 버퍼에서 경험 배치를 샘플링하고 이 배치에서 경사 하강법 한 스텝을 수행하여 DQN을 훈련하는 함수를 만들겠습니다.

```python
batch_size = 32
discount_factor = 0.95
optimizer = tf.keras.optimizers.Nadam(learning_rate=1e-2)
loss_fn = tf.keras.losses.mean_squared_error
```

❶

```
def training_step(batch_size):
    experiences = sample_experiences(batch_size)
    states, actions, rewards, next_states, dones, truncateds = experiences
    next_Q_values = model.predict(next_states, verbose=0)
    max_next_Q_values = next_Q_values.max(axis=1)
    runs = 1.0 - (dones | truncateds) # 에피소드가 중지되거나 종료되지 않음
    target_Q_values = rewards + runs * discount_factor * max_next_Q_values
    target_Q_values = target_Q_values.reshape(-1, 1)
    mask = tf.one_hot(actions, n_outputs)
    with tf.GradientTape() as tape:
        all_Q_values = model(states)
        Q_values = tf.reduce_sum(all_Q_values * mask, axis=1, keepdims=True)
        loss = tf.reduce_mean(loss_fn(target_Q_values, Q_values))

    grads = tape.gradient(loss, model.trainable_variables)
    optimizer.apply_gradients(zip(grads, model.trainable_variables))
```

❷

❸

❹

❺

이 코드를 하나씩 살펴봅시다.

❶ 하이퍼파라미터 몇 개를 정의하고 옵티마이저와 손실 함수를 만듭니다.

❷ training_step() 함수를 만듭니다. 이 함수는 경험 배치를 샘플링한 다음 DQN을 사용하여 각 경험의 다음 상태에서 가능한 모든 행동에 대한 Q-가치를 예측합니다. 에이전트가 최적으로 플레이한다고 가정하므로 다음 상태에 대한 최대 Q-가치만 저장합니다. 그다음 [식 18-7]을 사용해 각 경험의 상태-행동 쌍에 대한 타깃 Q-가치를 계산합니다.

❸ DQN이 경험한 각 상태-행동 쌍의 Q-가치를 계산하길 원합니다. 하지만 이 DQN은 에이전트가 실제로 선택한 행동뿐만 아니라 다른 가능한 행동에 대한 Q-가치도 출력할 것입니다. 따라서 필요하지 않은 모든 Q-가치를 마스크 처리해야 합니다. tf.one_hot() 함수는 행동 인덱스의 배열을 마스크로 변환해줍니다. 예를 들어 처음 3개의 경험이 행동 1, 1, 0을 각각 담고 있다면 마스크는 [[0, 1], [0, 1], [1, 0],...]과 같을 것입니다. 이 마스크를 DQN의 출력과 곱하여 원하지 않은 Q-가치를 0으로 만들 수 있습니다. 그다음 0을 없애기 위해 열(axis=1) 방향으로 덧셈하여 경험된 상태-행동 쌍의 Q-가치만 남깁니다. 결국 배치에 있는 각 경험에 대해 예측된 Q-가치 하나를 담은 텐서인 Q_values를 얻습니다.

❹ 손실을 계산합니다. 손실은 경험된 상태-행동 쌍에 대한 타깃과 예측된 Q-가치 사이의 평균 제곱 오차입니다.

❺ 모델의 훈련 가능한 변수에 관한 손실을 최소화하기 위해 경사 하강법을 수행합니다.

이 부분이 가장 어렵습니다. 모델 훈련은 간단합니다.

```
for episode in range(600):
    obs, info = env.reset()
```

```
for step in range(200):
    epsilon = max(1 - episode / 500, 0.01)
    obs, reward, done, truncated, info = play_one_step(env, obs, epsilon)
    if done or truncated:
        break

if episode > 50:
    training_step(batch_size)
```

최대 스텝 200번으로 이루어진 에피소드 600개를 실행합니다. 각 스텝에서 먼저 ε-그리디 정책에 대한 epsilon 값을 계산합니다. 이 값은 500 에피소드 직전까지 1에서 0.01로 선형적으로 줄어듭니다. 그다음 play_one_step() 함수를 호출합니다. 이 함수는 ε-그리디 정책을 사용해 행동을 선택하여 실행하고 그 경험을 재생 버퍼에 기록합니다. 에피소드가 종료되거나 중단되면 반복을 끝냅니다. 마지막으로 50 에피소드 이후에는 training_step() 함수를 호출해 재생 버퍼에서 샘플링한 배치로 모델을 훈련합니다. 훈련 없이 에피소드를 50번 플레이하는 이유는 재생 버퍼가 채워질 시간을 주기 위해서입니다(충분한 시간을 주지 않으면 재생 버퍼에 다양성이 부족해집니다). 이로써 심층 Q-러닝 알고리즘을 구현했습니다!

[그림 18-10]은 각 에피소드에서 에이전트가 얻은 총 보상을 보여줍니다.

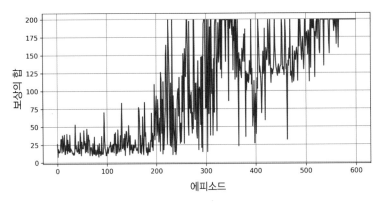

그림 18-10 심층 Q-러닝 알고리즘의 학습 곡선

여기서 볼 수 있듯이 이 알고리즘은 학습을 시작하기까지 시간이 걸렸습니다. 한 가지 원인은 처음에 ε이 매우 높았기 때문입니다. 그다음 진행 상황은 불규칙합니다. 에피소드 220에서 처음으로 최대 보상에 도달했지만 곧바로 떨어졌습니다. 또 몇 번 오르내리다가 마침내 최대 보

상 근처에서 안정된 것처럼 보였으나 에피소드 320에서 다시 점수가 급격히 떨어졌습니다. 이를 **최악의 망각**catastrophic forgetting이라고 부릅니다. 이는 모든 RL 알고리즘이 직면하는 큰 문제입니다. 에이전트가 환경을 탐색하면 정책을 업데이트합니다. 하지만 환경의 한 부분에서 학습한 것이 앞서 다른 부분에서 학습한 것을 망가뜨릴 수 있습니다. 경험은 크게 연관되며 학습 환경은 계속 바뀝니다. 이는 경사 하강법에 잘 맞지 않습니다! 재생 버퍼 크기를 늘리면 알고리즘이 이 문제에 영향을 덜 받을 것입니다. 학습률을 튜닝하는 것도 도움이 될 수 있습니다. 하지만 사실 강화 학습은 어렵습니다. 훈련은 종종 불안정하며 많은 하이퍼파라미터 값과 랜덤 시드를 시도해야 잘 작동하는 조합을 찾을 수 있습니다. 예를 들어 활성화 함수를 "elu"에서 "relu"로 바꾸면 성능이 훨씬 낮아질 것입니다.

> **NOTE** 강화 학습은 어렵기로 유명합니다. 대부분 훈련이 불안정하고 하이퍼파라미터 값과 랜덤 시드의 선택에 크게 민감하기 때문입니다.[31] "지도 학습은 잘 됩니다. […] 강화 학습은 잘하도록 만들어야 합니다."[32]라는 안드레이 카르파시 연구원의 말처럼 강화 학습에는 시간, 인내, 노력 그리고 아마 약간의 행운도 필요합니다. 이것이 강화 학습이 보통의 딥러닝(예 합성곱 신경망)처럼 널리 적용되지 않은 주요 이유입니다. 하지만 알파고와 아타리 게임말고도 로봇 애플리케이션이나 하이퍼파라미터 튜닝, 추천 시스템에 사용됩니다. 구글은 강화 학습을 사용해 데이터센터의 비용을 최적화합니다.

왜 손실 그래프를 그리지 않았는지 궁금할 수 있습니다. 손실은 이 모델의 성능을 재는 데 좋지 않습니다. 손실이 내려가더라도 에이전트가 엉망으로 행동할 수 있습니다(예를 들어 에이전트가 환경의 작은 지역에 갇힐 때 일어날 수 있습니다. DQN이 이 영역에 과대적합되기 시작할 것입니다). 반대로 손실이 올라가더라도 에이전트가 더 잘 수행할 수 있습니다(예를 들어 DQN이 Q-가치를 과소평가하여 예측을 올바르게 증가하기 시작하면 에이전트가 더 많은 보상을 받아 잘 수행할 것입니다. 하지만 DQN이 더 크게 타깃을 설정하기 때문에 손실은 증가할 수 있습니다). 따라서 손실을 그래프로 그려보는 것이 좋습니다.

지금까지 사용한 기본 심층 Q-러닝 알고리즘은 아타리 게임 플레이를 학습하기에는 너무 불안정합니다. 그럼 딥마인드는 어떻게 했을까요? 지금부터 이 알고리즘을 개선해보죠!

---

31 2018년 알렉스 이르판(Alex Irpan)이 정리해놓은 강화 학습이 가진 가장 큰 어려움과 제약에 관한 훌륭한 글을 참고하세요(https://homl.info/rlhard).

32 옮긴이_ 이 말은 '해커 뉴스'에 카르파시가 쓴 댓글의 일부분입니다(http://bit.ly/3aY3w7N). 뭔가 잘못되어도 지도 학습은 랜덤한 것보단 좋은 것을 만들지만 강화 학습은 잘 튜닝하지 않으면 랜덤한 것보다 나쁜 결과를 만들 수 있다고 합니다.

18.11 심층 Q-러닝의 변형

훈련을 안정적이고 빠르게 만드는 심층 Q-러닝 알고리즘의 몇 가지 변형을 알아보겠습니다.

18.11.1 고정 Q-가치 타깃

기본 심층 Q-러닝 알고리즘에서 모델은 예측을 만들고 타깃을 설정하는 데 모두 사용됩니다. 이는 자신의 꼬리를 쫓는 강아지에 비유할 만한 상황을 만들 수 있습니다. 이런 피드백 순환 과정은 네트워크를 불안정하게 만들어 발산, 진동, 동결 등의 문제가 생깁니다. 이 문제를 해결하기 위해 딥마인드 연구자들은 2013년 논문에서 한 개가 아닌 두 개의 DQN을 사용했습니다. 첫 번째 DQN은 각 스텝에서 학습하고 에이전트를 움직이는 데 사용하는 **온라인 모델**^{online model}입니다. 두 번째는 타깃을 정의하기 위해서만 사용하는 **타깃 모델**^{target model}입니다. 타깃 모델은 온라인 모델의 단순한 복사본입니다.

```
target = tf.keras.models.clone_model(model) # 모델 구조 복사
target.set_weights(model.get_weights())   # 가중치 복사
```

그다음 training_step() 함수에서 다음 상태의 Q-가치를 계산할 때 온라인 모델 대신 타깃 모델을 사용하도록 한 줄을 바꾸어야 합니다.

```
next_Q_values = target.predict(next_states, verbose=0)
```

마지막으로 훈련 반복에서 일정한 간격(⑩ 50 에피소드)으로 온라인 모델의 가중치를 타깃 모델로 복사해야 합니다.

```
if episode % 50 == 0:
    target.set_weights(model.get_weights())
```

타깃 모델은 온라인 모델보다 자주 업데이트되지 않으므로 Q-가치 타깃이 더 안정적이며 앞서 언급한 피드백 반복을 완화하고 이에 대한 영향이 감소됩니다. 이러한 방식은 딥마인드 연구자들이 2013년 논문에서 달성한 주요 성과입니다. 논문에서 에이전트는 원시 픽셀로부터 아타리 게임을 플레이하는 방법을 학습했습니다. 연구자들은 안정적으로 훈련하기 위해

0.00025라는 작은 학습률을 사용하고 (50 스텝이 아니라) 10,000 스텝마다 타깃 모델을 업데이트했습니다. 그리고 100만 개의 경험을 저장할 수 있는 매우 큰 재생 버퍼를 사용했습니다. epsilon을 100만 스텝 동안 1에서 0.1까지 매우 천천히 감소시키고 5천만 스텝 동안 알고리즘을 실행했습니다. 또한 이 DQN은 심층 합성곱 신경망이었습니다.

이번에는 최고 수준의 성능을 갱신한 또 다른 DQN의 변형을 알아봅시다.

18.11.2 더블 DQN

2015년 논문[33]에서 딥마인드 연구자들은 DQN 알고리즘을 개선하여 성능과 훈련의 안정성을 향상시켰습니다. 이 개선된 알고리즘을 **더블 DQN**double DQN이라 부릅니다. 이런 변화는 타깃 네트워크가 Q-가치를 과대평가하기 쉽다는 관측을 기반으로 합니다. 모든 행동이 동일하게 좋다고 가정해보죠. 타깃 모델이 추정한 Q-가치가 동일해야 하지만 근삿값이기 때문에 우연히 다른 것보다 조금 높은 값이 있을 것입니다. 타깃 모델은 항상 가장 큰 Q-가치를 선택하므로 평균 Q-가치보다 조금 더 커지고 실제 Q-가치를 과대평가할 가능성이 높습니다(연못의 깊이를 잴 때 랜덤으로 가장 높은 물결을 기준으로 재는 것과 비슷합니다). 이를 개선하기 위해 다음 상태에서 최선의 행동을 선택할 때 타깃 모델 대신 온라인 모델을 사용하도록 제안했습니다. 타깃 모델은 최선의 행동에 대한 Q-가치를 추정할 때만 사용됩니다. 수정된 training_step() 함수는 다음과 같습니다.

```
def training_step(batch_size):
    experiences = sample_experiences(batch_size)
    states, actions, rewards, next_states, dones, truncateds = experiences
    next_Q_values = model.predict(next_states, verbose=0) # ≠ target.predict()
    best_next_actions = next_Q_values.argmax(axis=1)
    next_mask = tf.one_hot(best_next_actions, n_outputs).numpy()
    max_next_Q_values = (target.predict(next_states, verbose=0) * next_mask
                        ).sum(axis=1)
    [...] # 나머지 코드는 이전과 동일합니다.
```

그리고 몇 달만에 DQN 알고리즘에 또 다른 개선점이 제안되었습니다. 다음 절에서 알아보죠.

---

33 Hado van Hasselt et al., "Deep Reinforcement Learning with Double Q-Learning," Proceedings of the 30th AAAI Conference on Artificial Intelligence (2015): 2094–2100. *https://homl.info/doubledqn*

18.11.3 우선 순위 기반 경험 재생

재생 버퍼에서 경험을 균일하게 샘플링하는 것이 아니라 중요한 경험을 더 자주 샘플링하면 어떨까요? 이 아이디어를 **중요도 샘플링**importance sampling(IS) 또는 **우선 순위 기반 경험 재생**prioritized experience replay(PER)이라고 합니다. 딥마인드 연구자들이 2015년 논문[34]에 이를 소개했습니다.

구체적으로는 어떤 경험이 학습 진행을 빠르게 만들면 '중요한' 것으로 간주합니다. 하지만 어떻게 이를 평가할 수 있을까요? 납득할 만한 한 가지 방법은 TD 오차 $\delta = r + \gamma \cdot V(s') - V(s)$의 크기를 재는 것입니다. 큰 TD 오차는 전이 (s, a, s')가 매우 놀랍다는 것을 의미합니다. 따라서 이 전이에서 배울 가치가 있을 것입니다.[35] 경험은 재생 버퍼에 기록될 때 적어도 한 번 샘플링되기 위해 매우 높은 우선 순위 값으로 설정됩니다. 하지만 샘플링된 후 (그리고 샘플링될 때마다) TD 오차 δ를 계산하여 경험 우선 순위를 $p = |\delta|$로 설정합니다(경험의 샘플링 확률이 0이 되지 않도록 작은 상수를 더합니다). 우선 순위 p의 경험을 샘플링할 확률 P는 p^ζ에 비례합니다. 여기에서 ζ는 우선 순위 샘플링을 얼마나 탐욕적으로 할 것인지 제어하는 하이퍼파라미터입니다. $\zeta = 0$이면 균등하게 샘플링하고 $\zeta = 1$이면 완전한 중요도 샘플링입니다. 논문에서 저자들은 $\zeta = 0.6$을 사용했습니다. 최적의 값은 문제에 따라 다릅니다.

하나 짚고 넘어가야 할 점이 있습니다. 샘플이 중요한 경험에 편향되어 있으므로 훈련하는 동안 중요도에 따라 경험의 가중치를 낮춰서 이 편향을 보상해주어야 합니다. 다시 말해 중요한 경험이 더 자주 샘플링되기를 원하지만 이는 훈련 과정에서 이 샘플에 낮은 가중치를 주어야 한다는 의미입니다. 이렇게 하기 위해 각 경험의 훈련 가중치 $w = (n \, P)^{-\beta}$를 정의합니다. n은 재생 버퍼에 있는 경험의 개수이고 β는 중요도 샘플링 편향을 얼마나 보상할지 조정하는 하이퍼파라미터입니다(0은 보상이 전혀 없고 1은 그 반대를 의미합니다). 논문에서 저자들은 훈련 초기에 $\beta = 0.4$를 사용하고 훈련 마지막에는 $\beta = 1$까지 선형적으로 증가시켰습니다. 여기에서도 최적의 값은 작업에 따라 다릅니다. 하지만 둘 중 하나를 증가시키면 일반적으로 다른 값도 증가시켜야 합니다.

이제 마지막으로 DQN 알고리즘의 중요한 변형 하나를 알아보겠습니다.

---

34 Tom Schaul et al., "Prioritized Experience Replay," arXiv preprint arXiv:1511.05952 (2015). *https://homl.info/prioreplay*

35 보상에 잡음이 있는 경우 경험 중요도를 추정하는 데 더 나은 방법이 있을 수 있습니다(논문에 몇 가지 예가 있습니다).

18.11.4 듀얼링 DQN

2015년 **듀얼링 DQN**^{dueling DQN} 알고리즘(DDQN, 더블 DQN과 혼동하지 마세요. 하지만 두 기법은 쉽게 혼합할 수 있습니다)이 딥마인드 연구자들의 또 다른 논문[36]에서 소개되었습니다. 이 알고리즘의 작동 방식을 이해하려면 먼저 상태-행동 (s, a) 쌍의 Q-가치가 $Q(s, a) = V(s) + A(s, a)$처럼 표현될 수 있다는 점을 알아야 합니다. 여기에서 $V(s)$는 상태 s의 가치이고 $A(s, a)$는 상태 s에서 다른 모든 가능한 행동과 비교하여 행동 a를 선택했을 때 **이득**^{advantage}입니다. 또한 상태의 가치는 이 상태에서 최선의 행동 a^*의 Q-가치와 같습니다(최적의 정책은 최선의 행동을 선택한다고 가정하기 때문입니다). 따라서 $V(s) = Q(s, a^*)$입니다. 이는 $A(s, a^*) = 0$을 의미합니다.[37] 듀얼링 DQN에서는 모델이 상태의 가치와 가능한 각 행동의 이익을 모두 추정합니다. 최선의 행동은 이익이 0이기 때문에 모델이 예측한 모든 이익에서 모든 최대 이익을 뺍니다. 다음은 함수형 API로 구현한 간단한 듀얼링 DQN 모델입니다.

```python
input_states = tf.keras.layers.Input(shape=[4])
hidden1 = tf.keras.layers.Dense(32, activation="elu")(input_states)
hidden2 = tf.keras.layers.Dense(32, activation="elu")(hidden1)
state_values = tf.keras.layers.Dense(1)(hidden2)
raw_advantages = tf.keras.layers.Dense(n_outputs)(hidden2)
advantages = raw_advantages - tf.reduce_max(raw_advantages, axis=1, keepdims=True)
Q_values = state_values + advantages
model = tf.keras.Model(inputs=[input_states], outputs=[Q_values])
```

알고리즘의 나머지 부분은 앞에서와 같습니다. 또한 더블 듀얼링 DQN을 만들고 우선 순위 기반 경험 재생과 연결할 수 있습니다! 딥마인드가 2017년 논문[38]에서 소개했듯이 일반적으로 많은 강화 학습 기법은 합칠 수 있습니다. 이 논문의 저자들은 6개의 기법을 Rainbow라는 하나의 에이전트에 적용하여 최고 수준의 성능을 냈습니다.

이처럼 심층 강화 학습은 빠르게 발전하고 있으며 연구할 것들이 매우 많습니다!

---

36 Ziyu Wang et al., "Dueling Network Architectures for Deep Reinforcement Learning," arXiv preprint arXiv:1511.06581 (2015). *https://homl.info/ddqn*

37 옮긴이_ 이 함수를 이익 함수(advantage function)라고도 부릅니다. 최적의 정책일 경우 최선의 행동이 아닌 다른 행동의 이익은 모두 음수가 됩니다.

38 Matteo Hessel et al., "Rainbow: Combining Improvements in Deep Reinforcement Learning," arXiv preprint arXiv:1710.02298 (2017): 3215–3222. *https://homl.info/rainbow*

18.12 다른 강화 학습 알고리즘

이 장을 마치기 전에 잘 알려진 강화 학습 알고리즘 몇 개를 간단히 살펴보겠습니다.

알파고[39]

알파고^AlphaGo는 심층 신경망에 기반한 몬테 카를로 트리 검색^Monte Carlo tree search (MCTS)의 변형을 사용하여 바둑 게임에서 인간 챔피언을 이겼습니다. MCTS는 1949년 니콜라스 메트로폴리스^Nicholas Metropolis와 스타니슬라프 울람^Stanislaw Ulam에 의해 발명되었습니다. 현재 위치에서 시작하여 탐색 트리를 반복적으로 탐색하고 가장 유망한 가지에 더 많은 시간을 할애하여 많은 시뮬레이션을 실행한 후 최상의 수를 선택합니다. 이전에 방문하지 않은 노드에 도달하면 게임이 끝날 때까지 랜덤하게 플레이하고, 방문한 각 노드에 대한 추정치(임의의 수 제외)를 업데이트하여 최종 결과에 따라 각 추정치를 늘리거나 줄입니다. 알파고는 동일한 원리를 기반으로 하지만 랜덤하게 수를 두는 대신 정책 네트워크를 사용하여 수를 선택합니다. 이 정책 네트워크는 정책 그레이디언트를 사용하여 훈련됩니다. 원래 알고리즘은 세 개의 신경망이 더 필요하고 더 복잡했지만, 알파고 제로^AlphaGo Zero 논문[40]에서는 단일 신경망을 사용하여 수를 선택하고 게임 상태를 평가하는 방식으로 단순화되었습니다. 알파제로^AlphaZero 논문[41]에서는 이 알고리즘을 일반화하여 바둑뿐만 아니라 체스와 장기(일본식 장기)에도 대응할 수 있게 되었습니다. 마지막으로 MuZero 논문[42]에서는 이 알고리즘을 지속적으로 개선하여 에이전트가 게임 규칙을 모르는 상태에서 시작하더라도 이전 반복을 능가하는 성능을 보였습니다!

액터-크리틱

액터-크리틱^actor-critic은 정책 그레이디언트와 심층 Q-네트워크를 결합한 강화 학습 알고리즘입니다. 액터-크리틱 에이전트는 정책 네트워크와 DQN 네트워크 두 개를 포함합니다. DQN은 에이전트의 경험을 통해 보통과 같이 훈련됩니다. 정책 네트워크는 일반적인 정책 그레이디언트와 다르게 (그리고 훨씬 빠르게) 훈련됩니다. 여러 에피소드를 진행해서 각 행동

---

39 David Silver et al., "Mastering the Game of Go with Deep Neural Networks and Tree Search", Nature 529 (2016): 484–489. https://homl.info/alphago

40 https://homl.info/alphagozero

41 https://homl.info/alphazero

42 https://homl.info/muzero

의 가치를 추정하고 각 행동의 할인된 미래 보상을 합하여 정규화하는 대신 에이전트(액터)는 DQN(크리틱)이 추정한 행동 가치에 의존합니다. 이는 코치(DQN)의 도움을 받아 훈련하는 운동 선수(에이전트)와 비슷합니다.

A3C[43]

2016년 딥마인드 연구자들이 복사된 다른 환경을 탐색하면서 병렬로 여러 에이전트가 학습하는 중요한 액터-크리틱 변형인 A3C$^{asynchronous\ advantage\ actor-critic}$를 소개했습니다. 일정한 간격으로 하지만 비동기적(여기에서 이름을 따 왔습니다)으로 각 에이전트가 마스터 네트워크로 가중치 업데이트를 보냅니다. 그다음 이 네트워크에서 최신의 가중치를 받아옵니다. 각 에이전트는 마스터 네트워크의 향상에 기여하면서 다른 에이전트가 학습한 것에서 혜택을 받습니다. 또한 Q-가치를 추정하는 대신 안정적인 훈련을 위해 DQN이 각 행동의 이익(이름의 두 번째 단어가 여기에서 왔습니다)을 추정합니다.

A2C

A2C$^{advantage\ actor-critic}$는 비동기성을 제거한 A3C 알고리즘의 변형입니다. 모든 모델이 동기적으로 업데이트됩니다. 따라서 GPU의 성능을 십분 활용해 큰 배치에 대해 그레이디언트 업데이트를 수행할 수 있습니다.

SAC[44]

SAC$^{soft\ actor-critic}$는 2018년 투오마스 하르노야$^{Tuomas\ Haarnoja}$와 UC 버클리 연구자들이 제안한 액터-크리틱 변형입니다. 이 모델은 보상뿐만 아니라 행동의 엔트로피를 최대화하도록 훈련됩니다. 다른 말로 하면 가능한 한 예상치 못한 행동을 하면서도 많은 보상을 얻도록 만듭니다. 이는 환경을 탐색하여 훈련 속도를 높이고 DQN이 불완전한 추정을 만들 때 같은 행동을 반복 실행하지 않도록 돕습니다. 이 알고리즘은 (학습 속도가 매우 느린 이전의 모든 알고리즘과 달

---

43 Volodymyr Mnih et al., "Asynchonous Methods for Deep Reinforcement Learning," Proceedings of the 33rd International Conference on Machine Learning (2016): 1928-1937. *https://homl.info/a3c*

44 Tuomas Haarnoja et al., "Soft Actor-Critic: Off-Policy Maximum Entropy Deep Reinforcement Learning with a Stochastic Actor," Proceedings of the 35th International Conference on Machine Learning (2018): 1856-1865. *https://homl.info/sac*

리) 놀라운 샘플링 효율성을 보입니다.

PPO[45]

PPO^{proximal policy optimization}는 (종종 훈련을 불안정하게 만드는) 큰 가중치 업데이트를 피하기 위해 손실 함수를 클리핑하는 A2C 기반의 알고리즘으로, 존 슐만^{John Schulman}과 다른 OpenAI 연구자들이 고안했습니다. PPO는 OpenAI에서 제안한 TRPO^{trust region policy optimization}[46] 알고리즘의 간소화 버전입니다. OpenAI는 2019년 4월 OpenAI Five라는 PPO 알고리즘 기반의 인공 지능을 발표했습니다. 멀티플레이어 게임인 〈도타^{Dota} 2〉에서 세계 챔피언을 이겼습니다.

호기심 기반 탐색[47]

강화 학습에서 계속 일어나는 문제는 보상의 희소성입니다. 이는 학습을 느리고 비효율적으로 만듭니다. 디팍 파탁^{Deepak Pathak}과 UC 버클리 연구자들이 이 이슈를 해결할 수 있는 놀라운 방법을 제안했습니다. 보상을 무시하면 어떨까요? 그냥 에이전트가 순수한 호기심만으로 환경을 탐색하면 어떨까요? 이렇게 될 경우 보상은 환경에서 오는 것이 아니라 에이전트 자체의 성질이 됩니다. 비슷하게 아이에게 호기심을 자극하는 것이 높은 성적을 위해 보상을 주는 것보다 좋은 결과를 얻을 가능성이 높습니다. 어떻게 할 수 있을까요? 에이전트는 끊임없이 자신의 행동의 결과를 예측하려고 시도합니다. 그리고 결과가 예측과 맞지 않는 상황을 찾습니다. 다른 말로 하면 놀라운 상황을 기대합니다. 결과가 예측 가능하면(지루하면) 다른 곳으로 이동합니다. 하지만 결과가 예측하지 못한 것이라면 에이전트는 이를 제어할 방법이 없다는 것을 압니다. 시간이 지나면 이것도 예측 가능해지고 지루해집니다. 저자들은 호기심 기반 탐색^{curiosity-based exploration}으로 많은 비디오 게임에서 에이전트를 훈련하는 데 성공했습니다. 말이 죽었을 때 에이전트는 벌점을 받지 않지만 게임이 다시 시작되는 건 예측 가능하고 재미없기 때문에 이를 피하도록 학습됩니다.

---

45 John Schulman 개방형 학습(Open-ended learning)(et al., "Proximal Policy Optimization Algorithms," arXiv preprint arXiv:1707.06347 (2017). *https://homl.info/ppo*

46 John Schulman et al., "Trust Region Policy Optimization," Proceedings of the 32nd International Conference on Machine Learning (2015): 1889-1897. *https://homl.info/trpo*

47 Deepak Pathak et al., "Curiosity-Driven Exploration by Self-Supervised Prediction," Proceedings of the 34th International Conference on Machine Learning (2017): 2778-2787. *https://homl.info/curiosity*

개방형 학습

개방형 학습$^{Open-ended\ learning}$(OEL)의 목표는 보통 차례대로 생성되는 새롭고 흥미로운 작업을 끊임없이 학습할 수 있는 에이전트를 훈련하는 것입니다. 아직 이런 수준에 도달하지는 못했지만 지난 몇 년 동안 놀라운 진전이 있었습니다. 예를 들어 우버^{Uber} AI 연구 팀이 2019년에 발표한 논문[48]에서는 요철과 구멍이 있는 여러 개의 시뮬레이션된 2D 환경을 생성하고 각 환경마다 하나의 에이전트를 훈련시키는 **POET 알고리즘**을 소개했습니다. 이 에이전트의 목표는 장애물을 피하면서 가능한 한 빨리 걷는 것이었습니다. 이 알고리즘은 처음에는 간단한 환경으로 시작하지만 시간이 지남에 따라 점차 어려워집니다. 이를 **커리큘럼 학습**$^{curriculum\ learning}$이라고 합니다. 또한 각 에이전트는 한 환경 내에서만 학습되지만 다른 환경에 있는 모든 에이전트와 정기적으로 경쟁해야 합니다. 승자는 복사되어 각 환경에서 이전에 있던 에이전트를 대체합니다. 이러한 방식으로 다른 환경에 지식이 정기적으로 이전되고 가장 적응력이 뛰어난 에이전트가 선택됩니다. 결국 이 에이전트는 한 가지 작업에서 훈련된 에이전트보다 훨씬 더 잘 걷습니다. 또한 훨씬 더 어려운 환경에서도 대처할 수 있습니다. 물론 이 원칙은 다른 환경과 작업에도 적용될 수 있습니다. OEL에 관심이 있다면 개선된 POET 논문[49]과 딥마인드의 2021년 논문[50]을 꼭 확인해보세요.

이 장에서는 정책 그레이디언트, 마르코프 연쇄, 마르코프 결정 과정, Q-러닝, 근사 Q-러닝, 심층 Q-러닝과 주요 변형(고정 Q-가치 타깃, 더블 DQN, 듀얼링 DQN, 우선 순위 기반 재생)을 다루었습니다. 그리고 잘 알려진 몇 가지 알고리즘을 간단히 둘러보았습니다. 강화 학습은 거대하고 흥미로운 분야입니다. 새로운 아이디어와 알고리즘이 매일 등장하며 배울 것이 정말 많습니다. 이 장이 여러분의 흥미를 돋우기를 바랍니다.

---

48 Rui Wang et al., "Paired Open-Ended Trailblazer (POET): Endlessly Generating Increasingly Complex and Diverse Learning Environments and Their Solutions", arXiv preprint arXiv:1901.01753 (2019). *https://homl.info/poet*

49 Rui Wang et al., "Enhanced POET: Open-Ended Reinforcement Learning Through Unbounded Invention of Learning Challenges and Their Solutions", arXiv preprint arXiv:2003.08536 (2020). *https://homl.info/epoet*

50 Open-Ended Learning Team et al., "Open-Ended Learning Leads to Generally Capable Agents", arXiv preprint arXiv:2107.12808 (2021). *https://homl.info/oel2021*

연습문제

① 강화 학습을 어떻게 정의할 수 있나요? 지도 학습이나 비지도 학습과 어떻게 다른가요?

② 이 장에서 언급하지 않은 RL 애플리케이션을 세 가지 생각해보세요. 각 애플리케이션의 환경은 무엇인가요? 에이전트는 무엇인가요? 가능한 행동은 무엇인가요? 보상은 무엇인가요?

③ 할인 계수는 무엇인가요? 할인 계수를 바꾸면 최적의 정책이 바뀔 수 있나요?

④ 강화 학습 에이전트의 성능은 어떻게 측정할 수 있나요?

⑤ 신용 할당 문제가 무엇인가요? 언제 이런 문제가 발생하나요? 어떻게 이를 감소시킬 수 있나요?

⑥ 재생 메모리를 사용하는 이유는 무엇인가요?

⑦ 오프-폴리시 RL 알고리즘이 무엇인가요?

⑧ 정책 그레이디언트를 사용해 OpenAI Gym의 LunarLander-v2 환경을 해결해보세요.

⑨ 더블 듀얼링 DQN을 사용하여 유명한 아타리 〈브레이크아웃〉 게임("ALE/Breakout-v5")에서 사람의 수준을 뛰어 넘을 수 있는 에이전트를 훈련해보세요. 관측은 이미지입니다. 작업을 단순화하기 위해 흑백으로 변환(채널 축을 따라 평균)합니다. 그다음 재생할 수 있을 만큼 크지만 그 이상이 되지 않도록 자르고 다운샘플링합니다. 개별 이미지만으로는 공과 패들 paddle이 어느 방향으로 가고 있는지 알 수 없으므로 두세 개의 연속된 이미지를 병합하여 각 상태를 만들어야 합니다. 마지막으로 DQN은 합성곱 층으로 대부분 구성되어야 합니다.

⑩ 10만 원 정도 여유가 있다면 라즈베리 파이 3와 저렴한 로보틱스 구성품을 구입해 텐서플로를 설치하고 실행할 수 있습니다! 예를 들어 루카스 비월드 Lukas Biewald의 재미있는 포스트(https://homl.info/2)를 참고하거나, GoPiGo42나 BrickPi43을 둘러보세요. 간단한 작업부터 시작해보세요. 예를 들어 (조도 센서가 있다면) 로봇이 밝은 쪽으로 회전하거나 (초음파 센서가 있다면) 가까운 물체가 있는 쪽으로 움직이도록 해보세요. 그다음 딥러닝을 사용해보세요. 예를 들어 로봇에 카메라가 있다면 객체 탐지 알고리즘을 구현해 사람을 감지하고 가까이 다가가게 만들 수 있습니다. 강화 학습을 사용하여 에이전트가 목표를 달성하기 위해 모터 사용법을 스스로 학습하도록 할 수도 있습니다.

연습문제의 정답은 〈부록 A〉에 있습니다.

## 19 장

대규모 텐서플로 모델 훈련과 배포

놀라운 예측을 만드는 멋진 모델을 만들었다면 그다음에는 무엇을 해야 할까요? 이제 실제 제품에 장착해야 합니다! 이는 매일 배치 데이터에 모델을 실행하는 스크립트를 작성하는 것 만큼 간단할 수 있습니다. 하지만 훨씬 더 많은 작업이 필요할 때도 많습니다. 시스템의 여러 부분에 있는 실시간 데이터에 모델을 적용해야 할 수 있습니다. 이런 경우 이 모델을 웹 서비스로 만들어야 합니다. 웹 서비스로 만들면 각 시스템에서 2장에서 소개한 간단한 REST API(또는 다른 프로토콜)를 사용해 언제든지 모델에 쿼리를 던질 수 있습니다. 하지만 시간이 지나면 새로운 데이터에 모델을 정기적으로 다시 훈련하고 업데이트된 버전을 제품에 반영해야 합니다. 또 모델의 버전을 관리해야 합니다. 한 모델에서 다른 모델로 부드럽게 이전해야 하고 문제가 생겼을 때 이전 모델을 롤백하거나 **A/B 테스트**[1]를 위해 여러 다른 모델을 동시에 실행할 수 있어야 합니다. 제품이 성공적이면 이 서비스는 많은 QPS[queries per second](초당 쿼리 수)를 받기 시작하므로 이 부하를 견디기 위해 규모를 확장해야 합니다. 이 장에서 서비스 규모를 확장하기 위한 좋은 방법을 알아봅니다. 바로 자체적인 하드웨어 시스템이나 구글 버텍스 AI[2] 플랫폼 같은 클라우드 서비스를 통해 TF 서빙[serving]을 사용하는 것입니다. 이렇게 하면 효율적으로 모델을 서비스하고 안정적으로 모델을 교체할 수 있습니다. 또한 클라우드 플랫폼을 사용하면 강력한 모니터링 도구와 같은 여러 부가 기능도 이용할 수 있습니다.

훈련 데이터가 많고 계산이 많이 필요한 모델이면 훈련하는 데 매우 오랜 시간이 걸릴 수 있습

---

1 두 가지 다른 버전의 제품을 다른 사용자 그룹에서 테스트하여 어떤 버전이 더 나은지 확인하거나 다른 유용한 정보를 얻을 수 있습니다.

2 구글 AI 플랫폼(이전 이름은 구글 ML 엔진)과 구글 AutoML이 2021년에 합쳐져서 구글 버텍스 AI가 되었습니다.

니다. 만약 여러분의 모델이 변화에 빠르게 적응해야 한다면 긴 훈련 시간은 장애물이 될 수 있습니다(예를 들어 지난 주 뉴스를 추천하는 새로운 추천 시스템을 생각해보세요). 훈련 시간이 길어지면 새로운 아이디어를 실험하지 못하게 될 수 있으므로 이는 꽤 중요한 문제입니다. (다른 분야와 마찬가지로) 머신러닝에서는 어떤 아이디어가 좋은 성과를 낼지 미리 알기 어렵습니다. 따라서 가능한 한 빨리 많은 시도를 해보아야 합니다. 훈련 속도를 높이는 한 가지 방법은 GPU나 TPU 같은 하드웨어 가속기를 사용하는 것입니다. 하드웨어 가속기를 여러 개 가진 서버 여러 대로 모델을 훈련하면 더 빨리 훈련할 수 있습니다. 간단하지만 강력한 텐서플로의 분산 전략^{distribution strategies} API를 사용하면 이를 쉽게 구현할 수 있습니다.

이 장에서는 TF 서빙과 구글 버텍스 AI 플랫폼에 모델을 배포하는 방법을 살펴보겠습니다. 모바일 앱, 임베디드 디바이스, 웹 앱에 모델 배포하는 방법도 간단히 둘러보겠습니다. 그다음 GPU를 사용해 계산 속도를 높이는 방법과 분산 전략 API를 사용해 여러 대의 서버와 디바이스에서 모델을 훈련하는 방법을 알아보겠습니다. 마지막으로 버텍스 AI를 사용해 대규모로 모델을 훈련하고 하이퍼파라미터를 튜닝하는 방법을 살펴보겠습니다. 설명할 것이 많네요. 그럼 시작해보죠!

19.1 텐서플로 모델 서빙

텐서플로 모델을 훈련한 후에는 이를 어떤 파이썬 코드에서도 쉽게 사용할 수 있습니다. `tf.keras` 모델이라면 `predict()` 메서드를 호출하기만 하면 됩니다! 하지만 시스템이 점점 커지면 이 모델을 작은 서비스로 감싸는 것이 바람직한 때가 옵니다. 이 서비스의 유일한 역할은 예측을 만드는 것이며 나머지 시스템은 이 서비스에 쿼리를 합니다(예 REST나 gRPC API를 사용합니다).[3] 이는 모델과 나머지 시스템을 분리하여 모델 버전을 쉽게 바꾸거나 (나머지 시스템에 독립적으로) 필요에 따라 규모를 늘리고 A/B 테스트를 수행할 수 있습니다. 또한 모든 소프트웨어 구성 요소가 동일한 모델 버전을 사용하도록 만들고 테스트와 개발 등을 단순화합니다. 이런 서비스를 구성하는 데 모든 기술을 사용할 수 있습니다(예 플라스크^{Flask} 라이브러

---

3   REST(또는 RESTful) API는 GET, POST, PUT, DELETE 같은 표준 HTTP 메서드를 사용하고 입력과 출력으로 JSON을 사용하는 API입니다. gRPC는 복잡하지만 효율적인 프로토콜입니다. 프로토콜 버퍼를 사용해 데이터를 교환합니다(13장 참고).

리[4]). 하지만 TF 서빙을 사용할 수 있는데 동일한 것을 만들 필요가 있을까요?

19.1.1 텐서플로 서빙 사용하기

TF 서빙은 C++로 작성되었고 많은 테스트를 거친 매우 효율적인 모델 서버입니다. TF 서빙
은 높은 부하를 처리할 수 있고 여러 모델을 서비스하며 모델 저장소에서 자동으로 최신 버전
의 모델을 배포하는 등의 작업을 수행할 수 있습니다(그림 19-1).

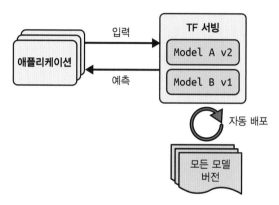

그림 19-1 TF 서빙은 여러 모델을 서비스하고 자동으로 최신 버전을 배포할 수 있습니다.

tf.keras를 사용해 MNIST 모델을 훈련하여 TF 서빙으로 배포한다고 가정합시다. 맨 먼저
해야 할 일은 모델을 (10장에서 소개한) 텐서플로의 **SavedModel 포맷**으로 내보내는 것입
니다.

SavedModel로 내보내기

모델을 저장하는 방법은 이미 배웠습니다. 그냥 model.save()를 호출하면 됩니다. 모델의 버
전을 관리하려면 모델 버전마다 서브디렉터리를 만들기만 하면 됩니다. 간단하네요!

```
from pathlib import Path
import tensorflow as tf
```

---

4 옮긴이_ 플라스크(*https://flask.palletsprojects.com*)는 인기가 많은 경량 파이썬 웹 프레임워크입니다.

```
X_train, X_valid, X_test = [...] # MNIST 데이터셋을 로드하고 분할합니다.
model = [...] # MNIST 모델을 만들고 훈련합니다(이미지 전처리도 수행합니다).

model_name = "my_mnist_model"
model_version = "0001"
model_path = Path(model_name) / model_version
model.save(model_path, save_format="tf")
```

일반적으로 내보낼 최종 모델에 모든 전처리 층을 포함하는 것이 좋습니다. 이렇게 하면 제품으로 배포했을 때 원래 형태 그대로 데이터를 주입할 수 있습니다. 또 모델을 사용하는 애플리케이션 내에서 전처리를 별도로 관리할 필요가 없습니다. 모델 안에서 전처리 단계를 처리하면 나중에 모델을 업데이트하기가 훨씬 수월하고 모델과 필요한 전처리 단계가 맞지 않는 문제를 피할 수 있습니다.

> **CAUTION** SavedModel이 계산 그래프를 저장하므로 임의의 파이썬 코드를 감싸는 `tf.py_function()` 연산을 제외한 텐서플로 연산만을 사용한 모델에 적용할 수 있습니다.

텐서플로에는 SavedModel을 검사할 수 있는 `saved_model_cli` 명령줄 인터페이스가 있습니다. 이를 사용해 앞서 내보낸 모델을 확인해보죠.

```
$ saved_model_cli show --dir my_mnist_model/0001
The given SavedModel contains the following tag-sets:
'serve'
```

이 출력은 무엇을 의미할까요? SavedModel은 하나 이상의 **메타그래프**metagraph를 포함합니다. 메타그래프는 계산 그래프에 입력과 출력 이름, 타입, 크기를 포함한 몇 가지 함수 시그니처function sigature 정의가 추가된 것입니다. 각 메타그래프는 일련의 태그로 구분됩니다. 예를 들어 훈련 연산을 포함한 전체 계산 그래프가 포함된 메타그래프가 있을 수 있으며 이 메타그래프에는 일반적으로 'train'이라는 태그가 붙어 있습니다. 그리고 일부 GPU 관련 연산을 포함하여 예측 연산만 포함된 계산 그래프를 포함하는 또 다른 메타그래프가 있을 수 있습니다. 이 메타그래프에는 'serve', 'gpu'라는 태그를 붙일 수 있습니다. 다른 메타그래프도 필요할 수 있습니다. 이 작업은 텐서플로의 저수준 SavedModel API(*https://homl.info/savedmodel*)

를 사용하여 수행할 수 있습니다. 하지만 save() 메서드를 사용하여 케라스 모델을 저장할 때 "serve"로 태그된 단일 메타그래프가 저장됩니다. 이 "serve" 태그 세트^{tag set}를 살펴봅시다.

```
$ saved_model_cli show --dir my_mnist_model/0001 --tag_set serve
The given SavedModel MetaGraphDef contains SignatureDefs with these keys:
SignatureDef key: "__saved_model_init_op"
SignatureDef key: "serving_default"
```

이 메타그래프에는 초기화 함수 "__saved_model_init_op"(이를 신경 쓸 필요는 없습니다) 와 기본 서빙 함수 "serving_default"라는 두 가지 시그니처 정의가 포함되어 있습니다. 케 라스 모델을 저장할 때 기본 서빙 함수는 이미 알고 있듯이 예측을 수행하는 모델의 call() 메 서드입니다. 이 서빙 함수에 관해 자세히 알아보겠습니다.

```
$ saved_model_cli show --dir my_mnist_model/0001 --tag_set serve \
                       --signature_def serving_default
The given SavedModel SignatureDef contains the following input(s):
  inputs['flatten_input'] tensor_info:
      dtype: DT_UINT8
      shape: (-1, 28, 28)
      name: serving_default_flatten_input:0
The given SavedModel SignatureDef contains the following output(s):
  outputs['dense_1'] tensor_info:
      dtype: DT_FLOAT
      shape: (-1, 10)
      name: StatefulPartitionedCall:0
Method name is: tensorflow/serving/predict
```

함수의 입력은 "flatten_input"이고 출력은 "dense_1"입니다. 이는 케라스 모델의 입력 및 출력 층의 이름에 해당합니다. 입력 및 출력 데이터의 타입과 크기도 확인할 수 있습니다. 멋지 네요!

이제 저장된 모델이 생겼으니 다음 단계는 TF 서빙을 설치하는 것입니다.

텐서플로 서빙 설치하고 시작하기

TF 서빙을 설치하는 방법은 여러 가지입니다. 시스템 패키지 매니저를 사용하거나, 도커[Docker] 이미지를 사용하거나,[5] 소스에서 설치할 수 있습니다. 코랩은 우분투에서 실행되므로 다음과 같이 우분투 apt 패키지 매니저를 사용할 수 있습니다.

```
url = "https://storage.googleapis.com/tensorflow-serving-apt"
src = "stable tensorflow-model-server tensorflow-model-server-universal"
!echo 'deb {url} {src}' > /etc/apt/sources.list.d/tensorflow-serving.list
!curl '{url}/tensorflow-serving.release.pub.gpg' | apt-key add -
!apt update -q && apt-get install -y tensorflow-model-server
%pip install -q -U tensorflow-serving-api==2.11.1
```

이 코드는 먼저 우분투의 패키지 소스 목록에 텐서플로의 패키지 저장소를 추가합니다. 그런 다음 텐서플로의 공개 GPG 키를 다운로드하고 패키지 관리자의 키 목록에 추가하여 텐서플로의 패키지 서명을 확인할 수 있도록 합니다. 그리고 apt를 사용하여 tensorflow-model-server 패키지를 설치합니다. 마지막으로 서버와 통신하는 데 필요한 tensorflow-serving-api를 설치합니다.

이제 서버를 시작해보죠. 이 명령에는 모델의 기본 디렉터리의 절대 경로(0001이 아닌 my_mnist_model의 경로)가 필요하므로 MODEL_DIR 환경 변수에 저장해두겠습니다.

```
import os

os.environ["MODEL_DIR"] = str(model_path.parent.absolute())
```

서버를 실행합니다.

```
%%bash --bg
tensorflow_model_server \
```

---

5   도커와 친숙하지 않다면 간단히 설명하겠습니다. 도커 이미지(Docker image)에 설치된 일련의 애플리케이션(의존성이 있는 모든 라이브러리와 일반적으로 적절한 기본 설정 포함)을 쉽게 다운로드할 수 있습니다. 그다음 도커 엔진(Docker engine)을 사용해 호스트 시스템에서 실행할 수 있습니다. 이미지를 실행할 때 엔진은 현재 시스템으로부터 애플리케이션을 독립적으로 유지하기 위해 도커 컨테이너(Docker container)를 만듭니다. 하지만 필요하면 제한적인 접근 권한을 허락할 수 있습니다. 가상 머신과 비슷하지만 컨테이너가 호스트 시스템의 커널에 직접 의존하므로 훨씬 빠르고 가볍습니다. 이는 이미지가 자신의 커널을 가지거나 실행할 필요가 없다는 것을 의미합니다.

```
    --port=8500 \
    --rest_api_port=8501 \
    --model_name=my_mnist_model \
    --model_base_path="${MODEL_DIR}" >my_server.log 2>&1
```

주피터 또는 코랩에서 **%%bash --bg** 매직 명령은 셀을 배시[bash] 스크립트로 백그라운드에서 실행됩니다. **my_server.log 2>&1** 부분은 표준 출력과 표준 에러를 **my_server.log** 파일로 리다이렉션합니다. 이게 전부입니다! 이제 TF 서빙이 백그라운드에서 실행 중이며 해당 로그는 **my_server.log**에 저장됩니다. MNIST 모델(버전 1)을 로드했으며 포트 8500과 8501에서 각각 gRPC와 REST 요청을 기다리고 있습니다.

도커 컨테이너에서 TF 서빙 실행하기

주피터 노트북을 로컬 컴퓨터에서 실행 중이고 도커(*https://docker.com/*)를 설치했다면 터미널에서 **docker pull tensorflow/serving** 명령을 실행하여 TF 서빙 이미지를 다운로드할 수 있습니다. 이 설치 방법은 간단하고 시스템을 건드리지 않으면서 높은 성능을 얻을 수 있기 때문에 텐서플로 팀에서 적극 권장하는 방법입니다.[6] 도커 컨테이너 내에서 서버를 시작하려면 터미널에서 다음 명령을 실행하세요.

```
$ docker run -it --rm -v "/path/to/my_mnist_model:/models/my_mnist_model" \
    -p 8500:8500 -p 8501:8501 -e MODEL_NAME=my_mnist_model tensorflow/serving
```

명령줄 옵션이 의미하는 바는 다음과 같습니다.

- **-it**
  컨테이너를 대화형으로 만들고([Ctrl] + [C]를 눌러 중지할 수 있음) 서버의 출력을 화면에 표시합니다.

- **--rm**
  중지할 때 컨테이너를 삭제합니다. 따라서 중단된 컨테이너로 인해 시스템이 지저분해지지 않습니다. 하지만 이미지는 삭제하지 않습니다.

---

6 GPU 이미지와 다른 설치 옵션도 있습니다. 자세한 내용은 공식 설치 문서(*https://homl.info/tfserving*)를 확인하세요.

- -v "/path/to/my_mnist_model:/models/my_mnist_model"

  호스트의 my_mnist_model 디렉터리를 컨테이너의 /models/mnist_model 경로에 연결합니다. /path/to/my_mnist_model을 이 디렉터리의 절대 경로로 바꿔야 합니다. Windows에서는 호스트 경로에 / 대신 \를 사용해야 하지만 (컨테이너는 리눅스에서 실행되므로) 컨테이너 경로에는 해당하지 않습니다.

- -p 8500:8500

  도커 엔진이 호스트의 TCP 포트 8500을 컨테이너의 TCP 포트 8500으로 포워딩합니다. 기본적으로 TF 서빙은 이 포트를 사용하여 gRPC API를 제공합니다.

- -p 8501:8501

  호스트의 TCP 포트 8501을 컨테이너의 TCP 포트 8501로 포워딩합니다. 도커 이미지는 기본적으로 이 포트를 사용하여 REST API를 제공합니다.

- -e MODEL_NAME=my_mnist_model

  TF 서빙이 어떤 모델을 서빙할지 알 수 있도록 컨테이너의 MODEL_NAME 환경 변수를 설정합니다. 기본적으로 /models 디렉터리에서 모델을 찾고 자동으로 최신 버전을 서빙합니다.

- tensorflow/serving

  실행할 이미지의 이름입니다.

이제 서버를 실행했으므로 먼저 REST API를 사용해본 다음 gRPC API를 사용하여 쿼리해보겠습니다.

REST API로 TF 서빙에 쿼리하기

먼저 쿼리를 만들어봅시다. 여기에는 호출할 함수 시그니처의 이름과 입력 데이터가 포함되어야 합니다. JSON 포맷으로 요청해야 하므로 넘파이 배열인 입력 이미지를 파이썬 리스트로 바꾸어야 합니다.

```python
import json

X_new = X_test[:3] # 새로운 숫자 이미지 3개를 분류한다고 가정합니다.
request_json = json.dumps({
    "signature_name": "serving_default",
    "instances": X_new.tolist(),
})
```

JSON 포맷은 100% 텍스트이므로 request_json은 다음과 같은 문자열로 출력됩니다.

```
>>> request_json
'{"signature_name": "serving_default", "instances": [[[0, 0, 0, 0, ... ]]]}'
```

이 요청 데이터를 HTTP **POST** 메서드로 TF 서빙에 전송해봅시다. requests 라이브러리를 사용해 쉽게 처리할 수 있습니다(이 라이브러리는 표준 파이썬 라이브러리가 아닙니다. 따라서 **pip** 명령으로 먼저 설치해야 합니다).

```
import requests

server_url = "http://localhost:8501/v1/models/my_mnist_model:predict"
response = requests.post(server_url, data=request_json)
response.raise_for_status()  # 에러가 생길 경우 예외를 발생시킵니다.
response = response.json()
```

응답은 **"predictions"** 키 하나를 가진 딕셔너리입니다. 이 키에 해당하는 값은 예측의 리스트입니다. 이 리스트는 파이썬 리스트이므로 넘파이 배열로 변환하고 소수점 셋째 자리에서 반올림합니다.

```
>>> import numpy as np
>>> y_proba = np.array(response["predictions"])
>>> y_proba.round(2)
array([[0. , 0.  , 0.  , 0.  , 0.  , 0.  , 0.  , 1.  , 0.  , 0. ],
       [0. , 0.  , 0.99, 0.01, 0.  , 0.  , 0.  , 0.  , 0.  , 0. ],
       [0. , 0.97, 0.01, 0.  , 0.  , 0.  , 0.  , 0.01, 0.  , 0. ]])
```

와우! 예측을 얻었습니다. 이 모델은 첫 번째 이미지가 7이라고 100% 확신합니다. 두 번째 이미지는 2라고 99% 확신하고 세 번째 이미지는 1이라고 97% 확신합니다.

REST API는 간편하고 좋습니다. 입력과 출력 데이터가 너무 크지 않으면 잘 작동합니다. 거의 모든 클라이언트 애플리케이션이 다른 것에 의존하지 않고 REST API를 사용할 수 있습니다. 다른 프로토콜의 경우 항상 그렇지는 않습니다. 하지만 JSON 기반이므로 텍스트를 사용하고 매우 장황합니다. 예를 들어 넘파이 배열을 파이썬 리스트로 변환하면 모든 실수가 문자열로 표현됩니다. 이는 모든 실수와 문자열 간의 변환을 위해 직렬화/역직렬화한다는 측면과 페이로드[payload] 크기 면에서 매우 비효율적입니다. 많은 실수가 15개의 문자로 표현됩니다. 32비트 실수를 120비트로 변환한 셈입니다! 따라서 큰 넘파이 배열을 전송할 때 응답 속도를 느리게 하고 네트워크 대역폭을 많이 사용합니다.[7] 그럼 이제 gRPC를 사용해보죠.

TIP 대량의 데이터를 전송하거나 응답 속도가 중요할 땐 클라이언트가 지원한다면 gRPC API를 사용하는 것이 훨씬 좋습니다. 컴팩트한 이진 포맷과 HTTP/2 프레임[8]에 기반한 효율적인 통신 프로토콜을 사용하기 때문입니다.

gRPC API로 TF 서빙에 쿼리하기

gRPC API는 직렬화된 PredictRequest 프로토콜 버퍼를 입력으로 기대하고 직렬화된 PredictResponse 프로토콜 버퍼를 출력합니다. 이 프로토콜은 앞서 설치한 tensorflow-serving-api에 포함되어 있습니다. 먼저 요청[request]을 만들어보죠.

```python
from tensorflow_serving.apis.predict_pb2 import PredictRequest

request = PredictRequest()
request.model_spec.name = model_name
request.model_spec.signature_name = "serving_default"
input_name = model.input_names[0] # == "flatten_input"
request.inputs[input_name].CopyFrom(tf.make_tensor_proto(X_new))
```

이 코드는 PredictRequest 프로토콜 버퍼를 만들고 필수 필드를 채웁니다. 여기에는 (앞서 정의한) 모델 이름, 호출할 함수의 시그니처 이름, Tensor 프로토콜 버퍼 형식으로 변환한 입력 데이터가 포함됩니다. tf.make_tensor_proto() 함수는 주어진 텐서나 넘파이 배열(이 경우에는 X_new)을 기반으로 Tensor 프로토콜 버퍼를 만듭니다.

그다음 서버로 이 요청을 보내고 응답을 받습니다. 이를 위해 grpcio 라이브러리가 필요합니다. 코랩에는 이미 설치되어 있습니다.

---

7 사실 REST 요청을 하기 전에 데이터를 직렬화하고 Base64로 인코딩하여 이를 완화할 수 있습니다. 또한 gzip을 사용해 REST 요청을 압축하면 페이로드 크기를 크게 줄일 수 있습니다.

8 옮긴이_ 프레임은 HTTP/2 통신의 최소 단위입니다. 대표적으로 헤더 프레임과 데이터 프레임이 있습니다. 프레임은 바이너리 인코딩되며 프레임 여러 개가 메시지 하나를 구성합니다.

```
import grpc
from tensorflow_serving.apis import prediction_service_pb2_grpc

channel = grpc.insecure_channel('localhost:8500')
predict_service = prediction_service_pb2_grpc.PredictionServiceStub(channel)
response = predict_service.Predict(request, timeout=10.0)
```

이 코드는 매우 간단합니다. 임포트한 다음 localhost에서 TCP 포트 8500번으로 gRPC 통신 채널을 만듭니다. 그다음 이 채널에 대해 gRPC 서비스를 만들고 이를 사용해 10초 타임아웃timeout이 설정된 요청을 보냅니다. 이는 동기 호출이 아닙니다. 응답을 받거나 타임아웃이 지날 때까지 멈춰있을 것입니다. 이 예에서는 보안 채널을 사용하지 않습니다(암호화 없음, 인증 없음). 하지만 gRPC와 TF 서빙은 SSL/TLS 기반의 보안 채널도 제공합니다.

다음으로 PredictResponse 프로토콜 버퍼를 텐서로 바꾸어보죠.

```
output_name = model.output_names[0] # == "dense_1"
outputs_proto = response.outputs[output_name]
y_proba = tf.make_ndarray(outputs_proto)
```

이 코드를 실행하고 y_proba.round(2)를 출력하면 앞에서와 동일한 클래스 추정 확률을 얻습니다. 이것이 전부입니다. 몇 줄의 코드만으로 REST나 gRPC를 사용해 텐서플로 모델을 원격에서 접속할 수 있습니다.

새로운 버전의 모델 배포하기

새로운 버전의 모델을 만들어 SavedModel 포맷으로 내보내겠습니다. 이번에는 my_mnist_model/0002 디렉터리에 저장합니다.

```
model = [...] # MNIST 모델의 새로운 버전을 만들고 훈련합니다.
model_version = "0002"
model_path = Path(model_name) / model_version
model.save(model_path, save_format="tf")
```

일정한 간격으로 (간격은 조정할 수 있습니다) TF 서빙이 새로운 버전을 위해 모델 디렉터리를 확인합니다. 그리고 새로운 버전을 찾으면 자동으로 버전 교체를 진행합니다. 기본적으로 대기 중인 요청이 있다면 이전 버전의 모델로 응답합니다. 새로운 요청은 새 버전에서 처리합니다. 대기 중인 요청이 모두 응답을 받으면 바로 이전 버전의 모델은 내려갑니다. TF 서빙 로그에서 이 작업을 확인할 수 있습니다.

```
[...]
Reading SavedModel from: /models/my_mnist_model/0002
Reading meta graph with tags { serve }
[...]
Successfully loaded servable version {name: my_mnist_model version: 2}
Quiescing servable version {name: my_mnist_model version: 1}
Done quiescing servable version {name: my_mnist_model version: 1}
Unloading servable version {name: my_mnist_model version: 1}
```

TIP SavedModel이 assets/extra 디렉터리에 샘플 데이터를 가지고 있다면 새로운 요청을 처리하기 전에 TF 서빙이 이 샘플에서 모델을 실행할 수 있도록 설정할 수 있습니다. 이를 모델 웜업warmup이라고 부릅니다. 이를 통해 필요한 것을 모두 로드하여 첫 번째 요청 처리 시 응답 시간이 오래 걸리지 않도록 할 것입니다.

이 방법은 버전 전환을 부드럽게 처리해주지만 많은 RAM을 사용합니다(특히 일반적으로 가장 제약이 많은 GPU RAM을 사용합니다). 이런 경우 새 버전의 모델을 로드하고 사용하기 전에 이전 버전의 모델로 대기 중인 모든 요청을 처리하고 삭제하도록 설정할 수 있습니다. 이 설정은 두 버전의 모델이 동시에 로드되는 것을 막습니다. 하지만 짧은 순간 서비스가 중지될 것입니다.

여기서 볼 수 있듯이 TF 서빙을 사용하면 새로운 모델을 배포하는 것이 아주 쉽습니다. 또한 버전 2 모델이 원하는 대로 작동하지 않는다면 간단히 my_mnist_model/0002 디렉터리를 삭제하여 버전 1로 롤백할 수 있습니다.

TIP TF 서빙의 멋진 기능 중 하나는 자동 배치 기능입니다. 이 기능은 시작 시 --enable_batching 옵션으로 활성화할 수 있습니다. TF 서빙이 짧은 시간 동안(간격을 설정할 수 있습니다) 요청을 여러 개 받으면 모델을 사용하기 전에 이 요청들을 자동으로 배치로 만듭니다. 이렇게 하면 GPU의 장점을 활용할 수 있어서 성능이 크게 향상됩니다. 모델이 예측을 반환하면 TF 서빙이 각 예측을 해당되는 클라이언트에게 전달합니다. 배치 지연 시간을 증가시키면 응답 속도를 약간 희생하고 높은 처리 능력을 얻을 수 있습니다(--batching_parameters_file 옵션을 참고하세요).

초당 쿼리 요청이 많을 것으로 예상된다면 TF 서빙을 서버 여러 대에 설치하고 쿼리를 로드 밸런싱해야 합니다(그림 19-2). 이렇게 하려면 많은 TF 서빙 컨테이너를 서버에 배포하고 관리해야 합니다. 이를 해결하는 한 가지 방법은 쿠버네티스(*https://kubernetes.io*) 같은 도구를 사용하는 것입니다. 쿠버네티스는 많은 서버의 컨테이너를 손쉽게 관리하도록 돕는 오픈 소스 시스템입니다. 직접 하드웨어를 구매하고 유지 및 업그레이드하고 싶지 않다면 아마존 AWS, 마이크로소프트 애저^Azure, 구글 클라우드 플랫폼^Google Cloud Platform(GCP), IBM 클라우드, 알리바바 클라우드, 오라클 클라우드, 그 외 다른 PaaS^platform-as-a-service의 클라우드 플랫폼에 있는 가상 서버를 사용할 수 있습니다. 가상 서버를 관리하고 (쿠버네티스의 도움을 받아) 컨테이너를 운영하고 TF 서빙을 설정, 튜닝, 모니터링하려면 전담 인력이 필요합니다.

이 장에서는 버텍스 AI를 사용해보겠습니다. 버텍스 AI는 현재 TPU를 지원하는 유일한 플랫폼이며 텐서플로 2, 사이킷런, XGBoost를 지원하고 훌륭한 AI 서비스를 제공합니다. 버텍스 AI 외에도 아마존 세이지메이커^SageMaker나 마이크로소프트 AI 플랫폼 등을 사용해 텐서플로 모델을 서빙할 수도 있습니다.

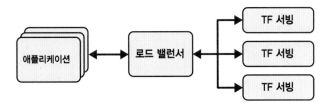

그림 19-2 로드 밸런싱을 사용한 TF 서빙의 규모 확장

그럼 이제 MNIST 모델을 클라우드에서 서비스하는 방법을 알아보겠습니다!

19.1.2 버텍스 AI에서 예측 서비스 만들기

버텍스 AI는 다양한 AI 관련 도구와 서비스를 제공하는 구글 클라우드 플랫폼(GCP) 내의 한 플랫폼입니다. 데이터셋을 업로드하고, 레이블을 부여하고, 자주 사용하는 특성을 피처 스토어^feature store에 저장하여 학습 또는 제품 환경에서 사용할 수 있습니다. 자동 하이퍼파라미터 튜닝 또는 모델 아키텍처 검색^AutoML과 함께 여러 GPU 또는 TPU 서버에서 모델을 훈련할 수 있습니다. 또한 훈련된 모델을 관리하고, 이를 사용해 대량의 데이터에서 배치 예측을 수행하고,

데이터 워크플로를 위한 여러 작업을 예약하고, REST 또는 gRPC를 통해 모델을 대규모로 서빙하고, Workbench라는 호스팅된 주피터 환경 내에서 데이터와 모델을 실험해볼 수 있습니다. 벡터를 매우 효율적으로 비교할 수 있는 (즉, 근사적인 최근접 이웃을 찾는) Matching Engine 서비스도 있습니다. GCP에는 컴퓨터 비전, 번역, 스피치–투–텍스트 등을 위한 API와 같은 다른 AI 서비스도 포함되어 있습니다.

시작하기 전에 설정해야 할 것들이 있습니다.

1 구글 계정으로 로그인한 다음 구글 클라우드 플랫폼 콘솔^{console}로 이동합니다(그림 19-3). 구글 계정이 없다면 만들어야 합니다.

2 GCP를 처음 사용한다면 서비스 약관을 읽고 동의해야 합니다. 이 글을 쓰는 시점에 300달러에 해당하는 GCP 크레딧^{credit}을 신규 사용자에게 무료로 제공합니다. 이 크레딧을 90일에 걸쳐 사용할 수 있습니다(2023년 9월 기준). 이 장에서 사용할 서비스에 필요한 크레딧은 매우 조금입니다. 무료 체험으로 가입했더라도 지불 정보와 신용카드 번호를 입력해야 하지만 처음 300달러에 대해서는 실제 금액이 청구되지 않습니다. 이 정보는 확인용입니다. 아마 무료 체험 기간을 여러 번 사용하지 못하게 하기 위함일 것입니다. 체험 기간이 끝난 후 유료 계정으로 업그레이드한 경우에만 요금이 청구됩니다.

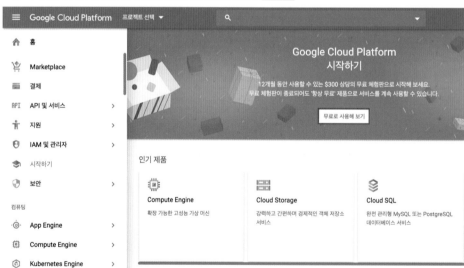

그림 19-3 구글 클라우드 플랫폼 콘솔

3 전에 GCP를 사용한 적이 있고 무료 체험 기간이 끝났다면 이 장에서 사용할 서비스로 인해 약간의 비용이 청구될 것입니다. 더는 필요하지 않은 서비스를 종료하면 큰 비용이 들지 않을 겁니다. 모든 서비스를 실행하기 전에 가격 조건을 이해하고 동의해야 합니다. 여러분이 예상한 것보다 비용이 더 많이 나오더라도 필자가 책임지지 않습니다! 결제 계정^{billing account}이 활성화되어 있는지 확인해보세요. 왼쪽 메뉴를 열고 [결제]를 선택해 확인할 수 있습니다. 지불 방법과 결제 계정이 활성화되어 있는지 확인하세요.

4 GCP의 모든 자원^{resource}(가상 서버, 저장 파일, 실행된 훈련)은 하나의 프로젝트에 속합니다. GCP 계정이 생성될 때 자동으로 'My First Project'라는 프로젝트가 만들어집니다. 프로젝트 설정 화면에서 이 이름을 바꿀 수 있습니다. 화면 왼쪽의 네비게이션 메뉴(☰)에서 [IAM 및 관리자] → [설정]을 선택한 다음 프로젝트 이름을 수정하고 [저장] 버튼을 누릅니다. 프로젝트는 고유한 ID와 숫자를 가집니다. 프로젝트를 생성할 때 이 ID를 정할 수 있지만 나중에 바꿀 수 없습니다. 프로젝트 번호는 자동으로 생성되고 바꿀 수 없습니다. 새로운 프로젝트를 만들고 싶다면 페이지 맨 위에 있는 프로젝트 이름을 클릭한 다음 [새 프로젝트]를 클릭하고 프로젝트 이름을 입력합니다. 또한 [수정]을 클릭하여 프로젝트 ID를 지정할 수도 있습니다. (무료 크레딧이 있다면) 비용이 청구될 수 있도록 새로 만든 프로젝트를 위한 결제 계정을 활성화하세요.

> **⚠ CAUTION** 몇 시간만 필요한 서비스라면 나중에 중지해야 한다는 것을 기억하도록 알람을 설정하세요.
> 그렇지 않으면 며칠 또는 몇 달 동안 실행되기 때문에 엄청난 비용이 청구될 수 있습니다.

5 이제 GCP 계정과 프로젝트가 있고 결제 정보가 활성화되었으므로 필요한 API를 활성화해야 합니다. 네비게이션 메뉴(☰)에서 [API 및 서비스]를 선택하고 Cloud Storage API가 활성화되어 있는지 확인합니다. 필요한 경우 [+ API 및 서비스 사용 설정]을 클릭하고 Cloud Storage를 찾아 활성화합니다. 또한 Vertex AI API도 활성화합니다.

GCP 콘솔을 통해 모든 작업을 계속 수행할 수도 있지만 파이썬을 사용하는 것이 좋습니다. 이렇게 하면 스크립트를 작성하여 GCP로 원하는 거의 모든 작업을 자동화할 수 있습니다. 특히 자주하는 작업의 경우 메뉴와 폼을 클릭하는 것보다 더 편리한 경우가 많습니다.

구글 클라우드의 명령줄 인터페이스(CLI)에는 GCP의 거의 모든 것을 제어할 수 있는 gcloud 명령과 구글 클라우드 스토리지와 상호 작용할 수 있는 gsutil이 포함되어 있습니다. 이 CLI 는 코랩에 사전 설치되어 있으므로 google.auth.authenticate_user()를 사용하여 인증하 기만 하면 바로 사용할 수 있습니다. 예를 들어 !gcloud config list는 설정을 표시합니다.

또한 GCP는 웹 브라우저에서 직접 사용할 수 있는 (구성이 사전에 완료된) 셸^{shell} 환경인 구 글 클라우 셸을 제공합니다. 이 셸이 실행되는 무료 리눅스 가상 머신(데비안)에는 구글 클라 우드 SDK가 사전에 설치 및 설정되어 있으므로 따로 인증할 필요가 없습니다. 클라우드 셸은 GCP의 어느 곳에서나 사용할 수 있습니다. 페이지 오른쪽 상단의 Cloud Shell 활성화 아이 콘을 클릭하기만 하면 됩니다(그림 19-4).

그림 19-4 구글 클라우드 셸 활성화하기

컴퓨터에 CLI를 설치(*https://homl.info/gcloud*)하려면 설치 후에 gcloud init을 실행하 여 초기화해야 합니다. 가이드를 따라서 GCP에 로그인하고 GCP 리소스에 대한 액세스 권한 을 부여합니다. 그다음 (둘 이상 있는 경우) 사용하려는 기본 GCP 프로젝트와 작업을 실행할 기본 리전^{region}을 선택해야 합니다.

GCP 서비스를 사용하기 전에 가장 먼저 해야 할 일은 인증입니다. 코랩을 사용할 때 가장 간 단한 방법은 다음 코드를 실행하는 것입니다.

```
from google.colab import auth

auth.authenticate_user()
```

인증 프로세스는 OAuth 2.0(*https://oauth.net/*) 기반입니다. 팝업 창이 뜨면 코랩 노트북 이 내 구글 사용자 인증 정보에 액세스하도록 허용할 것인지 확인하는 메시지가 표시됩니다. 허용하려면 GCP에 사용했던 것과 동일한 구글 계정을 선택해야 합니다. 다음으로 코랩에 구글 드라이브와 GCP의 모든 데이터에 대한 전체 액세스 권한을 부여하는 데 동의하는지 확인하는 메시지가 표시됩니다. 액세스를 허용하면 현재 노트북에만 액세스 권한이 주어지는데 코랩 런타임이 만료될 때까지만 가능합니다. 물론 노트북의 코드를 신뢰하는 경우에만 이를 수락해야 합니다.

> **⚠ CAUTION** `https://github.com/rickiepark/handson-ml3`의 공식 노트북으로 작업하는 것이 아니라면 주의를 기울여야 합니다. 노트북 작성자가 악의적인 경우 여러분의 데이터를 마음대로 조작할 수 있는 코드를 포함시킬 수 있습니다.

GCP에서의 인증 및 권한 부여

일반적으로 애플리케이션이 사용자를 대신해 다른 애플리케이션에서 사용자의 개인 데이터나 리소스에 액세스해야 할 때만 OAuth 2.0 인증을 사용하는 것이 좋습니다. 예를 들어 일부 애플리케이션에서는 사용자가 구글 드라이브에 데이터를 저장할 수 있지만 이를 위해서는 먼저 애플리케이션에서 사용자가 구글에 인증하고 구글 드라이브에 대한 액세스를 허용해야 합니다. 보통 애플리케이션은 필요한 수준의 액세스만 요청하며 무제한 액세스는 허용하지 않습니다. 예를 들어 애플리케이션은 Gmail이나 다른 구글 서비스가 아닌 구글 드라이브에 대한 액세스만 요청합니다. 또한 승인은 일반적으로 일정 시간이 지나면 만료되며 언제든지 취소할 수 있습니다.

애플리케이션이 사용자를 대신하지 않고 자신을 대신하여 GCP의 서비스에 액세스해야 하는 경우 일반적으로 **서비스 계정**service account을 사용해야 합니다. 예를 들어 예측 요청을 버텍스 AI 엔드포인트endpoint로 보내야 하는 웹 사이트를 구축한다면 웹 사이트는 자신을 대신하여 서비스에 액세스하게 됩니다. 사용자의 구글 계정은 액세스해야 하는 데이터나 리소스가 없습니다. 실제로 많은 웹 사이트 사용자는 구글 계정이 없을 것입니다. 이런 시나리오에서는 먼저 서비스 계정을 만들어야 합니다. GCP 콘솔의 네비게이션 메뉴(☰)에서(또는 검색 상자를 사용하여) [IAM 및 관리자] → [서비스 계정]을 선택한 다음 [+ 서비스 계정 만들기]를 클릭하고 양식의 첫 페이지(서비스 계정 이름, ID, 설명)를 입력한 후 [만들고 계속하기]를 클릭합니다. 그다음 이 계정에 몇 가지 액세스 권한을 부여해야 합니다. 여기서 버텍스 AI 사용자 역할을 선택합니다. 이 역할은 서비스 계정으로 예측을 수행하고 다른 버텍스 AI 서비스를 사용할 수 있지만 다른 권한은 허용하지 않습니다. 이어서 [계속]을 클릭합니다. 이제 일부 사용자에게 서비스 계정에 대한 액세스 권한을 선택적으로 부여할 수 있습니다. 이 기능은 GCP 사용자 계정이 조직의 일부이고 조직 내 다른 사용자에게 이 서비스 계정을 기반으로 하는 애플리케이션을 배포하거나 서비스 계정 자체를 관리할 수 있는 권한을 부여하려는 경우에 유용합니다. 마지막으로 [완료]를 클릭합니다.

서비스 계정을 만든 후에는 애플리케이션이 해당 서비스 계정으로 인증되어야 합니다. 인증하는 방법에는 여러 가지가 있습니다. 애플리케이션이 GCP에서 호스팅되는 경우(예를 들어 구글 컴퓨트 엔진$^{Google\ Compute\ Engine}$에서 호스팅되는 웹 사이트) 가장 간단하고 안전한 솔루션은 서비스 계정을 가상 머신 인스턴스나 구글 앱 엔진$^{Google\ App\ Engine}$ 서비스 등 웹 사이트를 호스팅하는 GCP 리소스에 연결하는 것입니다. 이 작업은 GCP 리소스를 만들 때 'ID 및 API 액세스' 섹션에서 서비스 계정을 선택하여 수행할 수 있습니다. 가상 머신 인스턴스와 같은 일부 리소스는 가상 머신 인스턴스가 생성된 후에도 서비스 계정을 연결할 수 있습니다. 다만 해당 인스턴스를 중지하고 설정을 편집해야 합니다. 어떤 경우든 서비스 계정이 가상 머신 인스턴스 또는 코드를 실행하는 다른 GCP 리소스에 연결되면 GCP의 클라이언트 라이브러리(곧 설명합니다)는 추가 단계 없이 선택한 서비스 계정으로 자동 인증됩니다.

애플리케이션이 쿠버네티스를 사용하여 호스팅되는 경우 구글의 워크로드 식별 서비스를 사용하여 올바른 서비스 계정을 각 쿠버네티스 서비스 계정에 매핑해야 합니다. 애플리케이션이 GCP에서 호스팅되지 않는 경우(⑩ 로컬 컴퓨터에서 주피터 노트북을 실행하는 경우) 가장 안전하지만 가장 어려운 옵션인 워크로드 아이덴티티 제휴$^{Workload\ Identity\ Federation}$ 서비스를 사용해야 합니다. 또는 서비스 계정에 대한 액세스 키를 생성하여 JSON 파일에 저장하고 클라이언트 애플리케이션이 액세스할 수 있도록 `GOOGLE_APPLICATION_CREDENTIALS` 환경 변수에 파일 경로를 지정합니다. 방금 만든 서비스 계정을 클릭한 다음 '키' 탭을 열어 액세스 키를 관리할 수 있습니다. 키 파일은 서비스 계정의 비밀번호와 같으므로 반드시 비밀로 유지해야 합니다.

애플리케이션이 GCP 서비스에 액세스할 수 있도록 인증 및 권한을 설정하는 방법에 관한 더 자세한 내용은 온라인 문서(`https://homl.info/gcpauth`)를 참고하세요.

이제 SavedModel을 저장할 구글 클라우드 스토리지(GCS) **버킷**^{becket}(데이터를 저장하는 컨테이너)을 만들어보겠습니다. 이를 위해 코랩에 미리 설치되어 있는 google-cloud-storage 라이브러리를 사용하겠습니다. 먼저 GCS와의 인터페이스 역할을 할 `Client` 객체를 생성한 다음 이를 사용하여 버킷을 생성합니다.

```
from google.cloud import storage

project_id = "my_project" # 이를 프로젝트 ID로 바꾸세요.
bucket_name = "my_bucket" # 이를 고유한 버킷 이름으로 바꾸세요.
location = "us-central1"

storage_client = storage.Client(project=project_id)
bucket = storage_client.create_bucket(bucket_name, location=location)
```

TIP 기존 버킷을 재사용하려면 마지막 줄을 bucket = storage_client.bucket(bucket_name)으로 바꾸세요. location이 버킷의 리전으로 설정되어 있는지 확인하세요.

GCS는 버킷을 위해 전 세계에 걸쳐 하나의 네임스페이스^{namespace}를 사용하므로 "machine-learning"과 같은 단순한 이름은 사용하지 못할 가능성이 높습니다. 버킷 이름이 DNS 레코드에 사용될 수 있으므로 DNS 명명 규칙을 준수하는지 확인하세요. 또한 버킷 이름은 공개되므로 이름에 사적인 내용을 넣지 마세요. 고유성을 보장하기 위해 도메인 이름, 회사 이름, 프로젝트 ID 등을 접두사로 사용하거나 임의의 숫자를 이름에 사용하는 것이 일반적입니다.

원하는 경우 리전을 변경할 수 있지만 GPU를 지원하는 리전을 선택해야 합니다. 또한 리전마다 가격이 크게 다릅니다. 일부 리전은 다른 리전보다 훨씬 많은 이산화탄소를 배출하고, 일부 리전은 모든 서비스를 지원하지 않습니다. 또한 단일 리전 버킷을 사용하면 성능이 향상된다는 사실도 고려할 수 있습니다. 자세한 내용은 구글 클라우드의 리전 목록(*https://homl.info/regions*)과 버텍스 AI의 리전 관련 설명서(*https://homl.info/locations*)를 참고하세요. 확실하지 않은 경우 "us-central1"을 사용하는 것이 가장 좋습니다.

my_mnist_model 디렉터리를 새 버킷에 업로드해보겠습니다. GCS에서는 파일을 **블롭**^{blob}(또는 **오브젝트**^{object})이라고 부르며, 내부적으로는 버킷에 디렉터리 구조 없이 배치됩니다. 블롭 이름은 임의의 유니코드 문자열일 수 있으며 슬래시(/)를 포함할 수도 있습니다. GCP 콘솔과 다른 도구는 이러한 슬래시를 사용하여 디렉터리가 있는 것처럼 보이게 합니다. 따라서 my_mnist_model 디렉터리를 업로드할 때는 디렉터리 말고 파일만 신경 쓰면 됩니다.

```
def upload_directory(bucket, dirpath):
    dirpath = Path(dirpath)
    for filepath in dirpath.glob("**/*"):
```

```
        if filepath.is_file():
            blob = bucket.blob(filepath.relative_to(dirpath.parent).as_posix())
            blob.upload_from_filename(filepath)

upload_directory(bucket, "my_mnist_model")
```

이 함수는 지금은 잘 작동하지만 업로드할 파일이 많으면 속도가 매우 느려집니다. 멀티스레딩을 통해 속도를 크게 높이는 것은 그리 어렵지 않습니다(구현 방법은 노트북을 참고하세요). 구글 클라우드 CLI를 사용하는 경우에는 다음 명령을 사용할 수 있습니다.

```
!gsutil -m cp -r my_mnist_model gs://{bucket_name}/
```

다음으로 버텍스 AI에 MNIST 모델에 관해 알려줍니다. 버텍스 AI와 통신하기 위해 google-cloud-aiplatform 라이브러리를 사용할 수 있습니다(이 라이브러리는 아직 버텍스 AI 대신 이전 AI 플랫폼 이름을 사용합니다). 이 라이브러리는 코랩에 설치되어 있지 않으므로 직접 설치해야 합니다. 설치 후에는 라이브러리를 임포트하고 초기화합니다(프로젝트 ID와 위치에 대한 몇 가지 기본값을 지정합니다). 그다음 표시할 이름, 모델의 GCS 경로(이 경우 버전 0001), 버텍스 AI가 이 모델을 실행하는 데 사용할 도커 컨테이너의 URL을 지정하여 새로운 버텍스 AI 모델을 만듭니다. 해당 URL을 방문하여 한 단계 위로 이동하면 사용할 수 있는 다른 컨테이너를 찾을 수 있습니다. 이 컨테이너는 GPU가 있는 텐서플로 2.8을 지원합니다.

```
from google.cloud import aiplatform

server_image = "gcr.io/cloud-aiplatform/prediction/tf2-gpu.2-8:latest"

aiplatform.init(project=project_id, location=location)
mnist_model = aiplatform.Model.upload(
    display_name="mnist",
    artifact_uri=f"gs://{bucket_name}/my_mnist_model/0001",
    serving_container_image_uri=server_image,
)
```

이제 모델을 배포하고 gRPC 또는 REST API로 쿼리하여 예측을 수행해보겠습니다. 이를 위해서는 먼저 **엔드포인트**를 만들어야 합니다. 엔드포인트는 클라이언트 애플리케이션이 서비스에 액세스하려고 할 때 연결하는 곳입니다. 그리고 이 엔드포인트에 모델을 배포합니다.

```
endpoint = aiplatform.Endpoint.create(display_name="mnist-endpoint")

endpoint.deploy(
    mnist_model,
    min_replica_count=1,
    max_replica_count=5,
    machine_type="n1-standard-4",
    accelerator_type="NVIDIA_TESLA_K80",
    accelerator_count=1
)
```

버텍스 AI가 가상 머신을 준비해야 하므로 코드를 실행하는 데 몇 분 정도 걸릴 수 있습니다. 이 예제에서는 **n1-standard-4** 유형의 매우 기본적인 머신을 사용합니다(다른 유형은 *https://homl.info/machinetypes*를 참고하세요). 또한 **NVIDIA_TESLA_K80** 유형의 기본 GPU를 사용합니다(다른 유형은 *https://homl.info/accelerators*를 참고하세요). "us-central1"이 아닌 다른 리전을 선택한 경우 머신 유형 또는 가속기 유형을 해당 리전에서 지원하는 값으로 변경해야 할 수 있습니다(예를 들어 모든 리전에 Nvidia Tesla K80 GPU가 있지는 않습니다).

> **NOTE** 구글 클라우드 플랫폼은 전 세계 및 리전별로 다양한 GPU 할당량을 부여합니다. 구글의 사전 승인 없이는 수천 개의 GPU 노드를 만들 수 없습니다. 할당량을 확인하려면 GCP 콘솔에서 [IAM 및 관리자] → [할당량]을 엽니다. 일부 할당량이 너무 낮다면(예를 들면 특정 리전에서 더 많은 GPU가 필요하다면) 쿼터를 늘려달라고 요청할 수 있으며 보통 48시간 정도 소요됩니다.

버텍스 AI는 처음에 최소한의 컴퓨팅 노드(이 경우 1개)를 생성합니다. 초당 쿼리 수가 너무 많아지면 더 많은 노드(이 경우 사용자가 정의한 최대 개수인 5개까지)를 생성하고 노드 간에 쿼리를 로드 밸런싱합니다. QPS 속도가 잠시 동안 낮아지면 버텍스 AI는 추가 컴퓨팅 노드를 자동으로 중지합니다. 따라서 비용은 부하뿐만 아니라 선택한 머신 및 가속기 유형과 GCS에 저장하는 데이터의 양과도 직접적으로 연관되어 있습니다. 이 요금 모델은 가끔 사용하는 사용자나 사용량이 급증하는 서비스에 적합합니다. 또한 스타트업이 실제로 서비스를 시작할 때까지 가격이 낮게 유지되므로 스타트업에 이상적입니다.

축하합니다, 첫 번째 모델을 클라우드에 배포했습니다! 이제 이 예측 서비스를 사용해보겠습니다.

```
response = endpoint.predict(instances=X_new.tolist())
```

앞서 REST API를 사용하여 TF 서빙에 요청을 보냈을 때와 마찬가지로 분류하려는 이미지를 먼저 파이썬 리스트로 변환해야 합니다. 응답 객체에는 예측값이 포함되어 있으며, 이는 실수로 채워진 파이썬 리스트의 리스트로 표현됩니다. 소수점 이하 두 자리로 반올림하여 넘파이 배열로 변환해보죠.

```
>>> import numpy as np
>>> np.round(response.predictions, 2)
array([[0.  , 0.  , 0.  , 0.  , 0.  , 0.  , 0.  , 1.  , 0.  , 0.  ],
       [0.  , 0.  , 0.99, 0.01, 0.  , 0.  , 0.  , 0.  , 0.  , 0.  ],
       [0.  , 0.97, 0.01, 0.  , 0.  , 0.  , 0.  , 0.01, 0.  , 0.  ]])
```

이전과 똑같은 예측 결과를 얻었습니다. 이제 어디서나 안전하게 쿼리할 수 있고 QPS 수에 따라 자동으로 확장 또는 축소할 수 있는 멋진 예측 서비스를 클라우드에서 실행할 수 있게 되었습니다. 엔드포인트 사용이 끝나면 비용이 지불되지 않도록 엔드포인트를 삭제하는 것을 잊지 마세요.

```
endpoint.undeploy_all() # 엔드포인트에서 모든 모델을 회수합니다.
endpoint.delete()
```

이제 매우 큰 데이터 배치에 대한 예측을 수행하는 작업을 버텍스 AI에서 실행하는 방법을 살펴보겠습니다.

19.1.3 버텍스 AI에서 배치 예측 작업 실행하기

많은 수의 예측을 수행해야 하는 경우 예측 서비스를 반복적으로 호출하는 대신 버텍스 AI에 예측 작업을 실행하도록 요청할 수 있습니다. 여기에는 엔드포인트가 필요하지 않고 모델만 있으면 됩니다. 예를 들어 테스트 세트의 처음 100개 이미지에 대해 MNIST 모델을 사용하여 예측 작업을 실행해보겠습니다. 이를 위해서는 먼저 배치를 준비하여 GCS에 업로드해야 합니다. 이를 수행하는 한 가지 방법은 한 줄당 하나의 샘플을 JSON 값으로 표현한 파일(이 포맷

을 JSON Lines라고 함)을 만든 다음 이 파일을 버텍스 AI에 전달하는 것입니다. 새 디렉터리
에 JSON Lines 파일을 생성하고 이 디렉터리를 GCS에 업로드해봅시다.

```
batch_path = Path("my_mnist_batch")
batch_path.mkdir(exist_ok=True)
with open(batch_path / "my_mnist_batch.jsonl", "w") as jsonl_file:
    for image in X_test[:100].tolist():
        jsonl_file.write(json.dumps(image))
        jsonl_file.write("\n")

upload_directory(bucket, batch_path)
```

이제 예측 작업을 시작할 준비가 되었습니다. 작업 이름, 사용할 머신 및 가속기의 유형과 개
수, 방금 생성한 JSON Lines 파일의 GCS 경로, 버텍스 AI가 모델의 예측을 저장할 GCS 디
렉터리 경로를 지정합니다.

```
batch_prediction_job = mnist_model.batch_predict(
    job_display_name="my_batch_prediction_job",
    machine_type="n1-standard-4",
    starting_replica_count=1,
    max_replica_count=5,
    accelerator_type="NVIDIA_TESLA_K80",
    accelerator_count=1,
    gcs_source=[f"gs://{bucket_name}/{batch_path.name}/my_mnist_batch.jsonl"],
    gcs_destination_prefix=f"gs://{bucket_name}/my_mnist_predictions/",
    sync=True # 기다리지 않으려면 False로 지정하세요.
)
```

TIP 대규모 배치의 경우 입력을 여러 개의 JSON Lines 파일로 분할하고 gcs_source 매개변수에 모두 나열할
수 있습니다.

이 작업은 몇 분 정도 걸리며 대부분 버텍스 AI에서 컴퓨팅 노드를 생성하기 위한 시간입니다.
이 명령이 완료되면 예측은 prediction.results-00001-of-00002와 같은 파일에 저장됩니
다. 이러한 파일은 기본적으로 JSON Lines 포맷을 사용하며, 각 값은 샘플과 이에 해당하는
예측(◉ 10개의 확률)을 포함하는 딕셔너리입니다. 샘플은 입력과 동일한 순서대로 나열됩니
다. 이 작업은 또한 prediction-errors* 파일을 출력하므로 문제가 발생할 경우 디버깅에 사

용할 수 있습니다. 이 모든 출력 파일은 batch_prediction_job.iter_outputs()을 사용하여 반복할 수 있으므로 모든 예측을 읽어서 y_probas 배열에 저장해보겠습니다.

```
y_probas = []
for blob in batch_prediction_job.iter_outputs():
    if "prediction.results" in blob.name:
        for line in blob.download_as_text().splitlines():
            y_proba = json.loads(line)["prediction"]
            y_probas.append(y_proba)
```

이제 예측이 얼마나 좋은지 알아보죠.

```
>>> y_pred = np.argmax(y_probas, axis=1)
>>> accuracy = np.sum(y_pred == y_test[:100]) / 100
0.98
```

좋네요. 98%의 정확도입니다!

JSON Lines 포맷이 기본값이지만 이미지와 같은 큰 샘플을 처리할 때는 너무 장황합니다. 다행히도 batch_predict() 메서드는 원하는 다른 포맷을 선택할 수 있는 instances_format 매개변수를 제공합니다. 기본값은 "jsonl"이지만 "csv", "tf-record", "tf-record-gzip", "bigquery", "file-list"로 바꿀 수 있습니다. "file-list"로 설정하는 경우 gcs_source 매개변수는 한 줄당 하나의 입력 파일 경로를 포함하는 텍스트 파일을 가리켜야 합니다(예를 들면 PNG 이미지 파일을 가리킵니다). 버텍스 AI는 이러한 파일을 바이너리로 읽고 Base64를 사용하여 인코딩한 후 결과 바이트 문자열을 모델에 전달합니다. 따라서 모델에 전처리 층을 추가하고 tf.io.decode_base64()를 사용하여 Base64 문자열을 파싱해야 합니다. 파일이 이미지인 경우 13장에서 설명한 대로 tf.io.decode_image() 또는 tf.io.decode_png()와 같은 함수를 사용하여 이 결과를 파싱해야 합니다.

모델 사용을 마쳤으면 mnist_model.delete()를 실행하여 원하는 경우 삭제할 수 있습니다. GCS 버킷에서 생성한 디렉터리, (비어 있다면) 선택적으로 버킷 자체, 배치 예측 작업도 삭제할 수 있습니다.

```
for prefix in ["my_mnist_model/", "my_mnist_batch/", "my_mnist_predictions/"]:
    blobs = bucket.list_blobs(prefix=prefix)
    for blob in blobs:
        blob.delete()

bucket.delete() # bucket이 비어있다면 삭제
batch_prediction_job.delete()
```

지금까지 모델을 버텍스 AI에 배포하고, 예측 서비스를 생성하고, 일괄 예측 작업을 실행하는 방법을 알아보았습니다. 모델을 모바일 앱에 배포하고 싶을 땐 어떻게 해야 할까요? 또는 난방 제어 시스템, 피트니스 트래커, 자율 주행 차량과 같은 임베디드 디바이스에 배포하려면 어떻게 해야 할까요?

19.2 모바일 또는 임베디드 디바이스에 모델 배포하기

머신러닝 모델은 여러 개의 GPU를 갖춘 대규모 중앙 서버에서만 실행되는 것이 아니라 모바일 또는 임베디드 디바이스 같이 데이터 소스에 더 가까운 곳에서도 실행될 수 있습니다(이를 **엣지 컴퓨팅**edge computing이라고 합니다). 중앙 집중적인 계산을 탈피하여 엣지로 이동하면 인터넷에 연결되지 않은 상태에서도 디바이스가 스마트한 기능을 유지할 수 있습니다. 또한 원격 서버로 데이터를 전송할 필요가 없어 지연 시간이 줄고 서버의 부하가 감소되며, 사용자의 데이터가 디바이스에 남아 있으므로 개인 정보 보호 측면에서도 이점이 있습니다.

하지만 단점도 있습니다. 엣지 디바이스의 컴퓨팅 자원은 일반적으로 강력한 멀티 GPU 서버에 비해 작습니다. 큰 모델은 디바이스에 맞지 않거나, RAM과 CPU를 너무 많이 사용하거나, 다운로드하는 데 시간이 너무 오래 걸릴 수 있습니다. 결과적으로 애플리케이션이 응답하지 않거나 디바이스가 과열되어 배터리가 빨리 소모될 수 있습니다. 이를 피하려면 정확도를 크게 낮추지 않으면서도 효율적이고 경량인 모델이 필요합니다. TFLite(*https://tensorflow.org/lite*) 라이브러리는 모델을 엣지에 배포하는 데 도움이 되는 여러 가지 도구[9]를 제공합니다. 이 과정에는 다음과 같은 세 가지 목표가 있습니다.

---

9 계산 그래프 수정과 최적화를 위한 텐서플로의 그래프 변환 도구(*https://homl.info/tfgtt*)도 확인해보세요.

- 다운로드 시간과 RAM 사용량을 줄이기 위해 모델 크기를 줄입니다.
- 응답 속도, 배터리 사용량, 발열을 줄이기 위해 예측에 필요한 계산량을 줄입니다.
- 모델을 특정 디바이스의 제약 조건에 맞춥니다.

모델 크기를 줄이기 위해 TFLite의 모델 변환기는 SavedModel을 받아 FlatBuffers (*https://google.github.io/flatbuffers*) 기반의 경량 포맷으로 압축합니다. 이 라이브러리는 구글이 게임을 위해 만든 플랫폼에 종속적이지 않은 직렬화[serialization] 라이브러리(프로토콜 버퍼와 조금 비슷합니다)입니다. FlatBuffers는 어떤 전처리도 없이 바로 RAM으로 로드될 수 있습니다. 이를 통해 로드에 걸리는 시간과 메모리 사용을 줄입니다. 모델이 모바일이나 임베디드 디바이스에 로드되면 TFLite 인터프리터가 이 모델을 실행하여 예측을 만듭니다. 다음 코드는 SavedModel을 FlatBuffers로 변환하여 `.tflite` 파일로 저장합니다.

```
converter = tf.lite.TFLiteConverter.from_saved_model(str(model_path))
tflite_model = converter.convert()
with open("my_converted_savedmodel.tflite", "wb") as f:
    f.write(tflite_model)
```

TIP tf.lite.TFLiteConverter.from_keras_model(model)을 사용해 케라스 모델을 바로 FlatBuffers로 저장할 수도 있습니다.

변환기는 크기와 지연 시간을 줄이기 위해 모델 최적화도 수행합니다. 예측에 필요하지 않은 모든 연산(예 훈련 연산)을 삭제하고 가능한 연산을 최적화합니다. 예를 들어 $3 \times a + 4 \times a + 5 \times a$는 $12 \times a$로 변환될 것입니다. 또한 가능한 경우 연산을 결합합니다. 예를 들어 가능한 경우 배치 정규화 층은 이전 층에 덧셈 연산과 곱셈 연산으로 합쳐질 수 있습니다. TFLite가 모델을 얼마나 최적화할 수 있는지 알아보려면 Inception_V1_quant와 같은 사전 훈련된 TFLite 모델(*https://homl.info/litemodels*) 하나를 다운로드하여 압축을 해제하세요 (tflite&pb를 클릭하세요). 그다음 멋진 그래프 시각화 도구인 Netron(*https://lutzroeder.github.io/netron*)에 접속해 .pb 파일을 업로드하고 원본 모델을 확인해보세요. 크고 복잡한 그래프가 나올 것입니다. 맞죠? 이번에는 최적화된 `.tflite` 모델을 업로드해보세요. 얼마나 아름다운 그래프인가요!

(단순히 작은 신경망을 사용하는 것 외에) 모델 크기를 줄이는 또 다른 방법은 조금 더 작은 비트 길이를 사용하는 것입니다. 예를 들면 단정도 실수(32비트) 대신 반정도 실수[half-float](16비

트)를 사용하면 정확도를 (일반적으로 조금) 잃는 대신 모델의 크기가 두 배로 줄어듭니다. 또한 훈련 속도가 더 빨라지고 GPU RAM 사용량이 거의 절반으로 줄어들 것입니다.

TFLite 변환기는 거기에 더해 모델의 가중치를 고정 소수점인 8비트 정수로 압축합니다! 32비트 실수와 비교하면 크기가 4배나 줄어듭니다. 가장 간단한 방법은 훈련 후 양자화 post-training quantization입니다. 훈련이 끝난 후 아주 기본적이지만 효율적인 대칭 양자화 기법을 사용해 가중치를 압축합니다. 가장 큰 절댓값 가중치 m을 찾고 부동소수 범위 $-m$에서 $+m$까지를 고정소수점 (정수) 범위 -127에서 $+127$까지로 매핑합니다. 예를 들어 가중치 범위가 -1.5에서 $+0.8$이면 바이트 값 -127, 0, $+127$은 각각 실수 -1.5, 0.0, $+1.5$에 대응됩니다(그림 19-5). 대칭 양자화를 사용하므로 0.0은 항상 0에 매핑됩니다. $+0.8$보다 큰 실수에 매핑되는 바이트 값 $+68$에서 $+127$까지는 사용되지 않습니다.

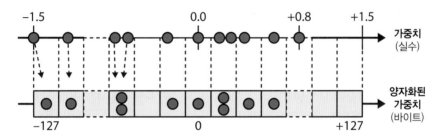

그림 19-5 대칭 양자화를 사용한 32비트 부동소수를 8비트 정수로 변환하기

훈련 후 양자화를 수행하려면 convert() 메서드를 호출하기 전에 DEFAULT를 변환기 최적화 리스트에 추가하면 됩니다.

```
converter.optimizations = [tf.lite.Optimize.DEFAULT]
```

이 기법은 모델의 크기를 아주 크게 줄여주므로 모델을 훨씬 빠르게 다운로드할 수 있고 저장 공간도 덜 차지합니다. 실행할 때는 양자화된 가중치를 사용하기 전에 부동소수로 다시 바꾸어야 합니다. 복원된 부동소수는 원래 부동소수와 완전히 같지 않습니다. 하지만 차이가 크지 않아서 정확도 감소는 일반적으로 납득할 만한 수준입니다. 모델 속도가 크게 저하되는 부동소수점 값 재계산을 피하기 위해 TFLite는 이를 캐싱합니다. 안타깝게도 이 기술은 RAM 사용량을 줄이지 않으며 모델 속도도 향상시키지 않습니다. 이 기술은 주로 애플리케이션의 크기를 줄이는 데 유용합니다.

응답 지연과 전력 소모를 줄이는 가장 효과적인 방법은 활성화 출력도 양자화하는 것입니다. 어떤 부동소수 연산도 필요하지 않고 모든 계산을 정수로 수행할 수 있습니다. 동일한 비트 길이를 사용하면(⑩ 32비트 부동소수 대신 32비트 정수) 정수 계산이 CPU를 더 적게 사용하고 전력 소모와 발열이 줄어듭니다. 또한 비트 길이를 줄이면(예를 들어 8비트 정수로 줄이면) 속도가 매우 빨라집니다. 또한 구글의 엣지 TPU$^{Edge\ TPU}$와 같은 일부 신경망 가속 장치는 정수만 처리할 수 있습니다. 따라서 가중치와 활성화 값을 모두 양자화하는 것은 필수적입니다. 이는 훈련 후에 처리할 수 있습니다. 최대 활성화 절댓값을 찾으려면 보정^{calibration} 단계가 필요합니다. 따라서 훈련 데이터에서 대표 샘플을 TFLite에 전달해야 합니다(아주 많지 않아도 됩니다). 이 데이터를 모델에 통과시키고 양자화를 위해 필요한 활성화 통계를 측정합니다. 이 단계는 일반적으로 빠릅니다.

양자화의 주요 문제는 정확도를 약간 희생하는 것입니다. 이는 가중치와 활성화 값에 잡음을 추가하는 것과 같습니다. 정확도 손실이 너무 크면 **양자화를 고려한 훈련**$^{quantization-aware\ training}$이 필요할 수 있습니다. 모델에 가짜 양자화 연산을 추가하여 훈련하는 동안 양자화 잡음을 무시하도록 학습할 수 있습니다. 최종 가중치는 양자화에 더 안정적일 것입니다. 또한 보정 단계는 훈련하는 동안 자동으로 처리될 수 있어 전체 과정을 간소화합니다.

여기서는 TFLite의 핵심 개념을 설명했습니다. 모바일 앱이나 임베디드 프로그램을 만드는 것을 설명하려면 책 한 권이 필요합니다. 다행히 한 권이 있습니다. 모바일이나 임베디드 디바이스를 위한 텐서플로 애플리케이션 작성 방법을 알고 싶다면 (TFLite 팀의 리더인) 피트 워든 $^{Pete\ Warden}$과 대니얼 시투나야케$^{Daniel\ Situnayake}$가 쓴 『초소형 머신러닝 TinyML』(한빛미디어, 2020)와 로런스 모로니 $^{Laurence\ Moroney}$가 쓴 『온디바이스 AI』(한빛미디어, 2022)를 참고하세요.

이제 사용자의 브라우저에서 실행되는 웹 사이트에서 모델을 사용하고 싶다면 어떻게 해야 할까요?

19.3 웹 페이지에서 모델 실행하기

머신러닝 모델을 서버 측이 아닌 클라이언트 측인 사용자 브라우저에서 실행하는 것은 다음과 같은 여러 시나리오에서 유용합니다.

- 사용자의 연결이 간헐적이거나 느린 상황에서 웹 애플리케이션을 자주 사용할 때(◎ 등산객을 위한 웹 사이트)는 클라이언트 측에서 직접 모델을 실행하는 것이 웹 사이트를 안정적으로 만드는 유일한 방법입니다.
- 모델의 응답이 가능한 한 빨라야 하는 경우(◎ 온라인 게임) 예측을 위해 서버에 쿼리할 필요가 없어지면 대기 시간이 확실히 줄어들고 웹 사이트의 응답 속도가 훨씬 빨라집니다.
- 웹 서비스에서 일부 비공개 사용자 데이터를 기반으로 예측을 수행할 때 클라이언트 측에서 예측을 수행하여 비공개 데이터가 사용자의 컴퓨터 밖으로 나가지 않게 함으로써 사용자의 개인 정보를 보호할 수 있습니다.

이러한 모든 시나리오에 대해 TensorFlow.js (TFJS) 자바스크립트 라이브러리(*https://tensorflow.org/js*)를 사용할 수 있습니다. 이 라이브러리는 TFLite 모델을 로드하고 사용자의 브라우저에서 직접 예측을 수행할 수 있습니다. 예를 들어 다음 자바스크립트 모듈은 TFJS 라이브러리를 임포트하고 사전 훈련된 MobileNet 모델을 다운로드합니다. 그다음 이 모델을 사용하여 이미지를 분류하고 예측을 로그에 기록합니다. 브라우저에서 무료로 웹 앱을 만들 수 있는 웹 사이트인 Glitch (*https://homl.info/tfjscode*)에서 이 코드를 사용해볼 수 있습니다. 페이지 오른쪽 하단의 [PREVIEW] 버튼을 클릭하면 코드가 실제로 작동하는 모습을 볼 수 있습니다.

```
import "https://cdn.jsdelivr.net/npm/@tensorflow/tfjs@latest";
import "https://cdn.jsdelivr.net/npm/@tensorflow-models/mobilenet@1.0.0";

const image = document.getElementById("image");

mobilenet.load().then(model => {
    model.classify(image).then(predictions => {
        for (var i = 0; i < predictions.length; i++) {
            let className = predictions[i].className
            let proba = (predictions[i].probability * 100).toFixed(1)
            console.log(className + " : " + proba + "%");
        }
    });
});
```

이 웹 사이트를 **프로그레시브 웹 앱**^{progressive web app}(PWA)으로 전환할 수도 있습니다. PWA는 여러 기준[10]을 준수하는 웹 사이트로, 모든 브라우저에서 볼 수 있으며 심지어는 모바일 디바이스에 독립형 앱으로 설치할 수 있습니다. 모바일 디바이스에서 *https://homl.info/tfjswpa*를 방문해보세요. 대부분의 최신 브라우저에서 TFJS 데모를 홈 화면에 추가할지 여부를 묻는 메시지가 나타날 것입니다. 수락하면 애플리케이션 목록에 새 아이콘이 표시됩니다. 이 아이콘을 클릭하면 일반 모바일 앱과 마찬가지로 자체 창에 TFJS 데모 웹 사이트가 로드됩니다. **서비스 워커**^{service worker}를 사용하여 PWA를 오프라인으로 실행하도록 설정할 수도 있습니다. 서비스 워커는 자바스크립트 모듈로, 브라우저에서 별도의 스레드로 실행되며, 네트워크 요청을 가로채 리소스를 캐싱하여 PWA를 더 빠르게 실행하거나 완전히 오프라인으로 실행할 수 있습니다. 또한 푸시 메시지를 전달하고 백그라운드에서 작업을 실행하는 등의 작업을 수행할 수 있습니다. PWA를 사용하면 웹과 모바일 디바이스를 단일 코드 베이스로 관리할 수 있습니다. 또한 손쉽게 모든 사용자가 동일한 버전의 애플리케이션을 실행할 수 있습니다. 이 TFJS 데모의 PWA 코드는 Glitch(*https://homl.info/wpacode*)에서 확인할 수 있습니다.

> **TIP** 더 많은 브라우저 기반 머신러닝 모델의 데모는 *https://tensorflow.org/js/demos*에서 확인하세요.

TFJS는 웹 브라우저에서 직접 모델을 훈련하는 기능도 지원합니다! 그리고 실제로 꽤 빠릅니다. 컴퓨터에 GPU 카드가 있다면 일반적으로 Nvidia 카드가 아니더라도 TFJS를 사용할 수 있습니다. 실제로 TFJS는 WebGL을 사용할 수 있는 경우 이를 사용합니다. 최신 웹 브라우저는 일반적으로 광범위한 GPU 카드를 지원하므로 실제로 TFJS는 일반(Nvidia 카드만 지원하는) 텐서플로보다 더 많은 GPU 카드를 지원합니다.

사용자의 웹 브라우저에서 모델을 학습시키는 것은 사용자의 데이터를 비공개로 유지하는 데 특히 유용합니다. 모델을 중앙에서 학습한 다음 해당 사용자의 데이터를 기반으로 브라우저에서 로컬로 미세 튜닝할 수 있습니다. 이 주제에 관심이 있다면 **연합 학습**^{federated learning}(*https://tensorflow.org/federated*)을 확인해보세요.

다시 말하지만 이 주제를 제대로 다루려면 책 한 권이 필요합니다. TensorFlow.js에 관해 자세히 알고 싶다면 『클라우드, 모바일 및 에지 기반의 딥러닝 실용가이드』(DK로드, 2020)

---

10 예를 들어 PWA에는 다양한 모바일 디바이스에 맞는 다양한 크기의 아이콘이 포함되어야 하며, HTTPS를 통해 제공되어야 하고, 앱 이름 및 배경 색상과 같은 메타데이터가 포함된 매니페스트(manifest) 파일이 포함되어야 합니다.

($https://homl.info/tfjsbook$)[11] 또는 『Learning TensorFlow.js』(O'Reilly Media, 2021) ($https://homl.info/tfjsbook2$)를 확인해보세요.

지금까지 TF 서빙 및 버텍스 AI를 사용하여 클라우드에 배포하는 방법, TFLite를 사용하여 모바일 및 임베디드 디바이스에 배포하는 방법, TFJS를 사용하여 웹 브라우저에 배포하는 방법을 살펴보았습니다. 다음으로 GPU를 사용하여 계산 속도를 높이는 방법에 관해 알아보겠습니다.

19.4 계산 속도를 높이기 위해 GPU 사용하기

11장에서 훈련을 빠르게 할 수 있는 몇 가지 기법을 소개했습니다. 더 나은 가중치 초기화, 고급 옵티마이저 등입니다. 이런 기법들을 모두 사용해도 하나의 CPU를 가진 단일 머신에서 대규모 신경망을 훈련하려면 몇 시간, 며칠 또는 몇 주가 걸릴 수 있습니다. 하지만 GPU를 사용하면 훈련 시간을 몇 분 혹은 몇 시간으로 줄일 수 있습니다. 이 뿐만 아니라 더 쉽게 다양한 모델을 실험하고 새로운 데이터에 모델을 자주 훈련할 수 있습니다.

이전 장에서는 구글 코랩에서 제공하는 GPU 런타임을 사용했습니다. 런타임 메뉴에서 [런타임 유형 변경]을 선택하고 하드웨어 가속기를 GPU로 선택하기만 하면 됩니다. 그럼 텐서플로가 자동으로 GPU를 감지하여 계산 속도를 높입니다. 코드는 GPU가 없을 때와 완전히 동일합니다. 앞서 여러 개의 GPU 컴퓨팅 노드가 있는 버텍스 AI로 모델을 배포하는 방법을 살펴봤습니다. 버텍스 AI 모델을 생성할 때 올바른 GPU 도커 이미지를 선택하고 `endpoint.deploy()`를 호출할 때 원하는 GPU 유형을 선택하기만 하면 됩니다. 하지만 자체 GPU를 구매하고 싶다면 어떻게 해야 할까요? 그리고 [그림 19-6]과 같이 단일 머신에서 CPU와 여러 GPU 장치에 걸쳐 계산을 분산하려면 어떻게 해야 할까요? 지금부터 이에 관해 알아보겠습니다. 그리고 이 장의 뒷부분에서 여러 서버에 계산을 분산하는 방법에 관해 논의하겠습니다.

---

11 옮긴이_ TFJS에 관한 또 다른 책으로 TFJS 팀이 직접 쓴 『구글 브레인팀에게 배우는 딥러닝 with TensorFlow.js』(길벗, 2022)를 추천합니다.

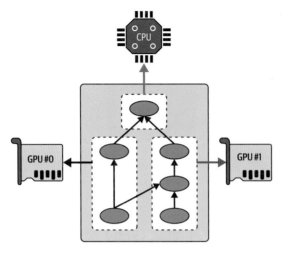

그림 19-6 여러 장치에서 텐서플로 그래프를 동시에 실행하기

19.4.1 GPU 구매하기

GPU를 장기간 많이 사용하게 될 것이 확실하다면 직접 구매하는 것이 경제적으로 합리적일 수 있습니다. 데이터를 클라우드에 업로드하고 싶지 않아 로컬에서 모델을 훈련하고자 GPU를 구매하려는 사람도 있을 것이고, 게임용으로 산 GPU를 딥러닝에도 사용하고 싶을 수 있습니다.

GPU 카드를 구매하기로 결정했다면 올바른 선택을 하기 위해 시간을 투자해야 합니다. 작업에 필요한 RAM 용량(🚰 이미지 처리 또는 NLP의 경우 일반적으로 최소 10GB), 대역폭 (GPU에서 데이터를 주고받을 수 있는 속도), 코어 수, 냉각 시스템 등을 고려해야 합니다. 팀 데트머Tim Dettmer가 쓴 블로그 글(*https://homl.info/66*)이 선택에 도움이 될 것입니다. 꼭 이 글을 자세히 읽어보세요. 이 책을 쓰는 시점에는 텐서플로가 CUDA 계산 능력compute capability 3.5 이상의 Nvidia 카드(*https://homl.info/cudagpus*)만 지원합니다(당연히 구글 TPU도 가능합니다). 하지만 다른 제조사로 지원을 확장할 수 있습니다. 현재 시점에 어떤 장치를 지원하는지 확인하려면 텐서플로 문서[12]를 참고하세요.

Nvidia GPU 카드를 사용하려면 적절한 Nvidia 드라이버와 몇 개의 Nvidia 라이브러리를 설치해야 합니다.[13] CUDA compute unified device architecture 라이브러리는 (그래픽 가속뿐만 아

---

12 *https://www.tensorflow.org/install*
13 설치 방법이 자주 바뀌므로 자세한 최신 정보는 온라인 문서를 참고하세요.

니라) 모든 종류의 연산에 대해 개발자가 CUDA 지원 GPU를 사용하기 위해 필요합니다. cuDNN$^{\text{CUDA deep neural network}}$은 DNN을 위한 저수준 GPU 가속 라이브러리입니다. cuDNN은 활성화 층, 정규화, 정방향과 역방향 합성곱, 풀링(14장 참고) 같이 널리 사용되는 DNN 연산을 제공합니다. 이 라이브러리는 Nvidia 딥러닝 SDK에 포함되어 있습니다. 이 라이브러리를 다운로드하려면 Nvidia 개발자 계정을 만들어야 합니다.[14] 텐서플로는 CUDA 와 cuDNN을 사용해 GPU 카드를 제어하고 계산 속도를 높입니다(그림 19-7).

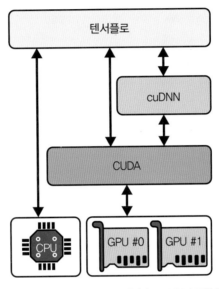

그림 19-7 텐서플로는 CUDA와 cuDNN을 사용해 GPU를 제어하고 DNN 속도를 높입니다.

GPU 카드와 필요한 드라이버와 라이브러리를 설치한 후에 `nvidia-smi` 명령을 사용해 모든 것이 적절히 설치되었는지 확인할 수 있습니다. 이 명령은 사용 가능한 GPU 카드와 함께 각 카드에서 실행 중인 프로세스를 보여줍니다. 다음 예는 사용 가능한 RAM이 약 15GB인 Nvidia Tesla T4 GPU 카드이며 현재 실행 중인 프로세스는 없습니다.

---

14 옮긴이_ CUDA는 *https://developer.nvidia.com/cuda-downloads*에서 다운로드할 수 있습니다. cuDNN은 *https://developer.nvidia.com/rdp/cudnn-download*에서 다운로드할 수 있습니다. 텐서플로 버전에 따라 설치할 CUDA, cuDNN 버전이 다를 수 있으므로 꼭 텐서플로 설치 문서를 확인하세요.

```
$ nvidia-smi
Sun Apr 10 04:52:10 2022
+-----------------------------------------------------------------------------+
| NVIDIA-SMI 460.32.03    Driver Version: 460.32.03    CUDA Version: 11.2     |
|-------------------------------+----------------------+----------------------+
| GPU  Name        Persistence-M| Bus-Id        Disp.A | Volatile Uncorr. ECC |
| Fan  Temp  Perf  Pwr:Usage/Cap|         Memory-Usage | GPU-Util  Compute M. |
|                               |                      |               MIG M. |
|===============================+======================+======================|
|   0  Tesla T4            Off  | 00000000:00:04.0 Off |                    0 |
| N/A   34C    P8     9W /  70W |      3MiB / 15109MiB |      0%      Default |
|                               |                      |                  N/A |
+-------------------------------+----------------------+----------------------+

+-----------------------------------------------------------------------------+
| Processes:                                                                  |
|  GPU   GI   CI        PID   Type   Process   name               GPU Memory |
|        ID   ID                                                   Usage      |
|=============================================================================|
|  No running  processes found                                                |
+-----------------------------------------------------------------------------+
```

텐서플로가 GPU를 잘 인식하는지 확인하려면 다음 명령을 실행하여 결괏값이 비어 있지 않은지 확인하세요.

```
>>> physical_gpus = tf.config.list_physical_devices("GPU")
>>> physical_gpus
[PhysicalDevice(name='/physical_device:GPU:0', device_type='GPU')]
```

19.4.2 GPU RAM 관리하기

기본적으로 텐서플로는 처음 계산을 실행할 때 자동으로 가능한 GPU의 거의 모든 RAM을 확보합니다. 이는 GPU RAM의 단편화를 막기 위해서입니다. 즉, 두 번째 텐서플로 프로그램(또는 GPU를 사용하는 다른 프로그램)을 시작하면 금방 RAM 부족 현상이 나타납니다. 생각보다 자주 일어나는 일은 아닙니다. 대부분 머신 하나에 텐서플로 프로그램이 하나 있기 때문입니다. 일반적으로 훈련 스크립트 하나, TF 서빙 노드 하나 또는 주피터 노트북 하나입니다. 어떤 이유로 프로그램을 여러 개 실행해야 한다면(예 동일한 컴퓨터에서 다른 모델 두 개를 동시에 훈련하는 경우) 프로세스 간에 균등하게 GPU RAM을 나누어야 합니다.

컴퓨터에 GPU 카드가 여러 개 있다면 각 GPU를 하나의 프로세스에 할당하는 것이 간단한 해결책입니다. 이렇게 하려면 CUDA_VISIBLE_DEVICES 환경 변수를 설정하여 각 프로세스가 해당되는 GPU 카드만 보게 할 수 있습니다. 또한 CUDA_DEVICE_ORDER 환경 변수를 PCI_BUS_ID로 설정하여 각 ID가 항상 동일한 GPU 카드를 참조하도록 만듭니다. 예를 들어 GPU 카드 4개가 있다면 GPU를 각각 2개씩 할당한 프로그램 2개를 실행할 수 있습니다. 다음과 같은 명령을 각기 다른 터미널 윈도우에서 실행합니다.

```
$ CUDA_DEVICE_ORDER=PCI_BUS_ID CUDA_VISIBLE_DEVICES=0,1 python3 program_1.py
# 다른 터미널에서
$ CUDA_DEVICE_ORDER=PCI_BUS_ID CUDA_VISIBLE_DEVICES=3,2 python3 program_2.py
```

프로그램 1은 GPU 카드 0과 1만 봅니다. 각 이름은 "/gpu:0"과 "/gpu:1"입니다. 프로그램 2는 GPU 카드 2와 3만 봅니다. 각 이름은 "/gpu:1"과 "/gpu:0"입니다(순서에 주의하세요). 모든 것이 잘 작동할 것입니다(그림 19-8). 물론 텐서플로를 사용하기 전에 다음과 같이 os.environ["CUDA_DEVICE_ORDER"]와 os.environ["CUDA_VISIBLE_DEVICES"] 환경 변수를 파이썬에서 정의할 수도 있습니다.

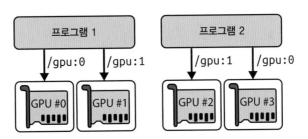

그림 19-8 각 프로그램은 GPU를 두 개 사용합니다.

또 다른 방법은 텐서플로가 특정한 양의 GPU RAM만 점유하도록 만드는 것입니다. 이는 반드시 텐서플로를 임포팅한 직후에 수행되어야 합니다. 예를 들어 텐서플로가 GPU마다 2GiB RAM만 점유하게 만들려면 물리적인 GPU 장치에 대한 가상 GPU 장치(또는 논리적인 GPU 장치)를 만들어야 합니다. 그다음 가상 GPU 장치의 메모리 한도를 2GiB(즉, 2,048MiB)로 설정합니다.

```
for gpu in physical_gpus:
    tf.config.set_logical_device_configuration(
        gpu,
        [tf.config.LogicalDeviceConfiguration(memory_limit=2048)]
    )
```

이제 4GiB RAM을 가진 GPU가 네 개 있다고 가정하면 프로그램 두 개에서 GPU 카드 네 개를 모두 사용해 동시에 실행할 수 있습니다(그림 19-9). 두 프로그램이 모두 실행 중인 상태에서 nvidia-smi 명령을 실행하면 각 프로세스가 각 카드에서 2GB의 RAM을 점유하고 있는 것을 볼 수 있습니다.

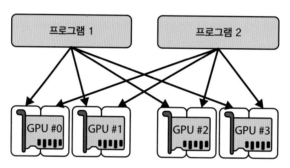

그림 19-9 각 프로그램이 GPU 네 개를 모두 사용합니다. 하지만 GPU마다 2GiB RAM만 쓸 수 있습니다.

또 다른 방법은 텐서플로가 필요할 때만 메모리를 점유하게 만드는 것입니다. 이것도 텐서플로를 임포트한 직후에 설정해야 합니다.

```
for gpu in physical_gpus:
    tf.config.experimental.set_memory_growth(gpu, True)
```

다른 방법은 TF_FORCE_GPU_ALLOW_GROWTH 환경 변수를 true로 설정하는 것입니다. 이렇게 하면 텐서플로는 프로그램이 종료되기 전까지는 한번 점유한 메모리를 다시 해제하지 않습니다(이것도 메모리 단편화를 막기 위함입니다). 이 방법은 결정적인 행동을 보장하기 어렵습니다(예를 들어 다른 프로그램의 메모리 사용이 급격히 올라가면 프로그램이 중지될 수 있습니다). 따라서 제품에 적용할 때는 이전 방법 중 하나를 선택하게 될 것입니다. 하지만 이 방법이 유용한 경우가 있습니다. 예를 들어 한 대의 머신에 텐서플로를 사용하는 주피터 노트북을 여러 개 실행하는 경우입니다. 코랩 런타임에서 TF_FORCE_GPU_ALLOW_GROWTH 환경 변수는 true로 설정되어 있습니다.

마지막으로 GPU를 두 개 이상의 논리적 장치로 나누면 유용할 때가 있습니다. 예를 들어 코랩 런타임에서처럼 물리적 GPU는 하나뿐이지만 멀티 GPU 알고리즘을 테스트하려는 경우입니다. 다음 코드는 GPU #0을 2GiB RAM을 가진 논리적 장치 두 개로 나눕니다(이것도 텐서플로를 임포트한 직후 수행해야 합니다).

```
tf.config.set_logical_device_configuration(
    physical_gpus[0],
    [tf.config.LogicalDeviceConfiguration(memory_limit=2048),
     tf.config.LogicalDeviceConfiguration(memory_limit=2048)]
)
```

두 가상 장치 이름은 /gpu:0과 /gpu:1입니다. 이를 두 개의 일반 GPU처럼 사용할 수 있습니다. 논리적 장치를 모두 확인하는 코드는 다음과 같습니다.

```
>>> logical_gpus = tf.config.list_logical_devices("GPU")
>>> logical_gpus
[LogicalDevice(name='/device:GPU:0', device_type='GPU'),
 LogicalDevice(name='/device:GPU:1', device_type='GPU')]
```

다음으로 텐서플로가 변수를 할당하고 연산을 실행할 장치를 어떻게 결정하는지 알아보겠습니다.

19.4.3 디바이스에 연산과 변수 할당하기

케라스와 tf.data는 일반적으로 연산과 변수를 적절히 잘 배치합니다. 하지만 상세하게 제어하고 싶다면 수동으로 각 디바이스에 연산과 변수를 배치할 수도 있습니다.

- 일반적으로 데이터 전처리를 CPU에 배치하고 신경망 연산은 GPU에 배치합니다.
- GPU는 보통 통신 대역폭에 제약이 많습니다. 따라서 GPU 입출력으로 불필요한 데이터 전송을 피하는 것이 중요합니다.
- CPU RAM을 머신에 추가하는 것은 간단하고 저렴해서 일반적으로 넉넉하게 추가해 사용합니다. 반면 GPU RAM은 GPU에 고정되어 있습니다. 비싸고 제한된 자원이기 때문에 다음 훈련 스텝 몇 번에서 어떤 변수가 필요하지 않다면 아마 CPU에 배치해야 할 것입니다(예를 들면 데이터셋은 일반적으로 CPU에 놓입니다).

기본적으로 GPU 커널이 없는 경우[15]를 제외하고 모든 변수와 연산은 (이름이 "/gpu:0"인)
첫 번째 GPU에 배치됩니다. GPU 커널이 없는 변수와 연산은 (항상 이름이 "/cpu:0"인)
CPU에 배치됩니다. 텐서나 변수의 **device** 속성에서 배치된 장치를 알 수 있습니다.[16]

```
>>> a = tf.Variable([1., 2., 3.]) # float32 변수는 GPU로 이동합니다.
>>> a.device
'/job:localhost/replica:0/task:0/device:GPU:0'
>>> b = tf.Variable([1, 2, 3])    # int32 변수는 CPU로 이동합니다.
>>> b.device
'/job:localhost/replica:0/task:0/device:CPU:0'
```

지금은 이름 앞에 놓인 /job:localhost/replica:0/task:0을 무시해도 괜찮습니다. 잠시
후에 잡[job], 복제 모델[replica], 태스크[task]에 관해 이야기할 것입니다. 여기서 볼 수 있듯이 첫 번째
변수가 기본 장치인 GPU #0에 배치되었습니다. 하지만 두 번째 변수는 CPU에 배치되었습니
다. 정수 변수 또는 정수 텐서를 사용하는 연산에 대한 GPU 커널이 없기 때문에 텐서플로가
CPU에 배치한 것입니다.

연산을 기본 장치 대신 다른 장치에 배치하고 싶다면 **tf.device()** 콘텍스트를 사용합니다.

```
>>> with tf.device("/cpu:0"):
...     c = tf.Variable([1., 2., 3.])
...
>>> c.device
'/job:localhost/replica:0/task:0/device:CPU:0'
```

> **NOTE** CPU 코어를 여러 개 가진 머신이더라도 CPU는 항상 하나의 장치("/cpu:0")처럼 취급됩니
> 다. CPU에 배치된 연산이 멀티스레드 커널을 가지고 있다면 여러 코어에서 병렬로 실행될 수 있습니다.

연산이나 변수를 해당 커널이 없는 장치에 배치하면 텐서플로는 기본 장치로 자동으로 돌아갑
니다. 이 기능은 GPU 개수가 다른 여러 컴퓨터에서 동일한 코드를 실행할 때 유용합니다. 만

---

15 12장에서 보았듯이 커널은 특정 데이터 타입과 장치를 위한 변수나 연산의 구현입니다. 예를 들어 float32 tf.matmul() 연산의 GPU
    커널이 있지만 int32 tf.matmul()의 GPU 커널은 없습니다(CPU 커널은 있습니다).
16 tf.debugging.set_log_device_placement(True)를 사용해 모든 장치의 배치 과정을 로깅할 수 있습니다.

약 예외를 발생시키려면 `tf.config.set_soft_device_placement(False)`를 실행하면 됩니다.

이어서 구체적으로 텐서플로가 어떻게 연산을 여러 장치에서 실행하는지 알아봅시다.

19.4.4 다중 장치에서 병렬 실행하기

12장에서 본 것처럼 TF 함수를 사용하는 것의 한 가지 장점은 병렬화입니다. 이에 관해 조금 더 자세히 알아보죠. 텐서플로가 TF 함수를 실행할 때 먼저 그래프를 분석하여 평가해야 할 연산의 목록을 찾고, 각 연산이 다른 연산에 얼마나 많이 의존하는지 카운트합니다. 그런 다음 텐서플로는 의존성이 전혀 없는 연산(소스 연산[source operation])을 연산이 할당된 장치의 평가 큐[evaluation queue]에 추가합니다(그림 19-10). 하나의 연산이 평가되면 그 연산에 의존하는 다른 모든 연산의 의존성 카운터[dependency counter]가 감소됩니다. 어떤 연산의 의존성 카운터가 0에 도달하면 장치의 평가 큐에 추가됩니다. 그리고 모든 출력이 계산되면 반환됩니다.

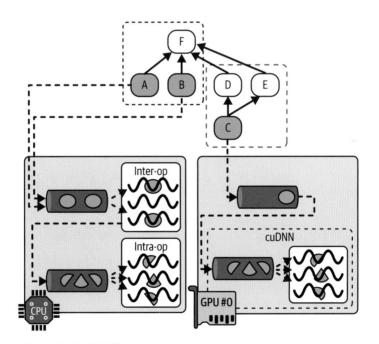

그림 19-10 텐서플로 그래프의 병렬 실행

CPU의 평가 큐에 있는 연산은 **inter-op 스레드 풀**^{thread pool}로 보내집니다. CPU가 코어를 여러 개 사용한다면 이 연산들은 병렬화되어 효율적으로 평가될 것입니다. 일부 연산은 멀티스레드 CPU 커널을 가지고 있습니다. 이런 커널은 작업을 여러 부분 연산으로 쪼개어 다른 평가 큐에 배치하고 (모든 멀티스레드 CPU 커널이 공유하는) **intra-op 스레드 풀**로 보내집니다. 요약하면 여러 연산과 부분 연산이 다른 CPU 코어에서 병렬로 평가될 수 있습니다.

GPU의 경우는 좀 더 단순합니다. GPU의 평가 큐에 있는 연산은 그냥 순서대로 평가됩니다. 그러나 많은 연산이 텐서플로가 사용하는 CUDA와 cuDNN 같은 라이브러리로 구현된 멀티스레드 GPU 커널을 가지고 있습니다. 이런 구현은 자체 스레드 풀을 가지며 가능한 한 많은 GPU 스레드를 활용합니다(각 연산이 대부분의 GPU 스레드를 사용해버리기 때문에 GPU에 inter-op 스레드 풀이 필요 없습니다).

예를 들어 [그림 19-10]의 연산 A, B, C는 소스 연산이어서 바로 평가될 수 있습니다. 연산 A와 B는 CPU에 배치되므로 CPU의 평가 큐로 보내집니다. 그런 다음 inter-op 스레드 풀로 보내지고 즉시 병렬로 평가됩니다. 연산 A는 멀티스레드 커널을 가지고 있습니다. 이 연산의 계산은 세 부분으로 나누어지며 intra-op 스레드 풀에 의해 병렬로 평가됩니다. 연산 C는 GPU #0의 평가 큐에 들어가고 이 경우 GPU 커널이 자체 intra-op 스레드 풀을 가진 cuDNN을 사용한다면 다수의 GPU 스레드에서 병렬로 실행될 것입니다. 먼저 C가 완료되었다고 가정하면 D와 E의 의존성 카운터가 감소하여 0이 되므로 두 연산은 GPU #0의 평가 큐에 추가되고 순차적으로 실행됩니다. D와 E가 모두 C에 의존하고 있어도 C는 한 번만 평가됩니다. 다음에 B가 완료되었다고 가정하면 F의 의존성 카운터가 4에서 3으로 줄지만 아직 0이 아니기 때문에 실행되지 않습니다. A, D, E가 완료되면 F의 의존성 카운터가 0에 도달할 것이고 CPU의 평가 큐에 추가되어 평가됩니다. 마지막으로 텐서플로가 요청받은 출력을 반환합니다.

TF 함수가 변수와 같은 상태가 있는 리소스를 수정할 때 텐서플로는 또 다른 마법을 부립니다. 코드 사이에 명시적인 의존성이 없더라도 실행 순서가 코드의 순서와 일치하도록 보상합니다. 예를 들어 TF 함수가 순서대로 v.assign_add(1)과 v.assign(v * 2) 코드를 포함하고 있다면 텐서플로는 이 순서에 맞추어 연산을 실행합니다.

> **TIP** tf.config.threading.set_inter_op_parallelism_threads()를 호출하여 inter-op 스레드 풀에 있는 스레드 개수를 바꿀 수 있습니다. intra-op 스레드 개수를 설정하려면 tf.config.threading.set_

intra_op_parallelism_threads()를 사용하세요. 이 함수들은 텐서플로가 모든 CPU 코어를 사용하지 못하게 하거나 하나의 스레드만 사용하도록 만들 때 유용합니다.[17]

이런 도구를 사용하여 다양한 장치에서 모든 연산을 실행할 수 있으며 GPU의 강력한 성능을 활용할 수 있습니다! 추가적으로 몇 가지 사례를 소개합니다.

- 여러 모델을 각기 다른 GPU에서 병렬로 훈련할 수 있습니다. 훈련 스크립트를 만들고 CUDA_DEVICE_ORDER와 CUDA_VISIBLE_DEVICES를 지정해 각 스크립트가 하나의 GPU 장치만 보도록 설정하면 병렬로 실행됩니다. 다른 하이퍼파라미터로 여러 모델을 병렬로 훈련할 수 있기 때문에 하이퍼파라미터를 튜닝할 때 도움이 됩니다. 두 개의 GPU가 있는 머신이 하나 있고 한 개의 GPU에서 한 개의 모델을 훈련하는 데 1시간이 걸린다면 병렬로 모델 두 개를 각각의 GPU에서 훈련해도 1시간이 걸릴 것입니다. 간단하네요!
- 하나의 GPU에서 모델을 훈련하면서 CPU에서 병렬로 전처리를 수행할 수 있습니다. 데이터셋의 prefetch() 메서드[18]를 사용해 미리 다음 배치 몇 개를 준비하여 GPU에서 필요할 때 바로 쓸 수 있습니다(13장 참고).
- 모델이 입력으로 이미지를 두 개 받고 CNN을 두 개 사용해 처리한 다음 그 출력을 합친다면[19] 각 CNN을 다른 GPU에 배치하여 훨씬 빠르게 실행할 수 있습니다.
- 효율적인 앙상블 모델을 만들 수 있습니다. GPU마다 훈련된 다른 모델을 배치하면 훨씬 빠르게 예측을 모아서 앙상블의 최종 예측을 만들 수 있습니다.

만약 여러 GPU에서 하나의 모델을 훈련하려면 어떻게 해야 할까요?

19.5 다중 장치에서 모델 훈련하기

여러 장치에서 하나의 모델을 훈련하는 방법은 두 가지입니다. 첫 번째는 모델을 여러 장치에 분할하는 **모델 병렬화**(model parallelism)이고, 두 번째는 모델을 각 장치에 복사한 다음 복사본(replica)을 각기 다른 데이터의 일부분에서 훈련하는 **데이터 병렬화**(data parallelism)입니다. 이 두 방법에 관해 알아보겠습니다.

---

17 필자가 이 동영상(*https://homl.info/repro*)에서 텐서플로 1.x 버전으로 설명했듯이 완벽하게 재현되는 것이 필요할 때 이 함수들을 사용할 수 있습니다.

18 이 글을 쓰는 시점에는 CPU RAM으로만 데이터를 프리페치합니다. 하지만 tf.data.experimental.prefetch_to_device()를 사용해 데이터를 프리페치하고 이를 선택한 장치로 보낼 수 있습니다. 이렇게 하면 GPU는 데이터가 전송되기를 기다리며 시간을 낭비하지 않습니다.

19 두 CNN이 동일한 경우를 샴 신경망(Siamese neural network)이라고 합니다.

19.5.1 모델 병렬화

지금까지는 장치 하나에서 신경망 하나를 실행했습니다. 신경망 하나를 장치 여러 개에서 실행하려면 어떻게 해야 할까요? 모델을 여러 부분으로 나누어 각 부분을 다른 장치에서 실행해야 합니다. 불행히도 모델 병렬화는 매우 어렵고 그 효과는 신경망 모델의 구조에 매우 의존적입니다. 완전 연결 신경망의 경우 이런 방식으로 얻을 수 있는 이득이 많지 않습니다(그림 19-11). 직관적으로 생각했을 때 모델을 간단하게 나누는 방법은 각 층을 다른 장치에 배치하는 것입니다. 하지만 각 층이 무언가 하려면 이전 층의 출력을 기다려야 하기 때문에 이런 배치는 쓸모가 없습니다. 그럼 모델을 수직으로 분할하면 어떨까요? 예를 들어 층의 왼쪽 반을 한 장치에 놓고 다른 쪽 반을 다른 장치에 놓을 수 있을까요? 각 층의 두 반쪽이 실제로 병렬로 작동할 수 있으니 조금 더 나아 보입니다. 하지만 문제는 다음 층의 반쪽이 이전 층의 양쪽 출력을 모두 필요로 한다는 점입니다. 이 때문에 장치 간 통신이 매우 많이 발생합니다(파선 화살표로 표현했습니다). 장치 간 통신은 매우 느리므로 (특히 다른 머신 사이에서 일어난다면) 병렬 계산의 장점을 모두 상쇄합니다.

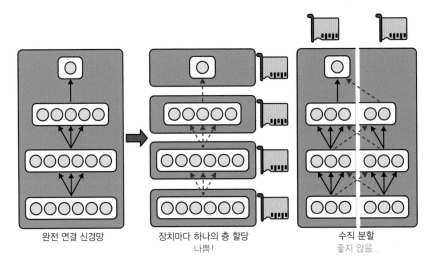

완전 연결 신경망   장치마다 하나의 층 할당   수직 분할
　　　　　　　　　　　나쁨!　　　　　　　　　　좋지 않음...

그림 19-11 완전 연결 신경망의 분할

합성곱 신경망 같은 구조는 아래쪽 층에 부분적으로만 연결된 층을 가집니다. 그래서 여러 장치에 효율적으로 모델을 분산하기 훨씬 쉽습니다(그림 19-12).

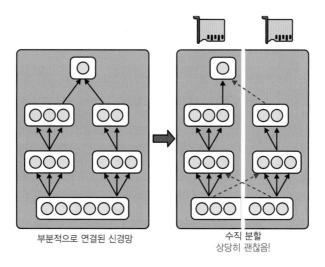

부분적으로 연결된 신경망　　　　　　　　수직 분할
　　　　　　　　　　　　　　　　　　　상당히 괜찮음!

그림 19-12 부분적으로 연결된 신경망의 분할

심층 순환 신경망의 경우 여러 GPU에 조금 더 효율적으로 나눌 수 있습니다. 네트워크를 수
평으로 분할해서 각 층을 다른 장치에 배치하고 처리할 입력 시퀀스를 네트워크에 주입하면 첫
번째 스텝에서는 (시퀀스의 첫 번째 값을 처리하기 위해) 하나의 장치만 사용되고 두 번째 스
텝에서는 두 개가 사용됩니다(두 번째 층은 첫 번째 값에 대한 첫 번째 층의 출력을 처리하고
그동안 첫 번째 층은 두 번째 값을 처리합니다). 이런 식으로 출력 층까지 전파될 때는 모든 장
치가 동시에 작동합니다(그림 19-13). 여전히 장치 사이의 통신이 많지만 각 셀이 상당히 복
잡하기 때문에 많은 셀을 병렬로 실행하는 이점이 (이론적으로는) 통신의 단점보다 큽니다. 하지
만 실제로는 LSTM 층을 쌓아 하나의 GPU에서 실행하는 것이 훨씬 빠릅니다.

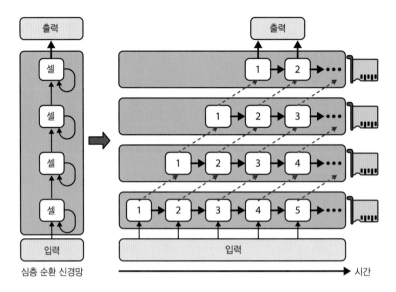

심층 순환 신경망   시간

그림 19-13 심층 순환 신경망의 분할

요약하면, 모델 병렬화는 일부 신경망의 실행 및 훈련 속도를 높일 수 있지만 전부는 아닙니다. 대부분의 경우 동일한 머신의 장치끼리 통신하게 하는 등 특별한 조정과 튜닝이 필요합니다.[20] 이번에는 이보다 더 쉽고 일반적으로 더 효율적인 방법인 데이터 병렬화를 알아봅시다.

19.5.2 데이터 병렬화

신경망의 훈련을 병렬화하는 또 다른 방법은 각 장치에 모델을 복제해서 각각 다른 미니배치를 사용해 모든 모델이 동시에 훈련 스텝을 실행하는 것입니다. 복제 모델에서 계산된 그레이디언트를 평균하고 그 결과를 사용해 모델 파라미터를 업데이트하는데, 이를 **데이터 병렬화**^{data parallelism} 또는 SPMD ^{single program, multiple data}라고 합니다. 이 방식에는 여러 가지 변형이 있는데, 이 절에서는 가장 중요한 방식을 알아보겠습니다.

---

20 모델 병렬화에 관심이 있다면 메시 텐서플로(*https://github.com/tensorflow/mesh*)를 확인해보세요.

미러드 전략을 사용한 데이터 병렬화

가장 간단한 방법은 모델 파라미터를 모든 GPU에 완전히 똑같이 복사하고 항상 모든 GPU에 동일한 파라미터 업데이트를 적용하는 것입니다. 복제된 모든 모델은 항상 완벽하게 동일한 상태로 유지됩니다. 이를 **미러드 전략**^{mirrored strategy}이라고 부릅니다. 특히 머신 하나를 사용할 때 매우 효율적입니다(그림 19-14).

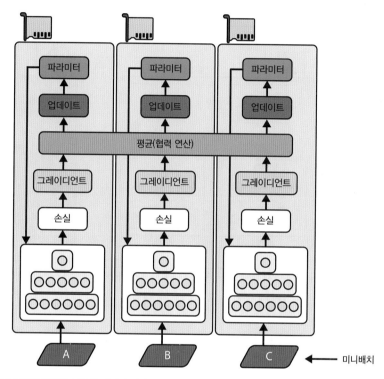

그림 19-14 미러드 전략을 사용한 데이터 병렬화

이 방식을 사용할 때 어려운 부분은 모든 GPU에서 얻은 그레이디언트의 평균을 효율적으로 계산하고 그 결과를 모든 GPU에 배포하는 것입니다. 이는 **올리듀스**^{AllReduce} 알고리즘을 사용해 처리할 수 있습니다. 올리듀스는 여러 개 노드가 협력하여 (평균, 합, 최댓값을 계산하는 것 같은) 리듀스^{reduce} 연산을 효율적으로 실행하고 모든 노드가 동일한 최종 결과를 얻게 하는 알고리즘입니다. 곧 보겠지만 다행히도 이런 알고리즘이 이미 구현되어 있습니다.

중앙 집중적인 파라미터를 사용한 데이터 병렬화

또 다른 방식은 계산을 수행하는 GPU 장치(**워커**^{worker}라고 부릅니다) 밖에 모델 파라미터를 저장하는 것입니다. 예를 들면 CPU에 저장할 수 있습니다(그림 19-15). 분산 환경에서는 모든 파라미터를 **파라미터 서버**^{parameter server}라 부르는 하나 이상의 CPU만 있는 서버에 저장할 수 있습니다. 이 서버의 역할은 파라미터를 보관하고 업데이트하는 것입니다.

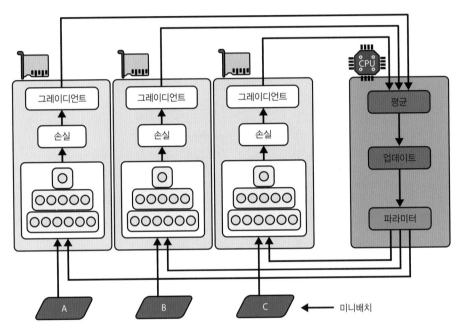

그림 19-15 중앙 집중적인 파라미터를 사용한 데이터 병렬화

미러드 전략은 모든 GPU에 동기화된 가중치 업데이트를 사용하지만 중앙 집중적인 방식은 동기 업데이트와 비동기 업데이트를 모두 사용할 수 있습니다. 이 두 방식의 장단점을 알아봅시다.

동기 업데이트^{synchronous update}에서는 모든 그레이디언트가 준비될 때까지 그레이디언트 수집기가 기다린 다음 평균 그레이디언트를 계산하여 모델 파라미터를 업데이트할 옵티마이저에게 전달합니다. 한 복제 모델이 그레이디언트 계산을 마치더라도 파라미터가 업데이트될 때까지 기다렸다가 다음 미니배치를 처리해야 합니다. 단점은 어떤 장치가 다른 장치보다 느리면 빠른 장치가 느린 장치를 매 스텝마다 기다려야 합니다. 더군다나 거의 동시에(그레이디언트가 적용된 후 즉시) 모델 파라미터가 모든 장치에 복사되므로 파라미터 서버의 대역폭이 포화될 수 있습니다.

매 스텝마다 대기 시간을 줄이기 위해 가장 느린 일부 복제 모델(일반적으로 10%)에서 오는 그레이디언트를 무시할 수 있습니다. 예를 들어 복제 모델 20개를 실행하지만 가장 빠른 모델 18개에서 오는 그레이디언트만 취합하고 나머지 그레이디언트 2개는 무시합니다. 파라미터가 업데이트되자마자 18개 모델은 느린 모델 2개를 기다릴 필요 없이 즉시 다시 작동할 수 있습니다. 이런 설정을 일반적으로 18개의 복제 모델과 2개의 여분 복제 모델 spare replica이라고 기술합니다.[21]

비동기 업데이트 asynchronous update에서는 복제 모델이 그레이디언트 계산을 끝낼 때마다 즉시 모델 파라미터를 업데이트합니다. 여기에는 수집 단계가 없고([그림 19-15]에서 '평균' 단계가 삭제됩니다) 동기화도 없습니다. 복제 모델들은 다른 복제 모델과 독립적으로 작동합니다. 따라서 다른 복제 모델을 기다리지 않기 때문에 분당 더 많은 훈련 스텝을 실행할 수 있습니다. 여전히 매 단계마다 파라미터가 모든 장치에 복사되어야 하지만 복제 모델마다 각기 다른 시간에 복사되므로 대역폭이 포화되는 위험이 줄어듭니다.

비동기 업데이트를 사용한 데이터 병렬화는 단순하고, 동기화 지연이 없고, 대역폭을 효율적으로 사용하므로 매력적인 방법입니다. 실전에서 이 방식은 잘 작동하지만 놀랍게도 전혀 효과가 없습니다! 실제로 한 모델이 어떤 파라미터 값에 기초해 그레이디언트 계산을 마칠 때 해당 파라미터는 다른 모델들에 의해 여러 번(N개의 복제 모델이 있다면 평균적으로 $N-1$번) 업데이트됩니다. 그리고 계산된 그레이디언트가 정확한 방향을 가리킬 것이라는 보장이 없습니다 (그림 19-16). 그레이디언트가 심하게 오래된 경우 이를 **낡은 그레이디언트** stale gradient라고 합니다. 이는 수렴을 느리게 만들고 잡음과 흔들림(학습 곡선이 일시적으로 요동칩니다)을 발생시키거나 훈련 알고리즘을 발산시키기도 합니다.

---

21 이 이름은 일부 복제 모델이 아무것도 하지 않는 특별한 것처럼 보일 수 있어 오해의 소지가 있습니다. 실제로는 모든 복제 모델이 동일합니다. (일부 장치가 진짜로 다른 것보다 느리지 않다면) 모든 모델이 훈련 스텝에서 빠른 18개에 포함될 수 있어 누락되는 모델은 매 이곳마다 달라집니다. 하지만 한 서버가 다운되어도 훈련은 이상 없이 계속 진행된다는 것을 의미합니다.

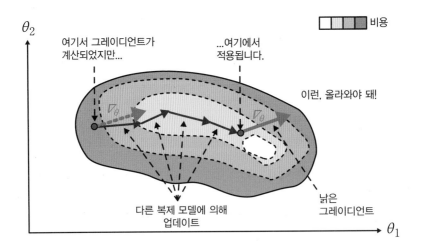

그림 19-16 비동기 업데이트를 사용할 때의 낡은 그레이디언트

낡은 그레이디언트 현상을 줄일 수 있는 몇 가지 방법이 있습니다.

- 학습률을 감소시킵니다.
- 낡은 그레이디언트를 버리거나 크기를 줄입니다.
- 미니배치 크기를 조절합니다.
- 하나의 복제 모델만 사용하여 처음 몇 번의 에포크를 시작합니다(이를 **준비 단계**warmup phase라고 합니다). 일반적으로 그레이디언트가 크거나 파라미터가 비용 함수의 계곡 부분에 아직 안착하지 못했을 때 다른 복제 모델이 파라미터를 매우 다른 방향으로 이동시킬 수 있으므로 낡은 그레이디언트가 훈련 초기에 더 큰 문제를 일으키는 경향이 있습니다.

2016년 4월 구글 브레인 팀이 발표한 논문[22]은 여러 접근 방식을 벤치마킹했으며 여분의 복제 모델을 조금 두고 동기 업데이트를 사용한 데이터 병렬화가 빠르게 수렴할 뿐만 아니라 더 좋은 모델을 만들어 비동기 업데이트보다 효율적이라는 것을 발견했습니다. 하지만 이 분야는 아직 활발히 연구 중이므로 아직 비동기 업데이트를 완전히 배제해서는 안 됩니다.

---

22 Jianmin Chen et al., "Revisiting Distributed Synchronous SGD," arXiv preprint arXiv:1604.00981 (2016). *https://homl.info/68*

대역폭 포화

동기 업데이트나 비동기 업데이트 중 어떤 것을 사용하든지 간에, 중앙 집중적인 파라미터를 사용하는 데이터 병렬화는 매 훈련 스텝이 시작될 때 파라미터 서버에서 모든 복제 모델로 모델 파라미터를 전송해야 합니다. 그리고 훈련 스텝이 끝날 때 그레이디언트를 반대 방향으로 전달합니다. 비슷하게 미러드 전략을 사용할 때 각 GPU에서 계산된 그레이디언트는 모든 다른 GPU와 공유되어야 합니다.

불행하게도 이는 여분의 GPU를 추가하더라도 전혀 성능을 향상하지 못한다는 것을 뜻합니다. 왜냐하면 GPU RAM의 입력과 출력으로 (분산 환경에서는 네트워크를 건너서) 데이터를 옮기는 데 드는 시간이 계산 부하를 분할해서 얻는 속도보다 더 클 것이기 때문입니다. 이런 점에서 더 많은 GPU를 추가하면 대역폭을 더 포화시키고 훈련을 느리게 만들 것입니다.

대역폭 포화는 전송해야 할 파라미터와 그레이디언트가 많아 대규모 밀집 모델에서 더욱 심각합니다. 작은 모델에서는 덜 심하고(하지만 병렬화의 이득이 작습니다) 크지만 희소한 모델에서는 대부분 그레이디언트가 0이므로 효율적으로 통신할 수 있습니다. 구글 브레인 프로젝트의 창시자이자 리더인 제프 딘[Jeff Dean]은 밀집 모델을 GPU 50개에 계산을 분산시킬 때 보통 25~40배 빨라지고 희소 모델을 GPU 500개에 훈련할 때 300배 빨라진다고 소개했습니다.[23] 여기서 볼 수 있듯이 희소 모델의 규모를 늘리는 것이 더 쉽습니다. 다음은 구체적인 몇 가지 사례입니다.

- 신경망 기계 번역: 8개 GPU에서 6배 속도 증가
- 인셉션/이미지넷: 50개 GPU에서 32배 속도 증가
- 랭크브레인[RankBrain][24]: 500개 GPU에서 300배 속도 증가

대역폭 포화 문제를 완화하기 위한 많은 연구가 진행 중입니다. 목표는 사용 가능한 GPU 수에 따라 훈련을 선형적으로 확장할 수 있도록 하는 것입니다. 예를 들어 카네기 멜런 대학, 스탠퍼드 대학, 마이크로소프트 연구 팀의 2018년 논문[25]에서는 네트워크 통신을 90% 이상 줄여 많은 머신에서 대규모 모델을 훈련할 수 있도록 하는 **PipeDream**이라는 시스템을 제안했습니

---

23 옮긴이_ 이 동영상에서 41분 39초쯤(*https://goo.gl/voChor*)에 관련 내용이 언급됩니다(*https://homl.info/69*).

24 옮긴이_ 랭크브레인은 2015년부터 구글 검색 엔진에 적용된 인공 신경망 알고리즘입니다. 인셉션과 랭크브레인에 대한 자료는 구글 클라우드 엔지니어인 카츠 사토(Kaz Sato)가 발표한 자료에서 확인할 수 있습니다(*https://goo.gl/nAjLWZ*).

25 Aaron Harlap et al., "PipeDream: Fast and Efficient Pipeline Parallel DNN Training", arXiv preprint arXiv:1806.03377 (2018). *https://homl.info/pipedream*

다. 이를 위해 모델 병렬화와 데이터 병렬화를 결합한 **파이프라인 병렬화** pipeline parallelism라는 새로운 기술을 사용했습니다. 파이프라인 병렬화는 모델을 **스테이지** stage라고 하는 연속적인 부분으로 나누어 각각 다른 머신에서 훈련합니다. 그 결과 모든 머신이 유휴 시간이 거의 없이 병렬로 작동하는 비동기식 파이프라인이 생성됩니다. 훈련 중에 각 스테이지는 한 번의 정방향 계산과 한 번의 역전파를 번갈아 수행합니다(그림 19-17). 입력 큐에서 미니배치를 가져와 처리한 후 출력을 다음 스테이지의 입력 큐로 보냅니다. 그다음 그레이디언트 큐에서 그레이디언트 미니배치 하나를 가져와 이 그레이디언트를 역전파하여 자신의 모델 파라미터를 업데이트합니다. 그리고 역전파된 그레이디언트를 이전 단계의 그레이디언트 큐로 전달합니다. 이 전체 프로세스를 계속해서 반복합니다. 각 단계는 다른 단계와 독립적으로 일반 데이터 병렬화(㉗ 미러드 전략 사용)를 사용할 수 있습니다.

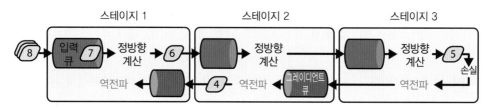

그림 19-17 PipeDream의 파이프라인 병렬화

하지만 여기에서 소개한 것처럼 PipeDream이 잘 작동하지는 않습니다. 그 이유를 이해하기 위해 [그림 19-17]의 미니배치 #5를 생각해보겠습니다. 정방향 계산에서 스테이지 1을 통과할 때 미니배치 #4의 그레이디언트는 아직 이 스테이지를 통해 역전파되지 않습니다. 하지만 #5의 그레이언트가 스테이지 1에 도달할 때쯤이면 #4의 그레이디언트를 사용해 모델 파라미터를 업데이트했을 것이므로 #5의 그레이디언트는 약간 낡은 그레이디언트가 됩니다. 앞서 살펴본 바와 같이 이는 훈련 속도와 정확도를 떨어뜨리고, 심지어 발산할 수도 있습니다. 스테이지가 많을수록 이 문제가 더욱 악화됩니다. 논문 저자들은 이 문제를 완화하기 위해 각 스테이지가 정방향 계산 중에 가중치를 저장했다가 역전파 중에 복원하여 정방향과 역방향에서 모두 동일한 가중치가 사용되도록 하는 방법을 제안했습니다. 이를 **가중치 스태싱** weight stashing이라고 합니다. 덕분에 PipeDream은 단순한 데이터 병렬화를 훨씬 뛰어넘는 인상적인 확장 능력을 보여줍니다.

이 분야의 최신 연구 성과는 구글 연구원들의 2022년 논문[26]에서 확인할 수 있습니다. 자동화된 모델 병렬 처리, 비동기 갱 스케줄링^{gang scheduling} 및 기타 기술을 사용하여 수천 개의 TPU에서 하드웨어 사용률을 100%에 가깝게 달성하는 **Pathways**라는 시스템을 개발했습니다! 스케줄링은 각 작업이 실행될 시기와 위치를 구성하는 것을 의미합니다. **갱 스케줄링**은 관련 작업을 동시에 병렬로 실행하여 한 작업이 다른 작업의 출력을 기다리는 시간을 줄이는 방식입니다. 16장에서 살펴본 것처럼 이 시스템은 100%에 가까운 하드웨어 활용률로 6,000개가 넘는 TPU에서 거대 언어 모델을 훈련하는 데 사용되었습니다. 이는 놀라운 엔지니어링 성과입니다.

이 글을 쓰는 시점에 Pathways는 아직 공개되지 않았지만 가까운 미래에 Pathways 또는 이와 유사한 시스템을 사용하여 버텍스 AI에서 대규모 모델을 훈련할 수 있게 될 가능성이 높습니다. 그 전까지는 대역폭 포화 문제를 줄이기 위해 저렴한 GPU를 많이 쓰는 것보다 강력한 GPU 몇 개를 사용하는 것이 좋습니다. 또한 여러 서버에서 모델을 훈련하려면 네트워크 연결이 잘 되어 있는 서버 몇 대에 GPU를 모아야 합니다. 실수 정밀도를 32비트(`tf.float32`)에서 16비트(`tf.float16`)로 감소시킬 수도 있습니다. 이렇게 하면 수렴 속도나 모델 성능에 크게 영향을 끼치지 않고 전송하는 데이터 양을 절반으로 줄일 수 있습니다. 마지막으로 중앙 집중적인 파라미터를 사용한다면 파라미터 서버 여러 대에 파라미터를 나눌 수 있습니다. 파라미터 서버를 추가하면 각 서버의 네트워크 부하를 줄이고 대역폭 포화의 위험을 제한할 수 있습니다.

좋습니다. 이론을 모두 살펴보았으니 이제 여러 GPU에서 모델을 훈련해보겠습니다!

19.5.3 분산 전략 API를 사용한 대규모 훈련

다행히 텐서플로는 여러 장치와 머신에서 모델을 분산하는 복잡성을 모두 대신 처리해주는 매우 간단한 분산 전략 API를 제공합니다. 미러드 전략으로 데이터 병렬화를 사용해 모든 GPU에서 케라스 모델을 훈련하려면 `MirroredStrategy` 객체를 만들고 `scope()` 메서드를 호출하여 분산 콘텍스트를 얻어야 합니다. 그런 다음 이 콘텍스트로 모델 생성과 컴파일 과정을 감쌉니다. 그리고 나서 평소처럼 모델의 `fit()` 메서드를 호출합니다.

---

26 Paul Barham et al., "Pathways: Asynchronous Distributed Dataflow for ML", arXiv preprint arXiv:2203.12533 (2022). *https://homl.info/pathways*

```
strategy = tf.distribute.MirroredStrategy()

with strategy.scope():
    model = tf.keras.Sequential([...]) # 평소처럼 케라스 모델을 만듭니다.
    model.compile([...])               # 평소처럼 모델을 컴파일합니다.

batch_size = 100                       # 복제 모델 개수로 나누어 떨어져야 합니다.
model.fit(X_train, y_train, epochs=10,
          validation_data=(X_valid, y_valid), batch_size=batch_size)
```

내부적으로 tf.keras는 분산을 자동으로 인식합니다. MirroredStrategy 콘텍스트 안에서 모든 변수와 연산이 가능한 모든 GPU 장치에 복제되어야 하는 것을 알고 있습니다. 모델 가중치를 확인해보면 MirroredVariable 타입입니다.

```
>>> type(model.weights[0])
tensorflow.python.distribute.values.MirroredVariable
```

fit() 메서드는 자동으로 훈련 배치를 모든 복제 모델에 나눕니다. 따라서 배치 크기가 복제 모델의 개수(즉, 가용한 GPU 개수)로 나누어 떨어지는 것이 좋습니다. 이렇게 하면 모든 복제 모델이 동일한 크기의 배치를 받습니다. 이것이 전부입니다! 하나의 장치를 사용하는 것보다 일반적으로 훨씬 빠르게 훈련될 것입니다. 코드 변경도 아주 적습니다.

모델 훈련이 끝나면 이 모델을 사용해 예측을 효율적으로 만들 수 있습니다. predict() 메서드를 호출하면 자동으로 모든 복제 모델에 배치를 나누어 병렬로 예측을 만들 것입니다. 여기에서도 배치 크기는 복제 모델의 개수로 나누어 떨어져야 합니다. 모델의 save() 메서드를 호출하면 복제 모델을 여러 개 가진 미러드 모델이 아니라 일반적인 모델로 저장됩니다. 따라서 이 모델을 다시 로드하면 하나의 장치(기본적으로 GPU #0, GPU가 없다면 CPU)를 가진 일반 모델처럼 실행될 것입니다. 모델을 로드하여 가능한 모든 장치에서 실행하고 싶다면 분산 콘텍스트 안에서 tf.keras.models.load_model()을 호출해야 합니다.

```
with strategy.scope():
    model = tf.keras.models.load_model("my_mirrored_model")
```

가능한 GPU 장치 중 일부만 사용하고 싶다면 MirroredStrategy 생성자에 장치 리스트를 전달할 수 있습니다.

```
strategy = tf.distribute.MirroredStrategy(devices=["/gpu:0", "/gpu:1"])
```

기본적으로 MirroredStrategy 클래스는 평균을 계산하는 올리듀스 연산을 위해 NCCL^{NVIDIA} ^{Collective Communications Library}을 사용합니다. 하지만 tf.distribute.HierarchicalCopyAll Reduce 클래스의 인스턴스나 tf.distribute.ReductionToOneDevice 클래스의 인스턴스에 cross_device_ops 매개변수를 설정하여 바꿀 수 있습니다. 기본 NCCL 옵션은 tf.distri bute.NcclAllReduce 클래스를 기반으로 합니다. 일반적으로 빠르지만 GPU 개수와 종류에 의존성이 있습니다. 따라서 다른 옵션을 시도해볼 수 있습니다.[27]

중앙 집중적인 파라미터로 데이터 병렬화를 사용한다면 MirroredStrategy를 Central StorageStrategy로 바꾸어주세요.

```
strategy = tf.distribute.experimental.CentralStorageStrategy()
```

선택적으로 compute_devices 매개변수에 워커로 사용할 장치 리스트를 지정할 수 있습니다. 기본적으로 가능한 모든 GPU를 사용합니다. 또한 선택적으로 parameter_device 매개변수에 파라미터를 저장할 장치를 지정할 수 있습니다. 기본적으로 CPU 또는 한 개만 있다면 GPU를 사용합니다.

이제 텐서플로 서버 클러스터에서 모델을 어떻게 훈련하는지 알아보겠습니다!

19.5.4 텐서플로 클러스터에서 모델 훈련하기

텐서플로 클러스터^{TensorFlow Cluster}는 보통 다른 머신에서 동시에 실행되는 텐서플로 프로세스 그룹입니다. 클러스터는 신경망 모델 훈련이나 실행과 같은 작업을 완료하기 위해 서로 통신합니다. 클러스터에 있는 개별 TF 프로세스를 **태스크**^{task} 또는 **TF 서버**라고 부릅니다. 태스크는 IP 주소, 포트, 타입(**역할**^{role} 또는 **잡**^{job}이라고 부릅니다)을 가집니다. 타입은 "worker",

---

27 올리듀스 알고리즘에 관한 더 자세한 내용은 딥러닝 이면의 기술에 관해 유이치로 우에노(Yuichiro Ueno)가 쓴 훌륭한 글(*https://homl.info/uenopost*)과 실뱅 조지(Sylvain Jeaugey)가 쓴 NCCL을 사용한 대규모 딥러닝 훈련에 관한 글(*https://homl.info/ncclalgo*)을 읽어보세요.

"chief", "ps"(파라미터 서버), "evaluator" 중에 하나입니다.

- 각 **워커**는 보통 GPU를 한 개 이상 가진 머신에서 계산을 수행합니다.
- **치프**chief도 계산을 수행합니다(하나의 워커입니다). 하지만 텐서보드 로그를 작성하거나 체크포인트를 저장하는 것과 같은 추가적인 일을 처리합니다. 클러스터에는 하나의 치프가 있습니다. 치프를 명시적으로 지정하지 않으면 첫 번째 워커가 치프가 됩니다.
- **파라미터 서버**는 변숫값만 저장하고 일반적으로 CPU만 있는 머신을 사용합니다. 이 태스크의 타입은 ParameterServerStrategy만 사용합니다.
- **이밸류에이터**evaluator는 평가를 담당합니다. 이 타입은 자주 사용되지 않으며 보통 하나의 이밸류에이터를 사용합니다.

텐서플로 클러스터를 시작하려면 먼저 사양을 정의해야 합니다. 각 태스크의 IP 주소, TCP 포트, 타입을 정의하는 것을 의미합니다. 예를 들어 다음 **클러스터 명세**cluster specification는 태스크 3개(워커 2개와 파라미터 서버 1개)를 가진 클러스터를 정의합니다(그림 19-18). 클러스터 명세는 키가 하나의 잡이고 값은 태스크 주소(IP:포트)의 리스트입니다.

```python
cluster_spec = {
    "worker": [
        "machine-a.example.com:2222",      # /job:worker/task:0
        "machine-b.example.com:2222"       # /job:worker/task:1
    ],
    "ps": ["machine-a.example.com:2221"]   # /job:ps/task:0
}
```

일반적으로 머신마다 태스크가 하나 있습니다. 하지만 이 예처럼 필요에 따라 동일한 머신에 태스크를 여러 개 설정할 수 있습니다. 이 경우 하나의 GPU를 나누어 쓰려면 앞서 언급한 것처럼 적절히 RAM을 분할해야 합니다.

> **CAUTION** 기본적으로 클러스터에 있는 태스크는 다른 모든 태스크와 통신할 수 있습니다. 따라서 이 머신들의 포트 간에 통신이 가능하도록 방화벽을 설정해야 합니다(모든 머신이 동일한 포트를 사용하면 설정하기 쉽습니다).

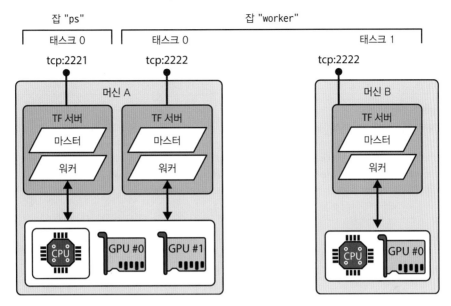

그림 **19-18** 텐서플로 클러스터

태스크를 시작할 때 클러스터 명세를 전달하고 태스크의 타입과 인덱스(ⓒ 워커 0)가 무엇인지 알려주어야 합니다. 한 번에 모든 것(클러스터 명세와 현재 태스크의 타입과 인덱스)을 지정하는 가장 간단한 방법은 텐서플로를 시작하기 전에 **TF_CONFIG** 환경 변수를 설정하는 것입니다. ("cluster" 키 아래) 클러스터 명세와 ("task" 키 아래) 현재 태스크의 타입과 인덱스를 담은 딕셔너리를 JSON으로 인코딩하여 입력합니다. 예를 들어 다음 **TF_CONFIG** 환경 변수는 방금 정의한 클러스터를 사용하고 시작하려는 태스크가 워커 #0이라는 것을 지정합니다.

```
os.environ["TF_CONFIG"] = json.dumps({
    "cluster": cluster_spec,
    "task": {"type": "worker", "index": 0}
})
```

TIP 일반적으로 파이썬 밖에서 **TF_CONFIG** 환경 변수를 정의하는 것이 선호됩니다. 따라서 코드에 현재 태스크의 타입과 인덱스를 포함할 필요가 없습니다(이렇게 하면 동일한 코드를 모든 워커에서 사용할 수 있습니다).

이제 클러스터에서 모델을 훈련해보죠! 미러드 전략을 시작해보겠습니다. 먼저 태스크에 맞게 **TF_CONFIG** 환경 변수를 적절히 설정합니다. 파라미터 서버가 없고(클라우드 명세에서 'ps' 키를 삭제합니다) 보통 하나의 머신에 하나의 워커를 설정합니다. 각 태스크에 대해 다른 태스크 인덱스를 설정해야 한다는 것을 특별히 주의하세요. 마지막으로 각 워커에서 다음 훈련 코드를 실행합니다.

```python
import tempfile
import tensorflow as tf

strategy = tf.distribute.MultiWorkerMirroredStrategy() # 시작!
resolver = tf.distribute.cluster_resolver.TFConfigClusterResolver()
print(f"Starting task {resolver.task_type} #{resolver.task_id}")
[...] # MNIST 데이터셋을 로드하고 분할합니다.

with strategy.scope():
    model = tf.keras.Sequential([...]) # 케라스 모델을 만듭니다.
    model.compile([...])               # 모델을 컴파일합니다.

model.fit(X_train, y_train, validation_data=(X_valid, y_valid), epochs=10)

if resolver.task_id == 0: # 치프가 모델을 올바른 위치에 저장합니다.
    model.save("my_mnist_multiworker_model", save_format="tf")
else:
    tmpdir = tempfile.mkdtemp() # 다른 워커는 임시 디렉터리에 저장합니다.
    model.save(tmpdir, save_format="tf")
    tf.io.gfile.rmtree(tmpdir)  # 마지막에 이 디렉터리를 삭제할 수 있습니다.
```

이 코드는 앞서 사용한 것과 거의 같습니다. 이번에는 MultiWorkerMirroredStrategy를 사용했다는 점만 다릅니다. 첫 번째 워커에서 이 스크립트를 시작하면 올리듀스 스텝에서 멈추게 됩니다. 하지만 마지막 워커가 스크립트를 시작하자마자 훈련이 시작되고 매 스텝마다 동기화되기 때문에 정확히 같은 속도로 진행되는 것을 볼 수 있습니다.

> **！CAUTION** MultiWorkerMirroredStrategy를 사용할 때는 치프가 저장한 내용만 보관하더라도 모델 체크포인트 저장이나 텐서보드 로그 작성 등 모든 워커가 동일한 작업을 수행하도록 하는 것이 중요합니다. 이러한 작업은 **AllReduce** 연산을 실행하기 위해 필요할 수 있으므로 모든 워커가 동기화되어 있어야 합니다.

이 분산 전략을 위해 네트워크 통신에 gRPC를 기반으로 하는 링^{ring} 올리듀스 알고리즘과 NCCL 구현 중 하나를 선택할 수 있습니다. 최선의 알고리즘은 워커 개수, GPU 개수와 종류, 네트워크에 따라 다릅니다. 기본적으로 텐서플로는 경험적으로 얻은 규칙을 적용하여 적절한 알고리즘을 선택합니다. 다음과 같이 NCCL(또는 링)을 강제할 수 있습니다.

```
strategy = tf.distribute.MultiWorkerMirroredStrategy(
    communication_options=tf.distribute.experimental.CommunicationOptions(
        implementation=tf.distribute.experimental.CollectiveCommunication.NCCL))
```

파라미터 서버를 사용한 비동기 데이터 병렬화를 구현하려면 전략을 `ParameterServerStrategy`로 바꾸고 하나 이상의 파라미터 서버를 추가한 다음 각 태스크를 `TF_CONFIG`에 적절히 설정하세요. 워커가 비동기적으로 작동하겠지만 각 워커에 있는 복제 모델들은 동기적으로 작동할 것입니다.

마지막으로 구글 클라우드에 있는 TPU를 사용할 수 있다면(예를 들어 코랩에서 하드웨어 가속기를 TPU로 설정하면) 다음과 같이 **TPUStrategy**를 만들 수 있습니다.[28]

```
resolver = tf.distribute.cluster_resolver.TPUClusterResolver()
tf.tpu.experimental.initialize_tpu_system(resolver)
strategy = tf.distribute.experimental.TPUStrategy(resolver)
```

TIP 여러분이 연구원이라면 TPU를 무료로 쓸 수 있습니다. 자세한 정보는 *https://tensorflow.org/tfrc*를 참고하세요.

이제 GPU 여러 개와 서버 여러 대에서 모델을 훈련할 수 있습니다. 훌륭합니다! 하지만 대규모 모델을 훈련하려면 더 많은 서버와 많은 GPU가 필요합니다. 따라서 많은 하드웨어를 구매하거나 많은 클라우드 가상 머신을 관리해야 합니다. 많은 경우 필요할 때 이런 시스템을 공급하고 관리해주는 클라우드 서비스를 사용하는 것이 덜 복잡하고 비용이 저렴합니다. 여기서는 버텍스 AI 사용법을 알아보겠습니다.

---

28 옮긴이_ TPUStrategy는 텐서플로 2.3에서 experimental을 벗어나 정식 API가 되었습니다.

19.5.5 버텍스 AI에서 대규모 훈련 작업 실행하기

버텍스 AI를 사용하면 자체 훈련 코드로 사용자 정의 훈련 작업을 생성할 수 있습니다. 실제로 자신의 TF 클러스터에서 사용하는 것과 거의 동일한 훈련 코드를 사용할 수 있습니다. 변경해야 할 주요 사항은 치프가 모델, 체크포인트, 텐서보드 로그를 저장하는 위치입니다. 모델을 로컬 디렉터리에 저장하는 대신 치프는 **AIP_MODEL_DIR** 환경 변수에 버텍스 AI가 제공한 경로를 사용하여 GCS에 저장해야 합니다. 모델 체크포인트와 텐서보드 로그의 경우 각각 **AIP_CHECKPOINT_DIR** 및 **AIP_TENSORBOARD_LOG_DIR** 환경 변수에 포함된 경로를 사용해야 합니다. 물론 GCS와 같은 가상 머신이나 빅쿼리와 같은 다른 GCP 서비스 또는 웹에서 직접 훈련 데이터에 액세스할 수 있는지 확인해야 합니다. 마지막으로 버텍스 AI는 "chief" 작업 타입을 명시적으로 설정하므로 resolved.task_id == 0 대신 resolved.task_type == "chief" 를 사용하여 치프를 식별해야 합니다.

```python
import os
[...] # 임포트, MultiWorkerMirroredStrategy와 resolver 생성

if resolver.task_type == "chief":
    model_dir = os.getenv("AIP_MODEL_DIR") # 버텍스 AI에서 제공한 경로
    tensorboard_log_dir = os.getenv("AIP_TENSORBOARD_LOG_DIR")
    checkpoint_dir = os.getenv("AIP_CHECKPOINT_DIR")
else:
    tmp_dir = Path(tempfile.mkdtemp()) # 다른 워커는 임시 디렉터리를 사용합니다.
    model_dir = tmp_dir / "model"
    tensorboard_log_dir = tmp_dir / "logs"
    checkpoint_dir = tmp_dir / "ckpt"

callbacks = [tf.keras.callbacks.TensorBoard(tensorboard_log_dir),
             tf.keras.callbacks.ModelCheckpoint(checkpoint_dir)]
[...] # 이전처럼 전략 스코프를 사용해 빌드하고 컴파일합니다.
model.fit(X_train, y_train, validation_data=(X_valid, y_valid), epochs=10,
          callbacks=callbacks)
model.save(model_dir, save_format="tf")
```

> **TIP** 훈련 데이터가 GCS에 있다면 `tf.data.TextLineDataset` 또는 `tf.data.TFRecordDataset`을 만들어 액세스할 수 있습니다. 파일 이름으로 GCS 경로를 사용하기만 하면 됩니다(예: *gs://my_bucket/data/001.csv*). 이러한 데이터셋은 로컬 파일과 GCS 파일을 모두 지원하는 `tf.io.gfile` 패키지를 사용하여 파일에 액세스합니다.

이제 이 스크립트를 기반으로 버텍스 AI에서 사용자 정의 훈련 작업을 생성할 수 있습니다. 작업 이름, 훈련 스크립트 경로, 훈련에 사용할 도커 이미지, (훈련 후) 예측에 사용할 이미지, 필요한 추가 파이썬 라이브러리, 마지막으로 버텍스 AI가 훈련 스크립트를 저장하기 위해 스테이징 디렉터리로 사용할 버킷을 지정해야 합니다. 기본적으로 이 버킷은 훈련 스크립트가 훈련된 모델과 텐서보드 로그 및 모델 체크포인트를 저장하는 곳이기도 합니다. 작업을 생성해보겠습니다.

```
custom_training_job = aiplatform.CustomTrainingJob(
    display_name="my_custom_training_job",
    script_path="my_vertex_ai_training_task.py",
    container_uri="gcr.io/cloud-aiplatform/training/tf-gpu.2-4:latest",
    model_serving_container_image_uri=server_image,
    requirements=["gcsfs==2022.3.0"], # 필수적이지 않으며 하나의 예일 뿐입니다.
    staging_bucket=f"gs://{bucket_name}/staging"
)
```

각각 2개의 GPU를 사용하는 두 대의 워커에서 실행해보겠습니다.

```
mnist_model2 = custom_training_job.run(
    machine_type="n1-standard-4",
    replica_count=2,
    accelerator_type="NVIDIA_TESLA_K80",
    accelerator_count=2,
)
```

이게 전부입니다. 요청한 컴퓨팅 노드를 (할당량 내에서) 프로비저닝하고 그 노드에서 훈련 스크립트를 실행합니다. 작업이 완료되면 run() 메서드가 훈련되고 모델을 반환하며 앞서 만든 것과 똑같이 사용할 수 있습니다. 즉, 엔드포인트에 배포하거나 배치 예측에 사용할 수 있습니다. 훈련 중에 문제가 발생하면 탐색 메뉴(☰)에서 [Vertex AI] → [학습]을 선택하고 훈련 작업을 클릭한 다음 [로그 보기]를 클릭하여 GCP 콘솔에서 로그를 확인할 수 있습니다. 또는 CUSTOM JOBS 탭을 클릭하고 작업의 ID(⑳ 1234)를 복사한 다음 탐색 메뉴(☰)에서 [로그 기록]을 선택하고 resource.labels.job_id=1234를 쿼리할 수 있습니다.

훈련 과정을 시각화하려면 --logdir을 GCS 로그 경로로 지정하여 텐서보드를 시작하면 됩니다. **애플리케이션 기본 사용자 인증 정보**^{application default credential}를 사용하게 되며, 이 자격 증명은 gcloud auth application-default login을 사용하여 설정할 수 있습니다. 버텍스 AI는 호스팅된 텐서보드 서버도 제공합니다.

몇 가지 하이퍼파라미터 값을 시험하고 싶다면 여러 작업을 실행해보는 것도 한 가지 방법입니다. run() 메서드를 호출할 때 args 매개변수를 사용해 하이퍼파라미터 값을 명령줄 인수로 스크립트에 전달하거나 environment_variables 매개변수를 사용하여 환경 변수로 전달할 수 있습니다.

하지만 클라우드에서 대규모 하이퍼파라미터 튜닝 작업을 실행하려면 버텍스 AI의 하이퍼파라미터 튜닝 서비스를 사용하는 것이 훨씬 더 나은 방법입니다. 방법을 살펴보겠습니다.

19.5.6 버텍스 AI의 하이퍼파라미터 튜닝

버텍스 AI의 하이퍼파라미터 튜닝 서비스는 베이즈 최적화 알고리즘을 기반으로 최적의 하이퍼파라미터 조합을 빠르게 찾을 수 있습니다. 이를 사용하려면 먼저 하이퍼파라미터 값을 명령줄 인수로 받아들이는 훈련 스크립트를 만들어야 합니다. 예를 들어 스크립트에서 다음과 같이 argparse 표준 라이브러리를 사용할 수 있습니다.

```python
import argparse

parser = argparse.ArgumentParser()
parser.add_argument("--n_hidden", type=int, default=2)
parser.add_argument("--n_neurons", type=int, default=256)
parser.add_argument("--learning_rate", type=float, default=1e-2)
parser.add_argument("--optimizer", default="adam")
args = parser.parse_args()
```

하이퍼파라미터 튜닝 서비스는 매번 다른 하이퍼파라미터 값을 사용하여 스크립트를 여러 번 호출합니다. 각 실행을 **트라이얼**^{trial}이라고 하고 트라이얼 집합을 **학습**^{study}이라고 합니다. 훈련 스크립트는 주어진 하이퍼파라미터 값을 사용하여 모델을 빌드하고 컴파일해야 합니다. 각 트라이얼이 멀티 GPU 머신에서 실행되는 경우 미러드 분산 전략을 사용할 수 있습니다. 그러면 스크립트가 데이터셋을 로드하고 모델을 학습시킬 수 있습니다. 예를 들면 다음과 같습니다.

```
import tensorflow as tf

def build_model(args):
    with tf.distribute.MirroredStrategy().scope():
        model = tf.keras.Sequential()
        model.add(tf.keras.layers.Flatten(input_shape=[28, 28], dtype=tf.uint8))
        for _ in range(args.n_hidden):
            model.add(tf.keras.layers.Dense(args.n_neurons, activation="relu"))
        model.add(tf.keras.layers.Dense(10, activation="softmax"))
        opt = tf.keras.optimizers.get(args.optimizer)
        opt.learning_rate = args.learning_rate
        model.compile(loss="sparse_categorical_crossentropy", optimizer=opt,
                      metrics=["accuracy"])
        return model

[...] # 데이터셋을 로드합니다.
model = build_model(args)
history = model.fit([...])
```

TIP 앞서 언급한 AIP_* 환경 변수를 사용하여 체크포인트, 텐서보드 로그, 최종 모델을 저장할 위치를 결정할 수 있습니다.

마지막으로 스크립트는 모델의 성능을 버텍스 AI의 하이퍼파라미터 튜닝 서비스에 다시 보고하여 다음에 시도할 하이퍼파라미터를 결정할 수 있도록 해야 합니다. 이를 위해서는 버텍스 AI 훈련 가상 머신에 자동으로 설치되는 hypertune 라이브러리를 사용해야 합니다.

```
import hypertune

hypertune = hypertune.HyperTune()
hypertune.report_hyperparameter_tuning_metric(
    hyperparameter_metric_tag="accuracy",            # 보고할 측정 지표 이름
    metric_value=max(history.history["val_accuracy"]), # 측정값
    global_step=model.optimizer.iterations.numpy(),
)
```

이제 훈련 스크립트가 준비되었으므로 이를 실행할 머신 유형을 정의해야 합니다. 따라서 사용자 정의 작업을 구성할 것입니다. 그리고 이를 버텍스 AI가 각 트라이얼의 템플릿으로 사용할 것입니다.

```
trial_job = aiplatform.CustomJob.from_local_script(
    display_name="my_search_trial_job",
    script_path="my_vertex_ai_trial.py", # 훈련 스크립트 경로
    container_uri="gcr.io/cloud-aiplatform/training/tf-gpu.2-4:latest",
    staging_bucket=f"gs://{bucket_name}/staging",
    accelerator_type="NVIDIA_TESLA_K80",
    accelerator_count=2, # 이 예에서는 각 트라이얼이 2개의 GPU를 가집니다.
)
```

이제 하이퍼파라미터 튜닝 작업을 만들고 실행할 준비가 되었습니다.

```
from google.cloud.aiplatform import hyperparameter_tuning as hpt

hp_job = aiplatform.HyperparameterTuningJob(
    display_name="my_hp_search_job",
    custom_job=trial_job,
    metric_spec={"accuracy": "maximize"},
    parameter_spec={
        "learning_rate": hpt.DoubleParameterSpec(min=1e-3, max=10, scale="log"),
        "n_neurons": hpt.IntegerParameterSpec(min=1, max=300, scale="linear"),
        "n_hidden": hpt.IntegerParameterSpec(min=1, max=10, scale="linear"),
        "optimizer": hpt.CategoricalParameterSpec(["sgd", "adam"]),
    },
    max_trial_count=100,
    parallel_trial_count=20,
)
hp_job.run()
```

여기서는 "accuracy"라는 측정 지표를 최대화하도록 버텍스 AI에 지시합니다. 이 이름은 훈련 스크립트에서 보고한 메트릭의 이름과 일치해야 합니다. 또한 학습률에는 로그 스케일을, 다른 하이퍼파라미터에는 선형(즉, 균등) 스케일을 사용하여 탐색 공간을 정의합니다. 하이퍼파라미터 이름은 훈련 스크립트의 명령줄 인수와 일치해야 합니다. 그런 다음 최대 트라이얼 횟수를 100으로 설정하고 병렬로 실행되는 최대 트라이얼 횟수를 20으로 설정합니다. 병렬 트라이얼 횟수를 60회로 늘리면 총 검색 시간이 최대 3배까지 크게 단축됩니다. 하지만 처음 60번의 트라이얼은 병렬로 시작되므로 다른 트라이얼의 피드백을 받지 못합니다. 따라서 이를 보완하기 위해 최대 트라이얼의 수를 늘려야 합니다. 예를 들면 약 140으로 증가시킵니다.

이 작업은 시간이 꽤 오래 걸립니다. 작업이 완료되면 hp_job.trials를 사용하여 트라이얼 결과를 추출할 수 있습니다. 각 트라이얼의 결과는 하이퍼파라미터 값과 결과 측정값을 포함하는 프로토콜 버퍼 객체로 표현됩니다. 최적의 트라이얼을 찾아보죠.

```python
def get_final_metric(trial, metric_id):
    for metric in trial.final_measurement.metrics:
        if metric.metric_id == metric_id:
            return metric.value

trials = hp_job.trials
trial_accuracies = [get_final_metric(trial, "accuracy") for trial in trials]
best_trial = trials[np.argmax(trial_accuracies)]
```

이 트라이얼의 정확도와 하이퍼파라미터 값을 확인해봅시다.

```python
>>> max(trial_accuracies)
0.977400004863739
>>> best_trial.id
'98'
>>> best_trial.parameters
[parameter_id: "learning_rate" value { number_value: 0.001 },
 parameter_id: "n_hidden" value { number_value: 8.0 },
 parameter_id: "n_neurons" value { number_value: 216.0 },
 parameter_id: "optimizer" value { string_value: "adam" }
]
```

이게 전부입니다! 이제 이 트라이얼의 SavedModel을 다운로드하고, 필요하면 조금 더 학습한 후 제품으로 배포할 수 있습니다.

> **TIP** 버텍스 AI에는 적합한 모델 아키텍처를 찾아 훈련하는 AutoML 서비스도 포함되어 있습니다. 데이터셋 유형(이미지, 텍스트, 표, 동영상 등)에 따른 특수 포맷으로 데이터셋을 버텍스 AI에 업로드한 다음, 데이터셋을 지정하고 지불 가능한 최대 컴퓨팅 시간을 설정하여 AutoML 훈련 작업을 생성하기만 하면 됩니다. 이에 대한 예는 노트북을 참고하세요.

> ### 버텍스 AI에서 케라스 튜너를 사용한 하이퍼파라미터 튜닝
>
> 버텍스 AI의 하이퍼파라미터 튜닝 서비스 대신 10장에서 소개한 케라스 튜너를 버텍스 AI 가상 머신에서 실행할 수 있습니다. 케라스 튜너는 하이퍼파라미터 탐색을 여러 머신에 분산하여 확장하는 간단한 방법을 제공합니다. 머신마다 3개의 환경 변수를 설정한 다음 각 머신에서 일반 케라스 튜너 코드를 실행하기만 하면 됩니다. 또한 모든 머신에서 정확히 동일한 스크립트를 사용할 수 있습니다. 머신 중 한 대가 치프(즉, 오라클^{oracle}) 역할을 하고 다른 머신은 워커 역할을 합니다. 각 워커는 어떤 하이퍼파라미터 값을 시도할지 치프에게 요청하고, 워커는 이 하이퍼파라미터 값을 사용하여 모델을 훈련한 다음 마지막으로 모델의 성능을 치프에게 보고합니다. 그러면 치프는 워커가 다음에 어떤 하이퍼파라미터 값을 시도할지 결정합니다.
>
> 각 머신에 설정해야 하는 세 개의 환경 변수는 다음과 같습니다.
>
> - kerastuner_tuner_id
>   치프 머신의 경우는 "chief"이거나 워커 머신의 고유 식별자(⑩ "worker0", "worker1" 등)입니다.
>
> - kerastuner_oracle_ip
>   치프 머신의 IP 주소 또는 호스트 이름입니다. 일반적으로 치프는 "0.0.0.0"을 사용하여 머신의 모든 IP 주소에서 대기^{listen}해야 합니다.
>
> - kerastuner_oracle_port
>   치프가 수신 대기할 TCP 포트입니다.
>
> 케라스 튜너를 모든 머신 집합에도 배포할 수 있습니다. 버텍스 AI 머신에서 실행하려면 일반 훈련 작업을 생성하고 케라스 튜너를 사용하기 전에 적절히 환경 변수를 설정하기 위해 훈련 스크립트를 수정하면 됩니다. 이에 대한 예제는 노트북을 참고하세요.

이제 최신 신경망 아키텍처를 생성하고 자체 인프라 또는 클라우드에서 여러 가지 분산 전략을 사용하여 대규모로 훈련한 다음 다양한 환경에 배포하기 위해 필요한 모든 도구와 지식을 갖추었습니다. 다시 말해 여러분은 초능력을 갖게 되었습니다. 이를 잘 활용하세요!

연습문제

① SavedModel에 포함된 것은 무엇인가요? 이 내용을 어떻게 조사할 수 있나요?

② TF 서빙을 언제 사용해야 하나요? 주기능은 무엇인가요? 배포를 위해 쓸 수 있는 도구는 무엇인가요?

③ 여러 TF 서빙 인스턴스로 모델을 어떻게 배포하나요?

④ TF 서빙으로 서비스되는 모델에 쿼리하기 위해 REST API 대신 gRPC API를 사용해야 할 때는 언제인가요?

⑤ TFLite가 모바일이나 임베디드 디바이스에서 실행되도록 모델 크기를 줄이기 위한 방법은 무엇인가요?

⑥ 양자화를 고려한 훈련^{quantization-aware training}은 무엇인가요? 왜 필요한가요?

⑦ 모델 병렬화와 데이터 병렬화는 무엇인가요? 왜 일반적으로 후자를 권장하나요?

⑧ 서버 여러 대에서 모델을 훈련할 때 어떤 분산 전략을 사용할 수 있나요? 선택 기준은 무엇인가요?

⑨ (어떤 모델이든) 모델을 훈련하고 TF 서빙이나 구글 버텍스 AI 플랫폼에 배포해보세요. REST API나 gRPC API를 사용해 쿼리하는 클라이언트 코드를 작성해보세요. 모델을 업데이트하고 새로운 버전을 배포해보세요. 클라이언트 코드가 새로운 버전으로 쿼리할 것입니다. 그리고 첫 번째 버전으로 롤백해보세요.

⑩ 하나의 머신에서 여러 개의 GPU로 `MirroredStrategy` 전략을 사용해 모델을 훈련해보세요(코랩 GPU 런타임으로 가상 GPU 두 개를 만들 수도 있습니다). `CentralStorage Strategy` 전략으로 모델을 재훈련하고 훈련 시간을 비교해보세요.

⑪ 케라스 튜너 또는 버텍스 AI의 하이퍼파라미터 튜닝 서비스를 사용하여 버텍스 AI에서 원하는 모델을 미세 튜닝해보세요.

연습문제의 정답은 〈부록 A〉에 있습니다.

마치며

마지막까지 읽어준 독자 여러분께 감사드립니다. 필자가 이 책을 쓰면서 즐거웠던 것처럼 여러분도 그랬기를 바라고, 크든 작든 여러분의 프로젝트에 도움이 되었으면 좋겠습니다.

혹시 오탈자나 잘못된 내용이 있다면 필자에게 알려주세요. 그리고 여러분의 의견을 듣고 싶습니다. 출판사나 깃허브 *https://github.com/ageron/handson-ml3* 또는 트위터 *@aureliengeron* 을 통해 주저하지 말고 연락주세요.[1]

더 나아가 필자가 여러분께 전하고 싶은 조언은 연습하고 또 연습하라는 것입니다. (아직 다 마치지 못했다면) 모든 연습문제를 풀어보고, 주피터 노트북을 실행해보고, 캐글에 가입해보세요. 또는 머신러닝 커뮤니티[2]에 가입하거나, 머신러닝 강좌를 듣고, 논문을 읽고, 콘퍼런스에 참관하고, 전문가와 만나보세요. 그리고 상황이 빠르게 변화하므로 최신 정보를 놓치지 마세요. 여러 유튜브 채널에서 정기적으로 딥러닝 논문을 매우 상세하고 이해하기 쉽게 소개합니다. 특히 Yannic Kilcher, Letitia Parcalabescu, Xander Steenbrugge의 채널을 추천합니다. 흥미로운 ML 토론과 더 높은 수준의 인사이트를 원한다면 ML Street Talk와 Lex Fridman의 채널을 확인해보세요. 업무나 재미를 위해 (이상적으로는 둘 다를 위해) 분명한 프로젝트를 정하면 크게 도움이 됩니다. 만들어보고 싶었던 것이 있다면 도전해보세요! 조금씩 작업하세요. 달에 한 번에 갈 수는 없습니다. 프로젝트에 집중하고 하나씩 만들어가세요. 인내와 노력이 필요합니다. 보행 로봇이나 챗봇, 또는 만들고 싶은 무언가를 해냈을 때 놀라운 보상이 있을 것입니다.

이 책이 세상에 도움이 되는 환상적인 머신러닝 애플리케이션을 만드는 데 영감을 주었으면 하는 것이 필자의 가장 큰 소망입니다! 어떤 것을 만들어볼까요?

오렐리앙 제롱

---

1 옮긴이_ 번역서에 관한 의견은 옮긴이의 블로그(*https://tensorflow.blog/handson-ml3*)나 깃허브(*https://github.com/rickiepark/handson-ml3*)로 보내주세요.

2 옮긴이_ 대표적인 국내 머신러닝 커뮤니티로는 페이스북의 TensorFlow KR(*https://www.facebook.com/groups/TensorFlowKR*), 캐글 코리아(*https://web.facebook.com/groups/KaggleKoreaOpenGroup*) 등이 있습니다.

3부

부록

3부

✎ NOTE 프로그래밍과 관련된 연습문제의 정답은 깃허브(*https://github.com/rickiepark/handson-ml3*)의 주피터 노트북에서 확인할 수 있습니다.

1장 한눈에 보는 머신러닝

① 머신러닝은 데이터로부터 학습할 수 있는 시스템을 만드는 것입니다. 학습이란 어떤 작업에서 주어진 성능 지표가 더 나아지는 것을 의미합니다.

② 명확한 해결책이 없는 복잡한 문제, 수작업으로 만든 긴 규칙 리스트를 대체하는 경우, 변화하는 환경에 적응하는 시스템을 만드는 경우, 사람에게 인사이트를 제공해야 하는 경우(예 데이터 마이닝)에 머신러닝이 도움을 줄 수 있습니다.

③ 레이블된 훈련 세트는 각 샘플에 대해 원하는 정답(레이블)을 담고 있는 훈련 세트입니다.

④ 가장 일반적인 두 가지 지도 학습 문제는 회귀와 분류입니다.

⑤ 보편적인 비지도 학습 문제는 군집, 시각화, 차원 축소, 연관 규칙 학습입니다.

⑥ 알려지지 않은 지형을 탐험하는 로봇을 학습시키는 가장 좋은 방법은 강화 학습입니다. 이는 전형적으로 강화 학습이 다루는 유형의 문제입니다. 이 문제를 지도 학습이나 비지도 학습으로 표현하는 것도 가능하지만 일반적이지 않습니다.

⑦ 만약 그룹을 어떻게 정의할지 모른다면 비슷한 고객끼리 군집으로 나누기 위해 군집 알고리즘(비지도 학습)을 사용할 수 있습니다. 어떤 그룹이 있어야 할지 안다면 분류 알고리즘(지도 학습)에 각 그룹에 대한 샘플을 주입합니다. 그러면 알고리즘이 전체 고객을 이런 그룹으로 분류하게 될 것입니다.

⑧ 스팸 감지는 전형적인 지도 학습 문제입니다. 알고리즘에 많은 이메일과 이에 상응하는 레이블(스팸 또는 스팸 아님)이 제공됩니다.

⑨ 온라인 학습 시스템은 배치 학습 시스템과 달리 점진적으로 학습할 수 있습니다. 이 방식을 사용하면 변화하는 데이터와 자율 시스템에 빠르게 적응하고 매우 많은 양의 데이터를 훈련시킬 수 있습니다.

⑩ 외부 메모리 알고리즘은 컴퓨터의 주메모리에 들어갈 수 없는 대용량의 데이터를 다룰 수 있습니다. 외부 메모리 학습 알고리즘은 데이터를 미니배치로 나누고 온라인 학습 기법을 사용해 학습합니다.

⑪ 사례 기반 학습 시스템은 훈련 데이터를 기억하는 학습입니다. 새로운 샘플이 주어지면 유사도 측정을 사용해 학습된 샘플 중에서 가장 비슷한 것을 찾아 예측으로 사용합니다.

⑫ 모델은 하나 이상의 파라미터(예 선형 모델의 기울기)를 사용해 새로운 샘플이 주어지면 무엇을 예측할지 결정합니다. 학습 알고리즘은 모델이 새로운 샘플에 잘 일반화되도록 이런 파라미터들의 최적값을 찾습니다. 하이퍼파라미터는 모델이 아니라 이런 학습 알고리즘 자체의 파라미터입니다(예 적용할 규제의 정도).

⑬ 모델 기반 학습 알고리즘은 새로운 샘플에 잘 일반화되기 위한 모델 파라미터의 최적값을 찾습니다. 일반적으로 훈련 데이터에서 시스템의 예측이 얼마나 나쁜지 측정하고 모델에 규제가 있다면 모델 복잡도에 대한 페널티를 더한 비용 함수를 최소화함으로써 시스템을 훈련시킵니다. 예측을 만들려면 학습 알고리즘이 찾은 파라미터를 사용하는 모델의 예측 함수에 새로운 샘플의 특성을 주입합니다.

⑭ 머신러닝의 주요 도전 과제는 부족한 데이터, 낮은 데이터 품질, 대표성 없는 데이터, 무의미한 특성, 훈련 데이터에 과소적합된 과도하게 간단한 모델, 훈련 데이터에 과대적합된 과도하게 복잡한 모델 등입니다.

⑮ 모델이 훈련 데이터에서는 잘 작동하지만 새로운 샘플에서는 형편없다면 이 모델은 훈련

데이터에 과대적합되었을 가능성이 높습니다(또는 훈련 데이터에 매우 운이 좋은 경우만 있는 것입니다). 과대적합에 대한 해결책은 더 많은 데이터를 모으거나, 모델을 단순화하거나(간단한 알고리즘을 선택하거나, 특성이나 파라미터의 수를 줄이거나, 모델에 규제를 추가합니다), 훈련 데이터에 있는 잡음을 줄이는 것입니다.

⑯ 테스트 세트는 실전에 배치되기 전에 모델이 새로운 샘플에 대해 만들 일반화 오차를 추정하기 위해 사용됩니다.

⑰ 검증 세트는 모델을 비교하는 데 사용됩니다. 이를 사용해 가장 좋은 모델을 고르고 하이퍼파라미터를 튜닝합니다.

⑱ 훈련-개발 세트는 (모델을 실전에 투입했을 때 사용될 데이터와 최대한 가까워야 하는) 검증, 테스트 세트에 사용되는 데이터와 훈련 세트 사이에 데이터 불일치 위험이 있을 때 사용됩니다. 훈련 세트의 일부에서 모델을 훈련하고 훈련-개발 세트와 검증 세트에서 평가합니다. 모델이 훈련 세트에서는 잘 작동하지만 훈련-개발 세트에서 나쁜 성능을 낸다면 아마도 훈련 세트에 과대적합되었을 가능성이 높습니다. 훈련 세트와 훈련-개발 세트 양쪽에서 모두 잘 작동하지만 검증 세트에서 성능이 나쁘다면 훈련 데이터와 검증 및 테스트 데이터 사이에 데이터 불일치가 있을 가능성이 높습니다. 검증 및 테스트 데이터에 더 가깝게 되도록 훈련 데이터를 개선해야 합니다.

⑲ 테스트 세트를 사용해 하이퍼파라미터를 튜닝하면 테스트 세트에 과대적합될 위험이 있고 일반화 오차를 낙관적으로 측정하게 됩니다(모델을 출시하면 기대한 것보다 나쁜 성능을 낼 것입니다).

2장 머신러닝 프로젝트 처음부터 끝까지

*https://github.com/rickiepark/handson-ml3*에 있는 주피터 노트북을 참고하세요.

3장 분류

*https://github.com/rickiepark/handson-ml3*에 있는 주피터 노트북을 참고하세요.

4장 모델 훈련

① 수백만 개의 특성이 있는 훈련 세트를 가지고 있다면 확률적 경사 하강법(SGD)이나 미니 배치 경사 하강법을 사용할 수 있습니다. 훈련 세트가 메모리 크기에 맞으면 배치 경사 하강법도 가능합니다. 하지만 정규 방정식이나 SVD 방법은 계산 복잡도가 특성 개수에 따라 매우 빠르게 증가하기 때문에 사용할 수 없습니다.

② 훈련 세트에 있는 특성의 스케일이 매우 다르면 비용 함수는 길쭉한 타원 모양의 그릇 형태가 됩니다. 그래서 경사 하강법(GD) 알고리즘이 수렴하는 데 오랜 시간이 걸립니다. 이를 해결하기 위해서는 모델을 훈련하기 전에 데이터의 스케일을 조절해야 합니다. 정규 방정식이나 SVD 방법은 스케일 조정 없이도 잘 작동합니다. 또한 규제가 있는 모델은 특성의 스케일이 다르면 지역 최적점에 수렴할 가능성이 있습니다. 규제는 가중치가 커지지 못하게 제약을 가하므로 특성값이 작으면 큰 값을 가진 특성에 비해 무시되는 경향이 있습니다.

③ 로지스틱 회귀 모델의 비용 함수는 볼록 함수[1]이므로 경사 하강법이 훈련될 때 지역 최솟값에 갇힐 가능성이 없습니다.

④ 최적화할 함수가 (선형 회귀나 로지스틱 회귀처럼) 볼록 함수이고 학습률이 너무 크지 않다고 가정하면 모든 경사 하강법 알고리즘이 전역 최적값에 도달하고 결국 비슷한 모델을 만들 것입니다. 하지만 학습률을 점진적으로 감소시키지 않으면 SGD와 미니배치 GD는 진정한 최적점에 수렴하지 못하고 전역 최적점 주변을 이리저리 맴돌게 됩니다. 이 말은 매우 오랫동안 훈련을 해도 경사 하강법 알고리즘들은 조금씩 다른 모델을 만들게 된다는 뜻입니다.

⑤ 에포크마다 검증 오차가 지속적으로 상승한다면 학습률이 너무 높고 알고리즘이 발산하기 때문일지도 모릅니다. 훈련 오차도 올라간다면 이 문제가 확실하므로 학습률을 낮추어야 합니다. 그러나 훈련 오차가 올라가지 않는다면 모델이 훈련 세트에 과대적합되어 있는 것이므로 훈련을 멈추어야 합니다.

⑥ 무작위성 때문에 확률적 경사 하강법이나 미니배치 경사 하강법 모두 매 훈련 반복마다 학습의 진전을 보장하지 못합니다. 검증 오차가 상승할 때 훈련을 즉시 멈추는 것은 최적점에 도달하기 전에 너무 일찍 멈추는 것일지도 모릅니다. 더 나은 방법은 정기적으로 모델을 저

---

1 볼록 함수의 두 점 사이를 연결하는 직선은 이 함수의 곡선과 교차하지 않습니다.

장하고 오랫동안 진전이 없을 때(즉, 최상의 점수를 넘어서지 못하면) 저장된 것 중 가장 좋은 모델로 복원하는 것입니다.

⑦ 확률적 경사 하강법은 한 번에 하나의 훈련 샘플만 사용하기 때문에 훈련 반복이 가장 빠릅니다. 그래서 가장 먼저 전역 최적점 근처에 도달합니다(그다음이 작은 미니배치 크기를 가진 미니배치 GD입니다). 그러나 훈련 시간이 충분하면 배치 경사 하강법만 실제로 수렴할 것입니다. 앞서 언급한 대로 학습률을 점진적으로 감소시키지 않으면 SGD와 미니배치 GD는 최적점 주변을 맴돌게 됩니다.

⑧ 검증 오차가 훈련 오차보다 훨씬 더 높으면 모델이 훈련 세트에 과대적합되었기 때문일 가능성이 높습니다. 이를 해결하는 첫 번째 방법은 다항 차수를 낮추는 것입니다. 자유도를 줄이면 과대적합이 훨씬 줄어들 것입니다. 두 번째 방법은 모델을 규제하는 것입니다. 예를 들어 비용 함수에 ℓ_2 페널티(릿지)나 ℓ_1 페널티(라쏘)를 추가합니다. 이 방법도 모델의 자유도를 감소시킵니다. 세 번째 방법은 훈련 세트의 크기를 증가시키는 것입니다.

⑨ 훈련 오차와 검증 오차가 거의 비슷하고 매우 높다면 모델이 훈련 세트에 과소적합되었을 가능성이 높습니다. 즉, 높은 편향을 가진 모델입니다. 따라서 규제 하이퍼파라미터 α를 감소시켜야 합니다.

⑩ 다음과 같습니다.

a 규제가 있는 모델은 일반적으로 규제가 없는 모델보다 성능이 좋습니다. 그래서 평범한 선형 회귀보다 릿지 회귀가 선호됩니다.[2]

b 라쏘 회귀는 ℓ_1 페널티 사용하여 가중치를 완전히 0으로 만드는 경향이 있습니다. 이는 가장 중요한 가중치를 제외하고는 모두 0이 되는 희소한 모델을 만듭니다. 또한 자동으로 특성 선택의 효과를 가지므로 단지 몇 개의 특성만 실제 유용할 것이라고 의심될 때 사용하면 좋습니다. 만약 확신이 없다면 릿지 회귀를 사용해야 합니다.

c 라쏘가 어떤 경우(몇 개의 특성이 강하게 연관되어 있거나 훈련 샘플보다 특성이 더 많을 때)에는 불규칙하게 행동하므로 엘라스틱넷이 라쏘보다 일반적으로 선호됩니다. 그러나 추가적인 하이퍼파라미터가 생깁니다. 불규칙한 행동이 없는 라쏘를 원하면 엘라스틱넷에 l1_ratio를 1에 가깝게 설정하면 됩니다.

---

2 또한 정규 방정식은 역행렬을 계산해야 하지만 항상 역행렬을 얻을 수 있는 것은 아닙니다. 반대로 릿지 회귀는 항상 역행렬을 얻을 수 있습니다.

⑪ 실외와 실내, 낮과 밤에 따라 사진을 구분하고 싶다면 이 둘은 배타적인 클래스가 아니기 때문에(즉, 네 가지 조합이 모두 가능하므로) 두 개의 로지스틱 회귀 분류기를 훈련시켜야 합니다.

⑫ *https://github.com/rickiepark/handson-ml3*에 있는 주피터 노트북을 참고하세요.

5장 서포트 벡터 머신

① 서포트 벡터 머신(SVM)의 근본적인 아이디어는 클래스 사이에 가능한 한 가장 넓은 '도로'를 내는 것입니다. 다시 말해 두 클래스를 구분하는 결정 경계와 샘플 사이의 마진을 가장 크게 하는 것이 목적입니다. 소프트 마진 분류를 수행할 때는 SVM이 두 클래스를 완벽하게 나누는 것과 가장 넓은 도로를 만드는 것 사이에 절충안을 찾습니다(즉, 몇 개의 샘플은 도로 안에 놓일 수 있습니다). 또 하나의 핵심적인 아이디어는 비선형 데이터셋에서 훈련할 때 커널 함수를 사용하는 것입니다. SVM을 사용해 선형 및 비선형 회귀와 특이치 탐지를 수행할 수도 있습니다.

② **서포트 벡터**는 SVM이 훈련된 후에 경계를 포함해 도로에 놓인 어떤 샘플입니다(1번 답을 참고하세요). 결정 경계는 전적으로 서포트 벡터에 의해 결정됩니다. 서포트 벡터가 아닌(즉, 도로 밖에 있는) 어떤 샘플도 영향을 주지 못합니다. 이런 샘플은 삭제하고 다른 샘플을 더 추가하거나 다른 곳으로 이동시킬 수 있습니다. 샘플이 도로 밖에 있는 한 결정 경계에 영향을 주지 못할 것입니다. 커널 SVM으로 예측을 계산할 때는 전체 훈련 세트가 아니라 서포트 벡터만 사용합니다.

③ SVM은 클래스 사이에 가능한 한 가장 큰 도로를 내는 것이므로(1번 답을 참고하세요) 훈련 세트의 스케일이 맞지 않으면 크기가 작은 특성을 무시하는 경향이 있습니다([그림 5-2] 참고).

④ `decision_function()` 메서드를 사용하여 신뢰도 점수를 얻을 수 있습니다. 이 점수는 샘플과 결정 경계 사이의 거리를 나타냅니다. 하지만 이를 클래스 확률의 추정치로 직접 변환할 수는 없습니다. SVC를 만들 때 `probability=True`로 지정하면 훈련이 끝날 때 5-폴드 교차 검증을 사용하여 훈련 샘플에 대한 표본 외(`out-of-sample`) 점수를 생성하고 이 점수를 추정 확률에 매핑하기 위해 로지스틱 회귀 모델을 훈련합니다. 그런 다음 `predict_` proba() 및 predict_log_proba() 메서드를 사용할 수 있습니다.

⑤ 세 클래스 모두 라지 마진의 선형 분류에 사용할 수 있습니다. SVC 클래스는 또한 커널 트릭을 지원하므로 비선형 작업도 처리할 수 있습니다. 하지만 여기에는 대가가 따릅니다. SVC 클래스는 많은 샘플을 가진 데이터셋으로는 잘 확장되지 않습니다. 하지만 많은 개수의 특성으로는 잘 확장됩니다. LinearSVC 클래스는 선형 SVM에 최적화된 알고리즘을 구현하는 반면, SGDClassifier는 확률적 경사 하강법을 사용합니다. 데이터셋에 따라 LinearSVC가 SGDClassifier보다 약간 빠를 수 있지만 항상 그런 것은 아니며, SGDClassifier가 더 유연하고 점진적 학습을 지원합니다.

⑥ RBF 커널에 훈련된 SVM 분류기가 훈련 세트에 과소적합이라면 규제가 너무 큰 것일 수 있습니다. 규제를 줄이려면 gamma나 C(또는 둘 다)를 증가시켜야 합니다.

⑦ 회귀 SVM 모델은 작은 마진 내에 최대한 많은 샘플을 예측하도록 훈련합니다. 마진 내에 샘플을 추가하면 모델에 전혀 영향을 주지 않는데, 이를 ε에 민감하지 않다고 말합니다.

⑧ 커널 트릭은 비선형 SVM 모델을 훈련할 수 있게 해주는 수학적 기법입니다. 이를 통해 만든 모델은 비선형 변환을 사용하여 입력을 다른 공간에 매핑한 다음, 이렇게 매핑된 고차원 입력에서 선형 SVM을 훈련하는 것과 동일합니다. 즉, 커널 트릭은 입력을 전혀 변환하지 않고도 동일한 결과를 제공합니다.

$$\mathbf{A} = \begin{pmatrix} \mathbf{A}' & -\mathbf{I}_m \\ \mathbf{0} & -\mathbf{I}_m \end{pmatrix}$$

연습문제 8, 9, 10의 정답은 *https://github.com/rickiepark/handson-ml3*에 있는 주피터 노트북을 참고하세요.

6장 결정 트리

① m개의 리프 노드를 포함한 균형이 잘 잡힌 이진 트리의 깊이는 $\log_2(m)$을 반올림한 것과 같습니다.[3] 이진 결정 트리(사이킷런에 있는 모든 트리는 가지가 두 개입니다)를 제한을 두지 않고 훈련시키면 훈련 샘플마다 하나의 리프 노드가 생성되므로 어느 정도 균형

---

3 $\log_2$는 이진 로그이고 $\log_2(m) = \log(m) / \log(2)$입니다.

이 잘 잡힌 트리가 됩니다. 따라서 훈련 세트에 백만 개 샘플이 있다면 결정 트리의 깊이는 $\log_2(10^6) \approx 20$이 될 것입니다(실제로는 완벽하게 균형 잡힌 트리가 만들어지지 않기 때문에 조금 더 늘어납니다).

② 한 노드의 지니 불순도는 일반적으로 부모의 불순도보다 낮습니다. 이는 자식의 지니 불순도의 가중치 합이 최소화되는 방향으로 각 노드를 분할하는 CART 훈련 알고리즘의 비용 함수 때문입니다. 그러나 다른 자식 노드의 지니 불순도 감소량이 어떤 노드의 불순도 증가량보다 큰 경우라면 부모의 불순도보다 큰 노드가 생길 수 있습니다. 예를 들어 클래스 A의 샘플을 4개, 클래스 B의 샘플을 1개 포함한 노드를 생각해보겠습니다. 이 노드의 지니 불순도는 $1 - \left(\frac{1}{5}\right)^2 - \left(\frac{4}{5}\right)^2 = 0.32$입니다. 이 데이터셋은 1차원이고 A, B, A, A, A 순으로 늘어서 있다고 가정하겠습니다. 알고리즘이 이 노드를 두 번째 샘플 이후에 나누어 샘플 A, B를 가진 자식 노드와 샘플 A, A, A를 가진 자식 노드를 만듭니다. 첫 번째 자식 노드의 지니 불순도는 $1 - \left(\frac{1}{2}\right)^2 - \left(\frac{1}{2}\right)^2 = 0.5$가 되어 부모보다 큽니다. 이는 다른 노드가 순수 노드가 되는 것에 대한 대가입니다. 가중치를 준 전체 지니 불순도는 $\frac{2}{5} \times 0.5 + \frac{3}{5} \times 0 = 0.2$가 되어 부모의 지니 불순도보다 낮습니다.

③ 결정 트리가 훈련 세트에 과대적합되었다면 모델에 제약을 가해 규제해야 하므로 max_depth를 낮추는 것이 좋습니다.

④ 결정 트리는 훈련 데이터의 스케일이나 원점에 맞추어져 있는지 상관하지 않습니다. 이것이 결정 트리의 장점입니다. 그러므로 결정 트리가 훈련 세트에 과소적합되었다고 입력 특성의 스케일을 조정하는 것은 시간 낭비입니다.

⑤ 결정 트리 훈련의 계산 복잡도는 $O(n \times m \log(m))$입니다. 그러므로 훈련 세트의 크기에 10을 곱하면 훈련 시간은 $K = (n \times 10m \times \log(10m))/(n \times m \times \log(m)) = 10 \times \log(10m)/\log(m)$ 배 늘어납니다. 만약 $m = 10^6$이면 $K \approx 11.7$이므로 훈련에 대략 11.7시간이 걸릴 것으로 예상할 수 있습니다.

⑥ 특성 개수가 두 배로 늘어나면 훈련 시간도 약 두 배로 늘어납니다.

연습문제 7, 8의 정답은 *https://github.com/rickiepark/handson-ml3*에 있는 주피터 노트북을 참고하세요.

7장 앙상블 학습과 랜덤 포레스트

① 다섯 개의 모델을 훈련시켰고 모두 95%의 정확도를 달성했다면 이들을 연결하여 투표 앙상블 voting ensemble 을 만들어 더 나은 결과를 기대할 수 있습니다. 만약 모델이 서로 다르다면 (⑩ SVM 분류기, 결정 트리 분류기, 로지스틱 회귀 분류기 등) 훨씬 좋습니다. 만약 다른 훈련 샘플에서 훈련되었다면 더더욱 좋습니다(이것이 배깅과 페이스팅 앙상블의 핵심입니다). 하지만 그렇지 않더라도 모델이 서로 많이 다르면 여전히 좋은 결과를 냅니다.

② 직접 투표 분류기는 앙상블에 있는 각 분류기의 선택을 카운트해서 가장 많은 투표를 얻은 클래스를 선택합니다. 간접 투표 분류기는 각 클래스의 평균적인 확률 추정값을 계산해서 가장 높은 확률을 가진 클래스를 고릅니다. 이 방식은 신뢰가 높은 투표에 더 큰 가중치를 주고 종종 더 나은 성능을 냅니다. 하지만 앙상블에 있는 모든 분류기가 클래스 확률을 추정할 수 있을 때 사용할 수 있습니다(예를 들어 사이킷런의 SVM 분류기는 probability=True로 지정해야 합니다).

③ 배깅 앙상블의 각 예측기는 독립적이므로 여러 대의 서버에 분산하여 앙상블의 훈련 속도를 높일 수 있습니다. 페이스팅 앙상블과 랜덤 포레스트도 같은 이유로 동일합니다. 그러나 부스팅 앙상블의 예측기는 이전 예측기를 기반으로 만들어지므로 훈련이 순차적이어야 하고 여러 대의 서버에 분산해서 얻을 수 있는 이득이 없습니다. 스태킹 앙상블의 경우 한 층의 모든 예측기가 각각 독립적이므로 여러 대의 서버에서 병렬로 훈련될 수 있습니다. 그러나 한 층에 있는 예측기들은 이전 층의 예측기들이 훈련된 후에 훈련될 수 있습니다.

④ OOB 평가를 사용하면 배깅 앙상블의 각 예측기가 훈련에 포함되지 않은(즉, 따로 떼어놓은) 샘플을 사용해 평가됩니다. 이는 추가적인 검증 세트가 없어도 편향되지 않게 앙상블을 평가하도록 도와줍니다. 따라서 훈련에 더 많은 샘플을 사용할 수 있으므로 앙상블의 성능이 조금 더 향상됩니다.

⑤ 랜덤 포레스트에서 트리가 성장할 때 각 노드에서 특성의 일부를 랜덤으로 선택해 분할에 사용합니다. 엑스트라 트리에서도 마찬가지지만 한 단계 더 나아가서 일반 결정 트리처럼 최선의 임계점을 찾는 것이 아니라 각 특성에 대해 랜덤한 임계점을 사용합니다. 이 추가적인 무작위성은 규제처럼 작동합니다. 즉, 랜덤 포레스트가 훈련 데이터에 과대적합되었다면 엑스트라 트리는 그렇지 않을 것입니다. 또한 엑스트라 트리는 최선의 임계점을 찾지 않기 때문에 랜덤 포레스트보다 훨씬 빠르게 훈련됩니다. 그러나 예측을 할 때는 랜덤 포레스트보다 더 빠르지도 느리지도 않습니다.

⑥ AdaBoost 앙상블이 훈련 데이터에 과소적합되었다면 예측기의 수를 증가시키거나 기반 예측기의 규제 하이퍼파라미터를 감소시켜 볼 수 있습니다. 또한 학습률을 약간 증가시켜 볼 수 있습니다.

⑦ 그레이디언트 부스팅 앙상블이 훈련 세트에 과대적합되었다면 학습률을 감소시켜야 합니다. (예측기의 수가 너무 많으면) 알맞은 개수를 찾기 위해 조기 종료 기법을 사용할 수 있습니다.

연습문제 8, 9의 정답은 *https://github.com/rickiepark/handson-ml3*에 있는 주피터 노트북을 참고하세요.

8장 차원 축소

① 차원 축소의 주요 목적은 다음과 같습니다.

- 훈련 알고리즘의 속도를 높이기 위해(어떤 경우에는 잡음과 중복된 특성을 삭제할 수도 있어 훈련 알고리즘의 성능을 높입니다)
- 데이터를 시각화하고 가장 중요한 특성에 대한 인사이트를 얻기 위해
- 메모리 공간을 절약하기 위해(압축)

주요 단점은 다음과 같습니다.

- 일부 정보를 잃어버려 훈련 알고리즘의 성능을 감소시킬 수 있습니다.
- 계산 비용이 높습니다.
- 머신러닝 파이프라인의 복잡도를 증가시킵니다.
- 변환된 데이터를 이해하기 어려운 경우가 많습니다.

② 차원의 저주는 저차원 공간에는 없는 많은 문제가 고차원 공간에서 일어난다는 사실을 뜻합니다. 머신러닝에서 랜덤으로 선택된 고차원 벡터는 일반적으로 서로 멀리 떨어져 있어서 과대적합의 위험이 큽니다. 또한 데이터의 양이 많지 않으면 패턴을 잡아내기 매우 어렵습니다.

③ 여기에서 설명한 알고리즘 중 하나를 사용해 데이터셋의 차원을 축소시키면 일부 정보가 차원 축소 과정에서 사라지기 때문에 이를 완벽하게 되돌리는 것은 불가능합니다. (PCA

같은) 일부 알고리즘은 비교적 원본과 비슷한 데이터셋을 재구성할 수 있는 간단한 역변환 방법을 가지고 있지만 (T-SNE 같은) 다른 알고리즘들은 그렇지 않습니다.

④ PCA는 불필요한 차원을 제거할 수 있기 때문에 매우 비선형적이더라도 대부분의 데이터셋에서 차원을 축소하는 데 사용할 수 있습니다. 그러나 불필요한 차원이 없다면(예 스위스 롤 데이터셋) PCA의 차원 축소는 너무 많은 정보를 잃게 만듭니다. 즉, 스위스 롤은 펼쳐야 하며 말려진 것을 뭉개면 안 됩니다.

⑤ 이 질문에는 속임수가 있습니다. 답은 데이터셋에 따라 다릅니다. 극단적인 두 가지 사례를 살펴보겠습니다. 먼저 거의 완벽하게 일렬로 늘어선 데이터 포인트로 구성된 데이터셋을 생각해보겠습니다. 이 경우 PCA는 분산의 95%를 유지하면서 데이터셋을 단 하나의 차원으로 줄일 수 있습니다. 이번에는 완전히 랜덤으로 1,000개의 차원에 걸쳐 흩어져 있는 데이터셋을 생각해보겠습니다. 이 경우 분산의 95%를 보존하려면 거의 950개의 차원이 필요할 것입니다. 그러므로 답은 데이터셋에 따라 달라지고 1에서 950 사이의 어떤 수도 될 수 있습니다. 차원 수에 대한 함수로 설명된 분산의 그래프를 그려보는 것이 데이터셋에 내재된 차원 수를 대략적으로 가늠할 수 있는 한 가지 방법입니다.

⑥ 기본 PCA가 우선적으로 사용되지만 데이터셋 크기가 메모리에 맞을 때 가능합니다. 점진적 PCA는 메모리에 담을 수 없는 대용량 데이터셋에 적합합니다. 하지만 기본 PCA보다 느리므로 데이터셋이 메모리 크기에 맞으면 기본 PCA를 사용해야 합니다. 점진적 PCA는 새로운 샘플이 발생될 때마다 실시간으로 PCA를 적용해야 하는 온라인 작업에 사용 가능합니다. 랜덤 PCA는 데이터셋이 메모리 크기에 맞고 차원을 크게 축소시킬 때 사용됩니다. 이 경우에는 기본 PCA보다 훨씬 빠릅니다. 마지막으로 랜덤 투영은 매우 고차원인 데이터셋에 적합합니다.

⑦ 직관적으로 데이터셋에서 너무 많은 정보를 잃지 않으면서 차원을 많이 제거할 수 있다면 차원 축소 알고리즘이 잘 작동한 것입니다. 이를 측정하는 한 가지 방법은 역변환을 수행해서 재구성 오차를 측정하는 것입니다. 하지만 모든 차원 축소 알고리즘이 역변환을 제공하지는 않습니다. 만약 차원 축소를 다른 머신러닝 알고리즘(예 랜덤 포레스트 분류기)을 적용하기 전 전처리 단계로 사용한다면 두 번째 알고리즘의 성능을 측정해볼 수 있습니다. 즉, 차원 축소로 인해 너무 많은 정보가 소실되지 않았다면 원본 데이터셋을 사용했을 때와 비슷한 성능이 나와야 합니다.

⑧ 당연히 두 개의 차원 축소 알고리즘을 연결할 수 있습니다. PCA나 랜덤 투영으로 불필요한 차원을 대폭 제거하고 난 다음 LLE 같이 훨씬 느린 알고리즘을 적용하는 것이 대표적인 사례입니다. 이런 2단계 방식은 LLE만 사용했을 때와 거의 비슷한 성능을 내지만 속도가 몇 분의 1로 줄어듭니다.

연습문제 9, 10의 정답은 *https://github.com/rickiepark/handson-ml3*에 있는 주피터 노트북을 참고하세요.

9장 비지도 학습

① 머신러닝에서 군집은 비슷한 샘플을 모으는 비지도 작업입니다. 유사도 개념은 주어진 문제에 따라 다릅니다. 예를 들어 어떤 경우에는 가까이 있는 두 샘플을 비슷하다고 생각할 수 있지만 다른 경우에는 조밀하게 모여 있는 그룹에 같이 속해 있다면 멀리 떨어진 샘플도 비슷하다고 볼 수 있습니다. k-평균, DBSCAN, 병합 군집, BIRCH, 평균-이동, 유사도 전파, 스펙트럼 군집 등이 인기가 많은 군집 알고리즘입니다.

② 군집 알고리즘의 주요 애플리케이션은 데이터 분석, 고객 분류, 추천 시스템, 검색 엔진, 이미지 분할, 준지도 학습, 차원 축소, 이상치 탐지, 특이치 탐지 등입니다.

③ k-평균을 사용할 때 클러스터 개수를 선택하는 간단한 방법은 엘보 규칙입니다. 클러스터 개수의 함수로 이너셔(각 샘플과 인접한 센트로이드 사이의 평균 제곱 거리)를 그리고 그래프에서 이너셔가 더는 빠르게 감소하지 않는 지점(엘보)을 찾습니다. 일반적으로 이 지점이 최적의 클러스터 개수에 가깝습니다. 다른 방법으로는 클러스터 개수의 함수로 실루엣 점수의 그래프를 그립니다. 그래프에 뾰족하게 올라간 지점이 나타나는 경우가 많은데 일반적으로 이 근처가 최적의 클러스터 개수입니다. 실루엣 점수는 모든 샘플에 대한 평균 실루엣 계수입니다. 샘플이 자신의 클러스터 안에 잘 속해 있고 다른 클러스터와 멀리 떨어져 있으면 +1에, 다른 클러스터에 매우 인접해 있으면 −1에 가까워집니다. 실루엣 다이어그램을 그려 좀 더 많은 분석을 수행할 수 있습니다.

④ 데이터셋에 레이블을 부여하려면 비용과 시간이 많이 듭니다. 따라서 보통 레이블이 없는 샘플이 많고 레이블이 있는 샘플은 적습니다. 레이블 전파는 레이블이 있는 샘플의 일부 (또는 전부)를 레이블이 없는 비슷한 샘플에 복사하는 기법입니다. 레이블을 가진 샘플의

개수를 크게 늘릴 수 있고 지도 학습 방법을 사용해 더 나은 성능을 낼 수 있습니다(이것이 준지도 학습 방법입니다). 이를 구현하는 한 가지 방법은 k-평균과 같은 군집 알고리즘을 모든 샘플에 적용한 다음 군집마다 가장 많은 레이블이나 가장 대표적인 샘플(센트로이드에 가장 가까운 샘플)을 찾아 동일 클러스터 안에 있는 레이블이 없는 샘플에 전파하는 것입니다.

⑤ k-평균과 BIRCH를 대규모 데이터셋에 적용할 수 있습니다. DBSCAN과 평균-이동은 밀도가 높은 지역을 찾습니다.

⑥ 레이블이 없는 샘플이 많고 레이블을 부여하는 데 비용이 많이 들 때는 능동 학습이 유용합니다. 이런 (매우 흔한) 경우에는 랜덤으로 샘플을 선택해 레이블을 부여하는 것보다 능동 학습이 더 바람직합니다. 전문가가 학습 알고리즘과 상호 작용하여 알고리즘이 요청하는 특정 샘플에 레이블을 제공합니다. 널리 사용되는 방법은 불확실성 샘플링입니다(〈9.1.4 군집을 사용한 준지도 학습〉의 '능동 학습' 설명을 참고하세요).

⑦ 많은 사람들이 이상치 탐지와 특이치 탐지를 혼용합니다. 하지만 두 용어는 완전히 같지는 않습니다. 이상치 탐지는 이상치가 포함될 수 있는 데이터셋에서 알고리즘을 훈련합니다. 이상치 탐지의 목표는 전형적으로 (훈련 세트 안에 있는) 이상치와 새로운 샘플 사이에 있는 이상치를 구별해내는 것입니다. 특이치 탐지는 '깨끗'하다고 가정한 데이터셋에서 알고리즘을 훈련합니다. 이 알고리즘의 목적은 새로운 샘플 사이에서 특이한 것을 감지하는 것입니다. 어떤 알고리즘(예 아이솔레이션 포레스트)은 이상치 탐지에 최적인 반면 다른 알고리즘(예 one-class SVM)은 특이치 탐지에 잘 맞습니다.

⑧ 가우스 혼합 모델(GMM)은 샘플이 파라미터를 모르는 몇 개의 가우스 분포에서 생성되었다고 가정하는 확률 모델입니다. 다시 말해 데이터가 유한한 개수의 타원 모양 클러스터로 그룹지어 있다고 가정합니다(클러스터의 타원 모양, 크기, 방향, 밀집도는 다를 수 있습니다). 하지만 샘플이 어떤 클러스터에 속해 있는지는 알지 못합니다. 밀집도 추정, 군집, 이상치 탐지에 이 모델을 사용할 수 있습니다.

⑨ 가우스 혼합 모델을 사용할 때 적절한 클러스터 개수를 찾는 한 가지 방법은 클러스터 개수의 함수로 BIC나 AIC 그래프를 그리는 것입니다. 그다음 BIC나 AIC를 최소화하는 클러스터 개수를 선택합니다. 또 다른 방법은 베이즈 가우스 혼합 모델을 사용해 클러스터 개수를 자동으로 선택하는 것입니다.

연습문제 10에서 13까지 정답은 *https://github.com/rickiepark/handson-ml3*에 있는 주피터 노트북을 참고하세요.

10장 케라스를 사용한 인공 신경망 소개

① 텐서플로 플레이그라운드(*https://playground.tensorflow.org*)를 방문해서 연습문제에 나온 대로 사용해보세요.

② $A \oplus B = (A \wedge \neg B) \vee (\neg A \wedge B)$일 때 $A \oplus B$를 계산하는 초창기 인공 뉴런 기반의 신경망은 다음 그림과 같습니다. 다른 방법도 있습니다. 예를 들어 $A \oplus B = (A \vee B) \wedge \neg (A \wedge B)$ 또는 $A \oplus B = (A \vee B) \wedge (\neg A \vee \wedge B)$ 등을 사용할 수 있습니다.[4]

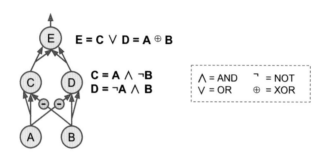

③ 고전적인 퍼셉트론은 데이터셋이 선형적으로 구분될 때만 수렴하고 클래스 확률을 추정할 수 없습니다. 이와는 반대로 로지스틱 회귀 분류기는 데이터셋이 선형적으로 구분되지 못해도 좋은 솔루션으로 수렴하고 클래스 확률을 출력합니다. 퍼셉트론의 활성화 함수를 시그모이드 활성화 함수(또는 여러 개의 뉴런일 경우 소프트맥스 활성화 함수)로 바꾸고 경사 하강법(또는 크로스 엔트로피 같은 비용 함수를 최소화하는 다른 최적화 알고리즘)을 사용하여 훈련시키면 로지스틱 회귀 분류기와 동일해집니다.

④ 시그모이드 활성화 함수의 도함수는 어디서도 0이 되지 않기 때문에 경사 하강법이 항상 경사를 따라 이동할 수 있으므로 초창기 MLP의 핵심 요소였습니다. 활성화 함수가 계단 함수일 때는 경사가 없기 때문에 경사 하강법이 이동할 수 없습니다.

....

4   옮긴이_ 문제에서 주어진 식을 논리 연산의 분배 법칙과 드모르간의 법칙을 적용하여 바꾼 것입니다.

⑤ 인기 있는 활성화 함수는 계단 함수, 시그모이드 함수, tanh 함수, ReLU 함수 등입니다(그림 10-8). ELU나 ReLU의 다른 변형은 11장을 참고하세요.

⑥ 질문에 있는 MLP는 10개의 통과 뉴런으로 된 입력 층과 50개의 인공 뉴런으로 된 하나의 은닉 층 그리고 마지막에 3개의 인공 뉴런으로 된 출력 층으로 구성되어 있습니다. 모든 인공 뉴런은 ReLU 활성화 함수를 사용합니다.

- 입력 행렬 $\mathbf{X}$의 크기는 $m \times 10$입니다. m은 훈련 배치의 크기를 나타냅니다.
- 은닉 층의 가중치 행렬 $\mathbf{W}_h$의 크기는 10×50이고 편향 벡터 $\mathbf{b}_h$의 길이는 50입니다.
- 출력 층의 가중치 행렬 $\mathbf{W}_o$의 크기는 50×3이고 편향 벡터 $\mathbf{b}_o$의 길이는 3입니다.
- 네트워크의 출력 행렬 $\mathbf{Y}$의 크기는 $m \times 3$입니다.
- $\mathbf{Y} = \text{ReLU}\big(\text{ReLU}(\mathbf{X}\mathbf{W}_h + \mathbf{b}_h)\mathbf{W}_o + \mathbf{b}_o\big)$. ReLU 함수는 행렬에 있는 음수를 무조건 0으로 만듭니다. 편향 벡터를 행렬에 더하면 행렬의 모든 행에 덧셈이 각기 적용되는 **브로드캐스팅**이 일어납니다.

⑦ 스팸 메일을 분류하기 위해서는 신경망의 출력 층에 하나의 뉴런만 필요합니다. 예를 들어 이메일이 스팸일 확률을 출력합니다. 확률을 추정할 때 일반적으로 출력 층에 시그모이드 활성화 함수를 사용합니다. MNIST 문제라면 출력 층에 10개의 뉴런이 필요하고, 다중 클래스 환경에서 클래스마다 하나의 확률을 출력하기 위해 시그모이드 함수를 소프트맥스 활성화 함수로 바꾸어야 합니다. 2장에서처럼 주택 가격을 예측하는 신경망을 만들고 싶다면 출력 층에 활성화 함수가 없는 출력 뉴런 하나가 필요합니다.

> **NOTE** 예측하려는 값의 범위가 아주 큰 경우라면 직접적인 타깃값보다 로그를 취한 타깃값을 예측하는 것이 좋을지도 모릅니다. 이런 경우 신경망의 출력에 지수 함수를 적용하면 손쉽게 추정값을 얻을 수 있습니다($\exp(\log v) = v$이므로).

⑧ 역전파는 인공 신경망을 훈련시키는 하나의 기법입니다. 먼저 모델의 모든 파라미터(모든 가중치와 편향)에 대한 비용 함수의 그레이디언트를 계산하고, 이 그레이디언트를 사용해 경사 하강법 스텝을 수행합니다. 역전파 단계는 모델 파라미터가 비용 함수를 (희망하건대) 최소화하는 값으로 수렴할 때까지 훈련 배치에서 일반적으로 수천 혹은 수백만 번 수행됩니다. 그레이디언트를 계산하기 위해 역전파는 후진 모드 자동 미분을 사용합니다(역전파가 발명되었을 때는 이렇게 불리지 않았지만 이 기술은 역사적으로 여러 번 재발명되었습니다). 후진 모드 자동 미분은 계산 그래프의 정방향 계산에서 현재 훈련 배치에 대한

모든 노드의 값을 구합니다. 그다음 역방향 계산에서 한 번에 모든 그레이디언트를 구합니다(부록 D 참고). 그렇다면 무엇이 다른 걸까요? 역전파는 그레이디언트 계산과 경사 하강법 스텝을 여러 번 수행하여 인공 신경망을 훈련시키는 전체 프로세스를 의미합니다. 이와 다르게 후진 모드 자동 미분은 그레이디언트를 효과적으로 계산하는 하나의 기법으로 역전파에서 사용됩니다.

⑨ 기본 MLP에서 바꿀 수 있는 하이퍼파라미터는 은닉 층 수, 각 은닉 층의 뉴런 수, 각 은닉 층과 출력 층에서 사용되는 활성화 함수입니다.[5] 일반적으로 ReLU(또는 이 함수의 변형. 11장 참고)가 은닉 층의 활성화 함수 기본값으로 좋습니다. 출력 층의 경우 일반적으로 이진 분류에서는 시그모이드 활성화 함수, 다중 분류에서는 소프트맥스 활성화 함수를 사용하고 회귀에서는 활성화 함수를 적용하지 않습니다. MLP가 훈련 데이터에 과대적합되었다면 은닉 층 수와 각 은닉 층에 있는 뉴런 수를 줄여볼 수 있습니다.

⑩ https://github.com/rickiepark/handson-ml3에 있는 주피터 노트북을 참고하세요.

11장 심층 신경망 훈련

① 글로럿 초기화와 He 초기화는 적어도 훈련 초기에 출력의 표준 편차를 입력의 표준 편차에 최대한 가깝게 만들도록 설계되었습니다. 이렇게 하면 그레이디언트 소실과 폭주 문제가 줄어듭니다.

② 아니오. 모든 가중치는 독립적으로 샘플링되어야 합니다. 즉, 같은 초깃값을 가지면 안 됩니다. 가중치를 랜덤으로 샘플링하는 것의 중요한 목적은 대칭성을 피하기 위함입니다. 모든 가중치가 0이 아니더라도 같은 초깃값을 가지면 대칭성이 깨지지 않고(즉, 어떤 층에 있는 모든 뉴런이 동일합니다) 역전파도 이를 해결할 수 없을 것입니다. 구체적으로 말하면 어떤 층에 있는 모든 뉴런이 항상 같은 가중치를 가지게 됩니다. 이는 층마다 하나의 뉴런이 있는 것과 같으므로 수렴하는 데 오랜 시간이 걸립니다. 이런 구성으로 좋은 솔루션에 수렴하는 것은 사실상 불가능합니다.

---

5 11장에서 여러 기법을 설명하면서 추가적인 하이퍼파라미터를 소개했습니다. 가중치 초기화 방법, 활성화 함수의 하이퍼파라미터(⑩ LeakyReLU의 α 값), 그레이디언트 클리핑 임곗값, 옵티마이저의 종류와 하이퍼파라미터(⑩ MomentumOptimizer를 사용할 때 모멘텀 하이퍼파라미터), 각 층의 규제 종류와 규제 하이퍼파라미터(⑩ 드롭아웃을 사용할 때 드롭아웃될 비율) 등입니다.

③ 편향을 0으로 초기화하는 것은 아무 상관이 없습니다. 또는 편향을 가중치처럼 초기화해도 괜찮습니다. 이들은 큰 차이를 만들지 않습니다.

④ ReLU는 빠르고 좋은 결과를 내기 때문에 일반적으로 은닉 층의 활성화 함수로 좋은 기본 값입니다. 정확하게 0을 출력하는 능력도 경우에 따라 유용할 수 있습니다(17장 참고). 또한 하드웨어 가속뿐만 아니라 최적화된 구현을 통해 이점을 누릴 수 있습니다. ReLU의 변형인 LeakyReLU는 ReLU에 비해 속도를 크게 저해하지 않으면서도 모델의 품질을 향상시킬 수 있습니다. 대규모 신경망과 더 복잡한 문제에서 GELU, Swish 및 Mish를 사용하면 약간 더 높은 품질의 모델을 얻을 수 있지만 계산 비용이 발생합니다. tanh 함수는 고정된 범위(기본적으로 −1에서 1 사이)의 숫자를 출력해야 하는 경우 출력 층에서 유용하지만 요즘에는 순환망을 제외하고는 은닉 층에서 많이 사용되지 않습니다. 시그모이드 활성화 함수는 확률을 추정해야 할 때(⑩ 이진 분류) 출력 층에서 사용되지만 은닉 층에는 거의 사용되지 않습니다(17장에 있는 변이형 오토 인코더의 코딩 층과 같은 예외도 있습니다). 소프트플러스 활성화 함수는 출력이 항상 양수인지 확인해야 할 때 출력 층에서 유용합니다.

⑤ SGD 옵티마이저를 사용할 때 `momentum` 하이퍼파라미터를 1에 가깝게(⑩ 0.99999) 설정하면 알고리즘이 전역 최적점 방향으로 빠르게 진행되겠지만 모멘텀 때문에 최솟값을 지나치게 됩니다. 그런 다음 느려져서 되돌아오고 다시 가속되어 또 지나치게 되는 식으로 수렴하기 전까지 여러 번 진동하게 됩니다. 그러므로 작은 `momentum` 값을 사용했을 때보다 전반적으로 수렴하는 데 훨씬 오래 걸릴 것입니다.

⑥ 희소 모델(대부분의 가중치가 0인 모델)을 만드는 첫 번째 방법은 평범하게 모델을 훈련시키고 작은 가중치를 0으로 만드는 것입니다. 두 번째 방법은 (더욱 희소하게 만들려면) 훈련하는 동안 옵티마이저에 희소한 모델을 만들도록 ℓ_1 규제를 사용하는 것입니다. 세 번째 방법은 텐서플로의 모델 최적화 도구Model Optimization Toolkit를 사용하는 것입니다.

⑦ 예. 드롭아웃은 일반적으로 대략 두 배 정도 훈련 속도를 느리게 만듭니다.[6] 그러나 드롭아웃은 훈련할 때만 적용되므로 추론 속도에는 영향을 미치지 않습니다. MC 드롭아웃은 훈련하는 동안에는 드롭아웃과 똑같습니다. 하지만 추론할 때도 작동하기 때문에 각 추론의 속도가 조금씩 느려집니다. 더 중요한 것은 MC 드롭아웃을 사용하면 더 나은 예측을 얻기 위해서 10배 이상 추론을 많이 실행한다는 사실입니다. 이 말은 예측을 만드는 속도가 10

---

6 옮긴이_ 보통 드롭아웃 비율을 0.5로 지정하기 때문입니다.

배 이상 느려진다는 뜻입니다.

연습문제 8, 9, 10의 정답은 *https://github.com/rickiepark/handson-ml3*에 있는 주피터 노트북을 참고하세요.

12장 텐서플로를 사용한 사용자 정의 모델과 훈련

① 텐서플로는 수치 계산, 특히 대규모 머신러닝에 잘 맞도록 튜닝된 오픈 소스 라이브러리입니다. 라이브러리 핵심 부분은 넘파이와 비슷하지만 GPU를 지원합니다. 또한 분산 컴퓨팅, 계산 그래프 분석과 최적화 기능을 제공합니다(이식성이 좋은 그래프 포맷 덕분에 하나의 환경에서 텐서플로 모델을 훈련하고 다른 환경에서 실행할 수 있습니다). 후진 모드 자동미분 기반의 최적화 API와 `tf.keras`, `tf.data`, `tf.image`, `tf.signal` 등 강력한 API를 제공합니다. 다른 인기 있는 딥러닝 라이브러리에는 파이토치, MXNet, CNTK, Theano, Caffe2, Chainer가 있습니다.

② 텐서플로는 대부분의 넘파이 기능을 제공하지만 몇 가지 이유로 대체재가 되지는 못합니다. 첫째, 모든 함수의 이름이 같지 않습니다(예를 들어 `tf.reduce_sum()`과 `np.sum()`이 다릅니다). 둘째, 일부 함수는 작동 방식이 완전히 같지 않습니다(예를 들어 `tf.transpose()`는 텐서의 전치 복사본을 만들지만 넘파이의 T 메서드는 실제로 어떤 데이터를 복사하는 것이 아니라 전치된 뷰view를 만듭니다). 마지막으로 넘파이 배열은 변경 가능하지만 텐서플로의 텐서는 만든 후 변경할 수 없습니다(변경 가능한 객체가 필요하면 `tf.Variable`을 사용해야 합니다).

③ `tf.range(10)`과 `tf.constant(np.arange(10))`은 모두 0에서 9까지 정수를 담은 1차원 텐서를 반환합니다. 하지만 전자는 32비트 정수를 사용하고, 후자는 64비트 정수를 사용합니다. 실제로 텐서플로는 32비트가 기본이지만 넘파이는 64비트가 기본입니다.

④ 일반 텐서 외에도 텐서플로는 여러 가지 다른 데이터 구조를 제공합니다. 희소 텐서, 텐서 배열, 래그드 텐서, 큐, 문자열 텐서, 집합 등입니다. 마지막 두 개는 사실 일반 텐서로 표현되지만 텐서플로가 이를 조작하기 위한 특별한 함수를 (`tf.strings`와 `tf.sets` 안에) 제공합니다.

⑤ 사용자 정의 손실 함수를 정의하려면 일반적으로 일반 파이썬 함수로 구현해야 합니다. 하지만 사용자 정의 손실 함수가 일부 매개변수를 (또는 다른 어떤 상태를) 지원해야 한다면 `tf.keras.losses.Loss` 클래스를 상속하고 `__init__()`와 `call()` 메서드를 구현해야 합니다. 손실 함수의 매개변수를 모델과 함께 저장하려면 `get_config()` 메서드도 구현해야 합니다.

⑥ 사용자 손실 함수와 매우 비슷하게 대부분의 지표는 일반 파이썬 함수로 정의할 수 있습니다. 하지만 사용자 정의 지표가 일부 매개변수를 (또는 다른 어떤 상태를) 지원해야 한다면 `tf.keras.metrics.Metric` 클래스를 상속해야 합니다. 또한 한 에포크 전체에 대해 이 지표를 계산하는 것과 에포크 안의 모든 배치에 대해 평균 지표를 계산하는 것이 동일하지 않으면 (예를 들어 정밀도와 재현율이 그렇습니다) `tf.keras.metrics.Metric` 클래스를 상속하고 `__init__()`, `update_state()`, `result()` 메서드를 구현하여 에포크 동안에 변화하는 지표 값을 기록해야 합니다. 또한 변수를 0.0으로 초기화하는 것이 필요하지 않다면 `reset_states()` 메서드도 구현해야 합니다. 모델과 함께 상태를 저장하려면 `get_config()` 메서드도 구현해야 합니다.

⑦ 모델의 내부 구성 요소(층 또는 재사용 가능한 층의 블록)와 모델 자체(훈련할 대상)로 구분합니다. 전자는 `tf.keras.layers.Layer` 클래스를 상속하고 후자는 `tf.keras.models.Model` 클래스를 상속해야 합니다.

⑧ 사용자 훈련 반복을 작성하는 것은 매우 고급 기능이기 때문에 정말 필요할 때만 사용해야 합니다. 케라스는 사용자 정의 훈련 반복을 작성하지 않고 훈련을 커스터마이징할 수 있는 여러 도구를 제공합니다. 콜백, 사용자 정의 규제, 사용자 정의 제한, 사용자 정의 손실 등입니다. 가능하다면 사용자 정의 훈련 반복 대신 이런 도구를 사용해야 합니다. 사용자 정의 훈련 반복을 만들면 에러가 발생하기 쉽고 작성한 코드를 재사용하기 어렵습니다. 하지만 일부 경우에는 사용자 정의 반복이 필수적입니다. 예를 들어 와이드 & 딥 논문(*https://homl.info/widedeep*)처럼 신경망의 일부분에 다른 옵티마이저를 사용하는 경우입니다. 사용자 정의 훈련 반복은 디버깅이나 훈련이 어떻게 작동하는지 이해하고 싶을 때 사용할 수도 있습니다.

⑨ 사용자 정의 케라스 구성 요소는 텐서플로 함수로 바꿀 수 있어야 합니다. 즉, 가능하면 텐서플로 연산만 사용하고 〈12.4.2 텐서플로 함수 사용법〉에 나열된 규칙을 따라야 합니다.

사용자 정의 구성 요소에 임의의 파이썬 코드를 넣어야 한다면 tf.py_function() 연산으로 감싸거나(그러나 성능이 감소되고 모델의 이식성에 제약이 생깁니다), 사용자 정의 층이나 모델을 만들 때 dynamic=True로 지정합니다(또는 모델의 compile() 메서드를 호출할 때 run_eagerly=True를 지정합니다).

⑩ 〈12.4.2 텐서플로 함수 사용법〉에 나열된 텐서플로 함수를 만들 때 지켜야 할 규칙을 참고하세요.

⑪ 동적인 케라스 모델을 만들면 디버깅에 유용합니다. 사용자 정의 구성 요소를 텐서플로 함수로 컴파일하지 않으므로 코드 디버깅을 위해 어떤 파이썬 디버거도 사용할 수 있습니다. 외부 라이브러리를 호출하는 것을 포함해 모델(또는 훈련 코드)에 임의의 파이썬 코드를 넣고 싶을 때도 사용할 수 있습니다. 동적인 모델을 만들려면 모델을 생성할 때 dynamic=True로 지정해야 합니다. 또는 모델의 compile() 메서드를 호출할 때 run_eagerly=True로 지정합니다. 모델을 동적으로 만들면 케라스가 텐서플로의 그래프 장점을 활용하지 못합니다. 따라서 훈련과 추론 속도가 느려지고 계산 그래프로 내보낼 수 없어 모델의 이식성에 제약이 생깁니다.

연습문제 12와 13의 정답은 *https://github.com/rickiepark/handson-ml3*에 있는 주피터 노트북을 참고하세요.

13장 텐서플로를 사용한 데이터 적재와 전처리

① 대용량 데이터셋을 읽고 효율적으로 전처리하는 것은 복잡한 엔지니어링 업무입니다. 이때 tf.data API를 사용하면 매우 간단합니다. 데이터 API는 많은 기능을 제공합니다. (텍스트나 이진 파일과 같은) 다양한 소스에서 데이터를 적재하거나 동시에 여러 소스에서 데이터를 읽고, 변환하고, 레코드를 교대로 처리하고, 데이터를 섞을 수 있습니다. 배치와 프리페치 기능도 제공합니다.

② 대용량 데이터셋을 여러 파일로 나누면 셔플링 버퍼를 사용해 데이터를 잘게 섞기 전에 크게 섞을 수 있습니다. 또한 한 대의 컴퓨터에 담을 수 없는 아주 큰 데이터셋을 다룰 수 있습니다. 하나의 큰 파일보다 수천 개의 작은 파일을 다루는 것이 쉽습니다. 예를 들어 데이터를 여러 개의 서브 세트로 나누기 쉽습니다. 마지막으로 데이터를 여러 대의 서버에 여러

파일로 나누면 동시에 여러 서버에서 파일을 다운로드할 수 있어 네트워크 대역폭을 효율적으로 사용할 수 있습니다.

③ 텐서보드를 사용해 프로파일링 데이터를 시각화할 수 있습니다. GPU가 완전히 활용되지 않고 입력 파이프라인에 병목 현상이 보인다면 여러 스레드에서 동시에 데이터를 읽고 전처리하여 몇 개의 배치를 프리페치해 해결할 수 있습니다. 이렇게 해도 훈련할 때 GPU를 100% 사용하지 못한다면 전처리 코드를 최적화해볼 수 있습니다. 훈련하는 동안 동시에 전처리할 필요가 없다면 데이터셋을 여러 개의 TFRecord 파일로 저장하고 미리 전처리를 수행할 수 있습니다(TF 변환을 사용하면 도움이 됩니다). 필요하다면 더 많은 CPU와 RAM을 가진 머신을 사용하고 GPU 대역폭이 충분한지 확인하세요.

④ 하나의 TFRecord 파일은 임의의 이진 레코드의 시퀀스로 구성됩니다. 각 레코드에 어떤 이진 데이터도 저장할 수 있습니다. 하지만 대부분의 TFRecord 파일은 직렬화된 프로토콜 버퍼의 시퀀스를 가집니다. 이렇게 하면 여러 가지 프로토콜 버퍼의 장점을 사용할 수 있습니다. 다양한 플랫폼과 언어에서 쉽게 읽을 수 있고 호환성을 유지하면서 프로토콜 정의를 업데이트할 수 있습니다.

⑤ Example 프로토콜 포맷은 텐서플로가 몇 가지 파싱 연산(`tf.io.parse*example()` 함수)을 제공하므로 자신만의 포맷을 정의할 필요가 없습니다. 이 포맷은 아주 유연하기 때문에 대부분의 데이터셋에 있는 샘플을 표현할 수 있습니다. 하지만 이 포맷을 사용할 수 없는 경우라면 자신만의 프로토콜 버퍼를 정의할 수 있습니다. `protoc`을 사용해 컴파일하고 (프로포콜 버퍼 디스크립터descriptor를 만들기 위해 `--descriptor_set_out`과 `--include_imports` 옵션을 지정합니다) `tf.io.decode_proto()` 함수를 사용해 직렬화된 프로토콜 버퍼를 파싱합니다(주피터 노트북에 있는 연습문제의 '사용자 정의 프로토콜 버퍼'를 참고하세요). 이 작업은 복잡하고 모델과 함께 디스크립터를 배포해야 하지만 불가능하지 않습니다.

⑥ TFRecord를 사용할 때 훈련 스크립트로 TFRecord 파일을 다운로드해야 한다면 파일 크기를 줄이고 다운로드 시간을 줄이기 위해 일반적으로 압축을 활성화합니다. 하지만 파일이 훈련 스크립트와 같은 머신에 있다면, 압축을 해제하는 데 CPU를 자원을 소모하지 않기 위해 압축하지 않는 것이 좋습니다.

⑦ 각 전처리 방식의 장단점을 살펴봅시다.

a 데이터 파일을 만들 때 데이터를 전처리하면 실시간으로 전처리를 수행할 필요가 없기 때문에 훈련 스크립트가 빨리 실행될 것입니다. 어떤 경우에는 전처리된 데이터가 원본 데이터보다 훨씬 작습니다. 따라서 공간을 절약하고 다운로드 속도도 빨라집니다. 전처리 데이터를 실물로 만들어 조사하거나 저장하기 좋습니다. 하지만 이 방식에는 몇 가지 단점이 있습니다. 첫째, 전처리 로직마다 전처리된 데이터셋을 생성해야 한다면 여러 가지 전처리 로직을 실험하기 어렵습니다. 둘째, 데이터 증식을 수행하려면 데이터셋의 변형을 미리 만들어놔야 하므로 디스크 공간이 많이 필요하고 생성 시간도 오래 걸립니다. 마지막으로 훈련된 모델이 전처리된 데이터를 기대하기 때문에 모델을 호출하기 전에 애플리케이션에 전처리 코드를 추가해야 합니다. 이 경우 코드 중복과 전처리 불일치 위험이 있습니다.

b `tf.data` 파이프라인을 사용해 데이터를 전처리하면 전처리 로직을 변경하고 데이터 증식을 적용하기 훨씬 쉽습니다. 또한 `tf.data`를 사용하면 매우 효율적인 전처리 파이프라인을 만들 수 있습니다(⑩ 멀티스레딩과 프리페칭). 하지만 이렇게 데이터를 전처리하면 훈련 속도가 느려집니다. 또한 데이터 파일을 만들 때 딱 한 번만 데이터를 전처리하는 것이 아니라 에포크마다 훈련 샘플을 전처리합니다. 데이터셋이 메모리에 맞지 않는다면 데이터셋의 `cache()` 메서드를 사용해 캐싱할 수 있습니다. 마지막으로 훈련된 모델은 여전히 전처리된 데이터를 기대합니다. 전처리 단계를 수행하기 위해 `tf.data` 파이프라인 안에서 전처리 층을 사용하면 이 층을 (훈련이 끝난 다음 추가하여) 최종 모델에 재사용할 수 있습니다. 이렇게 하면 코드 중복과 전처리 불일치를 피할 수 있습니다.

c 모델이 전처리 층을 추가하면 훈련과 추론을 위해 딱 한 번만 전처리 코드를 작성하면 됩니다. 모델을 여러 종류의 플랫폼에 배포해야 할 때 전처리 코드를 여러 번 작성할 필요가 없습니다. 또한 전처리 로직이 모델의 일부분이기 때문에 모델에 잘못된 전처리 로직을 사용할 위험이 없습니다. 단점으로는 데이터 전처리 때문에 훈련 속도가 느려지고 훈련 샘플이 에포크마다 전처리됩니다.

⑧ 범주형 특성과 텍스트를 인코딩하는 방법을 알아봅시다.

a 영화에 대한 평가(⑩ '나쁨', '보통', '좋음')와 같이 자연스러운 순서가 있는 범주형 특성을 인코딩하기 위한 가장 간단한 방법은 순서가 있는 인코딩을 사용하는 것입니다. 범주를 순서대로 나열하고 범주를 각각의 순위에 매핑합니다(예를 들어 '나쁨'은 0, '보통'

은 1, '좋음'은 2에 매핑합니다). 하지만 대부분의 범주형 특성은 내재된 순서가 없습니다. 이를테면 직업이나 나라에는 순서가 없습니다. 이런 경우에는 원-핫 인코딩을 사용할 수 있고 범주가 많다면 임베딩을 사용합니다. 케라스에서는 StringLookup 층을 사용해 순서가 있는 인코딩(output_mode="int"가 기본값입니다)이나 원-핫 인코딩(output_mode="one_hot")을 할 수 있습니다. 여러 개의 범주형 텍스트 특성을 함께 인코딩하려면 (output_mode="multi_hot"을 사용해) 멀티-핫 인코딩을 수행할 수도 있습니다. 이는 동일한 범주를 공유하고 어떤 특성이 어떤 범주에 기여하는지가 중요하지 않다고 가정하는 경우입니다. 훈련 가능한 임베딩의 경우 먼저 StringLookup 층을 사용해 순서가 있는 인코딩을 만든 다음 Embedding 층을 사용합니다.

b 텍스트의 경우 TextVectorization 층이 사용하기 쉽고 간단한 작업에서 잘 작동합니다. 또는 고급 기능을 위해 TF Text를 사용할 수 있습니다. 하지만 종종 텐서플로 허브나 허깅 페이스 트랜스포머스 라이브러리와 같은 도구를 사용해 얻을 수 있는 사전 훈련된 언어 모델을 사용하게 됩니다. 마지막 두 가지 방법은 16장에서 알아보겠습니다.

연습문제 9와 10의 정답은 *https://github.com/rickiepark/handson-ml3*에 있는 주피터 노트북을 참고하세요.

14장 합성곱 신경망을 사용한 컴퓨터 비전

① 이미지 분류에서 완전 연결 DNN과 비교해 CNN이 가지는 주요 장점은 다음과 같습니다.

a 연속된 층이 부분적으로 연결되어 있고 많은 가중치를 재사용하기 때문에 CNN은 완전 연결 DNN보다 훨씬 적은 파라미터를 가집니다. 따라서 훈련 속도가 훨씬 더 빠르고 과대적합의 위험이 적으며 더 적은 훈련 데이터로 훈련할 수 있습니다.

b CNN은 한 특성을 감지할 수 있는 커널을 학습하면 이미지의 어느 위치에 있는 특성이든 감지할 수 있습니다. 반대로 DNN은 한 위치에 있는 특성을 학습하면 특정 위치에 있는 것만 감지할 수 있습니다. 이미지는 보통 반복적인 패턴을 가지므로 CNN이 이미지 분류 같은 이미지 처리 작업에서 더 적은 수의 훈련 샘플로 DNN보다 높은 일반화 성능을 낼 수 있습니다.

c DNN은 픽셀이 어떻게 조직되어 있는지 모릅니다. 즉, 주변의 픽셀이 비슷한지 알지 못합니다. CNN 구조는 이 정보를 내포합니다. 하위 층은 일반적으로 이미지의 작은 영역에 있는 특성을 구별하고, 상위 층은 저수준 특성을 더 큰 특성으로 연결합니다. 대부분의 자연적인 이미지에서 이런 구조가 잘 맞기 때문에 DNN에 비해 CNN이 유리합니다.

② 이 CNN에 얼마나 많은 파라미터가 있는지 계산해보겠습니다. 첫 번째 합성곱 층은 3×3 커널을 가지고 있고 입력 채널이 세 개(빨강, 초록, 파랑)이므로 각 특성 맵은 $3 \times 3 \times 3$ 크기의 가중치와 하나의 편향을 가집니다. 그래서 특성 맵마다 28개의 파라미터가 있습니다. 이 합성곱 층이 100개의 특성 맵을 가지므로 전체 파라미터 수는 2,800개입니다. 두 번째 합성곱 층은 3×3 커널을 가지고 있고 입력은 이전 층에서 만들어진 100개의 특성 맵이 되므로 각 특성 맵마다 $3 \times 3 \times 100 = 900$개의 가중치와 하나의 편향을 가집니다. 이 합성곱 층은 200개의 특성 맵을 만드므로 $901 \times 200 = 180,200$개의 가중치를 가집니다. 세 번째 합성곱 층도 3×3 커널을 가지고 이전 층에서 만들어진 200개의 특성이 입력되므로 각 특성 맵은 $3 \times 3 \times 200 = 1,800$개의 가중치와 하나의 편향을 가집니다. 이 합성곱 층은 400개의 특성 맵을 만드므로 총 $1,801 \times 400 = 720,400$개의 파라미터가 있습니다. 이를 모두 더하면 이 CNN은 $2,800 + 180,200 + 720,400 = 903,400$개의 파라미터를 가집니다.

그럼 이 신경망이 하나의 샘플을 예측할 때 (적어도) 얼마나 많은 RAM이 필요한지 계산해보겠습니다. 먼저 각 층의 특성 맵의 크기를 계산합니다. 스트라이드 2와 "same" 패딩을 사용하기 때문에 특성 맵의 수평, 수직 차원은 각 층에서 2배로 줄어듭니다(필요하면 반올림합니다). 따라서 입력 채널이 200×300이므로 첫 번째 층의 특성 맵은 100×150 크기, 두 번째 특성 맵은 50×75 크기, 세 번째 층의 특성 맵은 25×38 크기가 됩니다. 32비트는 4바이트이고 첫 번째 합성곱 층은 100개의 특성 맵을 가지고 있으므로 첫 번째 층은 $4 \times 100 \times 150 \times 100 = 6$백만 바이트(약 6MB), 두 번째 층은 $4 \times 50 \times 75 \times 200 = 3$백만 바이트(약 3MB), 세 번째 층은 $4 \times 25 \times 38 \times 400 = 1,520,000$바이트(약 1.5MB)가 필요합니다. 그러나 한 층의 계산이 끝나면 이전 층에서 점유되었던 메모리가 반납될 수 있기 때문에 만약 최적화가 잘 되어 있다면 6백만 + 3백만 = 9백만 바이트(약 9MB)의 RAM만 필요할 것입니다(두 번째 층이 계산될 때 첫 번째 층에서 점유했던 메모리가 아직 반납되면 안 됩니다). 하지만 CNN 파라미터에 의해 점유되는 메모리가 추가로 필요합니다. 앞서 903,400개의 파라미터가 필요하다고 계산되었고 각각 4바이트를 차지하므로 3,613,600 바이트(약 3.6MB)가 필요합니다. 필요한 전체 RAM은 (적어도) 12,613,600바이트(약

12.6MB)입니다.

마지막으로 이 CNN을 50개 이미지의 미니배치로 훈련할 때 필요한 최소한의 RAM를 계산해보겠습니다. 훈련하는 동안 텐서플로는 역전파를 사용하므로 역방향 계산이 시작될 때까지 정방향에서 계산된 모든 값을 유지해야 합니다. 그러므로 하나의 샘플일 때 모든 층에서 필요한 전체 RAM을 계산하고 여기에 50을 곱해야 합니다! 지금부터는 바이트 대신 MB로 계산하겠습니다. 하나의 샘플에 대해 세 층에서 필요한 RAM은 각각 6, 3, 1.5MB입니다. 즉, 샘플마다 총 10.5MB가 필요합니다. 그러므로 50개의 샘플에 대해서는 525MB의 RAM이 필요합니다. 입력 이미지 때문에 필요한 RAM인 $50 \times 4 \times 200 \times 300 \times 3 = 3$천6백만 바이트(약 36MB)와 모델 파라미터에 의해 필요한 RAM 3.6MB를 더하고 그레이디언트에 필요한 약간의 RAM(이 값은 역방향 계산에서 역전파가 층을 거슬러 진행함에 따라 점차 감소하기 때문에 무시하겠습니다[7])을 더합니다. 이를 모두 더하면 대략 $525 + 36 + 3.6 = 564.6$MB가 됩니다. 이 값은 최적화되었을 때 필요한 최소한의 값입니다.

③ CNN을 훈련시킬 때 GPU에서 메모리 부족이 발생한다면 이 문제를 해결하기 위해 (더 많은 RAM을 가진 GPU를 구매하는 것을 제외하고) 시도해볼 수 있는 다섯 가지는 다음과 같습니다.

- 미니배치의 크기를 줄입니다.
- 하나 이상의 층에서 스트라이드를 크게 하여 차원을 감소시킵니다.
- 하나 이상의 층을 제거합니다.
- 32비트 부동소수 대신 16비트 부동소수를 사용합니다.
- 여러 장치에 CNN을 분산합니다.

④ 최대 풀링 층은 파라미터를 전혀 가지고 있지 않지만 합성곱 층은 상당한 양의 파라미터를 가지고 있기 때문입니다(이전 연습문제를 참고하세요).

⑤ LRN 층은 가장 강하게 활성화되는 뉴런이 이웃한 특성 맵의 동일한 위치에 있는 뉴런을 억제하므로 특성 맵마다 특별하고 구분되게 만들어 넓은 범위의 특성을 탐색하도록 강제합니다. 상위 층에서 필요한 저수준 특성을 많이 찾기 위해 일반적으로 하위 층에서 사용됩니다.

⑥ LeNet-5와 비교했을 때 AlexNet의 주요 혁신은 (1) 더 크고 깊으며, (2) 합성곱 층 위에

---

7 옮긴이_ 그레이디언트 계산을 위해 필요한 RAM은 모델 파라미터 수에 비례하므로 층을 거슬러 갈수록 필요한 양은 점점 줄어들게 됩니다.

풀링 층을 두지 않고 합성곱 층으로만 쌓아올렸다는 점입니다. GoogLeNet의 주요 혁신은 더 적은 파라미터로 종전의 CNN 구조보다 더 깊은 신경망을 만들 수 있도록 한 **인셉션 모듈**을 고안한 것입니다. ResNet의 주요 혁신은 100개 층 이상의 신경망을 구성할 수 있도록 만든 스킵 연결입니다. 이 구조의 단순함과 일관성도 큰 혁신입니다. SENet의 주요 혁신은 인셉션 네트워크에 있는 인셉션 모듈 또는 ResNet에 있는 잔차 유닛 다음에 SE 블록(밀집 층 두 개로 구성된 네트워크)을 사용하여 특성 맵의 상대적 중요도를 보정한 것입니다. Xception의 주요 혁신은 공간 패턴과 깊이별 패턴을 나누어보는 깊이별 분리 합성곱을 사용한 것입니다. 마지막으로 EfficientNet의 주요 혁신은 더 많은 컴퓨팅 예산에 맞춰 모델을 효율적으로 확장하기 위한 복합 스케일링 방법을 사용한 점입니다.

⑦ 완전 합성곱 신경망(FCN)은 합성곱과 풀링 층으로만 구성된 신경망입니다. FCN은 (적어도 최소 크기 이상이라면) 어떤 크기의 너비와 높이를 가진 이미지라도 효율적으로 처리할 수 있습니다. 이미지를 딱 한 번만 보기 때문에 객체 탐지와 시맨틱 분할에 유용합니다(반면 CNN은 이미지의 각 위치에서 여러 번 실행되어야 합니다). 몇 개의 밀집 층이 위에 놓인 CNN이 있다면 밀집 층을 합성곱 층으로 바꾸어 FCN을 만들 수 있습니다. 이 합성곱 층의 커널 크기는 가장 아래쪽 밀집 층의 입력 크기와 같고, 필터 개수는 밀집 층의 뉴런 개수와 같으며 "valid" 패딩을 사용합니다. 일반적으로 스트라이드는 1이지만 필요하면 더 큰 값을 지정할 수 있습니다. 활성화 함수는 밀집 층과 같은 활성화 함수를 사용합니다. 다른 밀집 층도 같은 방식으로 변환하지만 1×1 필터를 사용합니다. 실제로 훈련된 CNN을 밀집 층의 가중치 행렬의 크기를 적절히 바꾸어 이렇게 변경할 수 있습니다.

⑧ 시맨틱 분할의 기술적인 어려움은 CNN에서 신호가 층을 거쳐 전달되면서 공간상의 정보가 많이 사라진다는 점에 있습니다. 특히 풀링 층과 스트라이드가 1보다 큰 층에서 그렇습니다. 이런 공간상의 정보는 각 픽셀의 클래스를 정확히 예측하기 위해 복원하는 데 필요합니다.

연습문제 9에서 12까지의 정답은 *https://github.com/rickiepark/handson-ml3*에 있는 주피터 노트북을 참고하세요.

15장 RNN과 CNN을 사용한 시퀀스 처리

① 다음은 몇 가지 RNN 애플리케이션의 사례입니다.

- **시퀀스-투-시퀀스 RNN**

  날씨 예측(또는 다른 시계열 관련 문제), 기계 번역(인코더-디코더 구조 사용), 비디오 캡션 생성, 스피치 투 텍스트, 음악 생성(또는 다른 시퀀스 생성), 노래의 화음 식별

- **시퀀스-투-벡터 RNN**

  음악 샘플을 장르로 구분하기, 책 후기에 대한 감성 분석, 뇌에 심은 인공 칩에서 읽은 데이터를 기반으로 실어증 환자가 생각하는 단어 예측하기, 사용자의 영화 시청 이력을 바탕으로 보고 싶어 할 영화의 확률 예측하기(이는 추천 시스템을 위해 구현 가능한 **협업 필터링** 애플리케이션 중 하나입니다)

- **벡터-투-시퀀스 RNN**

  이미지 캡션 생성, 현재 아티스트를 기반으로 음악 플레이리스트 생성, 일련의 파라미터를 기반으로 멜로디 생성, 사진(예 자율 주행 자동차의 카메라에서 찍은 동영상 프레임) 속에서 보행자 위치 찾기

② RNN 층의 입력 차원은 3개입니다. 첫 번째 차원은 배치 차원입니다(첫 번째 차원의 크기는 배치 크기입니다). 두 번째 차원은 시간을 나타냅니다(두 번째 차원의 크기는 타임 스텝의 개수입니다). 세 번째 차원에는 타임 스텝마다 입력을 담고 있습니다(세 번째 차원의 크기는 입력 특성의 개수입니다). 예를 들어 2개의 값(예 온도와 풍속)을 가진 타임 스텝 10개로 이루어진 시계열 5개를 담은 배치를 처리한다면 이 배치의 크기는 [5, 10, 2]가 됩니다. 출력 차원도 3개입니다. 처음 두 개 차원은 입력과 동일하고 마지막 차원은 뉴런 개수입니다. 예를 들어 뉴런 32개를 가진 RNN 층이 앞서 언급한 배치를 처리한다면 출력 크기는 [5, 10, 32]가 됩니다.

③ 케라스로 심층 시퀀스-투-시퀀스 RNN을 만들려면 모든 RNN 층에 return_sequences=True를 설정해야 합니다. 시퀀스-투-벡터 RNN을 만들려면 최상위 RNN 층을 제외한 모든 RNN 층에 return_sequences=True를 설정해야 합니다. 최상위 RNN 층은 return_sequences=False로 지정합니다(False가 기본값이기 때문에 이 매개변수를 지정하지 않아도 됩니다).

④ 일자별 단변량 시계열 데이터가 있고 다음 7일을 예측하려고 할 때 사용할 수 있는 가장 간단한 RNN 구조는 (최상위 RNN 층을 제외하고 모두 return_sequences=True로 설정한) RNN 층을 쌓아올리는 것입니다. 출력 RNN 층에는 뉴런 7개를 사용합니다. 그다음 이 모델을 시계열에 랜덤한 윈도를 적용해 훈련합니다(예를 들어 연속된 30일 시퀀스를 입

력으로 사용하고 다음 7일의 값을 담은 벡터를 타깃으로 사용합니다). 이는 시퀀스–투–벡터 RNN입니다. 또 다른 방법은 시퀀스–투–시퀀스 RNN을 만들기 위해 모든 RNN 층에 return_sequences=True를 설정하는 것입니다. 이 모델을 시계열에 랜덤한 윈도를 적용해 훈련합니다. 이때 입력과 타깃에 동일한 길이의 시퀀스를 사용합니다. 각 타깃 시퀀스는 타임 스텝마다 7개의 값을 가집니다(예를 들어 타임 스텝 t에서 타깃은 타임 스텝 $t+1$에서 $t+7$까지 값을 담은 벡터입니다).

⑤ RNN을 훈련할 때 발생하는 주요 문제는 불안정한 그레이디언트(그레이디언트 폭주 또는 소실)와 제한적인 단기 기억입니다. 긴 시퀀스를 다룰 때 이 문제는 더욱 심각해집니다. 불안정한 그레이디언트 문제를 줄이기 위해 더 작은 학습률을 사용하거나, tanh 함수(기본값)와 같이 수렴하는 활성화 함수를 사용할 수 있습니다. 이 외에도 그레이디언트 클리핑, 층 정규화, 타임 스텝마다 드롭아웃을 사용할 수 있습니다. 제한적인 단기 기억 문제를 해결하기 위해 LSTM이나 GRU 층을 사용할 수 있습니다(불안정한 그레이디언트 문제에도 도움이 됩니다).

⑥ LSTM 셀 구조는 복잡해 보이지만 내부 로직을 이해하고 나면 어렵지 않습니다. 셀은 단기 상태 벡터와 장기 상태 벡터를 가집니다. 각 타임 스텝에서 입력과 이전 단기 상태가 간단한 RNN 셀과 세 개의 게이트로 주입됩니다. 삭제 게이트는 장기 상태에서 삭제될 것을 결정합니다. 입력 게이트는 RNN 셀의 출력의 어느 부분이 장기 상태에 추가되어야 하는지 결정합니다. 출력 게이트는 장기 상태의 어느 부분이 (tanh 활성화 함수를 거쳐) 매 타임 스텝마다 출력되어야 하는지 결정합니다. 새로운 단기 상태는 셀의 출력과 같습니다. [그림 15-10]을 참고하세요.

⑦ RNN 층은 근본적으로 순차적입니다. 타임 스텝 t에서 출력을 계산하기 위해 먼저 모든 이전 타임 스텝의 출력을 계산해야 합니다. 이런 방식은 병렬화할 수 없습니다. 반면 1D 합성곱 층은 타임 스텝 간에 상태를 유지하지 않기 때문에 병렬화가 쉽습니다. 다시 말해 메모리가 없습니다. 특정 타임 스텝에서 출력은 이전의 모든 값을 알 필요 없이 입력에 적용된 작은 윈도를 기반으로 계산됩니다. 또한 1D 합성곱 층은 순환 층이 아니므로 불안정한 그레이디언트의 영향을 덜 받습니다. RNN에 하나 이상의 1D 합성곱 층을 사용하여 입력을 효율적으로 전처리할 수 있습니다. 예를 들어 시간 방향 해상도^{temporal resolution}를 줄여(다운샘플링하여) RNN 층이 장기 패턴을 감지하는 데 도움이 됩니다. 사실 WaveNet 구조처럼 1D 합성곱 층만 사용할 수 있습니다.

⑧ 화면 내용을 기초로 동영상을 분류하려면 (예를 들어) 초당 한 프레임을 받아 각 프레임을 합성곱 신경망(데이터셋이 너무 크지 않다면 가중치를 동결한 사전 훈련된 Xception 모델)에 통과시킨 다음 이 CNN의 출력 시퀀스를 시퀀스-투-벡터 RNN에 주입하고 마지막에 소프트맥스 층을 통과시켜 모든 클래스에 대한 확률을 구하는 구조를 생각해볼 수 있습니다. 훈련을 위해서는 크로스 엔트로피를 비용 함수로 사용하면 됩니다. 분류에 오디오도 사용하려면 스트라이드 1D 합성곱 층을 쌓아 초당 수천 개의 오디오 프레임을 초당 하나로 시간 방향 해상도를 줄일 수 있습니다(초당 이미지 개수에 맞춥니다). 그리고 이 출력을 (마지막 차원을 따라) 시퀀스-투-벡터 RNN의 입력에 연결합니다.

연습문제 9, 10의 정답은 *https://github.com/rickiepark/handson-ml3*에 있는 주피터 노트북을 참고하세요.

16장 RNN과 어텐션을 사용한 자연어 처리

① 상태가 없는 RNN은 훈련한 윈도 크기와 같거나 작은 길이의 패턴만 감지할 수 있습니다. 반면 상태가 있는 RNN은 장기 패턴을 감지할 수 있습니다. 하지만 상태가 있는 RNN을 구현하는 것이 훨씬 어렵습니다. 특히 데이터셋을 적절히 준비하는 것이 어렵습니다. 또한 상태가 있는 RNN이 항상 더 나은 것은 아닙니다. 연속된 배치는 독립 동일 분포(IID)가 아니기 때문입니다. 경사 하강법은 비 IID 데이터셋에는 잘 맞지 않습니다.

② 일반적으로 문장의 단어를 하나씩 번역하면 결과가 매우 좋지 않습니다. 예를 들어 프랑스 문장 'Je vous en prie'는 'You are welcome'을 의미합니다. 하지만 이를 한 단어씩 번역하면 'I you in pray'가 됩니다. 먼저 전체 문장을 읽고 난 다음에 번역하는 것이 훨씬 낫습니다. 보통의 시퀀스-투-시퀀스 RNN은 첫 단어를 읽은 후 즉시 문장을 번역하기 시작하지만 인코더-디코더 RNN은 전체 문장을 읽고 난 다음에 번역을 합니다. 이를 다음에 말할 것이 확실하지 않을 때마다 침묵을 출력하는 시퀀스-투-시퀀스 RNN으로 생각할 수도 있습니다(생중계로 번역을 하는 통역사처럼).

③ 배치에 있는 모든 시퀀스 길이가 동일하도록 짧은 시퀀스에 패딩을 추가하고 RNN이 패딩 토큰을 무시하도록 마스킹하여 가변 길이 입력 시퀀스를 처리할 수 있습니다. 성능을 더 높이려면 크기가 비슷한 시퀀스를 모아 배치를 만드는 것이 좋습니다. 래그드 텐서는 가변 길

이 시퀀스를 담을 수 있고 케라스에서 이를 지원하므로 가변 길이 입력 시퀀스를 다루는 것이 훨씬 간편합니다(이 글을 쓰는 시점에는 아직 GPU에서 타깃으로 래그드 텐서를 사용하지 못합니다). 그다음 시퀀스 마지막 다음에 오는 토큰을 무시하도록 손실 함수를 설정해야 합니다. 비슷하게 이 모델을 사용하는 코드는 시퀀스 마지막 다음에 오는 토큰을 무시해야 합니다. 하지만 일반적으로 출력 시퀀스의 길이는 미리 알 수 없습니다. 한 가지 방법은 시퀀스의 끝에 EOS 토큰을 출력하도록 모델을 훈련하는 것입니다.

④ 빔 서치는 훈련된 인코더-디코더 모델의 성능을 향상시키기 위한 기술로, 그 예로는 신경망 기계 번역 시스템이 있습니다. 이 알고리즘은 가장 가능성 있는 k개(예 최상위 3개)의 출력 시퀀스를 만들어갑니다. 디코더 스텝마다 시퀀스를 한 단어만큼 늘리고 가장 가능성 있는 k개의 문장만 남깁니다. 파라미터 k를 **빔 너비**라고 부릅니다. 이 값이 클수록 더 많은 CPU와 RAM이 사용되지만 더 정확한 시스템이 됩니다. 하나의 문장을 늘리기 위해 각 스텝에서 가장 가능성 있는 다음 단어를 탐욕적으로 선택하기보다 가능성 있는 문장 몇 개를 동시에 탐색합니다. 또한 이 기법은 병렬화하기 쉽습니다. 사용자 정의 메모리 셀을 만들어 빔 서치를 구현하거나 텐서플로 애드온의 seq2seq API가 제공하는 구현을 사용할 수 있습니다.

⑤ 어텐션 메커니즘은 초기에 인코더-디코더 모델에서 디코더가 입력 시퀀스에 직접 접근하기 위해 사용된 기법입니다. 이렇게 하면 더 긴 입력 시퀀스를 처리할 수 있습니다. 디코더 타임 스텝마다 현재 디코더의 상태와 인코더의 전체 출력을 정렬 모델이 처리하여 입력 타임 스텝에 대한 정렬 점수alignment score를 출력합니다. 이 점수는 입력의 어느 부분이 현재 디코더의 타임 스텝에 가장 관련되어 있는지 나타냅니다. 인코더 출력의 (정렬 점수로 가중치가 적용된) 가중치 합이 디코더로 주입되어 다음 디코더 상태와 이 타임 스텝의 출력을 만듭니다. 어텐션 메커니즘 사용의 주요 장점은 인코더-디코더 모델이 긴 입력 시퀀스를 잘 처리할 수 있다는 점입니다. 또 다른 장점은 정렬 점수 덕분에 모델을 디버깅하고 해석하기 용이합니다. 예를 들어 모델이 실수를 하면 입력의 어느 부분에 주의가 집중되었는지 확인할 수 있습니다. 이는 문제를 분석하는 데 도움이 됩니다. 어텐션 메커니즘은 또한 멀티 헤드 어텐션 층을 사용하는 트랜스포머 구조의 핵심입니다. 6번 문제의 답을 참고하세요.

⑥ 트랜스포머 구조에서 가장 중요한 층은 멀티 헤드 어텐션 층입니다(원본 트랜스포머 구조는 멀티 헤드 어텐션 층 18개와 마스크드 멀티 헤드 어텐션 층 6개를 포함합니다). 트랜스

포머는 BERT와 GPT-2 같은 언어 모델의 핵심입니다. 이 층의 목적은 모델이 어떤 단어가 서로 관련되어 있는지 구별하도록 돕는 것입니다. 이런 문맥 정보를 통해 단어 표현이 향상됩니다.

⑦ 샘플링 소프트맥스는 클래스가 많은 (예를 들어 클래스가 수천 개나 되는) 분류 모델을 훈련할 때 사용됩니다. 정답 클래스에 대해 모델이 예측한 로짓을 기반으로 크로스 엔트로피 손실의 근사치를 계산합니다. 모든 로짓에 대해 소프트맥스를 계산하여 크로스 엔트로피 손실을 추정하는 것과 비교했을 때 훈련 속도를 상당히 높여줍니다. 훈련이 끝나면 모델은 일반적인 소프트맥스 함수를 사용합니다. 즉, 모든 로짓값을 기반으로 클래스 확률을 모두 계산합니다.

연습문제 8에서 11까지 정답은 *https://github.com/rickiepark/handson-ml3*에 있는 주피터 노트북을 참고하세요.

17장 오토인코더, GAN 그리고 확산 모델

① 오토인코더를 활용할 수 있는 주요 작업은 다음과 같습니다.

- 특성 추출
- 비지도 사전 훈련
- 차원 축소
- 생성 모델
- 이상치 탐지(일반적으로 오토인코더는 이상치를 재구성하는 일을 잘하지 못합니다)

② 레이블되지 않은 훈련 데이터는 많지만 레이블된 데이터는 수천 개 정도만 있을 때 분류기를 훈련시키려면 전체 데이터셋(레이블된 것 + 레이블되지 않은 것)에 먼저 심층 오토인코더를 훈련시킨 다음 하위 층 절반(코딩 층과 그 하위 층들)을 재사용합니다. 그리고 레이블된 데이터를 사용해 분류기를 훈련시킵니다. 레이블된 데이터가 조금밖에 없다면 분류기를 훈련시킬 때 재사용된 층을 동결하는 것이 좋습니다.

③ 어떤 오토인코더가 입력을 완벽하게 재구성한다는 사실이 반드시 좋은 오토인코더임을 의미하는 것은 아닙니다. 아마도 입력을 코딩 층과 출력으로 복사하는 것을 배운 과대완전 오토인코더일지 모릅니다. 사실 코딩 층의 뉴런이 한 개여도 매우 깊은 오토인코더는 모든 훈

련 샘플을 다른 코딩으로 매핑하는 것이 가능합니다(예를 들어 첫 번째 샘플은 0.001에, 두 번째 샘플은 0.002에, 세 번째 샘플은 0.003에 매핑되는 식입니다). 그리고 각 코딩에 대한 정확한 훈련 샘플을 재구성하는 것을 외워서 학습할 수 있습니다. 데이터에 있는 어떤 유용한 패턴을 실제 학습하지 않고 입력을 완벽히 재구성합니다. 실전에서 이런 매핑은 거의 일어나지 않지만 완벽하게 재구성되었다는 것이 오토인코더가 유용한 어떤 것을 학습했다고 보장하지 않는다는 사실을 말해줍니다. 하지만 재구성이 매우 나쁘다면 좋지 못한 오토인코더임이 거의 틀림없습니다. 오토인코더의 성능을 측정하기 위한 한 가지 방법은 재구성 손실을 계산하는 것입니다(예를 들어 출력에서 입력을 뺀 값의 평균 제곱인 MSE를 계산합니다). 여기에서도 높은 재구성 손실은 오토인코더가 나쁘다는 것을 알려주는 좋은 신호입니다. 하지만 재구성 손실이 낮다고 해서 좋은 오토인코더임을 보장할 수는 없습니다. 사용하는 방식에 맞추어 오토인코더를 평가해야 합니다. 예를 들어 분류기의 비지도 사전 훈련을 위해 사용한다면 분류기의 성능도 반드시 평가해야 합니다.

④ 과소완전 오토인코더는 코딩 층이 입력 층과 출력 층보다 작은 경우입니다. 만약 코딩 층이 더 크다면 과대완전 오토인코더입니다. 아주 심한 과소완전 오토인코더는 입력을 재구성하는 데 실패할 가능성이 큽니다. 과대완전 오토인코더의 주된 문제는 유용한 특성을 학습하지 못하고 입력을 출력으로 그냥 복사하는 것입니다.

⑤ 인코더 층의 가중치를 그에 상응하는 디코더 층과 묶으려면 인코더 가중치의 전치를 디코더의 가중치로 사용하면 됩니다. 이렇게 하면 모델의 파라미터 개수가 반으로 줄고, 종종 적은 훈련 데이터로도 수렴이 빨라집니다. 또한 훈련 세트에 과대적합될 위험이 줄어듭니다.

⑥ 생성 모델은 훈련 샘플과 닮은 출력을 랜덤하게 생성할 수 있는 모델입니다. 예를 들어 MNIST 데이터셋에 잘 훈련된 생성 모델은 실제와 같은 임의의 숫자 이미지를 생성할 수 있습니다. 출력 분포는 일반적으로 훈련 데이터와 비슷합니다. 예들 들어 MNIST에는 각 숫자별 이미지가 많기 때문에 이 생성 모델은 각 숫자에 대해 거의 비슷한 개수의 이미지를 출력할 것입니다. 어떤 생성 모델은 특정 종류의 출력만 생성하기 위해 파라미터로 제어할 수 있습니다. 생성 오토인코더의 예로는 변이형 오토인코더가 있습니다.

⑦ 생성적 적대 신경망은 서로 반대 목적을 가진 생성자와 판별자 두 부분으로 구성된 신경망 구조입니다. 생성자의 목표는 훈련 세트에 있는 샘플과 비슷한 샘플을 생성하여 판별자를

속이는 것입니다. 판별자는 진짜 샘플과 생성된 샘플을 구별해야 합니다. 훈련 반복마다 판별자를 보통의 이진 분류기처럼 훈련합니다. 그다음 생성자를 판별자의 오류가 최대가 되도록 훈련합니다. 초해상도, 컬러 바꾸기, 이미지 편집(실제 같은 배경으로 바꾸기), 간단한 스케치를 실제 같은 이미지로 바꾸기, 동영상에서 다음 프레임 예측하기와 같은 고급 이미지 처리 작업에 GAN을 사용합니다. 또한 (다른 모델을 훈련하기 위한) 데이터 증식, (텍스트, 오디오, 시계열 같은) 여러 다른 종류의 데이터 생성, 다른 모델의 취약점을 식별하고 개선하기 등에 널리 사용합니다.

⑧ GAN은 훈련하기 어렵기로 유명합니다. 생성자와 판별자 사이의 복잡한 역학 관계 때문입니다. 가장 큰 문제점은 생성자가 다양하지 않은 출력을 만드는 모드 붕괴입니다. 또한 훈련이 매우 불안정할 수 있습니다. 처음에 안정되게 시작했지만 특별한 이유 없이 갑자기 진동하거나 발산할 수 있습니다. 또한 GAN은 하이퍼파라미터 선택에 매우 민감합니다.

⑨ 확산 모델은 다양하고 고품질의 이미지를 생성하는 데 뛰어납니다. 또한 GAN보다 훨씬 쉽게 훈련할 수 있습니다. 그러나 역방향 확산 과정에서 매 단계를 거쳐야 하기 때문에 이미지를 생성할 때 GAN이나 VAE에 비해 훨씬 느립니다.

연습문제 10, 11, 12의 정답은 *https://github.com/rickiepark/handson-ml3*에 있는 주피터 노트북을 참고하세요.

18장 강화 학습

① 강화 학습(RL)은 머신러닝의 한 분야로, 주어진 환경에서 시간이 지남에 따라 보상이 최대화되는 행동을 하는 에이전트를 만드는 것을 목적으로 합니다. RL과 일반 지도 학습 그리고 비지도 학습 사이에는 많은 차이점이 있습니다. 다음은 그중 일부입니다.

- 지도 학습과 비지도 학습의 목적은 데이터에 있는 패턴을 찾고 이를 사용해 예측을 만드는 것입니다. 강화 학습의 목적은 좋은 정책을 찾는 것입니다.

- 지도 학습과 달리 에이전트에 올바른 정답이 명시적으로 주어지지 않습니다. 에이전트는 시행착오를 통해 학습해야 합니다.

- 비지도 학습과 달리 보상을 통한 감독의 형태가 있습니다. 에이전트에 어떻게 작업을 수

행하라고 알려주지 않지만 일을 잘했는지 또는 실패했는지 알려줍니다.

- 강화 학습 에이전트는 보상을 얻기 위해 새로운 방식을 찾는 환경의 탐험과 이미 알고 있는 보상 방법을 활용하는 것 사이에 적절한 균형을 유지해야 합니다. 반면 지도 학습과 비지도 학습 시스템은 탐험에 대해 신경 쓸 필요가 없습니다. 즉, 주어진 훈련 데이터를 주입하면 됩니다.

- 지도 학습과 비지도 학습에서 훈련 샘플은 일반적으로 독립적입니다(사실 보통 랜덤으로 섞여 있습니다). 강화 학습에서는 연속된 관측이 일반적으로 독립적이지 않습니다. 에이전트가 잠시 동안 움직이지 않고 환경의 같은 영역에 머물러 있을 수 있습니다. 그러므로 연속된 관측은 강하게 상호 연관되어 있습니다. 어떤 경우에는 훈련 알고리즘이 독립적인 관측을 얻을 수 있도록 재생 버퍼(메모리)를 사용합니다.

② 18장에서 언급하지 않은 몇 가지 강화 학습 애플리케이션은 다음과 같습니다.

- **음악 개인화**
  환경은 사용자의 개인화된 웹 라디오입니다. 에이전트는 사용자에게 다음에 어떤 노래를 재생할지 결정하는 소프트웨어입니다. 가능한 행동은 카탈로그에 있는 어떤 노래를 재생하거나(사용자가 좋아할 만한 노래를 선택해야 합니다) 광고를 재생하는 것입니다(사용자가 관심 있어 할 광고를 선택해야 합니다). 에이전트는 사용자가 노래를 들을 때마다 작은 보상을 받고 광고를 들을 때마다 큰 보상을 받습니다. 노래나 광고를 스킵하면 음수의 보상을 받고 사용자가 노래를 더이상 듣지 않고 떠나면 큰 음수의 보상을 받습니다.

- **마케팅**
  환경은 회사의 마케팅 부서입니다. 에이전트는 고객 프로파일과 구매 이력을 바탕으로 어떤 고객에게 홍보 메일을 보낼지 결정하는 소프트웨어입니다(고객에게 보낸다/보내지 않는다 이렇게 두 가지 행동이 있습니다). 에이전트는 홍보 메일의 발송 비용에 대해 음수의 보상을 받고 이 캠페인으로부터 발생된 예상 매출을 양수의 보상으로 받습니다.

- **제품 배송**
  에이전트는 배송 트럭 전체를 제어하여 창고에서 실어야 할 것과 도착할 곳, 전달할 물건 등을 결정합니다. 상품이 제시간에 배송되면 양수의 보상을 받고 배송이 지연되면 음수의 보상을 받습니다.

③ 행동의 가치를 추정할 때 강화 학습 알고리즘은 일반적으로 이 행동으로 받을 수 있는 모든 보상을 더합니다. 이때 즉시 받을 수 있는 보상에는 큰 가중치를 주고 나중에 받을 보상에는 낮은 가중치를 줍니다(먼 미래보다 가까운 장래의 영향이 더 크다고 가정합니다). 이를 모델링하기 위해 매 타임 스텝마다 할인 계수가 적용됩니다. 예를 들어 할인 계수가 0.9일 때 2번의 타임 스텝 후에 받을 100의 보상은 $0.9^2 \times 100 = 81$로 행동의 가치를 추정합니다. 할

인 계수는 현재에 비해 미래의 가치를 얼마로 보는지를 나타내는 척도입니다. 이 값이 1에 매우 가까우면 미래의 가치는 현재와 거의 동일합니다. 만약 0에 가까우면 당장의 보상만 의미가 있을 것입니다. 당연히 이 값은 최적의 정책에 큰 영향을 미칩니다. 미래를 가치 있게 여기면 종국의 보상을 기대하고 당장의 고통을 감내하려고 하는 반면 미래의 가치를 중요하지 않게 생각하면 미래를 위한 투자보다 당장의 보상을 선택할 것입니다.

④ 강화 학습 에이전트의 성능을 측정하려면 간단하게 얻은 보상을 모두 더하면 됩니다. 시뮬레이션 환경에서는 많은 에피소드를 수행하고 평균적으로 얻은 전체 보상을 확인합니다 (최소, 최대, 표준 편차 등을 볼 수 있습니다).

⑤ 신용 할당 문제는 강화 학습 에이전트가 보상을 받을 때 이 보상에 기여한 행동을 알아내기 위한 직접적인 방법이 없다는 것입니다. 일반적으로 행동과 그에 따른 보상 사이에는 많은 지연이 있습니다(예를 들어 아타리 퐁 게임에서 에이전트가 볼을 튕기는 순간과 점수를 얻는 순간 사이에는 수십 개의 타임 스텝이 있습니다). 이 문제를 줄이는 한 가지 방법은 가능하면 에이전트에 단기 보상을 제공하는 것입니다. 이는 보통 작업에 대한 사전 지식을 필요로 합니다. 예를 들어 체스 게임을 플레이하는 에이전트를 만들려고 한다면 게임에 이겼을 때만 보상을 주는 대신 상대 말을 잡았을 때도 보상을 줄 수 있습니다.

⑥ 에이전트는 종종 한동안 환경의 동일한 지역에 머무르기도 합니다. 따라서 이 기간 동안에 얻은 경험들은 매우 비슷할 것입니다. 이는 학습 알고리즘에 일종의 편향을 일으킵니다. 이 영역에서는 정책이 튜닝되지만 이 지역을 벗어나는 순간 잘 작동하지 못하게 됩니다. 이 문제를 해결하기 위해 재생 메모리를 사용할 수 있습니다. 가장 최근의 경험만을 학습에 사용하는 대신 에이전트가 최근 경험과 예전 경험을 모두 저장된 버퍼에 기초하여 학습하게 됩니다(아마도 이것이 밤에 우리가 꿈을 꾸는 이유일지 모릅니다. 낮의 경험을 재현하고 학습하기 위해서 아닐까요?).

⑦ 오프-폴리시 RL 알고리즘은 에이전트가 최적이 아닌 정책을 따르는 동안 최적 정책의 가치(⑩ 에이전트가 최적으로 행동한다면 각 상태에서 기대할 수 있는 할인된 보상의 합)를 학습합니다. Q-러닝이 이 알고리즘의 좋은 예입니다. 반대로 온-폴리시 알고리즘은 탐험과 활용을 포함해서 에이전트가 실제로 실행한 정책의 가치를 학습합니다.

연습문제 8, 9, 10의 정답은 *https://github.com/rickiepark/handson-ml3*에 있는 주피터 노트북을 참고하세요.

19장 대규모 텐서플로 모델 훈련과 배포

① SavedModel은 모델 구조(계산 그래프)와 가중치를 담은 텐서플로 모델을 포함합니다. (직렬화된 프로토콜 버퍼로 표현된) 계산 그래프를 정의하는 saved_model.pb 파일과 변숫값을 담은 variables 서브디렉터리가 들어 있는 하나의 디렉터리로 저장됩니다. 많은 개수의 가중치를 가진 모델일 경우 변숫값을 여러 파일로 나누어 저장할 수 있습니다. SavedModel은 추가적인 데이터를 포함하는 assets 서브디렉터리도 포함합니다. 이런 데이터로는 어휘 사전 파일, 클래스 이름, 모델을 위한 예제 샘플 등이 있습니다. 조금 더 정확히 말하면 SavedModel은 하나 이상의 메타그래프를 포함합니다. 하나의 메타그래 프는 계산 그래프와 함수 시그니처 정의(입력과 출력 이름, 타입, 크기)입니다. 각 메타그래 프는 일련의 태그로 구분됩니다. SavedModel을 조사하려면 saved_model_cli 명령 줄 도구를 사용하거나 tf.saved_model.load()를 사용해 로드한 다음 파이썬에서 조사합니다.

② TF 서빙을 사용하면 여러 텐서플로 모델(또는 동일 모델의 여러 버전)을 배포할 수 있고 REST API나 gRPC API를 사용해 모든 애플리케이션에서 손쉽게 접속할 수 있습니다. 애플리케이션 안에서 모델을 직접 사용하면 모든 애플리케이션에 새로운 버전의 모델을 배포하기 어렵습니다. TF 모델을 감싸는 작은 서비스를 구현하려면 추가적인 작업을 해야 하고 TF 서빙의 기능을 따라가기 어렵습니다. TF 서빙은 많은 기능을 제공합니다. 디렉터리를 모니터링하고 모델이 들어오면 자동으로 배포합니다. 애플리케이션을 바꾸거나 재시작할 필요조차 없이 새로운 모델을 사용할 수 있습니다. TF 서빙은 빠르고, 테스트하기 편리하고, 확장성이 좋습니다. 또한 실험적인 모델의 A/B 테스트를 지원하고 일부 사용자에게만 새로운 버전의 모델을 배포할 수 있습니다(이 경우 이 모델을 '카나리Canary'라고 부릅니다). TF 서빙은 개별 요청을 배치로 모아 GPU에서 함께 실행하는 기능도 가지고 있습니다. TF 서빙을 배포하기 위해 소스에서 설치할 수 있지만 도커 이미지를 사용하여 설치하는 것이 훨씬 간단합니다. TF 서빙 도커 이미지의 클러스터를 배포하려면 쿠버네티스 같은 관리 도구를 사용하거나 구글 버텍스 AI 플랫폼과 같이 완전한 호스팅 서비스를 사용할 수 있습니다.

③ 여러 TF 서빙 인스턴스에 모델을 배포하기 위해 해야 할 일은 이런 TF 서빙 인스턴스가 같은 models 디렉터리를 모니터링하도록 설정하는 것이 전부입니다.

④ gRPC API가 REST API보다 더 효율적입니다. 하지만 클라이언트 라이브러리가 많지 않습니다. REST API를 사용할 때 압축을 활성화하면 거의 동일한 성능을 얻을 수 있습니다. 따라서 gRPC API는 최대로 높은 성능이 필요하고 클라이언트가 REST API에 국한되지 않을 때 사용됩니다.

⑤ TFLite는 모바일이나 임베디드 디바이스에서 실행되도록 모델 크기를 줄이기 위해 다음과 같은 방법을 사용합니다.

- SavedModel을 최적화할 수 있는 컨버터를 제공합니다. 또한 모델 크기를 줄여 응답 속도가 빨라집니다. 이렇게 하기 위해 예측을 만들 때 필요하지 않는 연산(ⓔ 훈련 연산)을 모두 제거합니다. 그리고 가능하면 연산을 최적화하고 하나로 합칩니다.
- 컨버터는 훈련이 끝난 후 압축을 수행할 수도 있습니다. 이 기법은 모델의 크기를 많이 줄여주기 때문에 다운로드 및 저장 시 속도가 매우 빨라집니다.
- 파싱 없이 RAM으로 바로 로드할 수 있는 FlatBuffer 포맷을 사용해 최적화된 모델을 저장합니다. 이는 로딩 시간과 메모리 사용량을 절감합니다.

⑥ 양자화를 고려한 훈련quantization-aware training은 훈련하는 동안 모델에 가짜 양자화 연산을 추가합니다. 따라서 모델은 양자화로 인한 잡음을 무시하도록 학습됩니다. 최종 가중치는 양자화에 더 안정적이 될 것입니다.

⑦ 모델 병렬화는 모델을 여러 부분으로 나누어 여러 장치에서 병렬로 실행하는 것을 의미합니다. 아마도 모델의 훈련과 추론 속도가 빨라질 것입니다. 데이터 병렬화는 모델의 여러 복사본을 만들어 여러 장치에 배포하는 것을 의미합니다. 훈련 반복마다 복사본이 다른 배치 데이터를 받아 모델 파라미터에 대한 손실의 그레이디언트를 계산합니다. 동기 데이터 병렬화에서는 모든 복제본의 그레이디언트를 수집하여 옵티마이저가 경사 하강법 스텝을 수행합니다. 모델 파라미터는 중앙에서(ⓔ 파라미터 서버에서) 관리되고 모든 복제본으로 복사됩니다. 그리고 올리듀스를 사용해 동기화를 유지합니다. 비동기 데이터 병렬화에서는 파라미터가 중앙에서 관리되지만 복제본이 독립적으로 실행됩니다. 각 복제본은 훈련 반복이 끝나면 다른 복제본을 기다리지 않고 중앙 파라미터를 직접 업데이트합니다. 훈련 속도를 높이는 데는 일반적으로 데이터 병렬화가 모델 병렬화보다 더 좋다고 알려져 있습니다. 장치 간 통신이 줄어들기 때문입니다. 또한 구현하기 쉽고 어떤 모델에서도 동일하게 작동합니다. 반면 모델 병렬화는 모델을 여러 부분으로 나누는 최선의 방법을 결정하기 위해 조사가 필요합니다. 하지만 이 영역에 관한 연구가 빠르게 진행되고 있으므로

(⑩ PipeDream 또는 Pathways) 향후에는 모델 병렬 처리와 데이터 병렬 처리를 혼합하는 방향으로 나아갈 것이라 예상됩니다.

⑧ 여러 서버에서 모델을 훈련할 때 다음과 같은 분산 전략을 사용할 수 있습니다.

- **MultiWorkerMirroredStrategy**
  미러드 데이터 병렬화를 수행합니다. 모델을 가용한 모든 서버와 장치에 복제합니다. 복사본은 훈련 반복마다 다른 배치 데이터를 받아 자신의 그레이디언트를 계산합니다. 그레이디언트의 평균을 계산하여 분산 올리듀스 구현(기본적으로 NCCL)을 사용해 모든 복사본에 공유합니다. 모든 복사본은 동일한 경사 하강법 스텝을 수행합니다. 이 전략은 모든 서버와 장치를 정확히 동일하게 취급하므로 사용하기 쉽고 매우 잘 작동합니다. 일반적으로 이 전략을 사용해야 합니다. 이 방식의 주요 제약 사항은 모든 복제본에서 모델의 크기가 RAM에 맞아야 한다는 것입니다.

- **ParameterServerStrategy**
  비동기 데이터 병렬화를 수행합니다. 모든 워커에 있는 모든 장치에 모델을 복제하고 모든 파라미터 서버에 모델 파라미터를 나눕니다. 각 워커는 자신만의 훈련 반복을 다른 워커와 비동기적으로 수행합니다. 각 워커는 다른 배치 데이터를 받고 파라미터 서버에서 최신 버전의 모델 파라미터를 가져온 다음 이 파라미터에 대해 손실의 그레이디언트를 계산합니다. 그다음 이 값을 파라미터 서버로 보냅니다. 최종적으로 파라미터 서버가 이 그레이디언트를 사용해 경사 하강법 스텝을 수행합니다. 일반적으로 이 전략이 이전 전략보다 느리고 배포하기 어렵습니다. 파라미터 서버를 운영해야 하기 때문입니다. 하지만 GPU RAM에 맞지 않는 아주 큰 모델을 훈련할 수 있습니다.

연습문제 9, 10, 11의 정답은 *https://github.com/rickiepark/handson-ml3*에 있는 주피터 노트북을 참고하세요.

머신러닝 프로젝트 체크리스트

이 체크리스트는 머신러닝 프로젝트를 진행하기 위한 가이드로, 다음과 같이 8개의 주요 단계로 구성됩니다.

1 문제를 정의하고 큰 그림을 그립니다.

2 데이터를 수집합니다.

3 인사이트를 얻기 위해 데이터를 탐색합니다.

4 데이터에 내재된 패턴이 머신러닝 알고리즘에 잘 드러나도록 데이터를 준비합니다.

5 여러 다른 모델을 시험해보고 가능성 있는 몇 개를 고릅니다.

6 모델을 미세 튜닝하고 이들을 연결해 최선의 솔루션을 만듭니다.

7 솔루션을 제시합니다.

8 시스템을 론칭하고, 모니터링하고, 유지 보수합니다.

당연히 이 체크리스트를 각자의 필요에 맞게 조정할 수 있습니다.

B.1 문제를 정의하고 큰 그림을 그립니다

1 목표를 비즈니스 용어로 정의합니다.

2 이 솔루션은 어떻게 사용될 것인가요?

3 (만약 있다면) 현재 솔루션이나 차선책은 무엇인가요?

4 어떤 문제로 정의할 수 있나요(지도/비지도, 온라인/오프라인 등)?

5 성능을 어떻게 측정해야 하나요?

6 성능 지표가 비즈니스 목표에 연결되어 있나요?

7 비즈니스 목표에 도달하기 위해 필요한 최소한의 성능은 얼마인가요?

8 비슷한 문제가 있나요? 이전의 방식이나 도구를 재사용할 수 있나요?

9 해당 분야의 전문가가 있나요?

10 수동으로 문제를 해결하는 방법은 무엇인가요?

11 여러분이(또는 다른 사람이) 세운 가정을 나열합니다.

12 가능하면 가정을 검증합니다.

B.2 데이터를 수집합니다

새로운 데이터를 쉽게 얻을 수 있도록 최대한 자동화하세요.

1 필요한 데이터와 양을 나열합니다.

2 데이터를 얻을 수 있는 곳을 찾아 기록합니다.

3 얼마나 많은 공간이 필요한지 확인합니다.

4 법률상의 의무가 있는지 확인하고 필요하다면 인가를 받습니다.

5 접근 권한을 획득합니다.

6 (충분한 저장 공간이 있는) 작업 환경을 만듭니다.

7 데이터를 수집합니다.

8 데이터를 조작하기 편리한 형태로 변환합니다(데이터 자체는 바꾸지 않습니다).

9 민감한 정보가 삭제되었거나 보호되었는지 검증합니다(예 개인 정보 비식별화).

10 데이터의 크기와 타입(시계열, 표본, 지리 정보 등)을 확인합니다.

11 테스트 세트를 샘플링하여 따로 떼어놓고 절대 들여다보지 않습니다(데이터 염탐 금지!).

B.3 데이터를 탐색합니다

이 단계에서는 해당 분야의 전문가에게 조언을 구하세요.

1 데이터 탐색을 위해 복사본을 생성합니다(필요하면 샘플링하여 적절한 크기로 줄입니다).

2 데이터 탐색 결과를 저장하기 위해 주피터 노트북을 만듭니다.

3 각 특성의 특징을 조사합니다.

- 이름
- 타입(범주형, 정수/부동소수, 최댓값/최솟값 유무, 텍스트, 구조적인 문자열 등)
- 누락된 값의 비율(%)
- 잡음의 정도와 잡음의 종류(확률적, 이상치, 반올림 에러 등)
- 이 작업에 유용한 정도
- 분포 형태(가우스, 균등, 로그 등)

4 지도 학습 작업이라면 타깃 속성을 구분합니다.

5 데이터를 시각화합니다.

6 특성 간의 상관관계를 조사합니다.

7 수동으로 문제를 해결할 수 있는 방법을 찾아봅니다.

8 적용이 가능한 변환을 찾습니다.

9 추가로 유용한 데이터를 찾습니다(있다면 〈B.2 데이터를 수집합니다〉로 돌아갑니다).

10 조사한 것을 기록합니다.

B.4 데이터를 준비합니다

데이터의 복사본으로 작업합니다(원본 데이터셋은 그대로 보관합니다).

적용한 모든 데이터 변환은 함수로 만듭니다. 여기에는 다섯 가지 이유가 있습니다.

- 다음에 새로운 데이터를 얻을 때 데이터 준비를 쉽게 할 수 있기 때문입니다.
- 다음 프로젝트에 이 변환을 쉽게 적용할 수 있기 때문입니다.
- 테스트 세트를 정제하고 변환하기 위해서입니다.
- 솔루션이 서비스에 투입된 후 새로운 데이터 샘플을 정제하고 변환하기 위해서입니다.
- 하이퍼파라미터로 준비 단계를 쉽게 선택하기 위해서입니다.

1 데이터 정제

- 이상치를 수정하거나 삭제합니다(선택 사항).
- 누락된 값을 채우거나(⑩ 0, 평균, 중간값 등) 그 행(또는 열)을 제거합니다.

2 특성 선택(선택 사항)

- 작업에 유용하지 않은 정보를 가진 특성을 제거합니다.

3 적절한 특성 공학

- 연속 특성 이산화하기
- 특성 분해하기(⑩ 범주형, 날짜/시간 등)
- 가능한 특성 변환 추가하기(⑩ $\log(x)$, $\text{sqrt}(x)$, x^2 등)
- 특성을 조합해 가능성 있는 새로운 특성 만들기

4 특성 스케일 조정

- 표준화 또는 정규화

B.5 가능성 있는 몇 개의 모델을 고릅니다

데이터가 매우 크다면 여러 가지 모델을 일정 시간 안에 훈련시킬 수 있도록 데이터를 샘플링하여 작은 훈련 세트를 만드는 것이 좋습니다(이렇게 하면 규모가 큰 신경망이나 랜덤 포레스트 같은 복잡한 모델은 만들기 어렵습니다).

여기서도 최대한 이 단계들을 자동화합니다.

1 여러 종류의 모델을 기본 매개변수를 사용해 신속하게 많이 훈련시켜봅니다(⑩ 선형 모델, 나이브 베이즈, SVM, 랜덤 포레스트, 신경망 등)

2 성능을 측정하고 비교합니다.

- 각 모델에서 k-폴드 교차 검증을 사용해 k개 폴드의 성능에 대한 평균과 표준 편차를 계산합니다.

3 각 알고리즘에서 가장 두드러진 변수를 분석합니다.

4 모델이 만드는 오류의 종류를 분석합니다.

- 이 오류를 피하기 위해 사람이 사용하는 데이터는 무엇인가요?

5 간단한 특성 선택과 특성 공학 단계를 수행합니다.

6 이전 다섯 단계를 한 번이나 두 번 빠르게 반복합니다.

7 다른 종류의 오류를 만드는 모델을 중심으로 가장 가능성이 높은 모델을 세 개에서 다섯 개 정도 추립니다.

B.6 모델을 미세 튜닝합니다

이 단계에서는 가능한 한 많은 데이터를 사용하는 것이 좋습니다. 특히 미세 튜닝의 마지막 단계로 갈수록 그렇습니다.

언제나 그렇듯이 할 수 있다면 자동화합니다.

1 교차 검증을 사용해 하이퍼파라미터를 미세 튜닝합니다.

- 하이퍼파라미터를 사용해 데이터 변환을 선택하세요. 특히 확신이 없는 경우 이렇게 해야 합니다(예를 들어 누락된 값을 0으로 채울 것인가 아니면 중간값으로 채울 것인가? 아니면 그 행을 버릴 것인가?).

- 탐색할 하이퍼파라미터의 값이 매우 작지 않다면 그리드 서치보다 랜덤 서치를 사용하세요. 훈련 시간이 오래 걸린다면 베이즈 최적화 방법을 사용하는 것이 좋습니다(⑩ 가우스 프로세스 사전 확률$^{Gaussian\ process\ prior}$[1]을 사용합니다).

2 앙상블 방법을 시도해보세요. 최고의 모델들을 연결하면 종종 개별 모델을 실행하는 것보다 성능이 높습니다.

3 최종 모델에 대한 확신이 서면 일반화 오차를 추정하기 위해 테스트 세트에서 성능을 측정합니다.

> **! CAUTION** 일반화 오차를 측정한 후에는 모델을 변경하지 마세요. 만약 그렇게 하면 테스트 세트에 과대적합되기 시작할 것입니다.

B.7 솔루션을 제시합니다

1 지금까지의 작업을 문서화합니다.

2 멋진 발표 자료를 만듭니다.

- 먼저 큰 그림을 부각시킵니다.

3 이 솔루션이 어떻게 비즈니스의 목표를 달성하는지 설명하세요.

4 작업 과정에서 알게 된 흥미로운 점들을 잊지 말고 설명하세요.

- 성공한 것과 그렇지 못한 것을 설명합니다.

- 우리가 세운 가정과 시스템의 제약을 나열합니다.

---

1 Jasper Snoek et al., "Practical Bayesian Optimization of Machine Learning Algorithms," Proceedings of the 25th International Conference on Neural Information Processing Systems 2 (2012): 2951–2959. *https://homl.info/134*

5 멋진 그래프나 기억하기 쉬운 문장으로 핵심 내용을 전달하세요(예 '중간 소득이 주택 가격에 대한 가장 중요한 예측 변수입니다').

B.8 시스템을 론칭합니다!

1 서비스에 투입하기 위해 솔루션을 준비합니다(실제 입력 데이터 연결, 단위 테스트 작성 등).

2 시스템의 서비스 성능을 일정한 간격으로 확인하고 성능이 감소됐을 때 알림을 받기 위해 모니터링 코드를 작성합니다.

- 성능이 아주 느리게 감소되는 현상을 주의하세요. 데이터가 변화함에 따라 모델이 점차 구식이 되는 경향이 있습니다.

- 성능 측정에 사람의 개입이 필요할지 모릅니다(예 크라우드소싱 서비스를 통해서).

- 입력 데이터의 품질도 모니터링합니다(예를 들어 오작동 센서가 랜덤한 값을 보내거나 다른 팀의 출력 품질이 나쁜 경우). 온라인 학습 시스템의 경우 특히 중요합니다.

3 정기적으로 새로운 데이터에서 모델을 다시 훈련시킵니다(가능한 한 자동화합니다).

자동 미분

여기서는 텐서플로의 자동 미분 기능이 작동하는 방식과 다른 자동 미분 방법들을 비교하여 설명합니다.

어떤 함수 $f(x, y) = x^2 y + y + 2$에서 경사 하강법(또는 다른 최적화 알고리즘)을 수행하기 위해서는 편도함수 $\frac{\partial f}{\partial x}$ 와 $\frac{\partial f}{\partial y}$ 가 필요합니다. 가능한 방법은 수동 미분, 유한 차분 근사finite difference approximation, 전진 모드 자동 미분, 후진 모드 자동 미분입니다. 텐서플로는 후진 모드 자동 미분을 사용하지만 원리를 이해하기 위해 다른 방식들을 살펴보는 것이 좋습니다. 수동 미분부터 하나씩 살펴보죠.

C.1 수동 미분

첫 번째 방법은 종이와 연필을 들고 미적분을 사용하여 편도함수를 유도하는 것입니다. 함수 $f(x, y)$가 정의되어 있으면 아주 어렵지 않습니다. 필요한 규칙은 다음 다섯 가지입니다.

1 상수의 도함수는 0입니다.

2 λx의 도함수는 λ입니다(λ는 상수).

3 x^λ 의 도함수는 $\lambda x^{\lambda-1}$ 입니다. 예를 들어 x^2의 도함수는 $2x$입니다.

4 두 함수를 더한 것의 도함수는 각 함수의 도함수를 더한 것과 같습니다.

5 함수에 λ배를 곱한 것의 도함수는 함수의 도함수에 λ를 곱한 것과 같습니다.

이 규칙으로부터 [식 C-1]을 유도할 수 있습니다.

식 C-1 $f(x, y)$의 편도함수

$$\frac{\partial f}{\partial x} = \frac{\partial(x^2 y)}{\partial x} + \frac{\partial y}{\partial x} + \frac{\partial 2}{\partial x} = y\frac{\partial(x^2)}{\partial x} + 0 + 0 = 2xy$$

$$\frac{\partial f}{\partial y} = \frac{\partial(x^2 y)}{\partial y} + \frac{\partial y}{\partial y} + \frac{\partial 2}{\partial y} = x^2 + 1 + 0 = x^2 + 1$$

함수가 아주 복잡해지면 이 방식은 매우 번거롭고 실수할 위험이 큽니다. 다행히 다른 방법이 있습니다. 유한 차분 근사에 관해 알아보겠습니다.

C.2 유한 차분 근사

x_0에서 함수 $h(x)$의 도함수 $h'(x_0)$은 그 포인트에서 함수의 기울기입니다. 더 정확하게 말해서 도함수는 x가 포인트 x_0에 무한히 가까워질 때 두 점을 지나는 접선의 기울기로 정의됩니다 (식 C-2).

식 C-2 포인트 x_0에서 함수 $h(x)$의 도함수 정의

$$h'(x_0) = \lim_{x \to x_0} \frac{h(x) - h(x_0)}{x - x_0}$$

$$= \lim_{\varepsilon \to 0} \frac{h(x_0 + \varepsilon) - h(x_0)}{\varepsilon}$$

만약 $x = 3$이고 $y = 4$일 때 함수 $f(x, y)$의 편도함수를 계산하려면 매우 작은 수 ε을 사용해 $f(3 + \varepsilon, 4) - f(3, 4)$를 계산하고 ε으로 나누면 됩니다. 이런 도함수의 수치적 근사 방법을 **유한 차분 근사**finite difference approximation라고 부릅니다. 그리고 이 방정식을 **뉴턴의 차분몫**Newton's difference quotient이라 합니다. 다음은 예시 코드입니다.

```python
def f(x, y):
    return x**2*y + y + 2
```

```
def derivative(f, x, y, x_eps, y_eps):
    return (f(x + x_eps, y + y_eps) - f(x, y)) / (x_eps + y_eps)

df_dx = derivative(f, 3, 4, 0.00001, 0)
df_dy = derivative(f, 3, 4, 0, 0.00001)
```

불행하게도 이 결과는 정확하지 않습니다(복잡한 함수에서는 더 나빠집니다). 정확한 값은 각각 24, 10이지만 계산된 값은 다음과 같습니다.

```
>>> print(df_dx)
24.000039999805264
>>> print(df_dy)
10.000000000331966
```

두 편도함수를 계산하기 위해서는 적어도 f() 함수를 세 번 호출해야 합니다(앞의 코드에서는 네 번 호출했지만 최적화해서 줄일 수 있습니다).[1] 만약 1,000개의 파라미터가 있다면 적어도 f() 함수를 1,001번 호출해야 합니다. 대규모 신경망에서 유한 차분 근사는 매우 비효율적입니다.

하지만 이 방법은 구현하기 간단해서 다른 미분 방식이 제대로 작동하는지 검사하는 데 좋습니다. 예를 들어 수동으로 유도한 미분 방정식의 결과가 수치 미분과 다르다면 아마도 미분 함수 어딘가에 실수가 있을 것입니다.

지금까지 그레이디언트를 계산하기 위한 두 가지 방법을 보았습니다. 수동 미분과 유한 차분 근사입니다. 불행하게도 둘 다 대규모 신경망을 훈련하는 데 치명적인 약점이 있습니다. 그럼 이제 자동 미분을 알아보겠습니다. 먼저 전진 모드 자동 미분부터 시작하겠습니다.

C.3 전진 모드 자동 미분

[그림 C-1]은 아주 간단한 함수 $g(x, y) = 5 + xy$에서 전진 모드 자동 미분이 어떻게 작동하는지 보여줍니다. 이 함수에 대한 그래프는 왼쪽에 나타나 있습니다. 전진 모드 자동 미분을 하면

---

1   옮긴이_ f(3, 4) 함수를 먼저 계산하여 변수에 저장한 후 derivative() 함수에 전달하면 됩니다.

편도함수 $\frac{\partial g}{\partial x}=0+(0\times x+y\times 1)=y$를 표현하는 오른쪽 그래프를 얻게 됩니다($y$에 대해서도 비슷한 편도함수를 얻을 수 있습니다.[2]

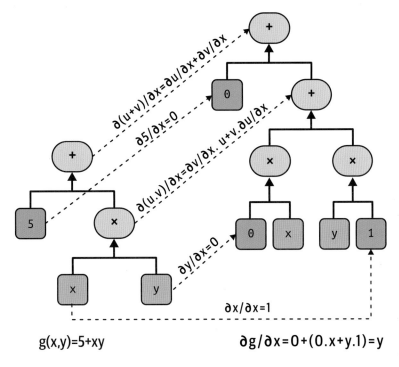

그림 C-1 전진 모드 자동 미분

이 알고리즘은 입력에서 출력까지 계산 그래프를 따라 진행됩니다(그래서 이름이 전진 모드입니다). 먼저 리프 노드의 편도함수를 구하는 것부터 시작합니다. 상수의 도함수는 항상 0이므로 상수 노드 5는 0이 됩니다. $\frac{\partial x}{\partial x}=1$, $\frac{\partial y}{\partial x}=0$이므로 변수 y는 상수 0이 됩니다(y에 대한 편도함수는 이와 반대가 됩니다).

이제 함수 g에 있는 곱셈 노드로 그래프를 따라 올라갑니다. 미적분에서 두 함수 u와 v의 곱에 대한 도함수는 $\frac{\partial (u\times v)}{\partial x}=\frac{\partial v}{\partial x}\times u+v\times \frac{\partial u}{\partial x}$가 됩니다. 따라서 $0\times x+y\times 1$에 해당하는 이 그래프의 오른쪽 큰 가지를 만들 수 있습니다.

마지막으로 함수 g에 있는 덧셈 노드로 올라갑니다. 앞서 언급한 대로 함수 덧셈의 도함수는

---

2 옮긴이_ 미분의 곱규칙을 생각하면 이 과정을 이해하기 쉽습니다. y에 대한 편도함수는 $\frac{\partial g}{\partial y}=0+(0\times y+x\times 1)=x$입니다.

각 함수의 도함수를 더한 것과 같습니다. 따라서 단순히 덧셈 노드를 만들어 이미 계산한 그래 프의 하위 노드들을 연결하기만 하면 됩니다. 그러면 정확한 편도함수 $\frac{\partial g}{\partial x} = 0 + (0 \times x + y \times 1)$을 얻을 수 있습니다.

하지만 (훨씬) 간단하게 만들 수 있습니다. 몇 가지 간단한 가지치기 단계를 그래프에 적용하면 불필요한 연산을 모두 제거할 수 있고 $\frac{\partial g}{\partial x} = y$ 노드 하나로 이루어진 훨씬 작은 그래프가 만들어집니다. 이 예는 단순하게 만드는 것이 간단하지만 훨씬 복잡한 함수라면 기호 미분의 그래프가 매우 커져서 단순화가 쉽지 않고 최적의 성능을 내도록 만들기 어렵습니다.

전진 모드 자동 미분이 계산 그래프를 가지고 또 다른 계산 그래프를 만들었습니다. 이를 **기호 미분**symbolic differentiation이라고 부릅니다. 이 방법에는 두 가지 장점이 있습니다. 첫째, 도함수의 계산 그래프가 만들어지고 나면 x와 y의 어떤 값에 대해서도 주어진 함수의 도함수를 원하는 만큼 계산할 수 있습니다. 둘째, 필요하면 이계도함수(도함수의 도함수)를 얻기 위해 결과 그래프에 대해 전진 모드 자동 미분을 다시 실행할 수 있습니다. 심지어 삼계도함수 등도 계산할 수 있습니다.

하지만 그래프를 만들지 않고 (즉, 기호 미분이 아니라 수치적으로) 바로 중간 결과를 계산하여 전진 모드 자동 미분을 실행할 수 있습니다. 이렇게 하는 한 가지 방법은 **이원수**를 사용하는 것입니다. 이원수는 (이상하게 보이지만 재미있는 모양의) $a + b\varepsilon$ 형태를 가지며 a와 b는 실수이고 ε은 아주 작은 수로 $\varepsilon^2 = 0$입니다(하지만 $\varepsilon \neq 0$입니다). 이원수 $42 + 24\varepsilon$을 무한한 0이 사이에 있는 42.0000...000024처럼 생각할 수 있습니다(물론 이는 이원수를 이해하는 데 도움을 주기 위해 단순화한 것입니다). 이원수는 부동소수 쌍으로 메모리에 표현됩니다. 예를 들어 $42 + 24\varepsilon$은 (42.0, 24.0) 쌍으로 표현됩니다.

이원수는 [식 C-3]과 같이 덧셈, 곱셈 등이 가능합니다.

식 C-3 이원수의 연산

$$\lambda(a + b\varepsilon) = \lambda a + \lambda b\varepsilon$$

$$(a + b\varepsilon) + (c + d\varepsilon) = (a + c) + (b + d)\varepsilon$$

$$(a + b\varepsilon) \times (c + d\varepsilon) = ac + (ad + bc)\varepsilon + (bd)\varepsilon^2 = ac + (ad + bc)\varepsilon$$

가장 중요한 점은 $h(a + b\varepsilon) = h(a) + b \times h'(a)\varepsilon$으로 쓸 수 있어서 $h(a + \varepsilon)$을 계산하면 한 번

에 $h(a)$와 도함수 $h'(a)$를 얻을 수 있습니다.[3] [그림 C-2]는 이진수를 사용해 $x = 3$과 $y = 4$일 때 x에 대한 $f(x, y)$의 편도함수($\frac{\partial}{\partial}(3,4)$)로 씁니다)를 계산할 수 있다는 것을 보여줍니다. 여기에서 $h(3+\varepsilon, 4)$를 계산하여 출력된 이원수의 첫 번째 항이 $f(3, 4)$와 같고 두 번째 항은 $\frac{\partial f}{\partial y}(3,4)$와 같게 됩니다.

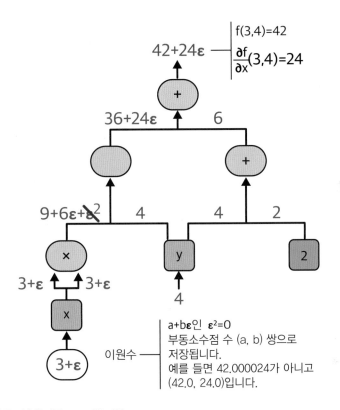

그림 C-2 이원수를 사용한 전진 모드 자동 미분

$\frac{\partial f}{\partial y}(3,4)$를 계산하려면 그래프를 다시 실행해야 합니다. 이때는 $x = 3$, $y = 4+\varepsilon$으로 설정합니다.

---

3 옮긴이_ $h(x) = c_0 + c_1 x + c_2 x^2 + \cdots + c_n x^n$이라 할 때, $h(a+b\varepsilon) = c_0 + c_1(a+b\varepsilon) + c_2(a+b\varepsilon)^2 + \cdots + c_n(a+b\varepsilon)^n$이 되고 $\varepsilon^2 = 0$이므로 $b\varepsilon$ 가 두 번 이상 곱해지는 항을 모두 제거하면 $h(a+b\varepsilon) = (c_0 + c_1 a + c_2 a^2 + \cdots + c_n a^n) + (c_1 b\varepsilon + 2c_2 ab\varepsilon + \cdots + nc_n a^{n-1} b\varepsilon) = (c_0 + c_1 a + c_2 a^2 + \cdots + c_n a^n) + b(c_1 + 2c_2 a + \cdots + nc_n a^{n-1})\varepsilon = h(a) + bh'(a)\varepsilon$이 됩니다.

전진 모드 자동 미분은 유한 차분 근사보다 훨씬 더 정확합니다. 하지만 동일하게 중요한 단점이 있습니다. 입력이 많고 출력이 적을 때 그렇습니다(신경망의 경우에 해당합니다). 1,000개의 파라미터가 있다면 모든 파라미터에 대한 편도함수를 계산하기 위해 그래프를 1,000번 실행해야 합니다. 그래서 후진 모드 자동 미분이 선호됩니다. 이 방법은 모든 편도함수를 계산하기 위해 그래프를 단 두 번만 실행하면 됩니다. 어떻게 하는지 알아보죠.

C.4 후진 모드 자동 미분

후진 모드 자동 미분reverse-mode autodiff은 텐서플로에서 구현된 방법입니다. 먼저 정방향으로(입력에서 출력 방향으로) 그래프를 실행하여 각 노드의 값을 계산합니다. 그런 다음 역방향으로(출력에서 입력 방향으로) 실행할 때 모든 편도함수를 계산합니다. '후진 모드'란 이름은 그래프에서 그레이디언트가 반대 방향으로 흐르는 두 번째 경로에서 따왔습니다. [그림 C-3]에 두 번째 실행 과정이 나타나 있습니다. 첫 번째 실행할 때 $x = 3$과 $y = 4$로 시작해서 모든 노드 값이 계산되었습니다. 이 값은 각 노드 오른쪽 아래에 표기되어 있습니다(⑩ $x \times x = 9$). 각 노드는 구분을 위해 n_1에서 n_7까지 이름을 붙였습니다. 출력 노드 n_7의 값은 $f(3, 4) = n_7 = 42$입니다.

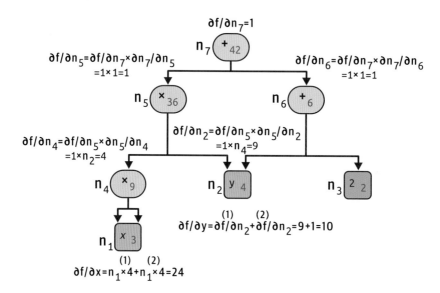

그림 C-3 후진 모드 자동 미분

이 방식의 아이디어는 그래프를 따라 내려오면서 변수 노드에 도달할 때까지 각 노드에 대한 편도함수 $f(x, y)$를 계산하는 것입니다. 이를 계산하기 위해 후진 모드 자동 미분은 [식 C-4]에 있는 미분의 **연쇄 법칙**chain rule을 사용합니다.

식 C-4 연쇄 법칙

$$\frac{\partial f}{\partial x} = \frac{\partial f}{\partial n_i} \times \frac{\partial n_i}{\partial x}$$

n_7이 출력 노드이고 $f = n_7$이므로 간단히 $\frac{\partial f}{\partial n_7} = 1$이 됩니다.

계속해서 n_5로 그래프를 따라가겠습니다. n_5가 변할 때 f는 얼마나 변할까요? 답은 $\frac{\partial f}{\partial n_5} = \frac{\partial f}{\partial n_7} \times \frac{\partial n_7}{\partial n_5}$입니다. 이미 $\frac{\partial f}{\partial n_7} = 1$임을 알고 있으므로 $\frac{\partial n_7}{\partial n_5}$만 필요합니다. n_7은 덧셈 $n_5 + n_6$을 계산하므로 $\frac{\partial n_7}{\partial n_5} = 1$입니다. 결국 $\frac{\partial f}{\partial n_5} = 1 \times 1 = 1$이 됩니다.

이제 n_4 노드로 진행할 수 있습니다. n_4가 변할 때 f는 얼마나 변할까요? 답은 $\frac{\partial f}{\partial n_4} = \frac{\partial f}{\partial n_5} \times \frac{\partial n_5}{\partial n_4}$입니다. $n_5 = n_4 \times n_2$이고 $\frac{\partial n_5}{\partial n_4} = n_2$이므로 $\frac{\partial f}{\partial n_4} = 1 \times n_2 = 4$가 됩니다.

이 과정은 그래프 맨 아래에 도달할 때까지 계속됩니다. 결국 $x = 3$과 $y = 4$일 때 $f(x, y)$의 편도함수를 모두 얻게 됩니다. 이 예에서는 $\frac{\partial f}{\partial x} = 24$, $\frac{\partial f}{\partial y} = 10$을 얻었습니다. 제대로 된 것 같군요!

후진 모드 자동 미분은 매우 강력하고 정확한 기법입니다. 특히 정방향으로 한 번만 진행하고 출력마다 역방향으로 한 번씩 진행하면 모든 입력에 대한 모든 출력의 편미분을 계산할 수 있기 때문에 입력이 많고 출력이 적은 경우에 유용합니다. 신경망을 훈련할 때 손실을 최소화하기 때문에 출력(손실)이 하나입니다. 따라서 그래프를 두 번만 진행하면 그레이디언트를 계산할 수 있습니다. 후진 자동 미분은 미분 가능한 지점에서만 편도함수를 계산한다면 완전히 미분되지 않는 함수에도 적용할 수 있습니다.

[그림 C-3]에서 수치 결과가 각 노드에서 바로바로 계산됩니다. 하지만 이것이 텐서플로가 수행하는 방식과 완전히 같지는 않습니다. 텐서플로는 새로운 계산 그래프를 만듭니다. 다른 말로 하면 기호symbolic 후진 모드 자동 미분을 수행합니다. 이 방식은 신경망의 모든 파라미터에 대한 손실의 그레이디언트를 계산하기 위해 계산 그래프를 한 번만 만들면 됩니다. 그다음 옵티마이저가 그레이디언트를 필요로 할 때 반복해 실행합니다. 또한 필요하면 고계도함수를 계산할 수도 있습니다.

TIP 새로운 텐서플로 C++ 연산을 추가하고 자동 미분 가능하게 하려면 입력에 대한 출력의 편도함수를 반환하는 함수가 필요합니다. 예를 들어 입력값의 제곱을 계산하는 함수 $f(x) = x^2$을 구현한다고 가정합시다. 이 경우 이에 상응하는 도함수 $f'(x) = 2x$를 제공해야 합니다.[4]

---

4 옮긴이_ 텐서플로의 RegisterGradient 데코레이터 클래스를 사용하여 어떤 파이썬 함수를 특정 연산의 그레이디언트 함수로 등록할 수 있습니다. 자세한 사용법은 텐서플로 문서를 참고하세요(*https://goo.gl/iYU6bW*).

특수한 데이터 구조

여기서는 일반적인 실수 텐서와 정수 텐서 외에 텐서플로에서 제공하는 데이터 구조를 간단히 살펴보겠습니다. 문자열, 래그드 텐서, 희소 텐서, 텐서 배열, 집합, 큐 순서로 보겠습니다.

D.1 문자열

텐서는 자연어 처리(16장 참고)에 특히 유용한 바이트 문자열을 담을 수 있습니다.

```
>>> tf.constant(b"hello world")
<tf.Tensor: id=149, shape=(), dtype=string, numpy=b'hello world'>
```

유니코드 문자열로 텐서를 만들면 텐서플로는 이를 자동으로 UTF-8로 인코딩합니다.

```
>>> tf.constant("café")
<tf.Tensor: id=138, shape=(), dtype=string, numpy=b'caf\xc3\xa9'>
```

유니코드 문자열을 표현하는 텐서를 만들 수도 있습니다. 32비트 정수 배열을 만들면 각 원소는 하나의 유니코드 코드 포인트code point를 나타냅니다.[1]

---

[1] 유니코드 코드 포인트에 관해 더 알고 싶으면 다음 주소를 참고하세요. *https://homl.info/unicode*

```
>>> u = tf.constant([ord(c) for c in "cafe"])
>>> u
<tf.Tensor: shape=(4,), [...], numpy=array([ 99, 97, 102, 233], dtype=int32)>
```

> **📝 NOTE** tf.string 타입의 텐서에서 문자열 길이는 텐서의 크기에 포함되지 않습니다. 다른 말로 하면 문자열을 더는 쪼갤 수 없는 값으로 간주합니다. 하지만 유니코드 문자열 텐서(int32 텐서)는 문자열의 길이가 텐서의 크기에 포함됩니다.

tf.strings 패키지는 문자열 텐서를 조작하기 위한 여러 함수를 제공합니다. length()는 바이트 문자열 안의 바이트 개수(또는 unit="UTF8_CHAR"로 지정할 경우 코드 포인트 개수)를 카운트합니다. unicode_encode()는 유니코드 문자열 텐서(int32 텐서)를 바이트 문자열 텐서로 바꾸고 unicode_decode()는 반대로 변환합니다.

```
>>> b = tf.strings.unicode_encode(u, "UTF-8")
>>> b
<tf.Tensor: shape=(), dtype=string, numpy=b'caf\xc3\xa9'>
>>> tf.strings.length(b, unit="UTF8_CHAR")
<tf.Tensor: shape=(), dtype=int32, numpy=4>
>>> tf.strings.unicode_decode(b, "UTF-8")
<tf.Tensor: shape=(4,), [...], numpy=array([ 99, 97, 102, 233], dtype=int32)>
```

여러 개의 문자열을 담은 텐서를 다룰 수도 있습니다.

```
>>> p = tf.constant(["Cafe", "Coffee", "caffe", "咖啡"])
>>> tf.strings.length(p, unit="UTF8_CHAR")
<tf.Tensor: shape=(4,), dtype=int32, numpy=array([4, 6, 5, 2], dtype=int32)>
>>> r = tf.strings.unicode_decode(p, "UTF8")
>>> r
<tf.RaggedTensor [[67, 97, 102, 233], [67, 111, 102, 102, 101, 101], [99, 97,
102, 102, 232], [21654, 21857]]>
```

디코딩된 문자열은 RaggedTensor에 저장됩니다. 래그드 텐서는 무엇일까요?

D.2 래그드 텐서

래그드 텐서는 크기가 다른 배열의 리스트를 표현하는 특별한 종류의 텐서입니다. 더 일반적으로 말하면 하나 이상의 **래그드 차원**^{ragged dimension}을 가진 텐서입니다. 래그드 차원은 길이가 달라지는 차원입니다. 래그드 텐서 r에서 두 번째 차원이 래그드 차원입니다. 모든 래그드 텐서에서 첫 번째 차원은 일반적인 차원(**균일 차원**^{uniform dimension}이라고도 부릅니다)입니다.

래그드 텐서 r의 모든 원소는 일반 텐서입니다. 래그드 텐서의 두 번째 원소를 확인해보죠.

```
>>> r[1]
<tf.Tensor: [...], numpy=array([ 67, 111, 102, 102, 101, 101], dtype=int32)>
```

`tf.ragged` 패키지에 래그드 텐서를 만들고 조작할 수 있는 여러 함수가 있습니다. `tf.ragged.constant()` 함수를 사용해 두 번째 래그드 텐서를 만들고 첫 번째 래그드 텐서에 0번째 축으로 연결해보죠.

```
>>> r2 = tf.ragged.constant([[65, 66], [], [67]])
>>> tf.concat([r, r2], axis=0)
<tf.RaggedTensor [[67, 97, 102, 233], [67, 111, 102, 102, 101, 101], [99, 97, 102, 102, 232], [21654, 21857], [65, 66], [], [67]]>
```

결과는 당연해 보입니다. r2에 있는 텐서가 0번째 축을 따라 r에 있는 텐서 다음에 추가되었습니다.

```
>>> r3 = tf.ragged.constant([[68, 69, 70], [71], [], [72, 73]])
>>> print(tf.concat([r, r3], axis=1))
<tf.RaggedTensor [[67, 97, 102, 233, 68, 69, 70], [67, 111, 102, 102, 101, 101, 71], [99, 97, 102, 102, 232], [21654, 21857, 72, 73]]>
```

이번에는 r에 있는 i번째 텐서와 r3에 있는 i번째 텐서를 연결합니다. 이제 텐서에 있는 모든 원소의 길이가 더욱 달라졌습니다.

`to_tensor()` 메서드를 호출하면 일반 텐서로 변환됩니다. 짧은 텐서는 0으로 패딩하여 동일한 길이로 맞춥니다(`default_value` 매개변수로 패딩 기본값을 바꿀 수 있습니다).

```
>>> r.to_tensor()
<tf.Tensor: shape=(4, 6), dtype=int32, numpy=
array([[   67,    97, 102, 233,   0,   0],
       [   67,   111, 102, 102, 101, 101],
       [   99,    97, 102, 102, 232,   0],
       [21654, 21857,   0,   0,   0,   0]], dtype=int32)>
```

많은 텐서플로 연산이 래그드 텐서를 지원합니다. 전체 목록은 **tf.RaggedTensor** 클래스 문서를 참고하세요.

D.3 희소 텐서

텐서플로는 **희소 텐서**(대부분 0으로 채워진 텐서)를 효율적으로 표현할 수 있습니다. 텐서의 크기와 0이 아닌 원소의 인덱스와 값을 지정하여 **tf.SparseTensor** 클래스 객체를 만들면 됩니다. '읽는 순서'에 맞춰 (왼쪽에서 오른쪽으로 위에서 아래로) 인덱스를 나열해야 합니다. 의심스러우면 **tf.sparse.reorder()** 함수를 사용하세요. 희소 텐서를 밀집 텐서(일반 텐서)로 바꾸려면 **tf.sparse.to_dense()** 함수를 사용합니다.

```
>>> s = tf.SparseTensor(indices=[[0, 1], [1, 0], [2, 3]],
...                      values=[1., 2., 3.],
...                      dense_shape=[3, 4])
...
>>> tf.sparse.to_dense(s)
<tf.Tensor: shape=(3, 4), dtype=float32, numpy=
array([[0., 1., 0., 0.],
       [2., 0., 0., 0.],
       [0., 0., 0., 3.]], dtype=float32)>
```

희소 텐서는 밀집 텐서만큼 많은 연산을 지원하지 않습니다. 예를 들어 희소 텐서와 스칼라값을 곱하여 새로운 희소 텐서를 얻을 수 있습니다. 하지만 희소 텐서에 스칼라값을 더하여 희소 텐서를 얻을 수는 없습니다.

```
>>> s * 42.0
<tensorflow.python.framework.sparse_tensor.SparseTensor at 0x7f84a6749f10>
>>> s + 42.0
[...] TypeError: unsupported operand type(s) for +: 'SparseTensor' and 'float'
```

D.4 텐서 배열

tf.TensorArray는 텐서의 리스트를 표현합니다. 반복을 가진 동적인 모델에서 결과를 누적하여 나중에 통계를 계산할 때 편리합니다. 배열의 모든 위치에서 텐서를 읽거나 쓸 수 있습니다.

```
array = tf.TensorArray(dtype=tf.float32, size=3)
array = array.write(0, tf.constant([1., 2.]))
array = array.write(1, tf.constant([3., 10.]))
array = array.write(2, tf.constant([5., 7.]))
tensor1 = array.read(1)  # => tf.constant([3., 10.])을 추출하여 반환합니다.
```

기본적으로 배열에서 텐서를 꺼내 읽으면 해당 원소는 비워집니다. 이를 원하지 않는 경우 clear_after_read 매개변수를 False로 설정하세요.

> **CAUTION** 배열을 만들 때 앞선 예제처럼 배열을 변수로 반환받아야 합니다. 이렇게 하지 않아도 즉시 실행 모드에서는 잘 작동하지만 그래프 모드에서는 문제가 됩니다(12장 참고).

기본적으로 TensorArray는 생성할 때 설정된 고정 크기를 가집니다. 또는 size=0과 dynamic_size=True를 지정하여 필요할 때 배열이 자동으로 커지도록 설정할 수 있습니다. 그러나 이렇게 하면 성능이 저하되므로 미리 크기를 알고 있다면 고정 크기 배열을 사용하는 것이 좋습니다. 또한 dtype도 지정해야 합니다. 배열의 모든 원소는 첫 번째 추가된 원소와 크기가 동일해야 합니다.

stack() 메서드를 호출하면 모든 원소를 쌓아 일반 텐서를 만들 수 있습니다.

```
>>> array.stack()
<tf.Tensor: shape=(3, 2), dtype=float32, numpy=
```

```
array([[1., 2.],
       [0., 0.],
       [5., 7.]], dtype=float32)>
```

D.5 집합

텐서플로는 정수나 문자열 집합을 지원합니다(실수 집합은 없습니다). 일반적인 텐서로 표현됩니다. 예를 들어 집합 {1, 5, 9}는 텐서 [[1, 5, 9]]로 표현됩니다. 이 텐서는 최소한 두 개의 차원을 가져야 하고 집합은 마지막 차원에 놓입니다. 예를 들어 [[1, 5, 9], [2, 5, 11]]은 두 개의 독립된 집합 {1, 5, 9}와 {2, 5, 11}을 담고 있는 텐서입니다.

tf.sets 패키지는 집합을 다룰 수 있는 여러 가지 함수를 제공합니다. 예를 들어 두 개의 집합을 만들고 합집합을 만들어보죠(결괏값이 희소 텐서이기 때문에 to_dense() 함수로 출력합니다).

```
>>> a = tf.constant([[1, 5, 9]])
>>> b = tf.constant([[5, 6, 9, 11]])
>>> u = tf.sets.union(a, b)
>>> u
<tensorflow.python.framework.sparse_tensor.SparseTensor at 0x132b60d30>
>>> tf.sparse.to_dense(u)
<tf.Tensor: [...], numpy=array([[ 1, 5, 6, 9, 11]], dtype=int32)>
```

여러 쌍의 합집합을 동시에 계산할 수도 있습니다. 만약 어떤 집합이 다른 집합보다 짧은 경우 0과 같은 값으로 패딩해야 합니다.

```
>>> a = tf.constant([[1, 5, 9], [10, 0, 0]])
>>> b = tf.constant([[5, 6, 9, 11], [13, 0, 0, 0]])
>>> u = tf.sets.union(a, b)
>>> tf.sparse.to_dense(u)
<tf.Tensor: [...] numpy=array([[ 1,  5,  6,  9, 11],
                               [ 0, 10, 13,  0,  0]], dtype=int32)>
```

−1과 같은 다른 패딩 값을 사용하려면 to_dense()를 호출할 때 default_value=-1(또는 선호하는 값)을 설정해야 합니다.

> **! CAUTION** default_value의 기본값은 0입니다. 따라서 문자열 집합을 다룰 때는 꼭 default_value를 지정해야 합니다(예를 들어 빈 문자열을 사용합니다).

tf.sets에 있는 다른 함수로는 이름만 봐도 알 수 있는 difference(), intersection(), size()가 있습니다.[2] 집합에 어떤 값이 있는지 확인하려면 집합과 이 값의 교집합을 계산합니다. 집합에 어떤 값을 추가하려면 집합과 이 값의 합집합을 계산하면 됩니다.

D.6 큐

큐는 데이터 레코드를 넣고 나중에 추출하는 데이터 구조입니다. 텐서플로는 tf.queue 패키지에 여러 종류의 큐를 구현해놓았습니다. 데이터 적재와 전처리 파이프라인을 구현할 때 매우 중요하게 사용되었지만 tf.data API 덕분에 (아주 드문 경우를 제외하고) 사용할 일이 없습니다. tf.data가 사용이 간단하고 효율적인 파이프라인을 만드는 데 필요한 모든 도구를 제공하기 때문입니다. 간단히 살펴보겠습니다.

가장 간단한 큐는 FIFO 큐입니다. 이 큐를 만들려면 담을 수 있는 최대 레코드 개수를 지정해야 합니다. 각 레코드는 텐서의 튜플이므로 각 텐서의 타입을 지정해야 합니다. 크기는 선택적으로 지정합니다. 예를 들어 다음 코드는 최대 3개의 레코드를 담는 FIFO 큐를 만듭니다. 각 레코드는 32비트 정수와 문자열로 구성된 튜플입니다. 두 개의 레코드를 추가하고 큐의 사이즈를 확인합니다(이 지점에서는 크기가 2입니다).

```
>>> q = tf.queue.FIFOQueue(3, [tf.int32, tf.string], shapes=[(), ()])
>>> q.enqueue([10, b"windy"])
>>> q.enqueue([15, b"sunny"])
>>> q.size()
<tf.Tensor: shape=(), dtype=int32, numpy=2>
```

....

2 옮긴이_ difference()는 차집합, intersection()은 교집합을 만듭니다. size()는 희소 텐서를 입력받아 집합의 원소의 개수를 셉니다.

```
>>> q.dequeue()
[<tf.Tensor: shape=(), dtype=int32, numpy=10>,
 <tf.Tensor: shape=(), dtype=string, numpy=b'windy'>]
```

또한 enqueue_many() 및 dequeue_many()를 사용하여 한 번에 여러 레코드를 큐에 넣거나 추출할 수도 있습니다(dequeue_many()를 사용하려면 이전에 했던 것처럼 큐를 만들 때 shapes 매개변수를 지정해야 합니다).

```
>>> q.enqueue_many([[13, 16], [b'cloudy', b'rainy']])
>>> q.dequeue_many(3)
[<tf.Tensor: [...], numpy=array([15, 13, 16], dtype=int32)>,
 <tf.Tensor: [...], numpy=array([b'sunny', b'cloudy', b'rainy'], dtype=object)>]
```

다른 종류의 큐는 다음과 같습니다.

- PaddingFIFOQueue
  FIFOQueue와 같지만 dequeue_many()가 크기가 다른 여러 개의 레코드를 큐에서 꺼낼 수 있습니다. 한 번에 꺼낸 레코드의 길이가 모두 같도록 짧은 레코드는 자동으로 패딩됩니다.

- PriorityQueue
  우선 순위대로 레코드를 꺼내는 큐입니다. 우선 순위는 64비트 정수이고 각 레코드의 첫 번째 원소로 포함시켜야 합니다. 놀랍게도 낮은 우선 순위를 가진 레코드가 가장 먼저 추출됩니다. 동일한 우선 순위를 가진 레코드는 FIFO 순서로 큐에서 나옵니다.

- RandomShuffleQueue
  랜덤한 순서로 레코드를 추출하는 큐입니다. tf.data가 있기 전에 랜덤한 버퍼를 구현하는 데 사용되었습니다.

큐가 모두 꽉 찼을 때 새로운 레코드를 큐에 넣으려 하면 다른 스레드에서 레코드를 큐에서 꺼내기 전까지 enqueue*() 메서드 호출이 멈추게 됩니다. 비슷하게 빈 큐에서 레코드를 꺼내려 하면 다른 스레드에서 큐에 레코드를 넣을 때까지 dequeue*() 메서드가 멈춥니다.

여기서는 TF 함수(12장 참고)가 만든 그래프를 살펴보겠습니다.[1]

E.1 TF 함수와 콘크리트 함수

TF 함수는 다형성^{polymorphic} 함수입니다. 즉, 여러 가지 타입(그리고 크기)의 입력을 지원합니다. 다음과 같은 `tf_cube()` 함수가 있다고 가정해봅시다.

```
@tf.function
def tf_cube(x):
    return x ** 3
```

새로운 타입이나 크기의 입력으로 TF 함수를 호출할 때마다 이 입력 조합에 특화된 그래프를 가진 새로운 **콘트리트 함수**$^{concrete\ function}$가 생성됩니다. 이런 입력 타입과 크기의 조합을 **입력 시그니처**$^{input\ signature}$라고 부릅니다. 이전에 보았던 입력 시그니처로 TF 함수를 호출하면 앞서 생성된 콘크리트 함수를 재사용합니다. 예를 들어 `tf_cube(tf.constant(3.0))`을 호출하면 TF 함수는 `tf_cube(tf.constant(2.0))`에 사용했던 (float32 스칼라 텐서를 위한) 콘크리트 함수를 재사용합니다. 하지만 `tf_cube(tf.constant([2.0]))`이나 `tf_cube(tf.`

---

1 옮긴이_ 이 부록의 코드는 12장의 주피터 노트북에 포함되어 있습니다.

constant([3.0]))을 호출하면 (크기가 [1]인 float32 텐서를 위한) 새로운 콘크리트 함수를 생성합니다. tf_cube(tf.constant([[1.0, 2.0], [3.0, 4.0]]))을 호출해도 (크기가 [2, 2]인 float32 텐서를 위한) 새로운 콘크리트 함수를 생성합니다. TF 함수의 get_concrete_function() 메서드를 호출하면 특정 입력 조합에 대한 콘크리트 함수를 얻을 수 있습니다. 이 함수는 일반 함수처럼 호출할 수 있지만 하나의 입력 시그니처만 지원합니다(다음 예에서는 float32 스칼라 텐서만 지원합니다).

```
>>> concrete_function = tf_cube.get_concrete_function(tf.constant(2.0))
>>> concrete_function
<ConcreteFunction tf_cube(x) at 0x7F84411F4250>
>>> concrete_function(tf.constant(2.0))
<tf.Tensor: shape=(), dtype=float32, numpy=8.0>
```

[그림 E-1]은 tf_cube(2)와 tf_cube(tf.constant(2.0))을 호출한 후의 tf_cube() TF 함수를 보여줍니다. 각 시그니처마다 하나씩 두 개의 콘크리트 함수를 생성합니다. 각 함수는 최적화된 함수 그래프function graph(FuncGraph)와 함수 정의function definition(FunctionDef)를 가지고 있습니다. 함수 정의는 함수의 입력과 출력에 대응하는 그래프 요소를 가리킵니다. 각 FuncGraph에서 노드(타원)는 연산을 나타냅니다(예 제곱, 상수, x와 같은 매개변수를 위한 플레이스홀더). 반면 엣지(연산 사이의 실선 화살표)는 그래프를 안을 흐르는 텐서를 나타냅니다. 왼쪽의 콘크리트 함수는 x=2 전용이므로 텐서플로는 항상 8을 출력하도록 이 함수를 단순화합니다(함수 정의는 입력을 가지고 있지도 않습니다.[2] 오른쪽에 있는 콘크리트 함수는 float32 스칼라 텐서 전용이고 앞에서와 같이 간단하게 만들 수 없습니다. tf_cube(tf.constant(5.0))을 호출하면 두 번째 콘크리트 함수가 호출되고 x에 대한 플레이스홀더 연산이 5.0을 출력합니다. 그다음 거듭제곱 연산이 5.0**3을 계산하여 125.0을 출력합니다.

---

[2] 옮긴이_ 따라서 콘크리트 함수를 호출할 때 다음과 같이 매개변수를 지정하지 않아야 합니다.
concrete_func = tf_cube.get_concrete_function(2); concrete_func()

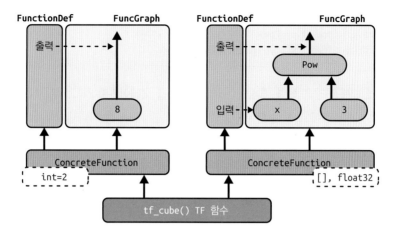

그림 E-1 tf_cube() TF 함수와 ConcreteFunction, FunctionGraph

이 그래프에 있는 텐서는 심볼릭 텐서입니다. 실제 값이 없고 데이터 타입과 크기, 이름만 가집니다. 실제 값이 플레이스홀더 x에 주입되고 그래프가 실행될 때 그래프에 흐를 미래의 텐서를 나타냅니다. 심볼릭 텐서를 사용하여 연산을 어떻게 연결할지 미리 지정할 수 있습니다. 그리고 입력의 데이터 타입과 크기가 주어지면 텐서플로가 모든 텐서의 데이터 타입과 크기를 재귀적으로 추측할 수 있습니다.

이제 계속해서 내부 작동 원리를 들여다보겠습니다. 함수 정의와 함수 그래프에 접근하는 방법과 그래프의 연산과 텐서를 탐색하는 방법을 알아봅시다.

E.2 함수 정의와 함수 그래프 탐험하기

콘크리트 함수의 graph 속성을 사용하면 계산 그래프를 얻을 수 있습니다. 그리고 이 그래프의 get_operations() 메서드를 호출하여 그래프에 있는 연산의 리스트를 얻습니다.

```
>>> concrete_function.graph
<tensorflow.python.framework.func_graph.FuncGraph at 0x14db5ef98>
>>> ops = concrete_function.graph.get_operations()
>>> ops
[<tf.Operation 'x' type=Placeholder>,
```

```
<tf.Operation 'pow/y' type=Const>,
<tf.Operation 'pow' type=Pow>,
<tf.Operation 'Identity' type=Identity>]
```

이 예에서 첫 번째 연산은 입력 매개변수 x입니다(이를 **플레이스홀더**라고 부릅니다). 두 번째
연산은 상수 3을 나타내고 세 번째 연산은 거듭 제곱 연산(**)을 나타냅니다. 마지막 연산은
이 함수의 출력을 나타냅니다(이 아이덴티티^{identity} 연산은 거듭제곱 연산의 출력을 복사하는
것뿐입니다).[3] 각 연산은 입력과 출력 텐서의 리스트를 가집니다. 연산의 inputs과 outputs
속성으로 쉽게 확인할 수 있습니다. 예를 들어 거듭제곱 연산의 입력과 출력 리스트를 확인해
보죠.

```
>>> pow_op = ops[2]
>>> list(pow_op.inputs)
[<tf.Tensor 'x:0' shape=() dtype=float32>,
 <tf.Tensor 'pow/y:0' shape=() dtype=float32>]
>>> pow_op.outputs
[<tf.Tensor 'pow:0' shape=() dtype=float32>]
```

이 계산 그래프가 [그림 E-2]에 나타나 있습니다.

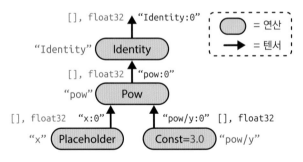

그림 E-2 계산 그래프의 예

모든 연산은 이름을 가지고 있습니다. 기본값은 해당 연산의 이름입니다(**예** "pow"). 하지만
연산을 호출할 때 수동으로 정의할 수 있습니다(**예** tf.pow(x, 3, name="other_name")).

---

3   이 연산은 무시해도 좋습니다. TF 함수가 내부 구조를 노출하지 않기 위한 기술적 이유 때문에 둔 것입니다.

이미 있는 이름이라면 텐서플로는 자동으로 고유한 인덱스를 뒤에 추가합니다(**예** "pow_1", "pow_2" 등). 텐서도 모두 고유한 이름을 가집니다. 항상 이 텐서를 출력하는 연산의 이름이 먼저 옵니다. 그다음 연산의 첫 번째 출력이면 :0이 붙고, 두 번째 출력이면 :1이 붙는 식입니다. 그래프의 get_operation_by_name() 또는 get_tensor_by_name() 메서드를 사용해 이름으로 연산이나 텐서를 추출할 수 있습니다.

```
>>> concrete_function.graph.get_operation_by_name('x')
<tf.Operation 'x' type=Placeholder>
>>> concrete_function.graph.get_tensor_by_name('Identity:0')
<tf.Tensor 'Identity:0' shape=() dtype=float32>
```

콘크리트 함수는 (프로토콜 버퍼[4]로 표현된) 함수 정의도 포함하고 있습니다. 여기에는 함수 시그니처도 담겨있습니다. 이 시그니처를 사용해 콘크리트 함수가 어떤 플레이스홀더에 입력 값이 주입되고 어떤 텐서를 반환할지 알 수 있습니다.

```
>>> concrete_function.function_def.signature
name: "__inference_tf_cube_3515903"
input_arg {
  name: "x"
  type: DT_FLOAT
}
output_arg {
  name: "identity"
  type: DT_FLOAT
}
```

이제 트레이싱에 관해 자세히 살펴보겠습니다.

---

4 13장에서 소개한 널리 사용되는 이진 포맷입니다.

E.3 트레이싱 자세히 보기

입력값을 출력하도록 `tf_cube()` 함수를 조금 수정해보죠.

```
@tf.function
def tf_cube(x):
    print(f"x =, {x}")
    return x ** 3
```

이 함수를 호출해보겠습니다.

```
>>> result = tf_cube(tf.constant(2.0))
x = Tensor("x:0", shape=(), dtype=float32)
>>> result
<tf.Tensor: shape=(), dtype=float32, numpy=8.0>
```

`result` 값은 맞습니다. 하지만 출력을 보니 x는 심볼릭 텐서입니다! 크기와 데이터 타입은 있지만 값이 없습니다. 또 텐서의 이름("x:0")도 있습니다. 이는 `print()` 함수가 텐서플로 연산이 아니기 때문입니다. 따라서 그래프 모드에서 이 파이썬 함수가 트레이싱될 때만 실행됩니다. 그리고 이때 매개변수가 심볼릭 텐서로 바뀝니다(동일한 타입과 크기를 갖지만 값은 없습니다). `print()` 함수는 그래프에 표현되지 않기 때문에 다음에 float32 스칼라 텐서로 `tf_cube()` 함수를 호출해도 아무것도 출력되지 않습니다.

```
>>> result = tf_cube(tf.constant(3.0))
>>> result = tf_cube(tf.constant(4.0))
```

하지만 다른 데이터 타입이나 다른 크기의 텐서 또는 새로운 파이썬 값으로 `tf_cube()`를 호출하면 이 함수는 다시 트레이싱되고 `print()` 함수가 호출됩니다.

```
>>> result = tf_cube(2)                      # 새로운 파이썬 값: 트레이싱!
x = 2
>>> result = tf_cube(3)                      # 새로운 파이썬 값: 트레이싱!
x = 3
>>> result = tf_cube(tf.constant([[1., 2.]]))  # 새로운 크기: 트레이싱!
x = Tensor("x:0", shape=(1, 2), dtype=float32)
```

```
>>> result = tf_cube(tf.constant([[3., 4.], [5., 6.]]))   # 새로운 크기: 트레이싱!
x = Tensor("x:0", shape=(None, 2), dtype=float32)
>>> result = tf_cube(tf.constant([[7., 8.], [9., 10.]]))   # 동일한 크기: 트레이싱 없음
```

> **! CAUTION** 함수에 파이썬으로 수행하는 작업이 있다면(예: 로그를 디스크에 저장합니다) 이 코드는 함수가 트레이싱될 때(새로운 입력 시그니처로 TF 함수를 호출할 때)만 실행된다는 점을 유념합시다. TF 함수를 호출할 때 이 함수가 트레이싱될 수 있다고(혹은 트레이싱되지 않을 수 있다고) 가정하는 것이 좋습니다.

어떤 경우에는 특정 입력 시그니처에 TF 함수를 제한하고 싶을 수 있습니다. 예를 들면 28×28 픽셀 이미지의 배치로만 TF 함수를 호출한다고 가정해보겠습니다. 하지만 배치 크기는 다릅니다. 텐서플로가 배치 크기마다 다른 콘크리트 함수를 생성하지 않도록 하거나 None을 사용했을 때 함수 내에서 이를 처리하도록 만들 수 있습니다. 이 경우에는 다음과 같이 시그니처를 지정합니다.

```
@tf.function(input_signature=[tf.TensorSpec([None, 28, 28], tf.float32)])
def shrink(images):
    return images[:, ::2, ::2]   # 행과 열의 절반을 버립니다.
```

이 TF 함수는 [*, 28, 28] 크기의 float32 텐서를 받고 매번 동일한 콘크리트 함수를 재사용합니다.

```
img_batch_1 = tf.random.uniform(shape=[100, 28, 28])
img_batch_2 = tf.random.uniform(shape=[50, 28, 28])
preprocessed_images = shrink(img_batch_1)   # 작동 성공. 함수 트레이싱
preprocessed_images = shrink(img_batch_2)   # 작동 성공. 동일한 콘크리트 함수 사용
```

하지만 이 TF 함수를 파이썬 값 또는 기대와 다른 데이터 타입이나 크기로 호출하면 예외가 발생합니다.

```
img_batch_3 = tf.random.uniform(shape=[2, 2, 2])
preprocessed_images = shrink(img_batch_3)   # ValueError! 기대와 다른 시그니처입니다.
```

E.4 오토그래프로 제어 흐름 표현하기

함수에 간단한 for 반복이 들어 있다면 어떤 일이 일어날까요? 예를 들어 1을 10번 더하는 식
으로 입력에 10을 더하는 함수를 만들어보죠.

```
@tf.function
def add_10(x):
    for i in range(10):
        x += 1
    return x
```

작동은 잘 하지만 그래프를 보면 반복문이 없습니다. 그냥 10번의 덧셈 연산만 있군요!

```
>>> add_10(tf.constant(0))
<tf.Tensor: shape=(), dtype=int32, numpy=15>
>>> add_10.get_concrete_function(tf.constant(0)).graph.get_operations()
[<tf.Operation 'x' type=Placeholder>, [...],
 <tf.Operation 'add' type=AddV2>, [...],
 <tf.Operation 'add_1' type=AddV2>, [...],
 <tf.Operation 'add_2' type=AddV2>, [...],
 [...]
 <tf.Operation 'add_9' type=AddV2>, [...],
 <tf.Operation 'Identity' type=Identity>]
```

사실 이해는 됩니다. 이 함수가 트레이싱될 때 반복문이 10번 실행되므로 x += 1 연산이 10번
실행됩니다. 그래프 모드이므로 이 10번의 연산을 그래프에 기록합니다. 이 for 반복문을 그
래프가 생성될 때 펼쳐진 '정적인' 반복문으로 생각할 수 있습니다.

대신 그래프에 '동적인' 반복문(즉, 그래프가 구동될 때 실행되는 반복문)을 넣고 싶다면
tf.while_loop() 연산을 사용해 수동으로 만들 수 있지만 직관적이지 않습니다(이와 관련
된 예제는 12장의 주피터 노트북에서 '오토그래프와 제어 흐름'을 참고하세요). 대신 12장
에서 소개한 텐서플로의 **오토그래프** 기능을 사용하는 것이 훨씬 쉽습니다. 오토그래프는 기
본으로 활성화되어 있습니다(이 기능을 끄려면 tf.function()에 autograph=False를 전
달합니다). 이 기능이 활성화되어 있다면 add_10() 함수의 for 반복문을 왜 감지하지 못했
을까요? tf.data.Dataset 객체의 텐서를 반복하는 반복문만 감지하므로 range()가 아닌
tf.range()를 사용해야 합니다. 따라서 두 가지 선택 사항이 있습니다.

- range()를 사용하면 for 반복문은 정적으로 함수가 트레이싱될 때만 실행됩니다. 앞서 본 것처럼 각 반복은 일련의 연산으로 펼쳐집니다.
- tf.range()를 사용하면 반복은 동적이 되어 그래프에 포함됩니다(하지만 트레이싱되는 동안에는 실행되지 않습니다).

add_10() 함수에서 range()를 tf.range()로 바꾸면 어떤 그래프가 생성되는지 확인해보죠.

```
>>> add_10.get_concrete_function(tf.constant(0)).graph.get_operations()
[<tf.Operation 'x' type=Placeholder>, [...],
 <tf.Operation 'while' type=StatelessWhile>, [...]]
```

여기서 볼 수 있듯이 이 그래프는 tf.while_loop() 함수를 사용한 것처럼 while 반복 연산을 가지고 있습니다.

E.5 TF 함수에서 변수와 다른 리소스 다루기

텐서플로에서 변수, 큐, 데이터셋 같이 상태가 있는 객체를 **리소스**resource라고 부릅니다. TF 함수는 리소스를 특별하게 다룹니다. 리소스를 읽거나 업데이트하는 모든 연산에는 상태가 있다고 간주하고 TF 함수는 상태가 있는 연산을 등장하는 순서대로 실행합니다(반대로 상태가 없는 연산은 병렬로 실행될 수 있기 때문에 실행 순서가 보장되지 않습니다). 또한 TF 함수에 리소스를 매개변수로 전달할 때 참조로 전달되기 때문에 함수에서 리소스를 수정할 수 있습니다. 예를 들면 다음과 같습니다.

```
counter = tf.Variable(0)

@tf.function
def increment(counter, c=1):
    return counter.assign_add(c)

increment(counter)    # counter는 이제 1입니다.
increment(counter)    # counter는 이제 2입니다.
```

함수 정의를 보면 첫 번째 매개변수가 리소스로 표시되어 있습니다.

```
>>> function_def = increment.get_concrete_function(counter).function_def
>>> function_def.signature.input_arg[0]
name: "counter"
type: DT_RESOURCE
```

또한 함수 밖에서 정의된 tf.Variable을 매개변수로 전달하지 않고도 사용할 수 있습니다.

```
counter = tf.Variable(0)

@tf.function
def increment(c=1):
    return counter.assign_add(c)
```

TF 함수는 암묵적으로 counter를 첫 번째 매개변수로 다루기 때문에 동일한 시그니처가 생성됩니다(매개변수 이름은 달라집니다). 하지만 전역 변수를 사용하면 금방 코드가 복잡해지기때문에 클래스로 변수(그리고 다른 리소스)를 감싸야 합니다. 다행히도 @tf.function 데코레이터를 메서드에도 사용할 수 있습니다.

```
class Counter:
    def __init__(self):
        self.counter = tf.Variable(0)

    @tf.function
    def increment(self, c=1):
        return self.counter.assign_add(c)
```

> **CAUTION** TF 변수에 =, +=, -= 같은 다른 파이썬 할당 연산자를 사용하지 마세요. 대신 assign(), assign_add(), assign_sub() 메서드를 사용해야 합니다. 파이썬 할당 연산자를 사용하면 메서드를 호출할 때 예외가 발생됩니다.

이런 객체 지향적 접근 방식의 좋은 예는 케라스입니다. 케라스로 TF 함수를 사용하는 방법을 알아보겠습니다.

E.6 케라스로 TF 함수 사용하기(또는 사용하지 않기)

기본적으로 케라스를 사용하는 모든 사용자 정의 함수, 층, 모델은 자동으로 TF 함수로 변환됩니다. 아무것도 할 필요가 없습니다! 하지만 어떤 경우에는 이런 자동 변환을 비활성화해야 합니다. 예를 들어 직접 작성한 코드가 TF 함수로 변환될 수 없거나 코드를 디버깅해야 한다면 즉시 실행 모드가 훨씬 편리합니다. 즉시 실행 모드를 사용하려면 모델이나 층을 만들 때 간단하게 dynamic=True로 지정하면 됩니다.

```
model = MyModel(dynamic=True)
```

사용자 정의 모델이나 층을 항상 동적으로 실행하려면 dynamic=True로 지정하여 부모 클래스의 생성자를 호출할 수 있습니다.

```
class MyLayer(keras.layers.Layer):
    def __init__(self, units, **kwargs):
        super().__init__(dynamic=True, **kwargs)
        [...]
```

또는 compile() 메서드를 호출할 때 run_eagerly=True를 전달합니다.

```
model.compile(loss=my_mse, optimizer="nadam", metrics=[my_mae],
              run_eagerly=True)
```

지금까지 TF 함수가 (여러 개의 콘크리트 함수로) 다형성을 다루는 방법, 오토그래프와 트레이싱을 사용해 그래프를 자동으로 생성하는 방법, 그래프 내부 구조, 심볼릭 기호와 텐서를 탐색하는 방법, 변수와 리소스를 다루는 방법, 케라스로 TF 함수를 사용하는 사용하는 방법을 배웠습니다.